本书由复旦大学出版基金资助出版

陈望道译文集

ChenWangdao Yiwenji

总目录

上　卷

共产党宣言　　　　　　　　　〔德〕马格斯　安格尔斯　合著

- 第一章　有产者及无产者　　　　　　　　　　　／006
- 第二章　无产者和共产党　　　　　　　　　　　／015
- 第三章　社会主义及共产主义的著作　　　　　　／022
  - 一　复古的社会主义　　　　　　　　　　　　／022
  - 二　保守的社会主义（资本家社会主义）　　　／026
  - 三　批评的空想社会主义和共产主义　　　　　／027
- 第四章　共产党和在野各党底关系　　　　　　　／029

马克斯底唯物史观　　　　　　　　　　　〔日〕河上肇　著

- 第一　序论　　　　　　　　　　　　　　　　　／033
- 第二　社会进化论　　　　　　　　　　　　　　／034
- 第三　阶级争斗说　　　　　　　　　　　　　　／039

劳农俄国底劳动联合　　　　　　　　　　〔日〕山川均　著

- 一　劳动者应联合起来　　　　　　　　　　　　／047
- 二　俄国劳动者联合的情况　　　　　　　　　　／047
- 三　俄国劳动者联盟的组织　　　　　　　　　　／049
- 四　俄国劳动者联盟的职责　　　　　　　　　　／050
- 五　劳动者的权利　　　　　　　　　　　　　　／051

六　劳动者的政治地位	/052
七　劳动者的薪酬	/053
八　俄国劳动者联盟的性质	/054
九　俄国劳动者联盟的特长	/055

社会意识学大纲

〔俄〕波格达诺夫　著

译者序言	/063
第一篇　序论	/066
第一章　社会意识学底界说	/066
第二章　社会意识学底方法	/069
第三章　社会意识学底界限及说明计划	/087
第二篇　原始社会意识时代	/090
第一章　社会意识底起原	/092
第二章　社会意识在原始时代的发展	/097
第三篇　权威的社会意识时代	/107
第一章　宗法时代	/107
第二章　封建时代	/128
第四篇　个人主义社会意识时代	/147
第一章　观念的个人主义社会	/147
第二章　过渡形态	/171
壹　古代社会的奴隶制度	/171
第三章　过渡形态	/181
贰　农奴制度	/181
叁　手工业者底行会	/181
肆　商业资本主义	/181
第四章　工业资本主义	/195
第五篇　集团主义的社会意识	/227
结语	/251
索引	/253

伦理学底根本问题 〔德〕利普斯 著

译本前记	/ 263
第一章　序论——利己主义和利人主义	/ 267
第二章　道德上的根本动机和恶	/ 281
第三章　行为和心情（幸福主义和功利主义）	/ 293
第四章　服从和道德的自由（自律和他律）	/ 302
第五章　道德的正当（义务和倾向性）	/ 312
第六章　一般的道德律和良心	/ 321
第七章　目的底体系	/ 332
第八章　社会的有机体（家族和国家）	/ 344
第九章　意志底自由和责任	/ 357

译文类

日本社会主义同盟会底创立　〔日〕赤松克磨等著	/ 371
现代思潮　〔日〕桑木严翼著	/ 373
劳动运动通论　〔日〕久留弘三著	/ 381
劳工问题底由来　〔日〕北泽新次郎著	/ 392
社会主义底意义及其类别　〔日〕高畠素之著	/ 395
个人主义与社会主义　〔日〕高畠素之著	/ 402
产业主义与私有财产　〔英〕罗素著	/ 408
资本主义的社会和劳动阶级的社会　〔日〕山川君著	/ 415
职业的劳工联合论　〔日〕北泽新次郎著	/ 417
农民为什么苦呢？　〔日〕山川均著	/ 422
资本主义的发展　〔英〕杜白著	/ 426
妇女劳动问题底一瞥　〔日〕河上肇著	/ 444
女性底演说　〔日〕堺利彦著	/ 451
文化与两性关系　〔日〕岛村民藏著	/ 453
俄国婚姻律全文	/ 459
性的道德底新趋向　〔日〕本间久雄著	/ 465
告失恋的人们　〔日〕贺川丰彦著	/ 474
劳动妇女底解放　〔日〕山川菊荣著	/ 479

恋爱之力 〔日〕贺川丰彦著 / 481
近代的恋爱观 〔日〕厨川白村原著 / 488
论寡妇再嫁 〔日〕宫本英雄著 / 495
妇女的精神生活 〔日〕富士川游著 / 500

下　卷

艺术简论　　　　　　　　　　　　　　　〔日〕青野季吉　著

　　附在篇头 / 511
　　一　何谓艺术 / 511
　　二　艺术发达底条件 / 512
　　三　最古的艺术 / 514
　　四　绘画、雕刻及诗底发生 / 516
　　五　关于封建时代底艺术 / 517
　　六　关于资产阶级样式的艺术 / 518
　　七　关于资本主义和艺术 / 520
　　八　艺术无上主义和功利主义 / 523
　　九　浪漫主义和现实主义 / 525

文学与艺术之技术的革命　　　　　　　〔日〕平林初之辅　著

　　一　序言 / 529
　　二　舞台上技术的要素及电送剧底发生 / 529
　　三　从舞台剧独立了的电影剧 / 532
　　四　正在独立路上的机械音乐 / 535
　　五　文学之技术的基础是巩固的吗 / 537

自然主义文学底理论的体系　　　　　　〔日〕平林初之辅　著

　　序　论　我所以起草本论的理由 / 543
　　第一章　见于《英文学史》序论的泰纳底体系 / 545
　　第二章　见于《艺术学》中的泰纳底体系 / 553
　　第三章　左拉底实验小说论 / 566

苏俄文学理论　　　　　　　　　　　　　〔日〕冈泽秀虎　著

　　序　　　　　　　　　　　　　　　　　　　　　　/ 579
　　序论　革命后俄国文学概观　　　　　　　　　　　/ 580
　　　　第一期　　　　　　　　　　　　　　　　　　/ 581
　　　　第二期　　　　　　　　　　　　　　　　　　/ 584
　　　　第三期　　　　　　　　　　　　　　　　　　/ 589
　　第一章　第一期底文学理论　　　　　　　　　　　/ 591
　　第二章　第二期底文学理论　　　　　　　　　　　/ 628
　　第三章　第三期底文学理论　　　　　　　　　　　/ 800
　　附录　伊理基论文学　　　　　　　　　　　　　　/ 816
　　译后杂记　　　　　　　　　　　　　　　　　　　/ 819
　　再版题记　　　　　　　　　　　　　　　　　　　/ 821

果戈理和杜思退益夫斯基　　　　　　　　〔日〕冈泽秀虎　著
——中间关系底形式的内容的检讨

　　　　一　　　　　　　　　　　　　　　　　　　　/ 825
　　　　二　　　　　　　　　　　　　　　　　　　　/ 829
　　　　三　　　　　　　　　　　　　　　　　　　　/ 836

帝国主义和艺术　　　　　　　　　　　　　〔日〕藏原惟人　著

　　　　一　　　　　　　　　　　　　　　　　　　　/ 841
　　　　二　　　　　　　　　　　　　　　　　　　　/ 843
　　　　三　　　　　　　　　　　　　　　　　　　　/ 848

实证美学的基础　　　　　　　　　　　　〔俄〕卢那卡尔斯基　著

　　译序　　　　　　　　　　　　　　　　　　　　　/ 857
　　第一篇　生活和理想　　　　　　　　　　　　　　/ 859
　　第二篇　美学是什么？　　　　　　　　　　　　　/ 873
　　第三篇　美是什么？　　　　　　　　　　　　　　/ 883
　　第四篇　重要的美的种类　　　　　　　　　　　　/ 892

第五篇　艺　术 / 906

译文类

爱情 / 919
敬虔　〔德〕法尔盖原作 / 920
新体诗底今日　〔日〕高川林次郎著 / 921
文艺上各种主义　〔日〕加藤朝鸟著 / 922
文章概观　〔日〕夏目漱石著 / 926
文艺上的自然主义　〔日〕岛村抱月著 / 930
中国文明与西洋　〔英〕罗素著 / 947
断截美学底一提言　〔日〕新居格作 / 955
机械美底诞生　〔日〕板垣鹰穗作 / 960
近代社会中艺术样式底变迁　〔日〕大宅壮一作 / 966
格罗绥论妆饰　〔德〕爱尔姆斯忒·格罗绥著 / 973

附录一　陈望道传略 / 978
附录二　陈望道译文目录索引 / 996

编后记 / 1001

上 卷

共产党宣言

马克斯底唯物史观

劳农俄国底劳动联合

社会意识学大纲

伦理学底根本问题

译文类

共产党宣言

〔德〕马格斯　安格尔斯　合著

一九二〇年八月作为社会主义研究小丛书第一种,由社会主义研究社出版,一九二〇年九月二版,一九二六年五月第十七版;一九三八年上海新文化书房再版。此处根据一九二〇年九月版排印。

有一个怪物,在欧洲徘徊着,这怪物就是共产主义。旧欧洲有权力的人都因为要驱除这怪物,加入了神圣同盟。罗马法王,俄国皇帝,梅特涅,基佐(Guizot),法国急进党,德国侦探,都在这里面。

那些在野的政党,有不被在朝的政敌,诬作共产主义的吗?那些在野的政党,对于其他更急进的在野党,对于保守的政党,不都是用共产主义这名词作回骂的套语吗?

由这种事实可以看出两件事:

一、共产主义,已经被全欧洲有权力的人认作一种有权力的东西。

二、共产党员,已经有了时机可以公然在全世界底面前,用自己党底宣言发表自己的意见,目的,趋向,并对抗关于共产主义这怪物底无稽之谈。

为了这缘故,各国共产党员便在伦敦开了个会,草了下列的宣言,用英、法、德、意、佛兰德、丹麦各国底语言,公布于世界。

第一章 有产者及无产者

（有产者就是有财产的人，资本家，财主。原文 Bourgeois
无产者就是没有财产的劳动家。原文 Proletarians）

一切过去社会底历史，都是阶级争斗底历史。

自由民（Freeman）和奴隶（Slave），贵族（Patrician）和平民（Plebeian），领主（Lord）和农奴（Serf），行东（Guild-master）和佣工（Journey-man），总而言之，就是压迫阶级和被压迫阶级，从古到今，没有不站在反对的地位，继续着明争暗斗。每次争斗底结局，不是社会全体革命的新建设告成，便是交战的两阶级并倒。

我们略看前代的历史，便会晓得无论何处都是组织复杂的社会里分出各种阶级，社会的地位分出各种等级。在古代罗马有贵族，骑士（Knight），平民，奴隶；在中世纪，有封建领主，家臣（Vassal），行东，佣工，徒弟（Apprentice）和农奴；这些阶级里，又隶属许多等级。

从封建社会底废址上发生的近代有产社会，也免不了有阶级对抗；不过造出新的阶级，新的压迫手段，新的争斗形式，来代替那旧的罢了。

我们的时代，就是这有产阶级（Bourgeoisie）时代，他的特色就是把阶级对抗弄简单了。社会全体现已渐次分裂成为对垒的两大营寨，互相敌视的两大阶级：这就是有产阶级和无产阶级。

由中世纪底农奴里面，曾发生一种最初都市底特许市民；这些市民，便是有产阶级最初的种子。

嗣后，美洲底发见，好望角底周航，新添给有产阶级一些发展地；东印度和中华底市场，美洲底殖民，殖民地底贸易，交换机关和物品底增多，又都使当时的商业航海业，和制造工业，受一种空前的激刺；因此，那革命种子便在颓废的封建社会里急激的发展了。

在封建时代的工业组织底下，生产事业是由同行组合一手把持的，到了这时，便不能应付新市场上需要底增加了；于是手工工场组织（Manufacturing system)便占了他的地位。各业行东被工场制造家这种中等阶级挤倒；联合的各行组合间底分工，也就让各个工场底分工替代了。

接着市场一天比一天扩大，需要又一天比一天增加；这时手工工场组织，也不能应付了。于是又有蒸汽及大机器出来演了一场生产事业底革命。从此，大规模的"近代产业"，便取了手工工业底地位；豪富的实业家，产业军底总首领，近代的有产阶级，便把产业界的中等阶级降伏了。

近代产业，建设了世界的市场，这世界的市场，引线全在美国底发见。有了这种市场，商业，航业，陆路交通，便成就了绝大的发达；这种发达又转而促进产业底发展。产业，商业，航业，铁路，既这样发达，有产阶级，也照这比例发达，资本愈加增多，将中世纪留下的一切阶级，都尽情推倒了。

从此看来，我们可以晓得近代有产阶级这种东西，全是长期发达和生产及交换方法迭次革命的结果。

有产阶级发达一步，他们政治上的权力，也便跟着发达一步。当初在封建时代，贵族掌权的时候，他们也是个被压迫的阶级；在中世纪的自由都市里，他们便是个武装的自治团体，有的变成独立的共和都市（如德意），有的变成王政治下纳税的"第三阶级团"（如法）；到了手工业时代，他们被半封建或专制的君主，用做抵抗贵族底器具，大王国统一底柱石；最后，近代的产业和世界的市场，都成立了，他们就成了有产阶级，那近代代议制度国家底政权，都被他们一手把持；国家底行政机关，只算办理他们公共事务底一个委员会罢了。

从历史上看来，有产阶级也曾有过革命的功劳。

有产阶级得了权势，那封建的，家长的，山林的种种关系，便到处被他们消灭了。结合人和他的"生来的长上"①（Natural Superiors）的封建的线索，被他们尽情剪断了，人和人中间，除了明目张胆的自利，刻薄寡情的现金主义，再也找不出甚么别的联结关系。宗教的热忱，义侠的血性，儿女的深情，早已在利害计较的冰水中淹死了。人的价值变成了交换价值，无数永久特许的自由换了单纯的无理的自由，就是自由贸易。简单说，有产阶级，是由从前戴着宗教和政治的假面的掠夺，更变为赤条条的，没廉耻的，迫切的，残忍的掠夺。

有产阶级，已将有名誉的受人尊敬的职业底荣光毁灭了！无论医生，法

---

① 此处现译为"天然的首长"。见《马克思恩格斯选集》第1卷第253页。——编者注

律家,僧侣,诗人,科学家,都成了他们的工银劳动者①。

有产阶级,已将家庭情爱底面帕扯碎了。家族关系,弄成了单纯的金钱关系。

有产阶级,已明白表示保守派所赞赏的那中世武士底蛮勇行为,他们就是懒惰逸乐,也可以做到的。他们第一次表示人间底活动力是无所不能。他们做成的惊人事业,便是埃及底金字塔,罗马底水道,中世底礼拜堂,也赶不上;他们的长途远征,便是前代一切国民底迁徙和十字军也赶不上。

有产阶级,倘不将生产工具不断的革命,牵动生产关系以及全社会关系跟着革命,那是一定不能存在的。这和前代恰恰相反,前代的一切工业阶级,是须将生产底旧方法,保存不变,才能够存在。所以,生产不断的革命,全社会的状况不断的摇动,不安和不平底继续不断,这就是有产阶级时代,和一切前代不同的标识。古来凝固的,冰结的各种关系,都跟着偏见旧说一扫而去;就是新式事物,也等不到安固,早成废物。凝结的散作烟云,神圣的堕入秽亵。人们至此,也只得怀了冷酷的心情,应付他的遭遇和同类了。

为了生产品增多,必须时常扩张市场,有产阶级,遂布满世界,他们到处密集,到处栖止,到处发生关系。

有产阶级,垄断了世界的市场,于是各国底生产和消费,便都带了世界的性质。无论保守派如何愤恨,但国家的地盘,已受产业革命底影响崩坏了;旧式国民的产业,一切都已经崩坏或正在崩坏,他的地位就被新产业夺去了。这种新产业开始,就是一切文明国民生死关头的大问题。这种产业底原料,现在不专靠国产,尽有国外输来的;这种产业底生产品,不专在国内销售,尽有供给世界各地的。从前的需要,只限于国货就够了;如今却要求国外的生产品。从前只株守一乡一国,如今却也讲求各国国民的交际和互助。便是智识的生产,也已经和物质的一样。各国国民智识的创作,已成了世界的公有物。国民的偏见和狭小的度量,渐渐没有存在的余地。世界的文学,已从许多国民的地方的文学当中兴起了。

有产阶级,既急激的改良了生产机关,又不断的开拓了交通机关,于是一切国民,连极野蛮的,也尽数牵入文明队里。他那价廉物美的射击力,就是中华底城壁,也被他打破了;就是极端排外的顽固的野蛮人,也只得向他降伏。世界各国,因为要免得灭亡,也只得采用资本家的生产方法,将所谓文明输入他们的社会,便也成了有产阶级。简单说,有产阶级按照自己的模

---

① 此处现译为"雇佣劳动者"。见《马克思恩格斯选集》第1卷第253页。——编者注

形,造成了世界。

有产阶级,压迫乡村使它屈服在都市支配之下;建设许多都市,又将都市增加了比农村更多的人口,使多数人民脱离了朴素的田舍生活。他们既使乡村屈服于都市,又同样使野蛮和半开化的国民屈服于文明国民,农业国民屈服于资本国民,东洋屈服于西洋。

有产阶级将人口,生产机关,财产底涣散状况渐渐除去;教人口团聚了,生产机关集中了,财产聚在少数人手里了。从此必然生出的结果,便是政治的中央集权。他将各个利害,法律,政府,税则不同的独立区域或勉强团结的区域,团结起来合做一个政府,一样法典,一致利害,一个国境,一样税则的国民。

有产阶级得权不过百年,他造成的生产力,却比开辟以来一切时代生产力底总和还要大。自然力屈伏于人类,机器,工业和农业上的化学应用,轮船,航路,铁道,电报,全大陆底开垦,河流底疏浚,好像用魔力从地下唤起似的全人类——在前代,谁曾想到这样的生产力,居然包含在社会的劳动里面呢?

我们从此可以晓得做有产阶级基础底生产和交换机关,是萌芽在封建社会里面。这种生产和交换机关发展到一定地步,封建社会的生产及交换状况,换句话说,就是农业和手工业底封建的组织,简括些说,就是财产底封建的关系①,便不能和那已经发展的生产力适合了。这种关系,便变成了许多障碍物。这种关系,便必要崩坏的,结局果然崩坏了。

于是,自由竞争,便来代替了他们的地位,适合这自由竞争的社会和政治组织,也就跟着出现,有产阶级的经济和政治权力,也就跟着得到了。

同样的运动,又映到我们的眼里了。有他的生产,交换,财产关系②的近代有产阶级社会,就是惹起这般大规模生产和交换的社会,好像术士念咒召来魔鬼,现在却没有镇伏他的能力了。数十年来的工商史,只是近代生产力对于近代生产方法,对于有产阶级的生存和统治权的财产关系谋叛底历史。证明这个事实,只要举出商业上的恐慌就够了;这种恐慌,隔了一定期间,便反复发生,一回凶过一回,常常震动有产阶级社会底全部。在这种恐慌的时候,不但当时现存的生产品大部分破坏,连从前造成的生产力,也要

---

① 此处现译为"封建的所有制关系"。见《马克思恩格斯选集》第1卷第256页。——编者注
② 此处现译为"所有制关系"。下同。见《马克思恩格斯选集》第1卷第256页。——编者注

一同破坏。在这种恐慌里面,发生一种古代梦想不到的流行病——就是生产过度的流行病。社会突然现出回到野蛮的景象,仿佛饥馑骤至,又仿佛举世大战衣食全要断绝,一切工商业,现出就要破坏的状况。这是什么缘故呢?这全是文明过度,衣食过度,工业过度,商业过度底缘故。在社会指挥之下的生产力,不能再促进有产阶级财产制度底发达了;而且他的权力太大,无法救正那些制度,他虽然受那些制度的束缚,一旦打破了束缚,他便使有产社会全部扰乱,使财产制度根本动摇。有产阶级社会底制度太过狭小,不能包含那大生产力所产出的财富。那么,有产阶级怎样逃出这种恐慌呢?他不外:一面用强压力毁坏生产力底大部分,一面开辟新市场,并尽量掠夺旧市场。这可以说,是朝着更广大,更凶猛的恐慌方面走去,把防止恐慌的手段抛弃了。

如此,有产阶级颠覆封建制度的武器,现在却向着有产阶级自身了。

但有产阶级,不但锻炼了致自己死命的武器,还培养了一些使用武器的人——就是近代劳动阶级(Working Class)——就是无产阶级。

无产阶级(就是近代劳动阶级)跟着有产阶级(就是资本)照同一的比例发达了。这劳动阶级,必须有工做才能生活,必须他们的劳力能增加资本才有工做;时时须把身体卖却。他们便是一种货物,和别的商品一样,免不了竞争底盛衰,行情底涨落。

无产阶级底劳动,因为用机器越多,分工越细的缘故,完全失掉了个性,便自然没得兴趣。他们变成了机器底附属品,做的全是些简单的,呆板的,又很容易学会的小技术。因此,产出这种劳动者的费用,限定只够支持劳动者自身和繁殖子孙所必需的衣食费就得了。但是商品底价值,总是跟着产出费涨落的;劳动也是一种商品,自然逃不出这个定理;所以工作越发简单,工资也就越发减少。并且,为了机器和分工越发推广底缘故,便延长劳动时间或增加一定时间内的劳动,或增加机器底速力,使劳动者苦役底负担越发增加。

有了近世产业,那家长式的主人属下底小工场,就变成资本家底大工厂了。工厂里那些劳动者,都组织得和军队一般。他们都已成了产业军底兵卒,压在营长,排长底下动弹不得。他们不但做了有产阶级底奴隶,有产阶级国家底奴隶,并且时时刻刻做了机器,稽查,乃至制造家财主个人底奴隶。这专制主义越发明白宣布营利是他的目的,越发是可贱,可恶,可恨。

近代工业越发达,手工业的技术和腕力渐归无用,男子底劳动越发被女子占去。年龄和男女底差别,在劳动阶级,没有什么社会效果上的分别。他们同是劳动底工具,不过费用一层因着年龄和男女有多寡罢了。

劳动者被制造家掠夺完了,到了用现金付给工资的时候,同时又被有产阶级底别一部分——地主,铺主,当店等等利用了。

中等阶级底下层——小商人,零卖商和歇业的商人,工匠和农夫——这些人,也渐渐沉到无产阶级里了。这原因一半因为他们的小资本够不上营大规模的近世产业,被别的大资本家打灭了,一半因为他们的专门技术,自从有了新生产方法,已不值半文钱。因为这样,社会底各阶级,便不住的补充到无产阶级来了。

无产阶级,也是经过种种时期发达起来的。无产阶级发生的那一日,便是同有产阶级争斗开始的那一日。最初是各个劳动者反抗直接掠夺自己的那资本家;再进一步,就是工厂工人联合反抗;更进一步,便是一个地方同业工人合力反抗。可是他们反抗,并没向着有产阶级的生产方法,只向着一些生产工具攻击;——捣毁同他们劳动竞争的输入品哪,敲碎新式机器哪,焚烧工厂哪,闹的都是这等事情。他们的期望,只是用腕力来回复中世劳动者的故态。

在这时期里,劳动者只在各处结了松懈的团体,内部一有龃龉,便瓦解了。有的地方团结稍为紧密的团体,那又不是他们自动的团结,全是受了有产阶级底利用。当时,有产阶级为了政治上的目的,煽动全国的劳动者,并借重他们的力量。劳动者在这时期里,攻击的并不是自己的敌人,是敌人底敌人;就是专制政体底遗物,地主,产业以外的富豪,小富豪等。所以历史上一切的运动,都是有产阶级的运动;所得的一切胜利,也都是有产阶级的胜利。

可是一方面产业愈加发达,一方面无产阶级不但人数加增,而且渐次集中结成大团体,力量加大,对于自己力量的自觉也愈深了。而且,机器又抹去各种劳动底差别,因此劳动阶级间的利害关系和生活状况,就渐趋一致;工资又几乎到处降到同样低的水平。有产阶级里面,又渐起竞争,商业因此起了恐慌,劳动者底工资,也因此更被动摇。而且,机器不住的进步,使他们的生活刻刻不安;劳动者和资本家个人的冲突,又渐渐带着两阶级间冲突的彩色。于是乎,劳动者就结了团体(劳动联合)去对抗资本家。他们联合底目的,在于维持工资率。因为时时须得对抗,就设了个准备粮食的永久联合。这种对抗既成,便到处发生骚动的事了。

在这等争斗里,劳动者原是时时得了胜利,但这不过是一时的事。那真正的效果，并不在眼前的利益，是在劳动者底团结继续扩大。这种团结，很受了近代产业所造成进步的交通机关许多辅助。因为有了这种交通机关，远方的劳动者也互相接触了。集合同性质的许多地方争斗，团成全国一大阶级的争斗，正有这种接触底需要。但每次阶级争斗，都是政治上的争斗。这种团体，如果教交通不便的中世市民来团结，决非几世纪不行；多谢铁路与人方便，近代的无产者，只消几年便成就了。

无产者这样组成一阶级，便自然成了一政党；但因为劳动者和劳动者间不免互相竞争，团体还是时常颠覆的。可是一定复兴起来，越发强，越发坚固，越发有力。后来逢到有产阶级党派分歧的时候，就强求立法机关承认劳动者特殊的利益。像英国底十点钟劳动法案，便是这样成功的。

旧社会各种阶级里许多冲突，也为无产阶级底发展开辟了许多坦途。有产阶级自己，常站在战争中间；当初，同贵族战；随后同别的产业进步上利害不同的有产阶级战；又常同外国有产阶级战。在这等战争里，有产阶级不得不鼓动无产阶级，求他的帮助，因此便将无产阶级牵入政治的漩涡中。于是，有产阶级，就将自己的政治教育和普通教育供给无产阶级。换句话说，就是将和有产阶级争斗的武器付给无产阶级了。

更进一层说，我们所知道权力阶级为了产业进步的缘故，已经刻刻向无产阶级坠落，至少也已经危殆不安。无产阶级也因此得了智识和进步底新种子。

最后就是在阶级争斗要决裂的时期，那权力阶级里面（据实说，旧社会全组织里面）分崩底经过，很带着几分激烈的性质；有一小部分的权力阶级，竟脱离旧关系，投入革命阶级——掌握将来的阶级。从前有一部分贵族投向有产阶级，如今也有一部分有产阶级投向无产阶级，那一部分能够了解这种历史运动有理想的资本家，更是如此。

现在和有产阶级对峙的各阶级当中，只有这无产阶级，才算得真正的革命阶级。近世产业虽然能够叫别的一切阶级渐次衰颓，归于消灭；但只有这无产阶级，是他特别的主要的产物。

中等阶级底下层，像小制造家，零卖商，工匠，农夫这些人，原也是同有产阶级争斗，好保持中等阶级的地位；他们的争斗并非革命的，只是保守的。不但保守，他们并且希望把历史的机轮向后退转，简直是复古的。就使他们有时来革命，也是因为觉得自己将要坠入无产阶级的缘故。他们不是防卫现在的地位，只是计较将来的利害，他们才抛掉现在的立脚地，去站在无产阶级的立脚地。

那班"危险阶级"①，社会的赘疣，从旧社会最下层淘汰下来，正在腐朽的群众，也往往到处卷入无产阶级的革命运动。但他们的生活状况，很容易做保守党阴谋所收买的器具。

一切旧社会的状况，现已沉没在无产阶级的状况中了。无产阶级，并没有财产；他和他妻子底关系，并没有有产阶级那样家族关系。近世产业的劳动，近世资本底逼迫，英国同法国一样，美国同德国一样，无产阶级都没有丝毫国民的特性存在。法律，道德，宗教，在无产阶级看起来，都是有产阶级底偏见，背后都藏着有产阶级利益的伏兵。

从前一切阶级，一旦得了权势，没有不拼命使社会屈从他们的分配条件，好巩固他们已得的境况。无产者若不将以前的分配方法推翻，便没有做社会生产力底主人翁的日子。因此，从前一切分配方法，是不得不推翻的。他们并没有甚么自己的东西要保卫防护；他们的使命，只是破毁从前对于个人财产的一切防护和保险。

古来历史的运动，都是少数人的运动，或是为了少数人利益的运动。无产阶级运动，却与此不同。他是为了大多数人的利益，大多数人自觉的独立的运动。但现在社会最下层的无产阶级，若不把官僚社会压在上层的全部抛出九霄云外，自己是不会翻身上达的。

无产阶级对于有产阶级的争斗，实质上虽然不是这样，形式上最初总是从一国一国的入手。各国底无产阶级，必须首先处置本国底有产阶级。

我们默察无产阶级发展的大势，其初只是一些私斗，末后总是爆发起来，成了公然的革命，推倒有产阶级，筑起无产阶级权力的基础。

向来一切社会底形式，我们都晓得他建筑在压迫阶级和被压迫阶级底对抗上面。但压迫一阶级，至少总还要给它能够维持奴隶生存的条件。在农奴制时代，农奴也还可以变成都市的公民；在封建专制治下，小资产家也还可以变成大绅商。然而近世的劳动者，却完全与此相反；不但不能随着产业同时上进，却是逐渐低下，逐渐沦沉到自己阶级底生存条件以下。他竟变作贫民，于是贫困底发展，比人口和财富还要快。从此，就可晓得，有产阶级已不配再当社会的权力阶级，已不配再强要社会维持他的存在了。他不配做支配者是因为他那种奴隶制，不能保障奴隶底存在，是因为他已经不是为奴隶所养，已经在不得不养奴隶的情况中了。社会已不能在有产阶级底下生存了。换句话说，有产阶级底存在，已不适合现社会了。

---

① 此处现译为"流氓无产阶级"。见《马克思恩格斯选集》第1卷第262页。——编者注

有产阶级存在和权力底根本条件，在资本底成立和屯积。资本底要件，在工银劳动①，工银劳动，全靠劳动者相互竞争。但有产阶级无意中促进产业的进步，却已使劳动者从竞争的孤立变成协力的团结。近代产业发达，使有产阶级的生产和占有底基础从根破坏了。有产阶级所造成的，首先就是自己的坟墓。有产阶级底倾覆和无产阶级底胜利，都是免不了的事。

---

① 此处现译为"雇佣劳动"。下同。见《马克思恩格斯选集》第1卷第263页。——编者注

第二章 无产者和共产党

共产党,对于无产阶级,究竟站在怎样的地位呢?

共产党,并不是反对别的劳动阶级的党派特别组织。

共产党,并不是离开了无产者全体的利害,还有别的利害的。

他们也不是想树立一种自派的主义,去做无产阶级运动的模范。

共产党和别的劳动阶级各党派不同的地方,只是:(一)各国无产阶级在他们国里争斗的时候,共产党一定脱出一切国家的界限,替无产阶级全体指示共通的利害;(二)劳动阶级对资本阶级的争斗,无论是发达到怎样地步,无论甚么时候,无论甚么地方,共产党代表无产阶级运动全体底利害。

所以共产党在实际一方面,固然是各国劳动阶级中最进步最果决的一派,也就是能够策进别的一切党派的一派;在理论一方面,也是很能了解劳动运动底进路,情势,以及最后的结果,才能够帮助无产者的大团结。

共产党直接的目的,也和别的一切劳动党一样:(一)纠合无产者团成一个阶级,(二)颠覆有产阶级底权势,(三)无产阶级掌握政权。

共产党学理的结论,决不像一般的社会改良家,拿发明或发见的主义理想作根据。

共产党不过把现在的阶级争斗,就是我们眼前所经过历史的运动中旺盛起来的实际情势,用普通的言语表现出来罢了。废止向来的财产关系,并不是共产主义底特征。

过去的一切财产关系,不断的影响到历史状况底变迁,成了历史变迁底主因。

例如,法国革命,因为拥护资本家的财产①,就废止了封建的财产②。

共产主义的特征,并不是废止一般的财产,只是废止资本家的财产。现

---

① 此处现译为"资产阶级的所有制"。下同。见《马克思恩格斯选集》第1卷第265页。——编者注

② 此处现译为"封建的所有制"。下同。见《马克思恩格斯选集》第1卷第265页。——编者注

代资本家的私有财产①这件东西,就是根据阶级对抗,根据少数掠夺多数人的生产和分配制度底最后极完备的表现。

所以共产党的理论,一言以蔽之,就是:废止私有财产。

我们共产党被人非难的,是希望废止个人的财产权。他们以为财产是各人自己劳动底结果,应该看作一切个人的自由,活动,独立底根据。

勤苦所得的,独力所得的,自己所得的财产!你们所说的是小职工财产,小农夫财产,资本家时代以前财产底制度吗?那就不消废止了;自从大工业发达以来,已将它们破坏了,并且日日还正在破坏中。

那么,你们所说的是现代资本家的私有财产吗?

你们仔细想,现在的工银劳动,能够替劳动者本身造点财产吗?那是丝毫没有的,只替资本家造了些资本;这资本即是掠夺工银劳动的一种财产。也就是要得着新的工银劳动经营,新的掠夺,才得增加的一种财产。所以现在式的财产,他的基础都是根据在资本和工银劳动底对抗上面。试将这对抗底两面检查一下,资本家不单是个人人格,并且占有生产事业上社会的地位。资本却就是生产品底囤积。要善运用他,全靠多数人的共同劳作,最好是靠全社会的人共同劳作。

所以资本不是个人的势力,是社会的势力。

所以资本就是变为公有的财产,变为全社会底财产,个人底财产也不至于因此就变成社会底财产。不过是把财产变成社会的性质,失了阶级的性质罢了。

我们更将工银劳动检查一下,工银劳动底平均价格是最低的工银。换句话说,就是衣食住底费用,就是仅仅维持劳动者身份的生活费。所以工银劳动者劳力所得的,只够维持和繁殖他们贫苦的生命。我们并不是要废止把这个劳动底生产物分配于各个人。我们并不是要废止维持和繁殖这人类生命的分配。我们并不是废止没有余力命令他人劳动的分配。但这分配上悲惨的性质,我们是要扫荡净尽的。使劳动者单为了增加资本而生活,单为了权力阶级底利益而生活,这种悲惨的性质,是要扫荡净尽的。

在资本家社会里活着的劳动者,不过是增加"屯积的劳动"(资本)的一个工具。在共产社会里,那"屯积的劳动",却只是使劳动者底生活扩充,丰富,向上的一个工具。所以资本家社会,是过去支配现在;共产社会,是现在支配过去。在资本家社会,资本却是独立而有个性,活人反而成了附属品没

---

① 此处现译为"私有制"。下同。见《马克思恩格斯选集》第 1 卷第 265 页。——编者注

有个性。

那些资本家一听见要消灭事物底这种现状,就说这是消灭个性和自由!不错。这的确是以消灭资本家底个性,资本家底独立,资本家底自由为目的。

现代资本家的生产制度里所谓自由,不过是贸易自由,买卖自由。如果买卖消灭,买卖自由也是要消灭的。资本家所说关于买卖自由和一般自由底大议论,如果把他同中世买卖底束缚,商人底束缚对比,或是很有意义;拿他来反对共产党所主张的买卖废止,资本家的生产制度废止,资本阶级本身废止,这就毫无意义了。

你们恐怕我们要废止私有财产,你们现在的社会里,十个人当中就有九人丧失了私有财产;少数人有了私有财产,十分之九的人自然一无所有了。这种财产制度,是要大多数人丝毫没有财产,做它存在底必要条件,你们还要非难我们主张废止它。

简单说罢,你们非难我们,是怕我们主张废止你们的财产。果真如此,这真是我们所希望的。

一旦到了劳动不能变为资本,货币,地租等独占的社会势力的时候,就是个人的财产不能移作资本家的财产,不能移作资本的时候,你们大概要说个性消灭了。如此,你们应该承认你们所谓"个性"就是资本家这种人,就是中等阶级底财产家。这种人自然非扫荡不可,非消灭不可。

共产主义要剥夺的,不是社会底生产分配权,只是用这种分配方法来压迫别人劳动的权力。

反对废止私有财产的人又会说,废止了私有财产,一切事业就要停顿,普天下人都要变成懒惰。

照这样说来,现在资本家社会,早应该为了懒惰而零落了。因为现在社会里,劳动的人却丝毫得不着甚么,得着一切的反而是不劳动的人。所以这个驳论,不过是这样一句话:"一旦没有甚么资本,就不会有甚么工银劳动了。"

非难共产主义物质上生产及分配方法的人,又用同样笔调,来攻击共产主义智识上生产及分配方法。在资本家看来,正如阶级的财产消灭,就是生产本身消灭;阶级的教育消灭,也就是一切教育消灭。

像他们这样恐怕丧失的教育,在大多数人不过是一种机械动作的练习罢了。

你们把那关于自由,教育,法律,等等资本家的解释作标准,来攻击我们主张废止资本家的财产,是没有用的。你们想一下罢,你们的思想本身,不过是你们资本家的生产状况和资本家的财产状况底产物。正如你们的法理,也不过将你们阶级的意志定为普天下底法律。这种意志底本质和倾向,也就是跟着你们阶级所以存在的经济条件决定的。

你们想把你们的生产方法和财产制度所造成的社会组织——就是随着生产进步而兴亡的历史关系——作为自然和真理永远不变的法则,这全是你们利己的谬想。前代的权力阶级,也都有过这种谬想。你所明明见过古代财产制度的事物,你所承认封建财产制的事物,都被你们资本家的财产制度废除了。

废止家族制度!就是最急进的人,也以为是共产党不名誉主张,非常愤激。

但是请看现在的家族制,资本家的家族制,到底有甚么根据?不过是资本,不过是私利,这种家族制完全发达的形式,只在有产阶级里面才见得着。成全这种事情的要件,一是无产者家族实行消灭,二是公娼。

这些要件如果消灭,资本家的家族制,当然也要消灭;并且两样都要同资本一齐消灭。

我们还要禁止父母掠夺儿女。你们以我们为罪犯吗?好,我们甘心作罪犯!

我们如果废去家庭教育,建设社会教育,你们总以为破坏了最神圣的关系。

你们的教育,不也是社会的教育吗?那教育底方针,不是根据社会的状况而定的吗?社会不是已经借了学校和其他方法施展他直接或间接的干涉吗?社会干涉教育,并不是共产党发明的;他们不过要改变干涉底性质,使教育脱离权力阶级底势力。

因为近世产业发达底结果,把一切无产者的家族关系撕得寸断;他那儿女变成了简单的商品,变成了劳动底器具;那些资本家却口口声声讲甚么家族,甚么教育,甚么亲子间神圣的关系,来沽名钓誉,我们越发觉得可恶。

于是乎,有产阶级底全体就会齐声喊道:你们共产党不是要创设妇女共有制了!

有产阶级原来把他的妻只当作一个生产器具。他们总听说过生产器具是可以公用的,所以即使断定妇女和别的生产器具同样,免不了公有的运命,也不是十分无理的事。

但是共产党真正目的,是想把妇女当作一个生产器具底状况扫除净尽,这一点他们却不曾想到。

我们资本家先生,诬陷共产党公然创设妇女共有制,而且大发义愤,这是很可笑的事。妇女共有制无需共产党创设,已经从最古的时代就有的了。

我们资本家先生,对于普通娼妓不消说了,就是奸了他势力底下无产阶级底妻女还不满足,还要互相拐诱别人底妻,去满足他们最大的快乐。

不错!现在有产阶级的结婚,实在是妇人共有制度。那么,共产党即使照他们所说的一样,主张妇女共有,也不过是将隐在伪善里面的妇女共有制,变成公然合法的妇女共有制罢了。总之,现在的生产制度废止了,从这种制度产出的妇女共有像公娼私娼等就消灭了。

共产党更被人非难的,就是希望废弃国家和国粹。

劳动者并没有国家。我们不能将他们原来没有的东西,从新去掉。劳动阶级第一步事业,就是必须握得政权,就是必须起来做国民底主要阶级,就是必须以自己组织一个国民。由这点看来,劳动者是国民的;但和资本家所谓国民,意义却是不同。

国民的差别和人民间的对抗,自从有了有产阶级发达,通商自由,世界的市场,生产方法和生活状况统一等,就一天一天的消灭下去了。

劳动阶级如果握得政权,那些东西都要消灭得更快。因为各国(至少文明先进国)底联合政策,是劳动阶级解放底一种首要条件。

个人掠夺个人的事没有了,那国民掠夺国民的事也就没有了。一国里阶级对抗没有了,这一个国民和那一个国民底冤仇也会没有了。

至于宗教,哲学,及一般理想家,非难共产主义的话,是不值得严密讨论。

人底理想,意见,观念,简单说,就是人底自觉①这件东西,跟着物质的生活状态,社会的关系和社会的生活变化而改变,岂不是什么人都晓得的吗?

古来思想底历史所可证明的,不都是智识的生产随着物质的生产变化吗?支配各时代的思想,总就是那时代权力阶级底思想。

有些人在那里讲改造社会的思想。他们所说的,不过是在旧社会中怎样创出新思想,旧式生活状况崩坏怎样酿成旧思想崩坏等事实罢了。

---

① 此处"自觉"现译为"意识"。下同。见《马克思恩格斯选集》第1卷第270页。——编者注

古代的世界灭亡时,古代的宗教就被基督教征服了。十八世纪基督教思想受合理的思想压迫时,封建社会正和当时革命的有产阶级决战。所谓信仰自由,思想自由,不过是知识阶级自由竞争的势力罢了。

或者有人说"宗教的,道德的,哲学的及法律的思想,在历史发展的路上固然有种种变化;但宗教,道德,哲学,政治,法律,仍然遗留在这变化中间。"

或者又有人说"并且,自由,正义这些东西,是恒久的真理不随社会状态变迁的。然而共产主义却是排斥那恒久的真理,不是把宗教,道德,建设在新的基础上,是排斥一切宗教,一切道德。所以共产主义,和过去历史上的一切经验不能相容。"

这种诘难,不是他自己表白自己不合理吗?一切社会过去的历史,是在阶级对抗底发展中成立的;一时代有一时代的争斗形式,形式虽然不同,但各时代都有一件共通的事实。这事实就是社会的这一部分掠夺那一部分。所以过去各时代社会的自觉,他那表现虽有种种的形式,却不外一个共通的形式(即概念),这是不足为怪。那形式(即概念),在阶级对抗没有完全消灭的期内,不能全然消失,也是不足为怪。

共产党的革命,是祖宗传下来的财产关系上最急激的破裂。所以他的发展,也当然酿成祖宗传下来的思想上最急激的变化。

但是我们现在不愿意和反对共产主义的有产者辩论了。

我们前面已经说过,劳动阶级的革命,第一步是在使他们跑上权力阶级的地位,也就是民主主义底战胜。

既达到第一步,劳动家①就用他的政权渐次夺取资本阶级的一切资本,将一切生产工具,集中在国家底手里,就是集中在组织权力阶级的劳动者手里;这样做去,那全生产力就可以用最大的速度增加了。起初的时候,少不得要用强迫的攻击手段对付私有财产权和资本家的生产方法,才得达到目的。这种手段,从经济方面看去,似乎不充足而且薄弱,但运动继续下去,必能强盛起来,对于旧社会组织再加以一大打击,结果就成了生产方法革命不可避的手段。

这种手段,应该看各国情形定夺。

最进步的各国,大概可以用下列各项设施:

(一)废止土地私有权将所有的地租用在公共的事业上。

(二)征收严重累进率的所得税。

---

① 此处现译为"无产阶级"。见《马克思恩格斯选集》第1卷第272页。——编者注

（三）废止一切继承权。

（四）没收移民①及叛徒底财产。

（五）用国家资本，设立完全独占的国民银行，将信用机关集中在国家手里。

（六）交通及运输机关，集中在国家手里。

（七）扩张国有工场及国有生产机关；开辟荒地，改良一般土地使适于共通计划。

（八）各人对于劳动有平等的义务。设立产业（尤其是农业）军。

（九）连络农业和制造工业；平均分配全国底人口，渐次去掉都会和地方的差别。

（十）设立公立学校，对于一切儿童施以免费的教育。废止现行儿童底工场劳动。连络教育和产业的生产等等。

这样渐次发展下去，阶级的差别自然消灭，一切的生产自然集在全国民大联合底手中；公的权力就失了政治的性质。原来政权这样东西，不过是这一个阶级压迫那一个阶级一种有组织的权力。劳动者和资本阶级战斗的时候，迫于情势，自己不能不组成一个阶级，而且不能不用革命的手段去占领权力阶级的地位，用那权力去破坏旧的生产方法；但是同时阶级对抗的理由和一切阶级本身，也是应该扫除的，因此劳动阶级本身底权势也是要去掉的。

总之：我们要废去阶级对抗和阶级所组成的旧式资本家社会，换上各个人都能够自由发达，全体才能够自由发达的协同社会。

---

① "移民"现译为"流亡分子"。见《马克思恩格斯选集》第1卷第272页。——编者注

第三章 社会主义及共产主义的著作

一 复古的社会主义
(Reactionary Socialism)

（甲）封建的社会主义(Feudal Socialism)

英法底贵族，为了他们历史的地位关系，曾做出几多小册子反对近代有产社会。一八三〇年七月法国革命和英国改革运动的时候，这些贵族再为那可厌的暴发户所屈服，从此就不能有严重的政治上竞争，只能在文字上争斗了。就是文字上的争斗，也不能有复古时代（就是一八一四年至一八三〇年间法国复古时代）那样高的声浪了。

那些贵族，因为想得世间底同情，面子上装出忘记了自家利害的样子，替被掠夺的劳动阶级向资本家声罪致讨。他们对于那些新主人翁唱了些讥讽的歌，发了些将来必然破裂的预言，其实都是替他自己复仇。

封建的社会主义，就是这样起来的一半是悲哀，一半是讥讽；一半是过去底反响，一半是将来底威吓；虽然有时用痛快锐利的批评，刺击资本家底心胸，但全然缺乏了解近世史前进的能力，结果总不免滑稽。

那班贵族想人民再归附他们，就用救济无产者这名义做军旗。但人民和他们常常接近，便看出他们里面还穿着封建的武装，都呵呵大笑地散去了。

法国底王党(French Legitimists)和"青年英国"(Young England)都是好的例。

封建党指出他们掠夺底方法和资本家不同，他们忘记了他们掠夺时候底情势和现在全然不同，已经成了废物。他们又以为他们治世的时候，没有近代这样无产贫民；他们忘记了近世资本阶级是他们自己社会组织必然的产生物。

此外他们批评资本家，并不隐藏复古的性质；他们对于资本阶级主要的责备，就是：资本阶级统治之下，正在造出一阶级，这阶级定要连根带叶扫荡社会上旧的秩序。

他们责备资本阶级，并不一定是因为他造出无产阶级，不过因为他造出革命的无产阶级。所以他们在政治上的行动，常常赞成对于劳动阶级的压迫政策；他们日常的生活，也和他们平日说的大话相反，他们专想拾产业树上落下的黄金果，他们专想假借真理，爱，和名誉，去换那毛，糖，和马铃薯的酒精。

宗教的社会主义（Clerical Socialism）如同僧侣和地主携手一样常常和封建的社会主义结伴。

基督教底禁欲主义，原来最容易加上社会主义的彩色。基督教不是反对私有财产，反对婚姻，反对国家吗？不是提倡拿慈善和贫困，独身主义和肉底灭绝，出家生活和"母教会"来代替吗？基督教社会主义，只是僧侣清理贵族心火的圣水。

（乙）小资本家社会主义（Petty Bourgeois Socialism）

被资本阶级剿灭了的，并不只封建的贵族阶级；生存状况在近代资本社会底空气中腐朽灭亡的，并不只封建的贵族阶级。在近世资本阶级发生以前，还有中世的市民（Burgesses）和小地主；这两阶级在工商业不很发达的各国，现在还是同新起来的资本阶级并立。

在近世文明十分发达的各国，又有一种小资本家的新阶级，辗转于劳动者和资本阶级之间，常常新陈代谢下去成了资本阶级底附属分子。但是这个阶级底个人，常常因为竞争的缘故，陷落到无产者里面去了；而且，近世产业越发达，他们越失去近代社会上独立的地位，渐渐成了制造业，农业，商业的管理人，经理，事务员。

像法兰西那样农民占全人口过半数的国里，偏袒劳动者反对资本阶级的文人，自然拿农民和小资本家作标准去批评资本阶级的统治，自然从他们中间阶级的立脚点极力来拥护劳动阶级。小资本家社会主义于是就出现了。西斯蒙地（Sismondi）便是英法两国里这派的首领。

这派社会主义，把近世生产状况中许多矛盾的地方分析得非常精密。他们把经济学者所造伪善的辩解驳斥得非常明显。他们把机器和分工所产出的恶结果，像资本和土地集中在少数人手里，生产过度和恐慌等事，论证得非常有力。他们把小资本家和农民底必然零落，无产者底悲惨，生产界底无政府状态,财富底分配不平等,国家间相角逐的产业战争,旧道德旧家庭关系旧国粹底崩颓,都明白指示出来了。

但是这一派的社会主义,他积极的目的是想把生产交换底旧方法和旧的财产关系,旧的社会状况恢复转去;不然,就是想把近世的生产及交换方法,装到旧的财产关系底壳子(实在已经被新方法破裂了,或是将要破裂的壳子)里去。这两样都是复古的,空想的。

他们的结论是:制造业该有同行组合(Guild),农业该有家长的关系。

但是,历史上强固的事实,早已把他们自欺的醉梦打消,这派社会主义,也就到了悲惨的末日。

(丙)"真"社会主义(German or "true" Socialism)

法国社会主义及共产主义底著作,原来发生在有权力的资本阶级压迫底下,反抗这种权力的表现,不久就输入德国去了。输入德国的时候,恰是资本阶级和封建的专制主义开始争斗。

德国底学者先生,非常热心得到这种著作;但是他们却忘记了法国底社会状态不曾同这些著作一同移来。所以这些法国底著作,对于德国底社会状况,全然失了眼前实行的意义,成了纯粹文学的景况。在十八世纪的德国学者看来,以为法国第一次革命底要求,不过是一般"普通的道理"底要求。革命的法国资本阶级底意志表示,在他们看来,也不过是纯粹意志底表现,就是意志自然的发动,就是一般人情底显露。所以德国学者底著作,都是专门拿法国新的思想和本国古代哲学思想相调和。或者更可以说是结合法国底思想却不抛弃自家哲学的见地。

这种结合底方法,和翻译外国语差不多。

中世纪那些僧侣,根据古代异教底典籍,作了加特力(Catholic)①各圣僧底传记,这是人人都晓得的。德国底学者,对于法国底著作,也是用这种方法。他们在法国底著作上面,附了些自己无意识的哲学论。譬如,在法国评论货币底经济的作用上面,他们加上些"人情离散"②的议论;在法国评论资本阶级国家上面,他们加上些"将校部属底废止"③的议论,等类。在法兰

---

① "加特力"(Catholic)即"天主教"的音译。——编者注
② 此处现译为"人的本质的外化"。见《马克思恩格斯选集》第1卷第277页。——编者注
③ 此处现译为"抽象普遍物的统治的废除"。见《马克思恩格斯选集》第1卷第227页。——编者注

西历史的评论上面,他们加上些"行为底哲学""真社会主义""社会主义底德国科学""社会主义底哲学的基础"等称号。诸如此类,不一而足。

于是,法国社会主义及共产主义底著作,就全然失了精义了。并且阶级争斗底意义从此在德国人手中抹去,他们还自己以为免了法国人的偏见;他们自以为不单是代表真实底要求,还是代表真理底要求;他们自以为不是代表无产阶级利害的,是代表人类本性底利害,就是代表全人类利害的;这种人既不属于何种阶级,算不得实际的存在,只有哲学空想的云雾中是他存在的地方。

德国底社会主义,虽然弄过这样庄严的儿戏,说过卖药的大话来遮掩他资本缺乏,不久便渐次失了那卖弄学问的稚气。

德国(尤其是普鲁士)底资本阶级对于封建贵族和专制王政的战争,换句话说,就是自由主义运动,渐渐逼紧来了。

于是乎,所谓"真"社会主义,就得了多年希望的机会,这希望就是拿社会主义的要求,去对抗政治运动;对于自由主义,对于代议政体的政府,对于资本阶级①的竞争,对于资本阶级的言论自由,对于资本阶级的立法,对于资本阶级的自由平等,一切都得了诅咒的机会了;也得了机会对民众说替资本阶级运动毫无所得,只有所失。德国底社会主义,在这危急的时候,忘记了法国评论家所预想的近世资本社会存在以及跟随的经济状况和政治组织;这些正是德国人现在才争求的,法国人早已得到了。

所以专制政府和附属的僧官教授,地方贵族,官吏,都以为这种社会主义,是对待资本阶级来攻时最有用处的草把人。刚刚在德国政府对于劳动阶级底蜂起投过些鞭挞和弹丸的苦丸药之后,这个社会主义,算是改胃口的甜东西。

这"真"社会主义,一面这样做了替政府战斗资本阶级的武器,同时又直接代表德国中等阶级复古的利益。在德国这小资本阶级,是十六世纪的遗物,时时转变他的形式,作社会现状底真基础。保存这个阶级,就是保存德国底现状。但是资本阶级在产业上和政治上的权力,一面集中资本,一面又有革命的无产阶级起来,都是足以破坏这个阶级的。这"真"社会主义便要一箭射杀双雕了。于是就像瘟疫似的蔓延起来。

德国社会主义是将他们可怜的"永久真理"底全身,裹在用华丽辞令文饰的,用浓情露水浸染的,空想的绸衣里面,如此他们的货物自然是销售很

---

① "资本阶级"即"资产阶级"。下同。——编者注

广了。

后来德国社会主义,渐渐认识了自己的职分,那代表中等小资本阶级底声浪渐渐高起来了。

他们以德国国民为模范国民,以德国小资本家为模范人。对于这种模范人卑鄙龌龊的行为,都加上了和他真相完全相反神秘伟大的社会主义的解释。他们又极力反对共产主义底"残酷的破坏"性,把自己放在至高无上公正不偏的地位,轻视一切的阶级争斗。现在(一八四七年)德国流行的所谓社会主义和共产主义底出版物,除了极少数以外,大约都是这种又浅陋又薄弱的著作。

二 保守的社会主义(资本家社会主义)
(Conservative or Bourgeois Socialism)

一部分资本阶级的人,想把社会的罪恶救正一些,好叫资本家社会维持下去。

经济家,博爱家,人道家,劳动阶级状况改良家,慈善事业家,保护动物会员,禁酒会员,以及其余一切无聊的改良家,都属于这一派。这样的社会主义,更进一步就成了一派学说。

蒲鲁东(Proudhon)底《贫困底哲学》(*Philosophie de la Misère*)就是这样社会主义底一个例。

社会主义的资本家,他们想取得近世社会状况产出的一切利益,却不受那状况必然产出的争斗和危险。他们希望从社会现状中拔去革命的离析的分子。他们想造出没有劳动阶级的资本家阶级。资本家阶级当然以为世界上地位最高的就最善的。资本家社会主义,用这种方法使思想渐渐发展,就多少成了一些学说。他们要求劳动阶级信奉这种学说,好进到那社会的新圣地,其实不过要求劳动阶级甘心受现社会底束缚,抛弃一切憎恶资本阶级的念头罢了。

比这种社会主义格外实际而且更无系统的第二种资本家社会主义,他们要叫劳动者眼中轻视一切革命运动,所以说由经济关系产出的物质现状若不变化,政治的改革是无济于事。但是这派所谓物质现状底变化,并不是废除资本阶级生产关系的意义;废除这种关系,一定免不了要革命,所以他们只想在这种关系继续存在的基础上面,施行行政的改革。这样的改革对于资本和劳动底关系,毫不过问,至多不过把有产阶级政府底行政事务改简单些,费用减少些罢了。

资本家社会主义,只能在语言底形式上有相当的意义。

为劳动阶级利益计,讲自由贸易。为劳动阶级利益计,讲保护税。为劳动阶级利益计,讲监狱改良。这是资本家社会主义最后的语言,亦是唯一真实的语言。总括说起来,就是这么一句话:

资本阶级,是为了劳动阶级底利益才做资本阶级。

三　批评的空想社会主义和共产主义
(Critical - Utopian Socialism and Communism)

我们现在并不是想批评一切近世大革命时援助劳动阶级底著作:像巴布夫(Babe uf)及其余人底书。

劳动阶级为达他目的的第一直接计划,发生在封建社会将要颠覆,到处正在扰乱的时候,这些计划遭了必然的失败,一是因为劳动阶级还没有十分发达;一是因为使他们解放的经济状况,还没有出现;那种经济状况,是在迫切的资本阶级时代才发生的。所以这种劳动阶级最初运动的革命著作,自然带着复古的性质;内容是些普通的禁欲主义和粗疏的社会均衡论。

社会主义和共产主义的学说就是圣西门(St. Simon),福利耶(Fourier),阿温(Owen)等人底学说,像前面曾说过,这都是在资本阶级和劳动阶级争斗还没有发达的时代发生的。(参照第一章)

创立这些学说的人,在当时的社会组织中,的确看见了阶级对抗的状况和离析分子的活动。但是那时的劳动阶级还是十分幼稚,映到他们眼里的,不过是一个没有历史的基础,没有独立政治运动的阶级罢了。

后来阶级对抗,虽然和产业同时发达,按经济的形势,在他们看来,物质上的状况还没有到可以解放劳动阶级的地步。于是他们想找出新的社会科学,新的社会法律,好造出这种状况。

这些发明家以为历史行动是要照他们自己所发明的行动;历史造成的解放条件,是要照他们空想的条件;劳动者渐次自发的阶级组织,是要照他们特别创造的社会组织。将来的历史是自然解决的,在他们看来,是要照他们的社会计划底宣传和实行来解决。他们的计划,为主的是劳动阶级底利益,因为他是最苦的阶级。劳动阶级能够在他们的眼中存在的,只由于是最苦的阶级这一点。

这种社会主义家,因为阶级争斗幼稚的状态及他们自己环境的缘故,把自己放在一切阶级对抗的上面很高很高的位置。他们想改善社会上每个人底境遇,就是最有幸福的他们也想加以改善。所以他们的说话,总是对于社会全体,不分阶级——而且往往是对统治阶级说的。他们以为如果懂了他们的学说,如何不采用那最善状况的最善计划呢?

因此他们排斥一切政治的尤其是革命的行动。他们想用和平手段达到他们的目的,想用小小小的实验(其实是一定失败的实验)而且由这个例证底力量,为新社会的福音开辟道路。

这种将来社会空想的图案,恰和劳动阶级极幼稚时,单用空想描出自己的地位相同;也就和劳动阶级第一本能所渴望的社会全体改造相同。

但是这些社会主义及共产主义的出版物,也不是没有批评的分子在内。他们攻击那时社会上一切的主义。他们对于开发劳动阶级的教育,有一些很有价值的材料。他们提出实际的方案,例如废止都会和乡村底区别,废止家族制度,废止私人经营产业,废止工银制度,主张社会调和,主张变更国家底职务单是监督生产事业等,这些提案,都是消灭阶级对抗的。但是在那个时候,阶级对抗才开始发生,所以这些著作,不能有明白的确定的认识,所以这些提案,不能不说是纯粹空想的性质。

所以这种批评的空想社会主义及共产主义,是和历史的发展相背驰的。近世阶级争斗一发达到一定的状态,那离开了争斗空想的立脚地及对于争斗所发空想的攻击,就完全失了实际的价值和理论的根据。所以创立这些学说的人,在许多地方虽然是革命的,他们的门徒却只是复古一派。他们死守师说,反对无产阶级进步的历史发展。所以他们总是坚持要和缓阶级争斗,调和阶级对抗。他们还在梦想那社会空想底试验实现:有的设立孤独的"社会主义殖民地"(Phalansteries 是福利耶计划的),有的设立"家庭殖民地"(Home Colonies),有的想设立"小伊加利亚"(Icaria 是加伯理想乡底名称)。加增许多新的圣地,实现这些空中楼阁,他们不得不哀求资本阶级的同情和金钱。所以他们渐渐地沉灭到前面所说复古的保守社会主义里面去了;所不同的,只稍有组织的学理和相信社会科学上神奇效果的迷信,狂热罢了。

所以他们极力反对劳动阶级一切政治的行动,以为这种行动都是从不知道信仰那新福音来的。

所以英国底阿温派反对改进党(Chartist),法国底福利耶派反对社会改良家(Reformist)。

第四章　共产党和在野各党底关系

共产党和英国改进党,美国农地改良党(Agrarian Reformers)等劳动阶级各党派的关系,已在前章说过了。共产党为直接的目的战,为劳动阶级眼前的利益战。在这现在的运动中,也不忘记代表及留意将来的运动。

在法国,共产党是和社会民主党联合,和保守党及急进的资本阶级对抗。但对于社会民主党那些从大革命得来的谬见谬想,仍然要用批评的态度对付他。

在瑞士,共产党是帮助急进党的。但也注意到这党是由法国式的民主社会主义者和急进的资本家两种反对的分子结合起来的。

在波兰,共产党是帮助那用土地革命来做国民解放主要条件的党派。一八四六年这党在克拉葛(Cracow)曾发动叛乱。

在德国,对于资本阶级有革命的行动时,共产党是和他联合起来同专制的王政、封建的地主及小资本阶级战争。但一刻也不曾忘记使劳动阶级明白感觉有产者和无产者敌意的对抗。必使劳动者准备利用资本阶级掌权时必然造成的社会及政治状况,来做对抗资本阶级的武器。也就是准备德国保守阶级一旦灭亡,就立刻和资本阶级本身开战。

德国是共产党所最注意的。因为这国里有产阶级革命底机运正在成熟了;因为这国底革命,是在欧洲文明史进步的状态之下实行的,比十七世纪的英国,十八世纪的法国无产阶级更加发达的多;而且因为德国有产阶级的革命,即时会引起无产阶级的革命。

总之:共产党无论在什么地方,对于各种反抗社会及政治现状的革命运动,一概援助。

这些运动,总是拿财产问题作主要问题,什么时代进步的程度够不够,一概不问。

最后,就是到处尽力为万国民治党谋统一及团结。

共产党最鄙薄隐秘自己的主义和政见。所以我们公然宣言道:要达到

我们的目的,只有打破一切现社会的状况,叫那班权力阶级在共产的革命面前发抖呵!无产阶级所失的不过是他们的锁链,得到的是全世界。

万国劳动者团结起来呵!(Workingmen of all Countries unite!)

马克斯底唯物史观

〔日〕河上肇 著

原载《民国日报》副刊《觉悟》一九二〇年六月十七日、六月十八日、六月十九日和六月二十日；后收入《陈望道文集》（第四卷），上海人民出版社，一九九〇年十二月第一版。此处根据上海人民出版社一九九〇年十二月版排印，同时参考原载《民国日报》副刊《觉悟》文。

河上肇是日本研究马克斯的大家,今年四月,著了一本《近世经济思想史论》。亚当斯密以来的经济思想,被他说得非常明晰。不到一月,重版三次。原书共分三讲。现在我把他底第三讲里第二段译出,登在这里,作《觉悟》的青年底参考。

第　一　序　　论

……………

马克斯社会主义底理论,有两个大根柢。我前面用的都是马克斯底社会主义经济学这个名词。其实马克斯底社会主义,除了经济论,还有一个重要的根据。这便是马克斯特有的历史观,普通叫作"唯物史观"。我为了种种理由,却想叫他作"经济的史观"。名词无论怎样,总之马克斯底社会主义,在学问上是有两大根柢的:一是他底历史观,一便是他底经济论。然而他底经济论,因为他已经在那大著《资本论》里,详细地说述了,人人都已知道他底社会主义是站在一定的经济说上了;他底历史观,却因为没有系统的著述,往往不去注意。但我看来,他底社会主义,同他特有的历史观决不能离开的。他是根据他特有的历史观,确定了社会组织变迁推移的根本原因,才去观察现在的经济状态,预言现时的资本主义组织不久必然变成社会主义组织的。

他就现社会下了经济的观察,所以能够下得这么必然的运命的预言。这全是历史观的恩泽。

撇了他特有的历史观,想去理会他社会主义,那就同不动舌头想去吃食一样了。

马克斯社会主义里两个理论的根据,固然各各使他底社会主义显出特色,却也互相牵连,具有极密切的有机的连络。在马克斯底社会主义里,这些理论方面之外,也还可以找出实际方面的东西。这实际的方面,也同理论方面一样,极有特色,也极和理论方面有密切的有机的连络。

总之,马克斯底社会主义,理论和实际,通体都有完全的有机的组织的。

这些关系,且不说他,照我看来,马克斯底社会主义,实在可以分作关于过去的理论、关于现在的理论、关于未来的理论,三部分。第一所谓关于过去的理论,是指唯物史观说的。这是关于过去的社会组织到底是因为怎样的原因和经历变迁过来的问题的理论。第二所谓关于现在的理论,是对于那第一历史观说的经济论,是在现在经济组织的资本主义组织上,下了分析的解剖的研究,断定它必然的运命的理论。所以那第一部分的理论,如果另起名称,叫作《社会组织进化论》。这第二部分的理论,便可叫作《资本主义的经济论》。所以他那同这有关的大著,名叫《资本》(Das Kapital)。第三所谓关于将来的理论,是关于推行社会主义所要用的方法手段的政策论,就是同第一关于过去的历史的部分和第二关于现在的情状的部分对立的、关于将来的政策的理论。所以这部分,也不妨叫作《社会主义运动论》,如就那政策底内容起名,那便该叫作《社会民主主义》了。

总而言之,唯物史观和资本论和社会民主主义,这三样是贯穿理论和实际两方面的马克斯主义底三大原理。这些部分,前文已经说过,是决难分离,极有密切的连络的;连络的那条金线,便是所谓阶级争斗说。

马克斯底唯物史观,是和那"过去的历史,都是阶级争斗的历史"底思想,分开不得的。就是他底《资本论》,也是现今的社会组织底下的资本家阶级和劳动者阶级有不得不相反对的关系这思想,贯彻首尾的。他底关于实际运动的主张,以为实现社会主义的手段,除了阶级争斗别无善法,这也和阶级争斗底思想,难得分离的。

所以我说:马克斯底社会主义,理论上可以分作过去、现在、将来三部分。这三部分却极有密切的有机的连络。那连络的金线,便是所谓阶级争斗说呢。

第二　社会进化论

序论完了,要说马克斯底历史观了。我已说过,马克斯底经济论,有一大部《资本》①详细地说过;他底历史观,是没有系统的著述议论过的。《资本》虽然通体以他特有的历史观作基础,三卷之中,随处有历史观底光闪出,却并没有将历史观特别提出,系统地说述过的。他底历史观,起初稍有系统的,便是一八四八年(道光二八年)发表的《共产党宣言》;更有一定的公式的,便是一八五九年著述的《经济学评判》②一部书底序文。

他那部《经济学评判》是他评判资本主义经济组织的大著述底第一卷,是一八五九年(咸丰九年)发表的。——后来他自己以为不好,从新删改,成《资本》第一卷——那部书底卷头,载有一八五九年一月份底一篇序文,述他

---

① 即《资本论》。下同。——编者注
② 即《政治经济学批判》。下同。——编者注

到研究经济学时候为止的经过,更述他研究所得的一般的结论,做他后来研究上的方向盘的——这便是这里要说的唯物史观。现在且看他说他自己到研究经济时候为止的经过:

……………………

下文便是马克斯唯物史观有名的公式。

……(以下几段原文很晦涩,请参照下文的图表和说明细细地看。译者注)

人类如果营了社会的生产维持他们底生活,那就会同那特定的、必然的、和他们底意志独立的关系,就是那适应"那些物质的生产力底一定底发展阶段"的生产关系,发生关系。这种生产关系底总和,便是建造社会底经济的构造——构成法律上政治上的上层建筑的,适应社会底意识状况的、真实的基础——的资料。物质的生活底生产方法是社会的、政治的、并精神的生活历程底条件。人类底意识不能决定人类底生活;人类底社会的生活倒能够决定人类底意识的。

社会底物质的生产力,发展到一定的程度,那就和从来在那范围内活动着的当时的生产关系,或只表现在法律上的所有关系,冲突了。这种关系,原不过是生产力发展的形式,这时却变成了束缚的东西。于是,社会革命底时代就到了。经济的基础变动了,那基础上伟大的建筑底全部①,也徐徐地或急急地变动了。

我们观察这种变动的时候,不可不将自然科学上能够论证的经济的生产条件上发生的物质的变化,和人类感到这种冲突而且决心冲突②的那些法律上政治上宗教上艺术上或哲学上的状况——简单说,就是观念上的状况——区别清楚的。这种变动时代,如果从那时代底意识下评判,那就像照一个人自以为怎样,去评判这个人一样,一定丝毫没有得到。并且意识这个东西,也是要从物质的生活底矛盾,就是社会的生产力和生产关系中间存在的冲突,才得说明的。

一个社会底组织,在生产力还没有将这社会组织里可以发展的余地尽量发展的时候,决不会颠覆的;新的、较高度的生产关系,在他那物质的存在

---

① 此处现译为"全部庞大的上层建筑"。见《马克思恩格斯选集》第 2 卷第 83 页。——编者注

② "决心冲突"应译为"决心克服冲突"。参见《马克思恩格斯选集》第 2 卷第 83 页。——编者注

条件还没有孕育在旧社会母胎内的期内,也决不会产出的。所以人类当作问题的常是自己能够解决问题。因为凡是一个问题,真实地看来,必须解决这问题的必需底物质的条件,又经存在或正在成立,才会发生的。

简括地说,我们正可把亚细亚的、古代的、封建的及现代资本家的生产方法,看作社会经济的组织进步底阶段。内中,资本家的生产关系,便是社会的生产方法底最后对敌形态。——这里说的对敌,并不是个人的对敌,是各个人生活底社会的条件中生出的对敌——而且在资本家的社会底母胎内发展了的生产力,也已将解决这种对敌所必需的物质的条件作成了。所以人类历史底前史,就要以这社会组织结束了。

这是马克斯唯物史观底公式。照此看来,马克斯自己研究的方向盘,全是这史观,也就可以明白了。

现在为说明便利起见,且把唯物观底公式内所含的思想,列出一个表来。(表中" "里的文字,是马克斯底用语)

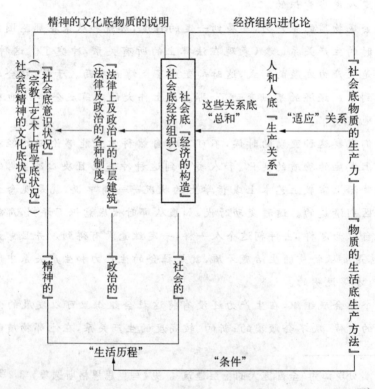

现在请把马克斯自己著的唯物史观公式,略加一点说明。他底第一句是"人类如果营了社会的生产维持他们底生活,那就要同那一定的、必然的、

和他们底意志独立的关系,就是那适应'那些物质的生产力底特定底发展阶段'的生产关系,发生关系"。这就是一个问题。这里说的,人类同那适应物质的生产力的、特定的生产关系、发生关系,到底是什么意思呢?

这且举个例来说,假如我生在这东京,想将自己底生活、社会地维持去,不是遁入山林割柴耕田,营自给的生活,却是同社会上的人们结了一种关系,维持物质的生活,父母遗留的财产,又一点也没有。这样,我就除了卖我自己底劳动力给别人,去赚一定的薪金或工钱,再也没有生活底路途了。不管我怎样地反对资本主义的经济组织,一投入什么经济的事业上去,就除了做了资本的手脚,没有别的路途。这便要结了资本家和工资劳动者①底关系了。资本家和工资劳动者的关系,就是马克斯说的生产关系;这种关系是我未生以前,已随着社会底生产力确定了的、跟我底意志独立决定了的。一个无资产者的我,要想做一点社会上经济的事业,在现在的世界里面,除了投入那和我底意志独立决定了的那种资本家和工资劳动者一定的关系,便没有别的方法;即使不愿结这种关系,也少不了要结的。不消说这种关系是随着生产力发展的程度变迁的。就工业说,在中世同业组合时代,生产者间有组合主、职工、徒弟种种关系。后来机器发明了,生产力发达了,大的纺织公司、编织公司都出现,生产关系也就改变了。纺织公司、编织公司里,一面是资本家,一面是许多的劳动者、资本家和劳动者中间有了一定的雇佣关系。这种生产关系是同组合主和职工或徒弟底关系完全不同的。这种生产关系既然出来,那同这种生产关系适应的分配关系也就出来了。资本家在利润名义底下取了一大部分的生产品,劳动者又在工钱名义底下分了一点点的生产品,这种一定的分配关系,必然是随着一定的生产关系变更的。两样关系,不过是一物底两面。这两样关系——生产关系和分配关系——底全体,便是社会底经济组织。经济组织既成,那一国底政治上的及法律上的"上层建筑"也就在他底表面显现了。那是社会关系底实质,这不过是那实质显现底表面罢了。照马克斯底意思,这经济组织——"社会底经济的构造"——乃是社会底"真实的基础"。假如把这讲堂(指着讲堂)当作一个社会,经济组织便是这建筑物底地基。有了那地基,于是有这些窗、壁、天花板(指着讲堂上下左右)等等东西。用马克斯底话来说,这地基上面,是先有了"法律上及政治上的上层建筑",随后才有"宗教上、艺术上、哲学上"以及别的"精神的生活"的文化的。这就所谓"物质的生活底生产方法,是社会的、

---

① 此处"工资劳动者"即为"雇佣劳动者"。下同。——编者注

政治的及精神的生活历程底条件"。地基并非窗壁底原因,有了地基,窗壁就生出来;不过做了条件,有了地基,窗壁才得维持不坠就是了。马克斯以为生产力和文化底关系便是这样的关系。社会底生产力一有变动,例如明治维新前和维新后一类的生产力底变动——那生产关系就一定随着变动。里面的分配关系,不消说,也就随了它变动。生产分配两关系,综合起来便是经济组织;这就无异说生产力生了变动,经济组织也生了变动的了。经济组织既然生了变动,表现这实质的法律和政治也就要生变动。于是广义的社会关系也便全部生出变动了。这些社会关系生了变动,那社会上流行的宗教哪、道德哪、艺术哪、哲学哪,一切精神的文化底表现形式——就是马克斯说的"社会底意识状况"或"观念上的状况"——也都生变动了。这时除了特别的个人底思想、那社会上流行的思想——我假称作社会思想——便生变动了。马克斯,他是将那社会关系和这社会思想底变动叫作"历史底进行"的。这历史一个名词,在唯物史观上很容易发生误解,应得十分注意。譬如乃木大将死在明治底末期,这是历史上的一件事情。马克斯却并不是将这历史上一件一件的事情,尽数用生产力底变动当原因去说明的。马克斯说的历史,乃是社会关系及社会思想底变动。比如日本封建制度颠覆了,明治维新以后,政治上就有立宪君主制度实现,经济上也就有资本主义底组织实现。这样社会关系一变,维新前和维新后,各方面的社会思想也就大生变化。这不消详说,把五六十年前底情况略一回想,便会知道的。这种社会关系底变迁和社会思想底变迁,马克斯就把他叫作历史;与这种问题没有关系的事情,虽然有许许多多,如果叫马克斯说,马克斯是不将他叫作历史的。在这意味上,历史底进行,它那根本的条件,便是社会生产力底变动,这是马克斯史观底主张;只有这意味,——不是这意味以上的意味,也不是以下的意味——他底历史观,才会成了一元论。

　　以上是大体的构造。他底意思以为特定的社会组织底全生涯,可以分作两个时期。(这是我替他分析的)第一期是社会组织和社会生产力正相调和、生产力底发展很调顺地的时代。但社会底生产力一发展到了某程度以上,社会组织和社会生产力底调顺就被破坏,向来助长生产力发展的社会组织,也就变成了妨碍社会生产力发展的东西,这是第二期。第二期里,社会底生产力虽然受社会组织一定的束缚,他底发展仍然是继续的。生产力越发展,社会生产力和社会组织中间的矛盾冲突越厉害,厉害到极点,社会的革命,就是社会组织改造,就到了。社会的革命一显现,旧社会组织从此告终,新社会组织从此发端,社会组织便又进化去了。

这样说来,旧的社会组织和新的社会组织似乎像用竹接木的样子连续下去,其实"一个社会底组织,在生产力还没有将这社会组织里可以发展的余地尽量发展的时候,决不会颠覆的;新的、较高度的生产关系(就是社会组织),在他那物质的存在条件还没有孕育在旧社会母胎内的期内,也决不会产出的"。社会生产力在特定的社会组织里递次发展,正如一只小鸟在卵壳里成长,长到一定程度,卵壳固然妨碍它;但"还没有将可以发展的余地尽量发展的时候",卵壳固然不会从里面破出,也是不该从外面破它的。卵壳一破,小鸟就生,未生以前的卵底形状和既生以后的鸟底形状,粗粗一看似乎很不相同,其实"新的、较高度的"生物底小鸟存在上必要的条件,早已在"旧的社会母胎内"的卵壳里一点一点地成熟了。又如婴孩居在母肚里大约十个月。他也是在这十个月里将母肚里可以成长的余地成长了,母体外独立存在的条件具备了,才会产出的。产出自然要有"生底苦",要有几许牺牲。

这就是社会的革命了。

社会组织底变革,便是这样的了。所以马克斯以为"人类当作问题的常是自己能够解决的问题"。小鸟在卵壳内还没十分成长,卵壳不会妨碍,破卵壳就不成问题;到了十分成长了,卵壳有妨碍了,这就是破卵壳的问题。但在这时,那小鸟也已和卵外独立存在的状况接近了。就是所谓"凡是一个问题,必定解决这个问题的必需底物质的条件,已经存在或已成立,才会发生"。所以人类总是以自己能够解决的问题当作问题的。

现在且把社会的革命这句话底意义,顺便说几句。这句话前文已经说过,只是社会组织变革底意思,同用暴力和革命运动,是没有必然的联络的。用暴力不用暴力,与革命底大小并没有关连。马克斯说的社会革命,也不一定急激。你看他说"于是社会革命底时代就到了。经济的组织变动了,那基础上伟大的建筑底全部,也徐徐地或急急地变动了"这便说不一定急急的。总之,马克斯说的社会革命只是旧社会组织底颠覆和新社会组织底树立。如嫌"革命"文字不很稳,我们也可别想花样,称作"社会的维新"便稳当了。

以上是唯物史观中,我假称作社会进化论底一部分,以下便要说他阶级争斗说底大略了。

第三 阶级争斗说

马克斯唯物史观底大体,上面已经说过了。但他还有同那史观关连的阶级争斗说。这阶级争斗说和那唯物史观,究竟有什么关系呢?

《共产党宣言》里,有"一切过去的历史,都是阶级争斗(Klassenkampf)底历史";"社会过去的历史,是在阶级对峙(Klassengegensatz)——一个时代有一个形式的——里迁移的"这些话。这些话,骤然看去,似乎同他底史观相矛盾。他一面说社会生产力底发展,是历史变更底根本条件;一面又说一切过去的历史全是阶级争斗的历史:骤然看了,恰似自相违反,难以调和。

但依我看去,这却互相关连,不得分开的。因为,据他看来,"古代土地共有制败坏以后",一切过去的历史里,社会底经济的构造,总是被建筑在阶级对峙的上面的。——马克斯说的"阶级",是经济上利害相反的经济的阶级;具体地说,就是有土地或资本等生产工具和没有这等工具两等人,也就是经济上迫压别人和被别人迫压两样人——阶级对峙,形式固然随着时代变迁。

"简括地说,我们正可把亚细亚的、古代的、封建的、及现代资本家的生产方法,看作社会经济组织进步底阶段。内中,资本家的生产关系,便是社会的生产方法底最后对敌形态"。但社会底经济的构造,是"构成法律上政治上的上层建筑的。适应特定社会的意识状况的、(社会底)真实的基础"。这真实基础,向来却总是根据着一种阶级对峙的主义的。所以过去的历史,总不外乎阶级对峙底历史。

但是马克斯,他却不止说过去历史是阶级"对峙"底历史,却更进一步说是阶级"争斗"底历史,这是什么缘故呢?这因为,社会组织变动底根源虽在生产力的变动,社会组织底维持,却是大多数的人,要改造社会组织,就不能不借手这大多数的人。无论什么社会组织改革,总是要有些发动的人行一定的行动的;从历史上看来,这种运动的基础,总是一社会组织里吃亏的阶级。于是也有赞成的,也有反对的,都发现了。赞成的,是那社会组织吃亏的许多人;反对的,便是那社会组织享福的许多人——除了少数先觉者。一边有人赞成,一边又有人反对,社会组织改造这件事,便只好在阶级争斗里进行了。因为这样,所以他说:"不对峙便没进步,这是支配以前文明的法则。向来文明是以阶级对峙为基础发展来的。"(Elend der Philorsopie, S. 39)因为这样,所以他在唯物史观之外,还树一种阶级争斗说。

唯物史观和阶级争斗说,关连固然这样地密切,然而并不是全然不得分析的。

因为,唯物史观这东西,是将"人类组织的社会底形态,从物质这一种无意识的力,感受着什么影响"一件事,下了科学的观察得来的。

这种历史观,只要不错,在人类生活被一定的物质的环境环绕着的圈限里,在人类未成为完全的意识的人格者的圈限里(人类如果成为完全的意识的人格者,那就不是人类,是神类了)。无论过去现在未来,没有不可适用的。然而这阶级争斗说,却是从感受着这种环境的人类社会里,对于——有了经济的阶级的时候、人和人底社会关系,呈了什么景象;有了生产力发展铸成的生产力和社会组织冲突的时候,那"物质的生活底矛盾"这一种无意识的力,在人类意识上呈了什么情感、欲望、主义、主张;以及新的生产力底发展必然惹起的旧社会组织底颠覆、应该用的是什么"方法"、或"形欲"——等等问题的观察。

观察底结果,便是社会上一部分的人独占了生产工具,成就的总是阶级对峙的社会组织,引起的总是阶级的情感和思想,结末发现的总是阶级的争斗。所以阶级争斗说,正不妨看作将唯物史观"应用"在生产工具私有的阶级社会里的一种学说。因为这样,所以他底效用是限于一时的、只有阶级的社会里适用的,不像那唯物史观,无论过去现在未来,都可以适用的。这层意思,马克斯自己也曾明白地表示过:他说,"一切'过去的'历史,都是阶级争斗底历史"。这便是明明白白说出不是人类历史底全体尽有阶级争斗的了。他以为,一切过去的历史,诚然是阶级争斗底历史,可是社会组织进化了,现代社会里被迫压的阶级——就是无资产阶级——解放了,社会全体,便从掠夺、迫压、差别、阶级争斗里悉数解放了。那么,现在社会里有资产人对无资产人的对峙,也就成了"社会的生产方法底最后对敌形态"。现在的阶级争斗,既然成了人类历史里最后的阶级争斗,在将来社会里,自然把一切可以做掠夺别人迫压别人的工具的生产工具,尽数归于社会公有,组成了经济上没有阶级等级的社会主战底经济组织,于是乎阶级争斗底噩梦就尽数消失在过去的历史里,所谓"人类底'前史',就以这社会组织结束了"。人类底"真止的"历史,就从社会主义的组织底树立的时候起,从开宗明义第一章开始了。照此看来,阶级争斗说,与其说是唯物史观底一要素,毋需看作对于过去历史的应用,也就可以领会了。

我想:马克斯定是抱改造社会组织底志趣,去观察过去的历史的。所以他把社会组织进化看作中心的问题;以为社会组织没有进化、简直不是历史。

他要改造的根本眼目,便是这资本家的社会里的经济阶级。这种社会里面,一面有安闲坐食的富翁,一面有筋疲力竭的穷徒,一个社会划成不可逾越的鸿沟的两岸,这是马克斯所最要改造的。他怀抱这样的心,所以他去观察历史。就以阶级对峙作眼目了。总之,他所特有的历史观和他特有阶级争斗说,都是社会主义的马克斯底科学的出产品,实是交相辉映的。

以上说的是唯物史观和阶级争斗说底关系。

以下请把阶级争斗说本身略加一点说明。据他看来(虽不曾明言),社会阶级底发展,共有二个时期。第一期是旁观者看去,已经对于别的阶级成了个阶级,在他本身却还不能说是成了个阶级的时代。第二期是他本身已经成了个阶级的时期。这里说的"在他本身成了个阶级",就是那阶级里的人,有了阶级的自觉底意思;"阶级的自觉",便是一阶级里的人晓得自己站在同别的阶级利害相反的地位,晓得阶级争斗是自己底不可抗的运命。据马克斯底意见,第一期里,有的是经济的争斗,不过在经济上争夺罢了。第二期,却总是些政治的争斗,在政治上争夺了。这二时期,同唯物史观里的两时期是相照应的。我说唯物史观的时候,似乎曾经把社会生产力和社会组织底关系分作两个时期,第一是两者调和底时期,第二是两者冲突底时期。这恰恰同阶级发达底第一期和第二期照应的。

阶级底发达,恁地恁地了。可是为什么会有阶级对峙的呢?马克斯以为,这是因为一个社会团体占据了生产工具,攫夺了别的社会团体底剩余劳动的缘故。攫夺剩余劳动,实是阶级争斗底根本原因。"剩余劳动"(Mehrarbeit, surrl us labour)是马克斯特有的术语。他底意思,以为人类底劳动可以分作两部分。这部分是自己生活上必需的劳动,叫作必需劳动。那部分是必需的劳动以外多做了的劳动,就是剩余劳动。在最幼稚的原始社会里,经济上的技术还没有发达,人类底劳动自然毫无盈余。要一部分做、一部分坐食是做不到的。所以那种社会,就没有剩余劳动这么一件东西,阶级也无从发生。后来经济发达起来人类劳动底盈余也渐渐囤积,一个人做就可以供数人或数十人吃用。

于是人类底劳动,就可分成必需劳动和剩余劳动两部分。社会进一步,剩余劳动也便多一点。于是乎,这种剩余劳动,就有人起来劫夺了,劫夺的和被劫夺的生了利害的冲突,社会就成了阶级底争斗底战场了。

阶级发达到第二期,总入了政治的争斗的范围。这是什么缘故呢?马克斯以为,改造社会组织,想用道德的宗教的说教去动动权力阶级底情感思想,教他们自发地来改造社会组织,这无异缘木求鱼、举挺击月,不过一个梦想罢了。要想改造,便须由被压迫者,从事政治的运动,将国家底权力握在自己手中,仗着国家底外面的强制力,把经济组织改了他;此外是没有方法的。

因为这样,所以阶级的自觉一产生,总是从经济上的冲突进入政治上的争斗的。

马克斯说的阶级和争斗,便是这种意思。总之,马克斯底意思,以为社会底历史的进行,总以社会组织底变动为中心;从前社会组织底变动,又是在阶级争斗里进行;所以研究过去的历史,只要同这阶级争斗的见地去看就行的。已争斗的不必说,未争斗的,也不妨看作争斗的酿成期或准备期。必须这样地去看,才得称为社会历史底科学的观察。他底"过去的历史,都是阶级争斗底历史"的主张,便是从这种意思发生的。

(原载《民国日报》副刊《觉悟》一九二○年六月十七、十八、十九日、二十日)

劳农俄国底劳动联合

〔日〕山川均　著

原载《新青年》第八卷第五号,一九二一年一月一日;后收入《陈望道文集》(第四卷),上海人民出版社,一九九〇年十二月第一版。此处根据上海人民出版社一九九〇年十二月版排印,文中小标题为编者所加。

一　劳动者应联合起来

雄牛，握牢鼻环就很容易牵；民众，分散作一个个的个人也很容易治的。古来一切"人类驾驭人类"的政治，其实何尝有别的秘诀，只是预先驱遣人类到这最柔弱的一境，——分散——然后加以统治罢了。

这条原则，在法国革命，资本阶级才上政治的威权阶级地位时，便被发见了。那以自由和民治为暗号的法国大革命宪法会议答复罢工劳动者哀诉时，就说，"监视市民利害的权利，全在国家手上。倘若同盟罢工，那便是结党营私，就是在国家里面建树国家，这种罪恶就非处死不可"。那废止"损害自由和平等权利的各种制度"，树立"劳动自由"的宪法议会，也以"国家内部已经没有什么团体。除了个人特殊的利害和国家全体的利害，此外再也没有什么中间的利害。从此以后，无论谁何，不许再以中间的利害鼓吹市民，以团体的利害离间市民"为理由，禁止了所有劳动者底团体。于是，劳动者在近代国家底下得到联合组织的权利，就异常艰难：在英国就至少要经过三十年劳动运动底赤手战，在法国就要费了八十年的惨淡经营。直到劳动者底团体——这国家里面的国家——备具不受压迫的实力时，那以民治和自由为原则的近代国家，方才在法律上认许他底存在。

但在现在，却有全然破坏了近代国家这一原则的政治新形式显见了。这就是"俄罗斯社会主义的联邦苏维埃共和国"底政治。这种政治，并不将人类离散作一个个的个人才去统治他们；却将政治底基础筑在劳动者团体组织底上面。这种苏维埃政治或"无产阶级独裁政治"底政治组织，不但以生产者底团体组织为基础，却就踞在经济组织和社会组织底根基上面，简直就是一种生产者底团体组织。他底活动，在多数派执政时，就有一部分成就了。

二　俄国劳动者联合的情况

一九一七年三月革命时，全俄只有三十万至四十万的工业劳动者，是联合底会员。而且那些联合，都是些熟练工组织的职业联合。在那专制时代，真正联合的行动又全被严重禁止；那些联合底事业，也就只干些救济疾病，伤残，失业等等底共济事务。职业的共济联合，一面是于劳动界底贵族和普通劳动者团结有妨害；一面是于各种职业熟练工交互间的团结又有妨害的。

所以劳动阶级底战斗力反而消失在这种联合运动上面，这样，政府自然很欢喜的。

在这专制时代底俄国，差不多全然没有有阶级意识的战斗的联合运动。这一半是因为政府和警察底压迫；一半也是因为俄国底资本主义化，尚是幼稚。便是资本阶级底支配，也同西欧有点差异；在欧洲诸先进国，资本阶级底阶级的支配是混和在民治这种复杂政治组织里面的；在俄国，却还施行着极端的专制政治，新兴资本阶级虽然有时同专制政治媾通，却只是一时的利用，并没有什么特殊的政治组织。所以十月以前，民众革命运动总对向专制政治下攻击。就是一九〇五年底革命运动，重要分子虽然是工业劳动者，也并不是纯粹产业的革命运动，还是带着点政治的色彩。

一九一七年三月革命以后，专制政治底束缚尽被扫荡；劳动阶级也就突然显出跳跃的气象。多年蕴积着的元气，一时迸发；在政治方面，就显出苏维埃底组织；在经济方面，就显出新联合运动。革命和革命结果所产的克伦斯奇临时政府底资本阶级的色彩越发鲜明，这些劳动阶级运动对于经济的革命底仰慕也就越发深厚，联合运动于是就渐次染上阶级的气息了。这就发生一种工厂委员的新联合运动，反抗那向来专门从事共济的行动那种保守的，排他的职业联合运动。这种工厂委员运动，他底起源同欧战时在英国发生的"工厂委员运动"（Shop Stewards Movement）并非一样。这种运动，在中央和布鲁西亚很有势力；多数派也很替他尽力。

工厂委员运动，就是劳动者要求管理产业的运动。因为三月革命纯粹是政治的革命，劳动者底生活状况丝毫没有增进；他们生产品依然要交给投机商人，让他们调弄那危害民众生活的把戏。所以劳动者，就趁革命之后各工厂底管理机关正在动摇的好机会，运动选举工厂委员参与产业管理。又因为斯哥佩兰组织国务院时，制定累进所得税则，对于资本底利润科收十分税，为了资本家和银行家通同虚报的缘故，不曾有过什么效果；所以一九一七年夏期，彼得格兰底劳动者，就时常选出工厂委员要求管理生产、施行这种税法、保证劳动者和普通消费者底利益。又因为克伦斯奇临时政府底下，到处发生同盟罢工，劳动者底工钱虽然因此增加一点，生活底压迫虽然抒缓一点，但在一九一七年九月十月，同盟罢工却已经失了劳动阶级战争的效力，因为战争歇息，工厂没有从前那样出息，同盟罢工，资本家倒很欢迎。因为这样，劳动联合底运动就不再弄些劳动条件问题，却要干这经济根本改造，收回产业管理权在生产者自己手里底问题了。这种工厂委员运动，结果很好，劳动者底眼界竟因此很快地扩大起来，阶级的意识也竟因此很快地滋长起来,到了临时告终(一九一七年)从前职业的联合就全然消灭,全然成了产业的联合了。所以俄国底联合,现在虽然仍旧用这"职业联盟"底旧名,但在那时,俄国已经没有职业的联合,只有产业的联合了。那时约有三百万劳动者,组织在这种产业的联合里面;这些产业的联合,都归总在全俄职业联盟委员会。

三 俄国劳动者联盟的组织

苏维埃政府极力要完成劳动联合底组织。现在俄国底劳动者,都是产业的联合底会员了。据英国下议院议员马弩大佐一九一九年十月调查的记述,那时俄国主要的职业联盟已经有二十九个,代表着二十九种产业。产业底分别是:

化学工业,都市劳动,浴堂,军需品,木工,家庭劳动,铁路,造纸,制皮,卫生,艺术,金属,食品,印刷,农业,邮务和电报,理发,玻璃和陶器,粮食分配,金融机关,建筑,纤维业,运输,财政和课税,一般商业机关,被服,照相,制药,水上运输,教育。

这些职业联盟都以小地域为组织单位,集中于较大地域底委员会,再集中于全国的委员会。就工业劳动者说:职业联盟组织底单位,就是大小诸都市,这些同类的职业联盟集合起来就成一个地方委员会,这些地方委员会再集合起来,又就组成一个全国委员会。凡是同一产业的劳动者都照这样集中于三级的职业联盟。最后,更将这组织起来的三十个全国职业联盟全劳动阶级地集合起来,组成个最后的机关,这就是全俄职业联盟委员会。全俄职业联盟委员会统摄着的劳动者,在去年七八月时,除兑基宁支配的瓦格洛那一部外,约有三百五十万人。

莫斯科底旧贵族院,现已成为全俄职业联盟底本部,称为"劳动厅"。厅前有大理石的石阶,石阶上去,就是长方形的一间大房间,这大房间怕就是俄国最大的一间大房间。房间两边,大理石支着檐头;后面是很广的散步场。从前兹亚往莫斯科时,差不多总在这里大开宴会。如今这被宝玉底光闪惯了的大房间,变成劳动者底聚合所了。内面可容三四千人,壁上已经去了旧装饰,换上社会主义共和国的徽章和各种职业同盟底徽章;从前树着拿破仑时代俄国将军像底地方,也已树着迦尔·马克思和尼古拉·列宁底半身像了。

全俄职业联盟委员会干事梅尔尼姜斯奇,就是革命前做过六年多政治亡命者,在美国营过铁工生活的人。

四　俄国劳动者联盟的职责

俄国劳动联合和别国劳动联合很有不同的处所。劳动联合原是劳动者阶级的组织;一面是对资本阶级战斗的机关,同时又是替代现今生产组织的新生产组织底萌芽。所以现今各国底劳动联合,都以战争为要务;新的生产组织不过是在这战争里有点滋长萌芽罢了。然而俄国这种劳动联合,却已经不是战斗底机关,却已是新经济组织底一部,而且就是他重要的基础。

这种劳动联合底职分底变迁,已经呈现在对于同盟罢工的观念上面。在资本制度底下,罢工是劳动者防护自己权利的手段,所以违背罢工,便被看作劳动阶级底叛徒;但在俄国,却反将同盟罢工的,看作劳动阶级底叛徒,联盟罢工和同盟懒工(Sabotage)却已成为资本家方面的学者和专门技术家反抗劳动政治的武器,而且几乎没有这等事了。至少,属于什么职业联盟的筋肉劳动者和头脑劳动者,已经将同盟罢工认作反抗劳动阶级而且是毫无益处的手段;因为决定一切劳动条件的权力,已经操在劳动联合自己手里了。决定一切劳动条件的最高机关,是劳动人民委员(劳动部);这劳动人民委员,全然组织在职业联盟底基础上面。劳动人民委员底委员长,从全俄苏维埃执行委员会举出;委员九名,内中五名从全俄职业联盟委员会举出。其余四名虽然从人民委员会(就是国务会议)选任;职业联盟认为必要时,也可以抗议这选任。这样看来,决定劳动条件的最高机关,不已经是劳动联合底代表占着决定的多数了吗?凡是关于劳动条件的法律,都先由全俄职业联盟委员会议决,经过劳动人民委员会批准,才公布大众,作为法律。全俄职业联盟委员会底下,有许多工厂委员会选举出的专任委员会,或是担任估定工钱率,或是担任分配劳动,或是担任疾病和别的危险事情,或是担当劳工教育,或是担当娱乐底设备。这些委员会底调查,经过全俄职业联盟委员会底议决就成为法律案,再经劳动人民委员会批准,就是法律。

这样说来,劳动人民委员不是同劳动部一样吗?这却不然,他底职分很有差异:他不但担当着劳动交易所、工厂监督官、劳动保险等职务,并且兼任着属于议会的职务,又且兼任着现今劳动联合经营着的种种职务。

五　劳动者的权利

俄国大工厂,现在已经有十分之九收归国有;这些国有工厂,都已依据一九一八年三月份制定的"国有事业管理条例"经营了。依这条例,国有事业中央管理部,可以选任技术主任和管理主任到各工厂。纯粹关于技术的事件,技术主任有处理的全权;不过对于他那决定,工厂委员也得向中央管理部上诉。

生产技术事件之外的一切管理权,都操在管理主任之下的管理经济委员会;这委员会,对于生产技术事件,只得提出忠告。这管理经济委员会,由下列人员组成:(1)事务劳动者底代表,(2)下级事务员底代表,(3)技师及商务上级职员底代表,(4)管理主任,(5)职业联盟地方委员会(从各种职业联盟选出的委员会)底代表,(6)那工厂一类产业底职业联盟底代表,(7)国民经济地方委员会底代表,(8)利害有关的劳动消费联合底代表,(9)那地方底农民委员会底代表。劳动者和下级事务员可以占这会全体人员底半数。

国有事业中央管理部里面,劳动者有直接的和通过劳动联合间接的两重代表。因为中央管理部,系由下列代表组织:三分之一是该产业底劳动者和事务员底代表;又三分之一是无产阶级政治上经济上的机关和团体(就是公共经济最高委员会,全俄职业联盟委员会,全俄劳动者消费联合委员会,全俄苏维埃执行委员会)底代表;余外三分之一就是学术上的团体,技师和上级商业职员,民主的全俄团体(各种全俄大会底执行委员会,赡养联合,农民委员会)底代表。

还未国有化的工厂,他底产业管理权,都依据一九一七年十一月底"劳动者产业管理法",由事务劳动者全体执掌。执掌这管理权的机关就是工厂委员。

同时又在主要城市,省份,或工业区域,由(1)职业联盟底代表,(2)各种工厂工厂委员会底代表,(3)劳动者消费联合底代表,组织地方管理委员会。厂主有不服工厂委员决定的事件时,得于三日以内,向地方管理委员会上诉。这类地方管理委员会上面,更有全俄劳动者产业管理委员会,为产业管理最高的机关。这全俄委员会,是下列这些员额组成:(1)全俄苏维埃执行委员会代表五名,(2)全俄职业联盟委员会代表五名,全俄劳动者消费联合执行委员会代表两名,(3)全俄工厂委员会代表五名,(4)全俄农工联合代表两名,(5)全国各种职业联盟代表(联合员在十万以内的,一名;十万以外的,两名;彼的格兰职业联盟委员会两名)。

六　劳动者的政治地位

　　劳动联合在俄国经济组织里面占着怎样重要的地位,看到这里总已知道一个大概了。以下请更凭据威廉哥德底记述,将俄国劳动者在这新组织底下劳动的劳动条件,约略说一说。

　　布尔塞维克革命后底俄国,常常内外受敌。外面有联合国底经济封锁,胁迫全国民底生活;内面又有许多凭着联合国底军饷和军需品作战的反革命军,几乎把煤炭地和洋油地等工业底生命,全然夺去了。苏维埃政府,于是没奈何只得将他底全力倾倒在军事上面,教大部分的国有工厂专门制造军需品。但虽有这样的胁迫,俄罗斯社会主义的联邦苏维埃共和国却还不就失了他底生命;只此能够生存继续这一点,也可算是历史上的奇迹了。现在形势,仍然没有什么大变化。俄国处于这种形势之下,新社会底建设和创造自然异常艰难;我们对于他的成绩,自然只好打个相当的折扣,论断他。又,俄国现今尚在建设途中,情状是时时刻刻变动的;以下所述劳动条件,所根据的是去年七八月哥德在莫斯科的记录,后来总已有些变动了。

　　先从劳动时间说:普通劳动者底劳动时间是八时间,事务员是六时间;但在矿山和煤气等有碍卫生的职业,普通劳动者底劳动时间却只是六时间。烟工厂,现在是七时间。当时国民生活很危险,所以每天做两时间例外劳动,法律也不禁止。例外劳动,报酬是普通底一倍半。夜工只准七时间;绝对不准女人和少年加入。

　　劳动者底最低年龄,也因为要增加生产的缘故,只得定作十六岁。从十六岁到十八岁,每天劳动六时间,不许更做例外劳动。这种少年劳动者,和大人做同类劳动时,不拘能率怎样,都有大人同一的报酬;所以少年劳动六时间,就有大人八时间底报酬。其余两时间,须往特为少年劳动者设立的学校里去读书;那学校归工厂委员管理。当时因为战争,一时也曾经允许十四岁以上十六岁以下的少年每天劳动四时间;可也只准做不碍卫生的劳动。

　　全体劳动者,在每星期底土曜日和日曜日中间,都有接连休息四十二时间的权利。又每劳动一年,就有休养一个月,报酬仍旧完全给与的权利;不过因为战争的缘故,凡是不碍卫生的职业,当时都减到两星期了。

劳动报酬，前面已经说过，先由各产业底职业联盟立案；次由全俄职业联盟委员会酌量各产业间底情形决定他；最后交由劳动人民委员批准。各职业联盟全国委员底报酬委员会，时时应着生活费底变动，将报酬率修正。

七　劳动者的薪酬

当时，普通劳动者每月最低报酬是六百卢布（一卢布约合中币四角左右），最高是三千卢布；这最低，最高底距离，每修正一次总使报酬率更接近一点，这已经成为经常的方针。所以一九一九年九月一日实施的改正报酬表，就是最低一千二百卢布，最高四千八百卢布。只是当时招聘必需的专门技师，仍可由人民委员设置的特别委员会决议，给与三千卢布以上的报酬。这是招集反对社会主义的专门学者来协力做事，一种暂时救急的方法。巴里脱底报告也说，"列宁一年不过得到报酬一千八百弗，某专门家却于一年内得到薪俸四万八千弗。这种法外的事实，完全因为信奉社会主义的原须依从政府所定工钱率，但必须请非共产主义者来协力时，却可照他要求给酬这个原则发生的"。

现在俄国，还是照劳动底种类，决定报酬底差等。所以报酬底竞争，还是个劳动底诱惑品。但同时，对于同一种类底劳动，同一阶级底劳动，已经给付同一的报酬，所以在同一阶级劳动者交互间，可是已经没有竞争报酬的事了。对于这点底结果，哥德底观察如下："报酬率是照劳动者在他工作上所用的智力分出类来，依类分别给酬的。现在因为最低工价和职业底确实已有确实的保障，面包底竞争便已消灭，留着的只有工作兴趣底竞争了。又因为有修养和研究底机会，可以促进劳动者底进步；劳动者现在刻刻进步，时时从现在阶级跳入上级去了。这是我亲眼看见过的。结果，不但不致埋灭发明力，发明力反可因此激发，隐伏的才能因此开展。"

劳动保险，包含劳动者底疾病，虚弱，失职，伤害，养老，分娩等项。伤害，分娩，以及因此全然不能劳动者，统给与全额的报酬（分娩时，产前产后各给与八星期底全额报酬）。残废的，依其轻重酌量给酬。

不能劳动者，虚弱者，年老者底年金，依据地方和职业分别给与；要医治时增给。一切工厂劳动者一到五十岁就可以支取养老年金。干别的轻易职业的已上六十岁时，如果通过特别委员会底决议，也可支取养老年金，这时，委员会倘若认为还有五成以上的精力，那也还须从事职业，必须认为五成以下，就可以支取全额养老年金，安心退隐。但这是因为人员缺乏，一时无可奈何的规定。

对于这种保险，劳动者毫不须分批交款：保险基金，在国有工厂，由国家支付报酬额中提取百分之二十五；在私有工厂，由厂主支付工钱额中提取百分之二十分积成。但在有碍卫生的职业，公积金底比率比这样还要高。

工厂监督都是劳动者自己。职业联盟，特为这目的，设施必需的教育，使劳动者不致胡乱选举。

劳动者底分配，也由劳动人民委员监督着职业联盟选出"登录和分配委员"管理。这委员会执掌登录全体劳动者底事件，工厂要用劳动者，都要经过这委员会底手，由他分配。但技师和其他例外劳动者，为便宜起见，得由各工厂自由招聘。不过入了工厂，也须到委员会登录。

这样，劳动人民委员完全管理着劳动市场，职业底竞争，工钱底竞争，便绝对地消灭了。

八　俄国劳动者联盟的性质

俄国劳动者固然通过劳动联合管理着产业，掌握着一切劳动条件；同时也还通过劳动联合左右着政治。劳动联合原是生产者底组织；这一点是同俄国社会组织约略相同的。可是苏维埃这一中央和地方政治机关选举的根底，却就是劳动团体。俄国底社会组织，原则上全体人民都须做一种有益社会的劳动。在一点看来，可以说全体人民都是生产者，也就都是消费者。又凡生产者都须隶属在一个劳动联合。因此，俄国底劳动联合，也就可以说是全体人们社会生活中生产者一种资格底代表。又凡劳动联合，在生产的行动一个范围内，差不多完全有自治权。在一点下，又不妨说是工团主义底表现。

但俄国社会组织，却又在生产组织以外，认许一种政治组织，这点却同工团主义不同。在生产组织和政治组织对峙这一点上看来，俄国底社会组织又像是近于几尔特社会主义底原则。但不必就同几尔特社会主义一般，将政治组织看作社会生活中消费者一种资格底代表，同生产组织相对抗。他们采用了几尔特社会主义那般以一般的投票为基础的政治组织，却又避去了那般"议会主义"底堕落。几尔特社会主义那般把一个人有时当作生产者，有时当作消费者，势必至于一个人自己同自己相对抗，或将相对抗；俄国底组织却不认这两性质一定要对峙，却是认全体人民都是生产者，也且都是消费者。现在他们主张将苏维埃的政治组织和那最高机关的人民委员底职分逐渐缩少，逐渐归入经济组织最高机关的公共经济最高（和地方）委员会底职分里去。这样，便可知道俄国底社会组织，不一定将经济组织和政治组织代表生产者资格底人和消费者资格底人，教他们两相对峙；却是将全体人们看作一面是生产者一面就是消费者的不可分的人格，不过社会的活动底机关不是一个罢了。

这样，一切生产者同时就是消费者了；但在从来底社会组织，一切消费者却不一定就是生产者。俄国现在，就是从这一切消费者不一定就是生产者的社会状况，进到一切消费者原则上就是生产者的社会状况中间底过渡期。因此，俄国现在，选到政治机关苏维埃做代表的资格，都不是消费者底资格，都是生产者底资格。既是生产者，自然隶属在一个生产团体（联合），所以实际上就是隶属什么劳动团体的，才有选举资格。这种苏维埃选举制，形式上也同现今选举制度一样，依据地理的选举区；但实质上可是非常的差异，一切选举都是选举区域内劳动团体选举的，换句话，不是一个个的民众参与政治，是全体人们合成的生产者团体参与的。俄国社会组织底理想，不是"人类驾驭人类"，是"人类驾驭物品"。所以迫压到最柔弱的一境再去统治的事，已经失了价值，却须扶持到最强的一境，使他们能够刚强勇猛地统治物品了。

九　俄国劳动者联盟的特长

所以，俄国底社会组织上面生产者团体的劳动联合，一面是经济上的组织，一面便又是决定政治组织最重要的分子。这种选举方法组成的政治机关，实际上有什么特长呢？菲理浦·白拉斯评判说：

苏维埃组织，实际立法者很是同人民密切的。这不是什么理论，是在事实上，人民自己替自己在那里立法，可以证明的。但苏维埃组织，却同时还能够开拓那反对方面底交互作用：最外一圈的分子也有相当的影响及到圆心；圆心也可以通过苏维埃给影响与周边的分子。这种苏维埃底制度，便是人民委员一切很微细的行动，各地方苏维埃也有机会可以照他那地方底情状评判他，解释他。……便是高加索底牧羊者，乌拉儿底可萨克，叶尼塞河畔底渔夫，也可以列席全俄大会。大会认为原则的法律，也不至于像忒松或忒紧的钢箍，不过算是各个苏维埃赖以取决自治必需行动的工具罢了。……

然而评判俄国政治组织底优劣,现在尚非其时。现在只要知道俄国劳动联合是构成政治机关根本的要素,这就满足了。

总之,俄国底社会组织,现在还在建设和创造。不管他结果怎样,总之是一个人类历史上未曾有的实验。人类究竟能够意识怎么一点历史的必然,能够靠着意识挽回怎么一点自己底运命?这是社会上最高的问题,俄国建设的实验就会答复我们的。要是妨害这历史的实验,那便是诅咒全人类底运命。

(原载《新青年》第八卷第五号,一九二一年一月一日)

社会意识学大纲[*]

〔俄〕波格达诺夫 著

---
[*] 本文系作者与施存统合译。——编者注

开明书店一九二九年五月初版，十二月再版；一九三〇年一月三版，三月四版；一九三一年二月五版；上海大江书铺一九三二年七月六版。此处根据一九三二年七月版排印。

目　　录

译者序言 …………………………………………………………… 063

第一篇　序　　论

第一章　社会意识学底界说 …………………………………… 066
第二章　社会意识学底方法 …………………………………… 069
　第一节　归纳法 …………………………………………… 069
　第二节　演绎法 …………………………………………… 076
　第三节　因果性原则 ……………………………………… 078
　第四节　适应原则 ………………………………………… 079
　第五节　社会的因果性 …………………………………… 080
　第六节　意识形态底组织机能 …………………………… 084
第三章　社会意识学底界限及说明计划 ……………………… 087

第二篇　原始社会意识时代

第一章　社会意识底起原 ……………………………………… 092
　第一节　这时代底技术及经济的特性 …………………… 092
　第二节　语言底发生 ……………………………………… 093
　第三节　概念底发生 ……………………………………… 094
　第四节　原始语言概念在生产中的意义 ………………… 096
第二章　社会意识在原始时代的发展 ………………………… 097
　第一节　原始语言概念底意义不明确性 ………………… 097
　第二节　事物名称底起原 ………………………………… 098
　第三节　原始观念 ………………………………………… 099
　第四节　艺术底萌芽 ……………………………………… 100

第五节　原始的世界观 ································· 104

第三篇　权威的社会意识时代

第一章　宗法时代 ································· 107
第一节　这时代底技术及经济特色 ····················· 107
第二节　语言底发展 ································· 109
第三节　思维底发展 ································· 109
第四节　权威的因果性 ······························· 110
第五节　精气信仰 ··································· 114
第六节　宗教底起原 ································· 120
第七节　道德 ······································· 124
第八节　宗法时代社会意识底一般特性 ················· 125

第二章　封建时代 ································· 128
第一节　这时代底技术及经济特征 ····················· 128
第二节　语言及思维底一般发展 ······················· 130
第三节　权威的因果性和精气信仰 ····················· 131
第四节　封建宗教 ··································· 135
第五节　封建宗教对于科学和艺术的关系 ··············· 138
第六节　文字 ······································· 142
第七节　道德底发展 ································· 143
第八节　封建的意识形态底一般性质 ··················· 145

第四篇　个人主义社会意识时代

第一章　观念的个人主义社会 ······················· 147
第一节　观念的个人主义社会底技术及经济 ············· 147
第二节　语言形态 ··································· 149
第三节　一般的思维 ································· 150
第四节　为抽象的因果性的必然性 ····················· 151
第五节　商品灵物崇拜 ······························· 155
第六节　个人经济和私有财产制度 ····················· 157
第七节　抽象的知识 ································· 158

第八节　艺术上抽象的灵物崇拜 …………………… 164
　　第九节　规范底抽象的灵物崇拜 …………………… 165
　　第十节　整体上纯粹交换社会意识底特征 ………… 169
第二章　过渡形态 171
　壹　古代社会的奴隶制度 ……………………………… 171
　　第一节　古代奴隶制社会底技术及经济 …………… 171
　　第二节　古代世界底意识形态底根本特色 ………… 171
　　第三节　希腊底哲学和科学 ………………………… 172
　　第四节　古代底艺术 ………………………………… 175
　　第五节　古代世界底政治的法律的支柱 …………… 176
　　第六节　基督教——古代末期底世界宗教 ………… 178
第三章　过渡形态 181
　贰　农奴制度 …………………………………………… 181
　叁　手工业者底行会 …………………………………… 181
　肆　商业资本主义 ……………………………………… 181
　　第一节　技术及经济的条件 ………………………… 181
　　第二节　这时代社会意识发展底一般性质 ………… 183
　　第三节　大发见和大发明 …………………………… 183
　　第四节　知识民众化底第一步 ……………………… 187
　　第五节　古代社会意识底复活 ……………………… 188
　　第六节　异端和宗教改革 …………………………… 192
第四章　工业资本主义 195
　　第一节　技术的及经济的条件 ……………………… 195
　　第二节　这时代社会意识底发展规模及一般格式 … 196
　　第三节　科学 ………………………………………… 200
　　第四节　哲学 ………………………………………… 207
　　第五节　知识底民众化 ……………………………… 210
　　第六节　艺术底发展 ………………………………… 212
　　第七节　法律和道德 ………………………………… 214
　　第八节　世界大战中布尔乔亚社会意识底危机 …… 217
　　第九节　资本主义文化底过渡性质 ………………… 224

第五篇　集团主义的社会意识

　　第一节　集团主义底技术及经济的基础……………………………227
　　第二节　集团主义社会意识底一般特征……………………………231
　　第三节　劳动因果性…………………………………………………234
　　第四节　科学底发展倾向……………………………………………237
　　第五节　艺术底发展倾向……………………………………………241
　　第六节　社会的规范…………………………………………………242
　　第七节　世界战争中普罗列答利亚社会意识底危机………………243

结语………………………………………………………………………251
索引………………………………………………………………………253

插　画　十　叶

　　(1) 著者波格达诺夫画像……………………………………………063
　　(2) 中世底农业依然是原来的模样(三色版十五世纪后半德国
　　　　毛制挂锦)………………………………………………………065
　　(3) 刚果土人沙上作画雕像　瓦特作………………………………102
　　(4) 远古的绘画二幅…………………………………………………103
　　(5) 金字塔底远景……………………………………………………139
　　(6) 凯隆大寺…………………………………………………………141
　　(7) 罗珂珂风壁饰及巴洛克风建筑　配培尔曼作…………………142
　　(8) 哥伦布航向新大陆………………………………………………185
　　(9) 谷腾堡及其印刷品三十六行圣书………………………………187
　　(10) 现代底工业(门策尔作铁工场)…………………………………225

译者序言

本书是 A·波格达诺夫所著《社会意识学》底全译。所谓社会意识,就是指语言,文字,艺术,哲学,宗教,道德,习惯,法律,思想,科学,等"文化",或"精神文化",所以实际就是一部文化学。又因解说的顺序,采用所谓历史的顺序的缘故,实际又就是一部文化发达史。

这样系统地科学地叙述社会意识的教科书,正如著者自己说,以前并不曾有过。以前并非全不认识社会意识在生活里所呈效用的重要性,也非全无科学风的关于社会意识的研究,更不是没有写述这样一本书的科学的材料。只是事实上,从不曾有人将社会意识具何性质,怎样发生,成何形态,怎样在人间发展,循着什么法则变化递嬗,现正向着何方进发,等等,也像别的科学教科书一样,写成这样一本讨论文化全体而有科学风貌的书籍。就这一点说,这书正可以说是一部很富创造性的文化学或文化发达史。

著者 A·波格达诺夫(A. Bogdanow, 1873—1928)是个博学多能的人。在知名的作品中有他底创作《红星》;他底文艺批评集《艺术与劳动者》也为研究艺术理论者所不可不读的文献。他于经济学也造诣甚深——所著的《经济科学》,中国已有两种译本;于医学也有精深的研究——去年四月七日底他底死,据说就是做了血清医学实验底牺牲。而关于社会意识底研究,更为世界上有数的学者。

他底意思,如书所示,认语言为社会意识最初的现象。而语言是社会底产物,是社会现象之一;假如没有社会上人人相与的关系,就没有语言存在底必要,也竟没有语言发生底可能。所以他于语言底发生,也如伟大的语言学者诺伊累(Ludwig Noiré)一样,认为和劳动技术的过程有密切不可分离的关系。诺伊累研究了语言和思想,曾经下结语,说语言和思想

著者波格达诺夫画像

底源起,在乎人类底原始劳动,原始的共同活动。A·波格达诺夫也说语言底本源出于劳动时际所发出的亥育杭育的呼声;而又为组织技术的及经济的过程所不可缺的要素。在这书中,虽然不曾如他所著的《经济科学》中,一样明显说,倘若没有语言,劳动便会像建筑巴别塔一样,终于不得成就,然而隐隐之中仍然含有这意思(建筑巴别塔的故事见《旧约》《创世纪》第十一章)。可知他认语言和技术关系底密切。至于思维,他以为,就是心里的语言,和语言并无本质的区别。这是关于他所谓社会意识底基本要素。除这基本要素——语言和思想——而外,如文字,艺术,道德,法律,等意识形态,他也以为,都直接间接和技术的及经济的过程有关,而且都在演作组织技术的和经济的过程的剧目。他认为社会意识和社会劳动这样的密切有关,所以他说,倘不研究技术的发达,明悉技术发达和社会意识消长底关系,即使研究社会意识也没有什么益处。

而这书,在这见解之下,便不能不涉及下起于和自然争存,上迄于高及云天的宽广的领域。

以他学问底丰富,眼光底锐利,自然叙述这样宽广的领域,也可以没有窘状,而且不会没有独到之处。例如这书,大约无论何方的人读了,都不能不说是很有所启示的罢。而取材底广大,更足以令读者吃惊。虽然不是通体毫无可以讨论——例如他说世界语运动全然是知识阶级底空想,便是一个很有讨论余地的问题——我们不可不批判地接受;然而总之不失为一本极不平常的又有实益又有趣味的好书,值得慢慢地细细地阅读。

我们从去年二月便动手翻译,因为人事繁忙,不无间断,直到去年十月方才全部告成。却又因为书业骤然发达,印刷追赶不及,直到今日,方才据说可以出版了。而从译至今忽忽已经过了一年。其中最感烦难的,是关于各科术语译名底采用问题。译者于此,颇曾经心,使它切合对象而又便于与各科的专书参看。非遇真无现成译语可用时,决不多造新语,劳人记忆。而所指是什么,却务求一目即可了然;故于纷乱或不熟的术语专名,间也注附西文于页底。

译时是施先生用的力较多。他又已经独力将上文说及的《经济科学》译出,称为《经济科学大纲》,和本书同时印行。遇有本书讲技术的或经济的过程过于简略不易把握要领处,最好参看那本书。

(1)插画,(2)脚注,(3)索引——这三项是我们所加,为德日文的本子所原来没有。日文本是林房雄氏底手笔,可惜颇有误印处——例如 rabota 误印作 rapota(见本书 9 页),医学误印作药学(见 21 页),"技术的法则"五字不断作一句,与下文"劳动"二字连印(见 84 页),"权威的因果性"误印作

"原始的因果性"（见116页）及其他——我们底这译本倘亦有此类的错误，还请随时告知，以便改正。

一九二九年三月二十一日，陈望道，在上海。

中世底农业依然是原来的模样①
（三色版十五世纪后半德国毛制挂锦）

---

① 本图在原书中系放在目录之前。——编者注

第一篇 序论

第一章 社会意识学底界说

问：什么叫作意特沃罗几底科学？

答：就是研究人类社会意识的科学。

问：社会意识是什么？

答：各人有各人底精神生活：各人都有见有闻，有喜有悲，有欲求和努力，有追忆和想像……这些感觉，感情，欲求，和观念，就形成了各个人底"个人"的意识。但是人类是在社会之中生活，就是在和别人底结合和交通之中生活的。他无意识或有意识地，要用种种样式，表现他所认识，所感觉，所欲求，所思索的一切。于是别人凭借什么样式来理解他，他也一样以什么样式去理解别人。别人看见了他底身体，颜面，眉眼等底活动（就是他底"身势"），听闻了他底叫喊，语言，看见了他所写的记号，所绘的图画。因此知道他底精神状况——他底欲求，感情，观念。他也是一样知道别人底精神状况。像这样被发表被理解的一切（凭发表而由这人传给了别人的一切），便都成了社会意识，不复是单纯的个人意识了。所谓社会意识，就是指这些有人用了什么样式表现出来，而别人又曾以什么样式理解它的一切说的。

问：为什么把社会意识学说做意特沃罗几底科学？

答：因为社会意识又可以简称为"意特沃罗几"的缘故。

问："意特沃罗几"一语底语源是什么？其直接的意义又是什么？

答：这是从两个希腊语出来。即由 ιδεα（见解，思想）和 λογος（概念）二语结合而成。所以"意特沃罗几"（Ideologie）这一语，如果照字面解释，原该是观念学底意思（正如 Psychologie 为心理学，Biologie 为生物学一样）。但是通常说"意特沃罗几"这语时却都不作观念学底意思解，而是作观念及概念自身解，或如前面所述，包括地作社会意识自身解。

问：指称社会意识，除出"意特沃罗几"一语就没有什么较普通的用语可用吗？

答：还有"文化"（Kultur）一个语词，更正确地说，还有"精神文化"一个语词，极其常用。拉丁语的"文化"（Cultura），本来是土地底耕作的意思，便是指一般的"有用劳动"而言。后来却出了今日称为"文化"的这一个宽广的概念，用以指称人类所以优越自然的一切努力底成果，所以完成生活的劳动及思维底一切成果。原料，机械，运输手段——关于公共劳动，交易的一切技术——以及语言，实际的及科学的经验，艺术，习惯，道德，法律，政治——一切都是文化底构成要素。就是用操练或其它手段锻炼体力和健康等事项，现在也都用着"肉体文化"的名称称呼它。所以文化简直可以分为本质不同的两种：就是"精神"文化和"物质"文化。物质文化包含整个的生产领域，生产之技术的及经济的关系，适应外界自然的协同劳动，及劳动底一切手段和形式。精神文化包含对自然斗争中所有间接的领域，就是语言，思维，道德，艺术等——全部意特沃罗几，即社会意识。

问：社会底意特沃罗几，是纯一，不变，而且可以严密规定的吗？

答：不是的。它是多种多样，复杂异常，而且变动不居的。它从人类生活底原始时代，以混沌的萌芽形态产生了以来，积渐地繁多化，复杂化，分析化了，方才发展成为今日这种巨大丰富的形式的。所以依据比较语言学上一致的结论，原始语言，原不过由三四十个语音（劳动呼声）构成，其语音又完全没有今日语言所有的这样严密的意义的。然而今日文明民族底语言，却也有数百千个记号，有几千万种配合，以表现我们生活现象及外界的自然现象上极其复杂微妙的情采了。不仅语言一端如此，认识及以外的种种，也已成长到有这样的程度，或比这个程度更其高超了。

而且，即使在原始的社会内，意特沃罗几是纯一狭小的，其中的一切部分都是共通的，它在其后发展了的社会内，也决不会仍是那样。意特沃罗几是生活底"表现"，底"把握"。在发展了的社会内，生活分裂着，各阶级互不相同。他们底生活条件，既因他们对于生产的关系（即生产关系）底相异而各不同，他们底利害，欲求，和世界观，也就不会一样。而这一切，当然要产生了不同的记号，产生了不同的表现底可能性。那结果，就不会产生出什么纯一的社会意识，只会产生出因阶级而不同的社会意识。所以大地主有大地主底意识，资本家有资本家底意识，独立小职工和农民也有独立小职工和农民底意识，无产者又有无产者底意识……就是一个大阶级中几个不同的群之间，其根本的本质的生活条件几乎没有不同，而其中不免有副腻的非本质的条件不同时，往往也就会有不同的意识——这就是所谓"社会群"底意识。所以，农村工匠和都市工匠底意识，虽然两面都有小生产者所同具的许多共同点,但决不能说是全然一样的。就是同在资本家阶级中间,也是工业家的和银行家的不同,断乎不能说是抱有同样的意识。

问：意识形态①底发展,总是继续不断并且总是循着进步途径的吗?

答：不是的。在历史上固然往往是继续的进步的,但也不能说,一定是继续是进步。第一,在人类历史中,常常可以看见社会一时达到了很高度底文化阶段,其后也不免没没落有崩坏。没落崩坏底原因,有的是自己解体,有的是外敌袭击,大多数是由于这两种原因同时并起。社会一崩坏,那社会底意识也就不得不崩坏。许多的古文明,都已碰到这样的运命了。埃及,加尔地亚,腓尼基,迦太基,墨西哥,印度等文明,都是例证。最显著的例证,便是那古代希腊,罗马社会底崩坏所带连的那雄大的,有许多点就是今日文化也还及不上它的、大文化底崩坏。

第二,当社会由种种阶级构成时,其意识形态总是和那些阶级同运命的,和那些阶级一同生长,一同发展,一同崩坏,没落。新阶级获得了支配权,新阶级底意识立时就会盛行;反之,战败阶级底意识,也立刻就会失了社会的意义,沦于衰微崩坏。这种变革,在欧洲各国,是从十八世纪到十九世纪,资产阶级压倒了并且放逐了封建贵族的时候出现。从那时起,封建的意识形态积渐和天主教,及建立在权威基础上面的道德,及神权说的思想,一同沦于死亡绝灭;而资产阶级底社会意识却便积渐和无神论、个人主义道德,以及贯通一切的私有财产原则,一同在社会生活底所有分野里获得了完全的支配权,而且刻印在别的阶级底意识上。

所以社会意识学,不能不将社会意识,就在它底变化和斗争,发展和退化,诞生和死亡底过程上研究它。

---

① 意识形态就是意特沃罗几一语底意译。有时亦省作意识两字。(译者注)

第二章　社会意识学底方法

第一节　归　纳　法

问：研究社会意识学，有什么基础的方法？

答：所用的方法，也和别的科学一样，就是（1）归纳法——由特殊进到一般的概括法；（2）演绎法——由一般引出特殊的推证法。

问：归纳法有哪几种？

答：有三种：（1）概括的记述法；（2）统计法；（3）抽象法。

问：三种归纳法中，哪一种是基本的？

答：概括的记述法是基本的。

问：概括的记述法是怎样一种方法？

答：是汇集类似的事实和现象，揭出它们底共通来的方法。

这个方法底起原，可以求诸人类底语言中。譬如用一个语言表现种种类似的动作和事物时，那语言底本身，便是一种概括。因为它已把动作或事物，按照它底类似结合起来，表示着它们共通的特色和要素了。譬如，我们想到或说及"人"这一语时，那语便是把我们所知道的无数人底观念结合着，由此可以理解他们所共通的和同有的一切的。不过这种无意识的概括，还没有在科学的思维中做意识的探究时所现出的明白和正确。在科学的思维中，是把概括的事实，有系统地互相对照，比较，将其中共通的事物，特揭出来，化为定式。例如在意特沃罗几科学中比之其它方面最为发达的语言学，最初的概括便像下面这样进行：首先比较语音相同和意思相同的语言，一方面确定它们共通的语根，别方面确定它们内在意义底类似。例如集合俄罗斯语 Rabotschij（劳动者）rabota（劳动）porabotitj（做劳动）rab（奴隶）等语来看，便不难知道这些语言都有 rab 这一个共同的语根，表现着"劳动"底观念。

社会意识学也和其它社会科学一样，（其实是更甚），往往不能不比较对照那些混乱异常的现象,例如诸民族底全宗教的世界观,全道德体系等。

问:概括的记述依照怎样的顺序进行?

答:依照层递的顺序进行。先由个个事实,形成第一段概括。可是认识并不滞于这个阶段,还要把许多这段底概括互相比较,发见它们底共通点,做出第二段底概括来。然后以同样的方法,从这第二段概括,再做出第三段底概括来。如此层递,终至达到几个较少数的概括,直至达到了唯一的较高的究极的概括为止。这样阶段的典型的实例,在所有科学的分类中都可以看到。试就动物或植物底分类来看。

不论数目如何繁多,凡有亲子之间那样的类似的,先形成了一种。它们间共通的特色,成为一定"种"底特质,也即成为这个概括底本质。其中身体构造互相近似的种,又形成了一属。一成为属,其共通的特色数,不消说,已少于种。就是共通性上,"内涵"缩小,"外延"扩大了。概括底阶段再向前进,就再缩小扩大起来。近似的属,形成了一科;近似的科,形成了一目;目又形成了纲,纲又形成了门,门又形成了界。在动物学底分类中,界是最后的概括。界就显出所谓"动物"的概念来,内涵着动物界一切动物所同具的少数特征。然而这个概念,若再和植物学分类上最后概括的"植物"一个概念结合起来,便可以得到记述的生物学底究竟概念所谓"生物"这一个更高的概念。其余类推。

在社会意识底科学中,也有类此的概括的记述底阶段。例如古代希腊,日耳曼,斯拉夫,印度,及其他无数民族底宗教,在其构造底基础上完全一致。这些宗教,都有几种特征:信仰多神,神力底范围有限,神和以外者之间有着主权者和家臣底关系。这就是封建社会内君臣体系底正确的反映。一切这样的宗教都属于同一种类,就是多神教。我们如将这种宗教和别的宗教(例如灵物崇拜教或一神教)互相比较对照,抽出其间的一切共同点来,便可以知道所谓宗教的世界观这个种底特质。再将他和别种的世界观(玄学的及科学的世界观)相比较,又可以得到第二段底概括,就是世界观体系一般的概念。这个概念再和道德及法律体系底概念结连起来,便又在其基础上面,可以得到"一般意特沃罗几"("一般意识形态")底概念。那就是社会意识学中最后最高阶段底概念。

问:所有科学的研究都是,只要有概括的记述法便够的吗?

答:那是不够的。虽然在最近的哲学中,也有以为只要用了这种方法便能得到一切认识("纯粹记述"说)的见解。但这是由于错认记述的方法中就有记述所生而又为更高度更完全的归纳形式的其他种种方法包孕在内而来的谬误。一群有同一由来的现象,固然大抵会得现出有同一类似性的特征;然而有时完全隐着不现,或者现于变化之际,有时增大,有时消减的。在这样的情境中,单凭记述便将陷于模糊和混乱。就在最容易研究的事实(例如物理学)中,也往往可以看出这个方法底不够用。如空中物体向地坠落。这个现象在我们眼前重复出现,不知有几千万回;但却单依比较和分类作一般的记述,却就是很困难而且做不到的事。有些物体急速地垂直地坠落;有些物体迂回曲折地落下;也有些物体,例如云和尘,仿佛静止不动,慢慢降落,几乎为眼目所不能辨。至如烟囱喷出的烟,则又有的上升,有的下落。甚至同一金属也有大块底落法和细片底落法不同。在这种时候,如果专凭记述,其势不能不穿微入细,复杂无极。

至于复杂而又不时改形的社会意识,尤其是这样。要把日在变化,日在发展的一群语言,或一群世界观,或社会道德底体系,概括的记述,而且要记述得完全,这不但在各个个人是困难异常的事,也且在实际上几乎是不可能,因为这太宏大复杂了。

这里特别要注意的就是认识底目的和意义,在于预测指导人底行动,他底劳动及他底生活斗争。单纯的记述不过概括了已经观察完毕的事,而人在社会过程中,特别在意识的世界中,最要紧的是能理解目前正在进行而且正在造作向来所完全没有的新形式的发展。一般所希望的,就是能够认识这发展底行程和结果,并且能够认识这新形式底性质,进而在那生活过程上积极参加,不至于加妨碍在那些于生活有用或是必不可少的东西上。而这一些事却并不是凭记述法所能达到目的的。凭记述法所能预测的,不过是现象底永远没有发展,始终照样反复的情境。

问:统计的归纳法是一种什么方法?

答:这是要在一定群的现象中,发见一定特征显现了多少回数又显现到什么程度的,一种关于计量的研究法。用这个方法,(1)可以得到比较有确实性的认识;(2)至少在某种程度里,可以预测正在进行的新的发展过程大概向着怎样的方向进发。

现在假定我们从财产所有这一点来研究现在的社会。研究底结果,譬如说,我们已经知道有八〇〇〇万人现在都有财产,情况彼此相似;还有二〇〇〇万人完全没有财产,情况也很相似。则这认识,就比单把社会括为"财产所有者"和"财产无所有者"两群确实得远了。

再假定我们还知道这个社会中财产所有者底数目,在十年之前不是百分之八十而是百分之八五,再十年前是百分之八八,又再十年前是百分之九十。那我们就更握有充分的盖然性,可以预料今后财产所有者底数目将越发减少,无产者底数目将越发增加。然而这种预测也不能说总是确实的,因为这种计算还不能显示出没落者这一面比从无产者变为有产者还要多。不过这中间盖然性是有的。所观察的变化越有广泛的性质,这种盖然性就越大。

包括而广泛的统计的研究,也可借以知道私有财产分布底情状。假如我们叫那有百万圆以上财富的人为"大资本家",有十万圆至一百万圆财富的人为"中资本家",有十万圆以下财富的人为"小资本家"。则这等大中小资本家各有若干人,只要采用了统计的研究便可以知道。我们关于社会经济状况的观念,由此可以更正确;就是以各个年度上统计的认识为基础的预料,由此可以更确实。譬如说,我们已经知道大资本家数目增加,中资本家数目几乎没有变化,小资本家数目急速增加。我们便不妨预料这一方面富者是增加,那一方面无产者也是增加的。

问:统计法只能应用在可以正确测定和计算的时候吗?

答:不止用在这种时候的。有不少时候,用数字研究极其困难,甚至是不可能;而要决定所研究现象底一般形相及那变化底一般行程所必需的数的比例,也还可以充分明了。例如俄罗斯农民生活底观察者观察了最近十年间俄罗斯各地方底现象,就不用特别计算,也可达到俄国中小自耕农数目减少,佃农及农业劳动者数目增加的结论,便是一个例证。统计法是一般地数量的方法,不一定专指数字的研究。寻常不以数字计算为问题的时候也很多。我们平常说,"大多数"常见的物体都有重量,它在没有东西支持的时候要往下落。在这时候是全然不必费事去计算几个物体适合这法则,几个物体是例外的。在意特沃罗几科学中,也几乎从来没有严格处理数字的资料的时候。数字不过有着相对的重要性。例如在我国学生之间,或工厂,公司等劳动者之间,国家所行的关于政治的意见,文学的嗜好,哲学的或宗教的世界观的试问之类,固然不会用到什么大数字,也是人都知道,不会有什么极正确的数字的。然像总统选举时现于投票中的一类大数字,却又和经济的统计之类一样:不是长久可以信赖。在德国劳动党底投票数增加了百万,而保守党底投票数减少了几万的时候,我们固然不妨下结论,说某种思想体系已经积渐被别种思想体系驱逐了。然这决不能说是事实底正确认识。因为这样的投票变化,也可以发生在单为公布了新的苛税法,或者扩张了军备之类的原因之下的。而在社会意识学中,又差不多不借助于正确的数字,也可以用统计法确定事实,且知道确定这些事实是在指定期间内变化方向所必需的一定的特质。例如我们凭了许多老练的生活观察者一致的证言,也就知道从二十世纪始初到大战期间,在法兰西是自由思想对天主教大占优势,在全欧洲是宗教的世界观及于劳动群众的影响大形减退,科学的哲学的世界观已经接替着强盛起来的情状,便是一个例。在这时候我们并没有显示这个过程的正确数字,也不能够有用数字显示的研究。然而也就可以了。

问:倘若统计法即使是一种不正确的形式,也能决定我们底认识,给予我们预测底基础,那么归纳的研究不是只要用统计法便够了吗?

答:统计法固然比之单纯的概括法,会给我们较完全的现象底记述,但也只是现象底记述,不是现象底解说。一切现象都是许多原因复合的结果;统计法对于这复杂性却是无能为力的。统计法不能在相互关系上解释这些原因,又不能决定何种原因是比较地一般的,比较地基础的,何种原因是比较地特殊的,第二义的,也不能决定那些原因在现实上如何地交结着。因此,根据统计法的预料,也并不能说它总是正确。例如我们发现了关于某国国富的统计,六七年间不但增加,而且是阶段式地增大。我们假若就以这个发现为基础,预言该国国富在下一年也将增加。——事实或许会与这个预言完全相反,因为该国国富或因什么危机骤然大减,也是说不定的。再以社会意识学为例。假定我们长期间观察了某国国民底思想生活,知道解放的进步的意识形态有不断长成的征候;这种意识形态,在革命勃发和革命进行中,又急激发展到了顶点。我们倘若因此便以为这种发展今后定会依旧继续下去,也就可有陷于非常错误的危险。因为一旦发生反动,倒转方向,从新盛行保守的退步的意识形态,也是说不定的。这并不是什么可以惊怪的事情。因为我们所观察的过程,并非靠傍一个原因和关系,而是靠傍许多原因和关系的。所以,近似的计算不必说;就是完全正确的计算,也并不能发见这些原因及其内在的相互关系。就是现象底本质是不能凭这方法去把捉的。要发见现象底本质,只有用别的一种方法,就是抽象法。

问:抽象法底本质是什么?

答:在用分析使事实趋于简单。所以抽象法又可叫作"分析法"。

问:复杂事实底分析,应当怎样进行?

答:应得除掉(即"抽象")那些使事实复杂的种种条件,叫现象底原则显明起来。因此这个方法也可以叫作"抽象法"。那抽象,就把那些使事实复杂的要素实际地来行的时候固然不少;遇着不能或不便的时候也有只在头脑中(假想地思维地)行抽象的。

问：实际的抽象怎样进行？又在何种的境界中方才可能？

答：依照正确的实验进行。又只有所研究的对象或现象可以用我们双手自由调度和实验的时候方才可能。我们可以把它适用于种种自然物，例如动植物等。这个方法适用的范围也大体是在物理，化学，生物学——即一般的自然科学方面。试就前述的例子即物体底坠落来看。大多数物体是垂直地跌落的（其速度虽然有缓急之差），但也有些物体迂回曲折地跌落，有些物体静止不落，更有一些物体倒是向上高飞。我们倘若觉察风和种种空气底动荡于物体底坠落有关，便可以推定空气底抵抗一般是障碍的条件。要除去这个条件，就当取一条长管子来，用抽气筒抽去其中底空气，在这真空管中，我们可以看见无论铅条，纸片，布块，都垂直地以同一的速度跌落。由于这个实验我们方才把事实底原则发见了，更正确地说，就是方才把事实底原则的恒常的倾向发见了。知道一切物体都有以同一速度向地球中心跌落的倾向。然而空气底抵抗却妨碍其跌落，对于重的东西作用弱些，对于轻的东西作用强些。有些时候，空气抵抗能使物体完全麻痹，简直把这跌落底恒常的倾向遮蔽得叫人看不见。在这境界，物体（例如形成云的水粒）就叫人看似不跌落。原则的一般的倾向，便为非本质的副次的倾向化成复杂了。除非明白实验的情形，现象才可以解说，也才可以比之先前更其明快更其严密地计量预料那种种的可能性。不过就是无生物，也不见得常是这样容易做实验的。有许多物体例如天体，固然在我们势力之外；就是在我们底势力之中的，也有许多物体，在技术上极其难以除去它底障碍的条件。例如人，也就只有很少的部门可以做实验（不过生理学的，医学的，和心理学的实验）。何况是社会现象，更何况是社会现象中最复杂的意识现象；要做实验几乎是不可能。因此，在这时候只有借助于普通称为"抽象法"的，以思维来行抽象的方法。

问：从所观察的事实中，把复杂的条件靠思维来抽象，应当怎样进行？

答：这是非常烦难的问题，试先举例来解释。譬如我们依据长期间的统计，已经确定资本主义的国里，大资本家增加，中资本家尤其小资本家底人数减少，而一切财产被剥夺的无产者，却也以同一的程度增加。但多数观察的结果虽然如此，却并不是没有一二例外。就是这个过程（一般叫作"资本集中"的）底速度，是以非常的歧异和动摇显现的。这中间一定夹杂着什么障碍的作用。我们必须究明这作用，并以思维除掉它，才得明悉这个统计所得的真相。我们比较对照所得的观察，知道上述法则，在一切资本主义国内都存在。可是我们根据别的研究，又知道完全形态的纯粹的资本主义，无论何处又都不存在。无论什么地方,都杂有多少封建制度,手工业制度底遗物,和资本主义经济相并存在。有些地方简直遗物极多。于是我们可以把观察底结果,排列如下:第一,是旧经济形态底遗物最繁伙最显著的国度,如波斯,土耳其;第二,是这种遗物比较少的国度,如俄罗斯,日本;第三,是遗物最少的国度,如英吉利和美利坚。这样排列起来,就可以知道先资本主义时代底遗物越多的国度,资本集中底过程越不明了,越有变化,越不划一,其进行中往往现出动摇和中绝。在遗物较少的国度内,这个过程就比较完全划一地进行着。因此若在我们底脑中,顺次把它抽象,直到完全将先资本主义的遗物抽尽了,我们就会达到纯粹资本主义底概念。而明白地知道,资本集中底过程,在纯粹资本主义之下,一定是最恒常地最确实地进行的。于是可以得到所谓"资本集中乃是资本主义底原则的不变的倾向"这一个抽象的认识。换话说,便可以说资本集中是资本主义底抽象的法则。

我们已经把事实简单化:靠思维(在头脑中)抽象了障碍的条件,得到现象底真的法则了。由是,我们一见资本主义侵入某国,便能以确信断言资本集中底倾向必将在某国广泛地缓慢地实现出来。得以预料它,即使暂时之间因受以先形态未尽绝灭的遗物底影响,这种倾向一时隐而不显,终必随着资本主义底渐次发达,一切旧制度遗物底渐次绝灭,渐次明了正确地显现出这种倾向来。统计法告诉我们以"经验的"(依据直接观察的)倾向。但若并不能解说那倾向,我们还是不能知道它在历史的发展上的一般性,界限及意义底分寸。抽象法则替我们解说它,发见其原则的原因,并从中展开了正当的法则。

问:以思维行抽象的程序,应依怎样的定式进行?

答:应该比较种种观察,用力确定什么一种特征以较大的程度或较小的程度显现时,那现象底特质向着何种方向变化。应当发见所定特质底增大或减小所结连的倾向,然后以思维追究这个倾向到了究竟——或者到了那特质可能的最高的发展,或者到了那特质完全的隐灭不见。这样研究的结果,现象便会独立起来,以极单纯的形相映在我们眼里。所以一个现象群底原则的倾向若能查明,便无异发见了该现象底抽象的法则。既经查明了原则的倾向,则那些将现象复杂化的诸倾向中最恒常最显著的东西,即次要的部分的倾向,也就可用同样的方法理明它。于是法则完全了。所研究的全体现象群底理解,也便更为完全,更近正确了。

问:在社会意识学中,抽象法可以适用到什么程度?

答:抽象法在社会意识学中,有决定的重要性。比之其他任何社会科学都多用些。社会意识是社会现象中最复杂的东西，若无抽象法便无从研究。因为它复杂，所以要认识它，必须尽可能地分析开而又单纯化。然而同时，应用这个方法于社会意识中，也有特别的烦难。我们单举一个比较简单的例"个人主义的"社会意识底发展来看，便可以明白。

所谓个人主义的社会意识，就是指那以"人类个性是尊严的独立的东西"的观念为基础的思想，概念，道德的及法律的规范说的。例如，说社会不过是原来独立的个人为了拥护各自私利而结合的团体的见解，以自由为个人天赋的权利的思想，认为人类有一种天赋的道德的责任与其社会环境无关的意见，认定为个人利益而争就是招致万人福利的唯一方法的学说，等等都是。这种意识，从很久以前，便盛行于各文明国度里；但决不能说，它在一切处所，都以同一的程度盛行。它在半文明国内，还没有取得支配的地位，不过正将急速的发展；在落后的国度，现在还只能看见它在萌芽。至在未开化的野蛮人种间，则正相反，可以说全然没有这种意想。

我们把关于这个问题的现在及过去观察的结果，排列为个人主义意识形态发展程度高低底顺序。在那全排列底发展中，便可发见一个一般的倾向。就是，一国商品交换及私有财产底发展越大的，其个人主义便越强。在交换还没有一般地存在，共有财产尚在支配的地方，便连个人主义底影踪也没有。这种事实容许我们确立一个抽象法则：就是，社会意识中的个人主义是和交换及私有财产底发展相关联的。

但要全分析能有这样单纯化的形式，我们必须从许多社会的生活条件中，选出最与所定现象底发展有关系的生活条件，就是交换及私有财产过程来，才能做到。而这选出，又只有经过比较种种预备的实验之后，方才可能——不少是经过几多失败之后方才做到的。这就使社会意识学底方法异样复杂而烦难。社会意识的科学所以比之其他社会科学发达较迟，这便是一个原因。

第二节 演绎法

问：什么是演绎法？

答：就是把由归纳法得到的概括和法则，应用于特殊的现实或思想上，以"推证"那特殊情形底解说及预测的方法。前面说明归纳法时我们所述的一切预言，便是这一种推证。

只消应用一个由归纳法所得到的前提便够的，那演绎可以叫作初级的演绎或单纯的演绎。例如我们既经认定交换经济底普及和个人主义思想底普及有连带的关系，倘若知道向来生活在绝对的自然经济之中的某一亚美利加种族，已和侵入其地的欧洲商人开始经营活泼的交换生活，我们便可以下结论，断定这个种族中也一定会有个人主义的要素发展增大起来。但在科学中研究或预测所定的特殊现象，往往同时需要多数归纳的概括或法则；在那时候，我们便须实行复杂的演绎。例如遇着必须预知抛出的物体——石头或弹丸底进路时，我们就须把关于物体跌落，速力，及空气抵抗的三个抽象法则，一同加入考虑。遇着必须解释一定时代的一定国度内互相歧异互相冲突互相矛盾的社会意识底状况时，我们就须应用社会意识学中抽象法则底全系列。

问：三种归纳法，是不是每种都可单独成为可以充分实行演绎的前提？

答：都可以充分实行，不过程度极不一致。那用记述法所得的根据类似的单纯概括，在这一点上很不完全，从它引出的演绎的结论，往往陷于谬误。因为概括所确定的类似，其性质是偶然的或部分的，因之难保不是不确定的。现于诸民族神话中的无数素朴的演绎就可举作谬误的例证。例如观察了人们被远方抛来的武器（箭或枪）所伤，便把这个观察一般化起来，以为常从远方来伤害生物及他种物体的雷电，也不外乎是什么强的存在所投的金属武器，便是这一类演绎。又如依照所谓鱼潜在水，鸟飞在空的常识概括，演绎出所谓"鲸"为鱼类，"蝙蝠"为鸟类等错误的结论，把那些动物所完全没有的性质，附加在它们身上的，也是这一类演绎。

统计法就比记述法有较大的确实性，能对演绎供给比较完全的基础。但靠这个方法，也如前头所述，难保没有谬误的设想。这个方法所发见的"经验的"倾向常有突然改变了方向的事；因此，由这个方法所引出的一切设想，也便难免陷于错误。而且统计法所确定的前提，大部分也已不适合于从它形式而作绝对决定的演绎。例如假定我们已经发见某种现象一〇〇〇次中有九〇〇次起于某一方向，有一〇〇次起于不同的另一方向。这时，倘若遇到一个问题，要我们回答新起来的同种现象，究竟属于哪个方向，我们便不能决定究竟哪一个方向有较大的盖然性。至于必须同时应用许多命题的时候，那就不但使我们推论底盖然性因此减少了，就连决定这盖然性底程度的事，也几乎可以说是不可能了。

给予演绎以真正而又广大的分野的，是抽象法。抽象法发见了所观察事实底不变的倾向，给予演绎以解说及设想底可能。不仅那倾向明白显露的情境是如此，就是那倾向为其他倾向所麻痹所遮掩的情境也是如此。所以科学的演绎底大多数,就中比较重要的,都是建立在抽象法所发见的法则或公式上。因此,直到现在,还有些人把抽象法和演绎法混同不分。但这两个方法在科学中虽然时常并用,性质是全然相反的。抽象法不过是由特殊到一般的最完全的归纳;演绎法却是把归纳底结果,由一般应用于特殊的方法。

第三节　因果性原则

问：意识形态底科学在其他诸科学底系列中,居于怎样的地位？

答：倘把科学依照对象复杂性底顺序排列起来,把较复杂的排在较高的地位,那意识形态底科学简直可以列在最高位。因为它是研究社会意识的,所以属于社会科学底领域;而又位在研究"社会的存在",即研究社会构成底基础的生活形式的经济学之上。而社会科学本身又属于一般生命底科学,即"生物学",——从其对象底复杂性底顺序说——占着生物学中最高的位置。这生命底科学(生物学)又为自然底科学(自然科学)底一部分,照对象底复杂性,又是居在自然科学中的最高位。

换了话说,意识形态先是社会现象,同时也是生命现象,同时又是自然现象。因为这事实,方法上就有根本的一贯。就是,归纳和演绎可以同等地适用于一切这等现象底认识,不过适用上有种种不同的特殊性罢了。例如有时要用统计法有时不用统计法,及有些科学可以实验有些科学不可实验之类。

问：自然科学,社会科学,和意识科学之间,除了归纳和演绎之外,还有什么方法上的密切的关联吗？

答：还有一个。就是因果性原则。关于自然及社会的一切科学的研究,都是建立在一个思想的基础上：认定一切现象都有一种充分而又必要的原因,存在它那先行的事实之中。研究底主要任务,便在发见存在事实之间的这种原因的关联。这种关联对于事实给予了"解说",对于科学的"预想"给予了根据。抽象法底效力,也就在乎它能发见同种现象底共通的原因。

问：因果性原则是永久固定的吗？还是变化不定的呢？

答：因果性原则也是和全认识底发展一同发展的。以前的因果概念以为有了所定的原因必生以所定的原因为条件的结果。例如有了两片干木头,他们以为假如相互磨擦,就会以它为原因而有发热的结果。然在今日,科学的思维却不能以这样的成说为满足了。自从机器工业侵入以来,自从人间学会了用蒸气力纺纱,用瀑布力点灯——即一般地学会了教某种现象底力量变相,使用力量以招致别种现象——以来,早就形成了新的较深的因果性概念。以为一切现象都不是其原因底无条件的结果,而是从原因中产生,为原因中所包含的力量,采取别形而显现的结果。例如磨擦两片干木头所生的热,就是磨擦时所加的力量底变相,其分量等于磨擦运动所消耗的力量。现在,在自然科学中,尤其在物理学和化学中,已经绝对地为这"力量"因果性说所支配了。

问:力量因果性说也可以应用在社会科学,并就中的意识科学里吗?

答:可以应用。不过程度比在自然科学中非常地低浅。这是由于社会科学还没有充分发达,社会科学所研究的事实又是复杂之极的缘故。测定社会意识或一般社会学的现象的手段,迄今还是全未发见。但正确地测定力量,可以自己主张准确的,其实在自然科学中也还只有稀少的成功。在多数的情境,还是把力量底原则间接地应用,就是以那原则为基础而行许多重要的演绎。这样间接的应用,就在社会意识学中,也有种种的情境上是可能,而且是有用的。

譬如说,我们一朝知道社会意识过程是社会力量底耗费,我们便可以知道社会中底这种力量必定从什么地方取来,并且分明地知道它是从外界自然中取来。于是便可以说明:当社会的努力几乎全部费在专于维持人类生活的劳动的时代,为什么意识形态底发展非常地缓慢;到了社会显然可用多量的"剩余劳动"时,即到了能从外部自然界抽取劳动时所用力量以上的力量时,为什么意识形态便长成起来,并且以非常的速度复杂化了。

第四节　适　应　原　则

问:社会科学和生物学之间有没有什么方法上密切的关联?

答:在适应底原则上有密切的关联。一切生物都是适应其环境的;若不适应便不能生存。不起适应的时候,便有生命之内部的或局部的破坏。这就是自然淘汰。只有能够以其作用适应的,才能存续发展。这个原则适合于所有的生活形态,无论植物,动物,人类,社会,概念或思想。有机体若不能适应他那从环境中摄取营养的样式,不能适应气候,不能适应御敌,便会灭亡。社会若不能适应向外部自然界获得生活手段的情形,不能适应对付别的敌对社会的斗争,便会崩坏。在现实中,虽然常有似乎不依此原则运行的事。例如疗养院中的慢性病人或低脑者之类非适应者竟还活着；而聪明强健的劳动者之类的"适应者"，反倒因为失业而死了，这便是一个例。其实，这是用语底不正确：低脑者和病人之所以还能活着，就因为他们处在便宜的环境，虽然只有仅少的生活能力，也还可以适应；干练强健完全有生活能力的人之所以倒毙，就因为他们处在非常苛刻不利的环境，虽有强健的身体也还不能适应的缘故。

　　同样地，概念，观念及其他种种的意识形态，也是只有能够适应其存在的环境——自然的及社会的环境的时候，才能存续发展的。例如阿利安种族，当他们从北方移住到东印度时，是将他们自己四季——春夏秋冬——底概念一并移去的。但这概念却只适应于他们故乡的温带地方，而不适应于印度那样热带的气候。因此，四季底概念便不能存续，另有雨湿期干燥期等新概念起来代替它。凡在保守的安定的，发展底缓慢几乎为人眼所不能见的社会里，总是"静的"意识形态支配着人们。有的就是视世界为不动，认法则为不变，看事件底进行为无变化的观念，以绝对的永远的同一真理为基础的意识。这种意识形态可以适应那种绝少变化的社会环境是一目了然的。但一到社会急速发展起来，其速度就是凡眼也看得出，旧形态转瞬变为新形态，旧有的一切都显出动摇和变化的神色来的时候，就显见得那静的概念和学说，不能适应那不时变化，不时流动的生活条件。那就是那些概念和学说已经开始了解体和死灭；而那"动的"意识形态，即以认自然，生活，及思想中有变动和发展的观念为基础的意识形态，已经起来代替它了。

　　问：因果性原则底适用和适应原则底适用有什么关系？

　　答：在生活现象底研究中前者给予我们以探究现象原因的方向；后者告诉我们应该怎样并应在何处探求原因，就是告诉我们以探究底方法和处所，——也就是告诉我们：个个别别地把生活现象观察过了还是不够的，它那所以存续或灭亡，所以发展或崩坏的原因乃是与那现象生灭的环境相关联的。这样，因果性底原则就可以正确地决定生活现象底因果性。我们可以将它称为特殊的生物学的因果性。

第五节　社会的因果性

　　问：意识科学和其他社会科学之间有没有什么方法上的密切的关联？

　　答：有一切社会科学所共通的因果性的观念。我们想称这为社会的因果性。其本质的内容如下：一切社会形态底一切发展底原因都存在生产底领域内,就是社会和自然底劳动斗争中。

问：所谓社会的因果性,是什么意思？是说一种意识形态底发展底原因可以直接向各种生产中去求吗？

答：不是的,完全不是这意思。一种社会意识现象底原因,那是也有存在别种社会意识现象之中的。例如某种观念底发生是从以前已经形成的观念中无条件地流出；而那以前的观念自身,又是从某种社会意识的条件中产生。诸如此类的事,是并不少见的。不过循着这连锁追究下去,一定可以达到经济的原因。换了话说,就是意识形态在究竟上总是为生产条件所规定的。

问：所谓生产条件,是和所谓"经济的"条件一样的吗？

答：在生产（就是社会的劳动）里,有两方面。第一方面是对于外界的自然。那就是技术的过程,即加在劳动底对象,材料及生产手段上的人类底活动。劳动底手段及方法,我们可以简称为劳动底"技术"。第二方面是对于人类自身的。人类正在向着自然施行技术的劳动时,一面就在那劳动中,互相加入种种的关系和条件。或者协同劳动,或者分担劳动,或者实行细密分工,或者各别劳动分野。例如细分土地,名其各各部分为"财产",有人以一种样式领有别人底劳动生产物之类。这就是经济的过程。这些形态底总和,就是社会底"经济"。

问：从社会的因果性上看来,经济过程对于技术过程有什么关系？

答：在生产底两方面中,本质的是技术的过程。技术过程一有变化,经济过程也就跟着变化。因此,社会的因果性底较正确而完全的界说是如下：

社会底经济,在它底发展上,为技术所规定。

社会意识,在它底发展上,为经济及技术所规定。

例如我们想研究宗教的社会意识,我们便可以发见它是构成在"权威"的原则（服从一种权力）上。而且可以看出这种宗教的支配,又为在全社会的劳动里,由权威的共同劳动支配着的一种经济的关系所规定。一切处所都有组织者下命令,实行劳动者听命令而劳动。但这经济又依存于技术底一定状态和水准。就是依存于各共同社会内技术的过程渐次复杂广大,已经达到非有特殊的指导,组织的活动不可的状态,却又还未达到一个人不能指导活动的水准的一事实。及到这共同社会底技术生活显著地发达起来,到了非一人所能指导社会全生产的程度,社会底生产便又以分工来结合,裂为个别的经济。于是经济成为新的形式,新的社会意识也便随着产生了。

问:社会的因果性原则和适应原则有什么关系?

答:我们倘将应用这两原则的情形清晰地想像一下,也许就会确信社会的因果性是从适应观念无条件地产生出来的,是适应底一个特殊情境。事实是这样,可知社会底发展实为社会在对自然的斗争中,适应四周环境即外界自然的一事所规定。

但社会和自然底斗争,直接是以技术过程的形相来实行。因此,社会对于外界环境的直接的适应,乃现于技术的分野里。换了话说,社会底全发展是为技术所规定的。——不必说,社会在经济底一面也在适应外界的环境;但那适应并不是直接的。因为经济的过程是人类相互间底过程,并不是人类和自然间底过程。而人类底经济的结连关系,却又就是生产(即对自然的斗争)上所必须而不可或缺的适应。因为有了这种结连,社会底劳动才能结合,分配,并一般地组织起来。所以经济的过程虽不是对于外界自然的直接的适应,却也是间接的适应。我们就此可以明白它是依存在直接的适应即技术,为技术所规定的。

社会意识形态也可用以帮助对自然的斗争。意识形态也是一种适应。例如凭借语言底力量可以组织共同劳动和掠夺,凭借积聚了的知识可以组织较进步的生产,便是例。但社会意识实际是一种比经济还要间接的适应,离开对自然的直接斗争(即全社会发展底出发点),不消说比之经济还要遥远。所以社会意识,在它底发展上,又不得不依存于经济和技术(为经济和技术所规定)。

社会的因果性显示着这样阶段的适应底全系列,下起于公共生活底基础,对自然的劳动技术上的相互作用,上迄于社会过程高及云天的领域。

所以,单就意识形态自身而说,也是和技术密切结连的意识形态,比之别种意识先发展。这可以说是比之别种为"初级"的。例如表现劳动活动,材料和劳动用具的语言,就比表现抽象概念的语言先发生。这就为了后者依存着前者而形成的缘故。实践的科学总是比抽象的科学(例如哲学等)在较初级的地位。

问:类似社会因果性的阶段的适应系列,能不能在人类社会领域以外的自然生活中找到它?

答:因为关于精神的及社会的生活底科学的理解,现在还没有涉及人类社会以外,找它是异常困难的。不过我们也有充分的根据可以想像,那些互相交结以行生存斗争的动物底社会集团内,也必行着类此的法则。例如我们在复杂而有计划的蜜蜂底建筑劳动中,及在更复杂更有计画的蚂蚁底劳动中,就可以确实地想像:那些动物相互的合作和分工,就是他们底"经济的"关系,是为他们底"技术"(他们应当解决的实际的任务,他们劳动时所不得不克服的障碍底程度和性质)所规定的。还有,他们在劳动时候用以表现必需的事项,做互相理解的标记或"信号"(他们发出的声音,或如蚂蚁那样显露的触角底运动和接触)的,也一定是适应着劳动底技术条件,劳动力底结合和分配底样式,即生产关系的。

  为要解说明了起见,可以再举一个情境来作更详细的观察。假定一种鸟所栖地方底气候渐渐地冷了。这种鸟苦于气温底低降和食物底缺乏。便会发生新的适应。就在冬天,迁到温暖的地方去。正像放浪猎人和游牧民族底逢冬迁移南国一样。这就是一种和生存斗争直接相关的适应——就是"技术的"适应。

  可是长途旅行,却需异常的努力,并常伴有意外敌人所加的危害。因此,各个单独地去旅行,多半就是去寻死。于是发生了新的适应。就是鸟底集团的移动。集团飞行,比较地容易冲过空气底抵抗,因而可以节省力气,也可以有效地防御外敌底袭击。飞行集团内鸟底分布样式,先锋鸟(最费力冲过空气的鸟)底交代顺序——集团内底那些协作关系,都和人类底劳动经济底关系相似,无非与飞行底条件关联着发展,因此为其技术所规定。我们可以知道它是第二位性质的适应,和生存斗争间接地有关系。

  还有,在集团旅行时,为了保持一般的安全和完成全部的事业起见,设法使各个鸟都能充分发表各自所见各自所欲并能互相理解的一件事也是极其的紧要的。倘有一只鸟发现了远方有猛禽,或是这反面,发现了饵食,或有一部分鸟疲劳非常,不能再飞——在这时候,其余的一切鸟,必须立刻能够知道那事情。不然,便难免有猛禽突然来袭,掠夺了鸟群,或者全群陷于饥饿之苦,以及因为过劳而致死亡的事。因此就造作了警戒,救助,休息等意义的叫号或运动——就是信号底体系。这体系底实际的作用,是和人类共同劳动中的语言及其他社会意识的要素底任务甚相类似。而那时候的那些信号底体系,也分明依存着飞行底"技术"和鸟群底"经济"而发展。就是说,它是第三位的间接的适应。

  像这样,那关系正和社会的因果性上的关系一样。

  问:社会的因果性这原则可曾借了别的什么名称现在文献上?

  答:还有一个名称叫作"历史的唯物论"("唯物史观")。最初提出这名称的是马克思。"唯物论"一语是哲学上的用语;它和大多数哲学上的用语一样,也有许多繁杂的意义和色彩。我们却想用这"社会的因果性"一名词。因为这是完全表现这个原则底科学性质(不止哲学性质)的名词。

第六节 意识形态底组织机能

问：意识形态倘若是一种适应,那是一种什么种类的适应？它对于生活的一般意义,即它在社会底生存斗争中的机能是什么？

答：它底机能是组织的机能,我们在本章开头的时候,就曾把意识形态界说作社会意识,说过这个形态是人类关于思想,感情,意志底表现和理解的手段。这个界说原本没有错,但单是这样,还不能显明意识形态在社会过程中客观的意义和实际的机能。非科学的思维是,就使当面看见了语言,知识,观念等在实际上很有用的事实,也不想考究它底客观的意义和实际的机能的。他们只把它看作第二义的东西,并不想把它看作经常的,必然的东西(其实这是意识形态底本质)。换句话说,他们以为一切"观念的东西"总和"现实的东西"或实际的东西相对立。但据适应原则的科学看来,生活中一切的东西都是"现实的",无论什么东西都是必然的。

因此,生活过程上倘有什么一个部分,看来好像没有用,好像没有现实的意义,就不妨把它看作下面两种情形底一种：或者它是一种我们还未理解还未认识的适应；或者它是一种古旧的适应,在别的条件下面发生,以前是曾有用的,不过现在失了意义,只能作为过去的遗物了。关于意识形态,也往往有如此的情形。

意识形态就是社会意识。意识底效能在乎将生物(人类及动物)底生活加以组织化。使运动和行为应合他们底必需,给予感觉以调和的,记忆以便利的秩序。致此应合和调和的,就是所谓组织化。意识形态在社会过程中,就在发挥这机能。

为什么人类必须"表现"什么,并且不得不"理解"别人所表现的什么呢？无非为了要使人类底行为互相调和,并由充足的经验打算先行行为底一切结果。以此,一个人所晓得的得为别个人所晓得；各人行动之间可以消弭了共同生活上种种的龃龉。这就是意识形态底组织机能。

问：那么,人类所表现的一切,一定是在什么目的上有用的吗？例如鸟儿歌唱那样,并无什么实际目标而行的表现,不也是常有的吗。

答：那何消说。人类表现什么东西而他自己几乎并不自觉自己行为底组织性质的情境,原是极多的。这是意识形态底理解,一般之所以极不明了,之所以为非科学的一个最重要的原因。不过我们这里认为问题的,不是人类底主观的意象,(他自己意识到不意识到),而是现象底客观的意义。鸟不知其歌底生活机能而歌。然而歌底生活机能还是存在,仍在家族生活中完全演着组织的机能。歌是雌雄接近的手段,他们借以结婚,交尾,随后作成家庭,置于经济地共同生活所必需的状况,倘若歌鸣不是组织的适应,它就该不会发展起来。因为歌鸣也就是告诉外敌这里有鸟的行动,倘使没有组织的效能,便无异浪费力气,且在招致不必要的危险。倘若那样,因了自然淘汰,在许多鸟中,就会只有善于缄默的鸟生存下来,歌鸣终是要消灭的。完全和这同理,语言知识艺术等若不是在客观上有用,它们也必不会发展。人类所表现的东西,即使它底直接的结果不是眼睛所能见,他所做事情底社会的意义,本质上也并不会变。只要有人来领受了理解了他所表现的,立时之间,就会在他和别人之间,发生了共同的什么,而将来的生活,经验,及行为底调和,便会为它所提高的。

问：但是,人类表现思想,感情和意志,岂非不一定可以达到组织的结果？不是屡屡因为表现反倒增高人底敌对吗？

答：这不过因为适应不一定完全地遂行,不一定有效地遂行罢了。鸟类之中,也有因为过于乱歌,赶跑雌鸟,不但不能作成家庭,反而破坏了家庭的。但这情形并不能改变从科学见地所见的,鸟类歌鸣所具的一般的生物学的意义。并不因为有若干时候,组织化的机能底适应不能达到它底目的,它那性质便改变的。关于意识形态,也可以这样说。意识形态底过程显示着社会力底异常的耗费。所以,它如果不是一定生活上的必需物,它便该不会生长发展起来。此刻,我们还没有晓得这种生活上的必需存在何处,正如在有机体中,有些机能还未分明的器官底发达,我们还不能解释一样,意识形态底发展,我们也还不能解释。

问：但是意识形态也得用为破坏的武器,并且不是偶然的,而是有意识的有系统的。例如用作威吓的语言底作用,和用于争论的思想底作用,不就是显例吗？

答：两个生物,或两个集团,阶级,行公然的斗争时,那有组织化的机能的适应,当然在一方面有作用,在别方面要起反作用的。例如威吓,就是常常用做对于和威吓者利害相反的个人或集团的警告。即常用以减少斗争者之间底实际的对立,使它有利于一方面。然而减少对立,就是一种组织的行为。一阶级对于别阶级的意识上的斗争,常常聚精会神在力量底保持和增强。要提高前者底组织性,自然要削弱,破坏后者底力量。实行攻击和使敌溃散，是一个实际问题底表里二方面。

问：可是事实上，也不是有一些无论怎样想都想不出它有什么适应性来的，例如迷信或者错误观念之类的意识形态存在吗？

答：错误观念新出现时，它也不过是组织的试验上失败的东西。所以，它决不会永在，没有多少时候便要从生活中排除出去；它于我们底研究，并没有本质的关系。不过和这不同的情形，也很不少。有些在所定时期里认为错误的，迷信的，非适应的思想，其实是过去底遗物，在过去是真理，做过应时的组织的适应的。例如关于元素之精——水之精等的信仰，在别的文化阶段上，便是人类互相传授报知关于种种元素之力所有实际经验的唯一可能的手段。迷惑旅客的森林之精的传说，原在使人在森林中知道太阳，星宿，树皮，树根等物，知道一般非依据客观的目标不应决定方向，不可委身于主观的感觉和预料等事上面做过有用可信的指示的。

而且，即使在新的条件之下，那种过去时代底遗物已经变成有害了，大抵它也还能维持其组织的机能。因为就是愚极的迷信，如果精密地探究起来，也还是和特种的状态及经验结合着，接近着的。有一定的阶级遗留在社会，而它已不是社会所必不可少的构成部分了的时候，从社会全体看来，这一阶级底全部意识形态原不过是单纯的遗物。然而在这个遗留阶级自己却是一方面不能不和别的正在发达的阶级争，而他方面，又不得不以该阶级自己底意识形态，照旧集合，团结的。

问：意识形态底组织的机能，对于意识形态底科学可有怎样的影响？

答：在意识形态底探究中，根本的问题不应不如下：就是，意识形态是在怎样的关系里组织着什么东西——就是社会底什么要求——的？解决了这问题，才能理解意识形态底发展和衰灭，才能科学的地预测其运命。

社会意识，若就其全领域，就其极多样的全形态而考察，问它组织着什么？那分明是组织着社会生活底其他领域，就是技术的及经济的过程。所以研究社会意识，若不研究社会底技术的发达，便没有什么益处。我们前面研究社会的因果性原则时，也已达到与这相同的结论了。

因此，我们可以说后面的话：社会意识为技术和经济所规定。因为前者是后者底组织的适应。

第三章　社会意识学底界限及说明计划

问：说明社会意识学，以怎样的程序为最适宜？

答：以历史的程序为最适宜。我们底对象，是在发展中被理解的生活现象，所以我们应当就在发展中研究它。

问：社会意识底发展过程，应当怎样地分析？

答：当观察时，可以将它分为许多的时代，各时代各有特征，作了支配的意识形态底特殊格式，特殊文化格式。截至今日为止，可以确定为下列四时代：

（一）原始文化时代；

（二）权威的文化时代；

（三）个人主义的文化时代；

（四）集团主义的文化时代。

现代，在先进各国，是个人主义文化底最盛期。同时又是个人主义文化开始衰落，及（正和这个人主义文化同存相争的）集团主义文化诞生的时代。

问：原始文化底特征是什么？

答：这时意识底诸形态——语言，认识，艺术，习惯，——已经萌芽，生长，但还停滞在互相混合，没有定形的状态中。不成体系，没有统一的原则。和其后诸阶段的意识形态比较起来，是极贫弱而且混沌的。

问：原始文化相当着生产力底何种发展阶段？

答：相当着所谓原始共产主义。

问：权威的文化底特色是什么？

答：各种意识形态各有一定的构造而自为体系。它们底共通原则是"权威的"原则。全部的社会意识，都为权威的见地所贯串。由这个见地，招来所有领域内权力和服从，高低尊卑底对立，而这个时代底世界观，便取了宗教的形态；一切事物和现象，都看作位高力强的神灵所主宰，例如道德的规范，就认为是神底命令。

问：权威的文化相当着生产组织底什么阶段？

答：适应着权威的生产组织阶段：先是宗法的种族组织，后是封建的生产组织。封建的生产组织，建立在组织者和被指导者底对立，即前者底权力和后者底服从上面。

问：个人主义的文化为什么所规定？

答：其共通的原则为"个人主义"。所谓个人主义就是认人类底"个性"为独立的利害，努力及思想底中心，以个性为和他物隔离，和别的一切人，甚至全世界相对立的一种概念。依据这种概念，个人的经济便可以认作独立的经济主体，个人可以看作历史，知识，艺术底创造者，个人的自由和义务可以认为法律，道德等等底基础。

问：个人主义的文化是和什么生产体系连结着？

答：和商品交换组织，尤其和商业及工业资本主义连结着。

问：集团主义文化底特质是什么？

答：这种文化全由劳动集团性底思想贯串着。劳动集团性以一个阶级或没有阶级的社会的形式而显现。在这里，共同劳动可以解作社会底经济的协力合作。集团被认为历史，知识，艺术底基本的创造者，主持者，集团底调和及力量底发展被认为是人类进步底本质。

问：集团主义出现在怎样的生产阶段上？

答：这种意识底新典型已于资本主义之下，在机器生产的时代生出了。但因为这种意识是和个人主义文化对立的，所以它在资本主义底框子里，必不能得到支配权，只能形成一个阶级的典型，就是普罗列答利亚阶级的典型。它要获得支配权，必须在社会主义的生产体系实现之后。

问：一般地说，文化阶段底正确界限，是可以确定的吗？

答：不的。这和在经济构造中一样，甚至比在经济构造中还要难以划定正确的界限。属于过去型式的意识，在新意识获得支配权时，也还有些成为遗物长留着。而一面，又常有和它并行的新意识，继续不断地出现。研究这类关涉全生活的互相错综的事物，是不能不假借抽象法底力量的。抽象法能够阐明各各意识形态底根本倾向，及其各个形态在历史上变化进展的相互关系底方向。凭借着它，才能使我们一见混沌的意识形态现象立起秩序，并可依据一般的基本的特性以行预测。

问：我们所用的意识阶段底分类，是科学中最常用的吗？

答：不是的；还有别的分类，普通更常用。如把意识形态和物质文化一齐理解，而把历史分为"野蛮时代"，"半开化时代"，"文明时代"（再细分为各期）等，依据发展水准而分各时代的便是一种更常用的分类。这种分类，因为两个理由,为我们所不取。第一个理由,因为它那概念极不确定。虽然我们可以把野蛮解作特别低级的文化阶段,把半开化解作中位的文化阶段,但它们所有的特征都是动摇的,不定的,模糊的。第二个理由,——这是一个非常重要的理由——是因为这种分类丝毫不曾涉及关于意识形态底构成。而意识形态底构成是最本质的部分。因为旧文化底遗物,并不一定带有"野蛮","半开化",或低级"文明"的特征;要从新形态中拣出它来,除非依据意识形态底构成上的差异,是不可能的。

此外,也还有几种和我们底分类非常近似的分类。例如实证主义者所采用的思维三阶段的分类法("神学的阶段","玄学的阶段","实证的阶段"),及路易·勃阑①所指示的"权威主义","个人主义","同胞主义"的分类等都是。但是这些定式,在科学上也是不圆满不正确的。因为它们都把社会意识和社会过程底其他方面分离了,不曾显出前者依存于后者的情形。换句话说,这些分类都是没有将基础放在社会的因果性上的。

问:研究各时代底意识形态,应当依照怎样的顺序进行?

答:社会因果性底线索,显示出下面的顺序:应先确定了所定时代底技术的及经济的生活条件,随后研究它底表现及所以组织它的适应——意识形态。

问:但是,意识形态倘若和技术的及经济的问题有关系,那不是要侵入别的科学底领域,和别的科学混淆吗?

答:任何科学都不能把它对象和世界底全般关系分离。因此总不免要去处理那些虽不属于自己领域而和自己领域极相接近的现象。换句话说,总不免要从那特有的视角,在那特有的任务范围内,去处理那些现象。所以社会意识学也往往不免处理技术的及经济的现象。不过不是处理那些现象底全体,只以说明意识形态所必需,为意识形态底变化及发展底原因的,把它作为问题。

---

① Louis Blane。

第二篇　原始社会意识时代

问：今日也还有社会它底意识形态还在原始时代阶段的吗？

答：不，已经没有了。至少不能以确信断言是有了。现在还在野蛮阶段的民族固然还有，但是我们不可忘记，那些民族虽然还在很低度的阶段，在他背后也已有了和别的人类同样久长的历史了。那么，原始时代底社会意识，一定要用怎样的考察才可以研究呢？那和考察古史一样，应当用抽象法来补充直接观察所得结果底不正确，不圆满。而要用这工夫，必须把我们所知道的社会意识底各个低度阶段，按照下降的顺序排列起来，按那顺序，逐渐地研究到原始的阶段去，以探讨意识形态是怎样地在变化。我们如能尽其所能继续顺这下降的倾向做，我们便可以得到关于原始意识形态的不妨称为科学观念的东西。

问：研究那难以达到的过去，也是万无一失地可以用这种"抽象的"方法吗？

答：方法本身是，只要严密正确地应用它，也不妨说是万无一失的。不过应用底结果，却难说，总是对。有不少所处理的事实，只被极不完全地极不圆满地，有时简直是谬误地，把握着。例如常有这样的误解：以为一个曾经一度发达到高度的文化阶段，而其后因为环境不利而衰落了的民族，总是近乎原始状态的。这种民族底意识形态之中，留有以前高度发展阶段底遗物；而人一见到了它(遗物)，也有自信以为发见了最原始的特色了的。例如锡兰岛底森林种族微达人①底意识形态，就常常有人引用，作为原始社会意识形态底一例。然据语言学者底发见，这个民族底语言，属于阿利安语系；和桑斯克列忒语②，古伊兰语，希腊，拉丁，斯拉夫及日耳曼语，属于同一语系。而在别一方面，又已证明阿利安人种，在迁移印度时，就已达到相当高度的文化阶段了。这样看来，微达人如果不是阿利安人种退化的后裔之一，

---

① Weddahs.
② 为 Sanskrit 底译音，意译当为"完成语"，与意译当为"自然语"的普拉克列忒(Prakrit) 相对。普通因它用梵字写下，称为梵语。

也该是和阿利安人有极紧密的关系,会采阿利安语作为自己语言的种族。无论属于哪一面,都可推定微达人种,在一定的时代,曾经站在比现在为高的文化阶段上。依据同一理由,我们也可以想定今日存在的极地民族,也多因为退化而成今日的状况。他们底祖宗,原本住在较温暖的气候,较丰饶的自然之中,只因后来陷落在两极地方底自然状态中了,所以他们便做了极地极困难的生存斗争条件底牺牲了。

因为研究是这样地困难,所以必须考虑下列诸条项:(一)应当尽量搜集多数材料为论证底根据,以减少误解;(二)应当慎重从各方面批判用作材料的事实;(三)断定应当限于最一般而又最重要的结论。

问:抽象的归纳的方法能够达到过去底什么阶段?

答:能够达到意识形态底最初萌芽。

问:但是,我们在历史上,从来没有见过全然没有精神文化的人。而社会意识学竟得以意识形态底原始的发生为问题吗?

答:若用抽象法,原始意识形态底发生也不难列为问题。我们只要把种种的文化阶段,下降地排列起来观察,便可发见下面的情形。在现今的文明社会内,意识形态极其丰富。语言,科学的及常识的知识,艺术,道德,法律等无数要素,占着社会过程底大部分,所显示的重要性,决不劣于生活底技术及经济方面底巨大的发展。但是我们若将文化底阶段再深一层下降去观察,情形却就起了变化。在社会过程中,意识形态的部分逐渐地缩少,其缩少底速度也比之技术的及经济的部分快得多,因之它就比之技术的经济的部分,占着相对狭小的地位。而人类和自然底直接的斗争,却逐渐明了地出现。人类底说话,思维,审虑,评价,逐渐减少,本能的行动逐渐地增多了。推究这种倾向到了极度,当会达到如下的阶段,就是意识形态不曾存在,劳动还没有凭藉语言,概念,思想,规范,使它复杂的一阶段。我们虽然只在头脑中达到了这极限,然而对于意识形态究从何处发生又是怎样发生等等,也就可以列为问题了。

第一章　社会意识底起原

第一节　这时代底技术及经济的特性

问：意识形态萌芽期底技术，可以想见它是怎样的情形？

答：在这个时代，有两个特色特别显明地跳上眼来：(1)是技术极其"狭小"贫弱；(2)是工具还在原始状况。

因为技术贫弱，所以人类虽然尽了所有的力量，几乎还不能维持其生存，还常彷徨在死亡和败灭底境界。在那时，绝对没有"剩余劳动"。劳动能力只有维持生活所需必不可缺的分量，再没有丝毫的剩余。

工具已经存在。没有工具，是不会有"人类"的。人类所以别于动物世界者，无非使用工具这件事。然而最初，也只有自然本身所供给的工具，例如地面拾起的石块，林中折来的棍棒之类。器具补充了身体器官底短处，补充了器官底不完全处。在这个时代里，工具在生存斗争中的机能，比较地还不多；还是身体器官本身底直接应用，占着支配的地位。在技术的过程中，用物运用物(用器具运用物质)的事，差不多还没有占着重要的地位；而人运用物底一面，却占着无可比并的重大的地位。

问：这个时代底经济底特色是什么？

答：共同劳动底体系，取着小群底形式；群底形式，范围狭小，成员不过四五十人，凭了共通的血统和苛烈的生存斗争条件结合着。共同劳动本身，以单纯和无组织为特色。所谓单纯，就是没有分工的意思。虽然此时也有一种由于体力随着性别和年龄而歧异的事实所致的分工底萌芽(例如儿童只搜集果实树根，不参加狩猎之类)；然而一般劳动都是极其原始，极其单纯的，种族底各个成员都能做其他成员所能做的任何事情。所谓无组织，就是说，同时下手共同事业(例如和强暴的掠夺者斗争，和他群战斗，集合搬运重物)时，也没有组织全事业的指导者；参加劳动也全然没有什么协定或决议之类给予秩序和联络。逢着不得已的时候，只凭直接的原始的形式，没有什么有意识的计划，单以互相模仿，成为各人关心中心的共通目标为基础，结合起来努力。

大家所以称这样的社会组织为"原始共产主义"，无非为了"财产"底一切要素全还没有存在，此外并无什么积极的理由。

第二节　语言底发生

问：人类底语言，从何发生？

答：从劳动底呼声发生。人类当作什么一种工作紧张用力的时候，他底呼吸器和发声器每每应和了他那努力，不知不觉发出一定的声音来，樵夫用力挥动斧头时所发的"哈"声，伏尔加船夫合力背纤时所发钝重的"呵"声，欧洲劳动者背负重荷时所发的"哦哺"或"哦哺喇"的声音，水夫卷上碇索时所发的"哦哦"的声音，突尼斯砌路工人用重锤击石时所发的"唉咿唉"的声音，都是例子。我们即使不见劳动者底姿势，只要听到这种劳动呼声，也便可以知道劳动者正在做什么。这种劳动呼声，虽然还不能说是正确意义的"语言记号"，但也是我们能够完全理解的表示劳动活动的记号。它和语言底不同处，只在它是无意识的原始性的东西这一点。

这种现象，当然在那原始时代也不会不存在。活的有机体是不能分割的整体。所以，一切的劳动工作，虽然它底程度有种种的差异，都不免有影响及于神经及筋肉机关底种种部分。一定神经中枢底兴奋部分，一定不可避地要传到其它部分（心理学上称这为神经底辐射作用）。从而在劳动行动之中，除了有意识的有目的的部分之外，也就还有无意识的部分。劳动呼声就是其中之一。这种呼声，在各各的劳动中，全群底成员全一样，——即在同一种类的劳动中，全成员都发同一的呼声。——那是可以不言而喻的。他们底肉体，既因共同生活在相近的血统关系和自然条件之中的缘故，非常相似，几乎没有差异。那些呼声，因此，当然也叮作为表示各种劳动活动的记号，为各人所能理解。于是就有了原始语即"语根"。其数目决不多，至多不过二三十个。但在后来底积渐发达中，却变化，发展，分化了。其中无意识的，原始的性质，逐渐成为有意识的。终至形成为后世巨大的语言。如前所述，最初的基础的意识形态，——语言，原是从人类底共同劳动生产中发生的；但从那二三十个原始的呼声，说是会得成立今日这样有几千万种繁多丰富结合的语言，可是件真情实事吗？对，是真情实事。语言学在一直以前，便已证明今日这样极繁多极复杂的语言，得归属于很少的种属了。那些种属底各个，都以极原始的而且多半已经消灭的语言为基础。无数的语言都导源于一个共同的语根。这些语根底各个及其意义，都在数世纪之间，受有缓慢曲折，与时俱积，未曾间断的变化("变异"),正像一个株干所发的枝叶,朝着所有的方向活动了来的一样。

问:科学怎样达到劳动呼声为语言根源的结论?

答:这是抽象法最优秀的应用。其本质的要点如下:将人类文化底语言现象就种种的阶段上比较研究了,把它依照年代顺序排列起来,一直溯到我们所能达到的过去时,我们就可以贯通全体,发见下面的两个倾向。(1)越将文化阶段溯到过去,语言现象就越显出要素的(原始的)性质。精神生活底语言的表现,积渐成为原始的,无意识的,少经熟虑和深思,而由人类底精神直接飞射出来。因之,那都近于反射(即有机体底原始运动)。更正确地说,都近于文法上的感叹词(例如"啊啊""呵呵"等)。(2)语言底发展阶段越低,语言表现人类行动的支配就越强。因此,印度底文法学者在几世纪前,便已达到所有语言导源于动词语根的结论了。近世底科学,更有许多的论证在证明这件事。一见似乎没有动词语根的地方,也已寻出来动词语根了。例如俄语底"trawa"(草),导源于阿利安语根"tar"(贯穿),"brat"(兄弟)导源于"ber"(运送)这语根,又如"dotsah"(女)导源于动词"doitj"(榨乳)今日还留着的这语根。我们试将这两个倾向伸长到所能设想的究竟,再把它们结合起来。其结果是很分明的:就是成了动词的感叹词,即劳动呼声说。

问:也有人以为语言是导源于表现苦痛,愤怒,喜悦,恐怖等(这种情形,动物中也可以看见的)呼声的,那是错的吗?

答:这种意见并无任何科学的根据。观察,在我们思维所及范围底历史中(中间虽然也有几千年之久),显示着人类底喊声,本质地没有变化(例如"唉","呵","哼","噫"等感情的感叹词)。这些反射音,是比较地固定的,断乎不得成为语言体系那样时常发展的意识形态底基础。反之,劳动的感叹词却决不会停滞在无变化,无发展的地步,一定从头起就是比较不安定的。因为劳动行动本身就是常在发展的。如今离开语言发生的时代已经极远,要想在已经变化繁多了的语根之中,发见原始的劳动的感叹词,是极其困难的事。不过虽然极少遇到,也不是没有将这种关系表现得非常明了的情形。例如德语底动词"hauen"(砍伐),就使我们想起樵夫砍伐树木时所发的"ha"声。在俄法等国语言中,也不少这种例子。然而总之我们如果因为几百千个底新形态实产自二三十个或者还要少的基本形态,便设想最初底萌芽还有明了的特色现在一切的语言之中,总之是错误的。

第三节 概念底发生

问:人类底思维是由什么要素构成?

答：由概念构成。概念连结起来，便成"思想"。但不可把概念和单纯的"表象"混淆。所谓表象，是关于事物及事象的明了的心象，不但存在人类底意识之中，也是存在虽然不会说话却也具有意识的所有动物底意识之中的。而概念及思维却只有人类（多也止有二三社会的动物）才会具有的社会意识的事实。要成思维，单有明了的心象是不够的，必须有一种记号，就是一种象征。那做象征的，便是语言。

思维是心里的语言。如古代哲学者所说，它是"精神就世界事物对自己所做的谈话"；或如近代的说法，它是"没有声音的语言"。人类是以语言思维的。在不说出口时，语言也在人底意识中流动。所以非常紧张地思维时，便会不知不觉地说了出来。所谓"自言自语"——有声音的思维便是它。人类思维时，他是自己提出了一定的思想，在把它与其它的思想相对立，相调和，相连结。简单地说，他是在自己头脑中，行着他在别的时候和许多人所行的商量底过程的。在戏曲作法中，这正叫作"独白"，就是自言自语。

这样，思维虽然从它过程，从它形式上看，它是在各个人底意识中行，然而实际是一个社会意识的过程，就是社会过程。我们可以说：商量是共同的思维；思维是没有说话对方的商量。

问：为什么下这思维生于会话的结论？怎么不是它底倒转？为何不认许语言是带有声音的思维呢？

答：因为语言是，只有在人和人间交谈发音时，才得称为语言的。凡是造作于谁何一个人底精神之中的，便不成其为语言。因为那是大约除了造作的本人以外谁也理解不来的。然而所谓语言，前头就已说过，它是生于共同劳动，并非生于个人底意识的。

问：果真如此，岂非还未出口的，也不妨称为"语言"吗？

答：依据心理学所指示，说出口的语言和头脑中"所思维的"语言底差异，原不过量上的差异。当在头脑中"思维"一定语言所表示的概念时，也是在神经及筋肉系统中，行着和发出语言时同样的过程的——不过它底程度较弱罢了。此时，也有和发出语言时所起的同样的活动的兴奋，从头脑中枢，转到咽喉、口腔、及颜面底活动筋肉，只没有到足以引起筋肉活动的程度。即或引起筋肉活动，也是不完全的，为眼睛所不能看见。然而将起活动的征候，却常为我们所看见。例如紧张在作思维的人底常常掀动嘴唇之类。未发声的语言，是"运动表象"底一种；而所谓运动表象，不外是一般地未现于外部的程度地，至微极弱在有机体内运行的身势。

因此，我们若不把语言和它底意义分离了来想，语言和概念，本质上原是同一的。在实生活中,两者并不能分离;因为语言若无意义,就不成其为语言。

语言概念是社会意识底基本要素。人类为了思维,还要使用别的记号,例如艺术底表现形式,文字,数字等。这些记号虽然也是思维底构成部分,但若没有语言概念,便没有单独做思维的资格,都不过是补充物罢了。

问:倘若认定思维是从语言产生,岂不是可以将文化底精神方面和物质方面,对立为根本地,原则地相异的东西吗?

答:不是的。既然语言生于共同劳动,而思维生于语言,则全社会意识,全精神文化,生于技术的过程,生于物质的文化——换句话说,社会意识生于生产,原是可以不言而喻的。

当我们由抽象的研究,发见了社会意识全未存在的时代时,根本应当达到如下的结论:社会意识只有生于当时的存在,——即劳动的。

第四节　原始语言概念在生产中的意义

问:劳动呼声底实际意义,在于哪一点?

答:为主的在于使共同劳动呈现有组织和有节奏的规则性,给予僚友的精神,使动作有同时性,而共同劳动有了必不可少的秩序。劳动呼声及由劳动呼声发展而来的劳动歌底这种意义,如今也还留存着。例如俄罗斯底"陀毗诺什迦"①(古传的木工歌)所有的意义,便是如此的。劳动时歌唱着这节歌,所谓"呵呵"的小声音,便会使一切共劳者底力气和共同的动作相合致。又如今日还留存于我们之间的"哦哺""哦哦"等呼声也有同样的意义。这是意识形态最原始的萌芽所已具有的最单纯的组织的机能。

问:劳动呼声发展为语言概念时,它底组织的机能同时发生了怎样的变化?

答:当劳动呼声开始用作语言时,——就是开始从那有关系的劳动动作独立起来使用时——最初是有召集语的性质的,像今日的命令语一样,召集人众于该项劳动。没有这样召集意义的,便有报告劳动开始或劳动终结的意义。这些意义底差异,并非如后世底语言那样,以语言自身底变化来表示,而是以声调,身势或装做来表示。

一般以为语言底萌芽近似如今我们会话的见解,是不对的。当时的人间彼此疏通意志,还是更像动物集团内那一边的情形些。

---

① Doubinoushka。

第二章　社会意识在原始时代的发展

第一节　原始语言概念底意义不明确性

问：原始语根可以严密解释为只是表示人间劳动行为的吗？

答：不可以。那样想法是不正确的。实际，在原始语根中，全然没有今日语言所有这样意义底明确性。

现在假定掘土的动作，伴有某种声音。在阿利安语底语根上，其声音为"Ku"。这样，他们自然用这声音于召集人们掘土的时候，也用这声音于报告"正在那里掘土"的时候。但不止如此，看见了掘成的洞穴或起出的土山，也会在头脑中活生生地现出所以致此的劳动底表象，并且飞出用惯的"Ku"声。看见常常用来掘土的器具，或者看见掘土的动物（如例鼢鼠），甚至于看见什么未知之力所掘的自然底洞穴时，也会发现同样的情形。凡这些非常不同的事实和事物，在看见者底头脑之中，都会唤起了同一的语音，而以同一的"名称"呼之。

原始语决不是动词。它以萌芽的形态包含着今日的一切品词。基础的意义，自然是发生该语言本身的行为；但有无数近似的意义，和它结合着。在后世的语言中，以生于同一语根的广大的语言群所表现的一切事物，在其发生当初，都只以一个语根表现。当时语言底意义，是不确定，不明显，无定形的，和一切的萌芽一样。

问：发生当初语意底不确定，对于社会意识底发展，是不是适当的条件？

答：是的，也不是的。无疑地，语意底不确定，全然是原始人底无力（知识薄弱）底暴露。它妨碍了人类相互理解底明显性和确实性。即在今日，他那语言发展还离原始状态不远的人种，为帮助相互的理解起见，也尚须不断以身势和装做补充那语言。例如南非洲底布西曼种，据某旅行者所述，他们如在暗黑之中，看不见对方底颜面和动作，便不能互通意志。

但也有相反的一面。要谢谢发生当初底不明确性,使语言和思维能够无限地扩展其领域。其内容不滞于劳动行为底狭小范围里,而扩及于人和自然底生活中所见的所有事情底理解上。在这思索范围底扩张上,最重要的进步是在用人类劳动所生的语言,去表现自然现象的这一点。这种进步是凭所谓"原始譬喻"(Urmetapher)的形式,本能地无意识地起来的。

问:所以谓原始譬喻是什么?

答:一般所谓譬喻,就是说不依本来的意义,却依"转移"的意义,应用语言的意思。(metapher 在希腊语中意义就是"转移")。例如所谓"太阳笑","晓光燃",时计"活动",脸孔"冷"或"硬"等,就是那譬喻。而所谓"原始"譬喻者,乃是语言学者对于将表现人类行为的原始语底意义,转移给自然现象的动物和自然力的一事所加的名称。这种譬喻怎样应用,前面已经说过。就是掘土鼢鼠底活动,穿谷水流底作用,也会使原始人底意识里,模模糊糊想起了掘土底工事来。因此,也就会在视察者底口里,不知不觉地飞出了掘土意义的言语。小孩看见太阳沉落,会说出"呒呒呒"——意为"隐藏"的小孩语——便是这种例子。

小孩底语言和思维,如今也还留存着近似原始人的特质。小孩所表现的,是径直的,不完全的,没有变化和连词,其意义不确定,带有原始譬喻的性质。最初小孩底语言,是以极简单的形相表现其行为。但那不消说,并非表现社会的劳动,而是表现和小孩欲求满足有关的个人的动作。一切人种底小孩同用的"妈妈"(母亲)那一语,也不是例外。那显然生于小孩子攀缘母亲胸口吸奶的动作。"爸爸"(父亲)一语,(其语根同是唇音,但不柔滑的),恐怕也有同样的来由,是"妈妈"一语底一个变种。在有几个民族里,其意义完全相反:例如乔治亚人说"妈妈",意义为父亲;智利底印第安族说"爸爸",意义为母亲。

第二节 事物名称底起原

问:最初得有名称的事物是什么?

答:是劳动工具。

问:为什么如此?

答:由于劳动用具生产底发展结果所形成的实际的必需。

当工具尚为原始的,单纯的,直接从自然之中(石块或树枝)取来使用的时候,在人类底思想中,是不曾有工具和使用工具的动作底分别的。故如石块,就用那表示击物的动作所用的同一语言来表现它。

但一到工具复杂化起来,就是到石斧,大镰,弓,箭等工具出现时,工具底制作成了一种特殊的劳动,便不能不和其它劳动分别了。因而,混同工具与其用途的事,也便不能不绝对地停止。而有一个劳动者制作石斧,别一劳动者用了它来工作的情形时,石斧与其使用便也有须得分别的实际的必需,而这两个概念也就有可以互相分别的明显的可能性。

新的名称曾从旧的名称中发展出来,那是不说也明的。即在现在,中非洲有几个种族还是留有以行为命名工具的原始命名样式底痕迹。如这些种族称斧头为"击物",呼武器为"杀物"便是例子。然而就在他们之间,混同工具和行为的事,也已经是不可有。因为今日的野蛮人,也决不是原始人了。

问:工具以外其它事物底名称,是怎样加上的?

答:思维既经开始分别一定的事物(工具与其行为),它对于外界的自然现象,自也不免开始应用同样的分别。如前所述,依照原始譬喻法,人类底劳动行为和外界的自然现象之间,原是没有什么分别的。现在原始譬喻,就开始从那对象,抽象出"工具"底性质来了。即把对象开始看作不借人类之手独立作用的工具了,例如把太阳看作出热的工具,把雪看作生寒的工具之类。

因而,在原始语及原始思维中也就有了"主语"和"宾语"关系底可能。在这以前,表现形式是完全非人称的。

第三节 原 始 观 念

问:什么叫作观念?

答:就是概念底坚固的结合。例如"太阳暖和"一句文章中,就包含有两个结合了的概念:一个是叫作"太阳"的事物底概念,一个是称为"暖和"的行为底概念。"观念"常被用作"概念"的意思;然为正确起见,我们当以"观念"一语表示比之单纯概念更为复杂的形态——就是概念底结合。

问:最初的观念是表现什么的?

答:技术的法则。当劳动由循序递进的许多劳动行为成立时,这种劳动在意识上的表现(如召集劳动或报告劳动之类),当然不得不以和这劳动行为相适应,并且和它顺序确切相同的,一系列的语言概念表现它。例如成年人向小孩子解释其经济的机能时,便像下面这样式:例如,表示什么可吃的植物,而食物已有名称存了,便将名称说给他听,再加以"寻求,采摘,拿回,破开,剥皮,吃食"等语。而小孩子便将这话作为将来底南针听。技术越发展——连带着语言越发达,"技术的观念"——也就越正确,越详细,越繁复。

问:关于自然记述的观念是怎样发生的?

答:由于原始譬喻发生的。它全依技术法则同样的顺序造就,但并非表示人类行为底联串,而是表示在外部环境中观察所得的种种活动,因此,例如记述洞熊时,势必(依据洞熊特有的典型的模样),描写洞熊本身,并描写洞熊特有的因了什么理由为人类所特感兴味的几种动作。关于天界和大气底现象,也以同样的方法记述,即如说,"晓光燃烧,太阳上升,暖和等。"

像我们现在所想模样纯粹的"自然记述",在原始的思维里是不可能。当时生活极其艰难,生存斗争极其峻烈,决没有余裕来行并非直接有用的,审美的观察。只有直接而且实际于人类有所关涉的自然现象,才会现于语言,为原始的观念所结合。所以"记述的"观念和技术的观念,在本质上并没有什么差别。而人类底活动和自然底活动,也就常常结合在一个观念里。事实上,两者在生活上是互相结合的。

故如取火的法则,我们可以设想它是如下的样式:"摩擦木片;木片出烟;覆上树叶,吹去;火烧起;放上树枝"等。但以我们现在的语言,决不能正确再现当时观念底实际情状。因为现在的动词,是本质地不能和那意义不确实的当时生硬的原始语根确乎相合的。

问:从原始观念底这一种特征,关于认识底发生,可以抽出如何的结论?

答:可以结论:识认是从实行实践中发生的,在其发展最初的阶段上,并不能将它从实行中分别出来。知识是简单的技术的能力,要不然便是技术上所不可缺的自然及于人类的一般作用底预测。

第四节　艺术底萌芽

问:什么艺术可以认为最古的艺术?

答:跳舞和音乐。这两种艺术,在最落后的种族内也可以见到——而且这两种艺术,在他们底生活里,也比之在开化种族底生活里,更其演着重要的剧目,更其占有广大的地位。跳舞和音乐,简直在人类生活还未脱离动物境界的"动物学的"时代,也很可以察出它们便已存在。至少本能的萌芽,我们在许多高度发展了的动物中便可以见到。

然而，即使跳舞和音乐底要素，发现在语言最古的要素以前，我们也不得因此便说意识形态底根苗便已伏在这两种艺术里。因为整个的意识形态的生活即社会意识，实还没有发展，这是要注意的。

问：跳舞从何发生？

答：从无意识的，直观的身势发生。当人类忆起了自己生活底什么重要的事情的时候，他那事情，总先被想起了是他自己底一联串的行动，其次又被想起了是别人从外显示给他的一联串的行动。而这行动底运动表象往往就成为实际的运动，追忆就成为模仿原先行动的单纯化的身势，是无须说的。假如参加这种"本能的追忆"的竟有多数直接经验过它（例如战争或狩猎）的人，则他们之间便不能不努力使他们底行动相调和，给予行动以一种有节奏的规则性。于是乎发生的便是原始的跳舞。

今日落后种族底跳舞，也还显有和这相同的性质。例如印第安及内革罗族底战争跳舞，便不过是把战争底实像简省了，短缩了——即以"观念化了的"形式来表现着的东西。一切民族底结婚纪念的跳舞也都摆着求婚或类似求婚行为底观念化的情景，不过略有程度上的相差罢了。

问：音乐从何发生？

答：音乐最古的形式是歌谣。但那歌谣，并非如今日我们所理解的，将语言和音乐结合为一个有节奏的全体的东西。本能的，原始的，单纯的歌谣，是不过像鸟类底歌鸣那样并不表现什么思想，不过表现感情和气分的。它是发散种种兴奋——爱欲底热狂，胜利或追击底欢喜，对于肉亲或其他的死亡的悲伤——的声音。

然而人类共同劳动时，也会从那呼声中做出劳动歌来。它在后来，给予语言以起原。它那要使一起劳动人们用力齐合的努力，固使劳动呼声带了规则的节奏，也就变成了原始的歌谣。

音乐本原的起原，分明也在共同劳动里。在共同劳动里，除了劳动呼声之外，也还有与它同时并起的规则的音响。例如木匠工作时候所生的斧声之类由工作本身所引起的就有音响。还有为了要使各人底能力能有同时性，由谁敲击木棍，整齐劳动调子的时候，也有声响的。这种木棍，便是那最野蛮的种族所爱好的乐器大鼓底原型和萌芽，其后，代木棍而起的，是一种在春谷臼上绷着皮的东西。到了这样，便已是像样的大鼓了。音乐中最单纯的要素——那拍子——是从集团的劳动条件里产生的。

问：跳舞和音乐，在原始人底生活里有过实际的意义吗？

答：当然有的。假若不然，便无异无益有损的浪费气力。在那气力只够勉强维持人类生活的时候,倘是无谓的浪费,是必不能继续的。所有社会的劳动,如其要进行,都极其需要一切参加者气分底齐合,及这个气分与工作本身底调和协合。跳舞和音乐就曾在这一个目的上有所效力。

跳舞和音乐,现在也还在那还属游牧状况或才进入封建状况的种族底生活中演着这剧目。在战争或大狩猎底出动前,在商议重大社会事件的种族集会前,在一切重要的共同事业前,都举行跳舞和歌唱,以远远几百年来造就的形式来表演。跳舞和歌唱底性质,都依各个时候实际的任务,即所须得引发的气分而决定。在出征前举行的是伴有狂风暴雨样音乐的战争舞;在会议前举行的会议舞,是严肃流畅庆祝的跳舞和音乐。这是独特有用的准备,为行有计划的劳动时(所需要)的活动力底准备的组织。

刚果土人沙上作画雕像　瓦特作

在较高度的文化阶段上,跳舞和音乐底重要性,已作了其它社会意识形态发达当然底结果而减少,而模糊,骤然看去竟不知其意义之所在。普通只把它们看作娱乐或消遣。但在本质上,它那组织的机能也还留存着。它能使人间发生了共通的气分,使人与人底接近成为可能。所以,就是现在,在各色的社交界中,为了结婚期青年男女底家族结合底准备,也还举行着轮舞,夜会,跳舞会等。尤其是战争音乐和劳动歌,现在完全依旧保持着先前的性质和意义。

问:绘画和雕刻底最初萌芽,是从哪里发生的?

答:恐怕有一部分也是从用作解释的描写的行为出来,有一部分是从生产技术底本身发生。野蛮人,小孩子,甚而至于活泼的成年人,当他想要传达关于什么物体底理解给别人时,往往不知不觉地,直接用自己底行动来表示那物体底形状。不久,便又将那对象底形状,或者画在砂上来表示。这种砂上的形状,便可以说是绘画底起原。别一方面,当他制作工具,器具,原始家具等物时,即使完全是偶然的,总也往往会作出教劳动者想起了什么既知物体底形状的东西来。他对于它,先就感了兴味,随即有了务必要它看去相像的欲求。于是,人类便一步步地进展到了有计划地描摹种种物体外形的境地(这分明就是雕刻底萌芽)。

问:这些艺术有过什么实际的意义?

答：第一，它是实际上认识重要事物的手段。所以例如在狩猎种族，他那绘画底内容，就大都是动物和狩猎底情景。靠着它，教给还没有知道动物和狩猎的小孩子们，以将来活动底环境和方法。洞熊，洞狮和曼摩斯象①底形象，都画在住居底壁上，食器上，器械柄上，使有了然的认识。当时，用语言传述的手段，还极不完全，对于这个目的多半还是无能为力。第二，这些绘画也教小孩子和成年人底眼睛看惯了，在不识不知之中维持了气分底统一。这种气分底统一，当然在将来的所有共同劳动上极其重要。所以这些艺术也都于群于集团劳动力底准备组织有所效力。

问：诗从哪里发生的？

答：它是与语言及思维领有同一的发生。但不止在原始时代，就在最近的发展阶段里，至少直到封建时代为止，它还没有区分为特殊的艺术，不曾从意识一般中独立出来。

远古的绘画

停立的野牛（西班牙阿尔塔米拉洞窟壁画）　　发吼的野牛（西班牙阿尔塔米拉洞窟壁画）

原始的语言，因为语义底不明确，和用原始的譬喻，常把关于人类活动的概念，转移给自然现象，所以在语言底自身中，便已经含有诗底原始的要素。口传给口的一切故事，一切叙述，就都因为那意义不能精确理解这个简单的理由，自然而然地变成了"神话"或"传说"了。那，只有说故事者或者叙述者（就是自己经验过所说所述的人），才能以说明的手式，身势，表示成为问题的对象，使别人理解他所传达的情形。然而那也不见得常是成功的。

所以代代相传留下来的，只极少数。留下来的，不过是(1)不断说明生活中事物本身的实际法则；(2)关于时常反复的日常事件的故事或叙述。

---

① Mammoth。

就是极显著的事件底记忆被留下来时,它也已经非常地变化了,成为不明了的形象,不过是神话模样的——照现在的概念来说,完全是"诗的"模样的东西了。

用原始譬喻的结果,使原始语言便是叙述极通常的自然现象,也有两种意义。例如雷雨,暴风等,用人类底战争行为相当的语言叙述它。因此,就和暴风雨的话相混同,发生了敌对集团或种族之间互相斗争的故事。太阳底作用至冬而弱,也用人类底疾病,衰弱或死亡等意义的语言叙述它。多数的神话,都有这两种意义,不但在太古发生的是如此,就是一直在后代发生的也都是这样。然而这也不过,在惯于分别自然的和人类的,把事物论理的地对立分离了来想惯的我们,觉得它是两重。在原始思维中,决不是两重的。从他们看来,雷雨真是战争,冬天也真是太阳(以为太阳也和人一样的)生病,死亡,或为敌人所俘虏。这种看法,决不是诗。是原始的意识。在当时,除了这种意识不能更有其他的意识。

这样的思维,在我们也许感得是艰难。因为我们现在的思维,是在和当时的思维完全不同,根本相异的条件之下产生的。然而事实,十足是这样。抽象的科学的研究,得到了这样的结论。我们现在,已有几百几千的语言来表现我们所感,所见的东西了。然在当时,人类只不过有二三十个语言,而且它们,又几乎和那作它发生渊源的集团劳动活动打成一片,不能分离的。

第五节 原始的世界观

问:什么叫作世界观?

答:就是关于世界的看法——成一体系的观念。可以有一社会底世界观,一阶级底世界观,一集团底世界观,一个人底世界观等种种。

问:在原始社会内有没有世界观?

答:按正确的意义说,那是没有的。当时,有体系的观念,还没有存在。观念还没有互相结成特殊的秩序,形成独立的社会意识体。不过和那直接关联的劳动过程或生活事实有所连结罢了,但也是散散乱乱,彼此没有什么联络的。

问:我们这里用作标题的所谓原始时代底世界观,到底是什么意思?

答:是说述原始思维底基本的,一般的特征的,就是,代那没有体系化能力的原始时代人众而行体系化的。

问:这样的体系化可以显出怎样的根本特色来?

答：原始的动学主义和原始的集团主义。

问：什么叫做原始的动学主义？

答：也许可以称为"原始的辩证法"；是指当时的思维,把自然看作活动的世界而不将它认作固定的"事物"底世界底一端说的。便是事物底名称发生时,其概念也是初起期间是动学的(就是活动的)概念；把事物看作活动底工具,活动底中心或出发点。以事物为受动的非活动的存在的概念,在当时还没有存在。

问：思维上的所谓原始的集团主义又是指什么说的？

答：是指：人类在思维上不将自己和他所属的种族集团分开的事,及在集团内部,不将自己认做行为,利害,努力底特殊中心,却把自己融合在集团内,如同各个器官各为身体一部分底模样的事。一般地说,就是指现在人想着"自己"的时候,他们却想着自己所属集团的事说的。

以几百年来在个人主义文化里养成的现在意识,来体察这种境地之所以极感烦难,便在此。然而便在现在,在个人集团生活里,每逢自己忘却底瞬间,也是会有类此的概念的。例如兵士在战斗底热狂中,忘却顾虑所谓自己保存的个人利害,专念共同工作,共同任务,将自己和他人一同看做集团工具的时候,又如现代的劳动者,为与同志共通的阶级连带精神所驱使,便是进而碰到饥饿,苦痛,和危险,也不以伤害自己为意的时候,就有这概念的。在这时候,"我"底意识,是为"我们"底意识挤走了的。然而在现代社会里,比起别的社会来却极其少有这种的情境。

原始的集团主义,也和当时底思维本身一样,是极原始的东西。为生存艰难费尽了力气的斗争,把种族集团锻炼成一个紧密的整个了。直到意识形态底萌芽出世时,方才给那团结以有组织的计划性。思维自身也全是同一形式的东西,集团底全成员全一样。

问：原始的世界观是进步的还是保守的？

答：是极度保守的。因为产生它的劳动生活是极度保守的。生活底发展总需有剩余的力量。然而当时,还没有剩余的力量。

意识形态,便在当时,也和后代一样,比之生活还保守。因此,有时劳动过程已经变化,技术已经完成,但那劳动行为底旧关系,却还依然留存不变。它在事实上起变化,终是直在其后,极缓慢地逐渐逐渐地,依据社会因果性底法则,除此以外不能另有变化底方式。发展底原因,出发点,和原动力,是存在技术的领域里；意识形态只有对于劳动生活底先行的发展而为适应,而且要求时代。

但是意识形态虽有这样过甚的保守性,对于发展过程还是有利而又必需的条件。它保存积聚了过去底劳动经验。它又形成了在将来底发展中不致丧失而且积渐丰富起来的材料。生活底原始的褊狭性,是它进步迟迟的原因。但这褊狭性,已经逐渐被劳动底历程克服了。已经到达的完成,已因意识形态底长成而进于强固。

第三篇　权威的社会意识时代

第一章　宗法时代

第一节　这时代底技术及经济特色

问：宗法时代，比之原始时代有什么技术上的不同？

答：最根本的不同就是发生了稳定人类生活的生产部门：农业（自然还是原始状况的）和游牧。原始的狩猎不能给予这样生活底安全；在原始时代，生活手段底获得几乎全为人力无可如何的自然的偶然适然所左右。自从这等新的生产部门发生，生活一经安定，人间就有剩余劳动了。所谓剩余劳动，就是劳动力超过维持当该共同社会所绝对必需的剩余。聚集了这些剩余，便成为约略恒常的贮蓄，就是共同社会底"剩余生产物"。

当时剩余劳动底分量还极微小，自不待说。但它确已存在，而为生活进步底充分的基础。

那旧的生产部门，也和这新而又重要的生产部门一同有了发达。工具完成了。虽然还是用石作造，但已不是胡乱打制，而是用刮磨过的石头做成，又已经进步到了用金属，出了黄铜，青铜，陨铁的工具。于是，制作工具便需要一种特殊的能力，开始"分化"为专门的劳动了。

问：共同社会底经济上起了怎样的变化？

答：共同劳动先已显然扩大了规模。氏族社会底大小，已不能用十作单位计算，普通应当用百作单位计算了。结果，发生了专门化：就是大的共同社会底经济上，须有各种的劳动者执行各种的劳动过程；一个人即使想行全部社会所必需的劳动，也是做不到了。劳动已经不再像在原始集团中那样的单纯，一个人随时可以替代别个人工作。

终至，在意识形态底发展上也有了特别重要的变化，就是组织劳动（头脑劳动）从实行劳动分离开来，发生了权威的共同劳动。

在原始集团内，并没有所谓专任的指导者。因为当时生产规模狭小，方法简单，没有专任的指导者，也没有妨碍；集团全成员底经验，几乎全相同，无论何人都能代做别人所能够所晓得的一切事。然而这种情境，在宗法时代扩大的共同社会内，却已不存在。在宗法社会内，绝对地需要组织者，指导者。做组织者的，总是经验最多的人，就是共同社会内最年高的——"族长"。

族长分派劳动，分付氏族各成员以各自应做的事情，并分配生产物，管理公共储藏物，设施青年教育，解决一切的疑问，一切的误解，一切的冲突。他在共同社会内是"权威"：人众完全服从他，绝对信赖他底经验。这就是强制的服从底萌芽。但它并不含有暴力支配的意味，也不含有强制征服的意味，而是含有做社会的共同劳动底榜样的意味。族长是指导共同社会的劳动者，其余族人是实行的劳动者。榨取还没有发生。族长虽不从事肉体劳动，且藉共同社会底剩余劳动而生活，比之别人消费了更多的物力，但他底劳动也相当地须要消耗大气力。精神劳动，尤其组织劳动，比之肉体劳动为复杂，若以同样的强度工作，原是头脑劳动这方面比较地艰苦。在当时未发展，不活泼的思维能力上，这关系表现得比今日更清楚。有许多旅行者，记述停滞在宗法阶段的种族底生活，众口一辞地说：在野蛮人是没有一种努力，像熟虑计算未知的关联那样费力的。野蛮人只要避得掉熟虑或计算，都是甘愿枉费极大的，然而做惯的肉体力。不过族长底权力虽说不是榨取的也不是抑制的，但在他底机能范围以内，却是不可违抗的。共同劳动和血属的联系，给予族长权力以特殊的民主主义的特质。凡关涉全成员生活利害的重大事件，族长都召集了全成员底总会，让一切的成人来参商并决议。但族长根据他底经验做起事来，例如处理种种日常事件，或者执行共同决议，却并没有谁拒绝对于他的服从。服从全然是本能地，自动地实行着。这是几千年来养成的习惯。这习惯，因为独立思维考虑底能力很薄弱，人都不愿意想，所以永被维持着。

问：经济的变化只囿限于种族集团底内部组织间吗？

答：不。共同团体相互间底劳动关系，那时，已经开始发展了。原始集团底完全排他的孤立，势不能依旧继续下去。因为劳动生产性底增大，人口已经稠密起来，邻近集团底会合及与未知共同团体底接触，已经频繁了。不断地从事于战争或互相杀戮，已经是不可能。凡有共同血统存在的，已就记忆所及的共同血统底基础上，形成了共同团体底种族团结，以从事于共同的战争，防御及大狩猎。这类的例就在现在也还可以在美洲铜色人种间见到。

共同团体之间,已经发生了交换关系。因为当时已有储藏物存在,交换已经次第失去了当初的偶然性。但在当时的经济上,也还没有演作什么重要的剧目。不过(表现人类相互结合增大的)亲睦底道德是发展了。

第二节　语言底发展

问：语言底原始形态,在宗法生活底制约下,能有完满的功用吗？

答：不。第一,劳动底技术和经济已经要求语数大行增加了；复杂化了的技术过程上多样的劳动行为,及多样化了的劳动用具和材料,都得给以特殊的名称。第二,向来名称底不明确性也不得继续下去。因为组织者不能不用语言管理大部分不在他面前实行的多数劳动时,他底命令对于各各劳动者是必须正确明了的。关于劳动进行及需要干涉的事实所作的报告,也必须正确而明了。这就必然地要求语言意义底稳定。第三,组织的命令和报告发达起来,越发增大了复杂性,劳动底分配上又加多了有关重要的种种繁杂细碎的事情,而共同劳动者动作设或不合致,又说不定便要死伤了许多人的缘故,已经越发要有多样的表现底可能性和配合底发展了。所以随这事实,便出现了语言底配合底发展,又出现了语言底变化(我们今日文法中称为语尾变化,动词变化之类的东西)。

问：那是说,当时的语言便已有和现在的语言形态相同的性质吗？

答：不是的。要达到现在的程度,它还缺少着许多的东西。无论就数量说,就配合底柔软性说,当时的语言对于今日的语言,都还有着宗法共同社会底生产对于今日生产所有的同样的距离。语数在当时已经达到几千,不是以前底几十几百了,但和今日几十万的语数比较起来,还是异常地少。少数极单纯的配合,如语尾变化及动词变化,虽然已有萌芽,但也只是萌芽罢了。本质的地重大的特征,就是当时的语言完全没有抽象。当时的语言,不是劳动所造出,便是用以表示劳动直接有关的活事实,都是指称具体事物,而不指称抽象概念的。时代还没有发展到需要抽象的阶段。不论人类和事物底关系,不论实行共同劳动人相互间的关系,所有共同社会生活里的一切,都还简单而又明了。

第三节　思维底发展

问：思维底原始的无统一和无秩序,在宗法制中,还得持续下去吗？

答：思维底无统一和无秩序，如前所说，与其说，由于概念，观念和有关的劳动行为，在原始的意识中，有相互的关系，毋宁说，由于它们结合得非常地紧密。然在宗法的组织中，这观念和行为底直接关系，已被生活其物分散了：组织者底思想，已由实行劳动者底行为来实现。从肉体机能中分离出来的精神机能，已体现在共同社会底指导者底人格中，靠此获得了自立性。其当然的结果，就是思想开始彼此紧密结合起来，在观念底领域内，次第形成了特殊的组织及体系了。

那当然是不得不如此。那是经济的必然性，要求它如此的。组织者是保存共同社会经验的人，不能不记忆而又应用，实际所必需的观念底全总和，劳动上重要的一切技术的法则，一切事实底纪录。而这些，决不能以凌乱无序的状态留在记忆上。无论具有怎样优秀的才能，都不能那样行。必得体系化了，行了思维底经济，才能以普通的记忆力记住许多的材料。这只要比较一下，记忆形成一个故事的百个事实，和默记凌乱没有次序没有联络的百个事实，哪一方面需要更多的努力，问题便会全然明白的。没有思想就是积聚了的劳动经验底体系化，决不得有效而且有计划地实行生产底继续和扩大。思想底体系化是经济的必然。它不能不随着劳动经验增大底程度，积渐地加紧，一步步地向前发展。

在这时代，才有不妨称为世界观的东西形成了。

问：意识形态底体系化，是由什么路径进行的？

答：不须说，首先用概括。意识的概括是，在原始思维中也有过。因为用一个语言包括类似的行为，事件，事物时，实际就是一种依据类似的概括。但那时候，对于劳动行为，劳动用具，材料，生产物，以及对于教人想起这些来的自然界底事变，还不脱全用同样名称称呼的境地，语义带有原始的不明确性；那种概括，同时就是混淆，不会引出什么正确的体系来。但这种不明确性，在宗法的生活结构里，如前所述，却已消灭了。而且已有比较严密的语言界限，起来代替它。因而一般化底过程（虽然还是像从前那样无意识的，非方法的），也已积渐带有实际的正确性，带有今日我们所理解的体系化的性质了。

第四节　权威的因果性

问：原始的思维对于事实底相互关系，怎样地看法？

答：只见到行为底连续，没有见到行为底因果关系。一切技术的法则都被解作劳动行为底一定的连续,如折取干树枝,摩擦干树枝,发出火焰等。在关于自然记述的观念上,也屡屡现出把自然事象底关系,按照它发生底顺序直排起来的粗疏的固定性:例如,太阳沉落,四周暗静,强盗抢夺东西等。他们对于这前后两个情境,都不曾将后起的事实和先行的事实对立,将先行的事实看作原因,以后起的事实为其必然的结果。他们不过以为如此这般做了时,就如此这般来了就是了。"为什么?"的疑问,在原始的意识里并不曾发生。

问:为什么在意识形态底最初阶段上,不曾发生关于现象底原因的疑问呢?

答:因为这个疑问底本身,就含有关于世界构造的一定的理解,就是将世界底组织认作一切现象都由某种法则性而结合,各个现象都以别的现象为结果的思想。然在原始时代,却还没有世界观,因此也就不曾有什么关于世界构造的共同的观念。

问:在宗法时代,因果性底观念是从什么地方发生的?

答:既然它是关于世界组织的观念,当然是从人类生活上直接有关系的唯一的组织,就是从宗法的共同社会底组织本身发生的。除了那里,不会发生。因为人类无论在实践上,在思维上,都不能从无创出有来。——在俄语中所谓"mir"(世界)这词,原本有共同社会底意思,决不是偶然的事。(现今在乡村中也还用这词作农民集合底意思。)

宗法的共同社会是建筑在权威的共同劳动上,就是族长底组织机能和他族人底实行劳动机能底分离上。这权威的共同劳动,曾经给人以因果关系底最初的观念。

问:从权威的共同劳动中,怎样生出因果关系底观念来?

答:在共同劳动中,存有恒常的事实底连续。特别是组织者底行为——他底命令——一定连续带起了实行劳动者相当的劳动行为。但这不是行为底单纯的连续,乃是必然的有机的关系。由是共同社会底各成员就都见到组织者底命令唤起或"招致"实行劳动者底行为的事,就是前者不仅先行于后者的事。他们不会不见到的。所以权威的因果性,在它底发生情状里,便是种劳动关系。在劳动关系中,又有原因和结果底对立。前者是谁某个人底行为,后者是别的个人底行为,在那中间也含着法则性底认识。那就是命令之后一定随有实行的思想。这法则性是现实生活上必不可缺的东西;而在那未发展的思维中,不过已经认识得罢了。

问:若认权威的因果性观念是从共同劳动发生的,那它不是只能适用在社会的劳动中吗？一般形态上的因果关系又是从哪里来的呢？

答：权威的因果性不止围限于人类劳动关系底领域内；靠了原始的譬喻，它已转移到别的现象上去了。

如前所述，原始人是曾用了和人类劳动行为相同的概念去理解自然现象的。作用和作用底关系，不必说也以同样的方法理解它。如其不然，他们那时，便不能不考察前者和后者之间本质的差异；然而考察这种差异，不消说，在原始人是做不到的。所以以为组织者底行为，它底语言，身势，或他所显示的榜样，既然可以唤起实行劳动者底行为为其结果，则同样地一种自然现象，也一定可以唤起别一种的自然现象。于是，子熊进洞，以为由于母熊下了进洞的命令。星光隐灭空中，以为由于太阳下了隐藏的命令。波浪走海，以为由于不能不服从风力，等等。

语言，在表现因果关系的词句底本身中，就保存着因果关系由于如上所述情景而生的明显的证据。在俄国，常说原因"唤出"（Wysywajet）结果——这显然教人想起有唤出力的人，唤出不得不无条件地出现在他面前的下属的事来。法语底"Provoquer"（引起），德语底"Hervorrufen"（唤起），乃至此外在希腊语，拉丁语等中，也可发见同样的例证。

在保持着古代思维样式的民歌里，也可以见到命令形式的原始因果性底直接表现。这里有爱沙尼亚底叙事诗"Kalewi Poeg"可以做例证（逐字译）：

吹的风——命令了，
白桦把桠枝号动，
白杨叶，像给强盗手捉了的似地索索地震动。……
空气底软声低语，
使蜂作声，使蝇微鸣了。

在古埃及底文书（"爱尔·卡巴"）①中有像下列这样地写着：
"太阳照耀——太阳命令麦穗立刻伸长了。"

在多数情境中，命令都靠语言来传达（自然，并不定靠语言来传达。凭藉手眼底活动来传达的时候也是很多的。）所以在最古的世界观中，语言这东西多显现为原因底原则的典型。在许多的神话中，语言（特别是创造的命

---

① El-Kaba。

令)都做着一切事物(甚至为世界起原)底原因。

蔓延于一切野蛮人及半文明人间的"法术"①观念,也是其例之一。所谓法术,就是誓言,"咒语"底信仰,也就是信奉语言有支配事物和行为的力的信仰。依据法术,以为只要通晓正确的语言和那语言底应用方式,便可自在用以驱使一切的东西——自然,人类,以至于神祇。这种迷信到处流行,又在所有的民族之间都有异常根深蒂固的基础。这足证明它不是偶然的现象,其中伏有深长的历史的原因。那就是,人类从前在生产领域内,惯于将语言看作行为底原因;而他底思维,已将这关系,不知不觉而又朴素单纯地,移转到全自然了。

问:宗法时代底思维,已经发达到,像在今日世界过程底概念中存在的那样,以为原因和结果是不断连续的吗?

答:不曾;原因和结果不断的连续,即所谓无限的连锁这观念,当时还不曾发生。它完全不会存在权威的因果性底起点上。权威的原因和结果底某种程度的连续,不消说,在共同社会底组织内,也可以观察得到。例如族长向他最接近的帮手——次于他的年长的成员——下了贮藏树果,树根,菌等物的命令,随后这帮手将这命令传达给一切成人;而成人们又叫妻来助他实行命令;最后,他底妻又把工作教他底子女们分担。这就是命令和实行,就是原因和作用底一个系列。但在这系列中,实有很大的限制;就是它,只有最初的原因,没有最初原因底原因。在上述的情境中,族长底意志是究竟的,他底意志不再受命于其他任何人,它自身做着全连锁中原因的一环。在别的情境中,达到最初一环的路程还要短。依据现在新的现象关系底解释法,我们当然能够求得族长行为本身底原因,及其原因底原因等,但是依据权威的观念说,没有命令的权力存在的地方,是没有原因存在的。就在后来,思想因为宗教的世界观侵入而被复杂化,族长底行动驯致被人认为由神祇所左右的时候,环节也不过稍为延长了一段,其原则还是和以前的一模一样的:就是当时也并没有更深的原因来决定神祇底意志。

这样思维底习惯,凭了原始的譬喻,移转到外界自然现象中了。人在自然之中,也不曾见到原因和结果底无穷的连锁。他们底意识就满足于不能发见更深原因的以其一个环节为究竟的原因。例如暴雨狂风来时,潮水高涨,岩石撞碎。就以撞碎岩石,为是支配岩石的海力底作为;而海又是在狂风暴雨支配之下卷起了波涛。再没有更进一步的解释。他们质朴地认"风

---

① Magie 亦称方术。

是吹于它所欲吹的地方,又吹于它所欲吹的时候"。但是当时大概人也已经觉察到,太阳底地位和暴风底关系(就是我们现在所谓季节)了;吹闹各处的排岸上陆的暴风等,该会使他们觉察到这一层的。在这时候,就又加上了一层的关系:就是,风是太阳命他搅海的。但太阳本身,他们仍然以为是完全独立的权威的存在,独立地统治着从属于它的诸力的。

总而言之,权威的因果性底连锁,是积渐在增加它底长度,不过不是无穷的,是有限界和终结的。

问:权威的因果关系底概念,我们不可以将它看作一种谬误吗?它又不曾因为谬误的缘故,害及我们底生活吗?

答:那,在我们处于别一发展阶段的人们看来,的确是谬误的;我们如果将它分析一下,自然也可明了它是有害的。然从当时的见地来说,情形可就全然不同了。当时因果性底观念,虽然形相还不完全,但已教给人们向现象里发见必然的关系,将现象结合成有组织的秩序了。这事,对于社会意识底发展是曾有用而且必需的——假若不然,因果性或许不会发现。它曾适应当时的生活样式。就是它不得不组织当时的共同劳动;而当时的共同劳动是权威的。在那劳动组织底领域内,这观念在任何意义上都正确。指导者底行为,事实上是唤起了实行劳动者相当的行为。所以,人们不得不作那样的想。

那样的思维形式,在别的领域内是歪曲了事实的表现,原是不必说。从现在想起来,自然没有风命令树木摇动的事理,也决没有太阳命令星宿隐匿的事情。然而事实底实际关系,颇曾正确地表现出来。人们一感着风动,便能完全正确地豫想树木将起动摇,而事实也正这样地成了。把这关系认作权威的关系,在他们是最简单最容易的事。当时的人,不能有别种的思索法,即使能够有别种思索法也于他们没有什么益处。那不过徒然将简单的思想复杂化,使头脑活动更为困难罢了。使用一向用惯的形式,及由生活本身创出的形式,总比使用别的形式更其方便些。然而重要的,就是一般上并不曾有过那样的拣选。权威的因果性,在当时是社会上必需的意识形态。

第五节 精 气 信 仰①

问:在原始的意特沃罗几中,有没有灵魂底概念?

---

① 精气信仰即 Animismus。有"万物有灵说","万有有心论"等种种不同的译名。

答：没有。只要看一般我们所知道的最低发展阶段上，灵魂底观念还是极其薄弱而且模胡的情形，我们就可拿确信这样地主张。依据旅行者底记录，有些人种完全没有灵魂概念，而且在他们语言中也没有表现这种概念的语句；这在现在，也还存在，至少到最近为止还是存在的。像几个岛屿民族，加利福尼亚底印第安族，南非洲底二三霍屯督族等便是例证。

问：那么，灵魂观念是在什么时候，从什么地方发生的呢？

答：它是在宗法制时代，从已经发展了的权威的因果性底基础上发生的。它是权威的因果性底扩大应用底结果。

问：怎样达到了这地步？

答：权威的因果性既经成为习惯，成为恒常的思维形式，各种情境便都发生了考求因果关系的必需。不消说，因果性底连锁是有限界的，思维多只探究了连锁底少数环节便心满意足了。不过无论环数怎样少，它既是连锁，便不会单由一个环节而成，至少也不能没有两个环节。设或不然，就不得有所谓"关系"。那于意识要把事实结合于一定样式的要求，决不能满足。于是，无条件地，凡与存在事实结连的别的环节，即那事实底原因，也便终于为所寻求了。

从这样的见地出发，人类曾经怎样观察他自己底行为或别人底行为呢？占人类行为大部分而又为最重要部分的——"劳动行为"，凡是出于共同社会底普通成员的，都以组织者底命令"为原因"。事实上，这是他们行为底大部分；但也不是一切行为都由组织者下命令。依据自己底创意而劳动的也不少。例如满足独自欲求的事，独自娱乐独自消遣的事，或在劳动过程上非组织者所得指导的细碎零星的事等，都是独自去做的。还有，组织者也可以组织者底资格全然独立地做着事。但他，也与别的成员一样，惯被人把他底行动看作也是由什么外部的意志所指使。因为他也不过这几年才做了共同社会底首长，在这以前的生活，也和别的人同样，处于从属的地位的。那么，这些我们今日称为"意识的"行动底权威的原因，是在哪里的呢？由组织的意志而决定这些行为的是什么呢？遇有这种疑问发生时，立时做出来的答案，想必是这样：那是人类自己。

但若是这样，则在这些无数的时会，都可以说人类是他自己行为底实行者，同时又是他自己行为底组织者。他同时占有两个环节底两面地位。他是原因，又是作用。这两个概念——虽说极其接近，——而在当时的见解，却是极不相同。那结果，发生了什么呢？

我们必须想起这时代底意识，是极其直致的，具体的。它只在活的具体的形式上活动,没有洗练性,也没有抽象性(这些性质,都靠后来的发展形成的)。例如当时的意识,关于"人类一面是组织者,同时别面是实行者"或"人类一方显现为原因,同时别方又显现为结果"等事就不知怎么说才好。在简单而又朴实的思维里,两个概念总之就是两个对象物,不会有别的想头。

于是发生了什么呢?人在他底思维中分裂了。如今成为两个人:一个是他底行为底意识的指导者;一个是从属于指导者的实行者。然而我们眼里见得到的,不过是这两个之中的一个,就是实行者。因为我们通常观察着的不过是行为底实行。……这该怎样理解呢?分明一定有一方面隐藏在别方面底中间了;就是组织者一定隐藏在实行者底中间了。所谓隐藏,并不妨碍组织者分明存在这件事情底想像。因为总是有谁在指导实行者底行为的。

这里便存有既成思维方式底威力。它把人类意识中一切的东西,都依一定的格式来制造,改造,犹如强大的机器,把一切东西都装在一定的形式中一样。

我们于是就在一个人中,见到了两个人。外界的观察者看去只是一个人的实行者之中,都有组织者隐藏——蛰居在里面。终于将前者称为肉体,而后者称为灵魂。这就是精气信仰,即灵魂观念底起原。

问:如果灵魂只是形体底二重性底一部分,只是从做行为底指导者这性质上观察到的同一个人,那不是它不得不以一种和形体相同的形状出现吗?

答:是的,初起是这样的。在那怀有灵魂概念然而极其落后的民族,现在也还是这样。就是灵魂也还附有和形体相同的外形。凡在今日概念中构成形体之生理的性质及物质的欲望的,在灵魂上也都有。在这阶段上,灵魂自然没有什么神灵的非地上的性质,连不灭性也还不曾给它。这些特性,都因为后来极迟慢的积渐发展底结果方才产生的,大都是宗法制以后的现象。从粗杂的物质的灵魂,形体底完全二重人格者,达到今日这样无形无踪无从捉摸的灵魂,其间存有种种过渡的阶段。例如在有些种族里面,以为灵魂是在一切点上都类似肉体的具有小儿形状的东西。这个概念,就在欧洲中世纪底初年,也还可以见到痕迹。在有些种族里面,灵魂已经失却若干形体的性质,就是灵魂没有重,好像空气模样,到处可以飞扬了;但仍有一切生理的机能。便如回教,那在封建时代有过极高度的发展的宗教中,也还信灵魂有生殖机能(穆罕默德底乐园),食欲等,又如在同属封建时代,同为高度发展的宗教,中世纪底天主教中,也信灵魂是用火所能烧的。就是这样,如后所述,积渐形成了灵魂不灭的思想。

问:所谓"灵魂"或"精神"这名词所指的正确意义是什么?

答:那是"呼吸"的意思。在别的几个国语中,也有同样的意思。(例如拉丁语底"animus"及"spiritus",希腊语底"$\vartheta\nu\mu\delta\varsigma$"及"$\pi\gamma\epsilon\nu\mu\alpha$"。)这些名词底使用,是这样出来的:就是生命是限于有呼吸时才存在。这是最恒常的客观的特征。没有呼吸,肉体便不会动,"实行者"已停止活动,那就不会再有所谓"组织者"——他早已高飞远扬了。因为精神和呼吸有这恒常的结合,所以屡屡就以同一语言表示这两者。

问:这形体和精神底二重形状,是仅止关于人类的概念?还是更扩大到别的东西上面去的?

答:这从头便被扩大到此外一切的存在和事物上面去,被普遍化了。原始的譬喻曾经逞着势力,给这新的思维形式以一般性,自然不消说。人类曾以观察自己行为及运动的见地去观察动物底行为及运动,也是当然的事。还有,当时知识也有限,不曾有什么生物和无生物分别。所以,他们看待例如风底作用,溪流,云雾,太阳底运动,也和看待活的有机体底活动一样,以为一切事物之中都有所谓"灵魂",原是自然的。其结果,精气信仰在其最初的发展阶段上,便拥抱着全自然,对于一切事物都给附了"灵魂":人类,动物,植物,岩石,河流,所有各种的东西,都有组织者在内。

问:怎样生出灵魂不灭的思想来?

答:在有些种族中,灵魂底不灭性是这样的:以为旧组织者,族长或首长一死,他底灵魂便转附在承继者底体上。我们如果留心"灵魂"这个名词,原本含有组织的机能,便可明白这个信仰或"神话"原是事实底极正确的表现:它是在解释组织的机能,从死了的支配者,移转给别个人,又移转给第三个人的。后世底,例如印度人底,关于灵魂轮回转生的广大神话底原始,分明也就在这里。

这里还须加说一句的,就是,凡属宗法时代及初期封建时代的种族,一般地都以为,只有首长底灵魂能够不灭,又大都不转附在别人体上。但是,无论如何说,这个时代底神话总之是用质朴的言语,毫不修饰地在描现事实底原状。传统即前代组织者底遗志,支配着社会。人都依据这遗志而生活,服从这遗志。便是族长自己,也是这样。祖先即使死了,他底指导的机能和他底组织的意志,还是遗留在世,指导生活。就是,他底"灵魂"是不死的。在那不知所谓抽象的具体的思维里,当然会有这种想头:以为祖先还在下命令;所以,肉体虽然死了,精神还是生存着的。

从这中间,就生出了"不灭性"底原始的限界:以为,灵魂脱离形体之后也还生存,但大都不是无限地生存。它到后来,也有自己死灭,也有被别的强灵杀掉的。这时代人底生活样式,虽然还很保守,大约也已经积渐明白祖先底命令也非永久,也会被别的命令放逐在生活之外了。还有,一个祖先底名字从子孙底记忆中消忘了时,也是谁也不会以为那个祖先还是一个活着的指导者的。

问:说明精气信仰起原的学说,此外没有了吗?

答:不错,还有一个更为一般人所信任的学说。据那说,灵魂概念是从梦中经历产生。其说明如下。已死灭或者已破坏的东西,往往还是长时出现在人底梦中。但认梦不过是精神底幻觉这见解,却是从高度的文化阶段中渐次发展了来的。因此,当时曾确信,以为已经死灭的生物或事物,在它死灭之后也还有一种和它极其类似的东西生存着。而一面,见梦的睡眠者觉得自己在梦中行动着,在种种的环境中活动着。而据别人底观察和报告,却知道这样地在梦中行动时,他底形体原是躺着不动的。死了的形体和活着的形体,在生理上全然地类似。不过死体之中,缺少了一件什么东西就是了。它不会活动,纯任自然地摆着,不久便要腐烂,消灭。于是人就将这,形体消灭以后还是残存的东西,会在梦中行动活动的东西,已死的形体所缺少的东西,仅用所谓"灵魂"这一个名称来称呼它了。

问:对这学说应该下怎样的判断?

答:它不但根本上是错误,也且极其的质朴。精气信仰是整个的世界观底体系,曾经渗透人类底全思维,有强大的影响及于人类生活。我们只消想起,在后世高度发展了的宗教底全系列中,对灵魂和灵魂健全的关心有过怎样重大的意义,人类竟有拼了肉体底死去救灵魂的事来,便够明白了。这体系纵贯着几十世纪,几种的经济形式而存续;便在今日也还没有完全消灭。然而这个学说底主张者,却想拿所谓梦之类于生活几乎没有什么重要性的事实来解释。把如此重大的,恒久的,具有一般规模的思维形式,假定作这样琐碎的,无定的,适应个人条件的东西,是不可能的。

加以这个学说也不能解释精气信仰底社会的运命。梦是当然在原始时代就已存在的,但是为什么这个观念总要到一定的发展阶段才发生?为什么这个观念在那依权威的典型而构成的社会内,获得最强的教化力和实际的权力(例如中世纪和那天主教底关系)?为什么它到社会受别的个人主义的关系支配时,便失了它底力量和明了性?为什么那些身上保持着权威关系最多的社会阶级(例如官僚和农民),最牢固地保持着这个观念呢?——这都不能解释。

问:这个学说,可以认为全然错误的吗?

答:不。它也有部分地正确;不过要从它中间摄取真理,必须把全学说颠倒过来。因为灵魂观念,是发生在权威的共同劳动底基础之上的,所以它于解释梦和各种事实是最便利最自然的手段。它成为它底材料,而且很容易加进它底框子里去。

问:对于权威的灵魂说有没有直接的证验?

答:最简单的直接的证明就存在精气信仰者概念上的灵魂和形体底现实关系中。这个关系,无疑而且显然地,是权威的相互作用。就是,精神指导形体,命令形体,支配形体。同时,精神要在物质上(实际上)达到其目的,却又无条件地需要形体,正如组织者要实现其目的,绝对需要实行劳动者一样。

再,我们倘若应用抽象的方法,而追求世界观底历史的发展,也可以确信精气信仰及其在生活中的意义底发生,发展及没落,正如前所指摘,正跟随着社会生活底权威的典型而发生,发展及没落。而且一到新的个人主义的诸形态对这些组织典型开始斗争(例如中世末期底欧洲),——如后所述,——新的(布尔乔亚的)交换关系底代表者,便对于精气信仰底实际的支配,即使形体从属于精神的事,进行斗争。对于"灵魂"底权利,而拥护"肉体"底权利。人文主义者及后来的唯物主义者和其他自由想家所做的就是这回事。

在现代的语言中,也还留有表示"灵魂"概念底真意义的一种语感。就是这个名词,还是时常被人用作"组织者"或"组织本原"的意思。例如指一个人,说他是某企业底灵魂,或者说他是社会底灵魂。这就是说,在企业底组织上他比别人多活动,能活动,或者说惟有他才是用他底努力,维持社会底团结,组织社会底活动的人,底意思。关于科学,也屡屡有"方法是科学底灵魂"的话。这和说,方法是科学底组织本原同意思。语言属于意识形态,它是社会意识底一部分。以此,它有时含有各个学者所不能解决的问题底解答。

问:话虽如此,但还要问为什么那旧的,错误的,质朴的关于精气信仰的学说还能支配着人心,没有新的,正确的,有直接的证据和事实作证的学说起来代替它呢?

答:那原因就在观察问题的见地里。现在的科学,都在个人主义的社会内作成，浸渍着个人主义的思维样式。所以它只在各各独立的个人意识中，寻求灵魂观念底根据。但是，这种根据必须求诸人类底社会生活中，生活底相互作用中。我们不可不采用许多学者底思维所不曾置意的集团主义的见地。

第六节 宗教底起原

问：宗教这名词底意义？

答：依普通的意义，这名词是从拉丁语含有"结合"意思的动词"Religare"中出来。所以宗教一语定然含着"结合"的意思。在权威社会内，共同的宗教事实上是社会上组织的连系底最易理解，最为明了的表现。还有一个意义，它是从"Religere"（聚集）一语里出来。但这在语义上，分明是相同的。

问：宗教是从什么地方发生？

答：从"祖先崇拜"，就是旧组织者底崇拜发生的。因为民众底思维，将旧组织者逐渐转化为神了。

问：这转化是怎样起来的？

答：是伴随共同社会和种族底世代递嬗，祖先底权威积渐积聚起来了而生。这个特殊的过程，是以自然的力，如下所述地发展起来：

族长为了指导共同体广大繁复起来的体系底内部关系，多利用祖先所积聚的经验，祖先底"遗言"，就是历代相传的祖先底法则和指示所生的现成的计划。族长时常依赖这遗言，对于社会作为祖先意志底执行者，将祖先底权威作为在他权威之上的高贵伟大物。一切族长，都自以为是他紧接的前一族长底意志底遵守执行者，随从前族长，尊敬前族长，常把前族长安放在自己之上。他一做了族长，他便依据思想底保守性，来维持这见解，做社会传统底保护者，将它传给那种族底成员。先代底族长，对于传授地位给他的更先代族长也站在同样的关系里。也用同样的方式，在共同社会底成员眼前，把祖先底遗志放在他的地位以上。那祖先，再那祖先也都这样地干了来。于是埋在过去的"远祖"底模样，便在子孙底意识里成长起来，有了超人的形相。祖先底崇拜，终于转变成为俨然的神化。而祖先崇拜，便导启了神明底创造，安置了最古的宗教底基础。

这种权威底积聚过程，即不照我们上面所用的方法（论理地从权威的思维样式底保守性中引出），也可以说明。就是可以从历史底记录中直接确定其过程;但这过程当然是在和上述的情境,不同的环境之内的。

各时代底思想家,诗人,艺术家等,因为先行者底作品教育了自己的缘故,往往意识地把他们看作权威,倚傍他们,引用他们。于是随着时代底推移,观念底创造者便成为伟人。把所有想将现代的观念创造者去比拟他们的尝试,都看作对于他们伟大底一种不可容许的冒渎。以为今日出现牛顿①,歌德②,雷奥那托·特·芬奇③那样的伟人,简直是不可能。而先前,例如佛陀和基督等宗教改革者,也曾有人简直以为原本就是神灵。

然而在权威底积聚之中,也有一定的现实的意义。就是,一个故组织者底遗志,假若留在后世能起作用,它在生活实际上组织的重要性,必然逐代增进了强度。假定族长生存时,指导过百名的种族成员。但在二十代以后,这个共同社会底后裔已经发达到几千人,便已有几千人崇奉他底意志了。又加途中经过了许多的世代,自然不难理解他底权威作用底分野有如何的广大。他底成为种族神,原也不是不可思议的。

问:认动物,植物,间或认无生物(太阳,河流等)为神的无数宗教,也会是从祖先崇拜中发生的吗?

答:这些宗教,也是从祖先崇拜中发生的。这有那所谓"图腾风习"底事实在证明。有许多民族,例如亚美利加印第安族,以为他们底祖先是一种什么动物,鸟,鱼,或树木;认这些祖先,即他们底"图腾"④,为很可夸耀。引起这种神话底形成的,恐怕也和别的际会一样,受了语言意义原始的不明确性底影响。大约由于远祖有"野牛","鳄鱼","秃鹰"等名字,历代相传,经时久了,渐渐把这些名字依照字面解说起来,这就从人类中造就了所谓"图腾",就是动物植物之类来的。

问:原始的宗教,是多神教,还是一神教?

答:大抵是多神教。在各个共同社会内,便已有多数神化的祖先。及到这些共同体结合起来,成为民族时,所有的种族神又一齐地受崇拜,而以其中最强大或最富裕种族底一个神或许多个神占主位。这是和该种族底族长在和别种族所开的首长会议中尊在首位的理由一样的。

但是一个共同社会,对于别个共同社会极其有力的时候,他们底神有时

---

① Newton。
② Goethe。
③ Leonardo da Vinci。
④ 即图腾 Totem 或 Todem。

也能排斥其余的社会神而为唯一的种族神。不过这种"一神主义",实与后世所谓"一神教"底性质不同。种族神只能解作种族神,决不能像后者那样可以解作世界神。所以,例如宗法时代底犹太人,虽然崇拜唯一的种族神,也决不曾排拒别的种族神或民族神底存在。就是许多后代产生的犹太圣书中,也屡次说起了埃及,腓尼基,及其它地方,有各种神现实的存在。只都被记着比之犹太神为低弱罢了。但其中也有犹太人见了邻近种族底富裕,不得不信他们底实力,终至结论以为别种人底神比自己底种族神或者更其强有力,至少也是同样地值得崇拜的现象。所以往往容易对于未知的异教诸神起了诱惑和思慕。这在不懂种族的一神教真性质的圣书底读者看来,是会把它看作一个不可解的谜的。

问:宗教的仪式(Kultus)是什么?

答:"Kultus"这语,是从拉丁语底动词"Colere"(工作,尊敬)中产生出来(从这一语,另外还出了"Kultur"即"文化"这一语)。"Kultus"这语所指是宗教礼拜底一切实际行为:祈祷,供物,祭礼。

问:宗教的仪式,从什么地方发生?

答:依质朴的宗教意识,群神是集团或种族底,活现实底指导者。因此以为人要亲近神,去祷求神助,或感谢神佑,也须要有人间一样的待遇。这就叫做祈祷。以此,他们就又想到以留神他们神的指导者底物质幸福,即也如供给活的组织者一样,饮食群神,为是人类底义务。——因为在当时,群神决不曾成为没有肉体的存在。于是乎又有供物底奉献。

祭礼则是祈祷和奉献供物时际所用的特殊手段,形式。初起几乎没有什么特殊的仪式。人类只用一种和待遇组织者活时几乎相同的形式,去待遇已死祖先的群神。也不过像宴请活的组织者一样,把食品等物放在墓前。到后来,却形成了仪式上的特殊的规则。因为所谓仪式,总比别的生活还保守的。

假定由于种族底发展,种族底外部关系,及实际的获得底结果,石器已为铜器所取代。只还遗留着祖先用石刀切,用石斧削的传说。那时,那个种族社会如要献羊给神,就不能不想及神底习惯。不然,或有不能达到特意的目的之虞。因为也许供物会被神和盘退回的。然而神不外是那种族底祖先,所以神底习惯就是远昔祖先底习惯。原始的祖先是曾用石斧杀羊,用石破的。因而做供品的羊,也就不得不以同样的方法杀它破它。虽然当时已经有了非常便利的金属器具,但是奉献供品时,仪式上还需郑重地保存石斧,使用石斧。例如巴勒斯坦底犹太人,就是这样的。

同样,在仪式祭礼中,也还保存着消灭已久的食物调理的样式(在犹太人中,某一种族神底祭礼内,采用未发酵的面包)。又还残存着旧住居底建筑样式(例如犹太人在停歇游牧生活,栖息在固定的住宅一直以后,也还守那巴勒斯坦底"住棚节")。

这些不可逃避的仪式底保守性,往往成为使人想起古远久被遗忘的过去来的不动如山的纪念物。

问:宗教在宗法时代底社会意识生活里,占着怎样的地位?

答:它包含着人类底全世界观,浸透着全思维。宗教底本质,原是向往传统即祖先的结合。祖先留传的一切,作为祖先底遗产摆着的一切,都被看作神底遗志或天底启示,尽是神圣而属于宗教的。而在当时保守的时代,发展底缓慢几乎人眼所不能见。各代出现的新事物,比起前代底旧事物来,几乎不足道。以此,人类底全生活都被传统所决定。传统的东西即神圣的东西,常在一切处所包围着人们,指导着人们底一举一动。一切的技术,一切人与人相与的关系,都为神所拘定。一切的知识也由神所给予。神是给予灵感于社会底指导者,而使之行动的。

这个时代底艺术,也从头到尾是宗教的。无论跳舞无论音乐都是宗教的祭仪。神话,这当代无意识的诗歌,也是神们底历史及神和人间关系底故事。绘画及雕刻底作品,也不是描摹神像,就是"奉献"给神的。又依当时的思想法以为那些作品——也和别的活动一样——都因受了神底灵感方才作成。

但是所谓宗教的和神圣的东西,在当时是包括全生活的。所以当时,宗教全是日常的东西。当时的宗教,并没有像它在后世和别的生活分离了,变为特殊的领域时,所带的那样秘密的神秘的性质。宗教的祭礼,是万人可亲,万人能解的。也如在生产行为上一样,在族长底指导之下,万人尽可以参加。

宗教简直便是包藏全生活和全思维的壳荚。

问:这宗教的壳荚是不是谬误的?它既从神化祖先的谬误观念发生,难道不曾为了举行祭礼和奉献供品,浪费了多余无益的气力和财物?

答:在当时为正确的观念,有用的努力的,我们今日也会看似错误无用的。这不但是历史的必然底结果,也是有用的社会的适应。它是集团和种族底坚固的活纽带;给予全体以协同的联络,引致意识于统一和调和的。它是历代劳动经验底结晶和积聚。所有这些都是对于自然及外敌的斗争成功,极其紧要的东西。

第七节 道　德

问：什么叫做道德？

答：道德就是社会中确定的，历代口传下来的生活法则。它可以是技术的法则，它也简直可以是关于思维形式的法则。但特别用"道德"这个名词，指示规定人和人间关系的法则：如人们应当怎样互相扶助，又应当互助到什么程度，遇有冲突或不和的时候，人们应当以什么规约抑制自己，以及不和应当怎样调停等法则。因此，所谓道德可以解做原始的，口传的，严格传统的社会规范。

它是在较进步的发展阶段上，法律和礼仪所由发展的基础。

问：在原始时代底生活里，道德演过怎样的剧目？

答：在原始时代，道德止于方才发生罢了。道德在人和人底关系上还不曾有支配力。当时支配人的，倒是原始的几十世纪以来的旧习惯。那习惯，既没有凝为特殊的法则，也不是用口相传授，乃是直接在生活本身中凭藉模仿获得的。所以它不能形成意识形态。这是习惯和道德不同的地方。道德本色的支配，是和宗法时代一同开始的。

问：道德底发展和支配何以在宗法时代起始？

答：因为人人相与间底关系，比之以前更其错杂繁复，单靠本能的习惯，已经不能统制，调整了。倘要把它适当组织起来，必须有特殊的法则。就是必须有适当的意识形态。但是一方面，全生活还是建立在传统之上，即过去底遗教之上。从而社会的规范也就不能不完全是传统的。那传统的规范就是道德。

问：有谁做了道德底监视人，保护人？

答：有共同体或种族全体；然而主要的，是最年长者，族长，及过去所积蓄的经验和知识底代表者。他们每在意义不明了的时候，或须应用道德于以前所不曾见到的新事项的时候，将道德来说明并且指示给人。

问：道德和宗教有过怎样的关系？

答：道德也是宗教的制度，就是神底意志底表现，和祖先底一切遗教一样。

问：违背道德怎样处置？

答：在人类底意识极保守，权威性底支配极强烈的时代，违背道德，即违背神底神圣意志，是一种稀罕的例外；假如有，人便认为是一种古怪的东西。将那蹂躏道德的,简直认作违反共同社会底全生活的人。不是被杀,便是被逐。在当时,被逐实际也无异于宣告死刑。因为在集团之外生活是不可能的。在当时保守的思维样式中,都认犯罪作例外的不可解的事情,所以凡是违反道德的都被加以严峻的处罚;散在宗法时代生活底旧记录中,或各种民族底宗教书(例如犹太人底宗教书)中,那些处罚道德违反者的记载,就是它的明证。

道德已经成为意特沃罗几,就是社会意识底一形态。不过人类对于道德的态度,还是本能的。

第八节　宗法时代社会意识底一般特性

问：权威的意识底保守性是和原始思维底保守性同种的东西吗？

答：不能说是全然相同的。原始的保守性,由于人类对待自然界的技术非常的幼稚,缺少剩余的能力(而发展却只有利用剩余能力,方才可能)。在宗法时代,则这剩余——剩余劳动——虽然微眇也已存在。生活上实际的保守性是大大地减少了。虽然从现在的立场看去,那也还是很保守的。那时技术及人类关系底变化,非常地缓慢,几乎辨不出一代代的差异来。在思想底变化上,更其有这样的情形。从而传统支配着人们底意识。共同体底权威的构造,在它底本身中便包藏着对于一切革新的特殊的障碍物。解决复杂的,(稚弱的思维力以为)很烦难的问题,是组织者底任务。但他也只得依照过去所造就的既成格式来解决。一切的革新都要在共同社会底力底分配上,及成员底相互关系上,招致了一系列的变化,使组织者底活动极度地复杂化烦难化。例如这里新用了一种新的节省劳动的工具,就不能不改变以前所习惯的生产底均衡。　方面,必须把一部分的劳动力用在制作这工具,或添造别的生产物,和这工具交换。而别方面又须正确计算为此所费需要若干的劳动力。还有在这采用新工具的生产部门内,也必须减少些劳动者底数目;因为在该部门内,已不需要原先那样多数的劳动者了。变成了闲散的劳动力,又不得不分配他什么工作什么工作。又因共同体底财富已经增进了,也不得不变更生产物底分配。工具如是由交换而得的,还须考量交换条件,决定什么条件可以同意,什么条件不能同意。开了头的变化,真像波浪一样,扩展到共同体底全生活,要求组织者整体的地概观新的劳动战线。然而,这在未发达的精神是烦难的工作。组织者所以本能的地反抗一切的革新,分明由于这个理由。技术及经济底保守性,依照前面所述社会因果性底法则,必然地随有意识形态底保守性为其结果。

意识形态底保守性,而且,还是强过技术底保守性的。因为意识形态是组织者用以指导共同社会的主要工具。这个工具(意特沃罗几)假如起了什么变化,族长就像劳动者被夺了用惯的工具,被给了新的生疏的工具一样,自己先须惯于使用这工具。

问:在权威的意识形态底构成上,其主柱是什么呢?

答:就是所谓权威的或自然的灵物崇拜。

所谓灵物崇拜①原本指崇拜无生物而言,但这个名词,后来在科学和哲学中却将意义放宽了,有了颠倒事实关系而理解的意思。权威的因果性,也是其中之一。它把自然现象底关系颠倒着在理会。依据权威的因果性,作用(结果)是由原因底命令而决定,如同行为底实行由人类先行的命令而决定一样。这就是把事物和事物间底关系,理会作像人和人间底关系似地,站在权威的相互关系上。由此,就有了"权威的灵物崇拜"底名称。又因它是关系自然底相互关系的,故又可以称为"自然的灵物崇拜"。

精气信仰是和宗教的自然观一样,分明属于自然的灵物崇拜。

问:在宗法时代底意识中,原始的动学主义也还保存着吗?

答:只有一部分留存着。它已经逐渐为思维底发展所驱除了。工具在劳动中的重要性逐渐增加起来,这使人类在以前只意识着事情的处所,已经形成了关于事物的思索。"自然"在人类底观念中,从事情世界转变为事物世界的过程,开始于原始时代底末期,到这权威时代,还是没有终结。原始的动学主义固已积渐被静学的世界观所驱逐。然而事物,在当时也还没有成为全然不变,不动的现实性;它也还有活动的要素,就是给予事物以独立的活动性的"灵魂"。

问:宗法时代底思想,对于我们是否只有历史的兴味?

答:相似的原因产生相似的作用。便在今日,原则上也还有相等的权威关系,存在经济及一般实际生活中,不过形式不同了。现在的思维,也要适应这前时代底遗物,因而部分地也还保持着权威的灵物崇拜底特性,即还保存着关于因果性,精气信仰,宗教观念,传统底盲目保守主义之类它所固

---

① Fetishism, Fetischismus 都由葡萄牙语"费提秀"(Feitico)一语而生,故有人译作"费提秀主义"。今将费提秀译作灵物,就是说它是有灵之物底意思,而将费提秀主义译作灵物崇拜。另有拜物主义,咒物崇拜,物神崇拜等异译。也常被人混译作偶像崇拜。

有的理解。我们只要究明了这种特性底起原和发展，便不难在现实生活中发见它，通晓它在生活全行程中的意义，预测它底将来怎样，决定自己对于它的态度应当怎样。

第二章　封建时代

第一节　这时代底技术及经济特征

问：什么生产技术底变化，招起宗法制度转移为封建制度？

答：因为劳动底生产性增高了，剩余劳动以此增多，正确意义的榨取以此成为可能了的缘故。

在欧罗巴及亚细亚大多数的国度内，生产性底增大，曾藉相应的工具制作底发展及手工业底发达等，做了从游徙的畜牧或原始半游牧的农业，转移到连带畜牧的地著农业的转机。

那结果，人口底密度增加了好几倍。依据大体的计算，在温带地方，一个平方哩的土地，靠原始的游牧的狩猎，约养二十人；靠宗法时代游牧的畜牧或原始的农耕，约养六十人至八十人；但靠封建时代初期底农业经济，却实实养活了二百人。

问：社会底经济构造上起了怎样的变化，致使宗法制解体，递嬗为封建主义的？

答：根本的变化有后列几点：(1) 种族共同社会已经扩大，成为许多邻接种族的共同社会；(2) 组织者分立了，一方面有平和的组织者——僧侣，别方面有军事的组织者——最初不过是指挥者，后来却就成为"君主"封建诸侯了；(3) 经济，大体上还是自然经济，不过交换已经成为恒常的现象，对于经济生活已经有了显著，长久，而且不断增加的影响；(4) 广大的，世俗的封建组织，和宗教的封建组织次第形成，最初限于小地域的，后来终于包括了广大的地域了。

问：种族共同社会转化为许多邻接种族的共同社会，那是怎样进行的？

答：新的耕作法，以各血族底各成员独立分任耕作为较有效。共同社会又已经扩大到，使那互相胶结，互相混合，而且宗法制的，——封锁经济成为不可能了。血族关系因此也就日渐懈弛，失却它底重要性，逐渐逐渐分裂为家族经济。各家族经济都像以前宗法集团底小规模,但经济关系还是被维持在共同土地底耕作上,有许多的劳动,还是和邻近同志共同工作(如在公共牧场上割草,饲养家畜等)或者交换生产物和劳力。共同社会底内部自己统制,不久就由家长共同管理,终于把这关系作为基础;各个家长在自己底家族体内都是组织者。

问:怎么发生了僧侣和封建诸侯?

答:在宗法时代底结末,人口已经逐渐蕃多起来,同时土地也比之以前更加缺乏,各异共同团体或全种族间已经开始军事的冲突,所以从实际的必要,就在先前的族长之外,发展了特殊的战争组织者:指挥者。在战争时,指挥者需要与平时不同的质素,不很需要多年的经验和巧妙的筹算,却很需要敏捷的思索,灵快的想像,勇敢,热烈等质素。这些质素,老年往往不及青年具备的丰富。初起,指挥者是由族长,于每次战争时,由族长会议任命;后来,这个任命逐渐长连的终身的地给予了一次当选过的人。结果,到了共同社会分裂为各别的家族以后,指挥者便成为世袭的了。而且成了特定家族底特权。因为那个家族已经磨练有特殊的战争技术,而好久之间的许多的指挥者又是从那中间选出的。对于确保这个特权,他们底经济的权力也是大有助力。因为战争虏获的战利品,大部分入了他们底手,他们经济的权力是不断地在扩大的。

当分离生活的家族为经济活动时,所有统一的,平和的,组织的机能,都还留在以先族长底手里。他们是经验和知识底积蓄者;决定农业劳动时期,医治病人,调停交易,裁判纠纷,教育青年等事,都由他们掌管。他们严正地保持着共同社会及种族底宗教的关系。他们底一切行为,也是从过去的遗产,即有宗教的性质的传统中引出。所以他们成了僧侣或神官,宗教仪式底代表者,共同社会或种族与群神之间底中介者。

这样,组织机能底两方面——平和的方面和军事的方面——分开来,具体化在僧侣及指挥者底权力里,后来就显现作——宗教的及世俗的封建君主底权力。

问:当宗法制趋向封建制转移时,交换底影响显现在什么点上?

答:在交换中有两方面底利益相对立——就是各人都要多受取些,少给与些——所以交换大抵含有分离人类的性质。所以结果,当然交换增进了并且促进了种族共同社会崩坏为个别的家族。交换破坏了原始共产主义底遗物,增强了私有财产底意识。(不过当时所谓私有财产,还有家族的,不是个人的。)交换不但超越了共同团体底境界,并且超越了种族底境界;虽然从今日的概念看来，那也不是怎样大规模的，然而总之已经扩大到全地方，乃至于全邦国，因而它就使在经济的地强固的经济单位上能够有显明的需要底增加：就是，种种的生产物可以互相交换了。在以前，虽然族长也可以从共同社会底生产品中，要求比之其他成员略乎多而且略乎好的物品，但通常只能要求和其他成员同品等量的生产物。然而现在，复杂的，精炼的欲望已经起始发达了。这就引起僧侣和封建君主，对于共同社会大众的榨取。在交换范围比较有限的时候，支配阶级底需要不过还在有限的范围内添减着。所以榨取也就以那为限。

凭这用连锁样的相互关系，结合远离互隔地方的性质——交换关系准备下形成漫盖地方，漫盖民族，乃至漫盖更广大地境的，宗教的及世俗的封建组织。

问：这封建的组织，怎样地发生，又是怎样的东西？

答：这个组织，有一部分是发生于应付人口自然的增加和有加无已的关于领土的殖民战争，——又一部分是发生于一个种族对于别个种族的挑战及强力的征服。它底构造，仍像先前是权威的，但比以前复杂得不可比拟，而且是"等级的"，就是形成为互相连接的一串权威的连锁。

共同社会底普通成员是"臣属"。他们从属于他们底"首长"（小封建君主），有完纳贡物的义务。君主在战争时候保护他们，在他们困穷的时候将自己底储蓄在经济上援助他们，而其抵补，则以直接劳动——徭役——或生产物——租税——的形式，征收他们底剩余劳动。几个这样的小封建诸侯，形成了他们底一个"大领主"就是一个强有力的封建领主底臣属群；受他底保护，缴纳贡物以为报答，承应他底召集，与其部下一同奔走声援。这个"大领主"照样又为比较强有力的领主底臣属。如此递推，直到顶上蹲了一个最高的封建领主，戴着王或皇帝的称号。

同样，宗教的等级（教主制）底连锁，也由于种种的等级而形成：从最低的僧侣到最高的僧侣（大僧正，教父，法王，达赖喇嘛等）。

第二节　语言及思维底一般发展

问：什么根本条件规定了语言在封建时代中的发展？那又有什么意义？

答：社会组织在这个时代已经扩展到广大的地境，不少是几万人的结合，有时简直多至几百万人。处在各别自然条件之下，以此用了各别的方法和手段在行生产的几千共同社会,已由经济关系直接间接地结合了。因为生产底手段和方法彼此之间不相同,终至造出了比之以前极其多种多样的生产品。宗法制时代语数鲜少,没有变化的语言,当然不够用来标记生产底无数要素及由它而生的一切人类相互间的纯粹观念关系了。所以,在这封建时代曾经形成了非常高度发展的语言,例如阿利安及闪族语系:古印度语(桑斯克列式),古伊兰语,希腊语,拉丁语,古斯拉夫语,日耳曼语,希伯来语及阿剌伯语等。语言达到有异常丰富的表现力和柔软性。因此它已到了几乎能够表现人类所经验的任何一切的东西。语言是组织底用具,不能不适应社会的实践底新要求。自然,这也是几世纪的长时期间造就的。

问:在人底思维上发生了怎样的变化?

答:首先而又本质的是量的变化。在这方面,思维底变化也有不下于作它外表的语言那样的明显,且与语言同受一样的原因所制约。就是思维是在巨大的社会组织中技术的及经济的经验的积蓄和承继,在思维方法及思维形式上,虽然分明完成化复杂化了;在本质上,却还保持着原来的性质。整个的社会构造,依旧是权威的,所以思维也是权威的。

同样,交换底发达便是含有,交换纵还微鲜,还限于旧形式的垺内,也已有了协同操作底新形式(无政府的社会分工)正在发展的意思。对于思维方式上深刻的变化,特别是封建制末期的变化,也不可不从这样的见地观察它。

第三节 权威的因果性和精气信仰

问:封建主义时代底因果关系朝向什么方向进展了?

答:仅向因果性连锁底多样化和延长的这方向。劳动经验积多了,观察所确定的存在其中的连续的关系,增加了几倍了。以前要说明事实,立刻就要有求于隐藏事实之中的什么"灵魂"底意志,现在却要探求更广更深的了。例如以前住在大河下游的种族,对于河流底泛滥或洪水,纯从河流底"灵魂"下说明,以为只要那样,问题便解决了,然而凭藉封建的征战或交换的关系,这个种族和那住在上游的别种族接触了之后,听了那种族底话,毕竟知道河流底泛滥,是由一定的现象,例如被上游盆地强烈的周期降雨所致。雨,当然用致雨的云说明;云则以吹送云头的风说明;风又以季节即太阳在空中的地位说明。以此终至被迫求原因到了太阳底作用中。而这太阳底作用底原因,到底,还是归结于"灵魂"或太阳"神"底强有力的意志。因为以前毫无关系的众种族既已结合起来,所以在因果关系底连锁中也就现出了五六个环节,以代替原始的两个环节(原因和结果)。

这在别的许多境界中也一样,当然不止起因于社会组织底空间的扩大,也还起因于它底时间的延长。就是,新世代底经验,已经将旧世代底知识扩大,汇合,深化了。例如阿利安种族从北方移住东印度底的时候,他们就是经历了许多的经验之后,方才理解太阳对于风的影响,及由此引起的降雨等等的。

在宗法制时代,人底思维只要知道两个环节底因果关系,就是现象和随意唤起现象的"灵魂"底因果关系,便不难满足。在封建时代,生活本身却已驯致人意延长了原因和结果底连锁。但也只是延长罢了,不曾超出延长以上。

权威的因果性底根据,实际是社会实践上权力和服从底关系。封建主义将这关系底连锁延长起来。例如教一个青年农夫顺从僧正或王底意志从事十字军。而且他已接到实行作战的命令了。那与接受命令的农夫有关系的事实,从最初的原因起到最后的结末止,中间存有多少的环节呢?总合上从最高的宗教的或世俗的权威者起,下到最小的封建诸侯或管理农村的官吏止的整个主从关系算起来,数目简直有几打。便以这社会的或经济的因果性为型范,"制作"了其它一切的因果关系的。

问:精气信仰朝向什么方向进展了?

答:朝向可谓"有限制的"方向进展了。从思维底一般的精气信仰,一步一步地做到能够区别"有精神的对象"和"无精神的对象"了。在前者底范围内,是以人类,动物以及天体为主;在后者底范围内,包含着日常眼边可以见到的并不活着的对象。还有"灵魂"本身也已积渐在种种的程度上失却原有的"形体的"性质了。

问:怎么人类能够辨别无灵魂的对象了?

答:由于较完全,较正确地,知道那些对象底真特质了。

质朴的思维曾以小孩子埋怨他碰过的桌椅一样的单纯,承认种种对象各有自发的独立的行动。例如石子从山上滚落,便以为分明由于这石子底意志,较正确地说,便是由于他底灵魂在行动。果实从树上跌落,也以为由于树底灵魂想将果实跌落了。但这样的观察法,在发达的意识之前并不能留存。人类迟早终要相信石头本身是极静止的存在,并没有自发的行为能力的。石头只有受了外部打击或受水冲洗,才会运动。换了话说,石是没有起动自己的,能动的支配的意志——灵魂的。同样的情形,在别的许多现象上,也被观察到了。然而人类,动物,以及(依当时的概念说来)太阳,月亮,星宿,却不是这样:他们可以不受眼见的外部冲击,自行种种运动;他们可以命令自己,就是自己有"灵魂",——能动的组织的本质的。

精气信仰底领域缩小了。但不要因此以为它在生活中的意义也减少了。兴味曾经集中在人底精神(灵魂)上。在当时的思维上,也曾有过异常的心思用在灵魂底救济上,如许多封建宗教底历史所显示的那样。

问:灵魂怎么失了它底物质的性质了?

答:也是由于关于形体的知识发达的结果。例如开手用秤,不久就会认识灵魂难称;又往往会明确地知道死了的小羊是和先前活着时候的重量一样。灵魂一在死的瞬间离开了形体,活着的人又就谁也不能以他底感觉去感触它。这种事实,终究逼使人们确信灵魂是不能感觉的东西了。

问:灵魂不灭的观念变成怎样了?

答:这个观念比先前遥远地扩展开来,在这个时代已经扩展到一切人底身上了。这全是当然的事。以前只认组织者底灵魂是不灭。但是宗法制的共同社会一崩坏,组织者底人数便显著地增加起来。结果是,各家族底成员,也都可以成为各自家政底组织者。因此组织的本质——即"灵魂",也就终于被认为原是一切人身生来具有的了。

依这个见地去看,那中世纪底所谓女子有没有真实的即不灭的灵魂的神学的论争,也就不难理解。就是因为女子在当时的家族内,是在极从属地位的生物。女子不曾做家族底统治首领,有也极少,所以女子究竟有没有男子那样"组织的本原",即她们在其机能上能不能超越个人的生存范围之外的这疑问,自然在有最合理的思虑的人间发生出来。法国有一次宗教会议,关于女子灵魂的问题,论争之后,曾经投票公决。结果是得到有利于女子的决定,但全靠了有限的几票之差。

灵魂不灭底形式,因为封建宗教各别的缘故,全然各各别别地在构想。例如日耳曼人或阿剌伯人,以为移住在别的冥界了;印度人以为一个有机体底灵魂移转给别个有机体了(后来又以为那是灵魂离开肉身所有种种的解脱)。

问:当所谓无灵魂的对象的概念发生时,权威的因果关系底概念,即由权力和服从底模型范成的观念,还能与它关联而存在吗?

答:后世底思维是以为不止支配者,就是隶属者也要有灵魂,才能领受命令,实行命令的。然在当时质朴的思维却不如此想。当时底人们,反倒以为肉体的东西就是无灵魂的东西，服从于有灵魂的东西，是一种最自然最明了的事情。（例如他们以为可以用咒语去鼓动对象，就是这一类的实例。）

不过理解因果关系虽说以命令和实行作模型，即模仿着命令和实行底关系，却不要以为那就是直接地具体地，在作例如"原因"用了语言发布命令之类的想。那不过人们漠然地意识着，一方面有一种权力，一种支配，——别方面有一种从属于它的受动性罢了。而这个意识是长留在权威的因果性中。以为原因总比它底结果"较大"或"较高"——这在当时仿佛普遍盛行的特征的见解，就极明了地显示着这一点。

问：奇迹底观念，对于权威的因果性有怎样的关系？

答：积聚的劳动经验，使人认识环绕人间的自然之中有许多的因果关系存在。人观察了这些关系，倘能够确信处理事物可以不受意外事变底妨碍，达到所预想的结果的时候，现象底一般的合法则性便已在思维之内植下了深根。这合法则性，自然不是在今日科学的意味里，被把握作为自然的必然性，乃是被把握作为什么高的意志所规定的，事物底法则或规则。然而对于被确立的事实底因果关系，总之已经深信不疑了。权威意识底不平常的保守性，特别帮助了这深信。但也不时遇见与这惯常的因果关系不合，或者简直相反的事件。例如或者发现日蚀了，或者星光照耀如同白昼了，或者灼亮的彗星流过空中了，或者突然地震起来了，或者有两个头的小孩生下来了，或者发现了无名的病痛，夺去人底生命了。权威的思维怎样处理这些事变呢？

因为当时的思维是权威的，所以就被解释作较高的意志干涉事物，紊乱其惯常的过程，而名之曰"奇迹"。凡是难以解释的现象，都是立即被称为"奇迹"，极巧妙地被收拾在普通概念底范围内。世界一定的秩序既系最高组织者底意志所创造，则他底意志或承他许可的较低的神或半神底意志，倘要再行破坏这秩序，以惩罚人，感化人，警戒人，自然也是可能的事。"统治者"——在宗教的意识里，一切较高的意志都是取形于他而成的，——也是时常违反自己为从属者所制作的规范，或者破坏自己所组织的秩序的。

奇迹底概念，不会存在原始意识形态中，也不会存在（以为一切事物都有灵魂，因而一切事物都能任意活动的）精气信仰底最初阶段上。因为所谓奇迹是指较高的意志干涉一度确立了的事物进行的一种例外的情境，是以有规范的合法则性底非常坚固的观念为前提的。

问："奇迹"底概念是不是单纯的谬误？

答：从今日科学的思维上看，奇迹不但是谬误，也且是无意味无内容的概念。然在权威的意识里，奇迹却曾有用而且为合目的的适应。凡与过去经验不符合的未知的奇象，都足以破坏颠覆现象底恒常的因果关系即合法则性底观念；而这观念对于当时人类底进步，即人类对于自然的胜利，却异常的重要。例如不意起了地震，这事实就动摇了关于土地坚固性所有的信念。在这时候有了奇迹底概念，将那些事实从正常经验底正常关系中分别出去，将它归于由于较高意志底特殊干涉所招致的例外的性质。这就可以将恒常的合法则性底观念保护下来，不致为那些破坏的作用所破坏。曾经有话，说"例外巩固了法则"。这不算是妙好的表现。法则并非因有例外才巩固。只因有了例外，加以分别，附以例外的性质，也就是把别的情境中的法则修成相当的完全，以此实际也可以巩固法则就是了。奇迹在现象底一般关系底概念发展上，就曾演过这剧目。

第四节　封建宗教

问：封建时代底宗教，因着什么而和宗法制时代底宗教有分别？

答：不必说，第一因为复杂而又丰富的内容。在这时候，宗教是不以宗法的共同团体为模型，却以封建的组织为模型，而构想世界构造。后来这些宗教——虽然并非全然止可用于榨取的——就成了僧侣榨取大众的基础。

问：在封建的宗教里，对于世界底组织是怎样地看法？

答：以为和现实的世界并存的，有一个想像的世界，其中有半神，神，较高的神，以至最高的神。而这些神们，也形成了权威的连锁，和宗教的或世俗的封建君主底等级一样。神们互相分配对于世界的支配，也仿佛封建君主分配对于社会的支配一样。人类生活底种种要素，种种方面，都是各神支配的领域，其中有的现作全能的组织者。例如在希腊，宙斯①是世界最高的支配者。他底特殊领域是天上，他底武器是雷和电。宙斯最有权力的臣属坡赛同②是海底支配者，柏鲁吞③是冥土底支配者。其下还有权力较弱的神，更小的神，半神，不下几千连属着。社会底分工增加起来，许多的神就也获得了专门家底性质，做了特殊领域底指导者。例如"地母"台美退尔④同

---

① 希腊神话谓宙斯(Zeus)战败父亲救出兄弟姊妹后即为宇宙之主，人类之王。
② 坡赛同(Poseidon)是宙斯底兄弟，为海神。
③ 柏鲁吞(Pluton)也是宙斯底兄弟。
④ Demeter。

时是农业底女神；交易之神赫尔美思①同时兼为旅行底指导者，又是人类一般相互平和关系底指导者。在那平和的关系中，不单是商业，就是当时与商业关系很深的窃盗也在内。为太阳和光明之神的亚坡隆②，同时是艺术和神话底神，等等。又在希腊，一般的宗教都是发生在从种族共同社会转向封建社会的过渡期中，所以都保有纯宗法制式构造底许多特征。如诸神互有亲属关系，都在奥林波斯③山中共同生活等都是。跟随希腊底封建时代而起的奴隶制，也是被建立在权威的基础之上的，所以那也几乎不曾有过什么影响及于国民的宗教底封建的特征。

在封建时代底别的宗教——例如古代日耳曼，斯拉夫，印度及其他宗教——中，情形也大略相同。群神底规范及其广大的专门的机能虽则各不相同，但也等是等级的连锁，群神自身也一样不过是将宗教的及世俗的封建君主加以理想化的形象。在这时代，有几种宗教曾设立了圣者或预言者以代替低位的群神（例如天主教，回教）。然而他们在宗教体系中的地位和意义也还是一样；在有的情境里是地方神（例如以某一圣者为某一都市及地方底保护者），有时也能左右一定的自然力（例如预言者以利亚④自由指挥雷电，奇迹者尼哥拉⑤自由使地肥沃）。前时代多神教中的某群神，和代他们而起的外表上仿佛成为"一神教"了的宗教中的圣者之间，往往可以寻出完全的一致。又凡，挤掉了古宗教的新宗教，往往给予古宗教底神以变异的性质，就是恶灵或恶魔底性质。例如天主教，就将古代的许多神，作为阴间底诸侯，或罪恶和灾难底组织者。

总而言之，天上底世界，其构造就是地上社会底理想化的再现。

问：在封建主义里权力变成了榨取底手段的这事情，是怎样反映在宗教中？

答：群神对于人间的关系，开始在榨取底意义上受理解了：就是供物带上租税或贡物底性质了。譬如在印度，就不但人对于诸神有牺牲的义务，就是较低的诸神对于较高的诸神，较高的神对于最高的神，也有牺牲的义务，全像臣属对于君主纳贡的义务；社会生活以非常的明了，反映在宗教上。在原始时代，如前面所说，供物不过表现远昔已死的组织者和现在的组织者之

---

① Hermes。
② Apollon 英 Apollo 亚坡罗。
③ Olumpos 英 Olympus 奥林帕斯。
④ Elias。
⑤ Nikolaus。

间底空想的协力。前者指导后者底工作,后者奉献了一部分的生产物给前者,作为当然的报答,以满足前者底需要。这种原始时代底供物底意义,在印度底神话中也明了地表示着。据神话说,最高的神,诸神中最年长的神,是"自取供物"的。这句话原来不外乎这样的意思:从宗法时代底宗教沿袭下来的最年长的群神,是自己活动经济——即自己处理生产物,取得自己对于生产物的名分,像地上底族长所做一样的。及到后代,"供物"这语底意义发生了变化,于是那曾如实表现事实的语言,也便像谜一样带了神话的性质了。

问:封建社会底宗教是以如何的样式成为榨取底工具?

答:僧侣利用了他做人与神间的中介者底地位,不但以供物底形式,从民众底生产物中抽取了"什一税"及其他宗教的报酬,正常地满足他们底必需,并且搜索到必需以上的程度,以此靠着宗教组织积蓄了莫大的财富和珍宝。当时的僧侣做了平和事务底组织者,做了社会上必不可少的经验底积蓄者,就中为各个经济底范围以外或那经济底指导者底知识范围以外的生产底指导者的时候,只要他所要求的费用没有超过保持他底劳动能力所必需的正常要求的范围之外,自然他们还不至于显现为榨取者。然而僧侣,也如世俗的封建君主一样超出这个范围之外了。而初起还算中庸的榨取,又比例着社会劳动底发展和封建社会底发达,不断地在加强。

僧侣为增殖他们底财产,又为加强榨取,曾经用了所有的方法扩张并且深入他们对于共同社会事务的势力。有些宗教,例如罗马教,希腊教,引进了忏悔底习惯;僧侣藉此得以参入一切情境中一切人类底生活。到封建时代结末,宗教更其带有胁迫的性质。以充满恐怖的地狱绘画,加强关于灵魂得救的要求,也即以此加强僧侣底势力。捐助巨大的遗产,土地,或动产,给宗教团体,算是使灵魂得救的最良的方法。中世纪底末期,在南欧罗巴曾经有全地面三分之一以上而且是最好的土地,移转在僧侣底手中。此外僧侣底财富更不可以数计。僧侣在长久的残酷的战争之后,使世俗的封建诸侯服从于他们底权力。法王支配了王和皇帝。当时的僧侣,为巩固僧侣底经济权力并防止分散于子孙之间起见,甚至负有独身底义务。

然而封建时代底宗教,虽说是僧侣底榨取的手段,但决不是它底根本思想底全部。它底根本思想是做平和事务底组织者。僧侣阶级在社会上原是有用而且必然的。社会的联系软弱了。世俗的封建君主从事战争事业的结果,几乎并不致力促进社会底统一和合一。那几乎全靠僧侣团体来进行。僧侣曾经尽了可能确保平和,给予那时代掠夺战争底混乱以限度。他们又曾以巨大的财富和贮蓄,救助无数战争底牺牲者——即残废者。他们又曾对于荒废地实行经济的复兴,以救济生产过程底损伤。因有这些实际的社会的机能,所以才有那样他们支配世人精神的意识形态上的权力。

第五节　封建宗教对于科学和艺术的关系

问：封建时代底科学是否保有宗教的形式？

答：大部分是保有宗教的形式；但不全是这样。在封建时代中,宗教的知识和世俗的知识已经渐渐分开了。

问：那分开,显现在怎样的形式上？

答：当科学还是"传袭的"传说,其积聚还非人眼所能见,以此其起原尽被推托给远昔神化的祖先的时候,科学是全然宗教的。然在封建时代,社会关系底规模扩大了,科学底发展已被非常地促进,它底进步有不少的地方已经可以从各个世代中明了地辨认了。于是,新的经验也就不被算是"神圣"的什么,不再像先前那样列入启示内。这就发生了一种别体的知识。这种知识发展起来,便成为"世俗的"或"亵渎的"知识,而与宗教的知识发生冲突。

在这种新知识底独立及一般的发展上,交换关系曾经演了极重大的剧目。在交换间,人们往往除了获得别国底生产物之外,还获得别国底技术,即实际的知识。这些知识,在它故乡是祖先传下的"遗产",是"神圣"的。但在被传播的别种族或别民族却全不是什么"遗产",也全不是怎样"神圣"的。为什么呢？因为人们都只服从自己底祖先,将他加以神圣化的。例如犹太人,和美索不达米亚最古的民族,苏母尔人或阿卡德人交易,得了他们底金属器具,同时也得了适应这器具的处理方法和知识。但这些从"该隐底后裔""人子"(对于"神子"犹太人而说)接受了来的东西,自然不能插入宗教的范围内。将这些器具用于宗教的仪式例如用铁刀切物,简直就是"亵渎神圣"。而在日常实际的必需上,却不能不用它。因此这些器具和知识便失了先前宗教的,即传统的神圣的性质。

僧侣阶级底独立也激进了宗教的知识和世俗的知识之间的对抗。僧侣将宗教的知识当作他们底特权,当作他们底权力和榨取底基础,热心地保持它,将俗人完全赶出了这领域。于是宗教的知识,现出一种人智所不能到的神秘的法术的外观。世俗底真理容许批判或反对；宗教的真理却认为不可侵犯,不可变动,要求"盲目的信仰"。这在实际上,就是要求对于做它支持者,告知者的——僧侣的盲目的信赖。

问:当时僧侣的知识和世俗的知识底分开,是和今日宗教和科学底分开相当的吗?

答:全然不同。那时的和这时的意义全然不同。那时签揭它是神圣是世俗的,不是知识底内容,乃是它还是由宗教的传统所传授,还是由什么别的方法而得到的事实,所以今日属于科学的东西,当时也多属于宗教底领域。例如在埃及,几何学和天文学就全然属于宗教的传统而为神圣的知识。僧侣底全权力和全势力,即他们在生活上平和的——组织的作用,可以说便建筑在这些科学上面。

埃及地方——尼罗河流域——底农业,是建基在尼罗河底定期泛滥上。因此如何可使全农业组织适应那定期的泛滥,曾经成为问题。然而泛滥是自然现象。想要支配它,必需积聚了莫大的我们今日称为科学的经验和方法。需要正确的时间算法,也要有天体运行底观察方才可能。还需要巨大的技术的劳动,需要堤防,沟渎,贮藏余水的堰坝等。而实行这一切事情,也非用几何学的方法策划考案不可。没有它,测量土地也不可能。测量土地,那时非常地重要,因为河流泛滥把公有地和私有地底疆界都漫灭了。那时的僧侣治理这些知识,应用这

金字塔底远景

些知识,将这些知识作为宗教的秘密保存着这些知识。今日科学在抽象的公式上所把握的种种,他们都用宗教的象征来表现。星座是天上神圣的动物。我们以毕达哥拉斯①底定理这名称而学得的定理,他们是以三位埃及底主神象征它:勾股底短边勾为尼罗河神奥赛烈斯②,长边股为大地女神

---

① 毕达哥拉斯定理就是勾幂加股幂等于弦幂这定理。在中华也早见于战国前著作"周髀算经"中,而埃及,据数学史家说,则于公元二千年前便已知正三角形勾(a)股(b)弦(c)之比为 $a:b:c = 3:4:5$。毕达哥拉斯(Pythagoras 公元前580?—500?)生于希腊萨摩斯,曾游埃及。其定理或即得诸埃及云。

② Osiris。

爱西斯①,斜边弦为他们底儿子果神和剌斯②。其他仿此。

例如最大的一座金字塔,——岐奥普斯金字塔③——也不仅是墓所,皇陵;在那样式上,有充足的根据可以推定它是僧侣底天文学,几何学,及关于尼罗河泛滥的他们知识底石的教科书。他们底全经验,都藏在金字塔底位置,基石,比例,内部底构造,雕刻,浮雕,志铭中。金字塔底底座表明尼罗河最大泛滥的限度;四侧指示天底四个方位;其顶点底方向,为天文学的轴;内部,则雕刻着兽带底星图,几何学底记号等等。

但埃及天文学底秘密,一经希腊商旅携带获得,传入了希腊,从希腊人看来,便不是神圣的知识了。埃及僧侣宗教的象征,全被认作非必需的东西而抛掉。在希腊人眼里,它不过是有用的真理——即世俗的知识罢了。

而在希腊人间,医学却又有过好久时间保守作宗教的专门知识,算是僧侣侍奉医神的秘密。

概括地说,当时知识领域中的"神圣的东西"和"世俗的东西"底界限,实随种种的民族而歧异。但所谓"神圣的东西",无论从它内容底丰富看,从它实际的意义看,都比"世俗的东西"为优异。

问:宗教对于艺术有过怎样的关系?

答:艺术也有宗教的和世俗的区别了。这也一样可以从上述的根据观察它。例如犹太底传说,说亚伯拉罕底父亲是雕刻家,他曾制作"偶像,"卖给邻近的种族。在亚伯拉罕底父亲,因为那是显示外国底群神的,自然并不将它看作神圣的雕像。

但在艺术领域内,也是宗教的东西遥遥凌驾着世俗的东西。在这时代,曾经出现了一种新的艺术——建筑;不久便占了艺术底首位。寺院及其他宗教的建筑物,都成了吸引无数封建关系所联结的共同社会(有时涉及广大的地境,有时涉及全邦国)底住民的统一的中心。每逢宗教的纪念节,有平常经济生活上毫无直接关系的几千人流注到寺院去。在那里,以一般的祈祷情调底调和相融合。更在寺院之内,于宗教团体底调和底势力和权力底守护之下,作实际的团结,交换商品,缔交知友,约束顾客关系。

问:什么是作为艺术的建筑底本质,就是它底组织的机能?

答:建筑也和与它作对的音乐一样,是感情底语言。它是人类情

---

① Isis。
② Horus。
③ cheops 金字塔高 486 呎,一边长 775 呎,为自来世界最高最大的建筑物。由十万人,用二十年人力造成。今仍屹立在埃及基塞底沙漠中。

调——大众情调底持久的,坚定的,世纪的底表现和一般化。也有一座封建的宗教寺院,忙了几代,甚或忙了几十代,方才造成的。那为时代之子的艺术的建筑师,是意识地,但也多是无意识地,将支配着他的感情,信仰,建造在那石材的形体里。像凯隆寺院①那样,中古时代峨特式的建筑,就极明了地说明着"建筑样式"底意义。那匀整的,方尖形底以坚强的力,屹立天空的轮廓,是以理想的深刻和活泼的生气,表现着一切想从地上及日常解放出去的热忱,和远向天国的渴望。那是大众慰安者,天主教底根本情调。那是在向大众,预约天国,来代替地上,被穷困,无节制地悲惨的战争,榨取所鞭挞,全然过着地狱样生活的地上的苦恼的。

凯隆大寺

建筑能将支配着国民和阶级的感情加以固定化,从一时代传到了别一时代。古代罗马底文化,曾经凭了华丽的趣味和弘壮的规模,将这国民——世界掠夺者底傲慢性,真实的具体化,而贵族阶级底寄生虫化一动头,却把建筑底坚实性和实际的效用也牺牲了,形式日益错杂起来,开始朝向优雅和纤美一边变去了(如巴洛克风及其后罗珂珂风的建筑②)。这就表现着新的洗练的感觉底追求,感受性底饱满和钝化等。

在封建主义时代里,建筑底教化的意义极其伟大。在当时以子孙感情适应祖先底经验为组织的保守的环境里,建筑是组织的传统底最卓绝的保存者。

寺院里底雕刻和绘画,也和僧侣底音乐一同,补充着建筑底作用。

问:为什么世俗的艺术远比宗教的艺术为微弱?

答:在封建时代,宗教的艺术不止是僧侣的,也就是民众的。而当时正

---

① 峨特式建筑盛行于1250年至1500年之间。德国底凯隆大寺是著名的峨特式建筑之一。工程浩大,计自千二百四十八年部分的动工起,直到经过了六百多年的1880年方才全部告成。

② 十七世纪底巴洛克(Baroque)和十八世纪的罗珂珂(Rococo),并没有什么大区别。繁荣底地点,也都以法兰西为中心。不过罗珂珂底装饰比之巴洛克式的更彻底发展了为装饰而装饰的风尚罢了。装饰几乎全然和构造独立。饰纹细软。色彩以金和白为主。

在发生的世俗的艺术,却大抵只和世俗的封建诸侯底要求相结纳,随着封建诸侯成为华美与快乐底代表者,而那关系越其深。它在群众中本没有根基。这就是世俗艺术所以较为微弱底原因。

罗珂珂风壁饰

巴洛克风建筑　配培尔曼作

第六节　文　　字

问：文字是在什么文化期,由什么原因而发生?

答：文字大体可以认为发生在封建时代。有两个根本的事情,做了它发生的条件:(1)经验显著地发达了,单靠口头传述,直接记忆,将它从这一时代传到别一时代,已经觉得是烦难;(2)是空间上远隔而住的人们互相的团结和关系发展了。僧侣底记录,墓碑铭,封建君主底命令书,商人底书信及凭据,是初期文字底典型。

问：怎样发生了文字?

答：先起于绘画,经过了种种的过渡形态。绘画曾经做过报告并记述事实底自然的手段。要传达一系列事件底概念,只消描摹它便成。那时,为想耗费较少的劳动,表现较多的东西,而把形体变成简单的努力,全然生起于自然。人们曾以具有二三特征的一般的轮廓,表现人,家,树,像儿童底图画一样。后来次第变化了,这样的图形变成了只以它名称底声音来表示它所表现的对象。还有一个语言不止一个意义含有多个意义的时候,就一概用同一的轮廓表现它。例如俄语底"夫来希替"(Flechte)——发辫,"夫来希替"——苔,"夫来希替"——萌芽,就一概用发辫意义的"夫来希替"底轮廓表现它。这我们可以说它是象形文字底起原。

到了后来,这种象形文字带了现在谜画底性质。例如记述格斗,就写出两个人底姿势来。——中国底古代文字,大约站在这个阶段上。

最后,人们开始用象形文字来表现各个的声音了。于是文字成为真正的"拼音文字"。它底轮廓,变成很简单,几乎不能从中辨认原始的图形了。

问：在封建时代,文字曾经普及到什么程度?

答：文字记号底使用,大抵是僧侣底特权。除了他们,只有几个最高的封建诸侯,能读能写。此外的人,能够在凭据上签自己底名字,已经了不得;大多数人都连这点也不会。从大众看来,文字是难以钻穿的奥秘,只有很少数的商人,还得接近它。文字底机能,原是平和的组织底一种;所以它,几乎全在平和的组织者——僧侣底掌握中。

第七节　道　德　底　发　展

问：社会底规范,在封建主义时代,有了什么根本的变化?

答：从习惯产生了习惯法,不久又产生了所谓"成文法"的法律。

问：习惯法和单纯的习惯有什么不同?

答：习惯法有特别的机关,经常地执行它并且完成它,例如共同团体裁判所,元老裁判所,宗教裁判所等。反之,习惯并没有什么特别的机关,它底保持者和实施者,是共同团体,是种族,是社会全体。族长是当时习惯底最良的聚集者,解释者,并且显然具有种族团体底全生活和创造底组织者底性质,但不曾有过一点特殊的"裁判官"底性质。

问：习惯法由于什么理由,从习惯中分化出来?

答：在种族共同社会内,触犯习惯全是例外的事情,没有为此特设机关的必需。封建社会却没有宗法制共同社会那样,团结而又统一的关系。在这里,利害底冲突和轧轹非常多,违反习惯的规范的人,也是极其多。人们对于这一点,必须不断地作组织的斗争。所以那时需要一种特别的制度——"依据习惯"判决的裁判的权力。

这种权力大多属于共同社会,由社会付托给被选的执行者——多为世俗的及宗教的封建领主。这封建君主又可把这权力交付给他所信赖的人。又，特别的裁判者为一人，有时也和他所任命的人共同裁判。

问：什么事情促起了成文法底发生？

答：习惯法因为下列的理由,往往感着不圆满：(1)生活底进展已经造成了旧习惯上所不常见的新的对抗,轧轹,和过失。(2)习惯各异的地方底人们之间,也常发生纷争和诉讼,并且渐渐地多起来;而旧习惯是互相矛盾的,若不特制新规范,适用新规范,简直无从下判了。

这类的规范是由最高的封建君主,或其团体,诸侯,或僧侣制成,名为"法律"。新的规范,它那背后并没有几百年传袭的传统,若不谨慎地记录下来,用文字明确地保存起来,是立刻会被曲解,忘记的。所以,就发生所谓"成文法"。

问：旧的习惯全被习惯法或成文法取而代之了呢？还是依然以原来的形态照样保存着？

答：习惯的规范底重要部分,并没有移入法律机关内,依旧保存在法律机关以外,种种身份,等级底社会意识中。以此并没有稍为违反了点旧规范就要活动裁判机关的情形。那是浪费时间和能力的。只有和共同社会或政治权力分明利害有关的地方,才活动裁判机关;别的地方,裁判机关一概不加干涉。但那违反组织规范的情形,社会却也不曾任其自然的过去。物质的权力是裁判机关底一机能;所以社会就不以物质的权力对付他,而以攻难惩罚他。譬如说谎,卑怯,不洁,是削弱原来社会关系的现象,自然不合原来的习惯。但当它没有对谁利益有什么明害时,自然不得下决定的宣告。但是舆论却将那事情作为"罪名","恶德","不名誉","无耻"而指斥他。这是人们对于违犯规范时候,最宽大的,但是最普通的大众的惩罚。而其结果,大多比裁判还有力。

非法律的习惯底规范,都像这样为"德性","名誉","礼仪"底形态底规范,即今日所谓"道德"一类的东西。

问：法律底规范,习惯及道德底规范,是否对于封建社会底所有身份全一样？

答：不。这些规范,都是组织的适应。在封建世界,各阶级底组织作用既然各不相同,他们之间,自然要有种种的规范。这一阶级底"法律"和别一阶级底法律不同。同样,他们所谓"德性","名誉","礼仪"也是各各不相同。在这一阶级以为吓人的犯罪,在别一阶级或许以为可以原谅,或者无关轻重的琐事。譬如封建君主打杀一个农夫,多不过赔偿金钱便完了。但如果农夫打杀封建君主,则即使出于正当防卫,也将受残酷的极刑。在封建诸侯及武士,决斗是"名誉"的事,在僧侣却是大"过失",在农夫又就是"犯罪"。在封建的欧罗巴,对于僧侣所特别要求的"德性",是调和和谦让。其组织的意义很明显。那德性,在一方面是巩固了宗教统属内部底规律,在别方面又圆滑了僧侣和其共同团体间底接近与合同。这种德性,在许多情境里只是表面的,这几乎可以不必说明。僧侣,例如大僧正和法王,俄罗斯底(希腊教底)僧正和监督底"宽大温和",虽在历史上是有名,然在实际,这种德性与最高的组织机能并不相合。他们那禁止流血的"谦抑之德",实际曾显现为大僧正或院主丢了僧棒,提剑临阵,又于举行宗教裁判时对异教徒宣告火刑,作为"不流血"的极刑。而这制度,却保存了几百年,流传至于今日。封建诸侯底"德性"或"名誉",是贵族的矜持,那是适度保存世俗权力的条件。其次是勇武和刚毅,也是他们所以竭尽军事组织机能的条件。农夫底德性,——自然——是勤恳和忍耐。

问:宗教对于这一切法律及道德底阶级的规范,有过怎样的关系?

答:宗教为封建构造底总体的组织形态,它曾将这一切一一加以神圣化。

第八节 封建的意识形态底一般性质

问:封建的意识形态与宗法的意识形态,在哪一点上相吻合?

答:两者都为社会底权威的构成所制约,都有权威的,宗教的特征,以此倾向上都有保守的特征。

问:封建的意识形态和宗法制的意识形态在哪一点上有分别?

答:(1)因为社会范围扩大底结果,内容宏大而且丰富得不可比拟了。而这丰富性底明了的表现,恐怕就要算到封建时代发生的大民族的叙事诗。如印度人底"摩诃婆罗多"①,日耳曼人底"爱达"②,芬兰人底"卡勒发拉"③,以及希腊荷马底英雄诗等④,都是民族经验巨大的宝库。

---

① 摩诃婆罗多(Mahabharata)以潘度(Pandu)五公子和卡洛(Kuru)王子底不睦作中心,描写印度底大战争;内容十八章十万颂,为世上无比的大史诗。

② 爱达(Edda)集内有歌咏神仙及英雄的史诗三十五章。

③ 芬兰史诗卡勒发拉(Kalewala 或 Kalevala)内含古来歌谣故事格言不下三十万则,初发现者为楞洛特(Elias lonnrot),1835 年刊集行世。

④ 希腊诗人荷马(Homer)生于纪元前 900 年顷,相传《伊里亚特》和《奥特赛》两大史诗是他所作。

(2) 意识也依了社会组织底发达，人与人间交通底发达一样的理由，发达了不平常的实际的柔软性。意识形态底发达，如今展开到多方面，其形式变成多种多样了。

(3) 宗教的麻醉早已不能餍足人意。因为人与人间有着内容各异的习惯互相交换底结果，已经发生了"人生观"及"世界观"，发生了艺术。然而占优势的，还是宗教的知识和艺术。生活底复杂化和生活底矛盾底结果，在规范底范围内也已出现了过渡的形态。即从习惯中生出了法律，一面也从习惯中生出了道德了。

(4) 身份的构造又生出身份的意识形态：如宗教的知识为僧侣底特权，及僧侣，领主，人民各有特有的权利及道德，都是例子。但这些身份的意识形态，并不像后世底阶级的意识形态那样，互相斗争，乃是互相承认，互相补充，其性质同为封建构造种种组织的支柱，平和地存在着。在农夫看来，僧侣及领主底特权，及他们各别的正义，名誉，美德底概念，是正常的不变的事实。从来不曾想和这些身份的差别斗争。

各种身份的意识形态一经开始斗争，那就是说，封建社会已经推移到违反它那统一和结团的，纯粹阶级的新的社会组织，就是资本主义的社会了。

第四篇　个人主义社会意识时代

第一章　观念的个人主义社会

问：研究个人主义的社会意识最感困难的在于哪一点？

答：在于历史上不但不曾见过纯粹形态的，也不曾见过近于纯粹形态的个人主义的意识形态，个人主义的意识形态常与别的意识以活的有机关系相联结，和别的意识混在一起而出现。

问：要最简单而又最容易地克服了这困难，应当采用怎样的方法？

答：应当广用抽象法。即将个人主义追溯到现实上劳动底实际上使它发生的基础的倾向，又从这些倾向构成一个所谓观念的个人主义社会的形象。这样的一个社会，固然现实上并没有，也并不曾有。然而我们有了这个去繁存简的图形，却就得了研究上至利极便的出发点。种种顺应这想像社会底技术的及经济的构造，而为这社会底适应底组织化的体系的意识形态，那时就会显明起来。其次，也可以从这观念的去繁存简的形象中，追溯历史所规定的社会制度和它所有曾经发展的形态；并观察个人主义的倾向，在实践上及意识形态上，和别的倾向例如前所研究的权威的倾向怎样地结合着。

问：在科学中，研究经济现象有过这样的先例吗？

答：是，在经济学中也曾应用这个方法而博成功。在非常复杂的资本主义底经济过程中做抽象的研究，就从构成一个观念上去繁存简的所谓交换社会底形影入手。从此出发，附加上渐形复杂的诸条件，才能到达现实的资本主义制度。

第一节　观念的个人主义社会底技术及经济

问：观念的个人主义社会是什么？

答：就是各自独立的小商品生产者底社会。对于资本主义及其关联组织作经济的分析时用为出发点的所谓"抽象的交换社会"，就是这一种社会。

问：这种社会底技术有什么特征？

答：(1) 互相分离的技术方法多；(2) 各个经济底生产规模小。

生产细分为许多专门的部门，各有特殊的技能和工具。各部门又都由个人主义的企业集合而成；在那些企业底内部，劳动者只以一人同时兼任组织者和实行者底职务，就由一人执行全部的技术过程。那自然是小规模的企业，为手工业者或自耕农之类。

问：这种社会底经济底特征是什么？

答：相互作用底无组织性，及商品交换，和私有财产制度。

所谓专门化的企业，只有分工协作，才能存在。鞋匠，铁匠，固然不能用自己生产的东西来充饥，农民也不能制造自己底家具。结果，他们只有走进所谓"社会的分工"的相互关系里。但各各企业，在它内在的生活上，却被组织着与别的企业毫无关系。它们既不由一个任指导者的如先前共同社会底族长那样个人底意志而结合，也不受集团底指挥而结合。所以他们底相互作用，从整体上看，是"无组织"的，"无政府"的。

实现诸企业间底相互关系，就靠那生产物底交换。所以商品市场成为社会经济上结合的组织。

个人地经营企业，是以生产者底私有工具和劳动生产物为前提。

问：在交换社会底技术及经济中，是保守的倾向占优势，还是进步的倾向占优势？

答：在权威的共同劳动条件之下要发生保守的倾向，是前面已经说过的。然在这个时代，已经没有这样的条件了。支配这时代的，倒是由共同劳动底无组织性所产生的市场斗争和竞争。能够战胜这斗争，而留存在经济上的，只有能够生产比谁都良好的生产物，而又站在比谁都优越的经济关系上的生产者。所以生产者都极关心自己劳动技术底进步和经济关系底扩大。因而进步的倾向遂支配这时代。

问：显现在生产整体上的这无组织性，有什么影响及于生产者底运命？

答：生产者为经济的必然力所左右，就是社会的劳动关系支配着人类。

因为生产被专门化的结果，生产者已不能单以自己底生产物维持自己底生活了，他被经济地强制着，把自己底生产物运到市场去。既到了市场，他又须受经济的强制，屈服于所遇的价格。而这个价格，并非他自己所能定，也不是个人所能给予影响。逢着价格不利于他，他也许不能不以维持生存继续企业也还不够的贱价，卖掉他底商品。如果如此，他便不能不遇到灭亡——经济的破灭。而这样的事底发生的可能性，却完全没有手段可以防止。即使用了最大的努力,又对于自己底专门非常的熟练,他也无法不依那确定的价格将自己底商品卖出去。而且有时因为同部门中别的生产者运来了非常多量的商品,致市场上供给超过需要,还要使他底商品卖不出。又有时因为市场上没有充分适合他所需要的劳动手段,致不能买进劳动手段,或不得不出了极高的价钱买,而企业家也濒于破灭。生产组织底通盘计划性,全然不存在。以此供给常有超过需要的危险。有些人得了意外的利益,有些人却受了意外的损害。然而不论前者或后者,都不能引致这潮流底涨落使它有利于自己,也没有方法可以防御它。

专门化,扩张了完成了生产。结果人类已经能够从(在先前行虽有组织而狭隘保守的经济的时代,曾经支配人类的)自然力中将自己解放出来。但交换制度底无组织性,却又将人类隶属于和他独立的市场条件形态上的社会关系底权力了。

第二节 语言形态

问:语言由社会底交换组织这根本条件获得了怎样的特色?

答:已因协同劳动体系底广泛性和复杂性而有语言底丰富性和柔软性;又因劳动底专门化,产生了语言底专门化了。

交换社会,可以无限地扩大,发达。这与被做组织者的个人能力所限的权威的社会是相反的。交换社会因为没有那样生产体系组织者,构成了无数的环,无限地扩大开去。而这日益增加的各式各样的劳动条件,其手段,其方法,其生产物,都必然地反映在它底记号即语言概念底数目上面,使语言底数目大形增加了。

但是交换社会诸企业间底联络却因方式繁伙又由交换而联络的缘故,不仅被互相折合所必需的无数条件化成复杂,也有不定的动摇的性质:买主与卖主间商业战底种种阶段,现在买主与买主或卖主与卖主间竞争底种种程度,需要,供给,价格底容易变动的状况。……这样复杂的,不时变动的状况,势必要有能够正确反映所有不时新起的变化的极柔软的"立体的"语言才得表现出来。

社会的专门化底结果,各个特殊的部门都被逼得造出几乎除了他们自己不通用,除了他们自己无用处的一系列的语言数字来了。制鞋业因技术上的必要制造出来的许多术语,对于铁匠和农夫没有关系。既不能引起他们底兴趣,也不会被他们采用。这种现象,起于所有的专门。谁都懂得通用于一般会话上的,仅仅是制鞋业或铁工业中,关于运上市场的现成生产物及其应用或使用部分底术语。要买鞋穿的人,关于"鞋底","鞋跟","鞋面"一类的名词,因为必需是不会不知道的;但如所谓"蓬线"是什么,恐怕就一辈子也不会晓得,鞋匠伙里专门的会话,那就更不会懂了。都像这样,除了社会全体通用,为组织整个的经济关系所需要的语言之外,还有专门领域底特殊语言,用作一般语言之外的补充物。社会分工底专门部门底数目越加多,这种特殊语言底数目也就越加多。

问:我们已经研究了来的文化阶段底语言,在观念的交换社会内是否全然不适用?

答:封建时代底语言,虽然不能完全满足此时的要求,也与观念的交换社会底语言非常近似。尤其在它底丰富之点,及它底形态底柔软性上。并且当时也已显现了专门化底端绪。这些事,一方面起因于封建组织底广泛性和复杂性,别方面是起因于封建组织底内部已有社会的分工(虽然程度还很有限),及交换在这个组织底经济生活中——虽然还没有成为支配的现象——已经成为恒常的重要的现象等事项。

第三节 一般的思维

问:在上述社会底交换组织这条件之下,思维已有怎样的特色?

答:(1)丰富性,立体性,或柔软性,及专门化,已经亘涉思维底各点。这与语言方面由同一的条件发生。因为语言所具有的一切特色,这心里的语言,思维,也是无条件地具有的。

(2)进步的倾向,即向形式完成的努力。因为如前所说,在交换社会底技术的及经济的生活领域即构成思维根本内容的领域内,已有进步的倾向了。

问:从交换社会底构造中发生的,此外还有思维的什么重要特色?

答:还有我们一直研究了来的种种形态的抽象的灵物崇拜。这些抽象的灵物崇拜有下述的共通基础:

交换组织是一个社会,就是一个协同劳动底体系。但这协同劳动,如前所述,是"无组织"的。更正确地说,是"无政府"的。那结果,是非常不明了的。各个企业,在外观上似乎与别的企业全然没有关系,都与别的企业孤立活动,直到市场才与别的企业直接发生联络。但在市场,这关系却取了极特异的形式即斗争的形式。卖主和买主,在实际上行着一个共同劳动。因为他们都是生产商品以行交换,客观地看来,他们彼此原都为别人而劳动,更正确地说,原都为社会而劳动的。同样,两个互相竞争的生产者也行着一个共同劳动。因为他们底劳动虽然是二非一,也都是为市场即为社会而供给生产物的。不论市场中卖主与买主底利害,或竞争者相互间底利害,怎样地冲突,这事实并没有厘毫变化。但卖主总想以高贵的价格销卖自己底商品,买主又总想以低贱的价格买得商品。这就有了"交易"形式上的斗争。竞争者又总想从别的一切竞争者夺得了顾客。于是又就有了比之上述情形更为剧烈的所谓市场竞争的斗争。在这时会,生产者自己还能见到这共同劳动底存在吗?他是不能见到了。共同劳动隐匿在诸企业外观的独立——斗争的假面之下了。商品生产者既不能以社会为共同劳动体,也不能以自己和社会底其他成员为共同劳动者。却将社会看作独立个人底总体,以为这些个人都是互相对立,各为自己底特殊利益在抗争的了。

然而商品生产者之所以这样想而且不能不这样想,却是由于适应原则要求他。因为倘若他在市场上,将自己看作与别人协同的人,把竞争者看作与自己从事共同事业的伙伴,他就不能从他们拥护自己底利益,就不能不遇到经济的破灭了。

这——从我们底立场看来是完全颠倒的,而在交换社会却是不可避的——思维形式,就叫作抽象的灵物崇拜。所以称它为"抽象"的,是因为它在人类意识中,将最重要的成着人类生活底根本的东西,即社会的劳动关系,抽象了。

这抽象的灵物崇拜支配着全般的社会意识,浸透在一切的意识形态。

第四节 为抽象的因果性的必然性

问:抽象的灵物崇拜,最初发生在生活底什么领域,并且怎样发生?它底本质是在什么点上?

答:发生在经济生活中市场关系底基础上。抽象的因果性底原形是经济的必然性;经济的必然性,如前所述,不外是社会关系支配人类的力。

生产者很知道他底生产物必须运到市场去,在市场上他必须无条件地屈服于已定的价格。他也知道,在市场上他底活动是与别人底活动结合着的。但他们是以怎样的关系结合的呢?买主给他以一定的价格,他就给以商品。一个人底行为引起别个人相当的行为。这是因果关系。但这不是和权威的相互作用一样的,单纯的命令和实行。

假定原始共同社会底族长向那社会底一成员说，"把你所做的衣服送来。"这成员知道另外没有办法，便把衣服送给了长老。现在买主也以命令的形式向卖主说，"给你半磅，把你所做的衣服送来"，而卖主也照样地行了。在这时候，卖主也与上述的情形一样，知道在一定的市场关系之下除此之外没有办法。他知道这是市场价格；如果他不承认这个价格，他就找不到买主，势必至于销不了商品。不过虽然买主底还价是原因，卖出商品是结果，实际买主底意志对他并不是什么权力，也不是什么权威，却是商品生产者所深切知道的。在为卖主的他，并不一定要服从买主底意志。买主如不出适合市场情况的价格，也得不到商品。卖主和买主，无论如何用力，都不能变更这价格。双方同须服从这价格。而一朝市场关系发生了变化，"原因"和"结果"也就同起变化。这引起原因，唤起结果，结合双方（买主卖主），而又君临于其上的，乃是既不被含于原因之中，也不被含于结果之中的必然性。

这必然性是什么呢？是现实上人类底社会的劳动关系。在社会底生活里，某一生产物所包含的一定的劳动量，必须与别一生产物所包含的一定的劳动量相交换。只有这样，生产底要求才能够满足——除开这样，生产便不能继续。一种生产物在市场上如果超过了社会底必需，价格便要低落，少过了社会底必需，价格便将高涨。在第一时会，必须限制这种生产物底制造；在第二时会，必须增加这种生产物底制造。所以价格，无论有利无利，都有影响及到生产。简单地说，——它是社会所必需的生产组织。然而受这组织支配的商品生产者们，果能依照这个意义，理解这种组织吗？

却全然不是。因为如前所说，这社会的劳动关系并没有进入他们底意识，却被埋没在利益斗争中了。那么他们在经济生活上，对于无论何时都痛感到，从而无法置之于不理的这经济的必然性，却作怎样的想呢？很简单的，——只以为是"必然性"罢了。它是人力无可如何的必然性，它是不能在活的具体的形态上着想，因而是全然不能看见无法制服的法则性。

它是抽象的概念；所以我们称它为"抽象的因果性"。

问：因果关系如照这样理解，原因不是可以认为比结果较大，较高吗？

答：不，并无此理。——在这一点上，是与权威的因果性显然有些不同。买主方面底要求商品，和卖主方面底供给商品，一样地为必然性所制约，一样地屈从着必然性。而在这一点上，他们彼此是平等的。

问：在市场底经济的必然性之下，原因和结果底连锁是怎样地展开去？

答：这连锁是具体地显现在商品交换底过程上。因而它是随着交换过程底连锁底展开而展开。伊凡要买外套，付了半磅银子给彼得——这是原因。彼得给他外套——这是结果。其次则彼得成为买主。为要继续生活,再制外套,又将这半镑银子去购买织物,针线及其他生活必需品,而交给别的卖主。而这卖主又把领收的半镑银子去购买他生活与劳动上所必需的东西。如是,等等。买是卖底原因,然而这卖又就成为新买底原因。而这新买,又成为新卖底原因;这卖又成为买底原因——依此递推,商品交换底各节,形成了无穷的原因底连锁。

这里还有一个与权威的因果关系显然不同的所在。就是,在权威的因果关系中是如权威的共同劳动自体常以最高组织者为它底第一环一样,连锁底系列也无条件地为"第一原因"所切断的。

问:这抽象的因果性是只存在关于经济的市场关系的思索范围内,还是旁及别的范围的?

答:也与权威时代权威的因果性一样,抽象的因果性也是虽然成立在经济的领域内,后来却扩大到所有思维底领域去的。一切种类现象底连续关系,无论在人类生活内部的,在外界自然的,都被把握作为经济的必然性所招致的形式。就是现象 A 无条件地发生了现象 B。无条件地——是一切。前者对于后者,除了从 A 推移为 B 的不可避性这赤裸裸的强制观念以外,再没有别的关联。

为要说明更明了起见,试将权威的概念中事实底因果系列来和抽象的概念中事实底因果系列略加比较。

例如风从海吹送雨云,雨从空落到地面,使干燥的地面成为湿润,而田原成了绿色。这等情形,在宗法时代或初期封建时代人众底意识中,大概以为:那是某一特殊的神命令风从海里吹来。而风又命令含雨的云奔赴所命的处所。雨又命令地润湿。再由这地面底变化,从地面长起青草。——但这些事件底系列,在交换社会人类底意识中,却取了别的形式。大体如次:

由于一个未被证明但系必然的原因,风从海里吹来。风动底结果,必然地形成为雨云之流。在形成中,有时必然地达到了落雨的状态。雨又不可避地要引起地面底变化。而使田野与草原不得不披了绿色。风,雨,地,草,等等一切,同是无心,都没有支配其他的什么力。事件底全系列,乃由于同一而难更动的必然性所引致。而这必然性和这些现象底关系,却正同市场状况和市场底关系一样。这必然性引起某一事实为原因;这事实就又引起别一事实为结果。而这事实更又引起第三事实为结果。如此继继续续,直到无穷。但第一事实,也有其先行的——同由必然性所致的——原因。而这未被证明的原因又有别的原因——更又有别的原因——这样追溯上去,这系列也可以接续到无穷的过去。

问：抽象的因果性是比权威的因果性更完成更进步的思维形式吗？

答：是的。（1）法则性底概念，这已较深刻——不许有违反它的自由意志了。即必然性若是某一特定原因所唤起的——则这必然性必又不可避地随后来了与它相适应的结果。而了解得这中间底关系，便可由此引出确实的结果。因为必然性是非个人的，抽象的，与偶然的自由意志全然无缘，绝对不会送来非预期的结果。反之，在权威的因果性中，却常存有偶然的自由意志底要素。至少系列底第一原因，是较高的意志，为人所不能豫想的。

（2）无限延长的抽象的因果性，唤起了不断向前探求原因的兴趣，不许停滞在那些原因中底或一原因。无论何时，都不能仅仅以现在所得的说明为满足。而权威的因果性，则一达到了某一最高而难测的意志便停止，便以为满足。忠实的实行者全然不得豫测那组织者底意志。

问：权威的因果性怎地推移为抽象的因果性？

答：从权威的组织，例如封建主义，推移为交换的组织，是由技术底进步和专门化底扩大而实现的。这两者都随有知识底扩大并知识正确性底扩大。原因底连锁既延长，所得的确实性已更大，其中所含偶然的自由意志底要素便被灭削，被排除了。以先简单归于精灵或神意的现象，现在经验增加，已经发现了自然的原因。以先以为有灵魂的东西，现在都被证明没有灵魂了。原因有"权力"及到结果的观念，已经失去意义，终归消灭。大家都晓得没有生命的一个现象，决不会比之别的现象为高级。因果关系底强制力，已经确实而强固。但原因既经降低地位与结果立在同一的水准，就不便设想它有这强制力。因之这强制力自体，遂从因果关系底环中，逐渐独立开去，至于支配这些环，尽在这些环上堆上同样的重量。于是这强制力便积渐带上了抽象的必然性底性质。

但要这强制力能有这样的形式，必须人类充分受了市场上经济的必然性底教育，驯至人类意识在实生活中感到强制力，与具体活着的权力所有者不相关系的时候，方才可能。如以为一切强制都与人类或似人类底权力有关系的那种旧思想底习惯还存在，则这必然性自身也必被想作什么神底风姿。例如在希腊，有所谓"阿南克"①，连诸神也归给支配的严格的残酷的女神。他与有血有肉的奥林波斯诸神不同，带了模胡的容貌住在什么远方，不与诸神住在一起。阿南克底名字就有强制，必然性底意思。

---

① Ananke。

第五节　商品灵物崇拜

问：何谓"商品灵物崇拜"？

答：就是交换社会底意识中经济事实底特殊颠倒，就是把种种本是人类自身底关系归在不过人类劳动所产的商品的事。这事发生的情形大约如下。

生产者常受商品价格动摇底牵制，他自然非常注意地观察着这动摇。于是他明白价格虽在动摇，其中仍有划一的法则性。不论在什么商品上，都有落向一定水准的倾向。它虽有时高过这水准，有时低过这水准，但决不会长离这水准，离得无止境。因此生产者之中就生出了商品底"价值"底概念。价值是价格底基础，是价格向它集中的水准，也就是价格不能离它太远的准则。一切商品都有它特殊的价值。又都依据这价值，把与别的商品底定量相交换。那么由此可以理解到什么呢？

事实上，价值是表示着社会的关系，特别表示着生产者底分工。所谓商品交换其实就是交换社会内劳动生产物底分配。这分配自然不是偶然的，不能不准据能使生产持续增进的适应法则而行使。据经济学底研究指示我们，商品必须准据为这目的，依照社会技术底一定程度，而体现于该商品之中的劳动量而被交换。因此，商品底价值，是由被含在内的社会的必要劳动底总量而定。商品交换，就是被分配给人们之间，即被分配给一个共同劳动体底成员之间的劳动底交换。

问：商品生产者能够这样理解这事实吗？

答：不能的。他要理解这事实，必须能够认识他底劳动底社会的性质。但我们认为非常明了的这事实，商品生产者却不能认识。利益斗争已经使他见不到这种共同劳动关系了。

问：从在这情状中的商品生产者看来，"价值"底概念有什么意思呢？

答：从他看来，不过就是"价值"。换句话说，不过就是可以用一定的比率与别的商品交换的商品底性质罢了。商品生产者不会将商品底性质归做那社会的性质。因为他并不认识社会的性质。以此，他把商品底社会的性质归做商品自身底性质。相信金钢石是因为自有金钢石底性质，而价值高贵；煤炭是因为自有煤炭底性质，而价值卑贱。他以为，商品交换底可能性及其法则性，也可以从这点说明。

倘若一件衣服可与半镑底银子交换，商品生产者就意识以为，这是表示商品相互底关系，并非表示所以致此的人类相互底关系。生活底事实都被这样地曲解着：人类底关系都被看作事物底关系了。

商品灵物崇拜，同时又是抽象的灵物崇拜——是它多种形态中底一种。因为"价值"所以被归做商品自身底性质，无非因为在交换社会底意识中，价值被剥夺了它底真内容（它是存在那社会的性质之中）的缘故。

问：商品灵物崇拜，与自然崇拜或精气信仰有什么关系？

答：其间颇有类似，但也在一种意味上有对立之处。商品底"价值"，恰似"灵魂"；事实上，"价值"底作用也与灵魂底作用相同——可以说价值是在交换过程，市场存在中指导商品底转移的。但事物底灵魂，在精气信仰者是有生命的实体。而商品底价值，在生产者底意识却是一个无生命的抽象。精气信仰是以人类对于外界对象物底力和性质的无知为前提。即以人类及到自然之上的威力底不足，自然及到人类之上的威力底优势为前提。但商品灵物崇拜却起因于对到人类和人类间底劳动关系的无知，即社会的关系及到人类之上的威力。精气信仰将自然界中的事物关系，转化为权威的相互作用，生产关系。反之，商品灵物崇拜却将劳动底分配归附于得以互被交换的商品底能力。即将生产关系转化为事物相互底关系了。

问：商品灵物崇拜可以看作单纯的错误吗？

答：从比交换社会底思维较高级的思维看来，那自然是可以看作错误的。但在交换社会，却决不是偶然。在这里，这个商品灵物崇拜，实际是理解事实最简单，最利便，最少矛盾的方法。即使我们知道交换价值是被结晶在商品中的社会的劳动底外皮，而我们用十个卢布购买一件衣服时，却不必怎么思索这衣服或金币中所含有的社会的劳动，或比较它们底分量，注意两方是否恰相均等。我们纵使能够精确计算商品中的劳动量，也要因此反而陷于繁难，纷乱，终致碍及我们底利益。无论如何，总是力量底浪费。因为设想抽象的，玄虚形态的"价值"，虽然容易；想像复杂的，具有社会的劳动内容的价值概念总是非常困难。何况，只用第一种的思索法，已经够达我们经济的目的——用货币购买商品了。在交换组织里，商品灵物崇拜是合目的的适应。所以它在这组织里，是"正确"的，不是错误的。

但一临到要说明交换社会发展底法则的时际，灵物崇拜底立场可就显出了不充分的缺点：因为那就是隶属于这社会关系；而要理解这个社会底发展，理解它向新形态推移的道路，却只有克服这社会——即使只是思想上的——方才可能。因此，我们必须高扬自己于这社会构造之上，将它和别的组织形态比较；只有这样，才能暴露这灵物崇拜底本质，而我们底研究可以免了起因于灵物崇拜的错误。

第六节　个人经济和私有财产制度

问：确切意义的个人经济，真能存在吗？

答：在现实上是不存在的。就是漂流孤岛的鲁滨孙底经济，也还用着别人劳动制成的什么工具，决不是完全个人的。在交换社会内，无论是谁，几乎都靠买卖到手的，别人底劳动生产物而生活，结果，各个人底家计全然带着社会的性质。但使各个经济互相对立的利害斗争，及斗争底原因——社会缺乏全般的计划的统制——却使人生出仿佛个个别别在生活的幻想。这幻想，在商品生产者底思维中是不可避的，所以在他就是法则。因为他能认他底经济不是个人的，是整体的社会的经济底一部分，也不但不会使他容易做事，反要使他实际的考量弄成复杂，夺去了他在经济斗争上所必需的强固的立脚点。

问：个人经济底概念，此外还带有什么重要的幻想？

答：还有私有财产底灵物崇拜。个人都以为，他所生产的物件及所购买的商品，是属他自己所有的；而别人也都以为这些都是归属于他，与别人没有什么关系。他有物品这件事，都以为全不过是这物品和他个人底关系。

问：但这不是与实际相符的吗？难道所谓私有不是人和物之间底关系吗？

答：不是相符的，所谓私有并非如此。我们很容易证明"所有"实际并不是单纯的物和人底关系。物和人底关系，只能有两种形态：就是技术的和观念的。我们将物来利用，移动，变化，消费，或破坏，是属技术的关系；我们对于物的认识，研究，或说述，——则是观念的形态。但私有却不是前者，也个不是后者，这是有事头，有生活在证明的。试看继承遗产的人，都不是对于遗产未有什么实际关系，而已成为事物底所有者吗？那些物，可以是他并不曾见，甚至于他并不曾想像的。例如一个乳儿，往往也成为工厂工具等等，他不会使用也不能想像的东西底私有者，就是一个说明私有意义何在的最好的例子。

乳儿之所以得为财产底私有者，是因为社会承认他是财产底私有者，在万一的时候，肯积极地维持他，不许别人移为自己所有的缘故。假如这个乳儿他竟成了白痴，他是永远不会和他大部分的私有物走进技术的或观念的关系了。然而他也还是财产私有者。这就因为社会实际承认他是财产私有者,而在保护他底财产的缘故。

这样看来,私有财产制明明是一种社会的关系,而且是一种社会和一定的人类及一定的事物之间底关系。

但由商品生产者想来,财产却不过是属于他个人的经济,和他个人结连了的事物。这样,人类相互底关系就转化为人类和事物底关系了。

问：私有财产制度,对于个人主义文化有什么意义?

答：形成个人主义的,可说就是私有财产制度。它固然只存在意识形态中,即人类底思索中,但私有财产制实曾完成并且强烈了个人从社会的分离。个人都将"自己底东西"和"别人底东西"对立,将自己和社会其他的成员隔离,正像他们在自己底土地和别人底土地之间设立着界碑一样。在生产上成着一个共同劳动体的人类同志,彼此都在当作"别人"。认为可有可无,或者势不两立。反之,事物(不过是人类外界一片的财产)却被认为"自己底东西",好像和人相亲,简直与人有血缘关系似的。财产底灵物崇拜抓着全思想全感情：但凡关于财产的,人就对于别人采取非社会的态度,而对于事物却取社会的态度。

第七节　抽象的知识

问：什么是抽象的知识?

答：就是与为它根源的社会劳动分离,而被看作和社会劳动完全没有关系的知识。

知识原和技术的法则一同起始,永远是人类劳动经验底产物,同时又是合目的地组织劳动的手段或工具。这在将来,也将还是这样。但人对于知识,却不一定总照这样理解。

在权威的意识形态中已被抹煞了知识发生于社会的实践这事实。宗教每把知识归于种种神底启示,而不认它是祖先实践经验底聚积。但在这里,知识也还不曾和活的劳动分离。知识还被看作指导人类活动的命令。

在交换社会内,则各部门各企业底专门化划成了深大的沟：意识不但和"实践的"性质分离,而且带了寻常与它对立的非常抽象的性质,即"理论的"性质了。这大约是这样进展的。

在社会机构底种种部门内,都产生了极其多样的知识。这一切特殊的知识,若只留在它产生的部门内,自可明白保有与实践难以分离的联系,不会在实践以外作什么"纯粹"的"抽象"的知识之类的想。但交换社会,十足是一个社会。无论怎样,它总是人类底结合,而这些人底利害,在市场上,是常相对立的。于是知识在社会中发展,就在发展之际变更了它底形态了。

例如天文学,最初作为农业的知识而发达。它以农业知识底形态,出现于埃及,中国,巴比伦等曾在大河流域发展的古代文明国。在那里,整个经济都关系于河床底移动;而与某特定的季节,即天体间太阳底天文学的位置有关系。结果天文学在那里,是被理解作为指导一切劳动(例如耕作及其相关的河流底调节,沟渎底开凿等)的命令。今试假定这种知识由于交换关系底结果,成为住在都市中间的希腊商人或手工业者底知识。则他们对于这种知识虽或感觉非常的趣味,而这知识对于他们底实践——零卖商业或手工业——却已明明没有什么关系。因为专门化底结果,他们对于这别部门的农业底实践,已经全然是门外汉,毫不懂得什么了,因之关于天体的这知识,也就看作和人类底劳动没有关系,俨如"它自身独立地"存在着一般,而为"纯粹"的,"抽象"的知识了。

问:那么特定劳动领域内所生的知识,几乎全不能适应在别的领域吗?

答:自然往往可以适用。例如天文学,成了航海商人底知识,就可以给予他们认定方角及船在海上的位置的精密的指示,于他们底旅行非常的有益。但航海者,将天文学作为既成知识,从担任农业组织的僧侣手里接受了来,却不能作为航海底知识看,也不能因为那天文学为农业的知识而感有什么兴趣。结果,他们不过将天文学看作单纯的"科学"。天文学,在他们就只在抽象的意义上被把握,而不作为劳动底生产物乃至劳动底组织形式被把握了。航海者自然也认天文学是有用,对于他们底实践是必要的。但他们并不能追溯它底发生底原因。他们明白懂得的只有一件事,就是关于这天体的纯粹科学之中,含有特殊的力,往往可以供实践的利益之用;至于它是几代所积过去社会劳动底力,却已全然不能理解了。因为它们底意识不曾认识社会底劳动关系。

希腊或罗马底农业者,也曾采用埃及天文学的罢。但在这些国度里面,农业是和河流底大泛滥没有关系的。所以这些国度底农业者,虽然也有用天文学的方法定季节的事,但已无需埃及那样的精确。对于他们底实践,恐怕有十分之九的天文学底科学的材料不曾利用到。这就可以明白,这些国度里底农业者,也没有视天文学为有农业知识的意义。——也不过将天文学看作纯粹的知识。以为它本属于天国,与这地上无缘,不过含有人们得以利用它在地上的某种力罢了。

问:但若是这样,那么天文学究竟应当看作怎样的科学呢?——是农业底科学,是航海底科学,抑还是别的科学?其次,农业,航海等等和天文学底关系,或别的"纯粹"科学和生产底关系,应当怎样地观察呢?

答:天文学已不单是农业或航海底科学了。我们究竟不能将天文学拘缚在某种生产底特殊领域,正如不能拘缚别的科学——数学,自然科学,社会科学——一样。这与下述一事实有关:就是,社会的劳动虽被分作几种,但各部门中仍旧留有若干共通的一般的条件,要求适用一般的方法。这种条件就表现为各种"抽象"的科学。例如天文学是完全指导着一切生产部门的,为区分时间的科学。现在在实生活及劳动中,没有一处不用时计。而这时计就全然是天文学的机械。它以天文学的前提为基准而组成,也不断根据天文学的知识而修正。一切时表底基准都得自天文观测所。假如没有这种得自观测底调整,则一切时计底进行,积渐发生偏差,人们将不能够确实组织什么劳动及相互底什么协约。在古代,是由太阳或星宿直接兼任时计底职务;现在,则空中太阳或星宿底移动,已反映在时计底数字板上,而为与相顺应的时针底移动了。

在别的抽象的科学中也可以见到同样的事。数学依其计算及测量方法的特性,已被应用于所有的生产。物理学,机械学等,也这样。经济学,形式上虽然还没有完成为科学,但已经指导着所有的经济。因为关于市场,货币价值,价格,协作底利用等事的知识——全是不论农民,不论手工业者,都是必不可缺的经济知识。

这样看来,"纯粹"科学全是表现社会的劳动生活底统一的,然而商品生产者却以为它和社会实践全然没有关系而为"它自身独立"存在的真理。

问:不是还有农业学,冶金学,医学等"应用"科学,或"技术"的科学吗?这也是含有"抽象的灵物崇拜"的吗?

答:我们自然不能说,这些科学在交换社会底意识上,已和实践分离。所以这些科学,虽然也被看作"纯粹"科学,总还作为各各与某一特定的生产部门有关的,如农业学与农业,冶金学与金属底采掘及提炼。但因为商品生产者缺乏在所有的生产部门中(甚至在各企业底内部)劳动总是社会的意识,所以对于这些科学,也仍不能认为与整体的生产,整体的社会的劳动体系有关。不过应用科学,无论如何地专门化,实际总还带有整体劳动的性质。即在本质上,农业学是为获得维持社会底一切劳动力所必需的生活手段的科学——冶金学是为获得制造用于所有技术过程的工具所必需的金属的科学——医学则为恢复所有活动部门中因疾病而减退的劳动力的科学。但这些科学底这样的性质,决不会跑进商品生产者底头脑里。他们总以为这些科学都是特殊的专门的科学。这也是——抽象的灵物崇拜。

问：如此说来，论理学，语言学等意特沃罗几的科学，却应当怎样地看呢？

答：如前所说，意特沃罗几是组织社会生活的手段。意特沃罗几的科学，以关于这些组织手段的知识为其内容。所以这些意特沃罗几的科学，也明明和关于劳动用具等的科学一样，有着社会的实践的意义。不过比之别的科学更广泛，更一般罢了。

例如语言学是关于人类语言的结合的科学。由这语言的结合，作出所有人间底结合，人间底一切实践的关系。语言学收集种种社会层底种种语言，种种说话样式，种种方言，又于关于某一事件起了俄罗斯人必须理解法兰西人底，大俄罗斯人必须理解小俄罗斯人底，知识阶级必须理解农民底意志之类的问题而须加以解决的时候，语言学底真意义，表现得最明了。我们看去假如还好像这语言学是努力纯粹——与实践的关心没有关系的——认识的"抽象"的科学，那无非因为我们忽略了下述一个极初步的事实：就是使我们关于某事有与别人互相理解的可能性的，关于本国语或别国语的全知识，便是这——语言学的知识，科学不过整理这种知识使成体系罢了。

论理学，通常认为最纯粹的科学，其对象为——纯粹的思维。但在现实上，它是指示人要合规范地互通意识时，须用什么基准和规则的科学。论理学底发生本身，便证明着这件事。它底体系化的基石，奠于希腊，为当时正在迅速普及的个人主义最极端的代表者哲人底错误学说底对立物。哲人们①主张，人都以他自己底方法把握事物，以他自己底方法理解事物。所以人们相互之间，对于同一事件，决不能有真正同一的见解。因此互相矛盾的事物倘经证明双方都是真理，也便可以双方都正当，都有效。重要的是话术。他们曾经教授那话术，又用它做诉讼上辩护的手段。实际，市场上，常有两班人，以同样的而又两并正当的确信在确信，———一方面——确信再不能比他所讨的价钱便宜了，——别方面——确信总得再便宜一点。而与这同样的情形也见于个人经济间底财产诉讼中。然而哲人们，太将这互相矛盾见地底法则性，无限制地一般化，无限制地扩张了。他们不曾想到交换社

---

① 哲人，从前有人译为诡辩学派，是纪元前三四百年间希腊一群自命为聪明人的哲学家底总称。最初的哲人普罗太哥拉斯（Protagoras）曾留下一句有名的话"个人是万事万物底权衡"，可见他们主观的倾向之盛。

会，也是一个社会，如果没有什么和解底可能，它就不能不离散的。因此便有论理学底创始者——苏格拉第派——来，指出哲人所用方法底不当。并教给人类可以互相了解，对于某事物可以得到一致的实践的结论或见解的方法。因为心里的语言的思维正是柏拉图所谓"精神对于应当认识的事物和自己的谈话"，所以论理学当然可以处理思维，使人们和自己交通，对于所有特定的问题不致游移于两个不同的立场之间，而得有一定的确信。人类自己保持着调和，在任何点上，都是组织上的必需，不消说，是与劳动者相互间需要调和的理由一样的。

问：哲学，玄学等，在社会的劳动上有着什么意义？

答：专门化底结果，社会上发生了异常的知识底分化。无论人类底共同劳动怎样地进步，观念材料总是各部门各不同。各人都热心想得到自己专门的劳动领域所要求的知识。对于专门以外的——实践的或科学的——知识，则除适然来到手边之外不加搜取。结果，人类相互间底理解非常地不完全，交涉底可能性很有了限制。有些东西要靠决不是别人所能理解的知识，有些东西又要靠只有别人才能理解的知识了。

种种指导的科学，因这专门化，只能适用于特殊的劳动领域，以此遂了特殊的发达，而更分化为小部门。方法趋于繁多，互相分离，各有独特的用语。在各部门中，材料日益积起来。想要精通科学底一切部门，已经不是一个人所能做到。甚至于想要理解大部分，也几乎不是一个人所能做到了。科学底专门化，这就开始分离人类，不复结合人类。科学底各个部门，都用了各各不同的用语在说述学理，大多他们之间就已不能互相理解，至如多数缺乏科学教育的人，那就更其不必说。

这样不便的，矛盾的状态越进展，那不便也就越触目。于是当然又有所谓统一知识的努力出来，想将一切科学结合起来，作成综合的科学，使人类可以获得为生活基础的方针。哲学就是创造这种统一的基本的科学的努力底表现。

当科学还没有分化为各个专门部门的时分，原将知识底总体，就是互相结合，组成一定秩序的知识，称为哲学。后来，哲学一语却含有研究人生及宇宙一般问题的诸科学底科学，世界观底科学，底意义。

哲学底任务，在乎建设一个合一切人底需要，使一切人可以满足的，统一的知识。但是交换社会生活自身底内部，并没有什么统一。所以那意识形态底内部，也不会有统一。在交换社会内，意识形态是无条件地适应着社会的；因为人类底劳动分裂着，所以思维也就分裂着。因为全体的劳动并没有统一成一个调和的组织,所以统一的调和的思维,也不能成立。所以哲学底任务,也没有真地解决。哲学必然地止于是许多尝试底连锁,不曾成为真正的科学。因此,哲学上曾有种种流派相次起来,发展了关于事物底本质,人生底原因及目的,真理等事的种种学说。这些学说,虽然有过相当程度的成功和影响,但并不曾有谁统一全体,攻破其余。本来是想结合统一一切东西的努力,但在今日哲学领域内,却是不断有论争和不统一的。

但又全然不当因此便把哲学看作无益的东西。哲学底尝试,是重要的事。因为(1)哲学可将人类底思索组成一个完整的体系,以支持并援助社会底一切努力;(2)哲学即使不能整个地解决这问题,这可以在个个点上,完成思索方法,造就有用的诸观念。这些观念,后来曾加入在专门科学中。例如所谓一切存在不过变化形态,不归于无的学说,就在化学用实验证明物质底不灭性——后来物理学又证明力量底不灭性——以前,在哲学中早已达到了。

问:假若哲学底必需,是因为专门化底结果种种观念分裂了才发生,那么哲学这东西不是要妨碍这专门化的倾向吗?

答:不,哲学并不妨碍这倾向。最初,哲学是想搜集所有既存的知识,取为己有,给以一定的构成,力求完全把握着真理的。但专门科学底数目一增加,材料一丰富,这种"百科全书主义",便成为不可能。于是哲学本身,也开始向专门化了。但这事情,自然并没有丝毫减少了哲学底任务。事实倒是相反。各个专门部门,也与别的多数部门同被限定视野,更不能给与一切人都可以理解,一切人都可以满足的知识了。专门的哲学者,是在研究——前时代和同时代——哲学者底见解。但他常常几乎并不见到造成这见解底基础的知识和经验。却在这样得来的别人底一部分见解上,附加上他自己偶然得到的科学的和实践的经验,而建立他自己底学说。所以这种学说,依旧是不圆满的,至于不易接近大众,这更无庸说了。

问:交换社会底思维,采取着宗教的形态吗?

答:如前所述,宗教的形态是由保守的传统,发生于权威的共同劳动之中的,但支配着观念的交换社会的,却是社会的分工,不是权威的共同劳动了。前已说明,当时思维底倾向,是进步的,不是保守的。所以,在观念的交换社会内,不会产生宗教的形态。便是在极初期的时代,也不曾有过这样的形态。但我们必须时常牢记,这样的"观念的"社会在历史上是不曾存在的。

第八节 艺术上抽象的灵物崇拜

问：在观念的交换社会内，以怎样本质的特色为艺术底特征？

答：（1）艺术成为特殊社会群底专门。而且也与别的专门部门一样，形成为为市场而劳动的各个部门底一系列。艺术的创作物，因此也就作为某一特定艺术家底个人的生产物。曾为权威的文化底特征的，非个人的民众的艺术创作物，到了这时，全然不存在了。在权威的文化时代中，神话，童话，叙事诗，歌谣，音乐和跳舞，都是共同社会，种族，民族底创作，不是特定个人底创作物，——就是建筑，雕刻，绘画，也是如此。像那无名的建筑家代代相传，连亘十几代所建造的寺院，及那寺院中的圣像，圣画等，就是例子。但在观念的交换社会内，却决不会有这样无名的集团主义的劳动型式。因为这种劳动型式，是形成在艺术的商品生产者所全然不能感得的和社会的密切的关系里。而他要销卖他底作品，却须于其时阅历市场上所有的斗争，所有的竞争的。

（2）艺术底社会的组织的任务，从艺术家底意识及全社会底意识里滑落了。抽象的灵物崇拜，在艺术上也有与科学方面同样的性质：有所谓"纯粹"艺术，"绝对"美底观念，类似"纯粹"科学，"绝对"真理底观念了。

（3）艺术创作物底内容本身，是个人主义的：它和别的艺术不同，它是以孤立地把握了的个人为问题，以那个人底斗争，运命，感情等等为问题的。那作品底主人公常是公然或暗中地，在其意识上为孤立的个人。公然的时候，例如在小说，诗，抒情诗，雕刻之类里面，他直接反映在那事件中间。暗中的时候，例如在音乐，风景画等上面，他自身虽不反映出来，他底精神状态，他底欲求或希望却是用了与他相应的样式表现着的。

问：艺术以肉体的形象，或如建筑及雕刻中那样以物质的技术的方法创作出来的时候，艺术上的"抽象的灵物崇拜"究竟表现在什么处所？

答：抽象的灵物崇拜，并不在乎思想或形象是抽象的，在乎它底见地是抽象的。例如将科学的真理或艺术的作品，作为与它存在其中的社会没有什么关系，只认它自身为有意义而思索——即从那些东西中"抽象"了它底现实的意义——它底社会的机能而思索的便是它。在宗教的艺术上，是没有这样的抽象的。寺院，神像，都被看作信徒互相结合，并与神结合的东西，过去世代底理想化的代表者，即社会的关系。假如这神像，于几世纪之后在交换社会内例如发掘坟墓的时候发见了。人们怕就只能看见其中完全的或不完全的美的形象,不能看见此外的什么东西了罢。然而它在现在,也还在结合以共通的气分瞻仰它的人们,给予他们关于何谓强的调和的生活的共通观念,统一他们底感情和思索——简单地说,形式虽则不同,依然演着某种社会的纽带的剧目。但这机能,在交换社会底感情中,却被匿而不见了。

问:有名的"民众艺术"论,就是主张艺术家应当使他底作品有益于社会,他底作品应当唤起有用的思想,引起道德的感情的——学说,可以算是离抽象的灵物崇拜而自由的吗?

答:不,那也决乎不是离它而自由的。它在要求艺术必须尽力于社会。可以知道它是假定艺术自身未必尽力于社会的。它也并不认识艺术底真意义。在艺术作品中,常有——社会的组织的意义。一个艺术作品,在社会组织分裂为种种部分的时候,固然只能将它底机能良好实现于一个要素(一个阶层,一个阶级),而不能良好实现于别的要素(别的阶层,别的阶级)。例如贵族主义的艺术,不适于民主主义的工匠,农民或小商人;同样,民主主义的艺术,也不适于贵族。然而双方都仍有着组织的性质,不过对于社会生活构造上两个不同的体型各有所为顾罢了。

假如对于艺术,要求它意识地尽力于某一特定目的——例如政治问题或道德上的主义——那无非使艺术成为"应用"艺术。和将艺术应用于人类住宅底装饰或娱乐,没有区别。前已说过,交换社会内底应用科学,并不是离抽象的灵物崇拜而自由的。因为那只意识着科学和一定生产部门底关系,而没有意识着它在整体社会劳动中的剧目。关于应用艺术,也是一样。例如它是政治的话,便不过知道它和那特殊的政治活动有关系罢了。仅仅认识着这特殊的关系,而缺乏着关于一般的组织的意义底认识。"民众艺术"论,也与"纯粹"艺术论一样,是灵物崇拜的。

第九节 规范底抽象的灵物崇拜

问:在组织人类相互关系的规范底发展中,观念的交换社会有什么特征?

答:将交换经济和封建社会比较起来,前者有如下的特色:

(1) 社会规范有极大的丰富性,多样性及复杂性;

(2) 没有——为权威的意识形态底习惯底特色的——神圣化的传统的性质;交换社会底规范由法律和道德而成;

(3) 带抽象的灵物崇拜,不以人间底法律和道德为那社会的实践的关系底组织形态,却看作什么离人独立的存在——"绝对的正义",或"纯粹秩序",或"绝对的义务"等等底表现。

问：为什么交换社会需要较多数,较多样,较复杂的规范？

答：因为交换社会整体上未被经济地组织起来,却充塞着对立和斗争。那无数的内在的利害冲突和暴行,实有限制于一定的圈内的必要。如其不然,它们无限制地发展起来,势必促进社会关系底破坏。一切生存斗争,假若听它自由充分发展,必将达到瓦解和灭亡。这是很显然的事。因为一切斗争行为——不但一切的攻击,就是一切的敌对行为——都会使斗争激化,深化的。例如卖主和买主关于价格的不一致,也会演成暴行和掠夺。这种事常常发现在商业发展底初期。当时,商人只要有机会,随时可以做强盗做海贼。(例如腓尼基,古希腊,迦太基等地底商人。)就在今日,竞争也往往蹂躏了? 法律和道德底一切规范,有时盗窃技术的秘密,甚至有时放火抛炸弹。这在先进国的美利坚,是常见不稀奇的事,在别的国家自然也一样地发生。在国际关系上,更没有什么用以结合的法律的和道德的规范。商业完全公然诉诸暴力。先进国以强力强制后进国购买商品,又为竞争市场而交战。假如交换社会底内部没有什么规范,显然便是存在也不可能。因为它就瓦解了罢。市场关系越大,交换关系也便越广大,越多样化,实际利害底对立也便越多,越复杂,而规制这一切的那规范底发展,也就越其增大了必要。

问：为什么在交换社会内为典型的,不是习惯的规范,却是法律和道德的规范？

答：因为习惯底力是由人类意识底保守性和与祖先底深切关系而来。在交换社会内,思维已以进步的倾向为特征,人和祖先底活关系已经很少感到了。这(对于活人间底相互作用)可以称为一代和一代底相互作用的关系,已被"个人的经济"底幻影遮掩着不分明。儿童一朝成长,他就构了特别的经济,和他底两亲作经济的分离,和他底远祖,更其不必说了。

道德和法律的规范,并非因为它是祖先底遗物而以为是义务,乃是因为它自身而以为是义务的。

问：规范"因为它自身"而以为是义务这句话,应当怎样解？

答：商品生产者见不到他所属社会底共同劳动关系,所以也不能以规范为这共同社会底产物,底工具。在社会的环境中,人类原不能不遇着,不能不服从那作为已成品摆着的法律和道德。但为什么不能不服从呢？难道因为违犯法律要被裁判处罚,背叛道德要受舆论攻击吗？显然不是。大多时候，人们心里都不曾想到法律，舆论，却仍服从着规范。只有他想犯罪，作恶的时候，就是规范多少失了支配他精神的力量的时候，方才想到它。而社会底正常的成员，更或以直接的协力，或以同感，或以参加犯行者底社会的判决，而支持对于犯罪或作恶的斗争。那明明不是由于恐怖的念头所指挥，而是由于良心所引导。如其不然，法律和道德便将不能算是稳固的，恒常的，可以信赖的适应。

　　人本他底良心，知道规范在他是义务。但依然不能确定这个义务观念底起原。把它归于社会吗，在他是不可能。因为个人主义者的他，是全然不会想到整体的劳动关系的。把它归于他自己吗，在他也是一样地不可能。因为他无论怎样企望，并不能自由解放在这义务意识之外。他违犯法律或道德的时候，每每感到非常难熬的"良心底苛责"。他自然有时很想除去这苛责，而大抵是不可能。因此，他就这样想：这是有义务性含在规范自身之中，即道德和法律自身之中的。这是一个和走到商品价值崇拜的路程一样的路程。商品生产者不能从社会的劳动关系里引出商品价值，因为他见不到这种关系；也不能从它底意志引出商品价值，因为他知道商品价值是事实上离着他底意志独立的。于是他就把这商品价值归于商品自身，即商品底性质。而他又把规范底义务性，理解为它所固有的性质。这两个思维形式是同一的。

　　"义务是义务。因为是义务，所以要实行"——这是交换社会内最著名的哲学家康德说的话。他是由于表现交换社会意识形态若干根本的特性所作适当的表现，确保了伟大的永续的名声。但这康德底公式，不消说，就是所谓"叠语命题"①。名为解说，实不过将应该解说的事情反复，主张而已。但这，已可使商品生产者满意了。因为这就是他们思维底样式——就是抽象的灵物崇拜的思维样式。为什么某种商品，要用这个比例和别的商品去交换呢？交换的意特沃罗几答道，"因为那是那商品底价值"。但"那是那商品底价值"这句话，无非将那商品可以用这个比例交换，不能用别个比例交换一句话，就是将所问的问题照样反复了一遍罢了。为什么真理对于人类是必需而且有用的？"因为它与真实一致"。而所谓"与真实一致"，其实与所谓"真理"完全一样。所以这就成了说真理底意义，在于它是真理的一种同语反复。

------

　　① 叠语命题(Tautologie, Tautology)即"有者有也"，"同者不异也"等，一切主宾以同义的同语或同义的异语构成的命题。

这是不足怪的。因为他们底思维并未把握到人类概念底起原是存在社会的劳动之中,他们当然不能理解这事情。他们不能说明这事情,不过能用同义的同语,或异语,反来复去主张罢了。要理解价值——是社会的劳动关系,义务——是社会的组织的规范,真理——是社会的劳动底经验结晶在概念之中的东西,必须先从交换的意识形态底支配中解放出来。

问:可是商品生产者,总该知道他们底规范是常常保护谁底利益的罢。既然这样,他们还能有关于法律和道德的这抽象的概念吗?

答:个人主义者,在社会生活中,只能见到互相对立,不过偶然一致的个人的利害。从这见地看来,规范不过是妨碍别部分人底利益,而保护某一部分人底利益;即牺牲那"不正"或"不合法"的人即违反规范的人底利益,而保护"正"或"合法"的人即符合规范的人底利益的。规范虽以同样的程度支配着各人底一切,却离着万人而独立。所以规范是"绝对的",即被认为是无条件的,不是与任何前提相结合的。

这见解,由抽象的灵物崇拜底代表者,极强而且极纯粹地表现在下列的古格言之中了:"法若能实行,世界可以毁。""朝闻道,夕死可矣。"或者是与康德底学说一致的道德:"我不能不依良心之声所命而行。纵使世界因此毁了,也不退缩。"

规范底这种"绝对的"性质,给予规范以制驭个人的利害和欲求底互相冲突,及交换社会内所有内在斗争的力。向着个人的欲望而突进的人,超轶了这制驭,便将在他自身底心中遇到了所谓"良心之声"形态的拦阻,而想起法底存在。他不懂得这良心之声便是他自己和社会底关系底表现,却以为是较高的力在规范之中支配着个人欲望的表现。即使恶行未被阻止,依然做了,但到后来,他除受法律的判决或社会的制裁之外也还苦于"良心底苛责"。就是事实上,他是社会底一成员,将自己作为社会组织底搞乱者在制裁的;而在他,却以为这是规范自体所有的惩罚力。

问:但是个人主义者怎能使法律和道德底这绝对的,无条件的性质,和他们思维底进步的倾向,即以法律和道德律为随社会底发展而完成而变化的事实,相一致呢?

答:他如果目击规范底变化,感知新规范比较旧规范为优良,又熟思这种研究不是普通万人所能行,因为专门化底结果,只有思想底专门家才能行,他将结论以为:某种绝对的法则不消说是存在的,但那是高远的,是有限的人类理性所难达到的。而人们所认识所承认的规范,不过是绝对法则底不完全的显现。所以它分明还将进于完全,而能就近,也不可不就近绝对的法则,即永远的平和和正义。但这发展底连锁,不消说是无限的。

因此可以说,抽象的灵物崇拜,虽然不能使人们理解,道德和法律底进步不外是社会底组织形式底进步,也并不妨碍这进步(不消说,这进步是只限于交换社会一般所能发展的限度内)。

第十节　整体上纯粹交换社会意识底特征

问:什么是在观念的交换社会底全文化中可以看作基础的特色?

答:(1) 意识形态底丰富性,

(2) 进步性,

(3) 个人主义,

(4) 抽象的灵物崇拜。

问:观念的交换社会所特有的意识形态底丰富性,是因什么而规定的?

答:一面因为这个社会以整体论在经济上是无组织的,所以相当地需要许多组织的意识形态底适应;别一面因为社会,因被分化为种种专门部门的结果,已经极多样了,所以组织的适应,也就不能不无条件地极多样。

问:这社会底意识形态底进步性,是因什么而被规定?

答:这不过是那技术的和经济的进步性底结果。社会底内在斗争——特别是企业间底竞争——底结果,社会底技术已经完成,它底相互关系和经济关系也已有了变化。意识形态不能不适应这些新的社会的生活条件,随着向前发展。意识形态不是它自身独立进步的,是依存着生活底其他方面进步的。意识形态自身,要能应着必需,适应技术和经济底进步,自不能不具有充分程度的柔软性或立体性。

问:个人主义底原因是什么,它底本质又是什么?

答:它底原因是掩蔽共同劳动的社会底无政府状态,市场斗争和企业底竞争。它底本质,在于外观上营着独立企业的个人,都将自己认作孤立独立的活动和利害底中心,而确信他和他底私有财产,是和其他同种的个人及全世界对立的。人类底全任务,人类生存底全意义,被集中在"我"和"我底东西"上面。劳动和认识,都被看作个个独立行动的个人底制作物。个人底"良心",是他行为底规准。他底个人的自由和私有财产,是他底天赋的"自然的"——就是存在人类本性自身之中的——权利。

个人主义是交换社会内必然的适应:它使个人在经济的斗争中能够主张自己和自己底事业,鼓舞抵抗力和胜利力底发达——藉此将他引上创造和进步的路。

问：抽象的灵物崇拜及其种种表现底真原因是什么？

答：就是人类独自的社会劳动关系支配着人类，那力不许人类认识这些关系底本质。——有一部分也是社会底无组织性和它底内在斗争，从他们底意识盖过了人类底共同劳动关系。这种灵物崇拜，总在蔑视现实而假定种种非人的力，给它以支配人的力的处所出现：如原因之后随有结果的抽象的因果性底必然性；支配着商品交换的价值；离人类独立存在而支配着认识的纯粹真理；一样地离人类独立存在，而人类却在一切相互关系上认它为义务的绝对的正义和义务等是。

抽象的灵物崇拜，和宗教一样，他假定一种较高的东西，站在人上，人隶属于它，不能不依它而行动。——这不但被拟为活神底姿容，也被拟为非人的力底形相。藉此除去个性所发现底原始的纷乱，防止它所引起的无限制的分裂的发展。所以抽象的灵物崇拜，它也做着个人主义底无政府倾向底平衡物，而为必然的适应。假如没有它，个人主义便破坏了社会底一切统一了。

第二章 过渡形态

壹 古代社会的奴隶制度

第一节 古代奴隶制社会底技术及经济

问：古代底奴隶制度是在怎样的生产基础之上发展起来？

答：希腊和拉丁种族底组织，在到奴隶制时代以前，是封建的组织；例如荷马时代的希腊，及由传说的王所治理时代的罗马都是。技术及交换底进步，已比周围较低封建型的种族，即所谓"蛮族"者，较迅速地前进了。虽然和蛮族不断地有战争，但在战争中，总是希腊人和罗马人仗着优秀技术和文化底荫庇，组织地做了胜利者。获得了许多的俘虏，而利用其劳动力。循次发生劳动之武力的掠夺，而于蛮族世界为真实的榨取。结果，野蛮种族竟至做了买卖底对象物。俘虏成为商品——因又成为单纯的工具，而不被看作社会底成员。

既利用奴隶底劳动力，便发生了大企业。这种企业，在经济上远比小规模的农业或工业的企业为有力。因此渐渐使社会底全组织适应了它，在生活底全构造上捺卜它底烙印，范成了奴隶制度的文化。

问：奴隶制社会可以说是完全意义的交换经济吗？

答：不。它是，有一部分为权威的经济，有一部分为交换的经济，底混合体。即由交换关系支配着各个权威的经济底间际。古代的全意识形态，都不能不适应这种二重性。

第二节 古代世界底意识形态底根本特色

问：古代文化底一般的特性是什么？

答：也和当时社会底构造一样，是二元的：在奴隶制底最初期，不但权力和服从的原则还支配着社会底内部构造,即在经济主体相互的关系上,也有一部分因为封建主义底特色——即贵族和僧侣在公务上的主权——还被保持着,还是权威的宗教的文化底特色占优势。但随着交换底完成,封建主义遗物底消灭,个人主义的意识形态已经显著起来。在古代世界底最盛期,已是后者占优势了。及至没落期,生产和交换衰落了,权威的宗教的倾向却又强盛起来。总之意识形态是社会生产关系底反映和表现,是和生产关系底变化一同变化的。

问:什么是古代文化中最特征的现象?

答:在它底发展期和最盛期,是它所创造的科学,哲学和艺术;广大的政治生活及其著名的产物——罗马法底体系。在没落期,是宗教的创造,特别是后来成为世界宗教的新宗教——即基督教底形成。

问:古代文化走着怎样的运命?

答:那创造物底大部分,是与古代世界一般的崩坏,同时崩坏消灭了;一小部分,则为侵入它废墟的中世纪的封建社会所承继。被承继的自然只是适应中世纪封建社会的部分,——但古代最终期底宗教,基督教,却是整个组织全被承继。其后经过了几世纪,封建组织解体,代替着又出现了交换社会。这交换社会自然不是建筑基础在奴隶私有上的交换组织,但也有许多重要的特色,和古代社会相似。因而,又向那已被遗忘被散失的古代文化底遗物中,从新找出了许多的东西——其中方法比产物更多——从新估了价值。这就是所谓"文艺复兴"(古典底复兴)①。没落了的希腊,罗马社会,大体遗留着显著的意识形态的遗产;其后的时代,就从其中承继了但凡可以承继的一切。

第三节 希腊底哲学和科学

问:希腊底哲学和科学,当它发生时际,是怎样的东西?

答:是宗教的传说框中所不能容的,所积"世俗的"知识底体系化。古代哲学(当时科学底萌芽也包含在内)底故乡,是小亚细亚底希腊商业殖民地。前面就已说过,世俗的知识全靠与商品交换并起的经验交换,奠定了它底基础;就是因为纵是一个种族相传算为神圣的知识——当这种族被合并给别的有宗教和诸神的种族了时——终不得受胜利者的种族承继

---

① Renaissance,也译"再生"。

为诸神传统底一部分，不过作为有用的知识，富有趣味和价值的真理而已。小亚细亚，希腊位在古代最重要的商业通路，它那广阔的交易曾经结合了它和东洋，埃及，腓尼基，亚述，巴比伦及其他大文化民族。希腊人就从这些民族承继了许多新知识，特别是关于海路陆路商业上有用的知识。如可以用为旅行指南的地理学和天文学。还有为这两者所必要的方法，尤其为决定距离和方向所必要的方法的几何学；还有对于航海者底运命有重大影响的关于大气现象的若干知识；还有买卖时常用为计算法的数学；还有机械学和物理学的若干经验，特别关于物件底计量，及在商业上不可缺少的经验。

此外，还有从一切的生产领域中产生的断片的知识。因为这些生产领域，都随了交换经济底发展而与商业和市场相接触，又经由了商业和市场而互相接触了。

当初这些知识还不多的时代，它并没有形成为特殊的知识部门，只被混括在"哲学"一个名称之下。后来知识增长起来，同时起了专门化；"哲学"这名就一直用以指示结合这些知识而为体系化的，即所谓"科学底科学"了。

应用的，技术的科学底专门化，是先于一般的科学或"纯粹"科学。但这些科学也有一部分被列在哲学之内，留在宗教的科学底阶段。例如农业学就是。半传说的诗人赫西奥特①在他底诗《工作和日子》之中正叙述着关于农业的规禁。关于医学，也直到希腊底最盛期还保持着宗教的形式。

问：科学的哲学的思维，向着怎样的方向进展？

答：那倾向是随奴隶制时代底种种时期而有种种不同的。当初，支配阶级还不离生产的关系，奴隶所有者还亲自指导着经济的期间，思想家底努力是向着实践的方面，向着活的经验，自然底探究——可适用于劳动活动，而其研究分类又为外的世界的那知识的。所以最初的哲学者，同时就是自然学者。其后长期间，哲学底主要任务也还在于说明自然。自然科学底知识，在这时期，曾经积蓄下丰富的材料，那在后来移向次期的过渡期中，由亚理斯多德收集在古代底百科大辞典中（纪元前四世纪）。

但奴隶经济底扩张和发达，引动了"主人们"（奴隶所有者）游离了生产领域。他们把组织的机能都让给了管理人和监督（这大概是非常亲信的奴隶），而自己积渐成为纯粹的寄生虫了。这阶级是意特沃罗几底主要的源

---

① 赫西奥特（Hesiod）。

头,并对于精神文化底发展有着大影响;他们底地位有了变化,思维底根本的趣味也就发生了变化。于是轻蔑一切生产的活动,以为是奴隶的劳动,轻蔑一切于生产活动有益的东西,又复从而轻蔑一切实际的,应用的科学。终致不但技术科学底进步遭了妨碍,即自然科学底发达也入于停顿:因为活的自然现象底观察及实验,也一样是于生产底发展有益的。思维这就成为洗练的享乐底手段。

数学和论理学似乎不必处理实际事业的"纯粹"思维底科学,还是给了比较高度的注意。故如柏拉图就曾说过如果应用几何去解决机械学上的问题,就要降低了几何学底价值的话。处理较高尚的对象的——而且其中含有许多美的观察底要素的——关于天文学的兴味,也依旧留存着。在哲学中,则以应当怎样经营个人生活以致幸福和安心的问题占了最高位。便是关于事物本质的思辨,也比这问题为第二次的,作为对于目的的手段而从属于它。

在殖民地,则当盛大的产业生活发展了时,一时还有过技术科学及自然科学底隆盛。例如在西西里,有过阿基米得①时代(纪元前三世纪末);在埃及有过"亚历山大里亚学艺"时代(纪元前二——三世纪)。但是这都不过是短期间的事。一到经济的隆盛将近告终,寄生主义和奴隶制底精神便即占了胜利。总之,科学和哲学,在古代文化底第二期,是丧失了生动性和进步性了。

问:在古代文化底科学和哲学底领域内占优势的,是什么思维格式?

答:依据前面底说述也可明了,占优势的是抽象的灵物崇拜。知识被认是"纯粹真理",更不把作社会的生产过程底产物或工具看。权威的灵物崇拜也不能完全消灭,因为权威的关系还在生活中演着大剧目。原因底探究,大体都为必然性即抽象的因果性底观念所渗透;但那连锁,不但在哲学,就是在科学,通常也以或隐或显带着神的性质的"第一原因"为终极。例如天文学,就假定它所发现的恒星轨道底源泉,是一种神秘的"第一动力";关于生命的学说,也留存着灵魂底观念——虽然已经认灵魂不备肉体的要素了——及较弱型的精气信仰。哲学还在种种程度上包含着宗教的概念。就在唯物的学说中,也还流露着权威的思维底痕迹。例如伊壁鸠鲁学派,否定了神,更不认与他们底生活无关系而在所谓"世界底什么一角"有神存在底一切可能性;但这个学派,也还认真相信,宇宙空间降落的物质原子"偶然"

---

① Archimedes。

越出正常轨道互相冲突，发生了新的较复杂的运动，而遂形成了世界。这所谓"偶然"越出轨道，明明就是说原子有自由意志，就是在假面之下承认着权威的第一原因。观念论学派则更紧密地与宗教的世界观结合着。从那所谓神，不死的灵魂，意志自由的观念中，大体都可以明白辨认宗教底特质，虽然已经非常变了形，化了色，被夺了素朴的物质的性质了。这些见解都是显现在极抽象化的"观念的"形式上。

在古代底实践哲学即道德哲学中最有势力的是个人主义，所有的关心都集中在个人，个人底安心立命，及他底幸福和满足底手段上。在古代底第二期即没落期里，这倾向更其强（如斯多亚学派，伊壁鸠鲁学派等①）。在这以前，特别在政治哲学方面，曾经有过认个人不过是手段的祖国的观念与个人主义相对立；例如柏拉图在这方面的见解就是这样的。这种国家的市民的爱国的倾向，也曾在生活里有过大意义。但这并不是社会上不可毁灭的共同劳动底意识，不过包含着当时的无数战争中，因为共同防御的必要而形成的，对抗外敌的团结的精神。所以罗马的权力后来消灭了这战争，旧的爱国主义也便急就消灭，而将广大的活动分野让给了个人主义。

第四节　古代底艺术

问：古代艺术最初的性质是什么？并且向怎样的方向变化？

答：首先是宗教的性质，因为它是和先行的封建主义时代艺术关联着的。但世俗的艺术，已在萌动，陪伴着交换经济及科学的哲学的思索底进步而为极迅速地发展。到最盛期，世俗的艺术已经占优势了。不过宗教的艺术也还保有显著的势力；唯有它，可以高度满足依旧极带宗教性的人民底民主的群众底要求。——但确定这两种艺术倾向底限界却不一定是容易：因为世俗的艺术作品，也往往从宗教的神话假借了那对象。

问：在古代世界内艺术何以有空前的发展？

答：艺术是以鲜活的形态表现现实，藉使万人纵有程度之差都得理解的，所以特有广大繁复的组织的效能。同一的神像，在有教养的贵族看来，

---

① 斯多亚派创始于常在廊上——雅典称廊为"斯多亚"（stoa）——讲学的齐诺，主克己；伊壁鸠鲁派创始于在自己花园里设校讲学的伊壁鸠鲁，主快乐。两派都着重个人处世的实际问题。

可以是纯粹美底具体化,是洗练过的美的快乐底源泉——,而在素朴的平民,则可以为神的崇拜底对象。爱斯该洛思①或索孚克勒思②底悲剧,在观客中少数优秀者是领纳作为艺术的演出及深远哲学问题底解决,——而多数人却以为是斗争和英勇的行为,及百折不挠的人类意志之浅显的表现。艺术就是如此,亲和了万人,增强其连带感,成着由此所育成所教育的市民对于乡土的爱国的执着底支柱。它在古代社会内是最强的社会的纽带。

这个文化的关系,因了当时社会内在的矛盾,及那种种阶层——寄生的奴隶所有者,受他们压迫的手工业者和农民及被逐出在劳动生活之外的寄生的普罗列答利亚特——间的冲突很厉害,而尤其地重要而且必要。那些用不轨的手段取得座位的希腊各城底僭主,及罗马底执政官,为了保持他们底权力,所以要首先建筑壮大的寺院和公共的建筑物,以缘饰其祖国,或在街路,广场,散步道等处建立铜像,决不是偶然的。艺术底组织的效能,在当时虽然因为抽象的灵物崇拜底结果,不曾意识着,却已经本能的地感触着了。

加以上层阶级底富裕也使他们底欲望和奢侈心复杂化多样化,唤起了对于艺术作品的巨大的需要。这在艺术是第三的经济的支柱。

第五节　古代世界底政治的法律的支柱

问：在古代世界,政治生活何以异常的发展？

答：由于构成要素底繁复,及其结果各异阶层利害冲突底繁复。当时已经是阶级社会了。已有奴隶所有者的贵族,握有广大农业的,手工业的,和高利贷的企业。已有极多数的手工业者和农民,因奴隶所有者底竞争及富豪底高利贷致成穷乏。甚至已经有了一种商人阶级,居中贪图大利,为其他阶层所厌恶。经过了一时,从没落的农民和手工业者并解放了的奴隶之中,又产生了寄生的普罗列答利亚特,充塞于都市。各个阶级都代表着各自底利害,不能不使自己组织化。以此,当时社会繁荣的都市生活提供了适当的条件。拥护各自阶级或各自社会群利害的政治组织和政治斗争出现了很与今日相似的形态。

奴隶决不是阶级,是被排在社会之外,被置在政治生活之外的身份。除

---

① 爱斯该洛思(Aeschylus)。
② 索孚克勒思(Sophokles)。

非有什么社会权力想要完全征服他们,才会万一把奴隶放在政治生活之中来考虑。古代所谓人是政治的动物,无非在说奴隶不是人罢了。

问:政治组织底形态怎样?

答:它是随斗争阶级底势力关系,顺党派底组织,而有种种不同的。最初之间是贵族的共和制占优势。它是封建时代底遗物贵族底支配,凭藉他们底财富,他们对于平民阶级的高利贷的债权,而巩固起来。它在本质上,是一种权威的组织。但权威底连锁(君主和臣属)此间已经消灭,支配者一律平等,团结在以金力和共同的阶级利害为基础的"共和的"总体之中了。

到后,较下层的人民阶层,即都市民众,也组织了自己。他们因为数量很大,代表着社会上重要的军事的权力。结果,他们虽然贫穷,却成为社会底经济的基石。因为奴隶制,也要靠战争底胜利获得了劳动力。所以民众,凭藉他们底组织,最初便在做他们战争中指挥者的"僭主"底指导之下,成为国家底支配者。后来,僭主手里握了权力背叛了民众,这已经受过政治的教育和训练的民众,就自己起来组织了民主的共和制。这是希腊底最盛期。

其次到来的没落期,却次第来了以寄生主义为基础的上层阶级底发育,而由奴隶劳动底竞争,和放债业,和战争,和租税底结果,以致农民及手工业者阶级崩坏,而民众衰落了。旧政党腐败了,成了除开图谋私利,更没有什么目的的徒党。贵族的共和制和民主的共和制,都丧失了支柱。然而某种组织的权力,也还被保存着,如在共和时代征服当时的"全世界",其后,又对侵入的蛮族保护国土的罗马军队便是。军队也给了社会以新的政治形式。这形式自然是权威的形式。因为军队本身就是权威的组织。如将军们所建设的帝国,及其官僚制度都是。它以结束巨大的劳作互涉几世纪所创造的强力的法律制度,使它体系化,并堵截古代社会之决定的崩坏为任务。

问:罗马底法律体系是怎样的?其历史的意义在于哪一点?

答:罗马有组织巨大国土的任务;也有统一无比的复杂而且充满矛盾的无数地方和民族底社会的关系的任务。关联着这个大事业,罗马就编造了那规范底体系,名为《罗马法》,以非常的完全和表现底正确出名。

罗马法底精神或组织原则是彻底的私有财产底原则。整个古代社会底经济的纽带是交换,各个经济底基础则为生产手段底个人的私有。例如农民私有其器具和土地,奴隶所有者私有其器具和土地及当工具的奴隶。甚至家族关系也有同样的性质——如父对于子,夫对于妻,也为完全的或有限制的私有。罗马法当然就是这种秩序底立法的表现,这种秩序底确保物。在被罗马征服而输入了的地方,它就成为以私有财产精神改造社会关系的工具。

它在后来,从中世的封建主义推移为现在这个新社会的过渡期间,也演了与此相同的剧目——不过规模较大罢了。因为这个新社会是以交换商业为特征,虽不是私有奴隶的,是"资本主义的",也是建设在私有财产的基础之上。罗马法输入了一新地方总就范就了旧的封建的组织形态底破坏与新的布尔乔亚的组织形态底树立。因而促进了发展底过程。

第六节 基督教——古代末期底世界宗教

问: 在古代世界底崩坏期何以有新宗法底探求和建设?

答: 生活底败坏,社会上一切的阶级都痛感到了——一方面是失却享乐能力的寄生阶级极度的餍饱,别方面是无法逃穷的被压迫者备尝了辛苦的疲羸。既然感到了败坏,当然要发生新组织形态底探求;但那形态,如前面所说,总是意特沃罗几底形态。科学领域上的研究是因为科学和那为它真实基础的生产的劳动分离完全倾覆了;哲学的思辨,虽有显著的发展,也只限于有教养者底狭小范围内。在大众之间,是宗教的世界观占优势。宗教的思辨因此得了广大无比的基础。在罗马帝国底权力之下有无数的宗教的盛会给了繁复的幻想的资料。诸民族互相借用神,仪式和教义;小宗派发生,增加,变化,消灭了——又有新宗派代之而起;种种的信仰和迷信底接触和交换,引起了一种宗教的混沌。从这混沌之中,终于凝成了一个新宗教。不久它便征服了驱逐了其他宗教,而成为世界宗教。——这就是基督教。

问: 基督教从何产生?

答: 它原来是出现在巴勒斯坦底犹太人之间,而且实际是在普罗列答利亚之间的一个小宗派。当时的巴勒斯坦,因为所谓世界没落的一般的原因,尤其作为罗马官吏高利贷的支配底结果,以致经济上趋于衰落了,存在着不少的普罗列答利亚。最初的基督教徒都坚相团结,行着真正共产的生活。共产主义是,在后世不必说,在古代也决非财产所有者阶级,乃至极小的所有阶级所可代表,只能由财产被夺(得无所有)的阶级为代表的;当时的无所有阶级,就是自由的普罗列答利亚特——不劳而寄生,类似今日所谓"鲁品普罗列答利亚特"①的——和奴隶。基督教底新教义就与它那共产主

---

① Lumpenproletarait。指残废,乞食,娼妓,懒惰的贫民等不能劳作自活的人而言。可以译为"破落无产阶级"。

义的组织，一齐从巴勒斯坦传布到古代世界底各处。而吸引了普罗列答利亚底大众，更其强烈地吸引了奴隶底大众。那共产主义很有类似消费合作的性质：并不设立生产合作，只在共同吃喝，彼此互相维护团体成员底生活，平等分配所得的物品等种种点上是共产的。到后，才在奴隶，殖民地底下层人民，农奴或半农奴，及已归依这宗派的手工业者和农民等——劳动要素底影响之下，形成了生产合作的"修道院"。于是基督教便渐渐包摄了古代世界底全部，成为当时一切被压迫阶级底宗教了。

起初，罗马帝国因为惧怕日增月盛的新组织，曾经用了残酷的手段压迫基督教，但后来，知道基督教底力量及其坚固的势力，便又公认它，并且支配它，为了要利用它为自己底支持物，宣布它为国教。这是国家最聪明的作法。因为基督教中，并不含有实际的革命的倾向：它是无指望的被压迫者底——特别是奴隶底意识形态；它是并不激发对于支配阶级的积极的斗争，倒反宣说舍己和忍受的宗教。虽然它——在基督复临说中——也期待着苦恼的人和被虐待的人改造成有幸福的生活。——但那只是期待于天，既不要求人为此而战，也不指示人以路线的。

问：基督教底教义如何发生？

答：当初，它是犹太教底一派。所以虽然大部分已被附益了新意义，依旧留存着犹太教许多的要素。特别在关于弥赛亚——领导者，救济者——的教说中，可以见到这一点。弥赛亚者①，在犹太人是切望救济脱去外邦残酷羁轭底具体化，在基督教徒是救赎，解脱，正在解体没落的当时全世界转变为新组织的热望。后来，它扩展到全世界，随着吸引了种种繁杂的观念的材料在身中。据博学专门家底研究，说是从中很可能发现了许多以前在希腊，亚细亚底神话中，或古代哲学，特别在柏拉图派学说中已经存在的形式和概念。这些丰富的内容，是这新宗教普传的结果，同时也是它更加胜利并且获得世界底原因。

基督教底观念，大体是由自由的民众——普罗列答利亚，也有一部分由归依这信仰的所有阶级底代表者，所代表，所传布。奴隶，则被束缚和榨取压迫着，几乎不曾有过独创的意识形态。但他们底生活条件却已逐渐强烈地表见在基督教中了。世界支配的观念是极度地权威的：对于无限的指导

---

① 弥赛亚（Messias）是希伯来文 Maschiach 底音译，与希腊文底 Christos（基督）相当，意思是"受膏者"。但基督之名见于《新约》（直接用希腊文写的），弥赛亚之名见于《旧约》，（本用希伯来写成后来译为希腊文的）。所以，可说基督是基督教底术语，弥赛亚是犹太教底术语，而基督底术语原于弥赛亚（参看《新潮》第二卷江氏论文《耶稣以前的基督》）。

的世界权力,不问它底性质状态如何,人总是——它的奴隶。便是温和,谦让,服从的精神渗透着的道德,也都传说着这观念。这与当时寄生的普罗列答利亚底生活状况全不相应,他们是有很不温和的道德,甚至于常极乱暴,热狂地爱好剑客比武之类极残酷的玩艺的;而与当时奴隶底生活状况却完全一致,他们是作着别阶级残忍心底无防御的牺牲,而自身并不想从事于斗争的。奴隶底影响,——并非"普罗列答利亚"底影响——也表现在当时尚属希罕的组织的运动中:当时普罗列答利亚是浮浪人,并不能作有组织的运动;而奴隶却是受着严格规律的训练的。

问:基督教何以能够成为各种生活上被压迫阶级底共同宗教?

答:因为基督教丰富的观念材料之中所含的来世生活,及所谓最贫弱的人有福了的慰安的教说,全使这些被压迫阶级满足了的缘故。这些阶级底限界是不很清楚的:普罗列答利亚之中也有零落的小企业者,也有解放了的奴隶。但下层阶级之间并不曾有过斗争,而被压迫的状态又使他们互相接近了;所以他们可以形成为一个共同的意识形态。

问:为什么古代世界崩坏了之后,这个意识形态还能留存,留作封建的中世纪的宗教?

答:因为教会组织算是全社会内最永续的。其教说曾适应了新的封建的构造:中世纪底天主教因此有许多点都和古代的基督教不同。而奴隶和普罗列答利亚底宗教也实不难转移为封建的宗教,因为事实上两者底世界观都是权威的。

第三章 过渡形态

贰　农奴制度
叁　手工业者底行会
肆　商业资本主义

第一节　技术及经济的条件

问：因为什么原因而有中世纪底末叶及新时代底初期所经的从封建组织向新形态的变化？

答：由于已经表现为商品交换底发展了的，技术及社会的分工底进步。

在农业，技术依然是原来的模样；耕种底工具和方法，都不见得有什么完成。但是手工业生产底方法已经发达改良了；手工业生产已经分离了农村，集中于都市。同时，都会也已经因为市场底存在，成了商业底中心，便于交换手工业生产品，及农村所产而为都市生存所不可缺的农产物。结果，农村虽然技术经济都很落后，也因要有都市底市场来变那生产物为商品，到底和社会的分工发生了关系了。

这从封建社会向交换商业社会推移的过程，是延涉了几世纪的长期间方才完成的，在那进程中曾经产生了社会的过渡形态：出现了在都市的手工业者底行会，在农村的徭役经济，而最后更出现了商业资本底支配，改变了许多的组织。

问：农村和都市是同一社会底两个分野，为什么会发生不同的社会构造？

答：农村因为经济落后，不但不能摧毁，也且不能削弱封建领主底权力。而已使商业和工场生产都急速发展了的都市，却能和封建的羁轭战斗，有计划地造成了（或出金力，或持武器临战——总之用了一种方法）绝灭封建羁轭的力量。所以在农村，交换商业侵入，最初不过加重了榨取。使封建领主因此可以把他底剩余生产物变为货币，购买各种商品，随意满足自己底欲望，而更想从农民榨取了更多的剩余劳动，因而更其提高了徭役与赋税。那新的重荷往往使农民从农村中逃亡，而结果却被捆绑在土地上，这就发生了农奴私有权。反之，都市却为对于封建领主的自己保卫，已经组织了自己，能够造成了较自由的构造：最初是商业行会——富豪的——所指导的贵族主义的组织，后来是同业行会所指导的民主主义的组织。这虽和古代世界底都市所经历的路途很相类似，却和古代的情景不同，如今没有奴隶制了。都市和农村之间底商业，不必说总是已在较高发展阶段的都市榨取了农村的——靠了把商品卖到价值以上。

问：权威的关系在农村和都市底生活里占着怎样的地位？

答：它在农村里，依然保有同样的优势，并因失了宗法制底一切遗物，比之以前更加残酷而严重；地主要货币的热心，已将全部的关心倾向于榨取，不再有对于农民生活安宁的关心了。在都市里，交换关系已经出动前线；但是权威的关系依然有着重大的意义；各个手工业的及商人的经济组织还是和以先一样，建立在权威的关系上面。师傅对于家族成员及其他企业职员——伙伴，职工，徒弟，卖贩——的权力，几乎和以先族长对于共同社会的权力没有不同；但依旧与后者一样，带着温情的，家族的性质。

问：商业资本底势力，表现为如何的形式？

答：表现为囤积人或榨取者对于小生产者的权力。商业资本在小生产者和市场之间，演了中介人的任务。他以转卖的目的买了农民，家庭工作者，及手工业者底生产物，又将维持其事业所必需的材料，器具，有时甚至——以高利贷者底资格——将款项供给了他们。他们因为难以直接到达市场，又负了债，渐渐完全依托于商业资本家。商业资本家这就有了左右一切生产条件的可能性。虽然他们外貌上还止是独立的企业者，实际上已经得了可以自由指挥小生产者劳动的可能性了。

商业资本主义到了更高的阶段，企业者就直接供给小生产者材料和工具，使家庭生产者隶属于他，用了他所预定的价格，买收他们劳动底生产物。——这就是所谓"资本主义的家庭工业"。商业资本这就实行榨取到了极限。因为小生产者对于商业资本底权力——经济的"奴隶化"——再不得有什么反抗了。

问：商业资本曾经使社会构造发生怎样的变化？

答：为了要大量地销卖，聚集了小生产者底生产物，又为榨取底结果，达到了生产物底增盛和分化,商业资本因此把社会的分工扩大并且深化了。它侵入各处,使交换和货币经济发展起来,又复凭此驱逐了封建的经济秩序和生活秩序底遗物。东分西散的封建权力,阻碍着商品底贩卖及商业交易之际的资本底活动。所以商业资本它要拥护强有力的封建领主,王,诸侯,灭绝了小领主而没收其土地。同样,都市底手工业者民众,它也从他们对于经济的安全和交换的自由底关心,要拥护这样的没收。于是封建诸侯失散了;发生了绝对的君主制,即官僚的警察国家。

不久,商业资本又动手破坏了农奴所有权。因为农村地主底权力,及其无限制地榨取农民,妨碍着商业资本底自由发展。农奴所有权原只送利益给地主的,而地主自身又已经将农村弄得非常地疲惫,至于用旧的手段榨取,便于自己有损无益,不能不探求新的榨取手段了,所以终于引动社会斗争破坏了全农村底农奴所有权。

第二节 这时代社会意识发展底一般性质

问:这个时代底意识形态,大体带有怎样的特征?

答:因为这时代底经济状况是过渡的,所以它底意识形态也是过渡形态。那意识形态极其错杂,往往互相矛盾。往往异常错乱地混合着权威的,抽象的,宗教的,科学的,哲学的思维,须有非常根本的分析才能辨别它们。而它们又往往彼此极相冲突,俨同互相敌对的势力一样。

发展底倾向如下:这时代自始至终——几乎没有变更——都是权威的宗教的形态,在抽象的灵物崇拜前面失势了——不过它在生活里也还有着显著的作用。

问:在这样意识形态底发展中,有什么可以注意的重要的契机?

答:(1)这时代底大发见和大发明;(2)古代文化底复兴;(3)异端和宗教改革。这三个契机并不容易划分时代,因为种种文化领域内的变化总是平行齐进的。

第三节 大发见和大发明

问:这时代里许多种的发见和发明,是由什么招致的?

答:由于新的经济的要求促起了实际上的探究。货币底渴求,市场底缺乏,是这种探究底原动力。

渴求货币是一般商品生产者特别是资本家底特性。货币是商品交换底工具,因而就是交换价值最完全最纯粹的具体化。无论什么东西,都可以凭货币来交换;无论什么商品,都要转化为货币。一买东西,货币就去,而它底主人底经济力,也便同时消灭。所以人人都想,多有货币,多得货币;而在资本家,特别在商人和放债者,真就成了积蓄欲,成了他们所特有的"感情的交换灵物崇拜"。

但是这个一般的法则多半由于当时市场内实际缺乏着货币,尖锐化了对于货币的渴望。欧洲金银底贮藏,在中世纪的封建主义时代,已经非常地减少。金银底产出,在古代本不怎么多,到了中世纪,更其因为所谓掠夺的斗争不断,而旧矿山已经开尽了的简单的原因,全然没有了。以前所聚积的货币金属,也已很有散失。一部分消失在几世纪来货币上的消耗;一部分散失在国内战争时代给人埋藏地中的所谓"藏"上;还有一部分已经做了欧洲封建诸侯奢侈品底代价,递在东洋诸国商人底手里。一朝社会经济重复采取了商品交换的形式,那为买卖手段的货币便不能应付那增加了几倍的需用。这是交换过程中的一个非常的障碍。于是金银底价值极端腾贵,获得金银的新来源底热烈的探究也便相随而起了。

从此又就发生了要发见新市场,特别要发见富于金银的市场的努力。商业资本已经急速为市场制出了大量生产;而市场——若只限于欧洲范围——却不得以同一的速度发展了。

问：货币和市场底探寻,怎就引起了发见和发明？

答：调度金银的问题,大抵非常刺戟了对于自然底探究;探求市场的问题,也刺戟了从未企及的海陆大旅行。炼金术者向着第一个方法活动,冒险的探险家则向第二个方法活动。这两者都是同一历史状况底代表者,也从同样的心理出现。

在当时,所谓"炼金术"①是一切关于事物和生命底性质的知识底名称,是当时还未分化的化学,矿物学,生物学,病理学底萌芽,大部分从亚刺伯人承受了来,亚刺伯人又是从希腊人传袭了那些关于自然的知识底基础。炼金术底目的,在乎探求"哲人之石"。所谓"哲人之石",就是能够点非贵金属成金银,给所有者以无限寿命的石。这在本质上,不外是表现科学之力的象征;但中世纪底封建主义中所养成的思维,却还是具体地不是抽象地理解象

---

① Alchymie 与中国所谓炼丹术很相似,甚或以为就是西传的炼丹术;所以史书中很有人译作炼丹术。

征的,便以它为是现实上具着形的东西。货币底渴望便鼓动了炼金术士底科学的活动。

　　藉着炼金术,欧洲曾从东洋传入了制酸,造纸,及种种医药等重要的技术科学的发明。而炼金术士自身,也于他做实验研究事物底性质时,得了些重要而有用的发见。其中可以列在第一位的,或可说是制造火药罢。这火药,曾在新社会对于封建诸侯权力的斗争的进行中给了非常的影响。这种发明——虽然不是炼金术士底本来目的——,却也没有消失在他们底研究室中,而已普及于社会,广被应用于实际。在这一点上,也就可见依托交换关系引入了生活的进步的倾向。

　　印度在古代,是欧罗巴货币金属底重要供给者,但直通印度的陆路,已被介在其间的诸国——比桑丁,小亚细亚,叙利亚,波斯,底回教徒底战争所阻隔。关于印度的传说,在中世纪底欧罗巴便有了半神秘的性质。到新时代底初期,印度航路底探究更成了敏锐的海运商人和冒险家底切望。印度在他们,是金碧辉煌的理想——正如炼金术士底对于"哲人之石"一样。而在此时,却意外发见了许多探险底副产物;一向不知道的亚美利加诸国底

哥伦布航向新大陆

全系列,及全亚非利加,亚细亚底新地方,并澳大利亚。印度也在无意中被发见了。但这不是神秘的印度,是现实的印度。在伽玛①到达印度的六年前,哥伦布②已经有过发见亚美利加,而以为它一定是印度的事了。

　　问:新市场底探究,对于科学的思维和方法底发展演过怎样的剧目?

　　答:它是全系列的探险和发见底原动力。例如长途大洋航海底艰难,要求比之向来常在沿海岸航行的航海所认为满意的更完全的海上方向测定器。这就开始了指南针底应用,又随即兴起了一般磁力底研究。又,那照古代天文学者所制原样相传的旧天文图,已于决定进路底地位和方向

---

① 伽玛(Vasco de Gama,1460—1524)于公元 1497 年发见由好望岬达印度的航路。
② 哥伦布(Kolumbus,1436—1506)于公元 1492 年发见美洲。

没有用了。因为原来的不正确,已在几世纪间,更其加增,更其显明起来。十八世纪就有了一个西班牙王,组织了几十个学者共同作制新的天文图。这个天文图,引起了后来极大的科学的革命。哥白尼在十五世纪,便在想尽其可能地正确而又简单地确定天文图底法则性的研究中,到达了他底地动说。

同样的动因也引动了角度测定器底完成。已用这种角度测定器,作成了星图,应用于实际。同样,它又促进了天文学最重要的器具——时计底完成。在封建时代不必说,便是在自由的手工业的生产样式里,也还以制造时计为是赘余的奢侈。以为只要凭了太阳和星宿底地位略知时刻便够了。但在辽远的旅行或航海中,正确的时计却是决定经度及一般方向所不可缺的道具。

同样的关联着旅行底条件和实际的天文学底必需,在光学底领域内也已经有了大发明。已经发见了望远镜及其他相类的正确的观察和测定底工具了。

如上所说,市场底探究引动了种种部门内科学方法底显著的进步。此外,还有别的富于自然的诸国底发见,也使欧洲人得到了巨大分野的新的经验和从未曾有的印象,因而——发生了新的知识和思想。

问:在这时代,什么技术底发明特别有大的影响及于意识形态底发展?

答:印刷术底发明(十五世纪中叶),不久便成为普及新思想的最有力的手段,在文化领域内,对于中世纪底保守性,给了比应用火药在社会力之物质的斗争上还要强烈的打击。

问:这显然的意特沃罗几上的力,是否存在印刷术底自身上?

答:自然不是。这个发见不过是技术简单适合实用的印刷用字底发见——以前都用雕版的——这个发见所以成为重要,乃由于社会的历史的环境。它若发见在知识还不普及,读书习字不过是少数人底特权的二世纪或三世纪前,就不会有什么效果。因为纵使印刷了也是无人读的。又若当时对于抄写本没有显著的需要,谷腾堡①怕也未必会想造活字来排印罢。

---

① 谷腾堡(Johann Gutenberg, 1409—1468),德人,1449年发明活板,是举世皆知的活字印书的发明家。但我国毕昇发明此法实比谷氏更早。沈括著《梦溪笔谈》(卷十八)说"庆历(1041—1048)中有布衣毕昇为活板。其法用胶泥刻字,薄如钱唇,每字为一印,火烧令坚。先设一铁板,其上以松脂腊和纸灰冒之。欲印则以一铁范置铁板上。乃密布字印满铁范为一板。持就火炀之药稍熔,以一平面按其面,则字平如砥。……印数十百千本,极为神速。"故颇有人说欧洲活字印刷从中国传去。

这需要底发生,乃是当时正在开始的知识民众化底结果。

第四节 知识民众化底第一步

问:在中世纪底末叶,知识在社会内扩展到如何的程度?

答:农民大众不必说,世俗的封建领主也以不学无术为原则,甚至仅仅能读能写,也是稀罕的例外。但在实际上,那也没有什么不便,因为当时的经济上只有永远反复的人事和停滞不进的技术,用日常口传的经验也够用了,几乎没有特用文字表现的必需。即使偶然有了必需,也有僧侣承当。他们是独占了"神圣的知识",将它谨慎地守护着的。

问:在商品交换发展之际,还能保持这样的状况吗?

答:不能;因为条件变化了。商品及信用底循环渐广,就渐要用关于计算,给付,贷借等等正确的文字。能读能写的知识,对于商品生产者便

谷腾堡及其印刷品三十六行圣书

成为他若要有效地运用关于市场的种种机能,便一定难以缺少的东西了。

问:上面所述,就是说初等教育已经随了货币经济在大众之间普及并且一般化了吗?

答:不是。要到这地步,还缺少着许多的东西。这是一个过渡时期。交换关系虽然已经一步一步地获得了支配,但生活还多不是为它所决定。所以,例如止于经由地主间接参与商品交换的农民(即由地主在市场内出卖农民所产的剩余生产)便还不能不留在照旧的无知里。地主也因其有益于自己,极要他们依旧的无知。便在农民解放之后,达到他们全体能读能写,也要有一个长时间;那大概不是商业资本主义时代所曾达到的。

但是起了一个大变化。我们现在认为"初步的"知识,不久便不再为少数人底特权,至少已经在都市住民之间普遍化,又普及在以商业和放债为专门的农民底上层,即"高利贷者"和"富豪"的阶层之间了。

因此,落后大众底无知,就对商业资本做了强力榨取底用具。结果引动

了大众底衰灭,敷设了移向工业资本那较高形态的道路。

问:知识普及底历程,仅限于读写的领域吗?

答:不,它也显现为更复杂的知识。一切商业的航行怎样地需要天文学,数学等,我们已经说过了。市场底探究,与远方诸国增盛的关系,以及常可感到的市场状况和政治的条件,国家的条件,战争及关税条约等的依托关系,已要求有地理,外国语,外国民族底历史,法律,习惯底研究。知道循环商品底多量和多样,它们底性质和生产方法的必需,已以商业上种种技术的知识及其关联的自然科学为不可少的东西。人对于市场的依托,市场状况底变化,也使社会不能不关心经济的问题了。正在发生的知识,在这个领域内,也已在进步的集团之间,唤起了蓬勃的兴味。

复杂的科学知识底普及,自然比单单读书写字知识底普及小得不成比较。但这也已经不是一定阶层底特权,不会带有封建时代"高远的"宗教的知识那样神圣化过的传统的神秘的性质了。

印刷,如前面所述,是有着力的原因在知识底民众化之中;然而同时也是知识民众化最强力的工具。

问:知识民众化底过程,曾经被什么的限制或抑制所阻碍?

答:一方被封建的阶级,世俗的及宗教的诸侯所抑制;因为在他们看来,群众底无知是社会的支柱,生存的必需。别方又被知识底商品化(人都不能不以货币价格购买知识)所限制。这事久碍了最多数的社会阶层底接近教育,而在这些大众为商业资本所贫穷化了的时代尤其厉害。

但是知识底民众化,虽然不免时有多少动摇,当时也已排除了万难而前进。知识是在社会的斗争中帮助个人决定进路的力,知识底渴望洋溢乎社会了。

第五节　古代社会意识底复活

问:古代文化底复活,有什么历史的意义?

答:古代文化,虽不能说是完全,也在显著的程度上,是以交换为基础的社会底产物;它是从事于货币及商业等职业的阶层所创造的文化。而代了古代社会而起的中世纪封建社会,却不建筑在交换商业上面,是建筑在自然经济底上面的,所以古代世界文化的遗产几乎不能利用。直到了新时代开始,商品交换底组织重新建设起来,交换的意识形态才又成为必需。而这是在古代世界已经很完全地创就了的。所以从古代底遗迹中发生了的新社会,就从那古代底遗迹中发见了许多现成的组织了的形态。有的部分就照原样利用,有的部分不能不改为和古代世界底形式不同的独自的形式,使它适应于自己底条件。

大凡意识形态底形成,总要有显著的长期的努力方才能够完成;充塞矛盾的资本家社会底错杂已极的意识形态,尤其如此。因此,我们不难想象,凭藉古代文化底复兴,曾经节省了如何多量的社会精力,曾经因此如何简易了促进了社会的发展。当时古代主义复兴底革命的意义就在这一点。同样,现在那些还在工业资本主义和阶级斗争途上的后进国,凭藉承继有更古的资本主义文化的国度底阶级的意识形态,不自创造,单加多少修正使能适应己国底条件,也往往可以节省了它那发展所需的几百年的时间。

问:"经院哲学"是什么?它在古代文化底复兴上演了怎样的剧目?

答:照字面说,它是"学校的博学主义"。它是在中世纪底大学里教人,当初用为养成僧侣阶级的手段。它无非是圣经及亚理斯多德关于论理学的学说底注疏。这个希腊哲学者底学说,曾经留滞在学校的博学主义上。因为它是站在既经获得的真理底基础上,给人正确的说明,证明及演绎的法则的。这于教会底说教及一般僧侣底活动要宽广应用无可证明的宗教底教义时候很必要。经院哲学,正如当时人们所说,是神学底侍婢。

自 12 世纪至 13 世纪,那可称为古代科学的哲学的百科辞典的亚理斯多德底其他(论理学以外的)学说,也经由亚剌伯人,流入经院哲学者之间。封建主义已经解体,天主教底神学已不足以做新状态底意识形态了。亚理斯多德底哲学和科学就被以热情接受了去。经院哲学因此起了革命,开始用了别的方法探究真理。亚理斯多德底学说,在当时自然颇是进步的,同时也孕育着异端的观念。经院哲学,在当时替新的世界观铺设了道路——也有一部分是替人文主义,就是希图复兴古代世界显著的意识形态上的全作物(那文化力可以由亚理斯多德底天才来计量)的努力铺设了道路。

其次,又产生了更阔更深的潮流——人文主义和宗教改革——,而使经院哲学日就衰颓,崩坏。如今成了一说经院哲学,以为就是指那想从已经公认的真理,引出无数的新真理——其实并不是新真理,只是已经承认的真理,也不是科学的真理只是实际靠言语诡辩引出的真理——的繁琐无内容的论理的游戏了。

问:什么叫作人文主义?

答:在外观上,人文主义底特征是关于古代底艺术作品,科学和哲学的兴味:是搜集,研究古代文化底遗物,并以它为模范而行模仿的事象。可是事实上，它是更进一步的东西——倘若不然，它就不能成为这样非常广大，在当时很有影响的浩荡的文化的潮流。人文主义是新的欧洲社会试将个人主义的世界观为体系化的最初的尝试。它是意识地揭出"人的"（所以有"人文主义"①底名称）来为标的，去对抗从来对于生活为不二的支配的那"神的"东西的。

换句话说，就是有特殊利害，又有力，知识，善，幸福的人类的人格，主张他底权利，对抗那天主教底后盾所支持的权威的传统的。起初的时候，它多还不是对于封建的宗教作公然的直接的反抗物：人文主义者，大抵还在宗教的义务范围以外，力求人类能够为"人的"生活——能够不受天主教会底干涉，而营他世俗的生活。但这就是减削僧侣底功用。他们以前做过全社会生活底世界组织者，现在逐渐只能从事关于仪式和信徒底安宁的事情了。从那中间当然发生了斗争，而且次第地尖锐化。所以人文主义者中曾经出了许多著名的异端者和宗教改革者。其中大部分虽然都是温和的，却也不乏如胡腾底乌尔立希那样坚决的战士。

问：倘若人文主义者在古代文化中是只求"人的"东西的，那他们对于古代文化中还有极多的"神的"要素，即宗教的权威的方面却是怎样的处置呢？

答：部分地，他们也承继了这些要素：因为这要素，也是过渡形态底一种。例如他们大部分对于奴隶制，就都认为和存在他们自己环境里的农奴制一样，是纯自然而且合理的事情。在古代艺术和文学中特殊的宗教的和异教的方面，对于在基督教里长大的人文主义者，并不会有它对于希腊人和罗马人所有的那样重要性。他们倒以为那些是一种艺术的装饰。这是在人文主义者古代文化底模造品中表现得更为明白。在那些作品中，把希腊诸神和天主教底圣徒极奇妙地混和着的并不少。

问：人文主义者只以古代形式及其模仿为事的吗？

答：不是的；只有起初是这样的。人文主义者是他们时代底产儿。他们是以自身底利害为生活，力求适应他们时代底要求的。有许多人，例如鹿特丹底伊拉斯莫②，胡腾底乌尔立希③，都作为文笔家在暴露社会的罪恶。在意大利，则比他们更早，已有薄伽邱④以辛辣的讽刺的形式，嘲笑封建领

---

① Humanismus。
② Erasmus。
③ Wlrich。
④ Boccaccio。

主底骄奢，对于天主教底僧侣，则更不必说。这薄伽邱是一个最初的人文主义者，他从事科学底通俗化普及化活动，梦想作成科学底百科辞典，并曾亲自向着这方面努力。有些人文主义者在知识底种种领域内活动，也有些人文主义者做了政治家，做了社会学者在活动。例如"乌托邦"底著者托玛斯·摩尔①，便是属于后者的一人。他们文学底模仿形式，并不伤害它那内容底历史的独特性。而新形成的形式也与人文主义底进步一同渐渐独立地出现了。

曾为古代艺术底流派所渗透又正在学习它那艺术方法的新艺术，如今开始进行它独自的路途了。因为表现了不同的生活，不同的状态，它那形式底丰富和美妙，往往可以和古代底模范品并肩，甚或凌驾在它之上。文艺复兴期底天才的作品，委实是现在也难企及的优秀的东西。

文化上一切革命的潮流，都为类似的发展：都是起初利用了旧的既成的形式来盛装新的内容；随后发展了，就创造了新的独创的，更能适应自己的形式的。

问：采用罗马法在当时的社会生活里，有了怎样的意义？

答：那决不能视为单纯的模仿。那决不是复兴古代国家的市民的生活形式，乃是用以维持，强固当时正在发生，有许多点和古代底奴隶所有的组织不同的布尔乔亚的组织的。罗马法是凝定并且确保先前做过奴隶所有制底基础，现又做着布尔乔亚社会底基础的私有财产的东西。

封建主义既不曾使私有财产充分发达，也不曾充分拘束了它。土地底所有，还有许多是共有，或不很确定的：土地底大部分，在农民底世俗的所有状态中；一部分则归农民和地主共同所有。罗马法是得力地破坏这种形式的工具；大抵都被它引动起来剥夺了农民底土地：农民耕种着的土地被宣告是他们地主底财产，只许他们有使用权。地主可以驱逐他们，也可以把向来共同使用着的土地，划为自己所有。罗马法助长了地主把他们底农民转化为奴隶的土地劳动者，后来则转化为比较有利益的劳动者——自由的佃农或工金劳动者。

同时，罗马法也有着明确限定个人的财产的任务。在封建的法律之下，因为规定它的模范极其复杂，个人的财产底地位很不安定，不确实。财产争执，遗产继承等问题，都依习惯决定。并没有什么东西可以限制裁判权力（这

---

① Thomas More。

大抵握在封建领主手里的)底专横。罗马法来，就把财产关系确定了，统一了。

第六节　异端和宗教改革

问：天主教会里底异端从何而来？

答：天主教是曾适应封建构造的基督教：它底世界组织采取君臣关系的阶段的顺序，而以僧侣所形成的阶级为其最高阶段。它向着大众宣说服从和忍受底美德，那美德是适合大众在封建主义之下的生活条件的；它给了僧侣以日常生活里无限的权利，那权利是因他们藉忏悔而知悉教区民底一切关系这事，而越发强固起来的。一到交换关系底发展开始摇动了封建主义，天主教便不能满足进步的有教养的人们（他们已从古代文化中觅得了新道路）；及到大众入于交换关系和新的经济生活形式中，它又不能使大众满足了。但大众底世界观，还全然是宗教的。所以新的意特沃罗几的要求，当然还是表现为宗教的探求。而从中产生了多数的异端者。他们大抵生在经济较进步的地方。例如最初的异端之一，后来浴血死的阿尔比派①就确立在法兰西底南部。当时的南法兰西，是实业，园艺，及其他与此相关的商业，都颇灿烂的地方。异端是交换意识形态底萌芽阶段。

问：异端底这种性质，表现在哪一点上？

答：异端者宣传基督教的道德对于万人的平等性和义务性——不求道德像天主教那样因身份而不同——而求较上层的身份也表示慈爱，宽容和温和，对于人民不加奇酷的忍从的试练。异端最攻击僧侣阶级组织上的特权及他们在社会上的大发财——甚至常常攻击致使这致富容易进行的独身主义。此外，异端也攻击天主教关于世界组织的观念，否定圣者底意义（其实圣者在当时天主教的意识里是处在封建的宗教的阶段较下层的神）。斗争对于僧侣阶级，他们底权力，他们底榨取，曾经现到了表面。自然，这些事，在后世的研究者看来，并不一定能明了，因为当时的表现手法是象征的。例如胡司派（信仰 15 世纪初叶捷克说教者胡司②的人）曾揭举圣晚餐对于教区民应用两种形式（基督底肉和血）来施行，作为他们最重要的一个要求。——从来的天主教徒，是只有僧侣采用两种形式，俗人都只采用一种形

---

① 阿尔比派(Albigenser)是以法国南方阿里比城(Albi)为中心的异教徒。1208 年被罗马教皇因诺曾忒第三虐杀者几近二万人。

② Johann Hus。

式(基督底肉)的。其实这个要求,意义是在否定僧侣底特权。所以从这件事中便被引出了所谓僧侣非从俗人选举不可的结论来。

问：异端者和宗教改革者有什么不同？

答：就是反叛者和革命家底不同。天主教能够长期间用暴力压迫了异端运动。但交换经济底发展,终于引动了社会一切强大的势力都来反抗宗教的封建领主。王,诸侯,官僚的警察国度底指挥者,是不耐烦在他们之外,还有和他们独立的,既有非常的经济权力,又对于大众有强大的影响的组织了。他们也还很有并吞僧侣阶级广大所有地的意思。地主原本属于王和诸侯的,而今却想在国度内做各阶级底指导者了,也一样地可为剥夺了僧侣阶级底领土,一定可以得到非常的利益。何况减低了教会不法的临时税,他们还可以增加他们对于农民的榨取。农民则不但在僧侣阶级之中看见了"什一税"(对于作物的教会税)底征收者,也看见了服从底说教者,农奴所有权底拥护者。都市人——商工阶级,则为了比较农民有教育,且又长大在行会组织底民主主义里,颇有爱好自由的气派,所以他们以为不但教会底不法课税不可有,就是天主教底压抑自由的思想和个人的意向的极度权威的精神也是不能耐。凡这一切勃兴的对抗天主教的势力,都可以视为所谓"宗教改革"的,商业资本主义时代底一大革命。

问：宗教改革是不是统一的宗教思潮？

答：不。不但各个的阶级没有统一,就是各个的社会群,也都各各在推行自己独特的教义。所以运动被分为种种的宗派。例如诸侯的地主的普罗特斯坦主义是稳健的,采取了又合权力者底口味,又拉得住民众做朋友的路德主义底形相。布尔乔亚的共和国,如瑞士和荷兰,则又发生了加尔文主义。这便与有宗法制色彩的某种宗教仪式,又深被抽象的灵物崇拜所渗透的当时市民底家族规范截然地分离了。加尔文宗底教理以为,人底全生活全运命,都预先为神所决定,各个个人或者永沐天福,或者永受神罚,都在产生以前便被决定。这神,明明就是"抽象的必然性"底一种表现。抽象的必然性——如前面所说——,是在交换社会里支配着人,人不能避,而且往往是残酷的经济关系的力底反映。都市底手工业普罗列答利亚特——职工和徒弟——,则都抱了革命的民主主义,其实往往抱了共产主义的倾向的思想,在再洗礼派底旗帜之下进军。

起始之间,一切普罗特斯坦的潮流,是统一战线,对着共同的敌人,团结着为批评天主教和要求信仰底自由而战的。但一得到了对于天主教的最初的胜利,废止了教会的什一税,又由诸侯剥夺了教会财产,这联合军便必然地不能不崩坏。那理由与其说是由于他们底教义不同，毋宁说是由于利害在他们底背后抵触。于是开始了残酷的内讧。例如德国底路德派，瑞士底加尔文派等支配的宗教，虽然都曾宣说宗教思想底自由，现在却都用火和剑，用拷问和火刑，迫害极端的宗派——下层阶级底代表者。在这一点上，极明白地可以看出思想在社会斗争上实用的，实践的，组织的剧目。

问：宗教改革有没有减退了中世纪权威的世界观？

答：没有。(1)天主教在种种国度内仍然未伤它底地位地固守维持着：例如在意大利，——在意大利，天主教是经济的有用的，因为这个国度正藉教皇底帮助，榨取着全天主教世界；又如在西班牙，——在西班牙是经济发展落后，且正没落了。(2)但是一面，也已经起了宗教的，即权威的形式的革命，虽然内容很不一致。个人信仰自由就是个人主义底表现。不过它还只是萌芽；在事实上，也还不能存续。

这是由于商业资本主义还与封建制度底遗物保持着活关系的缘故。商业资本主义藉着商业和地主底高利贷的榨取，在做它第一步的资本聚集；地主榨取了农民，藉着还不能形成为国家规模的组织的商业资本，在创造它底力量。这个时代底意识形态所以不外乎是混和的过渡形态。

第四章　工业资本主义

第一节　技术的及经济的条件

问：研究工业资本主义底意识形态,最应当注意什么技术的特征？

答：（1）技术底急激的发展；

（2）向专门部门的巨大的分化；

（3）在生产中逐渐侧重机械的方法的事项：先依分化由手工劳动转化为机器劳动,又分解为最简单的劳动要素（工厂手工业技术）；再推移为机器（新的科学的技术）。

问：有什么工业资本主义底经济的特征,本质地反映在它意识形态底性质上？

答：（1）全部生产尽成为商品生产：自然经济底遗物急速地消灭了。

（2）特殊的商品——劳动力——得了根本的重要性：劳动底组织以这个商品底买卖（雇佣契约）的形式来行了。

（3）无组织的共同劳动（交换体系底分工）扩展到全世界；有组织的共同劳动（各个企业内部底协作）发展成比较先前极大的规模,而且现在它已经抱拥有几十万的劳动者了。

（4）市场竞争极度地激化,促进了资本底积集,引起了生产关系底极不安定：生产过剩,恐慌等。

（5）社会群底斗争剧烈化,复杂化了；不过这种斗争,不久就为逐渐分割社会为资本家和劳动者两大阵营的阶级斗争所替换,所驱逐。

问：工业资本主义有什么特征与过去的各种形态不同？

答：就是它底复杂性,矛盾性,不安定性,及它底能力和内容底丰富性等。

第二节 这时代社会意识底发展规模及一般格式

问：资本主义底精神的文化，在它量的方面，是由什么而与过去的文化有区别？

答：由于它底规模异常宏大并其技术。这是前已说过的，资本主义底社会的实际的组织底特殊性底必然的结果。

第一，技术的及经济的机构底无限复杂性，是需要有复杂的思维机构，也促进了它发生的。劳动工具，劳动材料，种种的劳动技术等无数的要素，都有用语言概念区别的必要。所有这些关系都不能不表现在观念之中。各部门就各有实际的并科学的经验，同时也有独特的语言。一代一代蓄积来的几亿万人的经验，都被结集在一般的语言及一般的知识之中。那形态底丰富，是非各个人底记忆力和想像力所可企及的。

其次，如前面所述，交换社会，因为本来的无组织性，必需那规正那诸种关系，至少部分地使它组织化的规范能够有特殊的发展。在资本主义，因为它是完全的交换体系的缘故，这等条件尤显现到极高度。资本主义底内在的矛盾是无数的，多样的。除了市场底矛盾之外，还有阶级对立及集团间利害的冲突；一切都错综混合着。斗争贯串着社会生活底一切过程，即使静默的发展，也不至分解社会，打散生活不止。规范便是限制，防止这种倾向的。但规范无论如何繁多完全，并不能确保社会能够有组织的有计画的统一。所以也就不能压抑新生的矛盾和新起的对立。这又引动了旧规范底错杂化，引起新规范底创订。规范底网，道德乃至法律的规范底网，越来越扩大，越来越错综。有些立刻成为古的，有些变成不充分了，就又产生了矛盾。于是必然地又再创出了第二种规范来。所以常常制定新法律，或依不同的条件改良旧法律，又需有许多的说明，注释，解说，适用方法等。

国家虽然努了一切的力，想限制立法，使立法简单化，然在资本主义之下，法律底编订仍不能不增大到非常的程度。从这件事情，曾经产生了最能说明现在法律组织底特性的法例。就是：国家是假定全体市民都知得一切的法律的，所以即使是不知而行，也是不容许。然而实际上，则存在的法律为数异常之多，决非一般的市民所能记忆。

问：在资本主义底意识形态中，什么思维形态是支配的？

答：就是我们研究观念的交换社会时所发见的几种形态：即个人主义

和抽象的灵物崇拜。这两种东西，在资本底领域内到达了可以到达的最高顶，因为交换社会在这时代——至少在这时代底末期——方才驱逐了自然经济。万人对万人的市场竞争（个人主义底源泉）和社会关系对人的支配（交换的灵物崇拜及一般抽象的灵物崇拜底根据），在此发展到了最高限度：世界市场底猛烈的竞争，和那自然力样的恐慌，在资本主义社会内是最典型的。

问：在资本主义之下，权威的思维形态完全消灭了吗？

答：不，不过已经失却了独立的指定意义。因为那经济的根据——权威的协同劳动——并未完全克服，还以限定了的内容和第二次的意义残留着。无组织的交换共同体，仅依它自身底力量，并不能全体地掌握了社会底生活：社会并非可以一切部分都是无政府地构成的。倘使一切都是无政府的，那就不能设想人类对于某一目的还能有包括的共同的努力，例如所谓大生产者便不会存在了。所以资本主义不能不保有权威的关系底遗物；不过不是适应那关系的，而是把它改造成为适合自己的。

例如一切的企业便都权威地组织着。资本家是指导者，是主人，他把他底权力底一部分付托给经理，技师等；劳动者依从着资本家，又在生产过程中附属于经理或技师。但那关系并不像在宗法的共同社会内那样，组织者对于实行劳动者的关系是固定的无条件的，而且具有个人的性质的。在资本主义企业之下的关系，不是永续的，受着劳动时间底限制——不是无条件的，受着工金劳动底市场契约底制约——也不是严密限定了的永续的人的构成，容许有无限的交替。资本家伊凡可以把他底企业卖给资本家彼得，也可以在契约期间完了以后，更换雇人或劳动者底全构成；族长在那共同社会内，却不能作这样的事。在资本家和劳动者之间，有市场；资本家底权力，即托根在劳动力的买卖，即商品交换上。资本家底权威性底依据就在他可以自由处理的金钱，即交换价值。因此，权威的协同劳动在此就由交换——市场关系而决定：这两个形态因此有了不可分离的联系。

权威的要素，在体现着资本家阶级底全利益，而以政治法律组织成的国家内，是特征的。无论在民主的共和国度里在君主国度里，官僚的机构一样地表现着等级的组织，即权力和服从底结连。同时，国家和官吏之间，也有一种得由解雇而解约的工资契约：本质上，也有着市场关系，官吏底劳动力底定期买卖：有权威的形态和交换形态不可分地复合着。

纯粹权威的组织，是国家底军事装置——军队。兵士不是雇来的，是强制地被编在这个组织之中的。他在一定期间之后，才能依其愿望在特定的工资契约之下留置在营里。将校阶级成着官僚主义底特殊的一团。

权威的关系底最纯粹的遗习,还存在家族中:家长对于妇女和儿童的权力,实实是过去宗法制底遗物。

适应了人类实际的关系错综所成的形态,发展存续着种种的思维样式——权威的及个人的——结合而成的混和的意识形态。

问:这样的结合,从来是如何设想的呢?

答:这完全各各不同;最典型的例,可以在哲学中尤其在宗教哲学中寻找。

例如"灵魂"是权威的灵物,就是对于实行劳动的人的组织者。但是在现代的思维中,灵魂是比较无内容,比较抽象的;它是动思维,动感情,动意志,支配肉体的"自我",但不是思维,不是感情,不是特定的意志,也不是特定的努力;它是隐藏在人之中,使人成为有意识的"有灵魂"的存在的力。换句话说,灵魂是给肉体以生气的;它不是肉体底精神以外的什么,而肉体底生活却依托着它。这事正与所谓价值是价值,而商品交换却依托着它——真理是真理,而观念底正确性,却由它而决定的事实很相类似。权威的灵物,如前面所述,备具着抽象的灵物崇拜底特性。

再举一个例罢。在新的宗教及宗教哲学中,诸神已经失却活人的形状,——全世界底首长或支配者底形状了。那还遗留着些什么呢?在"理神论"的哲学中,还遗留着所谓神是世界底根源,是世界底规则性底渊源,即所谓神是神。在有神论的哲学中则此外还承认神底"人格",但和人底"人格"不像,没有肉体,也没有情欲了。这所谓"人格"的概念,意义就是说神也有和人底灵魂一样形式的"自我"。而这个"自我"就是抽象的灵物,前面已经说过了。在新的宗教中,每将思维,意志,感情——例如一切事实底认识,世界底治理,爱,怒等,在种种程度上,归之于神。但一切这些,都如神学者自己屡屡表现的那样,是取没有肉体的抽象形状的"象征的"意味的。

再举一例——例如权力。权力是人类间底权威的关系;这个关系,如前面所说,也必然地被保存在资本主义之中。在宗法制或封建时代底人间,权力是不能和权力所有者分离的某一物;更正确地说,它是这权力者底活动。在今日的人间,所谓权力却是关联着服从的那个别人底义务,而为指令命令的权利;换句话说,权力就是权力者所固有的某一物。权力就是权力,不是别的。组织者和实行劳动者底协同这思想,在这里完全消灭了。命令者和从属者多半看似完全没有关系,甚或不乏私相敌对的情境,所以都不感得这协同。认权力为一个共同劳动底构成要素的事,不再是如今人间底思维所能置想了。这里就存有抽象的灵物崇拜底本质。

问：权威的意识形态底这种混合的形态及遗物，在资本主义中扩张到如何的程度？

答：它是时刻顺应实际上权威的倾向浸入生活的程度，在各种群及阶级底意识中，保持着，再生着，增大着的。

例如今日布尔乔亚的家族，是宗教观念底支柱。到处可以见到两亲自己并不关心宗教和仪式，甚或简直不信仰，却仍默认甚至奖励他们底子女们接受宗教的观念，实行宗教的仪式。为了说明这事实，人们曾经说了许多关于儿童精神要求的推断和假说，而且说：我们不应当夺了儿童成年以后自己选择哲学和宗教的可能性。其实，这事底本质，并不在这样抽象的，任意的议论上，而是在家族底权威的构造，要维持其平衡与调和，必需有权威的意识形态这点上。就是因为要儿童绝无动摇和批判，绝无少年反抗性地承受两亲底权力，必需先在儿童底精神之中强固了宗法制的权力底原则，而这恰是宗教的观念所能达到的。

由于同样的理由，握有国家及社会底权威的组织，想要增强官僚主义，获得行政的支配权的阶级，也竭力在维持宗教。土地贵族不必说，没落期的布尔乔亚泛也如此。他们在对普罗列答利亚特的阶级斗争里，不得不借用宗教底力。这个强固的保守的权力所有的权威，在这个年头成了他们底救生底锚。把他们曾经认为仇敌而与作战的宗教，从新用尽了方法来维持它。他们现在成为"僧侣的"了。

那在实践上震撼了权威的权力的，各国民主的变革，引起了宗教的意识入于衰微，而君主制权力底树立，却又引起了宗教的意识趋于急速增长的事，也可以凭同样的事由说明。例如拿破仑一树立了帝政以代共和制，便复活并且增进了宗教之国家的保护。而当时法兰西社会底一切阶层都感到必需有一个强大的权力——也就一齐地拥护这件事。

便在现代，也到处可见僧侣主义及一般宗教的倾向，与军国主义有密切的联系；拥护前者的人，普通就是拥护后者的人。这种结合，似乎全然似谜，不易了解，因为大批地虐杀人类（战争）之类原是反基督教的。然在实际，这是理之极其当然，因为军队原是以保护权力为主要任务的权威的组织。

但就一般而说，在资本主义之下，权威的意识形态已不过是"遗物"性质的东西了。现代就是最富宗教性的人，也不能完全生长他底宗教的意识，也不会全从宗教的见地考察生活上的一切问题，像以前权威的时代那样了。谁都不会设想以为日常往往左右他们生活的实际的经验及科学，是以那神圣化的传统为依存,为支配的了。在学者或哲学者之间,固然未始没有僧侣性的人,然而就是他们,也不再以为凭藉圣经底文句可以建筑他们底理论。他们只以不依存人类精神中什么特殊物的为领域而拥护宗教意识底存在权。就是,他们也不能不局限宗教的意识于极狭的领域内了。前曾要求一切——人类底全思维,全感情的宗教,此时已经消灭了。

问:资本主义时代底意识形态,止于有个人主义的及权威的要素吗?

答:不;以前止于在萌芽状态的结合关系底新格式,即同僚的协同,在机器生产底基础上,大形发展了。新的意识形态——集团主义的意识形态,也就应此而生。这协同劳动及思维底新形式,原是资本主义所生的诸阶级中一个阶级所固有的,但不便将这阶级底意识形态和别的布尔乔亚的阶级底意识形态放在一处研究。它是在旧社会内部有特殊文化的新社会组织底端绪;而这新社会组织,是和旧社会冲突,常在尖锐化的斗争里努力图谋覆灭它的。这种格式的意识形态,不如将它和代替资本而出现的,可以使这新意识形态完全发展的社会构造关联着为特别的研究,更为有益。

第三节 科　　学

问:在资本主义之下,认识底发展有什么特征?

答:(1)科学的,即有计划的系统的认识,在实生活上开演重要的剧目,随了资本主义底进展而日益发达了。机器生产底技术,完全成为科学的,就是以正确的计算,理论的考量及预定为指归了。

(2)除了技术的科学及自然科学之外,还发生了它在以前只在萌芽状态的社会科学。社会科学特别是经济学,不但对于实生活,便是对于经济的及政治的组织底实际,也演了重要的剧目。

(3)彻底地实行了科学的专门化;同时科学中,相反的倾向,即各种专门部门间底方法和成果,也更有接近的趋向了。

问:社会的因果性,与所谓科学支配技术之间,有没有矛盾?不是以前完全相反,而资本主义之下技术的进步,却是依科学的,观念的方面底发达而决定了?

答:不,这不是矛盾,也不是法则性底变更。例如,技术的发见先在发见者底头脑里,发为科学的观念,这观念绝对地不是发自纯粹思维性,而是发于供给材料给它的过去劳动底经验,和指示方向给思维劳动的技术的或经济的必需;发见底运命也悬系于它是否适合于存在的技术的或经济的条件。

例如蒸汽力,人在古代经了几次实际的观察那重釜盖被滚水拱上摔落之后,便已发现了。亚历山大里亚底科学便已制得了一种卧轮①式的蒸汽机关。但这发现,既不曾加入技术之内,也没有保存在科学之中。即当时不曾应用在实际上,就与古代世界一般的崩坏一同消失了。

有了大生产同时有了要能随意运往各地的大机械力底必需,技术的经济的思维便又趋向于蒸汽力底研究。蒸汽机关构造底原则,即鞴鞴底原理,先被应用于起水技术,结合为空气唧机,而后应用于水唧机。最初的机器,是粗杂的劳动者在矿坑上用了为抽出矿水和击碎矿物的。陆续应用,陆续有种种改良。改良往往由于做着这项工作的劳动者起意。到了瓦特②,统一了这些成就,附加上若干新东西。机器便具备了技术上便利的形态,不可以用于其他种种的生产部门了。这样的机器底必需,当时因为英国底纤维工业,正从手工业转移于纺织机及机织机,感觉得极强烈。假然,蒸汽机应若关在手纺与手织时,原是无用的,就不会送来英国底"产业革命"所示那样的,生产之巨大的扩张了。

到了产业革命之后,蒸汽机关底重要性引起了要就一般形态研究其作用底法则的努力。就由噶尔诺③创设了热力学,同时又从这个领域内实验的经验;引出了理论的结论。从噶尔诺底热力学,发展成能量不灭的法则,改造了全物理学,又改造了其他自然科学。这关于力量变化的法则,是不仅表现蒸机关,是表现机器生产一般底原理的。它的意义在于说明劳动不是新创的,是常以一定的比例,从这一形态变化为别一形态的这一点。要维持力量,人必须探究自然界中技术的源泉,并且有计划地取得像机器那样常可以预定的有望的形态来表现的条件。力量不灭底法则,是指导今日技术的一切科学的计划底根本原则。但这个法则本身,却如前面所说,是过去生产发展底产物。这是科学底轮转:科学底进展,因系从技术发生,依技术的进展而决定;同时,科学又是技术进步底最有力的工具。

问:在化学或物理底实验室行了纯科学的研究,结果得了新的技术方法,就把它应用于生产中的事,也不是少见的;例如电气冶金术,照相,及最近发现的 X 光线,镭等都是。这不是意识先行于技术的吗?

---

① Turbine。
② James watt (1736—1819)苏格兰人,格拉斯哥大学底机器匠。
③ Leonardo Carno。

答：我们不能将实验室底研究看作仅是意识上的过程。首先，它是技术的过程：对于取自一定自然界的材料，凭藉工具——而且往往凭藉化学工业，电气工业等二三重要产业部门内所用的工具——底帮助而为研究。研究所得的结果，也一样，先是物质的，技术的东西。其与产业的企业底不同处，在于劳动底目的，不是商人的，而是科学的。然而事物底客观的性质，并不因此有所改变。而且这种差异，也往往不存在。许多的科学研究所都在为了卖而创制特殊的生产物——医治用的血清，和药学的化学的制品。科学的企业底全组织，也与工业底组织全相同，也有工金劳动，也有机能底分化等。科学的企业往往就为工业的企业底一部门，例如化学工厂，染色工厂，各各设立着各自研究用的研究所之类。

所以便在科学的企业里，意识形态也不是从它自身，形成于不知何处有的玄学者底小房子里，而是形成在技术的基础之上。但工业资本主义，有一个重要的特性：就是新的技术上的方法，并不是单由蓄积了偶然底发见致有完成底结果的那样初级的方法发见的，是由有系统的研究所得意识的方法发见的。即：科学领域底进步已经成为特殊的劳动目的了。生产技术底"科学"，同时是技术底有计划的进步底前提。

问：在资本主义之下，经济学和社会科学底发展大抵该怎样说明？

答：那要求是被支配人类的社会关系底力所唤起。工业资本既把交换原则导入于所有经济生活，使它完全隶属于市场，竞争便趋于极度地剧烈，极度锐利地表现出社会关系底力。人类时刻受着残忍的袭击，感得在做未知的纷繁的市场关系底玩具。那时他当然竭力想明白它究竟是什么东西，应当如何来对付这神秘的力底意外的袭击。于是关于经济生活的研究，便日趋于旺盛。关于别的社会现象，也都渐次认识，而一步一步地明白了社会过程底种种关系。例如政治上的事件往往影响于市场状态，引起种种国家纸币和股票底涨落，使商业关系或则艰难，或则容易；种种观念上潮流底力每每表现在政治斗争之中等。

问：国民经济学，与别的社会科学，能不能对于原始的社会关系底力，作有效的斗争？

答：不，大体上是不可能的。因为这个力底根柢，并不在于单单的无知，而是在于生产系统底绝对的无组织，即资本主义社会底构成。所以只有最根本的改造，恰好可以征服了这个力。科学，纵是极完全的，也不能实行这样的改造，即根本地变更了现实诸势力。这正等于语言和思想，不能遏抑流水底破坏作用一样。

此外,减少经济学底实际的意义的,还有更大的理由。经济学是布尔乔亚的个人主义的阶级所创建的(这专就他们底科学和意识形态而说);它必然地贯彻着那幻想,即被包含着在个人主义及抽象的灵物崇拜之中的现实性底颠倒。

所以布尔乔亚的经济学,事实上常是个人主义的地,观察商品生产者底经济。往往为了要使关于经济生活的研究简单起见,从住在无人岛的鲁滨孙底经济生活研究入手。想从这样从来不曾有,且与资本主义没有什么共通点的前提,导出了基本概念。国民经济学,以为交换价值是附着一般生产物的东西。这分明带着商品灵物崇拜性。他们想不到还有生产物不是商品,也没有交换价值的那样生产方法。要决定资本主义底一般的发展法则,必须理解它是发生于别的社会组织,理解与那组织底关系和与那组织底对立,并比较研究它们底构造,简单说,必须站在资本主义以外的别的视角上。布尔乔亚的科学,却屈服于交换灵物崇拜,并不能做这些工事,所以也就不能解决发展法则的问题。

问:布尔乔亚的国民经济学,难道没有从灵物崇拜里解放出来?它不是曾经创造了所谓商品底交换价值存在劳动之中的理论吗?这理论还不是已经发见了交换价值底真意义和商品底真性质吗?

答:实际上,国民经济学者——裴第①,亚丹斯密②,理嘉图③——固然认识交换价值依存于商品中所含的劳动量,以此筑成"劳动价值说"底基础。然而因此便以为他们已能理解交换经济和资本主义底社会的性质,已能克服了灵物崇拜,却是错的。因为要到这一步,还缺少着许多的东西。

实际上,这灵物崇拜底本质是在哪里的呢?交换价值,在客观上,是社会组织底属性,而人们却以为交换价值是商品底属性。裴第,亚丹斯密,理嘉图固然都知道价值依存于劳动,但仍以为是商品底性质。依他们底意见:一生产了生产物,那生产物便依所使用的劳动量而有交换价值。然而下列各点,却就成为问题:(1)如此,便全然需要一个一定的社会组织,即个人主义的无政府主义的交换社会组织。没有这个组织,生产物便不能得到交换价值。资本主义的经济学者,因为不能设想此外还有更高格式的社会组织,所以不曾了解这一点。(2)交换价值底大小,不仅凭实际被消化在商品上

---

① William Petty (1623—1687)。
② Adam Smith (1723—1790)。
③ David Ricardo (1772—1823)。

的劳动总量而决定,也是凭社会的技术的发展底水准而决定。价值只依社会的必要劳动而为决定,并不问它是怎样的劳动。有些商品,虽含有很多的劳动,却只有很少的价值。譬如该社会里,已被机器的生产支配了时,那用手工劳动所生产的商品便是例。此外也有和这相反的情境。然而布尔乔亚的经济学者,只在商品生产之中,见到了与社会全体没有共同关系的个人的各个劳动者底劳动。

所以布尔乔亚的经济学,也不满意于劳动价值说。这一说大体创始于家庭工业时代。当时劳动是手工劳动,是一个对于商品价值底出现极能显现出它那本质的意义的时代。到了采用机器,从资本底见地看来,机器驱逐了劳动者,完全取劳动而代之的时候,布尔乔亚的经济学者,便发见了劳动者底行为不成问题,劳动只在要求工金的范围内,部分地影响及于价值了。

问:从以上所说的看来,不是可以断定布尔乔亚的国民经济学,没有效用,对于资本主义下的经济组织,没有什么意思吗?

答:不,这样的断定是错误的。这个科学,在资本主义底现今生活里,在企业底构造里,特别在银行,股票界,辛狄克那样的构成里,又在交易所,政党,国家机构底活动里,都演着重大的剧目。它帮着资本家阶级组织社会关系使其适合于自己底要求和利益。不过它底意义,到处都是部分的:它对于现代社会底根本矛盾,不平等,无法可想,——只能处理各个的部分而已。

然而布尔乔亚科学所搜集的材料却在历史上极重要。这些材料是于创立别的完全的科学,较高的意识形态——普罗列答利亚国民经济学——克服了个人主义和交换灵物崇拜之类幻想的,我们底全部研究所应当依据的科学大有贡献的。

问:在资本主义之下,科学专门化底消极方面显现在什么处所?

答:显露在特殊知识部门底惊人的搜集中。它甚至要有专门化底专门化了。例如一百五十年乃至于二百年前的生物学底专门家,即研究生命的专门家,如今已不能不分化为动物学者和植物学者。其后动物学者更须划分任务各自选了某一特定格式的动物来研究:如有脊髓动物,软体动物,单细胞动物等,——各部分底材料,不计其数;要想理解全体,决非一个人所可能。所以有更专门化更分化的必要。现在,已有研究滴虫类的专门家,研究各种微菌的专门家,研究植物中淀粉形成过程的专门家了。这许多部门的现象都非常复杂而繁多,寻常都非费了他全生涯不能有成;只有少数的天才,能够同时研究二三个部门。因此,学者用力底范围,及思维底视野都很单狭,渐少能够理解自己专门以外的事情,能够正当评衡其鲜活意义的了。关于个别的问题是如此,关于全体的问题更如此。简单地说,已经发展了所谓"独面性",妨碍着科学底进步。——狭小的思维难得多所创造,集中全力搜集断片和细目,不过格外蓄积了,增加了一些材料而已。

问:什么原因引起了专门化底这种消极的方面?

答:有两个根本的原因:(1)资本主义的组织扩大到了全世界;供给一切知识部门以材料的劳动经验,因此极比以前扩大范围了;(2)观察技术,如显微镜,望远镜等器具完成,使人更其深入现象,在现象中见到更多的内容了:从溜水里取得的一滴水,也在显微镜之下变成了充满生与斗争的完全的小世界。

材料巨大地增加了,倘若运用底方法能够随了它进步,那也不一定便是重负大担。这里,又有第二个状态:就是,各个知识部门都尽其有限的力量,各各独立地生活着活动着。一个知识部门,都有几百个,时或有几千个专门家,在整理,推敲,严密组织以世界的规模所搜集的材料。要得劳动底效果,那方法必须彻底地完整;不然,便不能得宜。怎样可以得完整的方法呢?那必需专门家整理了积蓄的重要的适用手段,用各种方法利用它,互相比较,互相连结,适当配置,以作成最有益的方法。但是专家门,通常并没有这样丰富的积蓄。因为别的部门里,即使还有他所应用的方法以外的方法,既经做了专门家的他们,也并不知道。他们底方法,当然实际都是独面的,缺乏融通性和柔软性,而且往往是陈腐的。要创出科学的结论,因为方法不充分,虽然材料很多,也是无效果的,不生产的:显见得材料底过剩。它常随着专门化底发展,与方法底缺乏一同增加其限界性和狭小性。

问:倘若如此,光景岂不日趋败坏?到最后,不是专门化底消极方面要压倒那认识有益的方面吗?

答:实际,极度专门化底流弊,到了今世纪已经日益使人感到强烈,引起卓越学者底恐怖了。但这消极的倾向,并不是绝对地支配的:现在另外一个相反的倾向,即各科学部门底接近,及科学方法底单一化的倾向也已积渐得势了。

问:这二个倾向,托根在什么点上,又表现在什么点上?

答:我们已经见到:各种生产部门,无论怎样相隔得远,其间仍然存有同样的条件,可以适用同样的方法。例如计量和数学的计算,应用于一切的生产尤其是机器的生产,也应用于商业,银行业等。天文学的方向测定法,适用于农业,航海,道路工程,战争等,为知道时间和距离,常常需要正确划分时间的人类活动一切领域。至于自然科学,社会科学等"纯粹"科学,则更是这样一般方法底体系。

同样,处于孤立的专门化的状态中的科学,也可以适用统一的方法。那在事实上,从科学发生以来,便已逐渐形成,不过极其缓慢,不会落在眼里罢了。科学虽然专门化,科学底各部门之间,依然还有一种相互的交通。一个科学底方法,影响及于别个科学,或照样移植于别个科学的,并不少。而且全部科学底变革,往往就从这样的情态发生。

例如正确的计量方法,便不发生于什么科学,而是发生于金属和宝石工业要分析,加工,及买卖贵金属的时际。随后,跑入物理学,就此演着重要的剧目。最古的一例,便是古代阿基米得应用这方法,因而发见了静水学底根本法则。据传说,引起研究这个法则底刺戟,是关于宝石细工的粗野的实际问题。即叙拉古王希洛,为考查制造王冕的工匠是否正直,而命阿基米得去正确计算王冕中的纯金底成色,因而发见了这法则。但这个正确的计量方法,从物理学移入了化学,却把化学完全变革了:拉瓦节①因此发见了"物质不灭性";从此,一切化学的反应都可以用方程式表示了。

牛顿也利用了伽利略②底机械学(落体定律),在天文学上完成了同样的变革。今日的生理学,从物理及化学底方法上接受了它那全科学的精密性;而实验心理学,则又以生理学底方法为基础……

同样的事实,常以较小的规模,发生于科学底一切分野。与日增月盛的专门化并行,而由方法底结合,行着诸部门底接近。在机器生产时代,第二个倾向,已对第一个倾向渐占了优势。以先在物理学中,机械学,光学,热学,电气学等各部门,以各自的方法活动,形成了特殊的法则的;如今,这一切部门不但互相结合,且——由物质底本质论,由基本方法底共通性,由物质转化底法则——将全部化学和接近的科学结合了。如前所述,这些法则底起源是存在机器生产之中的:就是,方法底本质是显现在"力量"③底观念之中的。关于生物学,也已经有了结合互相悬隔的各部门的新理论。旁的各种科学,也一样。

专门化并没有停止。但那作用底消极的限制的意义,已经渐渐地减少了。如今,一小部门的专门家,不但要知道关于各该部门的许多的现象,还

---

① Lavoisier(1743—1793)。
② Galileo(1564—1641)。
③ Eneagie,本书有时译作"能量"。

须能够自由驱使知识全复合体中多量的一般的知识了。

第四节 哲 学

问：在这专门化和统一化两个思维倾向底斗争和发展中，哲学演了怎样的剧目来？

答：哲学底任务，如前所述，在于思维底统一化——因此哲学不可不是统一化倾向底最完全的表现。所以曾经有过这样的事：一种哲学的观念，几乎就是一种使种种认识部门彼此接近结合的科学的方法及理论底"预感"。例如古代唯物主义的哲学就曾预示了"物质不灭性"底法则，恩拍多克利①也曾建设了类似达尔文主义——自然淘汰，适者生存，不适者灭亡——的学说。

在资本主义时代，哲学自身也很专门化了。这事，使哲学更难遂行统一化的任务。哲学比之先前更成为矛盾的领域，化为混乱的王国。科学完成了新的包括的方法及新见地，具体的显现为法则，结合了以前互相分离的诸部门时，哲学固然能够采用了这科学底成果而适应它，但只是缓慢地进行。最近哲学能够部分地规定科学，给予科学底进步以有光辉的冲击的，只有主张发展由于诸势力斗争的，黑格尔②底辩证法（固然黑格尔把这些势力，看作观念的"论理的"势力，是错误的）。从此以来，哲学就只追随科学底后尘，甚至有望尘不及的形势了。

问：此后的哲学，是只反映科学底发展过程吗，还是含有别的什么要素呢？

答：哲学反映科学的思维，却也反映该时代底日常的思维。例如最近的哲学，便是显例。哲学底内容极其繁多复杂，有着无数的学派和支系。

哲学也与一切资本主义的意识形态一样，混和了保存着个人主义及抽象的灵物崇拜底要素（这些要素，比后者更占优势），和多少显著的权威的遗物。这遗物，在最受科学影响的极端"实证主义的"哲学中虽然几乎没有留存，但在极端玄学的及宗教的哲学中却很显著，几乎将其基础概念，至少在形式的意义上，规定为宗教的实体或绝对的创造物。

在资本主义初头，布尔乔亚泛与当时尚属显著的封建的遗迹战，准备而

---

① Empedokles(491—430)。
② Hegel(1770—1831)。

且实行布尔乔亚革命的时期,个人主义的观念和抽象的灵物崇拜的概念,是以特别显著的强烈和鲜明,显现在哲学中的。个性和自由,与过去的权威对抗,知识和纯粹真理,与信仰和迷信对立。这样——启蒙的解放的——哲学,做了当时进步运动底战斗的标语,鼓舞它,而且文化地组织了它。在这意义上,十八世纪的唯物主义的,自由主义的哲学,是极有伟大的历史的意义,实在有影响及于法兰西大革命及其后革命底全系列的。

其后布尔乔亚阶级获得了支配权,不久就不得不对下层阶级底新运动而保护这支配权,他们底哲学便大概成为保守的,增加了权威的要素了。

问:在布尔乔亚哲学中,也能有并无内在矛盾的,完全统一的构成底体系吗?

答:不,是不可能的。在体系底基础之中,已经必然地不能不含有矛盾了。因为这基础,是直接产自一般的思维形式的。这矛盾,常为美辞丽句所遮饰。——但是早晚必为布尔乔亚的批判自身所暴露。在我们底研究中,也只要阐明了形成体系基础的思维图形,便会暴露出它来罢。

试举来布尼兹①底单子说为例。他底所谓"单子",是宇宙中活的元素——在其存在上是完全独立的存在,绝对地相互孤立着。它们无量数地聚集了,便在它自身里并从它自身里发生发展其各各底内容。单子与外的世界——别的单子——并无什么连络,也没有什么外开的"窗户"。但一切单子,下从相当物质原子的最低级的,上至人类那样最高级的,在其内的发展上,虽然有完全不完全,明了不明了之别,却都反映出生起于自己环境里的东西。例如人类的单子,就从它自身之中,发展了一系列关于外的世界的无数的感觉和表现,以此达到与世界现实相适应的——自然也有程度之差的——真正的世界认识。一切的单子都依托于最高的单子——神。神是以外一切单子底创造者,"预定其发展底调和",使它们内在的过程能够平行互相一致地进行。仿佛一个制造时计的人,以理想的准确制作了,又于同一的瞬间拨动了拨条,那时计底时刻决不会不合致一样——"预定的调和",来布尼兹以为是依此理由说明的。

绝对孤立的单子这概念,不必说,是个人主义的思维最纯粹的图形;是无政府的生产体系底当然的结论,极明了地表现着个人离了全世界而孤立的状态。反之,为世界底创造者,为最初的组织者,为以外一切单子底调和底预定者的最高单子,则正是权威的思维底完全的图形。

---

① Leibnity(1646—1716)。

图形地——完全地极端地表现出来的个人主义,显然有矛盾存在与一般组织原则,因而与权威的组织原则,是不能一致的一点上。如果单子真是完全排他而孤立的,它和别的单子之间便也不会有调和与不调和了。一个单子之内所起的事件,将不但绝对不能达到别的单子,也于别的单子绝对没有什么意义。将对于它们,不能有所知,也不能有所经验。而且即使全存在都生变化,或由最高单子起意,全将它们消灭了,单单留着人类的单子——它也将仍依向来发展其固有的内容,无迷失地顺着其固有的假定,表象及观念而进行。既没有共同劳动存在,不会有共同劳动存在,也并不会有共同的关系。以确定这种关系为任务的哲学,也就毫无意义了。

问:这种矛盾不是玄学底特色吗?而且它不是已被那在批判学派旗帜之下勃兴起来的哲学排除了吗?

答:它不曾排除了这矛盾,也不能排除了这矛盾。因为批判哲学也被布尔乔亚世界底思维支配着——它底任务在此也依旧相同,无非无理地结合着个人主义和权威主义这两个不可结合的思维形式。显著的例证,就是批判哲学底创造者康德底学说。康德是全然个人主义地,理解一切的经验,一切的认识的:这些,康德都视为是"主观的情态",是"现象"或"感性的知觉"。形成个人意识的一切经验,除了"现象",更无余物。可是同时,他又假定一个使这些东西成为主体的真实的基础,真的实在性;这就是——"物自身"。我们不能认识"物自身",只能漠然地设想其存在。"纯粹理性"虽然只能认识现象和物自身底对立,但"实践理性"却在求根本概念的必需上,不能不无条件地假定了神,灵魂底不灭性,自由意志等。

由"感性的知觉"引入的一切经验,很明晰地反映着个人的意识所有的弱点和褊狭性——它常有谬误,特别是个人和个人,在无政府的利益斗争的领域里,为生存斗争所胁迫之点。那时处处都造出了所谓"感性的知觉"。其目的在于遮饰,颠倒真实性。反之,"实践理性"则凭那灵物和神,以表现思维底权威的方面,而使个人主义世界底无政府状态有了组织的权力底图形。然而正惟其如此,这里却又必然地存有一个根本的矛盾。

在个人主义的图形里,不认识客观的实在性;权威的图形,自己设定了一系列的灵物,用作实践的和指导的道德观念底源泉,对于个人的意识放上一定的关系。而所谓认识也者,是想定某物底存在,用言语规定它,使和既知的某物生关系的:这二个思维格式底矛盾,也就反映着哲学教义底根本的矛盾。

问:那在根本上有矛盾的教义,还能演什么组织的剧目呢?

答：它是适应布尔乔亚世界底根本性质的，所以在一般可能的范围内，颇可组织那充满矛盾的经验，即能创出相当阶级底精神的关系。还有，这些原则的矛盾也并不妨碍伟大的哲学体系，在那特殊的部分上包含有价值的批判，以否定老朽的意识形态，企图包括人类生活全领域的概括和组织。这两件事情，成了以劳动阶级的形式发生的新的集团意识底构成材料。例如黑格尔底"辩证法"，即那主张由诸势力底斗争而前进的，为布尔乔亚社会底无政府性底进步的方面概括的反映的，依矛盾而发展的理论便是一例。这辩证法，不消说，可以用为普罗列答利亚文化最初的科学的哲学的建设——"辩证法的唯物论"底出发点的。

第五节 知识底民众化

问：工业资本主义底什么条件，引起了知识底民众化？

答：由于生产及商品循环的必要。在这里，机器生产底技术，特别给了大影响。机器无条件地需要有知识的劳动力——富理性的，有理解力的，自觉的劳动者，即他底理解，发达到了单纯的初等知识以上的劳动者。如若不然，则那繁复而细致的机器底运用或有错失，必致毁损了材料和机器，甚至毁伤了劳动者底生命。所以譬如在俄罗斯，便曾因为作劳动力渊源的人民大众底无知和愚昧，致难输入高度的技术。这种景况，在工业上固然如此，在农业里尤其深重。地主即使出了高价买了精良的机器，也不经几日，便不能用了，甚至不断有机器伤人的事。

到处都特别要求普通的知识。一切的个人经济——虽至农民或普罗列答利亚底经济——也常以复杂化的金钱计算为基础，要监视它必需有算术的簿记的知识，至少必需有能够监督记贩卖账和工金账的能力。工厂生活，国家行政及公共企业底施行，铁路及船舶底通行，不必说；就至街路交通，也常用提示来示意。因此人人不能没有阅读的能力。人类底关系和结合越复杂，越变化，越广泛，越益需要"固定"它，就是用文字确实记下来。

问：民众化底过程，已经涉及一切科学知识底领野吗？

答：不，只限于初步的知识范围内。初等学校，虽然为了一切阶级而存在，高等学校及专门学校是专为了支配阶级底子弟而设立的。拥有无数方法和巨大材料的近代科学，并不适合于广大的民众化。纵使适合于民众化，也有社会底阶级构造妨碍它一般化。高级的，专门的科学，成着价值很高的，组织的特权。它现出极高贵的商品的形相。能够购买这种商品的，不过是仅有的少数人。所以与低级科学底民众化并行,仍然有着高级科学可以称为贵族主义的东西。

问:科学种种部门底通俗化,不是已经与它同时逐渐增大了吗?

答:不错,原是这样。但通俗化所给予的,并不是科学所已到达的最高的认识。所谓通俗化者,只在使人知道科学底一二结果和结论,不在使人知道那方法本身的。最好的通俗的解说,也不能使我们严密地习得某科学,有效地应用某科学。

"科学底通俗化",无论就范围论,就性质论,都不是真实意义科学底民众化,只是民众化底准备阶段。"被民众化"的,即被给为广大人民大众所有的,不过是一般的初步的知识;而"被通俗化"的,那专门的知识,却止于依了较专门的利益,为这些大众之中的少数人所接受:例如有些人喜爱天文学,有些人喜爱物理学,又有些人喜欢生物学之类。劳动者读书底时间既有限,又因近代科学底多样性,所需特殊的通俗化的数目极其多,所以不得不如此。

这里最当注意的,就是通俗的解说几乎概不能给人该科学底真实的,组织的意义。而通俗解说者所为的通俗的说明中,却全然没有这概念,只被"纯粹科学"底观念支配着。天文学底专门家全不想,以他们底科学来指导距离底测量和时间底决定,而规定今日人类底全劳动生活等;通俗解说者自然也不想说明这些事;听说天文学是关于天体的科学的读者,也不过在他们对于天体有兴趣的时候想要知得它罢了。

但随了生活底发展和复杂化,许多专门科学都已对于无数的个人经济有了日新月盛的重要性。例如法律学,因社会内部政治斗争底激化,卫生学因大都市底发生及人口累积受了传染病及其损害健康的威胁,都已获得了重要性。于是,这些科学就从所谓"通俗化"的领域进入了真正民众化的领域,广行普及,而且不常在初等学校里教授人们了。

问:社会底阶级构成,怎样作用在科学底民众化上?

答:有两个样式:(1)如前头所述,为全社会底劳动经验底产物的高级知识,是与社会劳动底物质的生产物一样,成了上层阶级底经济的特权。这是毫不足惊的:因为社会底组织,原本无论在观念底领域,在实践底领域,都是相同的。(2)科学底民众化自身成了阶级支配底安定化和单纯化底一种手段。因为民众化也是由上层富裕的阶级底手来执行。他们凭藉了国家机构底力,厘订初级学校底教程,使它适合于现有的社会构造及他们底阶级利益。他们自然经由了御用的教师和学者,经由了国家统驭规律科学底通俗化，以遂行同一的方针。

第六节　艺术底发展

问：在资本主义之下，艺术生活有什么特征？

答：（1）在量的方面——有巨大的生产性：过去任何时代，都不见产过这样大量的艺术生产品。

（2）在组织的方面——与科学一样，非常的专门化，不过没有科学那样显著。

（3）关于内容——因为艺术是反映社会底阶级构成，适应着一定阶级——当然大体是支配生活的阶级——底要求。

问：艺术界的专门化，也显有与科学一样的结果吗？

答：在显著的程度上，——自然不是全然相同。独面性虽也涉及艺术专门家——却没有在科学中那样的深重：因为艺术是处理活的形式，不是处理概念的，所以游离于现实底实践的可能性是比较地少。

艺术的技术，在多数的部门中，都要有长远的专门研究。——所以都与专门化了的科学一样，只有少数可以自由处理丰富手段的人，才能有所成就。惟有诗歌小说之类，工具不复杂，只要肯练习读写便可自己学会技术的，比较的例外多。但在艺术中，也是对于上层阶级底代表者和对于下层阶级底代表者的条件，显著的不平等。上层阶级底代表者，仗了有闲暇的时间，和可以在良好条件之下自由工作的可能性，纵使没有多少才能，也容易获得技术。因为他们容易得到必需的材料，备供拣选，又可以在紧要的时候，请到富于经验的指导者。下层阶级底代表者，则到处要遇着障碍和艰难，既少有余闲的时间，又多费了精力在生存斗争上，全靠他们才能底特殊的感受性和力量，克服了一切的障碍。

像这样，凡是关于作品底创作，一般是免不了艺术上经济的贵族主义的。但关于艺术作品底享受，却是事实上比较地扩大着民众化了。艺术作品，以商品底性质，吸引着大众，在大众之间有着最大最久的销路。小说或诗歌底成功与否，都要看它底销数多少。值格底增减，算是著作家和立在其上的资本家的出版业者日常关心的一桩事。绘画和雕刻，它底价格越高，大众就越感到了魅力，要用印刷或者照象，复制成廉价的，来广大地散布给一般。艺术底通俗化，已由国家，地方自治体或个人，组织成艺术博物馆，绘画陈列所，展览会等形式，比之科学博物馆，公开讲演会等科学底民众化，更其有效地,浑括地达到了目的。特别是剧场和音乐,已经视为通俗的"娱乐"了。

问:资本主义里艺术底阶级的特性显现在哪一点上?

答:(1)在艺术家以特定阶级底眼光观察生活,从那见地把生活来形式化的一点上;(2)在艺术家不拘意识与否,总是隶属于所定阶级底利益,当他工作的时候,关于对象底选择,及它所达到的结果及结论,总是由那利益来定他工作上特定的方向底一点上。

例如有一个做着交换社会底一分子的,因而他是依抽象的灵物崇拜底法则运用思维的艺术家,想要在他底创作中表现出"纯粹美"来,为此正在自然和人类之间寻求它。而所谓"美"者,决不是永远同一的,如在非劳动阶级与劳动阶级之间,就各各不相同。在贵族及资本家们,是以人类自然中,一切令人想起不断的肉体紧张和消耗了的筋肉劳动的对象,视为粗野的,非诗的,丑恶的。他们把纤小的手,纤小的脚,柔弱的女性的体态,以及表示出几代来都过着非活动的生活的一切特征,看作美。把夸负着高贵素性的傲慢的意识,支配着许多人及许多人运命的权力底意识——轻蔑大众,单纯的民众,他们所以为"不足取的"物质的关心——等精神的特性,他们认作是诗的。但在农民工匠,或劳动者,假使他们是不曾染受了用上层阶级底全文化注进去的概念及感情的——事实上这样的情境很不少——事态就全然不同了。在他们,"美"底概念,当然和显示劳动能力和忍耐力的特征结合着。贵族的傲慢和平民底轻侮,在他们,乃是一种极其粗野的非美的虚荣。

就在劳动阶级自身底内部,美感也有种种的不同。例如生活在关系复杂,社会诸势力底斗争压塞着万众呼吸的都市中间的劳动者,就将显出自己意识及斗争的反抗的容貌,作为美底极重要的要素。而住在农村,度着窄狭单纯生活的农民们,却不能理会那样容貌底美趣。那是要唤起不安的阴暗的感情的,——而在劳动者,或许又以农村少女底素朴的容貌为是异常的滞钝。——像这样,一个阶级,总是用了和别一阶级不同的眼光看事物。艺术家就将那阶级所见的东西配合了表现出来。

此外,还有阶级利益底影响。例如莎士比亚把十四世纪反叛的农民表现作愚钝的野蛮人,把帝政时代底罗马市民描写成容易受恶煽动家煽惑的乌合之众;虽然莎士比亚毫无疑问地是正直的作家,这里却就不能不显露他所生活着的贵族的环境底影响。他是见到了农民及农民对于正在发生的农奴制的斗争,见到了在罗马民众里面,贵族特权拥护者所最希望的事项了的。艺术家受阶级的倾向及同情所影响的程度越其高,他底关于生活的观察就越其浅薄,越其成为非客观的。

所以一定阶级的艺术家,可以说都是戴着两重眼镜在那里看世界:(1)是他所传受的他底阶级底思维样式,(2)是他自身底利害及欲求。他凭藉作品使大众也戴了这同样的眼镜,而将大众在他底阶级文化底精神中教育着。

在现在的社会斗争里,艺术底这种任务是极显著的。它越受着支配阶级底操纵,越成为保守的势力。

第七节　法律和道德

问:在资本主义里,道德和法律规范底发达有什么特征?

答:除了一贯的抽象的灵物崇拜,及由生活底复杂和矛盾所致的分量巨大之外,在资本主义之中,也极其明而且锐地出现了阶级差别性。各个阶级,各为适应自己底概念和利害,制作了适于维持他们底生存,维持他们所以为"最正善的"的规范。支配阶级有着强制社会奉行自己底规范,经由了裁判所及其他机关在握的国家,或经由了他们自己所制造的"舆论",使它实行的可能性。隶属阶级却被剥夺了这样的可能性;他们底规范,不外是适合他们底同阶级,又不外是被看作单是部分的社会观:一般以为那些东西不过是一种"道德和法律观",即学说理论就是了。

例如十八世纪底法兰西,虽然工厂手工业已在发展,但地主底贵族政治还在支配,布尔乔亚泛还是隶属着他们。法律须由绝对君主制形式的国家,得了贵族底协赞,适同贵族底利益方可制定。国家给贵族以种种特权,如免税权,对于农民的支配权,当兵和徭役底免除权。而对于旁的阶级,则依然课了捐税和义务。就使给了他们多少权利,也必因为那些权利与支配阶级底利益偶然相一致,或因下层阶级受了过重的负担和压迫——行将激成叛乱——怕不十分隐便,因了什么理由施以小恩小惠而已。

布尔乔亚泛,当时不但创造了他们底哲学,科学,和艺术,也且创造了他们社会的规范——道德和法律。然而他们并不能在实践上实现它,所以它不曾有过什么现实的拘束力:它不过是"观念"或"原则"罢了。其理论的表现,为"天赋人权说"底体系,说个人都由自然赋予了形成他们"个人自由"的一定的权利,无论任何人来侵害他权利,都是一种不法的压制。这样被认为生来不可侵犯的权利的是:家政底自由,政治的,哲学的,及宗教的信仰底自由,市民不分身份法律之前一律平等,课于国民的义务和租税由国民决定等。依据当时布尔乔亚泛底概念,这是绝对的正义要求这一切权利的:这在布尔乔亚泛及更下层的诸阶级,是生活和发展上所不可避的组织条件底表现——抽象的灵物崇拜底一种样式。

但一到了资产阶级,将他底力充分地组织化了可以遂行革命,他们所创造的法律及道德体系却就脱了向来阶级努力的领域,广移于强制社会的实践的领域,具体化为新的立法和行政,更显现为布尔乔亚阶级所指导的新舆论。而向来贵族底权利及特权,却反成了反动主义者底虚期和梦想。他们底封建的权利,自后只能存续在他们自己阶级底范围里,又只能存续在它与新法律秩序没有冲突的情境里。

问:新法律秩序,是否就是布尔乔亚泛尚为被压迫阶级,为获得支配权而斗争的时代所理想的,那"自然的"规范底完全具体化?

答:决不是完全的具体化。布尔乔亚泛与下层阶级协力,破坏了旧秩序之后,到处都现出两者之间互不相容的利害冲突。例如布尔乔亚泛前曾提倡"普通选举权",主张"法律之前,万人平等";现在却竭力创设种种资本在法律上的特权——尤其是选举有权者要以财产来限制了。他们前又竭力发展"自由",但法国革命底第一阶段一告终,便以察拍勒①底结社和劳动者底集会为有碍于劳资双方"个人的契约自由",而用法律严厉禁止。关于妇女,更于所谓"天赋人权",特别是在法律之前与男子平等的理想,什么也没有实现。美国人要脱离英国而独立的斗争期内,也曾发表了"天赋人权"的政治宣言,但于黑奴制度及其他,却依旧听其自然。

"自然权"底诸原则,其后,确由广大群众——民众及劳动者——对于布尔乔亚泛(原先拥护这些原则的)的斗争,一步一步地实现着。布尔乔亚泛游离了生产,将他组织的机能让给了俸给生活者之后,他们底资本权力,渐次失了防止这些生产阶级反抗的能力;国家就渐趋于民主主义化,法律规范底体系及社会道德的见解,渐渐走近以先自由主义的理想。

问:似此已经有过什么地方,完全实现那自由主义的理想吗?

答:不,什么地方都没有。创造新的进步的意识形态的新阶级底发

---

① Chapaller 就是英文中的 Chapel。据哈姆斯华斯世界百科全书(Harmsworth Universal Encyclopaedia)第三卷所载,系一种印刷所排字工人所组织的工会底名称。会中以年最长的自由人为会长,另设书记一人管理会务记录及会中经费。凡解决工人底争执,决定团体底行动,学徒跃升为会员,都须开会议决。Chapel 一字底意义,本系小礼拜堂;当时工会何以有这名称? 殆由于教会中人特予优待,故赐以嘉名,以示尊崇云。实际就是现代所谓印刷工会。(此条系何炳松先生代为查注,特致谢意。)

展——即有集团主义,而与布尔乔亚构造及布尔乔亚文化底基础斗争的普罗列答利亚特底出现——妨碍了它。

普罗列答利亚特,起初在文化上,还不能离了旁的民主主义的大众——农民,手工业者及下层印贴利更追亚——而独立的时代,它是曾使布尔乔亚泛放弃其法律上之特权,而以经济的权力手段,即资本底权力为满足的势力之一。这样,普罗列答利亚特事实上是曾实现了真正自由主义的理想的。但一到了普罗列答利亚特动头表明他们自己组织的要求,创造他们自己底文化,而欲依此斗争,变革社会的时候,社会规范底向来发展过程,便开始双重地崩坏了。

一面,——普罗列答利亚特越获得了布尔乔亚阶级底让步,同时就越破坏了以前"自然权"底根本原则,即经济的自由。所谓经济的自由,无非是在物质状态极不平等的情况之下,承认资本家与劳动者双方有同等权利的事,换句话说,无非是资本家有榨取劳动者的自由的意思;所以劳动者为求法律的短缩工作时间,或为强制的保护机器上的危险等而奋斗,简直可以说是就以限制这"经济的自由"为目的的。

另一面,——布尔乔亚泛自身,也随普罗列答利亚特底组织底确立及它和布尔乔亚社会秩序间底矛盾底深彻化,而开始探求捍卫他们支配权的新手段了。他们自己,已经开始努力限制国民的,即政治的及观念的自由。他们为了达到这目的,已与贵族制底残势连结,与它协力奋斗,谋获得"强大的权力"确立"社会上的权威",即求确立一种组织形态,以与正确意义的"自然权"或自由主义的原则对立。这是布尔乔亚阶级从进步转为反动的意识上的倒转。这种情形如今发生于资本主义正发达的各国,幻成种种复杂的形态,不止在政治生活底领域,旁的意识形态底领域也已波及了。

这种形态底典型是:布尔乔亚泛底国家主义和僧侣主义。

所谓国家主义,就是布尔乔亚泛为了要用国民斗争消除阶级斗争,而向群众鼓吹种族的及人种的敌气心的事。支配阶级,在国民之间唤起了对于外国政府兵力的恐怖及获得新领土底热望,拟即以这两个必需为理由而将军国主义强固起来。而且他们也必需有莫大的军队,去获得并维持国外底市场。所以军国主义,在他们实有两重的利益:(1)军队是严格的权威组织,是盲目的服从学校,而下层国民阶级底青年,大部分都有经过这个学校的义务;(2)军队是握在布尔乔亚泛手里的巨大的机械力,当经济的及政治的阶级斗争开展到不利于布尔乔亚阶级时就可以极有效地利用它。一个国度底内部,既被布尔乔亚泛煽起了国内各民族底敌对感情和冲突,布尔乔亚泛就可以导引大众底力量和思想离开了阶级斗争,更复可以借此,往往长期地,压迫下层阶级底政治的及观念的活动,设定了种种法律的限制,为有组织地压煞这些活动的手段。

　　僧侣主义,常与国家主义牵手登场,不外维持或唤起权威的宗教的意识,而以鼓吹舍己和忍受以排除阶级斗争为实际效果的努力。僧侣的组织,大部分都不止是观念的组织,往往是实际的组织,有时且带着经济的性质:例如各国底僧侣团内,僧体,职业工会,合作社等都是。在法律规范底领域内,僧侣团体常限制观念的自由及一般国民的自由。因为它是站在,不能与宗教底权威的本质分离的,身份和阶级底不平等底神圣化之上的。

　　布尔乔亚阶级既在文化上从个人主义倒转入了权威主义,便足见个人主义的意识形态已经开始毁坏了。

第八节　世界大战中布尔乔亚社会意识底危机

　　问:世界大战是什么?

　　答:它在本质上,是一个以战争形式勃发的经济上的危机,是由最近资本主义底发展而生的。

　　问:近代资本主义底什么特征成了条件,至于勃发了这危机?

　　答:近代资本主义,第一是以市场独占底体系底发展为其特征。辛狄克,托辣斯及金融联合底组织——商业资本及工业资本底广大合并,其原则的意义就在这一点。企业底这种结合,无非为了要收国际市场至少国内市场底分野为己有,更增占有以扩大市场。

　　新资本结合底雄大权力,决定了它在资本主义国家内的特殊的任务。资本结合,完全没有例外,是所有阶级对于劳动阶级的支配组织。在这组织中取得指导地位的,到处都是站在辛狄克,托辣斯,金融联合底先头的大金融家。布尔乔亚阶级极少数人自由运用的数十万万资本底权力,竟至也能自由指导国家对内并对外的政策。

　　近代资本主义,在其发展上,事实上终至把国际市场完全分割给大金融家。

　　一切都归了独占家们底手之后,他们便可以单靠别人底花费,来扩张自己底势力范围。凡是失了自己地位的,即使是小部分,也要濒于所谓破灭的可怕的危险。因为他越弱,敌就越强了。所以这些组织相互间底斗争,异常地尖锐化，比之先前独立企业家未有组织，许多人互相竞争的时代还尖锐得多多。

这样，结局就以争夺国际市场的激烈斗争为原因，而至演成那军国主义，以及几百万的军队，和几十万万的军事预算等可怖的扩张。各国底国家资本，都为金融联盟所统率，制造了空前多量的武器，以与别国底国家资本对抗。这个过程，因了对于各种生产物，尤其对于近代资本主义的生产物，即"重工业"——矿山业，金属加工业及镕矿业底生产物的需要，同时军国主义自身提供了极大的补充的市场等事实，而更其被促进。而在这样的条件之下，破坏技术底进步也比生产技术底进步迅速得远远地发展了。

问：近代资本主义底这些条件，以怎样的方式引起世界大战底危机？

答：藉着社会生活底危机，即再组织底过程。危机是由于社会力失去了平衡而生的；虽然社会强烈的进步，也由乎此而生。像"大革命"是法国社会深刻的变革。而生出这大革命的平衡底破坏，便在逐渐进展了的布尔乔亚泛底权力，超过了一向压迫着旁的阶级的封建阶级当时所有的支配的权力这一点。关于其他革命，也以这样变化了的各种阶级及团体底势力关系居重要。久有和平的交换关系的民族之间所以有战争，也由于利害共同所生的同盟的诸势力，和利害对抗所生的离反的诸势力，在这交换间，破坏了平衡。这相离反的诸势力，在封建时代，大抵可以归为住民增加而土地已不够了的一点。为获得土地而行的当时的战争，就从这里发生。在资本主义之下，则市场狭隘而竞争增大，为相离反的诸势力底原因。这时代底战争，是争夺市场的战争。

同样，世界大战也由于这样平衡底破坏而起，不过是世界的。国家间经济结合的诸势力，是与国际的商品交换底发展，同时在和平中间生长了。在这国际的商品交换中，供给的卖主对于需要的买客底重要，原无异于买客对于卖主底重要。而在近代资本主义中，相离反的倾向却到处扩大起来。根本的，经济的，互相离反的诸势力，乃生在国家资本夺取国际市场的竞争之中。而且还有一个有力的权力，即军队的势力，给它相连结。那有极完全的破坏手段，又不绝磨拳擦掌跃跃欲试的几百万的军队，是不能对于制造它的社会没有大影响的。为了想从那些组织中，从那活泼的努力中，出为主动的作用，就现为新的强大的相离反的诸势力。它们适应着经济的基础，而且以与它同样的速度长成起来，终于超过了互相结合的诸势力。这便发生了危机，引起了斗争了。

问：这危机，对于资本主义的经济组织曾经引发怎样的变化？

答：第一，几乎所有资本主义的世界，都陷在两个互相对敌的阵营里，成为孤立的经济体系。甚至中立国，也是经济上不得不与这边或那边的一面相连结。两个阵营间借手于中立国而行的残余的交换关系，几乎极其有限了。

其次，由于极其浪费了生产力及劳动生产物，交战国家底国内经济，及在种种程度上中立国底国内经济，都已成为适于国家资本主义。国家资本主义底本质，在乎调节国家消费。这国家消费，不久就引起了价格，贩路，而且结局引起了生产本身底调节。从本质上看，这是往昔的组织消费共产主义底部分的然而盛大的发现。票据制度，价格及贩路底标准设定，虽然不能说就是将消费物归为那社会所有，却是关于原则的转换，而为对于私有财产的直接的制度。国家在和平时代，便已在消费共产主义的条件之下，握有军权。在世界大战中，国家更是军队化了住民底大部分。这组织底格式，不但范围比之先前更其广大，也以种种方法，扩张到了生活底旁的一切领域。消费共产主义就与由此而生的生产调节，不能不引入于那久被包围的都市。各大国在世界大战中，都已陷在这样的状况之中了。

军国主义的组织，是很高压的。同样，国家资本主义中经济生活底调节，也是高压地构成：劳动者阶级到处受着"强制的劳动义务"底束缚。这与兵士在军队内的奴隶化相仿佛，不过形式上比较轻了些罢了。

问：世界大战，在文化底范围内，引起了怎样的结果？

答：这样的危机，总是随有社会底再组织，所以在意识的组织的形式上，也要求相应的变化，如若干旧部分底破坏，旁的部分底变形，及新的部分底创造等等；凡这一切，都随变革自身底显著，深烈，而越加大其程度。因而总有鲜新的意特沃罗几的生活，为显著的社会危机时代底特征。

这也符合于世界大战。而且世界大战是在意识底世界里发展到了当然的大毁坏了。

布尔乔亚的意识形态以及和它相反而从资本主义发生的普罗列答利亚的意识形态，都经验了深烈而又复杂的变化。现在我们且先考察布尔乔亚意识形态底危机。

问：在这危机中，什么是最触眼的现象？

答：（1）国际法底破坏；（2）两重道德底繁荣；（3）权威的要素底异常增大。

问：什么叫作国际法？以什么力促成了它发达？

答：国际法，是国家间相互关系底非个人的组织形态，是各国布尔乔亚阶级底协定。它依他们底契约为规定，统制他们底利益。常随国际交换底发展，而这类的利益越增大，而他们底联络越其复杂化。这也是国际法底发展及复杂化底原因。在大战勃发以前，它已依新的规约和设施，而发展，而完成。在大战勃发之前，还在海牙设立了国际裁判所，以公断裁判国际的纠纷。

问：为什么国际法底破坏，不发生于以先的战争，唯独发生于世界大战？

答：部分的战争，不过断绝了二三国家间底联系，国际法依旧保持着效力，且在某种程度之内，能够规制这战争底进行。但在下列诸战争中，也已经屡屡蔑视了国际法：如义和团战争，南非部耳战争，美非战争（非律宾独立战争），前后二次的巴尔干战争等底历史中，就已见有乱暴野蛮蹂躏国际法的无数的实例了。然而这样部分的蹂躏，虽然牺牲了几千的人命，还不妨害交战国间对于国际法的一般的承认。这是当然的事。因为一般的国际关系及国际利害，依然存在着。破坏了与中立国间底条约和连结，是于交战国，没有丝毫利益的。

然而一到世界大战底危机到来，国际关系底断绝，取了世界的规模，形势就根本地变化了。以国际法为组织形态而有的国际市场底统一就消灭了。

组织是为可以组织的东西而存在的，而且依了它而为规定。国际市场底统一既经消灭，国际法当然也归消灭。于是条约，结合，不必说，便是同盟条约，也可以借权威的政治家底用语来说，变成"废纸"，变成没有现实内容的象征了。

问：以前的蹂躏国际法，及大战底破坏国际法，是否都可视为交战国底"罪"？

答：各国国家主义的意识，往往为了战争目的，将支配着各个国家内部的法律和国际法混在一起；往往对于敌国加上"犯罪者"的烙印，而希望以便于自己的方式和程度，以严酷的裁判和惩罚，加之于敌国。从科学的见地看来，这两种法律原没有本质的差别：一方是在一个组织体系底内部，发生作用——即在一个特定国家底内部，发生作用——他方是在各自独立的国家底无政府的复合体底内部，发生作用。"犯罪"，"裁判"，"惩罚"等概念，包含着规律各种关系的强制力的观念。但在国家内部虽有那强制力存在，在世界各国底无政府的总体之中，却并没有这样的力存在。所以这些概念，断乎不能适用于国际关系。"惩罚"，在事实上是可以实行的。但那不是依据"法律和正义",由正当与否而为决定;乃是当有罪者和无罪者惩罚底机会均等时,依两造实力底有无多少而为决定的。

国际法全看它对于现实的关系和利害能不能加以组织的程度如何,而或则发挥效力,或则被人蔑视蹂躏。——所以资本主义的经济关系复兴之后,适应于它的各种形式就又得了价值和力量:国际法就又复活起来,协定和条约——虽然也有惯例的实际上的违犯——就又成为神圣不可侵犯的东西——至少要到下一次的战争。

问:什么叫作"两重道德",它曾怎样显现在世界战争中?

答:这两重道德或"两重道德主义"底本质,在于同一行为,发生于敌人方面便引起了道德的责难,发生于同伙方面却博得了赞赏这一点。例如意大利和罗马尼亚底参战,德国底新闻和舆论痛骂为反叛,而布加利亚底参战,却赞赏为勇敢的骑士的行为。英国加德人以强制,德人称为可耻的强制,但德国自己加英人以凶残的强制,却认为高尚的爱国的行为。至于俄罗斯或其他联合国方面,自然又有全然相反的评论。在战争底报告中,人人都以道德的愤激责骂敌人杀戮负伤者。而在同一的报告中,却又公然承认,己国底兵士,在战斗的激昂和正义的愤慨中,不曾将敌人做俘虏——即将俘虏杀戮,将被夺了武器,已经失了抵抗力的人虐杀了。敌人破坏己国底都市或村落,以为是野蛮的行为;自己破坏敌人底都市或村落,又以为是严肃的复仇。诸如此类的例是举不胜举的。

这种"两重道德主义",平时虽然并不如此显露,也仍可以在国家主义及其他布尔乔亚意特沃罗几中见到。德国底国家主义者,往往愤慨英国人压迫爱尔兰人和印度人几百年,并且非难英国战服南非底部耳人。但他们自己照样的压迫亚尔隆斯人和波兰人,却反评价以为可以提高那低度文化阶级的民族,进于高度的文化的,最高的文化的行为。这事实,由英国底国家主义者,判断起来,意义乃完全相反。两重道德主义,在阶级相互的关系间表现得更锐利。同一的行为,每因实行的阶级不同,或则认为犯罪的反抗或暴力底乱用,或则认为神圣的权利底合法的防卫。

这样的道德概念,倘若出现在落后的种族或民族,一定被布尔乔亚意识非难,嘲骂,说它为"霍屯督底道德",因为据说霍屯督人是说:"我偷旁人底妻是善,——旁人偷我底妻是恶的"。

问:在文明民族里面,如何会有这样非论理的思维?

答:这样的非论理,倘若从道德剥去了灵物崇拜的皮壳,作为社会底组织形态来观察,它就立即消灭了。孤立的,排他的,生活于自己底利益领域之中的集团,自然承认于自己组织上有用的一定行动,而以同一的行动,行在旁的集团,有损于自己利益时,加以道德的非难的。

问:在世界大战的时候,权威的要素何以在社会的意特沃罗几中强盛起来?

答:由于战争底结果,最重要的社会机能已经移给了军队——移给了依据权威的典型而形成的组织。军队倾覆了社会底一切领域,吸尽了社会最良的精力,不问它是生产组织,是政治组织,文化组织,一切的组织都使从属于自己,而与自己底必要相适应。所以社会弥漫了权威的性质一类的调子。

问:这权威的要素底增大是显现在哪一点上?

答:是特别明了地,显现在政治上及人类底一般世界观底领域上。便在最进步的,最民主主义的交战国,也几乎实际上都消灭了向来个人主义的"自由",而代以行政的独裁。不但与战线直接有关系的广大领域,从属于权威的战争强制,便是国内社会生活最重要的各种机能,也从属于它。国内官僚,破坏了从来职能上形式的樊篱,至以战争强制的见地,操纵法律,习惯,和见解。市民底人格,即在先进国,也同后进国一般,全由宗法制的监护人统制他一切活动底发现:从移动住处,以至在新闻杂志上发表思想,个人通信,都要受战争强制底干涉。

同时宗教性也见增大了,已经普及于向来不甚关心宗教甚至敌视宗教的社会诸要素。好多处,都让这有特别权威性的世界观,施展它新的,独自的普及。膨胀的国家主义的情调,酝酿了国家神底观念。例如在威廉皇帝那新德意志最有力倾向底告知者底某种命令中,在精神上应用着这命令的爱国主义的学者底思想中,都很明了地显现着德意志国家神底思想。这国家神,是鼓舞国民与敌人战争,而以徐柏林飞艇和毒瓦斯给为战争工具的神。这样的神在一方面积极的做了同盟者的任务,自然是以旁的国也有同样的国家神为前提。假如那边没有他,则从这见地看来,那战争——那极悠久而又极错综的战争——便将不可能。就这一点而论,德国人底意识形态,也与旁的国民一样,不过比之旁的国民,更其明显几分地,表示着一切战争意识所有的一般的倾向罢了。

普通,困穷回归于宗教性,乃是回归于慰安底欲求。以盲目的信仰为基础的权威的世界观,自比任何的世界观,都容易满足热望了的慰安。但这不过是事物底主观方面。至这世界观底客观的组织作用,乃在维持军队以至一般人民大众一切形式的规律。

问：有力的学者已经证明大战期中，有一个交战国——即英吉利——群众底宗教性，减少得很显然，这不是与上头所说的冲突吗？

答：英国因为有特殊的条件，所以发生了遮掩了上头所说那一种倾向的另一种倾向。

前头就已经说明，意识形态大体是比旁的生活现象更为保守的；它常后于旁的生活现象而发展。社会，阶级，集团底勃兴愈强烈，它这保守性显得愈明显：——在那里，既不需要新的组织形态，也没有打击和突击，破碎旧的组织形态。英吉利是比旁的欧洲各国，遥远急速地勃兴了。结果，它在经济上虽然比不很发展的国度，——资本主义高度地发展，个人主义也很发达，——而世界观中的宗教的要素，却不但在布尔乔亚阶级，即在全民众之中也有特殊的强固性。所以思维中权威的宗教的要素，比之社会底经济的及技术的条件极繁重。

世界战争引起了非常的动摇，英吉利人民大众底安宁及其意特沃罗几上的保守主义也都倾覆了。它蹂躏了生活底一切方面，无关生活底条件和必要地，首先破坏了以先存在，已经老朽了的，仅仅机械地存在着的东西。这样，非常过剩的权威的宗教的遗物，就被破坏，而战争底新创造物，就在那组织底基础之上占据了优势。因此，战争底结果，就出了一种分明像反逆辞格的现象：一方面英吉利人民大众之间减退了宗教性，别方面，却在同一时代依同一理由，在以先不很关心宗教的法兰西人（英吉利人底同盟者）之间，增大了宗教性。这种反逆辞性，是与俄罗斯底依革命破坏了权威的政治构造——绝对专制主义——为同一种类的事。这个革命，是由使俄罗斯权威的倾向增大的战争所引起：因在战争一直以前便已失了生活力的政治制度，经不起大战底破坏突击而毁坏了。

问：战争既然一般地使权威的倾向增大，权威的意识强盛，岂不是必然地要使支配一切权威状态的那特殊的保守主义发展起来吗？

答：是的，这样的倾向业已无条件地显露了。它是与使个性隶属于权威的全体的——但在社会行为底限内的——组织的能力有关的。因为它适于组织一集团底生活。组织体底观念，构成，技术底一切变化，都由几个相关关系，引起了各种部门，各种机能中一系列底重组和变化。组织者底工作，复杂到了极点，困难到了极点，因而往往要求他底精神使用过度的力量。终至不能不随世界战争时际所显现的，权威主义组织体底广大的发展和复杂化，益益努力向着保守主义的方面。

战争为严紧的组织唤起了恐慌，为集团势力底激烈的斗争，唤起了与保守主义颇相矛盾的要求。技术的发展和组织的熟练，在战时，是生死问题。固执旧式的方法和形式，无异自招灭亡的危险。战争的权威的机构底对内要有"保守的倾向"，对外须有迅速精确的适应这矛盾，在战时，无一国家不出现，成为惊人的过失，以至剧烈的崩坏，也屡屡成为非难与不满底对象。其表现得最明了的，自然无过于以前最为权威的革命以前的俄罗斯。

生活怎样克服了这矛盾呢？克服的方法，与在一切权威的时代克服同样的矛盾，全相同：即以壮大的费力，不可测的苦痛，最后以必然性的压力，克服了保守主义。生活破了制度底惰力和反抗，为技术的及组织的进步，开拓了先路。萌动的要求，自然不满足于迟延。这迟延是与旁的一切同在一个条件之下，因权威浸润于其制度越深越完全，其形态越为原始的越为古代的，而越加显著的。

问：战争所引起的意特沃罗几底变化，是否战后还能继续？其继续底程度如何？

答：意特沃罗几底形态，比之流动不止的生活状态是不常固定，落后的，所以意特沃罗几底形态常比生活形态为不变；在它直接的，现实的原因消失了之后，也还可以继续存在着。而战争时代底特殊的意特沃罗几，也就不能不继续到战争之后。那种特殊的意特沃罗几，是与战争底一切残余物一样，自与和平时代要求相对立，而为它底满足底障碍。

关于权威的保守主义更如此。生产组织底革新，破坏了的生产力及经济纽带底恢复，由破坏的任务转入创造的任务过渡之际社会力量底重分配——凡这一切，无论在技术的发展能力上，在社会全体底组织的造形上，都需有异常的努力。支配阶级——他们是以关于社会形态所抱的强烈的保守主义出名的——当意识压向权威的方面之际，既没有意向，也没有能力指导上头所述的方向。他们虽然早就知道战争也不利于自己，于自己有危险，但始终不曾发意止息战争。所以我们所期望的，是这发意，由各地方一系列的革命，而移转于劳动阶级。劳动阶级是不但可以发意接续战争而为重新建设，而且可以执行止息战争的发意。俄罗斯革命，就是一个尝试。这种革命，是清算了战争底经济的遗产，同时也清算了意识的遗产的罢。

第九节　资本主义文化底过渡性质

问：资本主义是否完全可以称为一个确定的社会组织？

答：不，资本主义宁可说是悠久复杂的过渡过程——从一定统一的社会组织渡到旁的组织的——罢。这个过渡的性质,是以经济的并文化的意味,显现在资本主义组织底异质性,及其诸要素间底相互关系底不绝的变化中。

问:资本主义经济组织底异质性在哪里?

答:(1)全体的生产,和它底部分异其构造:各个企业是有计划有组织的,可是整个体系,是无组织的无政府的。

(2)生产和所有不同:前者在原则上是集团的,后者依然是个人主义的。

(3)资本主义社会分裂为阶级,那阶级又不像封建的身份一样,彼此互为统一的社会体底补足器官,却在对立斗争中,独立分离地组织着自己。

问:这异质性的现象是减少了,抑还是增大了呢?

答:与资本主义底发展,同时增强了。机器生产技术不断的飞跃,已经与那为它结果的劳动共同体底扩大并资本底集积一同,着着提高了组织能力底程度,增大了各个企业底规模。但组织全体这件事底不可能性,依然以完全的程度存立着。世界市场上,大企业底斗争日益尖锐化,价值底个人的私有,终于招来了在几个个人颐使之下的几万劳动者底集团的劳动,与几百千万人底集团的生产。社会底主要阶级,不但不能互相和协,而且日益互相变脸。终至,各阶级各自使自己特有的组织形态发展,更谋所以克服或倾覆旁的阶级,而使自己位在全社会之上。

问:资本主义所特有的组织之文化的不调和性在哪里?

答:(1)布尔乔亚阶级底文化,本质上是个人主义的,却不能将个人主义底原则贯彻于一切方面。反而不能不与权威的思维形态结合。因为布尔乔亚阶级,在实践上是不能缺乏权威的组织形态的。

(2)这文化,累积了一大堆集团地所搜集或所创造的科学知识和艺术创作底材料。这大堆的意特沃罗几的生产物,也与资本主义社会自身相同,只在个个分野上有组织,在全体上无组织。这组织底不可能性,一方面是由于分离的专门化,——科学

现代底工业　(门策尔作铁工场)

和艺术底各部门,互相孤立,各自独立而且互相疏隔地发展各自特有的方法。别方面,是由于集团的意特沃罗几底生产物,商品化了,任何人都能依了自己底金力而所有它。所以能够到达最大最完全的部分的,不过少数人。而意识发展底可能性就受了限制。

(3)最初抱拥了全资本主义社会的布尔乔亚的意识形态,到后,已经显示无能组织那日益增大的生产阶级,即普罗列答利亚特底生活了。他们越发展,就越与冲突,终至由阶级斗争引起了变化,还原于过去,而徐徐地没落。

这一切的异质性,组织底不可能性,资本主义文化底矛盾性等诸事情,都在集团主义的意特沃罗几中被克服。

第五篇　集团主义的社会意识

第一节　集团主义底技术及经济的基础

问：什么处所可以求得产生集团主义的技术的条件？

答：在机器生产之中。它给人类劳动以新的性质，在劳动者间底共同劳动上造成新的形态；从此发生了新的思维形式。

问：什么是劳动者底新性质？

答：在手工劳动，器具必须直接加上劳动者底气力方才动作，而在机器劳动，——却是自动地（机械地）动作。在手工劳动，例如需要做一万遍的工作，劳动者须有一万回的努力；而在机器劳动，劳动者却只要照料机器——不断地运转机器，调节运动，祛除障碍，在必要时，施以检查——便行。在手工劳动，工事底机械的部分，全然堆在劳动者底肩上；就在工厂手工业中，劳动工作已经分开了时，机械的部分也还全部堆在劳动者底肩上，劳动者简直成为一员运动的机械。但在机器劳动，劳动者却显然减少了这一部分的劳动，侧重在别的部分即调度的部分：人是依了生产底目的，调度机器底工作了。

于是全劳动内容，起了变化。在工厂手工业之中，它是在企业者或监督者支配的意志之下，消极地服从而行的一系列的物理的努力。在机器时代，劳动者底机能便不限于服从和物理的努力；倒以别的要素——管理，注意，考量，以及机器发生了障碍时，创意——占主位了。

这些劳动要素含有怎样的意义呢？这在以前，是组织劳动所特有的。生产组织者底任务，经历了一切时代，都在规律，监督，并调度实行劳动者底行动。但这一切，现在已不是一个劳动者使别一个劳动者或别一个奴隶服从之类的关系，而是见于他和机器——那自身虽然没有生命，却能代替许多生物工作的所谓"铁的奴隶"——底关系之中了。就是，劳动卸却实行的部分，持有组织的内容了。机器底构成格式愈达于高度，劳动愈其发挥了这性质。在不完全的机器上，劳动者还不能不直接以他底精致的操作弥补机器不便手的操作；但于自动的机器,他就只要监督机器便行。

要之,新劳动形式,是实行的,却又组织的,把以前峻别为两个的劳动形式统一起来了。

问：这新形式可以认为已经发展完成了吗？

答：不然,虽在技术已经非常进步的生产部门之中,也还未达顶点；在资本主义之下,是不会达到那顶点的。这新形式底发展,如前所述,是有赖于机器底格式和那完成；但资本主义制度,却不很努力于机器底完成,而只计较企业家底利益。因为一切事实上的完成化并非都于资本家们有利益的。

资本家认为重要的,是对于雇用劳动者仅仅支付了必要劳动时间,而将剩余时间作为他底攒头。——这是榨取底本质。他购买了机器来替代一部分的劳动者,支付了全部劳动价值——生产机器所用了的必要劳动时间和剩余劳动时间——给别的资本家。乃是由于下面所述的这情况：

假定生产机器所消费的全部劳动量为一万劳动日,而劳动者一人一日底创造价值为一个卢布,则机器底货币价值为一万卢布。又假定用尽这个机器,一共经历了一万八千劳动日。这就可以节省了正八千劳动日。这个机器是于生产很有价值的。但是企业家设备了这机器,果然是有价值的吗？设如必要劳动时间为半劳动日,则正式工金为半卢布。企业家雇用劳动者一万八千日,每人每日给以五十戈比克,合计只需九千卢布,而以机器,代替劳动者,却须出一万卢布。——就不合算了。

这样,就是最完全的机器也不会被采用。现在机器底最高形式——还只有几个产业部门采用的——是自动式机器。用这种机器,整个生产物从始至终都可以用机器制成。但在作业过程较复杂的生产部门,资本家并不采用这形式。因为它是太要"高价"了。至于应用高级科学所成的自动调节的机器,则更为一般资本家所不乐意。

问：这新形态底本质是什么？

答：在机器上,劳动者主要的任务是运转底监督和调整。但这些机能,现在已有几分离了劳动者,而移转于更其精密而且敏速操作的种种安全调节机了。如调节汽灌中的蒸汽力,水力,或机械底速度的"调节机"就是。这是依自动式信号装置,指示劳动者有检察的必要,或在有障碍时,显示中止运转的事的。

机器设使发达到了完全自动运转,或至少近于完全自动运转,处理机器便只要极少数的劳动者便行。但调节,信号,以及一般调节的装置,虽被陆续移入,却是节省的劳动力惊人地少,而设备费却很大。所以资本家决不肯无谓地置备它。

所以在今日的产业里,并不会有这样完全的新形态的机器。所已有的,几乎总是破坏用的工具。战争商卖上的企业家,是——国家;国家是不求机器底价廉,只求破坏作用底迅速,准确而且圆满的。这就出现了近代技术底最高形式。例如水雷,能独自游泳,动作,破坏船舰,不但自动,并能在水里调节自己底运动。一切精致精巧的装置都可以绵密地施行;可以依照水雷射手所瞄准的方向和深度完全正确地动作,可以从始至终调节或上或下或左或右的临时的偏位。装置是非常复杂的。

生产上用的自动调节的机器,想必还要复杂。但这种机器,只有那在经济上不计较榨取底利害,而以生产者和生产底利害为根本观念的,集团主义的组织里才会得采用。

问：劳动性质中的什么变化,招来了这样高级的科学的技术？

答：是各种劳动形式底格外接近。在今日的机器生产中,"单纯劳动者"底劳动与技术家底劳动依旧有不可逾越的区别：前者底性质是手艺的,后者底性质是科学的。单纯劳动需要有关于机器的一般的知识,有受过训练的注意力及熟练;而技术家底劳动却需要专门而且正确的科学的技术的知识。

倘用有自动调节作用的机器,则更不能不提高单纯劳动底水准。在那里,劳动者必须时时比较各种调节机所显示的事象,判断事象底总体,从其所得结论,而考量机器运行上所必需的手术。他也如诸君所见的一般,一面是劳动者,同时是技师。这样,现在划然有别的两个机能,就被结合而为一了。

即使那时还有技术家——为劳动者群底指导者——底剧目残存,大约从质上看来,已与一般劳动者底剧目没有什么区别："组织者"也和"劳动者"用了同一的方法在工作,不过他是处理广泛的机械学的事实。劳动力底形式变成单一,只有发展阶段不同了。

问：共同劳动底形式是,随机器技术底各种阶段所生的劳动力底全发展,而有怎样的变化？

答：共同劳动一步一步从多种性移向于同种性。

在工厂手工业时代,资本主义已经极度地完成了专门化。劳动者成了特殊乃至往往异常微细事务底机械。他底全劳动内容成为若干特定的——随各专门而特异的——运动。在制针工厂里,拉长制针钢丝的劳动,与截断钢丝的劳动,并没有什么共通处。劳动底多种性是完全的,比在各种的手工业间还要大。但同时应当注意：从事于机器的劳动者,与组织它们的组织者(其机能纯然是"精神的"性质的)底劳动是分裂的。

机器生产却跃进地减削了这两方向底异种性。专门化固然依旧存在：各种生产部门不相合流,用了各式各样的机器,行着各式各样的技术的活动。但多式多样的劳动底部分,已经日益从人类移归于机器。劳动者底劳动内容,就使机器不相同,本质的部分也几乎是相同：其职能全在机器底监督,节制,调节,乃至必需的考量。手底操劳,在这一部分的劳动中已经日益失去了重要性和意义,虽然人称呼这劳动仍为"物理的"。劳动力底同种化的倾向,已经到处——尤其分明地显现在重要的产业部门内了。

同时,别的不同性,"精神"劳动与"单纯"劳动,即科学的组织的劳动与实行的劳动底不同性,也已逐渐减少了程度。如前所述,机器生产中的实行劳动已经带有组织劳动底特征。"知的"或"精神的"性质,显现于前景。以机械学知识水准底提升,和劳动者知识底普及,为其本质的前提条件。机器工学研究底进步——即由"自动的作业机器"的阶段进于"自动调节的机器"的阶段的进步——将更提高了"单纯"劳动力底水准,终致与科学的组织的"技术家"底劳动绝对地同化,是无可疑的。

以知识为基的同质的共同劳动,可以叫作"同志的"劳动。机器的生产已经使它很广远地普及于劳动者之间了；而随着机器生产,或更正确地说,在机器生产之上,还留存着权威的劳动,即科学的组织的权力。因此同志的共同劳动,在直接的劳动过程上现在还不得有那最终的决定的形式,完全的意义。

问：那么我们如何才可以建设这个决定的形式呢？

答：在同志的集团中,所有的劳动都共同决议,在必需时,又共同执行。在今日的工厂中,除了同志的共同之外,还有组织者底劳动；生产问题底根本决议,劳动者都不能参预计画,单单形成着一种实行者底同志的共同劳动。这种现象,只有一个条件可以限制,只有经济事情全机构底变更及劳动力向了更高的阶段升扬才能够排除。那是组织者也以同伙底资格加入同志的集团之中的,不过他底发展程度(不是格式)胜过别的罢了。

问：是否在资本主义制度内,劳动者底集团总为实行的集团？

答：不,在阶级斗争底领域内,劳动者是独立的党。那也成了同志的组织,因为生产过程将他们教育成共同劳动的形态了。他们也不仅实行,而且决议,而有完全的同志精神的关系树立于其间。不过应当注意,这种关系并非一下能成的。在阶级组织底最初的阶段,常以大多数群众底发意底不足,或不能充分监视指导者底选举,或更进而为盲目地服从各个卓越的指导者,以及其他种种形态,很明显地显现着消极的服从的习性。阶级斗争底诸条件,使同志的训练,与活动底集中统一并决断底迅速底必要性相联结,而使万人对于一个命令,不加批评或考虑地信赖服从其能力。

阶级内的关系底权威的残泽,是随着劳动者底意识底昂进而或则消灭,或则遗存。但遗存也只限于必要的范围之内,所以总之不能决定劳动者底精神构造,思维形式。

问：在现社会内,同志的共同劳动底集团能够成立到什么程度？

答：直接的结合——便在一个企业之内——也在随了资本积聚底增大,造出几千人甚或几万人底共同劳动。而集团底限界,又非依存于个个企业。

在资本主义之下,劳动力是可变的,企业底人的要素是新陈代谢着的。劳动市场若是缩小了,工厂作场就驱出了几千剩余劳动者；扩张了,又收容了他们,或更多雇了几千人。同盟罢工或关闭工厂等的阶级斗争,每每引起了这样的离合聚散。他们今天和这位同志共同工作,明天又和别位同志共同工作；甚至今天和明天底生产部门也不相同：劳动底同质性,为机器生产所扩大,劳动者可以从这一个劳动转业为别一个劳动。其修业期间,与以前手工业要接连几个年头的比较起来,期间短得多了。

因为劳动是这样地容易变动,所以谁都可以做别一劳动者底同志。社会斗争完成了巩固了这关系,并在实践上表明了他们利益底共通性。这共同利害普及于劳动阶级底角角落落,不但打破了专门技术或生产部门底樊篱,也且打破了民族及国家底境界；这就是在一阶级之中扩展成全世界的努力。

劳动者集团底这特质,早就引着人注目。但是他们底组织能力,决不是各部门中全一样,大概说来,程度都还是不高的。但是和生活底进步一同不断地在成长：资本主义底技术的经济的力,不歇地在形成全世界底同志的集团。

世界战争一时虽然动摇了这集团底团结性,但战争未休歇,便已开始了新的结成；我们见到那原因,在劳动阶级自己内讧所致的物价腾贵,现时正比战前更将这关系加强加深了。

第二节　集团主义社会意识底一般特征

问：从上述技术的及经济的条件所必然发生的是什么思维形式？

答：有如(下)一系列的思维倾向,——其中本质的是：

(1) 个人主义幻想底灭坏。有产者的意识以个人为一切利害,努力,认识,及行为底独立的中心;反之,新意识则以群,组织,阶级为这些事象底中心,简单地说,即以集团为中心。这是见地上的本质的变化。

(2) 抽象的灵物崇拜底灭坏。这如前头所说是个人主义底补足物,与它密切地结合着的。抽象的灵物崇拜,将种种的社会力都视为离了人而独立,例如以价值为商品底特性,以道德的义务——那社会底组织形式——为绝对的天上的法则。反之,新意识则以次暴露了一切这样的灵物崇拜,发见其实际的,社会的意义,同时并发见其历史的,过渡的意义。

(3) 权威的灵物崇拜底残余底摧毁。布尔乔亚意识,如前所说,决不能脱离权威的灵物崇拜,因为布尔乔亚世界,没有权威的组织手段,是绝对不能维持的。反之,同志的共同劳动,则在它自身之中,便已不分裂为组织和实行两个机能,而具体化于各个人中,有着互相接近而将融和在集团之内的性质。所以不论在实践上在思维上,都与权威的性质相反,作对的。

(4) 静学主义底残余底毁灭。有产者社会,是与权威的要素尤其宗教的要素结了密切不可分离的关系,借此以维持自己的。进了布尔乔亚阶级底没落期,这倾向,更与权威的努力一同加盛。这个阶级底任务,在于旧制度底维持,和促进新制度运动底压抑。所以不动性,不可变性等底观念,即静学主义,自然结巢在他们关于社会,社会问题或法律等的思维之中。他们底思维,适合于他们底意欲。他们很想尝试说明,社会内部底斗争,阶级和隶属等是永久必要的,没有这些,便不能有生活底进步。反之,新集团底任务,则在社会形态底最根本的最完全的变革。所以不变性,永远性等观念,对它自然失掉了根据。

问：这普罗列答利亚特底社会意识底一般的倾向,在资本主义之下,能够发展成为究极的形态吗？

答：不,在资本主义之下,有许多的要素壅塞阻遏着劳动阶级底意识底发展。所以在他们底思维中,必定可以发见许多旧的个人主义和权威的文化要素;它在普罗列答利亚特对于文化的发达还缺乏着物质的自由的时代,是不会完全消灭的。在资本主义制度之内,无法实现物质的自由：因为劳动者常困于贫穷,不安,和长时间的强制劳动,又不能选择适合自己性情的劳动。

劳动阶级,发生于小布尔乔亚,农民,和手工业者,当初是全部带了他们以前精神的贮藏物来营新生活的。加以他们又很受着大布尔乔亚,及在生产上指导他们的布尔乔亚知识阶级底文化的影响；所以劳动阶级，隶属着他们底权威，每于不知不觉之中，接受了他们底见解和观念。英国底普罗列答利亚特，在有产者的文化底教育影响之下是最久，影响就最著。在英国，工厂手工业时代，延续至二世纪以上；其他各国，则虽然都在生产底机器的技术完全形成了之后，方才迟迟进入于资本主义的阶段，却都能极迅速地经过了或完全越过了这时代。在工厂手工业时代，是没有一个普罗列答利亚有阶级的组织的。所以虽然英国在世界上经济的地位颇优异，英国劳动者一般知识底水准也颇高，在前世纪底阶级斗争中曾经发挥了异常的精力，但他们底文化的生活却还含着多量个人主义的和权威主义的残余，现今非用极大的努力和震撼，不能扫除它。他们到了现在，还有非常之强的宗教心，还很有布尔乔亚自由主义的法律观念，还受支配于小布尔乔亚的道德观念，尤其是家庭的关系，依旧还以妇女和儿童为附属品，以结婚为神圣不可侵犯。甚至在工会组织——Trade-Union——之中，还有好多人，以团结为单单共同实现个人利益的个人底集合。这种概念，完全是个人主义的，是一切小布尔乔亚的和布尔乔亚的团体（旧日行会，农民的宗法的消费合作，共同信用合作及储蓄合作，股分公司，辛狄克，托辣斯等）底性质。在新的意识，则组织底目的，乃在生活底，集团底，全体底力底发展，——而不在个人作为特殊的独立的单位。

  美国底普罗列答利亚特，其发生也是属于英国系的，所以也有很高的教育，而同时也有这一类特殊的保守性。通常都把这保守性，归于英美二国劳动者底生活，在前世纪中，比较地安适。但是劳动条件底良好，并不一定会唤起了社会意识底保守性——它不过可以在保守性已经存在的时候，做它存在底支柱罢了。倘若不然，普罗列答利亚为工金，和劳动时间所行的全部斗争就都可以视为阻碍停滞他们底社会意识底发展的了。在英美，虽然可以说劳动条件底恶化，颇颇促进了倾向隼团主义的运动，但那不是说，劳动条件底恶化自身是集团主义的，乃是说，它曾有破坏作用及于一般个人主义的宗教的幻影。

  别国底普罗列答利亚，其生活标准和知识程度都比英美低，自然不可不比英美底普罗列答利亚多学些事，但不必再走英美普罗列答利亚所走的路。总之，现今一切资本主义国内，都很迅速而且强力地，在劳动阶级之中进行着新意识形态底形成，和旧意识形态底破坏。从一种文化转化为别种格式不同的文化，这是一种巨大的变革；它虽确乎已经在现存各种要素底杂乱之中发现了，但其完成，终要到它所必需的一切的力都在经济上已经解放了的时候。

问：假若个人主义是起原于市场和竞争的，则当他还是做了劳动力底卖主，或商品底买客，而与市场关联着时，不是不能从个人主义解放他底意识吗？

又若权威主义的本质，是发源于支配和服从之中的，则劳动者底全部活动既服从着企业者及其代理人底支配，不是权威主义也不会被破坏倒要被保存么？

答：劳动者倘若仍像交换社会内普通的卖主或买客一样，个人地出现于市场上，那劳动者自然依旧是个人主义的。但是靠了劳动团结和阶级斗争，劳动者所以为最重要的交换行为——劳动力底销卖——已经变化为新形式了。就是有了罢工运动和工会组织之后，劳动者与资本家底契约，已经由个人的转变为集团的契约了。在集团契约中，劳动者就不是他底商品——劳动力——底贫弱的卖主，而是斗争的集团底一员；市场不会再在他们之中发展个人主义的幻影了。

劳动者做买客购买生活资料时依然处于市场底影响之下。但这部分的影响，也已被全组织过程所摧毁。普罗列答利亚受了共同斗争和集团契约底教诲，就是为买客时，也想作集团的行动了：这就发生了"消费合作"底组织，就是所谓合作运动。而工会和合作社底组织，就不但代表劳动者底物质的利益，使他得到经济的利益，而且实际有着意识形态上的教化的意义。因为可以使他解放出于市场底个人的竞争，就是使他发生布尔乔亚意识的竞争。

劳动者和他在生产中所服从的人的服从关系，自然教育了他们成为权威主义的思维，当劳动者将它领受作为自然的必然的现象，而劳动者在工厂中的关系又是所谓"宗法式"的时候。但一到了劳动者和这关系相抗争，明了他们底服从实际是强制的，堆在他们头上的权力是属于别一个阶级的时候，权威关系便不能支配他底思维。因为它已失去真正共同劳动关系底性质，已经没有什么教化的作用了。服从的强制，反而破坏了权威主义的精神。例如布尔乔亚所尝和它斗争的封建特权阶级底权力，就曾反而在布尔乔亚之间提高了个人主义的精神和对于个人自由的憧憬。在普罗列答利亚阶级，结果也是一样，所不同者，只在对于权威主义不生布尔乔亚个人主义，却生集团主义：憧憬着阶级底解放，以至人类底解放。

第三节　劳动因果性

问：劳动因果性是什么？

答：是以机器生产及机器生产所生共同劳动底更高形态为基础发展所

成的,因果关系底新概念。

问:在那基础之上为什么发生了因果关系底新概念?又交换社会所特有的旧的——因果的必然性——观念是否还得继续存在?

答:由于"因果的必然性"是发生于经济关系底力支配着人类的交换社会底"经济的必然性"。这力是依存于整体上共同劳动底无组织,即所谓"生产底无政府状态"的。而集团主义却意味有组织的社会共同劳动底发达,并与生产底无政府状态斗争。因此,劳动者就使未被解放了经济的必然性底支配,也已被动摇了影响及于他底思维的根柢:人们对于市场及资本主义底要素的势力,已不以无力的个人和它对立,而以结合在组织中的阶级集团和它对立,不但不肯屈服而且开始和它真实的斗争了。发生于支配人类的权力的这抽象的因果性,在这时代,已不能使新意识满足;这新意识就造了别的方法,以理解各种现象底一般的关系。

答:这因果性底新形式,从何发生,并且是怎样的东西?

答:从生产过程发生。本质上无非是机器技术底一般方法底表现。

机器技术底本质,在于力底有组织的有计划的应用,用科学的术语来说,就在力量底转变。石炭与空中的氧气结合,在炉中造作了热;热在汽罐内,变为气压;在汽筒内冲动了鞲鞴,顺次转动了飞轮,传动引带,及旋机。由旋机底运动,给予加工材料以种种的变化,制成一定的完成品。旋机也可以用电力使之转动。电气底力量得自发电机,发电机则取力量于水流或瀑布。有时,也取力量于风力,更小规模的,且可以取力于马力或人力。又由同一的源泉,我们也可以使它不作这样机器底运动,而生产别的生产品。——我们可以造光,可以造制化学的力量及其他。

这是什么意思呢?就是劳动集团可以使一切自然底过程成为其他过程底源泉。劳动者底努力,也是其中的一种;它往往可以代替别的力量源,别的力量源也往往可以代替它。当机器破损了时,劳动者就不能不代机器工作;但机器代替劳动者工作的更其多。机器替代了人类,将人类排挤了。依据经验和科学所示,这样的转变和交替,将要无穷地连续开去:自然界底一切现象,将都可以成为别的现象底源泉。在劳动集团底全生活中,不论任何瞬间,事实底实际关系如此。所以这关系自然也就成为他底思维底典型,理解因果性的方法。原因是力量底源泉,从此生了结果。但原因自身也有别的原因,就是那力量也来从别的源泉,——这样无限地连接开去:因果性底连锁总之就是力量转变底连锁。

劳动集团想动用技术的力量源于他底目的,就不能不向什么一处去摄取了来；并不能自行制造：所以在劳动过程里并不会创造出力量。又使劳动偏向在不意的反对的方向了，也只能将它转化为有用或无害的形态，而不能消灭它；所以在劳动过程中，也不会消灭了力量。所以力量，分明无论在原因，在作用，都是一样强：原因总就等于作用。说得更正确一点，就是：原因等于直接的结果底总计。因为事实上原因决不止一个，常常转变成为各式各样的形态。在机器生产中，劳动是榨取自然底力量的，但决不能榨尽了它底源泉。热底力量，决非全部致力于蒸汽底形成，也有一部分消耗于烘暖周围无用的物体；气压也不是全部都化为机关上有益的运动，而有一部分变成了机器各部分无益的摩擦及其他。力量源总都转变成为有用或有害的结果。

这个结果，自然是在某特定的际会是有用，而在另一特定的际会是有害的，所以并不是它自身是有用或有害。蒸汽作为气压是有用的，破裂了汽罐，便危险了；磨擦对于鞴鞴底运动是有害的，但对于用带联动底继续却又必不可少。从一般的见地即从整体的劳动集团的见地看来，它在全实践中，即非有用，也非有害，所与集团有关系的，只是力量底形态。所以在劳动因果性中，原因无非是各种作用——无所谓有用或无用，有害或无害底区别——底总计。

问：这新的"劳动因果性"，是否就是布尔乔亚科学所创的普通所谓"能量不灭"底法则？

答：能量不灭底法则，在现今物理学及哲学所给的形态中，事实上是因果性这新概念底起原或萌芽。不必说，它正是发生于机器生产的，前头已经说过了。但它还不是新的集团主义形态的因果性。因为现今的科学还受支配于交换社会底意识形态底法则，因此关于"力量"，也还持着同样的见解。

现今大多数的学者，决不像我们从劳动集团底见地说明的这样理解力量：他们以为这个观念，并不依存于人类底劳动。他们说这关系约略如次。一磅石炭底化学的力量，由燃烧而变为若干的热单位（热单位是我们计算热力时所用的单位）：这究竟是什么力量，取了这两个不同的形态而显现的呢？他们底见解于此就分裂了。有人假定说，力量是"实在"或"本质"，被包含于现象中，或由现象而成立的。又有人说，力量是于我们无关，"它自身"不变地"永久地"存在自然之中的。新的意识能够承认这样的说明吗？断乎不能。新的意识以为：假如没有利用或想利用它的什么，就是假如没有劳动集团，"力量"就不能成为问题。而且我们观察了一个现象不绝地变为别一个现象,例如昼变为夜,冬寒变为夏暖,——也决不会想将第一个现象,技术地,计划地,创造为第二个现象,——因此也就不会有什么怎样使昼底光明底力量变成夜底黑暗的问题。

此外还有人说:自然界中,并不含有力量,它只存在思维之中,它不过是一种"象征"或"记号",不过是一种人用以记载事实关系的东西罢了。这也不能得新意识认许。由新意识看来,这决不是二三学者所制造的象征,乃是实际的劳动力,或实际的障碍物。"力量"应当解作与自然真实的斗争,与已存在或将存在的自然势力底轧轹,决不是头脑中所制造的"象征"或"记号"。

这二种旧的力量概念及其他学者所造的种种中间形态,都因为离开社会劳动这现实的基础,与抽象的灵物崇拜所常为的一样失了真实的内容,而都不正确。力量是社会对自然的实践的关系底表现,也只在这一点有意义。假如海潮有一定量的物理的力量,一磅挥发油有一定量的化学的力量。那客观的涵义就是说假如生产完全支配了某现象,能够为了那目的榨尽了力量,则因此便可以克服了自然障碍物底一定量。

因此新因果性之中,乃含着自然之集团主义的支配这理想。它将随了新因果性底浸润,深入于大众底思维之中,而一步步地在一切点上改变了大众底思维,从这之中组织起新的思维形式来。

第四节　科学底发展倾向

问:集团主义先变革了什么科学领域?

答:社会科学。去今五十年前,大思想家马克思,已经意识地代表了普罗列答利亚底见地,给历史,国民经济学,及部分地给思辨哲学以朝向集团主义改革的方法和原则。从此以来,这改革便开始了。

问:这改革底本质在哪里?

答:以先解释人类底历史,或取权威主义的意义,或取抽象的灵物崇拜的意义。有人以为历史是由支配者,英雄,天才,从一般说,是由权威者权力者底历史,在里面决定世界底运命,而专留意他们底英雄的行为底历史。也有人以为:历史底本质在乎观念,科学,或道德律底发展,独立地进行,依据它自身底法则,致观念影响于人类底行动,而历史上的事件也依存于它。

马克思证明这些见解都不过是素朴的或皮相的,都不曾把握着历史底真际。人类底历史,首先是生产过程底发展,是社会与自然之间底斗争。在生产过程之中,发生并且形成了人类底经济关系,观念即依存着它。人类——不论是权力者或隶属者,是英雄或民众——都从属于围绕他们而他们养育于其中的生产方法和经济关系,而生活而行动;引导人类的观念,不过是反映这生产方法和经济关系的东西。社会的劳动,才在它底运动和它底形态底变化上,是历史底根柢。

马克思暴露了旧国民经济学底交换灵物崇拜性及其布尔乔亚的阶级性。他证明交换价值——先前的科学,仿效商品生产者祖先传来的思想,以为是商品底特性的——实际是社会劳动底结晶;又证明资本,普通经济学混淆作生产手段的,是一种社会的关系,而且就是生产手段所有者显在没有生产手段的劳动者身上的一种力。从这观念出发,就可以说明经济生活中一向不能理解的许多现象,并且可以预测资本主义制度底趋向,终于发见了暗示必然转换为集团主义的发展倾向。

马克思暴露,解明了交换底灵物崇拜性:确证了它是发生于交换组织,有历史的必然性,客观性,即社会的有用性和受商品生产底制约,——同时又从别的更高的如今正将成立的关系,就是集团主义底见地,确证它底原则的"谬妄"。这样,他便奠定了思维方法底科学研究底基石,即依生产方法说明——我们现今正在学习的社会意识科学底基石。

问:为什么最新,最落后发达的社会科学倒反因集团主义的精神而变革得最早?

答:因为在社会科学中,这种变革是最必然的。这个科学底对象,是——人类底组织;因此旧的,个人主义的阶级所造成的形态,自然不能应合新的——集团主义的——阶级底组织。

问:在别的各种科学如自然科学,数学等,也有这样的变革吗?

答:当然有。这些科学也不能不于新的思维形式之下,在新的光之中,以另样的联系显示它底全材料。抽象的灵物崇拜底排除,总之要无条件地变革了许多的事物,特别是原则的理解。这已经说了几遍了。算是研究天体的纯粹科学的天文学,——就将成为关于在时空内指示人类劳动正确方向的方法的学问。——法则公式,或许仍然那样;设使没有新的事实和观察材料,一定是仍然那样的罢;但是解释,内容底分类,方法底说明,本质的和非本质的底区别,一经不以天文学的事实为"绝对物",而与社会劳动底实践相分离,却在与它之间的活的联系里观察它时,就立时起变化。别的所有科学,也一样。

问:这样的变化是不是有用的呢?不是向纯粹真理努力,倒常引起优秀的科学的发见,而有非常之大的实际的意义?把真理问题和实际问题结连,倒反失了非利己的理想的性质,而使认识不能深刻而有力吗?

答:向真理的努力,决不至于因为人们经验着真实存在的事物,而遂减少了力量,或竟失却了公平,只有因此得到另样的更高的形态。

各种文化体系,各自发达了观念的努力向真理的独自的动机。封建时代底预言者,力求神圣的真理:倾耳于灵魂底内声和自然底素朴的声音,而从中发见了神底启示;真理,在他们是高贵而且神圣的;他们恐怕不会懂得探究所谓单自存在,与高的权威者没有关系一类的纯粹赤裸的抽象的真理。——反之,在交换组织,即极热狂的文化之抽象的灵物崇拜之中的学者和思想家,却被渴望激发了绝对的真理,"真理自身"的观念,而不能理解对于天国的启示之类严肃的憧憬;同样,也不能理解对于那为集团底劳动经验底活的生产物的,为对自然斗争的社会的武器的——真理底努力。而涵濡于共同社会底本能,与人人交感的集团主义者,却又觉得,断离生活的所谓真理自身,是空虚的,没有生命的,因此也就是没有趣味的,真理总要成了集团过去努力底表现,成为未来胜利底武器,方才可贵而复可亲。

新形式的真理,不是与实际的问题"混和",乃是回复从个人主义和专门化时代断离了的与实际生活底统一。

问:新认识,不是比较过去的认识复杂得多吗?

答:一切更高级的形式,都比过去的包含着更多的内容,因此都更其地复杂;但也比低级的更调和更完全地组织着。所谓"价值是价值","劳动是劳动"的话,固然比所谓"价值是结晶着的社会劳动"简单,但前一句话,是将交换底领域,和劳动底领域分裂地认识,包含着许多不可解的东西。——第二句话,是将交换领域和劳动领域结合,将在先底不可解也给解明了。科学既同归于它底根源,社会的劳动生活,就容易理解社会的劳动生活,也容易理解自己。

但是,这也不能不将人类区分为种种社会的类型。倘是一个境界狭窄的专门家,一个远离整一的社会实际生活,对于实际生活毫无理解的专门家,他去处理与他专门知识缘浅的领域,也将徒然昏迷,绝无所成。一个足不出天文台一步的天文学者,去驰想天文学如何依照时间底规律,分配劳动底各种要素,组织着全世界底生产,是困难而且是无用的事。但在劳动着斗争着的人,却总将天文学作为组织事业底科学,因为他们已离了作为"纯粹"知识的天文学等几乎在无穷远的那边了。

问:集团主义的科学,也保持着以先的专门化吗?

答：并不破坏专门化，但已本质地变更了专门化底性质。——正如前面所说，生产中机器技术底高级形式变更了技术底性质一样。最近，就是旧科学中，也正急速地进行着，各部门科学方法底接近，一向彼此分离的科学，都已开始汇合而为包括新科学。例如以一向分离着的几个部门底全系列为基础而成的一般物理学底发达，便是一例。集团主义将更促进了这等趋势，是显然的。虽然这个趋势，现在还只没有什么计画性，没有什么组织的研究地进行着，但已经在统一一切部门的方法上开着路，大约不久总要表现在新的思维之中的罢。一朝能够理解一切科学都是社会底劳动过程底——不可不无条件地调和而又统一地形成的——组织工具，必将意识地提出了下述这问题，要将这用具造成调和的完全的整一体，并造就一般的方法和一般的见地，以结合一切科学的专门。

这个问题在资本主义之下，能够解决到如何的境界，而集团主义社会又须实行它到如何的程度，自然难以预料。然而倾向是很明了的。科学一定是"一元的"。在其中必须建立共通的方法，结论，及支配一切领域的法则底体系。在各各领域中，则有补充它的，特殊的专门的方法，结论，和法则；那共通的基础愈加发展，那专门的方面将愈被克服。

因而别异部门间底排他主义也归于消灭；由这一部门移于别一部门，都与机器生产中从这一专门转换为别一专门一般地可能和容易。劳动同质性底程度，在理论范围内，也将如它在实践中急速增高一般地增高。

现在我们还不能具体地预想将来的科学——正与不能正确预想集团主义的构造一样。但科学发达底方向，乃至一元科学底构造底本质的特征，却便是现在，也可以认知了。

问：那时哲学将演着怎样的剧目？

答：哲学所有的任务和研究领域，如前所说，在于统一地把握各别的认识。科学既趋于一元的形成，哲学自然失却了意义——一部分因为不必要而崩坏，一部分留着转为一元科学底内容。后者自然与立在集团主义见地上的哲学异常地有关系。它现在——正在追逐集团主义的科学底后尘——开始发达着。

旧哲学，即游离于从事对自然的直接的物理斗争的阶级的哲学，为主的是世界观，竭力想给予世界以满足认识的形象。新的世界概念——以变革世界及科学，指导其实行的实践方法底全体为根基的活动的劳动的概念——却不是世界观，是对于世界的态度。

第五节 艺术底发展倾向

问：集团主义带送了什么新的东西给艺术？

答：首先是解放了一切灵物崇拜的新的艺术概念——认识艺术之社会的本质，社会的意义了。

又由集团主义导引了为新文化力的新艺术底发生和发达；先在资本主义框内，成了一阶级底艺术，——后在阶级消灭之后，成为包括了全人类的艺术。

在这新艺术中出现的主人公并不是个人——个人的利害，个人的行为，个人的运命——而是作为阶级的集团。对于个人，虽然以社会，自然，乃至人类，为敌对的势力，而与之对立；在集团，乃只有以自然为敌，而与之对立。

问：依据新的艺术概念，向来的一切艺术都要被废弃被否定吗？

答：断乎不如此。不过被以不同的方法把握，被放弃集团主义的意识之中显了不同的光彩。一切高度的艺术，都是由低度的艺术，领受了艺术的遗产，而依其独自的样式利用它的。

封建时代底艺术家，雕刻了神像。在他及当时的人，这创作品是有宗教的意义，将权威的感情和思想，具体化了，崇高而为表现组织权力底形象。但是这雕像假如在个人主义的交换文化时代被发掘被发见了，就使还是作为出色的艺术作品而有重大的价值，它底意义也已经完全不同了。这已全然不含宗教的意义：只对鉴赏者，显为纯粹的个人的美及力底形象，或美及力底观念具体化。但是假如它在集团主义的意识时代还存在，它又将另有新的意义：人又将在这雕像中见到而且感到艺术家所表现的集团底——共同团体底，种族底，阶级底——生活思想。就是见到这个集团在几世纪中的努力，感情及信仰底共通的表现了。

同样，读了现代的小说和戏曲，也可以从中见到个性困斗于内面的斗争和外部的冲突之中，意识的集团主义者可以在这个性底阴面或他底动机底背后，见到当时社会的构造和社会势力底斗争，以义务和感情斗争的形式，各式各样地反映在他个人的性格上，——见到几世纪来旧的因习和灵物崇拜，怎样加压迫于正在伸长的生命。

集团主义，是以新的艺术改造旧的艺术，为它目的的教育手段，组织用具。

问：在资本主义之下，能不能由一阶级底集团主义创造艺术呢？这个处在被压迫地位的阶级底缺乏闲暇和物质的手段,不是很难克服的障碍物吗?

答:自然常受压迫的阶级,并不能怎样大发展其艺术的创作,原来(原文缺失)

(1) 艺术底发生,并非倚仗闲暇,乃是倚仗集团所特有的感情和思想底状态;这状态,正形成于劳动和斗争之中,不是形成于闲暇的时候。所以古代农民,那比普罗列答利亚更受压迫的阶级,也曾发生而且发展了一种风土的艺术。

(2) 拥有几百万人的一个阶级,只要能够在经济斗争中夺回了半小时或一小时的闲暇,其总量也就比地主阶级自由时间底总和还要多;集团设若意识着自己了,定可以从几百万的小时之中结晶出个人底几百几千的创造的小时。普罗列答利亚出身的富有天才的诗人或音乐家,决没有留在工厂的必要。他们不如完全放弃了做无产者团体底秘书,管理人,做着作家,政治家,或学者底工事,而做一个艺术家,更于集团有益些。集团主义充分确定为思维和努力底一个体系了之后,将会产生出很多创造的天才来的罢,而且不但从普罗列答利亚,也将从别的阶级出来,和先前从贵族出了布尔乔亚的艺术家,如今从布尔乔亚知识阶级出了普罗列答利亚理论家一样。

现在虽然还只有新艺术底萌芽;然而新艺术总已经存在。新艺术底发达,定会促进了集团底结合及其力量底组织。它底意义决不能以创作物底数量计算。在阶级社会之内,它底数量决不能多。它底意义只能依集团,经由了他们底代表者,在艺术之中,将自己,调和地,生动地表现到如何的程度而判断。表现越深彻,越强烈,越有教育大众的新艺术底力。这力,可使他们拥有旧艺术底宝库,而不为旧见地所屈服,能够从那中间探出自家自身底见地来。

第六节 社会的规范

问:集团主义创造法律的规范道德的规范等社会的规范吗?

答:自然,已经创造了:有与道德同意义的同志的连带责任底规范,有等于法律规则的组织规约。

问:这些规范与旧文化所特有的规范,有什么不同?

答:(1) 因为所组织的是全然各别的生活,所以内容也全然不同。新规范底"精神",即原则,无须说,是同志的关系。这原则,是旧文化所不曾知得,而止于在公共团体,行会,或其它组织体底道德要素中有了萌芽的。

（2）新概念形态解放了权威的及抽象的灵物崇拜。法律和道德，不再是高高的权威者底命令，不再是祖先或神灵底垂训乃至向来的因袭，也不再是"绝对的正义"或"义务"，或个人良心底绝对命令底表现。只是组织体底结合，团结底规范。

问：这规范有没有强制的性质？

答：有，在集团主义底现在的阶级状态里，是有强制的性质的。它是劳动阶级生活于其中的社会的斗争条件底结果。破坏同志的连带责任底规范的，无异增加敌人阶级底力量。所以想积极克服了这种人的努力，就在规范中现为强制的感情。例如破坏罢工者底心中，其感情就常唤起了自己嫌恶的感情，而为内部的主观的强制底表现。

问：这种强制的性质，在发达了的集团主义社会内也还留存着吗？

答：当社会底内部斗争，已经消灭了一部分，而还有阶级斗争底残余与反响留存着的时候——即新时代还没有完全为集团主义的精神所教育的时候，这性质是还留存着的。但若满足了上述的条件——现在可以预测——自然失了强制底根据，强制必归于消灭。那时，社会的规范，大概只是一种组织的目的上的规范。正如技术的规则只是一种技术的目的上的规范一样。那时或许还有犯行人；但大抵不会将他看作敌对的社会势力底代表，而只如不懂技术的或科学的规则的患精神病者模样，将他作为"门外汉"不全人看待了罢。对于犯行人，或者还有强制。但将如今日强逼患精神病者进精神病院一样，不会有丝毫的敌意。

这样，社会的规范便失了与法律和道德底最后的类似性了。

第七节　世界战争中普罗列答利亚社会意识底危机

问：世界战争，对于集团主义的社会意识底发达，演了怎样的剧目？

答：这次战争，对于普罗列答利亚，引动了异常的意识形态上的危机。这个危机底历史的意义和历史的重要性，在于将在各种文化领域中的新社会意识底部分的形成，转变为全体的形成，就是它底统一的组织化。

问：实际上，这个危机显现在何处？

答：这曾经过两个阶段。第一个阶段，是普罗列答利亚意特沃罗几突然的崩坏，普罗列答利亚大众和普罗列答利亚思想家带了国家主义军国主义的倾向，向着布尔乔亚意识形态动摇。第二个阶段，是以与这类倾向断乎分离的方式，回归于国际的社会主义的阶级意识而为深沉的革命运动。

问：向军国主义和国家主义动摇，当初是因何而起的？

答：由于两个契机：（一）来普罗列答利亚到处被人武装，对此没有什么抗争，便去参战了；（二）来普罗列答利亚，因为他们底意识形态发展微弱，还不能从阶级立场，理解，把握参战的事实，又不能以普罗列答利亚的意识形态来组织这新的经验，因此帖伏地屈服于非普罗列答利亚的意识形态。

问：由于什么历史的条件，普罗列答利亚毫不斗争，反抗，而去参战了？

答：依从他底生产的性质，劳动阶级当然要反抗劳动力和劳动生产物底大量的破坏。然而世界中无论什么处所——连普罗列答利亚最有组织的德意志，——也没有这样充分的力量和团结，可以和那巨大的几世纪来构成形成的国家机构，当它正有集中的斗争手段和准备，完全武装的时际，和它对抗：他们底受屈于布尔乔亚意识形态，实际是无法避免的。

问：普罗列答利亚底实际不能逃避战争或拒绝参预战争，岂不是并非由于普罗列答利亚底意特沃罗几不甚发达，由于他们意识必然地转换为战争的爱国主义的意特沃罗几吗？意特沃罗几倘是组织阶级底生活的，则除爱国主义的战争意特沃罗几以外的任何意特沃罗几，也不是应该不能组织无产阶级与其参加的战争关系吗？

答：不，强迫人参加战争决不能促进人转换为任意开战，而又强迫国民参战的阶级底意特沃罗几。

问：那么对于他所被迫参加的战争，普罗列答利亚独自的意特沃罗几底态度，是表现在什么地方了呢？

答：这不能不表现在循理地演成的关于资本主义社会底构成的阶级的理论上。这理论说：劳动者各个人底劳动力，是只有卖给了资本家的时间，才属于各个资本家。但所有时间，作一整个看，仍全属于资本家阶级。因为劳动者，除了出卖其劳动力以外，无法可想；劳动者失业的时候，只有做所谓"产业预备军"底一员，待着资本家来买。国家是整个的资本家底支配机关，是全资本家阶级底权力底具体化。所以普罗列答利亚底全部劳动力，不论何时，只要缓急有用，都属于国家；而劳动力是与劳动者底生命身体，不可分离地结合着，而且具体化在他们之中的，所以劳动者底生命身体，也属于国家。这是客观的，社会的事实。劳动阶级底组织的水准既然低，自要屈服于外部的环境。所以国家将劳动力，乃至将劳动者底生命和身体，利用作战也是当然的，循理的云。

战争事业底破坏的性质，自然与生产阶级底现在的努力矛盾冲突。但这样的矛盾,实是一切被压迫阶级所不获免的事。普罗列答利亚以反抗资本榨取劳动为自己底任务;而他们自身却产生了剩余价值给资本家。同样——平时也不劣于战时地——往往被用于破坏的行为。大炮,子弹,防御工程,军舰底制造,战术上道路底探查,弹药底制造,军装和粮饷底生产……凡这一切,都是以战争为最后目标的一串的锁环。锁底任何一环,都与别的一环同样的重要;若是参加印刷战时新闻的排字工人,或是参加制造军装的纺纱劳动者,自己以为他底工作是全然和平的,并未参加破坏事业,实是小孩模样的自己欺瞒。这样的自己欺瞒,只有那论理的地,孤立的图形的地,将他底"我",他底意志,他底行为,完全离开了别的一切来想的个人主义者,才在论理上是可能;在就劳动共同社会内考察人类,又在组织的统一体中考察现象的集团主义者,是想不通的。这正同制造大炮的劳动者,自以为不曾发射,以为为发射目的的武器,也只要不发射便无害,而自以为是从心底里爱和平的人一样。关于这种现象,在个人主义者虽然是有重大意义的道德责任的问题,在集团主义者则以为是全然不当提出的,所以不成为问题。

　　劳动阶级既然没有防止战祸的可能性,又为客观的势力关系所左右,不能不参加破坏的战争行为,他们只有将这状态看作一种事实而承受它,但不能不采取一定的态度,如对于别的——他所不以为然而在一定时候必不可避免的事实——一样:当他们屈服于可悲的必然性时,仍当提高其中所藏的一切积极的要素,在其限界内尽量使它发展。所以劳动阶级虽屈服于资本主义底榨取,也当利用,增强,扩大资本主义给他们的客观的关系,和在这关系底基础上产生的集团意识,竭力将它组织于生产过程。又劳动阶级在和平的时代,屈服于军纪森严的军国主义时,也当竭力利用其弱点,使落后的大众,明了全资本主义制度底真性质,同时并利用军事训练底各种要素,以作自己集团训练底材料或根基。劳动阶级对于战争——军国主义所引发的灾祸现象也当取同样的态度。

　　问:劳动阶级能在战争底破坏过程中发见有益于自己发展的东西吗?

　　答:世界战争,显然比平时的军国主义更提供了许多的材料,表明资本主义制度底性质,有盲目的自然力,浪费了一切有生无生的生产要素。这些材料,就是意识最落后的民众,也可以明白地理解。当对于战争底教训作计画的对策时,战争底极重要的教育的意义就在此。战争底组织的方面,更藏着本质的积极的要素。

　　战争引起无比的组织的劳动,引起人类底统一及集团底组织能力底无比的紧张。组织问题,是生死问题。组织上的错误,每以人类底死亡——往往多至几千几万人的——和材料底破坏——往往价值几百万的——为结果。组织的劳动,不论在经济,在军事,都基于非常广泛,复杂而活泼的创意。我们只消一想任何军事集团——就是那最小单位的连吧——底经营底复杂,便可以通晓。在这异常的而又变化无穷的条件之下活动着的形式上的共产主义的经营,决不能放任给二三暂定的官长,而且往往偶然的官长底处理,与此外人众机械的规律;断乎非一切的个人都能随着他底组织意识底比率而自主地参加不可。关于军事的行动,也是一样。在战争中,各参加者及各集团单位底运命,正依存于能将一切可以自由处理的要素——自然的条件,技术的手段,人类底努力等——急速而又适宜地调度,即本质上正依存于组织的劳动。而这并不能专赖官长,必须一切参加者,都能按照他们底意识和能力底程度一齐地实行。战争中技术的活动及其发意底剧目底扩大和复杂化,则更不必说。这些组织的努力,并不限于活动中的军队,乃包含了该国全体;即使紧张底程度有差,其巨大与深切,是全然相同的。

因此,战争在其性质上是一个良好的组织学校。从社会意识的见地看来,劳动集团底任务,在乎从这个苛酷而不能逃避的学校里尽量学得种种组织的经验,组织的习惯,和组织的能力,以为将来之用。解决这个任务,必须采用严密地客观的态度,去对付战争,并对付被强迫参战的个人及集团所提的一切要求。

如若采取别的态度,例如部分的个人的地,不与大众结合反对战争,而只对于战争行为实行怠工,就将发生相反的结果:虐杀和破坏,并不因此减少,不过使其延期;组织的经验,一无所得,而生命和怠工底努力却白费了。

这个问题底解决方法,自然只有一个阶级群起反对战争的时候,才有妥当性。

问:普罗列答利亚大众底当世界战争之际转变为布尔乔亚的国家主义的见地,最初显现在何处?

答:见于误解战争底原因和目的,及解释各阶级对于国民战争的所谓"举国一致"中。

问:普罗列答利亚方面对于战争底原因和目的,何以有误解?又须如何才可以有正解?

答:战争勃发之后,发生了谁应负责的问题。原先的劳动集团主义的意特沃罗几,对于这个问题,只能给一唯一的解答。那解答底本质的骨骼,是关联了旧来战祸底预测而成的,所以曾深信不疑。以为世界战争,是资本主义底必然力所制约的恐慌,随又引起军国主义底无限膨胀,其终极是战争。国家是资本家阶级底国民规模的组织；国家相互间底关系，也与企业家间底关系一样是无政府的。国际的无政府的状态，与各个企业家争夺特定市场底支配权的那竞争一样，表现为市场支配的斗争。其结果也一样：各个企业家底竞争，驱使他们，无限制地而又不与别的企业相调和地增加了生产力，终至引起世界恐慌——商品生产过剩；国家资本底竞争，驱使国家——他们所组织的权力——无限制地发展了军国主义，终至不可避地引动了世界战争底危机。所以战争云云无非是采取国家形态而组织了的人力底生产过剩的恐慌。战争底责任云云，也该在非人的资本主义底必然力。然而使这必然力负责，是非科学的，也是无用的。因为在一定期内，人们不能不屈服于这必然力，云。

从国家主义的布尔乔亚的意特沃罗几底见地看来，战争诱发者仿佛总在敌人方面，所以总想使敌国经济衰微，一切破坏以为罚，自然就是自以为利。两交战国方面底普罗列答利亚大众，最初都曾抱了这样与集团主义的思想原则相违的观念。

在后发生了的，就是有名的战争底目的这概念。以为"责任者"——即敌国民，是由掠夺的征服欲，开始了攻击；所以他们是野蛮人。对于野蛮人开战，即所以拥护文化与和平。向来布尔乔亚的思想家，是都懂得这样，将战争掩蔽于道德的灵物崇拜的大衣之中的。

问：什么叫作举国一致？

答：就是诸阶级底合作，劳动者与布尔乔亚阶级底合作，而且不是平时那样物质的，强制的，乃是在所谓战争底"最高的道德的目的"这个名目之下所行的自发的，精神的合作。

最能明白解释所谓举国一致底意义的是德意志。德意志社会民主党，一向以为是国际普罗列答利亚特政治的前卫的社会民主党，从开战第一日起，便在宽容的国家监护之下，参加了举国一致。而且他们以前叫作贵族和布尔乔亚泛底国家的国家，现在已变成可以叫作"国民国家"的国家了。

客观地看来，这社会民主党底国内组织事业，是于他们所住的国家机构有益无疑的。当全国底势力都已动员，成为整个的统一体而活动的时候，扩张各部分底组织，常可增高全体底力。它不要求社会意识底变革，只严密地对于一定的形势采取客观的态度。社会民主党，对于本国组织的最大的贡献，可以下述的情境为证。就是当它采取先前的态度而行动，实际上破坏了"举国一致"的时候，例如他们抑制地主底贪欲，为求肉及面包券或为减价而斗争，又为反对滥施军事检阅而奋起的时候等。但他们却于"举国一致"的精神之下，全然变更了这样的行动，例如承认战费预算，就不触及那物质的事情，只举出无数好结果，以欺骗大众。好像战争必须得德意志劳动阶级底协赞而且仿佛已经给了协赞了。其实，在当时劳动阶级底力量底发展阶段上，国家开战，并没有顾虑劳动阶级意见的必要，也没有得它协赞的必要。

在别方面，举国一致反给德意志底努力以物质的损害，就是举国一致，出来反对支配者一团底利己的利益，反对堕落腐败的官僚底权力欲，反对无能的官吏，反对战争底继续，反对掠夺的讲和条件底缔结等斗争时。这等情形，曾经卷起了空前的混乱，且使正确地规定举国一致底限界，成为不可能。例如农民党认抗议面包腾贵，为是举国一致底残酷的破坏，却认检阅制度底极端严厉化，劳动者新闻底压迫，劳动时间底延长，乃至农业劳动者底奴隶化，为当然的事。

所谓举国一致，就一般而论，全然是劳动阶级底精神的奴隶化底实际的表现。还有，这是意特沃罗几底社会的组织的剧目底极明了的一例。在此地，陈腐的意特沃罗几把各式各样的敌对阶级，融合为一个国民大众，而组织于共同的行为——这于一方是与生存问题也矛盾的。而这意特沃罗几，又是凭空捏造的，不是本源的生活要素。所以这种混乱只是一时的，终究不能不为那与它矛盾的生活利害底更深的力所摧毁。

问：就使只是一时的，为什么一向为自己底独立而奋斗的阶级，一时竟也发生精神的隶属呢？

答：意识形态所能作用的范围，——也与别的一切组织形态一样，——不能越出它所为作成的范围之外。战争爆发之初，劳动集团底意识形态，还不是浑然有体系的文化。还不过是萌芽，作为分离的要素而存在，才发展了的不过是各个部分内的事，还决不是调和的活泼的整一体。那时，他们还不曾造出可以独自随处应用的论理。已被应用新思维形态的现象，不过是如下的情境。就是劳动阶级，已经积下经验，而其直接的利害和要求又不许他固执以先别的阶级所造成的见地之类的时候。因此，他们自己能够变革的，在各种科学之中，不过是经济学，和一部分地历史。至如普罗列答利亚艺术，虽然还不见端初，却已经有许多理论家，以为提起这问题，便是使劳动阶级底势力和注意，逸出根本紧要的问题而趋于歧路，就此加以严厉的批判。哲学的研究，仍被混沌支配着。政治的方法，多半学自布尔乔亚民主主义乃至自由主义的布尔乔亚的政治家。还没有统一的，明确的世界观。

有包括这一切的活泼泼的重要性和意义的问题，及关于世界战争底危机的新问题，现实地出现时，那会出现什么呢？漫说大众，就是大多数的普罗列答利亚思想家，毕竟也不能以新论理学底萌芽和新文化底断片解答这问题。对于解释所必需的，是完全的论理学和完成的文化。但我们自己并没有，不能不求助于现存的别人底文化。那就是布尔乔亚文化，是经济的无政府，国家主义，军国主义底论理。意识上的隶属，成了实际的屈服。结果，劳动阶级不单成为被束缚于国家的劳动者，也且成了忠仆而去参加战争；不但身体，就是意识的精神，也贡献给国家了。他所"认识"的，是他与本国资本底连带责任，是别国劳动阶级底利害与他底利害底对立。他很高兴突进，以求这两者实现。

但以为全无产阶级都已被那遂了惨酷的发展，且与我们名为帝国主义的金融资本底要求相适应的国家主义的意识形态所感化了，也颇不妥当。劳动阶级是发生于农民层及都市手工业者之中的。我们原没有集团主义的意识，简真只蒙着那阶层和那旧的小布尔乔亚的意识形态底残余；爆发的世界风云，一依不期的事情和非常的震荡而作势，小布尔乔亚的潜在意识便即显露，而且成为指导的文化势力。他们对于祖国的关系，表现为直接的素朴的爱国主义；又因为对于那和本国人完全不同的"外来人"有恐怖和不信任的观念，对于"自己"周围的狭小的世界，表现为本能的"习惯爱"。在这个思想之中，自然容易侵入布尔乔亚和国家所培养的观念——即外国人是同强盗一样，常来袭击祖国；对于外国，必须拥护祖国；对于外国人所给的不当损害，必须要求赔偿——等观念。因此，一部分很少受到集团主义的共同行动的训练，倒与大布尔乔亚多有共通点的旧的社会主义的知识阶级，也就成了出色的帝国主义者。

问：普罗列答利亚意特沃罗几底危机底第二阶段是从什么时候开始的？

答：战争之初，交战国底普罗列答利亚拥护国际社会主义的也不外极少数，可是一步一步扩大着势力了。随着战争画轴底展开，战争所引起的灾情底深重，又随布尔乔亚阶级牺牲敌国的掠夺的努力越其露骨，同时想以本国人民为饵而攒巨大的战时利益的努力愈加明显，而普罗列答利亚就起始以革命的急速度回归于国际的团结。其转向点，是俄国革命；其前卫队是同时提举社会主义与国际和平两个口号的俄国劳动阶级。

问：这比较落后的国家所演的活动的剧目，应当怎样说明？

答：俄国因为落后，所以疲于战争，比较其他各国为早。和平底缔结，成为国民底生死问题。因此，不但劳动阶级，就是农民大众，军队，也消灭了国家主义。普罗列答利亚虽然是少数，但因为他们有很高的教养，又有能够包括农民兵士的组织的能力，能够成为指导的势力。俄国底大工业，原已经充分发展了的。普罗列答利亚特底口号，因为适应于大众底利害，成为全体国民底口号。

随着那疲惫底程度，这个口号在别国底普罗列答利亚特之中，乃至在别国底国民之中，也见了强而坚的反响了。

问：这转向，对于集团主义的意识形态底一般的发展，有什么意义？

答：第一就是劳动阶级决绝的对于布尔乔亚的意识形态底影响——并那包含着将阶级意识压迫着最久的道德的及国民的灵物崇拜——的解脱。

其次，实际体验了的普罗列答利亚意识形态底分散的部分的形态底不完全性，使普罗列答利亚特，意识地要创造他自己底完全的，自然是集团主义的文化。以前他们并没有什么一般的计划，只应着普罗列答利亚底生活和斗争底具体的要求，而形成自己文化底要素。这是文化形态底素朴的创造。转换为意识的创造，乃是普罗列答利亚底优秀的文化的革命。这是内部的社会主义革命，必然地要进为社会底外部的社会主义革命。

俄国底劳动阶级，虽然落后，然而因了上述的条件，在这文化的革命中，也已率先做了指导者。他们当国民经济底崩坏时，充当经济的组织的剧目，自己经验了组织的方法，形态，及惯习等完成的体系，即完全的文化底缺乏。使他们提出了革命完成中的文化问题来。

别国底普罗列答利亚，倘能破坏他们意识形态上的隶从底残滓，从世界战争中勃兴了革命的发展，也将不能不提出同样的问题来。

因了国际普罗列答利亚底共同努力，这个问题想必可以渐渐得到现实的解决。

结　语

　　他们已经将集体主义底意识形态的倾向，一方面从生活自身中分明可以观察到的，别方面仗着我们科学虽然发展尚微也可以在思维上推测其路程的，都说了。

　　我们底科学，也就是这个倾向底——科学的一元论底结果。它大约是要成为综合全般一向孤立分裂着的各科学——哲学，论理学，伦理学，法律理论，艺术理论等等——底全系列的组织关键的罢。同样，我们也见到它已同经济科学怎样地密切有关了。

　　我们只能暗示新文化底主要倾向，而且不是全部。我们不去说那正被"束缚"的倾向，那因受现存条件强烈的压迫致不能充分表明的倾向。所以为了说明，只将下述那一种倾向——关于语言底发达——加以证明。

　　在国际的集团主义之中，将要形成人类底统一的语言，以为全世界共同劳动底一般组织形态，是无可疑的。不过现在，这个倾向常为支配阶级所强制地维持，促进的民族斗争底影响所压迫所掩盖。其原因，一部分由于各地方，各民族及各人种底资本底竞争；另一部分由于想使被压迫阶级增旺的精力从阶级斗争逸为民族斗争的努力。

　　但是现在，依然可以见到语言统一化倾向。尤其在技术和科学底领域内。一有了新发见，被制造了机器底各部分，机能及劳动者底必要动作上的一系列的术语，便几乎毫无变更地转化为各色的语言。关于精密科学底术语，也可以说是如此。新的记号都不翻译为本国语，便被采用了。就在别的领域内，也有"外来语"底增加，证明着各种语言正在互相错综混和着。

　　因此理由，便发生了人造国际语——例如"伏拉谱克"①，"爱斯勃兰托"②等——底计划。但这是由于全然不懂语言底意义是什么而生的知识阶级底空想。语言是组织一切劳动过程，一切劳动经验的最本源的形态。

---

　　① Volapük 南德意志牧师许莱友（J. M. Schleyer）所创。
　　② Esperando 波兰医生柴门霍夫（L. L. Zamenhof）所创。

语言底统一因此只有依据人类生活实际的统一才能发达,并非在国民斗争和阶级斗争底最中,依赖了什么协定什么了解所能使它发达的。二三学者,大概还没有全人类底百万分之一底经验,竟至想考定全行为底组织形态等等的事,真是天真伶俐极了。

恐怕只有在集团主义底支配之下,语言统一化的倾向才能自在地扩展到全世界的罢。

我们敢以确信断言,此外一定还有新文化底倾向存在着,或被压迫,或不十分显露还不为我们科学所知识。今日的文化,就使很壮大,很丰富,将来的高级的文化,一定更壮大,更丰富。

但是无论我们知与不知,一切集团主义底倾向,尽有一个共通的意味,一个一般的原则,就是:意识地,组织地,统一了人类底一切势力,去和自然斗争,去制服自然,把劳动力发展到无穷无尽。

索 引

项目先后,依头个字笔画多少排列;
头个字笔画相同,依出现先后排列。

一画

一般的条件　160
一般的方法　160,241

二画

人运用物　92
人文主义　119,190—192
人生观　146
几何学　139,140,173,174
力量　79,82,85,88,92,105,118,156,163,167,179,182,195,198,202,206,207,213,218,222,224,225,236—238,240,243—245,249
X光线　202

三画

工具　92,98,99,102,105,107,125,126,128,137,148,157,158,160,166,171,174,177,178,181,182,184,187,189,192,197,202,203,213,223,230,241
工作和日子　173
土耳其　75
大发见　183
大发明　183,187
小亚细亚　172,173,185

个人主义　68,76,77,87—89,105,118—120,147,148,158,161,164,167—170,172,175,191,195,197,198,201,204,205,208—210,218,223,224,226,233—235,239,240,242,246
个性　76,88,170,209,224,242
义和团战争　221
飞轮　236
习惯　63,67,87,108,113,115,122,124,125,137,143,144,146,154,165,166,189,192,223,247,250
习惯法　143,144
马克思　83,238,239

四画

天主教　68,73,116,118,136,141,180,190—195
天文学　139,140,159,160,173,174,187,189,206,207,212,239,240
天文图　185,187
天赋人权说　215
无组织性　148,149,170,197
专门化　107,148—150,154,158—160,162,163,168,173,201,205—208,213,226,230,231,240,241
艺术　63,64,67,85,87,88,91,96,100—

253

103,121,123,136,138,140—142,146,164,165,172,175,176,190—192,213—215,226,227,242,243,249,252

历史的唯物论　83

比桑丁　185

瓦特　102,202

日耳曼　70,90,131,133,136,145

日本　75

中国　63,143,159,184,187

内革罗　101

水唧机　202

牛顿　121,207

手式　103

化学　63,74,79,163,184,202,203,207,236—238

分析法　73

分工　81,83,92,131,135,148,150,155,163,181,183,196

乌尔立希　191

乌托邦　192

文化　63,67,68,86—91,94,96,102,105,118,122,141,142,150,158,169,171—174,176,183,187,189—193,197,201,209,211,214,215,217,218,220,222,223,225—227,233,234,240,242—244,248—253

文法　94,109

火药　185,187

心理学　66,74,93,95,207

巴勒斯坦　122,123,178,179

巴洛克风　141,142

巴比伦　159,173

巴尔干战争　221

以利亚　136

五画

世界观　67,70—73,87,104,105,110—113,118,119,123,126,146,162,175,178,180,190,191,193,195,223,224,241,249

世界大战　218—221,223

节奏　96,101

布西曼种　97

卡勒发拉　145

归纳法　69,71,76,77

电气冶金术　202

生物学　66,70,74,78—80,85,184,205,207,212

仪式　122,123,129,138,178,191,194,200

印度　68,70,80,90,94,117,131—133,136,137,145,185,222

印第安　98,101,115,121

印刷术　187

主语　99

市场独占　218

立体的语言　149

玄学　70,89,162,203,208,210

礼仪　124,144

尼哥拉　136

尼罗河　139,140

民族神　77,122

奴隶　136,171—174,176—180,182,191,192,220,228,249

奴隶制度　171

加尔地亚　68

加尔文主义　194

台美退尔　135

六画

动词　94,97,100,109,120,122

地方神　136

地动说　187

亚美利加　77,121,185

亚坡隆　136

亚述　173

亚理斯多德　173,190

亚历山大里亚学艺　174

亚丹斯密　204

机器生产　88,201,202,207,211,226,228,230—232,235,237,241

权威的因果性　64,110—115,126,131,132,134,152—154

权威的共同劳动　81,107,111,119,148,153,163

权力　81,87,88,108,113,118,129,132—140,143—145,149,152,154,172,175—178,180—183,185,192—194,198—200,210,214,216—219,231,235,236,238,239,242,245,248,249

权威的文化　87,164,233

权威的灵物崇拜　126,174,233

有神论　199

达尔文主义　208

成文法　143,144

毕达哥拉斯　139

毕昇　187

因果性原则　78,80,82,86

同种性　230

回教　116,136,185

肉体　67,93,108,110,116—119,122,134,164,174,199,214

乔治亚　98

传说　86,103,122,138,140,171—173,180,185,207

传统　117,120,123—126,129,138,139,141,144,163,165,173,189,191,201

伏尔加船夫　93

伏拉谱克　252

价格　148,149,151,152,155,160,166,182,189,213,220

价值　155,156,160,167,168,170,172—174,182,184,198,199,204,205,211,222,226,229,233,239,240,242,246,247

自由　73,74,76,88,119,136,154,165—167,169,175,178,179,182,183,187,192,194,195,198,208—210,213,215—218,223,234,235,243,247,249

自然记述　100,111

自我　199

自然权　216,217

自动式机器　229

伊壁鸠鲁学派　174,175

伊拉斯莫　191

会话　95,96,150

合作运动　235

多神教　70,121,136

多种性　230,231

交换　61,76,77,88,109,119,125,128—131,138,140,146—160,162—173,175,177,178,181—185,188,189,193,194,196—199,203—205,214,219—221,235—237,239,240,242

交易　67,129,135,138,151,173,183,205

产业革命　202

论理学　161,162,174,190,250,252

农业　65,72,107,128,129,135,139,159,160,171,173,176,181,206,211,249

异端　183,190,191,193,194

观念的个人主义社会　60

观念　66,69,72,76,80—82,84,86,90,99—101,104,110,111,113—116,118—121,123,126,131,133—135,147,150,153,154,157,162—165,167,169,174,175,179,180,190,193,197,199—201,203,207—210,212,215,217,218,221,223,224,230,233,234,236—240,242,248,250

七画

进步的倾向　148,150,166,168,185

技术的过程 63,81,92,96,203
技术的法则 64,99,110,124,158
批判哲学 210
芬兰 145
劳动呼声 67,93,94,96,101
劳动歌 96,101,102
苏母尔人 138
苏格拉第派 162
两重道德 220,222
医学 63,64,74,140,160,173
来布尼兹 209
连锁 81,113—115,130—132,135,136,152—154,163,169,174,177,236
连词 98
时计 98,160,187,209
私有 60,68,72,76,129,139,148,157,158,169,172,177,178,182,192,220,226
住棚节 123
身势 66,95—97,101,103,112
伽玛 185
伽利略 207
希腊 61,68,70,90,135—137,139,140,145,154,159,161,166,171—173,176,177,179,184,190,191
希腊语 66,98,112,117,131
希腊底哲学 172
希洛 207
谷腾堡 62,187,188
犹太人 122,123,125,138,178,179
犹太教 179
应用艺术 165
良心 167—169,244
社会意识学 57,59,63,66,68,69
社会意识学底方法 59,69
社会的因果性 59,80—84,86,89,201
社会的规范 62,124,215,243,244
社会科学 69,75,76,78—80,160,201,203,207,238,239
社会意识 70—73,75—79,81—84,86,87,89—92,95—97,101,102,104,107,114,119,123,125,144,147,151,167,169,183,189,197,218,228,232—234,239,244,247,248
社会关系底力 203
灵物崇拜 70,126,156—158,165,170,184,198,204,205,222,233,239,242,248,251
灵魂 114—120,126,131—134,137,154,156,174,175,199,210,240
阿利安种族 80,132
阿利安语系 90
阿利安人 90,91
阿剌伯 131,133
阿卡德人 138
阿南克 154
阿基米得 174,207
阿尔比派 193
陀毗诺什迦 96
纯粹科学 159,212,239
纯粹秩序 166
纯粹美 176,214
纯粹理性 210

八画

表象 95,97,101,210
抽象法 69,73—78,88,90,91,94,147
抽象的法则 75
抽象的科学 82,104,160
抽象的灵物崇拜 150,151,156,160,161,164,165,167—170,174,176,183,194,198—200,204,208,209,214—216,233,238—240,244
拍子 101
拉丁语 67,112,117,120,122,131
拉丁 90,171

拉瓦节 207
坡赛同 135
英吉利 75,224
卧轮 202
事物名称 59,98
奇迹 134—136
国际法 220—222
国际语 252
咒语 113,134
罗珂珂风 62,142
罗马 68,137,141,159,171,172,175—179,191,193,214,222
罗马法 172,177,178,192,193
贮蓄 107,138
图腾 121
知识民众化 61,188,189
物质文化 67,88
物理学 71,79,160,163,173,202,207,237,241
物运用物 92
物质不灭性 207,208
物质的自由 233
和刺斯 139
供物 122,136,137
金字塔 62,139,140
命令 142,151—153,158,159,199,223,232,244
周髀算经 139
单子 209,210
法律 61,63,64,67,70,76,88,91,124,143—146,165—169,176,177,189,192,197,198,212,215—218,221,223,233,234,243,244,252
法兰西 73,141,161,193,200,209,215,224
法语 112
法术 113,138
波斯 75,136,154,185

宗法时代 60,107,108,111,113,117,122—126,128,129,137,153
宗教改革 61,121,183,190,191,193—195
宗教 63,70,72,73,81,87,113,116,118,120—126,128—130,132—141,143—146,158,163,164,170,172—175,178—180,183,189—191,193—195,199—201,208,215,218,223,224,233,234,242
宙斯 135
空气唧机 202
实行劳动 81,107,110—112,114,119,198,199,228,231
实践理性 210
诗 103,104,112,121,123,145,164,173,213,214,243
祈祷 122,140
该隐 138
建筑 62,64,83,111,123,139—142,164,172,176,189,201
弥赛亚 179
迦太基 68,166
组织劳动 107,108,158,228,231
经济学 63,78,147,155,160,201,203—205,238,239,249
经济的过程 64,81,82,86
经济的必然力 148
经院哲学 190

九画

封建时代 103,116,117,128,130—132,135—138,141—143,145,150,153,177,187,189,199,219,240,242
封建诸侯 128—130,132,137,142,143,145,183—185
指南针 185
拼音文字 143,185

故事　64,103,104,110,123,145
胡司派　193
南非部耳战争　221
柏鲁吞　135
柏拉图　162,174,175,179
显微镜　206
思维　60,64,67,69,73—75,79,84,89,
　　91,94—96,98—100,103—105,108—
　　118,120,123—126,130—135,150,151,
　　153,154,156,157,161—163,166—168,
　　173,174,183—185,197—199,201,202,
　　205,206,208—210,214,215,222,224,
　　226,228,232,233,235,236,238,239,
　　241,243,249,252
品词　97
适应原则　59,80,82,84,151
科学　60—64,66,67,69,70,73,74,76—
　　80,82,84—86,88—91,94,119,126,
　　134,135,138,139,147,159—165,172—
　　175,178,183—185,187,189,190,192,
　　196,197,200—208,211—213,215,221,
　　226,229—231,236—241,244,248,249,
　　252,253
科学专门化底消极方面　205
修道院　179
俄罗斯语　69
俄罗斯农民　72
俄罗斯　72,75,96,145,161,211,222,
　　224,225
叙利亚　185
独白　95
独面性　206,213
音乐　100—102,123,140,141,164,214,
　　243
美利坚　75,166
美索不达米亚　138
迷信　86,113,178,209
炼金术　184,185

语言　59,60,63,64,66,67,69,71,82—
　　85,87,90,91,93—101,103,104,109,
　　110,112,113,115,117,119,121,130,
　　131,134,137,140,143,149,150,161,
　　162,197,203,252,253
语言学　63,67,69,90,93,98,161
语根　69,93,94,97,98,100
语言记号　93
祖先崇拜　120,121
神话　103,104,112,117,121,123,135—
　　137,164,175,179
绘画　62,102,103,123,137,141,142,
　　164,213
绝对的义务　166
绝对的正义　166,170,216,244
统计法　69,72,73,75,77,78

十画

哲学　61,63,70,72,73,82—84,95,126,
　　161—163,167,172—176,178,179,183,
　　190,199—201,208—211,215,237,238,
　　241,249,252
哲人　161,162
哲人之石　184,185
热力学　202
埃及　68,112,122,139,140,159,173,174
荷马　145,171
荷兰　194
莎士比亚　214
索孚克勒思　176
哥伦布　62,185
哥白尼　187
原始文化　87
原始譬喻　98—100,104
原始的动学主义　105,126
原始的集团主义　105
恩拍多克利　208
峨特式　141

铁的奴隶　228
拿破仑　200
爱西斯　139
爱达　145
爱斯勃兰托　252
资本集中　74,75
宾语　99
调节机　229,230
通俗化　192,212,213
能量　202,207,237

十一画

理神论　199
理嘉图　204
基督教　61,172,178—180,191,193,200
基督　121,179,193,194
梦　118,119,187,192,216
象形文字　143
祭礼　122,123
康德　167,168,210
商品灵物崇拜　60,155,156,204
商品市场　148
族长　108,111,113,117,120,121,123,124,126,129,130,137,143,148,152,182,198
旋机　236
望远镜　187,206

十二画

斯拉夫　70,90,131,136
斯多亚学派　175
最古的艺术　100
黑格尔　208,211
智利　98
剩余劳动　79,92,107,108,125,128,130,182,229,232
集团主义　62,87,88,120,164,201,217,227,228,230,232,234—244,246—248,250—253
集团契约　235
奥赛烈斯　139
腓尼基　68,122,166,173
鲁滨孙　157,204
普通选举权　216
道德　60,61,63,64,67,68,70,71,76,87,88,91,109,124,125,144—146,165—169,175,180,193,197,210,215,216,222,223,233,234,238,243,244,246,248,251
游牧　83,102,107,123,128

十三画

瑞士　194,195
蒸汽力　202,229
蒸汽机关　202
概念　59,66,67,70,75,76,78—80,82,88,89,91,95—97,99,103—105,109,110,112—119,130,133—135,142,146,149,152—157,168,174,179,197,199,204,208—210,212—216,221,222,234,236—238,241,242,244,248
概括的记述法　69,70
感叹词　94
雷奥那托·特·芬奇　121
照象　213
跳舞　100—102,123,164
路易勃阑　89
路德主义　194
锡兰岛　90
微达人　90,91
意特沃罗几　66—68,70,114,125,126,161,167,173,178,187,193,220,222—227,244,245,247—250
　　——底科学　70,78,82,84,86,94,138,159,160,162,173,174,185,202,204,212,239,240,252

——底语源 66
——底意义 59,95,97,98,120,136,137,141,162,167,193,205,216,242,243,248,252
——底机能 84,108,143,165,228
意识形态 68,70,73,76,78—82,84—94,96,101,105—107,110,111,114,119,124,126,134,138,145—147,151,158,162,165,168,169,171,172,179,180,183,187,189,190,193,195—197,199—201,203—205,208,211,216—218,220,223,224,227,234,235,237,244,245,249—252
叠语命题 167

十四画

赫尔美思 135
赫西奥特 173
誓言 113
榨取 108,128,130,135—138,141,171,179,182,183,188,193—195,217,229,230,237,246
歌谣 101,145,164
歌德 121
裴第 204
管理 108,109,129,132,173,216,228,243
僧侣 128—130,135,137—146,159,172,188,190—194,200,201,218
僧侣主义 217,218
精气信仰 60,114,116—119,126,131—134,156,174

精神文化 63,67,91,96,174
演绎法 59,69,76,78
  单纯的 66,71,73,75,77,86,92,95,96,98,101,109,111,134,143,151,156,157,159,171,192,211,214
  复杂的 73,74,76—78,91,93,99,125,130,147,149,156,166,175,189,197,217,220,225,229,230

十五画

噶尔诺 202
墨西哥 68
德语 94,112
摩尔 192
摩诃婆罗多 145

十六画

薄伽邱 191,192
霍屯督人 222
穆罕默德 116
雕刻 102,123,140,141,164,213,242
辩证法的唯物论 211

十七画

鼢鼠 97,98

十八画

镭 202

十九画

鞲鞴 202,236,237

伦理学底根本问题

〔德〕利普斯 著

上海中华书局一九三六年十二月初版，原著者：德国利普斯，编译者：日本阿部次郎。此处根据一九三六年十二月版排印。

译 本 前 记

  本书是德国利普斯(Theodor Lipps, 1851—1914)所著。利普斯底伦理学,和他底美学有分拆不开的关系,必须交互参看,方才可以充分了解。我既着手翻译他底美学,常常把这部伦理学来参看,所以就把这部书也顺手译了出来,以便读者参看。利普斯在美学上是因移感说著名,他在伦理学上也还是将移感说做基础。在这基础上所建立的他底学说是积极的,是热情的。他底积极的热情在他底书里往往形成为极热闹的激辩。那激辩有时会使我们觉得好像是为我们的,有时又好像是对我们的。当有前者底感想时,我往往会想起卢那卡尔斯基底《实证美学底基础》来,虽则他们两人底立脚点是完全不同的。我知道五四前后,这书曾经在中国发生过相当大的影响,将来也许还会有熟悉思想界情形的人提到它,这里不必多说。译本为便于跟《美学》对读起见,跟《美学》一样,也照岩波《哲学丛书》阿部次郎编译本翻译。

一九三五年七月一日陈望道记于沪西。

目 录

译本前记	263
第一章 序论——利己主义和利人主义	267
第二章 道德上的根本动机和恶	281
第三章 行为和心情（幸福主义和功利主义）	293
第四章 服从和道德的自由（自律和他律）	302
第五章 道德的正当（义务和倾向性）	312
第六章 一般的道德律和良心	321
第七章 目的底体系	332
第八章 社会的有机体（家族和国家）	344
第九章 意志底自由和责任	357

第一章　序论——利己主义和利人主义

本书所要讨论的是道德(Sittlichkeit)本身,不是随人随地随时不同的道德思想(Moral)。无论什么民族,什么阶级,什么个人,都不是没有各自的道德思想——关于道德的见解和要求底总和或体系。但是人既然是人,总有真个合乎道的东西作为核子包含在那些道德思想里面,又人既然是人,也总还有一些不合乎道的东西黏附在这样的道德核子上面:总是在一面,有些人类底懒惰、狭小和偏执,有些主我的所有欲跟权势欲,在另一面,有些自己尊敬底缺乏,多多少少混合在那里面。

把道德思想当作了某地所流行或某人所承认的道德上的见解和要求解的时候,道德思想自然是随处换形的,再从时间的经过中去看,也是随时改相的。但是道德本身,总是只有一个。研究道德本身的学问,伦理学(Ethik),也是只有一个。

这种对立可以拿一个类比来说明。比如有过一个时代,谁都相信太阳在地球底周围打转,地球停在空中不动。那时如果有人说这地球底正反面也还有人住在那里,而且不会掉落空中,大家一定以为是荒唐。因为这样的物理思想,正是当时通用的真理。通用(Geltend)的真理,会跟时代走。在一个时代是真理的,在下一个时代可以是谬误。通用的真理是可以打倒的。

和这样通用的真理对立的是妥当(Gültig)的真理。种种妥当真理底总和和体系,就是真理本身(Die Wahrheit)。真理本身,只有一个,无论在什么时代,什么民族,都是一样。

妥当的道德思想和这里那里通用的道德思想对立,也是同这一样。妥当的道德思想,就是道德本身。研究这样妥当的道德思想的,就是伦理学。

人常常说:不会有对于什么时代什么人都妥当的那样道德存在。如果这样,伦理学也不能存在了。但他们是拿什么来证明那一种主张的呢?他们说:历史告诉我们,对于什么是道德一个问题的见解是随时变动的。那么,物理思想也是随时变动的,可以因为物理思想随时变动,就说没有万人妥当的物理真理吗？可以就把那变动的物理思想当作物理真理，或者把那物理学上曾经出过错误的事实，来否定这方面的真理存在吗？

无论谁都不会这样想。无论谁都是将真理本身和通用的物理真理——缺失很多的真理认识——对立的。现在就使离开这真理底完全认识还是非常之远，也没有一个人可以否认这真理底存在。

在道德底世界，也是如此。也是有道德本身和限于某一个时代的道德思想对立。无论我们底道德思想和道德本身还有多少隔碍，也不能就此否认有可以叫做道德的一种东西存在。

但是或许有人问：这样和向来的各式各样的道德观对抗，把道德本身来下终极的确定，不是伦理学底僭分吗？这从一方面说来，也可以说是僭分的；但从另外一方面说来，却又不是僭分。

这中间的关系，还是可以用事物底认识来打比。真理是什么，这个老问题本来有两种意义。第一，是说万物底真相是怎样？这到现在还不能有完全而终极的解答。现在的科学还不敢僭妄说自己已经下解答或者能够下解答。但是这里，还有第二种意义。是说：真理本身底本质是什么？真理一般的标识是什么？想要发见真理时，人底精神必须具备怎样的条件？认识真理，要依从怎样的法则？

恰正和这相等，什么是道德的一个问题，也有两重意义。第一重意义是说在某一特定的情境，想做道德上认为正当的行为，人应当做什么，戒什么？要解答这样的问题，必须对那情境有十全的认识，对于行为所有可能的结果有十分的理解。因此不但须有现在的知识，怕还须有超越人智的未来的知识。在这时候，自然无法作道德上绝对妥当的意志决定，只有听凭各人用他最好的知识和良心去决定意志。

就使作这样的意志决定，并不是超越我们知见底界限的，伦理学也不把它当作首先而且本质的职分。伦理学首先要解答的是一般的问题：什么是道德？一般所谓道德是在什么一点上成立？道德底一般的标识是怎样？道德要依从怎样的条件，听从怎样的法则等等的问题。解答了这些问题，伦理学方才可以企图判断某一特定的意志决定到底有几分合乎道德。

而给那一般的问题一个终极的解答，却正是伦理学所能够做的。做这事，不消认识行为和它的所有可能结果中间的种种不由人类精神自主的关系，不消洞察人类底种种行为如何影响到人类底存在，人类底运命，和世界底过程，人类行为有多少不同的方式。只要有对于人类精神的知识就得。

这里所说的，是心理上的事实问题。不是认识世界的问题，是认识自己的问题。

不过要进到认识自己的问题,还须先解答一个预备问题。我在前面,曾经将道德的见解和道德的要求同时揭出。这是因为人假使认某一件事在道德上是善的,总是不会不要求那一件事存在发生的;假使认某一件事在道德上是不应该的,人总是至少在意识里不会不要求那一件事废弃的。

这样的道德的要求是我们对于人提出来的要求。所以这样的要求,必须要有一种催人去充实它的东西存在人底本身里面,才有意义。不管那要求是怎样的东西,必须先有和那要求对应的动机(Motiv)存在人底里面。

所以要问:有什么动机存在人底里面?有人主张,人类底一切动机,在最后的根柢上总归是利己的。如果采取这种主张,利己主义(Egoismus)就将成为唯一可能的道德原理。一切道德上的要求,都可以归结做一句话:"做个利己主义者!"所要讲究的,不过是怎样做一个漂亮的利己主义者;所要打算的,不过是什么是事实上于自己底利益有贡献的,什么是在一切种种的情境中最有贡献的。

但是这种主张,果真是正当的吗?人都不过是利己主义者吗?要解答这一个问题,我们先须查考查考所谓利己主义到底是什么意思。因为利己主义这个名词,也许也是一个含有多义的语词,因而关于利己主义的争论结果只是语面底争论。

我们且把两种情境对立起来看。假定走过水边,看见一个小孩子跌到水里去了。这时我可以救他,但是怕自己损失了健康,就让他淹死算了。这是一种情境。再有一种情境是,我就跳到水里去,冒了自己生命底危险把那小孩子救上来,为的我要把那小孩子救起来,还给他底双亲。

就这两种情境来说,在第一种情境里面,我自然是一个利己主义者。然而还有第二种情境,在第二种情境里面,难道还是一个利己主义者吗?有些道德学者说:还是的。他们说:你为什么跳到水里去呢?你不是为了救小孩子的观念比让小孩子淹死的观念更能使你满足吗?那么,引导你底行为的,是自己底满足(Befriedigung)。而在行为上求自己底满足的,便是利己主义者。

这说里面含有正当的思想。倘使不是为了救小孩子的观念比让小孩子淹死的观念更满足,我的确是不会去救那小孩子的。凡是为了某一件善事,有意牺牲自己的,总是为了自己牺牲底观念使他满足,才去做。就是由于义务底意识去行为的,倘使不是为了履行义务的观念比违背义务的观念得到更多的满足，也不会去做。打总来说，凡是我们底意志有意地向着某一个目标的时候，总是含有到达目标的观念和满足的感情两相结合的意思。一切有意的意欲，总是照着这里严密规定的意思，拿满足做目标。而且这满足，就是意欲者本人底满足，并不是某一个人底满足。这里有着不可逃避的心理的必然性。人类底意欲和人类底满足，总是保持着这样的法则的关联的。

但是所谓意欲"拿满足做目标"，却不是说心里浮想着满足，把满足作为意欲底目标。当想救快要淹死的小孩子的时节，我不是浮想着从这行为而来的满足，而以意志向着那满足，我所浮想的意欲底目标，只是救小孩子的一件事。不过心里虽不想满足，事实上却是同时经验着满足。因为我要救小孩子底生命，虽然只是为了要救他底生命，并非为了换得自己底满足，但是小孩子由我得生的观念总是给我满足的。这满足，并不是意欲底对象，只是直接包含在意欲中间的意欲底一面。

或许有人怀疑这种事实是否一般通用。例如一个小孩子，服从两亲的观念或许比之反对底观念还要不适意。但他还是"想"服从两亲底命令。这时小孩子并不是真正想服从，只是怕惩罚。他所"想"的是"不受惩罚"，服从不过是一种手段。而他的所以想不受惩罚，乃是因为它比受罚来得满足。这样"所意欲的东西"，终究还是所意欲的东西。终究是终极目的，不是对于某一目的底手段。而这里的所谓满足，大体还是有达到终极目的观念比不达到终极目的的观念更满足这样一个比较的意思。一切的意欲拿意欲者底满足做目标的话，都要当作这样解。

那么，关于人类行为底动机的问题，从这样的事实就会生出怎样的结果来吗？答说：完全没有。说人类所意识的意欲拿意欲者底满足做目标，简直等于说人类所意识的意欲总有什么动机。在特定的情境中规定意志的动机，不得不是实现了它就给意欲者一种满足的终极目的底观念。

说到这里，规定意志作用的动机和那终极目的（Endzweck）底关系，可就明白了。所谓动机就是终极目的底观念。为健康而散步的时候，保持健康是终极目的，保持健康的观念就是规定的动机。规定的动机和终极目的，是同一东西，不过从两个不同的方面观察得来的罢了。两者底内容也都是作成比较快适的东西，浮来我们面前。因为作成比较快适的东西浮来我们面前，所以可以驱逼我们去意欲它。

到了这里，就可以明白这样的心理事实上面并不含有什么伦理的站脚处。这不是道德原理。伦理学对于一切所意欲者就是给满足者浮来我们面前的那心理的事实，并不去要求，也不去禁止。伦理学所要查问的是应当拿什么事做满足底对象，应当向什么事用意志。

现在再回过头来看看利己主义倘使为了满足救小孩子和小孩子两亲底喜乐的观念的缘故，便说救快要淹死的小孩子的事情也是利己主义的勾当，那所谓利己主义就不过是上述心理事实底别名。这样的概念，不但在伦理学上毫无价值，而且违反用语的惯例。照惯例，上面所述的救小孩子的行为，是不该说是利己的，是应该说是全然非利己的。倘照伦理学上底用语例，把利人主义（Altruismus）和利己主义直接对立，那它就是利人的。

那么利己主义这个名词在伦理学上有价值的意思是怎样的呢？意欲底目标和满足底感情结合，是始终不变的。但在为顾虑自己底健康让那小孩子淹死的时节，意欲底目标是在保持自己底健康；反之，在为要救小孩子底生命还给他底双亲而救小孩子的时节，意欲底目标是在小孩子自己生存底喜乐和小孩子底双亲底喜乐。这里有这对立底本质的差别。在前一情境中人所希求的纯然是自己底满足；在后一情境中使自己满足的是别人底幸福，自己底满足是由营求别人底满足，关与他人底满足所生的同欢（Mitfreude）。所以利己主义和利人主义底对立，并不在乎是不是拿自己底满足做目标，而是在乎那满足底性质底差异。

然而这样界定，还不算是充分。这里还有为了不致失掉对于自己的尊敬，抛了一切的利益和快乐，牺牲了自己的第三种情境。在这情境中人所拿做目标的是将满足来看自己底人格。所希求的，不是由此而生的别人底满足，是直接所生的自己底满足。可是这样的态度却是无论什么人都不能说它是利己的。从此可见利己底概念还需要有更深细的界定。

自己底人格底价值是人格价值（Persönlichkeitswert）。利己的人没有求人格价值存在的意志，只有拿异乎人格的物的价值存在做目标的意志。利己的价值感情是物的价值感情（Dingwertgefühl）。利己的目的是物的目的。利己的动机是想实现非人格的物事的观念。

假使有了物事就感到满足，我们就把那物事叫做利（福利 Güter）。利是物的价值。利不是人格价值，人格价值我们把它叫做善（Das Gute）。利是人类所有的，不是属于人类本质，是拿来和人类本质分别，为人类所掌有所利用的物事。利只有直接给自己满足的时候，才可以算是"自己底"利。拿保持获得固执自己底利做目标的，就是利己的意欲和行为。

把利己主义这样严密界定了时，利人主义也就同时受了严密的界定。利人主义既然严密地和利己主义对立，利人主义就不会不是拿实现满足别人的物的价值做目标。

说到这里可以再问：照这样严密界定的意义说来，人到底是利己主义者不是呢？人到底不过是利己主义者不是呢？好多人都还要答说，是的。这类的伦理说，都可以说是并未形成明晰思想的笼统的主张。到了思想十分明晰的时候，这类主张就要死灭。但就因为笼统，种种主张结局可以归入这类道德说的倒就异常的多。

　　据他们说，人原是像野兽，比如说像狼的，他有一种本性，想把一切占作己有。只因人还有思虑力，他知道自己去拿别人底财产，别人就要拿自己底财产。他知道要保牢自己底财产，不得不尊重别人底财产。所以他就从利己的打算，做了利人的行为。

　　但是这样的思想，实际是误认了人性——尤其是误认了人和人底内面关系。人本来有和别人共幸福同苦恼的利人的或社会的关心的。这不但有人类历史和日常生活为凭，也是有人不得不如此的心理事实足证。人只要知道自己以外还有别人存在，他就不能没有社会的关心。这是由于有一种可以叫做移感（Einfühlung）的心理事实使他不得不如此。

　　我们看见我们周围有许多和我们一样的"人"。其实我们的眼睛并没有看见"人"。我们底眼睛只看见了些人体，看见了些人体底运动，看见了些人体周围底运动，此外我们也只听见了些人发的声音，人说的语言。而我们却就以为看见了"人"。我们说"人"时，并不指着运动发声的肉体说。我们说"人"时，是指人格说，是指感觉、表象、感触、欲望、恐怕的存在说。而这一切，却都不上我们五官底知觉。所以我们虽说见，其实并没有见，并没有见到"人"，没有见到别人，没有见到别人底人格。然而我们底心里还是有着别人人格底心象。这心象是从哪里得来的呢？这心象是由怎样的因素构成的呢？

　　对于这个问题，可能的解答只有一个。我们直接得知的只有自己底人格，直接经验所得给予我们的只有自己人格底心象，所以所有关于自己以外的人格的心象都是要从关于自己人格的中间引申出来。把我们在自己里面发见的，移来作为也在别人里面的。这样的移，自然并非全照自己原状的移。移的时候，每每随着对象底性质会有样样的变相。当自己人格底轮廓变成了所谓别人的心象时，自然已经把某一点加强了，某一点减弱了。然而所谓别人底人格，在我们底意识里，究竟还不过是已经被移放在自己以外的肉体里面并且有了样样变相的自己底人格。

　　例如看见了一个人悲哀。其实我们也只看见了那个人底态度和面貌上的一些变化——大概就是眼泪以及别的悲哀底表征罢。我们却就以为是悲哀,这是我们自己底解释。做解释根据的,也不过是自己底经验。那解释是怎么做的呢?

或者有人说,是类推。但是仔细想来,类推是做不到的。如果真用所谓类推的方法,我们就得先知道自己悲哀在自己底面貌上有什么变化表出,随后看出别人面貌上有了同它一样的变化,才能推得别人底悲哀。可是事实,并不是这样。事实上一个人悲哀的时候,并不会用镜子去检查自己底面孔,当然更没有方法直接知道自己底面孔,所谓先知道自己面孔上的变化,随后推及别人面孔上的变化,并不是自然的顺序。我们直接看得见的其实只是别人底面孔,感情和面色相关的知识也不过是由看了别人底面色得来的。那么我们原来只能知道自己悲哀,怎么能够在别人底面色上认出悲哀来呢?别人底面色和自己底悲哀怎么会互相联系起来呢?

回答这个问题,只好说是本能(Instinkt)。本能概念是我们常常用作逃场的一个不可思议的 X。

仔细说来,事实是照下面说的这样,也只有照下面说的这样的:自己看见了别人面貌上显出了变化,不知什么缘故,自己心里总就循了一定的途径发生了自动自感的里面倾向。只要没有什么事情妨害了那自然的作用,这倾向便就成为事实。就上面所举的一个情境来说,那里面倾向就是感到悲哀的倾向,自己被这样的感情状态牵引,至少倾向上就感到了悲哀。但这悲哀,并非由于自己遇着可悲的经验,只是由于别人底面色引起了自己底感触。依所感触,第一觉得这悲哀是和这面色结合的,第二觉得这悲哀又是属于有这面色的个人的:自己底"感",只是把自己底悲哀,就是这样被觉醒的"自己","移入"在别人底面色"中间"(因而又移入在别的个人"中间")的感。循这途径,就把自己经验的悲哀作为别人底悲哀。所谓移感,实际就是这种事实底名称。

假定这时那个有这面色的别人实际真是感到这悲哀的,那所谓移感便是"共同经验"别人底内生(在这个例中就是悲哀)。所谓移感便是同情(Sympathie)。不过必须记得,这时自己底意识里面,并非先有别人底悲哀,才有自己底同情,乃是先有自己底同情做基础,才成立了别人底悲哀。所以同情实际并不是同别人底情,只是经验了自己底感。不过这自己底感,是常常和别人底肉体现象结合的,所以别人底肉体对于自己就成了支持里面生活的,各个现象对于自己就成了生底发现,而作为心的个体的别人对于自己就成了存在者。所以虽然叫做别人,实际是自己拿自己做材料创造出来的。别人底内生,实际是由自己底内生采取出来的。自己以外的个体或自我,实际是以自己以外的肉体现象做所缘的自己底投影（Projektion），是自己底二重化（Verdoppelung）。

看了别人底面色引起了自己底悲哀，这悲哀自然不是无中生来的有。要现在经验到这悲哀，必须有过悲哀底经验，知道悲哀是什么，现在看了那副面色，过去经验的悲哀才会再生在自己底心里。但是所谓再生，并非单单唤起了记忆心象，却还含着实际经验的倾向。

又这本能的移感也要有后来的经验来保证它修正它。自己看那面貌是亲切的。而经验却告诉我们那面貌底主人并不亲切。那就要把最初的移感来加以修正。这修正到底也还是本能的移感底工作。只有移感可以修正移感，除出移感无从修正移感。移感修正后，最初的移感也还存在。那便是对于自己的印象（Eindruck）。譬如我们觉得他是亲切的，就使已经认识了亲切背后藏着不亲切的恶意，那好像亲切的容貌总还对于自己有着好像亲切的一个印象。

这是一个极重要的事实，美的移感（Aesthetische Einfühlung）和实践的移感（Praktische Einfühlung）对立底根据就在这里。美的移感，是只依从直接印象的移感，不管移入的感情是不是合乎对象底现实。若把那是不是合乎现象的意识叫做知（Wissen），那这移感就和一切的知没有关系。而实践的移感，却总要讲求得当不得当，总要合乎对象底现实。就是含有关于对象底现实的知。这样一切的美的受用（美的玩赏 Aesthetischer Genuess）都是依凭美的移感，一切利人的感情或利人的动机都是依凭实践的移感。

人在美的赏鉴中移注了自己人格底感动在人体，风景，建筑底形状和音乐底声响节奏，甚至移注在单单的线条和颜色中。人就把精神给了一切的物象。一切物象，因为被移注了精神，便都对于我成了美。美的感情毕竟就是客观的自己受用（Selbstgenuess），因为有美的移感，人就在外物中——在外界底一点上——直接地经验到自己。

在这一点上，实践的移感也和美的移感没有什么两样。不过美的移感是并不计较所移入的感情是现实的还是非现实的，所以往往没有发动拿现实做目标的——而且把目标是现实的这一个意识做基本假定的——实践态度的力量；而实践的移感却有赋予实践上动机的力量。人只要知道了别人底心情，例如知道了别人抱着某一种愿望，倘使没有什么事情妨害它实现，实践上总就不能不为那别人底愿望所规定，正如他不能不为自己底愿望所规定一样（所以它名叫"实践的"移感）。人就感到了要满足别人愿望的自然冲动。不但别人底愿望，就是别人底忧虑，希望，判断，也要感到。总之，只要自己知道了别人所有的里面态度，自己就有发生和它相应的里面态度的倾向。这是原本的心理的必然性使得他这样的。

美的移感在实践上没有赋与动机的力量，这在一方面固然是它底短处，但在另一方面却也就是它底长处。因为唯其美的移感底态度——美的观照（Aesthetische Betrachtung）——不为现实非现实的问题所烦扰，所以它能够超脱了现实利害底樊篱。

被表现在艺术中的人物既不能害我，也不会受我利用。他所有的，不是从我夺去；他所缺的，也不是我所要的。因为美的观照底本质在乎忘掉一切利害，愿望，嗜好，没入艺术品底世界，所以艺术中的人物并不会以他底愿望来妨害我底愿望，所谓我底愿望在美的观照中是早已消失了的。所以人底同情，在实际生活中未必不为利己主义所混乱所妨害，终于为利己主义所压抑的，在这里都可以纯一不杂，纯然照着它底特质而行。美的移感说来简直像是纯粹表现同情底事实让我们认识它底本质的一个实验。

这实验给了我们什么教训？教训就是：同情既然必须全然除去别人底愿望意欲欢喜苦痛所灌输的利己的关心，才得显现了十足的力量，同情必然不得不独立在利己的关心之外。想从利己主义引出了同情，是断乎做不到的。

所以想从利己主义引出了利人的关心，也是断乎做不到的。前面已经说过，利人的关心不外是"实践的"同情。利人的行为是由对于别人的同情逼成的。同情既然是独立的事实，利人主义也就不得不在我们心中有着独立的根基（关于移感请参看德国利普斯著《美学》）。

同情（或利人的动机）和利己的动机对立而独立，不止可以用美的同情来证明，就是实际生活，也有时会显示这独立来给我们看。人会得热心别人底休戚，不顾自己底利害，甚至竟会牺牲（Opfer）自己底利害。人如果生成都是利己主义者，这怎么做得到呢？

正如前面所说，这种地方也还有人会用利己主义来解答的。他们说：这是实际生活告诉我们，利人态度结果往往于己有利。我们因此就练成了利人的态度，到了自己不会有利益的时候也还"惯"做利人的行为。

但是我们现在的问题不是惯做的利人的态度，是对于别人休戚的温暖的里面同感。这样的同感也是利己的满足所能产生的吗？而且一经产生，直到从利己主义看去毫无意义的时候，还会依照习惯主张自己的吗？这都是不可能的。习惯（Gewohnheit）最麻痹一切兴味的东西。世间决没有一种自己本身原来没有兴味的东西，单靠习惯的力量能够使它成为有价值的。

假定这里有人对于音乐天性上全然没有感受力。假定他的对于音乐没有感受力，同利己主义的道德说所谓人都对于别人的忧喜没有感觉在同一的程度。这样的人，固然也会为了要看美人或者谈天，常常到音乐会去。但是他难道靠着这样习惯的力量，就能够成为对于音乐本身感到里面要求的音乐人吗？

若是他原有多少音乐的感受力的，只因未经练习所以没有感受力，那么练习过后或者还可以到底成为音乐人。倘使他是全然缺乏这类素质的，那他恐怕永远只有为着寻求音乐以外的欢乐出入音乐会，再也不会有一天为了对于音乐的里面冲动而牺牲了自己一向拿做主眼的欢乐的罢。"习惯"的力量就使大，也不是能够做出无中生有的奇迹的。

若要利己地给人做善事的结果，就能不利己地给人做善事，同样也得预定人性里面原本独立具备着利人的性情。只因利己心怂恿他去做善事，而事实上是给别人做了，给了他一个经验着给别人做善事的价值的机会。于是利人的价值感情便在利己主义底发动底根据上给唤醒过来。但要唤醒过来，必需原有利人的价值感情在人性中打盹。若使没有，恐怕始终都要对于自己有益方才会给别人去做的罢。

和这第一说一样的思想，有人还用了进化论的调子，这在现在的人听来，好像极其科学的调子来说。说是人因为知道要实现利己的目的必需要别人帮助，所以他就觉悟"需要"别人。这样的觉悟经过了"几千年"，便有了一种利人的倾向。

但是人要实现利己的目的，不止需要别人，他也"需要"石头木头和铁块。所以他也重看它们。但人却不因此便同木石发生任何社会的感情，也不因此便给木石以人样的权利和尊严。人一见到它们妨害了自己利己的目的，便把它们抛弃了，把它们糟蹋了。而这也经过了"几千年"，却是直到现在还是这样。只有把它们作一种生物看时，换了话说，只有灵物崇拜地认做有灵或审美地假拟为人的时候，方才敬它爱它。

还有想从利己主义引出利人主义来的第三说，也和前两说一样不足取。这说道，——人常常从利己的动机把有利于己的别人行为当作"值得赞赏"（Lobenswert）。以此我们到处都可发现有利于行为者以外的行为和所谓"值得赞赏"的形容词相结合。我们人原是常拿听来的各种判断来做自己判断的，所以听惯了这一判断，也便算是我们自己的了。觉得奉事别人的行为是"值得赞赏"的，是非做不可的。

这里思想有点含混。倘使是关于物理或是历史的事实判断，那说它就把别人的判断来做自己的判断，是不错的。但是所谓某一行为值得赞赏，却不是这样客观的事实判断(Tatsachenurteil)乃是价值判断(Werturteil)。它不是表示这行为有怎样性质，只是说这行为在里面怎样动了判断者的心。这样的判断，并不是语言直接传达得出来的。

审美的判断也是价值判断。假定这里有自己对它毫没有兴味的一幅画。有人在那里极口称赞它。自己听了那称赞的话，或许会相信称赞者的确是爱好这画的。却不是就会相信这画的价值就像称赞者所说那样。就使称赞者的话指出了我们还没有看到的好处，教导了我们应该怎样看的方法，他的话也不过能够唤醒了我的美的评价。但这美的评价还是自发的。还是由于从那画中发现了在自己里面唤起反响的东西才有那美的评价的。凡是美的价值判断，都是要自己里面体验到那价值才成立。

伦理的价值判断也是一样。几千人都当某一行为是高贵时，自己或也会得相信他们真是把它看做高贵。但那高贵不在我。在我必须要那行为合乎我的道德本质，才会把它看做高贵。这种事实并不妨碍自己的伦理评价可以为别人的判断所唤起。那时是由于有了别人的判断，才把可做伦理评价的事实的性质的全体浮上意识来的。

又自己属于某一民族或某一阶级的时候，自己在那民族或阶级里头见惯了常常从特定的一方面的观点评价人的性质和态度的事，又听惯了所以要那样评价的理由。为了周围的影响，自己也会学上了单方面地看评价的对象，不去顾那可以倒翻这评价的另一方面。于是惯习，传统，和自己身边流行的伦理的判断或偏见等等，便也规定了自己的伦理的评价。这时观察事实的方法自然受了传染的暗示的作用，但也只有方法受影响，若是评价本身到底还是自发的。

最后苟合别人的价值判断能够发生某种利害结果的时候，人也或者会为了那结果的缘故苟合别人的价值判断的。我们所属的大小社会，常有一定的评价标准，合受赏，逆受罚。因此伴着自己态度的社会上结果的观念和态度本身的观念中间就有了密切的结合，驯至非精密地检察自己不能区别两者。这时自己以为有价值或者无价值的，虽然只是那结果，却误认以为问题在态度本身。可是其实自己的价值感情只是和那结果结合不分，并非对于态度本身有了什么评价。

总而言之，利人的性情——的确是存在的，——决不是从利己主义引演出来的。它既不是利己主义的变相，它也不是利己主义的造作，它自有它的根。那根便是人和人中间躲闪不了的同情。便是自己和自己所知道的别人的人格中间的里面的契合。便是那使得别人对于自己成其为"人"的移感。想使利人主义归入利己主义的种种尝试，都是由于对这已经确定了的心理事实的无知。

  这里可以发生一个问题：若是利人心是有独立的根的，为什么这心动人的力却总是极其薄弱的呢？

  这有种种理由。第一，因为利人的动机是再生的，所以比利己的动机间接，又因为利人的动机是拿别人做所缘而再生的，所以比利己的动机和自己要求的直接交涉少。所以同情的作用（动人的力）也就比之直接从自己里面涌现出来的动机弱。虽然这种拿别人做所缘而再生的里面态度，随着我们沉潜其中的浓度加增，它的作用的性质和强度，也可以跟那直接从自己里面涌现出来的相近。可是事实上并不容易达到这样的强度。

  设身处地替人着想，固然随时会有关于自己以外的人格的各种知识带来。但是这种知识必须先以经验去学。必须学得能够正当解释别人的面色语言而知那人是怎样的人格，而这人格又正在经验怎样的心事，方才会得触类旁通。人如果不学，总是不能知人的。

  而且知人也有各式各样。有的知人不过是语言上的知识。他只知道所谓"欢喜"所谓"忧苦"的这些语言怎样用，并未把握到这些语言所指称的事故。或者事故在他的意识之中只像流光闪影，一闪便过去了。这样的知自然没有什么力。要有力，必需要有以十足的强度深刻地把握对象的知识。这必需要有感受性和精神的动力。

  第一个条件就是不可没有强的自己直接的经验力。若使不能从心底里欢喜自己所应当欢喜的，或以十足的深度感得自己所受的忧患，就也不能十足同情别人的幸不幸。这种对于自己祸福的欢喜和忧患，从它本身看来原是利己的。但这利己的价值感情底丰富而强烈，却正是利人的价值感情的第一个条件。要这利己的价值感情经验得越广越深，利人的价值感情才会越广越深。

  利人的价值感情也随着个人和人类关联的发展而发展。个人和人类的关联越复杂越深刻，则个人和个人中间架着的桥梁也便越加多，人己的交通和利人的同感也便容易经过这桥梁而达到。于是利己主义在这中间也便成了引出利人主义的一个出发点，一条通路。关系的最初固然由于所谓守望相助的利己的动机而联结。但到后来，这种动机的发动竟就成了唤醒同情的价值感情的机缘。

最关重要的是,这样的关联渐广,人就懂得人和人是不但外面同等,就是里面也同等的。最初大概专指外面构造和生活方式的共通而说的"人"(Mensch)的一般概念,这便起了里面化的倾向,内容比前更加丰富,成为有着同样的要求和共同的目标的存在了。在希腊人,是一切的外人都是野蛮人。而在基督教却是一切的人都是上帝的儿女。

这样看来,无论从那方面说,都是利己主义是第一位的,利人主义是第二位的。单把利己主义看作原本的统制固然不合事实,若把利己主义说是原本的首位,那不但是说得通,也是自然(Natürlich)的。

这在原始人和小孩子全是自然。即在我们,有时也可以说是自然。——那就是我们说精神的麻痹、懦怯和糊涂,是自然的一样意思的自然。因为伏在利己心里的,实际便是这种种的麻痹、懦怯和糊涂。

但这种精神状态,从另一面看来,却又不是"自然"。

月亮给我们的第一个印象就像我们眼睛所看见的那么些大那么个样子,又是挂在像我们眼睛所看见的那么个地方——比如说,邻舍的屋顶上,这固然是自然。但若执着这个印象,上邻舍的屋顶去捉月亮,可就不是自然。在这时候,就要运用天文学上我们眼睛所不能直接看见的事实来修正这第一个印象,才是自然。

我们的判断某事可做不可做以及依据判断而行为,也正和这一个样子,若只依那直接的个人经验下规定,也都不是自然。——比如说,追求自己的快乐,忘记了路旁躺着穷人,或挥霍自己的积蓄,忘记了别人的穷乏。自己的享乐固然是一个事实,别人的困苦也是一个事实。如果我们想一想后头那一个事实,便会觉得前头那一个是应当取另一种态度。而落末,便将把忘记人生的惨苦看作捉月一样的不自然,捉月一样的糊涂了。

而且道德上的糊涂,可以说比之天文上的更糊涂。人不都是天文学者,而人却都是人。天文学上的事实要听天文学家的教,至于人生的惨苦,则我们自己就可以做见证。我们要没入惨苦者的精神中,去共感那苦恼和挣扎等里面事实,并没有什么可以妨碍我们。只因我们是利己主义者,竟把这样不可遮蔽的事实也都糊里糊涂地忽略过去了。

若人的事情可以忽略过去,则天文上的事情还有什么关系?自然的事实的认识虽然重要,也因合乎人类的欲求才有价值。所以更重要的还是人类的欲求和有这欲求的人类。从人来说,是没有一样比人的关系更重要的。

而利己主义者竟把这样重要的事实忽略过去。把利己主义来作道理原理。那主义固然糊涂,那原理更是狂妄。

这样的道德原理实际是自打自的。因为我们如果纯然是利己主义者,我们只有要求一切人都来奉事我们。反之我们要求别人也做利己主义者时,我们又是承认他们可以奉事他们自己的了。既经这样承认,我们便已经是利人主义者了。

第二章　道德上的根本动机和恶

动机不止有利己和利人这两种。前章里头我们便已说过,还有一种是不管人己的利,单为得到自敬而决定他的行为和态度的。这也可以说是利己主义吗?

固然,要把利己主义的概念勉强扩张到这里,也是人底自由。但这实系违反普通用语例。照普通的用语例,所谓"利己主义",是说用了行为营求那和自己人格有别的物利来归为自己所有的。若是不顾自己底利益和快乐,为在自己活动底方式上求满足而行为的——就是:不是要求某物象为我而有某性质,是要求我自己因这行为而有某物显现给自己的,——就是利己主义底反对。违反这种用语例,勉强把利己主义底概念来扩张,便将在一概念里面,包含了它底反对物,这在伦理上是没有价值的。因为实际我们再没有一种对立比我们是什么和我们有什么——我们和物的世界——这种对立再根本的了,硬用一个概念去包括它是没有意思的。

再这自敬(Selbstachtung)底动机也决不是利人的动机。我们拿着自敬做目的而行为的时候,我们是只想着自己,并非顾到别人的。

所以利己主义和利人主义底对立,在出于自敬动机的行为上,是全然没有意义。有这自敬的动机俨然存在,而多数的道德学者考察人类行为的时候,却还只知把利己动机跟利人动机对立,真不能不说是浅薄的见解。那是物的价值感情,而这却是人格的价值感情,详细说来,就是人格的价值感情底一种:自己价值底感情。这人格的价值感情才是伦理上的根本动机。那些道德学者所说的区别,可说还没有涉及伦理的真正范围。

有人说:自敬的动机虽不就是利己的,却可以归入利己主义。详细说来,就是这样:自己价值所以形成,乃是由于自己有实现利己目的的能力。所谓尊敬自己,就是自觉有这能力的自己欢喜。就是预先尝到由这能力生出的利益和快乐的味道。所谓为着得到自敬而行为,便是为着不致失掉这种先尝味道而行为。简单的说,便是为着自己底人格——就是自己是什么——做了得利的手段而有价值。

但是自觉有实现利己目的的能力而自感到幸福的意识,和由这种目的实现而来的欢喜,性质便已不同。福利可以得自偶然的侥幸。得自偶然,便没有自己得来的特殊满足,便没有自负(自信 Stolz)底感情和力量底意识。

试随现在的流行,把野蛮人来做考察底对象罢。他们之中有不愿抛掉自重底感情而爬行,宁愿吃受拷问而主张自己的。他们之中也有抛掉一切快乐,甚至牺牲生命,从事复仇的。他之所以不得不复仇,一来因为他不复仇,他自己就要觉得弱小而懦怯。他却愿意自己强大而勇敢。二来因为他不复仇,伙伴也要轻蔑他,他也不愿意自己受伙伴的轻蔑。而受别人底轻蔑其实就是受自己底轻蔑。因为别人对于自己的轻蔑,需要自己和它同感,同作自意识底否定才会涉及自己。所以求别人尊敬的努力,通常就是求自敬的努力。假使前者是原本的动机,自敬底动机就也不得不是原本的。

再看小孩子罢。他们被打被骂,也还昂然主张自己底意志。甚至得到了极可怜的结果,还会为了达到自己意志唱凯歌。

再看小孩子底游戏。他们也都不是为了有用做游戏,都是为了在建设破坏的活动中感到幸福做游戏。中间固然也有成功底欢喜。可是他们大概是求活动底欢喜。若是求成功底欢喜,该是越容易达到目的越高兴,但他们却是欢喜跟大些的困难战,在那里尝受逞能的味道,不欢喜没有用力余地的玩具,也不欢喜大人帮助他。

小孩子欢喜学习东西也多由于自负底感情。小孩子大多还不知道学了东西在人生上有什么用。他却只管学习。他的学东西,名誉心极强,总想得到第一名,这也就是价值在乎自己优胜的缘故。在这里固然也须分开活动底欢喜和成功底欢喜。学东西的成功是知识。小孩子是富于知识欲的。但小孩子除了知识和知识底欢喜之外,却还要求搜求和发见底欢喜。要求不超过小孩子能力的知力劳苦。

试再进一步看看少年。伴着自己活动底方式的欢喜更不知道有多少。我们在这里见得到大胆冒险的欢喜。见得到不折不挠对抗障碍的自负。见得到咬牙忍苦的姿态。也见得到少年并非为了得到有味或有益的东西,却为发见有一种力量在自己里面,认识了它在活动,而眼光发亮的神气。像这都是自敬动机独立在利己动机之外的例证。

就是那决计不会得报酬,只会招嘲笑和迫害和惨杀而仍然坚认自己为正当的,在特殊的意义上,也是一种伦理的自敬。这种自敬,在根柢上也和前述诸例是同样的事实。它那特殊的内容和价值虽然并不相同,但在两方根柢上的实是同一的自我感情(Selbstgefühl)。而这伦理的自我感情也并不是由利己的打算而来的。真是只有利己倾向的人,决不能靠那境遇或技术的力量从那里面养出自敬心来。

所谓教育,就主要点说来,结果往往还是它底正反对。有的教育术,不会养成自由活动的能力和自信——只会破坏了自由活动的能力和自信,他们自以为伟大之处是在把人造成了奴隶地趋避赏罚者,盲目地循规蹈矩者,伶俐地打算利害者。

常从自敬底动机而行为的,在人生底自然竞争场里,决不会是幸福的宠子。要得宠,要得外面的幸福,必须屈己随从"有力者"底意志,随从舆论底偏见,必须跟蠢人一起喊万岁叫上十字架。

人特把我们底时代称为心情底物质主义(Materialismus der Gesinnung)的时代。这是不顾一切追求外面福利的意思。人又在物质主义之外还举出追从的勤勉(Strebertum)来。然而其实这不过是同一事实底别一面。这就是说:各式各样的牺牲自敬,实际就是使得心情底物质主义做去有效的方便。谁要是蔑视这方便,一意忠于自己地去做,谁就会被看作阿木林,被人们排挤出来,有为运命所破碎的危险。就使这样的危险不至成为事实,这对于危险的恐怖,便已是一种不利于"教育"自敬心的方便。

其实,不用这些事例证明,单从心理的事实去看,也可以知道自敬底动机并不是从利己的动机或其他的动机而来。这动机是独立的,是和别的一切动机齐了肩,从人性里出来的。

那么为什么都会有满足底感情发生在我们里面的呢?这就物象说来,凡是说一个物象上了自己底知觉,总就是这个物象要求被摄取在自己里面的意思。这种物象底要求,对于自己精神全体底组织,并那时精神里活动着的旁的诸内容的关系,如不是互相共鸣,必就是两相反背。若是共鸣,便发生满足底感情,若是反背,便发生不满底感情。凡是所谓感情,都是精神底一个作用怎样适合精神全体并那时的旁的精神内容——这个相关方式底直接的意识的反映。这一个作用,它底性质上多么有力,它那中间出现的有多么繁多之趣,而它和精神全体底一致又有多么的完全,那满足底程度就有多么高。所谓一个物象所给的满足,就是精神自由摄进(识得)物象所伴随的快感。就是精神在知觉物象上自由活动所伴随的快感。不过这里所谓"自由",是说自己活动跟自己底本质一致的意思。

而这里跟这物象识得底活动并肩的,还有一种精神底自发活动。像煞愿望呀,意欲呀,立定目的呀,内心劳作呀,这些活动都是自发活动。这些自发活动,也都随着它那力底强弱,随着它那繁多底程度,随着它跟精神全体底一致不一致而起种种程度的快乐和不快。但这在是关于自己的,关于自己底自发活动的,关于因自己底自发活动而觉着自己的主观的一点上,却跟那物象所伴随的快感不同。这是自我感情。自我价值感情（Selbstwertgefühl）是和物象价值底感情对立的。所以它们两个是我们价值感情底并立方向。凡是我们底心理活动都是我和物底交感。在这交感之中,两种价值感情是互相消长,却又遵照同样的法则成长的。决不能把一方归入了另一方(参照日本阿部次郎编译《美学》)。

那么,自我价值感情往往不大能够规定我们底行为,又是什么缘故呢?第一,因为外界物象是我们意识中始基的东西。人格必须由感觉底对象赋与始基的内容后,才能对它作起自发的活动来,并须在那活动中才能作当自己是自己的自觉。

第二,人底关心,也都首先向着外界底物象。为的首先要有外界物象给它食养和保护,人才得以生存。生存是人格所以存在的预备条件。就使单为生存而奋斗,便已比之徒然享受,失了为人为己活动能力的人更有自信底感情,更有与于人类底尊严的权利。不过这等人不会有更丰富的人格底开展,和更广大的自我底意识罢了。

所以自我价值底感情,也和利人的价值感情一样,是依照一定的法则在那里发达。那发达条件中间比较重要的有这样三条：

第一,在物质的生存竞争上须有相当的自由。这在前面已经说过了。

第二,要人格丰富,必须经验复杂,眼界广阔,时时有种种新的欲望发生。就是新的欲望是利己的,也是会使自我价值感情得有新内容的。

第三,最重要的还在人人相与的社会关系底发达。人不论怎样,总都有些人格价值,因而不论怎样,总都有着几分的自意识。只怕没有机缘涵养对于更高阶段的观念,就有安于现在程度的危险。这时最能给人机缘的,便是知道别人。便是看了别人来反省自己。若是看见别人做"人"在某点上居在自己的阶段以上,那我自己底人格在观念上便已高了一点。所以我们对于那人底长处,越是理想的,就是见了他越能提高我们自己观念上的人格的,就要给以高的评价。而当面对这样造成的理想的人格时,必将发生更在事实上实现这样观念上的更高的自己在自己底人格中的憧憬和努力。而这憧憬和努力又是随着理解别人的到家而加强。所以要人格发达,必须要有社会关系底发达。

但这三个要素不过是实现人性中本来具有的评价法则的条件,至于想要丰富自己人格底价值内容的努力,却不是这等要素所能产生。

从上述三要素底反面来说,便是专门从事物质的竞争和精神上的眼界狭窄和人缘冷淡,是努力求高自己价值的障碍。然而这里还有一个障碍可以算上去的是人们造了自己价值底幻影,妄想作为真正的价值。人一到了有了"善"名,有了财产,有了追随者,有了勋位和称号,总就以为自己善过别人,差不多这是怪普遍的事实。

事实上他也或许真是善过别人的。他的所有的福利或许真是靠他自己底才能得来的。但若是如此,就使他并没有这些外面的福利——就使运命并不帮他成功,——他也还是善胜别人。至于他的受运命底恩宠,我们只有赞美运命,而他却并不是运命。

设或他的得到如此福利只是偶然的——那时福利固然还是有福利底价值,但这福利底价值决不能算是他那个人底价值,正像他那人不好算是福利那东西一样。而大多的人在这种地方竟还是那样的颠倒不清,这盖由于他本来少所有,故不得不以夸耀他所受当妙计。

所受固然可以给与活动底可能性。就拿富来说,富就在种种的形式上给了富人底人格多过穷人的活动底可能性。而这活动自然不止在那富底上头有根据,也还在那人格中间有根据。不过我们解释两个要素上面都有根据的事实时,往往只取了最显著的一个来当作那件事实底唯一的根据。像煞月亮原不过反射的太阳光,我们却就以为月亮自有光。我们的对于富,也是同这一个样,也是会把有富方才可能的活动看作人格本身具有的能力。他底活动愈加大,便以为就是他底人格愈加伟大。假如月亮也像我们一样是意识的存在,又像我们一样的无思虑,恐怕月亮也会自夸是自光的天体的罢。像幸运底太阳照在我们头上时,我们底自夸那模那样地。

还有名誉(Ehre),更要注意。真正的名誉不可不是我们真正所有的,就是我们人格底高超。尊敬(Ehrung)不过是别人心里所行的作用,跟名誉完全是另外一件东西。我们底名誉如果有值得尊敬的价值,我们固然有可以庆幸尊敬的理由。但是我们底名誉,却并不因此而加多,也并不因此而减少。

若使我们底名誉还未达到受到别人尊敬底同一高度,这就会有两个反对的可能性。使有强而明的人格的人感到了内心不安,而有内面缺乏底意识,而自己感觉到惭愧。又使不明的弱者,想以别人底尊敬来代替自己所缺乏的名誉,因自欺底作用而感到名誉意识底昂进。或者本无可敬却要装成可敬的样子去欺人,拿被欺者底尊敬来填补自己名誉底缺乏。或者用了一种默契,交换式地互相尊敬,互相标榜,来欺世盗名。那种空头支票,谁不认识,但人一得到手,却还以为可以兑换"名誉"现金,真是儿戏。然而大多人确是要这儿戏的。因为不做这儿戏,恐怕他们就太不利了。

然而话虽这样说,我们并非否定上述福利可以有伦理的效果。比如财产就能给与人格一个发动的机会,使它发达开展起来。尊敬也能使明强的人格意识到自己底缺乏,并且刺激起想要做一个真正值得尊敬的人的欲望,把自己所有的价值和别人所给的价值之间可以惭愧的矛盾来征服了。

这是 Noblesse oblige(特权逼义务)底真正含义。这就是尊敬必要逼成值得尊敬的心情和功业的意思。也就是高贵者除出自己所担当的之外别无所谓名誉的意思。这也就是除非下劣者才以靠着运命底恩宠得来的——名誉,财产,尊敬等等来还清自己人生底债务,若是高贵者必以自己所有,以自己所力行的来还清自己人生债务的意思。

物的价值感情有利人的价值感情跟利己的价值感情对立,人格的价值感情也有同情的人格价值感情(Sympathische Persönlichkeitswertgefühl)跟自我价值感情对立。这是我们所要区分的价值感情或动机底最后种类。

同情的人格价值感情和利人的价值感情一样,也是依凭所谓移感的心理事实。不过在为后者基础的移感上,我们不过在别人中间发现了物象所引起的欢喜忧苦等等感情,而在做前者基础的移感上,我们却还在别人中间发现了那里面活动底方式和那人格的本质。因而我们底不得不经验到有价值和无价值的感情,正跟见到别人精神如何活动,别人精神本来有怎样性质的时候,和对于自己底里面活动方式和自己底人格性质的时候一样。这种经验起于"知道"别人底存在,而深于深入别人底人格替他设身处地想。

做同情的人格价值感情底对象的,是直接的别人底人格。他们底里面活动方式和人格的性质并非因它可以供别人之用——例如利己的关心——而才有价值。这种价值感情或动机底独立,可以举出各个事例来说明。

试再举出野蛮人来说罢。野蛮人常赞赏强者,骄傲者,肯吃苦者,能复仇者,——甚至狡乖者。这就是他对于这等人格的性质常与以积极的评价。在这评价之中,或许不免杂有利己的感情,以为强者可以做自己底帮手。但是他那惊叹（Bewunderung）底感情，却和这利己的满足完全是两件东西。从利己的满足决计产生不出所以使惊叹感情带有特殊色彩的伟大和雄伟底快感。固然给我们利益的物象，也会叫我们欢喜。但是我们并不惊叹这物象。敌人底弱和愚也和同志底强和智一样会使野蛮人有利益。但是野蛮人却也并不因此惊叹劣弱的敌人，倒反只有轻蔑他。这就见得惊叹并不能拿利己的打算做说明。明明是一种直接适用于惊叹对象的感情。

对于别人底人格价值的意识，就在对于别人底人格和才能的嫉妒（Neid）和从此发生的憎恶（Hass）以及跟它伴同的毁伤之喜（Schadenfreude）中间也有显露。野蛮人——乃至道德低级的文明人——为什么会憎厌自己以上的人格呢？为什么会在那人格露出弱点来时扬声欢呼呢？答案就是因为野蛮人和道德低级的文明人感到了他所憎恶的人格底道德的伟大，没有法子不承认它。他自己底人格本来小，和这人格比较起来，他就更加小。他底真正的憎嫌，就在自己人格底相形见绌。他底憎恶优越自己的人格，其实就是对于那人人格的伟大的尊敬和对于自己的轻蔑。他底强烈的不快就为逼得他不得不尊敬那个轻蔑这个的不快。至于毁伤之喜，则因伟大者忽然变小，觉得自己又比较地大了，所以觉得高兴。其实这里，全是把测自己的标准弄得小就会使自己底价值见得大的一个妄想在作祟。这种妄想，完全跟那视觉上的错误，把一件东西摆在大的东西旁边就觉得小，摆在小的东西旁边就觉得大，一模一样。总之，就使是对于优胜者的嫉妒，憎恶，和毁伤之喜，也还是由于求自己价值的动机和认别人人格价值的感情而生。实际还是没有比这种嫉妒，憎恶，毁伤之喜再直接地显出同情的人格价值感情底力量——同时自己价值底感情或动机底力量来的。只是这里，在用别人来测量自己的时候，不免带有想以别人底小来形自己底大的妄想罢了。

这里也当提问：为什么同情的人格价值感情往往只有极微弱的力呢？这一，因为如前所说，别人底伟大，强健和自由，足以显出自己底渺小，虚弱，和拘束。二，因为这里利己的关心常制机先，福利的问题常要压迫善的（人格价值的）问题。精神底懦怯和狭窄妨害了我们，使我们不能透达别人人格底里面本质，不能确认别人底特色，加以纯粹的评价，不能同感它底真正而且完全的价值。而最重要的，还在缺乏对于自己道德威严的感觉。缺乏对于自己道德威严的感觉，就也不能理解尊重别人道德的威严。对于别人道德的威严不去珍惜它反而还要糟蹋它，便是其人道德意识正在不良状况的表征。

而且我们知道实际别人底人格就是自己人格底变相的繁多化，因此别人底威严就是自己底威严,别人底名誉就是自己底名誉,别人底伟大就是自己底伟大,别人里面底广大和自由就是我们自己底扩张和自由化。自己越把别人看成人格——不把别人看成单纯的肉体,——别人就越有人格味。他的对于我们成"人"(人格)的浓度,全看我们自己心里人的意识的明度。我们自己心里人的意识的明度有多少高,他对于我们的成"人"的浓度也就有多少高。所以我们若使对于自己有所尊重,对于别人也就不得不尊重。若是对于别人不觉有这意识强力地压迫,就是我们自己还缺乏对于自己人格价值的意识。

凡是高贵者,伟大者,自由者,有所自恃者,总希望别人也有高贵,伟大,自由的自感。他必尊重所有的才能,所有的正善,所有的善良而正当的意志。他自己做了道德国里的帝王,必也愿意别人做了道德国里的帝王。真正的君主人(Herrennatur)必定憎恶所有形式的奴隶主义,他自己固然不肯做奴隶有奴隶的行径,他也不愿别人对他做奴隶有奴隶的行径。他自己是真实的,他底心里弥漫着真实底价值,他自然容不下阿谀,卑屈,盲从等等。若使他还是欢喜阿谀,卑屈,盲从等等,要别人做奴隶,那他自己一定还是奴隶人(Sklavennatur)。他虽然有着暴君的傲慢,却还缺少着道德上的自负。他虽然到处傲慢,假如遇见在他以上的强者,必定就会变成卑屈。而卑屈的奴隶,遇到可以自大之处,也会妄自尊大,俨如君主。这就因为它跟追从的勤勉原是同根生的。

再看看同情的人格价值感情和利人的物的价值感情底关系,实为依从关系所统制。凡是利人的价值感情都是依从着同情的人格价值感情。

设使看见有人正在庆幸自己卑劣行为底成功。他那庆幸,必将引起我们心中的不快,而难引起我们心中的同欢。因为他那庆幸是基于恶的心情,他那庆幸是根于我们所不能感到同情共鸣的人格生的。我们在前章里面便已说过,凡是别人底经验为我们所共感的,必在我们里面有一种作用,好像我们自己经验过的一样。故如这例这样对于恶行成功的庆幸,自然也不能没有同样的作用在我们里面。而我们在这例里却是羞愧这庆幸,不以为然这庆幸,所以对于别人底这一种庆幸,也是不以为然的。

这更一般地说起来,便是:对于别人底快不快的同感并非就发生在我们里面,是要这快不快和由快不快所显示的别人人格在我们底人格中唤得起同情和反响来的时候才会发生的。这样的同情,便是同情的人格价值感情。所以上述那样的同感(或"利人主义"),都要以同情的人格价值感情或其可能性做预备条件。外界的快必要在那里感得到人格底价值才能使我们满足，才能做我们意欲底目标。快底动机力就以人格价值做它自然的——因而必然又是伦理的——基础。所以人格的价值感情是真正的伦理上的价值感情。

但要深入人格的价值问题，还当解决一个关于人类意欲底动机一般的问题。伦理学能够要求上文所区分的各种动机有一个不存在吗？能够要求这些中间的某一个单独在我们中间活动吗？

这样的要求，不消说，是都没有意义的。伦理的要求是我们伦理意识底表现，是我们最固有的本质底表现。因而伦理的要求决计无法排拒纯循心理的必然含在我们本质中的东西和由这里必然产生的东西。而上列的各种动机都在我们中间存在而且发生作用，却正是排拒不了的心理的必然。

我们把伦理上所认为非的名叫恶（Das Böse）。我们必不能把人性所具备的认作非。所以人性所具备的所有努力，冲动，欲望，以及其他一般人类底动机，就其本身而说，我们也都不能认作恶。

假定这里有一个动机出现在某个人格里面。假使这个动机，是我自己依我自己底本性，在同样的情形之下，也会有的。那我就要意识着我和这人——以有这动机所显现的人格——之间有着一致。换句话说，我就要是认他底动机。所谓是认（Billigung）——不是语言上的是认，是感情和意志里面的是认——实际就是这样一致底意识，而所谓非认（Missbilligung）便是两方反背底意识。凡是我们所是认的，我们必以为善。所以凡是我们自己以为是在一般的人性上有根据的动机，必定都是善的，不是恶的。

那么我们怎么又会把某种别人底意欲加以非认把它叫作恶的呢？

对于这个问题的解答，我们已经暗示在这个问题里面。我们道德判断底对象（同时便是道德非认底对象），并不是各个动机，是动机和动机底关系。是动机和动机在我们里面所起作用的力量强弱的比较关系。换句话说，就是意志，就是现在意欲作用和意志决定上的人格。当行意志决定的时候，有时是一个动机动，和它逆行的动机不动的，有时是一个动机居在首位压倒了别的动机的。我们所可认为恶的——道德非认底对象，便是这种事实底全体。

比如盗贼，他想得到财产，想自己底财产增加，他那动机本身原是善的。只因他不曾尊重别人底财产，压抑了这样的动机，所以他有恶。

又如为了残酷底快感（Grausamkeitslust）虐杀别人，本意原在逞优胜底意识。以他底牺牲底宛转呻吟来作他底优胜底强制的承认。牺牲越抵抗,他底优胜印象越加强。所以他会慢慢地拷问,慢慢地虐杀,来延长享受他底威力感。这时其求在威力感上扩大自己底本质的那本身也并不是恶的。但因他缺乏人类的同情,至于用了那样的手段去求它,所以又就是恶的。

这里会有抗议,说:惨杀者为什么定要求这特殊的威力感情呢?这不是因为牺牲底苦痛,不是傥来的手段,足以供他特殊的享乐的缘故吗?惨杀者在某一意义上是把这种苦痛来享乐的。他是要这样享乐的。所以他是发于颠倒人性的一种动机的。我们所以不得不非认它,就为他那动机本身便是恶的。

这个抗议里面含有正当的思想,也有心理不明的纠缠。残酷底快感的确是一种特异的享乐。耽这享乐的,也会感到牺牲底"觳觫"。就某一意义讲,这种享乐在他也就是一种恐怖。然而为了恐怖,他就更要享乐。这是什么缘故呢?第一因为牺牲底苦痛在他也是不快底对象。第二因为这苦痛又是他底行为所引起的,他也觉得他底行为反乎自然。他底自然的感情和意志,也正和我们一样,是反抗这样的苦痛的。但因他底行为不自然,倒反使得印象更加深。因为那种反常的事实给了它提高观念的力。所以随同的威力感情就又更加昂奋。而这享乐本身便因有了这不快的要素做中介而越加高。耽这享乐的,是以激情贪求自己所嫌忌的。

这样的事例,别的还有。比如悲壮(Tragik)底感情就是。悲剧的人物受苦恼。这苦恼本身是不快的对象,因为它是和我们经常向人要求的矛盾的。但是因这不快却正使显现在悲剧人物身上的人类伟大底享受越加高。他底苦恼给与了悲壮感情一种特异的性格。我们这里也不免感到"觳觫"。然而同时悲壮感情却又是一种非常深刻强烈逼人的享乐。

这种事实底根柢上有一个一般的心理的法则:做不快底根据的东西,以某种特定的方式跟做快底根据的东西直接结合起来的时候,它就使快得到了一种新的性格,并且增高了它底强度。

残酷者也是依这法则。我们不能因为一般的心理法则发现在某一特定人中就去责备它。可责备的是在重低动机过于高动机。是在快的要素和不快的要素底关系上,对于牺牲者苦痛的同感的不快少过出自威力意识的快。若使对于牺牲者苦痛的同情达到了十分的强度,残酷底快感必将转变为"觳觫"为嫌恶。悲剧也是一样的,悲剧人物底苦恼和我们随它的不快感若使不被什么一种东西所溶和,悲壮底享乐也必转变为战栗。所以调查悲壮享乐底对象,很可以测量某一时代或某一个人底道德同情底种类和程度。悲壮底享乐也和残酷底快感一样，要有某程度的道德的粗野做前提。

这里还有一个和上述问题相关联的问题。便是：我们要使高等动机占优胜，一共有两种方法：一是加强高等动机，一是减弱低等动机，——在这两种可能的方法之中道德上可以取哪一种呢？还是两种都是道德上同样有价值的呢？

再用盗贼做例，普通都以为尊重别人财产或现在的财产制度是高级的动机，自己要得财产是低级的动机，至少那些非难盗贼者底判断都是如此的。而要高级动机占优胜又不必高级动机再比先前强，只要想得财产的冲动比之先前弱就得。倘若想得财产来丰富自己底生活和活动的观念没有力量唤起注目的里面反应，他就不会再有勇气去做盗贼了。但若只要不为盗就算——倘把高级动机底强弱看作道德上没有关系，只要低级动机弱一点就算，那就说不定会把最懒惰最迟钝最糊涂的弱者当作道德上最值得赞赏的人。道德上的伟大，道义的精力，高贵的热情，或者都会变成没意思，而所谓德者，不过是一种消极的东西。世人底立场往往都是如此的。世人往往以成功，以利用，最后以利己主义为观点，把谨厚的叫作"善人"。那些"善"人不会害我们，那些"善"人也不会搅社会底和平——清梦。

我们着眼在人格评价的时候，就不得不作别样的判断。那时一切的伟大，精力和活力，都将看作本身有价值的东西。即使那横溢，那结果，是可怕的，也还可做我们惊叹底对象。我们真正所要求的将不是低级动机渐渐减弱，却是高级动机底得有最大的力。并不蹂躏了一点属于全人的积极的东西，却十足开发了最高的意义上成人的东西。而一切积极的东西———一切的努力和动机，都将以其本身是善的缘故不得不存在。既然是善的，当然要存在。不过更善的还要有更高的存在，要它来做支配者。

讲到这里，恶是什么，我们就可以说得更明白了。恶是什么呢？恶是否定。恶是应有而没有。恶是应强烈而怯弱。人类底意欲不是恶，不意欲才是恶。所谓恶人实际就是不意欲者，就是精神上贫乏的人，虚弱的人。贫乏虚弱底程度愈加高，恶人底资望也就愈加高。

这和理知方面的同样事态比较，就更可以明白。各个动机就和现实认识范围内的各个经验相当。各个动机底本身不都是恶的，也和各个经验本身不都是虚伪的相同。经验本身原来含着真理要素，并非虚伪，虚伪是由判断而来。而判断，却是经验和经验间的关系。就是把经验内容加以思想地结合，编成了一个体系。使一切的经验在这体系中各从其位置有它底价值和权利。所谓知人，便是能够指定所有经验底正当位置的人，并不是只有某种经验没有别种经验的人。

还有虚伪思想，也没有可能把它当作一种特殊思想去和正当的思想对立。虚伪思想不过是一种不完全的思想。这不完全的思想是和他底不完全的经验相联系，为在悟性认识底领域内谬误底基础。这种谬误都是消极的，不是积极的。

道德上的谬误——就是恶，也是这样。道德的意识也以经验和思想做基础。这里也有所谓道德的思量。而道德的思量也容易因为经验和思想底不完全或无力而陷入谬误。

详细说起来，恶有两个源头，就是：动机底薄弱和思想底缺乏。思想缺乏驯至自欺，便有上文所谓嫉妒，毁伤之喜等等。以对于自己缺乏的感情底强弱跟缺乏底大小相混。妄信以为人家受了损害，自己贫乏之感较少，便可以算作富。

道德既系依凭动机间的关系和秩序，所以道德的法则都是要求秩序。秩序是形式，所以道德的法则也都要求形式——我们里面态度底形式。以此，道德法则就是形式法则，纯然"形式的"法则。

第三章　行为和心情
（幸福主义和功利主义）

什么是道德评价底对象？恐怕人都首先回答说，——是人底行为——罢。

再问：人底行为可以做道德评价底对象的是那一点呢？是那外面看得见的使那行为成立的过程吗？

谁都不会这样想的。人去捞救将要淹死的人，捞救行为底外面的过程是某些种的运动。如游，如伏，如抓。这些运动纵或敏捷而且秀美，也只可以做美的鉴赏，不能做行为底道德的评价。

行为不止有外面的过程，还有所含的意欲。行为是以认识的意欲的人格做根据的过程。所以前头这个问题应该限成，问：意识的人类意欲所产生的行为在道德上有价值的是什么？

对这问题可以有两个答案：一个是说行为底道德价值要从行为本身（就是做行为根据的意欲）底性质来决定；还有一个是说要从附随行为的外部的结果如何，成果底有无来决定。

这两个底可能性未必互相排斥。行为在前一意义上有"道德价值"的，在后一意义上也可以有"道德价值"。不过我们不可不牢牢记住：两方所谓"道德价值"底意义是不相同的。

在这世界上有要实现的道德目的，总叫作"善"，这善要求存在，要求由我们底手给它存在。倘有一个行为在这世界上对于这善底实现有所贡献的，它便是道德上可喜的（Erfreulich）行为，因而便是道德上有价值的行为。这是因为它能够造出善事的缘故，所以它是善。这是道德上的功利的价值。而破坏这种善底实现的就是害恶（Uebel），就是有毒害（Schädlich）可悲叹（Beklagenswert）的行为。

相反的，我们也把它底本身有道德价值的行为叫做高贵（Edel）称做值得赞赏（Lobenswert），而于它相反的行为则说是恶（Böse）下贱（Unedel）不体面（Schändlich）邪恶（Schlecht）值得非难（Tadelnswert）等。这就是"道德价值"底两重意义。若不明白这两重意义，就是可怜的道德体系。

我们要确保这个对立,而且要把"道德价值"当作后面这个意义解释。本章头上所提的问题就成为——使得行为本身为善的是什么?使得它为高贵为值得赞赏的是什么?反之,使得它为邪恶,为下贱,为道德上可以非难,为不体面的,又是什么?

功利主义也问,使得行为为善的是什么?但它从头就把"道德价值"作功利的价值解释,忘记了还有我们所采用的第二个意义。而且还把第二个意义混入第一个意义。他之所以会得成为"功利主义者",实际就是由于这混杂。实际道德说底概念上的混杂是从来没有混杂得像功利主义那样的。但这混杂倒就是功利主义所以得到成功的第一个理由。因为混杂,人就可以从中各自抽出自己所喜好的来。

第一,功利主义自同幸福主义混同。这派底主导者弥尔(John Stuart Mill 1806—1873)明白说过,"功利道德就是幸福道德"。然而功利其实和幸福底意义不同。幸福是快乐。所谓使我们幸福的,就是使我们快乐的。而功利则是有益于这快乐或幸福的东西,或则造出快乐幸福,或则维持快乐幸福的。其间有不是功利而能使人幸福的,也有虽然是功利,而其本身难以做快乐底对象的。例如演剧,音乐,虽然能使看客听众幸福,可是未必有用。反之,外科手段虽然它底本身是快乐底正反对,却是很有用。这种区别,功利主义竟不知道。好在我们也无须深究功利主义和幸福主义底区别。从行为底利用而生的快乐,总之不过是从行为而生的快乐底一个特例。若拿行为所生的快乐去测行为底价值是谬误的,那拿行为底利用去测,也必是谬误的。所以只要论破幸福主义,功利主义也必同时被论破。

功利主义和幸福主义还都犯着一个暧昧,就是都是把成果的功利主义和幸福主义跟意图的功利主义和幸福主义混同不分的。行为而有功利,——是功利的。行为而招致幸福——是招致幸福的。从功利主义和幸福主义底本意说来,功利和幸福原与是否出于行为者底意图全然无关的。然而这等主义,却又每每会有因为是以功利和幸福做目标的缘故,就说它是道德的那一种思想。

还有,功利主义者或幸福主义者,他们自己是有个人的功利主义及幸福主义跟社会的功利主义及幸福主义底区分的。我们也不能不把它放在眼里。

今请先来鸟瞰一下个人的幸福主义——以及个人的功利主义——看它

到底怎么个说法。

　　我们在前章已经说过，我们意欲某物的时候，那能实现的观念总比那不能实现的观念较愉快，这是确切的心理的事实。还有，从多个想得到的可能中"选"出一个来的时候，想到选出的一个目的实现，总比想到选掉的实现较愉快，这也是不消说的。倒转来说，既然想到一个目的底实现比之想到可以代它的另一目的底实现较愉快，我们底意欲自必抛掉后者采择前者。总之，我们底感情所选择的必定就是我们底意欲所选择的。我们底感情和意欲，并不是两个独立的心理事实，只是一个事实底两方面。这从日常的语言里头也可以看出。所谓"欢喜""不欢喜"什么，差不多总和说"要""不要"什么几乎没有分别。

　　这里固然也要加上实现可能的考虑。实现可能的总比不可能的，实现容易的总比困难的较多一点被选作为意欲对象的性质。心想太阳八日天不落山是不可能的，所以也就差不多没有人认真地去"意欲"过。放鸽在屋顶虽然比之捏雀在手里较有趣，但若做不到，到底还是"意欲"捏雀在手里。若使两个目的看来同样都是可能的，那我们所意欲的必定是实现起来较为快乐的一个。

　　这样的事实，如果要叫做心理上幸福主义，自然没有什么不可以。实际我们所意识的意欲就是这一种意义上的幸福主义。但是这种事实，并没有什么道德原理含在里面。要求这种事实存立，和要求事实不存立，都是没有意思。它总是存立在那里的。

　　事实虽然如此，可是也许还是有人以为可以在这个事实上面建立起幸福主义的道德原理来也未可知的。那最一般的要求料想是这样的——不是要你意欲你现在以为最幸福的，要你常常意欲事实上可以成就你最幸福的。

　　说得再结实一点，就是：最幸福的就是最善的人。

　　这样的主张是正当的吗？

　　假定这里有一个"谨厚"的"善"人。他除了自己底"职务"以外，不会想什么做什么，长上都很欢喜他。他虽然道德上很贫弱，可是他底意识上并不觉着这贫弱。他底周围虽然有许多物质上道义上的穷乏，可是他也能够漠视不顾。为此，他很能满意那样的自己，那样的世界。运命也正施恩给他。他常健康，从来没有灾祸胁迫他底惯生的欢乐。这样一直到了他底高年。——像这样的固然是一个最幸福的人，然而决没有人就以为他道德上伟大。

假定这里还有一个人,揭着高尚的道德理想。他苦苦地求它实现,可总是惨惨地遭着挫折。他总是撇不开世界上物质上和道义上的穷乏钻上心来的苦恼,他也是按不下对于自己本质上的缺陷的意识。而外界的灾祸,可又苦苦地追着他。把他最爱的,都从他那里夺了去。他终于在不幸里穷死了去。——像这样的,或者会有人把他叫做傻子的,或者会说是高贵者没落了。

像所谓最善者就是最幸福者的命题能够应用在这一类的事实上吗?要用,当然也是可以的。但是实际是这样说的,不过是一种毫无思虑的残酷无情的乐天主义。

幸福主义者或许会这样说的罢:我所说的,并不是这样的意思;我也承认高贵者事实上会比下贱者更为不幸,但是幸福主义者所谓"道德",是说努力祈求最高的幸福,不一定是指事实上领有幸福说的。是吗,幸福主义那便离了成果的,变成了意图的了。幸福主义终归是逃不了这一套的。道德原理在乎提出要求。但是做个幸运底宠子却不是人们所能够要求的事情。人们所能够要求的只有求幸福。所以结果个人的幸福主义所可提揭的规则不得不是——你要尽力修养你底态度,使得你可以得到挺高的幸福。

但这也还不能算得真正妥当的。假使为了意志高贵而不幸的人们,闭眼不看世界底惨苦和自己底缺陷,跟下贱者同样为了幸福去尽他底所谓"最善"。那他底行为,在幸福主义上固然是聪明伶俐的,但是在道义上他可是已经从高处坠落了。

试看痴子的永远微笑,试看狂人莫名其妙的快乐。假使他们底精神状态就可以算得幸福的,则费了若干心思去接近这样的精神状态或许也是可能的。这费了心思去求痴子或狂人样的幸福的勾当,难道就是道德的吗?难道想望这样的幸福,也可以称做道德的吗?

幸福主义者也许又会说:我说的并不是这样的意思。一切的快乐或幸福自然不是都有同一价值的。快乐上面自有价值底大小。我说的道德是说努力求有价值的快乐的。

这话有什么意思呢?幸福主义全体底意思是在用幸福做最后的价值标准。在幸福主义者所谓有价值,逃不开是招幸福的意思。可是现在忽然又说幸福也有价值高下了。既说幸福也有高下,岂不是就把行为越能招幸福越其有价值的一个命题,换成了行为越能招有价值的幸福越其有价值的一个命题了?对这新命题,我们固然不会多有抗议;不过我们要问:测快乐价值的标准是什么呢?测快乐价值的标准不消说就是测行为价值的最后标准。这样幸福本身就变成不是这个标准，幸福就为这个新的标准所代替，而幸福主义就把自己破坏了。

但是现在有势力的，还不是个人的幸福主义，是社会的幸福主义或功利主义。照这主义说来，行为有没有道德上的价值，是要看它在社会上有没有用，或它造福社会的程度来决定的。所谓"有道德价值"，就是能"替社会招致幸福的结果"的意思。功利主义者所谓幸福的结果（Glücksfolge）也不止是一般的，也是在幸福的结果或不幸福的结果中分等的。从功利主义底文献中可以引出这样的一个例子来：

盗贼掠夺一个商人，商人底损失是第一层不幸的结果，从此发生的商人家庭的损害是第二层不幸的结果，还有危害社会底公安是第三层不幸的结果。

像这样的解释，便是把问题底行为解得太悲观的。人常感到想用蔷薇色的眼镜来代替墨黑色的眼镜的诱惑——商人过着安逸的生活，便有不通气的危险。现在有了强度的放血刺激了他一下，他就不得不再去活动。他去活动就会感到幸福。他底家庭也是一样。这就是第一层和第二层幸福的结果。还有第三层幸福的结果——则是掠夺地方的警政腐败，因了这个大家注意的事件，也可以有了改革的机会。

如果因前记不幸的结果可以在道德上非难盗贼底行为，则因这幸福的结果正也同样可以在道德上赞赏盗贼底行为。而同一行为底道德不道德就可以随意断定。把社会的幸福主义严密作为——成果的功利主义时，功利主义无论如何不能不陷于这样的结论的。

固然功利主义者大多会辩护说：盗贼底行为就使可以得到这样幸福的结果，也决不是他底意图。所以他底行为，总还是在道德上可以非议的。于是社会的功利主义者便也变成了个"意图"的功利主义者，而原来的功利主义就归破灭了。因为唤起幸福的结果的意图，并非就是幸福的结果。认行为底道德的价值在意图，便已不是因着行为所生的功利而赞赏行为，却是因着做行为底基础的人格的根据而赞赏行为了。行为是指示人格的征候。行为所有的，不是功利的价值，是征候的价值（Symptomatischer Wert）。

功利主义者或者说：行为之道德的评价，本质原是在行为根柢上的意图。或者甚至说：道德的评价之真正的对象原是心情（Gesinnung）。但是功利主义者既然做了功利主义者，他就没有权利说这话。凡是幸福的结果总是直接跟行为结合，不是直接跟心情结合的。若以幸福的结果为道德价值底根柢，则这价值总是直接属于行为，不过间接属于心情的。

又从这主义说来,心情也要附上条件方才可以有道德的价值。假使心情没有机会翻译做行为,恐怕无论怎样高贵的心情也是道德上没有价值的。例如死刑囚临了改悔了。他底心里已经有深深的悔恨心,他底道德意识已经觉醒,他一定可以用行为来证明他已经成了一个新的人。然而他已经迟了,没有证明的机会了。——像这样的改悔就是道德上无价值的吗?

功利主义者原是不会没有话答辩的。他会说:这是由于高贵的心情在别的情境常常伴着幸福的结果,因此被认为道德上有价值,所以就在并不伴有幸福的结果的时候也付给它这道德的评价。所以这样的道德的评价不能不是一种的自欺。就算是自欺罢,这样的自欺如何可能呢?

据弥尔说:这是可能的。他说:这可能正与守钱奴可能当不用的金钱有价值一样的道理。但这不成一个比拟。守钱奴所以爱金钱,是由于知道金钱无论什么时候都可以供利用。他看见了金钱在前,就能尝受到这可能的意识。他之所以爱惜金钱,就是为的不愿减少这幸福的意识。至于死囚底例,我们明明知道他改悔也没有什么功利可得。这还说他底改悔有价值,不过由于所谓我们意识对象底某一物在大多的情境中伴有有价值的结果时终于就把对象本身认作有价值的一种心理作用。但这是一种完全不可能的心理。我们对于某一对象伴着有价值的结果的时候,不知不觉就把那对象当作了有价值,是可能的。像刚才的情境这样,明明知道欠缺价值感情底根据,却还要求有价值感,是不可能的。

那么刚才这个情境实际是怎样的呢?这可以把弥尔底比拟改过来说。钞票之所以有价值,由于它能换成了现金。但我们现在有的钞票,却因国家破产,或者别的理由,已经失掉了贵重的性质了。我们这还会得拿着钞票当富翁吗?这还会得把它同那有用的钞票一般当作可爱吗?事实恐怕只有相反。我们会得感到,一向期望这钞票能有功利的价值,而今是失望了。失望的心情或许会逼得我们把这无价值的纸片投进火堆去。若像功利主义者所说心情本身是像这纸片一样无价值的,那我们对于高贵的心情将也会取同样的态度了。

还有一点,倘认高贵的心情为有价值,不过为了它有幸福的结果,那就该把幸福的结果一样的看作价值同等的。假定这里有非常广大的丰肥的田地。那对于社会的幸福的结果,恐怕比之最高贵人底最高贵的心情还要大些罢。不消说,这田地是有价值的。但这价值可以说是道德的价值吗?

由此可知,功利的价值和我们所谓道德的价值明明是完全不同的两样东西。丰肥的田地所以没有道德的价值,就为没有道德的心情。而道德的心情,虽在社会上或不招致幸福的结果,在它本身还是有道德的价值。心情是道德的评价(及非认)底唯一的对象。

那么心情是什么呢？它与意图是同义的吗？我们只要目的在乎做善事,我们底行为就是道德上可以赞赏的吗？意图(行为底终极目的)底价值,就是行为底道德的价值底标准吗？换句话说,目的神圣得了手段吗？

有人特为这个主义的缘故非难耶兹伊特教。那非难底得当不得当且不谈,要之有人暗地里在那里照这主义行为,是毫没有疑义的。牺牲信仰,掩藏真实,卑怯屈从,一切种种的奴隶相,凡是为了达到他们所谓有道德上价值这一个目所必需的无不加以容忍。然而这种主张是错的。无论如何的目的,决不能以破坏了道德上最高的东西(就是自由而有自觉的道德的人格)的态度为善。所以意图底价值决非就是行为底价值。

再如彻底地实行这主张,简直可以破坏了善恶底对立。一切的动机,一切的目的,在它本身都是善的。所以当以目的底价值来决定行为底价值,就一切的行为都是善的。由此可以知道决定行为价值的心情决不是与意图同义的。

那么心情到底是什么呢？我在前面已经说过,伦理所要求的是各种动机或目的之间的秩序。把这秩序设想作为根柢牢固的状态时,那这状态就是善的心情。换句话说,善的心情就是完成了的人格。所谓道德的价值就是人格之所以为人格而具有的价值,并非人格以其功业而获得的价值。

但若功利主义者也承认心情是道德评价底固有对象,不过在界说所谓道德的心情是以人类底幸福为目标的一点上还是保持他那功利主义的见解：这样的主张可不可以支持呢？这样的主张也不是可以支持,只要看对于意图的个人幸福说的批评就可以明白了。

比如某一民族中现在还有精神上道德上都颇狭窄钝拙的一个阶级。他们不断地要靠手的劳动供给他们底必需。他们虽于真正意义地做"人", "人"底生活多所缺乏,但是他们却还没有意识到。他们都还在那半兽的生活里,尝受幸福和满足；而他们底劳动却已足够供给别人底享乐。如今假定想要觉醒这样的人群,使知人间还有更高的阶段,使知努力实现这更高的阶段不但是他们底权利也还是他们底义务,使知一切的人都可以做完人,都有乐于做完人的使命,——而且假定使他们知道这些事的可能性又已经具备了。这时尽力所及参加这觉醒的事业跟他们底所谓"满足"宣战,自然不能不是一切人底义务。就使这样的人群从此会感觉起不满来,以要求做人的权利的急剧,致使从来安安稳稳地享乐的"别人"不得不感到多少的麻烦,我们还是回避不得的。就使向来的统治者,以为从此将不容易统治,我们还是并不以为可怕的。若使求统治得舒服,自然统治自觉的人群大不及统治奴隶来得舒服。而最舒服的还是统治万事都不会再感"不满"的死人。然而所谓政治,并不是为了统治者舒服,作乐而存在的,它要求最高的牺牲,它是困苦艰难的义务。帮助人民尽为丰富自由的人民,不但是这义务底一个内容,实际还是它底真正终极目的。

然而这且放着。功利主义和幸福主义总是永远说着幸福快乐幸福快乐的。社会的功利主义还命我们增进人类快乐底量。教我们认这快乐为有价值。但是别人底快乐并非就是我们有价值的东西,得为有价值的东西。真正决定点就在这里了。

在第二章便已说过,要别人底快乐在我们为有价值的东西,必须那快乐是建立在我们所得共鸣的人格底根柢上头的。外界快乐底价值都是以人格的价值为必然的预备条件。人格的价值——这是单纯赤裸的心理事实——是唯一无条件的价值;外界快乐底价值不过是条件的依附的第二次的价值。

然而社会的功利主义却以这第二次的价值当作了第一次的价值。它期望我们感那感不着的东西,它要求我们道德的意识意识那一切人类意识所必然严重否定的事。这是社会的功利主义底终结的审判。

我们审判错了吗?或者社会的功利主义者还没有受审判吗?功利主义或者又要说:我所说的并不是那样的意思。如果功利主义始终只是并不是那样的意思,那么功利主义对全世界饶舌的到底是怎样个意思呢?

社会的功利主义者和个人的功利主义者一样都说快乐有价值底高低。其没落也和个人的功利主义一样。既说快乐有高低,便不能没有测量快乐的标准。测量快乐价值的标准是什么呢?我们要再三再四说:是人格的价值。这就是我们不得不同所有形式的功利主义和幸福主义对立的。

总之,我们在本章里头已经得了两重的结果:善的心情(在人格中的"善")第一必然是道德的意欲底根柢;第二是道德的意欲底真正对象。道德的意欲要依凭善的心情,又要造出善的心情。只有人格是无件条的价值。而道德的意欲在最后的根柢上只有向着无条件的价值。

末了,还有一事要附记,就是所谓能够理会一种价值就是获得一种幸福。价值底感情是快乐底感情。便在人己人格上的价值,也能使我们感得幸福的。就此而说，我们底立场正也是一种个人的幸福主义。不过我们底幸福主义是伦理的，和别的幸福主义不同。个人的幸福主义是说：你要取一种态度，使得你多得幸福。我们说的是：你要取一种态度，使你成个道德的人格多得幸福。这就是教你以人己道德的价值为你最高的幸福，为你所有幸福底最后根柢的意思。

同时我们也要订正社会的幸福主义底要求。我们要说：对待别人也要像对待你自己一样，当以道德的价值为所有幸福底根柢，以增进善或人格底价值。你如能够这样，你便也必然能够增进人类底幸福的。

打总来说，人底使命不在幸福自己也不在幸福别人，是在善了自己以及由着自己善了别人。既经是善，人己就都一同幸福了。

第四章　服从和道德的自由
（自律和他律）

　　善是要求存在的。善对我们提出了实现底要求。而某一要求底充实，我们就叫作服从。

　　我们对于道德底要求，也像对于一切的要求一样，可以用了种种的方式来服从。一个行为之所以是善，既然不在行为本身，而在行为所以为根据的心情，服从之道德的价值自然也要看它所以为根柢的心情如何而定。怎样的服从是道德的呢？假使我们能够回答这个问题，我们就能极其明了道德的心情底本质。而道德的立法者（Gesetzgeber）问题就不过是这个问题底另外一面。

　　当人向我来说你要如此这般地做的时候，我底最初经验是他在那里想欲什么。我对于这别人底意欲可以取种种的态度。一是单单把它当作别人底事实，看过完事，这种事实是与我自己底意欲各别存在的。如果道德的要求对于我们就是这一类的事实，那与我们可说毫无意义。反之，道德的要求也可以要我们起了一种无条件地担当的感情。中间有一种东西会得赶我们逼我们去充实它。这会赶我们逼我们的是什么呢？这就是问：道德的服从底根据是什么？

　　大概服从底根据可以把它分成了四个。第一个根据是——无根据。听见了一个命令，便以一种机械的必然，盲目地去服从它。像受催眠术者便是这样的。他底人格和在他人格里的一切别的动机都已弄昏了。只有催眠者在他心里唤起的目的观念得到了绝对的支配权。所以这个目的观念会得就在实行上显现出来。术者说举手，他就举了手。而盲目的信仰又会和这盲目的服从并行。因一切在他心里被唤起的观念都有绝对的支配权的缘故，就是给他毫无味道的液体，只要说是美酒，他也会得相信就是美酒。

　　还有一种虽然不像催眠术这样绝对的，却仍可以叫做盲目的服从盲目的信仰的例子。就是小孩子，小孩子服从底最原始的阶段。小孩子底人格虽不弄昏，但他人格底内容却还贫弱，他底心里却还没有多强的动机活动。

所以容易受命令所唤起的目的观念给他的支配，去做一种机械的活动。就在成人，诸凡丑事底观念，异常轰动的危险吓人的行为，也会使他感着一种非常强烈的逼人力。他若缺乏抵抗它的独自的精神内容或巩固的动机，这些观念就得到了一种绝对的支配权，立刻显现作行为。如自杀病底传染，便是属于这类的。

  我们对于上面所说的盲目的服从应当给它怎样的批判？被催眠者和小孩子是分明站在道德的批判之外的。一来被催眠者底人格并不露现在他底行为里头，所以我们不能叫他底人格负责。二来，小孩子底行为虽然是从小孩子底人格状态发出的，我们却也不能要求小孩子具有另外的人格。我们只能希望他底人格将来更丰富，更有丰富的内容而已。反之，我们对于成人和未被催眠的常态者，却就不是这样。我们就要要求他们有相当活泼而丰富的人格，要求精神的自己活动。假若他们也像小孩子和被催眠者那样缺乏独自的动机和独自的精神的自己活动——甚或用一种"催眠术"，使得别人在精神上道德上发昏，故意把他们底人格弄成麻木，萎缩，残废，终至把它毁灭了，那就该受道德的摈斥。不妨认它就是恶。我们前面已经说过，恶是否定，孱弱，萎缩，死灭。像上面所说的人格底压缩和毁灭，正是以恶底真髓为目标的。

  许多事物都可以在这方面上发生作用。像生理上精神上不许深入地自由地健康地呼吸的恶空气，像妨害人类底生命力向着四面八方发展，让最良的生命力腐化下去的肉体上精神上的营养不良，像一切种种的软化，任情，胡想，一切种种的精神的麻醉——一切种种不健全的浪漫主义神秘主义象征主义上的流浪，游赏，和瞌睡，都是的。

  试举一个卑近的例子来说，比如酒精妄用。就明明是有使人昏迷，使自己活动萎缩的作用的。我们看见过许多人，连生理都因此没落了。有的虽然不至如此，也已减削了他那精神和意志底紧张力，成了精神上道德上的劣等。

  在这里人自然有权利发问：社会尤其是国家，到底有没有道德上的使命？若是有的，这里岂不是很可以做他应当做的事？或者——到底还是像有些人所思想的——人是有所谓神圣不可侵犯的权利让他自己底精神的道德的人格低落下去的罢。只要对于社会底外面的存在没有什么妨害，就一切都可以听他——也许还是听他好些。像酒精妄用，岂但无害，甚至还是对于社会底外面的存在有益的。因为这样，人就容易盲目的服从和盲目的信仰，无论生理上精神上都容易治服。很可以利用来做一个无思想无意志的工具。不过这样利用的观点，并不是道德的，是罪恶的。

但这罪恶还不外乎过于容忍。倘使故意用这种手段使别人底精神昏迷，那就无以名之，只有说它是恶魔的行为。那是故意把一切道德的价值底根据来毁灭了。原本是谁都不会意欲因自己而有那样人格底毁灭的。只是利己主义——人类底所有欲和权利欲，为达到自己底目的起见，未必不用这样的手段。道德上的昏迷和无智，为达到他们所谓高尚的目的起见，是任何有利于它的事都未必不做的。

例如强迫幼弱的儿童记诵他们所不理解的东西，遮断他们底质问，禁止他们底疑惑。使在成长路上的儿童毫无思虑地学习了他所命令的，到得成年也就毫无思虑地只知坚执他所受到的命令。无论这样学习的坚执的东西，是真实而且重要的，或者是并非真实而且重要的，自己底精神活动总已因此失其健全的作用。以后闪避自发的认识，和消沉认识的欲求的癖性，就由所有压抑理解，不答质问，不解疑惑造成了。

这是个重大的道德上的损失。小孩子底质问和知识欲，就使是怎么样的麻烦人，还是在道德上有价值的。道德上真正有价值的，并非不经自己底精神劳苦而得据为己有的知识，是发问，是探查，是研究，是对于真理的热烈的冲动，是"真理感"。单只把一种东西给儿童，教儿童无思无虑地习得所给的，便是从儿童巧夺了这道德上极可宝贵的东西。

固然课业上的材料是须受动地学习的。但是健全的教育术必须使得这种学习不全然是受动，使得受动之中渐渐发生了学习底努力和独立的识解。而且能够把他习得的立刻去应用。教育若不如此，必致成为受教者终生之累。我们看见了多少人都把自然底奇异，人工底精致——以及人生底奇妙，丝毫不知发问地放过去了。这些人不都是受了以无思虑的受纳为主的教育术底害的吗？

他们岂必以这样的教育为他们底目的？岂必因某种道德上的目的竟使自己底思维腐败残废？无奈事实多是如此。而道德却是从来没有以真理感底缺乏和发问底禁止和疑问底拒绝为条件的。

现在就是中等以上的教育所注重的语言教授也时常引人思想和人格沉入昏迷。人为什么要注重语言教授呢？若说人必须学过说方才会得想，那是颠倒实际事态的。想是首先要——观察，锐敏地把握事实，准确地保持事实底特色。然后把它比较，发见它底本质，探究它底关系和法则。终至由一事确实地推出了别一事。而说——则不过把认识明白思维清楚的来着上适应的语言。若使缺乏明白清楚的思想而说话，则所说就是造作的，玩笑的，不过是搬嘴弄舌的。而搬嘴弄舌就是使思想——同时使一切明了而确实的评价——昏迷的最妙的手段。

　　警句空话能给我们做些什么呀？不过使人沉醉而已。许多理想主义者，都不过是对于美妙语言的热情而已，人如认真一探所说究系何事，显示什么事实，问他高尚的价值在哪里，便什么也不见了。而一面却有许多的酷评，单以所谓会有不良影响的缘故，加在从未探究过它底真意义的语言之上。若使被教育者最容易受印象的年龄，多半化在语言底练习，毫无疑义地就把永久的基础奠在这样的盲目上面了。语言确是可以表现思想的，然而语言却也可以隐蔽了思想底缺点。语言底构成固然可以表示思想底构成，但想从语言底构成测知思想底构成，不过是从衣服底形体和襞绸测知人体和运动一类的事情。单单明了语言底组织心想彻底明了思想底组织，正同单单研究衣服心想精通解剖学的知识一样的是妄想。

　　无论如何，可以做教育底主目的的，并不是语言本身，是思想。是以事实做基础——又能对于事实做审美的伦理的评价的思想。那在中等教育初期的儿童实际正是饥求自己喜好的事实——自己周围的世界和历史的。这正是自然示人的正路。但人却不由这正路，竟以语言底形式教授锁梏那年轻的精神。

　　而作为精神的道德的麻醉底手段还有更其痛切的实例。像那并非由于什么道德的心情，只因迟钝无思虑而奉行的许多的惯习，外面的行为，仪式都是的。这种"外面的事业"就使本身是善的，一到人觉得做了这样的事业便已尽了自己底义务的时候，它便不止是人格一般底昏迷，还就是良心底昏迷。既已忘失道德意识要求善良的心情，就使本身是善良的事业，也都可以成为恶的。单单要求以及赞赏外面的活动的，就是为害道义的。

　　至于用外相庄严，灯火底辉煌，香烟底缭绕，刺激或催眠的音乐等等，以人工来制造气分，陶醉官能，外相虽然和前述的并不一样，实际还是一样的昏迷手段。无非先将煽动空想之焰的画景卷舒在官能之前，描绘在精神眼之前，而以系统构成的精神上或宗教上的行法完成其效果。

　　以此终至唤起了跟催眠术全然同样——而其效果恐怕还是更其持久更其深刻——的精神状态。人都无抵抗地给某种印象所引动。成了别人底盲目的器械。做着盲目的服从和盲目的信仰底承当者。多少宗教的热狂和它底传染，都是从这里来的。

　　就这例子，也不是一定要说用这类手段引起的事项就都不是"善"的。不过它不是从人底真的心情产生，以它本身论，是道德上没有价值的。再从道德上的根据和道德的结果看来,也是应当摈斥的。人格,和它明透的意欲,和它自由的考量和决断,以及探究的真理感,都由此受戮;这人格底受戮,实是应得悲叹,甚至应得最高的道德的厌恶的。

还有所谓训练(Disziplin)。若使训练是指使人明确意识道德上的目的,确实把握正当的手段说的,——换句话说,是指道德的品性底训练说的,训练自然是个美妙的话头,也是一件正大的事情。即使训练是指专把外面的行为来器械化说的,也还可说训练还有一点节减精神力消费,增加事效分量的用处。倘使不是这样,所谓训练竟是将向往道德目的的意欲来器械化,要求一个人对着别个人作盲目的服从的,则这样的训练实是道德上的杀人,也是道德上的自杀。人未必不会在道德上犯过。他也未必不会将那违反我们底名誉和良心的事来指令我们。所以誓为盲目无条件的服从未必不就是誓为忘名誉无良心的行为。设使这样,——服从的固然是做的无名誉无良心的勾当,就是命令人这样服从的,也一样不能不说是无名誉无良心的勾当。纵使命令底内容本身异常佳善,但因它牺牲了道德的人格,总还是邪恶的。就使所谓国家底伟大和权力非建立在这训练底基础上不得安固的说法是真理,也只有任它没落。这也是在于道德上的错误全然由于道德上的昏迷的一点。

又凡以为盲目的服从所做的事,服从者可以不负责任,责任可以由命令者担负的,也是这一种的昏迷。命令者底责任固然比之服从者重,但所谓命令若非物理的强迫,服从者总难借这因头来推诿自己底责任。道德上的责任,并非好像担子,可以从这一只肩头移给那一只肩头的。若想把对于自己底意识的行为的责任"转移"给别人,就这想转移的一念就已犯了罪,违了良心。若是誓约以为服从者底责任可以转移给他,那他所犯的罪就是双重的了。

自然我们也不是对于任何情境都是否定盲目的服从底必需的。原是盲目的,自然也须盲目的遵从别人底引导去达到人己底幸福。但是我们却要否认拿盲目的增进保存招致来做一切盲目的服从和盲目的信仰底条件。一切的教育政治都不可不以治好这样的盲目使人底眼睛里有所见为目的。即使精神上道德上原来盲目的不能不受盲目的引导,也要以导引得看得见——用他自己底眼睛看得见为目标。因为人要看得见总是要用自己底眼睛的。

假使有人想将盲目的服从来做一般道德原理,则于上述非难之外还会发生新的矛盾。盲目的服从必须预想一个命令者。假定这个命令者对于在他上面的命令者还是盲目的服从,这样的层递上去,到了什么一处,到底还是要有眼睛看得见的。而在这时,人便被分成了两种,道德也成了双重。服从者底道德是盲从,立法者底道德是自由——任意的自由或是道德的自由。一个道德原理如何可以同时要求这样两个全然互相矛盾的东西?同时要求这两个,必就破坏了善恶底对立。所以绝对的服从底原理就是道德原理底破坏,就是道德上的无政府主义。这事实际也是历史的教训。专制主义原常与道德意识底破坏半斤八两的意义相等的。

然而盲目的服从道德原理底不能成立却还有格外简单的理由。这就是盲目的服从一定要在人底精神上意志上盲目的时候方才可能;而人除了最深的催眠状态之外,却决不是十分盲目的。无论什么人总多少有他自己底欲求,和冲动,和评价,和倾向性,——一句话,总多少有他自己底动机。当一个命令从外来的时候,命令底内容必然要和这等动机发生交涉。而那命令就因自己内心的动机对于那要求所取态度底如何,或者因此就被采纳,或者因此就遭拒绝。因此命令并非可以无条件地器械地执行。

自己底动机和外来的要求底关系,有两个可能的境地。第一是命令本身能够在自己心里发生反响的境地。这时自己是因命令合乎自己底欲求,循从天性而行其所命令。这时自己便是自己底真正的立法者。是自己"服从"自己的,也可以说,不是服从,是自由行为的。命令不过做了一个自己发动的机缘。

第二是那命令有与道德的内容不同的东西附着上面,而这附着的东西正与自己心中的冲动欲求相合的境地。这时自己服从命令就不是为着命令底道德的内容,不过借那命令来做实现别种目的的手段。但因这时也还有种东西合乎自己底某种欲求,也还可以说是自己服从自己的。因此也还可以说是自己是自己底立法者。不过因为他底欲求,并不是命令本身底道德的内容,所以他底依从欲求也还不能说是自己做了自己底道德的立法者。因那道德的命令并不是自己的,是和自己不同的。而这和自己不同的却有作用及到自己。我们若把自己做了自己底立法者而意欲而行动的时候,名叫遵从道德的自律底原理,则这纯然遵从外来和我自己对立的命令而意欲而行动的时候,我们就可以叫做遵从道德的他律底原理。道德的内容,只有在前一境地是我自己底目的;在后一境地,不过作为达到某种目的底手段,跟自己有点交涉而已。

对这二而一的对立,或者有人会说——都是由于某种命令对于自己有了绝对的权威,自己就以盲目地服从它为有道德上的价值,所以自己即便对于它盲目的服从的。但是这话就有一种特异的自欺。就使所说是真,也还有设问的余地——为什么某一定的命令对于某人会有绝对的威权？循着怎样的路径可使某人以为对于这个命令的盲目的服从是有道德上的价值？这里所说的命令,不是任意的命令,是某一特定的命令。这里所说的盲目的服从,也不是对于任意的命令的服从,是对于某一特定的命令的服从。这样一个特定的命令,其所以特别会有绝对威权的特殊点是什么呢？其所以会使我不对于别的只对于这个命令特别感到盲从的义务的,是什么特异性呢？

对于问题可能的解答不外乎上面说的两个。不是这特定的命令底内容唤起了自己想要实现它的冲动,便是附着这命令的某种东西引起了自己这样的冲动。两者之中必居其一。

到得人以他律而服从,借这服从求达利己的目的,那我们就走到了服从底第二段。自己不过为了求赏避罚,来实行道德上的命令。自己底目的全在某种福利因此可以据为己有。至于道德的行为,不过是实现这个目的的一种偶然的手段。

这样利己的服从的素质是人人具有的。因为人人都有利己的动机。一看好像是单纯的盲从,及至详察起来还是依凭利己的动机的也并不少。所谓你当绝对服从的要求,差不多都是言外含着倘不如此便将剥夺你所希求的福利科加你所惧怕的责罚的意思。许多的人都是为这赏罚服从命令,就使利己的动机还是他所未曾明白意识的。就中尤算对于权力者的"盲目的"服从是由希望承宠和因此得势而生。要求"盲目的"服从的专制主义是利己主义之父,也是最买卖式的利己主义之父。

利己的服从因为见到自己底利益的缘故原不是盲目的。但是因为见不到自己利害以外的缘故,在道德上还是盲目的。他很聪明伶俐,但是在道德上划着界限。界限是一切利己主义底本性。他底恶并不在见到自己底利益,乃在见不到自己利益以外的货色。即在不是以善做目的,只是以善做利己目的的方便。

设使有人只依利己的动机行事,或被利己的动机占了主位,那就少不得要有赏罚底预约。小儿就是一例。但虽如此,也要不是以由此而生的利己的服从做目标,只是用它做道德的教育底手段。导成为着善而行善。因了勉强着行,经验到善底价值,而自然乐于为善。设使不能达到这个目的,赏罚也便纯然只有外面驯致的作用,在道德上没有价值。

若是竟以这样利己的服从当主义,那不但是道德上无价值,还是道德上应当摈斥的。那就是以道德的盲从当主义的东西,把善恶底差别破坏了,换成了个人利害底差别。道德的心情归破坏,道德的人格遭屠杀。既然只知为了利害赏罚而行善,则若逢到行恶之时受赏,不行恶之时加罚的时候,将必毫无踌躇地去行恶。而世间竟有各色各样的道德系统,想把道德建立在利己的服从之上。发令服从的立法者,或者叫做国家,或者叫做舆论,或者叫做教会,或者叫做神佛,其名称虽然不一样,但使服从命令的根据只在自己底利害,所谓德者,总不过是利己主义的伶俐,所谓"道德的"行为,也不过是伶俐的攒钱。换句话说,不过是伶俐的买卖。就为来生的赏罚而遵奉神命,也属这例。这样的人能够舍近图远,他那伶俐原也别致。但其舍近,无非为了得着高利厚息。想藉不完全的暂时的功业得到永久完全的酬报。正同世间耐着一时辛苦想日后大大享福一样是伶俐底昂进。

此外还有专门不专门的许多道德学者,用了各色各样的言语鼓吹利己主义的伶俐。例如说外面的服从法律的,是谓良民,严正地服从教会命令的,是谓敬神者。而这等良民和敬神者,恐怕就因这种服从应当受道德上最高的非难。法律和教会底命令都是人设立的。人不见得永无错误。若使熟虑底结果发见了它们底错误,则在那时拒绝服从正是我们底义务。即使后来明白原来错在自己,那错也是因求道德上的正义而错,比之为求利己而服从,在道德上到底还高一位。这在所命令的是道德的内容的时候,也是一样。前者是依着自己最良的知慧和良心而行为,后者底行为,是并不依良心的。前者底行为不过道德上价值不高罢了,后者底行为,则是道德上无价值,或是应当摈斥的。

又有以为服从社会底要求,服从集合意志为道德。所谓社会,所谓集合意志是什么呢?所谓社会是说仝人类的社会吗?所谓集合意志是说人类社会所意欲的东西底总计吗?若使如此,人类要把什么事当作道德的时候就不可不由多数决。而由多数决的时候,势必会生出不可思议的种种不同的结果。

人或者可以实际的,只以自己所知的社会当社会。其最接近的是自己所属范围的社会。因此就把以社会的要求为原理的道德变成了以自己所属阶级底要求为原理的道德,而发生了阶级道德。

我们为什么服从我们阶级底要求呢?为什么服从阶级所定的名誉观念呢?这可能的种种理由在第一章里已经说过,就是:其一,因为我们都是依照着支配自己周围的见地学得观察事物——因而间接又是评价事物的能耐。假使这见地是一面的,我们底价值判断就也不得不是一面的。则以如此这般顺应阶级底要求也便难以称名誉。然而这还是在以自己底道德判断从属别人底道德判断之中最有名誉的理由。此外我们还有种种不名誉的理由。如某人因要保持物质的存在和物质的安逸或买得同辈底尊敬,屈从其阶级的道德观。这样所致的物质的福利或别人底尊敬也许可以是很有价值的。但我们不能为了这等福利,就不想其他应当想的问题。比如说:我自己怎样判断阶级所宣言以为有名誉的行为呢?若让自己完全自由地从四面八方来观察这行为的时候,这行为该受我怎样的判断呢?这行为是与我底自敬并我自己底名誉感调和的吗?若使不调和,我还可以服从阶级底要求出卖我自己底名誉吗?自己底名誉是到头彻脚是自己底名誉。是自己底直,自己底诚。别人可以证认它,不能赠与它。就是自己所属阶级底名誉,也非自己所有,不成其为自己底名誉。固然阶级也于正直地诚实地实行其道德的使命之处有阶级所特有的名誉。阶级底各员各随其参加实行那使命的程度各自享有它。但是测验那使命底高下和那实行底价值的,不能不是个唯一的道德价值标准。名誉底标准既然只有一个,所以用了特殊的标准提出特殊的名誉底要求的就是不道德的,也就是不名誉的。

我们又为什么要服从神佛底命令呢?驱使我们执行那命令的到底是神底本质中什么点呢?

这里有两个可能性。或者以为神是全能的。神把我们捏在手掌心里,有赏罚我们,使得我们浮沉的大力。以此我们必得服从神。这服从是利己的。

但也可以以为神为圣(Der Heilige),所以必得服从神。而神底显圣就在神底命令。但某一命令底神圣怎么教我们认识的呢?很显然的,必要我们里面有了测验的标准。而这标准又不外乎是根生在我们里面的道德的意识。除非绝对地跟在我们里面的道德的要求相应的,我们才得以为是神圣。

或者说,神圣性是教会会教我们的。但这神圣性怎么可以驱使我们服从?还不是一样地也要我们里面有被神圣性所领率的冲动,使我们服从圣的神。如此则我们底服从神,到底还就是服从自己。再度做了自己底立法者。所以对于神的服从也不外乎利己的而是不道德的,或者道德的而是自己立法的两种。自己立法就不是他律的,是自律的。

这里还有一种恐怕拒绝服从会触怒命令者就此服从的情事。这时如果恐怕触怒的根据是在乎想维持命令者底恩宠,那服从就依旧是一种利己的服从。但在这时,也可以与命令者底所施给的好意和恩惠不相关,只为敬而且爱那人底本质的缘故,而不愿意触怒他。这样的爱敬,自有道德的价值。因抱这样的心,我们可以超脱了利己主义底踢躇和狭小。在这时候,我们不但比起绝对的盲目来要算眼明的,就是比起利己主义的盲目来也要算是眼明的。

但是我们还可以说这类服从是盲目的。因为如果不论什么境地都想使我们所敬爱的人格高兴,不论什么境地都不愿意拂他底意,则那人格要求我们恶事的时候我们也将服从他。这样,以出于敬爱的服从为原理的道德也是会把善恶底对立破毁的。

其中只有因为他有道德的性质的缘故爱敬他底人格,而其可以爱敬之点又正显现在当前对自己提出的要求之中,因而服从他底命令,这样一个境地可以说是道德的。这第四种的服从已经预想自己底道德的意识。非得有承认他底命令是道德的承认声在心里,便不能道德地敬爱他露现在命令里的人格。所以这时实际并非服从那人,是服从自己底道德意识的。所以这时的服从也是自律的服从。

这样看来,一切的道德都和自由同义(和自己里面的法则自由一致)。若把服从当作受别人意志规定的意思,那就一切的服从在根本上在心情上都不过是一种不自由的奴隶根性,都是不道德的。当作一种行为的服从,固然可以作为达到目的的手段为道德上所必需,但那终极目的总不能不是道德的自由。若把服从来当作一种道德原理,无论如何,总是不道德的。

人都有自由的憧憬。而人也颇有自己妄想以为是自由,而其实是器械,是奴隶,屈从别人底意志,被拘禁在精神上道德上的狭窄里,为赏罚,为运命和人底恩不恩,为尊敬,承认,惯习和传统所捆缚。也颇有靠着对于别人的盲目的偏爱,而骗取其人格底自由。伦理对于这一切的人必都要要求道德的自由,——自由的道德的自己规定。能够发见了这道德的自由,便是发见了自己,又就是发见了神。神就是将自己最完全地显现在有道德的自由的人格里面的。

第五章　道德的正当
（义务和倾向性）

我们在本章里所要讲究的是伦理底中心问题：道德底原义是什么？善底本质是什么？

我们已经在第三章见过善有成果底善和心情底善两义。依第一义，不管它是依凭怎样的心情，凡是做所应当做的，那行为就是善。从第二义说，就必要行为出自和它相应的心情方才可以算是善。我们既经把后者叫作"道德上值得赞赏的"行为，现在就把前者叫作"道德上正当的"（Sittlich richtig）行为。

但这两者之间也自有联络。道德的心情是不论什么时候，只要没有什么事情阻碍它，道德的正当必然从此生来的根柢。缺这根柢的行为，合于道德的正当，不过是偶然的。所以只要把什么是道德的正当一个问题，从那必然而且自然地做它根柢的心情来加以说明，我们自然就把什么是善底本质一个问题解答了。

那么什么是道德的正当呢？无疑地使行为——或做它根柢的意志决定——为道德上正当的是客观的妥当性。换句话说，就是超越了时代和个人，无论什么时代无论什么个人都可以通用的。而这样的客观的妥当性，不但在意志决定的时候，就是对于事实的决定——悟性判断——的时候，也是存在的。我们把在悟性判断时候的客观的妥当性，名叫真。我们在意欲和评价的世界里称做道德的正当的，就是和这在悟性认识的世界里的真严密地相对应。那么使悟性判断成为真的准据或标记是什么呢？这就只有一个可能的解答——便是判断和同它有关系的一切经验相一致。这样的判断必然就是无论如何经验上的事实都不能再要求破弃它改造它的判断。换言之，这有客观的妥当性的判断必然就是终极的（End-gültig）判断。

意志决定上的客观妥当性——道德的正当——也不可没有同样的意义。而这个时候的所谓事实或经验，就是关系这个意志决定的一切"动机"。换了话说，就是我们意志决定的时候所要考虑的一切事实和目的。所以必要没有可以否定它要求别的意志决定的什么动机和目的存在,我们底意志决定才得算正当。当我们否定某种意志决定的时候,我们常常后悔道"原来不该这样做"。这后悔就是证明还有可以要求别的行为的什么事实存在。倘把这后悔名叫良心底抗议,那道德的正当就是无论怎样光明的良心都提不出什么抗议的意志决定。而完全光明的良心,应该就是知道一切和我们意欲交涉的目的,而天真纯全地听它要求的良心。设使不是这样的良心,就不会有抗议一切恶的敏感。

这里我们可以看见道德上正当的意志决定所以必然成立的第一个条件。这个条件与全然真的判断所以成立的第一个条件相等。名叫经验十全。所谓经验十全,第一是说所有可以参加意志决定的目的,都要在我们心里有现存作用;第二是说和我们意欲发生交涉的各个事实都要有十足的动机力参加我们底意志决定,正同悟性认识时各个事实都十足发挥它的证明力一样。最后是说各个动机都得尽其动机力同时发生作用,使相互之间能够有联络,较量,平均,——换句话说,能够有道德的思量在内面联系动机和动机的意思。若使世界上所有的目的并不现存在我们心中,或一一的事实并未尽了它十足的力量在我们心中发生作用,则我们底意志决定就或者会有一个时候被我们当时漏过去的新目的,或被我们当时还未十分感知的新力量所破坏也说不定的。而各种动机若被并未保持内面的联系,同时在我们心中发生作用,则我们底意志决定,也将徒然动摇,而不能得有客观的妥当性。

什么叫做事实尽了它十足的力量在我们心中发生作用?怎么事实会不尽了它十足的力量在我们心中发生作用呢?

简单说来,无非由于"主观的制约"(Subjektive Bedingung)混入的缘故。因我们底主观状况影响着意志决定或悟性判断,妨碍了纯粹倾听事实要求的缘故。主观的制约混入的途径固然有种种。就悟性判断说来,第一,因为我们底官能麻痹,我们底精神狭隘,我们底思考迟钝,以致事实所给与我们的心象不能鲜明,我们把握不能灵活的时候,我们会不能下客观的妥当的判断。第二,为直接经验的比间接传闻的印象较强的心理事实所支配,以致双方客观的事实不能有同样的逻辑的证明力的时候,我们也会不能下客观的妥当的判断。第三,因为某种事实时间上空间上和我们接近,或和我们底习惯和脾气投合,我们特别看重它的时候,也会不能下客观的妥当的判断。第四,事实底新奇,少有和异常,或者和我们底欲求严重的对立,摇惑了我们底判断的时候，我们也会不能下客观的妥当的判断。但是不论是否合乎我们个人主观的偏癖，事实总归是事实，而且总是同一的事实。客观的妥当的判断，就是为事实本身所规定的判断，所以它总是独立在这种主观的制约之外，不为这种不过展示事实和自己之间关系的主观的制约所拘束的。

全然同种的主观的制约也会来规定我们底意志决定。主观的制约，特性在乎它会转变。不但这个人会和那个人不同，就是同一个人，也不免随时转变。无论评价，意欲，和行为底习惯，都不见得毫无变动。新的可以变成旧了，现在在空间上时间上接近自己的，也可以因为时间经过，变成隔远了。现在觉得亲的，等到兴味转变，也可以变成为疏。

至于客观的事实，则不论什么时候总还是事实。例如昨天有一个人逢到苦难的事实。就不论对于我，对于人，或对于任何时代底任何人，都一样地是事实。无论什么人都不能消灭它，也是无论什么人都不能把它变成另一种事实。

于是就有一个极痛切的结果——意志决定也和悟性判断一样，不是依凭主观的制约所能确立。只有纯为确实认识的事实所规定，才能获得客观的妥当性。而一切有关系的事实都被确实地认识，又在意志决定之际，能够展露了它底十足的动机力的时候所为的意志决定又是必然地不会没有客观的妥当性。

假定当初是为自己底欢喜和懊恼，不看或轻看别人底欢喜和懊恼，来做意志决定的。等到过了些时，自己底欢喜和懊恼已经过去，能够虚心地做客观的观察，或者能够把别人底欢喜和懊恼好像自己的一样地实现在心里的时候，——说不定就不能不否认自己先前的意志决定。而当初就把人己底欢苦一样依照事实性来考量的，却便在无论什么时候，也不能破毁那原先的意志决定了。

试提友情来说，讲究友情就是我们底意志决定上事实被个人的远近所制约的一例。友情本身，固然有道德的价值。我们为了友人底道德的人格给他应有的幸福，我们底行为也是善的。但是我们不能忘记还有许多与我们疏远的人格。以其道德的价值，未必没有要求和我们友人同等的幸福的权利。若因顾全偏狭的友情蔑视别人底要求权，则我们底行为，就将因为这道德的盲目——因为受制约于适然的个人的关系而为在道德上可以非议。

这并不是否定友人——一般地说，接近自己的人——有首先对自己提出要求的权利。我们如果不得不在接近自己的，和疏远自己的中间随便择取一个,来在行为上表示我们底善意的时候,我们自然选择接近自己的,而且必然选择最接近自己的。这并不是因为对于邻人的善意有特别高的价值,只因我们底善意须有相当的强度才能成立,它底发动顺序,当然是首先向着自己底周围的。

所以这并不是破毁了建立所谓有客观的妥当性的意志决定不可受主观的制约一个命题的权利。我们底意志是道德的时候,我们所以期望友人最善,——并非因为他是我们底友人。若使只为他是我们底友人所以期望他最善,那他不是我们底友人就将不期望他最善了。我们所期望的,是一切人。不过在我们行为底性质上,对一切人的道德意志只能实现在一个人身上。而这一个人常是最接近我们的,也只是一种心理的必然,并不是道德上的义务。我们只有藉这期望我们最接近的人为善,证明我们底意志是期望一切人在同样的情形之下同样地为善。如果人类行为底能力不受这样不幸的限制,我们也许是可以对一切人实现我们底善意的罢。但被限制的,是实现善意的能力,不是道德意志底本身。所以意志本身为主观的制约所规定,还是不能说是道德上正当的意志的。

意志底主观的制约就是康德所谓倾向性(Neigung)。所以依凭倾向性的行为并不是道德的。因为认定谁是自己底友人,不论什么境地都要成全他底欲望,则那意志便为个人爱憎底倾向性所左右,所以是非道德的。

但我们并不是说依凭爱好(倾向性)善的行为也是非道德的。一切的道德的心情也都是一种倾向性。——就是向善的倾向。所谓最高度的道德的心情,就是最高度的向善的倾向,与激情的冲动,支配全人的爱等等相仿佛。我们所谓道德的行为要独立在倾向性之外,那倾向性乃指偶然的主观的倾向而说,说不要让偶然的主观的倾向妨害了向善的倾向性纯粹十全地实现在我们底心中。

为使客观的妥当性底意义更明了,这里可以从新导入一个客观的价值底概念。比如某一物象必要我们由它经验到价值感情,它方才对于我们成为有价值的东西。而那价值底高下又是凭我们价值感情底高下来测定——这从我们主观的评价方面来说,测定的价值固然就是物象底价值,物象底价值除此就没有了。但这主观的价值其实不是物象本身底价值。譬如这里有一张画,画底本身并不会因为我们留意它或不留意它,理解它或不理解它,而有所改变。它始终有着同一的价值。这同一的价值,是不受评价者偶然的主观状态所搅扰的,是物象本身底本性所要求的,物象底客观的价值。当我们使物象所内具的一切性质完完全全显现在自己心里,使它在自己心里发生作用的时候,事实上物象必然会在我们心里唤起了同那客观的价值相应的价值感情。所以所谓客观价值就是某一物象所内具的价值感情唤起的可能性底全体。所以用了客观的价值底概念来说,所谓道德的态度就是为一切有交涉的目的底客观的价值所规定的态度。伦理学所应当追问的,应该不是某一目的对于现在的我怎样,而是它那客观的价值怎样。

最后我们要将一直使用来的"应当"(需要 Sollen)底意识在这里提一提。前面已经说过,当我们否认一个意志决定的时候常常说"我当时不应当如此"。这所谓"不应当"是什么意思呢?而一般所谓"应当"底意识——道德上所谓"应当"底意识——是在什么点上成立的呢?

假定这里有一种欢乐来招自己,又有一个不幸的人来求自己援助,而若去援助这个人可就不能不丢掉那欢乐。这时自己心里就有"想欲追那欢乐"的意识和"应当援助这个人"的意识,互相反对,互相否定,而同时并起。这特异的事实是怎么可能的呢?

我们首先要注意的,"应当"的意识,不止在伦理底范围内存在,就在悟性判断底范围内也是存在的。比如物体加了热会膨胀,我们以为应当这么想,也可以说人都不能不这样想。但这所谓"不能不"(Müssen),并非说不得有和它矛盾的情境的意思。我们可以想物质加了热会缩小,也可以想会延长,也可以全然不去想热和延长底关系。所以这时所谓"不能不",实际就是"应当"的意思。是不管有没有和它矛盾的情形,我们论理上需要这样想的意思。这是对着自己的一种要求。而这要求是客观的事实提出来的要求。

伦理上所谓"应当"的意识,恰正和它一样。正是伦理上的"不能不"。正是伦理的必然。而这所谓必然也正是不管有没有和它矛盾的情形,伦理上"需要"这样的意思。而提出这样要求的,也正是客观的事实。

这样我们就可懂得所谓"想欲追那欢乐"的意识和所谓"应当援助不幸者"的意识两相对立,是怎么一回事。那所谓"想欲"(Mögen)和这所谓"应当",在是我们底意欲一点上是一样的。但在前者立在主观的制约之下,后者立在客观的制约之下一点上,却是两相反对的。我们想欲追求欢乐,是为它是我们个人的欢乐。而应当援助不幸者的意识,却要除去了意欲底主观的制约,设身处地,替那必须援助的客观事实设想的时候才能成立的。这种客观的性质,是各种讲求伦理要求底由来的学说所默默承认的事实。古来说明它的,或者说做良心发现,或者说做神启,或者说做社会底要求,或者说做历代相传祖先经验底遗传,要之都是由于觉得它是跟个人的愿望独立的,它在个人的状况转变之中不转变的缘故。单就这点来说,各说都是对的。不过所谓"不转变"底性质,必须有个正当的规定。所谓不转变是什么意思呢?"不转变"是离开我们独立存在,对着为意欲的存在的我们有所作用的,客观事实一般的世界。换句话说,就是一般地我们意欲所可以有的目的底客观的价值。

讲到这里,就可以明白论理上的"应当"和伦理上的"应当"——思考上的必然和伦理上的必然,两者底同和异。两者都是事实底呼声。都是从和我们独立的对象世界到我们中间来的声音。不过呼声底内容,彼此不相等,因而它所诉的,也是我们底本质不同的方面:论理的要求是以承认事实有没有和如此不如此做目标,伦理的要求却以事实的评价和与它对应的实践的意欲做目标。

这里如果搬出良心一个字来讲,所谓良心就是听从客观事实底价值要求来决定自己意欲的能力。这是一种独立的能力,而且和悟性对立。就是和所谓论理的良心——听从事实底论理的要求来判断的能力对立。从听从事实底要求说来,两者固然同是一个能力。不过两者是这一个能力底独立而相对的两面。而要纯粹听从事实底要求,必须能够除去了那主观的制约——那倾向性来着想。这在内面"除去了着想"的事,我们把它叫做舍象(抽象 Abstrahieren)。舍象底能力,是良心底一个要素,也是预备条件。

先说论理的舍象。比如现在要比较两种颜色——例如红和绿底光度。在我们底知觉上,光度和颜色原是分拆不开的单一的事实。但是我们现在却只把光度放在眼里,把它余外的性质都舍象了。这时红绿的颜色就被置在度外,只有光度好像独立存在的样子规定我们底比较作用。换句话说,知觉上本不独立的光度,竟在我们心里的作用上独立起来了。这是一个可以注意的事实。

伦理的舍象,虽然不和它完全相同,也还可以和它比较。从本原说来,我们底欢乐是我们个人的欢乐。援助是为别人的,妨害我们欢乐的事。但是我们却从这两个事实把自己和别人来舍象了。因这舍象,两个事实被移置在"客观的光明"中。自己的个人的欢乐就一般地成为某一人类底欢乐,而并非自己的别人底利益也一般地成为某一人类的利益。自己和别人底差别就此被撤,欢乐和援助就只成了两个客观的事实在等我们意欲底选择了。

所以所谓被移置在客观的光明中,就是被移置在一般的人类底光明中。

以人类底见地来看事实。原先个人的事实到此已经成了这般的事实在我们里面发生作用。问题就已不在我个人想欲什么,而在人类世界有这两个事实互相对立,我纯粹地去考察它考虑它让它在自己心里发生作用的时候我底意志该选那欢乐呢还是该择这援助了。假定我底意志是择取了后者,那时就有"我应当援助不幸者"的意识成立。所以"应当"的意识就是一种预想客观的考察的意欲。就是预想撤去了人已底差别,使人已共成了人在人类底见地上考察的意欲。总之,是"人类"底声音。

但这样"应当"的意识,也不一定就是道德上正当的意志决定。如到后来,发见了被援助者底穷乏不过是表面的事实,或发觉了被援助者原来是有自助的能力的,则所谓"应当援助"也许也会变成所谓"何必援助"。这里的错误,是在不曾尽量考虑当然应该考虑的事实。必须把同这意志决定有关涉的事实都十分考虑过了,我们底所谓"应当",才会是终极的"应当",不得再被破毁。而不得再被破毁的"应当",才得是道德的正当。所以我们在这里也到达了以先屡次说过的同样的结果——道德的正当是任何方面都纯粹受客观的制约的意欲。

受主观制约的意欲,我们已同康德一样,把它叫做"倾向性"。这受客观制约的意欲,我们也可以同康德一样,把它叫做义务。义务底意识就是"应当"底意识。道德的义务意识就是终极的"应当"底意识。

所谓理性也不过是客观的——换句话说,被事实规定了自己的能力底别名,合于义务的意欲也可以说是合于理性的意欲。只当牢记:这时的理性是对理论的理性说的实践的理性。道德的要求是实践理性底要求。意思就是说:是从我们底意欲所可得有的一切目的底纯客观的考察和评价中来的要求。

社会和别人及为个人的自己对于我们提出的要求都要它们对于我们有了权威才能通用,而这种权威是随时转变的。它是假言的要求(Hypothetische Forderung),而实践理性底要求却是断言的要求。借了康德底话来说,就是断言的命令(Kategorischer Imperativ)。道德所要求的是无论何时都要绝对存在的。

义务底意识,逢着有主观的倾向性和它强烈作对的时候,总都带有一种严刻的感情(Gefühl der Strenge)。但这严刻的感情是会随着客观的考察和评价在我们内面的态度上占的地位渐渐地高起来渐渐变做自在和悦的感情的。一到客观的考察和评价彻头彻尾成了自己自然的"性格"时,严刻的感情就可以全然消失。完全道德的心情，一定要到这个境地方能完成。

构成完全道德心情的要素可以分做三项：第一不可没有绝对丰富的内容。我们为能担当具有完全道德心情的名誉计，必要知道一切，享乐一切，成为对于人类所得遭逢的一切欢喜和苦恼都能锐敏感受的人。我们要有十全的自己认识，能够明白透察自己发动的一切方式的有价值无价值。我们还要能够包罗一切自己以外的人格和它的一切有价值和无价值在自己里面。总之，我们不能不是一个小宇宙（Mikrokosmus）——一面摄尽世界和人类的镜子。

第二我们人格底内容不可不全数都有最高的活力和活动力。完全道德的心情就是绝对丰富的人格底最高的活力和强度。

最后人格底一切内容不可不保有坚实而没有遗漏的秩序和平衡。使客观的价值低的，自然从属；客观的价值高的自然为头。而人格彻头彻尾和自己相一致。换句话说，就是内面的，自在的。

具备这三项要素的就是有完全道德心情的人格。道德上理想的人格。

这样道德的心情，一定随即显现做和它对应的感情。像内面丰富和广阔的感情，活泼有力的感情，内面一致和自在的感情等。以这些感情要素结成的综合感情，就是精神上及道德上健全的感情。是圆满的道德的自我感情。也就是圆满的世界人类的感情。

无论是谁，都不会既有完全道德的心情，又有相伴的完全自己感情。设使都有，那就不复是一个人，是人本身了。我们既然只是人本身底一片，我们只有在分关道德心情的分限上保有人底价值。

这所谓分限上要有严密的解释。我们不可把道德的心情当作同别的价值共同构成人格价值的一个要素，也不可把它当作给人以内面价值的东西，当中有不属道德心情的东西在里面。价值一共只有对于人的价值和人所有的价值两种。而道德的价值和人所有的价值是完全互相涵盖的。以为除了道德的心情还有人格底价值，或者以为除了人格底价值还有道德的心情，都是错的。

构成人格价值的既然是展示人格底活力和生命的一切积极的东西，所以理知底活泼和感情底强与广也都成了道德心情底要素。虽然精神贫弱的中间，也有善的心情的。但因为它不能够包容所应当包容的缘故，总还不是十全的善心情。包容一切的善心情只有精神上包容得了一切的方才做得到。所以必要他能包含一切可有的知和情，而又能以最大的强烈和兴致和内面的一致保持它的人，才能做得十全的人格，——做得道德上十全的人格。至于个人,不过能够实现了部分罢了。

我们可以把道德心情底各种方面,叫做各种的德(Tugend)。这所谓德,并不是既不作恶,也不为害,单只行为不扰乱个人和社会底和平的意思。那样的德大抵就是精神上道德上的死亡。只有利己主义和糊涂会得赞赏它。许许多多的说教和咒诅就是从这两个源头里涌出来的。我们都只以不搅扰我们底欢乐和偏见的人底态度为值得赞赏叫做德。以搅扰这些的,那个人和行为为值得咒诅。即使不至走到这样极头,我们也总只知留神外面的行动,不去注意横在根柢上的人格底善和健和秀。

而 Tugend(德)却正是 Tüchtigkeit(秀)。正是内面的生活力。人决不能以空无所有算做德,只能以已所自有算做德。以德而论,犯罪者可以比之几打的"有德者"更有德。

得显露时就显露,是道德心情底本性。故当它有力量的时候,道德的心情必显露做意欲,又给它外面的条件,必更显露做行动。正所谓"看果子就可以晓得树"。

但更重要的还在它底反面。——也许为了种种理由,不能结果,而树底根和干还是强健,还是有生活底力和健全的汁在里面循环流动。

道德的批判所向的,毕竟在这里。

第六章　一般的道德律和良心

道德的正当如果像前章所说的那样,我们就可以进而讨论从此生出的最一般的道德律。

道德的正当是有客观的妥当性的意志决定。换句话说,是再也不会被什么客观的事实破坏的意志决定或里面态度。所以道德律底第一条,不能不是:你要把意志定得不论什么时候没有再被破坏的危险。若使一经决定,即便牢牢守住不再否定,可以叫做对于自己忠实(Treue gegen sich selbst),那这第一条道德律就可以改成:你要把你自己底里面态度定得不论什么时候还可以照你现在的态度忠实于你自己。不过这里所谓"可以忠实",与所谓"还是忠实"不同。后项底要求,并不是道德的,是不道德的。

假使我们是完人,我们自然应该绝对地忠实着自己。但是我们却是不完全的,近视眼的,容易迷误的人。我们所必须绝对忠实的,是善和真。是有着善和真的自己。至于有着恶和伪的自己,我们决不是可以对它忠实的。以对于自己绝对的忠实为主义的伦理立脚地和对于别人绝对的忠实——如第四章所说的盲目的服从——为主义的奴隶道德底立脚地,刚巧一对,都是站不住的见地。

假如我们底所信是真的,我们底计划是道德的,我们底誓言是正当的,我们自然非对它们忠实不可。但如觉察出它们里面含有反道德的内容,则转变所信,改动意志,破弃誓言,倒是我们底义务。

这种事实与凡这样破坏对于自己的忠实应受道德上非难的话并不冲突。不过这时应受非难的,不是在不忠实的那一点,而是在曾经取了那样不能不对自己不忠实的态度。态度既经错了,若还一定要忠实于这错的态度,那就不能不说是原先的错上又加上了一层的错。

对于自己不忠实,我们为什么会感到极难堪呢?这在心理上伦理上都是一个重要的问题。

第一个理由是由于我们底精神里面有着"对于自己忠实"的法则,——

就是惰性的法则。我们底过去,并非纯粹过去,总还有些余响留到现在。行过一度的里面态度,还有持续到将来去的倾向。这是对于过去的自然的"虔敬",我们底本质上自有的"保守主义"。我们一旦要破对于自己的忠实——例如要变更某一种的意见,我们就不能不打破这种保守主义,来否定那原先的意见,——否定那构成原先意见保持原先意见的自己。所以即使所改无几,也要感到自我感情底伤害,就是感到羞耻。

  伤害底程度随着两个条件增进。一个是那意见在我们底人格上生的根很深固的,——就是那意见是由经验和思索底劳苦所积累成,或者是由教育和境遇所培养成,或者是与自己有着重大的关系的。一个是我们个人的性格有强韧固执过去的倾向的。那程度虽有浅深强弱底不同,但都不能毫无苦痛地抛却过去。

  单在内心上抛却过去既已这样的难,若要把它来告白,则还要加上新的条件,人以为难,更不是无理。所谓新的条件,就是反射同情(Reflexive Sympathie)的事实。

  凡是别人底判断,我们除非不知道,知道总又要成为我们自己底判断。我们听见别人底判断,自己总也感到有不能不那样判断的趋势。若使没有事情阻碍它,就会盲目地信用那判断。就在主张自己底判断,排拒别人底判断时,也有反抗和冲突的感情夹在里面,不能像单单建立自己判断那样的自然。这就可以证明这时也还有些信用别人的判断倾向存在我们心里。而这还不限于判断。就是别人底里面态度,我们一经知道,也就直接成为在我们里面活动的一个分子。以此使互相知道的个人和个人成为一体,正像同一个人底过去和现在成为一体一样。——这在"同情"或"移感"底名目下面,我们早已说过了。

  所以别人对于自己的判断,也不会没有上面所说那样的作用及到我们。我们底自己否定,既已唤起了别人对于我们的否定。而别人反射过来的自己否定,我们又是不得不经验。否定就成了双重的了。

  这两重的否定之中,以第二重否定为更有力。首先的否定不过是自己一心里面的事实,要含糊还可以含糊过去。一到我们唤起了别人的否定,这便脱了自己底手成为客观的事实。我们再不能用自己底手去涂掉它。我们对于这个事实只有像对于其余一切客观的事实一样一味地承认它。

  告白底困难,不但随着对于自己的执著力底强度而增加,也是随着对于别人里面态度的敏感底程度而增加。而对于过去的自己的执著力的强度,和对于别人底内生活的同感力——因而又是反射同情力——底强度,本身都是我们底本质底强处。轻易地发表意见又轻易地抛掉,轻易地发怒又轻易地自己忘记了,轻易地自己否定又轻易地告白,大约谁都会承认这样的"无性格"还不如顽固地拒绝自己否定和告白的性格来得有价值的。

但是这样的强处同时也可以成为弱点。不,假使为了固执自己底现在,厌恶别人底非难,竟至闭掉眼睛不看道德上理知上现在以上的智见,那么强处简直就是弱点。

我们在给现在以上的智见有十分的活动之处也可以现出我们底本质底强处。而且因为它是更善的智见底强处,当然还是更高一级的强处。这是对于人己的真实性(Wahrhafigkeit)的强处。那些不知舍弃一旦的决心,翻悔一旦的行为的,就是由于缺欠这强处。那些固执教育、境遇、教会、国民性所驯致的思想上的习惯,失掉倾听改变改善的正当批判的自由的,和那些丧失自由吸收现在自己手撩不到的价值来培养自己的能力的,也是由于缺欠这强处。"忠于自己"的性格底可靠,固然不是没有价值。但那中间横梗着的偏狭,愚痴,和不真实,却是无论如何不能不弹劾。人如果要这样来做到所谓"忠实",那人一定是一个偏狭可怜的人格。因为那更丰富,更自由,更道德的"人格"倒反被它欺骗去了。

若为这样"对于自己的忠实"就想不论怎样都要固执自己底思想和习惯,那更其就是自造精神上道德上狭隘的牢笼。就是自己故意欺骗自己,杀戮自己底真理感。这样的"忠实",是和自己底人格过不去,正同对于别人无条件的忠实是和别人底人格过不去一样的。至于硬要别人保持这种"忠实",更有成为人类罪人的危险。人或许会因这样的"忠实"的缘故自以为伟大。但要知道小孩子也会以执拗为伟大,大傻子也会以依然故我为伟大的。

人或者以为这样的忠于自己可以算是"个性底权利"。但我们以为不如把它算作傻呆、偏狭和薄弱底权利。人又或者会把这样很有理由可以自己觉得小、弱、昏的地方倒反以为是"超人"。但我们以为他是"群集人"底群集中迷失了的。因为他失了可以做他里面支柱的群集,所以不能不从缺失造出德来,以自己赞美来填补里面的空虚。——这并不是指说造出"超人"这个名词的不幸的尼采。

所谓个性底权利,的确是存在的。不论什么个性只要有着多少积极的人类的东西就可以有着多少的权利。权利是由人底强和大给它的。不过个性所有的权利都是相对的。只有完全的"人格"才有绝对的权利。像那超人诸君,假使他们真有几分像人样的,我们固然一共高兴。但是我们人能够以为最高的,还是"人"。不会有人能够达到"人"那样高法的。

我们如果能够获得对于自己的自由,为了更高的人格内容抛掉狭小的自己,那"反射同情"的作用也就可以掉转。以先以为告白内心底变化为难堪的,到此将变成了觉得隐瞒内心变化的作伪为难堪。

虚伪也是对于自己不忠实。别人虽然相信我们底假面当做真实,我们自己终究知道是假面,不是真实的。所以我们信人之所信的"同情"倾向必与我们自己底真知相矛盾,而感到了所谓自己否定。

虚伪底心理里面还有特殊可以注意的一点是:那别人底相信是我故意引起来的。我们想欲使得相信虚伪为真实,所以别人也就料想以为我们所说大概是真实。这别人所料想的,就是别人所要求于我们的。别人既有这要求,则我们欺骗别人的意志,便有应当真实不虚的责任,从别人反射过自己来。而我们有意做了反这责任的行为,便要否定了我们本质底根本,破灭了我们底里面自由,毁伤了我们底自意识。随伴虚伪的屈辱羞耻的感情所以特别深刻,就是为了这一点。随伴虚伪的屈辱羞耻的感情底难堪,都是随着我们人格底强健,我们同感力底锐敏,被虚伪所否定的所信内容底重要而增进,因此反抗虚伪的努力也是随着这些而激进。能够不以虚伪为难堪的,只是轻薄的人格。缺乏对于人己尊敬的人格。看轻被虚伪欺骗去的所信内容对于人格享有的意义的,浅薄无思虑的人格。

到此可以明白,禁止大家自由告白所信也是一件不正当的事。世界上不论什么地方都没有可以勉强别人虚伪的权利。而沉默着任从别人误解自己底真意也就是一种虚伪。任从权力底命令,为着可爱的和平,为着什么的利益,压抑着表白自己所确信为真理的冲动,也就是一种的虚伪。凡是道德健全的人,他那想要表白的冲动一定随着他那所信底诚实底程度,和那人格的根柢底深刻底程度而加强。压抑这种冲动,简直就是用了肉体上的暴力妨害了自由呼吸一样的道德上的损伤。

这里有着争执不得的"个性底权利"。我们底所信也许是错的,但若是错,须得根本消灭了我们底所信。而要消灭却又只有一种手段——就是以那更好的所信来证明我们错了。以一切种种的方式来贯彻那更好的所信。

如果不由这一路,要求我们隐藏所信,伪装所信,却还以为自己底说法是由自己底所信出来的,那就不过是一种骗人骗自己的勾当。期待别人惧惮权力,为了利己的动机伪装所信,一般地就是承认为着利己的动机牺牲所信的权利。我们自有当然的权利,可以推定他们中间也有利己的动机,像要伸张贪欲名誉欲支配欲等等。像这类的人是再也不会以自己所见到的真为真,以自己所见到的正为正的。总之要求牺牲了所信和良心,而赞美以为

"可赞赏的从顺",是只有生长在虚伪底精神中的人会做的。

加之,走向真理的路是一条必须穿过错误的路。真正真理底认识,在乎征服了错误底所信。在所信和所信底争斗中,真理站出来替自己作证。禁止争斗,便是不想真正认识真理。若想认识真理,总是欢喜大家公然发表所信的。

就使所信是极错误的,也可以含有一片真理在里面。不见得一时支配着许多人心的思想竟没有一点正当的东西在里面。这时注意地搜寻它助成它,正是我们底义务。不去搜寻只是用了权力去压迫它,不去利导只是用了暴力去堵塞它,是不正当的也是愚蠢的行为。那必会有潮流涨溢冲破堤防的危险。而这时第一应当负责的,便是不知利害,想用暴力粉碎思想的无谋的脚色。

这样说来,"不可说谎"竟可以做一般的禁令了?对于这个问题,我们似乎不能不答道:是的。但须留意,真实的义务也有和别的义务冲突的时候。比如这里有人,他底儿子犯了过失,而且已经改过自新了。而那过失,若给社会知道,又有宣告儿子道德上死刑的性质。他都明明知道。这时如果有人提出那件过失来问他,他自然不能不说。不说不啻证明了过失。说罢,为着儿子起见,又只有以十分的意识来否认那过失。那否认果有谁说它是道德上可摈斥的吗?

这时的谎话固然也成了里面的自己否定压迫着自己底心。但总不见得没有觉得自己行为正当的意识。这就见得就在说谎的时候,可以做道德评价底对象的也不是行为,是做行为基础的心情底全体。

破弃约束若是从头就不曾预备遵守的,也是虚伪底一种。如果约束是以诚意缔结的,则破弃约束时,我们第一必会感到同抛却过去——例如抛却意见时一样的痛苦。第二又要感到同虚伪时一样的失掉别人信用的羞辱。因为自己底约束既已唤起了别人底信用,别人底信用就成了须要履行的义务回到自己身上来。破弃约束就是自己破弃了这一种义务。

不过无论破弃约束的苦痛怎样大,若使觉得约束底内容是不正当的,我们还是必须把它破弃掉。如果事情做得到的话,当然还该把约束底破弃通告对方。若使事情不允许,则不通告对方就背弃约束实行自己所信以为正当的,也未始不是忠实于更高的道德的意识。可非难的,不在破弃不正当的约束,是在缔结不能不破弃的约束。

约束之所以有拘束力,并非由于外面的形式,乃是由于他我里面的一致,由于自行经验他人心中所怀心意的"同情"。所以唤起他人底信赖越加深,我们应守约束的义务也就越加重。以"名誉"做担保,以"神明"做见证的约束,所以会得更有履行约束的义务,就为这类约束,在今日的社会里还有更多的信赖。破弃这一类的约束,——就使不管结果会有多少损害跟了来——单在作践深信的一点上面,便已负有重大的责任。只是约束底内容如果是不正当的,还是不得不破弃。

从一方面说来,要用"名誉"做担保,"神明"做见证的起誓形式来加强约束底拘束力,便已经是错的。在诚实的道德意识上,应该是没有一件约束不是以名誉做担保的约束。必要"名誉"做担保的约束才遵守,否则就轻视,——例如对于"名誉担保"的守信用,对于仆婢应得的并不守信用——在世人或许还以为是有名誉的绅士,其实是寡廉鲜耻的。传播这样的名誉观念的人也都是寡廉鲜耻的。

以对神起誓(Eid)为神圣,其实就是亵渎神底尊严把神来作软弱的人看的。人要形式保证要求底严正,神所认为有意义的只是内里的心情。所以宗教的意识不可不彻头彻尾地摈斥起誓的形式。"你们底话,是,就说是,不是,就说不是"。

而且以强逼别人起誓为最大的罪过。强逼别人起誓,有时是使别人负担不正当的义务的。如强逼别人起誓绝对服从,就是属于这一类。

破弃约束与变更所信,告白变更及虚话等等同为自己否定。要避免这种自己否定,必须检察一切的所信,行为,和约束,使没有再破毁的必要。而这总括成为一个道德律,便是:你要仔细你底态度使得可以忠实于你自己。

第一道德律又加上第二道德律,就是意志决定底普遍性(Allgemeinheit)的要求。

大凡意志决定都拿跟我们意欲有交涉的事实做根据。除去了转变无常的主观条件来看,这等事实就是客观的事实,始终不变的事实。所以纯粹以客观的事实做根据的意志决定,只有从新出现了客观的事实,方才不得不改造。而道德上正当的意志决定是以一切有交涉的客观事实做根据的,是不至于会有从新出现的客观事实来胁逼的。所以只要做根据的客观事实不变,我们底意志决定也可以不变。倘把意志决定这话换成了决定的要求这话来说,那道德上正当的要求就只要它那客观的根据同一,就不会因为适用的对象是自己或是别人,是甲或是乙而有所不同的。再如把从做根据的客观事实引出意志决定的方式叫做准则(Maxime),那道德上意志决定底准则就一定不会不是普遍的。这同悟性判断的时候有客观的妥当性的判断只要做根据的事实同一就不会不同一的事实刚相对应。

康德曾把这种情形表现在下面那样的话里作为最高的道德律：你要把你底态度定得使你意欲底准则可以成为普遍的法则。这是康德所发见的法则中最重要的。但这法则是从上面作为有客观的妥当性的意志决定底本质说来的事实必然产生的一个归结。

为便于更精细地规定这道德律起见，不妨仍用要求这个词来代替意志决定；而把自己要什么，当作为着自己要求什么解，把自己要谁做什么，当作自己向着谁要求什么解。

这样，前记的道德律就有了两重的特殊形态。第一曰：你为着某人或即为着你自己要求的，要使有着同样的客观根据时你也一样可以为其余的任何人要求。第二曰：你向着某人要求的，要使有着同样的客观根据时，你也可以向着别的任何人或即向着你自己要求。

这两个道德律本来都是预想着一件事，就是明白认识我们意欲底根据；非先明白认识我们意欲底根据就不能知道建立在这个根据上的意欲是不是普遍的。所以我们不能不揭出检察检察你底意欲底根据这一个法则来做前述两个道德律底预备条件。并将检察检察建立在这等根据上的你底要求是不是有普遍性，作为附带规则。

例如我们要求多少财产归我所有，我们对于这事就不得不问：我们这样要求究有什么根据？有什么事实使我们有这样要求的权利？

我们或者答说，——我是人，所以有人所有的享乐生活的欲求。但是我们要知道别人也是人，和我们一样的，他们也有同样的欲求。他们既然有欲求，我们不能不希望他们也同样的有财产。而地上的财宝却是有限的。所以我们要求财产也只能有限度——限于可以平等分配给有同样所有欲的一切别的人。过了这限度，我们底要求就是道德上的不正当。就是我们夺了应当属于别人的。

其次我们或者答道，——我是承继这份财产的。但这根据是有客观的妥当性的吗？我们可能建立一个凡人都可以将他祖上的财产承继了来随意花费的普遍道德律吗？按事实检查起来，我们恐怕不难发见因为承继了大份财产倒就跌进了道德的堕落的实例。他把才能白费在欢乐里。若使把那财产底一部分分给了别人，他或者会去做善事，而他现在却只用来贻害世界。所以祖上遗下的事实并不能作为子孙占有遗产的客观妥当的根据。就使表面上怎样强硬地袒护它，我们心里总不能诚实地主张这种事。我们心里总是不能不希望凡人都是按着应受财产的程度——换句话说，就是按着他为道德的人格而全其生活所必需的程度,又就是按着财产在他手里得为世界致善的手段的程度——而占有财产的。

末了我们或者会退到这样的防线——说:我有这份财产是今日财产制度必然的结果,而这财产制度是维持社会道德所必需的。这种主张,我们现在并不想争辩。就是社会道德的维持是不是一定要在不道德的今日的财产制度的地盘上才可能,"社会道德的维持"这个漂亮的句子是不是实际单是少数人为着自己牺牲别人,要求低级或高级的某种享乐的不道德的自由底维持,——这些事,我们现在也不想争辩。不过就使论者底主张是对,还是不会有我得掌有我现在的财产的道德上的权利从那里出来的。虽有今日的财产制度,我们还是不妨将自己所有来分给别人的。所以我们为了正当,不是为了"慈善",正该把我们底财产来分给道德上和我们同样的应当有财产而实际是什么也没有——或者几乎什么也没有的人们。

那么,什么时节我们才有掌有我们财产的道德上的权利呢?我们可以反复地说:要在道德上配有的时节。这跟所谓四角是四只角一样的是自明的道理。而我们底配有财产也是只有在这条件之下。地上的财宝,无论按道德的意识说,或按宗教上神底意志说,都不是属于偶然碰到它或世间的权力保护它的人的。因为不论偶然或世间的权力都不是道德的或神的世界秩序。财宝只有属于栖居地上的人们。而他们又只可以用来做增进自己和世界底善的手段。所以无论什么人,只有按着可得做增进善的手段的程度,得有掌有财产的道德上宗教上的权利。

本来也像某人说的,财产不是赃物。在这点上,确有对于财产的道德上的权利。但这样权利既然是道德上的权利,就不能由道德以外的立场来给根据。伤害这道德上的权利——虽不算是犯罪,终究还是罪恶。罪恶却比犯罪还要重大。凡是道德上的权利,没有不带有道德上的义务。这义务就是要能证明配享这权利的义务。所以如果不配,便对于财产没有道德上的权利。

财产底要求是为己的要求。另外还有一种对人提出的要求。这可以提出所谓服役(Dienst)来做例。我们对着某一别人要求替我们服役——特别是以物质的劳动替我们服役。我们这种权利是从那里得来的呢?我们为什么不替他们去服役?他们不也是和我们一样的人吗?

我们或者答道,——他不是单为照顾我们,他是为着活命在那里劳动的,他既然有劳动的能力,自然不能不做些报答社会和别人的劳动。这是对的,这里还有所谓不劳动不得食那样的名句。但这规则如果可以适用于他,就也不可不适用于我。他若是应该不劳动不得食,我也应该不劳动不得食。我们底劳动固然不一定要和他相同,——像刚才所说的物质的劳动。只是我们不能不做我们底才能和境遇所限定的事业,还是和他底才能和境遇限定他不得不做物质的劳动一样的。我们自己对于自己底事业忠实到什么地步,才有权利要求别人对于他底事业忠实到什么地步。而我们底力如果是多量的高级的,我们底境遇又是得有活动底自由的,我们更不能不做多量的高级的事业。

我们只有从物质的烦劳抽出力量来用在高级的道德活动时,我们才有为己要求别人物质的劳动的权利。他们为我们服役,我们不可使它以我们物质的利害为它终极的目的。一切的劳动都要以在世界上实现善做最终的目标。虽是最低级的劳动,也要为这目标服役。那劳动是对着我们做的,就要透过了我们,为这目标服役。所以我们要求劳动,我们就要自己负起设法实现这劳动底道德的目的的义务。而劳动者也有要求我们负这义务的权利。这是他应该要求的道德上的——换句话说,绝对的权利。

道德上的劳动契约(Arbeitsvertrag)就是成立在这里。凡是没有自己负起义务的意识所要求的劳动,都是奴隶劳动。都是强制人,把人来当物件,屈人做盲目的器械的。

而"善"是道德的人格。所以以在世界上实现善为目的的时候,我们无论如何不得不顾念替我们服役的道德的人格。我们不但在理论上,就在实践上也要尊敬他们。要把他们看成我们自己一样的一个不得不实现善在自己身上的人格尊敬他们。

无论什么人,不能依他做主的程度而当仆,——就是当绝对的道德的目的底仆,当在做自己底仆人之中的道德的目的底仆——就没有做主的权利。而仆又不可不都是做主。换句话说,就是不可不是意识着全体和自己底道德目的的人格。此外的一切君临,都是跟此外的一切服役一样的不道德。

除了前面说的两个道德律之外,还有道德态度底第三块试金石。我们已经说过几次,正当的道德态度,都是纯然为客观的事实所规定的态度。而所有的事实,除掉意欲底主观的制约看起来,又是不论对于什么人都是同一的事实。所以正当的道德态度,就是不论什么人——假使他们是为一切必要的事实底十足认识所规定的话——都不能不认为正当的态度。这我们叫做普遍妥当性(Allgemeingültigkeit)。所以第三个道德律是——你要按照无论在什么人底道德意识上都是妥当的方式来决定你底态度。

于是我们就得到了最一般的三个道德律：第一是你要把你底态度定得可以照你现在的态度忠实于你自己。第二是你要把你底态度定得使你意欲底准则可以成为普遍的法则。而第三就是普遍妥当性底要求。现在若将普遍妥当性这个用语底意义放广来，作一种广义的用法，那以上的三个道德律就可以缩成了一句："你底态度要定得有普遍妥当性。"而到后不得不破毁的和那准则不得成为一般法则的，都就是没有普遍妥当性的意志决定。

于是正当的道德态度和正当的悟性判断底互相类似，就可以完全明了。正当的悟性判断也是第一须得没有什么事实可以破毁它；第二须得它那准则，就是根据和归结底关系，可以普遍化；而末了还得对于任何人都是必然妥当的。

以上的三个道德律，性质上都是形式的。并没有说要意欲这件事或意欲那件事，只是说意欲要依这样一定的方式。人就因为这道德律带有形式的性质的缘故，非难康德。然而这是当然的。

一般的道德律无须给意欲以内容。意欲自有内容，不待给的。人类所有的积极的意欲没有一样不是道德底素材。道德律对于这些素材没有一点可以废弃，只能给它一个秩序。道德是意欲和意欲之间的普遍妥当的关系。只是不可忽略所谓意欲没有不是道德底素材的意欲是指人类可以有的一切目的说的，并非单指因为性癖或者偶然的机缘在我们心里浮起的意欲说。道德律就是要给这人类可以有的一切目的一个对于无论什么情境无论什么人物都是妥当的秩序。

这里也明明跟悟性判断类似。悟性判断也是预想事实底存在。不过给事实——一切可以有的事实一个关联。

人又非难康德所谓道德的行为纯然只是敬重道德律的行为。若使所谓道德律只是文字和语言底联缀，那原是很奇怪的。但道德律实际是我们道德本性底表现。是道德人格底本质。所以所谓尊敬道德律实际就是尊敬道德的人格。所谓要由这尊敬来规定我们底意欲实际就是要把道德的人格作为绝对价值而常从其指导的要求。所以康德在那最高的道德律上所附加的"你要行为总须把你自己或者别人之中的人看作目的，不可看作手段"的话是彻头到尾对的。

经过上面的考察之后，我们可以再问"良心"是什么了。说得详细一点，就是良心是原本的呢，还是后验的？它在个人底内部又在个人和个人之间，总是同一的呢，还是总是不同的？

对于这个问题的解答要看对于良心这个词头怎样解释。"良心"这个词头正如"悟性"一样可以有三样解说。

第一说"良心"是一个人心里事实上存在的道德上正当不正当的意识。如果照这一说,那这种现实的良心就不是原本的,只是从经验上得来的。在我自己中可以转变,在个人和个人间也可以各不相同。在这意义上没有先天的道德意识存在,正像悟性方面没有先天的世界认识——比方先天的物理学的认识存在一样。而这样的意识或感情因为没有可以关涉着自己的先天的对象意识存在的缘故,这样的意识本来就不会存在的。

第二说"良心"可以说是能够辨别正邪的能力。这所谓良心,就是认识事实和它底客观的价值,把主观的条件抽象了,由事实底客观的价值来规定自己的能力。就是能够比较能够权衡客观的价值的道德的思量的能力。也就是追求意志底普遍妥当性,肯定有普遍妥当性的意欲否定没有普遍妥当性的意欲的精神底法则适合性。这种可现的良心是原本的,又不是随着个人转变的。

末了一说,是把"良心"指称任何事实都不能破毁它的绝对的道德的智见。这种绝对的良心不但是非原本的,也是无论那里都找不出它底纯粹而且完全的来的。但是它一成立,就像悟性认识上的真理一样,对于一切人都是同一。

这里第二个意义的良心,我们可以把它叫做道德的素质。道德的素质虽然力量随人不同,性质却都一样。第一个意义的良心是这种素质底不完全的实现。第三个意义的良心是这种素质底十全的实现。这就是"人"本身。这良心底内容,并不是我们所能任意认为有的,而是客观的意义上原本有的。

所谓客观的意义上原本有的是什么意思呢?就是说:当我们完全实现了我们底道德的素质时,即我们十全地成了人时,一定会意欲到的。所谓十全的良心就是十全的是人。

第七章　目的底体系

道德的心情内含人类一切可有的目的,上面已经说过多次。而它又是除开主观的制约的,所以这等目的,都是各依它那客观的价值在这心情中发生作用。客观的价值高的就作用多,客观的价值低的就作用少,要在价值高的和低的中间选择一个的时候,必然是那高的占着了优势。因此种种目的就依它那客观的目的结成了上置和下属的关系。道德的心情就是一切可有的目的底上置和下属底体系。一切目的在这个体系中都是各自占着各自的位置。

除出价值高下,还有一种目的必须比之别种目的尽先实现的情形。目的底体系在这方面也有一定的次序。

各种的目的在道德的心情底内部是活力。它们都是向着一个集合的目的——实现善,共同发生作用。所以这个体系,又可以叫做目的底有机体。人格如果是道德的,就是这样的有机体。

讲起上置和下属底关系来,第一我们可以把目的分成了绝对的目的和相对的目的两种。绝对的目的是本身有价值的;相对的目的是透过它来实现绝对的目的的时候才有价值的。

人类底幸福是相对的目的。人类底幸福和快乐只有里面现出人类底积极价值时分才有价值,只有人格的价值是无条件的价值。这并不是什么"立场",是事实。伦理学也像一切的科学一样,不能有相异而又相并的立场。凡是伦理问题都是事实问题。唯一无条件的价值是人格的价值,就是一个我们意识的事实。这是一个心理学上的事实,也是一个伦理学上的事实。透察这事实底妥当,是一切伦理学的透察底中心义。

康德曾把人格底无条件价值叫做威严(Würde)。富贵权势名誉智见等,虽然也有价值,但并没有威严。有威严的只有人格。

高的威严就是崇高,最高的崇高就是 Majestät(崇严)。道德的人格以外再没有什么崇高,神底崇严以外也再没有什么崇严。用这些字眼在别的地方,完全是人们底乱用。

固然，我们对于山岳，对于沧海，对于建筑，也感到崇高。但这种崇高，康德就已经说过，原是我们自己底崇高。是由我们晤对这些东西的时候，我们底本质远远超过了日常经验的我，被提得更高更深更广，觉得凝聚同时也觉得被解放；由这更高的我移入了对象，这些东西才方见得崇高的。被移入在崇高底对象的，并不是现实的我，是憧憬的我。所以我们晤对崇高的东西的时候，总是那么地感到憧憬的。这时我们感到的憧憬就是对于自己底伟大和广阔和自由的憧憬的摸索（参看《美学》）。

绝对的价值又可以简单地叫做"善"。康德说得好："除出善意世界上再没有东西可以无条件叫做善了，就是世界外也是想不出来的。"这"善意"就是道德的人格。

这话里面有康德底发见。但人格底无条件的价值原是基督底教义，不管教徒几次不认账。

撇开民族所有的荣华和权势，而以民族各员所追求而且发见的人格的威严为眼目的时候，今日的所谓世界历史恐怕是要变色的罢。站在这个见地上看来，我们底时代到底是兴旺的时候呢，还是没落的时候？我们见过好些崇高的字眼都是用在利己的功利的目的上在那里迷惑大众。那样的用法越多，就使我们要把这个字眼所意谓的概念弄清的心越切。不然，恐怕会有成为麻醉人类的药绞杀人格的绳的危险；最吓人的事竟以"宗教"的名义做出来，不名誉的事竟以所谓名誉的名义做出来，而对于祖国的背叛，竟以爱国的名义做出来。

所谓祖国，所谓民族，所谓国民，是什么呀？还不是构成这些的各个人？什么财产，什么制度，什么设备，都只是对着人有价值，除开人就一切都是一个空。又什么叫做国民底伟大呀？外面的权力，富，和声誉都只是国民所有的福利，不是国民本身。这些东西底伟大不成其为国民底伟大。国民底伟大——总是国民底伟大。是各员底优秀，是道义的力，是自发的活动。这才是各员求自敬的努力，是丈夫的气概，是担当所信的抱负，是不在什么东西面前低头的真实。又是对于短小和卑贱的愤怒。不以这些做基础，民族就没有享受福利的权利。在以权力，富，和声誉顶替人格底伟大的时候，在以图谋这些东西底保存增进使得人格底威严萎缩没落的时候，是有这种福利倒反是遭殃的，是可耻的。

再今日多数人的所谓爱国是什么呀？中间固然也有知道真正爱国的人，但是多数所谓爱国者倒还不如老实的说罢：——是要不来碰我和我阶级底增上慢，要来迎合我底虚荣，要来帮闲我底权势欲，再还投些物质的福利到我底袋袋里头来。

否则，索性把跟眩惑于外面的荣华的众人一起喊万岁一起喊畜生的都叫做爱国者，把以自己底所信为神圣，不顾忌传统和权力，以恶为恶的，都叫做卖国者，让许许多多的匍匐和屈从，所信底隐蔽和不信实，无威严和奴隶根性，都自称为爱国心傲然自大去罢。

最后人虽然并不叫嚣，却是对于这样的恶德都加以怯弱的容忍：对于礼拜权势，给有权势者以等于神的名誉，甚至在他死后还加他一种特制的"冥福"，的无意义的举动，我们却并不发什么抗议；对于权力者底往往俨然如神，受谄媚阿谀者围护簇拥，我们却并不红脸。

我们将要走到那里去呢？我们要在什么时候开开眼睛来呢？恐怕已经过时了罢。世界历史是世界审理。当罗马人成了奴隶的国民，礼拜外面的荣华，将人顶替了神的时候，恺撒底罗马就碎成了片片，为没有道义的力的野蛮人所蹂躏了。

第二，目的又因包容底大小而生价值底高下。包容广的自然比包容狭的价值高。但所谓包容底大小，也有种种的意义。最初当然是指数目底大小。假如别的事情同一，我们选取以少数人底宁福为目的的动机，就不如选择以多数人底宁福为目的的动机。

其次又是指强度和持续底多少。凡是目的有强而又持续的满足的，那目的就比相反的目的为高级。

最后最重要的是深。当那目的实现的时候，贯彻着享受它的人格底内奥，传达到全体的，那目的就比单单诉之于人格底表面和表面底一点的目的为高级。

无论什么目的，——什么能力，什么冲动，都有和它位置相应的权利。人无论如何不能以人工的方式压抑蹂躏神所给与的。这样的压抑和否定就是恶。不过在以人格全体底萎缩和否定为前提或者当结果的时候，一切种类的享乐和满足却也就是恶。某种冲动底满足是以它为高级冲动萎缩底征候而为恶；某种底享乐是以损伤人己人格里高级的东西的缘故而为恶。

当某一冲动满足的时际，总是这样，有这冲动在全人格底关联上有什么意义的问题起来。而这冲动对于别人有什么影响的问题，当然也被包含在内。

我们把直接跟五官底感觉结合的冲动和享乐，叫做"官能的"。官能的享乐——例如味觉底满足，也的确有它底权利。但是它只关涉着人格底表面的一部分，故若以口腔底享乐为人生底目的，人格就要萎缩成了表面的一部分。

同是官能的享乐，也是价值不等的。像新鲜的空气和体力底运用，当它使得我们底肉体有新鲜和健康的一般感觉时，——纵使把精神底新鲜和健康和它有密切关系的事情放开不谈，——也还是觉得它不是和一闪过去的口腔底享乐同类的。

文明人对于食欲底享乐所以要同更高级的东西结合起来加上一点遮盖，就是由于暗暗承认官能的享乐有下属的意义的缘故。食桌有食桌底礼仪。一家会食常常带有宗教的惯习。请客的时候，还拿美的和精神的享乐来和吃喝结合。一定要吃喝来陪伴我们精神的社会的会合，固然与其说它是食欲底精神化，还不如说它是精神底食欲化。但是除开以理想的目的为主，吃喝为辅的那种情形，专把满足食欲为主的情境来考量的时候，我们却不能不承认围绕它的礼仪之类有一种伦理的意义。我们都是不愿意纵吃喝的欢乐荒我们底思想的。我们都是讨厌一味讲吃的印象，要有一种超乎吃的东西，作为更高级的某物底代表，映在我们眼里的。

对于前述食欲的"遮盖"，这里还有我们在特种意义的羞耻心名下所要求的遮盖。这时所遮盖的，也是在人格内有着存在的权利的。"Naturalia non sunt turpia"（自然的不怕差）。我们即使知道某人和一切别的人一样有这自然的东西附在那里，也并不会觉得他底价值下落的。

但这官能的动物的东西，不过是人格底要素，必需下属于更高级的精神。它若直接露出在知觉上，不但我们眼里会减少了那人格底威严，就是那人自己也会感到了自己底下落。这就是所谓"羞耻"。

那么这官能的动物的东西底直接知觉为什么会特别惹人注目的呢？这就由于精神的道德的高级的东西，性质上都不是这样直接地闯到知觉上来的缘故。人底形体固然是映出精神的镜子。但在形体中特别适于表出精神的部分：面（其中有口和被称为"魂灵底镜子"的眼）和手，却在人体中不占多大的面积。所以人体若是不着衣服，空间上就要被官能的动物的东西占优胜。这个不平均，只有用露出面和手，把其余的一切部分都遮盖了的一个方法来补救。

还有一个问题是：人到底因为原来有羞耻心才要遮盖肉体的呢？还是因为有了穿衣着裳的习惯才发生羞耻心的呢？

无疑地双方都是的。在民族发展底最初，人大抵单为防寒暑而着衣裳。后来才有装饰底目的。但既经遮盖过的忽然例外地露出来，就要特别受人家底注意，乃是一般的法则。所以实际无需穿衣服的民族，虽然不能说他们是无耻，他们一定没有我们这样深的羞耻心。自然的东西在他们是有更高的程度的自然的。

可是同时我们也不能忘记了别的一个半面——这些民族对于"人类"所提出的精神的要求也是不多的。由他们看来，人类大体还是官能的动物的存在。官能的动物的东西和精神的东西底对立还不怎么厉害。所以要使前者隶属后者的要求也必然还是没有力的。

但有种种的事情也可以弛缓了遮盖的要求。像平常会起羞耻感情的露出或半露出，一到成为道德上正当的或者成为美而有意义的目的底必然无疑的手段时，——它就自然会被编织在更高兴味所支配的全体中，不再发生矛盾底感情。

我们在祝宴祭礼等等就可以遇到遮盖要求弛缓的情境。因为我们容许这时官能的生活欢喜——至少外观上下属于美的精神的兴味的——有更多的权利。欧罗巴人特许女性有这样的权利，就是把女性看作大体还是官能的存在的证据。

又官能的东西，在包含全人格的官能的道德的兴味上作为自然的要素而显现的时候，我们名为羞耻心的要求也是要起变化的。人大概容易推知，我现在所考察的就是性的事实。所谓官能的道德的兴味就是性的恋爱底意思。

在性爱中以抛弃羞耻的感情为正当的缘故，全在性爱本身，不在履行法律形式之类的外部事情。到得外部说可以无须怕羞的时候，当然本来已经没有可以随着消失的羞耻感情存在了。凭这理由，也可以说没有恋爱的结婚是人格底毁损。

最后人底肉体，也像其余的一切物象一样，可以从种种的立场来看它。把它作为官能的人来看它的时候，我们必是计议这等肉体可以给我们官能怎样的刺激和满足。我们思想上是把眼前的肉体来和我们官能的冲动相结合。

但用审美的态度对它的时候，就是对于裸体，也并不把它来和官能的冲动相结合。美的观照者底兴味全在现在这肉体底形式中的生命和生命感情，力和柔，健和韧，以及饱满生动的情趣。对于现实的肉体，也有这样审美观照的可能；对于艺术品中所描写的裸体，自然更可以加强了这样的观照。

好色的肉情的艺术，因为它是描写肉体，又是描写肉体和肉欲的冲动底关系的缘故，固然不能不加排除。但是关于其余无垢的艺术品，却可以说是对纯洁者全纯洁，对龌龊者全龌龊。把裸体无垢的描写也称做不道德，拿来发牢骚，抒愤慨，乃是他的审美完全野蛮的明证。他不知道纯粹的美的观照，只知道一桩审美以外的把戏。他底思想完全粘缠在肉欲的冲动上，对于艺术的描写，也是摆脱不了那样的思想。世人把这样的人称作"谨严"。这些谨严者流是在替自己证明什么的呀？他们如果贤明，至少不会发那中看不中用的道德的愤慨的。

这些谨严者流或者说：他自己原是会作纯粹的美的观照的，怕只怕别人被引起那样的思想。

对于这话第一可说的，纯粹的美的观照对于某一个人既系自然而且明白的事实，则他对于别人也就不该不作那样的预想。

第二该想的，是教人对艺术品作纯粹的美的观照，除了艺术品和纯粹的美的观照外有没有更好的手段？要使纯粹的艺术品发生纯粹的作用，自己经验着它底效果，只有使人多有接近的机会。而因纯粹的美的观照，自己底生活感情就此更丰富，更高强，更阔大，原也是好的。

第三乱用艺术品去做政治宗教底手段就是破坏纯粹的美的观照能力的有力手段。这样人就会被弄得惯用美以外的态度来观照艺术。这样的人自然一见裸体就会起了色情。

最后"谨严"者流底愤慨，也是一种唤起肉欲的观照的绝好的手段。

在艺术底享乐上有特殊意义的感官是眼睛和耳朵。这两个对于别的诸感官普通称为高级感官。因为它们不但感觉精妙，对于世界有特殊意义的解释，而且享乐比之别的更见高级。这两个感官底享乐所以特别高级，就为它不止是官能的享乐。视听底对象多少总会诱起我们底感情移入。随着感情移入，我们给它生命，它就成了美的享乐底对象。

艺术底真正内容总是这种人格的生命。我们享乐艺术品以及一般地享乐美所感受的，决不止是表面的一部分的刺激，而是多多少少地本质底根柢被激动。总是多多少少会感到全人格因此生动活泼起来的。这就是它所以高出单纯的官能的享乐，根本和它不同的一点。

同时，我们又会因美和艺术，被提高在自己。以上我们移入在美的东西和艺术品的并不是日常现实的自己，是更纯粹，更广阔，更高的自己。一切的美，至少在观照的刹那，是会使我们成为更善，更完全——因而也更道德的人的。

凡是配称为艺术品的艺术品都不能不完成这使命。一切艺术家都要能够通过那作品完成这使命才可以称为艺术家。一切的艺术手段都以尽纯粹，尽完全描出艺术品底人类内容为标的。而一切艺术品底价值，就是随着完成这使命的程度而定。

艺术品底内容，定要用艺术手段——形式——表现出来，才是艺术品底内容。所以艺术手段底限制，同时就是艺术内容底限制。无论什么艺术，多少都是一面的。

音乐是现代特爱的艺术。音乐能将我们里面所体验的一切全从音响传出来。只是所传常是一般的不定的。音乐能从具象的个体的中间放出我们底魂灵来，把他浸在刚健柔和，明爽幽暗，快活缠绵，静穆激越等等一般的情调中。可以听得朦胧如梦，不知人间。

这是音乐底长处，也就是音乐底短处。人总是不能无年无月浸在情调中的。他还不可不集注他底意志和视线在那轮廓明白限定的，而认识他所思考所意欲的。若使音乐专权，则这些能力就要受伤，可以使人昏睡，使人无骨。——自然音乐也有各式各样，不能一概论的。

要补充这样音乐底一面性，就要有具象的绘画和雕刻，有力的建筑和应用美术等等。尤其是应用美术，可以觉醒对于美的感觉，使人爱好单纯，到处可以看见愉快的东西，有它特别重大的职分。那些口里夸称所谓"高级"艺术，而于日常生活却尽让艺术的粗野围绕着的，他们底艺术欲求和审美感觉到底怎样，当然很是可疑。他们或者是在那里自欺，或者是想欺人的罢。

至于文学是以表现手段最为自在占据诸艺术中的王位的。特再加上演剧，它就跟音乐融解我们在情调中相反，有以那有特色的性格，和那一定的对于事物的热情，和他们底运命和事业，和人间底悲惨和伟大，和那道德的纠纷引动玩赏者的能力。我们都会因此被震动。而这所谓震动，是现在的人所极必需的。

但是艺术，整个地看过来，究竟还是一面的。虽说都是反映现实底世界和我们自己底里面的，艺术底世界到底只是空想底世界。

在这一点上补足艺术的是学术——就是一般的所谓认识。认识所致意的是现实。认识者到得不但能够说出那是这样，竟还能够说出那是不得不这样的时候，便已带有精神支配现实的意思。这样的精神支配是一种程度高的福利。

但从对于全人格的意义说来，认识底享乐实不及艺术底享乐。艺术品可以摇动全人格最内奥的本质而唤起其分关，认识却是毫不关心现实和我们本质底交涉，认识不过承认事实或者否认事实罢了。

艺术品和知识，单就它做我们享乐（受用）底对象一面看来，就已经是这样的我们底福利了。何况享乐美和知的能力（把握对象底精髓将它确保在心里的精神活动的力量）本身还就是善，就是人格的价值。这能力底价值是随享乐底对象对于全人格所有的意义底程度而增高的。

至于艺术上学术上的创作力，它那价值就比享乐（受用）的还要高。艺术家和学者的确有权利对于自己底工作感到欢喜和自负的——当然这里所谓艺术家和学者是指根据自己里面冲动从事制作的真正的艺术家和听从真理认识冲动的诚实的学者说的。

但是最真正的艺术家，最爱真理的研究者，假使止是单纯的艺术家单纯的学者，那也还不过是人间底片面。不论艺术底世界在道德上如何的有意义，道德的意欲底目标还是不会因此就达到。道德底目标不在实现善的空想底内容，是在实现善在现实底世界。

又人也不是单靠在艺术底内容上描写善或者体验善就可以算是自己已经体认了道德上至高无上的东西的。最好还是到现实底世界去，就己就人，体验人类底欢喜和苦恼，可爱和可恶，——而且定下跟这体验相应的实行的意志。现实多不穿艺术品的衣裳。现实是最便于直接诉诸人类视听和意志的艺术手段。在现实底世界中体验人类的价值，比在空想底世界中更要有人格底力。因而这里也更可以发挥人格底强处。在现实底生活上想要同情别人底内生——想要随这同情而行为，尤其是到处都会有利己心来作梗。艺术的态度上是再也不会知道这种奋斗底艰难的。

所以难怪优秀的艺术家或玩赏者，也会冷眼旁观现实界底道德的利害，或者至少缺乏转移同情为实行的力量。但是艺术上的才能无论居在怎样特异的高位，到底还是要有大的道德力为现实世界作谋求道德的福利的奋斗。逃避了这一种的奋斗，躲进艺术的空想底世界，安眠在纯然"美的世界观照"里头，是不能不说是偏狭的，薄弱的，盲目的。想把这样的美的世界观来代替道德的世界观的呼声，常是时代重病的症候，是深重的里面弛缓，解体，和颓废底表征。

一面的艺术生活和生活过重，很容易躲闪严厉的现实中不得不负担的道德的使命，只是敷敷衍衍过日子。这是艺术里面所包含的危险。

我们所生息的时代是多数人多难的时代。即使不论艺术内容本身往往含有软化我们的倾向，也不宜过度礼拜艺术，枉费了我们底精力，将我们弄成了神经衰弱。

在过重底有危险一点上，学术和学术的教养也不让于艺术。无论怎样的学者，若只躲在他底圈子里，他底活动就只限于本质中名叫悟性的一方面。就使少有艺术家那样离开现实的危险，恐怕也是对于学术对于实际生活的使命和道德上最高的生活目的都会失掉感觉的。

赞美所谓为学术的学术，为艺术的艺术，是艺术上学问上流行的特殊的错误。"学术""艺术"都是离人不得的，一离开了创作它或者受用它的人来考察，就不过是一个空洞的抽象名词。所以所谓为学术的学术，为艺术的艺术的话唯一可能的解释不得不就是为学者的学术，为艺术家的艺术。意思是说只要有学者或艺术家底活动，收获，和满足就够了。若使那两句话竟有这样的意思，那它就不过是高傲和利己主义的别名——"贵族派头"底表现。固然真正的学术和艺术，都不应以权利富贵为目的，学问底名誉底全体尤其在乎不顾一切地追求真理，而他们底学术和艺术又要尽先满足了学者和艺术家；但只限于这样，总还不像真学者，真艺术家。假使真有艺术或学术底价值渗透着全身，而那人又不是盲目的利己主义者，则将那有价值的东西来尽量分布给大家，应该不会不是那人底切望。学问或艺术底价值越高的，越不好让二三有权者——富裕者专有。不论艺术，不论学问，都该尽力使它成了一般底财产。艺术要成为与"大众"相通的，从此产生出大众的艺术来。学术也须尽用平民的形式提出来。要副这个使命或许是很不容易的罢，但那更是真正的学术合适的事业。

说到学术，更有一种独特的高傲，那就是看不起实际应用的"纯粹"科学底高傲。——这是一种奇妙的"贵族派头"，越把贵族相装得十足，越是对于人类少有贡献的。

学问艺术倘为广大的人类而存在，它就可以加入各种各样同是为人类的活动范围里来。这些活动中有一些，我们或者要说它是低级的。但虽是最低级的活动——最简单的手头劳动，只要那里有人底力和意欲凝结着，也就有道德的价值。一切劳动底欢欣原都是道德上的美事。如果更有为自己和家族以及别人底生存而奋斗的意识，则那价值还要高。若使最后还同一切劳动终极目标底意识——在人己中创造人格价值的意识相结合，则更分有最高的道德价值。区别劳动底尊卑，不在乎做的是什么事，在乎意欲底强和广，和道德的高。

这话并不是否定劳动种类本身对于前记终极目标越是直接的越是高级的事实。一切直接以创造人格价值为目标的人类活动，我们可以打总称为教育。所以职业没有比教育者再高的。这所谓教育者，并不限于母亲，和狭义的教育家，就是政治家也包含在内。政治家并非可以单以使得社会这个现在的机器圆滑进行为目的，他于建设社会的有机体——社会底成员各自依着地位自由自觉的为着道德上的终极目标而参加共同工作的有机体——不能不有所贡献。

　　而一切的教育开头第一件事，当然是自己教育。

　　人还是把社会地位当作一个问题。现在社会地位最高的果真都是最配得到的吗？不的，大多都是刚刚相反的。现在在我们中间要求而且保有最高的社会地位的，差不多是国民中的寄生虫，是不尽什么义务，一味贪图快乐的一帮人。而于真正的人类底贵族，——道德的伟大者，为别人道德的繁荣而牺牲自己者，——倒是极少表示敬意的。

　　学问和艺术是人生建筑底屋顶。但建筑不能没有基础。像前面已经说过的，人要精神的生活，先须维持着肉体的生命。肉体的生存和精神的生活，恰像前提和归结底关系，先须实现了前项才可以实现后项。所以第三，我们可以依照实现底可能底先后来区分目的。

　　人首先不能不存活。而在我们底社会里却是刻实劳苦而吃不饱肚皮者几何多？可是单单存活还不够。还要作为人——不是作为劳动底奴隶，作为道德的自己目的，作为人类底一员——而生活。为此不能没有多少财产。不能不在手底劳动以外，还有足以教养自己，足以乐其生，团圞其家族，分关公共利害的力和时间底余裕。这里应该由社会来做——特别应该由首当其冲的资本家，政治家，和富裕的局外人来做——的事几何多？而这里大家抛着不管的事又是几何多？

　　社会问题不单是一个胃脏问题，还是一个道德问题。至少在社会和我们，是道德的义务的问题。所以，我们，——尤其是社会地位上应该办这事的人们，——不能以特别"厚意"底意识，应该以严肃的义务感情，和被虐待者底权利底意识，来尽力提高他们底社会地位。若把原本该做的事，称之曰"慈善"，那就是道德上的昏迷。

　　"为"贫民开跳舞会，开宴会，开什么娱乐会之类的"慈善"，更是彻头到尾不道德的。这在最善的场合，也不过显示富者和"上流"社会底无思虑和不安心到什么田地；在最恶的场合——还就是彰显贱民样的感情底粗野。

那是对于会受这样的"慈善"所抚恤的不幸者的愚弄。

　　道德目的底第四种对立,是关系近乎我们的目的和关系远乎我们的目的底对立。这里通行着所谓"最亲近的——总是最亲近的"一种规则。凡是义务底履行都得由最亲近自己的开始。这不是因为显示善意在身边的人就是道德的高级,而是因为竟不显示给身边的人,就可以证明善意底缺乏。如果有人热心国民底福利,而于近亲底苦恼却不关心,我们就有权利说他底热心也是空的。

　　这里要讨论的有种种名义的"德"。例如有感谢的"德"。感谢是对于别人显给自己的善意的承认。若使别人对于自己的善意也不能深感,我们当然可以说他对于善意全然没有感觉。所以感谢虽然不是高德,忘恩却是值得严重非难。何况感谢越是善意底承认,越会超出在感谢之上。换句话说,就是会不问善意是不是对自己实现,只从善意本身底存在论它底价值。

　　友情也是一样,要超出了限界。遇到我们在友人身上发现的价值又在友人以外的人身上发现时,也常不能不看重他。要末所谓友情不过是利己主义和虚荣心底满足,承受(或期待)便宜和承认的欢喜。真正的友爱总是不会限于友人范围的。

　　爱国也是一样。爱国原是正大的事情,但不可没有两个预备条件:第一,真正的爱国一定要从对于自己和周围履行道德的义务开始。如果对于这些事不关心,那对于祖国底伟大,名誉,和自由的兴奋,也就不过是无谓的喧扰。不过是对于暧昧名词的陶醉。再恶——还就是伪善。

　　第二,我们如果真是爱我们祖国底可爱处和可敬处——当然不能爱不可爱处和不可敬处——我们就该不问这些东西在世界底什么地方都爱这些东西。不能有出了国境爱就完了的事。真正的爱国到底也是不能不破了局限,扩大为人类爱的。

　　爱国还含有以血腥的战争捍卫祖国的义务。这是严厉的义务。为了这义务,固然可以从容为祖国拼性命,但是除出无思虑者和犷悍者决没有人把战争本身当作什么喜庆的事情。所以庆祝胜利,决不能以如醉如狂的欢呼行之,只能以庆幸严肃的义务完成的意识行之。这不但是为受得惨,也是为做得惨——死了人,蹂躏了物质上道德上的财宝。如果战争不是为了逼得无法,不得不正当防御,又不是以履行严厉义务的意识去从事,那就不过是团体做的团体杀戮和团体劫夺。就是国民对于国民的犯罪。国民和国民之间也只有等于个人间的道德律可以支配。许多的国民就是许多的个人。

不受道德的义务的意识指导的时候，就是各个的军人也是这犯罪底共犯者。我们不能把那开着眼做事的责任诿托给别人。不过那强逼我们共犯的，责任更重一层罢了。人往往会说战争底快感，战士底兴奋。这除了对于道德目的的意识的牺牲以外还混杂着许多别的东西，是大家都明白的。但是勇气的"德"，却是只有在这意识的牺牲上可以成立。

第五可以提出的目的和目的底对立，是容易达到的目的和难得达到的目的底对立。我们最初可以从境遇来设想难易。固然无论境遇如何难，我们都不能不以最高的目的保留作为最终的目的。但我们实不宜为了不得达到的目的浪费了我们底力量。这里对于境遇上不得达到的，就有意识地抑制下去的自制的义务。

其次，我们又有集注力量在最适于以我们底质地和我们在世界上的地位来实现的目的的义务。人并不同一的。人各有依其地位编入社会的全体中去，各自以其分业贡献全体文化使命底可能，——因此也就有这义务。

目的底体系由这样的五个方向来定秩序，里面竟没有包藏着矛盾和纠葛吗？或者可以不包藏吗？目的和目的对立时，它底价值底高下或实现底次序底先后常常能够确实地决定吗？不会有经过了最真挚的道德的思量后还是解决不来的纠葛吗？

这样的纠葛，原本不能不说是会有的。我们前头已经说过，在某特定的情形，想做一个道德上全然不致有错的意志决定，不可没有超越人类智见限界的智见，现在我们更不能不以此来自白。像普及多数人的目的和深入少数人的目的，我们应当着重在哪一方面呢？就是一个问题。但这还只是一个例。在有完全的智见，能够明确认识一个目的底实现对于世界道德的存在底全体有什么意义的人，或许是无论遇着什么情境都能够发见绝对的正当的。但我们还不是这样的完全的存在。所以我们总还不免会有解决不来的道德的疑惑和道德的错误。这正同悟性认识方面，虽然经过极真挚的科学探究，也还不免有疑惑和错误一样。

若使道德的批判底真正对象是在各个的行为和意志决定，那就更加困难。但是我们知道那并不是这样的。真正有道德上的意义的是全人。是心情。而心情底善并不在适中正当，是在真挚地诚实地想欲正当。若使还是陷入谬误，则在觉到谬误的时候，我们自然失望，但是良心总还可以原恕我们。所可要求人类的最高的，是十足的良心底诚。

第八章　社会的有机体
（家族和国家）

以前章所说的最后对立做根据,我们还可以进一步。各自随着天资和地位,分担实现最和自己适宜的目的,凭着合作来实现全体道德的使命,在那里成立了新的有机体。这不是在一个人格内部的有机体,是由多数人格成立的社会的有机体。

要把道德的终极目的实现到最大限度,必要有社会的有机体。所以建设它完成它,是道德上的义务。所谓遁世就是遁逃对于世界的义务。所以遁世就是不道德。

道德的有机体中什么是绝对的呢？那一定是全人类的有机体,一定是世界国或世界教会。统治它的是有道德上最高的强健和丰富,自由和智见的人。构成它的各员,也要对于道德上的终极目的有十足的意识,自由自在地负担起最适合天性的使命。而一切的权力和名誉和所有,就都依着那人格在道德上所应享受的程度,并看他在这世界上实现善的最大限来分配。但这样理想的世界国或世界教会,不过是一种理想。实际的问题还是不能不问拿这理想做终极,我们现在所能到达的至善是什么。

又绝对的道德的社会的有机体,也不是单由自由的个人成立就够的。个人先须集成比较独立的小有机体,这些有机体再集合起来造成更高一层的有机体,这样上去终于有一个世界国,为它最高的统一。这从种种自然的事情看来,都已经可以明白不得不如此。有空间底远近,有交通底难易,有物质的生活条件和人种的民族的特质和语言底异同,有由历史上来的种种一致和反对,有为一个目的合拢好多人,为不同目的分开好多团体的需要——这种种的事情,都是一面将人结成种种广狭的全体,一面又将这些全体划出区别来的。如果互相补足合成更完全的一体是所谓对立底本性,那么对立也就可以运用作为造成统一的力。

最基本的,在人性上最根深蒂固的——而且又是最明明白白地希望补足的对立,无疑地是男女底对立。由这补足而成立的最初级的,最亲密的个人和个人底结合,就是家族。家族是人类大的有机体中活的细胞模样的东西。

而家族底基础却在于结婚。结婚是什么呢?结婚底道德的本质是什么呢?使得夫妇有里面的结合的是什么呢?

一般地说来,结婚是官能的道德的两性关系。构成结婚的是性的恋爱。

这里就要发生一个问题那就是构成结婚的官能的关系和道德的关系两种关系到底是互相独立的呢?还是同一事实底分拆不开的两面?结婚底一般的事实的基本,不消说是在官能的两性关系。而我们却同时要求它是一种道德的关系。那么这要求是承认了官能的两性关系,独立权利,再像说官能的不能不加上精神的道德的一样——例如说食欲之外不能不还有美的和知的欲求存在的余地一样,说官能的两性关系不能不和道德的关系并存的呢?还是排拒单纯的肉体关系底权利,说它本身不得不道德化呢?对于这个问题,有从社会的功利的观点的解答,也有从对于子孙的影响的观点的解答。但是这里要探求的,是纯粹从道德的人格的观点看来的正当不正当。

决定正当不正当的,是我们成了完人时,性的恋爱上官能方面和精神方面必然会有怎样关系的事实。而人大约都知道两者在这里有着怎样特别密切的结合。就是动物世界也是两性间的肉体的牵引和美的要素分离不开的,至于人就结合得更加显著。青春底美妙呀,身段底苗条呀,谜似的外貌底魅力固然可以引起了两性间底牵引和冲动,而这牵引力也正可以为审美地看来以为不快的东西所损伤所破坏。

这样的事实,含着怎样的意义呢?这就是表明美的要素并非纯粹表面的。正像前面所说的一样。它是对于和人底外貌结合着显露出来的生命的同感。而在这里显露的生命,第一是那官能的动物的生命。是在那形体中跳动的力和柔和健和韧,生动活泼的生命。但这当然不只是肉体的生命。肉体的生命底节奏同时就是全人格底生命底节奏。我们一接近了美人底外貌,就不能不由她那肉体的生命,而感到她那全人格底生命底跳动。而第三,则通过了人底眼和口和面貌底构造,直接受到那人特殊的生活内容——特别是精神的道德的内容——的印象。而那自负和谦逊,反抗心和归依心,爱和憎,以及其余人类所有的"精神",就都经过了我们看来是美的人底外貌传到了我们。这再加上运动、举止、身段、语言,就更可以引起我们丰富的同情。若使形体中没有人底内生直接地显现着,人底外貌原与我们丝毫没有关系的。只因有人底内生显现在形体里,所以人底外貌才给了我们那样深切的感动,会有崇高如神的观感。

从此可以明白美的要素对于两性牵引的意义。所谓两性牵引和美的要素相结合,就是说两性牵引和通过外貌显现出来的动物的及精神的本质底全体相结合。这样给与我们印象的人格内容,固然有不少是和现实的人格不符的。那时我们就要凭着真正的认识来订正那人格底风姿。而我们底性的牵引就为那人格底本质所规定,不再为外貌所欺骗。

于是性恋爱上官能的道德的关系就成了对于全人格的牵引,——成了竭尽内容占有人格的欲求,生理的也是精神的全人和全人融合的努力。我们不能发见官能和精神这样同一的最后的根柢。这是事实,同时也是人生最深奥的秘密,是真正的"Unio Mystica",这事实是人类永远有兴味的问题,难怪会得成为艺术取不尽用不竭的题材。

但是这里还有一个本质的要素,做这事实底特色。就是:两性牵引是一种对于异性的牵引;结合两性的同情是一种对于和在我们自己中的东西比较不同的东西的同情。这我们已经把它叫做补足。这里还有一个新问题。

我们在人类底本质中到处都可以见到那里面态度底节奏底对立。刚和柔,强和弱,动和静,欢喜支配和情愿归依,追求明确和追求缥缈,沉潜广大和沉潜可怜——对于这些对立的活动方式的欲求和可能性,都是万人同时具有的。但人底生理的精神的组织上自有一定的方向,人对于这些对立的活动方式多少不免有所偏重。虽然不是全然欠缺着别的半面,但若随顺我们自然的素质,这半面决不能和为我们底特色的半面一样的为自发的实现。这根弦在我们底里面是被妨碍着弹不得十分响的。

在男性和女性底本质中就有这意义的一面性。而两性在人生中的位置又把这一面性增大了。不过男性中有女性,女性中也有男性。若使两性各自蛰居在自己里面,决计无从达到自由的实现。这必要有"同情"来补足这一面性,使我们在自己里面不能直接经验到的可以在别人那里经验到。重说一句,同情是在别人那里经验到自己的事。

而对照底法则就运行在这里。每有一个机会可以在别人那里经验到,我们底本质所具有,而在全体底组织上并不是自己个人所能实现的性质时,必以特别的渴望,促我们去实现。越是被抑留的冲动是强的,越是被抑留得厉害的,促使实现它的冲动也越强。一般地说来,凡在我们外面等待我们同感的人类性质,都不是自己所能自由实现的,都是当它成了被压抑的冲动,成了不得满足的欲求或憧憬时,在我们中间发生最强的作用的。

前面已经说过,我们移入在艺术品中的,并不是日常现实的我,"是憧憬的我"。某一建筑中显现出来的强烈的力底发展,超越了我们底测度。我们还可以因为玩赏这建筑,在我们自身中经验到这力。而那建筑就以超越了我们自身局限的力实现在我们中。这是美的同情底本质。

而最能丰富我们底本质,使我们超越了系缚的,却是和我们自身底全存在作对照的别的存在底同情。因为精神的对照没有大过两性的,所以同情也就没有真切过显现在性的恋爱上面的。

到这里性的恋爱底本质可以明了了。它是官能的道德的冲动和补足底享乐。所谓结婚是两半片结成了全体的话,并不是修饰,是事实底表现。但要附加一句,这两半片虽然在其最深的根柢上是全体,但必要有系缚其全存在的系缚妨碍了它发动为全体,才能在结婚上互相地里面地结合为全体。所以男和女底爱,是同一东西底牵引,又是对立东西底牵引。这是一种本来同一却被挤到反对底方向,已经铸成了偏于一面的东西之间底牵引。所以大体是最十全的"人",最鲜明的男性或女性者,才会是最深沉的性的恋爱者。

同时两性关系上官能要素和道德要素"结合"底意义,也从这里可以完全明了。它是官能冲动和企求跟一个异性发生特异的,补足的,人格内容底同情的冲动底一种结合。

而我们愈有高级的道德性,我们在这性的恋爱上就愈不能不要求高级的精神的道德的同情。又那肉体的牵引既和这同情相结合,我们就愈有高级的道德性,愈不能不要求这肉体的牵引直接含着有这高级的精神的道德的内容的人格的结合。如果官能的冲动,并无人格底高级方面的里面的结合,也发挥其威力,则愈发挥得厉害,至少在这一点上,愈可以见得那人追求道德的生活内容的冲动没有力,因而那人格也不高。这就是没有高级的道德的结合而沉溺于官能的冲动所以是"恶"的缘故。因为它就是高级的道德的欲求缺乏或萎缩底征候。

但是这个主张要限定。若使官能的冲动和道德的欲求底结合是一切人都有同样的紧密度的,那上述的主张自然是一般的,可以同样适用于一切人。但这结合底宽严实际不免因人而有程度上的不同。也有官能的冲动和道德的欲求比较的保持着独立的。这类的人沉溺于官能的冲动,还不一定就是显示他道德的冲动底缺乏。在这情境,官能的冲动独立发挥其威力,还不见得就像别的情境那样值得道德的非难。

就应有的意义说来,官能的冲动固然不论情境都要和最高级的道德的关系底存在相结合。道德所要求的常是人力所能及的最高的东西。所有的性能在人类中自然也不能不取它所能取的最高的道德的形体。何况两性间的官能的牵引本来就是有可以和高级的道德的要素相结合,自然进入高级的道德的范围去的性质的东西。所以它若是缺乏着高级的精神的道德的内容,无论如何总就是道德上的缺陷。他底人格至少在这一点上是道德上低级的。

但是人格一点上的缺陷,未必就是全人格底缺陷。若是假定官能的冲动和道德的要求是比较的独立的,那就虽然在官能的冲动底一点上有他人格上的缺陷,在其余的点上还是可以有道德上高级的人格的。

官能的冲动和道德的欲求底比较独立和紧密结合底差别在男性和女性之间尤其显著。在女性,两者自然的一致是比男性来得高。换句话说,在男性是那性的方面和他底人格内容比较的独立并存,在女性是那本质底性的方面更高地更直接真切地和人格底全体相结合。

因为这个事实就生出了两重的结果:第一,女性对于一个异性所致的恋念是以特殊的程度,为她底全人格内容所贯注。那爱是在特殊的程度上有着本质底深奥,所有其余的兴味都隶属于它。女性是可以有男性本性上所不能有的,浑身是爱——全只是爱的。女性是在特殊的意义上全然属于一度所属的男子,而且情愿属于一度所属的男子的人。以这意义来论,男性是从自然上说,或从道德上说,都不会属于女性的。

第二,不要求道德上人格和人格结合的结纽而委身于男性底牵引,在女性是特别可以证明道德素质底恶劣。那不但是展示那本质底一点上的缺陷,还是展示那全存在底缺陷。那就是女性从道德的高处坠落的意思。所以我们不能说把女性底名誉和尊严放在这一点上是完全没有理由。而社会对于女性所设的保护和障壁,也是到这里来的。社会对于女性所设的保护和障壁越繁重,则破除了它愈需要羞耻底缺乏。

这些事实也加重了男性对于女性所负的责任。没有道德权利的性关系,即使伤害男性底品性不像女性那样的厉害,也是有着陷异性于不体面的罪。若使所谓女性将其"精神"寄托在性关系上的话是真实的,则以无情地玩弄,兜底伤害了一个人的男性底罪孽更是不能容恕。倘使女性因此失了名誉和女性的矜持和品格而堕落,则使她堕落的实际是男子。就在最善的情境,也可以说是无思虑。若在不是无思虑的情境里面,还是道德上的残酷——破廉耻。他不但因此伤害了那人格底一点,还可以因此深深地从里面伤害了自己,终于和自己使她没落的女性一同没落了自己底全人格。不去思虑这堆在肉体上被征服的女性上面的污辱会得翻到自己身上来,就是男性十分沉重的道德的昏迷。男性固然有更多的自由,——这是无疑的。但有更多的自由,就有更多的责任。男性常以强——也是道德的以强自夸。既然强,就应该在保护他所名为弱者底和平,自敬,和纯洁和品格处见点强才行,应该不去破坏它。破坏高贵的,并不是强,是兽性。如果还是用人格的献身呀,高级的道德的感情呀,终生底结合呀等等假面做达到目的底手段的,那就不但是兽性而已,竟是卑怯的背信,竟是破廉耻的诈欺。试问这里假使有在友情的假面之下使人糜烂的,人要怎样批评他?诱惑底诸术,自然也可以在同样的光下去看。而且恋爱还是深过友情的东西。它是和全人格底最深奥的本质有好多交涉的东西。

最后假定对手的女性是已经完全失了名誉,或者从头就是完全没有名誉的。在这时节,利用这种事情,也不能不说是把自己去和下劣者并肩。也不是高贵的,是下劣的。

而世间却多从这些弱性夺了最贵的,或者轻轻地摆布了已经失了名誉的,而还装着绅士派头的人。在这时候,就是最盲目者也可以用来做试验正当不正当的试金石的,是"要使你底行为底准则可以普遍化"的规则(参照第六章)。当你对待别人底姊妹时,你要想想别的男子把你底姊妹来做情欲底牺牲时你将怎样?在那时候你对于这个男子,里面的——乃至外面的,将取怎样的态度呢?在这点上,要有所谓"男性底名誉"。

又有有教养者,贵族,"骑士"之类,以为坑了平民之女是于自己底名誉丝毫没有污损的。其实女性底名誉到处都是同一的,并不是要有名,有财产等等才有求名誉的权利。而且平民的女子原则上是比上流的女子保护少。一个人既然保护少,若要使她堕落固然更容易,可是同时也就更无耻。

我们特别把道德不道德等的言语来用在两性关系上固然是一个不可思议的事实。但若记得所谓道德原是关涉着全人所有性质的东西,则为使人承认两性关系在人生上的重大意义起见,特别把所谓道德不道德的言语来用在这样限定的意义上,也正没有抗议的必要。

这样意义的"道德问题"今日特别要有严肃的批判,恐怕是谁都不会抗辩的罢。但是必需的并不止是批判。社会对于此处还要负起了重大的责任——青年底保护和教育,女性底保护,以及其他自己没有保护能力人底保护。但是实际社会所做的,颇不完全。妇人底沉沦,青年底堕落,成人底腐败,都颇放着不管。而堕落就从这一代遗传到了那一代。任里面这样的堕落下去,国家外面的荣耀还有什么意思呢?固然人也会非难他,排斥他,放逐他,甚至会诉之于刑法。但更重大的,乃是救救他。从里外两面除去了害恶底条件。

如果道德的意义上应有的性恋爱能够成立,它那本质上自然包含着独占底要求。所以真正的结婚不能不是一夫一妇的。不止就社会的结果说要如此。因为夫妇肉体的精神的结合亲密到怎么样,那内容丰富到怎么样,独占底要求总就迫切到怎么样。也是结婚本身底性质上要如此。而那结婚在夫妇生存的期间也不至于会解散。因为基础建筑在人格和人格底本质上的道德上心情上精神上的结合总是经时越久越巩固的。会得超越官能的要素及官能的美的要素而永久继续。

但是本质和本质底里面的矛盾,却也不能不随着夫妇底同居而增高。这样的结婚,原是在当初结婚的时候就错的。所以不可不在外面上也离开。继续这样的夫妇关系,是同其他纯肉欲的关系一样的不道德。而且还要在弥缝外面一点上面,加上一层虚伪的罪恶。里面已经解体的结婚,勉强要它外面维持着,就是故意奖励虚伪。因为它是根据误解结婚本质的外面概念的缘故,内里是不道德的。

使结婚有道德上的权利的,彻头彻尾是在官能的道德的关系底存立,不在法律上的婚姻手续。但这不是说那外面的形式对于结婚完全没有意义。结婚者固然不愿意因为疏忽这外面的手续,或者受到了威吓夫妇里面关系的社会的损失。而单单是尊重现在社会秩序的想头,也可以成为必要履行法律手续的十足的动机。

但是不论怎样外面的形式,决不能创造道德上的价值。只有道德的价值既经成立,想用外面的形式来做一种表现它保护它的东西,是没有什么不可以的。

结婚是本身就有道德的价值的事,不是达到目的的手段。但从自然上说来,从道德上说来,都可以说要到家庭有了子女,将对于他们底肉体上道德上的幸福的共同顾虑来作特殊的新的道德上的结纽时意义才完全。母子间的特殊关系,和因两性生理的及精神的组织底不同在家庭间大致分出男女职分来的事这里可以无须详细说明。大概总是妻多属于家庭,夫多属于社会,不大会变的罢。

但是妻也是广大社会底一员。她也是人类中的一个人。特别是在家庭中不能发见她底生活底目的和内容的独身妇女不能不到世上去探求发见她底生活底目的。

于是就有了妇女问题。最初的问题是妇女职业问题。对于这个问题的一般的解答是——凡人都该随着自己特殊的天性和能力，尽力替这世界造就利和善——的规则。此外无需再有决定妇女职业的特殊的（单单妇女适用的）规则。

那么什么职业是适合于妇女底天性和能力，什么职业是不适合的呢？对于这个问题的解答，一部分要由妇女底体质和心质底明白事实来供给。但那不过是一部分。人在这个时候也不可不取一切有疑时候的同样的态度：不要随便否定妇女对于这件那件的能力，要在确实的经验上去决定它。为此不可不使女性有可以试验她底力量发展她底能力的机会和权利。不去开发让它萎缩下去，女性到底潜藏着多少力量，是什么人也不会知道的。

许多人都以为女性是为喜乐男子而存在的"人生底装饰"，以为是人生花园中开了又谢的"花"。甚至还以为是一种玩具。我们不能不抛弃这种先入为主的成见，而把女性看作也是有自己目的的一个人，——也是要做了人类中的一个活人才能实现其存在目的的人。固然妇女自己也要不把自己看作"花"，而把自己看作"人"。但是人必要先使女性能有这样的自觉。

同时人在这个问题上也不可以单以所谓"女性"一个一般概念来进行议论。虽是女性，也有种种的。不适合于一个女性底天性的，未必不适合于别个女性底天性。

又某一女子所选的职业全不适合她底天性时，人也不能就此责备这个女子。就是男子，也有职业全不适合他底性格和他底能力的。只要是有真挚的生活内容的——无论它是什么职业，无论它是什么义务，总比没有职业也没有目的，只作为"花"开落了一生的好。

或者有人恐怕女子职业会和男子职业冲突。这种顾忌是同男子优越说不合调的。而且在这冲突中如果在某些点上男子竟是败，也是应当败的。倘竟因为这样的比力，促进了男子底力和劲，那不是今日的男子所求之不得的吗？

我们更不应该反对女性受高等的精神教育。如果那是职业教育，那职业是否适合女性或者还可以成为问题。如果那是人类教育，那就不可不照各人底能力，不论男女都给他。精神能力优秀的女性，该比那能力低级的男性更有可以受那教育的道德的权利。人类底精神能力所以不得不开发，并不是因为它是属于男的或是属于女的缘故，只是因为它是存在的缘故。它是从自己底里面出来希望受开发的缘故。

最后最难征服的是对于妇女底政治权利几百年几千年来先入为主的成见。我们因为这个观念忒和习惯不合,所以总在它底面前踌躇。但是我们一定该和这个观念习熟。承认妇女底政治权利,并非忽视两性差别,而是认定妇女也是男子一样的人,是人类底一员的时候,两性差别倒是要求这个承认。两性之间既有根深蒂固的差别,妇女自然另有妇女独特的利害,欲求,和要求。国会里面要有代表一切方面利害的人,就不能没有妇女利害底代表。这种利害是妇女自己最有直接理解的利害。妇女应该不必等待男子底恩惠和好意,像男子支持男子底利害一样,自己出来支持这种利害。所以她们首先要有选举权。而要代表妇女底利害,必要自己在这利害中生活。所以她们底代表,当然要由同性中选举出来。

一切的代表固然不能不常常留心全体底休戚。但是各员自然可以依他理解底程度来参加。在那里面,妇女定会因为是妇女的缘故,有些比我们更其见得深,更其断得明的若干事物。在国会里面,有些事情妇女也许会有另样的看法。有些事情也许竟会失之狭窄无理解。但是她们或者对于别的二三事情上会有更广的见解。又于其余的若干事情上会有更纯洁,更人道,更道德的见解。那就没有什么妨害。

人也许力说女性还未习熟政治。是的,比起男子底平均程度来,大约是差得多的。但是既然这样,就该尽力两性底政治教育呀。

这里还有一个抗议——说起男子政治权利是男子服兵役义务的报酬。但是女子在那苦痛和生命底危险之下生男产女,不也是替国家做了极大的事吗?若说女子有不生儿子的,那么男子也是一样,有不服兵役的。何况妇女在战争的时候也不是不做事的——不过不是弄伤,是裹伤罢了。而后者确是比前者还要上等。

再看,不是有过贤明优越的女皇们吗?难道帝皇的职分比选举权来得轻吗?

我们现在想放开位在中间的大小团体,赶快来考察现存的社会的有机体中最广泛的——就在包括全人一切的关心的意义上说也是最广泛的一种有机体,就是国家。

构成结婚是官能的道德的两性关系,构成国家的是个中所行的法律。那么法律是什么呢?法律底道德的本质是在什么点上成立的呢?法律和道德的正当之间的关系是怎样的呢?

这个问题有三样解说。第一样解说是关于法律底概念:说要法律成为有效验的法律应该具备怎样的特质。对于这个问题初步的解答，可以说法律常同单纯的肆意或浮动对立。法律常常显现为普遍的规范。

而这普遍的规范又是不论个人喜好它不喜好它都有效验的。至少是实践上要强迫各个个人都承认它的。法律的规范是一种强制的规范。

将这两项结合起来，我们可以这样说——有效验的法律是已经揭作普遍命题或可以揭作普遍命题的意志，对于某一范围的个人要求实践上承认它，在必要的时候又有强制的意图和权力的东西。

在这有效验的法律底概念中，并没有含着这种意志要有道德的内容的意思。不论怎样缺乏着道德的内容，有效验的法律还是有效验的"法律"。所以从一方面说来，法律无论如何都有所以为法律的事实上的效验，我们并不负有定要承认它的道德上的义务。

其次，第二样解说，不是说概念问题，是说事实问题：现在我们中间通行的法律是有道德的内容和道德的意图的吗？这个问题，不能不答道是的。谁都知道，国家正在保护奖励艺术，学术，宗教，正在留意青年道德教育。而所科的刑罚也正伴着道德上的意图。

末了，第三样解说，既不是概念问题，也不是事实问题，是伦理问题：说法律应当有道德的内容吗？国家应当有道德的目的吗？

我们对于这个问题，也不能不答道是的。国家底目的如果不是道德，就一定是不道德。即使像有些人所说，国家不过是个保护机关，国家所保护的也必要在道德的和不道德的中间挑选一样。国家所保护的必然是现在的社会秩序。而现在的社会秩序到底是道德的呢，还是反道德的，必然要居其一。因为这样，国家所着手的领域决不是和道德无关系。而国家既经在这领域上着手，国家就除了想要道德和想要不道德之外没有别的路。这样说来，国家自然不能不以道德为目的。因为善是不论那里都应有的。

不过这里就会出了一个特异的矛盾：善要出自自由的心情，而国家却要加个人以强制。

解决这个矛盾只有一条路，就是国家——在必要的时候用强制来——创设所有可以发展自由人格的里外的条件。外面的条件是生命财产名誉自由等底保护，各种支持增进国民健康，财富，幸福，活动的设施，各种可使国民随个人的能力和自由的决意选择生路的组织。里面的条件是身体和智性和德性底教育。教育不但是个人最高的职业，也是国家最高的使命。国家在这些点上有必要时都可以强制。但须为着保护和教育善底自由活动。

人类底活动方式中最要自由的是艺术，宗教，和学术，及一切道德上社会上政治上的所信。艺术定要从艺术家里面的冲动和体验中进出，宗教也要从自己里面心情底欲求发生，学术的真理无论如何只有从不怕和人底利害矛盾，完全听凭事实和事实生出的论理的归结而成立。而关于个人和社会和国家正当不正当的透察，也只有凭藉自由的思考和自由的所信底交换可以获得。所以国权，若是用来定特定的艺术流派为国定艺术，指定学术须要达到的结论，判定什么宗教为真正的宗教，规定道德上社会上政治上的所信，——在这些领域上用外面的手段去压抑迫害反抗自己意见的东西，那在内奥的本质上就是毒害这些最高的精神生活内容的东西。

这些领域上固然错误极多。但这错误只有用教化的方法，用理论上实践上证明真理的方法来改正。错误只有里面的可以征服。所以一定要有普遍公布所信，自由交换意见的权利。一切对于所信所加的压迫，都是制造作伪者，破碎真理感，使得道德的本质底根本腐败的东西。

这并不是撤掉一切的局限，倒是要划定明确的局限。像一切诚实的所信都可以自由地发表，像精神上的斗争不用强制的手段来从事，像在一种斗争上不用诽谤，威胁，迫害来代道理，而且在那中间始终保持着人类道德生活和共同生活底条件——国家都是不好不留意。国家所应当做的，不是禁止这些条件底批评，是保护这些条件底实际的存立。而批评底自由，实际是这些条件一个重要的纲目。

法律和国家底终极目的是在个人自由地实行善。这是法律和国家唯一的道德的存在理由。一切的国法都该以道德律为准绳，也该以它为完成底目的。

法律的规范在是普遍的规范一点上，颇与道德律相近似。但不能说一切普遍的规范都是道德的。法律会得单在指定特定阶级底特定权利特定义务上保持外面的普遍性。要使法律成为道德的，必须使这外面的普遍性逐渐地里面化。这里正给法律一个有道德意义的发展底路径。使在人间划分阶级，保护某一阶级特权的法律，不能不成为纯粹以人格底本质，和那人格对于全社会所有的道德意义为基础的法律。换句话说，就是阶级的特权的法律不能不成为道德的人类的法律。

阶级的特权的法律正在历史上求它底支柱。好多人都主张历史造成的法律有特殊的道德的威严。但这样的威严实际是不存在，也不会存在的。现存的一切，——不论善和恶，不论有法律和无法律——那一样不是历史造成的？若使历史造成的就有道德的威严，那么恶和无法律也都该有这样的威严。

但这不是说拿历史来评价法律全然没有意思。前面已经说过,我们实践上所应当追求的,并不是完全无缺,乃是现在的事情上所可达到的最善。所以某一时代有道德基础的法律,在别时代可以是还不是这样,也可以是已经不是这样的。若把现在的事情上对于实现世界上的善最有贡献的名叫道德上合目的的东西,那所有的法律就必要它是道德上合目的的,才是道德上正当的。

这里历史对于法律有积极的意义,并不在乎历史形成的法律都就是道德的法律,乃在历史是各个时代底法律要形成为道德上的正当所不可不遵从的条件。

而历史上所有的时间点又都不过是终点和起点——换句话说,不过是通过点。历史不断的转变流动发展,环境,人物,人底意见和习惯也都要起变化,所以法律也不会是静止的。法律如果停滞,历史给筑成的它底地盘就要从它脚下坍掉。所以只有随时转变不断发展的法律是真正站在永续的基础上的法律。

我们也是这发展中的一个要素。至少我们不能不参加这发展。我们应当努力从事改造外界事情促进人类,使将来可以形成更道德的法律。而这也正是国家底使命。所以就从历史的立脚地说来,也可以说在历史上有根据的法律只有作为通过点而存在的权利。它是为毁了自己产出新的而存在的。

而这发展必然要取的方式,历史也正在启示我们。只是我们不可不努力理解历史。理解历史,不能以为某一时代行过的,别一时代可以照抄。理解历史,应该从中读出关于——道德的法律形成的条件如何自行发展,因此如何程度的道德性可以在那各个时代中实现出来,等等的法则。而在这里也还不好忘记招致最高可能形成道德的法律底条件是我们底义务,履行这义务是法律发展底一个要素。

末了历史也还从中告诉这种发展是连续的。已被造成的倘要长存,必需基础坚固。新的若要顺着方向更进一步也是非得伸张根基,使在相当的程度上成为习惯不可。现在应当进一步了呢?还是还未可以进一步?关于这种问题,自然可以发生意见冲突。这就是所以会有保守倾向和急进倾向对立底自然的理由。

无论如何,没有一种东西可以单单因为现存的缘故要求道德上存在的权利。人老是欢喜把现存秩序底现实或假想的基柱当作神圣,不许触犯它,甚至不许议论它。但是除非道德上纯然盲目者,总是不能不问问它到底是不是现在可能的最道德的秩序底基柱。这里的问题是在——不轻轻判断事物,不照流俗的偏见判断事物,不随顺权力底命令判断事物,却以真挚的道德的考虑公平地检察事实时,它到底是不是社会底基柱?

假使现在的基柱并不是道德上合目的的,则各自尽力来改造它,正是一切人底义务。我们没有可以妨害人依其诚实的所信来解答这个问题并实行他底所信嘱咐他的义务的权利。即使有人依他最良的知识和良心深思熟虑了之后,竟以否定来对答这个问题,我们也不能就称他为邪恶为非国民。如果如此,就是道德观念极端的昏迷,就是爱国心浅薄的伪造。真正可以称为邪恶或非国民的,只有不是站在期望祖国和人类道德的伟大的见地上来批判这个重大问题,却是站在自己利害的见地上,站在道德上无理由的利己的僭越的见地上,站在希望它在现在能存续,将来能实现的见地上,来批判这个重大问题的人。而凡以那思想上的惯习,和不明了的概念,以及警句等等做批判这个问题的标准的,不论是保守派是急进派,都该受狭窄和轻率底非难。

这种改造事业,固然也为前面说过的连续发展底法则所支配。但须注意,也可以有表面看去不连续的一种连续发展。开拓人类新路的伟大个人事业,就是属于这一种。此外也还有这样不连续的连续存在。

比方有一个民族已经被那道德的必然逼得需要道德上更高级的存在形式。而权力却妨碍着它底进行。于是那民族追求新形式的冲动就随着所有道德上的力而格外昂进。终于用暴力来颠覆了那不道德的暴力。这就像河水逐渐增高水位终于突然冲破了人造堤防一样地是连续的进步。

再如有一个民族连那道德的存在最一般的条件也被权力禁止了,除了暴力没有什么可以解除暴力所造成的捆缚时,这时暴力就是善的。

既然无论什么人都承认肉体上有正当防卫权,就不能不承认道德上有正当防卫权。我不是怕用革命这个字眼。但我所谓革命是道德上迫不得已的革命。这样革命底权利自然是存在的。当革命成为义务的时候就是革命成为权利的时候。而它原是可以成为义务——而且还是最神圣的义务的。

无论什么民族,都没有自趋道德的没落的权利。当革命成为义务的时候而还缺乏履行革命义务的道德的气概的民族是祸事的!

我们正生活在激烈的对立和伟大的里面发酵的时代。我们希望这种发展,不但里面,就是外面,也能连续地进行。为此不问它显现在什么党派,都不能不是善常占胜。人类底道德的向上是最高的法则也是绝对的权利。

第九章　意志底自由和责任

以上我们所讲究的大概是事实问题。至于讨论"意志自由"，我们努力大概在乎划清概念。在这方面，大概都还被那极混乱的概念所笼罩。人若能够拨开混乱，将单纯的事作单纯地处理，关于"意志自由"一大部分的无谓的论争就都可以不致发生。

因为这个问题大概只是概念问题，所以实际不好算是"伦理学底根本问题"。即使人对于"意志自由"没有明确概念，上面说过的意识底事实终究还是我们意识底事实。举凡伦理的评价底对象——动机和目的存在我们中间，道德律为我们本质底法则等等，都不会因此受到什么影响。

自由是什么？取这个语词自然的意义来说，原是极简单明了的。自由是有原因在自己里面，并非自己以外的什么强逼而成的意思。比方这里有一株树，我们说它"自由成长"，就是说这株树底成长，是凭着它底天性，并没有外物在那里妨害它。我们说意志自由时，当然也是这个意思。自由是意欲有根据和原因在自己底人格上的，不自由是意欲被自己以外的什么所妨害或强制的。

但照普通的用语例说来，所谓意志自由的概念却有两重意思。当我们说囚人没有意志自由的时候，我们说的是他缺乏照着意志行动的自由的意思。囚人想欲行动的意志，还没有受到什么妨害。一到被催眠者，就连意欲本身也不自由。施术者要他提起手来，他就提起手来，固然不像囚人那样受人强逼行为。但他所以要提起手来的意欲本身，却并不是凭着他底人格。所以严格说来，所谓意志底自由不自由，应当专指后头一个情境而说。前头一个情境，不如说作行为底自由不自由。

人类底意志在这两个意义上都可以是自由。虽然自由底程度要随个人和时代而不同，但在这样意义上有意志自由存在，却是什么人都不能怀疑。

我们底行为，都要在这意义上是依据意志底自由的，才是我们底责任。凡是最广义的所谓责任，都就是说那行为是自发的，那行为底原因是在自己的,那行为底责任(原因)是回归到自己的意思。

　　然而这也没有说完道德的责任底意义。假定因为某种水土起了某种恶疫,水土是恶疫底原因,我们自然不能不把恶疫底原因归之于水土,可是我们还是不能因此就把恶疫底道德的责任归之于无心的水土。要叫某人负某一行为底道德的责任必要那行为是起因于那人底人格——心情,我们才可以经由那行为去评价那人底人格,将行为底评价转送给那人底人格。而这必要在可以由行为去推断人格——倒转来讲,必要在人格做行为底原因的时候方才可能。所以如果没有意志底自由,——换句话说,没有以人格底本质为原因的意欲,便不能成立这种意义的责任。

　　所谓意欲都是就种种的动机中选择一个来做目标的。所以意志自由,也正可以叫作选择自由。但所谓选择自由也就是那选择是全然凭据自己底本质的意思。所谓选择不自由,也就是那动机底选择是为外界所强制,或者那动机底作用是为自己以外的原因所妨害的意思。而且不消说,也是以选择底自由做责任底基础。

　　不过或者有人要说所谓意志或者选择底自由是说也可以丢了自己实际选好的动机去选别的动机的意思。但止是这一点,实际可以不必提异议。凡说也可以是别样,不外两样意思。比方说两星期前的今天原来是天气好的,而我却说那天也可以天气不好。这一是由于我没有气象学底知识,不知道那一天底天气为什么一定好的理由,所以以为也未尝不可以设想会有反对的情形。这种设想,不过是自己无知底告白。再二,是由于我知道那一天有一种可以是天气不好的条件存在,所以我可以那样说。

　　这于我们底意欲,也是一样。一,是由于我们不能够知悉规定我们行为的里里外外过去现在复杂的条件,所以我们会以为也未尝不可以设想别的。我们或者会说出"不知道为什么那样做"的话来。这话就是自己无知底告白。同时又就是那行为上不是没有自己所不知道的原因底承认。

　　二,是由于我们知道自己有可能作别的意志决定的动机存在当时的心中,而把这可能性说作也可以有别样的情境。而其所以究竟不曾那样,还是由于有了比它更强的动机决定了我们底态度。

　　所以这样两种情境都是丝毫不能要求改变我们意志自由底概念。

　　但是论者或者会说所谓"也可以是别样",并不是那样的意思。那是说虽然知悉人类里面的本质和外界对于他的作用底全体,我们也还可以选择别的动机的意思。这是意志自由真正的意义。而这样的意志自由原是存在的。

如果这样，这意志自由底概念就跟我们的完全不同。甚至不但不同，就某一意义上说来，还跟我们的相反。我们所谓意志自由是意欲受人格规定的意思。而依论者底概念，则是因为意欲既不受外界也不受人格规定，所以说它是自由。

实际是我们决不能知悉人类里面的本质和外界对于他的作用底全体的，所以论者决不能从经验的立场来建立这一说。论者所以会有这一说，也无非是一种伦理的要求。以为：意志若是为里外的条件所决定，就不能不是必然的。必然性是自由底反对。那时我们就是被强制，不是自由的。而意志底自由却是使我们可能负责任的条件。所以若是我们底意志上有原因，就是把责任底可能破坏了。——论者底意思大概是这样的。

这里有两点是语言底游戏。第一是，在没有强者和被强者对立的时候说强制，是没有意思的。如说我被我强制，就不过是我自己是我意欲底决定者这种事实底拙劣的表现罢了。第二是，意志和人格并不是两件东西。意志是活动方面的我底人格。各个意欲是我底人格向着某个方面追求某种成果。所以分开人格和意志，是同分开我和我一样没有意思的。分开人格和意欲，也同从石头和运动上抽象出石头运动底方向来一样的没有意思。除非把自己来二重化，没有方法可以设想自己从自己独立——自由的。

我在这里可以各给上述两说一个传来的名称：他们所说的意志自由是不受什么东西决定的没有原因的意思，所以那就是非决定论；我们所主张的意志被内外底原因所决定，是要有原因在内，才认为意志自由的意思，所以这就是决定论。

非决定论都是排拒意欲遵循因果律。遵循因果律，就一切的事故都不会没有原因。既有那原因就"必然地"不能不起这结果。不起这结果，或起别结果，都是想不通的事。

因果律并不是经验给我们的，它是我们思考底法则，它是凭据精神本性的法则。我们要思考就不能不遵循我们底本性。所以无原因的意志的思想，其实并不是思想，只是一种放弃思考的主张。

我们有时也说"偶然"，这不能拿来做人底思考可以排拒因果律的证据。"偶然"有两样意思。第一行于抛雪团的小孩子之间，一团偶然抛到我，那时所谓偶然不过说不是抛手意图抛着的意思。第二是瓦片脱落偶然脱到我，那时所谓偶然也不过是瓦片脱落的理由不明的意思。偶然底概念是代替一定数量的X。不但不是排拒因果律底存在,倒就是承认不明的原因底存在。甚至就是硬拉偶然这一个鬼神来做神秘的事故底原因。

　　这里试做一个不可能的假定,假定有人做了一个行为,我们对于那人里面的本质和外界对他发生作用的影响没有一点不知道。再假定严密同样的前提现在再用严密同样的方式来回归一次。这时大概谁都以为会来同样行为的罢。若是来的行为竟是不同,恐怕就是非决定论者,也不免要说"为什么这样了呢"罢。这就是不同不能没有不同原因的承认。没有它就是第二行为也是无从设想的。

　　换句话说,就是非决定论的"自由"——"偶然的自由"——也是无从设想。所以向来也没有那样想过。人不过口头上那样说说罢了。

　　更重大的还在非决定论底伦理的意义。非决定论本想振作道德上的责任,却反破坏了它。我们底意志决定真果不是原因于我们底人格的,人怎么还可以把我们意志决定底责任归给我们底人格呢？那不是我们无可如何的运命吗？

　　非决定论也要破坏了人和人间的信任。这里有人具有最高的心情,兀突的事故不能乱他底熟虑,重大的利害也不能诱惑他。而因我们底意志决定并非原因于我们心情的缘故,我们将仍不能期待这个高贵的人物常有高贵的行为。以为这个人或许也会做出下劣的行为来捉弄我们。而人就都不能不厌人弃世,躲入孤立的城砦。而因既已一切都不信任,就连我们自己也不能没有看护人。而那看护人也还是不好信任的。于是所谓自由就把一切的信任都弄成了虚无。所谓对于人的信任无非是对于人格和意欲间因果关系底普遍妥当性的信念。

　　非决定论末了还把所有的教育,鼓舞,报偿,威吓,惩罚,都弄成了没有意思。这些东西,都以招致保存人格底道德性质为目的。而人又都期待着这些好树会结好果。但是非决定论者却告诉我们——好树也许会结恶果。

　　至于有些非决定论者,竟想限定自由底范围来挽救他们底主张。但既然还有他们底所谓"自由"残存,总还是要破坏了责任,要使信任归为虚无,教育成为没意义的。于是原本为了提拔这些东西设计出来的"自由",而今倒要为了活命这些东西加以限定了。

　　非决定论者又投给决定论一个许多人瞥眼看来极其诱惑的非难。以为如果我们底精神上也都行着因果律，我们底人格就不过是境遇底所产。我们做现在这样的人就只是"无可奈何"。而我们行为底原因又无非是我们底心情，那我们做这种行为也必是"无可奈何"。这样我们对于我们底心情和行为就都没有责任了。

但是第一，如果我们底行为是凭据我们底心情——换句话说，是凭据我们自己的，那我们对于我们底行为就"尽可奈何"。所以我们对于我们底行为有责任。第二，我们要说对于心情没有责任，也只能是责任自明的意思。因为心情就是我们，心情底责任自然归我们负——无需有"转送"的手续的。

而且我们对于我们底人格——心情"无可奈何"的主张，也是跟事实不合。固然我们性格上的有些特质是先天的。我们对于境遇，也有或者我们"无可奈何"的。但是我们底种种思考和我们底种种意欲，总是参加着做决定我们性格的要素。所以我们简直每一刻都是"奈何"着我们底性格。而我们底这些思考，这些意欲，又是原来根据我们底性格和我们底环境的，我们精神底每一阶段简直都从过去的精神法则地发展了来。所以把这发展整个地看起来，决计不能说没有原因在我们。要自己做自己全体底原因，或者不可不在自己存在之前有自己存在。但是我们底善行恶行，总之是凭据我们底心情的，是我们所可以"奈何"的。

而且不论怎样"奈何"，善良的心情总是善良的心情，为我们道德的赞赏底对象；邪恶的心情总是邪恶的心情，为我们道德的非难底对象。关于心情由来的知识，并不能左右心情本身底评价。

追溯根据去理解行为，固然常时可以缓和对于那行为的批判。在这一点，所谓理解一切者原谅一切的话，是正确的。但这不是说理解某一心情底起原也是缓和了它底道德的评价。

一切心情和一切心情底生成都是遵循因果法则的事实还有一个重要的实践的伦理的意义。所谓一切事故都是有原因的，就是说一切事故都是有结果的。我们想的做的一切事，无论什么终归不会白费。善也罢，恶也罢，我们在这一刻间取定了某种的里面态度，从下一刻起就成了别人的。而我们对于别人所取的态度，又总不是裨益别人，就是伤害别人。即使那结果极小，我们底眼睛看不见，它在绝对价值底世界里，那极小的结果也是重大的。而且还可以积成大。所以我们底一一思想行为都是对于自己和别人要负极大的责任。

或者有人会说我们底性格如果必然为在它上面发生作用的要素底总计所决定，那我们就只有摊着双手听凭必然摆布，我们再没有方法可想。这是

361

忘记了最重大的,最无间断的,最直接的决定我们性格的要素是我们自己行为的话。如果清清楚楚记得这一个事实,性格发展底法则就不是使我们绝望的,倒是鼓舞我们,警告我们的。

反转,非决定论如果是真理,我们就真只有摊着双手,听凭摆布。我们无论对己对人做点什么事,都要被翻转。我们对于人己底人格都不能有成果底期待。而意欲底原因又都不是在自己里面的,所以我们都不能算是我们行为底行为者。我们对于人己的意志决定和行为,也就不能负责任。——但是天呵,这样的"自由",是世界上什么地方都是不存在,也是不会存在的。

我们为了弄清意志底自由和责任的关系起见,还想把自由底概念来加以二重的改造。第一假定这里有一个女子杀了她底私生子。羞耻,和后悔,和对于自己和孩子底前途的忧虑,和对于社会刻薄和歧视孩子的担心——种种动机合而为一,使她做了这可悲的行为。这时她底行为也是从自由意志出来的吗?她底行为也是该同别的一切从自由意志出来的行为同样地负责任吗?

在这不幸的女子中有那样强烈的作用的动机,当然也是她底动机。她底人类的同情和母性的爱都抵抗不过这强烈的反对动机,所以就把孩子杀了。她固然不像被催眠者,她底人格原是不曾昏迷的。她也不像囚人,她底行为也是不曾受人强制的。她只是被种种忧虑的动机把爱底动机打退了,但也还流露着她底最深奥的本质。她底行为自然未尝不是从自由意志出来的。若使所谓责任只是指某一行为起因于某一人格而说,那她自然不能辞她对于这行为的责任。

但是我们凭这行为推断她底心情时,却不能加她和别的情形上杀人同等地非难。假使逼她的动机不是那样强烈,她恐怕就不会做出那样行为来的罢。假使她不是处在她那样的穷境,她也不见得就比许多不曾做过她那样行为的女子来得坏。她底为母的爱也不见得就薄弱,只是没有成长到抵抗得了反对动机那么强。所以她底行为底道德的责任比起别的杀人来总要轻一点。

照同样的理由,我们也可以减轻一般在强烈的动机影响之下所行的恶行底责任。像被胁逼,像被莫大的报酬诱惑,像因感情激动,或缺乏熟虑时间做出来的行为就是的。这一般地减轻责任的观念底里,含有同样的行为未必是同样的心情底证明,必要考察特殊的情形,才能认定心情底价值——

尤其是高级动机底强处的意识。

　　这不单是恶行如此。就是由着十分的"自由意志"做出来的"善"行中间，也有称誉要看可以归给行为者底人格的程度底大小的。为着名气，为着一时发奋，做了勇敢行为的人到了别人看不见，或者有时间静静考虑的时候，未见得不会变成懦夫的。轻率，无思虑，缺乏对于别方面的义务意识——换句话说，无良心——等等，在这里也可以发生最高的作用。

　　我们倘像从前把"意志自由"的观念当作人格全体对待自己以外者底自由解释时，那就像前面所说，虽由十分的自由意志做出来的行为中间也还不免要分责任底大小。要使责任底程度和意志自由底程度互相对应，我们必须把"自由"底观念稍稍加以改造。照上面说来，凡是可以减轻责任的，都是由于动机有着妨碍不能十分参加我们底意志决定。所以只要把意志底自由，当作所有动机底里面的自由解，责任底大小就可以看这自由底大小来定。其中当然以所有动机都十分自由地可以在自己里面发生作用，而还下错了意志决定的人格底责任为最重大。

　　这新的"自由"概念明明和从前的"自由"概念不同。而人却往往将这两者混合，以致造成种种的错误。像烦恼着私生子底母亲的种种忧虑，本来也是她底人格里底动机。而人却要把它从她底人格里拉出来，把它作为从外面对本来无罪的她发生作用的东西。所以它就被看作是束缚她底意志自由的外面的妨碍了。

　　第二，是先天性犯罪者的时候怎样？他也不是什么人逼他犯罪的。他本来不会有善良的动机十分参加他底意志决定，所以他也不是做了跟他善良的本质矛盾的行为。他在上面区分的意义上，可说是由十分的自由意志做他底行为的。不过在他虽然所有动机都已展开了力量，但那高级的动机却还是极其薄弱或者全然缺乏罢了。我们把他或他底意志也来说作不自由，到底是什么意思呢？这时候的所谓"自由"，当然对于上面区别了来的诸义，不能不另有一种新的意义。

　　我们有事实上他是怎样的人的观念，同时也有人应当是怎样的观念。这就是理想人或至少常正人的观念。我们现在把这"常正人"的观念来加在先天犯罪者底身上，所以就觉得他底现实人是这常正人底妨碍，萎缩，束缚了。所以这里所谓意志不自由，不过是我们所要求的动机缺乏的意思。是"常正人"被跟他不同的自然的素质强制着的意思。

　　那么先天性犯罪者和责任底关系是怎样的呢？他底行为固然是起因于

他。而且透过他底行为推测他底心情时,他底本质也是和他底行为有害那样邪恶的。所以他在上面区分了来的两种意义底任何一种意义上,都有十分的责任。而我们却常把先天性犯罪者底责任看作比常正者底犯罪轻是什么缘故呢?

这就逢着了我们有把责任底观念也加新规定,使跟先前的观念区别的必要。我们所以少责备先天性犯罪者底行为,是由于我们并不期待他做这以上的事。而我们所以多责备常正者底犯罪,却是由于我们对于他底有负期待发生了强烈的不快感。从这一切我们对于某一行为的评价上,可以分出两个要素来。一个是行为本身底高下。还有一个是评价时候发生的感情调子底强弱。期待底多少就是后者底条件。

以前我们用来的责任观念明明都是就行为本身底高下来下断定的。我们愈可以把某一行为底原因归给邪恶的心情,我们就愈把那行为底责任看得重。现在我们却发见了责任底轻重还可以依照违背我们期待的多少——就是损失我们使他负荷的度数来定。这两者是要分得明明白白的。为了明白起见,我们可以把前者叫做归因责任(Zurechnungsfähigkeit),后者叫做负荷责任(Verantwortlichkeit)。在负荷责任上特别有袭击性,有矛盾感情底激烈性。

为使事态明白起见,试举一个例子来说。我们会把稍为大过常人的人说是好像"巨人",而比那"巨人"大得多的山,却说是"小山"。这就是由于我们测人用人测,测山用山测的缘故,由于那巨人超过了我们期待于人的,这小山还不及我们期待于山的缘故。

这于犯罪者也是一样,我们愈觉得他底人格低劣就愈减少他底负荷责任。负荷责任少就是归因责任多的证据,——就是他底行为越有重大的人格缺陷的证据。所以这时,负荷责任和归因责任恰成一个反比例。

我们是这样地区分狭义的意志自由,和归因责任,和负荷责任。为防止概念底混乱起见,这个区分是一定少不来的。意志底自由和它底大小是归因负荷两样责任和它底大小底条件。归因责任和它底大小是负荷责任和它底大小底条件。但是意志自由底程度并不能做测量归因责任的标准,归因责任底程度并不能做测量负荷责任的标准。

负荷责任底观念可以引起我们刑罚底考察。先问——刑罚有什么意思呢?

刑罚是害恶底附加。但虐待也是害恶底附加。所以害恶底附加不能就构成刑罚。它不过是一种刑罚底手段。那么刑罚底目的呢？刑罚之所以为刑罚的目的是什么呢？

有人说刑罚底目的在乎保护社会。这的确是有人有时用来做科加刑罚的目的的。但是拘禁狂人，我们也以保护社会为目的。拘禁狂人可并不是刑罚。所以保护社会不能就是刑罚之所以为刑罚的目的。

又有人说刑罚底目的在乎警告犯罪者以外的人。但是我们也有并不使别人知道在那里刑罚小孩子或犯罪者的。虽不使别人知道，罚也到底还是罚。

说刑罚底特殊目的是在警告犯罪者本身，倒是比较接近真理。但是这也还有两个可能的情境。一个情境是把被罚者"警告"得伶俐怕罚，不再做同样非行，而他里面却全然和从前一样，有犯罪倾向；还有一个情境是把被罚者"警告"得心里明白以前的非，从里面否定了那恶的心情。如果刑罚目的是在警告被罚者，而一面又要那刑罚有道德的目的，那就不能不单把后者看作真正的刑罚底目的。因为只有它是有影响及到被罚者里面的警告。

无论如何，刑罚不是单纯的外面的行为，是对于所犯非行的里面反动底表现。而在这里也有二重可能。第一，是它在里面反动的，是作为结果生出来的社会害恶。所以它底里面反动不能不是防遏社会将来受损失的意志。在这时候，无需被罚者里面改悛。只要他从今以后不再做那为害社会公安的行为就得。所谓惩一儆百，就是这个意思。

但这是与科刑底根本原理矛盾。刑罚必须相当。而所谓刑罚相当的意识，并非关于将来的结果，乃是关于现在的事实。不是直接关于社会的意识，乃是关于存在犯行者本身，随那犯行表现出来的某一物的意识。凡是说我当某一事，都是某一事在自家自身中，我不能不为它身受某一结果的意思。而"及到社会的不幸的结果"，却并不在自家自身中。所以我并有为它来当刑罚的理由。在自家自身中的，只有心情和意欲。所以相当于刑罚的，也该只是为害社会公安的意欲和心情。既然因为我有这心情，所以我当刑罚，那这心情就不可不为刑罚所否定。若在被罚者心中并不曾施行这否定，则"刑罚"虽然行过也等于不行。真正的"罚"，只是罚了感到罚了的——换句话说，就是被人加了害恶觉得自己确是不正当的。所以要科刑罚，就是要被罚者有这是当然的意识，要被罚者内心在正当的权威面前低头。

所以要某一行为成为真正"应当罚"（Strafbar），不可没有二重要素。一、要有合该罚的恶意志。如果没有合该罚的恶意志，就根本不用罚。二、要罚了能有道德的矫正。如果附加了害恶还是不能行道德的矫正，那刑罚就失了道德的意义。我们为了区别这两个要素，可以把前者叫做"合该罚"(Strafwürdigkeit)，后者叫做"罚会有效验"(Straffähigkeit)。不是合该罚的恶意志和罚会有效验的良素质两并具备，就不能成立"应当罚"。所以我们说某一行为不应当罚时，也可以有二重意思。一是说不合该罚。二虽然合该罚，但是罚了不会有效验。在后一意义上说不"应当罚"时，我们并不是说那里没有道德上应当非难的地方，也不是说应当对他有感伤的同情，我们只是说这里不好用刑罚的手段罢了。

我们既然依我们期待那人做善事的程度，使那人负那恶行底责任；又依那人本质上所有的缺陷的程度，归那恶行底责任给那人。所以负荷责任自然和"罚有效验"相关联，归因责任和"合该罚"相关联。有可负责任的良素质的，就是罚有效验的；有不得不归给责任的，是合该罚的。

有人主张刑罚神圣，说恶行就使加了刑罚不会有效验也还是要加刑罚——害恶。但这要求其实并不是正义底要求，是主观满足底要求。

我们知道某人恶行的时候，我们底正义意识也同那人底正义意识同样地受伤。而把这否定再否定了，把正义意识再恢复回来的时候，却是在犯行者为"赎罪"，在我们为同犯行者"和解"。要这"和解"成为真正的和解，必需犯行者自己懊悔。我们所谓加罚要加得有效验，就是以这道德的影响为目的。

但是这里还有一路，可以不必等待犯行者改悛，也能使我们有和解的感情。这就是犯行者底吃苦使我们发生了哀矜。凡人都可以因为吃苦而在底里呈露了人底价值。就是最恶的人也不会没有几分人底价值。我们底哀矜(Mitleid)就是随同他底痛苦赏识这种价值的感情。所以哀矜也有使我们和苦者"和解"的力量。

犯罪者犯的罪越大，我们底不快和愤怒也越厉害。这样的里面矛盾如果随它存在，我们是很苦的。所以我们往往会有不管加罚对于犯罚者有没有道德的效果，总想加罚——把一点苦头给犯罪者吃吃的欲求，会有想藉矜怜这个苦痛解了自己心中苦恼的欲求。而这和解底感情，以严厉的时候为更确实。

但是客观的事实却并不会因此改善丝毫。犯罪所生的害恶也还依旧，犯罪人格上的损伤也还依旧，甚至犯罪者心中潜藏的几分人底价值也并没有因为加了刑罚有所增加。所以所谓我们对于犯罪者和解，并没有什么客观的根据。那不过是凭着哀矜掩了现在实存的矛盾罢了。以这样的和解为满足者正如在危险前面闭了眼睛当作危险过去了一样的愚蠢。

我们在前面说"毁伤之喜"的地方，已经见过自己对于缺陷的感情减少和缺陷本身减少混同的谬误（参看第二章）。凡不是以对于被罚者道德的影响为眼目，以保护人己底福利为眼目，而以罚不会有效验的人为"神圣"的，其实正和毁伤之喜一样的谬误。简直就是一种毁伤之喜。而这毁伤之喜，在关于加害社会的一点上，又正可以叫做复仇的感情。

这本伦理学，我想在这里结束了。但是我们底问题并没有完。

世界上固然有缺陷和恶，世界上却也有善存在。凡是积极的人性的都是善的，都是绝对善——道德的人格底一片。

我们要求绝对善，道德的人格，以及这道德的人格的国度，无条件地存在。我们同时还不得不要求这绝对善可得存在或生长。世界过程不得不以实现这绝对善为目的。道德底终极目的，不得不在最后底根柢上促动世界。因而最后的世界根柢不得不是精神的道德的性质的。

这样的道德的意识可以促动我们奔赴宗教的信仰。除开站在这样道德的根据上，不会有确乎可以自立的宗教。

康德曾把哲学分成三种职务。哲学不能不回答——我们能够知道什么？我们应当做什么？我们可以期待什么？这三个问题。关于第一个问题，我们可以确实回答的只是一个消极的答案——我们还没有最高而且最后的知识。

而我们应当做什么？——却是善。关于善是什么，本书已经尝试说过多少了。

末了，我们可以期待什么呢？回答是使我们所要努力使它实现成为我们的善，经过了无限的进步，终于十足实现在整个的世界上。

译文类

日本社会主义同盟会底创立

〔日〕赤松克磨等　著

日本近有赤松克磨,近藤宪二,田村太秀,荒烟胜三,水沼辰夫,和田农,麻生久,延岛英一,渡边满三,布留川桂,大庭柯公,山川均,桥浦时雄,冈千代彦,大杉荣,堺利彦诸君发起一个"日本社会主义同盟会",定于十月开成立大会。从九月一日起,由发起人刊行"社会主义同盟"月刊杂志(定价三角)。他们现打算在开大会时组织讲演队,并往各个便宜的地方游说,只要通知他就去。在现已经拟定规约草案,发出许多传单,叫各方面去加盟;中国方面,也已由他们直接传到。将来必有一番盛举,特为译规约草案如下。

日本社会主义同盟会规约草案

第一条　本同盟会叫作"日本社会主义同盟会",事务所设在东京。

第二条　本同盟会由团体和个人组成。

第三条　直接加盟的会员,每月负担会费三角;加盟团体里底会员,每月负担会费一角。

如果过期不纳会费,没有大会底议决权和选举权。

第四条　执行委员会认作必要时,可以拒绝团体或个人底加盟,并且可以削除已经加盟的团体或个人底名籍。

但执行委员会执行之后,须向下次大会要求承认。

第五条　本同盟会每年(四月)开同盟者大会一回。执行委员认为必要,或加盟者四分之一以上要求开会时,可以开临时大会。

第六条　加盟者可以将对于大会议案的意见和宣布了被选举者底姓名的权利底行使,委任给列席大会者。

但委任时须用记名投票。

第七条　直接加盟的会员,同时又是加盟团体的会员底会员,和一个人做了几个加盟团体的会员底会员,在大会上也只有一个议决权和选举权。

第八条　大会底议决,经过列席者(包括委任者)过半数底同意,才得成立。

第九条　执行委员会至迟在大会期日三星期(临时大会一星期)前,将大会付议的议案,通知加盟者。

加盟者二十人以上同意提出的议案,执行委员会必须执行前项底程序。

第十条　大会除了依据第九条程叙的议案之外,不能议决。

但议事进行上的动议和有列席者三分之一以上赞成时,不在此限。

第十一条　为大会底决议和别的会务执行起见,设置执行委员会(委员十五名)。

执行委员会在每次定期大会,联记投票改选。

第十二条　临时大会可以改选执行委员底全部或一部。

第十三条　执行委员会可以根据他底责任,设置各种专任委员会。

专任委员会由执行委员会选任,任期六个月。

第十四条　大会可以直接解任专任委员底全部或一部。

(原载《民国日报》副刊《觉悟》一九二〇年八月二十二日。署名:佛突)

现 代 思 潮[*]

〔日〕桑木严翼　著

日本桑木严翼氏，著有"近代思想十讲"。现在陈张二君所译，差不多是他全书底序说；我们看了，很可以明白现代思潮的大概。

现代思潮底一方面底哲学的基础——实证主义和理想主义——疑问（一）现代思潮底存在——兰卜芮希特底历史时期区分法——疑问（二）现代思潮底存在——横底统一——统一底意义——纵底统一——疑问（三）现代思潮和生活——本能和理智——意志自由和思想。

现代思潮，是个极广阔的题目。虽然总括地叫做现代思潮，里面实含着种种的倾向。这种种倾向显现在政治，文学，艺术，宗教等等部门时，又各各呈了特殊的形相，复杂底变数又增加了些。要把他在这短促的时间里尽量说述，实在有些困难，也不是我愿意做的事。我现在想要说的，只是现代思潮里最有势力的倾向，可以看作中心枢纽的一部分；这一部分是可以看作种种思潮底汇归点的。但这汇归点，也并不是唯一的，也不过是若干思潮里底一种思潮。所以我要说的题目，要是详密地说，正该叫做现代思潮底一方面。这一方面或倾向，是分别显现在文艺，政治，美术种种事业的部分里的；这里说的不过伊底基础；结局我说的又只是现代思潮底一方面的基础。但是照我底见地想起来：思潮底基础，就是哲学，——这里所谓哲学，并不是学问的哲学，是一般的哲学思想，——这哲学思想，就是一切思想底基础。因为这个缘故，所以我现在所要说的，又就是：现代思潮底一方面底哲学的基础。但是翻转来说：若干对峙的思潮中，他底一种倾向，一种方面得势力的时候，必定压倒其他底思潮；结果，那种倾向，那种方面，就成了现代思潮底代表，因此说了一方面，全体也自然论到。说了基础，细部也包含在内。

---

[*] 本文系作者与张维祺合译。——编者注

所以说了现代思潮可以做代表的一方面底基础；现代思潮全般也自然在内了。因为这个缘故，所以就把"现代思潮"做题目。

还有一桩事，预先要声明：就是，我所要说的现代思潮底一面，从某种方面看起来，差不多已经过去了。具体地说来，从文艺界看来，已经可以说是过去的了。但是文艺底进步，是很快的；常有文艺方面看作过去的思潮，在学术，道德，习惯等看起来，仍是有势力的。我底结论，倘是提前来说，就是思想底两个对峙的部分，就是所谓"理想主义 Idealismus""实证主义 Postivismus"；虽然不论什么时代，都是对峙的，现在也是对峙的，但这个后者，我特叫他做现代思潮。这实证主义，在文艺上已经不能叫做现代思潮；但是在学术，宗教，教育和其他一般的所谓道德，习惯，思想中，实证主义同他所诱导的诸思想却依然有势力。因此，把实证主义，叫做现代思潮，也不算错。但是近来各方面，——哲学尤甚——"理想主义"的势力也颇旺盛。例如现世盛传的倭铿（Euokon），柏格森（Bergson）等，都是提倡理想主义的人。这样看来，实证主义原不是唯一的势力；但从大体上看来，实证主义却依然占着势力。就是文艺哲学的进步方面，或已承认理想主义的势力，大体却还是停留在实证主义的地步里；所以我要将实证主义当作现代思潮，再从这思潮所开导的思想里面，推演出理想主义的新思潮来。

现代思潮这题目，当然要生出下列的几个问题：

（一）现代思潮这东西，究竟有没有？（二）纵使有所谓现代思潮，也必是千差万别，并不什么统一，究竟能不能叫做现代思潮？（三）纵使有这种错杂底思想，同实际生活和其他一般的事业，究竟有什么关系？

现在就该把这些疑问，解答一番。因为现代思潮的有无，没有决定，讲现代思潮，就没意味。据我想来：发出这些疑问的事体，他的自身，已是现代思潮的特色。有些人以为从来文艺内有所谓大势，主义；现在这种见解，完全消除，各人用了各人的思想，去从事文艺，有什么主义不主义。从这种人看来，现代思潮，原是一种无意味的名词。但是这种疑问的提出，已是承认有现代思潮的证据；这个疑问，可算是若干人底不承认思想上有统一的表示；思想上没有统一，就是这些人的信仰。我们将他们否定现代思潮的理由研究起来，就可明白这种思想的意味；假定有误，也可以指出他的误点。所以我要想简单地解答这三个疑问，当作序说。

（一）现代思潮，究竟有没有？

这个问题，一般的说起来：就是，某时代的诸活动内，做中心或有势力的思想有没有？简单地说：就是，中心思想，思想的路径，——就是思潮——究竟有没有？现在先将做现代思潮底要素的现代思想有没有的问题，考察考察看。

"现代"的名词，世人常用两种态度迎接他：一种是解作"浅薄""利己"的意思，对于这名词有一种"反感"。还有一种，是对于这名词有"恐怖"底念的。我曾经听见一事：有一个人，在某地底教育会里，说述"当时成为世界问题底一个文艺上的问题"，在这时候，有人忠告他说，"教育家不必要顾到思想的问题"。那人的意思，以为做教育家的人，要是为现代流行的思想所钩引，定要得到危险的结局，因此叫人不要顾到思想的问题。其实思想问题，就是思想（动词）的问题，思想问题说道不许去想，这是滑稽的事。这就是对于"现代"的名词抱着"恐怖"的例。

"恐怖"和"反感"，虽像有大大的差异，然这两个态度，根底上却有一个共通点：就是，不承认"思想的价值"，轻视思想的问题。这样思考的人，他观察社会上连续而起的种种事实的时候，也是承认这种事变，有前后和因果的关系的；但他终于不去寻根底上的理由。例如有一种经济上的政策，为政治家所采用，这政策他总以为因社会的变迁偶然生出来的，总不愿意当作"是某主义必然的结果"，下一种根本的说明。这种看作偶然的看法，都是不承认实际生活里面有思想的意味的。大半的历史家，都是这样，只承认事实的关系，以为就可以说明事实；但也不是历史家都是如此。有许多人，对于事实的关系，还承认有事实里所有的思想的势力。讲历史的哲学家，大体是承认于事实之外，还有思想的势力的。像黑格尔（Georg Wilh. Fr. Hegel, 1770—1831）就是个显著的例。他以为，人是时代精神的傀儡。又德国雷卜基希大学教授兰卜芮希特（Karl Lamprecht），也是个纯粹的历史家，也是承认思想势力的人。他把历史的发达分作五时期（他的学说散见他所著作的《德国史》，《近代史学》等。）：

（一）Symbolismus 表象主义。

（二）Typismus 模型主义。

（三）Konventionalismus 沿袭主义。

（四）Individualismus 个性主义。

（五）Subjektivismus 主观主义。

他把德国的历史，分作这么五个时期；把各时期中，无论政治，经济，一切的社会现象，都看作同一精神的显现。凡是别个历史家，认为偶然底事情，他都看作时代精神发现的现象。上面的五时期的性质，若用绘画做例，来说明，就是：儿童，野蛮人所描的画，是一种表象；倘是不加说明，看的人必定不晓得他的原物是什么。这是表象主义的时期。这种符号的画，渐渐地进步，遂与实物相近；但是他底描写，并不是与个个的实物一样，也不过是一种模型。例如画一匹马，他所表现的，并不是个个的马，不过是大体像马就是了。这是模型主义的时期。再进步一点，描写就比较的能够表现实物；但是还被种种的约束所拘泥，不能完全的和实物一样。这是沿袭主义的时期。再进一步，能够实在表现个物了；但是画的人和被画的物的关系，还没有十分表现；所以色彩明暗的性质，还不能完全显现。这是个性主义的时期。到了后来，画家的主观，完全发现，不但个物，就是全体的关系，也能完全描写。这是主观主义的时期。画家的进步，有此五阶梯；社会发达的阶梯，也可作如是观。人类底原始自然的时代，是第一时期。等到社会有了组织，人与人中间生出一种习惯的时候，人已经不是个体了；已是当做种族或家族的一种标本在社会上活动：这就是第二时期。后来生了个人的意味，习惯愈加明确了，人就被种种的约束所支配，不能作自由的行动：这是第三时期。再进一步，人又不为社会的约束所束缚，又不做某氏族的代表者，几乎当做个人能够发挥他自由的精神：这是第四时期。在这时期里面，个人虽然已经脱却从来的法则；但个人与个人隔离太远，其间没有一种联络；所以个人的意味不能十分发现。更进一步，个人的关系，变为有机体的；社会的状态，就此一变：这便是主观主义的时期。就德国的历史说来：表象主义，模型主义，沿袭主义的三时期，到十五世纪已经告终；从十六世纪到十八世纪的大半期，是个性主义的时代；从十八世纪的后半期到现在，是主观主义的时代。再将主观主义的时期，分析起来：一八七〇年以前，可以称为第一期的主观主义时代；此后一直到现在，可以称为第二期的主观主义时代；兰卜芮希特称这第二期为印象主义的时期。他还要想将这五时期当做历史发达的一般形式，要证明一切的文明，都经这五阶梯；听说，欧洲以外的历史——像亚美利加，日本等——也正在研究。这样定了一定的模型，把种种的历史底事实牵强地嵌入，原不能算为一种好的研究法；不过先定了发达底形式，当作假定，再去研究事实，也是一种方法。我想日本的历史，也可以分这五阶梯；虽不能一定说他确实，但是大体是可以定的：

（一）古代——奈良朝……表象主义的时代

（二）奈良朝——镰仓时代……模型主义的时代

（三）镰仓时代——德川时代的始初……沿袭主义时代

（四）德川时代的后半——明治三十年左右……个性主义的时代

（五）此后至今……主观主义的时代

明治三十五六年的时候，"自觉"的名词，非常盛行，这种状态，很像欧洲十九世纪开始的时候，此后为日虽然无几，可是思想已是千变万化。

这样分了五时期，日本的历史好像容易了解，就是对于兰卜芮希特的本意，也因此可以领会了。这种时期的区别，究竟正当不正当？现在姑且不论；只要晓得历史的事实里有这种思想的统一说法就是了。兰卜芮希特把现代看做印象主义的时代，以为思想，文艺，政治，学术等一切的现象里面，都是这种主义的表现。这学问不能单单认为他一人的假设；多数的人，虽然要想只认表面上的事实，避了思想的问题；但是世上没有思想的人，究竟没有；而且也究竟没有不为思想所波及的。所以某时代的人群里面，必有某种思想最占势力；无论何人不能反对的。无论何时，都有思想的存在，都有中心思想的存在。不过大部分的人，对于"思想的中心只有一种"，和"一种思想在历史连络的显现，前后不断"的两桩事，都要表示反对罢了。就是说思想的有无，不成问题；思想是不是统一的表现，是成问题的。所以将现代的思想，复数的说来，无论何人都不能否定的。倘是有人否定，那就是否定他自己思想的自身，便成了不足齿数的主张。现在再进一步，解答第二个疑问。

（二）假定有所谓现代思想，他是千差万别，并无何等的
统一；究竟能不能叫做现代思潮？

这个问题，有两种意味，一种是纵的统一，就是时间底统一；一种是横的统一，就是空间底统一。换句话说，就是，种种的思想，还是历史上有统一点呢？还是某时期里面，种种思想有统一点呢？横的统一，假定没有；纵的统一，也自然没有；所以从横的统一上想，便利些。所以现在先讲横的统一。

大概的人，何以否定思想的统一呢？想来，是从经济底事实上面发生出来的。今日社会的状态，思想上实在是千差万别：一方面有人主张自然主义，一方面又有人反对他；一方面有人否定玄学，一方面又有人要建设他；其他也有主张进步主义的，也有主张保守主义的，也有主张快乐主义的，也有主张严肃主义的。这样种种的思想，同时存在，好像没有何等的统一；有人称思想界为混沌的无政府状态，从表面的事实看来，这种评判，也不算是大错。还有一种人，他不但不承认思想统一，而且还希望他不统一。就是思想一定了以后，思想就枯死不能进步；必定要种种的思想互相竞争，然后有进步可说。从前希腊的哲学者，说战争是万物底父；这句话，在思想界的确是

一种真理。照这样想来,谈论现代思潮,就该说是谬误的了!

现在且将这种意见,加以一番考虑,不论什么时代的思想界,详细看来,混沌错杂,彼此竞争,交互发挥他底特色,各自去求他底进步;这种情形,实在同论者所说的没有两样。倘使一种主义,可以贯彻思想界,思想界底进步,就要被他妨害。而且这种优势的思想,倘然得了官宪或民众底同意,反对的思想,就要全被压迫。这样的例,讲起来实在不少!这种压迫的统一,倘若存在,思想界的进步,就没有希望了。所以压迫的统一,是应该排斥的;但是这种统一,究竟能不能叫做真正的统一呢?统一的语意,倘是这么解释,实在可为思想界底祸累。依论者底见解,统一就是使物物平等的意思;用一个思想,使一切平等的意思;所以统一的结果,就是一切平等。但是统一这件事,不是一切的人,穿同一的衣服,取同一的态度的意思;是穿异样的衣服,取异样的态度,却有一致的地方:这就是统一。各人取异样态度,且又互相分离,因为有关系在内,全体能够调和:这就是统一。这种事是看了生物体的状态,就可以了解的:四肢躯干和内脏各种器官,是各营他异样的作用,维持他的生活的;若是一切的器官,却营同一的作用,那么,除了最下等的动物以外,就不能生活了;各器官虽营异样的作用,其间却有调和的地方,这就是统一。所以统一不是平等的意思,他里面是含有差别的。这种统一,用普通的话说来,可以叫做有机体的统一,——普通叫做有机体的这句话,是"对机械的"一句话说的;这区别妥当不妥当,现在也不去论他;现在单从普通的说法:随便叫他是有机体的统一。——凡思想的统一,都是这有机体的统一;是有生命的统一,不是枯死的统一;是种种器官营他千差万别的作用,构成完全生活的意义上的统一。

这种统一的意义,假使了解,那么,论者所说的"有种种思想的存在,思想界就没有统一,"和"统一是有害于进步的,"这种事体,就可以晓得是错的了。但是实际原是不能完全和理想一样的;现代的状态,就使不是完全是有机体的统一,这也是生活体上不可免的事情。生活体虽然常常被疾病害了有机体的统一;终之不能因为这个缘故,就说他是没有有机体的统一。这样看来,思想界上,也不能因为有妨害统一的地方,就说没有统一了。全体看起来,有联络,有关系,就该说是有统一;所以有现代思潮的这个主张,是不能算错的。

再有许多人,或是这样说,也未可知。统一从"根底"上想起来,也许是有的;可报从表面上看来,实在是没有的;这是有现在的事实,可以证明的。原来人里面,有认差别的倾向的人,和在差别中认调和的倾向的人;总之:

因为性质,学问的不同,他的看法,就要两样的。所以若是列举事实的杂乱;拒绝统一的人,我们原不能勉强去反对他;但是下面这件事,大概可以做到罢!单从表面上看来,观察事实,原没有何等的法则;科学者都从这里面,发现出一些法则来,即使现在没有发现,将来也是要发现的。那么,表面上乱杂的思想界上,假定他是有一种什么的原理,这也不是空想;那个原理,在一个某程度上,是统一思想;某程度上,可以定思想的方向:这不能说他是不该的事。表面上没有统一,就否定里面的统一,这是错的。所以现代思想,虽然杂乱,却不要失望;我们应该找寻他主要的思想,引导到统一的原理上面去。所以同时代上面的种种思想中,在一定的程度上,是可以假定他有一致的地方的。

空间的统一是有的,这一点已经明了了。但这统一是有生命的"活动的统一";所以某时代的统一,决不是照样的传到后时代去的。现代的统一,在前时代是用别的形状统一的。这样,各时代的统一,原不是不增不减的传到后时代去的;但里面却有联络的地方。各时代的统一,虽然不同;但是那个不同,就是有机体的统一的显现。所以像一时代,有横的统一的一样,说他有纵的统一,也并不是不可能的。现在再解答第三个疑问罢。

(三) 不是有了现代思潮,也是和生活没有交涉的吗?

这是在一方面有力的议论;而且这种想法,也是近代思潮的一个特色。这种想法,以为凡是生活(即实行),虽然和情意(和本能同义)的作用有关系;但是智识不过在后的说明罢了;所以思想在实际生活上并不是重要的东西。马推林克的著作(Maurice Maeterlinck, *The Measure of the Hours*, *Psychology of the Accident*)是这样说着。假定有人坐了汽车,快走在转弯的地方,和大树冲突;冲突时表象,尤非是那树,近旁的人家,景致这等东西就是了。这时候那坐车的人,就会惊跳出到车以外;这是本能的作用,并不是智识的作用。本能虽是不晓得树的存在,汽车是什么,土地是什么;却是叫人跳下了。于是知识才随后研究:那时候的跳下是运气了或是其他的事体。这就是本能与生活很重要的,智识却是不重要的例。再用一例来说明,还可以说智识反而有害于人生。譬如,在险阻的山路上,捷走的马车,跌落山谷去的时候;乘客里面一人的母亲,就把他拖着的孩儿抛到外边去,去救这孩儿的性命,但是这车却被山旁的树隔阻,那孩儿反打破了头死了。在这时候,假使依了本能,那是一定没有祸事的;只是因为依赖要救孩儿的智识的缘故，反而受害了！这两个例，原是表明思想对于生活不是重要的例；他的话很巧妙，现在姑且不论；但是这决不是一种真理的所在！因为危险的时候，有作用的是本能，就说智识无用：这是不应该的。现在的智识虽然对于现在的状态上没有作用的余地，但是可以做后来的参考；智识堆积了，本能自然发达起来，到了要紧的时候，自然会生效用的。说是有了本能，已经充足；这是大错的了；倘是可以这样说，那么，动物的生活，要算至高无上的了。但是公平的说来，人类的生活，终要比动物的生活好一点，既是这样，思想的势力，也就明明的不可看轻了。而且智识和本能，并不是可以截然分离的。离情意的理性生活，固然不能成立；离智识的情意生活，也是不能成立的。智情意原是一体的东西，分开来想，不过因为便利起见；所以智识和生活没关系的这一说，是不能成立的。

又有人想从意志自由的事实方面，减轻思想在生活上的价值。他说，生活是建筑在意志的基础上的；但是意志自由的，是不受思想的法则支配的。倘是意志被思想的法则支配了，意志就成了机械的东西；所以生活上，智识应居在第二位置。柏格森，詹姆士（W. James）这等人，他们因为极力主张意志自由的结果，都把智识放在第二位置。但意志自由说，不是一定和理性主义反对的。许多地方，意志自由说固然成了主意说和主知说的反对；但也不一定都是这样，就是主知说也有承认意志自由的。倭铿虽然主张意志自由说，但较之柏格森，却近乎主知说。那么，就是主张意志自由，也不必就要减轻思想在生活的价值的了。总之，这一说的根底上，是离开生活和思想而论的生活和智识的二元论。这二元论，原是现代思潮的要素。但是思想和生活，决不是可以分离的，里面仍含着一元的关系。就是，这生活和智识的二元，是可以有一种什么方法连结起来的。

这样说来，现代思潮底存在和现代思潮底统一的关系，以及思潮和生活有关系这件事，都该承认了。

（原载《民国日报》副刊《觉悟》一九二〇年九月七日、八日）

劳动运动通论

〔日〕久留弘三 著

序 言

一、劳动联合底主义

于今,各国劳动者都在那里组织劳动联合,燃烧着干那劳动运动的事了。佢们信服的主义约有两种:一是工联主义;一是工团主义。

要知道这两种主义底究竟,该先晓得这两种主义主张底大概。

(a) 工联主义(Trade Unionism)

工联主义大家卫布(Sidney Webb)在他《工联主义史》(*History of Trade Unionism*)上所下的界说:

"工联是工钱劳动者卫护改进劳动条件的永久的团体"。

看了这个界说,工联是什么东西,总晓得了;不过我们还须再进一步,追寻彼底根据。彼底根据,解剖起来约有下列几种要素:

(一)根据社会改良主义。所以肯定现在的经济组织,相信这组织底下资本和劳动可以调和。

(二)希望雇主承认劳动在生产上的价值,要求劳力得到公平的分配。

(三)依此达到改良劳动者生活,增进劳动者地位底目的。

所以简括说来,工联主义,正可以说是承认现在资本主义的经济组织,却又要求雇主认识劳动者底权利的一种东西。

所以工联主义派组织劳动联合,并不想劳动联合去对抗资本阶级,推倒了彼,从新建起"劳动者统治"的天下。虽然像后章所说,也有用权势手段的;但大致不过是一种屈服现在制度下面,图谋增进劳动阶级利益的改良运动。

(b) 工团主义(Syndicalism)

工联主义之外,还有一种同彼对峙的工团主义。

这主义底纲要是：

（一）采取社会革命主义。所以否定现在经济组织，不相信资本和劳动可以调和。

（二）想用劳动者自己力量破坏了现社会，建起劳动者自己做主的新社会。

（三）为要达到这目的起见，组织劳动联合，激发阶级争斗。

所以工团主义底目的，就是"破坏现社会"；他底手段，就是"阶级争斗"。

佢们说，——现今的社会，全是资本家专制不合道理的社会。如果这样下去，劳动者无论怎样，总免不掉要做被人压迫的被征服者。所以主张根本地革新现在的社会组织，从新组织一个没有阶级的统治和阶级的劫夺的新社会。这是劳动者底天职。

佢们并且说：要达到这目的，必须唤起劳动者阶级的觉悟，使佢们在觉悟里同资本家实行阶级争斗，必须这样，社会改造才可告成。所以同盟罢工，在工团主义全是一种阶级争斗的战争手段。

因为这样，所以工联主义的劳动联合和工团主义的劳动联合，虽然同是劳动组织底团体，两种联合底主义、思想、目的、手段，却都很相差异。在或一意义上，简直是对敌的。

这两种主义根本的差异是：

工 联 主 义	工 团 主 义
（一）联合的精神 （二）由同职业的劳动者组成（职业的团结） （三）会费总是多的，加入的只有贵族的劳动者。	（一）阶级的精神 （二）由全体劳动阶级组成（阶级的团结） （三）会费总是少的，不熟练工加入的很多。

二、劳动运动底种类

劳动联合大致只有两种主义，前面已经说过；不过广义的劳动运动，还有一种社会主义也包含在内。这几派主义，各有一种独特的立脚地，所讲的运动方法自然不能一致。而且佢们关系也不一定，有时各用独特的方法进行，有时互相联络，有时采用同一手段，交互错综了，更加见得复杂不堪。

但从大体而论，劳动运动仿佛可以这样区别出来：

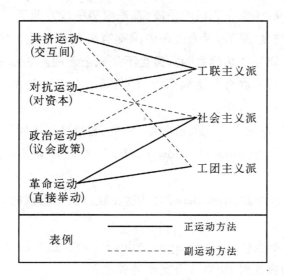

工联主义派底运动，目的在乎认识劳动者底权利，所以佢们尽力的大抵是共济运动和对抗运动；社会主义派想实现新社会，选的手段总是政治运动和直接举动；工团主义派想打破现在经济组织，注全力的总是直接举动。我们从此可以知道，主义不同，运动方法也就两样了。不过工联主义派，有时也同社会主义派一样，采用议会政策；工团主义派，有时也讲共济运动。

现在各国劳动联合，如英国旧派的工联（Old Trade Union；阿司邦恩称作"健全的工联""Sane Trade Union"）和孔巴斯率领的美国劳动联盟会（The American Federation of Labour；孔巴斯称作"真正的工联""Bonafide Trade Union"），都纯然信奉工联主义，绝对拒斥议会政策的旁系运动。工团主义的劳动运动，法、意两国最流行；英国顿曼率领的新派的工联和美国黑乌斯率领的 I. W. W. （The Industrial Workers of The World，世界工业工人会），也是这类里的东西。至于社会主义派，凡是温和派或修正派，都埋头在政治运动；凡是马克斯底直系，所谓马克斯派，都主张直接举动。

我们此后，就依这样的类别，顺次讲去。

本　论

第一章　共济运动（Provident movement）

这里说的共济运动，就是劳动联合救济自己的种种手段；这种联合底共济制度，在古代很有用处，也是联合底一种重要职务。但在近来，却已看轻这种消极的手段,侧重在积极的手段,就是权势手段方面了。

看轻这种制度、原因,因为近来各国都有种种社会政策的设备,只一点联合会费,决不能完全达到目的。但也不是完全无用。联合有这种制度,直接间接,都很能帮助联合会达到原始目的;而且有了这种制度,也能够防止会员出会,牵引外人入会。

现在各国劳动联合会底共济制度,种类、名目虽然不同,大致多是这样:

(一)治丧公费(Funeral Allowance) 这在联合会员或他底家属死亡时,付给他。

(二)疾病救恤费(Sick Benefit) 这在联合会员害病时,支给他做医治费用。

(三)养老年金(Superannuation Allowance) 这在联合会员到了规定年纪,劳动能力丧失时,由联合会支给他养老。

年金底款额和标准,随着联合会或入会年限等生差异。例如:英国养老年金,裁缝工人以每星期二先令六片士为最低额,汽罐工人以十先令为最高额;年纪须上五十五岁或六十岁。

(四)损伤救恤费(Accident Benefit) 这支给损伤的会员医治损伤:损伤很凶,失了劳动能力的,给他最高额;损伤轻微的,给他少一点。

以上各种救恤费,总名叫作"共济救恤费"(Friendly Benefit)。这种救恤费,纯然是会员互相防卫,互相保险一类的东西。此外,还有失业和罢工底救恤费。

(五)失业救恤费(Out-of-work Benefit, or unemployment Benefit) 这种费,专给失业者。因为会员既经失业,衣食总很艰难,易于贱卖劳动,支点钱给他,才不至于破坏或扰乱联合会所定的标准工钱。所以这种救恤费,和下面一种罢工救恤费都是维持劳动联合战斗手段不可或缺的制度。

(六)罢工救恤费(Strike Benefit) 劳动联合同别的劳动团体差别点,就在有没有这一种费用。这种费用,专在会员罢工时支给他们。凡是雇主有强迫会员履行联合规定外的条件一类事情的时候,会员要罢工,联合会若是答应他们这样,联合会就在他们罢工期间,支给罢工工人这一种救恤费保障他们的生活。英国一八八八年发生的新派工联(New Trade Union),大部分费用就用在这种里面。

劳动联合底共济制度里几种救恤费,已经说过了。这几种救恤费用支出率到底怎样;哪种多,哪种少呢?这请拿英国做例,列出一个百分比率的表来:

年 份	罢工救恤费 总计（磅）	比率	失业救恤费 总计（磅）	比率	共济救恤费 总计（磅）	比率	运动及杂费 总计（磅）	比率
一九〇四	一一九、一二九	五、八	六六〇、二七三	三二、一	八四九、六八七	四一、三	四二六、四三九	二、〇八
一九〇五	二一六、四八〇	一〇、四	五二八、六四二	二五、四	九〇三、六七六	四三、四	四三一、一二六	二〇、八
一九〇六	一五七、五八九	八、〇	四二八、五四六	二一、七	九二六、二二二	四六、八	四六五、七三一	二三、五
一九〇七	一四三、三五五	六、九	四六八、九二二	二二、五	九八一、九〇四	四七、二	四八八、三五八	二三、四
一九〇八	六〇八、一九二	一八、八	一、〇三〇、〇九四	三一、八	一、〇六八、八三七	三二、九	五三六、五五二	一六、五
一九〇九	一六〇、六五九	五、九	九五二、五〇〇	三五、一	一、〇七一、三八五	三九、四	五三一、九六〇	一九、六
一九一〇	三五三、二三二	一三、三	七〇七、九七三	二六、五	一、〇六六、八六五	四〇、三	五二七、一六九	一九、九
一九一一	三一八、五五九	一二、七	四五六、七三六	一八、一	一、一六一、七五五	四六、一	五八二、八一五	二三、一
一九一二	一、三七九、七一三	三五、九	六〇二、二三五	一五、七	一、一五一、七〇〇	三〇、〇	七〇七、九四六	一八、四
一九一三	三〇二、九八五	一〇、四	四九三、五八二	一六、九	一、三三五、三〇九	四五、六	七五五、二一九	二七、一
十年间平均	三七五、九八九	一四、四	六三二、四六〇	二四、二	一、〇五一、七三八	四〇、三	五四九、五三三	二一、一

看了这些数字，我们就可以知道联合会里支出的，多是疾病、损伤、养老等共济方面的费用，差不多四成以上。倘再加上失业救恤费，这就占了六成以上。从这类地方看来，工联论者，拼命讲联合会在劳动保险上很有效果，却也有点道理。

这样看来，共济救恤费好像有一定，总是比别的救恤费多，而且逐年依着一定的步调地增加；战斗费用的罢工救恤费，却有时极少，有时很多，并不一定。例如：一九〇八年和一九一二年，就非常的多；内中一九一二年更是利害，共济救恤费用去一千一百五十一磅，罢工救恤费竟用去一千三百七十九磅。这是因为英国此时劳动很危急，到处都有罢工情事的缘故。所以看了这种数字，也很可以知道劳动界当年景况。

第二章 对抗运动（Struggling movement）

劳动联合底目的，序言上已经说过，是在使劳动者得到最有利益的劳动条件。换句话说，就是真正的目的，在乎使劳动者改进自己底地位，认识自己底权利。所以前章所说的那种共济运动，只可以说是劳动联合附属的事业，补充的手段，并不是彼底本旨；彼底本旨是在本章所述的这种手段。

这种手段，通常叫作劳动联合底争斗手段；也叫作积极手段或权势手段。这种手段，我们为便利起见，不妨分作两项说。第一是调剂劳动市场，平衡供求作用的事务；第二是缔结集合契约，使劳动条件有一定标准的机能。这调剂劳动市场，缔结集合契约等事的本身，或者不能称作争斗的手段，对抗的政策；但要完全达到调剂，缔结等目的，有时却须用些争斗的或排他的手段。所以我们就把这几项，编在对抗运动底里面。

第一节 劳动市场底调剂

劳动者所得到劳动条件底好歹，全是依照劳动市场底忙闲。所以调剂劳动市场的事，在劳动者是一件极其要紧，极有意义的事。

那么，达到这目的该用怎样的方法呢？换句话问，握牢劳动市场底支配权，得着良善劳动条件的计策是什么呢？——这须讲究两种方法。

物品底价格，是依着需要和供给的关系决定的。在卖的人方面，许多卖的人同行竞争了，物品底价格就低落；在买的人一方面，许多买的同志竞争了，物品底价格就腾贵。买的人和卖的人中间，也时常有竞争的事：买的人总想买得便宜，卖的人却又总想卖得贵。结果，买的同志和卖的同志中间，同志竞争那一面激烈，就那一面输了；买的同志竞争比卖的同志激烈时，价格便腾贵；不然，价格就低落。

劳动者底工钱以及其他劳动条件底决定，也是这样的。所以卖劳力的劳动者，倘若要卖给那买劳力的雇主，价格卖得贵，就务须减少伙里底竞争。切不可互相竞争，把工钱率弄成低落。如果再进一步，劳动者要积极的高超的地位，便又须使买的人多，卖的人少，就是使劳动底需要增加，供起有限。

要达到这——

（一）节制劳动者底急卖，

（二）供给比需要更小，

两目的，劳动联合会于支给前面说过的失业救恤费、介绍职业之外，更须积极地计划——

（一）限制工作速度，

（二）反对节省劳力，

（三）限制使用童工和女工，

（四）减少劳动时间，

这些事。这四项里底（一）、（三）、（四）三项，后面再说。（二）底反对节省劳力，就是因为经营组织改良了，特是新机器发明了，劳力被节省了，失业的人就满目都是，工钱也就低落，所以反对节省劳力。劳动者从前时常反对应用新机器、采取新组织，常常去妨碍这些。但在现今这类谬想，差不多消灭了；换上的手段，就是由劳动联合会想了方法，使劳动条件不至于因此低落，或是使因此所得的利益，劳动者可以和雇主共享。劳动联合会为着试验这计策，因此时常策划会员供给的调顺，图谋劳动市场底调剂，从这间接方面致力于劳动条件改良的事。

第二节 集合契约（Collective Bargaining）

劳动联合会底生命和他分内底职务，是在缔结集合契约，使各种劳动条件有一定的标准。

所谓集合契约，就是预先公议雇主或雇主的团体和劳动联合会间的各类雇佣契约上共通的基础的条件。

这就是：联合会一面整理了劳动市场，使劳动者同雇主结雇佣契约的时候不至于吃亏；一面更协定了集合契约，使劳动者确守劳动条件上一定的标准成约，不至于胡乱同雇主结单独契约。弥楷尔（Mitohell）评论这集合契约底价值说，"破坏劳动者的，是单独个别的契约；救助他们的，是合同的联合的集合契约"。

仔细说来，孤立的劳动者如果单独同雇主结雇佣契约，劳动者必至于为了——

（一）生活困难

（二）不明白劳动市场底景况

(三) 竞争的人数多

被资本家乘瑕踏隙,用不应该的贱价来买劳动。

因为劳动者对于雇佣的需要,程度总比资本家高;劳动者总是站在不利的地位。世界上的人所以都说,现在的自由契约,其实就是强迫契约、单务契约、奴隶契约。

但是换了一个方法,把劳动者合成一团,协议不得贱卖劳力,倘若不肯照议定的劳动条件时,就拒绝了不去劳动,由联合会济给失业救援费直到雇主听从劳动者底要求,才结契约,这样,劳动者却是有利益的,至少也可同雇主站在对等的地位。所以集合契约就是对于现今袒护资本家底自由竞争,设定一个适当的限制,在一定的最低劳动条件以下不去劳动的契约。劳动联合会公议的集合契约底内容,至少有下列几项。

(一) 标准工钱

联合会定了一种标准工钱率,不准会员在这标准以下去劳动。这类标准,自然不是刻板的,不是一切劳动者都是一样的;通常是斟酌——

(1) 雇主能够支给的力量,

(2) 劳动者自己维持生活必需的费用,

(3) 学习技艺所费期间的长短,

(4) 学习技艺所用劳力费用的多少,

等等决定的。所以"标准"两字,就是"最低"底意思;雇主对于联合会员,至少须支给佢这一点标准工钱,不然,便要雇不到人。

(二) 标准劳动时间

联合会定了标准工钱,同时更设有一种标准劳动时间。标准工钱,事实上就是最低的工钱;标准劳动时间,事实上也就是最长的劳动时间。不过劳动时间比之工钱,较为划一,而且渐次有缩短的趋势了。依现在而论,标准劳动时间,大抵是九点钟或八点钟。

(三) 支付工钱方法底规定

详细说来,原有(1)照时间支付的规定,(2)照件数支付的规定,(3)照时间照件数并用的规定,这样三种。不过照件数支付,于劳动联合会用集合契约设定标准工钱使一样的劳动得到一样的报酬底本旨,有种种的流弊,所以联合会总是反对照件数支付(就是包工制度),欢迎照时间支付(雇工制度)。

(四) 例外劳动底规定

近来很有人主张废止例外劳动制度,但在实业底实际上,绝对废掉却也有点困难。所以通常不过公共议决例外劳动比规定时间底劳动,工钱多几成。日曜日、纪念日,等等底劳动,都作例外劳动算。

(五) 此外底规定

此外还有集合契约底内容;内中最要紧的,便是休息期限、卫生设备、损害赔偿、徒弟底年龄和数额,以及饮食工具等规定。

第三节　维持集合契约的方法

劳动联合会要维持这些集合契约使彼继续有效,有时必须和资本家争斗,必须采取排他的手段。这种手段里面,最重要的就是下面这几种。

一、支给失业和罢工救济费

第一章已经说过,劳动联合会有种种共济的运动;那共济运动里面底失业和罢工救济费,就是维持这集合契约所必需的一种战斗的费用。

二、排斥非联合会员

联合会对于那看轻劳动条件的会员,固然随即除名处分;对于不曾加入联合会的"非联合会员"(Non-Unionist),有时也用酸辣的手段。

劳动联合会,一面极力劝告劳动者加入联合会;有时更在别一面要求资本家对于非联合会员,也不得雇用联合会规定的标准劳动条件以下劳动的工人。更进一层的办法,就是联合会员拒绝同非联合会员一齐劳动,因为这事,往往闹出罢工风潮。例如某联合会,章程里就明白规定:"凡非联合会员都劝告他加入联合会;如不听从劝告,便停止同他一齐劳动。"所以有时一个工厂,全是联合会员。

这种全是联合会员在那里劳动的工厂,叫作"闭关工厂"(Closed Shop);那种含有非联合会员的工厂,叫作"洞开工厂"(Open Shop)。

劳动联合会有时也反对女工和童工,限制佢们劳动。因为恐怕收用女工和童工,成年的男工就有失业的危险,又有维持标准工钱的困难,扰乱劳动市场的恐怖。

三、举行同盟罢工

劳动联合会最末的对抗手段,就是同盟罢工。同盟罢工原不消详细说明;不过大家须得注意:工联主义举行同盟罢工,并不是断绝劳动,却是冀求劳动底永续。所以劳动联合会决不喜欢同盟罢工终于决裂,会员离开工厂。未举行同盟罢工的时候,总想出种种方法去调停;已经举行同盟罢工,也希望得到圆满的解决。他们决不至于憎恶和解。

工联举行同盟罢工,完全为贯彻经济上底目的,并不像工团主义派以同盟罢工为革命手段,贯彻佢们破坏社会组织的目的。所以联合会就是举行援助别个联合会的"同情的罢工"①,也同工团主义派所行的总同盟罢工,宗旨完全不同。

但是一动手罢工,劳动联合会就该用尽全力使彼成功,就该借给前面说过的罢工救济费,屏障罢工者底生活,鼓舞罢工者底志气。更进一步,还须散布守卫队(Picketing)。所谓守卫队,就是罢工者防护罢工期间别的劳动者抢去佢们地位的人。通常在工厂或车站附近散布一些人,用传单(Blackley Circalar)或用唇舌,唤醒看见雇主招募广告而来的劳动者阶级的良心,使佢们断念,藉此达到罢工的工人们对抗厂主资本家底目的。

别的劳动者如果不听从这些查察者底忠告,硬要妨碍罢工的(这种人就是所谓"滥货",也就是 Blackleg 或 Scab②)时候,罢工者往往用暴力防止佢们。

四、同盟抵货和联合证券

联合会为保证同盟罢工确实有效起见,往往同时举行"同盟抵货"(就是"婆哀考脱",Boycott)。婆哀考脱相传是由一八七四年美国烟草工人排斥中国人制造的烟草开始的③这种举动,是劳动者表示消费者底威力的举动;就是劳动者同盟起来,宣言不买那些不肯容受特定要求的雇主以及和雇主有关系的人④底生产品,或同他们断绝一切关系底举动。

婆哀考脱,有的强迫第三者也加入同盟抵货中间,有的并不强制别人。

婆哀考脱,有时用一种"不义表"(Unfair List),不义表者也称"We-

---

① 译者注——同盟罢工底种类很多。依罢工底"目的"区别起来,内中同自己直接的利益有关系的,有攻击的同盟罢工和防御的同盟罢工两种;攻击的同盟罢工,目的在乎改进劳动条件;防御的同盟罢工,目的在乎卫护劳动条件。此外还有一种并不为自己直接的利益,只是同情于他人底同盟罢工而举行的同盟罢工。这种同盟罢工,就是这里所说的"同情的同盟罢工"(Sympathetic strike)。这种同盟罢工是随着劳动者阶级的意识底旺盛和协同的精神底发展,渐次增加的。

② 译者注——妨碍罢工的非联合会员,在英国叫作 Black leg,在美国叫作 Scab,在日本叫作罢工破(Hikoyaburi)。中国似乎还没有现成的名词,所以这里经由我个人定出"滥货"这名。

③ 译者注——婆哀考脱这名词,有人说是一八八〇年夏天帕内尔(Parnell)反对孔能马拉地方一个地主爱儿内(Lord Erne)底经手婆哀考脱虐待佃户之后才用的。帕内尔将婆哀考脱底残酷告诉社会,遮断婆哀考脱底社交关系,结局婆哀考脱无可奈何,就从那里逃走了。从此以后,凡是许多人同盟起来,同特定的人或团体断绝社交上经济上的关系,都叫作"婆哀考脱"。

这名词,有人翻作"同盟弗买";但我们中国因为同盟抵制日货底因缘,同盟抵货这名词,社会上早已普遍使用了,所以我就采取这熟名,将那同盟弗买底一个译名遗弃了。

④ 译者注——同盟抵货有好多种。照普通的分类,就是第一同盟抵货或单纯同盟抵货(Primarey Boycott, Simple Boycott)和第二同盟抵货或混合同盟抵货(Sekundare Boycott, Compound Boycott)两种。前面那一种,只是抵制直接争执者底货;后面这一种是将直接争执者和同他关联的第三者底货,一概抵制的。

don't-Patnonize List",法以不应允劳动要求的雇主或工厂底名号,发表在机关杂志上新闻上,或其他处所,遮断这雇主或工厂所有一切的交易。但这是消极的方法,不见得很有利益;要有利益,还不如从积极方面施行这手段。积极方面的手段,就是发行"联合证券"(Union Label);凡是承认劳动联合会规定劳动条件的公司所出的物品,由联合会贴上一张联合证券,表明这是会员底出品,希望会员和一般人特别照顾他,多买他底货物。这手段用起的是美国,现在爱用的也只有美国劳动联合。美国第一次用这手段,就是一八七四年烟草工人排斥我国制造的烟草的那一次,这次用过以后,许多联合就模仿他们了①。

婆哀考脱,美国最流行。现在请就纽约一处婆哀考脱底次数和成绩,列一从一八八六年到一八九二年六年间底统计表在下面:

	实　　数	成功实数	成功比例率
食　　物	二四五	一七四	七一・〇
建 筑 物	一二一	一〇一	八三・五
建筑材料	二八	二〇	七一・四
衣　　服	四七	三二	六八・一
运输机关	五二	二五	四八・〇
印　　刷	三八	一九	五〇・〇
钢铁器具	二四	一〇	四一・六
家　　具	一四	五	三五・七
陶　　器	一二	一	八・三
木　　料	七	四	五七・一
金　　属	三	一	三三・三
另　　外	五二	三二	六一・五
总　　计	六四三	四二四	六五・九

(原载《民国日报》副刊《觉悟》一九二〇年十二月十九日、二十七日,一九二一年一月四日、十日、二十四日)

---

① 译者附志——这一段原文,仿佛太不简直;所以译者径以己意修正了。

劳工问题底由来*

〔日〕北泽新次郎　著

　　欧洲劳工问题,是从"产业革命"发源的。产业革命就是产业组织从自己制造向工厂制造的推移。所以我们推究劳工问题底由来,最好用英国来做例证,因为英国正如恩格尔所说,是产业革命及其产儿劳工阶级底古典地(Clzzic Soil)。产业革命在英国开幕,并非偶然,全是进化必然的运命。人将产业革命看如夏天急雨偶然及到英国,这是差的,有见识的人,早已晓得产业革命要来了。十七世纪末叶,英国工业已经很发达,贸易关系已经延及世界各处,内地产业就有扩大的必要。英人应这需要,就去想了种种方法,结果就想出了工厂制造工业;所以工厂制造工业,全是计划增加生业额,减少生产费不断的努力底结果。然而当时工厂制造工业底规模比之向来,还只是比较的扩大了一点点,不过贩卖物品的商人和有资产的手工业者,设了工场制造物品。直到十八世纪末叶,各种制造器械业发明了,蒸汽力底科学的应用成功了,英国产界才起了大大的革新,显出了许多从来不曾经验的现象。各种器械发明之后,生产方法完全换了一副面目,从前自己制造的工业,都变成工厂制造;变了工厂制造,工业的规模就更加扩大了。规模扩大,大工厂到处设立了,劳工的需要,就越发增加,因此召集了全国各处的劳工,使他们在设备不完全的工厂里,不分老少不论男女,从事于过激的劳动;这里就发生各种社会上道德上的问题。而且农村因此渐次荒废,都会越加闹热,无数的无产工钱劳工聚集了,划然显出劳工阶级和资本家阶级。产业革命以前,原也不是没有资本家和劳工;但这两种人的关系,总还是亲密的,还是有家族的情谊而无社会的悬隔,劳工过了些时,还可以升作资本家的。那时财富底分配,也还比较的公平,社会上贫富并没有怎样的大悬隔。但这大规模的生产一出现,财富可就集中在少数人手里,暴发财主便一天多似一天了。这些暴发财主,不但营了种种的奢侈邪僻的生活,并且因为有钱的缘故

---

*　本文系作者(署名:望道)与白棣合译。——编者注

得了社会上的势力，在社会的一隅，就树起了金钱贵族一阶级，压倒了从前土地贵族将金钱政治来施展了。

　　产业革命及到资本家的影响，大体便是如此。及到小企业家及普通劳动者的影响又怎样呢？自己制造工业时代，生产的大约都是独立的企业家，他们有了多少资本、工具和原料，他们自己制造自己贩卖，劳动底方法和身体底自由等等，并不受什么人底干涉。到了工厂制起工业，大规模生产产业组织时代，劳工却就买不起高价的器械，更不会有大规模工厂制造全历程的资本。于是他们就变成了工钱劳工，不能再如从前那样自己劳动自己营业，只能同资本家结契约，受了细小的工钱，终日在暗地、煤烟、油臭里给资本家劳动了；做了工钱劳工便再也不会进为独立的企业家，一生只有做劳工。他们同资本家结契约，名义上是自由的而且正当的；其实并不是如此，劳工在社会上并没有雇主那样的地位，都只在这样底下的境遇，结劳动契约的时候，自然不能主张应有的权利。例如雇主拿出的工钱太少，劳工明知是不正当的，但还是去做工，因为拒绝了资本家，家中与饥饿为邻的妻子，就要饿死；而雇主拒绝了劳工，却丝毫不会感着痛痒，因为劳工是很多的。凡是劳工，无论什么时候，总是这样受资本家的压迫，这样在服从资本家所要求的条件底悲境里劳动。在别一面社会的关系上，资本家和劳工又没有从前那样家族的情谊了，工厂制造制度产出的资本家阶级，都有了很多的财富，所使用的劳工也很多，他们哪里还来问劳工的吃苦不吃苦呢？而且劳工只能得到了一点点工钱，生产的物品和企业的好歹，又和他们丝毫没有关系，他们穷的只管穷下去，资本家发财的只管发财起来。于是劳工对于资本家就不但不看作协同生产者，却看如不共戴天的仇敌了。单调的机械的工作，天天增加了疲劳；运转器械注意力底集中，迟钝了神经；肉体底凋零，堕落了灵性。他们生活上的不安，又酿成了他们神经底过敏，无恒产、无恒心、又无向上的希望，终于如松巴特所说无家庭无故乡又无知己，尝着破坏了过去一切理想的新生活。……

　　工厂制造产业制度及到劳工生活的影响，便是这样的悲惨。但我们不要以为劳工问题底由来，只是因这劳工境遇底悲惨。我们研究近世劳工问题底由来，另外还有最要注意的第二要点：就是十八世纪以后思想界底大变迁特别是法国革命所表现的自由平等思想。工厂制造工业组织产出的劳工阶级穷困的社会境遇，是近世劳工问题的舞台；以这境遇为背景而登台的，就是法国革命产出的自由平等思想。卢梭消耗了许多心血，主张自由平等论，在法国思想界印了个很深的印象，激起了震天动地的法国革命，扫荡了贵族,灭绝了僧侣的权力,给予了人民参政的权利,保证了法律上的平等,气焰隆隆,将及全世界。这时就有产业革命起来了。社会上截然裂成资本家和劳工两阶级,悬隔比封建时代底领主和领民更遥远;富的越富,穷的越穷,穷富底悬隔,一天胜似一天;一面是富豪底跳梁跋扈,一面是劳工底囚首垢面。在这境遇的劳工,并不曾享到半点契约自由、政治平等底好处。因此对于新社会组织不平的声音,就渐次激昂,社会的先觉、学者、有见识的政治家也多来主张社会改良。而自由平等的思想已经唤醒了劳工阶级的觉悟,国民教育底普及、新闻杂志底发达、通俗图书底刊印、学术讲演修养讲谈及其他居住改良、公众卫生等等社会教育底发展,又助长了劳工底自觉,劳工才就感觉了阶级的意识,"彼人也,我亦人也"的观念便深刻地刺激着他们过敏的神经,他们从此就要反抗机械的待遇,要求人格的价值,要从事于团结同境遇而自觉的劳工了。换句话,劳工就晓得团结有伟大的势力了。

于是他们就为共同目的而团结,就为改造境遇而努力。近世劳工问题,由是开幕。

(原载《民国日报》副刊《觉悟》一九二一年五月三日)

社会主义底意义及其类别

〔日〕高畠素之 著

"社会主义"这一个名词,已经极流行,到处可以听见了;但对于这一名词的理解,却还诸说纷纷,不免流于肤浅或曲解。有些人将社会主义看作同无政府主义对峙的东西,将无政府主义列入社会主义之外;也有些人将社会主义与无政府主义看作同一的东西。有些人只看到社会主义革命的一方面;也有些人只看作民主主义底一派。

所以社会主义这一种极有力的解决急切社会问题的东西的本质,世上一般人颇不容易明白。我们在这里,须将"社会主义"从历史上,思想上,下了确实的研究,给予个明确的概念。

原来"社会主义"一个名词,是从英文 Socialism 翻译出来的;他底语源是拉丁语 Siocus(同辈,同僚)底系词 Socialis(同辈的,同僚的)。社会主义底思想早已存在;但这用语,却到了十九世纪前半,才有人使用:在英国是一八三二年涡文(Robert Owen)一派先用在《穷人监护者》(*Poor man's Guardian*)杂志上面;在法国是一八三二年圣西门派(St. Simonisme)的《地球》(*Globe*)杂志上,乔西安尔(Joncieres)这个人先用 Socialisme 这个字;在德国是休亚罗先用 Sozialismus 这个字。

从此,社会主义一名词就成为二十世纪底流行语,成了时代底题语。

一 社会主义底界说

社会主义有久长的历史,而现在有势力的社会主义中又有种种的变相,要明确概括说,原是不容易。但只把他看作经济的事情,以为只是变改现社会经济组织的事,却可断定说是错的。社会主义中,实有否定现政治组织的流派,也有主张缩小了或扩大了现政治单位的流派。

社会主义一名词包含很大,从国家社会主义到无政府主义都包括在内。单从经济方面说,也有共产主义(Communism)与集产主义(Collectivism)两派。再进一步说,无政府主义又可分作两派:一派是共产主义的无政府主义(Communistic Anarchism),又一派是个人主义的无政府主义(Individualistic Anarchism)。前派可以说是社会主义底一部;后派却正同社会主义站在相反的地位。个人主义的无政府主义,本质上是同社会主义反对的,然与资本主义却有共通的处所。所以有些学者,称个人主义的无政府主义为政治的无政府主义;称资本主义为经济的无政府主义。

这样复杂的社会主义,自然不易下界说。所以我们现在先介绍了西洋学者底言说,再来下简单的界说。

世上盛传的与马克思同称为近世社会主义两大鼻祖的恩格斯(Friedrich Engels)说:"生产要具倘握在社会手里,商品生产就可消灭,生产品压迫生产人的事也就可以消除。那时,社会生产底无政府状态是没有了,必有一种很有秩序的组织起来代他。人与人底生存竞争灭绝……向来区划人类压抑人类的一切事项环境,从此必在人类治下,人类从此必成为社会组织底主人,必成为真正的'自然'底主宰。人类如此,才是从必然的王国往自由的王国去的进化。"

名人穆勒(John Stuart Mill)又说:"社会主义底特质,在乎社会各个分子共有诸生产机关及其要具。一切分配,都须依据那社会底规则共同处理。"克卡朴(Thomas Kirkup)说:"现在产业固然用了工钱劳动方法,由资本家经营;将来必由共有生产机关的人们,当作合作事业(Cooperative Work)办理。无论从理论上说,从历史上看,社会主义底根本义,必是如此。"换句话说:"产业必须由共有生产要具的劳工联合经营。现今的生产状况虽在互相竞争的资本家之下,依靠工钱劳动经营;将来的生产状况必是依靠有共同资本而又以公平分配为目的的联合劳动(Associated labour)经营。这就是社会主义底精髓。"

伊黎(Richard Ely)说:"解剖了社会主义,似乎可以下这么一个界说:社会主义是在生产上物质的大机关方面,废了私有制换上共有制的产业社会制度。他主张生产共同经营,社会的收入由社会分配,又将社会的收入划出一大部分作为公有财产的东西。"

我们再追溯先前时代,休夫雷,华勒思,白拉弥,克拉克底言说:

休夫雷(A. E. T. Schäffle)说:"将互相竞争的私有资本移作全团底合同资本,这就是社会主义底全部(Alpha and Omega)。"

华勒思(Graham Wallace)说:"社会主义者就是使生产要具(Means of Production)为社会所有,消费要具(Means of Consumption)为个人所有的人们。"

白拉弥(Edward Bellamy)说："国有主义(Nationalism)底便宜而又严密的界说，就是产业的自治(Industrial Selfgovernment)。"

克拉克(William Clarke)说："社会主义者，就是确信一切生产必需机关应该归社会所有社会经营，而不属于社会内部或外部的，个人或团体的人们。"

又马克思派社会主义者拉发格(Paul Lafargue)说："社会主义并不是改良法，是一种学说。社会主义者，乃是相信现在制度从此将要现出大经济的进步，那时资本将从个人的私有归于劳工大团体(Organizations of Workers)手里的人。所以社会主义可以称为历史上一种发见。"

基督教社会主义者勃里思(W. D. P. Bliss)说："社会主义是可以多方变化，又只能渐次引用的根本主义；是主张土地资本归社会共有，又当协同(Cooperatively)经营，平均福利社会各分子的东西。"

还有欧洲社会主义者团体发表的：

英国社会民主同盟(Social Democratic Federation)宣言他底目的说："将生产，分配，及交换底要具社会化。全社会的公益，由民主的国家经营。使劳动全然脱离资本制度与土地制度底管理。树立两性间社会的及经济的平等方策。"

英国社会主义团体联会委员会宣言说："我们欲使现今非社会主义的国家变为协同的共和国。我们全然没有那样空想，想将私有资本的制度改良，将他道德化，而不废止他。我们以为非国家全部焕然一新，社会主义的产业与政治底改革决不能成功。例如市有制度原是一部的国有制度，也不妨看作社会主义。但是我们却要再进一步，近到世界的社会主义，使万国劳工各依其历史的发展产出的必要，用了适宜的方法，使关于财富的生产与分配的大机关与大要具都归共有，使万国劳工都在这共同根据上联合起来，向一切国发扬人间的亲睦，除去国民的嫌恶。所以社会主义底目的，是在用社会全体底手掌握经营运输交通机关，物品制造机关，矿山和土地。我们也便欲绝灭工钱制度，撤除阶级差别，建设国民的及万国的共产制度在健全的基础之上。"

照此看来，可知社会主义者对于社会主义所下的界说，几乎"言人人殊"，罗列起来，必至茫无际涯，而且罗列了些歧异的界说在一起，也许使人越看越无头绪。所以这里我就下一个我以为能包括全体，我以为最完全的界说，使世人因此得着社会主义底根本概念。

"界说"——社会主义是要消灭个人劫掠个人的劳动,增进社会全体底自由与幸福,实行生产机关公有及生活与享乐资料公平分配的东西。

二 社会主义理想上的差别

社会主义理想共有四种,我已下了个总括的界说了。现在特再述他们理想上的派别。

社会主义派别很多;什么硬派呵,什么软派呵,什么直接派呵,什么议会派呵,什么可能派,不可能派呵;列举起来,简直无限;但这都是一时的政策上的区别,并不是因社会组织上理想底差异直接产生的。也知道理想底差异有时要影响到政策上,理想上底差别与政策上底差别并不能严格区别;但在考察社会主义理论时,却该抛却政策上的差别,一往直前地站脚在社会主义理想本身底根本的差别上说话。现在就依这见地,将一切社会主义思想分作四种:

一、民主的集产主义(即集产的民主主义)

二、无政府集产主义(即集产的无政府主义)

三、民主的共产主义(即共产的民主主义)

四、无政府共产主义(即共产的无政府主义)

三 共产主义与集产主义

社会主义,从经济的方面分来,如上所说,可以分为共产主义与集产主义两种;从政治的方面看来,可以分作民主主义与无政府主义两种。凡是一定的社会组织存在的处所,他那社会组织的属性,必定兼备政治的制度与经济的制度两方面,为我们所应考虑。故在经济的方面采用集产主义或共产主义的人们,同时必在政治的方面采用一种民主主义或无政府主义。

现在流行的界说,都说集产主义主张生产机关公有,消费机关私有,共产主义主张生产消费两机关都公有:但这种肤浅浮泛的界说,我们却不能赞同。为什么呢?就为生产机关与消费机关并不是可以严别的概念。

例如我在这里,坐在垫子上毫无思虑地眺望庭园。这时,这垫子固然是一个消费机关了。但过了一刻,我也许就在这垫子上,握了钢笔做文卖稿。那时,这垫子却非消费机关,分明是个生产机关了。所以说一切垫子该公有该私有，道理上是通的；专说生产机关与消费机关该公有该私有，道理上可就不可通。

四　集产社会的三种消费机关

社会主义不一定主张一切生产机关公有，——无论是集产主义，无论是共产主义。

白拉弥底《回顾录》，柯滋基（Kautsky）《农业问题》，克鲁泡特金（Kropotkin）底《面包掠取》等书里面，都说人在将来的理想社会里面能够自由享乐自己的家庭生活。家庭生活既然是自由的，在家庭生活的存在上作物质的基础的家庭经济也自然是自由的。所以家庭经济的生产机关：如煮饭的锅灶，又如非直接供娱乐之用的笔墨纸张书籍等等当然也可以私有。

集产的理想社会，也不一定将一切消费机关属诸私有。像公园，音乐堂，图书馆之类，在现在的社会里，不多是自治团公有了么？社会主义的社会只会将这种公有增多，不会从新减少的。又如住宅这一种消费机关，在集产社会里，所有权当然要移交社会手里；但其利用权当必无偿酬地随各人自由掌握。所以集产社会的消费机关，大抵可以分为下列三种：

一、所有权虽在社会，各人仍旧可以不必出费随意使用的消费机关。

二、属于公有，必须出了费用才得使用的消费机关。

三、所有权与利用权都归私有的消费机关。

照此看来，可见现今流行的集产主义与共产主义两概念底解释，都是暧昧而又肤浅，不足称道的了。我相信另有明确而又深切的解释。

五　两个社会主义制度底主义

我要从许多社会主义制度中提出两个主潮来：第一就是用或一方法来节制各个人收入的制度。这就是各个人自己消费的价值总量，由社会力量准确规定的制度。第二，就是对于各个人底收入，毫不加以节制，也不管他收入怎样，只是直接去节制消费，或连消费全不节制的经济制度。

在第一种制度的社会里，必须有一种货币——或者现在这样的货币——生产才可分配。各人都只能在自己所有的价值的限度内行使消费；一行使消费，就须付出一部分的自己的收入。所以在这制度底下，消费都须有一定的价格；价格又须有一定的价值单位测定他。

但第二经济制度,却如上述,与收入无关系,只是直接节制消费或连消费也不节制,却无须货币这一个分配机关来做中介。那是货币经济;这是自然经济。

六　两种共产制与两种集产制

我想就用这根本的区别来区别集产主义与共产主义:将规定个人收入一定价值量的经济制度为集产主义;不规定这点的经济制度为共产主义。我上文已排了肤浅浮泛的分类法,实在就是立脚在这根本的区别上面。因为个人的收入底概念里,逻辑上当然含有对于这收入的自由处分权;这权里面,又当然附着对于收入换来的消费品的自由处分权。

至于没有收入观念的制度,当然也没有对于消费物品的个人的处分权的观念。在这种制度之下,对于经济的物品的一切私有权,自然全被废除。

所以同是平等,却不一致:共产制度底平等在消费,集产制度底平等在收入。同是共产制底平等又有两种:有的是期望消费本身平等;有的是期望消费底平等的自由。前者所现出的,是分配底客观的平等;后者所显现的,是分配底主观的平等。

卡伯(Cabet)、巴布夫(Babeuf)属于前者;福利耶(Fourier)、克鲁泡特金是属于后者。共产制度,绝不计量各个供给社会的技能力量与社会报酬各个人的消费物品怎样比例;因为共产主义是不问个人收入的。

共产主义,这么有两派;集产主义也自有两派。第一派以为各人底收入,客观地绝对地平等了才是期望的真平等。白拉弥,蒲鲁东(Proudhon)和大多数马克思派社会主义者都是这一派。

这派在主张客观的平等一点上,似乎同卡伯们底客观共产主义相同;其实并不相同。因为:消费底客观的平等,不问是老是少,不论是男是女,不拘健康疾病,也不管别的,总用同一的数量分配同一的物品给各个人;收入底客观方面,人人平等的只是用货币单位测定收入的一点,至于怎样使用那收入,用那收入购买些什么全随人自由。

第二派集产主义,主张按各人底技能力量,定收入底数量。但各人技能力量绝对不会平等的,所以这派的集产社会里,各人底收入也就不会有平等的事实。如路易柏郎(Louis Blance)、圣西门(Saint Simon)、洛勃尔士斯(Rodbertus)们就是这派最有力的代表者。

社会主义经济方面底流派,已经约略说完了,从此社会主义改革经济组织的理想，也便可以明白了。我本想再说政治方面，但因为……暂略。

近来社会主义底论调几乎弥漫在全国底空气中了，但考其实，社会主义底概念却还不曾注入一般人底血中；冷静如仆，也觉得太不像样了。但又因世人多像小孩，听到一点新声就怕。又只得极力找寻平凡的话来说。总之，不说过不去，说了又怕吓得掩耳而走。这是著者底难关，也便是译者底哀愁了。

一九二一年，五月二十六日，在上海记

（原载《东方杂志》一九二一年六月十日第十八卷第十一号）

个人主义与社会主义[*]

〔日〕高畠素之 著

一 自己欲与社会欲

个人主义最原始的形态,是自己的本能;社会主义最原始的形态,是社会的本能。所以考察个人主义与社会主义,应该先比较对勘自己的本能与社会的本能。

在生物所有的一切欲求中间,最原始、最固有而又普遍的欲求,当然是自己保存欲。自己保存欲,是所有欲求底根干;一切的欲求,尽是直接间接从这根干伸长出去的枝叶。倘从根本上观察,一切的生物,简直都是个人主义者。

然而生物满足这自己保存欲的方法,却随着环境、生活方法而不同。有的靠着体格底强大,全其自己生存;有的凭着敏捷的运动力,全其生存;有的仗着特别的色彩、发达的智力等等,全其生存。

二 社会是自己保存之武装

有的却选了社会的生活做自己保存底武装。像那草食兽,因为得食方法的缘故,性情都很温和。对敌的抵抗力,因此也颇薄弱。抵抗力既弱,自然不能独孤对抗外敌,于是彼等在不知不觉间就组织了社会、结合了团体,与敌竞争。

这个习惯服习既久,社会的本能也就养成;社会的本能既经养成,就又影响在社会的结合上面,激起了分工底发达:至此团体,便不但是御敌的武装,简直又是得食的方便了。由是,社会的本能,越加发达,社会生活底利

---

[*] 本文发表时署名为:晓风。——编者注

益,越发加增,彼等再也不能离了社会谋生存了。由是,彼等底自己就只能凭着社会而生存;而社会就成为彼等自己保存唯一的武装。由是,自己中心底欲求,就变成社会中心底欲求;而个人主义便只能在社会主义中,保全其生命了。

三　第一步的冲突

所以单就这点看察,个人主义与社会主义,毕竟是相同的。因要自己保存、组成了社会,凭着社会、保存了自己:保存自己的欲求与维持社会的欲求中间,结果上自然并无任何的差别。

然而该注意:社会保存底欲求,是和那完成自己保存的武装,如猛兽底牙与角、鸟类底羽与嘴不同的,要想巩固彼,其势必须放弃了自己的欲求。这固然不是绝对的放弃。因为:为社会而自己放弃,仍可从那因其放弃而巩固的社会得着酬报,所以放弃了自己保存欲,也并不是放弃了自己保存,——却正是自己保存。

可是,自己的欲求,总归是要放弃的。为什么放弃呢?——为社会。社会是什么呢?——是满足自己保存欲的手段。那么,这个满足自己保存欲的手段的社会,反而成为统辖自己保存欲这个目的的东西了。由是自己与社会、个人主义与社会主义第一步的冲突,便开始了。

但这冲突,当初还止是潜伏的倾向;只要社会底巩固能够直接有益于那因社会而放弃自己的欲求的那些个体底自己保存,个人主义也还可以与社会主义调和的。

四　征服者底社会主义,被征服者底个人主义

这种情状,在成为人类之后,也还久久地继续着。可是到了奴隶发生、财产发达起来的时候,社会却就生出了阶级对峙的现象;治者与被治者、征服者与被征服者、有产者与无产者这两阶级对峙、冲突的情状,却便显现了。

这时,向来社会对个人的关系上,就也有了显明的变动。向来个人为社会放弃自己的欲求,巩固了社会,那巩固了的社会底利益,仍然还给原有的个人的情状,在阶级对阶级的关系里,几乎全然没有了。被征服者底自己牺牲,差不多全然给征服者底自己保存所利用。征服者只借了国家社会底名,要挟被征服者自己牺牲,被征服者也只算作为国家社会,行其自己牺牲;国

家社会对于被征服者底自己牺牲,并不给与什么报答。国家社会,简直只是那征服者底国家社会罢了。

由是,被征服者就渐次鸣起不平来了。其不平,先显现为对于当面的国家社会的怨叹之声。佢们将权力底破坏,绝叫来着;将意思底独立,要求来着;将权利底确立,热望来着。于是佢们对于当面的国家社会,——即由征服者代表着的国家社会,——便成为极端的个人主义者。就是:佢们事实上是行着社会主义的,佢们对于那权力者,却将个人主义极力来提倡了。

一方面,权力者事实上原是热心的个人主义者,但要行其个人主义,必须有被征服者奉行社会主义才行,所以佢们才将自己奉行的个人主义藏在一边,专向被征服者提倡社会主义。佢们常说:你们须要顺从,须要励勉,须要谦逊,须要爱国爱同胞,这是人类最高的义务。又说:人类底幸福,必须凭着爱国、亲睦、协力、和平等美德,才能得到。

就是:征服者,实际上是行着个人主义的,主张上提倡的却是社会主义。被征服者,实际上是行着社会主义的,主张上提倡的却是个人主义。这是两阶级间主张与实生活底矛盾。这个矛盾的所在,霍布斯与卢梭已经把彼极其赤条条表现出来了。

五　霍布斯底国家论

霍布斯(Thomas Hobbes)一五八八年生在马尔美思勃黎。年十四进牛津大学修逻辑及物理学,十九岁毕业。毕业底第二年,受加文蝶虚卿底聘,在他家中接连做了几十年的家庭教师。他曾经到过法国两次,在一六七九年死在英国,享年凡九十又一岁。

他生平最得意的时代,是十七世纪底前半,即近世国家渐渐开幕的全时代。他底生涯,差不多尽数消耗在当时阶级的贵族僧侣之间。他有犀利的观察与敏捷的头脑,能洞察当时的贵族社会,随顺佢们底生活,体会佢们底思想。他底国家论,就是这等思想生活底产物。

他在他底国家论里说:——人类原是极利己的动物。人类在自然状态中,无非是只顾自己幸福与自己保存的生活。亚里斯多德说人原是政治的动物,那是靠不住的。人,原来只是私欲底结晶。人类底自然,全不外乎"一切对于一切的战争"。

然而此种情状,却于各自底生存不利。此种情状,原从自己保存底欲求产出；然而延续了此种情状，人们底自己保存，反要无奈地被放弃了。所以人类只好交相契约，放弃其自然权，建了国家、设了最高权力，而隶属于彼。这种权力，有时付给团体，也有时付给个人。付给团体时，便成为民主国；付给个人时，便成为专制国。这专制国，就是霍布斯理想的国家底北极。

六　个人主义底实行，社会主义底主张

这个国家论中最显著的一点，就是人类原是利己的动物这思想。这思想是霍布斯国家论底前提，是他从当时权力者底实生活归纳所得的结论。这思想，全是一种事实上行着个人主义的权力者生活底下的思想。

但征服者底个人主义，须以被征服者底社会主义为条件的。所以他虽然以个人主义为人类本然的生活方针，却也怕各逞己意来实行个人主义，势必至于不能成就，或竟危及生存，于是反拿出社会主义来了。但这社会主义，却并不是事实上行着个人主义的人们，——即征服者，——底社会主义；乃是为了征服者底个人主义行着社会主义的阶级，即被征服者，——底社会主义了。

这只要看了霍布斯以个人主义为纯循自然的状态，以社会主义为由自然状态底破坏而生的见解，便可了然。他底意思，倘若是说那个人主义底实行者直接成为社会主义底实行者，他就不会主张个人主义底破坏，生出了社会主义，他便会（如我们现今所主张的）提倡个人主义自然的结果，现出了社会主义了。

总之，他底国家论，全是当时权力阶级思想赤条条的表现；个人主义底实行、社会主义底主张这矛盾，在他思想学说上，全已表白无遗了。

七　卢梭与商工阶级

此后约莫过了一世纪，卢梭（Jean Jaèques Roasseau, 1712—1778）也发表了一种国家论。卢梭底国家论，也是一种契约说；在方法论上全然是因袭霍布斯的。彼此不同的所在，只这霍布斯是嫌忌自然而承认契约，卢梭是欲破坏了契约后的压制制度，回复转那当初契约的自然状态的这一点罢了。

据卢梭说，人在自然状态中，有的尽是自由、和平与幸福。但这自然状态，在人类发达到了或一点时，是不能凭着个个分散的力来维持的。人类个个分散的力，发达有一定的限界；要想妥保自然状态底维持，总之只有综合

了个个分散的力去抵抗外部障碍的一法。因此，人类只好交相契约，团成社会，仗着社会底力，努力来维持这自然底状态。

这个社会，当然是该依照自然的；当然应该厘毫不差地承继了自然状态中的自由、平等与幸福。各人也当然该将自然状态中所享权利底全份，交给社会。但事实上，仍同不将自己底权利交给任何人无异；因为各人提交了自己全份权利给别人，仍可以享受别人所提交权利底全份。所以契约社会底性质，是极其平等的。

但在后世，出了些贵族僧侣们，占去了平等权，用了凶狠与压制对付民众；却就平等消，自由灭，社会也成为愁惨和痛苦底广场了。所以人类第一步功夫，就是推翻这等权力者，光复那契约当初的自然状态，根据这个精神，重新建设成真正纯净的民主的社会。回到自然状态去呵！自然是调和的，是和平的。

这是卢梭社会说底要领。

卢梭时代，霍布斯所代表的旧权力阶级——即封建贵族——显耀已极；新兴的商工阶级，也气焰渐高。而卢梭可就做了这新兴阶级思想的代表者，预示大革命的气运将来了。

卢梭底社会说，无非是当时被压迫阶级革命心理底表现。所以他一面极力诅咒眼前的社会制度，一面又提倡那破坏底武器，主张自然原始状态中个人主义底回复，用这个人主义为前提，造出了新颖的自由社会。换句话说：卢梭也用霍布斯底以个人主义为前提，达到社会主义的同样笔法，以社会主义为前提，达到个人主义底结论了。他这思想，可不是当时事实上实行社会主义，主张上提倡个人主义那些被压迫阶级底心理底表现么？

八　劳动阶级底个人主义的社会主义

霍布斯与卢梭底冲突，其实就是封建贵族与商工阶级底冲突。这冲突，在法兰西革命时，到极顶了。法兰西革命底结果，胜利完全归于商工阶级；商工阶级便代了封建贵族而掌握统治权。商工阶级既握政权，一面就又有佢们底被征服阶级出现了。这新出的被征服阶级，就是近世劳动阶级。

商工阶级是曾为封建贵族底个人主义行社会主义，后用个人主义做武器，推翻了封建贵族底权力的。然而佢们一代贵族占了权力者底位置，却又仿照封建贵族要挟佢们的，拿压制来对付劳动阶级了。佢们向劳动阶级行个人主义；劳动阶级为佢们行社会主义。劳动阶级底社会主义的实行，凭着机械工业底应用,成就了最大的工程。

劳动阶级,又就逐渐鸣起不平来了。佢们底不平,先显现为从其社会主义的实生活归纳所得社会主义的理想底憧憬。但要实现这理想,须先颠覆征服者底权力。所以佢们便又主张这可为颠覆权力的武器的这个个人主义了。

所以劳动阶级,虽然实生活上行着社会主义,理想上又憧憬着社会主义,一面却常用个人主义,去酬酢那些权力者。这近世社会主义,就是这劳动阶级底个人主义的社会主义最好的模型。

九　商工阶级底社会主义

然而商工阶级一方面,虽然推翻了封建的权利,暂时也还须保存着个人主义的武器。因为佢们虽然已经代封建贵族掌握了社会的实权,封建权力底余威,却还到处地盘据着。

所以佢们在对抗这余威的必要上,暂时还不便放弃了个人主义底提倡;一方面为对劳动阶级辩护佢们新得的权力地位的必要上,暂时也还须标榜个人主义。像那经济上自由主义、生存竞争说等等,十九世纪前后的种种个人主义思潮,毕竟都是这要求底必然的产物。

但到了十九世纪底末叶,佢们差不多不必顾虑那封建余威底反动了,一方面劳动阶级个人主义底主张,又一天一天地有力起来了,所以佢们为便于实行个人主义,不得不抛弃向来个人主义底主张,重新来主张社会主义。像那社会政策、劳动保护,毕竟都是这要求底必然的归宿。

这是高畠素之先生所著《社会主义的诸研究》第四篇"社会思想批评"中底一章。在这疾病余威未绝中,蒙汉俊先生借这有益的书给我看,使我能够译出这一章,又承大白先生在我精神不济时给我译出本文底第九节,我都非常感谢。

一九二一年八月廿九日记

（原载《民国日报》副刊《觉悟》一九二一年八月廿六日至三十日）

产业主义与私有财产*

〔英〕罗素 著

向来我们对于产业主义(Industrialism)都只看作单纯的生产上技术的方法底问题,除了论及大规模工业仅有的可能性上所受影响的时候之外,并不注意分配底制度与政治的情形。这等人造的单纯化(a artificial simplifjcation),现今可该废弃了。我们至少该说,两种制度,——即私有财产(private property)与国民主义(nationalism)——是于产业主义极有影响的。这两种制度底每个,现在都已蒙着产业主义极大的影响,并且交相结纳,来危害我们文明底综合的存在了。现在我想,先就产业主义与私有财产底交互作用,次就产业主义与国民主义底交互作用,考察一番。

私有财产,正如宗教,是一种人类开始从事农业时候形成的东西。那时以前,游牧民族原也私占着家畜,可是那等所有,只是凭着腕力发生,并非是什么合法的使用权。合法的使用权,是与农业并起,原始适用在土地与农产物的。土地底私有财产曾经存在在汉摩拉比(Hammurabi)时代底巴比伦尼亚(Babylonia)的,实际上简直同彼现今存在在我们中间的模样一式无二。私有财产底特征,是在对于国内或一个人,或一团体,承认其合法的所有权。这并不必计较所有者,是不是个人。个人所有的土地,原是私有财产了;大学或修道院所有的土地,同样地也是私有财产。就是中世纪欧洲大部分存在过的及俄国至今存续着的村落共产制(Village communism),也该归入私有财产,除却那村落是一个独立的国家。总之,凡是国家,依法律,保障个人或团体独占地使用消耗什么贵重物的权利的处所,就是私有财产存在的处所。私有财产是国家所造设,也只有国家康强能够使人尊敬法律,才得存在的。

---

* 本文发表时署名:晓风。——编者注

一

　　国家底权力,无论何时无论何地,总是凭依着武装的暴力。国家只能够存在在能够战退侵略者,或与能够战退侵略者同盟的时候。而私有财产底全部权利,又只能对国内有效,一经征服,便要全体丧失。在这意义上,私有财产,简直可以说是从剑底权利得来的东西。但在实际,凭着剑底权利的,只是国家;国家内部个人的财产所有者,是靠着国家所承认合法的权利而维持的。

　　大多数既往及现存的国家,彼等底起源都是叨光于少数好战的人们底集团征服极多数的爱平和的土民。如欧洲及南北亚美利加底一切国家、古代及中世底色密族(Semitic)诸国家和印度各种王国底起源,都是如此。不过其间也缘侵略者与土民间相对的力与文化而殊异。如在北亚美利加与澳大利亚,侵略者竟强至足以全灭土民。此种事例,在史前时代想必极多;但在历史以后的时代,在欧亚两洲却很少这样类例。普通总是侵略者文化程度比被征服者较低,须被征服者劳动,娱乐其战胜之果。所以佢们都分配了土地给佢们自己,使土著做了奴隶或农奴。而那北亚美利加与澳大利亚,在土民全灭以后却是行着与此正相反对的历程。白人中间底先著,将土地占作己有,需要外国底劳动了,就以高昂的工钱引诱白人,用暴力输运黑人。但是这等殊异,从我们底观察点看来,并无什么大关系。总之,无论新兴国无论旧帝国,私有财产底泉源,都起于土地所有在少数好战者手中,佢们是决定使人耕种土地的条件的。

　　从这制度进到自由竞争底放任时代,差不多各国都极迟缓。都是慢慢地发见出:土地所有者役使耕种者,还不如借地给耕种者,许佢占有生产物,格外可以得到财富。等到贵族的地主失了武力的优异,农民起来反抗,农民就又用了同样方法,就是最初使贵族占有土地的武装的暴力,得着土地底所有权。同时又随着商业与制造业底勃兴,发生了财产底新样式,那是不以土地为基础的。于是大家才知道:人们可有占有自己勤勉所得的权利。于是私有财产,便被看作劳动底报酬,不再(如最初)看作一群强盗底赃物了。虽然此时最富裕的,还多是极怠惰的人,还是专靠收地租过活,这等见解可是从此逐次广行了。

　　从此自由主义的财产观和贵族主义的财产观中间,就生出了葛藤。自由主义的财产观,以对于自己劳动产物的人底权利为基础;贵族主义的财产观,以征服者及其子孙对于土地的占有的权利为基础。倘从自由主义的见地彻底做起来,一切土地上的私有财产简直应该全废:如亨利乔治(Henry George)和诸单税论者都代表着自由主义底彻底的发达。但有种种困难,妨害了此说底成功。第一,自由主义原来是个人主义的;将人看作个人的生产者,以为佢制出了一定量的财富,佢就该有这一定量的权利。这种观察法,与国家不两立,所以也不欢喜土地国有这一种替代私有制度的唯一的制度。第二,自由主义的观察法,还保留着财产神圣底信仰,所以不容易提及土地没收的话。第三,因为现代资本家,多从原料所有权及一些合法的独占权得着财富,地主与资本家底分歧,渐次已随资本主义底发达而泯灭。结果,佢们也不喜欢一个个一样地能够使用土地与原料,佢们已经看出自己利害已和地主利害一致了。

二

然而自由主义所以全然不适用于近代社会,却并不是为着这些。我们须知道这是产业主义底更加根本的特质产出的结果。

在非产业的社会(non-industrial Community)里,实行自由主义的理想起来,可以分配国民的财富在农民、地主、工匠,及商人中间。这等社会,现在还存在中国那些不受外国资本家与国内督军势力蹂躏的地方。督军势力是古代剑之权利底再生;外国资本家势力,是近世产业主义底片鳞。但中国如果驱逐了外国势力,确立了巩固的政府,中国恐怕还是要做那法国革命实现了自由主义理想之后的法兰西。这等社会里面,大家都不很喜欢废止私有财产,因为大家以为私有财产制度虽然不平等,另外好的制度现在也还不能明白指出,无论任何人现在也还可以靠勤勉与才能立身处世。金钱也只能运输利益与逸乐给所有者,并没有近代资本家这样使役别人的权力给佢们。只要稍微有点财富,便可以做农民地主或工匠,做了这些,除非运气很坏,便不必靠人过活。

然若这产业主义行在承认私有财产权利的社会里,形势可就大变了。凡不是生产消费品而是生产资本的劳工,——例如造铁路的人,——是须活泼泼地在迟缓的生产历程中做事,而且须多数人协同的做。因此,工作上必须有一种指导佢们劳动的权力,那权力者又必须是能够支给劳工工作期内的衣食的人。这样,那指导企业,供给衣食的人,就勒索生产品底所有权做报酬了。于是佢们那些人,就成了资本家,就是生产手段所有者。由是,产业存在的地方,无论何人都须经过资本家允诺,才得生产。由是,资本家就握到劳工底生死之权,劳工非向佢们赚工钱便不能生活。由是,产业就同那土地握在大地主手中时候的农业一样了。

但工钱劳工却不能用那农民占有一类的方法来解放资本家底束缚;因为产业上的事业,必须协同工作才行。一切劳工尽在同一经营之中,生产品尽归同一的所有权,是一切大产业必须的条件。例如铁路,倘权力底出处不止一个或如农民对于土地,各个做工者对于路线底一小段有了绝对权,那便不能做事了。各个职工,无论用什么方法,总不能像工匠那样独立的。所以要使各个劳工专门依靠劳工同伴的社会,不去依靠那握有特权的人,即资本家底独断的意志,其方法就是社会主义了。

因为这个理由,——这是主要的理由,——偏于个人主义的自由主义,决不能救济资本主义底祸害。

三

虽然有这根本的困难也还有种种的发达,可是那些发达,都是可以证明资本私有不去,产业决难充分发达的证据。现在且不说那资本主义与帝国主义的战争底关系,这放在讲资本主义与国民主义底交互作用的地方去说。但有一个密切相关、现代特有的问题,就是重要的资本主义的企业与国家底关系一天密切一天的事,却该说一点。

竞争既使价格低下,产业的事业便越发成了大规模,而且依着联络得利益了。因为这两个理由,一切的大事业就都向着独占这一个标杆进发。所以忒拉斯(Trust),虽然有过美国忒拉斯禁止令底驱逐,却仍向着自由竞争这一个自由主义底理想,狂奔不息。这样下去,社会上或一必需品底供给,必将归一个公司办理,那必需品倘是国家战时所必需的货物,如是钢铁、煤油之类,国家必将靠着忒拉斯底庇荫而生存。所以忒拉斯若不是国家所有,国家必至为忒拉斯所有。这种状况在美国早已极显著了,因为美国是一个产业最发达的国家。但是大战以后,别处也都已有这种倾向。所以我们正不妨说:凡是进步的产业国,一切大产业必为国家所运用,不过这个国家并不是那为欺骗人民而存在的有名无实的政府,乃是忒拉斯贵族。

社会主义者工团主义者常说:近代产业的国家,名是民主的,实只是资本家底机关。这是真实的,我们只要看了劳动争执时国家底行动——特是合众国——便可晓得。合众国有罢工时,竟会用军队镇压罢工,资本家乱用暴力，法院竟会偏袒。如法国这等有征兵制度的国家，国家会召罢工者来，用陆军刑法处置。英国，处置罢工的技术现在固然还不很精明，但早晚也必完成，现在也已有这个目的，通过了特别的法律了。无论何处，国家总不会站在劳工与资本家中间。维持法律与秩序，不过这么一句话罢了。法律，本质上总是既成的不公正底伙伴。那大审院特雷特·斯各忒事件（Dred Scott Case），已经通知北亚美利加人不要迷信奴隶制度可用平和的手段废止了。…………………（此处原文六行，被日本政府删抹去了。——译者注）

四

上述理由之外，另外还有种种、样样的理由引导国家和资本家结伙。第一是直接间接单纯的腐败。一个人主张劳工利益得了权力，他就发见出卖了劳工利益比忠于自己选举人好到十倍二十倍了。其次，就是在温饱队里过愉快生活所受的恶影响。因此挫了其人抗议经济的不公正的锐气，信了改良该徐徐进行的种种理由。其次，就是权力底心理的影响，弄成他们觉得同情地、理想地，不如独裁地、执行地。除了这些就是资本家可怕的势力，他们可以自由高下物价，他们可以扰乱市场，他们可以操纵新闻毁伤任何人底人格，他们可以遏绝必需的供给，他们在战时可以招致失败，除却他们出了很大的贿赂媾和。此外，就是所有浅见的人们，以为希望社会组织变更者要比拥护现状者，对于变更历程中的无秩序更负责任，无论现状是怎样的不公正，无论拥护方法是怎样的不规则。

自由主义的理想以为各个人都有追逐自己经济的利益的自由。于商人及制造家反抗那贵族的地主所支配的旧式国家上，自由主义原在十八、十九两世纪中做过贵重的工作，然而彼底理由，却已被产业主义激成的组织底增加，弄成落伍了。自由竞争论者，对于渐成有力、渐遂发达的忒拉斯与劳动联合两面，空空费力战争了。个人主义者，已经发见出国家底支配解放了事业之后，国家已受事业底支配了。国家多蒙军国主义与战争这些荐头介绍，做了大事业的利益底奴隶，劳工更隶属于国家了。这个历程，有斯旦达特洋油公司（Standard oil company）董事勃特福特（A. C. Bedford）寄给纽约各日报的一封信（十一月二十日，一九二〇年）可以明白证明。论到意大利时，他说：

"意大利重要的输出品，即劳工，将来要归政府管理，意大利移民外国的利益,将来更要充足保护。不但如此,意大利必将用科学的方法来分配意大利劳工,用来掉换外国煤炭及其他工业原料品,以收最大的利益。这个计划,恐怕要被社会主义者反对,他们以为这样,意大利劳工哪里还有拣选自己乡土的权利,他们并推测合众国将要拒绝意大利移民,因为他们相信合众国决不会让保留本国国籍而移住者入口。"

劳工用来做交换煤炭的输出品,离自由主义的理想,不是很远了么?

一种程式的阶级战争(class-war),是这些情形必然产出的结果。现在试将产生阶级战争的原子,列举如下:

一、产业主义使社会成为较有机的,国家权力必随着加大。

二、产业主义赋予全新的、支配别人的权力,给管理资本底使用的人们。

三、从产业主义以前时代传来的私有财产制度,已委任资本底支配给一些私人,即资本家。

四、由是资本家得到了支配国家的权力,随着那产业主义付与了国家盛大的权力。

五、其间,产业主义激成的新生活底习惯,又灭绝了工钱劳工传统的信念,而教育又给予劳工一些批评社会组织的新知能。

六、教育已经晓谕劳工可以得到政治的德莫克拉西,但富豪的国家统治已使政治的德莫克拉西弄成无价值。

七、因着经济的大组织底必然性与管理资本底使用的人们底权力,自由主义所想像的个人的自由,已经不会实现。

八、所以社会避免做资本家奴隶唯一的道路,就是,资本归社会共有,如社会主义所主张的。

九、资本家正靠着现制度得利益,非用阶级战争决不能驱逐他们,除了反对他们的势力极大,他们自己抛了现地位,——这种事是少有的。

因为私有财产的传统存在已久,所以反对私有的言论,一时颇不易发展。据马克斯法则,劳动阶级应该全是社会主义者;事实却不是这样。不过产业主义是传统之有力的溶解剂,传统溶解了,马克斯法则必将渐次实现。我们承认无产阶级中间,社会主义者正在一天一天多起来,而且资本在私人手里存在一天,他们就一天不很希望和平。劳资冲突,常被国民主义弄散。但国民主义决不能变更我们底主要结论。因为资本主义底存续,必将越发唤起民众的反抗,早晚必将招致使资本主义的产业成为不可能的阶级战争。阶级战争底结果,一共只有两个。……………(原文四行,已被删

去。——译者注)

　　产业主义底结果,组织与管理越发重要起来,个人的资本家必将成为单独,保藏于社会全体有害的自由的不合方式、紊乱秩序的遗物。资本主义,本是过渡之物,本是产业主义以前私有财产底遗物,产业一经成为合作的,彼必无法生存。资本主义,因为不适于产业主义的缘故,结局自然引起催促自己灭亡的反对。所不可知者,只是将来还是劳工能够在资本主义遗址上建起共产主义,抑还是资本主义能够在战争历程中破坏了我们全产业的文明罢了。

　　　　(本译文原分六期载于一九二一年九月四日、五日、六日、九日、十一日和十七日的《民国日报·觉悟·评论》,今合编于此)

资本主义的社会和劳动阶级的社会[*]

十月十一月号的《社会主义研究》里边,冒头都有山川均先生底两则短评,词简意长,我读了,生出无限的感慨。今天汇译出来,绍介于国人,不知大家读了又作何等感想。

(一) 两种不同的经济组织

俄国患了饥馑,英国劳动者受着饥饿;一面是天灾一面是人祸;可是一般的绅阀们,很严厉地责备社会主义国家的发生饥馑!而对于资本主义国家底劳动者的横受饥饿,倒轻轻看过,认为这是当然的事!

由劳农政府努力的结果,俄国本年底收获,比去年增加五千万布度。因为患了旱魃之灾,里边就减少二千五百万布度,遂使华路衙地方遭了饥馑的惨状!但是俄国,好在是无产阶级的国家,竭其能力,输送谷物和肉类到饥馑的地方,迁移儿童,到食粮丰富的所在,凡是方法所及,无不尽心力而为之。但是绅阀底正义的批评,以俄国的饥馑,归罪于劳农政治之不良,而不原谅这是旱魃的天灾。总言一句:俄国是无产阶级的国家,遇有饥馑地方的人民,终尽其救济的力量;这因为社会主义国家的经济组织,是以供给人民全体的食养为目的,决不肯袖手旁观,坐视不救的。

英国有数百万的失业劳动者,忍饥受饿,苦得不堪!而绅阀们以谓这是人为的起因!不责资本阶级独裁政治的不良!资本主义国家的经济组织,以收得个人的利润为目标,不以给养全体人民的福利为目的,所以难怪其然。

在这两方面的经济组织的不同,就把政治组织的不同,完全显出来了。而且资本主义的所谓正义的观念,也赤裸裸地发挥出来了。

(二) 强制劳动和强制怠惰

在资本主义的国家里,如果捉到私娼,必处以几日的拘留;但是刑期一

---

[*] 本文发表时署名为:V. D.。——编者注

满,早出监狱之门,晚即痴立街头卖淫如故,这可以说是资本主义国家的自由?

劳农俄国的娼妓,——现已极少——一经入狱,就把伊登入"失业者名簿",遇有相当工作的机会就要叫伊去劳动。这可以说是"强制劳动"么?可是有人说:"这是蔑视人间的自由"!

无产阶级的国家,社会全员有享受社会全体的食事的权利;所以国家对于全员,应当保障生活;而且须与以劳动的机会;假使没有适当的劳动可以分配,则佢底报酬,与已劳动了的一样地给予。因此,凡是能够劳动的全员,因社会全体的关系;负有劳动的义务,所谓"强制劳动"由是而生。但是自由的爱护者却是反对这个!

资本家阶级的国家,有几百千万要想劳动的劳动者,而不与以劳动的机会;——可以说是故意剥夺劳动者的机会;实在是强制怠惰!但是自由的爱护者,并不加以反对!资本主义的强制怠惰,其实也留出一种自由——饿死的自由——给劳动者的!

从前有人叫过:"须与以自由,否则与以一死";现在的资本主义者所赏给劳动者的就是"自由",和"死"。

(原载《民国日报》副刊《觉悟》一九二一年十一月十三日)

职业的劳工联合论[*]

〔日〕北泽新次郎 著

译 文 前 记

现今已经发达的劳工联合,从根本上区分起来,共有三种典型:第一种是为增进劳工全体利益而组织的劳工联合;第二种是为增进各种职业的劳工各自特殊的利益而组织的劳工联合;第三种劳工联合,处在前述这两种中间,既不是筹划直接增进全体劳工共同的利益,也不是预备直接增进各种职业劳工各自特殊的利益,却是以增进各种产业的劳工共同的利益为直接目的而组成的劳工联合。这三种典型的劳工联合,各有特殊的名称:属于第一种典型的,通常称作"一般的劳工联合"或"阶级的劳工联合";属于第二种典型的,通常称为"职业的劳工联合"或"技艺的劳工联合",也叫作"同行的劳工联合";属于第三种典型的,通常称为"产业的劳工联合"或"实业的劳工联合"。在这三种典型的劳工联合之中,我们原该特别注意第三种典型,即产业的或实业的劳工联合,——这有两种理由:第一,因为他是现今思潮最高的潮流,在三种典型之中以这一种为最新,三种之中只有这一种特别可以称作新式的劳工联合,我们要想在劳工联合运动场上不再走前人走错的错路,须得注意这一种,预备建设起这一种;第二,因为他是现今运动最猛烈的流派,为要了解法国工团主义,美国 I. W. W,俄国现今的职业联盟(注意:俄国现今的劳工联合名称虽叫作职业联盟,组织却已是产业联合。他那联合,在一九一七年十一月革命之前,是按第二种典型即职业的或技艺的或同行的联合典型而组织的;十一月革命之后,组织便都根本地变作第三种典型即产业的或实业的了,但名称却不曾改,仍叫职业联盟,所以我们论俄国劳工联合,须注意职业联盟一名所表示的共含有两种典型的组织)。这些充满着朝气的组

---

[*] 本文发表时署名:望道。——编者注

织起见,也应注意这个第三种的典型。但在中国,原有而且被人公认的,既只有职业的劳工联合稍微有一点雏形,而且产业的劳工联合现在也还无从着手。我们要使我们劳工追及文明国已经走到的境地,虽不该忽略第三种典型,却须对于这一种,首先指示出一条可走的路,使其滋长、扩大。也知道这种典型的劳工联合,无论是纯理上、实际上,都有种种的缺陷;但既不能凭空将第三种典型给予劳工们,这一点也只得暂时忍受了,而且这一种典型,因为思潮上已不算最新,或者大家可以不至惊为什么什么,更能招起国人底注意咧!

我久久蓄意要做一篇论劳工联合的长文,常被健康关系阻止。这次在"劳工联合之研究"题下标出"劳工联合底典型"一个章名写了上面这一段,又为诸事阻止。忙中不便构思,下文暂时只好接译北泽新次郎底这一篇,请读者阅览了。得暇,当再将鄙见所及,写为论文,就正国人。

一 劳工联合底发生

劳工联合这一种东西,目的在乎使工钱劳工与资本家所缔结的劳动契约归于平允。当今劳工与资本家所缔结的劳动契约,因为他是一种自由契约,骤然看去原像是双方对等的关系,但其实际却并不是这样。这等契约关系所以不对等,约有两个缘故:一是劳动这个东西本质上的缘故;二是劳工社会的地位底缘故。劳动原仿佛是一种商品,卖他的是劳工,买他的便是资本家。但劳动底买卖,在劳动这个东西底本质上,却含有全然同商品不同的情势。第一,劳动的商品或商品的劳动是附着劳工身上的一种东西,不能离开劳工身体而存在。譬如劳工将劳动卖给工厂,给工厂运转机械,便须劳工本身到工厂去才得履行劳动。换句话说,劳工一卖了劳动,他那人格必然地就要受了或一程度的桎梏。这是劳动底买卖与商品底买卖显然不同的一点。第二,就是商品底供给有伸缩力,劳动没有伸缩力的一点。商品可以依据市场状况,测量需要底程度而增减其生产额;人口底增加却为种种社会的事情所统辖,劳工自己并不能转移他,怎么样他。第三,便是商品与劳动移动力的异趣。商品可以用商业的手段从需要少的地方即价格低廉的处所移动至需要多的地方即价格高昂的处所;但劳动却并没有商品这样富于移转力。劳工因为有家属的关系,经济的事情等等,移他住所至别处,稍微比着商品来得困难。第四,就是商品多有保存力,劳动全然没有保存力。劳工并不能将一日不曾卖出的劳动,保存至第二日,第二日来做两倍的劳动。所以劳工一日不卖劳动,那劳动便终于消灭。

因为劳动与商品有这些本质上的差异,所以劳动契约关系并不像商品,买卖当事人能够站在对等的地位上。但劳动契约关系所以不平允另外还有一个原因,就是劳工底社会的境遇。劳工与资本家缔结劳动契约时,劳工总是不利的一面,原因就在劳工所处的境遇比着资本家是社会的弱者底境遇。没有经济的余裕的劳工,一日不卖劳动,便没有自己和妻子过活的路途。常至迫的无可奈何,虽然只能得到过少的工钱,也只得卖却劳动。而那资本家底一面,不买这个劳动也并不愁衣食无路可策。另外也还可以得着劳动的供给。即使没有,也没有什么大损失。况且,劳工多不明白劳动市场底商情,缔结劳动契约时,因此也要吃亏的。所以资本家与劳工所缔结的劳动契约,名义上虽是自由契约,颇觉正当;其实却极冷酷而不正当。劳工与资本家这样站在不对等的关系上,所以资本家和劳工底契约常产出资本家有利、劳工不利的结果;劳工不断地被强者的资本家所压迫、所窘苦。这种压迫,在劳工还未觉醒的时候,劳工原看作奈何不得的事情,甘心忍受,若是感到阶级的意识产生了改善自己底社会的地位境遇的欲求,劳工却就会感觉单独行动到底无力,又感知团结起来对待资本家,却也能够同资本家缔结公平的契约。于是就生出劳工联合。所以劳工联合,正不妨说是觉悟的劳工想借团体的势力使劳工与资本家所缔结的劳动契约归于公平而组织的东西。

关于劳工联合底起源,学者中间现今异说纷纭。有人说是中世纪基尔特(Guild)底变相(如白林塔诺教授[①]);有人说劳工联合与中世纪底基尔特并无什么关系(如韦勃夫妇[②])。我们现在也不必去追究究竟谁说的对谁说的不对;总之,我们现在所说的劳工联合决不会不是比较的近代底出产。我已说过,劳工联合是工钱劳工所组织的东西;性质自然同从前包含师傅徒弟的基尔特,全然不同。而且产业革命以前,资本家及劳工人两阶级尚未分离,工钱劳工一种特殊阶级也决不会有。现今的劳工联合自然是产业革命底产物,在十八世纪以前是没有这种性质的联合的[③]。

二　劳工联合底组织

现今劳工联合底组织,每因联合而不同,而其机关,通常又很繁复,自然

[①]　白林塔诺教授底学说,见 History and Development of Guilds and the Origin of Trade Unions 及 Die Arbeilergilden der Gegenwart 。

[②]　韦勃夫妇底主张,见其所著 History of Trade Unionism.

[③]　Webb, History of Trade Unionism, P. L

不能概括叙述。但在劳工联合发达还是幼稚的时代，联合底组织却极单简，会员也少，事务也简，关于联合底事务都由联合员全体开会投票处决，职员也由会员轮流当值，所行的就是韦勃夫妇所谓原始的民主政治①。这种单纯的组织，在联合底会员增加起来，产业界底事情复杂起来的时候，是不能行的。于是会员全体处理事务的制度就改为选出议员来议决联合会中一切事务的制度，并在本部设了适当的职员，使其执掌联合会底事务。及至联合底事务随着时势底变迁成为专门的、技术的，事务便又须专门的才能来执掌了，于是便又支给了一定的薪水，设起适当的专门的职员。凡是劳工联合，都是这样，联合底基础巩固一点，本部底权限也便强大一点的。这都是各联合会日常实验所得的结果，并不受什么一定的理论所支配，也并不是法律底产物。现在请将联合组织底大体说在下面。

劳工联合底立法机关便是由各地支部所选议员（Delegate）组成的总会（National Convention）。这等议员，是代表各支部的权限、职司等等，通常并无什么制限，只是重要事项，有时须由全联合会员投票处决。议员在总会所担任的事情是讨论并决定联合一般的策略及各种重要事项，兼选举本部理事，使其执行会中决定的事项。执行总会决议事项的机关，就是理事会（Executive Council），这在联合内部是执行联合百般事务的机关，对外部，便是代表联合会的机关。理事会由普通会员与支薪职员构成，通常有会长（President）、副会长（Vice President）、会计（Treasurer）及书记长（General Secretary）各各分任专门的事务。这会通常保管着联合底基金，掌握着同盟罢工许可权，联合会越强大起来，越要变成集权的、官僚的组织。

劳工联合，通常这样设备着这等进步的机关，努力使联合底目的成就。但联合制度渐次发达起来。各种联合中间又须有一种协同的行动才行，于是就产出了一地方，或一国底各种联合底联盟组织。这在英国，就是结合该国一地方许多联合而成的职工联合评议会（Trade Council），所掌的是普通劳动争执发生时，替联合与联合谋互相的融和或给资本家与劳工说合和解。在德国，也有类乎此的机关。这叫作 Gewerkschaftskartell。其次又有一地方或全国职工联合底同盟，即所谓"职工联合同盟会"（Federation），如"美国劳动同盟会"（American Federation of Labour）及"英国职工联合总同盟会"（General Federation of Trade Unions）就是最著名的同盟会。同盟会重要的目的，在使各联合彼此协同做事和睦过日。其次，更有全国一切职工联合

---

① 职工联合发达初期组织的状态，详见 Webb, Industrial Democracy 第一章。

为谋共同利益而组织的"职工联合总会"(Trade Union Congress, Gewerkschaftskogress)一种机关。更进,就是职工联合世界的团结,这一项,在一八八八年曾经有英国职工联合提倡开过会,只是并不曾有过显著的成绩。其理由,因为各国职工联合主张及方策都不相同,不易密切联合。然而此后因为各国职工联合底国际的联合实在必需,又设了"职工联合中央团体书记国际会议"(International Conference of the Secretaries of National Trade Union Centers)。每年在各国开会。这个会议,后来又设起"职工联合书记部"(Internationales Gewerkschaftssekretariat),掌管统计底收集、报告底发行,为各国职工联合本部报告的机关。此部已在一九〇三年更改名称,叫作"国际职工联合同盟会"(Internationales Gewerkschaftsbund)。

(原载《东方杂志》一九二一年十一月十日第十八卷第二十一号)

农民为什么苦呢?*

〔日〕山川均 著

(一)

资本制度,是以少数人垄断生产机关的一种制度。从前以土地为最重的生产机关,可以能实行,就是土地的资本主义。这种土地的资本主义的结果,历史家名之曰封建制度。这一种封建制度里边的人们底生活,顶要紧的生产机关底土地,都被少数的大资本家所把持,多数的人民,除自己底劳动力以外,一无长物了。这是一定的事,凡是握经济上的势力者,同时也握有政治上的势力的;所以当时做大地主的大资本家,好像领主一样的是政治上的支配者,农民是他底臣下,因此生杀予夺之权,都惟领主底命令是听。这时代的农民,历史家名之曰农奴。

(二)

可是社会随时势的变迁,人们底生活,渐渐地从农业方面,倾向到工业一方面来了。从前视为顶要紧的土地的生产机关,现在都集注在工业上资本(即工场,机械,原料等)的生产机关去了。这就是现在土地的资本主义告终,工业上的资本主义发达起来的时候。工业资本制度,就是近世资本制度的形态;所以现在所说的资本制度,就是指工业上的资本制度而言。

工业上的资本制度,也和土地的资本制度一样。工业上的生产机关,被少数的资本家所把持,多数的人民,除劳动力以外,一无长物,这是新式的一种奴隶——工银奴隶——加于劳动者底身上。

(三)

现在的农民是抱奴隶的地位,从此让给新加入的工场劳动者,自己

---

* 本文发表时署名:V. D.。——编者注

享安然的幸福了么？是决不然。在实际上，头上虽然没有了领主，脚跟仍旧窜在贫乏的深渊中。虽然被你一朝脱离，可是不久仍要在这深渊中过活的。可以说：头上没有领主的事，是做不到的，不过把领主的名义，改变一下，代以更凶恶的地主罢了。若是土地一归地主所有，那么，把农民汗和血所结晶的收获物，半分或者半分以上，连一只手指都没动一动过的地主，眨着了眼，像煞有介事的拿了去了，农民呢？仍旧是从前的农奴啊！

从前的农奴，上面只不过一重领主；现在的农奴，地主之外，更有一重领主，农民底头上，压得真厉害啊！

（四）

当土地资本主义时代，转到工业资本主义的时代，农业往往做了工业的工具，一切的利害，常常被工业所牺牲。自古迄今，终不免有"农为立国之本"的议论，就是要想保存农业的证据。五六年前，米粮便宜的时候，农民甚至连肥料，完粮时本钱也赚不到手，当时做政府的，并不想法救济农民。后来米价很高了，许多人纷纷议论，政府就把外米输入的关税，铁路运输的费用，都设法低减，用了极大的资本，输入外米，甚至要想法实行米的官营。总之尽其能力，去求米价的低减，可是现在米又便宜了，农民连肥料本钱都回钞不出呢——他们再也不去调节米价了。

不差，正因了米价一高，凡是做手业劳动的人，是最要不来的！因为要不来，所以要骚动咧？可是实际上劳动者的要命，骚扰，政府哪里有佢们在眼里呢！政府的所以调节米价并不是怕劳动者底骚扰，实在是资本家底骚扰啊。劳动者不论碰到米粮多么高，可是一方面所要的工银，决没有明文规定，可以跟了米价一同提高，所以不能不有提高工银的要求，如其工银一提高，资本家底利益就因此减少，所以真正的骚扰，决不是劳动者，而在资本家。从这一点看起来，今日农业的利害，完全牺牲在工业资本的利害之中啊！

（五）

还有一个证据，就是现在的国会议员，虽然都是资本家和地主阶级；但是地主底势力，比较工业资本家底势力，觉得渐渐地减少起来了。——大地主呢，势力自然仍旧很雄厚；可是无论在什么议院里，大多数总一定是资本家底代表者。从各地方选出的，虽然有许多大地主底议员，但是一按实际，凡是现在的大地主,可以说没有一个不兼工业上的事业的,所以一方面是大地主,同时又是工业上的大资本家。

所以现在政治上的权力,主要的都握于工业资本家之手。退一步讲,总也是向着这一方面进行。前面已经说过,凡是握经济上的势力的阶级,同时也必定握有政治上的权力的。反过来讲,凡是政治上握权力的阶级,都是经济上占有势力的一种支配阶级。所以今日握政权的一种工业资本家阶级,一定以工业去支配农业的,这一种证据,也就是农业牺牲于工业的确证。

(六)

可是农业做工业的牺牲品,又不仅是米价的调节而已。从前的农民,不论哪一件东西,大都为自己家族所手造。但是现在就不然,农民也渐渐用工业的生产物了。请一看现在的农民,还穿着自己所织的粗布没有?农民用以生活的杂用东西,可以说没一件不是工业的生产物了。

但是农民所用的东西,都从资本家底工场利用了劳动者底力所造成功的。其中的价值里边,资本家含有很大的一种利益,不论买一担人造的肥料,买一二把农具,洋油酱油的里边,或是布糖及吃食的当中,凡是在这价值之中,资本家总是要白赚一笔大利息的。一二年前,各项棉纱厂都发了大财,表面上和农民似乎没什么直接的关系,但是农民所用的棉丝品中,所谓资本家所得的大利,都是农民怀里边的汗血咧!所以农民用资本家底生产品,正是增加新的第二个领主,再向他贡纳赋税啊!所以被资本家所榨取者,不仅是在工场劳动的一班工银奴隶,在地主土地之下做农业奴隶的一批农民,也同被资本家所榨取咧!工场底奴隶,和土地底奴隶,是分头受苦的哥哥弟弟啊!

(七)

农民为什么苦呢?从前的农民,只向领主孝顺年贡而已,现在的农民呢,地主之外,还要向工业资本家再纳赋税,从前的农民,只受土地资本底榨取,现在的农民,且并受工业资本底榨取,从前的农民,头上只被着一位领主,现在农民底头上,有了两位领主了。以这两种的领主,压在佢们底身上,所以农民底生活,是被了二重的重负,焉得不压下去叫苦连天呢!

可以耕种地主土地的佃户,当然不必再说;就是耕种自己几亩田的农夫的数量,也渐渐地减少起来了。现在日本全国底自作小农(即自田自种的农夫),所有的地面,大抵都是借了钱来维持的,所以将来当然是要归于大地主兼并的运命啊!

　　贷借低利的资金给小作农(即佃户),叫他买了田地自己耕种,能够达到自作农的地步,这是一般人所议论的方法。可是低利这句话,其实也只有一个名目罢了。农民除贡纳大地主与工业资本家的赋税以外,又生出了一位新的领主先生——对于银行资本家,又不能不年付利息!不论你怎样的转来转去,总逃不出资本的制度以外!农民终归是没有抬头的机会的。用水膏药来疗治运命,除了卖劳动力以外,总没有第二个方法的,结果能够逃出无产者底运命么?

　　如果能够明白农民为什么苦的理由,那么,就有方法逃出这一个苦境了。

　　蚊子来咬的时候,觉到很痒,那么,怎样才好呢?□□□□□□,□□□□□□□□□□□□□□□□。(此处最后二十二字,被日本检查员涂抹了,现在我仍照原样画上,想来阅者自己也可以续下去。译者附志。)

　　　　　　(原载《民国日报》副刊《觉悟》一九二一年十二月六日)

资本主义的发展*

〔英〕杜白 著

一 家 庭 工 业

我们都有这样想的倾向,以为今日工业的组织及其趋向的道路,就是从前所常经历的,即将来也不会改变。那些希望各种事情都保留其原状的人,都鼓励我们作如是想。

倘若我们要知道现在工业的组织及其管理的状况,我们必须先研究以前它的生长及发展的情形。一个小孩要懂得事情,先要从发达其区别事物间之差异的能力下手。因此历史是使我们能将过去的事同今日的事相比较,使我们更懂得现在的事。不但如此,大部分保留下来的知识,使廿世纪的人别于初民者,都是科学方法的产物。这种方法曾应用于物理(发明机器的基础),化学,天文,生物,医药等科学。在社会演进及社会情况的研究中,我们的大学校还不曾能将这种方法应用得如此的得当。马克斯首先将科学方法应用于历史的事件。要对于经济的及社会的演进作科学的研究,必须先使我们懂得科学的方法,使我们能用了它来解决社会的问题,适如工程师用它来解决机器的问题一样。如此研究,以发展我们的心力,足以供给我们以求知识的工具,用了这种工具来加增我们控制自然的势力。工人这一个阶级,将来注定要从现在的倾圮败落中建造起一个新社会来。因此劳工阶级的学者尤须了解社会的演进,且须能用科学的态度去观察社会的问题。因此大学校所教授的正统的历史对于工人的功用是微乎其微的。

一七七〇年以前生产的方法与现在极不相同。那时候差不多没有什么工厂。至多只有小工场及铁器铸造厂,这种铸造厂与其说像现在的工厂,不如说它像铁匠铺更为确切。在毛织物的贸易中,工匠自己有织布机及纺轮

---

* 本文发表时署名:晓风。——编者注

（在爱尔兰的偏僻部分还是如此），他们在自己的茅舍中用手工作。资本家是一商人——他被称为一个"商人性质的厂主"——他往往把原料供给这些茅屋里的工人，织成布时他派人去收，付给工资，收回之后，在大市场出售。

往外洋经商的商人往往组成大的商业公司，例如东印度公司，他们垄断印度的商业。他们要从买贱卖贵以谋利；倘有别的商人同他们竞争，在他们买进的市场上抬高价钱，出卖的地方跌低价钱，那么他们便不兴了。所以这些商人的公司想法（一）在殖民地如印度，北美等他们的市场上排除出外国的商人，（二）在本国的市场上排斥外国的货物以免同他们自己从殖民地运来的货物相竞争。贵族中有许多名人属于这些公司的，他们利用他们对于国会及内阁的势力取得一种于这些目的有利的政策。他们成功了，结果就有所谓重商的制度。——这就是保护贸易制。

在近代的资本主义之前，关于这个家庭工业制所须注意的重要的事件是：——

（一）生产几乎全是手艺的。

（二）工人往往在他自己的屋里，依着自己的方法，用他自己的工具工作。

（三）资本家是一商人，他从经商赚钱。

二　资本主义的发生

在一七五〇至一八〇〇年间，纺织的机器有各种的发明。这个使得棉花和羊毛的纺织比以前快而且数量多得多；这种新的机器必须有力去推动它——起初是用水力，后来是用汽力。同这些发明有关系的是哈格雷夫（Hargreaves）、奥格莱德（Arkwright）、克朗伯登（Crompton）及卡德莱脱（Cartwright）等人。瓦德（Watt）及巴尔东（Bolton）在这时候也完成了置定的汽机的用度。

这种新机器太贵了，非独立的手工业者所能购备的。须有资本家投资购买这种机器，且装置起来。不单如此，还须有力去推动机器，这机器必须安置在那些易于获得力的所在，如初则在急流之旁，继则在旁近产煤之区。这两件事实使得有资本家来创立工厂之必要，他们据有机器，雇用工人使用机器，且指导他们在工厂内工作。因新的驱使机器的生产率比旧式的手织机及纺轮高得多，乡村间的纺纱织布者的生意渐为所夺，不得不搬到市镇上来，出卖劳力，受新工厂的雇用。

又工人与机器聚集在工厂内而至许多工厂与工业聚集在特别的区域内,或邻近力的来源(如煤或水),接近原料(如铁矿):这叫做工业的集中。因此棉织工厂最初建设于奔宁的斜坡上,邻近急流。以后他们迁下至冷卡洲的平原,那里潮湿的气候适于纺纱,而且那里又接近煤矿和航口,从美洲来的棉花就在那港口登岸的;曼彻斯德变为棉花的主要市场,以利物浦为其主要航口。羊毛的制造,在家庭工业制造之下,差不多分布于全英格兰的无数乡村,后来也大多集中于约克洲的西区,以勃拉特福为其商业中心。这种集合促进大批的分工——即各别的工人重视各别的职务,特别的工场担任特别的工作(如在毛织厂中之梳啦,织啦,染啦)。处于扶助地位之行家(如纺纱机之制造者),也会分工了,以供给棉织贸易之需要。这种集中和分工含有极大的经济;因为工人或行家能将其能力及技能集注于一件特别的职务,能把这职务做得格外精到。并且他能利用着大规模生产的经济。

但在这资本主义的初期,当棉织物是我们最重要的工业时,还没有现在所谓大规模的工业。磨坊及工厂是很小的,一个磨坊用到一百人已经算了不得了。小资本家还有机会,他纤小的资本爬在别人的背上,变为一个富有的棉业界的名人。工业不像现在一般操纵在大公司之手,不过是个人及家属所举办——即个人的职业及家属的合伙。这些早先的资本家往往是勤劳的,有能力的,节省以致近于吝啬的,具有强烈的家庭意识,爱护他们自己家乡的强烈的忠心。他们往往是不信国教的,小礼拜堂的行走者,他们在一礼拜的六天之内驱策工人在磨坊里做苦工,礼拜日给工人以自由,让那班苦人可以有虔诚的心去听讲道。

纺织工业的组织中所发生的这种革命也牵连到煤铁出产的发展。它得力于汽机的创造是非常大的;焦炭的使用在熔铁时替代了木炭,炼熟铁法的发明加增了铁的出产,因此在一八一五年我们是输出到九万一千吨一年;并且开始兴起了许多很大的铁厂。再者农业上因旧时农夫租田制的破坏,农夫的丧家荡产,公地的被圈围而起大变动。资本家的田庄在他们的地位上建立:有资产的田夫投资于田庄,置办农具,从事改良,组织科学的收获器,于是劳工为了工资被雇了来在这地面上工作。

这种工业的或技术的革命是渐进的,参差的。在纺织业中,纺织因机器的发明而革命之后,手织机还留存了多少时候。在编织业中,虽然早就有工厂(因了广大的架子的创造),直到一八四五年旋转的架子创造了才改用汽力。一八四〇年,在棉织及绒织业中,虽已充分使用了有力的织机,而在麻布,羊毛及丝业中还只有一部分使用。

由十八世纪后半的种种创造所引起的资本主义的重要形态是：——

（一）工厂，机器及原料为资本家所有；生产的进行及生产器的出售为资本家所掌管。

（二）因此资本家不再仅仅是一商人，专注意于贸易，他是一厂主，自置机器及雇用劳力，而注意于生产。他在这上面图利益。

（三）工人不再自备工作的工具。新的创造品取而代之。他自己万无如此的能力省下钱来购买机器。工人不再是一个工匠，可以支配他自己工作的情境了。

这是显然的，在资本主义变为可能之前必须具备两种社会的条件。第一，少数人之手须积聚充足的财富，能把这股本用以建设工厂和机器，购买原料及雇用劳工。在前几世纪已有这种种积聚了，许多商人因了同英国海外殖民地的贸易而积聚了大财富。第二，除非有大批的人民没有谋生之路，资本家便不会招致到众多的工人，给以极低微的工资而愿在他的工厂中作工，使他得到实在的利益。这种无产的平民加增极速，一部分由于人口的自然增加，超过了生产的所能供应，一部分由于乡村小农的失业，剥夺了租田及借用公地之权。这种公地的被资本主义的地主所圈围，在一七五〇至一八三〇年间进行最速。无产阶级的队伍因工匠（如手织机匠等，他们的工作为新机器所替代了）之参加而大加扩大了。

再者，要扩张市场，俾工商业集中及分工得以实现，则转运及交通的工具有改进之必要。大约在一八〇〇年时候，大大地兴筑了有栏栅的路及港湾。

三　纺织业资本主义与政治

我们在第一章中可以看见，在十八世纪的中叶，商人利用他们的势力，指导国家的政策，趋向于对他们的利益有利的方面，因此产生了重商的制度。但是工业革命引进了崭新的情境，旧式重商主义的严密的限制，好像加机器生产的新组织以镣铐；所以中等阶级中主有纺织工场的新兴的资本家以及那些投资于棉花生产的孟契司德及利佛浦的商人起始作政治改革的运动。新经济制度须赖于其他的事件：——

（一）原料的便宜和稳定的供给。棉花来自美洲，所以同美洲有亲善的关系是所愿望的，贸易必须是自由而无限制。

（二）一个广大的市场（别于重商主义的垄断的市场）容许他们大规模

的取得工厂工业的经济的充分利益。最好的市场是欧洲。因此平和及自由贸易在欧洲是所愿望的。

（三）一种丰足而便宜的劳力底供给。因此旧时对于劳工移动的限制，法定的工价，以及阻碍工人变为无产阶级，阻碍工人飘流到市镇上来的一切东西都是非所愿意的，谷物律提高面包的价值使劳力变得很贵，所以是为中等阶级所仇恨的。

（四）脱离国定条例底束缚，这种条例足以阻止自由竞争及经济的活动；因为工业昌盛，在自由竞争的制度之下，事业才能蒸蒸日上。

商会的秘书赫克孙（Huskisson）在一八二三年减低许多种的保护本国商业的进口税，废除重商的航海条例（这种条例虽有利于英国的航运事业，但足以阻止对外的贸易），以适应这种要求。

但是中等阶级在政府没有直接的发言权。各处的投票权差不多完全操于大地主之手。北部新兴的工业区很少或者简直没有代表在国会里。因此激烈派开始鼓动国会的革命；在一八三二年的暴动的威迫中，以及在别的事件中，向银行提款以威迫惠灵吞公爵——他是维护地主利益的保守党的喉舌——他乖觉地向这不可避免的事件低头，允许通过大革命案，授中等阶级以选举权（但劳工阶级还是没有份的）。

到一八三二年之后重商主义最后的残余物也扫除尽了，改革的实行使政治的制度适合于国家的变迁的经济状况。一八三四年的贫穷律采用养贫院的原则。它是根据这个信仰，就是除非使养贫院变为很不愉快的地方，有过于工资最微薄的工人所处的境况，工人便不愿为雇者所愿出的工资而工作。一八三五年地方政府有一种改革，授中等阶级以统治地方的行政权。卡登与勃兰德——孟契斯德的棉业厂主——组织反谷物律的同盟，且在政治上向地主猛烈挑战。地主要求整顿新工厂中恶劣的境况以报复他。一八四六年，劳勃脱披尔爵士表示让步，到一八四九年，谷物律完全废止了。一八五三年，利物浦的高尔斯顿，率领了新中等阶级的自由党，把保护本国商业的进口税之最后残余物扫除了，从帝国的前哨撤回守备队，制定一种商业条约，以促进与法兰西自由贸易。

因此黑阵阵的工厂烟突，人口繁密的市镇，理财的厂主的奋烈竞争，及致富的迅速，在维多利亚时代的英国发生了社会的反应——如著作家笛根斯及司密士所赞美的节省，奋勉及家庭的友爱等道德律，如家族的勤劳，炙牛肉的菜及耶克州补丁，如不重"血统"而以"金钱"为万能，以外饰或浓艳为艺术的惟一法则等。那是维多利亚时代英国的情形，贵族的智识界如勒斯金,加莱尔,及威康莫利等反对得非常剧烈的。

同时劳工阶级,——发觉把他们的劳力卖给资本家,就各方面说他们都是贱卖的,——组织工联,雇主也组织了会来抵抗。起初这些联会被宣告不合于联会的法令。但因行政官往往是雇主自己,朋友及雇主的亲戚,这种法令只加重压迫于工人。然而当时急进派正在要求工业上的自由,非得认可废止这种限制不可。一八二六年,散工帮(Charing Cross)的激烈的裁缝工伯雷司努力的结果,工联即被认为合法了。阶级争斗(这种争斗此刻正在破坏工业的制度)于是乎开始了,无产者的挣扎是想改变情境,使他们的劳力得以卖得贵一点,而资本家则想保持从他们的享有特权的地位所致的"专卖的利益或剩余的价格"。

四　第二次工业革命

有时在史籍中给我们一个印象,工业革命是发轫于一七七〇年,到一八三〇年突然终止了。其实,在那时候工场制度及机器之输入纺织工业不过是全历程的一段,这种历程在一八三〇年以后还继续着,亦许比以前进行更速,到了一八七〇年而有第二次工业革命的结果,对于社会的影响,不亚于前七八十年那一次的革命。

这次变动的直接原因,适如前一次的工业革命,是在机器中有种种的创造发明;所异者,这次的发明是属于钢铁工业的,不是属于纺织工业的。一八五五年有皮西黑的发明(径将生铁化炼成钢的方法);一八六四年西蒙及玛丁发明浅底炉之炼钢法,一八七五年汤姆斯—杰克立司创造盐基法,即在皮西黑的化铁炉中能将大铁的磷质除去。这些发明使钢铁的产额大量增加。汤姆斯·杰克立司的发明得以利用磷质多的矿苗,这个向来是不能用的。

我们已经说过发明是直接的原因。适如种子除非种在相宜的土地上不能结果一样,这些发明,要不是有别的经济状况,便不会有多大影响的,那别的经济情形已在一八〇〇年前后造成了一种变动。第一,转运及交通的工具自拿破仑战争闭幕(一八一五)以来已大大的改良。汽机及汽船已经发明了,还有电讯机。在一八四〇年至一八五〇年间英国有建筑铁路的拟议。一八四〇年从仑顿到地中海有定期的轮船驶行。一八六九年苏彝士运河开凿成功,供给一条与东方贸易便利的道路。

第二,在这一世纪的前半营工业者获利之厚,使财富更集合于资本阶级之手。银行制度的发展(因披尔于一八四四年颁布的银行条例而增其集中及稳固之力),一八六一年邮政储金局的确立,一八六四年的公司条例,规定合股公司中股东负"有限责任"——这一类的发达便造成了资本雄厚的大公司,取独营事业而代之,在前半世纪,经营这类事业利益很高,而有大资本的集合,因此在十九世纪之末经济势力便一天天的膨胀。

这种种事情的重要结果是将经济的重心从纺织移到钢铁;从孟契司德移到盘明翰。因种种的发明,使钢的产额大为增加;这件事以及因运输的改进所致的市场的开扩,使钢铁业得以集中,且可为大产业的组织。情形不与纺织工业相同,在组织大规模的钢铁生产及集合许多分离的工作于一个工厂中,是大费安排的。最先钢铁工业位置于近煤铁的黑乡,在盘明翰的北部。后来,大部分的生铁从西班牙的毕巴地方运来,钢铁制造了物品,成了庞大的货物,因此难于运输时,这种工业便有移近港口的趋势,现在大都位于南惠而斯,克利夫兰及克莱特等地。

这第二次工业革命的重要形态是——(一)大合股公司逐渐重要,代替了独营的或小股分的事业;(二)发生了有一定的息金收入的小资产阶级;(三)大模范的工业的发达;(四)小资本家的兴起及致富更为困难:在纺织工业中,因了是室内的及用汽力的事业,小资本的人还有许多机会可以起来,但在钢铁业中便愈变愈难了;(五)有发生大组合的趋势——有时是横的组合,即处于竞争地位的行家互相结合,更通行的是竖的结合,退后则控制原料,前进则控制运输及造船公司,铁路等;在勃兰登有钢铁的组合,如维堪,佛纳斯·惠锐,约翰·勃朗等,在美国有许多信托公司,像合众钢铁公司,在德国有卡体儿①,(经售处)混合工业(煤和铁的组合)及辛笛开(Syndicates)②,像钢铁业联合是。

参考书:

Lilian Knowles, "Industrial and Commerail Revolutions."

Turberville & Howe, "Great Britain in the Latest Age."

J. Margan Rels, "Trusts in British industry"

Fohn Hilton, "combine and Trade organisation"

Alfred Marshall, "Industry and Trade."

---

① Cartel 为德国商业上两个或数个公司的同盟,其目的为规定出品,均派商业及划一价目。

② 为德国公司同盟之一种,系制造者所组织,其目的为使出品出市,并使出品量与消费量相等。——原译作"笛辛开",现据原文改作"辛笛开"。——编者注

五　德国的资本主义

在各个国度里，经济的演进并不恰恰走着同一的路，所经历的步骤也不是在同一时刻的，因为在不同的国度里有各别的地理的(有时种族的)情境足以影响于它。但当许多观念传布过国境，一国的经济状况受别一国的影响时，有一种使它如此的倾向。因各国的交通机关日益发达，不同的工业发生连带的关系，而各国的发达，自一八七〇年以来，乃远较百年以前趋向于同时了。

一八〇〇年，德国还处于中世封建制度的痛苦之下，这在英国三百年前便废除了。她的人民百分之八十是务农的。耕种法是极幼稚的。城市生活，建筑于贸易及手工业之上的，自从十七世纪以来确已崩坏了。普鲁士首相史体因开始为扫除封建制度的工作，且因政治的改革授地方以极小的政治管理之权。一八〇七年田奴制(法律限定农工在一定的地方，强迫他在贵族的田产上服役)在普鲁士废止了，但是直到一八六〇年以后，封建的权利之最后遗迹才完全扫荡了。因农权制之废除而寒苦的农民乃得像在英国一样圈地及依法取得产业。

(在田奴制废除之前，没有无产者及自由工供给城市的。)

德国的其余各部，在法皇拿破仑的占据之下多少时候，受到他的革命的改革，尤其是莱尼省，那里田奴制是革除了，内地税是废止了，路是担任建筑了。这些布置都是资本主义发展之前所必备的情境(参看第三节)。

德国直到一八五〇年之后才发生工业革命。一八四六年全普鲁士只有一三六个棉花厂，而且在西里昔亚的三百个熔铁炉只有九个是用焦煤锻炼的。但是在一八四五年至一八六〇年间，棉花的销行增加三倍以上，一八五二年至一八六七年之间筳子的数目增加到百分之一二倍。

德国工业革命的迟缓是由于——(一)封建制度及农奴制废弃较迟，(二)缺乏资本的积聚：城市的商人阶级没有像英国的商人一样，因与殖民地贸易而致富，(三)缺乏一种进步的银行制度，如英，法及荷兰所有的，(四)有许多分离的邦，各有它自己的法律，税率，及贸易的限制；结果是交通上有极大的阻碍，且工业上只有极狭小的市场。

一八三三年普鲁士组织税法同盟会，破坏贸易上的限止。一八五〇年铁路的建筑开始了；一八六七年进行德意志的联合之第一步——俾斯麦克的北日耳曼同盟——成功了两件事，即内地自由贸易之扩张及铁路制度的划一。英国的机器及技能精熟的工人之输入里音西亚及荫克松是工业革命的直接原因。

第二次工业革命紧追踪着第一次的。一八七一年德国从法国取得阿尔萨斯——罗冷的煤铁场,且因汤姆斯—杰克立司的创造得以利用这些含有磷质的矿苗(参看第四节)。

下面所述近代德国的形态是值得注意的——

(一)一八九〇年以后电气工业的急剧发展。A. E. G. 的电气组合,拉宋那居首,乃是司丁纳组合的有力的竞争者。

(二)地主及工业家之间的政治上的妥协。德国,缺乏英国人的向海外取得食物供给的能力,在战争的期内必须赖国内供给;因此她的朝臣必须奖励农业,保护农业上的利益。然而一九一八年的革命,地主的政治上的势力为工业家所推翻了。

(三)卡体儿及辛笛开的发生,在惠斯脱否立的煤铁工业中尤其有这种组合。还有一种连合煤铁为一的"混合工厂"。伊逊地方的 Phenish-Westphalian 煤业同盟,成于一八九三年,管理那个区域的全部煤业。都西尔德地方的钢厂联合,成于一九〇四年,管辖大部分的钢业。司丁纳的钢铁组合,自从欧战以后,发达到极点。

(四)商业银行的发生,如 Presdner, Deutsche, Disconto Gesellschaft 等,这使理财事业有一特殊的职能,且参与工业的管辖。这种发展的理由大部分是因为德国私人的手里没有雄厚的资本。

参考书:

F. A. Ogg; "Economic Development of Modern Europe."

J. H. Clapham, "Economic Development of France and Germany."

W. H. Dawson ,The Evolution of Modern Germany.

Alfred marshall, "Industry and Trade."

六 法国资本主义

不像德国一样,在法国,封建的拘束在一八〇〇年以前大都已经废弃了,且经由殖民地的贸易,商人阶级兴起而致富了。一七八九年法国革命所从事的是:(一)废止封建的残余的拘束及地主的权力,(二)将政治的权力给予中产阶级,(三)在直接征税之中,将纳税的负担移一点在地主身上,(四)分散大的田业,(五)废弃基尔特等,这足以限制自由贸易及劳工的移动,(六)废止内地税。拿破仑,他反照到新时代的观念,建立许多公众的事业,如建筑道路,开通运河及兴造港口等。这些事业大部分是资本主义的发展所必具的条件。

在纺织机方面,法国也有一点发明的,像一八〇四年杰阔特发明的丝织机。但是一八二五年以前,手艺还占主要,直到一八二五年以后,英国废止机器出口的禁令,英国机器的输入才开始促成纺织工业的革命。在一八三四年还只有五千只机。一八四六年已有三万一千只机。一八三〇年营钢铁事业者还没有用焦炭熔铁的。到了一八六四年焦炭熔铁炉之数超过了木炭炉了。在国家指导之下建筑的铁道在一八四二年以后也向前突进了。一八五二年以后拿破仑第三与各国订立的通商(自由贸易)条约也帮助资本家的发展。像在别国一样,第二次的工业革命(钢铁业革命)起于一八七〇年之后,在一八七〇至一八九七年之间,工业的生产加增到三倍之多。但如在德美及英的近代大规范的工业,在法国是少有的。

法国经济制度的重要形态是——

(一)缺乏煤铁的大宗供给,以及原料供给的星散,阻止工业集中的发展。因此法国的工业是分散为许多不同的中心,不像别国一样集中于寥寥的几处。

(二)因了同一的理由,法国工业的生产品趋向于特别和超胜,其特点是质料之精致与技能的巧妙而不如大规模生产之经济。

(三)法国还是一个以农业为主的国家,农民以小田户为多。

(四)银行的卓越及小资产阶级的重要:银行集合大批农民(他们往往是一富裕的阶级)的小储金,能握有不少的权力,且向国外投巨大的资本。

参考书:

F. A. Ogg, "Economic Development of Modern Europe."

J. H. Clapham, "Economic Development of Modern Europe."

A. Marshall, "Industry and Trade."

七 美国的资本主义

在十九世纪中,美国经济生活的主要部分,就是资本和人口的往西伸展,起初是伸入密士色碧河流中西部的膏腴之区,后来再跨过山岭直达大西洋之滨。这个西展,起初是使膏腴地有投资的可能;再后就使资本累积充盈。例如,当芝加哥这样一个城在十年中发达起来的时候,那四周的地主就增加巨大的收获。

因此,在一八五〇年,美国区分为三个经济的区域——(a)东部——大西洋沿岸制造及贸易的各邦,(b)中西部——从事农业,获利甚厚,常是开辟的,扩张的,(c)南部——半封建的,贵族的,藉奴隶植棉以获厚利的。

东部直到一八三〇年家庭工业占有极大的势力。焦炭炉在一八四〇年左右还未引用。但一八〇三年之后,工业上用了机器,东部各邦乃发生资本生产法。一八三五年电信机发明了;一八四二年拿斯密司又发明了汽锤。在一八四〇年石炭炉只有六个;一八五六年左右有二十一个了。然而工业是还没有集中的。纱厂往往分散于阿莱赫纳山的斜坡左近,他们在那里可以利用水力。在一八四五至一八六〇年之间,实行减低税率以取悦于东部的商人。

一八四〇至一八六〇年之间,东方各邦兴造铁道,使东部与中西部联络起来。一八五四年第一条通到密士比河的铁道完成了。这使中西部得以在东方的各市镇有一市场出售它的出品;且为东部的厂家在中西部找得一市场;结果是东西部联合向蓄奴的南部为经济的利益而战争,即一八六〇年的南北战争是也。然而,直要到南北战争以后,钢轨的制造才开始,得以大规范的兴筑铁道。一八六九年第一条横贯大陆的铁道线是完成了。在一八六〇至一八七〇年之间,铁道的里数是加倍了,到了一八八〇年左右是三倍了。这在西部和南部是敷设铁道的时期。

这种市场的扩大,在一八六〇至一八七〇年之间,产生了工业膨胀的第二时期。这个更得了南北战争期内及以后提高关税的滋养,产生一种"幼稚工业的暖室的发展"。汽力在纺织工业中用得更普遍,后来因殖民之故而南部开始有纺织厂之举办,那里煤及棉花都是极富足的。且因有种种新发明,促进钢铁生产的革命。同时为新铁道的兴筑要求大宗的钢铁。在这个时期内,欧洲移民来此,供给充足且便宜的劳力。

所以,在一八四〇年左右,工业革命只限于东部沿岸的寥寥几邦,且受市场渺小,劳工希少之限止;一八六〇年之后,工业革命传布到中西部及南部,且紧随着第二次的革命及膨胀,钢铁的产额大量的增加。

美国资本主义的主要形态是:

1. 自南北战争之后,它的发达异常的迅速。这大部分是由于工业大王拥有宏大的财富和劳力,他们在极少的几年内发迹了。

2. 托拉司占有极大的势力——竞争的各商号联络起来,在一个管理之下,有力量排除竞争者且保持价格。有许多用法律的行为来尝试破坏这托拉司,但这些尝试大都失败了。一个托拉司被法律所禁止了,不过解散和改组,换一个名称,改变一点组织而已,还是有同等的势力。例如:煤油公司,网业组合,烟草公司等是。西部的农夫是最先策划用法律来控制托拉司。

3. 工业的分工及集中到了极高的程度;大规模工业的发达到了高点,胜过欧洲;且因有效的事业组织的方法即资本更集中于少数人之手了。

4. 农业也资本主义化了,中西部的大田庄用科学的机器工作,同法国的小农相去霄壤。

5. 美国的资本主义新近将其眼光注射于海外的商场。南北战争之前,出口货几乎完全是农产物。国内的市场吸收工业品。直到一八八〇年左右,工业品的出品变得极重要了。直到这个世纪之末,西部有许多方面容纳资本制度的扩张。到了一八九八年(与西班牙开战及并吞了菲列宾之后)美国的资本主义一变而为帝国主义了。

八 资本帝国主义

我们在前面(前第三节)已经知道经济状况的改变,定要怎样地引起政治情形的改变,而所以要发生这些改变,都是资本家把他们的钱用在新的生产法的影响。第二次工业革命后的情形,产生下列的几种需要:——

一 钢铁出品,需要一个国外商场。从不会一切货物都永久嫌其产出得太多;但也许有些货物因别种货物的关系会嫌其出产太多;机器就常是有一种出产过多的倾向,为别种工业所用不了。因此,商业要衰落,常是钢铁生意最坏;赶出得最厉利的就是钢铁,因为国内没有商场。

二 需要保护关税法来保护国内钢铁工业,使不受外国的侵轧。

三 资本积聚在少数人之手的速率过于国内投资机会的增长(结果是利率减低,)使得资本阶级都要到国外去找投资机会,至有所谓资本输出。这是借贷阶级所欢迎的。

四 大批的生产,使多量而且可靠的原料供给为必要(例如煤铁)。一个大联业的所以成功,其重要原因就是原料供给的落其掌握。

因此,至一八七〇左右,所有那些侧重钢铁的投资因而影响及织物投资的国家,都于政策上起了猝变——变成帝国主义而保护弱国。帝国主义,就是使产业落后的国家为资本制度的经济发展而加以直接的或间接的政治操纵,方法是并吞和保护,或和平侵入而使其国主用他们的顾问,等等。

这些产业落后的国家的开放,使投资者得了乐土;因此而生的建筑铁道等事,给钢铁开了商场;原料开发权的让与,使那些联业者大畅所欲。一八七〇以后,资本的输出额就大大的增加。投资一定要操纵了政权来保障,这是单单通商所无须的。政权操纵,也是获得让与权者用以防止让与权滚到别国敌意联业者手里去所要得的。

在英国,利物浦格斯顿政党的自由政策开始让步于北明翰内阁的帝国主义政策。在法国,那个在一八八四主张拘押安南东京都尼斯总督(因为他把一条铁路让给了一个意国公司)占据法属索莫利的囚尔否利,就是新运动的政治首领。在意国有克力斯必,他替意国阴谋的黎玻里之取得。德国帝国主义的膨胀,有一向是用的私人公司和私人探察,像俾得博士之流,不从柏林发出议定的政策。但到一九〇〇年,那志在西番亮钢铁的大队海军凯旋了,到一九〇七年就设立一个领事馆而以黑尔台尔保为领事,他是开那个投资于钢铁工业投得很大的得拉西屯银行的。

到一八八〇左右,非洲的争取开始了。一八八〇与一八九〇之间有五万万方哩的非洲为欧洲列强所揽取。到一九一四年,那全非洲,只除了力音黎亚和亚别新尼亚,皆属于列强——正主是英德法三国。同样的争取也发生于中国和太平洋;这争取现在仍在进行,以美日两国为对垒的主角。

到了一九〇〇年,帝国主义斗得最烈的是英和法,西昔尔罗台斯提出"向开义罗埃及京城铁路去","振兴沿途的商业"的口号。一方面,法国要操纵中非洲全部,从塞内格尔,麻洛哥直达索莫利地。一八九八给请纳占领苏丹时,英国算是胜的。一九〇二英法讲和,英可在埃及自由活动,法则在麻洛哥。一九〇〇以后,就变成德与英法斗。因为一九〇〇以后帝国主义已为德国议定的政策,而得彩喜银行又提出白格达铁路来,想从柏林经过巴尔干,君士坦丁而和白格达及波斯海湾连了起来。这个使得(a)英国在埃及,波斯及印度的利益;(b)法国在希腊及勒望的利益;(c)俄国在波斯及高加索的利益;以及(d)三国对于君士坦丁问题及通过地中海的利益均要发生危险。这事,遂以巴尔干事件和塞尔比亚问题(塞尔比亚在柏白线上是一个要塞)为因由而爆出了一九一四年的大战。

九　现代资本主义的几种特色

(一)钱市　(二)厂主

在现代状况之下,生产是在需求的预期中进行着的;所以,它的存在大半是要以信用为基础。以汽车为例：它可产出以后没有人买，直搁了十二个月。在这段时间里，工钱是要付的，原料是要买的。所以，这个"时素"就变得很重要；一定要找出一种方法来使这个生产前进。

创办一爿工厂的费用，通常是等于从各投资者募集得来的那笔有限股本。他们已决计不消费了，而把那钱所他们的消费权授给了一个要买机器的资本家。那机件用坏后的修理费和那股本的利息，自然也归入所产货品的实价内。

那股份交易所亦为其一部分的钱市，就是使那个要想集（或借）资的制造家和那个愿意省下钱来生利的投资者接触的法门。其法是代公司出卖"红利"，使投资者有分取公司盈利的一部分（即股息）的权利。

我们已经知道，资本主义是要银根活动的。那钱市就是要想来保障这个活动——使资本收入需要最切获利最高的用途。投资者天然是要把他价钱投入那有最高盈利的事业的。只要钱市是无限制的，开着的，而又诚实的，他就可以做到这一步；如果这样，资本流入需要最切的用途的倾向就较没有钱的时多些。但钱市这个作用，常被有力的操纵股息的价格，及无知投资者的造谣欺骗所破坏。

但生产费的减小，大半是靠银行界用信用垫付来揇注。银行先是收受多数人的存款；然后不使这些存款白放着而把他们用信用垫付法借给厂主去活动生产。在商业发达时，信用垫付的需求甚大，结果，银行垫付的数额膨胀。这就是说，社会的购买力增高而物价因以腾贵。这叫做"银根过松"。终于使得变赊为现的需求（因为要付工资）增加；而银行看见提款者多，就只得用提高贷价——"行利"——法来限制出贷。

资本主义还有一个重要特色就是：生产是操纵于几个竞争的商人或一群商人（厂主）的。他们出产的货量要看他们想望能够得着的盈利的多少；指导他们去批断他们货物的销路的就是那物价的指数。如价格抬高，他们就多出产以牟高利。惜他们做事，不是常从科学的经济学的推理出发，而只凭本能。在自由竞争的理想条件之下，那供和求原可在这种趋势中十分合拍。但（a）这里有一个重要的例外，而且（b）自由竞争的理想条件甚非常常所能有。工业是志在牟利的这件事，使信托公司和专卖终于成立以防止竞争而消灭之。

专讲例外：如果那厂主是独行或他能知道与之竞争者到底在预备出多少货，那他就能够从市价的升降上断定销路的旺不旺而使供求十分合拍。但因为他只是许多竞争者之一，他可以提供多少到市面上去，就要看他的竞争者的出量;而这个他又莫明其妙。所以,如我们在下节中所说的,当"乐天疫"流行在商界时,会使供求的不合延长到好久的一个时期,始而生产过剩,继而脱节。还有,金融变迁,要使一般的物价涨落受影响,危及价格的固定性,而这个又是厂主恃以推定货物的销路的。

所以,工业的资本制度是很脆弱的一种制度,在理想条件之下,也许因为它的脆弱反应性而会进行顺利;但它是很容易给任何乱子,如最近大战之类,弄脱节的。

十　现代资本主义的特色

(三) 工　业　周　期

资本主义最重要的特色之一,是那工业周期,差不多每八年到十年重复一次,时期如此规则,真是怪事。例如在英国,这周期的吃紧时期,是在一八二五,一八三〇,一八三六,一八四七,一八五七,一八六四,一八七三,一八八二,一八九一,一九〇七。在美国,差不多也是这个样子。先是秋收丰盛或一种重要新发明之类的一件事,给商业以一个推力;此后几年中,商业高涨,出产旺盛,工人乐业,利润高提,物价腾贵。继此就是反动时期;商情转变,一种高压布满于全商界,生产减削,工人失业,到处破产,物价跌落。这到底是什么原因?

粗点讲,商业的所以受压,可以说是因为经济组织的各部分有了一种互相扞格的倾向;所以一时不见进行顺利,直要到重新调洽以后。

机器的需求,就看一般工业活动得如何。所以,如果做机器的工厂,制造厂等等(通称为制造业)的工作,快过了其他做即用品的工厂,那制造业就要暂时积滞,这是很明白的;治法只有叫制造业暂时缓进,等别业的发达追赶到并驾齐驱时再说。

在竞争之下,制造业跑过别种工业的头的倾向是无时或已的。机器的定货单,每十年只有一次光景。这种需求是一时一时的,不是继续的。在生意兴旺的开端时,一定有机器少定货单多的趋势,这时价目因以抬高,需求继续到多时,价目也抬高到多时,直到供给追上了为止。定单积了许多,一时做不出这许多货。于是生产和制造业的增添就蜂涌起来,来争取这旺盛的生意。但定单是来了一次以后几年中不能再来的,因为机器是"经用"的。所以,这制造业不久就发现其发达过分;吸收在这业的劳工和资本比实际所需的超过多了（都是上高价和高利的当）。因此，二者都须下落，直到别种工业赶上了。又有较多购买机器的定货单来了以后为止。

但制造业的困厄还不止此。制造业的工厂关闭下来了，它们的工人失了业了。结果，这些工人无力购买别种工业的出品，这些工业见需要下落，也只好少工作。这冷落一经开始，就像传染病般传布开去而日以加重。制造业工作得愈久，定单积得愈多，这冷落的情形愈坏；因为不等到定货单销完，产物停在市场，制造者也觉不到生产是过剩了；在这当儿，那市场的高兴，已使得资本家雇了过多的工人，开了过多的工厂，来争取制造业旺盛期的利润。

这个营业周期，又要受金融的影响。在营业旺盛时，资本家要求银行垫款去扩张他们的生产。这垫款的增多是要加高物价的（参看九节）。这又要使得营业者加添喜悦，结果，他们判断的错误也就加大，他们过量的生产也更多。反过来，物价下落也使营业的丧气加甚。注意，任何工业制度，止要它能生产支配得足以限止竞争限止资本家对于市场为判断错误的倾向而不作高价竞争的雄心，就可使得这种过量生产的倾向减少。所以，这工业周期，差不多完全是资本工业主义的一个特色，而不只是工业主义的。

明了这工业周期是很重要的一件事，因为（甲）这是帝国主义的根子（看八节），（乙）这使得职业，物价，工资等永远不得稳定，因此增加了工业的磨折——阶级斗争。

十一　资本生产的学说

引以袒护资本制度的工业的情形，有如下列：——

一、现代的工业制度是如此复杂，必需有一个极纷繁的组织来把各部分支配着，使全部进行顺妥——米文配供与求，来指导资本和劳力入于最生产的用途，即，可以产生最大量的金钱报酬。这个作用，有名叫做企业作用。资本工业制的好处就在：这种凑合可以自然地保住。企业家的本能地追求他的利润欲，配上这个作用，有如一个轮齿的于整部机器。的确，这里是有浪费和尴尬的，但这是任何制度都有的；不会有一个制度富有这种自然的智巧而在它的应付上会拙笨得多吧？

二、的确，在此财产是不均，投资者不劳而获利。但富者较诸贫人为数甚少，就是把富人所有平均分去，也只提高了民众生活很有限。（参看 Bowley 著《工业出品的分散》）。要得发展工业所必需的资本必得储蓄。这个"消费的稽迟"将为任何制度之下所必需。在资本主义社会之下,就可用比较便宜的价格,付少数阶级一点款项,来得这需要的储蓄。如果这个能够担保工业的急进,提高全体的生活程度,如在前世纪中确有的成绩那样,那个"剩余价值"就确乎是社会的一种便宜付价!

我们的批答是:——

一、利于这种自然地凑合的理想条件是少有的。竞争的结果总是使某几种货物比之别种货物有生产过量的倾向(看九节),有营业冷落一再发生的浪费。并且,为利而组织的工业这件事,就是说,不竞争就要出之于专利;这竞争的代替物虽可不流传甚广,但总是发生于工业最要害的部分——钢铁业和运输业等等。不但如此,要保存几种这样的自然地凑合,例如使生产率和物价指数常常吻合之类,并不和别种所有法及工业管理法不相容。企业作用,其实一定要在社会主义或共产主义的社会里才得充分表出。

二、实在的,科学的经济学,不能看做是在讨论抽象的不均的"是非"。它所讨论的完全是:资本主义是否是在"生产人所需的东西"这个意义中进行的一个法则?关于财产不均这一点,是因其在心理上要使人不满,因而使资本主义不能进行顺利。利润和好处成为一种专利品是事实,因为资产阶级把土地和资本专去了,不再让平民有所有是事实(看二节)。结果,平民为自卫计,逼得去造成一种劳动力的专有,先是去撬松资本专有,继而毁灭之。这就引起一种继续的冲突——阶级斗争。工业周期和因之而起的失业与减薪,使这斗争更加厉害。工业的规模愈大,工人的团结愈坚,浪费在这种冲突里的精力愈弄愈多,常常使得全部工业彼此脱节。这个阶级斗争,是资本生产制的磐石——阶级制度的一种直接效果。

三、资本生产制种种条件,引起了帝国主义的互相敌视,结果是打仗。战争所毁坏的不只是物质的财富,且及于资本制度的精华所寄。并且,当战争减低了生产力毁坏了资本的时候,那负担就被资本生产制的法律用减低工资法加之于工人身上,这也加紧了那个阶级斗争的悲剧。

下面是上一世纪的几个主要的经济学家:——斯密亚丹博士在一七七六写出那本《民族的财富》。他攻击商业主义,而在指出自由贸易和劳工流动的好处这一点上他是宣传纺织资本主义的新局面的演说家。列卡杜大卫在一八〇〇和一八三〇之间有些著作,采纳了许多斯密氏的思想。他推演出租金的学说。土地的租金是一种剩余,因为各种土壤肥瘠不同。人口增加,较瘠的土地也得垦用,那较好的土地就抬高租价。马尔塞斯想说明贫穷是由于人口过剩。密尔史大脱在一八五〇左右阐发了斯密和列卡杜的许多思想，承认自由的社会改良运动是合于经济原则的。较高的工资表示较高的效率。德人 F. List，美人楷累，反对斯密氏的自由贸易论而提倡经济防卫的保护政策，以为可以（甲）支持民族的自给，（乙）培植幼稚的工业。他们的思想是那些国家中不同环境的产物。在一八六七印出《资本论》的马克斯，指出利润和子息是一种"专有租金"或"剩余价值"，因为社会是有阶级的原故。他把资本生产制分析一下，找出资本主义的两个"动向"——这将终于要使资本主义崩坏。耶方斯教授在一八七〇左右又写出一个价值新说，叫做"边用说"(Theory of marginal Utility)，研究心理作用在经济价值上的影响。微守教授和澳大利派的 Bcehm-Baweck 也是如此。美人莆休欧文教授说，子息的经济根据是人们规矩有这样一种心理作用，把金钱在现在的价值看得比将来的大。剑桥大学的马线儿博士又把耶方斯的思想阐发一下。他对经济思想最重大的贡献，是他的推重企业作用在现代工业中的重要，即，把劳力，资本，和土地等在时间和空间上分配于最能生产的用途中。北果教授在他出版于一九二一的《福利的经济学》中，把马线儿的思想应用到许多方面去，尤其于劳力，税则和专利等问题用得最甚。

（原载《北新》半月刊一九二七年第四十三、四十四、
四十九、五十、五十一、五十二卷）

妇女劳动问题底一瞥*

〔日〕河上肇 著

这篇文章,是从河上肇底《社会问题常见妇女问题漫谈》第九、第十、第十一、第十二这四章译来的。河上原著很得要领,就是对于妇女劳动问题素无兴趣的,看了这四章也很可以发生一种心理的兴奋。在这妇女问题的启蒙时代,似乎可供参考。现特另分章节译了出来,倘能因此得了一点效果,那就要感谢河上不尽了。

一

向来在家庭里操作的妇女,近来也多到家庭外来劳动了。这是机械发达后才发生的新现象。因此,那些在家庭外劳动的妇女——即使只是我们经济学的书生这样看待——也便可以叫作"新妇女"。

从前,并不是没有做生产事业的妇女。像那乡间的贫苦人家底妻子、女儿,原很有同丈夫或兄弟一齐到田间去劳动的。但这是同炊爨和洗濯一样的,不过帮忙帮忙罢了。现在却是不然,那些贫苦的女儿,不是进了制丝厂,便是进了纺织厂去了,这是一种新现象。如同都会的妇女去做那百物店底店员、邮便局或铁路公司底判任官、新闻记者和教育家一样,已经不是帮忙性质的事了。同丈夫或兄弟到田间去做工,这同在家里炊爨或洗濯并没两样,都是不受工银的。然一入制丝厂或纺织厂,那就要将自己底劳力卖给别人,去赚那工银了。在这时候,妇女便有了独立的收入了。所以这种现象完全可以说是新现象,伊们也就完全可以说是新妇女。——经济上既有了新现象、新妇女,便又惹起了精神上的新现象,变成了精神上的新妇女。

---

* 本文发表时署名为:望道。——编者注

二

　　这样的新妇女在经济上占怎样的阶级呢？请证诸美国的状况。这种状况，用百分比列表示在下面：

	一八九五年	一九〇七年
独立事业家	22.10	13.77
使用人	0.81	2.10
劳动者	77.09	84.13

　　更请将各国就业者一百人当中，劳动者底比率就男女两方面，分别列在下面：

就业者一百人中劳动者底比率

	德意志	奥大利	匈牙利	瑞士	法兰西	丹麦	瑞典	那威	英伦	苏格兰	美国
	1907年	1900年	1900年	1900年	1906年	1901年	1900年	1900年	1901年	1901年	1890年
女子	85.4	80.3	82.8	72.5	32.9	70.8	56.7	60.9	79.6	84.7	73.2
男子	62.9	57.5	61.4	58.8	41.3	57.3	38.3	55.9	86.3	90.3	46.4

　　这样看来，妇女底就业者中间，劳动者竟占了大部分。（法兰西有点例外）。便是就业者中间劳动者底比率也比男子方面占了多数。（英伦和苏格兰虽是例外，但劳动者底比率已是七折九或八折四，也决不能算是少数）。

　　妇女解放了，多数的妇女固然可以同男子一样在社会上做事。但男子在这男子底世界里，大部分也还没有荣誉的、幸福的生活，何况妇女呢？

　　妇女到这男子底世界里来，平均总受着男子以下的待遇，自然更是可怜了。受着这等待遇的，便是些新妇女。新妇女，真是最可怜的劳动者底群众呵！那种谈哲理、说艺术、逍遥自在的妇女，在或一意味上虽然同这等新妇女并没两样，但有这等闲暇的妇女，也就像世间很少美女似的，也便很少了。那占多数的便只是一些有口不能说的女工，有笔不会写的妇女劳动者，戴了新妇女的头衔、做我辈学究研究的对境罢了。

三

我已经举过外国底统计了。但我底主意并不是论外国,是要论日本的。那么,日本国里,女子底劳动者到底怎样呢?这可总括地说,劳动者底大多数实是妇女。

试把一九一三年年底,雇用职工徒弟十个以上的私立工厂里面男工女工底数目看一看,竟是:

男工　三七五、六九六人

女工　五四○、六五六人

这样一看,便可知道全国工厂雇用着的职工,妇女竟占了六折了。

日本底工业,总算染绩工业(制丝、纺织等)顶发达雇用的职工也占了全国工厂职工底过半数。在这染织工业里雇用妇女更多了。在一九一三年年底,雇用的男工和女工底数目,竟至:

男工　七一、一四四人

女工　四六八、九二九人

女工底数目竟占了男工底六倍多,竟占了总数底八折七。这还是单就雇用职工十个以上的工厂统计的,倘将余外的(例如制造业上的工银织造者)一并计算起来,那便是织造案一项工业,男工数只是三万七千人,女工数却有六十三万余人的多数了。所以我说,日本底劳动问题完全是妇女劳动问题,谈劳动问题,切别忘了这"大部分的对境,都是女性"的一桩事。

四

在这多数劳动的妇女间生起的种种问题,便是世上所谓妇女劳动问题。这是妇女问题中最重要的一个题目。现在请就这妇女劳动问题,把我看作顶切要的一部分先说几句。

近来国务院统计官二阶堂保则在社会政策学会上公布了一篇很有益的研究,题目是《青年底死亡》。这里请介绍了一点,做我漫说的引子。据他说,欧洲各国人口底生产率近来固然递次减少,同时死亡率也很显著地递次减少,结果人口依然在增加的趋向中。然而日本却同他正相反对,生产率虽然并不减少,死亡率却增加得多了。文明进步、卫生改良、医学发达的今日,只有我们日本人死亡反而越发增长,这是怎么一回事呢?

据二阶堂底研究,在英德法这些国,最幼者(婴孩和小孩)底死亡率显形减少,青年底死亡率也减少了不少。这是这些国里死亡率减少的大原因,但在日本却相反对,零岁以上一岁以下的婴孩和一岁以上的小孩底死亡却年年增加,十岁到二十岁或三十岁的青年死亡底增加虽然没有最幼者那么急速,但也增加得很显赫,竟成了日本死亡率低下的大原因。东西之间生出差异的原因,婴孩和女孩且不管他(二阶堂说"青年底死亡",所以这点就不论他),单就青年一方面说来,英德等国死亡所以减少的原因,大抵因为结核性疾病减少了的缘故。但日本底死亡增加,却大抵因为结核性疾病的增加。结核性疾病底增加竟是青年死亡增加的大原因。这里说的青年,原不是单指男子而言。但一调查一九一三年年底底统计,五十四万女工中,十四岁未满的幼女竟占了一折,就是五万五千人,满二十岁以下的弱女竟占了半数以上,才知所谓青年死亡率底增加竟同妇女关系更切!

五

我已引过专家底研究,说过日本人死亡率增加,大原因在幼年少年和青年死亡率底增加。青年死亡率增加底大原因,又在结核性疾病底增加了。现在请更引述旁的专家底话,说出制造结核的疾病的便是日本底工业,传播这些疾病的便是些女工来。对于这问题,医学士石原修曾在国家医学会例会上讲个大略。以下请把他底讲演通俗些说一点。

现在大多数的女工圈禁在怎样的劳动状况里?从劳动时间说,生丝工厂里是十三时间到十五时间的,织造工厂里也多是十四时间到十六时间的。那些女工并没纺延时间的手艺。一日里自然也只有二十四时间。减了十六时间,余下的自然只有八时间。在这八时间中,洗沐哪、梳发哪、休息哪、睡眠哪,这些事情也总要有的。这个是过度的劳动吗?而且那些劳动者多是些未满二十岁的少女。工厂底设备又极不完全,自然于他们底健康很有妨害的。

纺织工厂劳动时间只有十二时间,但又须彻夜工作的。彻夜工作,自然不是投同一职工工作的。是把职工分作两班,第一班从午前六时做到午后六时,第二班从午后六时做到午前六时。纺织机械价格很贵。闲了半日便要损失许多利息。因此,销路好的时候,便连日连夜运转机械,分作日夜两班,七日或八日间掉换一次。这种夜作在身体上是很有妨害的。据石原学士底调查。纺织、印刷、制铁三项的职工千三百五十八人——每七日换班一次——做了一星期的夜作,平均每人要减少了体重二十两零九钱。到了第二星期,因为日里劳动的缘故,平均可以恢复了十二两,相减共剩八两九钱,这是无法恢复的。这八两九钱成长中的弱女的血肉,便被那机械这吃人鬼咬去了。倘若继续下去,隔一星期做一星期夜作,那就每两星期间,要被咬了八两九钱的血肉。

皱皮露骨的病人自然要繁滋了。持筹握算的商人总说机械底食粮,总是煤炭。从我辈书生看来,那却不是煤,是人,如果机械这恶鬼不睡觉,那种饕餮的丑相,真要使人"不寒而栗"!

然而小孩也是人类。不会死在工厂里的。吃受不住,就逃走了。即使不逃去,生了病,工厂也便不要他了。所以机械杀底人,总是未遂就休的。试把四十一个纺织工厂职工底上工休工的数目看了看,不满六个月的总有二折,不满一年的总有二折一,不满二年的总有二折七。从乡间到都会里来入工厂的,每年约有二十万人少女,但每年回去的,共有八万人。这八万人大都因为以上的缘故才归去的。

那不归去的十二万少女,在作工时候死了的,每年总有千分之八。已出工厂却是去向不明的也很不少。大约因为父兄远远送来,还没经过一年半载的岁月,突然空手归去,很难见乡里的颜面,出了甲的工厂后,听说乙的饭食好,便又进了乙的工厂。不到一年,又出了乙的工厂入了丙的工厂,这么转辗漂流的期间,筋力渐衰、心神渐劣,随后就去做了酌妇(当炉卖笑的妇人)或私娼,做了这等事情以后,身心越发堕落,终于在他漂流的所在,略一追怀出门就业时倚门目送的慈母底泪颜,同这可贵的人生告辞了。那归去的八万女工呢,田园底空气和日光、父母兄弟底慰藉是得到了,但那人也就要入鬼籍的。这且放在明日再说。

(搁笔,正在夜间十二时,寺里钟声远远地送来。)

六

每年到都会来的有二十万,归去的有八万。这八万的运命怎样呢?据一九〇九年底调查,那些女工归乡后才死的,每千人中因生病归去死了的,共有二十四人余,归乡后才生起病来死了的共有六人余,合计有三十人。如果把年龄分别出来,做了个同一般死亡率的比较表,结果便是这样:

每千人中死亡者底比率

	一 般 死 亡 率	从工厂归去的
满十二岁以下的	4.36	28.8
满十二—十四岁	4.39	23.2
满十四—十六岁	5.00	25.6
满十六—二十岁	6.85	39.0
满二十一—廿五岁	9.17	30.2
满二五岁以上的	10.12	26.1

就是从工厂归去的人底死亡数，在满十二岁以下的是普通人底七倍上下，在满二十岁以上二五岁以下的也占了普通人的三倍余。

归了家乡，当年就死了的，每千人中已有三十人了，还有重病者底数目，据实际的调查，对于死者一人的比率，总有四、六人，对于死者三十人的比率，便是百三十八人。加了死者三十人，总共百六十八人。这都是从工厂还归家乡后死去或害积重病的。

七

那从工厂归去不久便死了的，害的是什么呢？据石原学士底调查，内中的七折二都是结核性的疾病。我现在也不列举他那些统计，但我希望列位对于学士底"总之每年总有一万三千三百人患结核病者，经了种种的途径，从工厂散布到日本全国"这个断案注意一下。列位如果注意他、信用他，那么，欧洲结核病渐渐减少，青年死了的也渐渐减少，而且国民全体底死亡率也是渐渐减少的时候，只有我国，却是结核病渐渐加多，青年死了的也渐渐加多，国民全体底死亡率也渐渐加多的现象也便会懂得了。

八

那么为什么会害这严重的病呢？并不消用旁的答案。我已经说过，他们长时间的劳动了。我已经说过，他们因为夜作减了体重了。如果听了这些话，还嫌不够，那就将他们住宿地方的状况稍微说一说。他们多是寄寓在寄宿舍里的，那中等以下的生丝，织造等工厂里的职工呢，因为寝室很小，寝具也都不足，只得穿着衣服睡觉。哪有相当的设备的工厂呢，又大抵是两个人同床的。那两个人中，如果有一个生了结核病，毒就立刻传染了。而况女工是不绝地出入的，一付寝具递次使用，并没有日常消毒等方法。夜作的时候，更是日夜轮了使用的人。甲班朝上归去睡到夜，乙班便又用那一付睡到明朝，连光线和风透入的机会都没有。被夜作减少了体质的少女，在这个寝室里，哪能不做了结核病底饲料呢？

近来岩野泡鸣夫妻底事，渐渐成了新闻杂志上的问题了。这种人身上的事，便不但成了世间的问题，就是他们自己，也不能不用口和笔。现在，清子女史底新著广告又出现了。但这每年从田间来的二十万女工底群众，他们感受着一些不应有的待遇，有口不能说有笔不能写，谁曾看作世间的问题呢？

（原载《星期评论》一九二〇年五月一日劳动纪念号第二张）

女性底演说*

〔日〕堺利彦 著

诸君：我……（嘻嘻。哈哈。咦咦。）

我不该称呼你们"诸君"么？男人演说时，都不是称呼"诸君"么？这就是诸君底偏见呵。

我先要同这男子底偏见宣战。（好好。咦咦。）

"诸君"应该知道！我们女子已经觉醒了。同劳工觉醒了一样，女子已经觉醒了。（听不见。听不见。说响点，嗳！）

我们现在已经觉悟了，要用这已经觉醒的心，来绝灭重重叠叠压抑着我们的，男子之力与金钱之力了。（听不见。听不见。说些什么，一点也听不见。这样的蚊子般的声音，能够绝灭什么呀！）

……（不要怕，不要怕。快点。不要哭呀。缄默，缄默；谨听，谨听。）

诸君，我发不出大声来了。我悔了。我当真要哭了。（哭罢，哭罢；眼泪是女子底武器。昏迷，你们说些什么；用力，我们也装满了要哭的事呀。说呀说呀，大声地说呀！）

但是诸君，诸君冷视了我们，咒骂了我们，就很爽快么？（并不爽快，却是怜悯呢。什么都听不见。）

诸君这样说，我就不说了。这样不听女子底喊声，我就要不说了。（不是"不听"，是"听不见"呀！这也是喊声么？水里放屁一般地，也是喊声么？不要不说呀，不要不说呵。什么要紧呢，大声说来。）

诸君，我正同诸君说的一样，发不出大声了。这样低声倘不能算是喊声，我就不用声音同诸君战。我要用我底手，我底脚，我底口，我底魂，同诸君战了。（好好。有本领！依然听不见。一点也听不见。很好的，可是听不见。）

---

* 原文刊于《改造》第三卷第六号——原注
　本文发表时署名：晓风。——编者注

诸君听不见，实在对不起诸君。我悔了。我要破裂了这喉咙，大声地喊了。但是，无效。这就是现在女性底弱点。原来，被诸君嘲笑，被诸君冷视，被诸君咒骂，就是我们女子底命运哪。（不要说软话呀！我跟着。总是个听，不，见。哈哈。）

但是，使我们女子这样"柔弱"的，是谁呢？使我们女子退化到了不会大声说话的，究竟是谁呵！（对了，对了。用劲说来。）

那不是做诸君祖宗的一切男性么？不是做诸君祖宗的一切男性，数千年来压抑了我们女子，使我们女子成了这样的柔弱的身体，细小的声音么？（好，好。极对。满堂男子无颜色！哈哈哈。嘿嘿嘿。）

诸君单是嘲笑了，冷视了就算么？诸君不想在我们现代的女子面前，替你们祖宗忏悔了他们所有的大罪么？（好好。好好。演台四周大喝彩。无赖的，沉默。）

我看诸君，也多不是富翁。诸君倘以嘲弄我们"柔弱"为快乐，这不是同富豪资本家嘲弄诸君底"贫弱"，完全是一样的心思么？（好好。好好。大拍手。）

我看诸君每月也不过赚到一百圆或五十圆，或是每日二三四圆，面上也都显现着养活不好的神色。诸君底这神色，被那富豪资本家嘲笑时，你们也还有这勇气嘲笑我们女性么？（好好。好了好了。大拍掌，大喝彩。）

一九二一年，五月二十八日，在上海

（原载《民国日报》副刊《觉悟》一九二一年五月二十九日）

文化与两性关系[*]

〔日〕岛村民藏　著

两性问题是现代人生问题社会问题中底根本问题,也是正在烦恼一般青年的根本问题,又是虽被新旧偏见压抑仍不因而消灭的问题。对于这类重要问题的解决,意见自难一致。此处所介绍的,就是其中一种意见上的研究。这意见读者自可看出,便是性的理想主义了。

(晓风附记)

近代社会里最根本的问题,除了劳动问题便是两性问题。……

两性问题是什么呢?对答这个问题,要算丹麦近代批评家勃兰兑斯最好了。他说:两性问题是关于性底对比,关于男女两性之交互的、色情的、或社会底关系的问题。所以这个社会问题,是不会消灭的;人间男女两族如若存在一日,这个问题也便存在一日。既然不会消灭,所以多依人情所安,迁徙流转。

讲两性问题,普通有善恶两种误解。善意的方面,是将"两性问题"误解为"妇女问题"。妇女问题原是两性问题底一种;但妇女问题只是关于妇女解放的特殊问题,就是攻破向来男子本位、男性中心的社会制度,发扬妇女底人类的或女性的美质的时事问题。这妇女问题,并不是两性问题底全部;近代两性问题里面虽然也讲解放运动,但所谓解放,还有性的解放,还有儿童解放,并不止是妇女解放。所以,两性问题与妇女问题,绝对不许看作一样意义。其次,恶意的方面便是将两性问题看如研究病态性欲现象的学问。例如现在一般人看了研究性或考察两性关系等类的东西,就以为是关于色情狂、浮荡儿、娼妓们,激发心理的或生理的事项的,便是这类的误解。我们也知道正有班堕落者,胆敢将唆使青年男女性的好奇心,记载卑污淫靡的秘密界的东西,号称两性问题底研究;但即以此为两性问题,却比误解为妇女

---

[*] 本文发表时署名:晓风。——编者注

问题更是荒唐了。

我们国里的人关于性的恋爱,关于两性问题,原来不曾受过欧美这样高尚的教养与训练。提起"爱",就解作"肉";说到"肉"就联想到"女子":这是我国向来性的生活底大体。所以只要说到两性问题,多半就以为是玩弄猥亵挑拨的言词,且以这个为唯一的职务的东西。最近我国人心却也开展了……对于两性问题,也能在原来意义里容纳了,理解了。这诚是我国文化发展上可以喜悦的现象。原来,两性问题便是性底科学,伦理学;是男女关系底美学,哲学;也就是包括男女两性交互关系上理想与现实底一切的东西。

两性问题,这样地成为社会思潮乃至社会改造运动底动力,支配着人类生活,原是到近代才见的现象。但这问题底思想运动乃至精神运动,却从古昔希腊,连环地徐徐开展而来。彼邦久长进化底历史,凑便可以分为三期:第一是两性问题过半站在现世的享乐主义上面的时代,就是希腊罗马时代。第二是过半站在基督教的精神主义上面的时代,就是中世纪。第三便是过半站在人类解放精神上面的时代,就是近代。希腊罗马时代底两性问题,原极幼稚;但也已埋了当代时代思想底根底。彼(希腊)底特质,概是现实的;一切都是现世本位、自然本位、肉欲本位。换句话:概是计划丰裕地享乐受用如实的现实,如实的人生。及到希腊文明移到罗马帝国,希腊思潮原来现世的享乐的方面,便失了中庸调和这一个贵重的特色,染污了罗马人特有的极端野兽的倾向。罗马时代底文明状态,一切都是极端的利己主义与现世享乐主义,就是游戏娱乐,也是残忍淫靡之至。当代底两性观,差不多便是极端发挥了男性本位、男子利己心的东西。所以当时社会里,妇女底地位极低下卑贱。男子对于女子的情感,都是兽的、肉的;妇女不过是男子玩乐底对象,家庭劳役者,养育儿童底工具。性的事实,沦沉九渊。满世只是现世的肉欲无厌的性之解放了!

这类恶劣时代精神底反动与补救,便是希伯来文明,——精确说,便是基督教文明。因为这新文明是旧文明底反动和反抗底结果,所以彼底要素也显然和旧文明正相反对。而初期基督教底精神,也就排斥现世主义和享乐主义:对人生肯定,倡人生否定;对世界乐观,倡世界悲观;对现世,倡来世;对人智,倡神意;对利己,倡爱他;对快乐,倡苦痛;对肉倡灵;对淫逸倡禁欲;对名利权势,倡清贫索居——两两相比,没有一样不和旧文明正相反对。

这新兴文明在西洋两性发达史上,从善恶两面观察,都极重要。从一面看,近代两性问题就是这基督教文明底反动。自从这新文明支配了欧洲,人类生活便生了好些变动。简括说，人类生活从此就转到希腊罗马时代正反对的方向了。一面基督教精神，征服了欧洲，一面厌世悲观底倾向，就逐年显著起来，依着自然生活、尽着本能生活的现世享乐的习俗，便渐次减退，以轻肉重灵为人生唯一理想的倾向便逐次旺盛。罗马帝国瓦解以后，恺尔忒、条顿诸民族，到处割据，满地腥红，人都觉着现世无常，多要皈依基督祈求后世安乐。于是文明史上现出了"暗黑时代"；学术文艺停滞，人间生活也备受拘囚。罗马法王，自称为国王底王，专心奢侈淫逸，僧俗两界都受其所定制度组织底压抑。当时民众，一面被僧侣教权拘束，失了心灵底自由，一面又受王侯贵族底压制，亡了行为底自由，全身都在半生半死的昏睡状态里度活。格雷戈里法王，不喜民学问，极望佢们昏愚。罗马教会底方针，常以"可使由，不可使知"为法，只管课人仪式的宗教，连圣书都严禁诵读。

总之，中世纪是教权绝大的时代，是偏重法则的时代，是不容批评精神存在的时代，是全世界尽归一神版图的时代，是从人类手里剥夺了人类的生活的时代。这样黑暗时代，有怎样的阴影落在男女关系上呢？

原始基督教底两性观，很富，从极端禁欲主义酿成的憎恶肉体心念而来的，女性蔑视底倾向。创设基督教的人们，不唯藐视性的生活，便是繁殖作用也看如罪过，视为人类进化底最大障碍了。但在别的一面，却于两性问题史上，大有贡献。这便是破除希腊传来的肉欲观念，——即性的恋爱底观念，——于性的恋爱之外，于肉的分子之外，另将灵的分子教导欧洲人的一桩事。不过佢们太尊崇了这性的恋爱底灵的分子，——即精神的恋爱，——却又将性欲冲动贬抑了。结果，中世纪两性问题，便呈现了几乎只有精神的恋爱一等现象。彼底两大特色，便是"女子崇拜"与"靠着女子底爱救济男子的灵魂"。

总之，中世纪底两性问题，是偏重男女两性关系底灵的方面，即精神的要素的。

两性问题，在希腊罗马崩在肉，在中世纪又复倾于灵，都是偏在一面不能调和；调和倾向底显现，便是近代了。近代底两性问题，全植根在人类解放底大精神——几百年来继续不断的那个"再生"（或译"文艺复兴"，Renaissance）底大运动。所以要捉获近代两性问题底本质，必须接触这人类解放底大精神。

译者按：有人说中国底现在便是西欧底再生时代，所以有些人竟将彼用作出版品底名称，如北京大学出的《新潮》，所用英名便是 Renaissance，浙江出的《再生》，所用英名也是 Renaissance。但最近的现在，却如《新潮》与《再生》先后停版一般，中国底再生怕也要停版了呢！觉悟的读者，试将下文所述再生精神与我们现在所有精神对照着读去，看我这话可有几分道着。

原来近代文明、近代精神底泉源，便是这再生时代。再生时代，是从十五世纪半至十六世纪中间的一大自由运动，一大人类解放运动底时代。更确切说，便是"欧洲诞生"时代。酣睡的人类，至此才开眼觉醒，知道了自己底存在，感到了所谓自己，又明白了自己底力想要自由地发挥彼。人类从此认知了自己智力，计算用这智力去研究一切，观察一切，批评一切。这等一切都新的时代，自然是要去反抗那个旧时代，而且要去破坏那个旧时代。所以思想底变迁推移上，几乎全然充实着反抗与破坏。彼全是对于前时代的一个的反动，一个的反抗。所以彼底特色，就在使前时代超自然的思想所排斥的、现世的、肉的、自然的——概括说来，便是人类底要素——复活。中世纪思想，是否定回避一切人类性及人类性底结果的。再生思想却正相反，却肯定承认了人类性及其所产的一切。换句话说，人类根本要素的灵魂与肉体两元，久被分裂：在希腊罗马时代，专重其肉；到了中世，因系反动，偏重在灵。但此再生潮流，却使灵肉两元各各充分发达，又复两两浑融调和。灵肉合一底自由的新生活，才是"人"底本然的自然的生活：这便是那时代底光亮。这等时代底光亮沐浴着，一切便都复活了。希腊时代底学术的精神与哲学的精神复活了。人类活动力底表现的美术复活了。一切的活力，被人生否定的厌世的基督教精神十重二十重束缚凌虐了的，也解放了。所以"再生"一词底意义，并不止是希腊罗马底古学复兴，乃是正当意义上人类性底解放运动，人类为要创设像人的生活而生的一大社会改造运动。概括地说，便是"意大利文艺复兴史"著者蒲尔哈忒所谓"人底发现"。又就是"新生"，就是人类性从中世纪束缚脱走，因古代希腊哲学与现实世界科学知识唤起之后，人们将佢精力向人生凡百方面倾泄的结果。所以多是探索的，科学的，怀疑的，同时也是肉欲的，不道德的。但再生思潮底眼目——却是要创造原有意义的人类底自觉的生活，要实现灵肉各各完全这一意义里创造的生活。

总之，人类解放问题这一个精神问题，从再生时代以来所以不断的发生，全因为"本然生活底要求"不断地戟刺着我们人类。人类解放问题，只不过是盘踞人间"本然生活底要求"底发动。这要求，便是"还我人类本然底生活"了。这个要求底根本，在不甘愿尊奉向来一切制度习惯为无上权威，送那盲目的服从底生活、灵伪不自然底生活,想要光复人类底本性,经营正当的生活。对于颓废了的罗马思潮,而有备具清新的正反对要素的希伯来思潮底勃起,大约不外这个热烈要求发动的结果。反对极端萎缩沉滞了人类活动力的希伯来思潮,而有高弹人类性解放的再生思潮底树立,也便不外是这要求发现底结果。重复说罢,凡说人类解放底起源,在乎新时代对于旧时代的反动的,全是浅薄的见解。单说反动,并不能描出真相。非说是本然生活这个要求底发动不可。新思潮底宣传,新文明底树立,是嫌厌现在的生活,要去找寻更像人的正当的生活这一种雾气变成的。

再生时代以后欧洲所产社会思潮,差不多都可称为人类解放一大精神底发现。像那极其灿烂的空想罗曼的文艺、凄惨的人类整理事业的法革命,下至现代现实主义的文艺、没有一样不是这个大精神底结晶。近代文明正是人类解放底文明。这样活泼的人类的文明思潮,作用在男女关系、夫妻关系、亲子关系,那上面也便现出了一种东西,这便是近代两性问题。从这意义,近代男女两性上的种种问题,正可以看作包括着高弹——为男为女、为夫为妇、为亲为子各是为人——这人类性,使人们营更进化更高贵的生活底,一切的理想与现实。

著"色情三段落"的厄弥尔·卢加(Emil Luoka)以为近代两性问题根本的特色是"性的恋爱底综合化。"卢加说从希腊古代到现在两性问题底变迁史,便只是性的恋爱,一个男女关系底动力的发达史:偏重性的恋爱底肉的方面,即性欲冲动的,便是希腊罗马时代;其次,反对前代,偏重灵的方面即精神的恋爱的,便是中世纪:最后,综合这性欲冲动与精神的恋爱,使成灵肉合一的圆满的性恋爱的,便是近代。要之,卢加底说是极注意近代两性问题上"综合的要素"的。

其次,著"现代性的生活"的伊凡·勃罗呵(F. Wan Blooh),以为近代两性问题底中心意义,在乎"性的恋爱底个性化"这一个现象。据勃岁呵说,近代两性关系诸问题底中心点,在乎性的恋爱从单纯的原始的种族保存底本能,变化发达到了人格的复杂的意欲这一点,换句话说,便是在人类底性的生活从前只被种族的观念支配着,现在却加上了该男女底个人性、理想、信仰、生活目的等等个人的观念底一点。这么看来,勃罗呵底见地是着重近代两性问题上"个性的要素"的。这卢加、勃罗呵两位的见解,都含有充足的真理。在他们,都是真实的。但我却想别走一路,要高弹近代问题底基本的特征在"人类底解放"这一个现象的一个调子。我以为性的生活是随"人类的意识"底发达,渐次注重起来的。我想力说近代两性问题中"解放的要素"。

　　我这篇总算译完了,天气炎热,时间又极短少,文字一面殊愧不能保留岛村原来面目。这篇本来只是新近出版"两性问题大观"第一章中的一节,第二节便讲解放的要素。第二节以下,我原想另标一名,接译下去。现在因为有别的事要做,只好暂终于此。明知在这两性问题喊声衰歇之时,我们立该分内努力,但事实却迫我如此,我也奈何不得了。

晓风,在上海寄寓

(原载《民国日报》副刊《觉悟》一九二一年六月二十九日)

俄国婚姻律全文[*]

第一章 婚姻成立的方式

第五十二条 只有民事婚姻曾经登记在公簿上的,才能发生本律所定夫妇间底权利和义务。

依宗教仪式、靠僧侣援助而缔结的婚姻,非照法定方式登记,不发生夫妇间底权利和义务。

(附注) 依从前有效的民律(一九一四年公布)三、五、十二、二十、三十一、或九十一各条所定条件与方式,在一九一七年十二月二十日以前缔结的宗教婚姻,有行过登记的效力。

第五十三条 婚姻底成立,由地方登记局或地方苏维埃的登记代理处管理。

(附注一) 如在外国,由驻在该国的俄国代表,担负使婚姻成立的业务。代表应请中央注册所记录,通告婚姻成立,并交付婚姻临时证书于那两夫妇。

(附注二) 如在航海中的船上或战场上的军队内,由第一条第二附注所指定的人员负担使婚姻成立的义务。

第五十四条 婚姻成立,须在特设的建筑内公然为之。或在航海中的船上或战场上的军队内为之。新郎或新妇如因病不能到那特设处所,可呈验医生诊察书,在别处举行。

---

[*] 本文发表时著有"重译"字样,署名:晓风。——编者注

第五十五条　婚姻成立,在登记局须有局长或其代理人及书记或其代理人到场,在登记代理处须有书记长或书记到场。

第五十六条　管理婚姻成立的官吏的姓名须在该地方新闻上及婚姻成立的处所公布。

第五十七条　婚姻成立的期日,由管理婚姻事件的官吏决定公布。

第五十八条　想要缔结婚姻的男女,须用口头或书面,呈报所住在地底人事登记局。

第五十九条　呈报登记婚姻的意思时,须签字证明结婚的男女确是本人,又系各人自由允许,而且没有第六十六条及六十九条所定的障碍。

（附注）　证明要结婚的男女确是本人,须用证书文书,以及其他极其可靠的证据。

第六十条　官吏登记婚姻在婚姻登记簿后,应为该夫妇宣读所登记,并宣示婚姻已成立。

第六十一条　婚姻成立之后,官吏须应佢们底请求,当即给予婚姻证书。

第六十二条　婚姻登记在婚姻登记簿而成立。

第六十三条　关于婚姻底成立,如在登记终了以前有人申告法律上有障碍,官吏应即停止其登记,将事件移交地方裁判所调查。显系无根据的抗议,可以当即驳回,不须另为上述的调查。

（附注）　地方裁判所,应于三日以内调查判决其婚姻抗议的诉讼。对于其判决,不许上诉。

第六十四条　凡是意图妨害婚姻,故意递陈虚伪申告的人,处以伪证罪,并使佢赔偿因佢干涉所致的损失。

第六十五条　被拒绝婚姻程序,不限时日,可向（人事登记局所在地）地方裁判所提出告诉。

第二章　婚姻成立底要件

第六十六条　男女到了婚姻年龄,才得陈请登记婚姻。

婚姻年龄：女满十六岁；男满十八岁。

第六十七条　男女精神在健全状态中，才得陈请登记婚姻。

第六十八条　男女如已在婚姻状态中，无论曾否登记——不曾登记，也有经过登记的效力——都不得另行登记婚姻。

第六十九条　凡是直系的尊属或卑属，及同父母，或异父异母的兄弟姊妹，不得登记婚姻。

（附注）　私婚关系间所生的上述一切关系，也看作前项所指亲属为婚的障碍。

第七十条　缔结婚姻，只须结婚男女同意。

第七十一条　男女信教不同，不算是婚姻障碍。

第七十二条　在修道院，及僧侣或副僧侣地位，不算是婚姻底障碍。

第七十三条　宣誓过独身的人们——纵使是白（加特力）教及黑教底正式僧侣——不禁止其结婚。

第三章　婚姻底无效

第七十四条　婚姻底无效，以法律所定为限。

第七十五条　婚姻无效底诉讼，由夫或妻，或因该婚姻而蒙损失的人们及政府当局的代表提起。

第七十六条　婚姻无效底诉讼，依地方裁判权底规定，由地方裁判所受理。

第七十七条　婚姻在双方或一方未到婚姻年龄时成立的，无效。

但下列各项，不在此限：

（一）婚姻已使佢们生了儿女或是妻已怀了孕时。

（二）婚姻无效底诉讼在到达婚姻年龄后开始时。

第七十八条　狂人所成立的婚姻无效。

第七十九条　婚姻在有一方未曾解销前婚时成立的无效。

第八十条　依第七十九条理由婚姻归于无效时，前婚继续有效。

第八十一条　婚姻倘有夫妇一方不曾允许或在精神丧失或被强迫状态中允许等事情，看作无效。

第八十三条　一九一七年十二月二十日以前成立的宗教婚姻，凡不合原来有效民事律(一九一四年公布)底第三,第五,第十二,第二十,第三十一,第九十一各条所指条件或方式的,看作无效。

（附注）　照此,违背一九一四年公布民法第一篇第十第二十三各条而成立的婚姻,除了婚姻当事人是直系尊属或卑属,或同父母异父母底兄弟姊妹之外,看作有效。

第八十四条　婚姻被撤销了的当事人,可以依照一般法规,再缔婚姻。

第四章　婚姻底解销

第八十五条　婚姻,因夫妇一方死亡或裁判所宣告佢一方死亡而被解销。

第八十六条　婚姻,在夫妇俱存时得因离婚而被解销。

（附注）　本律关于离婚的规定,对于所有一九一七年十二月二十日以前成立的宗教婚姻,也有效力。

第八十七条　一方离婚的希望与双方相互的允诺,本律看作离婚底理由。

第八十八条　离婚的请求,可以口头或书面提出。

第八十九条　离婚底请求,在婚姻证书或证据不存在时,原告须签字证明该当事人等有结婚的事实。又须声明该婚姻在何处成立。为此陈述者,关于事实底精确,须负责任。关于结婚,也有效。

第九十条　离婚的请求,须向该夫妇居住地地方裁判所或离婚男女合意选定的地方裁判所提出。离婚底请求倘出自夫妇底一方,不论做原告做被告,都须向夫居住地底裁判所提出。

（附注）　离婚请求提出在居住地底裁判所而被传唤的夫妇底一方居所不明时,被告底传唤,得依对于被告居住不明底法定方式行使。

第九十一条　基于夫妇互相允诺的离婚底请求,可向保存佢们婚姻登记的登记局或地方裁判所提出。

第九十二条　登记局查明离婚底请求确凿出自夫妇本人后,须为离婚底宣告并对于离婚人,依佢们请求交付离婚证书。

第九十三条　关于离婚的诉讼,由地方裁判员依其职权公开判决。

第九十四条　所有地方裁判所底裁判员,须定出一定时间办理关于离婚的诉讼,至少每星期一次。

第九十五条　夫妇或佢代理人同到裁判所时,裁判官可立刻办理其诉讼,只要不变更当日办事日程。

第九十六条　受理夫妇协议离婚底请求后,裁判官应审查请求,指定传唤该夫妇或代理人的日期。

第九十七条　宣告离婚的判决后,裁判官应依夫妇底需要交付离婚证书。并将判决底誊本,于三日内送交地方登记局及其他保有关于佢们婚姻成立记录的机关。

第九十八条　对于地方裁判所婚姻解销的判决,得依控诉院普通诉讼程序控诉。倘夫妇不抛弃控诉底意思,原判决在控诉期限未满前,不生法律上的效力。

第九十九条　婚姻解销或撤销底行为,在夫妇一方死亡后,不得开始。这等行为倘在死亡前开始,在死亡后看作无效。

第五章　夫妇底权利及义务

第百条　婚姻关系中的男女,须用公共的姓(婚姻上的姓)。在婚姻成立时由佢们决定采用夫底姓或妻底姓,或采用两姓并成的姓。

第百一条　夫妇在婚姻继续期间须保持其所决定的姓。婚姻因死亡或因死亡宣告而解销之后,也同。

第百二条　请求离婚时,离婚请求书上须说明该夫妇此后所要用的姓。双方意见在这一上不一致时,可以各用婚姻前的旧姓。

第百三条　结婚男女国籍不同(一面是俄国人)时,非当事人自己履行程序变更国籍,其国籍不变更。

第百四条　夫妇底一方迁移时,别一方没有跟着迁移的义务。

第百五条　婚姻不产生夫妇间的财产共有。

第百六条　夫妇在法律所许范围内,也得结财产契约。但所结契约其目的在乎剥削夫妇一方财产上的权利的,却属无效,也不得拘束第三者及夫妇任何一方。佢们无论何时,都可拒绝这等契约底履行。

第百七条　夫妇底一方穷乏（即缺欠生活资料底最少限度）而又不能劳动时，别一方如果能够扶养，有请求别一方扶养的权利。

第百八条　夫妇底一方穷乏而又不能劳动时，别一方如若拒绝扶养，穷乏者有诉告被告——无论是夫是妻——居住地苏维埃评议会所属"社会福利局"，要求使其扶养的权利。

第百九条　前条扶养的请求，费用一概豁免，可以自己口头或通信为之。如用口头须在局中作成文书。

第百十条　社会福利局受理请求后，须传唤原告及被告。但依便宜，得用书信交涉。

第百十一条　审查请求后认为有理由时，社会福利局当判定被告支付扶养费和支付金额及支付方法。

第百十二条　关于扶养的判定，社会福利局应在受理请求的一个月内公开给予之。

第百十三条　社会福利局为扶养费底金额与方法的决定时，须考察该地方劳动者与企业者中间所结团体契约的最低生活费，及请求人底需要和劳动能力。

（附注）　未成年者，满五十岁的女子。

(原载《民国日报》副刊《觉悟》一九二一年十一月三日)

性的道德底新趋向*

〔日〕本间久雄 著

　　这篇名著，我曾译载某周刊。** 现特重行修改、载在这里，给新中国的新青年看看。
　　　　　　　　　　　　　　　　　　　　　　　　　——译者

一

　　男女两性问题当中，性的道德这个问题，不消说要算是近世社会问题中最重要的问题了。近代的文学家思想家，没有一个不曾接触到这个问题。这里，请将那些文学家和思想家，对于这性的道德底新趋向——就是通常说的"新道德"（New morality）——底主张，约略说一点。

　　最初主张性的道德底新趋向——便是性伦理上的"新道德"——的，在近代文学家队里，第一个就是易卜生。易卜生著的剧本，像那性的道德上主张妇人解放的《傀儡家庭》，暗示自由离婚的《群鬼》，主张恋爱自由的《海上夫人》，尽是研究近代性伦理的很好资料。

　　文学上易卜生底性的道德观，在思想上解说的鼓吹的，就是瑞典底爱伦凯。

　　易卜生和爱伦凯很有类似的所在：第一，他们俩都是热烈主张个人主义的人；第二，他们俩都是热烈恣惠自由离婚的人；第三，他们俩都是热烈提案恋爱自由的人，这都是他们俩类似的所在。《傀儡家庭》中的娜拉，是个觉悟到"做妻""做母"还是"做人"要紧的女子。这是妇人底个人的利权底自觉，也就是正当的 individualism 底自觉。易卜生正像佛兰苔斯说的"他（易

---

*　**　经查，该文原刊于《民国日报》副刊《觉悟》1920 年 8 月 1 日、2 日、3 日，后收录于《中国妇女问题讨论集》（第三册），再次收录时只有四部分内容。现参照《民国日报》副刊《觉悟》原来文字，补出第五部分。文中的前四部分以收录的为准，第五部分以原来的为准。该文发表时署名：佛突。——编者注

卜生)以为个人和社会交相权衡,不但个人不比社会轻些,而且比社会重些",是个置重个人的人。爱伦凯也和易卜生差不多,也重视个人底存在理由。伊底哲学及人生观,全筑在个人主义上面。伊主张的自由离婚说及恋爱自由论说和儿童选亲权利的,也全从个人主义的人生观出发。一忽视个人主义,伊底思想便不能充分了解。

易卜生和爱伦凯对比起来,最有兴味的,就是他们自由离婚底主张。易卜生虽然不正式主张自由离婚,但他那《群鬼》一剧本,却分明是自由离婚底主张;至少也是对于严格一夫一妇制的挑战状,对于性的道德上形式主义的宣战布告。《群鬼》一篇底女主人翁阿而文夫人底苦恼和忧闷,便是做了一夫一妇这形式主义的牺牲的女性底苦恼和忧闷。作者易卜生曾借了自己创造的阿而文夫人底嘴,将一夫一妇的形式主义,巧妙地嘲笑过一番,非难过一番,而且将自由离婚暗示过一番。因此,易卜生底《群鬼》,就分明是自由离婚底提倡和主张。

提倡自由离婚主张自由离婚最热烈的,却可说是爱伦凯。伊那提倡和主张的,正可以说是"新道德"底中坚。现在请详细的说。

二

要晓得爱伦凯底自由离婚,应先晓得伊底恋爱论和结婚论。

爱伦凯是个近代里最推崇恋爱的人,几乎将恋爱看作一种宗教;而且拿恋爱做一切性的道德底根柢。所以结婚,也须有了恋爱才有鲜明的意义;没有恋爱,结婚便无意义。爱伦凯曾从这种互场,定了一种关于结婚道德的伦理法典;伊说:

无论怎样的结婚,有恋爱的便是道德;无论怎么经过法律上的程序,无恋爱的终是不道德。

伊底意思,以为结婚底道德不道德,完全关系恋爱底有没有;法律上的程序经过不经过,却丝毫不成问题。伊对于父权母权,也是这样的主张;伊说:

不论曾经正式结婚过,不曾正式结婚过,凡是不负父母责任的,终是罪恶;不问曾经正式结婚过不曾正式结婚过,凡是担负父母责任的,终是神圣。

换句话说，就是世间看作唯一的标准的结婚形式，行不行都可以的。更换句话说，就是不负法律认许的儿童的父母责任的父母，远不如为负法律不认许的私生儿童的父母责任的父母。父权，母权，在爱伦凯全不是法律的问题。

爱伦凯这样排斥结婚底形式主义，主张恋爱中心底内容主义，到底是什么理由呢？这看了伊说明伊那性伦理代表著作《恋爱和结婚》底计划，"想从那种族改良底要求和恋爱中求幸福底个人的要求中间找寻个适当的平衡调和"便明白的。就是伊这样推崇恋爱，是因着伊底个人主义的人生观和改良种族的欲求。换句话说，就是因为伊深信不从恋爱生出来儿童，比不上从恋爱生出来的儿童资质的缘故。更换句话说，就是伊以为，恋爱底当事人，不但当事人自身能够享受个人的幸福，并且能够生了资质优秀的儿童，可以得至人种改良的实益。因此，恋爱上男女交互底个人的幸福，也便有了社会的价值。爱伦凯性伦理底根柢，全筑在这个信念上。伊底有名的自由离婚说，差不多都是从这个信念生出来的。

爱伦凯以为，恋爱是结婚底中心要素，恋爱底有没有，便是判断结婚底道德不道德底条件；一发见了没有恋爱——不问曾有恋爱，不曾有恋爱——立时将结婚破坏，这是当然的，道德的。伊说自由离婚底心理的必然，以为恋爱底感情，是可以刻刻变化的，谁也不能保证永久不变。换句话说，一个人在二十岁的时候，费尽心机结了的关系，谁也不能保证一定到三十岁乃至四十岁的时候，还是丝毫不变。人是"好像不能相约长生不死的一样，不能相约永久恋爱的；所可相约的，只有在那生命在那恋爱，用了最深的注意卫护罢了。"所以自由离婚一桩事，是"青年身上知道了心灵世界感觉世界里，总有不可预知的变化的青年身上，一个无条件的要求。"伊既拿恋爱做结婚底中心要素，伊既在心理上证明恋爱感情总有变化，伊底心理的必然性上，自然要主张自由离婚了。

爱伦凯底自由离婚论，在严守一夫一妇的结婚制度的欧洲，自然算是个大胆的主张。所以这论一出，攻的人也便很多。就中德国底休而斯泰博士底《性伦理和性教育》，便是极端地根据基督教的一夫一妇论批难伊，（这桩事，我另有自由离婚论一篇详细论述，现在暂不说他。）但爱伦凯底自由离婚论，确是很有价值；就是除了恋爱感情底心理学的根柢，看作现代底结婚制度酿成的弊害底救治策，也是很有价值。伊对于主张严守一夫一妇制反对自由离婚的说：

> 自由离婚，就使含有怎样的弊害，也决不至于比结婚制度曾经酝酿的和

正在酝酿的弊害,像卑鄙的性的习惯,最可耻的买卖的性交,最可痛的心灵虐杀,最非人的残忍,及对于近代生活各方面的自由,最卑鄙的侵害等等,更含有很多的弊害。

这很不错的。事实上不离婚,却秘密地公然地,在正妻以外娶了妾妇眷着恋人,这正是现代一夫一妇制底下埋伏着的丑怪事。这样丑怪的性的关系,自由离婚实现了,就容易矫正了。

三

不过有一个问题:就是离婚当事人有儿女时,应该怎样?爱伦凯对于这个时候,仍然直截地主张自由离婚。伊说:

就使已经有了儿女,——这是普通的情形——如果真是万不得再将夫妇关系延续下去,这虽然不得用夫妇关系错误归结做口实,将他们儿女底养育义务抛了不顾,但也没有因为要养育儿女,仍须同室共居的理由!

伊就是说,要教育儿女的时候,仍然可以离婚的。夫妇关系既已要断了,便没有为了儿女,将遇事断的关系延续着的必要。自由离婚对于儿女的问题,是"因着他底两亲怎样共居,或共居了那儿女变成怎样,决定的"。换句话说,就是离婚当事人延续共居,人格便越发堕落的时候,他们共居,便越发给他们儿女一种无价值的感化。有这种情形的时候,自然不如决然离了婚,将那儿女委托给当事人底一曹的好。

自由离婚,有两种利益:一,是当事人底利益;二,是他们儿女底利益。爱伦凯说:

现在且慢说自由离婚别种利益,且说这几样确实的利益。就是,守着无谋的、颓废的、堕落的夫底妻子,可以不再为儿女底父亲饮酒费去劳作,可以为了儿女底食物去劳作,这是一样;现在为了儿女,受着深重的侮辱的母亲,可以从那侮辱逃了出去,这又是一样;这两样情形,都是给儿女有利益的。

又说:

离婚，大约是因为两亲底性格或意见差异的缘故。既是这样，从儿女方面看去，就不如他们离了的安稳；换句话说，就是儿女可以从他们离婚，免了做父亲和母亲轧轹主题的苦痛，并可免了被两个相反的意志——就是各想依了自己，交相争竞的两个嫉妒的努力——扯碎的苦痛；更可免了被两个相异交竞的见解——一面要这样，那面却要那样——养育的痛苦。

　　这样看来，自由离婚，无论当事人，当事人底儿女，都是蒙着好结果了。不错！强迫不该延续的夫妇关系延续下去的这形式一夫一妇主义底无意义和无价值，在易卜生底《群鬼》里已很明了地说明了。这样的夫妇关系底下儿女的悲惨，看了史特林堡底《父亲》哈坡特曼底《平和祭》等悲剧，也便可以彻底地明白。这些著作上的悲惨事，如果要驱到世外去，自然只有主张"自由离婚"，承认"自由离婚"，没有旁的方法。

　　爱伦凯对于那些不讲这些事底救济策，只驱人家严守一夫一妇制，只驳自由离婚说的人说：

　　主张"严守一夫一妇制就是道德"的人们，应能证明疏远的夫妇厌倦的结婚生活，是新生命发生上纯洁的根源！应能证明这种夫妻轧轹的感化力，比委给一曹养育的，更能增加儿童底幸福！并且，应能证明结了新结合，在那幸福内养育的儿童，比在那不幸福的关系里面养育的，更给儿童有危险！

这话很对！与其推崇一夫一妇底道德的意义，诚不如推崇自由离婚底道德的意义。

　　易卜生和爱伦凯对比起来，更有一重要点，就是他们俩底尊重"恋爱底自由"。换句话说，就是，恋爱选择时极端地尊重相互的自由意志。这事如此，那两曹底自由离婚，便更见得认真确切。

　　易卜生的《海上夫人》，是一篇很能表示作者对于"恋爱底自由"底见解的著作，这剧的女主人翁哀梨坦，本想抛了自己底夫汪尔医生，跟亚美利加底海客去过那海阔天空的生活，伊听了明白的夫说："好！现在你可以有完全自由拣定你自己底路途，现在你可以自由拣定，你自己负责任。"这使伊自由的话，便又感到自己对于夫的负责任的恋爱，便说："自由！还要自己负责任！还负责任吗？这么一来，样样事都大不同了。"你看！这篇《海上夫人》，不是一面推崇"自由离婚"，一面便说自由离婚，并非根据那被机会和冲动牵引的什么"自由恋爱"的吗？

爱伦凯也一面主张自由离婚,一面力说恋爱的责任性。伊以为"责任"便是"自由","自由"便是"责任";伊那嫌恶"自由恋爱"——性的放纵和无责任的性的自由底"自由恋爱"——排斥"自由恋爱"的一点,是和易卜生没有两样的。看他们底"自由离婚"说,在这一点上,须特别的注意才行!

四

萧伯纳对于自由离婚的见解,也与爱伦凯近似,他曾在他《结婚》序上,大大地攻击过现代结婚制度,对于现代结婚礼式和严格一夫一妇制,攻击得尤其厉害。

他以为结婚礼式是件最无谓的事,说"……戒指哪,面幕哪,誓约哪,祝福哪,这些都不是可以钉住男女爱情的。有时反使他们忘了爱好,看出缺陷"。便是说,男女情爱,不是结婚礼式,结婚誓约,所可换得的。

萧又反对那嫌恶离婚和再婚底俗见,极力赞赏离婚和再婚说:"配合底变更,在配合人们自身,既非有害,也非可厌。即使将那变更,变成法律,人们也不会因此堕落。所以我极赞成将法律重行改正。因为法律改正以后,变更总便容易了。"萧对于将不诚实(就是通奸)作离婚的唯一条件也很攻击。他说:

离婚改良者,都有了个男子对于婚约不忠实时也不许女子提起离婚偏见,所以别的更重要的条件,也便忽略了。我们倘使读了《比布兹底日记》,下列的事实也便会了解了。便是女子与那很难共居的夫,她仍共居着的。……总有与说谎,痛骂,凶恶,不爱子女,笑不得哭不得的人,结了婚的事罢;总有与单单诚实,没有热情,在妻生产时,也毫不看护的人,结了婚的事罢!将通奸当离婚最初的唯一的理由这种事,还是休了,当作最后的理由罢!还是全然除去罢!

这是说,女子不一定要男子有通奸的事情,才可要求离婚;通奸以外,也很有离婚的理由。

萧伯纳又在那痛骂强制未婚男女结婚的后面说:

那强迫要离婚的人,继续结婚的事,尤其不堪了。这大约因为配合男女,意见不能一致罢;即是甲要继续,乙要解除罢。但这和男子强要与女子结婚，女子却不允许，是一样的。男子被拒绝以后，大约是非常痛苦的，有时要自杀，有时真自杀的。在这时候，我们总希望那男子不要更做那硬要与伊结婚的梦想罢！这是和妻要离婚的时候没有两样的。列位如果是迷信家，大约说这是两样——结婚是两样的罢。列位，那就错了。结婚当中决没有什么姻缘。如有姻缘，也便不会有分离的念头了。然而他们却愿意分离。他们愿意分离，硬要使他们不别离，这就是奴隶制度呵。

萧这样主张了，肯定了离婚，最后下了个结论说：

离婚一件事，在事实上，不但不会破坏结婚，而且更能保持结婚。一千结婚，只是一千结婚罢了；一千离婚，却便是两千结婚。为甚呢？因为那两夫妇，都要再婚了。离婚便是换了一双夫妇。对手不好的，很是喜欢做的。而且离婚更能使人想望结婚。深虑的人和自负的人，尤其这样。

你看，萧伯纳底自由离婚主张，多少大胆呀！提倡自由离婚的，还有个著名的人，便是诺尔陶（Max Nordau 犹太人）。他著的《爱的权利》，在这一点是很可注意的。那作品底女主人翁贝尔塔是倦厌长时间的结婚生涯，抛了夫和子女，和伊底情人逃走的。伊被人叫并考虑伊义务——对夫的义务——对子的义务——的时候，伊昂然说："世上的事，我也管不得许多，总之，我不是什么人底财产。"

诺尔陶这作品里的贝尔塔底自由离婚，颇是大胆的。但诺尔陶底主张自由离婚，却与易卜生、爱伦凯、萧伯纳不同；与易卜生和爱伦凯尤其不同。诺尔陶是个病理学家，家庭和恋爱，都从唯物的，物质的方面着想。他对于恋爱，不承认有什么精神的要素。换句话说，就是恋爱一件事，在他看来，无非是男女两性相牵引的肉体的冲动。因此，男女底一方面，对于别的男或女，感到更强的冲动时，他或伊，当然要抛了从前的女或男去选那后来的。这是诺尔陶底见解，《爱的权利》底女主人翁，便是这见解底具体化。换句话说，诺尔陶底自由离婚底根柢，完全"自由恋爱"，是易卜生和爱伦凯排斥的"自由恋爱"。

五

男女道德底新趋向，除了上述诸见解之外，还有社会主义的思想家，像倍倍尔，巴枯斯等所倡导的见解，也不该忽略。

倍倍尔（德国社会民主党底首领）是站在社会主义上面，主张男女一切平等的。他以为女子受不到与男子同等底充分的自由和产业上的均等两件事的社会组织里，人类一切的进步，都没有希望。以为女子也该得到同等的性的特权，男女该依据同一的道德的标准。

"卖淫制度完全是现今社会制度底花实，在这制度里，受着最大的苦痛的，便是女子。男子总逃避了恶行上当然的结果；女子一有'叛道的事'，便要受异常的苦痛。这是因为忘了男子女子具有同样的种种冲动，所以男子竭力压制女子种种极强的冲动。无论社会上，无论结婚上，总将'纯洁'这一点作女子性格底特征。自然的冲动底满足，完全因为这个根本的差异的观念底缘故，另外找不到什么女子依赖男子的证据。"

巴枯斯更进一步。以为现今一夫一妇制和卖淫制度，都是一种商业组织。所差的只是一夫一妇制，女子卖给男子；卖淫制度，女子租给男子罢了。这都是筑在谬误的经济原理上的事。他说："社会主义一旦造成筑在自由选择和自由意志基础上的结婚，不受外力压制的结婚底时代，这种强迫的一夫一妇制和卖淫制，便要粉碎。"他又述社会主义下面的男女关系说，"在这主义下面，女子将和男子一样，有了满足伊底性情，遇求伊底幸福底机会。伊无论社会上经济上，都将不须依赖男子；伊在一切方面，都将做了自己运命底开拓者。结婚一桩事，将成了不受什么法律干涉的私约。性的刺激底满足，将成了任人自由的一种私事。正像别的感情和食欲一样。如果男女两人不堪共居，社会主义的道德，便要求他们分离。因为在这种状态里还将结婚生活维持下去，这便是不自然，也便是不道德。"

这种男女道德底社会主义的见解，在近代小说戏曲上也时常显现。像英国近代美学家著《糟蹋了的女子》的阿廉，现代英文学大家厄尔斯等，都是拿社会主义的见解描写男女道德问题底可注意的人物。

在男女道德底新趋向里，此外还有主张撤废男女性别的基尔曼，谢莱纳（按《新青年》六卷六期《沙漠间的三个梦》，就是这位做的）两女士，以及卡本特（按这人有《恋爱底成熟期》一名著，现已译成汉文，《晨报》上名作《爱底成年》，《星期评论》上名作《自由社会的男女关系》），和其他人们底意见，现在不再细述了。我所已说的，大抵是男女道德上最该注意的"自由离婚"一件事的各种意见，现在想要告终了。最后有一言要告读者：自由离婚底主张是反抗历来旧伦理的一种革命；自由离婚，形式上即使同一，内容上也有差别。

自由离婚底主张是一种伦理上的革命,这不须说明正可明白。但是形式虽然同一,内容却因了提倡的人底人生观而不同的事,这须特别注意。就是在易卜生、爱伦凯等理想家所说的"自由离婚"根柢并不在"自由离婚",并不是自由的恋爱,是自由和责任兼具的恋爱。和诺尔陶等站在唯物论的人生观上所提倡的自由离婚大不同。诺尔陶等底自由离婚底根柢,是偏重唯物的性欲的,肉体的一面,轻视精神的,灵魂的一面的。换一句话说,便是轻看"恋爱自由",重视"自由恋爱"的。固然有人说,便是"自由恋爱"也兼具自由和责任。这样说来,自然可以反对"自由恋爱"和"恋爱自由"底区别。但这不是理屈的争,是人生观。是人格,那行为负不负责任,必须以那个人底人生观,那个人底人格才得断定的。这一点,是研究近代男女道德中心问题"自由离婚"一件事的人,必须留意的。忘了这一点,便许能我不得这种主张底纲领,竟至骂人提倡道德上的无政府主义呢!这一点极要请听者留意!

　　　　　　(原载《民国日报》副刊《觉悟》一九二〇年八月一日、二日)

告失恋的人们*

〔日〕贺川丰彦 著

有恋爱才有人生

我向来以为盲目结婚的胜利,不如恋爱的失败。常常有许多女学生对我说:将要卒业的时候,往往被父母强迫订婚,因此发生无限的悲观,虽想极勤勉的用功,也不能了。盲目的结婚,对于人类,真是最大的罪恶,与卖淫的妓女,是一样的冒渎人生。

觉悟的恋爱,有时虽也不免破裂,但这决不能算做失败!我极尊敬一生能够得一次真恋爱的人。有恋爱,才有人生。有高揭的目标,人类才能向前进行。只要得到了恋爱便可以算得胜利了。

失恋者的注意

这样说来,失恋未必是可悲的事。如果定要成功才去恋爱,那也不成其为恋爱了,不论在什么时候,恋爱多少含有一点冒险性,没有这一种冒险性,恋爱便没有什么趣味。冒险能延长生命,生命就是冒险。在太平无事的深潭中,正如恶血的停滞。弃地位,舍名誉,为真正的恋爱而生,爱护万物的神,一定来拥护这恋爱的人,而给以幸福。

所困难的,冒险未必一定成功。四十人赛跑,从出发点到决胜点,一等的不过一个,这叫做淘汰。没有淘汰,就没有恋爱,不经淘汰,恋爱就不能成立。你肯去冲锋争先,前面就有你的地位——当选的幸而是你,那就成立了恋爱;如果他人当选了,你就是失恋者。

蜜蜂只有一个女王,互相竞争的雄蜂,却有三四百,他们的结婚,只在最

---

* 本文发表时署名:Y.D.。——编者注

后一瞬间飞上高空的一个。殉道者总非有"生之冒险"不可。不能雄飞,便不能会女王。所以胜利的,三四百匹中只有一匹。

因为胜利者只有一人,你就抛弃恋爱么?在恋爱的竞争场里,还是那样的偷安,你还能有人生踊跃的希望么?

记着!恋爱不是游戏,是最严肃的祭典。这是人的工作,同时也是神的工作。你如不愿胜利,是不成了自弃么?不要怕失败!失败正是神的淘汰。然立在竞争场里,须不计成败的向前奔跑,奔跑是很愉快的,这样得来的恋爱,才有真价值!

恋爱为了有淘汰才有趣味。如果两人的结合是一种必然的结合,还成为恋爱么?一颗石子可入的空穴,抛去三颗石子,一颗进去,两颗当然在外面。恋爱的本质,是二颗石子的悲哀,这是可以预知的。如果为了要被摈斥而惧怕,不愿再得恋爱,这是怎样卑怯的事情呢!

失恋以后的生活

为了失恋而至于自杀,这是最卑怯的!恋爱是一生的工作,并不是片刻间的工作,更不是五年十年的工作。至于为了一次的恋爱失败,就终生独身,虽属不妨,但终不若以失败余生另求发展的好!

恋爱是人类为了"种的保存"的运动;而在这"种"以外,还有完成个性的一事。为了完成个性起见,就有再求恋爱的必要。如果有人要摈斥恋爱,固然也不是坏事,但须知一人摈斥了恋爱,便是另外又造成一个失恋者。世界是连锁的,倘使人人都是这样,结局将把世界全变成失恋者,人种也都要绝灭了!

恋爱并不是架空的。中世纪的时代,以为恋爱是天使的事,肉是下界的事;可是真正的恋爱不能和肉分离的,灵与肉一致燃烧之处,便是恋爱的至高处。近代人对于第一次恋爱的失败以后,应该要作第二次的努力;不但如此,而且无论失败至几多次,仍该继续努力,直到成功为止。

这种意见,或者也许有人反对,以为恋爱是唯一的,实际上没有第二的。但空间的或许如此;若在时间上却未必然的。

恋爱的理想派和经验派

恋爱可以分为演绎派和归纳派,或者分为理想派和经验派。如初恋,是属于演绎派理想派,以为恋爱是决定的,一生只许一次。归纳派经验派,却与此相反；第一次恋爱失败，还有第二次，每经一次，可以增一次的经验。近代人大概都是经验派，我是最尊敬真正的经验派的。不用说，所谓经验派，并不是今天丢了这人，明天便恋上了那人；所谓恋爱的真正经验，是说：自己所选择的决不是完全不错的意义。

理想派往往因理想与现实不能相合，便大为失望。而经验派因为对于恋爱有充分的训练，就不会错误。我极愿对于恋爱有这种的训练。

要使恋爱的纯正，必须有各种的经验。例如：（1）最初步的恋爱，即因男女接近的容易而起的；（2）因同情而起的；（3）性质未曾了解，因容貌而发生的；（4）为生活而相爱的。然这些都不是真正的恋爱。幼年的恋爱，大概都是第一类。如学徒与店主女儿的恋爱，汽车夫与小姐们的恋爱，都是因接近而发生的。但这不能算是真正人格的恋爱。

其次，有因同情而生恋爱的，或因怜悯而牺牲自己的。如以娼妓为可怜，因而与之结婚；或与地位较低的人结婚，表示自己的牺牲。然须知恋爱与牺牲，是不能混同的。有许多的人，往往对于和低能或残废的人结婚，非常赞许；其实这都由于蔑视恋爱的缘故！恋爱决不是怜悯，如果有那样不纯物夹杂进去，决不能发生真正的恋爱。

美貌与恋爱

只从美貌而成的恋爱，是没有永续性的，"色衰爱弛"，女人如此，男人也是如此。

恋爱美人并不能算错，因为美也确是恋爱的要素；然若专重美貌而没有知道人的性格，那就完全错误了。所以颜面虽然没什么美，而行动上极美的很多，那样的美，我是极表示赞同的。我在美国的时候，有一位教实验心理的大学教授，他的面上，已经半面被火烧烂了，这不是极丑陋的面貌么？然而一听到他被火烧的原因，觉得是无上的美丽。因为有一次，房屋失慎，他于猛火中，去救他的妻，因此而受火伤的。如果用美貌来做标准，我想他的相貌，一定可以算魁首的了。这样的男人，女人还会再离弃他么？反转来说，做男人的，如果他的妻为他这样牺牲，无论遇到任何美貌的妇人，还会弃掉她么？

用美貌做标准，其矛盾如此，所以我们应当离开美貌，——美貌是一件要素，那是自然的——须把全人的美做标准。

生活的安定和恋爱

最后,还有因生活关系而发生爱恋的,现在一般妇女,往往为满足生活起见,情愿处男子的底下,度安闲的生活。这决不是恋爱。若能够受这小小的苦难,去求真正的恋爱,她们一定能够得一生享受不尽的幸福。可是多数的女性,却只求安乐,而甘于堕落,这和娼妓生活,有甚区别呢?

总之,第一的恋爱,从"接近"而起;第二的恋爱,从同情而起,这都是侮辱对手方的利己的恋爱。由美貌而成的,也是极表面的利己的;由生活而起的,更当然是利己的了。

恋爱的利己,并不一定坏,恋爱本常常含着利己的;然而绝非只是利己的。从自我而出发,更不可不扩大到对于全人类最大的使命。

由纯洁敬爱而起的恋爱

真正的恋爱,不由于接近,不起于生活,不依于同情,不赖于美貌,完全成自至纯的心中涌出的敬爱。

这样至纯的心,在不成熟的人格者的心中,决不会发生的。强烈的恋爱,可以从浅薄的恋爱失败后发生。所以为修练强烈的恋爱起见,第一次恋爱的失败,决不是可悲的事。

如果强烈的最后恋爱——全人格的最后恋爱,终于失败,那便不妨终生不结婚了。

失恋者的三慰

失恋者有三种藉慰:"时""自然"和"内力"。

"时",像那失恋的英国文豪喀拉尔在《衣裳哲学》所说,失恋时从"永远的否定"移到"永远的肯定",这因为有时的缘故。"时"是迁变的,迁变便可得成长。从悲哀里面,能自信有新的成长,便赖这待"时"的心。

"自然"也是最大的一种慰藉。人间的世界,不是宇宙的全部,解放那执着的人间的世界,深入到自然的怀抱里,便可以发生愉快。为恋爱而悲伤的人们,快飞向自然去罢!

如果"时"与"自然"也不能慰藉,那时只有依赖"内力"——即神的方法了。"内力"能使人澄清,于无聊中得到慰藉。即对于人间虽然失望,对于神绝无失望的必要。

"时"与"自然"能瘉合我们创伤,能使枯木开花。而恋爱的失败或成功,都该受神的支配。

(原载《民国丛书》第一编第十八卷,梅生编《中国妇女问题讨论集》第四册,上海新文化书社一九二三年影印本)

劳动妇女底解放*

〔日〕山川菊荣 著

（一）

现在的世界,是资本主义的世界。资本主义的世界之中,一方面是占有了工场,使用着机器,很有钱的资本家。一方面是被人佣雇汗流浃背,一天劳动到晚,还弄不到肚饱的几千百万的劳动者。处这种人世间的劳动阶级者;承资本家底厚意,弄点饭来吃吃,真如蜉蝣似的生命,朝生暮死。人呢?还是牛马呢? 实在无从分别!

但是这种悲惨的阶级里边,更以妇女为最苦。妇女们未来还有育儿一种任务,一到了资本主义的世界,无论妇女或是幼年的儿童,不能不出去赚点最低的工资来糊口。妇女呢,一方面要仍旧照常的管理家事,和养育儿女;于是一个人就负着工钱奴隶,和家庭奴隶二重负担了。从工场回到家里,身体已经疲倦极了! 在男子呢,正是谈谈空天,看看新闻的消闲时候了;可是妇女还要料理茶饭,看管儿女,净衣裳,补鞋袜等,做普通家庭妇女日间所做的事。因此,身体头脑,自然一天不如一天了!

（二）

在家庭里固然男子是一家之主,不论什么事,总要占了上风,可以无家事之烦,总可以得点修养智识的功夫。所以无论地位,实力,女的总是被男人所支配。在工场里边,也是如此。女人底工钱,总比男子贱的多,而且视妇女总是下贱的,作无理的驱使。所以肉体上精神上,被他们虐待的真凄惨呀! 我们所看到的劳动妇女,因过劳而患结核病的,其中真不知有多少啊! 把青春生命,牺牲于资本家之下。唉! 可怜! 又一方面,因为妇女横受虐待的结果,其中使婴孩流产死产的,或是生后因营养不足而柔弱的;或是因管

---

* 本文发表时署名:Y. D. 。——编者注

理不到而中途夭折的,一天多似一天的了。据十年前,某学者底调查,日本每年从乡间到工场里作工的女子,约廿万人,其中的八万归家,其余十二万,都是不知去向了。还因为工场生活,实在太惨酷了;所以大多数都跑到酒馆中做陪客的女堂倌,或是流落操卖淫的生涯;或者负病于租赁的茅屋之中;或者被收养于养老院之内;最甚者就客死异乡!其余如看护妇,女教师,女事务员,或者做女使用人的,也都是卖其劳力于资本家,这仍旧是赁银奴隶。再就她的悲惨的运命来说,又和女工不差毫厘。

(三)

那么要想免掉这一种悲惨的幸命,使不论谁都能受十分的教育,能够享幸福和康健的快乐,应该要怎样做才好呢?最紧要者,无过于劳动者底团结了。现在在工场,商店,事务所,学校等,凡是劳动的人们,如果有相当合作的团体,就应该从早加入。如果没有的话,那么三人也好,五人也好,先组织最小的团体起来,一经加入团体以后,且须抱热心忠实的态度,从事于该合作团体的发达进行。

又直接在屋里有责务的家庭妇女,应该为一家的生计,预防被资本家的支配,迁入到奴隶的生活起见,须劝勉现在做工钱劳动者的;夫君和兄弟辈,都加入团体运动。同时,自己呢,也可和隔壁邻舍的女同志,集合了三五人,结社会谈,讨论那劳动者,怎么会苦?怎样才可以使天下的富,归劳动者自身支配?加以详细的研究和尽力。如果这一种团体渐渐地发达,渐渐的扩大,加入到劳动阶级的势力以后,那么妇人也就同时解放了。

资本主义的社会,要使他变为劳动者的天下,在做这工作的里边,必须具有非常的勇气,和非常的势力。但是第一步,我们先要觉悟自己底地位,而且不可不坚固自己底团结!

(录自梅生编《中国妇女问题》第二册,上海新文化书社一九二三年影印本)

恋爱之力*

〔日〕贺川丰彦 著

一 恋爱观念的误解

把恋爱看做罪恶的,在无智识的阶级中,固然很多;可是堂堂的长官,与自号为优秀的妇女,也都有误解恋爱的意义者。《大阪朝日新闻》中载某枢密院顾问官的一段话道:

"现在一般人,都把恋爱问题大教而特教;而对于日本古来的美德,就是女子的从顺的各种道德,倒束之高阁。"

又去年代表日本参与世界女子劳动会议的某女士,对一个新闻记者说道:

"有人问起我与我现在的丈夫,在结婚以前的恋爱关系怎样;这实在悖谬极了,我们决不做那所谓恋爱的下等妇女的行为。"

我们看到这几条记事,觉得这种议论,是应该出于他们之口的吗?总算在进步历程中的日本,还应该有这样误解恋爱的情形么?不能不使我们意外的惊异了!然而究竟为什么会有这样的误解呢?这由于视恋爱为一种的不道德。普通人说起恋爱,或者便联想到"奸淫",所以都疑恋爱为危险,要破坏社会,破坏家庭,破坏国家。因此一说到恋爱,就想起芳川镰子或白莲夫人的恋爱事件,而且都认这一种的恋爱故事为不道德。这实在由于没有明白了解恋爱的本质,然而恋爱究竟是不是不道德的呢?所谓家庭的里面,如果没有恋爱,还能敷衍下去么?日本的离婚率,在世界要算第一位,究竟是什么缘故呢?

且再说别的罢,在世界中,公娼和艺妓的数目,还有比日本更多的国家么?只以艺妓的税金而论,一年间可以征收到七千万圆,别处有这样的国家

---

* 本文发表时署名:Y.D.。——编者注

么？为什么日本有娼妓与艺妓的必要呢？我想这种种的理由，凡是对恋爱怀疑的人们，也完全不能了解罢！

二　只为生活的结婚

对于恋爱怀疑的人们，其第一理由，是以恋爱为破坏家族制度扰乱礼教的罪魁，而且有许多人都以为无恋爱的结婚制度，也能够改造社会。这是以维持现存的社会制度，视为满足视为正义的缘故，例如有钱人家的姑娘，为维持门面起见，必须求富家子弟做配偶。中产阶级的家庭，也必须求门当户对的人家，以图生活的保障。这都是为生活计，并不是所谓正当的结婚。

只为生活而结合的男女关系，是没有一点人生的意义的。究竟为什么要结婚的意义，恐怕一点都不曾了解。因了专为财产或门阀的缘故，所以虽是驼背瞎眼的子弟，也能够娶得齐整漂亮的妻子。在女人呢，以为只要嫁了有钱有势力的人家无论怎样，吃饭的忧虑，总可以没有，于是甘做一生的奴隶而不惜了。

在生存竞争这样激烈，生活这样为难的社会里，为生活的保障而牺牲恋爱，抑压性欲，这是旧道德所完全承认的，甚且因生活的为难，把女儿卖做娼妓优伶，也不以为奇，从前做女儿的，因父母兄弟生活的艰窘，自愿卖淫来供给家庭生计的，大家且极力赞许称为孝行。这便是家族制度的产物！

三　恋爱是盲目的么

如果只为维持现存的社会制度，不能以相互的恋爱作男女接合的中心，那么，我们虽号称人类，究与普通的动物有什么分别呢？由恋爱结合的夫妇关系，其产生儿女，不仅为种的保存，更能因此创造新的世界。换一句话，就是基于恋爱的雌雄的汰淘，方能使今日的世界，转化而成进步的更新的社会。

从前有人以恋爱是盲目的，所以不足取；然而所谓盲目，究竟是什么意义呢？德国名哲叔本华对于恋爱的盲目的意义，曾说明道："恋爱的目的，在个人以上的人种的保存，是冲动的蔑视个性的强有力的动作；实际上妊娠，生产，育儿等各种烦杂的动作，如果没有像恋爱的超个人的势力——这种势力说他是盲目的也不妨——加在上边，决不会有这样努力的。"

所以恋爱是盲目的话，并没什么要紧，有了这种的力，人类才能够存在；如果这力消失，人类社会就再不会有进步了。

基于本能的恋爱,在自身并没有什么不良,不过为维持生活的安定起见,而滥用其神圣本能,就要起本能错觉的谬误。做娼妓的当然也有一种的本能,可是因恋爱的没有成熟,只为满足自己的肉欲计,作一种的自己满足运动罢了。真正的恋爱,在自己满足以外,还有更大的一种美的力跟随着。

只以纯正的本能,用金钱买卖妇女,也许不足骇怪,可是这确是本能的堕落。

由纯正的恋爱生育儿女,并没有困难的感觉,并不专在肉欲的一部分,是魂和肉相融合而燃烧的焰。世间所谓本能的堕落,其实所堕落的不是本能,是各种的社会的境遇与理智。

四 本能非盲目的

我们决不能信本能是盲目的,只有病的本能,才是盲目的。本能是从宇宙的意志,发见生命的根源;假使本能不曾错误,不发生病的现象,一定能够产生可喜的快乐的家庭。

故意斫伤或迫害本能,人生就将陷于悲惨恐怖的境地。下等动物可说完全是本能的生活,所以决不能发见他们生活的悲苦。我们从研究昆虫的恋爱生活中,可以证明恋爱的本能也是很高尚的。

虽就昆虫而论,决不是只为性欲;而且也不是杂婚,他们也行一种的选择,如蚁,是最显著的例。

住在地中的蚁,一近结婚期,都生长羽翼,飞舞空中,以三四百的雄蚁,与一女王作恋爱的竞争;其能飞升最高的,才能受女王的恋爱。女王既受了优秀的雄蚁的胚种,待至次年而产卵。女工取胚种既毕,一切的雄蚁,都归死灭。这种支配自然界的不可思议的雌雄淘汰与恋爱的组织,不是一种很富于趣味的事实吗?

在那种举动中,有冒险,有淘汰,有向上,有死,又有强烈的生气的生之冲动。从这种地方看起来,恋爱之为物,其真挚可知,其为真挚的淘汰作用可知。淘汰的作用,难道可说是盲目的吗。在偶然的支配,仅可称他是盲目,然而在此种的标准之下——从崇高的生之冲动的行动,决不能称之曰盲目。这是最超绝的从"生"的方面所产生的暗示,所以恋爱,可说是本质的偶像的破坏。

五 恋爱的偶像破坏

恋爱的第一要件,是破坏形式。有许多人,以为如果没有像今日的结婚式,结婚就有破坏的忧虑。其实恋爱与结婚式,并无关系。我以为结婚式无论怎样,都是不妨的。

在恋爱过于分化的社会组织,结果反还元为浑一的状态。中世纪的时候,发现反对古代的尼僧制度。古代的罗马及古代的希腊,对于独身者,须课以罚金,加种种的迫害,所谓僧侣及尼姑,都被严禁。但是基督教传播以后,基督教徒又传播相反的事实,而尊重独身生活,其结果又成为一种虚伪的社会制度,于是如马丁·路德,如约翰·加伦,进而主张结婚,别创一新教的世界。

如果男女不结婚,那么凡属女子,都要变为职业妇人,男子都是职工,地球上的人类,不到五十年,就都灭绝了。

六 美国女子大学生结婚率的减少

美国女子大学的毕业生,嫌忌结婚或主张独身的,听说有百分之四十之多。在善种学上说起来,确是件极大的谬误。男子大学的毕业生,如果也抱这一种的态度,而使结婚率因此低下,那么文化怎样会进步呢?这绝不是一种健全的行为啊!在独身生活较多的社会,必定是生活极难的社会,为维持生活计,而改迟其婚姻,甚而至于无暇结婚,终其身为独身生活者,比比皆然。如果给她们以生活的保障,我想结婚数一定会有几倍的增加的。总之,今日所发生嫌忌结婚的倾向,是社会的病的现象。如果几百年的接续下去,或许成为像蚁的一种社会也未可知。

现在美国女子大学的毕业生,也富于中性的倾向,如中世纪的尼僧,由宗教的发生独身主义的流弊了。美国所以有这一种的结果,完全由于近代的职业主义所发生的现象。

要把这种分化的职业主义,回归到人类真的品性本位来,除恋爱以外更无他道。恋爱就可称为文化。只从外部提倡职业的向上,艺术的向上……是不能起他们的沉疴的,唯有恋爱,才是提高人类的锁匙!

七 恋爱与社会及经济制度

在恋爱之前,无王子与乞丐的区别,无黄金与阶级的区别。恋爱之为物,非外部任何事物所能欺,是破坏人种别与阶级别更能作一种的猛进。要破坏"印度的阶级"与古代"罗马的阶级制度",除恋爱以外,没有别种能力可同他抵抗了。此后要破坏阶级制度与人种的差别,除恋爱以外,也没有更强的力了。

又破除无产者的阶级区别,也唯有恋爱。现在的雌雄淘汰,是蔑视社会的进化,偏重生活的安定;所以在摒弃恋爱,只以色情关系及经济行为组成的局面,这完全是一种堕落。恋爱除外的色情关系,在本身不喜欢的色情,也有不能不结合的种势;而在今日的社会,一方面有许多的娼妓和卖淫的妇女,他方面又有被富的势力所支配的受无理结婚的一种贵妇人。这种的结婚,都是蔑视男女的人格,都由外部的势力随意去支配,对于结婚的当事者,一点没有什么的趣味和兴趣的。

恋爱不许以金钱买卖贞操,而且也没有卖淫妇与贵妇人的区别。所以恋爱能破坏外部的经济制度,具有最强大的能力。

八 对于恋爱唯一的条件

恋爱只有一个条件,就是:"自我的诞生。"恋爱不是商业上的买卖,不只是维持现社会的制度,是要从自我方面,产生一种更新的创意;所以没有自我的产生,是够不上恋爱的资格。

前面已经说过,恋爱必须有自己的选择。如果自己不选择,而依赖他人去选择,那么还不如不结婚较为直接痛快了。

有人在娶妻的时候说:"我因为喜欢小孩,所以想娶妻了。"这是撒谎!人要想有儿女,虽然不十分错误,但是不想恋人,却只为儿女计,那就大谬了。已经有儿女想续娶的人说:"孩儿们实在可怜,没人照管他们,所以想快点娶一后妻,人品怎样,是不管的。"这是伪善!侮辱自我,而且也侮辱对手方的妻子!

因事业的关系而选择妻子,这也不免错误。妻比事业更属切要,事业不过是物质的,恋爱是人格的,这万不能颠倒的啊!又有许多妇人想寻男人的时候,常说:"男人无论怎样都不打紧,自己年纪大了,最好给人家照顾照顾家务,有孩儿们的更好了。"这也是同一的错误。有人因为要羁縻男人的爱,所以说是喜欢小孩们。这是自己不以恋爱为中心,而只以小孩们为夫妇关系唯一的连锁了。

还有许多妇人,为了自己的耽乐计,以取悦于男人或小孩的,这也不是真正的恋爱,上面已经说过,这不过为满足自己物质的享乐的手段罢了。恋爱有牺牲的要求,自己好像被客体完全吸收去一般的强力;要是恋爱恣意玩弄,便不免冒渎太甚了!所以恋爱应出发于本质的人间性的自觉。

九 从自觉出发的恋爱的价值

从自觉出发的恋爱,才有新的创造,这因为有全人格的燃烧的力,与只由外部的感觉所引导而出的不同,所以自己前进的路,是很明白的,迷惑彷徨的事情,也不至于发生了。

因为要选择适于自己最上等的对手方,却说有两人以上的最上等的人,在理是不会有的。总之,在同一时期以内,绝没有两人以上的恋人。从最真正的意义说起来,是甲的一个魂与乙的一个魂,两相联系,才发生一个的恋。我对于再婚,并不加以反对,可是在那与自己的配偶者还行共同生活的时候,忽又想恋爱其他的情人,这其间自有不可能的意义。至于为自己的恋爱关系计,而入于相恋的境地,当然无须抱乱婚的杞忧。因为在恋爱之前,必先对于自己的血族、言语、国籍、文化、宗教、风俗、职业、趣味、教育、遗传、健康、体质、年龄、家庭等,加以充分的研究,选择到适于自己的,决定关系,所以这类的事是不会有的。

男女因教育的高深,自然能够选择精神的配偶者。现代男女选择配偶的不免错误,都因为教育程度不高的缘故。

十 善种学与恋爱

改造社会,决不是一时代所能够奏效的,像今日的人们,大都是不堪造就者冥顽不灵者多数的集合,想完全实行德谟克拉西,到底不可能的。要造成真的优良的时代,总非假雌雄淘汰之力,从改良人种着手不可。但是如古代希腊选择有天才的青年,使与别人的妻子奸通取其较良的血,胤以传优良的人种,这一种的手段在今日当然不行。如果如此,那仿佛像畜产公司取好的牝鸡与好的牡羊,来传种繁殖的方法一样,绝没有实行的理由的。

就这一点，性欲心理学的泰斗爱理斯在他的著作《社会卫生的企望》中说："结局人种改良最善的试验，只有恋爱，才能够发现！"这是使我们十分表同感的。我们也相信只有这恋爱，是改造人间唯一的工具。所以蔑视恋爱的人，是对于人类极大的一种叛逆者，极大的一种冒渎者。

(录自《民国丛书》第一编第十八卷，梅生编《中国妇女问题讨论集》续集，上海新文化书社一九二五年)

近代的恋爱观[*]

〔日〕厨川白村　原著

一　最善美的恋爱

　　格白呢耶的郊外,暮色苍茫,荒草萋萋,牛羊成群,上下其间,这不是罗马帝国大都城的古迹么？当时叱咤三军,风云色变的奥古士都(Augustas)王,现在还有能力撼动一草一木么？从前的丽都巨殿,都变了荒草颓垣;王侯贵族,嬖臣宠姬,现在都归于无何有之乡了！

　　可是废墟之恋的歌,写一幽期密会的少女,潜身于郊外之塔,把那种侧耳远听,倚身默想的光景,眼光四射,含愁莫诉的神情,一一描写如画。使我们有百不读厌的兴趣,回忆当日的情景,仿佛如昨。

　　黄金的战车,百万的大军,都已片影不留,早随过去的时间而消失,徒供后人的凭吊。但两性的恋爱生活,却亘古不变,虽隔了千万年,还是长存。"Love is best"(恋爱是最善的),大家须牢牢记着。

　　废墟之恋,是诗圣白朗宁最美的歌,约翰潘思又把她入了画;无名的少女,从此竟与艺术家传名千古！

　　人类发达史上极壮丽的罗马文明,真可说是空前绝后,但现在却只剩了荒烟蔓草了。只这个人们燃烧值的情热,感激,憧憬,欲望……等所结晶的恋爱,却有悠久永远的生命;在地球上恒动不息,万古常新。灵与肉最强烈的欲求,像诗的美,永远受人的击节咏歌;像花的开,点缀那地球万物。拥兵争权,钻营谋利,蓄扩张领土的私欲,争私有财产的多寡,买空卖空,呼卢喝雉,天天做金钱的奴婢的,须知道千百年后,都成废墟,只有荒土三尺,野草摇风;世上的蠢人,为什么不细细一想呢？

　　永久的都城(Eternal city)不在罗马,而在恋爱;潜身在荒郊古塔中的少

---

[*] 本文发表时署名:Y. D.。——编者注

女,她那闪闪的目光,是灵性永远不灭的光辉!我们这蝘蜓的身体,要想得无限悠久的生命,只有这女性的爱,才能洗净我们这秽污。虽然哥的的《久远的女性之歌》,坦底的《神曲》,近于浪漫主义的作风,近代文学,成了现实化人间化,可是恋爱生活,终是文化生活中最深远的根柢。

二 东方人的恋爱观

东方诸国,号称文明;所谓东方文化和国粹论的文字,时常映在我们的眼帘。可是"恋爱赞美""女性重视"和"人的女性"等极浅的问题,还是一无所知。对于两性关系,好像特别有一种僻见。男女略一交际谈论,旁人就发生猜疑;如果有恋爱,更视为背德乱伦了!

日本的文献,从万叶的古代一直到平安时代的文学,表现两性关系,是极自由极解放的。到了镰仓时代,战国杀伐的风气一开,儒佛两教的外来思想,相混而入,于是人的生活中最重要的两性关系,成了一种奇怪已极的偏见。德川时代,更有男女七岁不同席的谬见,智识阶级,即一般所谓汉学者流,更是奉为圭臬;一直到现在,这种旧思想,还是深印脑际咧。当明治三十年间浪漫派星堇党诗人,有《青春之恋》的歌;后来世人所曲解的所谓自然主义及享乐主义者出,但也是借题发挥,侮弄性欲与两性的恋爱。但性的关系,既然这样的蔑视,而对于性的生活,又不像清教徒的能够有清洁的见解。我们时常可以找到明治时代的所谓大教育家和道学先生们许多极奇怪的标本。到了现在,青年男女的共学(Co-education)问题,还没实行,一方面风纪又极紊乱,认两性关系,只以生殖作用为限,没有深沉的理想,使成为人的生活中枢的道德化,信念化,艺术化。

近来坊间,关于性的方面的著述和翻译颇多,这虽然也很要紧,但是我以为只把性欲的智识普及,而对于恋爱上人格关系的意义,不与以允分的丁解,古来的偏见迷妄,怕仍旧是打不破的。

西洋著述中,关于灵肉两方面阐明批评的书籍,多至不可胜数;即小学校中《书翰文范》之类,开卷第一篇就有情书(Love letter)一类的文字夹入其间;我们从这里可以见东西两性观的差别了。

三 恋爱的今昔观

人生的欲求,为无限的连续;可是不问所求者为异性,为真理,为净土,为神,为智识,为黄金,或是为名誉,若是没有根柢的"爱",那么,就是人生的不幸,人间的悲哀。

人间创造生活中欲求最强大,最自然的,莫过于新生命的创造;因此才有异性的结合,恋爱问题,也就从此间生长。所以无恋爱的生殖作用,是野兽的喜剧,是人间的悲剧!

爱是至上至高的道德,是人间生活的中枢,希腊哲学家柏拉图,早有这种意见。他的著作中,把爱认为普遍的力,以为森罗万象之中,天地风火之间,都有神秘的恋爱,都有结婚的意义。万物决非单独而存在,求善求美的绝对无限世界中,所联系所维持的只有这爱。这种思想一直流传到现在,近世诗人,也都受其影响。

奥大利人爱弥尔卢加的名著《恋爱之三阶级》中,说明文化发达,而性关系也因此进化。第一为"肉欲时代"。这是最古代的两性关系除性欲与生殖以外,没有别的意义,东洋的道学派,就属于这一阶级。第二是中世纪的基督教的"禁欲主义"(Asceticism)。崇拜圣母玛利亚,以女性为女神,所谓灵的恋爱观,浪漫的恋爱观。支配欧洲的文艺思潮,也是极久。可是一方面如坦底的《新生》中,视女子为"诸恶的消灭者,一切的善的女王",而一方面又发生肉欲耽溺的恶影响。如华哥纳所描写的小说,彷徨于二元的灵肉生活中,使社会一般人心,感到极苦闷的样子。

从古代肉的性的本能时代,和中世纪灵的宗教的女人崇拜时代,递嬗下来,才蜕变为近世"灵肉一致"的一元时代。古代以妇女只在满足男子的性欲和生殖,这是以妇女为动物了。中世虽崇拜妇女,但仍旧不认妇女的人格。认女子为"人",认女子的人格的,就是灵肉合一的近代恋爱观,即卢加第三阶级的恋爱观。

因妇女的自觉,和个人主义的思想流行,新时代的恋爱观,才应运而生,知两性必须相互的补充,由两个人的结合,才成为一种完全的人格,生殖作用,不过两性关系的一部分。爱伦凯和嘉本特,便是近代恋爱观最著名的代表者。

四 爱 的 进 化

爱理斯和福莱鲁后诸学者对于性欲问题的研究,影响于思想界极大;其中精神分析学派的学说,主张性欲为一切精神现象及道德的根本,更是打破从来幽灵道德最痛快的一事。

爱是人间道德生活的根本，但爱又发源于性欲。人自呱呱坠地，性欲便相偕以俱来；婴孩向母亲吸乳汁，就是性欲的发动，稍长又变成了各种的爱。精神分析学者所举的例极多，也无待我说明。

两性间的恋爱，根于性欲。这更是人人所承认的。不过人和动物本是不同，所以对于恋爱，不可不使他净化，道德化，艺术化。在爱情的某状态之下，要改进为他种状态，事实上虽无学说证明，但我们在日常生活中，时常可以发见。譬如黄金欲，本来为物的交换的目的，去求黄金，但后来转了欲念，却专为了黄金去求黄金了。现在资本家的心理状态，大概如此。高一点说，因为想供食用才去钓鱼，但因欲情的进化和转移，目的在垂纶池边，得钓鱼之乐，而不在乎鱼之有无。爱书家（Bibliomaniac）以搜集古版的书籍为乐的，最初不过在满足知识欲和读书欲，后来因欲求的转移，成了一种藏书癖，竟不在乎书籍的内容了。这种净化转移的作用，学者名之曰升华作用（Sublimation）。

人类在最初动物时代的两性结合，原只在性欲满足，和生殖欲望。近代也变了净化的诗的艺术的欲望，而发生恋爱的至高至上的精神的现象了。青年男女，在未有肉的接触的经验以前，初次成了恋爱以后，对于生殖和性欲的问题，一无意识。两性间的牺牲精神，往往为了恋人的关系，虽赴汤蹈火，亦所不辞。这种不可思议的精神，决不是学校里边几位说教似的教员们体验而得的内容，可以做比拟的。所以这种热烈的自己牺牲的至高的道德性之花，只有恋爱里面，才能很鲜艳的产生。所以恋爱决不是单为性欲的满足，也不是为子孙私有财产的让渡，也不是像拆白党的追踪妇女的恶劣行为，完全是自然的崇高的最净化的一种现象。

结婚关系，也应当如是。最初用恋爱做本位，巩固了外面，更须坚实那内部，花虽凋谢，但更须使实格外丰腴。由互助的精神，再进化而增进其复杂性，且开拓新境地而扩大之，爱子女，爱家族，爱邻人，爱种族而及于世界人类。人间的道德生活，也藉此完成。

五　古式的娜拉

读者如果看过易卜生的娜拉，一定同情于娜拉的能够觉悟非人的婚姻，打破旧式的制度，别求真正的人生。几十年来，把这娜拉的真正精神，颁布在全世界觉悟者的意识中。

双方各以自由的个人相结合，来完成各自的生命，这相互间，完全以恋爱为至上至高的媒介。如果没有恋爱，对于自己的存在，已没有意味，而民族的发达，人类的进化，也生出极大的障碍。所以财产，法律，声望等各种外的条件，不论怎样完备，若两性间缺少恋爱，这婚姻就不值半文钱。爱伦凯女士在《恋爱和道德》(*Love and Ethics*)《恋爱和结婚》(*Love and Marriage*)中，有极大胆极率直的议论。在她的《自由离婚论》里说："恋爱消灭，结婚关系就完全断绝"，这是当然的结论。没有恋爱的虚伪的结婚生活，在近代略有自觉和判批的功夫的人们，对于这种地狱式的生活，当然发生破绽，不能忍耐的。

经济上没有独立的人们，尤其是妇女，为物质生活的保障起见，不得不结合无恋爱的结婚关系。其实这是奴隶的卖淫生活，脱不掉野蛮时代的买卖结婚。所以虽只一时的投契，如果存有恋爱，便可算是真确的结婚，不是卖淫。没有恋爱的夫妇，虽然白首偕老，神的最后的审判，仍逃不脱一种的强奸生活和卖淫生活！世上有什么卖淫关系的银婚式，强奸生活的金婚式，我们挥泪吊唁都来不及，那里还有什么祝贺的价值呢？

易卜生写娜拉起初服侍她的丈夫，不惜牺牲自己的人格，假造了父亲的证据，抵借银洋，使丈夫得疗养身体。后来她丈夫反加以种种的诬蔑，娜拉才觉悟这种因循的非人的奴隶生活的错误，毅然决然，脱离她丈夫的家庭，另去求她的"人的生活"。这种精确的思想，在当时欧洲思想界中，确认为极兴奋的思潮。但是在现代论断起来，娜拉式自我的觉悟，实在是前世纪的古老货。二十世纪中的结婚生活，发生自我的肯定，以恋爱作根本的基础，在真正的意义中，结真正的结婚，决不是只以个人供单方面无意识的牺牲。从前视娜拉能够跳出没意思的家庭，称她为"新妇女"，现在却变成浅薄的陈式了。（译者按：我国妇女的结婚生活，还完全在原始时代的状态，想效娜拉的"人的觉悟"跳出火坑的观念，多没有发芽，我译至此，惭愧无地，不知阅者作何感想。）

娜拉式的结婚，是最初没有自觉的功夫，不以恋爱观念为基础，所以一切都是违反自己的意志，结果都成了因袭的贤母良妻主义，和虚伪的结婚生活，其劣点就在出发的第一步，已经全然走错了道路了。所谓真的结婚，与卖淫的奴隶生活，绝对的不同，有新的至高的恋爱道德，含在里边，不可不十分注意啊！

六　恋爱与自我解放

由恋爱的"自我否定"，推进扩大到"自我肯定"，这是近代恋爱的进步。

从易卜生的娜拉剧出演以后,现在文艺家多加以批判及许多的订正,即易卜生自己在一八九〇年所作的"Hedda Gabler"剧中,也把从前的意思,订正了不少。总之恋爱的心境,虽然今昔不变,但是出发点的"我",有"自觉"和"不自觉"的区别了。要不蹈因袭的覆辙,不被名望所诱惑,不受财产所牵制,为自己而求偶,为自己而生爱,为自己的爱人而授全部的身心和对手方接合,才是真自由,真解放,其间接合的要素,就是"恋爱"。反转来说,如果以自己以外的目的而为其所不当为,那么,就是因袭的,专为利益的罢了。舍弃自己的身心,献给别人,就是伪善,卖淫,奴隶,甚言之,是禽兽的一类,不能称之为"人"。在前世纪或者还能敷衍,现代人如果略知文化的意义的,决不再肯再忍受了。"无恋爱的婚姻,是人间的大罪恶",这便是新时代人的新道德,现代思想上的根据,也就在此。

前世纪娜拉的时代,已经过去,今世纪恋爱的肯定时代,已到眼前了。从浅的到深的,从外面的到内面的,从自己省察的结果,真的"自我"也从此解放。现代恋爱的心境,所谓"于自己主张中,放弃自己"(Self-assertion in self-surrender),即献身于自己所爱的人,肯定自己最强的主张。从恋人中间,发见自己,从"自我"与"非我"之间,结成同心一体,这是人格的结合。一方从自我的扩大,得真正解放的意义,得真正自由的美果,大我的基础,也从此完成。

七 从无理解的到肯定之路

爱伦凯在妇人之道德里边说:"以完全想思的爱的两恋人,就可变成一个人似的生活。以各人的自由,达到最大的完全的地方,在乎两人能够相互的发展。如果这样恋爱的共同生活所完成的夫妻……便是天成的事业,断不是人格下劣的放漫的一时的肉感的爱,所能企及的。"

"结婚是恋爱的坟墓。"这是历来的习惯话。"恋爱的花,结婚后就会消灭。"这在从前也经说过。但这不过是片面的真理,其实不过从外面的移到内面的,从更深的地方进到潜在的性质罢了。所谓因结婚而消灭恋爱的话,是只指肉感的一时的游戏,不是真的灵魂的生活所要求的人格的结合。如果只以每日朝晚抱腰接吻的结婚生活为限,那仍然是浪漫的恋爱时代,没有得着内面的潜在的恋爱观念。真的善美的恋爱结婚,两人的内的生活,已经过了几种阶段,由起初浪漫的盲目的恋爱,进而为自己省悟的娜拉时代,再进而为现代自觉的新理想主义的恋爱肯定时代。

我们第一要觉醒的,是应该反抗盲目的非文化的生活,用彻底的真剑的努力,解放自己苦闷的地狱,美的自由幸福的生命,从自我解放的恋爱生活中,才能产生。这正是到民众合理的新生命之路,新社会的光荣,第三帝国(The third Empire 译者按:第三帝国,指灵肉合一的生活而言,第一帝国,为物质的肉的帝国,第二帝国,为空想的灵的帝国)的新境地,都从那恋爱生活做起点,这恋爱生活,真是人生的大问题啊。"Love is best",我们当深深的印在脑际呵!

(原载《民国丛书》第一编第十八卷,梅生编《中国妇女问题讨论集》第四册,上海新文化书社一九二三年影印本)

论寡妇再嫁*

〔日〕宫本英雄　著

从妇女地位的增进成为一般的问题以来,于是发生了个别的妇女问题;从妻的解放的议论高唱以后,于是有所谓寡妇的解放。从前日本有一句"烈女不事二夫"的俗谚,于是寡妇不得再嫁,就成为当然的事情。现在日本寡妇的再嫁,在事实上虽已不成什么问题,但追述过去的历史,很可以做现在的良师,而且有照彻未来之力。所以想把各国寡妇的地位,与其再嫁的情形,习俗法律等,略述于下。

古代无寡妇

就古来婚姻形式的变迁说,虽各有同异,但最正确的话,古代无所谓婚姻,不过是男女的结合关系。从"杂婚"及"团体婚"渐渐进化而具婚姻之形,经一夫多妻或一妻多夫的时代,而进到现在的所谓一夫一妇。

在"杂婚"及"团体婚"或"一妻多夫"的时代,无所谓寡妇,这是我们所确信的。如澳洲的弥赖罗种族间,凡是妇女概属于该种族男子所共有。在那种杂婚制之下,当然是无所谓寡妇的。至于"团体婚"男女数的关系,虽比较的范围狭小,但仍旧和杂婚一样,所以也无所谓寡妇。到了一妻多夫的时候,死了一夫,妻仍不会变寡妇,在希马拉雅山附近的某种族间,一妻多夫制,夫死以后,夫弟得代其亡兄。这种习俗,至今还存在。但是一夫多妻或一夫一妇制成立以后,所谓寡妇才发现于人间。从婚姻的历史上看来,如"掠夺婚"以后,"买卖婚","赠与婚",及今日的"共诺婚",便有所谓寡妇了。

＊ 本文发表时署名:Y.D.。——编者注

以妇女为继承的财产

在妇女地位极低的时候,妻的地位,同时也极低,而且影响于寡妇的地位。——所谓寡妇,本是把妻的身份延长或变形罢了。掠夺婚与买卖婚时代,把妻当作一种物品,寡妇也难免这一个运命,就是在夫生存的时候,妻是夫的所有物,夫死以后,仍旧作为继承财产的一部分,归于继承人或亡夫的亲族们所有。非洲的某种土人,此风还相传不替。子有与父的所谓寡妇结婚的权利,寡妇无子的得由继承人卖却之。中美洲的斯姆斯种族,有一种习俗,寡妇归亡夫的亲族所有,如果寡妇希望再嫁,必须纳"赎身金"于亲族。而且亲族得以寡妇为妻。所以在这种习俗之下,所谓近亲结婚,固然不成问题,就是亲子间的婚姻,也有视为当然而实行的。如珂兰有一句警诫世人的话说,"汝莫与父亲的妻结婚,那是从前所惯行的恶行为。"日本祭神的祝文里,也有一句话:"亲与子所从犯的淫乱罪",其中不但含着单纯的亲子间的结婚,也可见出寡妇与其子结婚的意味。

同样,在非洲与苦赖哥族的习惯,寡妇被还给她母家以后,其母亲仍旧和初婚时一样,把她卖给人家。但是有一件不同,就是这次出卖的时候,多挑选年老的女婿。有一说,做了寡妇以后,自己颇极自由,可以做私娼任意选择所欢的男子做夫,然而非洲土人一般的习俗,凡是寡妇亡夫的继承人,仍然可以把她做自己的妻子或卖给人家。下路太地方的朋排赖斯族,还有极端的例,叫"寡妇的粜卖"。凡是贵族人家的寡妇,无论她相貌怎样丑陋,年纪怎样高大,总能卖到好的价钱;这大概因为买到贵族人家的寡妇,做了妻子,自己也可以继承为贵族的身份。在未开化的人中间,大都有这一种思想,这是并不觉得什么稀罕的。

服丧期的各种习惯

此外有对于寡妇再嫁与以多少的制限与条件的;这种习惯,也所在皆是。例如福天德岛之间,凡是要再嫁的寡妇,必须把小手指割断,以表示对于男人是有真正的爱情。日本有一句俗话,叫"女人的贞操与小指",这是什么意义虽不能作正确的解说,但其中必有若何的关系。大概和夫死以后,不经过一定的服丧期间,不许再婚的风习相像。

关于服丧期的习俗,如非洲的卡蓬,凡寡妇经过一年或二年的服丧期以后,有一种"忌满"的祝典。对于这祝典奉行得极为热闹;同族间大家集合以后,环绕着寡妇,把她的丧服剥掉。众人一面大饮,一面手舞足蹈。做寡妇的,也如新嫁娘似的表示她无限的欢喜,极舞蹈之乐,甚且演出极猥亵的举动。这一个盛典施行以后,寡妇就可与继承人的胞弟或从兄弟结婚。又墨西哥与中美洲的散勃斯族间,夫死也有一年之丧。寡妇在这服丧期中,有在亡夫墓前每日供奉食物的义务。在美洲一般的土人间,定一年至四年的服丧期。在这期间以内,亡夫的亲族,对于寡妇的再嫁,有加以制裁之权。所谓制裁,是可以伤及寡妇的身体,希马拉雅的仆打土人,也定三年之丧。其间虽然不能再婚,但也不一定须给继承人做妻。然而还有一种特别的例,这是只限于寡妇有未婚的妹的时候。凡是未婚的妹有与人结婚的,必须把做寡妇的姊也一同娶去。这种奇怪的习惯,在现在看起来,固然觉得很奇特,但在一夫多妻制度之下,这种事情,也视为常事。

希腊与罗马

以上只把现在未开化民族之间所惯行的风俗习惯,大略说明一番;现在再一看西欧文化源泉的希腊与罗马,其古代以寡妇为财产一部分的事实,也显然残留。希腊有以其夫以遗嘱而将妻赠与友人的,这仿佛遗赠所有的财产于友人一样。在罗马,夫对于妻,有生杀予夺之权,丈夫死后,须把其妻托保护人或监督人所有。因此,所谓寡妇,虽然在夜梦中,也不得自由,再嫁当然该被禁止了。在实际上,常常以寡妇不嫁为一种妇德,独守空闺的寡妇,特别被人家所尊敬。如果要再嫁,至少也非得夫死后过六个月不可;后来又延长为一年。而且所谓再嫁的时候,对于与再嫁同意的父及其新夫,有"减少令名"(Informality)的制裁,甚后对于寡妇,也加上了减少令名的制裁了。然而罗马的法律与习惯,也逐渐变更。在雅力阿奴斯帝时代,寡妇再嫁,反被奖励。这或者因为寡妇迫于生活困苦所致。但基督教胜利以后,此种再嫁气运,又重复倒回。在康士坦丁帝的时代,再恢复古律,有对于再嫁的寡妇科以罚金的。这时代禁止再嫁的理由,大概因为婚姻起源于亚当,从宗教的信仰上说,寡妇再嫁,有背天理。这种宗教的信条,与当时未开化的欧罗巴人的习俗,混作一起,所以结果,寡妇的地位,就堕入十八层地狱了。

当时有依据沙利家法而定的蛮人法,凡寡妇有子的,其子到十五岁时,即为寡妇的保护及监督人。又依仑摆度法,凡寡妇再嫁,须得其子的同意。

因此，法王戴华独立枯颁布命令，绝对禁止寡妇再嫁；对于寡妇再嫁的当事者，处以罚金。总之，都把寡妇再嫁，当作一种罪恶。这种迷信，大都起源于宗教，今日或许还受着这一种影响。

中国与日本

现在再翻转来一说我们东洋的习俗。在中国的妇女的地位，一向很低；与罗马妇女"永久不得为成人"，未嫁服从父权，嫁后受夫支配，夫死须隶属于亲族的保护监督一样。虽到现在，还是如此。所谓"在家从父，出嫁从夫，夫死从子"，实在是极有力的教条。女儿的婚姻，还完全操在父母之手，寡妇大都仍为亡夫遗产的一部分，盖与未开化的社会一样。因此所谓寡妇的再嫁与否，本人当然无自由意志可言。所以寡妇有被亡夫的亲族所卖的。如寡妇想逃出这个束缚，只有一法，就是削发为尼，以表示其决绝。但因此夫死为尼，世人便都称之为贞淑，又因富贵人家的寡妇，都须独守空闺，于是寡妇再嫁，就招人的嫌忌。我们调查中国的习惯以后，知道日本的思想和习俗，大都受着中国的影响。中国这种思想，在表面上说起来，虽然叫什么妇德，贞节，名称上非常好听，但是从反面思考一下，就很明白的告诉我们，是一种"夫得所有其妻"的思想，极端的说一句"一直到坟墓之下，也得以妻为其所有"。这种支配其妻的思想，谁也不能否认的。

殉死的习俗

寡妇殉死的意义，在当初大概因亡夫死后，其妻情不能已，不忍使其夫在地下孤寂无伴，所以才发了迷信的痴想。这种习惯，在澳洲及非洲的土人，现在还很流行。

但是后来习俗相沿，变了一种强制的行为，甚有绞杀寡妇，强迫殉节的。皇帝死的时候，必须有许多殉葬的妇女，这是在历史中所常见者。古代的德国，也有这种习俗。在印度，寡妇殉夫的习俗，是一种强制的行为，甚且把寡妇和亡夫的尸体一同缚着火葬，使活人去尝那火焰地狱的苦楚。有时因寡妇不堪此苦，从烈焰中逃出的，便被周围的看客捉回再投入烈焰中。这种事实，都是欧洲人的印度旅行记中所常见的。印度的殉死，在法律上并无规定。只在《罗马法典》里禁止寡妇再婚，"寡妇不得再呼男子之名"的话。其禁止再婚的理由，就是认再婚为对于前夫的不贞。因为殉死为旧道德所承认，于是意念稍深的人以为与其为生之执着而受人的嘲笑侮弄，倒不如一死反觉清爽。但是有幼子的寡妇，则可不必殉死，这大概为养育子女的任务罢了。

现代的暗示

以上只略述现代一夫一妇制成立以前各地方及各民族间关于寡妇地位即再嫁的习俗以及幼稚的法律的梗概。这种习俗中因禁止或是嫌恶再嫁而褒扬寡妇守节的理由，与其说是为宗教的信仰，不如说是一种迷信，但结局不外一句"为在坟墓之下的夫严守贞节"。又征之《罗马法典》，妻死以后，夫得于其妻的尸前立刻再婚；这种男尊女卑的观念，可以无须多说。

在现代文明国的法律中，只为防血统的混乱计，换一句话，就是为明定先夫的子女或后夫的子女这一事计，在前婚解消后一定期间内禁止再婚以外，一般对于寡妇再嫁，都不禁止。日本的法律，也是如此。这因为妇女运动已日渐奏效，一般妇女的地位，也日渐向上。在今日看起来，所谓寡妇的再嫁，当然不成什么问题了。

（原载《民国丛书》第一编第十八卷，梅生编《中国妇女问题讨论集》第五册，上海新文化书社一九二三年影印本）

妇女的精神生活*

〔日〕富士川游　著

　　职业，政治，教育，人格等，男女都应该不分轩轾不分贵贱的发展，这是我们所竭力主张的。可是人类的进化，不能不依赖男女两性间相互的辅助，和造成次代的子息，使循环不断的创造。爱伦凯女士鉴于欧美各国女性运动的过于偏向，尝著《母性的复兴》(英译本 The Renaissance of Motherhood)一书；在《恋爱和结婚》(Love and Marriage)里边且说："种族的本能的形造，居住的家庭的构成，是妇女们对于文化极大的责任。"

　　我们虽然应该鉴别时代的精神，和国内各阶级的现状，来分别取舍，可是"为母"的确是一件至上无大的职务。记者极端赞成处现在中国的家庭做中国现在的妇女，都要向职业方面作无限的发展，不过女性的精神生活，自然有和男子不同的地方，所以对于职业，不得不发生多少的影响。近得日本富士川游氏的论文，述女性的精神生活颇详，而且都从客观的生物学的方面立论，颇类爱伦凯女士的《母职》的主张。记者也以为对于妇女的职业问题，有极充分的理由和参考，所以也乐为之介绍。

译者识

一　男女两性的分化

　　从生物学上说：男女身体的差别，个性的不同，都是从"分化"而进步，因分化的能力，才达到今日男女身体组织的极致。例如蜗牛、蚯蚓等低级的生物，雌雄两性在同一的身体里边，最下等的，(如原生动物传染疟病之麻拉列恶 Malaria)几全无男女之别，所以用生物学上的事实来证明，男女的所以差别，是分化达到极点的结果，也就是两性分业的地方。论起两性主要的不同，男性向保存"个性"的身体方面发展，女性向保存"种"的身体方面发展，

---

*　本文发表时署名：Y.D.。——编者注

因这保存"个性"和"种"的目的不同,身体上也就发生许多的差别。但是应该要明白的:男女两性身体的构造,虽各有其应用之道,而于两者中间,倘使要分别高低,或者说妇女生理上是精神薄弱者,或者说女子不能够进而和男子为同等程度者,那就大错了!精神方面的差别,也因了一方倾向于"种的保存"的精神生活,一方倾向于"保存个性"的精神生活。但是这精神生活的不同,也绝没有贵贱上下之别。

关于男女精神生活的差异,由调查方法的不同,时有许多矛盾的所在。现在先把感觉方面最显著的事实说一点:女性对于简单的感觉,比男性强,距离的感觉亦然,设以针刺任何皮肤的两点或一点,男的要离到三十五厘,才能感觉到针所刺的两点的距离;女的只要二十厘,就能够感应到了;这是女性距离的感觉较锐敏于男性的地方。就味觉说:甘味男女的感觉相同;而对于苦味,女性又比较的锐敏。视觉和听觉——理性方面的感觉——女性较弱,但色觉女性较强;世间色盲的人,女性总比较的少,就可证明。又如形的感觉,和区别的感觉,妇女较弱一点。上面所说的,是对于感觉方面最主要的几个例,而女性的精神生活,就因此而发生许多差异的地方来了。

精神生活中有一点叫"联想"的,例如看到红的颜色一面就联想到花的颜色有红的;这种"联想作用",在女性方面,多为一种挥散性——容易变化,——据生理学家的实验,妇女多注意于附近的和已经成功的事物,而且对于Decorative就是装饰的非实用的和具体的事实方面,多很留意。男子大都注意于远方的,离自己身旁的方面,对于批判的抽象的居多。据小学校中所行的试验,男生不知道眼前的事物者极多,但是远方的事物,倒能充分的回答,这是和女生最有区别的地方。例如男生对于自己所着的衣服,不常常注意;可是女生,就很注意到这种地方。

又有一种所谓"领会力",从外面来的事物,用头脑悟会吸取的能力,则女性比男性强。因此女性当读书完毕以后,对于书中的事实,如其再和他人说话,或者做什么报告,要比男子细得多。还有像碰到临时极惊慌,使人的神经极容易错乱的时候,女性的镇定功夫,也要比男性强。

二　男女才能的差别

精神上因动作而分差异的事实极多,其中有一位特拉纳氏关于商店贩卖的调查,据说:女店员比男子勤勉,不过才能较劣。凡是已定的事实,女子都能做得极好,要再用心思的事情,妇人就觉得难一点。又爱利斯氏在英国邮政局里边的调查：凡是记账，处理汇兑，处理储蓄，或是未受教育的人，同在办事处骚扰要应接周旋的时候，妇女比男子巧妙。但是对于电报方面，因为妇女对于电报的技术，缺少研究的兴味，又于永续作业的抵抗力比男子弱，而手腕的关节，也弱一点，所以不能够十分写得快，因此翻译符号较为缓慢，所以对于电报事业比较的欠缺一点。

从学校教育的方面来说：教训和指导，女生比较容易，可是遇到较难的问题，就比男生难懂。这因为女性过于严密而且做事容易疲劳的结果。无论德国或是日本，电话局里的接线生，用的大都是女子，但是长时间的勤续，比男子容易发生疲劳，而且因每日长时间服务的原因，生出许多神经衰弱的病症。又上面所说女性才能的低劣，不能不加以说明。所谓才能，并非指世间有学识有干才的人才而言，是指记忆的动作，联想的动作，注意的动作等关于"主智"(Intelligence)的方面而言，这是不可不注意的。

现在再讲到精神生活深一点的地方，女性的被暗示性，非常之强；被暗示性，就是一种推感性，自己不加批评功夫，信他人的言词而就起感动信服的一种行为。这种精神状态，虽然有许多男子也所在多有，但女子比较的格外强一点。又"独立的精神"和"创造的能力"，女性比较的少一点。据爱利斯氏的报告，在英国科学发明者中，得专卖特许的计五万四千人，其中女人只有六人。（按此亦不能断定是女人的弱点。因为女权的不能独立，教育的不曾解放，虽在英国的女子，也当然没有充分发展能力的地方。但照目下而论，还是成绩极少，那不能不请妇女们格外的努力了！）

三　妇人的受容性

什么叫"受容性"？就是从精神上的动作，承受外来的印象，而放置于头脑的里边。这种受容性的力，女性最为显著。如果一经缠扰了或种印象以后，对于这一件事实的来因去路，必定发生种种的想念注意，长久的缠念不去。因此有发生一种的所谓"对象"(Symmetry)来；右的指以为左，三角的，想象以为四角，这种是受容性的对象过强的地方。女子学几何学，比较的能够学得很好，又如医学里边的生理学和病理学，因为已有了事实，只要能领悟事实就好的学问，也是女性最擅长的地方。但是一遇到抽象的事实，精神上要费思考的地方，女子的成绩，便不及男人；所以对于临床诊断的学问，成绩不很良好。

概括的来说：女性精神上的动作，是重事实的具体的；所以女子对于抽象的形而上学,不很相近;而欢喜具体的哲学。如伦敦各书坊所调查的结果,女子大抵喜欢具体的,人格的,诗的,宗教的,各种思想家的著述。就是据日本而论,虽然因智识的程度,社会的地位,各各不同;大体女性所读的书籍,总是以具体的文学为中心,而对于抽象的形而上学(Metaphysics 即纯正哲学)注意的很少。

妇人对于宗教的思想,外观上关系极深,这就因女性的被暗示性过强。要想以"自己即神""神即是我"的独立性很少。所以女性的宗教生活,也多是被动的缺乏理性的居多。爱利斯氏说过:世界有名的宗教,计凡六百,而其中由女性所发起的,不过七种。所以女性的对于宗教生活,实在没有真实的意思,不过为解除烦闷,摆脱现实的苦境,去拜神求佛而已。

还有性欲和宗教的关系,男人固然也发现得很多;女性在思春期十三四岁到十六七岁的时候,精神作用适起变化,在这极寂静的当儿,也时常有求佛拜神的行为。这是由性欲的动作所起的一种宗教的印象。

又从政治方面立论,妇人精神上的动作,很适于政治的活动。从古代到晚近,女王的功绩实在不少,这是可以证明妇人适于政治的生活。所以在现在的社会状态,现在的政治组织之下,做妇女们的,适于这精神生活的社会运动,不可不下一种特别注意的精神——所谓第三阶级的妇女运动。

四　种的保存和个性保存

前面已经说过,女性因为受"被暗示性"和"感动性"强烈的缘故,精神上所受的刺激也较强;所以女性的神经和筋肉生活,也因此和男子发生差异。即女性的神经和筋肉,每每容易发扬,容易兴奋。

妇女作长时间的工作,既然容易疲劳,而且还有一种特性,就是在疲劳未起来以前,疲劳的感觉早已显现。至于男子,大抵在任事的时候,如果注意很深,非在休息以后,便不觉疲劳的发生。这就是女性对于身体损害的预防,也就是要保存种的关系的一种作用,又妇女的血液中,水多而赤血球少;身体全部的比例,血液的分量也少。虽然妇女酿成血液的径路较男子为多,但是实际上则水多而血少。这就是容易起疲劳的一个原因,也就是为保存种的关系的最切要的组织。

据爱利斯氏的研究,近来欧美妇女,因了时势的变迁,女性的感动性,已低减了不少。这是因了教育,习惯,风俗,游戏等的结果,但是和男人比较还是相差极远。美术上的事情,从古是男性占优势的,如诗人,音乐家,图画家,雕刻家,女性的天才家极少;就调羹裁缝而言,本来是女子所日夜不离的,但是调羹家裁缝的名人,又都是男人。在这种地方看起来,我们也就可以证明男性和女性根本生活,原来有不同的地方。男性的目的,是在"个性的保存",所以身体的力,都向技术方面发展,向外的进行,对于种种事物,都加以推考,观察,冒险的能力。女性因为要图"种的保存",对于艺术,对于各种的能力,固不能说是不能,但为保存种的方面起见,都有一种内的倾向了。男性和女性身体上既发生变化,精神上也就因此而发生差别。总之男子的精神生活,关于运动性和判断性的能力强;女性的精神生活,感情多为发扬性,故被暗示性强。再从抽象的说,男子多为变易性和进步性,女子多为单调性,及保存性。这是生物学上的事实。

上面的种种事实,对于分化上有极大的关系。女子因为要保存种的原因,所以身体及精神上不能不为一种的单调性,也不能不为一种的保存性。如果没有这一种的特性,那就对于生产儿女,发生嫌恶,养育小儿,觉到可厌。"种的保存",从此破坏,生物学上的事实,也早已破坏了。这正是男女两性最适合的境遇,发展分化最优越的方法。

五 春情期的女性

上面说过,女性为"种的保存",男性为"个性的保存",但是精神上最大的差别处,是和性欲的直接的关系。

凡男女从婴孩起,一直到七八岁,都是幼稚期。自此以后,身体的差别,就逐渐发现,而尤以春情期的精神状态为特别显露。在这时期中,各种精神体貌,或者呈活泼的气象,或者具冒险的精神,富感情,喜名誉,想像力逐渐丰富,自信力也因此递高。而女性的涂脂抹粉,男性的理发整衣,这就是春情期的一种性欲关系。这性欲发达期中,男女两性最有差异的地方,尤以生殖的一方面为最显著。

女子精神的变化,种类极多;区分之约有四种:

1. 忿怒性 这一种的精神异常,例如无端的忿怒,有时候竟起一种疯癫的病态,或者做事诉苦等等。

2. 恐怖性 有时在学校,甚至向教员述自己的名字都说不出,或在有一种惶恐的态度;或者默坐家中,一言不发的静守。

3. 空想性 凡属于瘦弱的神经质,或是童年时代体格羸弱的女子,多容易发生。生各种无端的空想,喜读神秘的小说;交亲密的朋友,甚而有至于愿共死生,有发生同情的恋爱(Homogenic love)者。这种仔细观察起来,实例很多,无以名之,名之曰空想性。

4. 无感觉性　这种精神状态发生后,好像很滞笨的样子。各种的事情,大都极少兴味,无意读书,而且也无兴游览,有时好像倦欲思睡,而睡又不成睡的种种态度。

以上各种精神的异常,是因年龄期而起的身体或精神的变化,决无什么忧虑的必要。大抵从十三四岁起,到十七八岁就能全治的。而在此时期以后,普通就起月经。凡这种种,都是生理上的事情。继此而起的精神变化,就是妊娠期了。

六　妊娠时的精神状态

妊娠时候的精神状态:对外的抵抗力减退,对于光线感觉格外锐敏,嫌阳光,喜薄暗,而且味觉过敏,选择食物,必择其有刺激性者;又嗅觉和听觉亦过敏,厌儿童,怕喧哗。

原来女性的日常生活,自制的能力很强——要想说的话不肯明说——在妊娠的时候,自己支配自身的自制力,也减少许多。又嫌于做事,而且多呈忧郁的状态。深的有成一种精神病者。所以入精神病院的人,有百分之十四,是关系于性欲;其中五分之一,都是起于妊娠的时期。这一种精神异常所起的原因,从前的生理学者,谓起于忧虑出产时的苦痛。这是表面的话,实在的原因很多:

(1) 机械的原因　妊娠的时候,腹部的内脏,随胎儿的成长逐渐膨大,各方面起一种压迫的作用,因之精神上也显然发生变化。

(2) 化学的原因　平常女子的血液中,水分本是很多的,但妊娠的时候,水分比前更多。因此神经的营养上,容易起一种的恶变。

(3) 胎儿排毒的原因　胎儿在母体中,一天一天的成长,不能不有消化呼吸和排泄;所排出的,都在母体的血液里边,母体因此便发生精神上的障碍。而精神生活,也就起特异的状态了。

七　男女和第三性

第一性是"男",第二性是"女",第三性是女的男性化,或男性的女性化。在十四五年以前,德国柏林城中的妇人运动者,开第一回的万国妇人会。当时有一张照像,使人一看真是迷离惝恍,因为一看都是男相,其实都是妇人。现在德国所谓第三性者,实在多得很。这种种的现象,虽然因境遇,职业,教育,及妇人热烈的过甚的倾向。但是这一种的结果,我认为是妇女运动不良的结果。如果没有男女的区别,我想说他是野蛮状态,也无不可。我们承认男女精神状态之不同,是人类进步的结果;是发扬文化最大最良的一种组织,也是依据生物学的事实所不可强辨的。

所以我们因此不能不把妇人的职业问题,拿来说一说:

我们应该先承认,妇女对于职业,当然没有坏处;而且应该随时势的需要,随文化的进展,充分的予以助力。不过妇女一方面应该扩大职业,但一方面也不能不对于保存种的一个问题,加以切实的考虑!所以只要对于保存种的女子的身体,不加以破坏,不害人们文化的发展,有相当的保护,有适可的条件就是了。

我们再总合的说:妇人无论为职业问题,劳动问题,或是学术问题,男女的区别,当然应该撤销。女子的精神生活和男子的精神生活,虽然不同,但是绝没有高低贵贱之别。男女间虽有差别的地方,但也无所用其争论。有许多地方或者女人不能的也有,但是如生产一般,决非男子所可能代替的。妇女就职业也好,妇女专为学问也好,但切不可违背生物学上的事实!譬如抱终生的独身生活,想致力于学问,学问果然极要紧,可是世界上如果都这样,儿童从哪里来呢?所以男女的精神生活文化生活,应该要想到生物学上的原则。如果要想发生第三性,那么何苦劳从前"分化"的功能呢?

(录自《民国丛书》第一编第十八卷,梅生编《中国妇女问题讨论集》第三册,上海新文化书社一九二三年影印本)

下 卷

艺术简论
文学与艺术之技术的革命
自然主义文学底理论的体系
苏俄文学理论
果戈理和杜思退益夫斯基
帝国主义和艺术
实证美学的基础
译文类

艺术简论

〔日〕青野季吉 著

上海大江书铺一九二八年十二月十日初版，一九二九年六月再版，一九三〇年四月三版。此处根据上海人民出版社一九九〇年十二月版《陈望道文集》(第四卷)收入的文稿排印。

附在篇头

本篇是从日本现代文艺评论家青野季吉所著,论宗教,哲学,道德,艺术等种文化的书中,单将其中关于艺术底一部分翻译而成。篇中材料大体采自

(1) 霍善斯坦因底《艺术与社会》
(2) 布哈林底《社会诸要素间的均衡》
(3) 波格达诺夫底《社会意识学大纲》(已译成中文)
(4) 普力汗诺夫底《艺术与社会生活》

等著作。但说得这样地简,却还这样地明,实在不能不感谢青野季吉底努力。我们不妨把这简短的论文,作那长篇大部诸著作一个得力的,综合的提要看。

一九二八年九月十日,译者记。

一 何谓艺术

艺术底本质到底是什么,我们先不能不把它弄停当来。以前艺术研究家,艺术学者,所造作的艺术界说,数起来是无限。

但那些东西,都不见得在这里可以用着它。因为那些界说,差不多全部都可以说是,不过对于艺术反映了他们个人主观的要求罢了。

我相信那,把艺术作为"感情社会化的方法"的见解,是一种最客观的妥当的,即最科学的正当的见解。

人类是思维的动物,同时也是感情的动物。是否感情先在,做着思维底基础,这里可以无需说它。总之,人是不但会想,也还会感的。艺术所以能够成立的心理的基础,就在这个感情。——那一边以思维为基础而成立的,是科学。

我们,就在一瞬之间,也不能停止所谓感的。我们总是应着事,接着物,抱着或是苦,或是乐,或是懊悔,或是悲哀,以及其他抽象言语所表的感情。我们日常底生活,实际几乎可以说,就是这类感情底无穷的连续,无穷的错综。但我们,假如只在应事接物上,有着苦,乐,喜,悲等感,那也只能说是感情在动,我们有了这样的生活罢了,还是没有艺术存在的。

要有艺术存在,必得把那些活鲜鲜的无数错综的感情,加以一定的组

织,并以一定的技术的形态,将它客观地表现出来。如以言语的技术,将它表现为诗歌,小说,戏剧;以音律表现为音乐;以色彩表现为绘画;以运动表现为跳舞;以其他物材的手段,表现为雕刻,建筑之类。那以技术的形态来表现的方式上,虽有非常的不同,但是组织感情,并以技术的形态给它以一定的客观的表现这一点,却是各种艺术之间并无何等差异的。

而这所谓组织感情,给以客观的表现的这作用,却就是所谓"感情社会化的方法"。因为感情底当事者,——在这里就是艺术者,——如果真以自己内里的感情,完全可以闷作个人的东西,那就不必组织,也不必与以客观的表现了。既然非有这个艺术的努力不可,可见其中是含有感情的社会化(给人感染)的要求的。当时艺术者主观上怎么想,我们可以不去论它。不管他是并非诉给谁,只如空中飞鸟一般歌乎其所不得不歌的也好,或者他是内心有了抑不下的冲动,有意把它组成戏剧的构造的也好;也不问他主观上,是想感染同时代的人们的也好,他是想得未来的理解者底同情的也好,这都不成问题。我们所要注意的,只是那艺术的努力底客观的意义。

客观上:总是一个艺术家,组织了他底感情,以那艺术家所特有的技术的形态,给以客观的表现的。而那艺术家以外的人们,有时较多,有时较少的许多人,便都来读它,听它,看它,把那艺术家所组织的感情摄入自己,再化为具体的感情,就是感染了它。于是方才完成了艺术底全意义的。

所以艺术,就是感情社会化的方法。

雷奥·托尔斯泰(Leo Tolstoy)在那名著《何谓艺术》(即中译《艺术论》)中,界说艺术作是人类情绪传染的手段;阿勃登·辛克来(Upton Sinclair)在艺术论《玛摩那忒》(Mommonart,即中译《拜金艺论》)中,也表同意于这界说底见解。这个界说底内容,恰正和所谓"感情社会化的方法",毫无两样。

只有一件事要请留心的,就是不要把这界说当作功利的艺术观。这个界说,也和一切的界说一样,只把艺术所涵客观的作用和意义,结为简要的言语罢了,并不是把什么对于艺术的要求,加以公式化的。艺术所涵客观的作用和意义,与现实上如何地利用它,或不利用它等问题,是风马牛不相及的。

二 艺术发达底条件

我们就要讨论艺术怎样地从人类底社会生活中产生出来,又经过了怎样的发展过程,以及文艺上重要的主义怎样发生等等;但在讨论之先,应把布哈林为了回答"艺术被什么规定其发达"一个问题,将音乐作主所试的解剖,先来介绍一下。

我们凭着那解剖,差不多就可以描出所有艺术——当然各个部门有各个部门底特殊性——在怎样的形式里,依存在社会发展行程的形象来。

第一,艺术要有几分底发达,必得有一定水准底劳动生产能力。这是自明的事情,假如劳动底生产能力,在一定的水准以下,那社会中的大多数人就斗争生存(即生存斗争)还嫌时光不够,即使有艺术底萌芽或有若干种类的艺术,也决不会发达起来;便是已有的,也是要萎缩,绝灭的。所以艺术,先就依存于社会底生产力。

第二,要许多的艺术形态发达,特别要音乐发达,社会内也得有一种特殊的"氛围气"。社会的技术发展了,上层构造也就一般地发展起来,那是不必说的;但决不会是一种机械样的发展,上层构造底各部门一样地平等地发展起来。例如纪元前五——四世纪底希腊人间,技术的科学和自然科学一般地并不发达,而哲学的思辨,却是异常地兴旺过的。再就音乐底内部来说,那赞美歌,在全部音乐都像奴婢似地奉承着圣教会的时代,也曾占过音乐中的优位;但在高度发达了的资本主义的社会中,却就像"鲁遁道夫将军(General Luden dorff)底袴子不合师父塞泽阿斯(Sergius)一样",不合社会底需要了。所以音乐底机能,实依存于社会底状况,社会底气氛,欲求,见解,感情底如何。而这一些事项,又须依据那社会内底阶级的编制及其心理来说明;那编制及心理又须依据社会经济及其发展条件才能说明的。

第三,音乐底"技术",更是依存于物质的生产底技术。这也是易见的事情:野蛮人不知道制作钢琴,钢琴也没有,自然不会弹钢琴,也不会制作钢琴曲谱的。

第四,音乐中人员底组织,也是直接或者间接地,与社会发达底基础相关联。例如管弦乐中乐手底配置,就是按照乐器及乐器配合而规定;通过了它,与社会底物质的生产技术相关联的。音乐团体底性质和势力等,也是为社会生活底许多条件,特别有音乐爱好心所规定;而所谓爱好心之类,又是按阶级底位置,劳动生产力底程度而规定的。再就创作过程上来看,也可以看出这样的情状。例如最古的创作形式,是非个人的所谓"民众创作",后来却变成了个人底商品的创作了。这明明就是人员组织底形态,直接依存于社会底经济的构造底表征。

第五,"形式的要素"(节奏,谐和等),也与社会生活有关联。虽然这等的要素,在史前时代,也已存在;但其发达,实是受了社会关系底影响,尤其是,受了物质劳动底直接影响的结果。正像有些人在那里主张的一样,节奏并非依着它自身底内部的法则而发达,是受着社会发展底影响而发达的。

第六,样式也为社会生活行程所规定。艺术底样式,是一种外部的形式,同时也是一种形式化的内容,所谓"样式的历史之中,是具现着'生活体系史'的"。古代印度的赞歌(吠陀)和法兰西革命家底马赛曲,样式不同。这就是因为各各生在社会条件不同的地盘上,所以样式不同的。样式也显然地,要受艺术生产底物质的条件及艺术创作的方法底影响。而这条件,这方法,却直接地依存在社会底经济的条件;这在前面已经说过了的。

第七,和上述样式有不可分离的关系的艺术底内容,自然也为社会的环境所规定,差不多可以无庸说明。形成艺术的,不消说,总是在那一时机,那一时代里,什么一种形式的,最动人心的东西。"我们无关心地对它的东西,是不会唤起创造的思想的;唯有成为社会或各个阶级底中心兴趣的,才会在'精神的劳动'这个特殊领域即艺术中,也将它作为题材"。

第八,"音乐理论,也明明与以上所研究的一切方面都有直接关系,因此也是'隶属于'社会底生产力底变动的"。

布哈林底解剖,大概已尽在此。但正像他也附言着的一样,这是音乐发达对于社会生活底依存关系底基本的组织;音乐为其存在所有的依存关系,当然并非尽在乎此的。例如,以前列的诸要素,交互作用起来,也便会有更复杂,更错综的关系出来。这是不可不注意的。

还有要附言的,我们也决不应把艺术对于社会底经济构造的依存关系,当作机械地直接的关系。在布哈林底音乐底解剖中,也就可以领略到这一层。而文学,绘画,雕刻等艺术部门不同,如前所说又是各各有其特殊性的,事态就更复杂了。所以布哈林也用后面的言语特别地强调说:"艺术是依种种的方法,直接地或者间接地,直达地或是间着无数中介地,为经济的构造及社会的技术底水准所规定的。"

这在艺术底某一特殊部门中是真,同样在各个具体的艺术创作,艺术品上,也是真的。新兴的文艺批评,在其一面,就是探究着这个"无穷地"复杂的关联。那关联或者决乎不能为我们所探尽,但若能够成功,总可以达到那探尽的近点的。

三 最古的艺术

艺术之中最古的是什么?探究了这个,便可知道艺术底起源。

在现今最落后的种族间也可以看见的,是跳舞和音乐。跳舞和音乐,简直在人类生活还未脱离了动物境界的时代,也已有了萌芽,可以辨认了。

怎么会有跳舞的?概括说来,可说由于要给人类底活动,以一种有节奏的规则性。人类想起了他自己的生活中什么重要事情的时候,他那事情,总先被想起了是他自己底一串的行动,再被想起了是别人所显的一串的行动的。而被想起了的这行动,往往就成为实际的运动,成为模仿原先行动的简单的姿势。万一这种追忆的行动,参加的竟有一群直接经验过它的人——因为战争或者狩猎底经验,都不是个人底经验——那就不能不努力教他们底行动之间相调和,给与行动以一种有节奏的规则性。于是乎发生的,便是原始的跳舞。

其次再说音乐从何发生。音乐最古的形式是歌谣。但那歌谣,并不是现在这样歌辞与音乐有节奏地结合着的一类东西,那只是本能地表现着爱欲悲喜之类的感情和气氛的。同时,从当时原始的共同劳动中,也发生了歌谣。因为劳动,自然发出了一种呼声。给那呼声以一种节奏,使共同劳动添了力,这就变成了歌谣。

原始音乐底自身,也是从共同劳动中发生。波格达诺夫(A. Bogdanoff)这样地说明着:"在共同劳动中,除了劳动呼声之外,也还有与它同时并起的规则的音响。例如木匠工作时候所生的斧音之类工作本身所引起的,就有音响。还有为了要使各人用力能有同时性,由谁敲击木棍,整齐劳动调子的时候,也有声响的。这种木棍,便是那最野蛮的种族所爱好的乐器大鼓底原型和萌芽。以后,代木棍而起的,是一种在舂谷的臼上绷着皮的东西。到了这样,便已是像样的大鼓了。音乐中最单纯的要素——那拍子,是从集团劳动底条件中产生的。"

跳舞和音乐,就是这样地产生出来。我们在这里应注意跳舞和音乐在最古的状态中,并不是各各独立的东西,而是互相融合的东西。

那么,跳舞和音乐底原始目的是什么呢?这是在发生底情状上也就约略可以窥见的,总之是要对于行动(劳动及其他各种集团的行为),(一)给与以统一的气氛,招致了调和的景象,(二)给以准备的情调。两项之中底(一),只要看劳动歌便会明白;(二)底实例,也有"会议跳舞","战争跳舞"。前者是在战争及大狩猎底出阵前底种族会议中举行,有着严肃,流畅,庆祝的内容;后者是有狂风暴雨样的节奏的。而这等的意义机能,又并不止见于原始人之间,就在文化较高的种族之间,也还是有它发展了的形态可见的。

学者之间颇有人以为艺术底起源全在人类底游戏本能,只是游戏本能底表现,而说艺术总是离开了生活,也唯有离开了生活才有意义的。但那是以近代底"一种艺术"为基准,臆测所成的学说;其谬误,就是上述的发生史也就给它立证了。借了加尔·毕黑尔(Karl Bucher)底话来说,各种原始艺术,总之都是作为劳动——生产底"组织的原理"发达起来的。

四　绘画、雕刻及诗底发生

原始的绘画是从用作说明的描写的行为出来。原始人要传达什么概念——例如什么事故,经验,危险等,与生活极密切的东西——给与同群人的时候,总用姿势来表示那对象底形状。例如有狼袭来的危险的时候,就装作四脚,昂了头,做狼嗥底模样之类。但不久,便将那对象底形状描在砂上,来传给人了。这种砂上的形状,就可以说是绘画底起源。

原始的雕刻,是直接从生产技术产生。当原始人制作他那简单劳动用具的时候,即使完全是偶然的,也是往往会有作出教人想起了什么一种既知对象底形状的事遇到的。因此,他就对于那种不可思议——一个对象可以被人固定地描在那里的事,在他们当然算是不可思议的——感了兴味,随后就有一种务必要它相像的努力。这明明便是雕刻底萌芽。

这些艺术,有什么实际的意义呢?第一,它是生活上认识重要事物的手段。所以在狩猎种族中,他那绘画底内容就大抵是动物和狩猎底光景;靠着它,给与自己种族底孩子们,以生产上必需的知识。第二,它给了观赏它的人们,以情调上的统一。这种情调气氛底统一,在将来的共同劳动上极重要,那是不消多说的。所以这些艺术,也都于群居社会的劳动底准备组织上有着用处。

至于诗底发生,颇有种种的议论;我以为最正确的是波格达诺夫底说明,今将他底原文引用在此:

它(诗)是与言语及思索领有同一的发生。不但在原始时代,就是在最近的发展阶段里,至少直到封建时代,诗还没有区别为特殊的艺术,不曾从意识一般中独立出来。

原始的言语,因为语义底不明确,和用原始的譬喻,常把关于人类活动的概念,移转给自然现象,所以在语言底自身中,便已含有诗底原始的要素。口传给口的一切故事一切传述,就都因为意义不能正确理解一个简单的理由,自然而然地变成了"神话"或"传说"了。

所以，代代相传留下来的，只极少数。留下的，不过是：（一）不断地说明生活中事物本身的实际的法则；（二）关于时常反复着的日常事件底故事或传述。就是极显著的事件底记忆被留下来时，也已经非常地变化了，成了不明了的形象，不过是神话模样的——照现在的概念来说，就完全都是"诗的"模样的东西了。

用原始譬喻的结果，使原始语言，便是传述极通常的自然现象，也有两种意义。例如雷雨暴风等，用人类底战争行为相当的语言叙述它。因此就和暴风雨底话混和，发生了敌对集团或种族之间互相斗争的故事。太阳底作用，至冬而弱，也是用人类底疾病，衰弱，或者死亡等意义底语言叙述的。多数的神话，都有这两种意义，不但在太古发生的是如此，就是一直后代发生的也都是这样。然而这也不过，惯于分别自然的和人类的、把事物论理地对立分离了来想惯的我们，觉得它是两重。

在原始的思维中，决不是两重的。从他们看来，雷雨真是战争，冬天也真是太阳（以为太阳也和人一样的）底疾病，死亡，或为敌人所俘虏。这种看法，决不是诗，是原始的意识。在当时，除了这个不能更有其他的意识的。

这样地思维，在我们也许感得是困难。因为我们现在的思维，是在和当时的思维根本不同的条件之下所生的。然而事实，十足是这样。抽象的科学的研究，得到这样的结论。我们现在，是有几百几千的言语，来表现我们所感，所见的东西的。然在当时，人类只不过有二三十个言语，而且它们，又几乎和那作它发生渊源的集团的劳动活动打成一片，不能分离的。

五 关于封建时代底艺术

次于原始的种族共同社会发展开来的文化阶段，是封建时代。其根本的变化，大体有后列几点：（一）种族共同社会扩大了，结成为许多邻接种族底共同社会。（二）到这阶段，一面组织者，一面被支配者，已经完全彼此独立了。组织者之中，有和平的组织者，僧侣；也有军事的组织者，封建诸侯。（三）经济大体上还是自然经济，不过交换已经成为恒常的现象，对于经济生活已经不断地增加了它底影响力。（四）广大的，世俗的，政治的封建组织和宗教封建组织逐渐形成，终于拥有广大的领域了。

在这政治的，经济的组织中，专制君主是神样的万能；封建诸侯也是高不可攀的强大；普通的民众，在他们面前，只是不算数的存在，只是使专制君主及封建诸侯显赫的权威成为更显赫的权威底垫脚物。

所以这时代底艺术的样式上,也就反映出这样的社会意识来。

只要看古埃及底封建艺术,例如著名的金字塔及立像等等,就可以看见第一表示着强大的力;那力简直是一种名副其实地永远与地球同在的东西。"它们能使见者屈膝!它们有对于至高存在的敬畏心具现在里头,它们显示着生命在骇人的紧张中的努力,显示着超人的,永久的力底尊大的夸耀,显示着对于一切琐事都不经心的无生的严肃,又复反映着如星远隔的那主人的光辉"(弗里兹·布尔苟,Fritz Burger)。无论什么封建的艺术,例如金字塔,例如亚述,巴比伦诸王底立像,例如日本底大佛,量上都很雄大。那雄大的量,就不外乎崇高,与永远性,与超越性之实际的表示。又那王像表现底样式,和平民与奴隶等像表现样式底差异上,也是很显明地,反映着封建底社会意识底实状。王像常用理想主义的手法,用神化样式的手法表现它;平民和奴隶底像,却用自然主义的手法,表现其匍匐的风姿,渺小的存在。

再如古希腊底《依里亚特》和《奥特赛》等英雄的,战争的叙事诗,如日本底武士剧等,也是代表的封建艺术;多数无名民众以很长年月合力营造,像那欧罗巴中世底大寺院,东洋底大伽蓝,大佛像等,也是可以注目的东西。

总之,封建时代底艺术底特殊性,我们可以记牢它:(一)它是极度权威的;(二)它是非个人的民众的创造物;(三)它是有量的雄大的。而那里面怎样显明地反映着,封建社会所倚以存在的政治、经济的基础,也要能够知道才好的。

六 关于资产阶级样式的艺术

"从封建社会样式到资产阶级样式底变迁,无论在纪元前五世纪底雅典,在意大利(文艺复兴时代)底商业都市民主国,及在其他欧洲诸商业都市里,都和商业底发达,商业资本底增大,及商业资本主义的关系底发达,一同开始。而其最后的飞跃,却与封建制度之永久的崩溃同时开始,就是在一七八九年——一七九三年底法兰西革命胜利之后出现。那时,做商人打算,照利益行动的所谓'人而绅商'的绅商'个人',就代那为封建制度,即为阶级关系底层次所束缚的民众而起来了。"(布哈林)

这个时代底艺术形态,正反映出这一个社会的事实。波格达诺夫指出这时代底艺术,共有后列三个本质的特色:

(1)艺术底专门化,商品化。——"艺术成了特殊社会群底专门。而且也与别的专门部门同样,形成了为市场而劳动的各个部门中的一系列。艺术的创作物,因此也就作为,某一特定艺术家的个人底生产物。曾为权威的(封建的)文化之特征的非个人的民众的艺术创作物,到了这时,全然不存在了。在权威的(封建的)文化时代中,神话,童话,叙事诗,歌谣,音乐和跳舞,都是共同社会,种族,民族底创作,不是特定个人底创作物。——就是建筑,雕刻,绘画,也是如此。像代代相传连亘十几代的无名建筑家所建的寺院,和那寺院底圣像,圣画等,都是例子。但在观念的交换社会(资产社会)中,却决不会有这样无名的集团主义的劳动型式。因为这种劳动型式是形成在和社会有艺术的商品生产者所不能感得的密切的关系里。而他(艺术的商品生产者)要销卖他的作品,却须历尽市场上所有的斗争,所有的竞争的。"

(2) 艺术底游离化。——"艺术之社会的组织的任务,从艺术家底意识及全社会底意识中滑落了。……'纯粹'艺术,'绝对'美底观念已经出现。"

(3) 艺术内容底个人主义化。——"它(资产阶级样式的艺术)和别的艺术不同,它是以孤立地把握了的个人为问题,以那个人底斗争,运命,感情等等为问题的。那作品底主人翁常是,公然地或者暗中地,在其意识上为孤立的个人。公然的时候,例如在小说,诗,抒情诗,雕刻之类里面,他直接地反映在那事件中间。暗中的时候,例如在音乐,风景画等上面,他自身虽不出现,他底精神状态,他底欲求或希望却是用了与他相应的样式表现着的。"

在这时代初期最知名的代表的人物及艺术家,便是那雷奥那特·达·芬奇(Leonardo da Vinci,一四五二——一五一九)。

他是哲学家,是发明家,是自然研究家,是数学者,而且又是无比的诗人,无比的美术家。他正是个具备有时代底理想在他一身的大天才。因为那时代中有教养的各个绅商,都排斥王侯的贵族的东西,宗教的天上的东西,而渴望现世的地上的,个人的人间的东西,而芬奇底天才却正是个十足地能够副他们底渴望的。布哈林也说过,现世主义,合理主义,个人主义,是这文艺复兴时代底辉煌的特色。

关于雷奥那特·达·芬奇,社会主义艺术研究的先觉霍普斯坦因(Wilhelm Hausenstein)曾有下面的话:

"雷奥那特离开了一切的神秘主义。他把人类生活所有的事实,都还原于他所习熟,又常以速写表现的血液循环底法则。他用了大胆的冒渎,解剖人类形体世界底构成条理,又用了超越所有感情的理知的野性,描绘男女情状底机括。……他又对于光的问题,突进了认识底路程。以光线和大气及于物体形状的影响,为实验光学底问题。绘画底构图上的气韵,在他是几何学上的秘密。那圣安那,玛利亚,儿时的耶稣,及小羊等微妙底画面,不消说,都是他那孜孜不歇的数学的结撰,及曲线论上绵密的思索,所得的结果。"

七 关于资本主义和艺术

在近代资本主义经济下,艺术取了什么样的形态而显现的呢?一般地说时,它可以说是把前所指出的艺术在商品交换社会中的特殊性,以更其深刻,更其复杂的形态,实现了。

那么,艺术生活,在近代资本主义之下,又是具有怎样的特征呢?这我还是要介绍波格达诺夫底考察到这里来:

(1) 在数量方面——在近代资本主义之下,艺术生产,实已达到骇人的巨大数量。过去的任何时代里,都不曾见产过这样大量的艺术生产品。

(2) 在组织方面——艺术也与科学同样,在近代资本主义之下是异常地专门化了,已经弄到为一部分特殊的专门艺术技术家所独把。(那专门化底强度,比起科学的来,因为艺术本质底关系,自然不及科学底厉害。因为艺术是处理活的形式的,游离于现实底实践的可能性自然比较地少。)

(3) 关于内容——因为艺术总是反映出社会底阶级构成底缘故,在这阶级对立极端锐利化的社会中,内容更其成为适应一定阶级——当然主要的是支配生活的阶级——的要求的东西了。

这三个特征,都可以不再举什么实例来说明,摆在我们眼前的艺术生活种种显著的现象都已鲜明地有力地做着实证了。

此外还有不能不注意的,就是近代资本主义之下,现于艺术生产上的两个显著的事实:

(1) 是关于艺术底生产者的——艺术底生产者即艺术专门家,在社会的这样关系之下,前面也就说过,更加地专门化,已为一部分的少数的几只技术者底手所独把了。因为艺术的技术,在它许多的部门中,例如在戏剧,小说,雕刻,绘画中,都是要有长远的专门的研究的;那样长远的专门的研究,只有一部分能有资产阶级底闲暇和资力者是可能,多数的人无论如何是做不到的。还有,这时期的艺术的专门化,简直达到了连以艺术研究为主科的专门大学也已经有了的程度,而那入学者底名单,又并不是依那人底天分而决定,多是依据他底学历资力而决定的。像那样底制度,也是要造成了艺术生产渐为少数的几只手所独把的。(自然这只是这个社会关系之下支配的现象;另外意识地与它反抗的现象,也并不是没有的。新兴文学运动底意义,一面就是在这里。)

(2)是关于艺术底享受者的——"像这样,凡是关于作品底创作的,一般地是免了艺术上经济的贵族主义的。但关于艺术作品底享受一方面,艺术底民众化却是事实上更其扩大了。艺术作品,在其商品底性质上,可以引起大众,有着大众之间最大最久的销路。小说或诗歌底成功与否,都要看它销的部数底多少。价格底增减,算是著作家及立在其上的资本家底出版业者日常关心的一桩事。绘画与雕刻,它底价格越高,大众就越以为它好,要用照象或者印刷,复制成廉价的,来广大地散布给一般。艺术底通俗化,也已由国家,由地方自治团体,由个人底手,组织成艺术博物馆,绘画陈列所,展览会等形式了。……特别是剧场和乐厅,现在已经视为通俗的'娱乐'处"。(波格达诺夫)

一面艺术生产者底贵族化,别面艺术享受者底民众化。这一看完全相反的现象,也就是极明白地反映出近代资本主义社会底关系,同时又非常鲜明地显露着艺术生产部门底特殊性的。(各个生产部门,都有它底特殊性。)

艺术的制作,与别的生产物的制作,根本地不相同;它是不能用机械的方法,无限地多制的。结果,除了依靠有更多的天才或有教养的个人,及遇到特殊的情形时候,依靠少数人众集团的特殊的合力之外,便无法可想。而且这也因为制作准备和技术已经贵族的复杂化了的缘故,不能不把那个人或集团底范围,逐渐地缩小了。

但这事实,却并不能驱除在那样关系之下所制作的艺术作品底商品化,(印刷,复制底大量生产。)资本主义经济是不论那东西是不是"天才"底所选制作,凡是人所需要的都非把它商品化了,不会休歇的。因此艺术生产也已达到了巨大的数量,且并适如其量地,民众化起来了。因此,整个的看时,艺术活动在资本主义之下居然已经成为一个生产部门。这要证明毫不烦难,资本主义的艺术出版业者底利润,已经十分达到了社会底平均利润的事实,和艺术制作者即艺术家从著作所得的收入,居然已经到了半资本家半劳动贵族地位了的事实,便是证据。他那制作物已经大量商品化了的现代艺术家是,早已不是什么"清贫文士"了。

其次,在资本主义之下,艺术底阶级的特性究竟显现在什么样的几点上?这是一个问题。这个问题,极有趣味,而且异常的微妙;单单地剖析它一遍,也得要有一本小册子。因此关于这个问题,我也还是要借那说得极简单,欲又说得颇巧妙的波格达诺夫底话来,代替这里底说明。他说(艺术之阶级的特性,是显现在):

(1)艺术家以特定阶级底眼光观察生活,从那见地把生活来形式化的一点上;(2)艺术家不拘意识与否,他总是隶属在所定阶级底利益下面,当他工作的时候,关于对象底选择及它所达到的结果及结论,总是由那利益来定他工作底特定的方向底一点上。

　　"例如有一个做着交换社会底一分子的,因而他是以抽象的偶象崇拜主义(交换社会底意特沃罗几)底法则运用思维的艺术家,想要在他底创作中表现出'纯粹美'来,为此正在自然和人间之间寻求它。而所谓'美'者,却决不是同一的东西,如非劳动阶级和劳动阶级就是各不相同的。在贵族及资本家们,是以人间及自然中,一切令人想起不断的肉体紧张,消耗过筋肉劳动来的东西,当作粗野的,非诗的,丑恶的东西的。他们把小样的手,小样的脚,怯弱的女性底体态,显出几代都过着非活动的生活来的一切特征,看作美。把夸负着身家高贵的傲慢的意识,支配着许多人及许多人运命的极力底意识——对于大众,对于单纯的民众,他们所以为'不足取的'物质的关心的轻蔑——等这些精神的特性,他们认作'是诗的'。但在农民,工匠,劳动者,凡是不曾染受着他们用了上层阶级底全文化注进去的概念及感情的,——事实上这样的情境很不少——事态就全然不同了。在他们,'美'底概念当然都和显示劳动能力和忍耐力的特征连结着。贵族底傲慢,和平民底轻侮,从他们看来,乃是种极粗野的非美的虚荣。

　　"就在劳动阶级自身底内部,美感亦有种种的不同。例如生活在关系复杂,社会诸势力底斗争压塞着万众呼吸的都会中间的劳动者,就把显出自己意识及斗争的反抗的容貌,作美的极重要的要素。而住在农村,度着狭窄单纯生活的农民们,却不能理解那样容貌底美趣。那是要唤起了不安的,阴暗的感情的——而在劳动者,或许又以农村少女底朴素的容颜为异常的滞钝——像这样,一个阶级总是用了和别一阶级不同的眼光看事物。而艺术家却就把阶级所见的东西配合了表现出来的。

　　"另外还有阶级利益底影响。例如莎士比亚把十四世纪反逆的农民表现作愚钝的野蛮人,把帝政时代底罗马市民描写作容易受恶煽动家煽动的乌合之众(虽然莎士比亚毫无疑问地是正直的作家),中间却就可以看出他所生活的贵族环境底影响来。

　　"艺术家受阶级的倾向及同情所影响的程度越高,他底关于生活的观察就越浅薄,越非客观的。

　　"所以一定阶级的艺术家差不多都是戴着两重眼镜在那里看世界。(一)是他所传受的他底阶级底思维样式,(二)是他自身底利害及欲求。他凭借作品使大众也戴了这同样的眼镜——而将大众在他阶级文化的精神中教育着。

"在现在的社会斗争中,艺术底这种任务是极显著的。它越受着支配阶级底操纵,越成为保守的势力。"

这些波格达诺夫底见解,原来只在充分说明显明的事实;但在他底言语之间,颇有好像可以站在一切阶级之外的暗示;而且丝毫不曾说及,资本阶级底艺术家和别的例如劳动阶级底艺术家到底那一面更多有观察现实"世界"底可能性的问题,乃至根本地关于无产阶级底阶级文化内在地发展上所具的全人类文化的问题,这都可以使人大不满意。就使照他所说,既然有了莎士比亚那样的天才,也还不免为一种阶级底艺术家,则凡艺术家可以站在阶级外的想头也便难于细想了。

还有要附说的,那把一切的艺术家都看作运命地被缚在所属阶级而不得超越该阶级一步的思想,也是错的。

事实并不如此。一般地思想家,特殊地艺术家,都只要他能十分地把握着历史底发展过程,他能看见现实的社会关系底真谛,他都可以意识地移入于别一阶级的。我们可以实际地举出这样的艺术家来。

又一个艺术家,差不多总有凭着他天才的把捉力,无意识地,超越了自己底阶级,接近于别一阶级底意识形态的地方。而使得那一个天才的艺术家,会有那一种飞跃的社会的根据,就在社会之阶级的构成不是斩断般单纯的,特定的个人之阶级的附属关系,也不是有截然的区别的,中间原都有着错综和重叠的这一点。

例如天才的艺术家托尔斯泰底思想及艺术之中,就反映着当时俄罗斯贵族底,及当时农民底,两种互相矛盾的意识形态。那当然都是靠他天才的把捉力把捉了它,但给那天才的把捉力底活动以根据的,却可以说是由于他有贵族阶级的要素,和接近农民而来的要素,结合在他一身之中的缘故。

八　艺术无上主义和功利主义

此后,我想将艺术观上及艺术样式上的诸主义,极其简略地说一点。

先说艺术观上的主义,有所谓艺术无上主义和功利主义。

艺术无上主义,极简明地说来,它底主张就是:艺术制作底目的,在乎艺术本身,并非将它做别的什么目的底手段用。艺术固然不为什么外部的事情所决定,也决不宜为什么艺术以外的目的所利用。艺术底创造,乃是人类至高无上的创作行动,不外是纯粹美底实现。

总之,艺术无上主义,是将艺术,作一种有其自身底发展,有其自身底目的底人类行动看的。

反之,功利主义的艺术观,却以为:艺术底发展,决非依照着它自身底约束,艺术底目的也决不在艺术底自身;艺术是常为社会生活所决定,艺术也常不能不为人类社会底改造而尽力的。

功利主义的艺术观,总之,不以艺术为有自身目的与意义的至高无上的存在,只把它看作一种须为全体的人类生活尽力的东西。

艺术观上的这两个见解,哪一个是正当的呢?我们只能说,没有一个是正当的。因为随便哪一个,都只把艺术现象底作用底一面夸张着,不曾整个地把捉着艺术现象所有的主观的,客观的作用和意义。

我们对这问题,与其判定这两个见解哪一个是正当,实际不如解剖这两个见解基于如何的事情而发生。

穷究这个问题,关于这两个见解底发生——实际,全体的文学思想史,都可以说是这两个见解,假借种种形态,同时对立或异时继起的历史——发见了一个法则的,是普力汗诺夫(G. Plekhanoff,1857—1919)。

他大概这样说:

艺术家及他底主持者底意识,和那时代底意识连结着的,他及他们总是取了功利的艺术观;艺术家及他底主持者底意识,游离了那时代底意识的,他及他们总是取了艺术无上主义的见解。

他以为,这两个艺术观并不是绝对的,例如同一艺术家,也会因了生活底时期底不同,有时执著功利主义观,有时执著艺术无上观;最显著的实例,就像那普希金等。

普力汗诺夫底这说明,是把上述这两个艺术观底由来,巧妙地,正确地,说明了的。我们可以从全体的文学史上,看见这个法则底表现。例如最手近的例,就可以看见日本底自然主义运动。那运动,是和封建主义的浪漫主义的艺术无上观相对立,主张面对着人生现实底真相,以寻人生底新意义的,一种立脚在功利的艺术观上的运动。是当着封建主义的艺术家,离开了时代底动的环境,游离了时代的意识的时候,自然主义的艺术家代表了新兴智识阶级底意识形态,以时代的意识为意识而站出来的。唯其是这样,故那文学运动,立刻成为无敌的,客观的,社会的势力。但到了时代推移,自然主义艺术家底意识已经不合时代底意识,换了话说,时代底意识越过了那些艺术家底意识到了先头去的时候,那些艺术家们便又渐次移到艺术无上观底一方面去了。例如做了自然主义的艺术家,有过显赫的场面的正宗白鸟(Masamune Hakuchio)氏等,现在,差不多都已成为艺术无上主义者,唯美主义者,而且是一种神秘主义者了。

这决不能从他们底意识上去说明,只有从他们意识和社会生活底关联上才可以说明的。

九　浪漫主义和现实主义

我们在艺术样式(因而在艺术内容)上,看到了浪漫主义和现实主义两大主义底对立。

检查起文学史上的这两个主义底发生来,浪漫主义(Romanticism)是封建时代底产物;以颂扬如神的专制君主,尽忠封建诸侯,赞美英雄的骑士的(在日本是武士的)精神等等,为其内容。但现实主义(Realism)却是近代科学文明,资产社会底产物;以对于天上的权威而为地上的势力,对于无补的空想而为日常的现实,对于迷信的信仰而为科学的解剖等等,为其内容。

像这样,浪漫主义和现实主义,原是社会生活底环境所产生的文学上的样式;但以后就一直借了样样式式的形态,或者同时,或者继起地发生存续着。

我们对这两个主义底同时或者继起的发生存续,不能发现一个法则出来吗?

刚才就已说过,浪漫主义底本质是对于强有力的,理想的东西的憧憬的精神,现实主义是静观的,批判的,解剖的精神。因此可以有凡是什么一个新的社会的要素,进展到艺术上来的时候,总是带有浪漫的形态和色彩;及到那社会的要素,在社会上在文坛上巩固了基础的时候,就又移入于现实的形态和色彩这样一个精神的法则。我们在广大的文学史上,特别在日本的文学史上,可以举出不知多少的实例来。

如果也举极手近的例来说,便像日本底"白桦派"(Sirakabaha)底艺术运动,当初是作了平民的,批判的自然主义艺术运动底反动而出现,原是一种贵族的社会要素之文坛的进展。进展底当初,原本明明白白带有理想主义,浪漫主义的形态和色彩的。然而我们看着这一艺术运动也已一点一点地丧失了它底形态和色彩了。

文学与艺术之技术的革命

〔日〕平林初之辅　著

上海大江书铺一九二八年十二月十日初版，一九二九年六月再版，一九三〇年四月三版。此处根据一九二八年初版本排印。作者平林初之辅（1892—1931），日本现代文学史上著名的革命文学文艺理论家。

一 序　　言

　　我们向来,只将文学及艺术底进化,作为一般意识形态底进化底一部分而下考察。将所谓的"经济基础底变化决定了上部构造变化"的历史的唯物论的公式,应用在文学及艺术上,是我们过去期间在理论上努力底全内容。而其结果,就有文学及艺术底历史性、社会性,而且因此而有阶级性底暴露、分析与证明。其具体的生产或论理的归宿,也就有了无产阶级文学底运动。

　　然而,单是这样,也还不能说是,已经说清了文学及艺术变革底实相。我们不应忘记:文学及艺术全为这样社会构造底变革所决定的,大抵不出可以作为一种意识形态的文学及艺术;至于构成文学及艺术的技术的要素,还是常常受着另外更直接的影响而变化的。例如我说过几次了的,称为小说的这一种文学形式,便是那印刷术和造纸工业和德谟克拉西底发达使它决定地隆盛起来的。

　　不可思议的,今日的批评家全把这事闲却了。电影艺术原不是什么的社会构造所决定,只因发明了活动照象机械而遂产生了的。然而电影,也已给与既成艺术,以几乎可以说是空前的大突击了。正和显微镜底发明,产生了细菌学,细菌学给与生物学和医学以一大革命,有着同样的关系。也且在重要上,有着同样的程度。单凭这一例说,也便可以明了,使文学及艺术起变化的,并不止是随着经济的基础底变化而变化的上部构造,即所谓意特沃罗几底变化;就是技师手里造出的机械,也是直接地,能使艺术底样式、形态、品类,有大变化的。所以,要探索文学及艺术底本质,无论如何,不应当怠弃这一方面的考察。

　　或者所谓"机械变更艺术"及"一切艺术更其机械化了"等语句,也和那"艺术为社会阶级所决定"等文句一样地,甚或在它以上地,要引起有些人们底惊慌颤抖也未可知。但是,如果还尊重那些人们底感情作用,那连地动说、生物进化论,也终不会出现了。

　　以下,虽然寡陋,就请以事实来立证我底见解。

二　舞台上技术的要素及电送剧底发生

　　园游地中一个寂静的地点。周围有花草树木繁生着。开了花的荆球树下,摆有一张絮过的木质公椅。隐隐听得见遥远传来的园游地底喧闹声。

时间就在前场同一天底太阳沉落时分。

幕开时,舞台空虚。

玛利急忙地出来。到舞台正中站住,回顾后面。

这是摩而那尔戏剧《利利安》第一场底说明①。我原不过因它就在我底手边,把它来做例的,但在这剧底演员,却不消说,要把这个说明当作非常必要的文字。这个说明,恐怕把它写成这十倍的详,或竟把它缩成一行,都没有什么不可以;但无论如何,它既为导演者、布景者,所看为舞台剧上非常必要的东西,就不能不说这个说明,在舞台剧上是有很大的任务与价值的。

但这说明在读者,却是如何呢?像方才所举的一例,原本是很文学的,然而这类的说明,我想谁也会得承认,很不文学的实际也很多。只把戏剧当作文学读的人,将这类说明跳过了,就去读那对话,也是没有什么不可以的。现在我读戏剧,读得快的时候,也差不多就把这类说明跳过了,不去读它。有时虽然读它,也差不多只是漫读一过,并不入心,往往读了一半,就抛了它,去看那登场人物表等。

这是什么意思呢?这就是说:把戏剧当作文学底一种,我也并不持什么异议,但是戏剧之中,原是混有非文学的要素的,而这要素在戏剧上,却是异常的必要。然而,场面动作等说明,并不是文学上所需要,实际上,却正同药剂师所做的处方笺,并不是文学上所需要一样。

有一个编作戏剧的青年友人曾经说过,写出阅读者和编辑者所喜爱的戏剧来,在舞台上却失败,把舞台放在眼里写,在作为读物上,又失败了,写戏剧实在是烦难的事情的话。就在这话中,也便可以想见,在戏剧里,是有文学以外之技术的要素,占着如何重要的位置。那要素,与其说是艺术的,还不如说是技术的,更为适切些。

在近代,有所谓书桌剧(Lesedrama,直译当称阅读剧)勃兴起来,也有戏剧不一定要在舞台上排演,只准备用文字给人鉴赏的。例如伯纳·萧底戏剧,便是一个例。在这一种戏剧里,说明大抵不像速记符号式的简单,常是详细地描写着。但是,全不顾念舞台地写出,又绝不在舞台上演出的戏剧,那不过是假借着戏剧形式的东西,是不能称为真的戏剧的。因为那戏剧一旦上起舞台来,还是不能不遵守舞台底限制与约束,而所谓戏剧的艺术形式,也是须得上了舞台才算完成的。最极端的例,是把全然不顾舞台写成的小说来排演的时候。最近也会将夏目漱石作的《哥儿》在本乡座上演而博得

---

① 《近代剧全集》,三八,铃木善太郎译《利利安》。

好评。但我们不应以为《哥儿》底博得好评,多半由于原作底杰出。在为小说的时候无论怎样的好,一上舞台却就毫不足看的事情,是会有的。它底反面,也是可能。小说自身,并不是舞台艺术。要使它成为舞台艺术,非使它适合于舞台不可。这中间就免不了有改编家底干涉。而那被改编了的,还须经过了导演者,直到经过了把它演出的演员,才完成为一个艺术。实际上,就把那号称尾崎红叶底杰作的《金色夜叉》和那无名作家底通俗小说,叫同一演员在舞台上演出来,看去倒还不如那无名作家底东西来得出色的时候也是有的。其理由,就因为戏剧是舞台和动作和台辞(在默剧是例外)底结合,舞台中又包含有色彩、光线及音乐等许多的要素;而文学,却不外靠了文字刺激读者底想象力的。所以从演员看来,便是红叶底名文,也是远乎不及改编者及导演者正确地指定来得有价值。

在最近,无线电话传播的事业也普及,无线电话播送的戏剧这一个戏剧底新形式也便出现了。构成电送剧的要素,自然与构成舞台剧的要素,全然不同。像文学以文字为唯一媒介的一样,电送剧是以声浪为唯一媒介而成立的。以文字为媒介的文学,特别在印刷术发达以后,高声朗诵的鉴赏,已经更其不及用眼观赏的倾向的兴盛了。我们且不要追溯那古代的抒情诗,原如其名(Lyric)所示,是合了七弦琴而歌的东西;就是把从前的名文和现今的名文一比较,也便可以知道以前的名文,重在琅琅可诵,而现在的名文,却只适于眼看目赏。而且就论活着的人,也是乡间年长的人们多还有着朗诵的习惯,而我们如果朗诵,则便觉得文章底意义也都随着音声,从嘴里一齐飞射出去,不再入心了。

我们不妨插点余谈:前几日神代种亮氏曾经说,坪内博士和永井荷风氏等底文章,是适于读的名文,至于志贺直哉氏、芥川龙之介氏底文章等等,虽然也是名文,却只便于看,读了不可听的。我想,这不是,因为坪内博士和永井荷风氏是老大家,芥川氏和志贺氏是年青的人,中间有着偶然以上的,什么东西的缘故吗?近代底文章,是和印刷术底发达,因而随便什么人都容易得到书的事,以及活字发明之后字体显然地统一起来了的事等,诸事相关连,已经没有高声朗诵的必要了。

然而,电送剧却又会使这关系生出了一大变化。我们现在已同容易得到了印刷物一样地,容易凭藉了无线电而接近声浪了。已经不必往讲堂,也不必往音乐厅及广场去,躺着睡着,也可以听新闻、演说、音乐作乐了。因此自然还要起了躺着睡着玩味戏剧的要求;而无线电播送的戏剧,于是就诞生了。

舞台剧和电送剧底异点，不待说明也可明了；书桌剧和电送剧底特异点，是在什么地方呢？但是谁也可以立刻明白，这是在乎书桌剧以视觉为媒介，而电送剧是以听觉为媒介的一点上的。

所以戈登·李(Gordon Lea)主张利用声响底效果；以为一个人从门出去的时候，在写的戏剧中不妨写作

He went out through the door.
他从门出去了。

而在电送剧中则或须写为

The door slammed with a bang after him.
他一走出去，门就磞地关了①。

总之，越能利用声响底效果就越好。电送剧，李也说过，现在还在摇篮时代。将来要向哪一方面长成，发挥出怎样的特色来，现在都还不易预料。但是它底利用声浪为媒介的一点，实已在艺术中开拓了新境界，因此它是艺术或文学(如果可以认它为文学的话)底境域底扩大，文学之技术的革命，是毋庸置疑的。

三　从舞台剧独立了的电影剧

最近开辟的完全独立了的艺术部门中，有一种电影剧。发明了很不久。爱迪生氏发明电影摄影机，是一八九三年的事；电影映演机底发明，还在其后。所以电影，从哇哇下地以来直到今日的全期间，也不过三十多年。而且起初演映的，又不过是人物风景之类的实物，到后来才将电影和演剧结合起来，制作出所谓电影剧来。而称为电影剧的，最初又不过用了粗拙的技术，摄演舞台剧底一部分，不过是舞台剧底不完全的再现。背景也只用着简陋的舞台底原形，演员也不过是二流三流的角色，在日本是男扮女装也还出现的。电影批评之类，不消说，是没有了。而一般批评家，又不是把它一笔抹煞，便是公然地说电影总之不配称为艺术的。

---

① Gordon Lea "Redio Dramma", p. 85.

然而，在这样情况之中，电影剧竟也慢慢地从舞台剧中独立起来了。在日本，可以借了森岩雄氏底话来说，"必得除去一切舞台的因袭，创造出新的电影剧来的提议，逐渐在电影研究家之间高升起来，到了大正六年就有认真研究电影的杂志'Cinema Record'的同人归山教正，和新剧团体之一的踏路社同人村田实、青山杉作、近藤伊与吉、花柳波流美等相结合，做了《生之光辉》的社会剧，又做了《深山的少女》的自然剧……这个对于'戏剧活动'的革命运动的'纯电影剧'的提倡，从归山教正氏发表作品把它具体化了之后，就渐渐地有力起来，在向来制作电影的日活、天活以外新设了的松竹、大活等底作品，也都合这理想相一致地出现在世间来了。"①

这样地，电影是，在外国不必说，在日本也完全从舞台剧中独立了。我原来是从早就相信电影将来要独立作民众的艺术的，但翻开以前所写的东西来看，也还可以看见"说书（寄席）和电影也许有人以为不是艺术；那是不错的"的话②。而且那还不过是五六年前写的东西。但在今日是，以电影为不是艺术的狂暴的批评，早已销声匿迹了。就是"在东京并不看影戏，旅行出去倒常想要看影戏"模样不大看影戏的人，也写出"自从去年看了《最后的人》之后，虽然落后，却也惊叹影戏为不是平平的艺术，尤其是德国底影戏，实在是艺术的高级的东西，竟是佩服了……"等话来了③。

要知道最近的电影戏，怎样地和舞台戏独立着，最好能够晓得一点电影艺术底制作法。梅因·奥玻·比克（Mayme Ober Peak）曾将电影底制作程序，约略写出如下④：

美国底大影戏会社里，总都先有阅读各种作品的一部（Reading Department）。经过这科底主任认为有价值的稿子，就将它送到影戏剧本部（Scenario Department）去。这种影戏剧本是与文学全然无缘的东西；据招待比克的人说，"影戏剧本决乎不要美辞丽句。但须将银景上应有的事物非常明确地写出来便得的"。假如抄出一部分来：

一七八——裘梨探看窗外，见列车快停，就收拾行李，预备下车。
一七九——列车停。

---

① 《太阳》增刊"明治大正之文化"所载，明治《太正映画史》。
② 拙著《无产阶级之文化》二九页。
③ 《文艺春秋》第五年第十二号九七页。
④ 依据美国杂志 Current History 一九二七年四月号。

一八〇——袭梨在月台上走向出口处。

一八一——袭梨在列车底后段遇到车掌。车掌交她乔治买的车票底收条。

就是这样子。

其次，就将剧本送到影目（Continuity）科，加上技术的细工。然后由导演者计划怎样的摄影，由制造主任约定角色，准备布景。有需要野外摄影的，还须和野外摄影科主任谈商。野外摄影主任底房里，备有世上所有场所底照象，要什么合用的景色可以从中挑选出来。布景主任之下，有建筑家，设计家等助手，美术主任之下，有画家和雕刻家等助手，做种种的事情。

那些事情完了之后，就再轮到化装部。在化装部中，准备有"只要人类底想象力所能及，无论什么，从支那底婚书到帝王底玉座"无不罗列的仓库，可以拿出必要的服装和用品。于是乎摄影。摄影当然并不依照剧本所示的顺序，凡用同一的野景，同一的布景的场面，都可不拘顺序，汇作一次摄成。就是最后的景放在最先摄，也是有的。至于电影演员，大抵所谓"以跟着导演底叫子跳为原则"；除二三主演人以外，连电影剧本中底情节也可以丝毫不晓得，只要顺着导演者底指挥，机械地做去便得。此外，就靠摄影技师用力地工作；随着摄影技师手腕底高低，可以使影片活，也可以使影片死。

摄影既经完了，就把生胶片送入工场去现象。再将现过象的胶片送到试演室，在导演者和剪接人底面前去试演。如果在演工、制法、光线等等上面有什么缺点，都可以在这时候尽量地修改。最后，由剪接人加以剪接，又由字幕科插入各种字幕，于是乎一个的影片，就此完成。

无论怎样简单地说，一个影片底告成也少不了要经过以上那样的程序。这就是告诉我们，影戏是繁复的公共艺术。也就是告诉我们，影戏底剧本比之舞台剧底剧本不过尽着远小的力量；影戏底演员也比之舞台剧底演员，不过任着远小的职务。须要一切科部的人，都在经理底监督之下，协力动作，方才能使所谓影戏的一个艺术完成的。

这种话，就是用在舞台剧上，也在相当程度上是真实。但在电影戏里，却是个极端。如果要在极端之中，举出极端的例来，那就要到算最近宣传为名导演的钦·微拓所谓影戏无需摄影脚本的议论了①。

他这样说：

---

① 映画《时代》第三卷第六号所载，田村幸彦《钦·微拓摄影脚本无需论》。

用笔去写影戏,是大错的。影戏必得用摄影机去写。用笔去写影戏,乃由于看错影戏,把它当作和小说、戏曲同样的东西。其实,影戏既不是小说,也不是戏曲。它全然是另外一个东西,它应该自己有它自己底手法。它或者可以取材于小说或戏曲,但把小说或戏曲来影戏化的尝试,是从来未曾成功过的。

据说,这位名导演,在摄影底前一日,常止写下一点简单的摘记,把所有细密的事情都放在摄影机摇起来的时候再想法。正像小说家在执笔前只写下一点简单的摘记,就把它做参考,一径创作去一样。而且,也正像小说家在运着笔的中间也许会离开了最初的腹案一样,影戏底导演,也会有随着摄影机底旋转,改变了最初计划的事情的。在那时候,摄影戏就简直不妨说是完全独立的艺术了。

我以为微拓"用笔去写影戏是大错的"一句话,是把这事最有力地写出了的。而且我相信,十九纪底一切的艺术论,都不能不为这位叫作影戏的新客,加以根本的修正了。

四　正在独立路上的机械音乐

离开了摄影来看一看旧有的艺术,觉得在所有的艺术中间,特别在最近,机械化得最厉害的,要算是音乐。几乎连叫作机械音乐的一种独立部门的艺术,也有成立的趋势了。我在下面,预备引用一点德国许多的音乐批评家关于这倾向所说的大概①。

爱德文·费尔巴说:

机械到处"取而代"着活的人。机械,在种种的艺术中,都使精神方面的功用减小,而技术方面的功用加大了。电影是价廉普及的演剧底代用物。留声机,虽有种种的限制,也已成为保存现代音乐所不可缺的媒介物。无线电话,也几乎代替了音乐堂和剧场了。

机械音乐,已经随时能够代替独奏和现在的合奏。但机械音乐底意义,并不在此;是在略加改良,就可以成为现代艺术中独立的一部门的这一点。

---

① 这节所引关于机械音乐的诸说,都依据 Literary Digest 一九二七年三月二十六日发行的 A Defense of Mechanical Music 记事。

机械音乐,并非要代替活的音乐,乃在动作活的音乐所不能动作的事情。(旁点笔者所加)

　　一切的东西,都是有进化就有分化的。生物进化发生变异,后来就终于独立作一新种,这是生物进化论所教给我们的。社会进化底历史就是社会分工底历史,也为许多学者所一致承认了。艺术底进化史,也不外是艺术底分化底历史。费尔巴说,机械音乐"现在不过走了独立底第一步"。而在实际上,最近已有人在制作机械音乐所独用的曲了。正如有人在创作和舞台剧独立的电影剧本和电送剧本一样。所以斯兹肯秀密特说:"现在已在制作机械音乐专用的曲谱了。在音乐史里可以划开一个时期的新时代已经开始了。"

　　而且机械化了的音乐,又决不是比之活音乐还拘束在穷窘的境界里的,它底领有宽广自由的天地是,正如保尔·斯退凡所谓"机械是开拓更大的自由的路,更大的可能性的路"的。

　　机械音乐是什么?亥尼兹博士正在说:"机械音乐底主要机械,是留声机,自动钢琴,和无线电话。这些东西,虽然刚在开始发达,但既已开始发达,将来总会开拓了新的领土,结下了丰盛的果实来的。五十年间留声机底改良,已在三千年间竖琴底改良以上。而留声机和自动钢琴,也还不如无线电话站在广阔的基础上面。将来是要成为无线电话底天下的罢。"

　　机械底发明,曾经一变过人类底生产样式。而且将生产力显然地增大了。有些东西,也许因为机械的生产底缘故,品质低落不如从前。例如机织的棉布就不如手织的经久耐用,机器缝做的布袜也总比之手缝的布袜容易脱线开缝。但手工业时代底船匠,大约是造不了超弩级舰的罢!关于艺术底机械化,不也是可以说一句同样的话吗?问,机械的艺术到底品质是否低劣些?回答这个问题的时候,单把方才走了一步,即所谓摇篮时代的机械艺术,和早就完成了的艺术比较,是不公平的。我们不该不把机械艺术所具的,无限的将来中发达底可能性放在眼里。然而不管应该这样说,在去年夏天,德国陀那爱西肯音乐纪念日,将机械音乐演奏出来的时候,虽然免不了有种种的非难,据说,竟是什么人都不能辨别弹琴人和机械装置输换所奏的同一曲谱时弹琴人底演奏和机械装置底演奏底区别。而影戏底具有不劣于舞台剧的艺术的效果,也是有不少的人承认的。

　　产业革命即机械生产,变动了手工生产的事,是在百年前,大变过人类生活底样式的。但所谓艺术底机械化的事,却是直到最近,谁也不曾梦想过。然而号叫机械的巨人,现在却已大踏步开始走入艺术领域里来了。而且也和那产业革命将多数劳动者投在不安状况一样地,现在艺术底机械化也已经剧烈地摇动着从事传统艺术人们底地盘了。就只将最近松本幸四郎站到镜头前面去的一事而说,不已经是显然地传说着机械底胜利了吗?

弗兰克·华尔沙华沉痛地高喊着,"无线电话,不是演奏者底替身,是宽广撒播演奏者底劳作的。它不是人间艺术底敌人,是艺术底伙伴。"

然而,影戏既经须得有特殊的脚本(简直连脚本这一个名词也不很安得上了),无线电话上也已经须得有特殊的剧本,机械音乐也已经须得有特殊的体制了,到底还是人类支配着机械,还是机械支配着人类,是不容易断定的。战争底主体,无论从前现在,都是人。然而"来将通名"时代的回合战争,和现在用铁甲车,用毒气,用机关枪的近代战争相比,人类所有的用处却有非常的不同。差不多和从前的师傅使用着机械,而近代底工场中的劳动者却做着侍从机械的奴隶的情形,一模一样。造机械的是人类,而机械却已支配着人类。就在艺术上,不也要实现出这样的关系来吗?我在最近出现的种种艺术底样式上,便已看见这个倾向底萌芽了。

五 文学之技术的基础是巩固的吗

以上的诸考察,虽不十分详密,但已显示,艺术底种种形态,样式,以至于品类,决不是安定或固定的东西,都是因着外面的事情而动摇,既存的会得灭亡,以前所没有的也会得产生的意思,我以为也尽够了。

我在最后,还想对于看去好像基础坚实的文学,尤其那占了近代文学首位的小说,加以若干的考察。名叫小说的一个文学形式,果真是立在可以永久存在的巩固的基础上的吗?这是我现在所要考察的问题。

我在寄给一个地方新报的断想中,曾经说过下面的话①。

从来传达思想的手段,算文字最占重要的位置。……今日以前的人类底文化,简直不妨说是文字所建设。就是艺术,也以用文字为媒介的文学占着非常重要的位置,并不是偶然的。特别是,印刷术底进步,竟教文学,尤其是小说,作了艺术界的女王了。

但我们发表思想的手段,并不限于文字。种种的造形艺术,不用文字,

---

① 《新爱知》昭和二年十月十日月曜附录所载。

也发表着一种思想。而且从前专以文字为唯一的传达思想的手段的东西，近来逐渐改用文字以外的手段的也不少。例如通信底不少的部分，现在就用电气的记号或声浪底传播等手段了。科学思想，在今日，已经更其使用着记号的表达法。在严密的科学，现在几乎可以无需文字，只用记号也便足用了。

只有重个性和独创的文学，还不曾感染着这倾向，现在还有固守着文字重要性的金城铁壁的气象。但是电影及无线电话艺术底勃兴，也已教文学的金城铁壁从根本上陷入不安的景况里了。我们只要这样地想象看：假使活动影戏和无线电话，在活字，印刷机，及制纸工业之前发明出来，会有怎样的现象？那时所谓小说的一种文学底品类，明明白白还没有今日这样的通俗化，普及化；而用写本或旧时的木板，普及大部的小说于民众，也是经济上，技术上所不可能。那时倘若有活动影戏或无线电话剧发明出来，自然迅速地普及了，也许因此竟使小说之类的文学形式再没勃兴的余地，也未可知的。

虽说是文字，原也不是人类和猿猴从公共的祖先进化起来时候从头带了来的东西，它左不过是历史底某一时代里发明了的东西，自然也是难以保证它有永久的生命的。只要发明了更其便利的东西，人类也许就会对于文字发表出告别辞来。到那时候，文学当然也在技术上不得不变形（metamorphose）。印刷术如果真同前面所想象的一样，在活动影戏之后发明出来，则我们今日将小说和舞台用脚本改编作影戏等事情，也许已经倒做，反而将影戏翻作文字，编为小说了。那时候，今日模样的批评家，也许已经说出什么这篇小说完全毁坏了原作影戏底价值等等的批评来。甚或，小说不是艺术等等保守的意见，也已经摊出来了。

然而，这种假想上的议论也且放下它，还是回到现实的问题上来罢。我们试问，现在的文学尤其是小说，果真不过受着影戏和无线电话等外部的袭击，而其自身是巩固的吗？

曾到日本来游的苏维埃俄罗斯底诗人毕力涅克（Pilyniak），当他旅行到信州的时候，曾因听见莺声，写下这样的话：

我想起莺声是和俄国底莺声一样，然而做人类的我们，为什么却要说着不同的言语呢①？

---

① 《日俄艺术》第十八辑所载毕力涅克《信州杂记》，井田孝平译。

在这短的文句里自然含有种种的暗示,而我以为现在底言语及那做着视觉记号的文字,因为民族和国家底发达都是多元的缘故,现在已经碰着宿命的障壁了的事,却也可以在这文句中看出的。生活,人类底,近来更其成为国际的了。而两个只知一国言语的外邦人,逢着想要交换他们思想的时候,言语和文字却没有丝毫的用处。所以由文字构成的文学,也是在这点上,不能不说有着重大的限制的。反之,用具体的物件及动作再现在视觉上的活动影戏,却就比较地容易突破了这限界。今日能从原文鉴赏外国文学的,在我们国里,还不出一千人里一个人或者一万人里一个人的光景。

然而,直在后来输入来的外国影戏,现在倒已充满着全国底山山谷谷了。

第二,文学在表现底方法上又是不能不将空间的也变作时间的。因此,在舞台上可以同时将两三个或者更多的动作一齐表现的,在文学作品里却不能不依着顺序逐一地描写出来。虽然舞台也不是没有舞台底许多限制,在这一点上,明明不能不说文学方面是不完全的。不过这种理由是几乎不足道的。

第三,我以为是文学最重大的缺点的,便是它适于个人的艺术,而不适合于做集团的艺术的这一点。人类底生活,近来更其社会化了。而要鉴赏文学,却不能不一个个地闷在书斋里。集了许多的人众在会场或广场里从事鉴赏文学是不可能的。这是和近代生活底进化底方向不能相一致的事。

此外,学习文字须得消失了莫大的力气,作者翻译为文字了的,读者又须把它翻译为事实和行为等等所生的种种不便之类,也未尝不可以指摘的罢。

但是,关于这些论点,我还不曾十分集有可以下断定的材料,所以我现在还不过是作为私见,随便举一二个想到的出来做做例。我底意思,只要能够在此表示出,文学在艺术上的基础,并非如同一般所想的,是在大盘石上,却是有相当的不安定的东西,我便满足了。

一切的艺术,现在都在技术的革命底前夜。

一九二七,一一,二一作,载在文艺杂志《新潮》
一九二八年新年号上,一,二三译

自然主义文学底理论的体系

〔日〕平林初之辅　著

本文最初发表在一九三〇年二月十五日出版的《文艺研究》第一卷上,此处根据上海人民出版社一九九〇年十二月版《陈望道文集》(第四卷)收入的文稿排印。

序论　我所以起草本论的理由

自然主义底文学是二十余年前,与那做着背景的理论一同绍介入我文坛,而且在当时的我文坛里促成了不妨称为划时期的大转换的。然而今日,自然主义底文学——及那为背景的理论,已被看作过时的东西,不论在那为发生地的欧罗巴,在日本,都不给以历史的兴趣以外的兴趣了。谁都以为,自然主义底文学已经是与现在无涉的过去的文学,"自然主义的"这词已经成为旧文学底形容词。在这样的条件之下,而我还于自然主义底理论有所论述,这就像单被历史的兴趣所骗或甚至于单为好古癖所驱似的。自然,我并不信,单由历史的兴趣而论自然主义文学的便是无价值,我确信那也很紧要,连我自己也颇想从事的。但我所以草这稿,却于单纯的历史的兴趣之外还有别的理由。其理由如次:

1. 自然主义文学,无论在为发生地的欧罗巴尤其法兰西,在被绍介输入(虽然不能说是全然正确的)而一时风靡了全国文学界的我国,现在都已认为是过去的文学了。但是做那文学底特色的,现实的或写实的这性质,却似乎不论后起的反自然主义的有几多的文学的流派,主张,都仍坚决地要求着它为现在及今后文学底根本的性质。这就足以证明,自然主义文学和那理论,就使含有几多的夹杂物,至少其中还是含有至今还有生命的或物,而我也就确信取来论述是于今日及今后的文学会有何等的关涉的。

2. 自然主义文学和那做背景的理论曾否全然正确地为那后继者,绍介到外国者,批评者所理解,我以为是非常地可疑。尤其是那理论,既为当时一般文化底发达底条件所制约,而理论底主张者又不免有多少轻率的断定,自然有很不完全之处。然而许多批评家,却好像有简直判定它是谬误,或者故意将那不完全的处所放大,而至胡涂轻断以为自然主义是与现代或将来底文学总之毫无寄与之感。

3. 这是本质的理论,自然主义文学底理论,据我看来,虽然事实上非常地不完全,有些部分,从今日进步的理论看来,简直是胡说,但我总确信它是新的文学理论底起脚点,是使文学理论脱掉玄学的独断论,主观的呓语,而为客观的,科学的理论的最初的尝试。自然主义文学底主唱者们,是与使近世天文学从占星术独立的人们,使近世化学从炼金术独立的人们,以及使人知道社会科学可以和自然科学对立或并立的人们,可以在思想史上享有同等的荣誉的。所以不认识自然主义文学所有的这意义,便不但抹煞先觉者正当的功绩,或者竟有建设今后新的文学理论的基础已具,而我们,因为不曾留心它,仍然空费着非常艰辛的劳力,或者徒然努力建设文学理论于这基础之外即全然主观的结果。

我现在所以想要从新检查自然主义文学底理论的体系,是由于以上这三个理由。我想凭着这检查,以探求正确的理论在自然主义以后出现的种种反动的文学论,或无理论之中所当循由的道路。这必然地,将使这论稿的大部分尽为烦厌的征引所充塞。

我们先从见于自然主义文学底最代表的理论家泰纳(Hippolyte Adolphe Taine)底各种著作里的体系开始。

第一章　见于《英文学史》序论的泰纳底体系

一　自然主义理论对于旧理论的特异点

《英文学史》(*Histoire de la Littérature Anglaise*)是泰纳底述作中,最常又最早被我国所绍介的书。但现今感有兴趣的,不过是那序论(Introduction)底一部分。约长有四十页的这序论,是他非常明显地说明自己研究文学史底态度,而即以之应用于本文的。我现在的目的,既然专以自然主义文学底理论为研究底对象,就只要绪论便够了。

他先指出近世研究历史方法的革命是由于导入文艺作品于那研究之中而起。就是劈头先说历史是靠着文学底研究而面目一新了。文学研究为什么能够使历史发生这样的变化呢?那不消说,是由于知道了文学是人类社会生活底表现或描写,所以转过来,研究文学也就可以明了各时代的人类底社会生活,因而也就可以知道那文明底状况的这事实。用他自己底话来说,便是:

发见文学作品不仅是易感的头脑所生的空想的游戏,也不是孤独的任性,乃是周围习俗底描写,精神状态底征象。而从这一事便断定,靠着文学的记念物可以明了几世纪以前的人们是怎样地感又是怎样地想。人们已经尝试过,而且成功了。

泰纳以为过去的文学作品是与贝壳一样的东西,贝壳之中曾经有活的贝在生活,文学作品底背后也曾经有创造它的人类在生活。要知道贝须研究贝壳,要明了人类底生活也须研究文学底作品。这经由文学作品而知道各时代生活着的人类底思想、感情,简括说来便是生活的事,就是近代历史革命底第一步。这第一步,在十八世纪底终了,已由 Lessing, Walter Scott

等,及法国稍后由 Chateaubriand, Augustin Thierry, Michelet 等,开始走了。这样,在近代诗底背后,便被见到了布尔乔亚的生活,在十七世纪底诗底背后便被见到了宫臣等类底生活,在希腊剧底背后便被见到了奴隶制度下的希腊自由民底生活。

历史革命底第二步,泰纳以为,是在经由看得见的人以达到明白看不见的人。因为看得见的人都不外是看不见的人就是灵魂底表现,所以倒过来,研究看得见的人便可以明白看不见的人。即从各时代底人们底外部生活底记录,便可以明白那内部生活的思想感情趣味等。与细察房内底装饰,陈设等等,可以明白住在其中的人底趣味教养一样。这种方法,才是一种近代批评的方法;这方法底最伟大的始祖是圣柏甫(Sainte-Beuve)。当时底一切文学,哲学,宗教等底批评,都因这方法而全然改了面目。而自然主义文学底批评,据泰纳说,也正当从这里出发。所以泰纳自己说,"从这一点说,我们都是他(圣柏甫)底学生"。

到此为止的事业,先人都已做过了。就这意义讲,远如 Lessing, Scott, Michelet, Chateaubriand 们,近而最直接的如圣柏甫,都不妨视为自然主义文学的先驱者。但泰纳并不是单单追述这些人们底业绩的,他自己也在说,是要以它为出发点而更走出新的一步的。这历史革命底第三步,才是自然主义文学理论底独自性。这第三步是什么呢?

因文学作品,而知过去时代人们底外部的生活,因知外部的生活而明白这些人们底内部的生活,如前所述,原是圣柏甫所已完成了的方法;然而单是这样的内部生活底记录或观察,据泰纳说,还是不能称为完全的认识的。圣柏甫不过做成了手录(Chaires de remarques)。并不是科学。要它成为完全的认识成为科学,便不止搜集事实,还当阐明这些事实之间底原因结果底关系。自然主义者所进行的历史革命底第三步,就在使历史从事实底搜集记录升到了科学。

我们在这里必然地要问精神生活可有因果关系呢?或可以知得那因果关系呢?但关于这一点泰纳底断定是极坚决的。他说:

不问是物理的事实抑精神的事实,都有其原因;野心,勇气,诚实底有原因,正如消化,筋肉底运动,动物热等底有原因。恶德和善德是与矾和糖一样的产物(Produit),一切复杂的所与(donnée)都由它所依存着的单纯的所与底结合而生。

人类底精神活动也和自然现象一样受着因果原理支配的泰纳这说,我以为是完全对的。倘若不然,精神现象底科学便是不可能。但是许多的批评家,都以为自然主义文学理论底缺点,连泰纳底理论也在内,就在将科学的方法搬到文学底理论上来。这是错在太科学的了。——这抗议是对着自然主义文学理论不断地反复着,现今也还是赓续着的。

但是据我想,一切理论是无法依据科学的方法以外的方法得到的。以太科学的缘故说是自然主义文学理论底缺点,不过是惯于将文学艺术单单作为 art 观察,单以那技术底巧拙,成绩底好歹,手法底上下为问题的,旧时无理论的裁断批评的人们底偏见。照像是一种技术。成绩底好歹由摄影技师底手法上下而定。但是照像底原理仍然与它独立地存在着。而这原理是到底不能不依科学究明的。不许有技术和科学底折衷。关于文学也如此。文学是一种技术(art),而也可以成为理论的研究底对象。而在后一境界,我们所可取的方法也只有科学的方法。所以对于泰纳底文学理论,而为的折衷主义的,无理论主义的批评,都是全然没有意义的。

如其泰纳底文学理论有错误(而这如后所述当然是有的),应该不是错在研究方法太科学,倒是错在研究方法之中混有非科学的独断的部分。

二 精神现象底决定论

兰孙(Gustave Lanson)曾经述说泰纳怎样把握精神现象底决定论。他说:

> 泰纳将一切心理的事实连结于生理的事实。就是我们一切的观念和感觉都是由脑中枢底分子运动制约着的。他将观念归于表象,将表象归于感觉。这个致密的观察,正确的分析,大概是以如次的意想移入于文学:就是人类之中所有的不过感觉和本能,余外都是虚妄的,空漠的,不值学者注意的。

这兰孙底观察,不但太大概,也与许多的批评家一样,不无几分将泰纳底决定论漫画化着来说的样子。我们还得进而听听泰纳自己说的话。

无论什么现象,要理解它底因果关系都不能不将那现象尽力归原到简单的要素。所以,自然科学是极赞成这单纯化的。

泰纳因说我们要把握历史的变异底全体,我们首先第一必须考察人类精神一般(âme humaine en général)并其二三基本的能作。据泰纳说，这正和要研究种种矿物底形状，先须考察规则的固体一般(solide régulier en général)及其面角等等一样的。于是他以为，也正和矿物结晶底形状虽然一看似乎千差万别，其实可以归原到极少数的基本模式一样，一看似乎很复杂的人类底文明，也是可以归原到极简单的型式的。

那么，由此所得的文明底模式，人类精神一般底基本的能作是什么呢？

我们人类首先被给与的，据泰纳说，是对象底表象(les images ou représentations des objects)即感觉的事物(une chose sensible)。这是一切人类底精神活动底材料，而它发展于思辨的和实践的两方面，前者就成为一般的概念(Conc-eption générale)，后者就成为行动的决心(résolution active)。

因这表象和那向两方面的发展过程底微细的变化，就有人类全体底种种的变异，因而就在人类所造的文化——宗教，哲学，科学，艺术等——上也有种种的变异。

关于这一点上的泰纳底见解，我们可以看出是有若干模糊的部分。感觉或表象怎样向思辨的及实践的两方面发展？其生理的或精神的机构是怎样的？泰纳并不给我们说明。而许多的先验论者，都于这两者之外还承认有一种审美的精神机能的，泰纳何以将它除去了，也并不告诉我们一点理由。然而总之，他把人类精神底活动归原于感觉的事物或表象，想由这单纯要素底变化来说明复杂的人类文明底变化的这方法，是可以说是完全科学的。关于这问题的精细的回答，因为心理学或心理现象既然是依存于脑髓底生理作用，他日生理学必会给我们的罢。所以我们这里止于指出泰纳底思索过程上含有几分的独断，并不深深地埋怨他。因为这与其说是泰纳理论底缺陷，毋宁说是被当时科学的情状制约着的。

三　种族，环境，时代说

那么使人类精神底基本模式发生变异的是什么呢？据泰纳说，就是种族(Race)、环境(Milieu)、时代(Moment)这三者。这是泰纳说中最有名的部分，因此也就是最被通俗化甚至最被误解曲解的部分，所以我们不能不依泰纳自己底说话，力求正确地把握着泰纳所要说的意思。

第一泰纳所谓种族，一般都就解释为人种底意思，但是精密地说起来，我以为还是说是遗传适当些。泰纳自己这样说：

被称为种族的是人类生时带来的,生就的遗传的性向,它通常是与体质或身体构造底显著的各异连结着。

但是这生就的遗传的性向是随民族(peuple)而异的。在这意义上,才不妨将泰纳所谓"种族"解作人种底意思,但就原来的定义说,原是不能不作更一般的普遍的可以称为"遗传"的意思解的。不过因这遗传就有大略的性向相通的人种之别,他就用着人种这一语罢了。于是,正如狗中有斗狗,猎狗,看守狗等种类,各自遗传地传给子孙一样,人类也因人种之别,各有其特色。例如,泰纳说,阿利安民族虽然三千年间分散在种种的地域里经历过种种文明底阶段,然而在它底言语,宗教,哲学,文学上,依然还有着共通的特色。无论包含在这民族的诸民族个人间有怎样非常的殊异(这被别的两个源头所规定),依然不曾失了它底近亲性(parenté)。

于是,泰纳以为,无论什么时代一个民族底特性都可看作那一民族底前代底一切行为和一切感觉底要约(resumé)。

遗传有影响及于个人及民族,并其文化底特色,完全是真理。但由遗传传给子孙的,不外广义上的——即着眼从阿米巴到文明人底系统进化而说的——获得形质之说,既为近代进化学所提倡,遗传底机制,构成泰纳所谓种族的是什么,现在怕有更行细加分析的必要罢。泰纳关于这一点的主张是太概念的断定的了。

泰纳举出作为引起历史的变异的第二源头的"环境",却是最该看重的。泰纳说:

我们既已这样确定一个种族底内部底构成(即指人种——著者),我们就须考察那种族所居的环境。因为人不是单独生在世界上,是被包容于自然,被环绕于别人的。

这样,所谓阿利安种族这一共通的种族,因了环境底不同,便有了日耳曼民族和拉丁民族底差别。但是泰纳在此所谓环境究竟应该怎样解,却有阐明的必要。他说"这两族底差别,大部分(en grande partie)由于这些民族所定居的国土底差别而生。"依这话很明白,他是将这环境指大部分自然的环境的。自然他也有时承认政治的事情,社会的条件等大有作用。但是这些,他以为,对于自然的环境,不过演着副次的剧目。而且政治的事情,社会的条件也不过只在非常暧昧的用语之下并列着,丝毫不曾科学地阐明其相互的关系。

为此他所举的无数例证,就只得了足以显示他底博学,而因全不给与因果的规定,得了公然容着十分独断的结果。我们所最需要的,正如泰纳自己也说的,不单是记录事实,是阐明因果关系。这不是指摘假想的原因和假想的结果,这不可不阐明从原因到结果的行程。但泰纳底理论是分明缺着这个的。

最后我们不能不转到泰纳揭举作为第三使历史变异的源泉的"时代"底考察。所谓"时代"他指什么,可由下所征引而知道:

既有由内部的力和由外部的力,就有这两种力所会合造成的业绩。而这业绩自身,便贮有力足以产生次后业绩。除出力和所与的环境之外,那力还有获得的速度。国民性和那周围底事业,并不是作用在白纸上,是作用在已经刻印的纸上的。这纸随所取的时代不同,那刻印就不同。而这个是足以使全体结果都不同的。

所以,泰纳以为,试将 Corneill 时代底法国悲剧和 Voltaire 时代底法国悲剧来比较,一般的概念上是没有什么不同的。这两时代底悲剧所表现的或描写的人物底型式是一样的。诗底形式,戏剧底构成,也都彼此相同。所不同的(或不同的部分之一),只是 Corneille 时代底悲剧作家是先驱者,Voltaire 时代底悲剧作家是后继者;前者是不持悲剧手本,直接亲看事情的,后者是经由手本,藉为中介,去看事情的。因此前者有素朴性,给与读者强的印象,后者失了这些特征,却加上技巧上的洗练了。一句话说来,相同的东西也随着时代底不同而不同。这种历史的关系,正像力学的关系,一个时代产生怎样的作品是像力学上由力底大小和方向被合成了运动量一样地被决定。

不过,泰纳以为,精神上的问题和物理上的问题也有不同点,就是前者并不如后者那样力底方向和大小可以正确地评价。他以为欲望(besoin)和能作(faculté)等等,虽也像压力和重量等等一样,是有大小之差的量,但是那量是不能像压力和重量一样测定的。

由以上的说明,可以明白泰纳大体是以所谓环境指示空间的条件,所谓时代指示时间的条件,在空间和时间之中有永久不变的力流着,它是由这二个条件而呈种种的变异的。但是为什么他将政治的条件社会的环境单看作空间上不同的环境?为什么不明白把握着这些条件自身也为时间的及空间的地理所规定？那，我们不能不说是由于他只机械的，平面的，罗列的，探求历史上变异的原因这一种方法上底缺陷。因此，他不能系统的说明历史的变异底性质，单单排列了种族，环境，时代这些独断的概念，便自以为已经说明了。而且像他这样的一个决定论者，唯物论者，一面承认着物理的现象和精神的现象是同性质的（即两面都是有分量的）东西，而一面也还不得不达到前者可测定而后者不可以测定的独断，也决不能不说是由于他底方法带机械性这一点。我们容易地而且必然地要反问：精神现象底不能测定是否由于精神现象底本质。若果如泰纳所说，是量的，就不会有不能测定（n'est pas mésurable）的事。无论那测定的手段怎样困难，也总是可以测定的。又若是不能测定的，那就不是量的了。不会有不能测定的量的。泰纳在这里底忽视着理论底严密性，坠于折衷主义，是我们所甚以为遗憾的。

四　泰纳体系底缺陷及其独创性

　　泰纳接着说明这些原因怎样演成结果。但是他仍如许多困难的处所一样，只用着譬喻，来掩避那本质的说明。他将人类精神文明底种种分化所生的样子比之于水从共通的分水岭流下分成种种地理的区域。他以为，在文明底核心上有"共通的要素""世界观"，显现而为宗教，为哲学，为艺术，为国家，为产业。而这共通的要素和特殊的要素相结合便在这些上面呈现了种种的变异。例如同是宗教这一个共通的要素，在富于抽象力的人民的场合和在富于信仰心的人民的场合，便有种种特殊的要素相结合而显为不同的宗教。

　　泰纳底这种说明，要我们受纳作为说明，是困难的。第一他将宗教，艺术，哲学，国家，家族，产业等比之于一个国土底地理的区分，这已经最露骨地显示着他底平面的，机械的罗列主义。人类文明底这些分化，像这样平面的罗列是不能理解的。这些不能不以别的系统的方法，相关的而且生成的理解它。其次他底关于共通的要素和特殊的要素底说明，只是论理底滥用，连他以前所说的种族，环境，时代这三个源泉与它有着怎样的关系也不甚了然。据他底说明，所谓特殊的要素似乎是由种族，环境，时代而决定的。但是这时被决定特性的主体就是共通的要素。这就成了已被附特性的共通的要素（即特殊的要素）更与未被附上特性的共通的要素（好像还剩着这样的东西）相结合，而成文明底分化底变异了。

　　他将人类文明底诸分化——宗教，艺术，哲学，国家，产业等——非历的(而且为像他这样的实验主义所不得有的)先验的地理解着。并不理解这些分化是由经验的条件而决定。所以像下文所征引,他底关于国家和家族的理解,就无遗憾地发挥着他底俗学主义。他说：

> 所谓国家不就是所以使一群人在元首底权威之下集合着的服从感吗？所谓家族不就是所以使妻和子在父和夫底指挥之下行动着的服从感吗？

像这样的国家观,家族观,泰纳自以为,已经把握了国家和家族底共通点。于是,泰纳以为,凡服从感不过是恐怖的,便使国家成为像在东方的诸国的专制国家,凡服从感基于训练,社交,名誉底本能的,便成为像法国一样的国家。而凡现于这国家的特征,都依泰纳所谓"相互依存底法则"(loi des dépendances mutuelles)波及于文明底一切分化。

然而泰纳好像故意不说起的经济的条件决定这些制度底特色这件事,近代对于国家和家族之发生的历史的研究已经加以科学的证明,而且在这样的见地上树立了统一的史观了。

但是泰纳底方法所有的以上的缺陷,并不减少了他底业绩底价值。他对于孟德斯鸠尝试历史底新方法曾经说："孟德斯鸠虽曾企图,但是当时历史底研究日子还浅,所以不曾成功。"这话是可以移来说泰纳的。在泰纳当时,文化现象底科学的研究也还很幼稚,以致他也不得不陷于种种的独断。但是,虽然如此,他在这序文底最后一节底冒头所说的文句,实触着文化底历史底近代研究方法底核心。单单呈示这样的问题——或将问题作这样的转换,也是他底不可没却的功绩。他说：

> 如今所课的命题是这样的：给与一个文学,哲学,社会,艺术,某一种类的艺术,什么是使它产生的精神状态？而且什么是最适宜于产生这精神状态的种族,时代,及环境底条件？

文学史底研究方法,因为呈了这样的问题,正可以说是由泰纳而面目一新了。而他底对于这企图的成功,就以他底伟大的天分和努力,也还被当时学问发达底状态及其他的环境所决定,我们也正不能不认为正衬托着这事实的。

第二章　见于《艺术学》中的泰纳底体系

一　决定艺术品的诸关系（所谓实验美学论）

泰纳底艺术理论及文学理论是在《艺术学》（*Philosophie de l'art*）二卷中最具体地论述着。知道在这一书中所显现的泰纳底体系，我们大约便已在最完成的形样上窥见了自然主义文学之理论的体系。

《英文学史·导言》中所见的急进的决定论的实证主义的方法，在这一书中也颇忠实地持守着。本书一开头，他就力说艺术品不是纯循作者意兴的产物，而是在一定条件之下必然的产物。

实证主义者不能不竭力排斥超经验的概念，不见不闻的不可捉摸的超感觉的观念。所以泰纳底艺术学底对象，便也不是抽象的"美"或"艺术"底概念。这些概念都只是艺术学底到达点，而不是它底出发点。设定了这样先验的概念，作为对象而研究而论议的艺术学或美学，他以为是纯粹的玄学。就是要打倒这玄学，乃是实证主义者全力所集注的事体。

那么，泰纳以为什么是艺术学底对象呢？他既排斥了抽象的概念，剩下的不能不是具体的，感觉的，经验的东西。那就是各件艺术品。所以泰纳以为出发点，以为开初的对象的，是就各件艺术品。

但各件艺术品只是出发点，不能不用一种什么方法来概括它。他以为将已被概括，已被抽象的东西，先验地作为学底对象，固然当排斥，但无所谓概括（généralization），学也不成立。所以在推理底过程上，并不能省去了概括。实证主义者如因想十分地忠实于经验，而想从学底研究上除去了一切的概括，或梦想以为可以除去了一切的概括，那就反而是实证主义底破绽。在这一点上，泰纳底方法是不错的。

泰纳对个个艺术品加以三段的概括，就是他所谓个个艺术品是属于三重的总括体（ensemble）。

第一总括体是个个艺术品底作者。同一作者所制作的诸作品，成着一个统一的全体。这几乎是自明的事。无论哪个作品上,都有个性雕刻着,应着这个性的发达,而作品也发达。所以歌德之作和席勒之作虽然是同时代底同国诗人底作品,两人底作品之间依然有着划然的差别。有精致的鉴识眼的批评家,只要见了作品便能鉴定那是谁底什么时期底作品。于此我们可以断定一个艺术品最受直接地决定的是那作者底个性。因此同一作者底作品总有共通的特色,它们相集形成为一个统一的,调和的全体。这就是泰纳所谓第一总括体。个个的艺术品,应当统一在这第一的总括体即作家底个性上而加以研究。

但是艺术品底作者也不是孤立着生存的,实被包含着在一个较大的总括体里。这第二总括体是艺术家所属的"流派或群"(École ou famille)。譬如莎士比亚,泰纳以为,初看似乎是很奇特的天外飞来的天才,但细查他底周围,当时他底周围原有韦白斯特(Webster)福特(Ford)马辛格(Massinger)马洛(Marlow)彭约翰生(Ben Jonson)傅列却(Fletcher)波蒙(Beaumont)等优秀的作家,用和莎士比亚一样的文体,一样的精神写着的。这些人底戏曲,都和莎士比亚底戏曲,于人物底性格底凶猛也相同,于戏曲底杀伐的结末也相同,于情热底剧烈,文体底混乱激越也相通。就是这里显然有着一个总括体——就是戏剧作家底群,流派。再就美术家底例而考察,则鲁本兹(Rubens)似乎是一个也不见有先驱者也不见有后继者的孤立的天才画家,但访比利时、到干、普鲁塞尔、布鲁日、盎凡尔斯等都市底教会去一看,就立刻可以知道曾经有过许多画家,画他同样的画。如 Crayer, Van Noort, Gerand Zeghers, Rombouts, Abrahm Jansens, Van Roose, Van Thulden, Jean Van Oast, Jordaens, Van Dyck 等都是。借泰纳底话来讲,这些画家都和鲁本兹一样,画着健康而满有生气的肉体,画着丰盛跳动的生命底波动,画着润泽有光的肤色。画着现实的而往往是兽的模式。简括地说,这些人,在今日虽然被鲁本兹这一天才所盖被人忽略了,这些人其实也曾相集,形成为一群一流派。鲁本兹不过其中最杰出的人中底一人罢了。所以要晓得鲁本兹底作品,固然不该不晓得鲁本兹底人,而要晓得鲁本兹底人,也就不该不晓得环绕着他的一群人,他所属的流派,即泰纳所谓第二总括体。

但是这一群艺术家,属于同一流派的人们,也不是孤立着存在的。这群艺术家还被包括在一个更大的总括体。这叫作第三总括体的,就是环绕着这些艺术家,而且和他们同趣味的一般大众。因为习俗和精神底状态(état des moeurs et de l'esprit)是大众和艺术家相同的。我们在历史底各时代中,虽然只听见优秀的艺术家底声音,而仔细一听,实可在那被选的人们底声音之下，听出和这些人齐声合唱着的有几千虽不清楚却颇强重的声音。这就是民众底声音。是为艺术家底声音所盖却包含艺术家于其中的大众底声音。泰纳曾举了种种的例来说明这一点，但这一点在今日是不说明也很明白的真理了。一个艺术家无论如何地伟大，如何地有天才，都不能不被看作那一国度那一时代底一般大众底"习俗和精神底状态"底一个代表者，——其实愈其地伟大愈其地有天才愈不能不被看作那一国度那一时代底一般大众底"习俗和精神底状态"底一个代表者，在今日已被认为艺术研究底初步的常识。天才不是超越着大众，是表象着大众的。这事，就在一见好像相反的时际，就是天才不容于一般大众，一生和时代斗而终于不遇的时际，也和不然的时际一样是真实。

以上就是泰纳所谓决定艺术品的三个总括体。泰纳行了以上的考察之后，到达着如下的根本原则：

于是，我们可以设定这样的原则就是为了理解一个艺术品，一个艺术家，一群艺术家，不能不精确知悉这些所属的时代底精神和习俗底状态。在那里可以寻出最终的说明。在那里存在有决定余外东西的开初的原因。这真理是由经验证实着。实际，倘若遍历了艺术史底主要诸时期，便可以发见，种种艺术都是和它所紧密结连着的，一定的精神和习俗状态一起地出现而又消灭。

譬如，据泰纳说，法兰西底古典悲剧便是"勃兴于路易十四治下，建立了整肃高贵的王政，崇重礼仪，开始宫廷生活，有了典雅的风采，优雅的贵族的主从关系的那个时候，而消灭于贵族的社交生活及沙龙生活因革命而消歇的那个时候。"

泰纳也如一切的实证主义者一样，并不深入于艺术和时代精神底关系底说明，止于记述两者之间所见的平行的事实。然而他却驱使了渊博的知识，穿插着丰富的，巧妙的，有时简直有点无理的譬喻，帮衬着自说。为了显示以上的平行关系，他将艺术作品和植物比较，想以同一的方法规律艺术和博物学。以为从北极地方渐次南下以达赤道，其间有着许多的地带(Zone)。地带不同，所生长的植物底种类也便不同。这许多地带是所生长的植物底存在条件 (Condition d'e-xistence)。艺术也同植物一样，也同植物随 temperature physique(物理的温度)不同而种类不同一样，是随 température Morale(精神的温度)不同而种类不同的。

因而倘若能够完全认识那使种种不同的艺术产生,兴盛,衰败的精神状态(états de l'esprit),确定了关于各个时代,各个国度,各种艺术的理法,我们便可以到达关于美术及艺术一般的完全的说明,即艺术学或美学(ésthetique)。

泰纳于是简明地说他底美学和旧的玄学的美学不同之处。那说明,我以为是最能显出自然主义艺术理论底特色的代表的文字,所以虽然稍为长,还将原文和译文并引于次:

我们底美学是近代的美学。在不是独断的而是历史的这一点上,即在不是强加训导而是检证法则的这一点上,是和旧的美学不同的。旧的美学都先下了美底界说,例如或说美是道德的理想底表现,或说美是不可见的某物底表现,或说美是人类底情热底表现,然后完全将这看成法律底条文,从这界说出发,或给以赦或给以罚,或给以训戒或加以指导。我可大幸,无须乎做这样伟大的工作了。我没有指导诸君的必要。假若定要我做那样烦难的事,我是一定做不了的。我私自想,可以训导的一总不过有两事。第一是训导带点天才来投生。但这是关于诸君双亲的事,不是我底事。第二训导就是若要熟习自己底艺术须要多用功,但这又是靠诸君自己的事,不是靠我的。我底唯一的义务。止在将事实说明给诸君,将这些事实如何兴起的呢显示给诸君。我奉行着,而一切的精神科学又都开始采用着的近代的方法,无非将人手所成的东西,这里是艺术品,作为事实或成果,而阐明其性质,攻究其原因。这样说来,近代的美学原不是给赦给罚的,是检证,说明的。美学向诸君并不说"荷兰艺术太粗俗该看轻。单鉴赏意大利底艺术罢。"更不说"峨特式的美术是病的,该轻蔑。单赏味希腊美术罢。"美学一任各人随自己底嗜好,而不加干涉。让各人有选了最合自己性情最适自己精神的东西以最细心的注意研究的自由。美学,对于一切艺术底形态,一切底流派,对于一看似乎极端相反的流派也一样地有同情。承认这些艺术各是人类精神底显现。断定艺术底形态或流派愈其多,愈其不一致,愈其足以显示出人类精神底新奇多数的样相。这美学是以研究植物学或者香橙或者月桂树,或者枞或者桦一样的兴趣在研究。不过不应用植物学于植物,应用于人底制作罢了。因这理由,美学现今是与使精神科学接近自然科学,与精神科学以自然科学底各种原理,各种考虑,各种指标,使它与自然科学有同一的坚实性,有同一的进步的那一般的运动相追随的。

以上引用文所具历史的意义是有无论如何张扬也不愁张扬过分地重要的意义的。与美学以经验的基础,将它从先验的玄学及主观的意见解放出来,使之独立成为科学的这企图,无论在什么意味上都不能不说它是正确的。连泰纳也包含在内的一切实证主义者(艺术文学方面的自然主义者是都可以被包含在广义的实证主义者之内的)纵使有过怎样的错误,而拟由玄学解放出精神科学的这点(即使他们又曾陷进了新的玄学),总不能不认为人类思想底进化史上不可磨灭的功绩。

二 艺术是什么(艺术底本质论)

艺术是什么？泰纳怎样回答这问题,我们已经可以预想了。他总之是斥一切抽象的概念,求经验的事实的。我们要回答动物是什么这问题,即要形成动物这概念,我们就要取个个的动物来观察,从各动物渐次抽出了共通的性质,终于到达动物一般的概念。是艺术的时候也全由这程序。我们也只要取了具体的,经验的,——个个的作品抽象了那共通的特性,形成艺术一般的概念,便行。与动物的时候一样,是艺术的时候我们也没有略出经验的必要,没有拿出先验的思维的必要的。泰纳这样想。

那么,这样做后得到的艺术底特性,是什么呢？到底所谓艺术是什么呢？

泰纳将艺术分为诗歌(文学),雕刻,绘画,建筑及音乐这五种。就中建筑和音乐,以为说明较难,留在后面,先求余下的三种艺术底共通的特质,他说它们是模仿底艺术(Arts d'imitation)。

所以泰纳以为模仿是艺术底本质。艺术所当致意的就是精密的自然底模仿。艺术家将眼移开自然,不模仿自然却模仿先人之手所成的艺术时,便是那艺术家底衰败期了。无论个个的艺术或艺术底某一流派都有这样的衰败期。泰纳举了好多的例将这事说明了之后,他说:

> 所以仿佛得到要尽量精密地模仿自然,便不当将眼移开自然,而艺术是全在正确而完全的模仿的这结论了。

但是艺术底本质是在模仿的吗？泰纳自己,在那后面也就立刻提出了疑问来,说"这件事,真是从一切的点看来都真实,真可以断定绝对正确的模仿是艺术底目的吗？"

艺术底目的在模仿,是可以凭艺术再现的自然与现实的自然有了悬隔时便即受批难的事,而明白的。譬如绘画上,远近法的关系错了,雕刻上四肢底比例和现实的人体差远了,小说上所描的感情不像自然所有的感情了,便常常被人批难。

但是艺术底目的,是尽在正确的模仿吗?倘若如此,最正确地模仿成的艺术品便应该是优胜的艺术品了。然而实际,决不是这样。最正确地模仿物体之形的模铸不能说是最上的雕刻;最精细地再现自然的照像,不能说是最上的绘画;将犯人底犯行逐一正确地记录下的重罪裁判所底速记录,不能说是最良的悲剧。

模铸,照像,速记录,并不是艺术,所以或者有人以为将它来和人造的艺术比较是错的。那么现在就取艺术品来,检查模仿是不是艺术底唯一的目的罢。我们访卢佛尔底博物馆,将在那里看见邓纳(Denner)底绘画。这画家为画一张肖像画费了四年的岁月,始终拿着显微镜在制作。在这肖像画上,没有一点被忘却被省略的东西。皮肤面上有的细路,颊边几乎看不见的斑纹,鼻上散在的小的黑点,表皮之下爬着的细的毛细管,以至瞳中映着的附近的物象,都一无遗漏地,精密地被"模仿"着。看着这画,实际眼都几乎眩花了。世上再不会有用这样的刻苦,这样精密地模仿着的绘画罢。那么这画就是最优异的绘画吗?决不是的。谁都承认方·戴克(Van Dyck)底粗描的作品就比这种作品有力得远。这在雕刻,在诗歌(文学),也是一样的。

到此,泰纳走入两个相反命题的板挟了。即所谓"艺术底本质是模仿的命题"与所谓"艺术底本质不是正确的模仿"的命题同时出现在他底体系中了。他将怎样地调和它呢?

他主张艺术底本质虽然是模仿,但不是这也那也的模仿。艺术所模仿的是什么呢?据他说,是"各部分底关系及相互依存"(les rapports et les dependences mutnelles des parties)。譬如绘画就不能将大小色彩等全然照样地模仿。如以小的画幅在画人物或风景,第一就不能照样地模仿那大小,用了单色铅笔在速写,就不能模仿那色彩。即在诗歌,要将某个主人公底言语和行为加以尽量地的模仿也是不可能。所谓可以模仿的不是全体,是关系,就是指着这事说的。泰纳以如下的言语表现着这事:

要之,在文学作品中在绘画作品中都一样,问题不在传写人物及事件底可以感觉的外部,而在传写它们底关系及依存底总体,就是它们底论理。这样,作为一般的原则说,对于现实物我们所感有兴味的,及我们希望艺术家表现的乃是现实物之内面的或外面的论理,换了话说,就是那构成,那调整。

据泰纳说,这并不与所谓艺术底本质是模仿的界说相抵触,不过将这界说纯化了。因有这纯化,艺术底品质就愈加高尚,成为不但是手头的工作却是睿智底产物。

那么,艺术是将各部分的关系来表现,再现便好,不然作为艺术便坏的吗?其实,伟大的艺术作品之中有不少是将现实的关系非常变更了表现着的。所以所谓模仿各部分底关系这一事,也还不曾十足地揭发了艺术底全本质。

这关系是怎样被变更的呢?如果关系全然可以任意地轻心地变更,那所谓艺术是关系底模仿这界说便成为空说了。泰纳,就着绘画和雕刻,举了变更着这关系的伟大的艺术品的例之后这样说:

这两个例就是艺术家当模仿各部分底关系时,为求对象底某种本质的特征(caractère essenticl)显明,因而求带着那特质的主观念显明,故意地将那关系向着同一方向变更的。

这所谓本质的特质就是哲学学者所谓本质(essence)。用平易的话来说,就是主要的特质(caractère capital)或显著的性质(qualité saillante et notable)。这本质的特质,与其余一切的性质之间有着一定的关系。泰纳将这本质的特质下了个界说,说是:

所谓本质的特质者是,此外一切的性质至少此外主要的性质,都是按着一定的关系,从它支生的。

譬如狮子这种兽底本质的特质,据泰纳说,就在它是大的食肉兽这一点。而狮子所有的一切的性质,无论那齿,那筋肉,那快捷的脚,那眼等底性质,都就从这个它是大食肉兽这本质里支生出。把握这本质的特质是艺术家底任务,显现了这特质的便是艺术。

于是,泰纳底艺术底界说更形繁复了。他以为这路程是到达"更其高而又更其正确的艺术概念"的路程。用泰纳底话来概括说,首先第一艺术底目的是在模仿感觉的外观(imiter l'apparence sensible);其次,模仿并不是这也那也的模仿,是在模仿各部分底关系;第三,怎样模仿各部分底关系,则在使本质的特质显明。他以为这个三联的界说,并不是自相矛盾的,是逐渐使以前的界说正当明确的。

于是我们到达了泰纳底模仿艺术底最后的界说。那就是:

艺术品底目的是在将什么一种本质的或显著的特质,同时将什么一种重要的观念,表现到比现实物更明白更完全。为达这目的,要用联结着各部分的总体,而将各部分底关系系统地变更了。在雕刻,绘画,诗歌这三种模仿艺术,那总体是与现实物相对当的。

但是,艺术并非全是模仿艺术。泰纳自己也在雕刻,绘画,文学三者之外,还举着建筑和音乐二者。这二种艺术与前所举的模仿艺术有着怎样的关系呢?泰纳底理论的体系在这里便弄了个出色的飞跃。他将以前作为艺术界说底出发点举出了的所谓"模仿",突然斥为第二义的,随伴的要素。而说被联结的各部分底总体并非一定要与现实物相对当,其间也有最初就不以模仿为目的的艺术底成立底余地,于是便有建筑和音乐云。建筑和音乐这二种艺术,也表各部分底关系,这与其余的三种模仿艺术并无不同;但这关系是数学的关系,不是模仿艺术那样的有机的关系,精神的关系。而这数学的关系,是由视觉而认知时便生建筑艺术,由听觉而认知时便生音乐艺术的。于是泰纳底理论仿佛成为这样:便是"一切艺术都是经由联结各部分的关系而表现什么本质的特质了。"但是那是什么本质呢?在模仿艺术,那是所要模仿的事物底本质,已经知道了。但是在非模仿艺术,究竟是什么呢?泰纳也许说是数学的关系。可是数学的关系被表现在艺术时,也不得不取什么具体的形象。不得不给什么内容。那么在非模仿艺术,所谓本质的特质便不是把握自现实物,是由制作艺术重新创造或构成的了。然而这不也是合于模仿艺术的吗?我们排去了所谓模仿,果真便没有更一般的可以到达一切艺术底普遍界说底路吗?至于所谓模仿呢,现在在泰纳模仿艺术底界说里,也因在几次加上附加的界说,渐次失了重要,终致泰纳自己也不能不说它是从属的性质了。但是一见出了这样一般的界说,就将见到他关于艺术底本质的理论底总破绽。我们在接触这样的大问题之前,且先继续追迹泰纳理论底发展罢。

三　艺术生产底行程

艺术作品生产底第一法则，泰纳以为，前面已经说过，可以表出如次：

艺术作品是由环绕它周围底精神及习俗底一般状态这个总括体所决定。

这可以从两方面来确立。一面是事实底证据，即种种艺术品被支配于周围底环境，和它平行生灭着的无数的证据。还有一面是理论的证明，就是不但事实上艺术作品和周围底精神及习俗底一般状态严密地互相依存，理论上也不得不如此的证明。因此须将所谓"精神及习俗底一般状态"来分析，依从人类性质底一般法则，来研究这种状态所不能不及到一般公众，以及艺术家，以及艺术作品的影响。就是这法则，先须就事实检证，然后用理论证明。

正如植物要发芽生育繁茂，先须有种子，其次须有一定的物理的条件，——土地底肥瘠，气候底暖寒，雨量底多少等，艺术作品要产生，也必须先有与植物底种子对当的有天分及才能的人。自然大抵在任何时代都将约略同数的天才和才能散给人间的。正如体格于征兵检查可以合格的人数，据统计看来，每年约略相同一样，精神的条件也是如此，泰纳以为，禀有天分的人数，也在任何时代几乎并无疏密地散布着的。不过也如种子不都发芽一样，天分也不一定都发育。种子落在冰砂要枯死，天分遭逢不适的条件也就不生育而枯死了。而且在条件适宜能生育的之中，也因精神的温度（température physique）即精神及习俗底一般状态而在那天分及才能底各种类之间行着选择和淘汰，只许适丁环境的某种才能成育。这样便有在某一时代某一国土则理想主义繁荣而在别一时代别一国土则现实主义繁荣的结果。这是一般的规定。其次须详细调查精神的温度即精神及习俗底一般状态怎样作用在艺术作品上。

寒冷的地方生育怎样的植物，是不难推测的。精神上也是一样。泰纳为了简单起见，举出忧愁风靡一世的一般精神状态之下产出怎样的艺术的一个特殊情境来说明。这样的一般精神状态，在历史上已不一见了。五六世纪间连续的国势衰颓，人口减少，有外患，饥馑，疫病，贫困等接踵到来时，便会出现这样的一般精神状态。像亚洲底纪元前四世纪，欧洲底第三世纪及第十世纪,便是这样的时代。在这样的时代,人就失了勇气和希望,以为生存便是灾祸了。

生在这样的时代的有天分的艺术家,纵使他个人并不特别地富有忧愁底性质,但使一般大众起忧愁之感的事情总之也使他起同样的感情。因为既然一般地有饥馑,疫病,外患,艺术家也与一般大众一样等分受着那灾祸。而这样的不幸若接连不断,艺术家自然也与一般大众一样饶有悲痛忧愁之思。这是环境所及的第一影响。

其次,一般的精神状态既已如此,那社会底宗教自然成为厌世的宗教,哲学成为悲观的,日常的谈话,新闻底记事,也没有一条乐事。于是艺术家便从生到死一生被包围在悲痛忧愁底氛围里,而使艺术家身受不幸的伤心愈其伤心了。

而且愈是真的艺术家,在他忧愁之感也愈强。因为如前所说,艺术家无非是惯于把握事物底本质的特质显著的特色的人。而这时的本质的特色是忧愁。艺术家就以那丰富的锐利的想象力和感受性,比一般更强地感到了这忧愁,而又将它描现在艺术作品上。加之,在他周围所见到的,又都是忧愁的艺术作品,成为他底艺术底模范,有暗示给他的都是充满了忧愁的东西。因此他底作品也就不得不更是忧愁的了。

最后还有一个更大的理由,就是艺术家作品是有须受一般大众观赏的运命。而在一般大众正被浸在忧愁里的时代,国土,是凡不与他们底情调贴然相合的作品他们便不观赏的。在这样的环境之下,大约无论怎样把欢喜的感情巧妙地描出来,也不能使大众欢乐,倒要将眼移开的罢。我们想象假如这里有一个失了财产,失了妻子,失了健康,失了自由,被关在牢中二十年,已经全然变成忧愁的性格的人。这人恐怕不会耐烦听欢乐的跳舞曲罢。恐怕不会耐烦读快活的剌柏来底诗罢。走到鲁本兹之笔所成的肌肉丰满的画前,恐怕要将眼移过去罢,而他将会爱林布兰底画,肖邦底曲,拉马丁和海涅底诗罢。这在一个人底时候如此,这在公众也是真理。所以艺术家不能不作能投一般大众嗜好的作品。从而他底作品也就不得不为忧愁的了。

这样泰纳所谓"精神及习俗底一般状态"及于艺术作品的影响实有着三重四重的关系。纵然能够脱得了其中第一的影响,也不能全然脱得了第二第三的影响。这是艺术作品,和它周围的环境即所谓"精神及习俗底一般状态"之间所有的关系。

一般的说明既完,于是泰纳就以主要的历史时代底艺术,以那变迁来检证这原理。这部分是形成着泰纳底《艺术学》中最有光辉的部分,但在专于论述理论方面的本稿我以为省略了也并不妨碍理解的。

在既依一般的法则例证主要的历史时代底艺术之后,泰纳说"现在我们可以更进一步,精密指出联结第一原因和最后结果的链锁底全环了"。他会怎样做呢,我们看下文罢。

第一要产生一定的艺术作品先要看社会底"一般的情势"(situation générale)。那就是那社会有着怎样的状况,是幸还是不幸,是贫困还是富裕,那社会取着怎样的形态,行着怎样的宗教等等。

其次便是这一般的情势在住在其中的人们之间发展它相应的要求(besoin)特定的嗜好(aptitude)特殊的情操(sentiment)。例如或成为爱肉体的活动,或成为梦想的,或成为巧于言说,或成为善于战争,或成为享乐的等等。

第三,这要求,嗜好,情操若体现于一个人,那就成了代表的人物(personnage régnant)。即最备那社会底特征的人。

如在希腊筋骨雄健的比赛场底裸体青年,在中世纪信心坚实的僧侣和恋的骑士,以及十七世纪底宫廷人物,近代底浮士德或维特一类忧郁的人物,等都是。

第四,艺术家就将这代表的人物,以绘画,雕刻,文学等模仿艺术,集中地表现在一个活人上,以音乐,建筑等艺术,分散地表现它,诉诸听者闻者底情绪。

前所说述的"艺术作品是由精神和环绕它周围的习俗底一般状况这个总括体所决定"的这法则,就被分析为现在所述的四联的过程。泰纳将它总括地说述如下:

逗发种种的嗜好及特异的技能的一般的情势,因这些嗜好及技能优异构成的代表的人物,使这人物显著或使构成着这人物的嗜好及技能成为可喜的音声,形,色,或言语,这是一联的四个项目。第一项诱导第二项,第二项诱导第三项,第三项诱导第四项。若任何一项略有变化,便会导出接续一项底变化而其前项也要呈出了变化。而单依纯粹的推理,也能为从某项到某项的上升或下降。

这引用文底最后一句,若浅显地说起来便是:我们见了一个艺术作品,便可以知道产生那艺术作品的社会底嗜好,和那社会底代表的人物是怎样的人物。而反转来,知道一个社会底一般的情势,也可以明白那社会会产生怎样的艺术。就是知道任何一项便可以由推理推定别的一项的意思。

这关系定立了一个法则。而这法则,据泰纳说,是为经验所支持,为历史底证据所支持,决不是建筑在空漠的愿望,希望上的东西。而且这法则在本质上,还不但对于过去有妥当性,对于将来也有妥当性。于是泰纳由这法则说及将来的会是怎样的艺术的大问题。泰纳以为将来的艺术,不会不和从来的全然不同。因为艺术底发生条件,人类底精神,已经有着以前所未有的大变化了。这变化是什么呢？泰纳举着构成近代精神的三大原因,第一实验科学底进步,第二科学底应用即工业底进步,第三政治底民主主义化。这样的变化要使人类底习俗及精神底状态生变化,因而使艺术更新,是必然的。泰纳以为一八三〇年底浪漫主义运动便是这艺术更新第一期,将来的更新即自然主义便是第二期底更新。

在这意味上,泰纳底《艺术学》是可以看作自然主义底 apology（辩解）的。正与亚当·斯密为着辩护自由主义著了巨大的《诸国民底富》,卡尔·马克思为要理论地给社会主义基础著了大册的《资本论》一样,泰纳也为自然主义艺术底理论的帮衬,为当来的艺术必然向自然主义前进的理论的证明,著了《艺术学》底第一章,长到百余页的。

四　结　语

现在我们到了可以总括地批判泰纳体系的时候了。但是这论稿是预定将自然主义文学底理论一直讲到比泰纳更尖锐地展开着的左拉（Emile Zola）底体系并自然主义批判者底批判为止的,总括的批判不如让都说完了再进行较适当。现在单将艺术学底一部分加以二三的指摘。

1. 《英文学史》绪论专分析批判文学周围的条件而"艺术学"则涉及艺术乃至文学底本质,在这一点上是艺术学底一面有着更当重看的理由。但是在这本质之内,先验地被给与的是可以与植物底种子相比的 genie 或 talent,其余的都是经验的要素。倘要贯彻实验主义,不是这 génie 或 talent 也当加以经验地分析吗？

2. 泰纳底艺术分类,如前所说颇是无据的。缺少着不得增减的理论的根据。因此他对于艺术的界说,颇有屋上架屋一样的罗唣。界说是总求最简单的。但艺术底本质是模仿这个最初的定言,实有似乎漫然发言的情况。

3. 所谓"精神及习俗底一般状态"——以最近的流行语来说可以称为意特沃罗几的——这概念,也很缺少着严密性。这概念还可以再行分析使之纯化。换句话说,就是这处也同《英文学史》绪论中一样,他堕于罗列主义之弊,忘却建立他底理论于严整的社会科学的基础。

4. 但关于他底体系底大体,尤其是对于他在这方面开拓了荒地,行了这样的理论的整理,替我们斩除了前进的道路上的荆棘这一点,是无论呈献了怎样的赞辞,都不会嫌多的。

第三章 左拉底实验小说论

一 关于自然主义这言辞

自然主义(le naturalisme)这言辞,在泰纳底艺术理论里,虽非全无,并不多见。将这言辞限定为文学上的明确的主张,而又使它普及到一般的,是左拉(Emlie Zola,1840—1902)。为批评家的左拉,实际几乎不妨说,就为使这言辞底普及于一般和人战了一生的。

左拉并不是泰纳或布轮退耳那样体系的理论家。但他是自己主张今后的小说家应该是一个学者,不是一个技术家,而自己也以学者自任的,他底文学论虽然是断片的,在那理论的严密的一点上却也有可以认为优于那两人的地方。

文学上新的主义在确立存在权以前,总不能不和旧的障碍物恶战苦斗。一查文学史,便可以知道并无例外。自然主义,当然也是如此。因此左拉底自然主义文学论,也就大部带着 polemic(论战)的形式。他在《实验小说论》(*Le Roman Experimental*)这论文集之前这样地写着:

本书所收的研究之中有五篇是从法文译为俄文,被揭载在圣彼得堡杂志《梅沙什·图·留罗沃普》上的。……对于在巴黎没有一个杂志欢迎我,放松我文学上的战斗的时候,倒欢迎我理睬我的这个大国民,请容许我在这里公述满腔的谢意……(略)

收在他底论文集《罗曼西爱·那邱拉里斯忒》《持求曼·里退来尔》等之中的诸论文,也因为同样的事情,都在这《梅沙什·图·留罗沃普》上发表。正如他自己所说"俄罗斯造就了批评家的我"那样,他底批评论文,大部分是在俄罗斯发表的。

后来他在集了在《非加罗》(Figaro)报上所写批评的论文集《一战》(*Une campafne*)底序上,用了自己底笔,很清楚地记着他做批评家的态度:

我想绝批评的笔了，我要一括地公布一八六五年以来我所执笔的一切种类的研究。将来只有凭着这些，来判断为论战家的我，为信仰和战斗的人的我。

我被批难说是太热狂了。这是真的。我是一个热狂儿。但是火焰般燃着的情热，燃着心情的情热，真是毫无价值的吗？对于绣花枕样的才能，和虚名，和风靡着一世的凡庸，我是不得不愤慨的。每读新闻杂志，我就把脸气青了。我内心上不断地感着想将自己所想，特别是自己个人所想的来高声绝叫。于是我就热狂了。我如有可取，就在这一点。

左拉底做批评家的生涯，至少彻头彻尾是战斗的生涯，单看这些征引也就可以明了了罢。在当时的文坛，是单为"自然主义"这言辞获得市民权，也有战斗的必要的。下面我想介绍他在"演剧上的自然主义"（Le Naturalisme en Theatre）这论文中所说的大意。因为左拉将"自然主义"这言辞作怎样的意思用，我们先有阐明的必要，而在这论文中他是丁宁地述说着的。

左拉对于世间对于自然主义这言辞所加的批难，在这论文中一一地答复着。

第一是不必造自然主义这个新奇名称的批难。对于这个左拉回答说，这言辞并不是新造的，是在外国底文学上以前就用着的。他不过将这名称应用在法兰西文学底当时底进化上罢了。

第二批难是说自然主义底主张并不是什么新的主张，文艺作品是从始就依照自然主义写着的。就是说描物不都重视得真吗，从亚理斯多德以至波挨罗（Nicolas Boilean）的一切的批评不都揭着和自然主义一样的原则，主张作品应以真为基础吗的批难。对于这批难，左拉答道：是的。谁也不会说不是。但这并不能证明主张自然主义的错，反而，足以证明连自然主义底敌也承认自然主义底主张的不是，足以证明自然主义并不是任何一人任何一团体底任意的主张，乃是立脚在任何人都不能否定的基础上的不是呢？

第三是既然如此，那么何必大吹，摆那像煞改革者预言者的架子呢的批难。左拉说"这就误解了"，他并不会摆什么改革者的架子，他做批评家的任务，也只是依事实研究我们从何处来，现在在何处。至于预言往何处去，那不过是以上研究所必至的论理的归结，决不是自负为预言者的。

那么不是不用自然主义这个奇怪的新语也行，不是从亚理斯多德以来一直用惯的言辞就已经很多吗，这是第四种的批难。对于这种批难，左拉说这是非历史地看物事的人的批难。自然,荷马也许就是自然主义的诗人,但那根本纵然同,也因时代,因文明底不同,而带不同的样相。今日的小说家就使一样的是自然主义者也不是荷马流的自然主义者了。文学底历史,不应从绝对观念的见地,应该从进化的见地看。因此从十八世纪以来以显赫之势勃兴了来的智的运动既然见得自然主义之决定的胜利,是不妨特用自然主义这个言辞来表现这一时代底运动的。

自然主义这言辞,正像左拉自己说,并非由他用起,不过他尽力一生使它普及罢了。

他在载在"非加罗"日报上题为"自然主义"(Le Naturalisme)的一篇论文中这样说:

我不曾造出什么。连自然主义这一言辞也不是我所造出的。这言辞,蒙兑纽巴以同样的意义使用着,在俄罗斯则三十年来尽用着这言辞。法国也有许多批评家,尤其是泰纳,是用它的。

二 自然主义底起源及发达

左拉所特加限定的自然主义底潮流是发源于谁的呢?左拉以为是发源于低德罗(Diderot,1713—1784)的。

在十八世纪末,旧的古典主义底形式是从各方面崩坏来了。然而伟大的破坏者福禄特尔,不但几乎不曾关涉它,反而保存它,拥护它。但是与他相并出现的低德罗和卢梭,却将文学引上了新的路。低德罗是现代实证主义底始祖,将观察和实验底方法应用在文学中。……卢梭底泛神论成为浪漫主义底父,实证主义者底低德罗成为自然主义底父。为什么呢?因为他是主张演剧及小说中正确的真的第一人。

斯丹达尔(Stendhal,1783—1842)是低德罗底长子。他底生年是一七八三年,不应忘记他是连系十八世纪和十九世纪的。而锁链并不曾中断。在文学上为古典主义之敌的他,起初曾为浪漫主义者。及到浪漫派沉溺于修辞之海,隐于新的假面,为一切虚伪所房的时候,他就和卢梭底子女们诀别,往正确的分析去了。

后来出现了巴尔扎克(Honore de Balzac,1799—1850)。他并不自觉自己所作的工事,而做了与斯丹达尔一样的工事。他是观测家,他是实验家。

他虽公然主张着天主教的,王政主义者的意见,但他所做的工事却在广义上是科学的,是民主主义的。他不是自然主义底发明者,正如嚣俄(Victor Hugo)不是浪漫的抒情诗底发明者;而他是自然主义底父,却正如嚣俄是浪漫主义底父。于是从此,经由弗洛贝尔(Gustave Flaubert,1821—1880)龚古尔兄弟(Edmond,1822—1896;Jules,1830—1870;de Goncourt)以达到我们现代底自然主义作家的。

我所以把低德罗和卢梭看作自然主义和浪漫主义底先祖,是为显示这两主义如今虽然相敌对却都是从对于古典主义的形式的反抗出发着的。

这是他底上举 Le Naturalisme 这一论文底意译的概略,和这同样的意思他不知说了多少遍。我们由此可以知道左拉是怎样地看文学上自然主义底起源,而在左拉看来,自然主义并不是仅仅文学及艺术上的特殊的运动,是涉及人类全分野的一般的运动,这更是我们所不应忘记的。

那么,他所见到的,所谓自然主义底一般的运动或思潮是指什么的呢?用一句话说,就是一切事物底看法成为方法的了。在十八世纪以前,学者也和诗人一样,研究都被拘囿于个人的幻象。即使发见了真理,也是分分散散的真理,与许多的谬误交结着的真理。而从来的科学便是由这样分分散散的真理底破片集合所成的。但是到了十八世纪,一个学者在下断定以前都要先实验那断定是真理不是了,都抛弃了未经检查的真理,而要直接就事实加检查了。据他说,这是一种革命。

由这实验方法底导入,而放了灿烂的光辉的,是实证科学。但是,据他说,"文明之中是一切都相关联的"。人类底精神倘有一方面起了动摇,那震动便将扩及四方,无间而促成了全体底进化。因此科学方面有了动摇,也不能不传及文学底方面。在历史和批评底方面,便已抛了经院学派的烦琐的规则,而专侧重于事实及围绕着事实的环境底研究。因是如此,他以为这征服着学问一切分野的实验的方法也竟可以导入小说,而小说是须得成为依实验方法研究人间的科学的。

他所以特将十八世纪以来一般的精神文明底潮流,尤其是文学上的潮流,称为自然主义的理由,就在此。下面请引用最简洁地表现着这一点他底思想的如下的一节:

是的!这进化才是我所称为自然主义的东西,我以为要用这个言辞以上适切的言辞是不可能了。自然主义云者就是归于自然的意思。起这运动的是科学者们,他们是因此而根据实验,依照分析的方法,而由物体及现象底研究出发了的。文学上的自然主义,也一样地是自然及人间底复归。是直接底观察,和正确的解剖,和依样的事物底承认和描写。无论在作家,在学者,当作的工事是同的。谁都是代抽象以实在,代经验的公式以严密的分析。这样,在诸作品中抽象的人物,虚妄的流言,绝对的东西便绝迹,而以关于实在的人物,各人底真实底身上,日常生活的话代之了。问题是将一切再始,在观念者流行地断定以造类型之前,从根本去认识人类。而作家是将那以来论理的顺序所呈示了的人间记录,尽力多多搜集,将建筑物从那基础加以再建,就行了。这是自然主义。这自然主义,说它是人类底最初底头脑所生的东西固然也可以,但其最大的进步之一,无数的决定的进步却是前世纪所成就的。

三 克罗德·伯尔拿底方法论

左拉拿出批评的笔时泰纳已经发表了《英文学史》,而发表《艺术学》底第一卷时又正是左拉开始执笔批评的同一年(一八六五年),泰纳及到左拉的影响自然是不少的。但泰纳止于将实证科学底方法导入文学底研究方法上,左拉却不是文学底研究方法,是要将自然科学底方法适用于文学自身。这里确有两者根本的不同。

由此我们知道,左拉并不是泰纳底继承者。他并没有受到泰纳直接的影响。直接推动为批评家的左拉的,并不是比他先出世的哪一个文艺批评家,研究家,或文学史家,乃是纯粹的科学者克罗德·伯尔拿(Claude Bernard,1813—1878)。

这事实是颇值得注意的。在文学上,有新的主张开始主张时,大多是由文学外底新的力来拔既成文学底城郭。最近社会科学底非常给刺激于文学,也正与自然主义勃兴当时,自然主义运动将提了自然科学底方法胁逼既成文学一样的。

做左拉底《实验小说论》底基础的,是克罗德·伯尔拿底《实验医学研究序论》(*Introduction á L'Etude de la Médecine Expérimentale*)这著书。这书由三部而成,第一部为《关于实验的推理》,第二部为《生物上的实验》,第三部为《实验的方法在生命现象底研究上的应用》。

左拉在《实验小说》(*Le Roman Expérimentale*)底头上说:

我在这里做的不过是应用的工事。因为实验的方法已经由克罗德·伯尔拿,在《实验医学研究序论》中,明白有力地树立着了。……因为在这书里是处理着一切问题的,所以我止于引用了我所必需的来作无可反驳的论据。因此我这论文就不过是编纂。因为无论关于怎样的问题我都是援用克罗德·伯尔拿底学说的。往往只要用"小说家"这言辞去替代"医者"这言辞便十分可以使我底意见明了,使它有科学的真理底严密性了。

所以要理解左拉底《实验小说论》,必须先理解克罗德·伯尔拿底《实验医学论》。既理解后者,则不过是在文学上的应用的前者便明白。因此我想简单地介绍克罗德·伯尔拿底言说在这里。

《实验医学研究序论》第一部《关于实验的推理》,计分第一章《观察和实验》第二章《实验的推理中先验的观念及疑惑》这两章。他在这里说了在近代中医学借了"实验诸科学中共通的研究方法"即实验的方法之助而成为严密的科学了之后,就说明观察和实验底意义,以明观察科学和实验科学底区别。所谓观察,自然就是看自然界所起的现象。观察者就是"单看眼前所起的现象的人",因而他是现象底"摄影师",是见了自然现象而正确地呈示它的人。说详细些,所谓观察者就是——

用简单或复杂的方法,取了自然所呈示的现象,不加改变而研究的人。对之所谓实验者就是——

用简单或复杂的研究方法,为某种目的,将自然现象变更或修正,使它呈现在自然所不呈示的事情或条件之下的人。

观察是观察检验事实的事,实验是依事实检查某一观念真伪的事。所以实验也可说是有一定目的的观察。实验者先于某一观念是真是伪抱着怀疑,为要检查它,就使起了在某一条件之下的现象。于是先前的实验者便成为观察者。只要观察便行了。观察和实验,在真理底研究上,原不是互相排斥的,是互相辅助的。其间的关系,用他自己底话来说便是——

当实验底结果显现出来时,实验者就站在他所引发的真正的观察底面前,和一切的观察时候一样,应当胸无成见地观察检验它。这时实验者是可以消失的。或者暂时不能不变为观察者。而与普通底观察全然一样，观察了实验底结果之后；他才来推理，比较，判断，他这实验的假定是被实验底结果证实还是否认。

第二部《生物上的实验》分第一章《生物及无生物所共通的实验的诸考察》第二章《生物所特有的实验的诸考察》两章。

第一章说生物有自动性仍不妨适用实验的方法，生物底诸特质既呈现便与支配它的物理化学的现象底存在有关联，高等动物底生理现象虽然起于体内有机的情况中它仍可以还原为物理化学的理象，自然现象不问是生物底现象是无生物底现象都为因果关系所决定而发生，因此主张两者底研究方法是没有不同的。第二章大体专论着应用实验底方法于生物底研究时所有的特殊的技术的问题。总之这书底第二部是最重要的部分，说自然现象都被决定论所支配而生起，在这点上，是生物和无生物没有两样的。因为构成生物的要素究竟是无生的物质，因而生理现象，究极也都可以还原为物理的化学的现象。所以支配生理现象的理法和支配物理化学的现象的理法之间，是没有本质的差别的。所以在物理化学底研究上收过丰富的成果的实验的方法，也就可以适用于生物底研究，而使生理学成为实验科学，脱离旧时神秘的阶段成为严密的科学。

第三部分四章，述关于应用实验方法于生物底研究时的种种问题，及批难底答复，但作为方法论，真有兴味的都已在第一部及第二部中说尽了，所以这一部分可以略去不说。

四　实验的方法对于小说的应用

克罗德·伯尔拿将实验的方法从无生物底研究扩张到了生物底研究，从物理化学扩张到了生理学，藉此使在生物学，及生理学，病理学底基础上的成立的医学脱了技术成为科学。左拉则更扩张这方法，由生理学而到社会学，最后并及到为人类之心理学的，社会学的研究的文学特别是小说。这就有他底实验小说论。

据左拉说，小说家是有观察者底一面和实验底一面的。他为观察者时，则得了他所观察一样的事实，被定了出发点，并受提供了人物可以转动，事件可以展开的舞台。随后，则实验者来了，从事于实验。就是使人物作种种地活动，看事实底连续是否应合所研究的现象底决定论所要求。这样，末了就可以达到"人底认识，人在个人的及社会的行动中的科学的认识"。

小说，是否真如左拉所想，与别的科学一样，以"研究"人为目的，姑且不论，现在我们姑且单讲左拉见解内面的自身底发展。然而，如此我们底头上也还立刻要浮上疑问来，就是这小说底为关于人的科学，真能物理，化学，乃至生理学一样，为严密的科学吗的这疑问。对于这疑问左拉似乎是答道"然"的。那么，小说为什么不将严密的知识给我们，像现在别的科学一样，为什么我们由小说而知的关于人的知识上没有化学乃至生理学那样的确实呢？这是由于"小说"这一种科学，生下来日子还是不多的缘故。但是实验小说家现在虽尚未脱暗中摸索的境域，也并不妨其为科学底存在。自然主义小说，是小说家藉着观察底协助，对人而施的真正的实验，是不可否承的事实，他以为。

小说既是科学，那就不可没有体系。而且这体系还该是具有一切的人都不能不承认的普遍性，不是各人各各不同的。于是小说失了个人底独创性的怀疑，便又当然要起来了。对于这怀疑，左拉说：

实验的方法适用到小说上来，一切的论争都可以停止了。实验这一个观念上，附随着变更（Modification）这观念。当然我们是以真实底事实为基础，从那里出发的；但是，为显示事实底机制，我们必须创造现象，指导观象。这里便有我们创意底余地，有天才在作品中活动的余地。

但是我以为，他底意见还是显不出小说是科学。依据他这部分底说明，小说也是实验而非科学。那不是小说底背后潜在着较大的科学，小说不过依实验检证那科学底法则底真伪的吗？

现在稍为引些左拉自己底话来看罢。——

前世纪，实验方法底比较精确的应用，创出了化学和物理，使这两种科学脱了不合理的，超自然的境界。由于分析，发见了确定的法则，人们通晓物理化学的诸现象了。随后又蹈出了新的一步。生机论者们还认为有不可思议的力的生命现象，如今也可还原为物质底一般的机制了。科学证明着，一切现象底存在条件，无论在有生物质中，在无生物质中，都是一样的。因此生理学便渐渐带上物理学及化学底确实性。但是进步将停在此吗？显然不是的。人底身体既不过是一种机械，将有一日实验者可以任意装置它，就不会不向人底感情的及理知的行为进行。于是，我们将走进从来属于哲学及文学底领域。将由科学决定的征服了哲学者及作家底假定。我们已有实验的化学和实验的物理学；我们将就有实验的生理学，更进将就有实验的小说。这是必然的进程，那最后的到达点现在也并不难预见。一切全是互相关联着的。为到达生物底决定论，不能不从无生物底决定论出发。而像克罗德·伯尔拿们的学者已证明有一定的法则支配着人体，所以我们宣言思想及感情底法则也将有规定的一日，是决无谬误之虞的。路旁底石块和人类底头脑应当为同一的决定论所支配。

我们完全承认这左拉底最后的断定。完全承认无论无生物有生物，身体和精神，一样是在决定论支配的领域内。因此也完全承认对应物理学化学，可以成立生理学。也不踌躇承认可以成立研究"思想及感情底法则"的科学。但是说那科学是"小说"的这一点，我们是不能不踌躇承认他底所说的。

五 结 论

这样，我将左拉底实验小说论底最基本的部分介绍完了。他底主张，要之，是说小说是以科学的方法，研究人类精神的科学，关于一般严密科学底方法的理论都是在小说上也可以应用的。再由小说推及文学底别的品类，而使为艺术或技术的文学消灭代之以为科学的文学。

但是文学或许总得限它底职能在个性底描写，记述的。它或许总不得成为法则科学，也不以成为法则科学为目标的。或许物理化学与生理学底差别是程度差别，而生理学和文学之间是很有质的差别的。

他底自然主义理论固然含着可以倾听的好多的真理，但是飞跃到《实验小说论》的刹那，他是跳过了不可跳过的东西。自然科学底方法之决定的胜利，使他抱了一种的幻影。因此，他底理论虽为新文学底诞生，生长底拍距，却不见有那理论的后继者，他底实验小说论正如彗星一般从暗向暗消失了。因为自然主义以后的文学理论，是须从左拉所指的方向逆行，而向泰纳底方向前进的。

本篇由新潮社出版《文学思想研究》第五，第六卷及第八卷中译出。作者平林初之辅氏在我国五四运动前后是一个最出名的新兴文学的战士。但最近一二年忽然现了动摇怀疑的倾向——像去年载在《新潮》上的《政治的价值与艺术的价值》（最近收入《文学理论底诸问题》中）便是这倾向最引人注意的一篇文章。这篇还是几年前的文章，对于新兴文学理论和自然主义文学理论底联系，颇有所发明，可供文学理论建设者底参考，特译载在此。法文我是全外行，所附译文全依原译文直译，间有译文前后互异之处也仍其旧，倘有错误，即请指正。

一九三〇年四月五日，译者附记

（原载《文艺研究》一九三〇年二月十五日第一卷）

苏俄文学理论
〔日〕冈泽秀虎　著

上海大江书铺一九三〇年十二月初版,开明书店一九三一年三月再版,此处根据一九九〇年十二月版《陈望道文集》(第四卷)中的文稿排印。作者冈泽秀虎(1902—1973),日本文艺批评家,俄国文学研究者。著有《苏俄文学理论》、《集团主义的文艺》等。

序

这是依据故片上伸先生所搜集的材料,历史地检讨苏俄文艺批评的书。

著者自然力求做忠实的介绍者,然而同时,也不能不注入自己应分的批判。这样的态度,是片上先生以来早稻田大学俄文科底传统。

先生所留下的工事,总算一部分稍稍有点眉目了,这是著者莫大的欢喜,同时,正也祈求它于日本底现代文学多少有一点裨益。

一九三〇年一月
冈泽秀虎　于牛込辨天町

敬献本书为
故片上伸先生纪念
一九三〇年一月

序论　革命后俄国文学概观

　　文学发生自作者(个人)和读者(社会的集团)底交互关系。没有读者的作者是不会有的。文学是个人底产物,同时是社会底产物;是个人底意识底反映,同时是社会集团底意识底一形态。离开社会集团底意识独自成立的个人底意识是不会有的。而决定社会集团底意识的,是那社会底生活条件。所以像革命这样一个社会生活上的大变革,有大影响及到文学,大概是当然的。

　　一九一七年十月二十五日(阳历十一月七日)底俄国大革命,就使俄国文学起了剧烈的变化。它灭亡了许多东西,也产生了许多东西。从来站在文坛中心的文学者们底大部分,都背叛了革命逃亡了。这是最大的变动之一。而且这不止是表面的形式的没落。失掉了自己底阶级,自己底生活条件的他们,即在内面也都断绝了创造底路了。所以就是留在国内的人(政治上并不表示反革命的人),也不适应革命的,都渐次消亡下去。在不同的社会的条件之中,从来的文学不能走和从来一样的走向,是当然的罢。不过既成作家灭亡了,并非就是布尔乔亚文学灭亡了。相反地,本质的意义上的布尔乔亚文学底传统,是今日也还延续着的。但这是说站在布尔乔亚文学传统上。及至和革命一起屈折变形了来的这些文学,自然已经和革命前的旧布尔乔亚文学不同。而这样的变形屈折,不用说不是一朝一夕所成就,是跟着革命后几年间各社会阶级底生活条件(革命虽然在政治上克服了布尔乔亚与地主,但在经济上,意识形态上,他们还是存在着。革命还不是无阶级的时代,一时倒是更加激成着阶级底对立斗争的时代)底变化而起的。

　　与布尔乔亚文学这样的变化相并列,革命影响文学最重要的,就是普罗列答利亚文学底耀眼的勃兴。

　　革命将普罗列答利亚推进到统治的地位,给了它创造的好条件。结果就起了不是自然发生的普罗列答利亚文学运动。但是普罗列答利亚文学底运动,也是同着年月,渐次发展过来的。

　　关于这些底变迁底过程,试作一个精细的年代的记述。

革命后到今日的俄国文学,大体分为三期最妥当:

第一期,是从一九一七年革命后直到一九二一年新经济政策底时期。

第二期,是从一九二二年到一九二五年底时期。这个时期因为新经济政策底影响,和第一期底情调非常地不同,是一个苏俄文学底论争时期。

第三期,是从一九二五年七月《党底文艺政策》底发表到今日底时期。这个时期,因为文艺政策给了第二期底论争到某程度底解决,是一个渐渐注重创作起来了的时期。

第 一 期

第一期是所谓"战时共产主义"底时代。只由"战时共产主义"这一言辞也便可以明白,在这时期,苏维埃底全社会几乎把全力都聚注在政战(指挥赤军和反革命的诸势力战)及经济战(为了物质的穷乏,人人单单为着生存也得费了精力底大部分)上面。因此通贯这时期,俄国底文学全在混沌的状态里。尤其是革命直后的大约半年间,因为社会的变动过于大,文学竟一时完全断绝了。

但是,文学不久就再生。虽说再生了,也还不断物质的穷乏,几乎没有印刷刊行底余裕。为着从这穷乏救出艺术家和学者,先在列宁格勒造了"文学者之家"(一九一八年秋),随在莫斯科产了"艺术宫"。更又作为"艺术宫"底支部在列宁格勒成了"艺术之家",更后成了"印刷之家"(莫斯科)。残存在俄国的从来的文学者大抵都在这些场所受保护。而他们就将自己底新作品,在这些场所举行的艺术之夕,用口头发表着。

一样是文学作品口头发表底机关但在当时更为有力的是各种咖啡店底演台。在俄国文学底历史上从来不曾见过咖啡店这样裨助着文学底发达。所以这一个时期就被称为"俄罗斯义学底咖啡店时代"。这名称不但在外面是正确,就是在内面也有意义。因为这个时代,是由咖啡店里发表了的作品形成着文坛底主力的。据着"文学者之家"或"艺术宫"的旧布尔乔亚文学底残党,为了革命底精神和他们艺术的倾向不相容,还在气势不扬之间,从来做他们垫底的所谓文学青年们(破落知识分子)就在这些咖啡店里发挥起文学的才能来了。但是他们不用说,是布尔乔亚文化底尖端所发的病的火花。所以那作品是无内容的技巧底罗列,而艺术不外形式云云则是他们底共通的理论。然而那创造力,却像熄前底灯一阵亮似地,病的丰富,在一短时期间竟产了同是形式主义然而够屈十指的流派(Imaginists,表现派,分离派,

Biocosmists，Luminists，Nichevokis，新古典派，情绪派及其他）。就中以Imaginists（形象派）为最盛。其代表者为塞尔塞涅维奇和马林霍夫。但是这些流派都和"咖啡店时代"终结一起灭亡了。

和以上流派一样发源于旧布尔乔亚文学，但是未来派并非对于革命底精神无关心。他们在革命底熔炉中变形，成长，于第一期底苏俄文学，从作品方面做下了最大的工事。马亚可夫斯基底《左翼进行曲》《布夫》《一亿五千万》等是它底代表。

未来派和形象派不同，从革命以前就活动着。而且它底主张是布尔乔亚文学底否定。他们喊着"将普希金，陀斯妥也夫斯基，托尔斯泰及其他从现代这汽船上抛弃了罢！"不过未来派底这否定，单限于形式的方面。但是革命却将未来派分裂为左右两翼。左翼未来派率先受了革命底洗礼，开始将革命摄入内容了。这样就在一九一八年十二月七日，比别的一切布尔乔亚文学都上先地，发行了未来派底机关新闻《抗闵艺术》（俄罗斯语所谓抗闵有自治体与共产两义；这系用后义）。这是周刊底新闻，流布在工场和劳动者之间，很张扬了未来派底名声。

这一派底代表者，可以举出马亚可夫斯基，黑来字尼可夫，加勉斯基，巴思台尔那克，褚沙克，铁列捷珂夫这些人。

到了一九一九年，旧布尔乔亚文学底残党又在文坛上活动起来了。如前所说，革命虽然政治地克服了布尔乔亚，但是经济地意识形态地，他们还是存在着的。从而印刷刊行上方便的物质的条件一复原，旧文学一时就又复活过来，是当然的。

他们底机关志有《文艺通报》《空想家手记》（莫斯科）及一九二〇年出的《艺术之家》（列宁格勒）。在这些机关志上，前曾对立过的写实派，象征派，实感派（阿克梅意主义）全成了一伙，对抗着当前的普罗列答利亚文学和左翼未来派。这派底代表者是安特来·白莱意。

这一派，到了一九二二年，与旧知识分子失了生活的根据（旧布尔乔亚底崩坏），同时失了一部分，其余部分也在意识形态上受了统治阶级底影响，渐次与同路人底文学（表现小布尔乔亚意识形态的）合流过来。做这倾向底先驱的是亚历山大·李洛克。

一面普罗列答利亚文学底阵营怎样着呢？

革命在一切方面，都给与普罗列答利亚最方便的条件。因而在战时共产主义时代底动乱之中，第一被印刷刊行的文学是普罗列答利亚文学，是并非不可思议的事。

革命后的普罗列答利亚文学,是作为普罗列特卡尔特(普罗文化)运动底一部产下来。"普罗文化"是阿·阿·波格达诺夫积年的理想,迎着革命的好机会实现出来的。设立是在一九一八年,但是倏忽之间便扩展及于全俄,为数达到三百以上。这个运动底目的,不用说是要在文化(以意识形态为主)底分野里面也组织地确保着普罗列答利亚底支配的地位。所以"普罗文化"比谁都上先地将普罗列答利亚底文化的独立问题,布尔乔亚文化底继承问题,怎样对待非普罗列答利亚文学问题,这些普罗列答利亚当前的最重大的文化问题,提出来讨论。

从一九一八年九月十五日到二十日,"普罗文化"底第一回全俄大会,在莫斯科举行。在这会议上可决了如次的决议:

"为在社会的活动,斗争,建设上,组织自己底力量,普罗列答利亚必需自己底阶级艺术。"

而在先,"普罗文化"作为运动底第一步已经开始出版普罗列答利亚文学丛书。最先出来的,是亚历克舍·卡思铁夫底诗和散文集《劳动者底锤音》。

又从一九一八年七月起,发行着"普罗文化"底中央机关杂志《普罗列答利亚文化》。接着又出了《熔炉》(莫斯科)《未来》(列宁格勒),终至各地底"普罗文化"都有各自底机关杂志。初期的普罗列答利亚文学,就以这些杂志为中心,而在作品上理论上行了醒眼的运动。做这个几乎是空前的普罗列答利亚文学运动底母胎的"普罗文化"底文学理论家,为人所不能忘却的,是波格达诺夫,加里宁,培斯沙里珂,波连斯基(莱培兑夫)。

一九二〇年,给了以"普罗文化"为中心的文学运动一个致命的打击。就是这一年,普罗列答利亚文学底最有才能,最被期待着将来的理论家加里宁及培斯沙里珂相继躺倒了。他们底过早的病殁,据说是因为革命直后不眠不息的活动,把全部精力都贡献了的缘故。

由于失掉这有力的指导者为一部底原因,以后普罗列答利亚文学运动底中心便移到就在一九二〇年组织成的普罗列答利亚作家团体"库兹尼札"(锻冶厂)去了。

"锻冶厂"是文学史上最初的普罗列答利亚作家团体,在这里聚集着初期的普罗列答利亚作家底全部(除开台明·白德内宜一人)。他们从一九二〇年五月起发行机关杂志《锻冶厂》,在那第九号上发表着全体同人底名录(亚历山大罗夫斯基,亚尔斯基,白尔特尼可夫,伏尔可夫,盖拉西摩夫,叶罗新,陀罗戈伊先珂,加晋,基里洛夫,克拉伊斯基,加沙特金,廖悉珂,沙摩培德尼克,马拉式金,慕兰,涅维罗夫,尼梭伏伊,诺维珂夫·普理波伊,涅查耶夫,奥孛拉陀维奇,普来节尼内夫,波来拓耶夫,普罗斯库宁,波摩尔斯基,罗陀夫,沙陀斐耶夫,山尼珂夫,斯迭普诺伊,西瓦捷夫,基霍米洛夫,基思连科,乌斯奇诺夫,斐立普先珂,霍夫洛夫,休克略夫,西略爱维克,雅洛伏伊)。

"锻冶厂"一派底普罗文学底特色,是在绝叫地讴歌热情兴奋这处所。他们都抽象地以宇宙的大规模,讴歌着革命底世界的意义和解放底热情。这由于在革命底混乱中,是没有具体地描写,叙述的余暇的缘故。

"锻冶厂"一派底文学观,见于登在这个杂志第一号的宣言,及一九二〇年五月十四日底全俄普罗列答利亚作家会议(从二十五个都市集了一百五十人)底决议;那和"普罗文化"底理论有着相当的距离。就是,"普罗文化"注重在文学底内容,反之《锻冶厂》尽心在形式的方面,即理论家和作家底不同。

第 二 期

一九二一年三月所布告,从六月起实施的新经济政策,是苏俄社会生活上底一大转换。因而,在文坛上也起了一大变化。

新经济政策把苏俄底社会,从物质的贫困里救了出来。结果,苏俄底文坛才又能够定期刊行和革命以前一样的大册的杂志了。《出版和革命》及《赤新地》两大杂志,就从这一年底六月同时开始发行。两者都是国立出版所发行。前者由卢那卡尔斯基,后者由瓦浪斯基编辑直到今日。

以大杂志底诞生为机缘,革命后一时沉滞了的俄国文学又从新进了发展的时期。但这个文学发展底物质的好时机,在精神上是质实的,沉着的,立脚在现实主义底精神的时代(新经济政策就是现实主义底政治的经济的显现)。所以这时所要求的文学,也是现实的客观的现实主义底文学。最适合于现实主义底文学的形式,不用说是散文。因为这样的理由,苏俄底文学就开始要求反映自己底现实的作品,和即就现实而确实进展上去的倾向。然而从来焦心于革命成功底欢喜和理想底高歌,过信自己底力量,期待着世界革命眼前就会成功的诗人们("锻冶厂"一派),却和新经济政策底到来同时受了剧烈的精神上的打击,不容易转向现实主义的精神上来了。

这时,亲身体验了国内战当时的现实的,不一定是共产主义者却也不反对苏维埃的知识分子,已经开始描写他们底体验了。他们因为是初次把新时代和新人物,具体地显示给苏俄公众的缘故,受了非常的欢迎。而受过旧文化底养育的他们底艺术的天分,优秀到从来普罗列答利亚作家中所不曾

见过的地步,也是一个原因。关于他们,托罗兹基这样说:

> 他们底文学的及一般的外观,是由革命造成的。然而他们底全部,各各以自己一流的方法受纳着革命。不过在这些个人的受纳之中,也有着涉及他们全部而相共通的特质。那就是将他们从××主义截然地分开,像反对它似地常常威胁着的那特质。他们都不整个地把握革命。所以在他们,革命底××主义的目的是不可解的。他们多少都有越过劳动者底头,而以希望于农民的倾向。他们不是普罗列答利亚革命艺术家,只是革命艺术底同路人。

这实在是一个适评。以后他们便被称为同路人了。两大杂志,尤其是《赤新地》喜欢提供志面给他们。因此,同路人一跃便在苏俄文坛上占了支配的地位。从他们底文学的才能之点说,他们是应当有这地位的;但若从他们底意识形态说,则在普罗列答利亚独裁的苏俄,或许可以说他们居这地位是不相称的。因为同路人所反映的是只在政治上承认革命的小布尔乔亚(尤其是农民)底意识形态。但这是普罗列答利亚文学还未发达时期不得已的情形。

同路人底文学是从昨日文学往明日文学的桥梁。在他们底文学之中没有和过去的传统底冲突,同时也早已没有传统底支配。这样,他们从那全盛期的二一年起到二五年顷为止,实实显示了多种多样的色彩,但后来随着苏俄社会内阶级分化底进展,同时起了左右底分离,皮涅克,叶贤宁等暴露了反革命底本性,而莱昂诺夫,赛甫琳娜,伊凡诺夫,雅各武莱夫,费定,巴培理等杰出的作家,则渐次和普罗列答利亚意识形态和解过来。在这个意义上,莱昂诺夫底《獾猪》,赛甫琳娜底《维里涅亚》,费定底《都市和年》,伊凡诺夫底《哈蒲》,巴培理底《骑兵队》,是值得注意的作品。

同路人一跃而在文坛占了压倒的势力这件事(这固然由于他们底作品最丰富最杰出,是实质的;但其当然底结果,形式上也就有他们独占了大杂志底文艺栏之观),给了普罗列答利亚文学运动非常的激动。普罗列答利亚文学运动应着这样的形势,不得不重新整顿阵容了。然而这个新的阵容,并非由于《锻冶厂》一派,是由于新人底力造成的。

和新经济政策底实施同时,从来倾注全力在军事的政治的战线上的党员,也已将他们底力量移到文化战线上来。结果,在一九二二年底起初,便有两个新的普罗列答利亚文学团体产生：一个是以青年共产党中央委员会为底台的"青年亲卫队"；还有一个是以新闻"劳动者底莫斯科"为基础的"劳动者之春"。

但在这些新进出文坛的党员之前，却有非普罗列答利亚作家底压倒的优势，和不很能适应新阶段（新经济政策）的可怜的友军（"锻冶厂"）存在。这是他们所不能默认的形势。结果，他们为了对抗这形势，就于一九二二年十二月七日，集合在"青年亲卫队"编辑室里，组织了新团体"十月"。在这个团体，脱出"锻冶厂"底罗陀夫，马拉式金，陀罗戈伊先珂，"青年亲卫队"底同人亚尔登·卫萧莱意，培赛勉斯基，查罗夫，休平，库兹涅错夫，"劳动者之春"底同人梭科罗夫，伊兹巴夫，陀罗宁，此外里培进斯基，列列维支，及达拉梭夫·罗条诺夫等，都参加了。他们设立这个团体底意旨，在他们写了当天底日期，寄给《伊兹威斯奇亚》底信中说得很明白。这封信被揭载在十二月十二日底《伊兹威斯奇亚》上：

普罗列答利亚作家团体"锻冶厂"，据我们底确信，最近已经成为有和普罗列答利亚底文化战野上斗争底展开所生的诸问题，隔离很远的趣味的人们底封锁的小团体了。

在这样状况中的"锻冶厂"，我们认为已经成为阻碍普罗列答利亚文学底新兴势力发达的机关，所以我们以在普罗列答利亚文学上确立党底方针，和设立全俄及莫斯科普罗列答利亚作家联盟为紧急的目的，组织了普罗列答利亚作家团体"十月"。

为实现这目的，曾在一九二三年三月十五日至十七日之间，开了普罗列答利亚作家第一回莫斯科会议。在这会议上，基里洛夫也曾代表"锻冶厂"，携了自派底宣言书来出席。一共聚集了七十四个作家。内含劳动者三十七人，知识分子二十五人，农民十二人，而内中有五十八人是党员。

在这席上组织了"莫斯科普罗列答利亚作家联盟"（"莫普"）——"锻冶厂"没有加入——并将罗陀夫底报告采用为"十月"团体底纲领。其旨趣如下：

随着和新经济政策同起的这战线底进展，在普罗列答利亚之前已经起来了建设自己底阶级文化，随着建设自己底文学的问题。

普罗列答利亚文学是将广大的劳动大众底心理组织在作为××××社会底建设者的普罗列答利亚底终局的方面的文学。

但是普罗列答利亚文学不但组织劳动大众底心理,还从布尔乔亚文坛底脚下夺了最后的立场。

这种论旨,一看就明白,是"普罗文化"底理论底反复。不过它对着具体的现实底对象说罢了。

这样,"十月"一派,就从一九二三年六月起开始发行自己的机关志《那巴斯图》(《在哨岗》)。罗陀夫,列列维支,瓦进,尹格罗夫及其他底论客,都据着这个《在哨岗》齐笔非难《锻冶厂》,又对"同路人"及《列夫》加激烈的攻击。这时候,他们主张在政策上,非以政治的手段来克服这诸派不可。在这处是有他们底根本的错误。这和"普罗文化"底理论完全相反了。不过《在哨岗》底论战是曾活跃的。这个杂志差不多全部都登载着理论。(作品大多载在《青年亲卫队》或《劳动者之春》,或出单行本。)

在作品上,这一派也呈示了出色的活动。顺应着新经济政策底精神,代替着从来的《锻冶厂》底抒情诗,出现了坚实的叙事诗。他们不适于描写革命的"节日",却适于描写革命的"普通日"。(培赛勉斯基底《青年共产党员》,在这意义上是最可注目的作品。)

但这不是说《锻冶厂》底诗作无价值。各各是各各时代底必然的必需的产物。

在散文底方面,也出现了不劣于"同路人"的人才。一样地描写着革命底现实,却是由前卫底眼光观察得来;这有他们绝对的优势。在这方面,绥拉斐摩维支底《铁流》,里培进斯基底《一周间》,《委员》,革拉特可夫底《水门汀》,孚尔玛诺夫底《查巴耶夫》,马拉式金底《达尼尔底陷落》,法兑耶夫底《溃灭》等,都是可注目的作品。

应着"十月"一派底攻击,为同路人力说他们底伟大的社会的意义的,是托罗兹基和瓦浪斯基。尤其是做着《赤新地》底编辑者直接帮过他们的瓦浪斯基,当着《十月》的阵头而大奋战了。这两派底论战是苏俄文艺批评史上最可注意的事,在那里提出了许多重要的文艺问题。做拥护同路人的理论底根柢的,是托罗兹斯底普罗列答利亚文化否定论。然而他们也是普罗列答利亚所生的文学(他们称为革命文学的)底热心的同情者;不过不像"在哨岗"一派似地极端的支持罢了。公平地看来,他们底理论是显示着比"在哨岗"一派深刻得远的文艺本身(文艺底特殊性)底理解。

《列夫》也曾从它独特的立场对《在哨岗》应战。《列夫》(艺术左翼战线)

是未来派顺应了新经济政策的变形。是在一九二三年三月,以旧未来派底同人为主,结成"艺术左翼战线",开始发行机关杂志《列夫》的。

在《列夫》底创刊号上,题为《纲目》,载着三篇宣言及一篇详述此派的艺术理论的褚沙克底长论文《在建设生活底旗帜之下》。其要点如次:

《列夫》将依抗闵底理想而煽动艺术。

《列夫》将和旧布尔乔亚文学(破坏生活的文学)战,而产生建设生活的文学。

《列夫》对于艺术诸问题,将不像只重视思想的最左翼派(《在哨岗》)似地由多数决来解决,而要由工事来解决。

不过如前所述,《列夫》底前身《未来派》是作一个布尔乔亚文学传统底文学的否定者破坏者产下来的。由此可见生活意识的否定布尔乔亚文学,至于连及艺术底内容,事实上他们是很困难了。在这一点,他们毕竟不及普罗列答利亚文学底理论。不过在形式底范围内,他们是比谁都激烈地把过去底传统破坏了。他们想使艺术底形式和生产底形式诉合无间。所以他们不单在文学方面,也进展到绘画,音乐,工业等方面。在这一点,他们是和构成主义一致的。所以这一派底作品就和新经济政策一道,一时虽然显了写实的散文的倾向,后来就渐次成为构成的了。而比着同路人底文学农村的,他们显著地是都会的。即最近,年青的苏俄知识分子,也多分显示着这倾向。《列夫》底艺术理论,是现代底艺术理论中最可注目的之一。

对于《在哨岗》底攻击,《锻冶厂》也曾应战。其第一颗子弹就是在前记的普罗列答利亚作家第一回莫斯科会议里所朗读的宣言。这是在一九二三年底《真理报》第一八六号上公布了的。然而这宣言含着许多的矛盾。忽视从来他们底艺术的情调,单单发着为理论的对抗而发的大言壮语。但是无论怎样想在理论上自圆其说,他们底艺术的情调总已成为过去了。正如尹格罗夫在《在哨岗》底创刊号所指摘似地,成一倾向的《锻冶厂》已经灭亡了。因这结果,《锻冶厂》常常起分裂。然而他们底一部分还想挽回颓势,以天才诗人加晋为中心,在一九二四年底六月,开始发行《劳动者底杂志》。"十月"一派也对抗这个,从六月开始发行《十月》(《在哨岗》改题)。在《十月》底创刊号上,列列维支作了一篇论文"论普罗列答利亚文学底路",给了《锻冶厂》一个致命的打击。

如上所述,第二期是《在哨岗》所卷起的批评底时代,论争底时代。这个论争底激烈,教示着政治的意义底重大,而使俄国共产党注意到文艺界来了(这一点上也有《在哨岗》底大功绩)。结果,为要决定党对文艺的政策,就于一九二四年五月九日,由俄国共产党中央委员会印刷部主持,开了一个讨论会。在这个讨论会上,有三个不同的立场:

第一是托罗兹基及瓦浪斯基底立场,拥护同路人和《列夫》派(即布尔乔亚底传统),反对《在哨岗》底普罗列答利亚文学运动底想用政策来压倒他们。

第二是《在哨岗》一派底立场,绝叫普罗列答利亚文学底领导权获得的必要。就是要求共产党直接干涉文学。

第三是布哈林及卢那卡尔斯基底立场,这是折衷前二者底理论的。

这样分成三派,不见有什么解决,党底政策也就没有即刻决定。

在这个中间,普罗列答利亚文学运动底阵营已由"十月"一派底活跃,成功了全国的战线统一,在一九二五年一月七日,成立了"全联邦普罗列答利亚作家协会"(瓦普)。在第一次底大会上,采用了瓦进底报告《意识形态战线和文学》为决议。

这决议是非难托罗兹基及瓦浪斯基底立场,彻底地要实现已派底主张的。

然而,一九二五年七月一日发表的共产党中央委员会底决议《关于在文艺领域的党的政策》,却否定着他们底主张(但"普罗列答利亚文化"以来的理论那领导权获得底要求,是被认为正当的)。

这文艺政策使从来的论争告了一个段落。由是文坛生出新的气运来了。

第 三 期

党底政策导引普罗列答利亚文学运动入了新的方向。旧的《在哨岗》消灭,代着发行了新杂志《在文学的哨岗》。加了"文学的"这三字,是大有意义的。这个杂志,是以实现由文艺政策所指示的方针为目的的。在一九二六年三月发行的这个杂志底创刊号上,由编辑者(阿卫巴赫,伏林,里培进斯基,奥里明斯基,拉思珂里尼珂夫)之名,否定了从来的《在哨岗》底指导理论,述说如次:

"注意底焦点不可不移到创作底方面。独习与创作与自己批判成为普罗列答利亚作家底根本标语了。"

由这路,他们开始努力于实现普罗列答利亚文化的独立。但是,不肯抛弃从来的《在哨岗》底立场的瓦进,列列维支,罗陀夫三人,终于脱出"瓦普"(全联邦普罗列答利亚作家协会),离开大众去了。

《在文学的哨岗》底理论,是普罗列答利亚文学运动最后的理论,因此也是最近的理论。而且在这个杂志出现的一九二六年,普罗列答利亚文学运动底阵营里,已经聚集着许多不劣于任何派的天才。所以就在作品上竞争,也已经有着足以在苏俄文坛确立领导权的实力了。

一方面承继着布尔乔亚文学底传统的同路人底文学,也已经在普罗列答利亚社会生活中过了十年,受着它当然的影响,渐次与普罗列答利亚意识形态融合起来。这个倾向,使了普罗列答利亚文学与其他的文学显著地接近起来。结果,为要坚强地实行,保证在革命期中的文学者底共同任务,共同利益起见,到了一九二七年,便将"苏俄作家总联合"组织起来。从来的一切的团体(全联邦普罗列答利亚作家协会,全俄农民作家同盟,《列夫》及其他)都参加着这联合。

这还是联合而不是合同,所以各个团体都还留着原来的样子,但这相当强固的联合机关底组织,对于革命的目的之完成,也使文学底伟力比着从来大。

并且在这个文学的努力底中心上,普罗列答利亚文学已经在质上量上都快要握到领导权了。

这是最近的形势。

第一章　第一期底文学理论

由前述的概观看来,革命后四五年间底苏俄文学,在理论上大体由于三个分野构成着:

第一,是旧布尔乔亚文学底反抗;第二,是未来派底革命的曲折;第三,是新兴普罗列答利亚文学运动。

在这三个之中最引我们兴味的,自然是普罗列答利亚文学运动底理论。布尔乔亚文学残党底活动,毕竟不过是就灭东西最后的挣扎,那里并无什么新的主张,只有自己保存底欲求和对于普罗列答利亚文学的恶骂。未来派,虽在革命底初期,从作品方面做下了最大的工事,但它理论底本质是布尔乔亚文化底文学的(形式的)否定,也只有它底破坏性,一时裨补了革命底过程。

因此我们不得不从普罗列答利亚文学说起。

普罗列答利亚文学是与"普罗文化"(与"普罗列特卡尔特",或"普罗卡尔特"同指"普罗列答利亚文化协会")底出现同时开始,即作为普罗文化运动底一部产下来的。"普罗文化"底创设者,前面也已提及,是阿·阿·波格达诺夫。和他一起活动的有力的同志,有波连斯基(莱培兑夫),加里宁,培斯沙里珂,开尔建采夫,普列特涅夫。

第一节　"普罗文化"底普罗列
答利亚精神文化论

关于"普罗文化"运动底精密的研究,即在苏俄也还不曾有过。这是件很觉遗憾的事情。因为不通晓这个运动底情形,就不能对于后起而且持续到今日的关于普罗列答利亚文化和文学的热烈的论争,给与正确的评判。原来,一九二三年到二五年间(苏俄文学底论争期间)所提出的诸问题,大概都是"普罗文化"已经论议过的问题。《在哨岗》一派底方针,更就是"普罗文化"底方针底具体的延长;他们所说的大部分,都是"普罗文化"底主张底更加强烈而且依据活的现实的反复。

　　"普罗文化"实际地被组织起来,是在革命成功底翌年(一九一八年),但这不是这时方才想出来的东西,这是波格达诺夫多年间所怀的理想,乘了这时方才实现了的东西。

　　他在中央机关杂志《普罗列答利亚文化》(莫斯科,一九一八——一九二一)上详细展开了的"普罗文化"理论底根基,在他从一九一〇年至一九一四年间所写的论文中已显明地可见到。因为这缘故,所以"普罗文化"底指导理论,常常就是他所提示的理论。因此"普罗文化"底普罗列答利亚精神文化论,也就不妨说,就是波格达诺夫底精神文化论。

　　先将"普罗文化"底宣言(《普罗列答利亚文化》创刊号卷头)介绍过来罢。

　　诸位同志!

　　朝着我们伟大的目的——全世界社会主义,劳动者底运动是在各路上进行着。这运动作了纯经济的职业的,并组合的东西产下来。后来又向着政治上底权力获得,更后来是着眼在文化的组织编成着。布尔乔亚社会不但尽了全力压迫这新生活底奔流,还从头就想平和地支配他们,将他们拥在自己底保护底怀里。而这是好久之间给他们成功了的。作为小户主出发了的普罗列答利亚阶级,好久之间并不了解建立在私有财产和经营权上的社会和自己违反底底里。所以徘徊于阶级斗争和阶级协力之间。加入布尔乔亚政党,盲从他们底人生观。从他们底保护解放出来,是缓慢地进行,即有停滞,乃至也有从阶级独立,转向和别的势力结伙,转向观念的机会主义的。但因国际社会主义显著发达底结果,到底也觉得普罗列答利亚阶级任何方面都不能不确树独自的战术了。那时,正巧世界大战勃发,普罗列答利亚阶级底意识逢到了前所未有的危机。

　　劳动者底大部分,就在运动最进步的国里,也做了布尔乔亚底伙友。而且并非为了恐怖,却是凭了良心之名,认国家底利益比自己阶级的更高,为举国灭敌(自己昨日及明日的同志)起见,和自己底资本家和解同盟的。于是,普罗列答利亚阶级,就此被人认为,无论思想,无论感情,临事都是不很可靠了。这是因为什么呢?这是因为,他们没有十分受过深厚完全的教育,使他们遇到极新太难的问题,仍能坚信确实地照自己底思想,从自己底问题和自己底理想底见地,去解决那问题的缘故。因为没有这样解决问题的能力,结果劳动阶级就都听从各国布尔乔亚阶级——世界资本主义——底指挥。

要将不易地支配着集团底意志和思索的完全的教育给与阶级,只有独立的精神文化底完成才能做到。布尔乔亚阶级是有这种文化的。这是他们底强处。普罗列答利亚却没有。这是他们底弱点。假如他们在文化上也能够充分地独立,那就无论遇着怎样困难的事情,大约旧社会也不能将自己底思想自己底情调灌注到他,将他作为自己底盲目的武器罢。

劳动阶级底文化运动,比经济的政治的运动起来迟。现在我们觉得,这事现在在他们上,在劳动阶级底历史的使命上,形着怎样艰辛的反映了。这事情,在俄罗斯底普罗列答利亚,还是双重地反映着:因为它妨碍了使先进诸国家劳动者,在为平和的,对于由内由外的敌人为生存的战斗间,来支持我们底革命。

让劳动阶级将他最大的努力,用在这种他还这样缺少的东西底创造罢!把文化的独立,作为眼前及今后的他底经常的标语罢!

新的文化必须包含生活和创造底一切范围。它须不是表面的部分的,而是深且广地包含它。我们知道普罗列答利亚底政治是存在的。但那中间,混着多少一步步要害它的布尔乔亚的政策!同志的结合和同志的训练是存在的。也只有那中间才有阶级的组织底精神和力量。但是我们不是屡屡看见小我主义和个人的野心在伤它吗?一方面是权势底欲求,别一方面是盲目的服从——这都是成立在一切个人底分离竞争斗争上的旧社会底遗物。普罗列答利亚科学,是从马克思底时代便发达的。但它底侵入大众,还是很微。同时大众之间还都留有许多宗教的迷信和过去黑暗思想底余滓。此外也还有许多知识的分野,不曾从集团劳动底见地下批判和改革。所以追求真理的劳动者,不得不将布尔乔亚已经由他知识阶级底手给与他的东西依照原样受纳着。因而,与这知识同时,他们底观念也蒙了影响,不得不依从他们底思想形态。普罗列答利亚艺术,是已开始产生了。但那萌芽还是几何的稚弱。那里过去无缘的形式底模式是多,但自己底新的,自己底独特的道路底认识还是几何地少。

是的!诸位同志,普罗列答利亚阶级必须有文化的解放。为此而战的时机已经迫近了。惟有这个战斗——才是现实的为着真的阶级自立的战斗。

但是,这(又)是旧世界底一切有价值的战利品(连精神带物质的)底正当的继承。他不能够谢绝这遗产,也不应该谢绝这遗产。不过他须注意,不要像死资本摄了布尔乔亚底魂模样摄了他底魂,应该单把它取来,做自己手中的武器。在旧文化之中是,所有于他有益的东西,都同于他有害的,使他集团的意识暗晦软弱的东西,混和着的。普罗列答利亚阶级必须能够正确地辨别什么是有害的,与自己无缘的遗产,将旧文化底这个方面,用自己无容赦的批评粉碎了它。批评是在提出了好的替代着那坏的时候方才完全达了目的的。因而批评,不可不把基础安在普罗列答利亚底独创上。所以只有文化独立——才是通到完全获得今日为止人类所蓄积的精神宝物的唯一的道路。

当前任务底伟大,和在招呼诸君的这工事路上所有的大的艰难和障碍,我们是知道的。但普罗列答利亚并非为了容易的问题出现在世界。所以我们坚信他底集团的威力,必能以他强有力的长成和自己底组织,打胜了一切,获得了一切。

世界社会主义底胜利伟大的武器"普罗列答利亚文化"万岁!

这宣言虽然署了编辑者底名发表着,然而明明是波格达诺夫底手笔。只要看这文已经被收在一九二五年发行的他底论文集《关于普罗列答利亚文化》中便可以知道。

现于这宣言的波格达诺夫底见解底根柢是说,劳动者运动有三条独立的路,而那第一条和第二条就是经济的和政治的路,是必须用这第三条为普罗列答利亚文化斗争的路来帮补。就是说,普罗列答利亚为实现他底目的,为尽他在人类生活中的任务,一向干过了经济的运动及政治的运动来的。但仅止这两种运动,实际还不够。和这两种运动相并,必须还有一种文化的运动(这明明不是说一般文化〔包含物质的和精神的〕而是说精神文化的运动,就是直接战取意识形态的运动)。从那发达底程序上说,文化运动是劳动运动最后的形式。因此普罗列答利亚阶级如其不能在文化战野上,也从布尔乔亚的文化解放出来,成就了自己独立的精神文化,他就不能十分达到他底目的(这里要注意:宣言上明说着"普罗文化"底目的是在精神文化底确立。这事,正如后述的普列特涅夫底论文所精细地究明着一样,原是从"普罗文化"设立当初就有的一贯的方针)。

因此这宣言就显示了所谓为普罗列答利亚精神文化斗争的路是如何的一条路。

那是,一方面是现实的"为着真的阶级自立上的战斗",同时别方面是为着过去文化(尤其是布尔乔亚文化)一切方面的正当继承上的战斗。每逢继承之际,都不可不从普罗列答利亚底见地施行严重的批判(取舍选择)。普罗列答利亚见地是原则地与布尔乔亚见地各异的。布尔乔亚底生活组织底根本是——个人主义。普罗列答利亚底生活组织底根本是——集团主义。是同志的共同劳动。因此所谓普罗列答利亚底见地就是集团的劳动的见地。普罗列答利亚应当站在这见地上，批判旧文化，继承自己所需要的东西。但集团的劳动的见地决不止是阶级的见地，也是全人类的见地。因此从继承和独创（普罗列答利亚阶级底文化的独立）两方面普罗列答利亚所创造的新文化，也不单单是阶级文化，乃是全人类文化底第一步（这里有着最可注目的波格达诺夫底见解）。因为什么呢？因为普罗列答利亚底阶级的目的，是为全人类的目的。因为普罗列答利亚底历史的任务，是在使自己阶级底生活有组织，同时（由它做了主力）使全人类底生活有组织的。所以普罗列答利亚底继承过去文化，并非为创造自己阶级底文化，乃是为创造全人类底文化。而普罗列答利亚所谓为着真的阶级自立上的战斗也就不外是为全人类的战斗。唯其是这样，所以作为宣言底结语尽喊着"只有文化独立——才是通到完全获得今日为止人类所蓄积的精神宝物的唯一的道路"。

以上是现于宣言中的波格达诺夫底见解底简概的说明。然而他底精神文化论（当然这不是说他政治上或经济上的理论）是至今为止，极其受人误解的。人们常以为在为避布尔乔亚文化底恶影响而说的所谓"普罗列答利亚阶级必须有文化的解放"的话，和所谓"不应谢绝过去文化一切有价值的遗产"的话之间，有着根本的矛盾。但这是由于难者认识底不足。由于不能全一地把握马克思主义又不能发展它到特殊范围而来的错误。在精神文化论（再说一遍，不是政治或经济理论底问题）底范围内，他底理论是最杰出的马克思主义底一个发展。他底普罗列答利亚精神文化论底体系，大体可以这样说的罢：

人间最美满的生活是个人和社会完全调和着的生活。向往这样的生活，人类底文化显示着两条路：第一条是个人主义的路；第二条是集团主义的路。

在个人主义，是想由各人各各美满了自己而美满全体的。因为一切的个人既美满，集团全体也就美满了。

在集团主义，却想由弄好集团来达到弄好个人底目的。因为集团全体既经弄好，各个个人也就弄好了。

资本主义底出发点（勃兴期的布尔乔亚意识形态），分明就是这种意义的个人主义。所以那文化该是可以弄好所有的个人的，就是所有的个人都该可以成为布尔乔亚的。但中间却产下了普罗列答利亚。这就是布尔乔亚文化在他底文化方针上便已忘了全人类文化底表征。于是这种限于所选个人（布尔乔亚）的个人主义制度（这制度，从普罗列答利亚方面看来原是集团劳动的制度），就在普罗列答利亚之间，产下了集团主义的意识形态。意识地追求着全人类文化底树立。

普罗列答利亚要做全人类文化底建设者，必须整个的普罗列答利亚都能不易地把持着这集团主义底意识形态。所以"普罗文化"定要扫荡了末期布尔乔亚个人主义的情调，就是定要叫喊"必须有普罗列答利亚精神的文化的解放"。

然而真的全人类的精神，——个人和社会全相调和的意识形态——是产生在普罗列答利亚底集团主义，和真的个人主义相融合的处所的。为什么呢？因为在布尔乔亚文化底过程上个人主义底精神已经一度全面地植立在人类精神里面了。所以普罗列答利亚一面和眼前底害患（限于所选的个人〔布尔乔亚〕的个人主义，因而就是特权主义）战，企图自己文化底独立，同时还得求与真实的个人主义（就是前面所说，在布尔乔亚文化底出发点上的）相调和。就是说：还得从过去的旧文化中，继承了那真的个人主义的东西。因此宣言又说"不应该谢绝过去文化一切有价值的遗产"。

普罗列答利亚阶级底这样的文化的进行，必须指导支配布尔乔亚个人主义底意识形态，使它还原为真的个人主义，同时又须使它能和集团主义底意识形态相调和。要到这两者真相融合时，才会有全人类的意识形态产下来。所以宣言底最后，就以"只有文化独立——才是通到完全获得（全人类获得）今日为止人类所蓄积的精神宝物的唯一的道路"作结。

因为事情是这样的，所以普罗列答利亚所创造的新的精神文化，就不是单纯的阶级的精神文化，乃是全人类的精神文化底第一步。但这文化，是为改造布尔乔亚个人主义底意识形态起见，在普罗列答利亚集团主义底领导之下所创造的，因此当然不妨称为普罗列答利亚精神文化。

波格达诺夫底精神文化论，据我解释，大体是这样的。

"普罗文化"就是要想树立这样的普罗列答利亚精神文化的运动。就是从意识形态方面，扶助普罗列答利亚目的达成的运动。普罗列答利亚要达成那终局的目的，必须将自己底意识形态确立起来（即意识着目的）。同时还需这意识形态含有支配（领导）别的意识形态的力。"普罗文化"就是这种意识形态战线底斗争机关。

所以倘要用一句话做"普罗文化"底界说，"普罗文化"就是确立普罗列答利亚意识形态，指导别的意识形态底运动。所以波格达诺夫底后继者普列特涅夫在一九二二年底《熔炉》（一九二二年以后的普罗文化底中央机关杂志）第六号上为适应新经济政策而写的论文《现状和普罗文化问题》中，及同年九月二十七日底《真理报》上题为《站在意识形态战线上》底一文中，曾有下面的话：

普罗列答利亚阶级底新精神文化底创造，是普罗文化底根本底目的。（《站在意识形态战线上》）

我们应该不待布尔乔亚意识形态因着辩证法的法则自然溃灭，就准备起普罗列答利亚文化底要素，建设起意识形态底上层建筑来。（同上）

普罗文化底课题，是在使普罗列答利亚在意识形态底领域内，也做了指导阶级，就是要使他底阶级的意识形态成为社会上指导的意识形态。（《熔炉》第六号二一页）

因为"普罗文化"原是这样的运动，所以它就在战取意识形态最有力的艺术方面，竭尽了全力。因此藉着"普罗文化"，引起了几乎可以说是空前的，普罗列答利亚文学运动。

但是"普罗文化"并没有定须靠着自己底运动才能成就普罗列答利亚精神文化之类的傲慢的思想。这一点，我们只要看一九一八年"普罗文化"得了三百个支部，意气大扬的时候，培斯沙里珂所写的论文《关于普罗列答利亚文化底意义》中还有下面的这一节便可以了然："赤军从战争归来的那时候，劳动者和农民征服了饥饿的那时候，我们底文化，我们底艺术，才会满开的罢。"（《普罗列答利亚文化底诸问题》九页）

事实也正照着他底话，直到新经济政策到来，苏俄文化方才进入了建设底时期。而一九二五年七月发表的党底文艺政策也正具体地显示着"普罗文化"底理论原是正确的。

大家知道，"普罗文化"是受过伊理基底批难的。但伊理基底批难，并不是反对普罗文化底文化理论，是举发它底组织方面底非违的。即是政治的批难（不是文化的或文学的批难）。因此要知道那真意，必须先知道"普罗文化"底组织方面底情形。

"普罗文化"组织上的最重要点，是它从国家机关（官府）的独立。就是要普罗列答利亚文化运动不由政府底命令而行。这是希求普罗列答利亚意识形态底纯粹，即要求普罗列答利亚底文化上独立底过程。所以然的缘故宣言上已经说起，是因为"我们知道普罗列答利亚底政治是存在的。但那中间混着多少一步步要害它的布尔乔亚的政策"的缘故。波连斯基(莱培兑夫)还在《普罗列答利亚文化》创刊号底论文《在普罗文化底旗帜之下》中这样地写着：

劳动者不可不从妨碍他理念纯粹的一切的条件中解放出来。然而和农民大众提携的结果，这样的条件正落在国家机关上了。……他又不可不从小布尔乔亚的要素解放出来。他们基于宪法草案（一九一八年三月中央执行委员会告示），显然地为苏维埃所认容，早就喊着在小学校不可不教神底教令了。

对抗这样的事情，而要使普罗列答利亚意识形态（集团主义底精神）纯洁地健全地成长起来，普罗文化是主张从国家机关独立的。但是对于这点，布哈林就反对（见《真理报》一五二号）。以为普罗列答利亚底离开××机关，而想由实验室的方法来制造普罗列答利亚阶级意识是有害的。而这批难，《普罗列塔利亚文化》底编辑者却以为"是公式主义底穷竭所生的误解"，反驳说：

普罗文化要独立是由于为普罗列答利亚××机关的苏维埃组织不必常常在所有的点上都带着纯粹的阶级的性质。我们认普罗文化是在苏维埃组织之下的。不过在这境地，普罗文化也不可不是不但离开布尔乔亚的文化，也并离开普罗列答利亚政府独立的组织。为什么呢？为如政党是它政治的组织，工会是它经济的组织一样，普罗文化是普罗列答利亚底文化的创造的阶级组织的缘故。

不过到三年之后新经济政策被实施的时候，波格达诺夫底后继者普列特涅夫便知道从政府独立是太非现实的，急进的，纯粹癖（幼稚病的行动）了。于是他就在"普罗文化"底组织上加了大改革。然而伊理基还是不满意。

将伊理基底普罗列答利亚文化观（尤其是"普罗文化"观）传达得最精的，他自己写的大约还不如雅各武莱夫底论文《普罗列答利亚文化和普罗文化组织》罢。那是这样来的。

普列特涅夫在一九二二年发行的《熔炉》（承接《普罗列答利亚文化》之后为普罗文化底中央机关杂志）底第六号上，发表了卷头言及题为《现状和普罗文化问题》的论文,论普罗文化顺着新经济政策的组织变更。后来他为全面地介绍普罗文化底理论及新组织起见,又在同年九月二十七日底《真理报》上,发表了《站在意识形态战线上》一文。这文偶然引起了伊理基底注意。他将普列特涅夫底论文剪下来,处处用铅笔记入自己底批判。当时亲近伊理基的雅各武莱夫就以这批判为基础,草了前记的论文。这论文而且是先给伊理基看过,得了他完全的是认的。所以这论文可以认为最能显示伊理基底普罗列答利亚文化观的著作,即从它是长论的一点说也是这样的。

但是这论文底内容,笔者雅各武莱夫自己已经在一九二四年五月文艺政策讨论会底演说里,最简单明了地介绍了。就将它译在下面罢。

伊理基底主张底根本,尽先集中在对于将普罗列答利亚文化看作什么可以从温室的设施里发生出来的思想的斗争。可以在温室之中培养普罗列答利亚文化这一种思想,伊理基以为是非常地危险的。"普罗文化"可就是这样的温室。

普罗列答利亚文化,可以在苏维埃政权底条件内,由文学教育底一般的普及上发生。设使在普罗列答利亚政权之下,簇生了几百万人现在在我们这里这样也还是少数的文化人的时候,那时候,文化底新的类型和文学底不同的类型,真就发生了。

问题底核心,是在普罗列答利亚政权底条件内,使布尔乔亚文化底好的果实,成为大众所有。在普罗列答利亚政权底条件内,由几百万人来摄取布尔乔亚文化底那些好果实,便是造成所以产生并非布尔乔亚式的真文化的基础罢。

所以伊理基是对劳动者说过的。"用功呀,将布尔乔亚文化做成自己底东西呀!无论在怎样的屋子里,它被叫作什么名目,倘被说是普罗列答利亚文化已经产生了那样的童话所骗,是不行的。"普罗列答利亚文化底发生,应该辩证地来想。这过程底根本,是在几百万的人,在苏维埃国家底条件内,将布尔乔亚文化所战取的,作为自己底东西。

在我们这里的温室主义者,却完全不懂这过程。在同志伊理基底方针上,当时他要将"大剧场"和"普罗文化"都看作"无用的长物",同时提议,要锁闭起来,是异常地当然的。

这一读便明白,伊理基是将文化这言辞作一般文化(并包物质和精神两者的)底意义用着的。这一点就得把它和"普罗文化"底精神文化论严密地分别看。就在一般文化论上,他底所谓还没有普罗列答利亚文化固然是一句很可玩味的言辞,也在一种意义上是正确的;而照普通的见解,则如以后玛伊斯基及其他所说,是苏维埃国家,赤卫军,新经济政策,都可以看作普罗列答利亚文化的。加以据雅各武莱夫说,伊理基似乎以为普罗文化是蔑视着一般文化和精神底交涉,及其交互发展底过程的。我以为这是他底误解。普罗文化并不是蔑视伊理基所说过程(即要过去文化底继承和改造普及普罗列答利亚大众去,必须先具备最初步的文化条件,例如文字教育底普及,明白组合底有利等),而想造出普罗列答利亚文化的运动。并不是想在温室之中产出普罗列答利亚文化的运动。我想这是依了上述的说明也可以明了的。

伊理基所谓"苏维埃政权底条件"该是广指不违反集团主义的精神而言的罢。那么为助成普罗列答利亚文化底树立,而说确立这精神(意识形态)的事,他就该不反对了。因此关于这一点的他底意向,似乎还不如卢那卡尔斯基下列论文传达得真。而且这是证明普罗文化底理论正确的重要的材料,就引用得长一些罢。

关于普罗文化,伊理基和我之间颇有意见底不同。他有时简直怒斥我。但不得不声明的,是伊理基决不曾否定过造出普罗列答利亚阶级出身底作家和画家的这样集团(普罗文化)底意义。

他也认这样集团底全俄的结合是适合目的的尝试。不过非常怕普罗文化有埋头于普罗列答利亚科学以及在一般有埋头于一切范围的普罗列答利亚文化底完成的倾向。这在他以为,第一是现在还决不是时候的力量所不及的任务,第二是普罗列答利亚阶级如去干那样的事,将会漏走现成科学和文化底研究底收获,而第三是恐怕普罗文化之中有政治的异端存在底可能性。阿·阿·波格达诺夫底在普罗文化内部演着主要的剧目,是他所不放心的。

一九二〇年普罗文化开会议时,伊理基曾要求我出席,将普罗文化须在教育人民委员会底直接指导之下行动,为这委员会底一部及其他等等,明白地表示了来。伊理基底心愿,总括一句话,在乎要将普罗文化拉近国家,由此同时使普罗文化更接近党。但我在那会议底演说上,多少将他底意见减弱了妥协了些。因为我以为将聚集在那里的劳动者加以太猛地打击是不好的。但这演说底情形被伊理基听到了。我就被他叫了去,很受了一些责备话。后来普罗文化便改为伊理基直辖了。但再说一遍,他决不曾想解散"普罗文化"。反而关于那纯粹地艺术的任务,非常地持着好感的。

他恐怕普罗文化会发生一切哲学的,科学的,而在最后,是政治的恶倾向。他是不愿意创造和党并立,而和党竞争的劳动者组织的。他预先注意到这危险。在这意味上,他曾经给我个人的指令,叫我将普罗文化拉近国家来,将它放在国家底管辖之下。不过同时,他仍力说,对于普罗化底艺术纲领应该给与一定的自由。他率直地对我说过,他以为普罗文化要造出自己底艺术家来的努力,是完全当然的事。关于普罗列答利亚文化的十把一捆的判断,在伊理基是不曾有过的。

这样,普罗文化底理论本身是十分正当的(后来出现的"文艺政策"及卢那卡尔斯基底《马克思主义文学批评底纲领》都显示着普罗文化底理论底正确的具体的发展)。不过理论虽然正当,普罗文化底运动本身却终于失败了。一时虽曾招集了劳动青年底大众和普罗列答利亚诗人于自己之中,显示了普罗列答利亚阶级创造力底惊人和其意气底旺盛的(这一点固然是伟大的功绩),终于因为那组织底不周全及与别的运动没有联络,渐次地失势了。尤其从一九二○年底后半起,全被作家团体《锻冶厂》将普罗列答利亚文学运动底中心夺去了。但这决不是普罗文化理论底谬误。相反地,普罗文化底理论底正当,只要看现在的"文艺政策"便极明了的。普罗文化底理论,是苏维埃精神文化底永远底根本原则。这理论底实行所以有一度挫折,不外由于它在战时共产主义时代底未成熟的外面的条件之中,由不完备的组织来施行的缘故。

普罗列答文化底问题,因为后来分为托罗兹基派对《在哨岗》派更具体地论述着,后面还将涉及它,往下就移入普罗文化底普罗列答利亚文学论底研究罢。

第二节 "普罗文化"底普罗列答利亚文学论

第三战线和普罗列答利亚文学　波格达诺夫底组织生活底文学论及集团主义的文学论　加里宁《普罗列答利亚和创造》　培斯沙里珂和波连斯基底见解　波格达诺夫底《普罗列答利亚艺术底道路》　普罗列答利亚文学底形式论和内容论

如序论所述，"普罗文化"恐怕是人类空前的普罗列答利亚文学运动底母胎。而那里也正聚集着堪负这样重任的杰出的文艺理论家。头一个就是做这种运动底指导者的阿·阿·波格达诺夫，在他底周围有伏陀尔·加里宁，巴培尔·培斯沙里珂，伐莱浪·波连斯基。他们都是作为普罗列答利亚文艺理论家应当永久被记忆的人。

阿·阿·波格达诺夫是一个太有名的老社会主义者。他底传记现在可以无须写。他于经济学造诣很深，关于社会意识底研究更是世界上有数的学者。文学的才能也颇丰富，在著名的作品中有他底创作《红星》。他在一九一四年便已做题为《普罗列答利亚艺术是可能的吗》的文章，巧妙地提倡着新兴的艺术论。

加里宁和培斯沙里珂都是纯劳动阶级出身。前者生于一八八二年，后者一八七七年。可惜都在一九二〇年革命底正中，依次躺倒了。培斯沙里珂起初（一九一二年）是以作家立身的，那一面底功劳也不少。加里宁则是纯粹的批评家思想家。如果库比珂夫可说是阶级文学底普及者，那么加里宁便可说是那新路底开拓者罢。

波连斯基是和卢那卡尔斯基相并地文化战线底一个斗将，现在做着教育人民委员会文学局长的。他底文学评论集《站在文艺战线上》（一九二四年）及《马克思主义批评底诸问题》（一九二七年）是最有价值的论集。

普罗文化底文学论是从普罗列答利亚阶级要在第三战线上得到胜利，必须有他自己的文学即普罗列答利亚文学这一个见解出发的。

关于这一点，加里宁在《普罗列答利亚文化》创刊号底论文《普罗列答利亚和创造》中这样说：

现代是普罗列答利亚阶级和农民共握政权的社会革命底过渡期。在这时候普罗列答利亚要在教育及艺术方面也确定了自己底关系的要求已经成熟，正在促其实现了。

凡是做劳动阶级伙伴的人，大概谁都不会否定教育问题底重要罢。我们劳动者不能将国民教育放弃在布尔乔亚方法底支配之中。当那形成往往一生不变的人类精神底最重要的时期，是不能让那精神有受我们底敌人布尔乔亚感化的可能性的。

我们必须产出可与社会主义底理想直接联结的，独自的社会教育法来。

艺术也在劳动阶级有着不下于此的重要的意义。艺术不但能使我们底认识发达，并能组织我们底感情层，除去认识和感情之间所有的不调和，使臻于调和的境地。由此，给与我们希望底实行，以力和一丝不乱的秩序。此外，还因艺术所表现的亘涉人生所有范围的缘故，我们也可以从艺术领受了到底不是个人底实生活所能尽行体验的丰富的经验。所以亲近艺术，就可以预先解决了实际上的矛盾和冲突，藉此临事时也就加强了我们底能力。

据此可知，普罗列答利亚所以必需艺术，是因艺术有调和组织人类意识及一般人类生活的能力，于普罗列答利亚底目的达成有所贡献的缘故。

普罗文化艺术观底根本，就在这个将艺术看作组织生活，看作组织人类的武器的一点上。

关于这一点，波格达诺夫在他论文《普罗列答利亚和艺术》（第一回普罗文化全俄大会报告）中写有下面的话：

艺术最初的萌芽——是歌谣。是动物及人类中的恋爱歌及人类中的劳动歌。第一种——是组织家庭的手段，第二种——是组织劳动的手段。后来又产生了战争歌。这是将集团的斗志结合于一个情调的手段。（无论结婚跳舞，战前跳舞，都是同样性质的东西。）印度人在会议前所行的那规则整然，严肃而又轻快的跳舞，实能导引集团发生了会议经过上所必需的认真深沉的情调。——就是组织了集团底思索力。又我们现在试看，在两万年以前生活的原始人类底绘画。那不也是可以看出那种远古的，描写动物底特性及动作的绘画很有教育的意味吗？那一种艺术分明是现出作为狩猎者教化底手段。教化是组织者底工事。那是将幼者们，养成适于尽他们社会生活上任务的人物，添集团以新势力的。我们由是知道，艺术大抵是教化底手段。换了话说，艺术大抵是人类底社会的组织武器。

艺术由着怎样的路在组织人类呢？那是由着组织经验的路。所有的艺术，都常行着这个作用的……现代的小说，当然也不是例外。小说是作者以一定的秩序所蓄积的生活经验。是在形象之中的生活底科学。古代社会是将科学和艺术融成一片的。凡是今日科学在抽象的观念里所给与的东西，他都用了言语底活形象给与人。例如犹太民族底神话，在他们是开天辟地说，同时也就是历史，将他们引进于与祖先的活关系，和集团底组织的。科学也和艺术一样，是生活底组织，是人类组织底手段。那么，两者区别在于哪里呢？

那是在于下面的一点。就是艺术是将经验，组织在活的形象中，而不组织在抽象的观念中。其结果是范围更广。即艺术不但组织着人们底知识与思想，也组织着人们底感情和情调。……种种的艺术，由着种种的道路，将人们结合在一个情调里，教化他们，社会地编成了他们对于世界对于其他人群的关系。举例说罢。例如同对着春或秋底风景画，我们就被结合在一个同样的感情同样的情调里。同对着罗马底珂勒舍谟（Colosseum），我们就同感到是世界支配者底傲慢和暴虐底石材的化身。在峨特式殿堂底形式中，我们谁也会得见到从中世黑暗的地上无间地景慕着天上的憧憬。

艺术不但比科学更广泛，直到今日为止，它做组织大众的武器，也比科学更为强有力。

这样，波格达诺夫说明着艺术是人类意识形态及生活底组织，又比科学还是强有力的一种组织大众的武器。和这同样的见解，他在《普罗列答利亚文化》创刊号底《何谓普罗列答利亚诗》一篇论文中，更精密地论究着。而且把诗下了一个定义，说它是在言语底形式中组织生活的东西。

这定义，比那有名的托尔斯泰底定义，即所谓艺术是感情底传染的定义，及那所谓艺术是生活底认识的定义，更广泛，更完全。作为斗争时代底艺术观，更其是最妥当。

这个定义，又把布尔乔亚文化所生的艺术底灵物崇拜即纯粹艺术论（艺术至上主义）底谬误，根本地剔抉着。纯粹艺术论幻想着"纯粹美"底存在，主张艺术是为这"纯粹美"即为自己自身底目的而存在的，相信艺术离得了人间实际斗争底利害关系和势力。但这是妄想。因为什么？因为艺术，正如所述，是生自实际生活，组织实际生活的力。所谓"纯粹美"，不过是失了实际生活底形式（劳动），因而失了真的生活底意志，陷于自己隔绝的有闲阶级人们底头脑里所浮现的妄想。

正如波格达诺夫底定义所说，艺术是人类意识形态及生活底组织；但在阶级树立的现代社会里，生活底条件和形式，是各阶级各社会集团全然彼此各别的。所以由生活条件（根本是生产形式）决定的意识形态，也是各阶级彼此不同。因此现代底艺术，也就该不是什么全人类意识形态底组织，只是各阶级或各社会集团底意识形态底组织。所以组织别阶级意识形态的文学，例如组织布尔乔亚个人主义底意识形态的布尔乔亚文学，就于普罗列答利亚无用，而且有害。而普罗列答利亚完成他底目的所需要的，也就不是所有的文学，只是组织自己底集团主义的自己底文学。

对于这一点，波格达诺夫在《普罗列答利亚和艺术》中也这样说：

过去底艺术，如其照原搬来，分明不能用以组织，教化自成一个阶级，有他自己问题自己理想的普罗列答利亚。宗教的权威的封建艺术，导引人们进于权力和服从底社会，教导大众以恭顺和盲目的信仰。不断的提揭自我算英雄，不断地为自己及自己底所有而斗争的布尔乔亚文学，则教化人以个人主义。这都不是我们所需要。

普罗列答利亚所需要的是集团主义的艺术。这艺术将导引人们，以深厚的连带心，和同僚的共同劳动，和以共通的理想相联结的奋斗者和建设者密切的同盟的情调。

但普罗列答利亚果能产生这样集团主义的艺术，做他自己底艺术吗？据说从来的文学都是天才底业绩。那么，从今以前，一直受着文化压迫的普罗列答利亚真有产生自己艺术的能力吗？

对于这种非生活的疑问，纯粹劳动者的加里宁，用了破铁样的声音回答了。他打破了从来布尔乔亚艺术理论家底迷盲和欺骗，像后面那样地回答了。他说（《普罗列答利亚和创造》）：

创造问题是最少解明的问题之一。布尔乔亚知识分子利用这状况，最欢喜躲到这个最后的城寨里面去，念着所有种类的咒语，一心想凭神秘主义的云雾，将自己导入那里面。这神秘主义，谨防着我们闯入这禁地。但是劳动阶级并不介意布尔乔亚阶级这种最后的妖术。他要用有组织的自觉的经验的武器，将他们从那幽谷带到太阳光下来，剥去他们底自负底虚伪底皮。这一帮人，从他职业的打算上，编造了什么只有被白衣持香炉的艺术底祭司，所选的天才，才得走近那创造的禁地之类幻想的谎话。创造是各人根本的欲求。它常现于人类在实生活对于冲突的矛盾得到了胜利的中间。在劳动者，先是现于他去战取外界自然时候的劳动中，又在思想为面，现于论理的连锁破灭了的时候。这样的说时，艺术的祭司们或许要对我们提出以下的问题。就是凭诸位底意见，天才和普通的劳动者之间是没有什么差别存在着的吗？我们将回答他，——是的，在本质上并没有什么差别；不过脑髓机关有感受性底多少和紧张底殊异罢了。天才自己也并不知道这样以上的差别。歌德把天才定义作集中注意的能力丰富的，达尔文说它是忍耐，那是十分对的。

这是燃着新兴的气概，也是对于普罗列答利亚所蕴藏的无限的力有着坚强的信仰的。和这同样的见解，他在他底论文《普罗列答利亚文化底路和布尔乔亚文化底路》(一九一八年《熔炉》第一号)中也说着；在那里他并且说，将艺术作为直感的谜一样不可解的说法是由布尔乔亚阶级为要作成不见自己支配底终局到来的幻影而来的考察。

站在以上的见地上，加里宁还更精细地解剖过艺术底发生过程：

从这见地看来，克服日常劳动底矛盾时候的创造底过程，和各色各样伟大的发明及发见时候底，及在艺术方面底那样复杂的创造底过程，本质上是同一的。差异只在过程底形式：一是论理的形式；另一是艺术的形式。

科学上创造的过程，是建立在论理的思索上，在意识底统制下进行。意识底统制，出现在问题所必须的材料底搜集和将它论理地合目的地安排起来的那一点上。但这并不是问题底全体。我们底心理并非全部现在意识上面的。意识不过是一个显明的直接及到我们的境界。在那里面，还有极广大的心理的暗黑面，——潜在意识。潜在意识是经验底丰富的宝库，是因微弱而又陈旧不受抓拿的体验，以及漠然浮现随即忘却的无限的体验底保存所。意识将材料搜集而且整理了，若发明时期已经成熟，潜在意识就来相助，和意识底境界发生交涉，从自己隐藏着的丰富中，提交了解决问题所缺少的东西。藉着这样协力的结果，于是偶然之间不要是这样的罢，竟发明了的。

许多神秘的直观论者，都容易将创造，看成一种由纯粹法术的灵感，存在于禀受有从无造出永远价值来的所选天才的启示。这样的见解，足以证明其有大抱负，同时也足以证明其是无智。凡是对于创造有过认真的研究的，都说创造是只有丰富的材料得到手之后紧张地工作的结果才会得到的，只有经过了实践的和理论的知识底蓄积，方才能够达到了创造和发明的。

创造底别一形式——艺术底创造，是安置基础在直接的感情或普通所谓直观底上面，更正确地说，是安置基础在潜在意识底无间的扶助上面。而且要到想像之中明确地浮现了一定的形象来那最后一个阶段，方才受意识底统制，就是受那形象是否适合问题底全般及在指定的体系中自己底位置底检讨。这样说来，艺术大致是形象的思索。是不证明地提示。所以它并不立在理论的思索上。这是因为凡是多少有点复杂的形象，总是含有到底不是意识底记忆上所能尽行保存的许多经验的缘故。因此潜在意识之地下的经验，便成为艺术创造底过程上，形象底创造顺当地进行所始终必要的扶助。

艺术家底潜在意识和意识底关系倘不能十分和协,那创作品就将成为比较不完全的艺术。例如倾向艺术,就是这一类。在倾向艺术,形象及形象底全体系都是很类型的,未发达的,那里并不含有融合感情的意识的及潜在意识的不可缺少的要素。

加里宁底这见解,显示着深可吟味的艺术底理解。后来出现的青年文学者《在哨岗》一派,就只继承了"普罗文化"底理论的方面,而缺少着对于艺术根底的这样的理解。所以在文艺政策讨论会底席上,托罗兹基就要再将这种意思说给他们听(关于这点以后再详说)。

波格达诺夫毕竟是理解精深的。他将加里宁底这意思,从别方面就是艺术家底阶级性方面说述着。他在《何谓普罗列答利亚诗》中这样说:

所谓艺术底阶级性者,不应将它看作艺术去拥护这阶级或那阶级底利益的意思。那样的情形固然也有,但那是政治诗及小市民作品中的事,此外就少见的。阶级性者,大概是在更深的处所。就是在这样的一点:就是诗人站在一定的阶级底见地上,以那阶级底眼光看世界,依那社会的性质,行那阶级所特有的想法感法的这一点。在作者底个人之下,隐藏着作者集团,作者阶级。因而,诗是阶级自觉底一部。

加里宁更将前记底见解应用在知识分子,以评论他在普罗列答利亚文化底创造上处于怎样的地位。在这点上,他承接着前记所谓普罗列答利亚可以产生普罗列答利亚文学的自说之后,反对地逆袭着说,知识阶级并不能产生普罗列答利亚文学。他这样说:

接近我们的知识阶级是能够和我们一同想,有必须时也能够为我们想的。但并不能感。问题在理论的思索,观察,及经验底组织化之间进行的时候,用心观察劳动者生活及围绕他的条件的知识阶级,是像马克思及其他普罗列答利亚理论家那样,能够充分地为劳动者思索,能够正确地记录下普罗列答利亚底意识形态底发展过程的。但是问题关涉到更深的体验,劳动者感情底范围上来的时候,知识阶级可就无力了。他底洞察有限。他们只能达到可以说得出可以见得到的地方。但是这些东西,已如前说,用以创造完全的艺术的表现是不充分的。艺术底创造,在其根底上,大致是于显现之后才受意识统制的潜在意识的过程。而潜在意识底根源,大致是生活本身。

所以知识阶级底潜在意识，决不会是普罗列答利亚的。……就是劳动者自己也不过朦朦胧胧地意识着自己底魂意在唧唧。而且只在紧张着的创造底瞬息间，他们才在自己底意识上有明确的形象。（所以）劳动者原始的心理，虽然因为他底体验不复杂，还容易表现；至将劳动者前卫底普罗列答利亚的本质来表现，那就没有体验过便不行了。

　　在这些点上也有"在哨岗"一派所理解的必要的东西。但那理解并不是充分的。

　　认艺术底创造大致是潜在意识的过程，又认潜在意识底根源是生活本身的这见解，是将艺术和其他一切的生活形式（无论精神的技术的）底界限弄模糊了的。这结果，艺术底创造就被说是在本质上和其他一切的生活形式没有两样的了。

　　波格达诺夫在那论文《普罗列答利亚艺术底道路》（一九二〇年《普罗列答利亚文化》十五，十六号）中大体这样说：

　　艺术和单纯的劳动之间，并没有本质的界限。艺术是和劳动一样常为集团的。艺术是劳动最复杂的种类。所以艺术底方式也就从劳动底方式中发生。艺术虽然屡屡取着精神劳动底形式，但决不是特殊的。普罗列答利亚艺术底方式和路程，正植根在普罗列答利亚劳动底方式上，即在最近大工场劳动者底劳动方式上。普罗列答利亚劳动方式，正发达到意识的集团主义底方向来了。普罗列答利亚艺术底方式，也正在这样的方向上形成着。

　　像这样，普罗列答利亚艺术是从普罗列答利亚劳动方式发生的集团主义底艺术。这是普罗列答利亚文学最大的特色。波格达诺夫说普罗列答利亚文学和布尔乔亚文学（个人主义文学）底不同点就是：

　　意识的集团主义，给与艺术家以新的刺激，同时也变更着他所有工作底所有意义。以前的艺术家，在那制作中，见到了自己底个性底显露。新的艺术家，却在那中间，通过了它，理解着感触着那全体那集团在创造。前者底艺术底本质，是"我"底自己价值底表现，是自己向上的手段。后者底艺术底本质，是显示集团经验之深而又广的握持，表现着对于集团底生活创造和发展的他底能动的参加底一部。前者是半无意识的，会进于人生底真际，也会离于人生底真际。后者，他不能不认识真际和客观性乃是劳动和斗争中的集团底支持。前者会留心艺术的明快,也会漠视艺术的明快;后者则不外是艺术家在那中间有努力底活意义的向着集团的接近。

这样,普罗列答利亚文学是以和集团底生活合致,反映集团底意识形态为它最大的特色的。

现在人都是认"普罗文化"所唱的,普罗列答利亚文学是集团主义的艺术这一说,是将普罗列答利亚文学底根本特质明快地规定了的东西了。但是"普罗文化"底普罗列答利亚文学论底特色,并不在他首唱集团主义艺术论这一点。特色是和那《普罗列答利亚文化论》一样,在于一面说普罗列答利亚文学须努力于集团主义的意识形态底组织,同时又常意识着全人类精神底树立这目的,说不可不以这精神底长成为目标的这一点。他们所以必须常常意识着全人类的精神的理由,是和以前说《普罗列答利亚精神文化论》地方说过的一样的。

细读那说明便可以明白,从集团主义意识形态走向全人类的精神(意识形态)的路,和从个人主义意识形态走向全人类精神(意识形态)的路之间是有本质的差别。因此理应现于普罗列答利亚文学中的集团主义走向全人类精神的心境,和布尔乔亚文学者自觉了自我底狭小,再向全人类的精神迈进,插身于集团之中的心境,也就全然不同。这不同,以现于艺术上的为最明了。简单地说时,这就是纯普罗列答利亚作家和同路人(这也是走向全人类的目的,却是在普罗列答利亚之后追随了来的人们;所以或者还是称他们为追随者,更其确切些)底不同。所以关于这一点的精细的批评,虽然在同路人作家随同新经济政策跋扈于文坛的时代,才见于波连斯基从"普罗文化"底立场批评他们的那论文《关于现在文学上的意识形态》中;其实他是,从"普罗文化"底文学的活动最初起,就重看着这一区别的。

他在论文《二篇诗》中如下地写着:

想和集团合同的布尔乔亚作家,纵使他们是认民众底律令,在民众之中投出自己底个性,他们在集团中也仍然是新来的外人。

普罗列答利亚作家是那集团底子息,那集团底机关,那集团不可分离的一部分。所以他不会发生投射个性或不投射个性,承认集团底律令或不承认集团底律令等讨厌的问题。在集团中他是立法者,同时是执行者。他没有分裂。所以他是强者。

这种区别,于正确理解现代这样过渡期的文学现象是极重要的。波格达诺夫也在他那论文《我们底批评》中,详论着普罗列答利亚意识形态和农民(包含兵士)及知识分子底意识形态间的本质的不同,而且说,明白规定这个区别是普罗列答利亚批评底第一任务。我也曾在前年十二月底《新潮》上,力说过这一点;凡想正确批判普罗列答利亚文学的人,首先不可不细心留意这一点。

其次,因为普罗列答利亚文学是经由集团主义走向全人类的精神的,它决不会有将题材限于集团现象的情形。

再次,普罗列答利亚文学也不能不将过去人类文化所产生的全人类的文学,摄入自己,作为自己长成的粢粮。

关于这里的第一个问题,波格达诺夫曾经写过下面的话:

集团主义的艺术家所说的,将不囿限于普罗列答利亚底生活和斗争,乃至劳动底集团。不,全生活全世界都可以做那艺术底内容的罢。他将把一切,都用集团主义者底眼光去看,将能够在个人主义者见不到处,见到了关系交涉,而且涉及一应一切的罢。

普罗列答利亚文学是赋有这样丰富的内容,抱有不久即为全人类艺术的抱负,同时也有不久即为全人类艺术的光荣的。而要成真正符合这抱负,享受这光荣的普罗列答利亚作家,也就须有很多的努力。

培斯沙里珂对于这一点曾经说:

普罗列答利亚作家先不可不通晓万国史,俄罗斯史,文化史,政治经济史,万国劳动运动史,宗教史,美术史。总而言之,普罗列答利亚作家,先不可不照"文化"一语完全的意义,成为文化人。

普罗列答利亚作家必须有一般的而又阶级的教养。而且要到他理解自己在现代社会内的意义和剧目的时候,方才可以写。那才不是能够写,而是能够创造。

"普罗文化"底普罗列答利亚文学论,原多抽象的原理(其理由及其价值批判到本章结末再说);培斯沙里珂底这段话更其是原理的规范的。但无论他是怎样抽象地在说述,普罗列答利亚作家总是不可不常努力就近这规范的。

关于第二个问题,加里宁曾经说:

普罗列答利亚不可不将过去文化所已到达的所有东西弄上手。不可不将全人类的戳子盖过的所有东西作为自己底东西。但又不可不经批判地摄取了来,在自己阶级意识底熔炉中加以改造(《普罗列答利亚文化和布尔乔亚文化的路》)。

波格达诺夫也在第一回全国"普罗文化"大会底报告中,于说歌德底《浮士德》,希腊底女神像及国民传说等旧文化的产物之全人类的意义,及普罗列答利亚不可不将它批判地摄取了来的话之后,曾经说:

各位同志!我们不可不理解我们不单处在现代的集团中,也还处在各时代人们底共同作业中。这不是阶级间的共同作业。那是违反这个的。过去所有的运动家,前卫底斗士——不论他们属于什么阶级,都是我们底同志。为什么我们要和现代的布尔乔亚阶级战斗呢?是为他们妨碍了我们从过去的革命的布尔乔亚泛承受了来的历史任务底继承的缘故。他们背叛着自己底祖先。这些祖先们与妨害历史的力勇敢地战斗着向前进。然而他们却叫着"停止!我们不想向前进,我们宁愿朝后退了。"但是我们可仍继续着那些祖先们底进军。而且向布尔乔亚宣言道,"你们虽然拘守父祖们底形式,你们并不是斗士。你们是卖身给了敌,给了历史上的黑暗之力的。所以我们要对你们宣战。但那祖先们却是我们底友军。他们底那武器,那进行的队伍,虽然都和我们的不同,我们底工作却和他们的相同,都是为着活的东西和死的东西战的。"

这样将过去的艺术从新摄受了。用了新的普罗列答利亚底思想去解释它。这是普罗列答利亚批评底任务。批评不可不将普罗列答利亚艺术忠告,注释,引它去利用过去的艺术的宝物,又与作品一同进展上去。批评不可不指出过去的艺术的宝物中什么是于他们有益,为他们所必需的,什么是缺点,将它传布给普罗列答利亚。

以上所述,大体都是在意识形态范围内所见的普罗列答利亚文学底一般的抽象的原理;现在请再进而说述"普罗文化"所说略为具体的内容论以及形式论。

先述内容论罢。

"普罗文化"主张普罗列答利亚文学最紧要的是内容。因为它是分明把握着"在一个文化底勃兴期里崇重内容，满开期里内容和形式调和，崩坏期里过重形式"这个原理的。所以在普罗列答利亚文学里崇重内容是当然的。波格达诺夫曾将这一点在那报告中简单地说过"历史显示着暴风雨时代给予艺术底发达以最宜的条件就是丰富的内容，以促起新的形式底探求"的话。

　　这样，普罗列答利亚文艺批评，首先不得不批评内容，检讨内容底价值。这是很正当的。日本底普罗列答利亚文艺批评所以必先检讨意特沃罗几，也就为此。自然，形式底完成也是必要。一个作家假如意识形态没有改变，他底艺术形式底进步自然就是他底艺术价值底上进。这是真理。不过现代普罗列答利亚文学作品底批评却须先研究那内容底价值（人生的价值，更现实地正确地说，就是于普罗列答利亚底目的达成是否有补的价值），然后再检讨形式底价值（对于人生的价值可以称为纯艺术的价值）。然而世间的布尔乔亚批评家乃至作家，却全然走着反对的方向，而且止于检讨纯艺术的价值（内在批评）。这不是没有所以然的缘故的。因为今日底文学上，正有全然相反的两个现实观对立着。

　　一个社会既已使它底制度固定，则那文化也便安定，那社会底现实观也便被统一。安定了的社会中的文学，就是那被统一了的现实观底具象化。既然是统一了的现实观所产生的，那时代底一切艺术自然都在同一的现实观上立着脚。而那一时代底现实观，却都是那时代底社会状态，生存条件底产物，因此从它而来的艺术，结局也就是同样社会状态，生存条件底产物。所以这样安定时代底文学批评就不以产生那作品的社会条件为问题。因为既然全部相同便没有讨论的必要了。而那时代底文学批评也就单将作品作为艺术品而领纳，而注释其性质，而记述其印象。到了那时代底文化更加烂熟，那现实观普遍地浸润，至于认容以为不成问题，批评就再也不看重作品底内容，专事技巧云云了。

　　然而一时代底安定既经打破，那社会中有了相反的两个文化底对立，却就要生出将那相反的现实观来作具体化的两种文学。而这样过渡期的文学批评也就不能不检讨产生作品的社会条件。将所与的作品作为一个社会的现象，将那作者作为一个社会的存在。这样才能说明，批判那作品底内容和价值。并且这两个文化底对立，还就不止是对立的，竟是斗争的，所以那时代底批评也不止于检讨作品之社会的背景，而说明，批判其内容和价值便完事，还须确立那现实观，而与别的一个战。这时代底批评，就是由这斗志，确立现实观,给创作开路的东西。

现代资本主义文化底烂熟,已使人普遍地认容它底现实观了。这时发生的批评,自然要堕落为单单技巧的批评。因此他们都不是知的理论行他们意识形态的批评。那于普罗列答利亚文艺,只可算是感想,不能作为批评。批评必须更有客观的准则。布尔乔亚批评家既不依据普罗列答利亚批评家一样的程序,便没有批评普罗列答利亚文学的资格。但发表感想也是自由的罢。

这样,普罗列答利亚文艺批评先不可不为内容底批评,而那内容,已如上述,原理地说时,可以说是在经由集团主义意识形态树立全人类精神的意识(意识形态)。"普罗文化"将这原则应用于现实,便提出了后面那样稍为具体的内容论:

普罗列答利亚文学过度地将那观点聚集在社会的斗争上,就使艺术堕落在斗争的剧目上。虽然那是处在最困难境遇的年轻阶级自然的事。那也是在一个阶级发展底始初,须由认识对于别的阶级的对蹠,而确立自己意识的时候,观念底斗争场面上所不可缺少的东西。但是无论如何地不可避免,那一种观点总之是不十全的。

在我国现代的普罗列答利亚文学中,是煽动的内容最占着势力。在唤起斗争赞美胜利的几千篇的诗中,在剥除资本和资本底傀儡师底假面的几百篇的故事中,一切底一切全然沉溺在这里面。这是我们不可不变更的。不应将一部作为全部。在生活上深入一切的方面,固然比之突破阵线的突击更为困难。但这深刻化,对于社会主义却是更为必要。因为必须理解生活底各方面,才能在他心里有了具体的力,以及捕捉一切,担任具体创造的路。

艺术的思念底因煽动而致狭隘,就在用煽动的色彩,将布尔乔亚或赞成布尔乔亚的知识分子,表现成像是专报私怨,可怕的,卑鄙的一类人的地方,也分明可以看得出来。其实那样的见解是素朴的,而且和思维底集团的方法相矛盾的。那于这布尔乔亚、那布尔乔亚个人的性质并没有关系。也不应该对一个个的个人施展革命的精神或革命的努力。那只于阶级底位置有关系。斗争应该止于对着社会组织,乃至对着和社会组织相联结,而且捍卫着那组织的集团施展。个人的是,即使他是布尔乔亚,也未尝不可以是一个高雅的人的。不过他如若做了他底阶级底代表者,他底行为和思想就必然地要被他底社会的地位所决定。凡是自觉的普罗列答利亚,便在共同冲突的瞬间，他也决不以任何个人为敌，单将历史所炼成的链锁中间盲目的一环为敌。要从此获得对于旧世界的胜利，必须很能谅解那在最优秀的代表者之中又在最高的现象之中的布尔乔亚，努力不去设想那些什么他是纯粹有恶意的人或者他是纯然有恶劣的动机之类的事方才可以。普罗列答利亚底集团的思想和意志，无论如何不可分散在琐细的事项上面。

而在这样创造力近于煽动的束缚之间，还有新近起来的一种理论。据那理论说，普罗列答利亚艺术是应该常有无限地生活快乐而且是恍然的。人们或者要说这一倾向只是一种孩子气，但这理论在最年轻最少经验的普罗列答利亚诗人之间确有强烈的作用。然而集团的阶级的感情底音阶，也不应当这样的偏于一方面。普罗列答利亚底集团固然应当有显现他们底力的活泼的感受性，但也不应忘了他们各处遭遇的压迫。

这些话作为原则看是十分正当的。一切普罗列答利亚文学底现实的现象，都不能不在十分把握了这原则之后去批判去指导。这样，才可以有全的理解。

其次，再说"普罗文化"底普罗列答利亚文学底形式论。

"普罗文化"底形式论，是站脚在所谓"内容规定形式"这个根本原理上的。培斯沙里珂在他底论文《关于形式和内容》中简单地这样说："马克思曾经说明国家底政治形态依存于那国国民经济的文化的生活。我们也可以将这原则适用在形式和内容底关系上，而说，文学底形式依存于作者在他底创作中所鼓吹的内容。"

这固然只是简单的说明，却也是不可动摇的真理。也是内容和形式底根本原理。"普罗文化"它就不曾作何谓形式何谓内容等等比此更加精详的说明。那是因为俄国并没有像我国现代的形式主义者们那样，任意下了内容和形式底界说，弄出所谓形式规定内容的迷论的徒辈的缘故。后来"沃玻亚兹"（诗语研究会）虽曾唱形式主义，来对抗马克思主义的文学论，也和日本底形式主义不同。这一派底理论，拟在这研究底最后详说。（日本形式主义者是将只可以在形式范围内说的事，即将形式是紧要的，形式另有形式自身底法则的事，勉强和内容牵连，以中伤普罗列答利亚文学这种卑劣的心理行论的。所以他们再也不会有"沃玻亚兹"派那样对于人类文化的贡献。有的不过是一些随意的论理底游戏。）

但"内容规定形式"虽然是正确的理论，却也不是说，有了内容（那就是感得有创作艺术的欲求）便会产生形式的。形式还是另有形式的法则（研究这一点的才是真的形式主义者)。

所以普罗列答利亚作家无论如何不可不先学习先辈底艺术的手法。但在学习上就有着重大的问题。因为普罗列答利亚作家并非可以从任何的一个艺术的先辈学习手法的。人要学习的时候,总先对于同时代的作家感得想要拿来作范本的诱惑。但这很危险。现代的普罗列答利亚作家,更其不应该向那布尔乔亚学习文学的手法。因为什么呢?

那理由,波格达诺夫曾经应用了前记的原则这样说:

在艺术上,形式是和内容不可分离地交结着的。所以形式最新的,并不一定就是最完全的。倘若一个社会阶级在历史的过程上已经完了进步的剧目而进于颓废的倾向时,那阶级底艺术底内容上就必然带有颓废的倾向。而形式就追随顺应内容底这倾向,支配阶级堕落了转化为寄食主义;寄食主义底结果,显露了生活感情底过度的饱满或生活底倦怠。生活感情底饱满,就从艺术,取去了从新自行发展的内容底主要的源泉,即社会创造的活动。生活空虚了。空虚像追求较新鲜的享乐似地,像使人满足着较新鲜的感觉底追求似地,诱惑着人。艺术就组织了这追求。一面进于为颓废者底诡辩所围随的,向往灭亡的官能享乐的道路;别面,为了装缀粉饰美的感受性,又将艺术底形式从最外层加上一些安排,加上一些纤巧的细工。凡这一切的事实,在历史上,往往可以看见它们在那许多文化——例如东洋的,古代的,封建的——底崩溃期里重复地出现。

这现象最近又出现在布尔乔亚文化底崩溃中了。

所以整个地说,我们断乎不宜向生活破坏期底组织者们去学艺术的技巧。我们断乎该向在已经停止生长的阶级底飞跃之中有其起原的艺术的劳动者,革命浪漫者,一切时代的古典主义者们,去学艺术的技巧。

有的普罗列答利亚诗人底见解,相信可以从那反抗的例如马亚可夫斯基之类知识阶级,学得最良好的艺术的形式,那是可悲叹的。我们并不是没有配做首先教艺术形式给伟大阶级的人的伟大的师匠。

在伟大的师匠——普希金,郭歌里,莱芒托夫,涅克拉梭夫,托尔斯泰——之中那形式底简洁,明了,纯粹,实最适合正在发生的艺术的内容。无论新内容也可以创造出新形式来,我们总不能不从那已经存在的最良的东西出发。从所谓最新的东西,我们必须本着这精神去看,看是近乎这,在艺术上确有可取的,才学他底形式。那些离了这精神,突来突往的不常的形式,例如安特列叶夫,巴利蒙特,孛洛克等一类人底形式,是断乎学不得的。

对于这内容和形式更详细地检讨下去的加里宁,关于意识形式和那艺术化底微妙的关系这样说:

初期的高尔基,作艺术家看,是比后期的他杰出得远了。他对于流浪的职工阶级是他出身的这一个密切的关系,给与了他,无意识地意识着这集团精神底可能性。

因此他容易地而又自由地,以强烈的色彩表现了它。

及至高尔基开始走近我们劳动者,他底这时代底作品固然使得我们有同情,可是他已失掉了那初期底力量和明快了。

高尔基并没有将我们底问题,彻底地理解,尽情地感得。他于那些问题,并没有触着它所有的必要的深邃。艺术的创造,要有我们底潜在意识,作为培养它的根源。而这潜在意识,大抵是由于环境底实生活上蓄积下来。因此要打胜自己一向生活了来的生活底偏见,必须要有顽强地意识地努力。高尔基,在那最初并不能说是很成功的,劳动者型底表现底尝试之后,却不沿着那一经选定了的路,顽强地前进,倒描起同心圆来。写着《夏》《玛妥微·库兹梅亚金底一生》及其他,大体都是描着同一圆周的作品。高尔基并没有意识的斗争,想彻底理解劳动者底阶级的利益,他们底集团主义的意识形态和社会主义底关系,却选定了远乎容易的,较少抵抗的路,从机会到机会的原始的发达的路。也曾做了些描写往日为他知己的流浪人底尝试,然而这也早已不及以前那样了。和旧的东西底关系,已为他底理念底范围底扩大所断绝,而一面要制胜新的东西,又还缺欠着充分的意识的追求。

关于农民诗人克留耶夫和叶贤宁,也可以这样说。虽然是原始的然而他们底创作底初期,是比现在他们所干的,失了阶级底根的知识分子底愚劣的独创化,杰出得远了。克留耶夫和叶贤宁并不努力理解非结晶的农民集团底利益问题(他们底发展应该进怎样的路),却选了正在发生的布尔乔亚知识分子眼前,扮演愚劣的奇术的方面。而且颦蹙着脸,开始言辞底舞蹈。

举例是这样便够了罢。由着以上所说,便可十分明白在艺术底表现形式底探求中,原始的较少抵抗的路上所描出的蹒跚的病态了。

我们再说一遍,劳动作家只有一条路,就是意识地高扬全般的文化底发达,特别是经由内容以赴形式的事。只有那时候,所表现的东西才会在他底阶级底问题底圈内,被置在和社会主义底直接关系之中。

以上是说：概念作为概念露骨地显出的作品，并不涉及人情底底里，比之直接从生活感情产生的作品，它是价值比较低下的；所以一个作家从新抓拿和自己底生活感情不一定一致的概念的时候，倘不沉潜到产生这概念的生活感情，将那概念作为活的自己的东西，便少有艺术的效果（少有艺术的效果也便少有艺术品的价值）。

这当作原理看是正常的。不过具体的问题是非常复杂的东西。为什么呢？因为露骨地显出概念的东西，也有时代不能不认为有价值的。当某一社会生活在政治的阶段上时，就是露出了政治的概念而宣传的作品，也有多少的价值（有人以为这价值是政治上的价值，不是文艺上的价值。如若这样说时，则从这见地的议论便是政治论不是艺术论了）。这样的作品也是艺术作品，因而这价值也是艺术的价值。所以要将具有这样价值（政治的价值）的作品，和具有这样价值以外的价值（价值底性质不同就是了，也是艺术底价值）的作品相比较，而断定哪边更其出色，是颇困难的事（在当时是）。忽略了这困难，以马克思主义艺术论而说应将政治的价值置在别的价值之上的话（如后来出现的"在哨岗"一派底话，在日本则平林初之辅氏最近也唱这一说。见《新潮》三月号），是机械地将政治论和艺术论结连了的东西，太将理论和实践底统一，直译地机械地，忽略各自独自底机能，替换为艺术和政治底统一了的东西，决不是艺术底正当的解决。在暗示其所以是错的一点上，这加里宁底话是有价值的。关于这一点，就是蒲列汗诺夫也不过暗示地说过了一点（这是时代底必然的制约）。蒲列汗诺夫在那论文集《二十年间》底序文底结尾，如下说：

因此我要说：如若高尔基要宣传马克思主义也得预先用力理解它。理解马克思主义是有益的，也是有味的。若在高尔基，这理解还将得了不可替代的利益，他会明白，艺术家，即大抵用形象的言语说话的人，于宣传家，就是大抵用论理的言语说话的人是怎样地少有适合。高尔基倘若确信这一层，他就有救了……

这些暗示，决不止是暗示，实在是解决这些问题的正确的关键。

以上我想已将普罗文化文学论底概观传出了。现在可下一个简单的结论。

"普罗文化"底文学论，是抽象的，原理的。那是因为"普罗文化"活跃的时代（一九一八年——一九二〇年），在普罗列答利亚阶级之前，还几乎只有政治的,经济的现实,没有文艺的现实的缘故。所以"普罗文化"底文学论,也和当时极少数的新诗家(就是后来组成"锻冶厂"的人们)向着宇宙发散革命的情热一样,显露着普罗列答利亚阶级底理论的气概。而那热情的理论,雄壮的充满自信的抱负,却就因为能够充分运用他们应该尊敬的先辈蒲列汗诺夫所树立的"艺术之社会的方法"的缘故,成了以后普罗列答利亚文学论不可动摇的基础。在新经济政策(一九二一年)以后,革命展开到文化战野来,文学全然复活时代发现的现实的具体的文学论中,代表普罗列答利亚文学阵营的"在哨岗"一派的理论,固然是立脚在"普罗文化"底普罗列答利亚文化必须独立的主张上的文学论之现实的延续;即代表同路人底阵营的托罗斯基·瓦浪斯基底意见,也不外是站脚在"普罗文化"底过去有价值的文化必须继承的主张上的文学论之具体的发展。("锻冶厂"底文学论,是"普罗文化"底文学论分为这两个文学论之前的过程上的适应现实的形相。)所以"普罗文化"底文学论,简直是普罗列答利亚文学底原理;不通晓这原理便不得充分理解,正确批判以后的普罗列答利亚文学论。这就是"普罗文化"文学论所以地位重大,价值伟大处。它该可以和蒲列汗诺夫底理论并列,永久为普罗列答利亚文学论底基础罢。

第三节　旧布尔乔亚文学底反动

<small>文学者底技术的指导　　白莱意底"神秘"　　莱哲珂及扎玛金底普罗列答利亚文学论</small>

革命政治地克服了布尔乔亚和地主。但是经济地,意识形态地,他们还是存在着。因而从一九一九年年底,印刷刊行上方便的物质的条件慢慢地回复过来,旧布尔乔亚文学底余党便又在文坛上活动起来了。与"普罗文化"底机关杂志《普罗列答利亚文化》,《熔炉》,《未来》,《曙光》,《汽笛》,及稍后一九二〇年方才出现的"锻冶厂"派底机关《锻冶厂》相并,他们也发行了《空想家手记》,《艺术之家》,《文艺通报》,及其他(自然不是每月的),一意努力固守旧文学论底传统。

但在纯技术的方面,他们是直从以前便活动着的。同是"普罗文化"底杂志,也除了指导的理论杂志《普罗列答利亚文化》之外,早就揭载着他们关于纯技术的论文(例如安特来·白莱意底《关于艺术的散文》,霍达舍微支底《关于诗底技术》,又如白莱意底《关于节奏》)。这固然由于所谓普罗列答利亚文学不能不学表现技术这个认识而起,但是这些技术论,终局都暴露了它底反动性。例如安特来·白莱意在一九一九年四月底《汽笛》第三号上便写有下面的话:

在艺术的创作工上,无论如何,总须有纯粹的创作。所以普罗列答利亚大约也将会有自己阶级底纯粹创作给人看的罢。纯粹创作是要次第锻炼成功的,用许多错杂的手法组织起来的。因此普罗列答利亚,大约十足要十来年,才会树立起自己有多样的手法和色彩的艺术来罢。

据这意见,便是说无论如何以普罗列答利亚意识形态为内容,假使仍然依赖向来的艺术形式,就不得称为普罗列答利亚艺术。这是关于内容和形式底关系的向来文学论底谬误,而这谬误结局便是对于普罗列答利亚文学的消极的反动。因此凡受过这样的理论底洗礼的初期普罗列答利亚作家("锻冶厂"一派)便都在那普罗列答利亚文学论上显出了许多的歪曲。

及至可以发行自己底杂志《空想家手记》,《艺术之家》,《文艺通报》及其他时,旧文学底余党便积极地吐露出自己底意见来了。那里含有,极端的个人主义和神秘的思想,从今日看来,简直不能相信那是在革命初期,辩证法和唯物论战斗的进展之时发言的。而这倾向底完全的代表者,我们可以在安特来·白莱意中见到。

往下就请检讨安特来·白莱意底思想。

他也是承认"一切都变动了位置,一切,连作家,连劳动者,连农民,连法兰西人,连俄罗斯人,连德意志人,都被合而为一,许多的障壁都被除去了"的。但他却将这变革加上自己流的解释。他以为大众确乎循着他底路而进,以为大众正成了他尝和"官学的教授们"战斗的问题底解决者,以为他们所尝揭举的标语,已经在大部分的普罗列答利亚作家底自觉之中,作为无须证明的天理生存着了。他以为"艺术不和政治和解","内容和形式是一个东西底两面","倾向艺术是有害的"等标语,已为大众所采用了。这些标语,是他尝在革命底前夜,和"官学的教授们"作战的;据他说,因为有此,所以革命获得胜利了。

这样解释的安特来·白莱意随即给了自己底"我"以完全的自由。因为他断定"自己底魂中所生的神秘的幻想,是和获得胜利的阶级意向完全地现实地一致的"。因此他深信便在文学上,今后也除了发现他底"我"这一个唯一的问题之外,更没有别的什么问题。结论便是,普罗列答利亚要认识自己,只须倾听白莱意之中所起的神秘便行了。

他这思想发表在《空想家手记》底创刊号上,以如下朦胧的启示表现着:

现在我之中所起的是——密思忒里亚神秘,"我"成为世界的"我"了。生活底兴味扩大了。世界底事端——是"我"最深的个人的体验。

现在正在读者"大众"底认识之中创造着的,也一样是密思忒里亚。无个性的被个性化了。"共通"底基础被破坏了。因此如今从围绕着我的一切,听见了"我,我,我"的喊声。

密思忒里亚——是一个人融合于集团的秘密。离了集团的个人诚然——无论如何浴不着神秘。否定着认识之最个人的表示的集团,也实在是死的东西。认识现实,是我底问题,也是读者底问题。现实总是个人的。将现实成长描摹在"我"之中,就是在"我"之中认识了自己,认识了自己底"我"。新的时代,现正在我之中一意矫正着我底"我"。因此企图描摹具体的"我"的尝试,便是结合我和读者在十字上的对象。……

作者在说最个人的东西,一面便是和读者结合成一个不可分离的整体。"我"之中有"你"。在大众之前说明自己的事——正是不可不学的。……我们将来也要写自己的罢。我们将会明白那在写自己,并非写自己,而是在写彼此的罢。将会明白,在此集合的我们之间是有所谓"作家底实生活"的条件中所不能存在的,兄弟关系存在着的罢。

用平明的言语将这白莱意底所谓密思忒里亚改说起来,便是说:"我们将来也要写自己的。描写自己其实就是描写集团。"但这是太拘执着个人主义的想头。是不将个人主义底价值(真的意义),在和集团主义底关系上看的,为个人主义而个人主义底延长。伊理基曾说它是里应外合安那其主义的布尔乔亚个人主义:安那其主义是有颇强的集团的色彩的,而这白莱意之说却全然不能感得集团的气味。所以这样的说法,不过是为理论而理论的发展,结局不过是一个人底信仰——盲信而已。

而这说底与现实没有关系,因而应该否定,是凡已经读过"普罗文化"底文化论的人都能充分理解的罢。

不过白莱意还是想使个人和集团融和的。虽然他是从自己一流谬误的观点出发,他总还想在集团之中认取了不得不如此的东西。至于更简单更布尔乔亚的,现实地看物的思想家,则竟以为被选的天才们和大众底之间毫无共通的东西。

在这倾向底代表者之中有莱哲珂。他在《文艺通报》第三号上,试描着未来的俄罗斯文学底远景,而述着后面的见解。

他反对布尔乔亚文坛底一般的见解,以为布尔乔亚文学(个人主义文学)底运命是并不危险的。纵使出现了新的巨量的读者层,预约着他们所需要的内容简单的文学,那也并不妨碍要求程度更高的作品的少数底存在。"锻冶厂"一派所作的文学,也许有几十万的读者。而"真的文学"也许只有几十个读者。但这是毫不新奇的。例如阿那托尔·法郎士便常只几百个同好者在读它……

莱哲珂所说,是简单明了的。就是说,文化水准低的普罗列答利亚给以通俗小说,惟有对于知识分子给以"真的文学"。全然就是说普罗列答利亚没有产生艺术的力量这一类的话。又全然就是说只有个人主义是唯一最高的文学这一类的话。在普罗列答利亚已经产生文学,个人主义文学又已经日益就衰微的今日,这已成为全然无须细说的愚说了。

读了以上二人底言说,我们将会明白一件事,就是在普罗列答利亚专政的过渡期中,是有两个本质不同的意识形态底分争。其一为集团主义,而另一为布尔乔亚个人主义。从此以后的文学论争,结局也不过是这两个意识形态底纷争。但这两个底关系已经在《文化论》中详述了。这两个在革命底初头曾经成为后列文学论上的诸问题:

由意识而生活呢,还是由生活而意识? 由作家而大众呢,还是由大众而作家? 艺术底价值在于自己满足呢,抑还在于效力更大的价值——人生? 及最后,由形式而内容呢,还是由内容而形式?

对于最后这问题,且介绍一个布尔乔亚文学者底见解在此。扎玛金在《艺术之家》底创刊号上这样说:

……普罗列答利亚作家诸君正在机关车置了鞍,热心地想飞行。机关车却喘着气,一向没有飞行的意思。除了极少数的例外,大抵的普罗文化的诸君都有革命的内容和反动的形式。从那些的一切推起来,有天分的艺术家,将下下面这样意外的结论:就是"普罗文化"的艺术——是暂向六十年代退却了。

我们已经见过了"普罗文化"底形式论来的,对于这谩骂,大约没有说明底必要了罢。

第四节　左翼未来派底理论

未来派是发源在布尔乔亚文学之中。但和别的布尔乔亚文学所有的流派不同,从革命底最初便成为革命热心的拥护者。那本不是不可思议的。因为俄罗斯底未来派,是所有旧的东西(过去)底极端的敌人。

虽然发生在布尔乔亚艺术之中,未来派却是布尔乔亚艺术底腐败底举发者。

和古典宣战,反抗从来的价值,企图以诗形之革命的变革的未来派,是从革命以前,便已经将文坛底不平者不遇者和新人,收集在它底周围的。

所以他们底气运发为对于旧的偶像的轻蔑,对于文学上的贵族主义的憎恶。而这一切便造成了便于收入革命之政治的经济的课目在未来派之中的好底座。因此十月革命一勃发,他们便率先投为革命底伙友。一面,也因普罗列答利亚政权,还不曾在自己底阵营内有足以组织革命初头破坏的时期的有力的艺术的缘故,只有将这任务交给了他们。这就使未来派,脱了迄今落魄的生涯,张阵于阿迦特弥的壮丽的大厅了。然而在当时,他们也确乎值得居那地位的。因为他们燃烧着对于过去的憎恶,因而能够毫无怜惜地实行了革命所要求的急剧的变革的缘故。

由于以上的情形,就使未来派自以为是普罗列答利亚文学底大本山。而主张未来主义是普罗列答利亚意识形态。(后期的未来派是在一九二三年用了《列夫》的名称出现的。这是初期未来派底再生。关于《列夫》底理论,以后当再详述。)

往下就听听他们所叫喊的罢。

他们在一九一八年十二月七日,比别的所有的布尔乔亚文学,率先印行了未来派底周刊机关报《抗闵艺术》。在那报底第一面,揭载着马亚可夫斯基底诗《对艺术军的命令》。

那就是——

　　在工场精勤,
　　脸涂了煤烟
　　看不上眼

别人底奢华呀
　　　　闲适。
　　廉价的真理已经十足了；
　　　　要从心脏放逐了古臭的东西！
　　街路是我们底画笔。
　　广场是我们底调色板。
　　　　时代所写的书文
　　　　纵然有千张
　　　　也不歌咏革命底现实。
　　未来派，进向街头去呀，
　　做了鼓手，而且做了诗人！

　　未来派是比什么都过激的。他们不许有什么妥协，对于过去所有的艺术都要用赤热的铁来烧掉。马亚可夫斯基在同一新闻底第二号上就这样说：

　　……革命军已使做俘虏的白军兵士走壁了。但忘着拉斐尔及拉斯忒勒的事。……我们不可不弹穿博物馆底墙壁。普希金及其他的古典的将军们底不被攻击，是不应当的。

　　但马亚可夫斯基底言语是太诗的了。我们且从这一派的论客孛利克底口里听听未来派底理论。在《抗闵艺术》第一号底论文《对于艺术的疏水》中他这样说(他在这里已经不认自己一派底未来派为未来派，却认为是以革命为内容的抗闵的艺术家，普罗列答利亚艺术家了。请作如是观去听他底话)：

　　未来派们是用着和普罗列答利亚作家不同的方法，奔赴布尔乔亚艺术底破坏的。他们是纯粹想摧毁过去所有的艺术，以及一般地在这个词底旧意义里所含有的艺术的。
　　据他们看来，布尔乔亚泛在那里想，艺术底唯一的问题是美化生活。而据普罗列答利亚底解释，艺术是物质的东西底创造。布尔乔亚艺术家是在描写树木，太阳，丘陵，海洋，在造作黏土和大理石的人和兽，是在做毫无必要的事。因为这一切都是存在着，运动着，生存着的，而且比他们所造作的遥远地良好。所必要的,不是那样观念的东西,乃是给与人类底本性的,人类的东西。每逢造屋,我们并不模仿岩窟。每逢纺织,我们并不师法无花果叶。现今艺术家已经不能不径赴工场,战场,呈示新的,未尝经见的东西底型范了。劳动者已经不耐烦制作常是浸过布尔乔亚精神的物品。他们欲求着自己们底新的东西了。

不可不组织各种物质文化底研究所。艺术家不可不在那些研究所,努力普罗列答利亚所必需的新的物品底创造。不可不在那里造出这些物品,就是未来的艺术品底格式。爱艺术的一切人,都已理解所有真的艺术底目的,不是观念而是实在的物质。凡能够创造物质的东西的人,都不可不参加这种艺术的文化底真的普罗列答利亚中心底创造。不是幻想——是实体——这才是未来的《抗闵艺术》底标语。

未来派底别一理论家蒲宁,也在《抗闵艺术》第一号上,在布尔乔亚艺术和普罗列答利亚艺术之间设着后述的界限(这是在一九一八年十一月二十四日在所谓"殿堂呢工场呢"的标语之下所开的集会上,他所陈述的意见):

布尔乔亚艺术是为能够被动地宁静地鉴赏它的人们制作的。布尔乔亚将艺术变成神圣的东西,将艺术家变为艺术底祭司了。布尔乔亚泛于是将艺术,开始想作应当怀着严恭和寅畏而瞻拜的殿堂。艺术底创造,便托福布尔乔亚,成为什么神圣的行为了。

普罗列答利亚对于艺术,却不许怀抱这样的见解。对于饥饿着的他,并不能给以艺术品之宁静的鉴赏。而且这事,结局也是很幸福的。因为它保了纯粹在艺术之能动的理解里了。普罗列答利亚是伟大的工匠。他每日创作着真实的价值。他实际很通晓物质是什么。

普罗列答利亚将在围随我们的日常生活上抱有艺术底理解。布尔乔亚艺术家在筹划装饰,为装饰而劳动。劳动者却自作物品。对象之实用的理解,现都聚集在他们之中。普罗列答利亚将会产出新的必需品罢。

发展了蒲宁底这思想,马亚可夫斯基这样地说道,"艺术不是集合在死的殿堂——博物馆之中的,是不得不集合在所有的场所,街路,电车,工场,作场,劳动者底住处的。"

所以未来派底艺术论,用一言来概括,便是说:"真的艺术是有益的物品底创作。合目的的,有益的,为生活所必需的,那才真是美的东西。"

以上的理论,大体可以分作三个命题:

其第一,是一切过去艺术底否定,是"遗产底拒绝"。拒绝底理由,因为过去的艺术是鉴赏底艺术,是装饰底艺术。

其第二,是主张"生产"艺术底创造。主张艺术家不可不为普罗列答利亚而从事于新的物品底制作,不可不进出于一切生活底场所,街路,电车,工场,劳动者底家庭。

其第三,是自命为普罗列答利亚底表现者。称未来主义为普罗列答利亚意识形态。因而据他们说,未来派便是普罗列答利亚文学底本营。

这三个,都正显示出未来派对于革命之历史的条件底复杂和那问题底广泛,是如何地无知。尤其是第二个"生产艺术"底宣告,是甚至飞跃的,没有什么具象性的。那更显示着他们虽然尊重现实,却全不知道革命需要什么,什么是现在实际的问题。第三个命题,则当然不能不受"普罗文化"底批判。培斯沙里珂曾在一九一八年底《未来》底第十号上,痛切地排击过未来派(《未来主义和普罗列答利亚文化》)。

培斯沙里珂这样说:

未来派是名叫布尔乔亚艺术的老树底树瘤。未来派——是典型的知识阶级。关于他们底艺术,也像关于劳动者艺术那样认真地去议论是不应当的。他们底艺术,不可不看作只是一个阶级为了自己底利益,想取入别一阶级底心理的尝试,想用假货来代替本货的尝试。

未来派是个人主义者。他们作品底标题(例如加勉斯基底《伟大的未来派,我底传记》,马亚可夫斯基底《马亚可夫斯基底生活》,《马亚可夫斯基底情执》及其他)使证明着他们是以自己底个性底突出为第一着。他们是导源于意大利,布尔乔亚文化的腐败底产物玛黎讷谛的。

普罗列答利亚不可不彻底和那假借革命美名的这伪作作战。断乎不许普罗列答利亚文化底身体,披起未来派底衣裳。

这冲突不久便展开为《列夫》和《在哨岗》底论战。(这当在《在哨岗》章中说)但未来派和普罗列答利亚文学在否定向来的布尔乔亚文学底装饰性,观照性的一点上是一致的(在排击以艺术为天才底灵感的思想上更完全一致),所不同者,简单地说,是在未来派在探求新的形式,反之普罗列答利亚文学在探求革命的内容。

未来派,如前所说,已经因为不能理解革命底现实,迅速地没落了。而其最大的原因,与其说是由于理论有谬误,毋宁说是由于那作品太颓废。但是马亚可夫斯基底作品,却应作例外看。

第五节 《锻冶厂》底文学论

《锻冶厂》底出现及其主张　第一回全俄普罗列答利亚作家会议底决议

一九二○年给了以"普罗文化"为中心的文学运动一个致命的打击。在这一年,普罗列答利亚文学中最有才能最被期待着将来的理论家加里宁和培斯沙里珂次第躺倒了。他们底太早底病殁,据说由于革命前后,不眠不息底活动把全部精力都贡献了的缘故。

同年就组织了最初的普罗列答利亚作家团体《锻冶厂》,五月里出了机关杂志《锻冶厂》底第一号。同月又在莫斯科开了个全俄普罗列答利亚作家会议,从二十五个都市,集了近一百五十个的作家。在五月十四那日底集会里,住居莫斯科的二十五个作家便奠定了莫斯科普罗列答利亚作家联盟底基础。

由于这些事情为原因,以后普罗列答利亚文学运动底中心,便移到《锻冶厂》去了。所以在苏维埃文学史上,从一九一八年到一九二○年是"普罗文化"时代,从一九二○年底后半起到一九二一年底新经济政策实施为止,便被称为《锻冶厂》时代。

《锻冶厂》是纯作家底团体。这些作家大部分都是从劳动阶级和农民阶级出身。而且他们,又都如前所说,受过布尔乔亚文学手法底洗礼。这就使他们底文学论有一种特色。

在他们机关杂志底第一号上,载着下列的卷头言:

康年尼慈姆是当年的普罗列答利亚文化底集团主义最初的显现。我们底《锻冶厂》——艺术底锻冶工厂,是和伟大的社会的普罗列答利亚锻冶工厂密切地结合着的一部分。昨日我们,在基础的材料部锻就了新的生活。今日我们就要由整然的活的文学形象,建立了它底新的内容。正如在材料部总想更其快地从新材料铸造出新形式来一样,我们在诗的工场里也必须熟达最高底组织的技术的方法。这样,我们方才能够将我们底思想感情,铸入独特的形式,创造出独特的普罗列答利亚诗。

又前述全国普罗列答利亚作家会议底决议也有如下的话:

现在复杂的瞬间,待望着我们更其多地研究生活底内容。普罗列答利亚作家不可不记得新的内容规定新的形式的话,不断地增补知识底积聚,无限地丰富人生底观察。

同时,普罗列答利亚作家也不可不会写。不可不学文艺创作底技术,言语底历史,言语底节奏,音响,形象底调和底法则。

由这两处看来,便可以明白他们底理论原来是作家底理论。他们分明站在"普罗文化"原来的理论上,却又将它歪曲为作家的了。就是太接近艺术(形式),而将意识形态底纯化,尖锐化,忽视了。最能显出"锻冶厂"一派底这样特质的,是一九二三年,为适应新经济政策对抗"十月"一派(这派底机关杂志《在哨岗》)而写的这派底《宣言》。但这宣言已经可以作为第二期底理论了。

第二章　第二期底文学理论

第一节　《锻冶厂》底没落和《十月》底出现

第二期底概观　《锻冶厂》宣言和《十月》纲领

一九二一年三月所布告,从六月起实施的新经济政策是苏俄社会生活上底一大转机。因而在文坛上也起了一大变化。从此以后,便是苏俄文学底第二期。

新经济政策将苏俄底社会,从物质的穷薄里救了出来。结果苏俄文坛才又能够定期刊行和革命以前一样的大册的杂志了。《出版和革命》及《赤新地》两大杂志,就从这一年底六月同时开始发行,两者都是国立出版所发行,前者由卢那卡尔斯基,后者由瓦浪斯基编辑直到今日。

以大杂志底诞生为机缘,革命后一时沉滞了的苏俄文学,就又进了发展的时期。但这文学发展底物质的机缘,在精神上是质实的,沉着的,立脚在写实主义底精神上的时期(新经济政策就是现实主义底政治的经济的表现)。所以这时期所要求的文学,也就是现实的客观的现实主义的文学。最适合于现实主义的文学的形式,不必说是散文。因为这样的理由,苏俄底文学这就开始了要求给知自己底现实的作品,和即就现实而确实进展上去的倾向。然而,向来焦心于革命成功底欢喜和理想底讴歌,过信自己底力量,以为世界革命眼前就会成功的诗人们("锻冶厂"一派),却和新经济政策到来同时受了精神上剧烈的打击,不容易转向现实主义的精神上来了。

这时,亲身经验过国内战当时的现实的,不一定是康牟尼斯忒却也不反对苏维埃的知识分子,便已开始描写他们底体验。因为他们初将新的时代和新的人物具体地显示给苏俄公众的缘故,受了非常的欢迎。而受过旧文化濡染的他们艺术的天分,优秀到从来普罗列答利亚作家中所不曾见过的地步也是一个原因。他们曾被托罗兹基称为"同路人",这留在后面说。

两大杂志,尤其是《赤新地》,喜欢提供纸面给他们。因此同路人一跃便在苏俄底文坛上占了支配的,若从他们文学的才能之点说,他们是应当有这地位的。但若从他们底意识形态说,则在普罗列答利亚专政的苏俄,或许可以说他们居这地位是不相称的。因为同路人所反映的是只在政治上承认革命的小布尔乔亚(尤其是农民)底意识形态。不过这也是普罗列答利亚文学还未发达时期不得已的情形。

同路人一跃便在文坛占了压倒的势力这件事(这固然由于他们底作品最丰富最杰出,是实质的;但其当然的结果,形式上也就有他们独占了大杂志底文艺栏之观),给了普罗列答利亚文学运动非常的激动。普罗列答利亚文学运动,应着这形势不得不从新整顿阵容了。而这新的阵容并非由于"锻冶厂"一派,是由于新人之力造成的。

和新经济政策底实施同时,从来倾注全力在军事的政治的战线上的党员,也将他底精力移到文化战线上来了。结果在一九二二年底年初,便有两个新的普罗列答利亚文学团体产生:一个是以青年共产党中央委员会为底座的《青年亲卫队》;还有一个是以新闻《劳动者底莫斯科》为基础的《劳动者之春》。

但在这些新进出文坛的党员之前,却有非普罗列答利亚作家底压倒的优势,和不很能适应新阶段(新经济政策)的可怜的友军存在。这是他们所不能默许的形势。结果他们为了对抗这形势,就于一九二二年十二月七日,集合在《青年亲卫队》底编辑室,组织了一个新团体《十月》。那设立底旨趣,在他们用了当大底日期寄给《伊兹威斯奇亚》报的下列的信中说得很明白。那信被揭载在十二月十二日底报上:

普罗列答利亚作家团体《锻冶厂》,据我们所确信,最近已经成为有和普罗列答利亚文化战野上斗争底展开所生的诸问题隔离很远的趣味的人们底封锁的小团体了。

在这样状况中的《锻冶厂》,我们认为已经成为足以阻碍普罗列答利亚文学底新兴势力发达的机关,所以我们就以在普罗列答利亚文学上确立党的方针,和设立全国及莫斯科普罗列答利亚作家联盟为紧急的目的,组织了普罗列答利亚作家团体《十月》。

为实现这目的,曾在一九二三年三月十五日至十七日之间开了普罗列答利亚作家第一回莫斯科会议。一共聚集了七十四个作家:内含劳动者三十七人;知识分子二十五人;农民十二人。内中有五十八人是党员。

在这席上组织了个"莫斯科普罗列答利亚作家联盟"（莫普），将罗陀夫底报告采用为《十月》一派底纲领。

在这一回底会议里，《锻冶厂》也曾派了代表基里洛夫来宣言自派底立场。但不曾加入"莫普"底组织。（这大抵由于罗陀夫脱离了《锻冶厂》来组织《十月》这个双方感情隔阂的原因。）

《锻冶厂》底《宣言》和《十月》底《纲领》——这两件东西是理解苏俄文学底发达所不可忽略的重大的文献。时代底违异，和两团体底作家底性质底违异，都很流露在里面。

《锻冶厂》底《宣言》被揭载在一九二三年底《真理报》一八六号上。

普罗列答利亚作家团体《锻冶厂》底宣言

1 辩证法

发展过程上所有的现象，都在自己之中潜伏着否定的萌芽。这矛盾底法则，成了一条赤线，贯通着变动无极的全自然，也贯通着人类所有伴随上部构造的社会生活。

2 向着自由王国的飞跃

在资本主义社会内的劳动阶级，就是这社会底矛盾。他（劳动阶级）因自己存在底事实否定了这社会，因自己底发展从内里啮着，在怀里的成熟若告完结，便要破坏了旧组织底铁箍。历受不当的分配的大多数，被统一于劳动和为变革生活底基础而战的过程上，也随着压迫而变革了自己底心理。

3 形式的力学

为经济上和政治上的要因所约束着的普罗列答利亚革命，正破坏着社会生活底旧形式。革命的破坏，葬送了延喘的意识形态，感情，想像底组织。在社会的活动底新形式中，邀约了新的心理；社会的活动就在艺家之中，被熔铸于新的艺术形式中。

这样，社会形态底交替便规定了艺术底形式。

4 作为特殊武器的艺术

普罗列答利亚艺术是和军队，运送，工厂，制造厂等必需一样程度必需的。新时代遥远的地平线,活动底无限的远景,革命的生活底未曾有的全景,都排列在新的艺术底前方。艺术,从效力布尔乔亚阶级底榨取和娱乐底目的解放出来,成为组织未来底××社会而诉之于感觉的特殊武器了。

5 所谓样式就是阶级

为革命以前的生活所结晶的艺术家们,于形成十月革命的地震所产生的新题材,并没有力量。要凝聚(艺术化)那大多数人以爱和热创造了的划期的事件,这些艺术家是太缺少着那世界观。而且他们也没有完成的相当的武器,言语底技术,样式。一般地说,所谓样式——并非单是包裹内容精神的作品底外衣。并非单是蜗牛那样在它内部包藏生命的贝壳。并非单是阶级毫无隐讳地显示一切的笔迹。那是在一个阶级之中经营共通生活的被组织的大多数人底,活意志底形相。过去曾经做过布尔乔亚或小布尔乔亚作家的,都与普罗列答利亚无关系,在他底实行,他底意欲,他底意识形态上,都是外人。所谓样式,就是阶级。

6 被历史裁决了的

文学流派上的象征主义,未来主义,形象主义,都是以资本主义制度为同一的母胎所产生,养成的东西。

象征主义是由濒于没落的布尔乔亚社会底生怕革命到来的恐怖中所生。它常显出防御和守护,然而决不攻击。它像僧房底僧侣一样,憎恨着却又崇拜着。

未来主义是由极端的,臃肿症模样发达了,而又极度分解了的,知识阶级底个人主义发生。所谓未来派,意思就是致命的东西,应当死于未来的东西。在他是,前进就是趋于自己底毁灭,停在一处却又困在技巧主义底城寨,退路都没有了。

形象主义是,一九一八年旧小布尔乔亚社会临死时候最后的痉挛。

过去的文学全退化为畸形了。而且正像死尸底手不会和活人握手一样,没有和普罗列答利亚阶级接触的能力了。

7 尸室的艺术

显着资本主义底临死底苦闷的艺术家,早已将艺术底技术,表现底手段,作为自己底目的。专为表现节奏写了大篇的诗篇,为押古所未有的韵做了许多的小诗。乱喊着什么"亚里退拉契亚"什么"音底形象化",喷溅着诗句底泉水,产出以形象底言语底跳舞惊人的篇章。诗形粉碎了,一行底诗分解为1/2又1/4。在这些艺术所产生的世界里,都有近于发狂的个人主义崇拜。旧制度所生的艺术,已经进入最后的颓废的局面。所以我们要提起劳动者底重锤来,严严封钉了这间气喘的房间的门。要在这五颜六色的艺术棺盖上,敲上了最后的钉。

8 废墟上树起赤旗

算是革命一个阶段的新经济政策,出现在猩猩学样似的艺术之中。艺术家这猴子正在想,怎样来适应自己底时代,模仿创造灵感上所不可缺的东西的自己底先辈。正在用不切于现代的空洞的模仿,没有内容的形式的冷把戏,使颓废的技术主义苏醒,适用于应将生命吹入艺术底木乃伊的现代问题上。对此用尽了所有的手段。行着煽动,迷惑着忙煞创作知识和艺术底创作的劳动阶级底青年。培林斯基不在了。艺术底废墟之上——有黄昏。

所以我们扬声呐喊,举起宣说普罗列答利亚艺术的赤旗。

9 《十月》底萌芽

得了政权的普罗列答利亚底艺术,是颓废的布尔乔亚艺术底否定。普罗列答利亚过去并无自己底艺术,只站在与他同感的艺术家底眼前。也就为此,早在资本主义底怀里,有着可观的萌芽,萌生在各国。在英,有爱里奥,莫利斯,托马斯格特;在法,有杜朋,戈楷,裘勒,罗曼,培尔哈仑;在比,有梅尼爱,爱可忒;在德,有弗来里大拉特,西泰隆,台美尔及霍甫特曼底一部;在意,有亚大内格里;在美,有霍特曼,及伦敦底一部,并辛克莱;在乌克兰,有弗兰珂及显孚先珂底一部;在匈牙利,有培得孚,斯亨凡克,培斯路契;在拉脱维亚,有扬·兰因斯;在俄,有涅克拉梭夫及高尔基底一部。现在普罗列答利亚作家,和体验过一九〇五年革命的自己阶级携了手,突然地出现了。他们底艺术,是年轻唯物阶级底反揩定底艺术,是今日必不可少的被称为可以替换所有神秘的崇拜的东西的艺术。

10 我 们

我们宣言艺术是适应自己及周围底社会阶级,而结晶其艺术的欲求的健康的有机物。据我们所理解,艺术底创造是社会底意特沃罗几,爱摩契沃罗几,及一般心理底机能。其基础——是一国底生产力状态以及由它规定的经济的关系;再进是建立在经济的基础之上的政治组织;更进是一部直接由经济,一部由建立其上的政治组织所规定的阶级人众底心理;最后,就在是其中反映这心理底特征的意特沃罗几。所以为创造××社会而戮力和斗争,是勤劳阶级底第一基础,也就是我们艺术底第一基础。供其呼吸的空气——是集团。与集团发生关系,是艺术家走入心理实验室所开的窗户。

11 诗是普罗列答利亚底实践

十月阶级将劳动者之社会的实践提举到炫目的高处。从那里将明日做的,今日及昨日做的那实践,变成诗,现于眼。建筑底材料如山一样地堆积着。为新生活之始的未曾有的改造,都要一层层地搭了架棚做上去。被破坏的迷信和所有野蛮的黑废墟,使地平线赤热的焰轮,守卫自己劳动国的武器响声,一日一日的创造劳动,每时间世界对于自己的条件的适应及做建设者的自己对于世界底条件的适应,这组织的破坏的惊人的手腕,这创造底实践,这些都是普罗列答利亚底诗。他底实践——就是诗。

12 艺术家是自己阶级底媒介

一个阶级底艺术家底世界观,都和那阶级底世界观相同。为生活建设,吸入自己胸中的,以及摄入了要赋与形式给它的,阶级都经由自己底艺术家来吐出它,形成它。普罗列答利亚艺术,是阶级底面貌所集中的棱镜,是劳动大众照自己,照自己所研修的所建设的以及未来的明镜。我们底目的和问题,是在认识表示××社会建设者底姿容,锻炼人类新的革命的格式。是在将保育新的生活条件的新地(赤的现实)耕种,是在将这新生活,不用活动照像式,却用身势手式就是所谓"伟大的哑"的方法来表现。而且不但表现,也且强袭,贯通感情和思想,向着革命的生活建设,作成堆垛,以聚集意志和认识(虽然还不全相融合,但已总为一团了的)。给与科学的战斗的马克思主义底世界观底艺术形式,以艺术地破坏布尔乔亚意识形态,作革命底清账,为前途底目标,回顾既往而更前进。因此,普罗列答利亚艺术家便是自己阶级底创造底媒介。

13 内容和形式

存在预言形式,规定形式,自己又为形式所显示,所规定。内容探索了表现形式,因形式而解决,表现。创造底题材底诸要素(1.节奏;2.结构;3.旨趣),不可不是一个完整的有机体。更进还须将 1.作品底画面,2.激情和历程底紧张,3.言语的音乐,造成有机体的形态及其氛围气。无论诗,戏剧，小说，小诗，都是如此。我们底艺术，并非人生底正确的一片，必须捕捉着它底全面。在没落的布尔乔亚及其颓废的艺术中，并没有和它适应的表现手法。我们不能不求之于在各国中，正向生活和政权勃兴着的阶级底文学和《十月》底实生活中。

　　我们反对无内容，无主题。
　　我们反对空洞的音响崇拜，节奏万能。
　　我们反对没有魂的言语底幻术。
　　我们反对个人主义的契机及气氛。

　　控制世纪于自己之前，立在历史进行底过程上的普罗列答利亚，于注意这些契机，沉溺这等气氛，是太有着健康的组织和强韧的神经了。
　　《锻冶厂》将不记录模仿颓废的东西，却求适合现代内容的艺术形式，而锻炼它。

14　普罗列答利亚艺术

　　普罗列答利亚艺术是——向立体的，适合阶级的明快综合的形式，摄取创造底题材，经由这艺术，以作成进于普罗列答利亚底终极目标的一线的艺术。这种艺术在本质上，是大的篇幅的艺术，是大的样式的艺术，是纪念碑的艺术。
　　抱着全体一致的精神，全部都是同事，无论在勤劳上，在胜利上，在败北上，都是协同劳动的劳动者阶级，他底利益和感情和体验（从实生活底琐事以至向着最高理想的飞跃）尽相合致的阶级，历史为它刻着预言新日映空的孟侬底像的，像一个单一组织的物体似的阶级，——这样的阶级只有依据自己底样子及其近似的形相，来制作艺术。他（这阶级）底独特的言语，是多音，多色，多形的，因其字源底丰富，表现着从微生物的存在层到复杂的表现，伟大的理想层的生活形态，又以其单纯，明快，正确，助长着伟大样式底势力。

15　除灭杂草

　　普罗列答利亚艺术从现代颓废的艺术底影响解放出来，成为韧带，藉着赤线，和劳动阶级密密地结连，不但将普罗列答利亚底集团，连正融化于革命的小布尔乔亚也引入自己底影响之下了。许多文学流派底形式，都已在其自己身上,经验着普罗列答利亚艺术底感化。在尝试用和我们相同的方法完成我们底题材。这等经验,往往奏着积极的效果。然而惯于拉拽车辕的,做我们阵营内同志的几个时事评论家,却正害着这些最初底,但已除灭了杂草的,新艺术底萌芽。

16 提携（都会和村落底提携）

我们对于普罗列答利亚,对于意向和意识形态上相得的所有的诗人,作家,画家,音乐家,开拓着接近我们的机会。我们不怕欢迎他们到我们底工作中来。可以算为中间第一的,是农民出身的作家。《锻冶厂》底中核是强固的。《锻冶厂》正在扩大深化。——普罗列答利亚底××底锤,将要叩着万人的罢。

17 突 击 队

普罗列答利亚作家底统一《锻冶厂》,是劳动阶级底革命的前卫和立脚在党的纲领上的,唯一的统一。在强固为走向新社会的路程的普罗列答利亚××和劳农德谟克拉西的任务上,他认自己是站在意识形态战线底最前线的突击队。

18 关于国际的《锻冶厂》

团体《锻冶厂》在其组织的活动上,是整饬全苏维埃劳动作家底队伍,更以国际地统一万国普罗列答利亚艺术底《锻冶厂》为目的,锻炼着单一的普罗列答利亚艺术底根本的中核。

19 结　　语

布尔乔亚艺术全退化为畸形了。而且正像死尸底手不会和活人握手一样地,没有和普罗列答利亚接触的能力了。我们为要在这艺术底棺盖上钉上最后的钉,高举了劳动者底重锤。

社会形式底交替,变革着艺术底形式。我们宣言艺术是适应自己及周围底社会阶级,而结晶其艺术的欲求的健康的有机体。据我们所理解,艺术底创造是社会底意特沃罗几,爱摩契沃罗几,及心理一般底机能。普罗列答利亚艺术是向立体地,适应阶级的明快综合的形式,摄取创造底题材,经由艺术,作成进于普罗列答利亚底终极目的的一线。为创造××社会而戮力和斗争,是普罗列答利亚阶级底第一基础,也就是我们艺术底第一基础。

存在预言形式,规定形式,自己又为形式所显示,所规定。内容探索了表现形式,因形式而解决,表现。要素(1.节奏;2.结构;3.旨趣)不可不是一个完整的有机体。1.画面,2.激情,3.言语的音乐,不可不造成有机的形象。所谓样式,就是阶级。艺术家就是他底阶级和他创造的媒介底机能。所以艺术——诗——就是普罗列答利亚底实践。

普罗列答利亚作家底统一《锻冶厂》是立在党的见地上,认自己是站在意识形态战线底最前线的突击队。团体《锻冶厂》在其创造的活动上,是整饬全苏维埃劳动作家底队伍,更锻炼着万国普罗列答利亚艺术底《锻冶厂》底中核。

《锻冶厂》代表　斐立普先珂
代　理　廖悉珂
书　记　山尼珂夫
执行委员　阿伊克尼
　　　　　基里洛夫

如上

普罗列答利亚文学团体《十月》底纲领

1

从阶级的社会向无阶级的社会,即社会主义的社会底过渡期的社会主义的革命时代,已以由苏维埃的组织而建立无产阶级专政于俄国的十月革命开始了。只有普罗列答利亚底专政,才能使无产阶级成为一切关系的统率者,改革者。

2

普罗列答利亚在阶级斗争底经程之间,在经济和政治方面已能形成了革命的马克思主义底思想,但在别方面,却未能从各种统治阶级底绵亘几世纪以来的思想上的影响感化,完全解放。终结了内乱,而在深入经济战线上的斗争底过程中的今日,文化战线是被促进了。这战线,从实行新经济政策的事情看来,更从布尔乔亚底意识形态底侵入的事实看来,都尤其重要。和这战线底前进一同,在普罗列答利亚之前,作为开头第一个问题而起者,是建设自己底阶级文化这问题。于是也就起了作为对于大众感动底力而加以深的影响的强有力的手段的，建设自己底文学的问题。

3

作为运动的普罗列答利亚文学，以十月革命底结果，方才具备了那出现和发达上所必要的条件。然而俄国普罗列答利亚在教养上的落后，布尔乔亚意识形态底延涉几世纪的压迫，革命前的最近数十年间的俄国文学底颓废的倾向——它都聚集起来，不但将布尔乔亚文学底影响，给与普罗列答利亚文学底创造而已，这影响至今尚且相继，而且形成着将来也能涉及的事情。不但这样，对于普罗列答利亚文学底创造，连那理想主义的小布尔乔亚革命思想底影响，也还不能不发现。这影响底由来，是出于作为问题，陈列在俄国普罗列答利亚之前的那布尔乔亚的民主的革命已经成功这一种事情的。为了这样的事情，普罗列答利亚文学便直到今日，在意识形态方面，在形式方面，都不得不带兼收而又无涉的性质，至今也还常常带着的。

4

然而，和依据新经济政策底方法在一切方面都开始了根据一定计划的社会主义的建设同时，又和布尔塞维克改为不再用先前的煽动，而试行在无产阶级大众之间，加以有秩序的深的宣传同时，在普罗列答利亚文学方面，便也发生了设立一定的秩序必要了。

5

以上文所述的一切考虑为本，普罗列答利亚文学团体《十月》，便作为由辩证的唯物论的世界观所一贯的普罗列答利亚前卫底一部分，努力于设立这样的秩序。而且以为那成就，无论在思想上，在形式上，惟有靠了制作单一的艺术上的纲领，这才可能。那纲领，不会不是作为普罗列答利亚文学底将来的发达的基础而有用的东西。

因为以为这样的纲领，是在实际的创作和思想战线上的斗争底过程中，成为究极之形的东西的缘故，团体《十月》就在那结束底最初，作为自己行动底基础，立定了如下的出发点——

6

在阶级的社会里，文学也如别的东西一样，是应着一定阶级底要求，只有经由阶级，以应全人类底要求。因此所谓普罗列答利亚文学，就是将普罗列答利亚以及广泛地从事于勤劳的大众底心理和意识，加以统一和组织，而使向往于作为世界底改筑者，社会主义社会底造就者的普罗列答利亚底究极的要求的文学。

7

在扩张普罗列答利亚底专政，使之强固，接近社会主义社会去的过程中，普罗列答利亚文学不但深深地保持着阶级的特色，仅仅将劳动者阶级的心理和意识，加以统一和组织而已，更将影响愈益及于社会底别的阶级部门。由此从布尔乔亚文学底脚下，夺了最后的立场。

8

普罗列答利亚文学是和布尔乔亚文学对立的。已经和自己底阶级一同决定了运命的布尔乔亚文学，藉着从人生的游离，神秘，为艺术的艺术，乃至以形式为目的的形式，及向着这些东西的隐遁等，努力于韬晦自己底存在。普罗列答利亚文学则和这相反，在创作底基本上……安置马克思派的世界观；作为创作底材料，则采用普罗列答利亚自为制作者的现代的现实，或在过去的普罗列答利亚底生活和斗争底革命的浪漫主义，或在将来的预期上的普罗列答利亚底征服。

9

随着普罗列答利亚文学底社会的意义底伸长，在普罗列答利亚之前，便发生了大概取主题于普罗列答利亚生活，而将这大加展开的纪念碑的大作的创造这一个问题。普罗列答利亚文学者底团体《十月》以为须在和支配了普罗列答利亚文学的最近五年间的抒情诗相并，在那根本上树立了对于创作底材料的叙事诗的戏剧的态度的时候，这才能够满足上述的要求。和这相伴，作品底形式也将极广博地，简素地，而且将那艺术上底手段用得最为节约地努力起来。

10

团体《十月》确认以内容为主。普罗列答利亚文学作品底内容，自然给与言语底材料，暗示以形式。内容和形式，是辩证法的对立；内容是决定形式的，内容又经由形式，而艺术地成为形象。

11

在过渡时代的阶级斗争底形式底繁多,即要求普罗列答利亚文学者应取繁多的主题而创作。因此必须将历史上前时代的文学所作的诗文上底形式和运用法,从一切方面加以利用。

所以我们底团体,不取醉心于什么一种形式的办法。也不取先前区分布尔乔亚文学底诸流派那样,专凭形式的特征底区分法。这样的区分法,是将理想主义和玄学,搬到了文学创作底过程里来的。

12

团体《十月》考察了文学上颓废的倾向底诸派,将那有支配力的阶级正到历史的高潮时候所作的原是统一的艺术上底形式,分解其构成分子,一直破碎为细微的部分,而尚将那构成分子中的若干,看作自立的原理的事情;又考察了这些颓废的诸派,对于普罗列答利亚文学的影响的事实;更考察了普罗列答利亚文学蒙了影响的危险,故对于

(A) 将创作上形象,以自己任意的散漫的绘画的装饰似地,颓废地来设想的事(形象派)作为主义而加以排斥,而赞成那依从具有社会上必然性的内容,通贯作品底全体,以展布开来的单一的首尾一贯的动的形象。又对于

(B) 重视言语之律,似乎便是目的,那结果,艺术家常常躲在并无社会的意义的纯是言语之业的世界里,而终至于主张以这为真的艺术作品(未来主义)者,加以排斥,而赞成那作品底内容,在单一的首尾一贯的形象中发展开来,同时,组织地被展开来的首尾一贯的律。而且又对于

(C) 将发生于布尔乔亚泛底衰退时代,而成长于不健全的神秘思想底根本卜的音响,灵物崇拜狂地加以尊重的倾向(象征主义),加以排斥,而赞成那作品底音响的方面和作品底形象和律底组织的浑融。

只有将作品作为全体,在那具体的意义上看,又在那照着正当的法则的发达的过程上看,这才能够到达在历史的意义上最高的艺术的综合。

13

这样子,我们底团体之作为问题者,并非将那存在于有产阶级文学中,由此渐渐挑选,运入普罗列答利亚文学来的各种形式,加以洗炼,乃在造出新的原理和新的形式的型范来,而加以表现。

这是凭着将旧来的文学上的形式，在实际上据为己有，而将这些用了新的普罗列答利亚的内容来改作的方法的。这也是凭着将过去的丰富的经验和普罗列答利亚文学底作品，批评地加以考察的方法的。而作为结果，则必当造出普罗列答利亚文学底新的综合的形式来。

将这《宣言》和《纲领》一比较，时代底违异，和两团体底作家底性质底违异便可以了然。试将《锻冶厂》底宣言，依照那文学的活动底实际，加以分析和批判。

如前所说《锻冶厂》是在革命以前或与革命同时抬头的，劳动阶级及农民阶级出身作家（大抵是诗人）底团体。他们都是自然成长的普罗列答利亚作家。因而他们底意识形态也就大抵由他们底体验养成，在那文学观上，充足地承接着向来的文学的传统。

而新经济政策所生的普罗列答利亚文学底新阵营《十月》，却大部分由属于青年共产党的年轻知识分子构成。他们底意识形态概从理论（学问）造成。所以他们底文学论也就异常明快地是目的意识的（他们初期多是极单纯的政治论的文学论）。

这两团体对立底根本原因就在此。至于理论上的对立则为前面所揭的《宣言》和《纲领》。然而《锻冶厂》原本是没有理论的指导家的作家团体。所以这宣言对于《十月》底攻击（即他们写给《伊兹威斯奇亚》报的信中所谓"'锻冶厂'，据我们所确信，最近已经成为有和普罗列答利亚文化战野上斗争底展开所生的诸问题隔离很远的趣味的人们底封锁的小团体了"的非难），只行了理论上的自圆其说，以及为了对抗起见的"大言壮语"。

为要理论上的自圆其说，他们立脚在"普罗文化"底原理上。在那限内，他们是正当的。因此就有许多点上和那同从"普罗文化"原理出发的《十月》底纲领合致：同给文学以做"组织未来××社会的武器"的任务，同说"为革命以前的生活所结晶的艺术家们，于形成十月革命的地震所产生的新题材，并没有力量。"同以统一组织普罗列答利亚底集团主义的世界观，"艺术地破坏布尔乔亚意识形态"为目的，同反对无内容的形式主义，以内容为主，而"求那表现的手法于在各国中正向生活和政权勃兴着的阶级底文学"，和革命底实生活中。

而且也主张普罗列答利亚艺术"向立体地适合阶级的明快综合的形式里，摄取创造的题材，成为大篇幅的艺术，纪念碑的艺术"。

这作为普罗列答利亚文学底原理,是十分正当的。但是《锻冶厂》底宣言,却颇以作家的自负的口气在叙述这原理,没有"普罗文化"那样真挚和新兴的意气,却有傲慢的,大言壮语的调子,这就给托罗兹基批难了。(参看托罗兹基底《普罗列答利亚文化和普罗列答利亚艺术》。)托罗兹基底这批难,关于警戒他们底大言壮语的调子的一点上是不错的,但过于将原理论作现状论看的点上,却未必是适切。托罗兹基正当地批判了这宣言所写的时期,说"在艺术底领域内,现在正是大众最初而且无援的运动,连各个的劳动者及乌托邦的组织,与知识分子底建设底尝试相接触的时期。"那是不错的。但在这时期中说"普罗列答利亚文学是大篇幅的艺术,是多音,多色,多形的,因其字源底丰富,又以其单纯,明快,正确,助长着伟大样式的势力"的话,作为现状论虽然不确切,作为原理论(宣言)却不一定就是错。其次,托罗兹基批难所谓"'锻冶厂'是立脚在党底纲领上的唯一的普罗列答利亚文学"的主张(《十月》也正这样地主张),说"我必须说,《锻冶厂》底宣言不是贯彻着阶级的弥赛亚的精神,却是贯彻着团体的傲慢的精神";这批难却是由于他底否定普罗列答利亚文学承认革命文学的立场而来,不涉及他底"革命文学论",是不能得到正确的理解的(这在后面详述)。

　　《锻冶厂》底宣言和《十月》底纲领,在原理上原如上面所述,大有一致的处所;然在现状论上却就截然有区别。

　　《锻冶厂》是适应新经济政策底现状,唱都会和村落提携,说"我们对于普罗列答利亚底意向和意识形态上相得的所有的诗人,作家,画家,音乐家,开拓着接近我们的机会。我们不怕欢迎他们到我们底工作中来,可以算为中间第一的,是农民出身的作家。《锻冶厂》底中核是强固的。《锻冶厂》正在扩大深化。普罗列答利亚××底锤,将要叩着万人的罢"的。又以为小布尔乔亚已经受着普罗列答利亚文学底感化,在尝试用和我们相同的方法完成我们底题材了的。

　　反之《十月》底纲领则全然对抗随新经济政策底实施而侵入的布尔乔亚意识形态,而说普罗列答利亚急须获得意识上的领导。"普罗列答利亚文学直到今日,在意识形态方面,在形式方面,都不得不带兼收而又无涉的性质,至今也还常常带着的。然而和依据新经济政策方法,在一切方面,都开始了根据一定的计划的社会主义的建设同时,又和布尔塞维克改为不再用先前的煽动,而试行在普罗列答利亚大众之间,加以有秩序的深的宣传同时,在普罗列答利亚文学方面,便也发生了设立一定的秩序底必要了。"所谓设立一定的秩序,就是使普罗列答利亚意识形态纯粹,并给以领导的意思。就是说，普罗列答利亚文学是不可不获得领导权。

这两种意见之中哪一种是正当的呢？

作为当时普罗列答利亚文学团体底意见论，则《十月》一面底意见，适应着现实。在那意义上，可以说是正当的。当时的现实，证明着《十月》一派底主张底必然（关于此点当在《十月》文学论中说）。

但是《锻冶厂》虽不怎么重视普罗列答利亚意识形态获得领导权底必要，却也有着他们唱说都会和村落提携的必然。因为正如前头所说，《锻冶厂》底大部分是劳动阶级或农民阶级出身底自然成长的作家，他们底意识形态大体是从他们底体验得来，他们底文学观是充分承接着从来的文学的传统的。而且他们是作家。那《宣言》是作家底手笔所草。因此他们便于传统的（不洞达理论的）之外无所经心了。

然而为时代底大势所趋，《锻冶厂》底内部也曾起了动摇。重视意识形态底倾向次第强盛起来。终于使自然成长派底老作家和农民出身底人们脱退了《锻冶厂》。在那脱退底通知书上，很可看出《锻冶厂》底动机（旧《锻冶厂》倾向）底灭亡。

最近普罗列答利亚作家团体《锻冶厂》之中，因斐立普先珂，雅克波夫斯基，山尼珂夫，廖悉珂，及其他诸人，形成了党中党。他们底活动是从正面将一九二三年三月所宣言的《锻冶厂》底原则破坏了。那些破坏，现于下列诸点：1. 拒绝和《锻冶厂》之农民的一翼的提携，致将那倾向的作家们从组织上除开；2. 给损伤于为《锻冶厂》之直接的任务的那生产，创造的问题，而将主要的主意转向于普罗列答利亚文化的意识形态的斗争；3. 在《锻冶厂》之中作了夺去友谊的，同像的工事底可能性的机构，那一派握了支配权，而完全与剩余的作家群隔离了。

现于《锻冶厂》活动的如上所记的倾向，认为和我国事物底一般的状况不相适应而且有害，我们，下记的人们，宣言从那《锻冶厂》中脱退。

亚历山大罗夫斯基，基里洛夫，盖拉西摩夫，尼梭服伊，涅维罗夫，斯迭普诺伊，西瓦捷夫。

这样从一九一八年延续至一九二一年（新经济政策）的旧《锻冶厂》底文学倾向灭亡了。完全由《锻冶厂》这个名称代表着的一时代的普罗列答利亚文学的情调，成为过去的了。（但作为一个普罗列答利亚文学团体而存在的《锻冶厂》却至今尚存在。现有会员五十四名，有名的《水门汀》底作者革拉特可夫也在内。脱退了《锻冶厂》的基里洛夫,盖拉西摩夫,现在大抵安顿在为同路人底阵营的那全俄作家同盟里。还有山尼珂夫和雅克波夫斯基也于一九二五年十一月又感不满,脱离了《锻冶厂》。)

其次,关于《锻冶厂》一派文学作品底意义,且介绍柯根教授底批评在此罢。因为那是理解他们一派底文学论所不可缺的要素:

在新经济政策时代以前的普罗列答利亚诗(按即《锻冶厂》一派底作品)里,不少是对于劳动阶级底无限的力,世界革命底迅速的发展,那理想底急速的实现,和压迫者迅速地摧毁等,有着充满了夸耀的信仰底萌芽。这种普罗列答利亚诗,表现着宣言和指令底时代,表现着那伟大的周间——输送和飞行机和消灭文盲的周间。就是,表现着革命底性急思想,跳过了一个世纪,想在仅仅的七日间解决须要一年的问题的周间。在这些普罗列答利亚诗中,固然多有如火的信念,同时也多是抽象的叫喊。在这些诗中几乎没有实生活,尽高翱高翔在日常琐事底上面。

普罗列答利亚诗底前期,是这《锻冶厂》底时代;用这名称,可以概括这个时代所生的感情和气氛底全音符。还有,一切在新经济政策以后和这种气氛不相违犯,或者遭遇了新经济政策而体验到精神的悲剧的人们,我们也惯用这个名称称呼他们。不论怎样看这时代,在他们底诗中总之不少出色的卓拔的东西。从抽象的这一点去非难他们底诗,自然是对的。但凡浪漫的倾向都是抽象的。革命自身已经是浪漫的东西。假如我们不曾经过革命初期的那伟大的期望和浪漫的世界主义底期间,果能有第二期的工事,及飞过日常生活向着伟大目的的那种复杂的计划的运动,以及伸缩性,和忍耐性吗?诗总是完成正在完成的东西的。诗在叙说当时我们怎样地感得,而我们自身是抽象的,浪漫的。当革命替劳动诗人扫清了道路时,它们带来的新的思想还不能具现为活人底姿容,也不能具体化在活的情热中,而街坊,工场,集团,乃至普罗列答利亚自身,又还不是有血有肉的地上的现象,宁是做着象征,做着理论的构成物,站在我们面前。然而就使这样,这些诗在这时代也是新的意识底必要的宣言,也是和过去底诗,和前代底诗底内容,断然分手所必要的东西。

然而曾在《锻冶厂》底诗中见到的完成的表现的情调,已经灭亡了。已经取了和革命底浪漫和那灵感不同的方向了。现在我们做这时代底总决算时,我们可以说《锻冶厂》底诗,对于我们,不过是历史的记录罢了。我不知道,注意所谓"我们将要获得一切,我们将要认识一切"的充满着夸耀的呼号的,是不是止是研究家了。

第二节 《在哨岗》底极左文学论

"莫普"执行部向党中央委员会的报告 《在哨岗》运动底历史的必然 瓦进底《关于政治的教育和文艺上的诸问题》 列列维支底《我们拒绝着遗产吗》 尹格罗夫底《在月蚀中》 列列维支底《对于布尔乔亚文学和中间集团的方针》 罗陀夫底《浴着炮击》 罗陀夫底《列夫准备怎样进军》 《在哨岗》和《列夫》底战斗同盟契约 《在哨岗》底理论底本质

普罗列答利亚文学团体《十月》底设立和它底《宣言》,已经介绍过了。《在哨岗》(《那巴斯图》)就是这一派底理论的机关杂志。《十月》一派底理论家都在这个杂志上一齐执笔,行着耀眼的理论斗争。因此初期《十月》团体底理论,寻常就被称为《在哨岗》派底文学论。

《十月》团体("莫普")在前述普罗列答利亚作家第一回莫斯科会议之后,曾经递了下文似的报告给党中央委员会。

莫普执行部向俄罗斯党中央委员会宣传部报告

意识形态上斗争底发展,和文学对于大众影响毫无疑义的伸长——都期待着普罗列答利亚文学各个队伍要有以一定艺术的及意识形态的纲领为基础的结合。一面,普罗列答利亚文学底发展,到了最近,已经产生了许多几乎互相没有关涉,因而部分地受着无缘的布尔乔亚影响的集团;那以一九二〇年底会合为基础的"瓦普"(全俄普罗列答利亚作家会议)早已成为仅仅纸上的存在,因此,普罗列答利亚文学广泛的运动早已与它毫无关系地在发展了。

住居莫斯科的普罗列答利亚作家各集团(《十月》《青年亲卫队》《劳动者之春》)考量了这形势,就主张召集普罗列答利亚作家莫斯科会议,来决定一定的意识形态的艺术的方针,又造成"莫普"为产生普罗列答利亚作家中枢的全俄的统一底第一步。然而可惜,《锻冶厂》派及由这一派的人们所成的"瓦普"执行部,并不应和这些莫斯科集团底提议。这中间有着原则的分裂。

那原则的分裂显现在下列这几点:

(A) 绝对必须调到革命的日常生活底表现呢(《十月》),还是应该留在

"游星的"抽象的"叫喊主义"底旧阵地(《锻冶厂》);

(B) 作家应当做社会的活动家呢(《十月》),还是应当做"艺术底祭司"(《锻冶厂》);

(C) 普罗列答利亚文学应当做广泛的社会运动呢(《十月》),还是应当做自满的零碎的小集团(《锻冶厂》)。

不过假使《锻冶厂》不曾因派别的利益而做破坏普罗列答利亚文学之统一的战线之类的事,这些分裂还是可以由着内面的过程互相融和的。

《锻冶厂》却是做了破坏的尝试了,而会议在三月十五日还是开,并以丰富的内容进行,收了大成效。

会议底重要决定如次:

1. 采用意识形态的及艺术的纲领(《十月》底纲领已经介绍过了)。
2. 创立普罗列答利亚作家莫斯科联盟("莫普")。
3. 认为必须召集普罗列答利亚作家全俄罗斯的会议,依照下列的条件进行:由首都及散在地方的下级文学劳动者团体广派代表,而且预先在各地研究批判所要提出会议的重要问题。
4. 采用确定对于别的阶级文学集团的关系的战术的方针(后面介绍的列列维支底方针)。

这样就创定了以一定的纲领为基础的莫斯科普罗列答利亚作家底机关。这件事底意义极其重大。然而这个机关大约只有凭藉下列的条件才能产出劳动阶级所必不可缺的一切成果:就是党要立脚在这会议底决议上明白规定文学的方针,通令所有适当的机关遵行。只有凭藉这样的条件,文学才能在劳动阶级联邦底意识形态的武器队伍中,占得了自己底地位。

同时还有一件事必须预先陈述:就是《锻冶厂》在莫斯科会议所做的破坏组织的行为,在全俄会议时候也许还会做,而这件事底结果一定是很有害的。"莫普"执行部确信常决不容许他们破坏普罗列答利亚作家全俄统一底重大工作。

由"莫普"执行部委任

列列维支

一九二三年三月二十一日

就像这报告及前揭的宣言(纲领)所显示,《在哨岗》一派底运动是针对随同新经济政策所发生的布尔乔亚意特沃罗几底侵入,而想确立起自己阶级底文化(普罗列答利亚意特沃罗几)来,也就想确立起普罗列答利亚文学来的运动。"普罗列答利亚文学,直到今日,在意识形态方面,在形式方面,都不得不带兼收而又无涉的性质,至今也还常常带着的。然而和依据新经济政策底方法在一切方面都开始了根据一定计划的社会主义的建设同时,又和布尔塞维克改为不再用先前的煽动,而试行在普罗列答利亚大众之间加以有秩序地深的宣传同时,在普罗列答利亚文学方面,便也发生了设立一定秩序的必要了"。因此"普罗列答利亚文学团体《十月》便作为由辩证法的唯物论的世界观所一贯的普罗列答利亚前卫底一部分,努力于设立这样的秩序"。

所谓设立一定的秩序,就是说要使普罗列答利亚意特沃罗几握着领导权。因此这也就是"普罗文化"主张底一种新反复。不过"普罗文化"是想造了离开国家机关的组织保全它底纯粹使普罗列答利亚意特沃罗几握着领导权的。反之,《十月》,却想依政权底力量,即刻地握到了领导权(不过不是文学的领导权,只是对于文学的政治的领导权)。在这一端上,是两边全然相反的。

然而《十月》一派,却就这样高揭了自己底主张,和一切相反的文学现象挑战。那斗争底全般,用一句话来评,便是"极端"。

不过这个"极端"也有当时社会底历史的必然。《在哨岗》底运动,是在革命初期见于社会生活一切分野的自力信仰在文学上的显露。他们底理论,就是战时共产主义底理论在文学分野上的应用。他们以为,当时一切现象唯一无二的目的——是在对于革命底胜利直接有用(就是政治地有用)。故在人类天才所造就的一切的财富中,只取了与这一刹那底要求相合的东西。此外一切,或有要为难未为难的,便都作为障碍物,毫无顾惜地将它粉碎了。

《在哨岗》底文学论,便是当时这种紧迫的(新经济政策是一个大转换)社会情调底照样地乃至最锐利地反映。因此这种情调,虽在成了《在哨岗》底反对者而出现的人们之间,也不过程度有些不同,也曾有时经验到的。在一九二一年末,那拥护同路人的瓦浪斯基就这样说:

曾经有过这样的时代,时期:那时,是实用艺术,实用科学,宣传,时评,说教,整个地占了优越的地位。那时艺术家和学者,都先得做宣传者。而且将理论的或具体的知识等问题,搁着不理。还曾有过一个更强烈单纯的时期;那时,无论艺术家或学者,他如要和活人,未来底创造者共同前进一步,使得丢了笔拿起枪械或者站在机关枪旁边,连宣传也要受排斥的。在这时期里,宣传也就是退却的事。

这些瓦浪斯基底言语,全然贯通着《在哨岗》一派底情调。他在批评前揭(第一章第三节)底安特来·白莱意一派底见解的时候,还曾说:

这样的情调,不但在安特来·白莱意一派之中,就是在劳动者底集团:青年之间,乃至一部分的党员之间也是有的。这是有害的而且真正反动的情调。必须彻底地和它搏战。它引人消灭了对于敌人的阶级的憎恶,也引人堕落了社会的感情,战斗的感情。一切的普罗列答利亚及其同情者,都须在布尔乔亚之中看察自己可恶而且危险的敌人,而且须在和布尔乔亚的战斗之中看察——不是一般人类,却是——对立阶级底代表者。

那中间的大部分,劳动者农民知识阶级出身的青年作家都须和他们(白莱意一派)作意识形态上的战斗。

在这些言语之中,就有许多和《在哨岗》底基调共通的地方。《在哨岗》是有历史的根据的。假如说这个倾向现在早已消失了,那便等于说这个倾向现在已经成为文学之社会认识底基础部分了。

《在哨岗》底第一号,是一九二三年六月发行的。在这创刊号上揭载着最能显出他们特色的许多可以注目的论文。首先可以举出的,便是这一派政治的倾向最极端的代表者瓦进底论文《关于政治教育和文艺上的诸问题》。这论文是这一派最重要的文献之一。

关于政治教育和文艺上的诸问题

瓦　进

在我们底文学之前,有着怎样的问题呢?对于这个质问的回答,是和对于别个质问,即现代俄罗斯文学意欲效力于谁这一个质问的回答互相关联的。

在普罗列答利亚革命底第六年,问题已经可以这样"不费事"地提出了罢。即在资本主义废止底第六年,反对文学是效力于这个或那个社会阶级这句话的人几乎已经没有了。以为文艺作品是表现人类共通底思想,情调,倾向的时代,在俄罗斯,大约已经成为无论怎样不会回来的过去了。在现代,即使有人说文学是超阶级的,全人类的东西,大约也再不会有人倾听了。

这意思自然不是说那些冒充普遍意志和思想底表现者的"英雄"们,都被驱逐了。只是在现代,他们已经不过是一个单位了。文学者压倒的多数,都已依了自己社会的容貌,十分整然地区分为各种的分野。无论亡命者,就是在苏维埃国内的文学各集团,也有根柢上和我国现代阶级底区分不符合的吗?

于是便发生了应当效力于谁,应当拥护谁底利益,锻炼谁底意志的问题。在现代文学底各集团之前,排列着应当对谁斗争,应当效力怎样的根本理想,及应当怎样解决那些历史问题的这些问题。

凡是想做文学底意识的活动者的,凡是对于文学不带神秘观念的,都须替自己解决了这些问题。对于目前现实的根本问题的关系的暧昧,已经十足了。文学之政治的无知,也已经十足了。苏维埃国家底舆论,怕不会再容许劳动者底文学家(指《锻冶厂》一派)从高处以"天才的"轻蔑的眼睛看政治上经济上根本问题了。

在我们底眼前,地球正在震动着。巨大而且逐渐扩大的斗争,正在全世界上扩展着。在这斗争中,不能有中立。事实上也是谁也不中立。做布尔乔亚阶级利益底表现者的作家们,都已站在和劳动者革命反对的方面。蒲宁,库普林,契利可夫,梅垒什可夫斯基们,尽是"全人类主义"的,都已经树着反对劳动阶级的旗帜了。他们行着毫不容情的党派的政治斗争。他们积极地参加着殊死的阶级战。而且以最尖锐的形象,将自己底艺术,效力着政治,——反动政治。

比此更为不可思议的,是现代我国自称为劳动大众代表者的某一文学团体(指《锻冶厂》),竟以献媚给对于政治的轻蔑自许。可是没有政治是不会有现代文学的。必须理解历史的情势,必须有历史的明见,必须以马克思主义底方法武装起来。具备了这些条件的时候,文学才能成为新世界底一种强有力的武器。

愿意于历史进化有贡献的艺术家们,不可不彻底地舍弃了政治的不关心。不可不理解他们并不是超人。也不可不理解他们从那活人底生活和斗争受着感动的,那斗争底意义,那目的和那问题。当世界的历史斗争的现时代,仅仅附在未来底招来者——普罗列答利亚方面是不够的。必须意识地参加了正在战斗的劳动阶级底队伍。必须知道事之为何,意识地援助为了阶级战而受着一切压迫的阶级,这赋有指导国民之力的世界唯一的阶级。

以这将一切压倒,将一切隶属于自己的问题为狭窄,别在超越它的处所寻求立场的人们,都是懦怯者。文学决不能站在生活底局外,也不应站在局外。而生活首先便是阶级底决定的斗争。文学只有做这斗争底意识的参加者。文学只有意识地以在反对奴隶,反对一切压迫而战的人们方面施行直接的不断的援助为自己底目的。

倘要十分圆满地解决这问题,愿意效力革命的文学者只有以最散文的方法通学于教授政治学 ABC 的小学校。这是我们文学所以成为真正革命的普罗列答利亚文学的先行条件。青年文学者更不可不明白地记忆着这件事。

和这同样必要的,就是意欲效力于革命的文学者,必须与党有比较密切地联合。因为和革命底中枢没有不离的关系,是不能完成效力于革命的事业的。我们决不信"不属于党的"文学会是真正革命的文学。假如文学,它那代表者不和党在一个胸口上呼吸,它就决不会达到和伟大时代同一的水平。

我们知道有些普罗列答利亚作家关于"党员证"还在做带有讥笑的批评。这些作家不过在自己底想像中,以为是"普罗列答利亚作家"罢了。必得记着下列这一个简单的真理,就是真正所谓普罗列答利亚者,在言语之革命的意义上,就是××主义的。而且在××党之外并没有康牟尼慈姆。即此便可明白文学和康牟尼慈姆之间,文学和俄罗斯××党之间,必须有不可分离的关系。

在现代底苏维埃文学之前,有着怎样具体的问题呢?

文学首先须得使大众理解革命底成就正是历史上正经的约束。它须结合俄罗斯底昨日,今日和明日。而且一面,还须结合俄罗斯底革命和全世界劳动阶级底斗争。艺术家倘若想尽大众底精神指导者底职掌,他就决不能没有最少限度的历史的知识。他如果不是劳动阶级底敌人,他就须用最少限度的历史的诚意,显出正确的透视。不明白俄罗斯革命底历史地位的艺术家,决不能成为革命底艺术家。就是他决不能成为普罗列答利亚——劳动大众底作家。

皮涅克他既然说革命只是十七世纪底断片,只是性急底结果,他是确实成了一种反革命了。皮涅克可理解他所写着的是什么吗?若是理解的,他就是意识的劳动阶级底敌人。若是不理解的,只是无意识地以最少限度的知识写着的,他就是无意识的我们底敌人,那也一定于劳动阶级有害的。

革命底五年间真是十七世纪底断片吗?革命底五年间真是历史底经常步调底破坏吗?把俄罗斯革命作这样看的,不过是我们底敌人想把革命从历史上抹去,把俄罗斯底生活回到一九一七年十月二十四日以前罢了!

文学不可不叫百万大众切实理解十月革命是历史上最合法的孩儿。也不可不认清,所谓革命底"恶事"全在将从前的主人公们替换为劳动出身实现了劳动问题的人们,而又抹煞革命底五年间,将千万人从新交给了奴隶使役者之手。自然,文学是不该将这思想用时事评论去传播,是该用自己底艺术性去传播的。

必须全然抹煞了革命底五年间——白军是这样说的。这无非说,必须将权力交给了以前的统治阶级。这在劳动者掌政可能的范围,无论如何让步,决不能使他们满足。他们欢喜全权。这是一个要点,而且这个要点,决不能用平和的方法来解决。

文学可以冷淡地看过现代这个中心点吗?文学不是该用了全心尽了全力,用了所有的明快和方式,在劳动大众之中,灌注不能将政权让给布尔乔亚地主的思想吗?

然而也许有人会反对,说这是无聊的。不,这决不是无聊的。这在百万大众是实生活的问题。这你还以为是无聊,这你还不高兴把它熔铸在强健的艺术形式中,那就显得你是寄生虫,是食客,此外不会有别的意义。只有尽了全力,在百万大众底意识上,能够铸入过去不可复归的思想的,才会是民众的艺术家。然而我要重复说,要完全解决这问题,艺术家是不可不知道权力之历史的性质和它在阶级斗争上的意义的。

新经济政策(内普)——是战术上的转换。是为巩固根本基础起见给了敌人第三段的地位的。但是新经济政策底出现,也正是为巩固普罗列答利亚政权起见的严重的试炼。新经济政策正在革命上显示着许多重大的危机。布尔乔亚由这新经济政策巩固了自己底地位,正以经济上的方法,进行着反对苏维埃政权(结果就是为自己底政权)的斗争。

在这个斗争中,文学可以取中立的态度吗?当然不可以。比在别的什么斗争中都尤其不可以。

关于和新经济政策底关系,共有三种危机摆在文学底面前。第一种危机——是"漠视"新经济政策的,"向左"的倾向。第二种危机——是承认新经济政策的原则而顾虑其实行的,埋头琐事的,"向右"倾斜的,敷衍主义,改良主义。第三种危机——是对于新经济政策简直赤条的欢喜或辩解。

文学是该充分注意这些危机的。去注意底根本必要的条件,就是要由马克思主义底分析底武器武装起来。不然,则他就将成为不是一个外乎生活的单纯的文章家,便是变为事实上的新布尔乔亚手中的武器(此后说:"漠视"新经济政策,在文学上便会以为只有向来的《锻冶厂》那样浪漫的作品才是真正革命的文学。但这是假革命的,逃避生活的,更会变为幻灭,悲观的。

这在政治上,就是孟塞维克,安那其斯忒底见解)。

这样的文学(漠视新经济政策的文学),自然是搅乱劳动阶级,妨害它那建设真生活底工作的。不肯效力于"这个时机"底期待的文学,事实上就是将劳动阶级所当憎恶的敌人底影响反映在自己之中的。反之,确实立脚在这时机底现实上的文学,则是抓住了现代一切的伟大,凭真光射照过去,把普罗列答利亚"永远"的问题和小小的日常问题连结,而能够正确地预见着未来的。

(此后论到采用新经济政策之后容易演成拥护布尔乔亚的精神,叫人注意,说在此处也有文学和劳动阶级和党,及它底意识形态互相连结的必要)。

过去的艺术充满着剥削阶级底精神(以下说明理由,从略)。

真正新的革命文学,却应该用普罗列答利亚底眼睛,评价一切生活现象。为什么呢?因为只有普罗列答利亚是有未来的阶级,只有它是使人类前进的。

革命文学须得充满着劳动阶级伟大的憎恶,须得贯彻着他底意思,他底对于解放和前进的不挠的期待。真的革命文学,正在被反映着百万意志的处所,被以空前的力憎恶着布尔乔亚社会的处所,被以不容情的酷刑处罚着人类底剥削阶级的处所,正在这些处所。

真的,新文学必须学得用劳动者底眼睛观看一切,一面又处罚布尔乔亚的事。不然,它就不是革命文学,它就没有受走进历史新门的"入场券"的权利。

在政治上否定"德谟克拉西""普遍性""全民的"的康牟尼慈姆,是在文学上也否定它的。在一切上都要求明快和秩序的他,是在文学上也要求那明快和秩序的。将一切都隶属于劳动阶级底解放,因而也隶属于其他一切被压迫阶级底解放底利益,是康牟尼慈姆,和文学,都服从这个伟大的目的的。

这论文,谁都可以明了,已经突破了文学论底范围,成为政治论了。这是《在哨岗》一派文学论底最大的特点。他们所以能够轰动了俄罗斯党来开多数身在要路的政治家也出席的文艺讨论会就在此。关于这回讨论(广涉普罗列答利亚文化是否可以成立及文艺政策的大论争)的事,当在第三节精详地介绍。

其次且看《在哨岗》怎样批评过去的文学。

他们首先不得不申明对于过去"遗产"问题的自己底立场。对于过去伟大的天才们,革命文学应该取怎样的立场呢?

对于这一点,《在哨岗》创刊号底编辑言便已急激地对答着。在那里是说:

我们将要与如下的旧观念,即恐惧之余,也不行充分批判的评价,徒然冻凝在旧的布尔乔亚,贵族文学底花岗石底纪念碑之前,而欲将这文学底意识形态底压迫重负,从劳动阶级底肩上投弃了的旧观念斗争。

这仿佛是偏指过去文学底观念内容说的,但对于形式方面,立场也是一样。在已经介绍的《十月》纲领上就写着:

我们底团体之作为问题者,并非将那存在于布尔乔亚文学中,由此渐渐挑选,运入普罗列答利亚文学来的各种形式,加以洗炼,乃在造出新的原理和新的形式的型范来,而加以表现。

而且这是凭着将旧来的文学上的形式,在实际上据为已有,而将这些用了新的普罗列答利亚的内容来改作的方法的。这也是凭着将过去的丰富的经验和普罗列答利亚文学底作品,批评地加以考察的方法的。而作为结果,则必当造出普罗列答利亚文学底新的综合的形式来。

这等宣言自然曾从古典文学底拥护者中招来了许多的物议。其中代表的便是瓦浪斯基底论文《勇敢的话语和古典》。

因此到了出《在哨岗》底第二号(却是十月发行的)时,便于过去的俄罗斯文学和新的普罗列答利亚文学之间底关系,出现了几分静气细心研究过的理论。那就是列列维支底"我们拒绝着遗产吗"?

现介绍其主要的论旨。

列列维支首先论所谓上层构造底复兴是什么,说:

时常见到这种或那种文学流派或文学手法底复兴是事实。这是不但在文学史上的,这是一切意识形态的上层构造史上都可见到的现象。……然而应该记得,这样的上层构造底复兴,是只有在这样的时候,就是即使是部分的,也要所曾产出那要复兴的上层构造的社会的经济的条件复活了的时候方才可以做到。

必须注意,在这时候,经济固然没有照着字眼的反复,艺术也并没有完全的复兴。……由一定的社会条件所产生的艺术底一种,是即使以那和它同类的社会条件为基础而复兴,也是有着一切的类似,同时有着全然不同的性质的。

其次,他引用了普罗列答利亚美学即最初的"科学的美学"家蒲列哈诺夫底论文《俄罗斯底批评底运命》,和伟大的四十年代的批评家培林斯基底论文(一九二三年方才印成的),来说述普罗列答利亚文学底公式:"若是社会条件底变革和新阶级底出现,背后常是随着文学上内容和形式底变迁,那么资本主义底破产和普罗列答利亚向着支配阶级的推移也不会不唤出同样的变迁的。"再进他又从《××党宣言》中引证了××党底革命,对于祖传下来的思想是最急激的破裂这一节,造了下面那样"我们底公式":

前时代底别的阶级底文学,在我们是最真挚的科学的研究底对象。我们将它们作为在一定历史情势内的一定阶级意识形态底产物,在历史的明见中,检讨它们。而且普罗列答利亚是一面藉着马克思主义底方法底助力慎重地研究他所继承的文学遗产,同时就创造无论内容无论形式都与过去的文学全然不同的,自己底文学的。

普罗列答利亚实与马克思研究着黑格尔,费尔巴哈及其他布尔乔亚哲学,又即创出了和他们全然不同的普罗列答利亚底哲学(唯物辩证法)一样,用了一样的方法,创造着新的自己底普罗列答利亚文学。所以说:

新的体系是不曾有过一度,只将过去体系底"好的"要素机械地混合起来造成的。在文学底范围内也一样,也只有意识形态上形式上从过去底影响辩证法的解放了,才能演成普罗列答利亚文学底确立。

列列维支不是"想从天花板去取新的形式"的,他充分地理解着文学底形式受内容所规定,因而内容底变革也就要产生了形式底变革的这件事。

事实上,现在文学底各种形式,无论是什么时代的,都是作为传达适应什么阶级底意识形态的内容的手段发生的。它们各各有着和劳动阶级之诗底社会的根据全然不同的社会的根据。因此无论其中的哪一种,都不见得就是普罗列答利亚文学现成可用的形式。无论荷马底诗底形式,无论薄伽邱底小说底形式,无论马亚可夫斯基底诗底形式,都是这样。不过以这些(三种)为造出适应作品内容的形式的手法的出发点,却是普罗列答利亚作家所必要的。所以《十月》底纲领也就说:"在过渡时代的阶级斗争底形式底繁多,即要求普罗列答利亚文学者应取繁多的主题而创作。于是将历史上前时代的文学所作的诗文上底形式和运用法,从一切方面来利用的事,便成为必要了。"

这样旧形式由新内容而辩证的克服的过程,如列列维支所引用的那样,是"普罗文化"底理论家加里宁也曾说过的。

于是便发生了可有什么旧的文学形式最适宜于普罗列答利亚文学用为出发点的问题。即发生了"什么东西比较接近"的具体的问题。对于这一点,列列维支以为伟大的古典家所用的手法,倒比革命直前布尔乔亚文学底形式更适宜于普罗列答利亚文学用为出发点(这种见解也与波格达诺夫底见解全然相同):

在形象派,未来派,象征派之间所见到的对于言语底形象,言语底节奏,言语底声调的崇拜,是在资本主义末期各种的知识分子层阙欠社会内容和意识分裂底产物,因而即从出发点这一种性质上看,也分明极其少有普罗列答利亚艺术家所可采取的东西。

宏壮,完全,明快的伟大的古典家构成的手法,例如剌柏雷(Francois Rabelais,1490？—1553),西万提斯(Miguel de Cevantes,1547—1616)之类,却和皮涅克之类有着云泥之差的大成功,在出发点的性质上可以利用为产生普罗列答利亚文学底新的构成的手法。

不过"古典作品底速率底缓慢和烦琐,也不一定适宜于现代底主题底艺术化",列列维支这样断定了之后就达到如下的结论:

这样说来,我们是拒绝着遗产吗？不不,我们在马克思也不拒绝黑格尔及其他唯物论者底遗产的意味上,是并不拒绝遗产的。……我们要把这些遗产,在历史的洞察中,绵密地研究。我们将把旧文学一切形式的手法,都在与那内容底关系上研究了,凭着新的内容来改造它们,一面又就创造出自己底新的艺术来。如此,是问题底辩证法的提出。而且无论孟塞维克或左翼的幼稚等如何的叫嚣,大约也只有如此才能将问题解决。

其次再看《在哨岗》曾经怎样批判同时代底各派文学。

先从对于《锻冶厂》的批判开始。《在哨岗》曾怎样批判《锻冶厂》,将新的主题给了普罗列答利亚文学呢?

《十月》派底纲领,即这一派文学主张底总括的宣言,我们已经介绍过了。这纲领底重要,我们也已随时说起。但还因了下列的事情尤其增加了重要性:就是虽然用罗陀夫底名字发表,其实是许多人(列列维支及其他)合作的这纲领,是不但在一九二三年三月被莫普(莫斯科普罗列答利亚作家联盟)采用为纲领,即在一九二四年五月底全联邦普罗列答利亚作家联盟底扩大执行会议也采用为纲领的。这借了列列维支底说明来说,就是指示出"自由的必然的创造的欲求也是有一定的意识形态的见地的东西,也以根本见解底一致为基础而发达的,并非将普罗列答利亚文艺作品促成兵营的单调"。

《在哨岗》立脚在这个纲领上,怎样地批评着《锻冶厂》呢?

《锻冶厂》是如前所述,一经新经济政策到来,便完全否定了向来的倾向了。就是《锻冶厂》那一种社会的文学的倾向便已经完结了自己底任务了。那时他们底大部分便已经将向来宇宙规模的革命歌,换成了肃然的挽歌。要理解新经济政策不是革命底埋葬而是革命确实的演习,是需要新的旗印的;他们既不认识这个新阶段底意义,他们便失了它那社会的文学的地位了。结果,他们便或埋头自己技巧底完成,接近了艺术派,或更脱离普罗列答利亚文学底团体,变成了超阶级的诗人。

而新经济政策却向着普罗列答利亚,因而也向着普罗列答利亚的理论家,要求着别样的心理的前提:就是有着从高处下来,埋头工作,理解日常琐事底意义,修养日常生活改造战斗上的强韧的必要。

于是普罗列答利亚诗便开始失了那被夸张着的抽象的性质。在《十月》一派诗人培赛勉斯基针对《锻冶厂》的诗中,正表现着这种心理变动底实质:

投掷游星像球一样,
　　是愉快的!
用电诗歌咏宇宙
　　是愉快的。
然而在一个省立林业委员中,
　　还是敢作敢当地看察未来底黎明呵。
对于革命犹如向着新妇,

把几百万的颂辞铁的赞美,
　　竭声讴歌是愉快的。
你们可都知道?
　　在护谟托辣斯里,
对着敌人掘好了
　　怎样的堑壕?

尹格罗夫更在《在哨岗》底创刊号上发表了论文《在月蚀中》,对于《锻冶厂》底诗人们给了一顿痛击。他说:

有些普罗列答利亚诗人们在革命底浪漫的狂欢节(Carnival)中纠缠着,弄糊涂了,并不能认识理解已经到来的革命平日伟大的意义。他们就在现今也还排斥着我们底今日。他们不愿意走下英雄的奥林比亚,把握托罗兹基所谓"注意日常茶饭事"和"苏维埃戈比克获得社会主义底卢布"的口号。因为这是散文的,不是叫他们惬意的。

尹格罗夫这样嘲笑了《锻冶厂》诗人们英勇的浪漫主义,又揶揄着他们关于革命战争底美丽瞬间的回忆。他曾引了伊理基底话:"作为革命终了或中间的纪念碑,永远留着的欢喜和英勇,是曾扶助革命问题底解决的。正唯有此,我们所以获得我们政治上军事上的成功了。但是虽然有着这样的意义,现在也正成为我们最危险的缺陷。"

尹格罗夫还说:

在革命中只接受着防垒和机关枪等词句的初期普罗列答利亚诗人们,只知道两种时间,就是过去和未来,在他们底言语学中并没有现在这一种时间。

因为现代是新经济政策的时代,所以《锻冶厂》并不接受现代。但是他们底不幸,就在他们不能理解新经济政策这一点。他们说,"咖啡店和点心店——不就是革命底颓废吗?把旗卷收了罢。因为它已经变色了!"

有人慨叹着说盖拉西摩夫和山尼珂夫给人火并了。又以为在基里洛夫是"革命遭着月蚀"了。……而其实并非革命,乃是这些诗人以"普罗列答利亚文学"为名的享有专卖特许权的创作遭着月蚀了。

盖拉西摩夫,山尼珂夫底不和新经济政策融和,正因为他们是假革命的,这就是他们底无力,无望,和败北。虽然富有那火花一般的攻击性,也只是全然没有从事强固的有层次的工作以致彻底胜利的力量的"额外人"底倔强。

我们很知道,新经济政策是给我们在历史的舞台上从事战争的可能性的战略上的演习。不妨让那些曾以革命之名宣誓的诗人们胡乱地去嗟叹。革命并不会被破坏。但是这些嗟叹者,倒已经被压倒了。

最后他作结道:"看来只有吹过战斗底台风时,罹着建设底热病时,能够和劳动阶级同在,同生,同创造的人,方始可以在苏维埃底地上创造普罗列答利亚底××,普罗列答利亚国家底生活。"

其次再看《在哨岗》对于同时代底非普罗列答利亚文学(同路人及《列夫》〔左翼未来派〕)怎样地搏战。他们在这分野上是最发挥了剧烈的斗争力的。

在一九二三年三月十五日—十七日之间所开的普罗列答利亚第一次莫斯科会议,列列维支曾经提出下文似的方针,这方针当时就满场一致地通过了。这方针是与罗陀夫所提出的《十月》底纲领(已经提及不少次了),同为这一派理论基础的极重要的文献。现将全文译出于次。

关于对布尔乔亚文学及中间集团的关系

(1) 随着布尔乔亚底意识形态上的进展(新经济政策)而生的最大强化普罗列答利亚底政治的支配的必需,正期待着一方党及苏维埃国家对于文艺政策问题,一方普罗列答利亚文学对于组织化问题有明快的解决。

(2) 当平衡文学流派或文学现象时,做它根本的基准的,全是那些社会的意义。在现代只有下面那样的文学是于社会有益的:就是将读者,而且是将普罗列答利亚的读者底心理和认识,组织到作为××社会底创造者的普罗列答利亚底终局问题底方向的文学,就是普罗列答利亚文学。此外一切对于读者施行别样作用的文学,都是在种种程度上,扶助着布尔乔亚及小布尔乔亚意识形态底复活的。

(3) 从黑普斯,蒲宁一派那样颓废的亡命作家起,到安那·阿赫玛托瓦,霍达舍维支一派那样残存国内的神秘家个人主义者止那些布尔乔亚文学,都是分明将读者底心理组织到僧侣的,封建的,布尔乔亚的复兴底方向的。这种文学简直是普罗列答利亚底阶级敌对者底一个分队,从普罗列答利亚××底见地看来,无论如何,不能认许它在苏维埃俄罗斯活动。

(4) 承认革命而不认识其普罗列答利亚的性质,将它解释作盲目的无政府的农民骚动的小布尔乔亚作家底集团(舍拉皮昂兄弟及其他),是将革命写在歪斜镜上的,并没有组织读者底心理和认识于普罗列答利亚终局目的的力量。因此他们对于劳动阶级,也就不能有什么积极的教化的意义。然而同时,在挫折犹豫不定的小布尔乔亚对于革命的敌意,及在他们底认识中灌注关于工作上必须与统治的普罗列答利亚合同的思想这一种工作上,他们也有能尽某种任务的力量。

(5) 如此各个集团底特质,给与我们对于他们底交涉有决定正确战术的可能性。对于布尔乔亚集团的交涉,无须说什么合同,只有公开的阶级战。对于小布尔乔亚"同路人"的关系,却有一定的协同底可能。

(6) 不过这协同只有具备下列的条件时,即同路人承认他们不是将普罗列答利亚大众教育成我们所必需的方向,至多不过能在意识形态上解除了我们敌人底武装这条件时,才会引起与劳动阶级合适的结果。同路人底那种小布尔乔亚性质,就在这种工作上也还不能认为他们总是有望。为此和他们的协同,只有取利用他们为瓦解敌人的应援队的形式。在这时候,也还必须常常解剖他们所混杂着的小布尔乔亚性。

(7) 因为情形如此,所以普罗列答利亚文学虽然不久就要成为文坛独一无二的有真实力量者,也还从意识形态战线底利害关系上,期待着今日即刻获得普罗列答利亚文学在党底基本的出版机关上的指导的势力。只有这样,才能利用同路人底应援势力于革命有利的方面。正如政治上,只有普罗列答利亚前卫底支配的立场,才能利用斯美那厄夫主义于普罗列答利亚××底有利方面一样。

(8) 于是符合目的的,便是下列这几个战术的标语:文学上普罗列答利亚前卫底主要支柱是普罗列答利亚文学。

利用同路人为瓦解敌人意识的应援队。但须常常解剖他们底小布尔乔亚性。

与布尔乔亚文学底各种形态不断地斗争。

(9) 普罗列答利亚作家参加出版机关(这是和布尔乔亚及小布尔乔亚集团共同的)问题,由莫普执行部以这方针为基础决定适应各个机关底处置。

他们就以这方针为基础而批评"同路人"。在《在哨岗》第二—三号上登载着罗陀夫底论文《浴着炮击》。对于从各方面所受的对于《在哨岗》创刊号的驳论,都施了更猛烈的反攻,但尤其猛烈地反攻着瓦浪斯基,剧烈地非难着"同路人"。

在两个阵营(反革命的布尔乔亚文学和普罗列答利亚文学)底中间有着一队小布尔乔亚作家。他们受到"同路人"底称号。但这称号在许多的情境上都是不正确的,无意义的。他们社会的根据很明白:无非是,既不敢站在普罗列答利亚方面,又不至怎么效力布尔乔亚的小布尔乔亚层的游士。在本质上他们是布尔乔亚文学底后备队。假如不曾有过革命,今日同路人底大部分便已和蒲宁,梅垒什可夫斯基一派混在一起了罢。就是革命妨碍了他们自然的倾向。

自然,同路人底文学对于行着社会的世界的斗争的两个阵营的关系,是由异常复杂的要素构成的。他们之中有些非常地接近着普罗列答利亚。还有一些比较远些。更有第三者则真站在界线上,最后的形式固然不是,实际是与布尔乔亚同盟的。因此必须如瓦浪斯基所行的那样,不将他们看成一团,而有谨慎微妙的个别人。

但是无论怎样,他们底大部分总之是布尔乔亚作家。他们是颓废、退化和反革命性文学底最后的残存物。不止意识形态上,就是形式上,同路人也不是从古典出发。皮涅克不是从普希金,托尔斯泰,却是从莱米梭夫,白莱意出发。曹西先珂不是从歌郭里,采德邻,却是从扎玛金,莱斯珂夫出发。加维林及其他舍拉皮昂兄弟派也不是从歌德,莎士比亚,却是从贺弗曼出发。现代底布尔乔亚作家和同路人,几乎并没有和古典共通的什么。

所以瓦浪斯基说的"因为对同路人摩拳擦掌,我们批评家诸君自把古典抛弃了"的话,是全然不正确的。我们对同路人(自然不是全部同路人)摩拳擦掌的时候,我们首先是把想以未来底活建设者来殉葬的死尸底腐败和污秽痛打了。我们是把运命已定的阶级最后的歌手们底老衰和懦怯暴露了。

他这样从正面对着瓦浪斯基想组织旧文学底代表者的试验猛加攻击。瓦浪斯基以为"他们(同路人)本质上虽然于劳动阶级及其目的是外人,然而并没有什么敌意的。虽然只是部分,但那部分,实是藉着作品效力劳动阶级底利益"的,而他,则以为,这就是一种使普罗列答利亚文学破灭的政策。同路人虽然被称赞,算是描写革命实状的作家,实际他们只是毁伤诽谤革命的作家。他们正在引动现代俄罗斯文学陷于商贾趣味的泥沼。所以必须循着普罗列答利亚文学使他们分散。必须使他们不为我们底敌人所利用,却为我们所利用。所以罗陀夫断定以为只有依照下列的条件,同路人才可以组织:

文学的同路人,即某一程度为止与劳动阶级同利害与劳动阶级同行的作家们,只有在与普罗列答利亚底意识形态完全一致的作家们底基本中核底周围,才可以组织。只有将指导的职掌委给了普罗列答利亚作家,而能够使他们和普罗列答利亚作家并行的时候,同路人才能赍与我们一定的利益。只有那时候,他们才可以为我们所利用。

其次再看《列夫》和《在哨岗》底关系。

未来派是支持革命的最初的文学团体,这已经说过了。但是未来派当时也就受纯普罗列答利亚文学的阵营"普罗文化"底批难(那做急先锋的培斯沙里珂所作的论文《未来主义和普罗列答利亚文化》,也已经介绍过了)。后来未来派顺了新经济政策变了形;所谓《列夫》,就是一九二三年三月以旧未来派底同人为主,结成"左翼艺术战线"(《列夫》),开始发行机关杂志《列夫》的。而《在哨岗》,也曾承接"普罗文化"底传统,对这《列夫》下攻击。《在哨岗》底创刊号上所载罗陀夫底论文《〈列夫〉准备怎样进军》,便毫不留情地揭穿着《列夫》底弱点。

未来派底社会根据固然是很复杂的,但依那意识形态,他们大体是显着艺术沉缅家体式的,超阶级的知识分子底集团。

他们以对于当时支配倾向的布尔乔亚文学掀起纯美学的反抗,为自己底课题。因此在那活动底初期,未来派是立脚在"为艺术的艺术"的见地上的。他那美学的反抗无非是为反抗的反抗,无非是布尔乔亚艺术内部底美学的斗争。

未来派底历史的使命,就在和布尔乔亚艺术斗争,逼它到了论理的穷极即崩溃,到了分裂为各个组成要素的消极的方面。而且他们,也只行了为破坏的破坏,不曾显出什么建设自己东西的能力。

革命曾经给了未来派底本能的破坏以出口。但一九一八年十二月所出的他们机关志《抗闵艺术》却宣言道:"艺术不过为了获得对于物质的支配权而从事物质。因为艺术底目的是限于自己之中的,与关于人类状况的什么条件并没有关系。所以艺术也不效力于谁,也不效力于什么东西。目的只在到达形式底完成。未来派从革命底始初,反对超阶级的全人类的说教家而宣言艺术家底使命在乎有益物品底创作,也就是这样的意思。"

《在哨岗》曾在这公式中见到了和自己意思某一程度的一致,但不能和他们提携。因为他们在革命之中搬进了美学与形式主义的偏向了。他们这个新的公式,本质上也不过是革命前他们教旨底变形。他们虽然主张生活建设底艺术,他们并不曾见到诗人底问题在阶级心理和认识底组织之中,只见到在活的具体的必需的现代语底作成之中。

"对话技术底新的应用范围"——决不是活人生活底自身。新的言语,是存在人类活的相互作用中的。关于生活建设底艺术的《列夫》底理论,既经以表现物品来代替活人,表现物质来代替生活,表现美学的训练来代替有机的艺术品,便全然成为空洞了。关于物品底制作,也只见他们发了很多的议论,不见他们对于为什么和怎么样可以把物品造成了艺术,说过一句话。而且这样的矛盾,就在一面加勉斯基说着艺术是无目的言语的音乐,一面褚沙克又说艺术是阶级所必需的价值底生产之间,也很可以见到。

因此罗陀夫给了结论道:

未来派已经完结了自己底生涯了。本是布尔乔亚阶级底无政府的革命的改宗者的他,要和新兴的普罗列答利亚阶级协力从事建设事业,自身受着布尔乔亚底荼毒和烂污太多了。本质上本是美学的反抗者,为破坏的破坏者的他,为要在较现代的旗帜之下,依据时行底言语,算作"最革命的"而行论,便在言语上也否定了自己底向来的理论了。

但《在哨岗》一派,对于《列夫》实比对于"同路人"更怀着好意,曾在《列夫》底美学的反抗之中认为有一定的积极的意义,说他们之中的有些人(虽然是附带条件的)是革命所可采用的。因此他们两面便结了一种战斗同盟底契约。那契约底内容怎样,只要看下列一文便可以了然。这文被揭载在《在哨岗》底第五号上。

"莫普"和《列夫》底契约

"莫普"和《列夫》底契约,实已唤起了种种繁杂的评判。《在哨岗》底编辑者，为欲表明这事底真意义，特请求"莫普"执行部委任我们印刷了如下的辩明书。

"莫普"和《列夫》底契约决非含有两个组织融合底意思。"莫普"和《列夫》之间所存在的理论上和实践上的不一致，现在也还很显著。就是《列夫》中比较杰出的革命的部分（除加勉斯基，克鲁勋宜等外），也还令人在那理论和实践中感到了《列夫》当向普罗列答利亚阵营进展的太多的旧未来派底要素。然而一面，以为这种契约之中含有什么为了一时的利益就贪图方便这种意味的取巧政策，也是错的。"莫普"和《列夫》底契约——是普罗列答利亚文学底前卫，和最接近普罗列答利亚文学的革命文学的"同路人"集团底战斗同盟，是对待阿赫玛托瓦，裘可夫斯基，扎玛金，爱伦堡，皮涅克等布尔乔亚小市民的反动战线的，统一的革命战线。是各各走路，各各工作，共同对敌作战的。这是这契约底真意义。

俄罗斯普罗列答利亚革命底现状，是以立在部分地再生了的资本主义经济关系上，而有布尔乔亚及小布尔乔亚意识形态底复兴和确立为最大特色。为了这样的现状，普罗列答利亚（尤其是普罗列答利亚知识分子和普罗列答利亚青年）底意识形态变质底可怕，正成为现实的事实。艺术底关系者（其中一部分是文学关系者）在普罗列答利亚底意识形态战线上，是最为少有防护的。这在没有明白的阶级的文艺政策的时候，更其如此。而普罗列答利亚的，真正革命的文学势力底互相分裂这情形，又正明白显露着文学关系者底势孤力弱。反之，革命前的布尔乔亚文学底碎片和没有原则的中间集团，却极有团结力，在党底印刷及出版机关中握着压倒的势力。

这一切，都在普罗列答利亚的及真正革命的文学团体之前，提起了要和布尔乔亚贵族的及伪同路人的文学之分解的影响搏战必须合力这一个最重要的问题。这要求，因了与西欧决定的斗争时期到来，一切普罗列答利亚的斗争武器都须尖锐化的要求，已经非常地迫切了。

为了满足这要求，"莫普"和《列夫》便缔结了下面的契约：

本同盟

1. 不中止实验的工作，将一切创作活动都用在组织读者底心理和认识于普罗列答利亚底××主义的问题的方面。

2. 依由口头和出版进军的路径，不断地努力扑灭布尔乔亚贵族和伪同路人集团底势力，展开阶级的文艺政策底原则。

3. 组织地侵入出版和印刷底相互关系中，藉此侵入和在那处的反动的伪同路人的集团底统制斗争，限制他们压倒的势力。

4. 研究和工作上不妨有同志的批评，但须避免相互的争论。

5. 设法保护普罗列答利亚及革命作家职业的利益及物质的必需。

为实现以上各项事务起见，由两团体各派代表三名设立事务所。将下列诸事委给事务所办理：

1. 制作计划，召集文学政治的和文学的会议，并联络两团体底口头的和出版的进展；

2. 鲜明出版所，印刷机关，及各文学团体底社会的容貌，同时即在对于前记诸团体底关系上规定而且执行一定的方针和实行方法；

3. 邀约新的文学团体及作家参加这契约。

"莫普"　　里培进斯基
　　　　　　罗　陀　夫

《列夫》　　马亚可夫斯基
　　　　　　李　利　克

一九二三年十一月

以上已将《在哨岗》底文学理论约略介绍了。读了这理论，便可以明了在那根柢上常是组织的问题。这就是说，《在哨岗》底理论是常将文学论和文艺政策混合不分的。因此《在哨岗》底文学论，便成了从来的文学论的历史上所不曾有过的"极端的"文学论。关于这一点，托罗兹基说它是"艺术对于一定的社会阶级表明了自己精神的，生活的，物质的从属到无论什么时代所不曾有过的赤条条的时代"。实际，在文学底历史上，也真不曾有过一个时代，文学这样公然地牵涉到实生活组织底任务，文学这样赤条条地接近着功利，像《在哨岗》底气氛所代表的时代这样。《在哨岗》底理论底本质是在不以文学为作家的一定基尔特的（文坛内的）工作，却将它们根据了阶级的要素而区分的这一点。在一点上，他们是连向来常以文学为"社会的，生活的"俄罗斯文学底传统也都破坏了（托罗兹基，瓦浪斯基是忠头于这传统的。这里便有着他们两边争执的原因）。向来是，无论在什么社会意识底勃兴期，也将文学看作不可不就它自身底特殊性上研究的一定的现象的（这看法是对的）。然而《在哨岗》却说"文学只是政治底一个要素"，达到了不复有所谓作家的范畴，只有所谓普罗列答利亚，农民和布尔乔亚的思想家等观念的境界了。

这由于他们底普罗列答利亚文化论太偏于政治的文化论，而他们底组织论（文艺政策论）又有着错误而来。所以《在哨岗》底运动，曾经引起了关于普罗列答利亚文化和文艺政策的大论争。这论争才是苏俄文艺批评底精华。我们当在下一节说述。

第三节　普罗列答利亚文化论和文艺政策论

大论争底发生和它底经过　托罗兹基底普罗列答利亚文化否定论　瓦浪斯基底普罗列答利亚文学否定论　托罗兹基底文艺政策论　瓦浪斯基底文艺政策论　"同路人"作家底申告书　列列维支底《党底文艺政策》　瓦普向中央委员会的报告　玛伊斯基底《关于文化和文学及党》　全苏维埃联邦普罗列答利亚作家大会底决议　布哈林底演说　卢那卡尔斯基底见解　党底文艺政策　这大论争底意义

《在哨岗》一派底理论是文学论和文艺政策论之机械的混合，这在前面已经说过了。对于政治和文学底关系企图较多政治的解决的他们底理论，当然要受怀着较多文学的理解的人们所反对。反对者（托罗兹基，瓦浪斯基）本是想，把政治和文艺底关系，从马克思主义底见地加以正当的解决，公平地指出《在哨岗》过重政治（漠视文学特殊性）底谬误的，但是事实上，因为时代空气底紧迫（新经济政策之后底社会大变动）致成论战底尖锐，也成为偏颇的理论了。就是，对于《在哨岗》底过偏于政治，他们成了过倾于文学了。结果就在文学论本身上，也（在不能从亚奇·普罗文学中见到许多文学性的点上）显出了些牵强。（关于这些，当在本节之末把作这大论争底批判来说述。）

于是这论争两派底理论，原理上本来可以合一的东西（都是"普罗文化"底抽象的原理）便在具体上被时代底（当时社会生活底）紧迫致成了分裂对立了。而时代底波涛一经平静，便又有一九二五年那立在波格达诺夫底同志（优良的发展者）卢那卡尔斯基底见地上的党底文艺政策使它们重归了一致。

但现在，且先说这大论争底发生和它底经过罢。

当"同路人"随同新经济政策一跃席卷了文坛的时候，第一站在马克思文学论底见地上批评他们的，是托罗兹基（关于这一点当在托罗兹基节详述）。就是"同路人"这一个称号，也是他给的。而且他对于旧文学（非十月文学）也曾做了彻底的批判。因此在新经济政策中奋起的建设了新阵容的普罗列答利亚文学青年们（《十月》一派）就以为他是一个应当尊敬的先辈，在《在哨岗》底创刊号上，好几处刊印了他底论文底拔萃。但是《在哨岗》底运动是从始便显出急激的政治和文学底混合（将政治来强制文学）：它那普罗列答利亚文化确立论,是错了对于普罗列答利亚终局文化的努力,过于只在政治的文化(政治的意识形态)上尽力而将其余的文化现象藐视压杀了的。他们底要求是过于堕入了(从当时现实的见地看来,分明是堕入的)提倡专为普罗列答利亚阶级的(不是为包含"同路人"的全人类的)普罗列答利亚阶级文化,因此就在普罗列答利亚文学论上,也只认识亚奇·普罗文学,而漠视政治以外间接有用的文艺的。加以他们又是想用政治底力量(用党底直接干涉)即刻地实现了获得普罗列答利亚文学底领导权;那党底直接干涉论,又是无论如何不能不说是违反文艺底本质的。于是托罗兹基便又开始毫不容情地指摘他们底弱点和谬误。在一九二三年九月以降的《真理报》上,他曾连续发表了普罗列答利亚文化否定论《普罗列答利亚文化与普罗列答利亚艺术》及《党底文艺政策》。(同时印成单行本)

与此相对,《十月》一面曾有列列维支在《在哨岗》底第四号上,写了题为《党底文艺政策》的长篇的驳论。

接着,托罗兹基,瓦浪斯基也力说《在哨岗》一派所竭力排斥的"同路人"及《锻冶厂》底社会的意义(固然不是《在哨岗》所宣扬的政治文化的意义)。当时他是党底文学部底代表者,原期说得最平允,但因意气之余,也达到了普罗列答利亚文学否定论了。在这点上他底代表的论文是《关于普罗列答利亚文学和我党底文艺政策》。

对于托罗兹基和瓦浪斯基底见解,玛伊斯基曾经写过极精细的驳论(载在一九二四年《星》第三号上)。他所说的关于普罗列答利亚文化之处是很对的。

一面,《在哨岗》一派,却总想组织地作战。组织地行事这件事,从普罗列答利亚本来的集团主义的生活关系(文化)看来,原是当然的,也是现在所最应该尊重的,然而《在哨岗》却只在政治上注重组织(因而也是过重组织),到达了不是为广泛的文化的必需,而是为要用政策使普罗列答利亚文学握到了领导权所以注重的程度了。

这样过度地注重组织,虽则就是生出错误的文艺政策底根源,可是他们总之是尊重组织的,正如他们结合当时底对于中央委员会的报告书(已经介绍了)所揭示的那样,从那运动底起初,便主张"召集普罗列答利亚作家全俄大会"。这自然是为了要造成普罗列答利亚文学底统一的战线(不过如真从初就以造成统一的战线为目的,他们一路人便不必从《锻冶厂》斗争地脱退了。这正与日本底《战旗》一派,从《文艺战线》闹开了之后,不久又主张造成统一战线的情形,完全相同)。

为要造成统一战线,曾在经过了他们所谓"九个月准备行动"之后的一九二四年二月十日,开了"莫普"大会,建议设立"瓦普"临时执行部,并决议"莫普"一路人自称为"瓦普"执行部。因为他们以为一九二〇年成立的"瓦普",早已成为仅仅纸上的存在,不能做什么具体的活动了。这设立临时执行部底报告,被揭载在二月二十八日底《真理报》上。这报告一出,"瓦普"底旧执行部方面斐立普先珂,山尼珂夫,奥字拉陀维奇,基里洛夫,伏尔可夫便联名提出了抗议,说"瓦普"正在活动,所谓临时执行部是滑稽的。这抗议被揭载在三月十六日底《真理报》上。于是,临时执行部便又在三月二十四日底《真理报》上,激烈地暴露旧执行部。

为使两面和合起见,曾在四月五日开了新旧执行部底讨论会,由斐立普先珂,罗陀夫,山尼珂夫,孚尔玛诺夫,雅克波夫斯基,培赛勉斯基出席,讨论执行部统一底实际方法。结果是,废止原有的执行部,从新由两面各派代表五名,并请党中央委员会委派代表一名,从新组织了执行部。

为准备进行开这新组织的"瓦普"底扩大执行会议起见,"莫普"一路人又在四月二十日开了第二次的普罗列答利亚作家莫斯科会议。列列维支在这会议上曾提议不要开全俄普罗作家大会,应当开全苏维埃联邦普罗作家大会,造成全联邦普罗列答利亚作家联盟,即经全场一致通过了。但因这会议发表的那内容,夸张成似乎一切的普罗作家都曾参加的样子(见四月二十六日《真理报》),瓦浪斯基曾经指摘过它那(《锻冶厂》及《赤新地》一派都不曾参加,所以结果几乎大多数的作家都不曾参加的)事实上底谬误(见四月三十日《真理报》)。《锻冶厂》一派也曾表示反对"莫普"底行动(见四月二十三日《伊兹威斯奇亚》报)。

"瓦普"底扩大执行会议是五月二日至四日开的。除"瓦普"之外还有十五个地方团体(莫斯科,列宁格勒,罗斯多夫,哈科佛,厄卡忒里诺斯拉夫,都拉,的威尔,沙立存,雅罗斯拉布利,萨拉多夫,巴库,阿尔马皮尔,亚尔干日尔斯克,诺伏尼古拉耶夫斯克,伊尔库次克)底代表参加。此外亚美尼亚,立陶宛,拉脱维亚,及莫斯科底各种社会团体也曾有代表参加。全员四十九人,有百分之九十是党员。

会议由中央委员会出版部长莫萨莱夫斯基底演说开场。先根据瓦进题为《意识形态战线和文艺底任务》的报告,采决了在意识形态战线上关于普罗列答利亚文艺一般方针的决议。其次根据斐立普先珂关于瓦普执行部活动底报告,批判向来执行部底没有活动,称赞"莫普"所做的战线统一运动,嘱托新执行部仍照"莫普"原有的气氛继续工作。更根据同一的报告,指摘了《锻冶厂》在战线破坏行动上脱出了普罗列答利亚文艺队伍,决定向普罗列答利亚作家提议不要写东西给《锻冶厂》底机关杂志《劳动者底杂志》。

此外还有列列维支底报告《关于普罗列答利亚文学创造的过程》(这与上述瓦进底报告都曾再在翌年第一回全联邦普罗列答利亚作家大会中报告,当时底速记录已刊成单行本,为叙述苏维埃文艺史底展开的可注目的著述之一),和罗陀夫底《普罗列答利亚文学战术》,及孚尔玛诺夫关于组织问题,里培进斯基关于瓦普执行部将来活动的报告。在地方团体之中,也有过《青年亲卫队》底拉思珂里尼珂夫,及"普罗文化"底普列特涅夫,波林等人底报告,受人注目。

在这会议之后,"瓦普"曾将这会议底部分所采决的决议和方针递陈党中央委员会(他们在文艺政策讨论会所陈述的意见都是根据这个决议和方针的)。一面,瓦浪斯基也曾在同时,代表着反对者提出了报告。

结果是五月九日,由党中央委员会出版部召集,开了文艺政策讨论会。在这讨论会中,托罗兹基一派是和《在哨岗》一派两相对立论争的。而布哈林和卢那卡尔斯基,则各各指摘两面所有的谬误,取了正常的客观的态度。(这会底速记录已被全译为国语。〔按即指鲁迅氏据以译成《文艺政策》,画室氏据以译成《苏俄文艺政策》的藏原,外村二氏底原译〕只不知何以不将"同路人"写给这会的信和雅各武莱夫提出并经决议〔与后来党底文艺政策大体相同〕的议案也译出来)。

后来"瓦普"为反抗这讨论会不方便自己的决议,发扬声势并贯彻年来的主张起见,曾于一九二五年一月七日开了全苏维埃联邦普罗列答利亚作家大会。在这大会上,如前所述,曾经有过列列维支和瓦进底报告。并经大会根据瓦进底报告采为决议,在二月一日底《真理报》上公布。这个决议(只要一读后面的全译介绍便可明白)是专骂托罗兹基一派的,和党底文艺政策比较来看,实在含有许多的谬误。所以当时临席的卢那卡尔斯基,曾经站在后来表现为文艺政策的见地上,对于《在哨岗》一派有过仿佛训诫般的演说。(这当在他底文学论章介绍)

然而一九二五年七月一日(在讨论会后经过了一年以上)公布的党底文艺政策,却分别指摘托罗兹基和《在哨岗》两派底各趋极端,指导他们两个极端应该走向有大众性的普罗列答利亚文学底创成。

因了这文艺政策,久涉三年的大论争就告了一个段落了。

苏维埃底文学论,于是就进了第三期。

现在要做这论争底具体的介绍,先从托罗兹基底普罗列答利亚文化否定论起。

普罗列答利亚文化与普罗列答利亚艺术

1 什么是普罗列答利亚文化,并且是可能的吗?

各个时代底统治阶级都创造自己底文化,因此也创造自己底艺术。据历史所传,曾经有过亚细亚及古代欧罗巴奴隶所有者底文化,又曾经有过中世纪欧罗巴底封建文化,而现代也还有着支配世界的布尔乔亚文化。从此自会引申出一个结论,说普罗列答利亚也将创造自己底文化和艺术。

但是问题无论如何并不像一看所见的那样简单。奴隶所有者握了统治权的社会,是延续了几世纪之久的。封建制度事实也是如此。布尔乔亚底文化,也但从像潮一样大张声势的时代算起即从文艺复兴时代算起,便已经经过了五个世纪了。然而直到十九世纪,特别是十九世纪底下半,才达到了成熟期。这样,一个统治阶级要在自己环境上形成了一种新文化,据历史所证明,实需要许多的年月;尤其要到该阶级迫近了政治的没落期,才能达到完成的境地。

普罗列答利亚能够有时间创造所谓"普罗列答利亚文化"吗?普罗列答利亚和奴隶主,封建贵族,乃至布尔乔亚等根本不同的,是在他们把自己底专政时代看成短促的过渡时期这一点。我们对于向社会主义的转变决不空怀乐观的见解;但我们以为社会革命时期,固然不会是几月几年而是几十年——但也只是几十年,并不是几世纪。更不是几千年。普罗列答利亚在这短促时期里果然能够创造成新文化吗?提出这个疑问是有理由的,因为社会革命的时期是一个剧烈的阶级斗争的时期,在这里破坏要比新的建设占的地位多。无论如何,普罗列答利亚不能不将它底主要精力倾注在夺取政权,并且为着现在生存和将来斗争底迫切需要,而保持,巩固,并运用政权的方面。因而这时,普罗列答利亚正达于高度的紧张及其阶级性底充分的流露,而于有计划的文化方面建设底可能性,却不得不局限于非常狭窄的范围之内。反之,新的统治制度越能免除政治军事的意外,文化创造底诸条件越发顺利时,普罗列答利亚又将融化在无阶级的社会生活中而脱离了那阶级的色彩,不复是普罗列答利亚的了。所以,专政期间我们并没有谈到创造新文化,即建设最大历史价值的机会;而当没有蹲在名为专政的铁制压榨机中的必要时,那时才有古今无比的文化的建设,却又是没有阶级性的了。从这事实看来,就不能不下结论说:普罗列答利亚文化不但现在并没有,就是将来也决不会有。这并没有什么可以惋惜的理由。因为普罗列答利亚所以要获得权力,乃是为永远消灭阶级文化,以开拓人类文化底路线。我们往往似乎将这个忘记了。

2 布尔乔亚与普罗列答利亚底文化的进路

关于普罗列答利亚文化诚然横行着驳杂纷歧的论议,却都是将布尔乔亚文化来类推普罗列答利亚文化的,这不是将布尔乔亚和普罗列答利亚底历史运命毫无批判地看成一律吗?我们看不出这种完全浅薄的任意的形式的历史类推法,和马克思主义之间有什么共通处。布尔乔亚和劳动阶级底历史的轨道,是没有什么真实的类似的。

布尔乔亚底文化的发达,在布尔乔亚用革命复革命的手段掌握了政权的时代以前的几世纪便已开始了。就是布尔乔亚还不过是第三阶级的时代,它在文化建设各分野上便已发生重大而且日益伸长的作用了(关于这一点,他举了布尔乔亚文化中建筑艺术底发达过程为例,兹从略)。

从文艺复兴和宗教改革它是布尔乔亚在封建社会内创造比较适于自己精神的和政治的存在底顺利条件的时代起,直到政权转入他们手中(在法兰西)的革命时代止,大约经过了三四世纪,布尔乔亚都曾有物质的和精神的伸长。只在法兰西大革命及它所引起的战争时代,文化底物质水平一时降低了些。但是这时一过去,资本主义的统治便确立至于像是"自然"而且"永久"的了。

这样,布尔乔亚文化各种要素底累积,及其形成样式底基本过程,实际是为他们做着富裕剥削阶级的社会的特性所决定。布尔乔亚在封建社会内,不但物质上有了发展,用各式各样的方法和那社会纠缠,将财富搜括到自己手里,而且还创造了自己立脚的文化基础(小中学校,大学校,学士院,新闻,及杂志),将知识分子吸收到自已一边,直到后来才以第三阶级底身份公然支配了国家。我们只要看:德国布尔乔亚有着那样无比的技术学,哲学,科学,艺术等文化,也还迟至一九一八年还是让那国家权力握在封建的官僚底手中,直到德国文化底物质基础将要毁成碎片时,才决定,更正确地说,才被迫而直接掌握了政权。

但是人或许会反驳:奴隶所有阶级底艺术底形成需要几千年底年月,布尔乔亚底艺术底创造就不过几百年。那么,普罗列答利亚为什么不能在几十年中创造出自己底艺术呢?现在生活底技术的基础全然不一样了,因此速度也不可以不一样吗?这种反驳,骤看似乎触着真谛,其实并没中着鹄的。无疑义地,新社会发展底途上是可以有一种时机到来,时机一到,经济,文化的建设和艺术都可以得到高度的前进运动的自由的。然而试想:关于那速度,现时我们还不是只能空想它吗?在不必为每天底面包而操心忧虑的社会里,——那里公众食堂是准备着好的,卫生的,美味的食物,供一切人选择的,那里公众洗衣厂是替各人洗净美好的衬衣的,那里的儿童,而且是一切的儿童,都养育得好,快乐而且健康,并且他们在其中吸收科学与艺术底基本元素,如同吸收蛋白质和空气和日光一样的,那里电气与无线电又不像现在这样小巧,是随着一个电钮自由地像无尽的瀑布一般汇集了来的,那里将没有"空手吃白饭"的人,那里被解放了的人类底自负精神——一种伟大的力量!——将尽全力于宇宙底认识,改造,与改革上面——在这样的社会里,文化底发展底力学自可以成为空前无可比拟。但是这样的境界只有经过了漫长而且艰难的过渡期之后才来到。而我们眼前所不能不说的,却正是这个过渡期。

3 普罗列答利亚专政,文化与教化

但是我们所生活的现时代,不也是大大地力学的吗?是的,可以说我们是在最高度上的。不过那力学性几乎全集中在政治方面。战争和革命诚然是力学的,但为着它就很费了些技术和文化。战争固然曾产出许多技术的发明。但是不可忘记,那战争所生落的贫穷,却将这些可以用来改革生活的技术的发明底实际应用耽延了一个长时期。关于无线电,飞行机,以及其他许多科学的发明都可以这样说。一面,革命原也为新社会准备下地步。但是革命所用以准备的方法是用阶级斗争,用暴力,破坏与毁灭等旧社会的手段的。假如普罗列答利亚革命没来到,人类许已在自身底矛盾之中闷死了。救社会和文化的是转变。但用的是外科手术的转变。一切积极的势力都集中在政治与革命的斗争上,此外的一切都被推到第二线去,有障碍的就不容情地踏在脚下了。在这历程中,自然不绝有涨潮与落潮;例如战时共产主义让步给新经济政策,新经济政策又应必须与别的交替,经过了种种不同的阶段。但是普罗列答利亚专政,根本还不是新社会生产文化的组织,而只是争取这种组织的革命战斗的程序。一定不要忘记了这个。将来的历史家想必要以布尔乔亚文化底疯狂势力,将帝国主义战争底血和火,扰乱全世界的一九一四年八月二日为旧社会底顶点,以一九一七年十一月七日为人类新历史底开端。而将人类进化底基本阶段,大概分划如下:原人底史前"历史";展开在奴隶制度上的古代史;建基于农奴制上的中世史;自由剥削制度

的资本主义；最后是，健全的过渡到预约无强权的社会到来的社会主义社会。无论如何，普罗列答利亚世界革命所费的二十年，三十年，或五十年的岁月，总将在历史上成了从一种制度到另一制度的最艰难的渡涉期，决不会成为普罗列答利亚文化底独立期。

在现在，在这过渡期中，关于这一层是会在我们苏维埃共和国里发生幻想的。我们已经将文化建设底问题放在议事日程中了。若把我们底现时问题拖延到隔着长年久月的辽远的将来去，或许就可以描出普罗列答利亚文化来。但是我们底文化建设，无论怎样地重要而且必需，事实却不能不有待于全欧洲与全世界底革命。我们现在也还是进军中的兵卒。我们固然也有休息的时候，然而我们底衬衣总要洗，我们底头发总要梳剪，最要紧的还是来福枪总要擦净涂油。我们现时经济，文化的工作，不过是乘着战争和调防的余闲弄了点头绪而已。主要的战争还在前方，——也许就在并不怎样远的前方。我们底时代还不是新文化时代，只不过是那时代底入口。我们第一必需的是把旧文化中底重要元素，国家的摄受同化，为新文化开发了一线最低限度的道路。

假如就国际的范围来考察这问题，那事情就更显明。普罗列答利亚过去，是一无所有阶级，现在也还是一无所有的阶级。即此便已限定了它，不能有什么余裕去吸收布尔乔亚文化那些永远列在人类财产簿上的元素。固然，普罗列答利亚，至少欧洲底普罗列答利亚，也曾有过它底改良时代，特别是十九世纪底后半，它虽不直接掌握国权，却在布尔乔亚统治之下获得了适于自己发展的合法条件。但是，就在这改良时代——大体和第二国际时代相当的，议会政策和社会改良时代——历史给予劳动阶级的，也只是几十年，而给予布尔乔亚的，却是几世纪。这是布尔乔亚泛和普罗列答利亚底第一不同点。其次普罗列答利亚在这准备时期中也几乎并没有能够变成一个更为富有的阶级，并没有能够把物质的力量集中在自己手里。反之，从社会的文化的观点看来，它倒更其贫困更受剥削了。布尔乔亚泛取得政权是由当代文化全副武装武装起来的；而普罗列答利亚夺取政权的时候，却只凭了获得文化的迫切需要。这是第二不同点。既经获得了政权，普罗列答利亚第一工作就在将旧社会底文化机关——产业，学校，出版物，出版事业，剧场等——拿到自己手里，经由着它，替自己开拓一线文化的进路。

然而在我们俄国，这种工作却被我们文化传统底贫穷，及过去十年的事件（按即是战争，革命，内乱，饥馑等）所造成的物质的破坏弄成繁难了。自掌握政权以来,为保持并且强固这政权而战的差不多六年间,我们普罗列答利亚都不得不尽其全力于创造最原始的物质生存的条件和学习最初步的文化——而且这里所谓初步真是直照着字面上底意思。我们决定要在苏维埃统治十周年纪念时完成全国除灭文盲的这种工作,断不是无谓的。

或许有人反对,我将普罗列答利亚文化看得太广泛了。要说,完全成熟的普罗列答利亚文化或许不会有,但是劳动阶级在消融于共产主义的社会以前,总能够在文化上面印上了自己足迹的罢。这种反驳,首先就得认为是从普罗列答利亚文化阵地的一个严重的退却。普罗列答利亚在它专政时期将在文化上面印上自己底足迹,是不成问题的。但不宜就指它为普罗列答利亚文化。因为我们所谓普罗列答利亚文化,是指在精神和物质底各方面,知能都很发达而且和谐的体系而言,而这印上足迹和那普罗列答利亚文化相距却不知有多少远。只有千百万人民,先学会了读,写,算,自成为新文化底主体,才可以说是新文化底事实而且是伟大的事实。这新文化,那特质不应该是为少数特权者的,贵族的,而应该是群众的,普遍的而且通行的。在这里量将转变到质:——随着文化群众性底生长,将就提高了文化底水平,并且改变了文化底形貌。但是这种历程,总要经过许多历史阶段才能发展起来。而且将随着它成功底程度,弛缓了普罗列答利亚底联系,并且同时消灭了普罗列答利亚文化底依据。

但是劳动阶级底上层怎样呢？它底知识的前卫怎样呢？难道不能说在那些狭小的范围内,现正完成着普罗列答利亚文化底发展吗？我们现在没有社会主义学士院吗？没有赤色教授吗？有人犯这种极抽象的提出问题方式的错误。他们似乎以为可以用实验室的方法创造一种普罗列答利亚文化。但是实际,文化底基本组织是由一阶级和那阶级底知识分子之间的交互关系和交互影响形成的。布尔乔亚文化——技术的,政治的,哲学的和艺术的——就是由布尔乔亚阶级和它底发明家,指导者,思想家和诗人底交互影响造成。读者创造作家,作家也创造读者。这对于普罗列答利亚更其如此,因为它底经济,政治和文化,只有在群众自动创造底基础上面方才能够树立。所以普罗列答利亚知识阶级最近将来的重大任务,并不是对群众鼓吹空洞的——连基础也还没有的——新文化,而是将最具体的教化事业,即既有文化底必需要素,有系统的,有计划的,而且自然是批判的,向落后群众灌输。阶级文化并非可以同阶级毫无关系地造成。而要和阶级底一般的历史的发展密切相关地来建设文化,便是粗枝大叶的罢也得建设起社会主义来。在这历程中,社会底阶级的色彩并不会增强,只会随着革命底成功而减弱,而至于消灭。普罗列答利亚专政底解放的意义,就在它是暂时的——只是一时的这一点。——在于它是清除道路,并为无阶级的社会及建立在万众一体之上的文化打下基础的这一点。

为要把劳动阶级文化发展过程的观念表示得更正确,让我们姑且把历史的承继,不取阶级,却取了世代来看。世代底承继状况是表现在：每一时代——当社会是发展而不是没落之际——总是把它底宝藏加入文化底过去的集蓄去。但在能够这样作以前,每一新世代都要经过一个学习期。它要据有眼前底文化,并照自己意思改变,使与旧世代的多少有些不同。但是这种据有还不是创造,即还不是新的文化价值底创造,不过是它底准备而已。这——到某种程度为止——也可以应用于此刻正在起来做历史创造的劳动群众底运命。所要补说的只是,在普罗列答利亚经过文化学习期以前,它已经不成其为普罗列答利亚了。还有一点也不当忘记,第三阶级的布尔乔亚上层,是在封建社会底屋脊下经过它底文化学习期的；当它还在封建社会底胎里,它还没有凌驾旧统治阶级,获得政权以前,就已经成为文化底指挥者了。但就普罗列答利亚而说,尤其就俄国底普罗列答利亚而说,事实却不如此。普罗列答利亚在吸收到布尔乔亚文化底基本要素以前便已经不得不动手取得政权；而它之所以被逼得不能不用革命暴力推翻布尔乔亚的社会,却就因为这种社会不给与他们享受文化的自由的缘故。劳动阶级努力将自己底国家机关改变成强有力的抽水机,以慰大众底文化渴望。这是一件有无限历史的重要性的工作。但是,假如不是玩用文字,也还不能就说普罗列答利亚已经创造了自己底文化。那在说"普罗列答利亚文化","普罗列答利亚艺术"等等的是在做什么的呢？十中有三是用来无批判地悬拟将来的××主义社会底文化和艺术；十中有二是用来表示普罗列答利亚中有些团体正在吸取普罗列答利亚以前文化底各个要素这一种事实；而十中有五,却只是代表一丛概念和字眼,从中找不出什么头绪。

我们这里有着不正确的,无批判的,而且带有危险的滥用"普罗列答利亚文化"这个术语底百中之一例,试看隋佐夫最近所发表的论文(《熔炉》第八卷《普罗列答利亚和科学》九页)中的这一节："经济的基础构造及其顺应的上层构造是形成各个时代(封建的,布尔乔亚的,或普罗列答利亚的)底文化的特性的。"

这里,就是将普罗列答利亚文化时代这个术语和布尔乔亚文化时代这个名词一样地用了。但是这里所谓普罗列答利亚文化时代,实际只是从一种社会文化的体系到另一种体系,即从资本主义到社会主义的短促的过渡期罢了。自然,布尔乔亚确定统治以前,也曾有过一个过渡期。但是布尔乔亚革命在求布尔乔亚统治永垂不朽,而普罗列答利亚革命目的却在消除普罗列答利亚底阶级的存在,并求于最短期内实现了这一点。这时期底长短全看革命底成功如何。竟把这点忘记了,把普罗列答利亚文化时代和封建及布尔乔亚文化时代并列,不是太大意吗?

4 普罗列答利亚科学是什么?

不过假如如此,我们不是就不会有普罗列答利亚的科学吗?就不能说史的唯物论和马克思底政治经济学批评是普罗列答利亚文化中无价的科学元素吗?

自然,史的唯物论和劳动价值说是无论当普罗列答利亚底阶级武器看,当一般科学看,都是有无限高的价值的。单单一册《宣言》,就比那教授们所编纂的投时的历史丛书和历史哲学丛书更有科学的价值。但是人能说马克思主义是普罗列答利亚文化底产物吗?人能说我们已经运用马克思主义,不但在政治斗争上,已经实际扩展到科学的问题吗?

马克思和昂格思都出身于小布尔乔亚的民主政治中,自然是在小布尔乔亚文化中长大,不是普罗列答利亚文化中长大的。假如没有劳动阶级,以团结,斗争,苦恼与叛乱奋起,那就没有历史的需要,也就不会有科学的社会主义。马克思底理论,虽然对于布尔乔亚文化是决死战的宣言,却也全然建立基础在布尔乔亚底科学和政治文化上面。布尔乔亚民主主义共通的思想,吃资本主义底矛盾窘迫了,它底最勇敢最诚实而且最有见识的代表者,就跃进到自己否定的地步,用布尔乔亚科学底发展所已准备的一切批评武器来武装自己。即此便是马克思主义底起源。

普罗列答利亚并没有立即地,而且到现在也还没有完全地在马克思主义之中发见它底武器。这种武器,现在还是大抵而且几乎全然用在政治的目的上。辩证唯物论底认识论应用及方法论的发展,还全在乎将来。据我看来,只有在社会主义的社会中,马克思主义才能够从做政治斗争一面的武器变而为科学创造底方法,精神文化最重要的元素和工具。

一切科学,多多少少,都反映着统治阶级底倾向。但凡更加切近征服自然实际工作的科学(例如物理,化学,一般自然科学等),就更加是非阶级的,它所贡献的也就更加是全人类的。反之,越加和社会剥削机体有连带关系的科学(例如经济学),或者将人类经验越加概括得抽象的科学(例如不是实验的生理学的心理学,却是所谓"哲学的"心理学),它就越加屈服于布尔乔亚阶级的自私，而对于人类知识底总和也就贡献得越加少。就在实验科学方面，也随着概括程度底深浅而有种种程度不同的科学的纯真性和客观性。通例，种种布尔乔亚的倾向，总在方法论的哲学，"世界观"，这些较高的领域中找它比较可以自由驰骋的地方。因此必须从下到上清理科学的构造，或者还不如说，从上到下，因为必须从上层开始。

但如果以为普罗列答利亚一定要在运用于科学社会主义的改造以前，批评地重建一切从布尔乔亚传来的科学，那又未免太憨了。这就等于和乌托邦的道德家一同说：在建立新社会以前，普罗列答利亚该先升到共产主义道德底高处。其实，普罗列答利亚是要激烈改造道德，并且改造科学的，不过总要到即使是粗枝大叶地建造了新社会以后。这我们不是陷入了两难吗？怎么可以借助于旧科学和旧道德来建造一个新社会呢？这里我们却需要一点辩证法，就是我们现在在抒情诗里，在公事上，在白菜汤和粥里无处不在滥用的辩证法。普罗列答利亚的前卫要开始工作，必须有一种把意识从布尔乔亚意识形态的羁绊里解放出来的准备，即若干科学的方法；它正在学习这些，并且一部分已经学到家了。它已将它底基本方法，在所有战争中，用各样不同的方式，试验着。但是离开普罗列答利亚科学，还不能不说是很远。而一个革命的阶级却不能因为党还没有决定是否接受电子和离子底假设，弗洛特底精神分析学说和相对性原理底新的数学发现等等，就停止斗争底步伐。固然，取得政权以后，普罗列答利亚很有便当的机会可以学习科学，审核科学。但是做的时候决不会有说的时候那样容易。普罗列答利亚决不能等它底新学者们——大部分还在穿着短裤到处跑哩——把知识底一切道路和工具都清理检查好了才来从事社会主义的建设。普罗列答利亚断然就要拒绝显然不需的，虚伪的，反动的，并且将现代科学底方法和结论，从包藏着它的反动的阶级合金中鉴别出来，运用于建设工作底各种方面。那时实际的工作，在社会主义目标底统制之下展布开来必会将理论底方法和结论逐渐加以吟味和挑选，而那实际的结果，自会通体显示了它底意义。那时自会有新环境所育成的学者随时出来。无论如何，在能够将科学从上到下大清理之前，普罗列答利亚必须十分提高自己社会主义的建设，就是给与社会之物质的保证和文化的满足。

我这样说，绝对没有反对马克思主义的批评工作的意思，这种工作近来正利用团体或学校从各方面进行着。这种工作是必需的，有效果的，应该用各种方法使之普及而且加深的。但是必须保持马克思主义者衡量事物的眼光，认识现在这种工作在我们整个历史工作中占着怎样重要的地位。

5 劳动诗人和劳动阶级

这样说来,岂不成在革命的专政时代,是例外地少有从普罗列答利亚间出现卓越的科学家,发明家,戏剧家和诗人底可能吗?一点也不。但是从劳动阶级出来的各个先驱者底收获,无论它有怎样的价值,如就给以普罗列答利亚文化或艺术之名,总是太轻率的。人不能将文化底概念兑换为各人日常的零用钱,也不能单凭各个发明家或诗人底一张普罗列答利亚证书,就决定阶级文化底成功。文化是表现全社会底,或至少它底统治阶级底特性的,知能底有机的总和。它包罗而且渗透人类创造底各方面,并且把它们联成为一个单一的体系。个人的收获,有时高出了这水平,便也可以提高这水平。

现今在我们普罗列答利亚诗歌和劳动阶级整个文化创造之间,有这样有机的相互关系存在吗?很显然地并没有。劳动者底个人或团体,都正在参与布尔乔亚知识分子所创造的艺术,并且目前还在用十分折衷的态度利用它底技术。那么,这是为的要表现他们内在的普罗列答利亚底世界吗?事实上却又不幸并非如此。普罗列答利亚诗人底创造,实还缺少着一种只有艺术和整个的文化情状及其发展发生极深切的关系才能发生的有机的性质。我们虽然有有天资的与有天才的普罗列答利亚文学作品,然而并非就是普罗列答利亚文学。但是,这也许就是普罗列答利亚文学底源泉之一罢?

自然,在现代作家底作品中,已经显现着许多的胚种,根芽和源泉。遥远将来细心的后辈将可以循着这线索以追溯将来文化各种流派底来源,正如我们现时的艺术史家将易卜生戏剧追溯到教堂的礼拜剧,将印象派和立体派追溯到僧侣底绘画一样。在艺术底经济上,也像在自然底经济上一样,也是什么都不会消失,什么都互相关联的。但是实际的,具体的,而且重要的是:从普罗列答利亚出身的诗人现今的作品,还实实没有到依据准备未来社会主义文化条件的历程——就是提高群众的历程——所当经由的计划而发展的地步。

杜保夫斯基同志有一篇论文曾经激起了普罗列答利亚诗人团体底反抗。在那篇论文中——,据我看,固然也有可疑的思想,——实在表现着一些真理,虽然味觉上比较的辛辣,而根本上是无可辩驳的。杜保夫斯基底结论是:普罗列答利亚诗歌并不在《锻冶厂》上面,倒是在无名作家所写的那些工场壁报上面。这种结论,措辞虽然反常,含义却极正确。如果用这种说法,我们也可以说,普罗列答利亚底莎士比亚和歌德,现在还在什么地方裸着脚向初等小学里跑哩。无疑地,工厂诗人底艺术,就其与劳动大众底生活,风习,和利害互相关联的一点来说,是非常有机的。但是它还不是普罗列答利亚文学,它还不过是文字上所表现的普罗列答利亚文化上进底微小历程。我们在上面已经解释过,这二者并不可以混同不分,劳动通信员,地方诗人,谴责者等,固然都在实行伟大的文化劳动,同时翻松了泥土,准备将来底播种。然而文化的艺术的丰收,将必是——也幸而是!——社会主义的不是"普罗列答利亚"的。

普列特涅夫在论《普罗列答利亚诗歌底路程》那篇有趣的文章中,提出了一种意见,说普罗列答利亚诗人底作品,就使撇开它底艺术价值不论,也是重要的,因为它和阶级生活有着直接的关系。普列特涅夫曾经举了普罗列答利亚诗人底作品做例,以相当的自信指出劳动诗人底心情随着普罗列答利亚底斗争与生活底一般发展而变迁的情状。普列特涅夫以此力说:普罗列答利亚诗歌底作品——虽非全部,但其多数——都是文化和历史的重要文件。但这也不能说,它们就是艺术的文件。"假如你要说,你尽管说这些诗歌都是薄弱的,陈腐的,不高明的",普列特涅夫在表扬一个从祈祷心情升到交绥革命心情的劳动诗人时这样说——"但是凭着它不也可以认识普罗列答利亚诗人底生长吗?"自然,薄弱的,平庸的,甚至于不高明的诗歌,也可以显示诗人和阶级底政治生长底路程,而且可以有无限文化表征的意义。但是薄弱的,尤其是不高明的诗歌,是不成其为普罗列答利亚诗的,因为根本就不成其为诗。更有趣味的是普列特涅夫循着阶级底革命的生长以追迹劳动诗人底政治演进时,他正确地指出,在最近几年中,特别是新经济政策开始以后,普罗列答利亚作家有离开阶级的事实。普列特涅夫以诗人对于政治的不注意和党对于诗人的忽略来解释这种"普罗列答利亚诗歌底危机",和那同时发生的形式主义和庸俗主义的倾向。他至于说,诗人"经不起布尔乔业意识形态底压迫而屈服了,并且现在也还在屈服。"但是,这种说明,显然是不充分的。哪一种布尔乔亚意识形态底大压迫还留在我们中间呢?这何必夸张。党是否能够为普罗列答利亚诗歌做比所已经做的更多的事,这里可以不必论,但是单单这一层,实不足以括尽这种诗歌本身缺乏抵抗力的问题。正像用"阶级的"激越情态(像《锻冶厂》底宣言那样)不足以弥补它底内力底不足一样。问题底本质,是在——革命底前期及初期,普罗列答利亚诗人不把诗艺看作一种有它特殊规律的艺术,而把它看为申诉自己悲苦,和表现自己革命心情的一种工具。直到近几年来,同胞战底紧张弛缓了之后,普罗列答利亚诗人注意到诗歌底艺术和技术,这才明白,普罗列答利亚在艺术领域内还没有造成一种文化的背景。而布尔乔亚知识分子,则无论好坏总归是有这么一种背景的。问题底本质,并不在乎党或那上层对于普罗诗歌有没有"给与充分的援助",而在下层没有艺术的准备。艺术和科学一样,也需要准备。俄国普罗列答利亚,虽然已经有了足够保持专政的政治文化,但还没有艺术文化。当普罗列答利亚诗人们还在军阵中时,他们底诗,固然如上面所说,含有革命文件的价值,但是这些诗人一旦碰到了技术和艺术底问题,他们就不由自主地要替自己寻求一种新的背景。所以这里,并不是简单的忽略的问题,而是由于更深刻的历史的动因。但这并不是说,陷入危机中的劳动诗人都与普罗列答利亚诀别了,我们希望,至少总会有人能从这危机之中振拔出来。不过,这又不是说,现在劳动诗人底团体,就负着足以奠置新的伟大诗歌巩固基础的使命。这大概是那要经过一些危机才来到的遥远将来的后一代的事罢。因为,由于劳动阶级底文化还不十分成熟,团体底思想上和文化上的偏颇,动摇与错误,一时还不会断绝的缘故。

单是文学技术底研究,——也是必需而且并非短小的阶梯。愈不会运用技术的人愈会使人觉察到技术。有许多年轻的普罗列答利亚作家,我可以断言,并不是他们支配着技术,却是技术支配着他们。这对于天才的作家,不过是发达上的小毛病。但在不能运用技术的人们,却将使他成为"不自然的"模仿家,甚至成为小丑。但若因此就以为布尔乔亚艺术底技术,对于劳动者没有用处,那就太奇怪了。然而正有许多人陷入这一种错误。有人说,"快给我们自己底东西,快给我们亲近的东西吧!即使是肐膩的也好!"但是,这是浮而不实的话!肐膩的艺术,并不是艺术!因此也就不是劳动阶级所需要的!认"肐膩的"艺术为需要的人根本便是蔑视群众,是那些对于阶级底权力抱着有机的不信,而在"一切顺利"的时候,却都阿谀曲从的特种政客所惯为。而有些道地的呆子竟仿效着这样的政客,反复背诵这种假冒普罗列答利亚的简单公式!这不是马克思主义,这是反动的民粹主义,不过蒙了一层"普罗列答利亚"意识形态底表皮罢了。在普罗列答利亚,艺术决不是次等的东西。随着必需竟从敌人去学,虽则伴有危险,但是必需的事情。我们非去学习不可!——尤其是"普罗文化"组织底意义,绝对不应该以它创造新文学的速度来计量,而应该以它帮同提高阶级(从上层起)文学水平的限度来计量。

像"普罗列答利亚文学""普罗列答利亚文化"这类术语,是危险的,因为它们可以误把文化的前途塞压于现日的狭小框子中,错了透视法,破了比例,乱了标准,乃至培养成最危险的社团的傲慢。

不过,假使我们否认"普罗列答利亚文化"这术语,我们又将何以对"普罗文化"呢?我们以为"普罗文化"可以看作一种普罗列答利亚的教化事业——就是提高劳动阶级文化水平——的坚强的斗争罢!实际,这样解释,也并不会减少了"普罗文化"底什么价值。

其次,再看与托罗兹基立在同一立场的另外一个杰出的文艺评论家瓦浪斯基底见解。他对于这问题的考察,极详细地展开在那论文《关于普罗列答利亚文学与我党底文艺政策》中。他在那论文中先说前所介绍的《在哨岗》一派底各种方针都是没有深入现实之具体的社会的文学现象的,单纯的抽象论,公式论,随后说:

同志托罗兹基所指出,所谓普罗列答利亚文化及文学的概念之中含有大谬误,是极正确的。他说:

专政期间我们将并没有谈到创造新文化,即建设最大历史价值的机会;而当没有蹲在名为专政的铁制压榨机中的必要时,那时终有古今无比的文化的建设,却又是没有阶级性的了。从这事实看来,就不能不下结论说:普罗列答利亚文化不但现在并没有,就是将来也决不会有。这并没有什么可以惋惜的理由。因为普罗列答利亚所以要获得权力,乃是为永远消除阶级文化,以开拓人类文化底路线。

同时托罗兹基也并不曾忽略过渡期中党底问题在乎教化劳动者和农民对于布尔乔亚彻底的胜利所必需的战斗性格这一点。然而他以为这时最根本的问题之一是在将旧文化灌输这些大众——自然是批评地灌输。但是普罗列答利亚作家往往想减削了这个见解底意义,说这不过是托罗兹基个人底意见。但这是容易证明其并非如此的(读过伊理基最近的论文《越少越好》的人大约就会承认他和托罗兹基底见解完全一致。又在伊理基所阅读认可的雅各武莱夫底《文化发展底辩证法与瓦进底换置波格达诺夫》的论文中,也有同样的见解)。

在这等地方普通所见的各种反驳是全然没有力量的。譬如其中之一,它是这样建立他底驳论:普罗列答利亚是将由其余的社会层全部融入它底手中这过程而到达非阶级的社会,文化,文学的;它底意识形态,它底世界观也将同样成为全社会底意识形态及世界观。现代普罗列答利亚,正在创造普罗列答利亚科学,艺术,正在由此以创造未来社会底非阶级的全人类的艺术。它正在通过阶级艺术,以进于单一人类的社会的艺术。所以承认现在必须谈普罗列答利亚文学是对的,云。

这就全然是——错误底连续。毫无疑义地,过渡期底根本问题是在从劳动者,农民,知识分子中造出战士。他爱自己底友,也憎自己底敌。他须有大大的爱,同时也须有大大的憎。他不能不锐利自己斗争底武装,而现在也正在锐利着。就是:他为获得胜利,首先已经创造了自己底国家,自己底赤卫军,自己底救济机关了。因而过渡期中的文化问题也就不能不在这根本的气氛中解决它。但在未来的社会主义社会中,问题将就不同了罢。这些将都要变成了平和的全人类的东西了罢。社会主义的艺术也将同样,另有不同的目的。自然,多少总要从普罗列答利亚专政时代中取了些什么来作为不易的要素加入这艺术之中的。然而第一,从过去的时代中还将取了更多的什么来加入这艺术之中;第二,社会主义艺术,性质上也将和古代艺术与现代艺术不同。

我们可以看到,有时,最近尤其执拗地在说普罗列答利亚艺术,而想在这一概念里注进了更加生动而且现代的内容。他们所说的并非社会主义的超阶级艺术,乃是过渡期内的普罗列答利亚艺术,即以反映新阶级底世界观为自己使命的文学。"普罗列答利亚文学云者,是指将劳动阶级和广泛的劳动大众底心理和意识组织成足副普罗列答利亚终局使命的文学说的"(团体《十月》底纲领)。既有用布尔乔亚眼睛观察世界的布尔乔亚文学,也有中间阶层的文学,那就不会没有以普罗列答利亚的眼睛观察世界的普罗列答利亚文学。那些论者这样说。

诚如所说,是有布尔乔亚的及贵族的文学者。他们底作品反映着他们阶级底意识形态。也有劳动文学者,——虽然他们多数并不是劳动者,——自然他们底作品也反映着普罗列答利亚底意识形态。但是我们绝对不能因此就说我们已经有了普罗列答利亚艺术。我们试拿托尔斯泰底《战争与和平》来看。要写这样的作品,是于艺术家底天禀之外,还需要现存而且相当巩固地组织着的旧式贵族底生活和文化的。先就不能不取材于贵族家庭,莫斯科附近底领地,彼得堡底宫殿,莫斯科底别墅,看家人,农奴,地主,年贡,以及具备一切独特"色彩",秩序,风俗的经济的政治的家庭的生活。此外,还须在这些组织之上,以上部构造底形相,建立本能的反应,风习,以及见解,道德规范,意见,定见,艺术趣味,科学知识,信条,迷信,疑惑,等等复杂的综合。安德烈·波尔孔斯基,皮耳,库图左夫,台尼索夫,娜达雅,以及其他人物,都是在这种制度之下生长,锻炼出来的。他们都自行接受了这些当时的支配的本能,知识,规范,趣味,等等复杂而又有机地组合着的方式,而且一向为这种的方式所教育。在此,成为问题的,就不止意识形态,而是完全的独特的文化底综合。艺术家和这种几世纪来建筑而且大成了的贵族文化,有着密切的关系。关于布尔乔亚文化,也可以这样说。布尔乔亚艺术,就建立在几百年来的布尔乔亚文化之上。而且那文化,还不止是思想而已,是于锻炼好的本能,习惯,手法,思维法,道德及艺术的假说之外,还加上了做它基础的生活组织的——总体。

那么,文化领域内普罗列答利亚底问题是怎样的呢?如上所述,劳动阶级,——尤其在俄国——是文化底继子。所以专政时期底第一使命,就在劳动阶级占有过去的文化遗产。即此也就可知,我国现在并没有什么普罗列答利亚的,××主义的文化,也并不会有。目下底问题,是在摄取旧有的文化。除非已有本能,习惯,方法等复杂的成分成为不可分的连锁加入了本来的文化概念中,我们便不能把布尔乔亚贵族艺术和所谓现代的普罗列答利亚艺术相提并论。因为,前者是以几百年的文化为基础的,而后者却没有。总之,现在并没有普罗列答利亚艺术,也并不会有。现在,我们当前的使命只是获得旧文化和旧艺术。事实上,现在存在着的,也只是普罗列答利亚所开始接近的布尔乔亚文化和布尔乔亚艺术。现在布尔乔亚,正竭了全力,使用文化的及其他一切的方法,来消灭普罗列答利亚所已获得的可能性。为此,他们也正尽其所能在利用艺术。然而一面,也正有着为普罗列答利亚底终局胜利而努力占据这些遗产的劳动阶级和××党,因而也正有着××主义的作家。他们底使命,不会不是为此目的去占据过去的艺术,将那做布尔乔亚对抗普罗列答利亚的武器的艺术转而为普罗列答利亚对抗布尔乔亚的武器。正像在同胞战里面,劳动者不能不利用大炮,机关枪,坦克车等等布尔乔亚社会底生产品一样,××主义作家,也不能不为获得胜利去利用旧艺术。事实上,也正利用着了。名为普罗列答利亚艺术的,不过是,不是于布尔乔亚有益,却是于普罗列答利亚有益的,具有独特目的意识的旧有艺术罢了。我们底普罗列答利亚艺术还全在这"旧货"的框内。第一,无论怎样的普罗列答利亚作家,凡是能够了解自己使命的都不能不以以前所达成的艺术的发展和获得为基础而活动。普罗列答利亚作家,不可不时常以那内容多样而丰富的过去艺术为目标而加以研究,又为"补充"起见而加以利用。假使普罗列答利亚作家不注意乃至不考虑旧有艺术所给与的价值,他将不能产生什么显著的艺术的综合,什么艺术的体式,乃至什么清新的作品。不知道普拉东·加拉泰爱夫,伊凡·爱尔莫拉爱维奇以及其余柴霍夫底农民,他将不能描写现在的农民;不知道歌郭里,乌斯宾斯基,采德怜,他将对于现在苏维埃底官吏,也不能给与有价值的东西。假使我们不吸收一切过去艺术的结晶,也将难以接近在从来文学上几乎寻不到什么反映的现代工人以及现在××党员。莎士比亚,歌德,西万提斯,托尔斯泰,陀思妥也夫斯基,都有知道的必要。我们并不难在现今普罗列答利亚文学中,尤其在散文底领域中,发现出严密的因果关系与传统关系。

其次,普罗列答利亚作家整理艺术材料的时候,也正应用着旧有的方法。他先就假定现代的读者也还存有支配过布尔乔亚社会读者的最文化的要素,习惯,知识及感受性。现代的新奇癖,热心的言语工夫,文章底迫击力,句法底压榨,力学性,韵律底解放等,都和过去所做的没有多少不同的改革。无论这些东西是怎样地重大,怎样地随时权宜,总之都和旧艺术有着根深的盘错。

那么,新的内容,新的世界观是怎样的呢？都会主义,工业主义,宇宙主义,及其他普罗列答利亚作家所要脱离过去艺术而使用的东西,也不过是布尔乔亚都会文化底产物,并没有这个范围以外的东西。在这里,并没有什么一种根本反对旧艺术的东西。现代普罗列答利亚诗人及作家们,都从他们底作品中,努力驱除了森林底鬼怪,家屋底妖魔,天使,神祇,教会,原始泛神论等类的魔性了。这是很好的。但是,在英吉利,就有一个叫做韦尔斯(H. G. Wells)的作家。他底惊人的幻想,都出于机械,飞机,化学,物理。现在俄国底诗人们作家们还在争论的问题,这位机械的空想家都早已想到了。都会生活底力学性……在美国作家亨利底小说里面,也已经有了使我们至今还不能忘怀寂静平原及大森小林的俄罗斯读者看了,会得眩晕那样的回转木马,电影,人物底出没,街道底杂沓和热闹。此外,还可以想起像范哈伦(Verhaeren),惠特曼(Whitman),王尔德(O. Wilde)那样的作家;就将他们底基调和现代普罗列答利亚诗人作家底基调来比较一下也好,——这样我们恐怕便不难了解普罗列答利亚艺术究竟是用什么根本的艺术要素构成了罢。

那么,和布尔乔亚及农奴所有者不同,只有劳动者有的,在劳动者里面成熟着的新的感情,新的情绪,新的意识形态,就是集团的结合,纪律底精神,普罗列答利亚的连带心,国际主义底精神,以及马克思主义底世界观,又是怎样的呢？自然,这些是有的。只是这些也不过是新的文化,因而也就是新的艺术底前提，并不是文化本身。要到文化，前途还是辽远。集团主义，国际主义，马克思主义，（原本）在布尔乔亚社会里面便已存在，而且现在也还存在。然而，在这个社会里面，布尔乔亚文化及其艺术却还做了支配者，而且现在也还在支配。普罗列答利亚底获得政权，固已使普罗列答利亚占有了这种文化，同时也使艺术获得了可以适合于国际主义，马克思主义及其他的可能性。然而，这也只是如此而已。而且国际主义，普罗列答利亚的纪律，马克思主义等等，它那本身就是布尔乔亚社会底产物，就是以这社会底文化为基础而发达的东西。这些东西，在社会主义的社会底文化里面也还只是作为元素吸收着罢了，这些东西总要到再被熔解而成为合金之后，才会成为与这些元素性质不同的别种东西罢。

总而言之，在俄国国内，是全然没有普罗列答利亚艺术，像布尔乔亚艺术存在着的那样存在着。单凭普罗列答利亚及××主义的作家诗人在他们底作品中反映着××主义的思想这一个理由，便想把这些作家诗人底现代艺术看作一种和布尔乔亚艺术相反的独立的艺术，是幼稚的，是基于误解的。因为，实际上，我国无论如何只有与旧艺术有机地而且继承地关联着的艺术，即是勉求适合普罗列答利亚专政过渡时期底新的要求的艺术罢了。意识形态的色彩，并不能变更事态底毫厘，也没有给与这种艺术和那具有优秀的文化价值与威权的过去艺术什么根本对立的权利。这都不过是一种独特的适应。自然，普罗列答利亚，布尔乔亚，小布尔乔亚，都是为着各自底目的，而且往往为着相反的目的，在利用艺术，但并没有丝毫的理由，可以说因此就得把科学，艺术，文化，区分为普罗列答利亚的，布尔乔亚的，小布尔乔亚的，这三种。因为实际上，现在所有的不是过旧时代底文化，科学，艺术罢了。定要到未来社会制度的人们出世，才能够在新的物质基础之上创造出他们自己底科学，自己底艺术，自己底文化。在到那时候为止的过渡期内，——尤其是在俄国，则于我们创始时代之用，现在的布尔乔亚文化便已经尽够了！

自然已经有些××主义作家和劳动者作家，凭着艺术地照出现在底过渡期，产生了一些有价值的东西。这些有价值的东西我们已经说过不少次了。便是扎玛金（在第一章第三节中已经介绍过）那样的作家，也已经承认那些作品底艺术的优秀。他（扎玛金）在最近的论文中承认着加晋，奥宁拉陀维奇，亚历山大罗夫斯基，亚罗绥夫，里培进斯基，涅维罗夫。在最近，则党底青年们培赛勉斯基，斯威忒罗夫，麦加罗夫及其他——也都有了耀眼的进步。

假如没有党派的政策和官僚的乐观主义去妨害他们，那么我们底文学便将由新颖的,勇敢的新声致成丰富的罢。然而这等无可置疑的成功,也仍就是旧文学底进步。

其次再看托罗兹基底文艺政策论

有些马克思主义底文学者,他们对于未来派,舍拉皮昂兄弟派,形象派,以及所有"文学的同路人",或者整批地,或者个别地,采取一种傲慢的态度。攻击皮涅克所以成为特别的流行,就为这种缘故。

皮涅克因为他底几种特殊点而惹人气愤,是无疑义地真实的。他在大问题上是太轻率了;他太卖弄才情,而且他太充满洗练的抒情诗性了。但是皮涅克曾从各省农民的视角巧妙地显示出革命,并且把牲口车显示给我们——谢谢皮涅克,凡这一切都比以前无可限量地清楚些,实在些站在我们面前了。乌舍伏洛特·伊凡诺夫怎样呢?读了他底《游击队》,《装甲列车》,《空色之沙》之后——固然会得发现它们组织上的缺陷,文体底不整洁,甚至那种油画式石印术的写法——我们岂不就发现了俄罗斯,而且更能感觉到它底广漠,它底人种的复杂,以及它底落后状态与动摇状态吗?有人真以为这种现实的智识,能够拿未来派的夸张,或拿通信文单调的吟诵,或拿天天以不同的方法拼合相同的三百字的新闻纸的文章来替换吗?将皮涅克和乌舍伏洛特·伊凡诺夫从我们生活中撒去,我们就要贫乏得多了。反对同路人的运动——显出对于透视法和比例没有充分的关照的运动——底组织者们,都选了瓦浪斯基——《赤新地》底编辑和"克鲁格"出版所底指导者——当作他底标靶之一。但是我们以为瓦浪斯基是在党底指导之下,从事着伟大的文学和文化事业的,据实说,在一篇小文章中批判一种××主义的艺术,较之参与××主义艺术底准备底苦役,是容易得多!

我们底批评家在好些时以前(一九〇八年)都是形式地支持着"拉斯巴特"(Raspad)会议所采取的战线。但是人毕竟得了解并综合起历史情况底差异,及那时以后所发生的势力的重行安排。当时,我们是被驱逐到地下的党。革命正在退却,而司托里滨(Stolypin),无政府主义者和神秘派底反革命,则正向全线进展。在党底自身中,也是知识阶级占了不相称的大地位,而有各别政治色彩的知识阶级底集团,彼此间互有关联影响。在这样的情况之下,为我们底意识形态底自卫计,对于一九〇五年后开端的反动的文学心情之猛烈的反抗,是必需的。

现在,则有一种完全不同的过程发生了,这过程是和以前根本相反的。

社会的吸引律(吸向统治阶级的)——这在最后的分析上,是决定知识阶级底创作的——现在是有有利于我们这边的作用了。在计划对艺术的政策时,人一定要把这事实放在心里。

革命艺术只能由劳动者创造出来,这事是不真确的。正因为革命是劳动阶级的革命,它仅能放开了很少的劳动阶级底精力,去从事艺术,其理由前面已经说过,不再重说了。当法兰西革命时代,直接或间接反映革命的最伟大作品,不是法兰西艺术家所创造,却是德国,英国及其他各国底艺术家所创造。直接造成革命有关的法兰西的布尔乔亚,还不能拿出充分的力量,来再造和保留它底印象。这在普罗列答利亚尤其如此,它虽有政治的文化,却不大有艺术的文化。知识阶级却以其形式上资格底优越,同时有了一种讨厌的特权,可以保持一种消极的政治的态度,对于十月革命止于表示多少的敌意或好意。那么,这深思的知识阶级比造成革命的普罗列答利亚,能给与,而且正给与较好的革命底艺术的作品,便不足惊奇了,即使知识阶级底再造有些是歪曲了的。我们很知道同路人底政治的限量,不稳固和不可靠。但是假如我们要丢弃皮涅克和他底"赤裸裸的年头",排斥乌舍伏洛特·伊凡诺夫,吉洪诺夫,波浪斯加亚(Polonskaya),和舍拉皮昂兄弟一派,更舍弃马亚可夫斯基和叶贤宁,那除去一点未来的普罗列答利亚文学底不兑现的期券之外,还有些什么为我们存留着的呢?尤其在台明·白德内宜——他不能被算在同路人中,而且我们希望他不会从革命的文学被消除的——不能与普罗列答利亚文学(照《锻冶厂》所宣言的那样)同化的时候。那还存留着些什么呢?

这是说,党和它底本性相反,在艺术方面,取纯然折衷的态度吗?骤看似乎这是有力的推论,其实是至极孩子气的。马克思底方法供给一种机会,去估量新艺术底发展,去追踪它底所有的源泉,并藉着批评的指示进路,去帮助最进步的倾向,但并不比这作更多的事。艺术必须开辟自己底道路,并且要用自己底方法。马克思底方法并不就是艺术底方法。党领导无产阶级,但并不领导历史的进行。有些领域,党在其中直接地命令地领导。有些领域,党在其中仅只合作。最后还有些领域,党在其中仅只规定了方向。艺术领域并不是要党去命令的领域。党可以保护并且帮助艺术,但是党只能间接地领导它。党对于各种锐意走近革命,以助成革命底艺术化的艺术团体,可以而且必须加以信任。无论怎样,党不能居于一种奋勉着与其他文学团体竞争的文学团体底地位。党是保卫整个劳动阶级底历史的利益的。党是意识地并且一步一步地在为新文化,因而也在为新艺术作准备的,所以它不把文学的同路人看作劳动阶级作家底敌手,却看作再造的伟大工作中劳动阶级底实际的或者可能的助手。党了解过渡时代中这些文学社团底插话的性质,并且不以这些文学家底各个底阶级色彩为观点,却以在准备社会主义的文化上这些团体所占的和能占的地位为观点,去估量他们。假如现在不能决定这些文学社团底地位,那党只有照党底样子,好意地而且留心地等待着。各个底批评家或读者,可以预先和一个团体或其他团体表同情。但是党是整个地保护劳动阶级底历史的利益的,必须更加客观的而且贤明的。它底慎重一定要是两边的。党不是因为它是由劳动者执笔的缘故就对《锻冶厂》加了鉴定。因而党也不压迫任何文学团体,纵使它是知识阶级的,只要这团体努力走近革命,并且努力加强下列的连锁(连锁常是弱点)之一:都会和村落之间的,党员和非党员之间的,或知识阶级和劳动者之间的。

  不过,这种政策怕不成党在艺术方面,将有一种无防御的侧翼吗?这是一种夸张。党将要拒绝艺术底显然有毒的,崩解的倾向,并且要用它底政治的规准指导自己。不过,在艺术侧翼不如政治的战线保卫得好,是确实的。但是在科学上岂不也是如此吗?关于相对性原理,纯然普罗列答利亚科学底玄学者将说些什么呢?它能和唯物论协和呢,还是不能呢?这问题被决定过了吗?在何处决定,在什么时候,并且被谁人决定的呢?我们底生理学家巴乌罗夫底工作,是全然顺着唯物论底线索的,这对于任何人,甚至对于未启蒙者,都很显然。但是关于弗洛特底精神分析学说,人将作何说呢?它能和唯物论协合,如拉迪克所想的(我也如此想的)一样呢,还是和它敌对呢?对于原子底构造及其他的新学说,也都可以提出这样相同的问题。假如有一个学者出来,能够方法论地理解这些学说底新的普遍化,并且把它们绍介到辩证法的唯物论的世界观里面去,那是很好的。他将同时能够这样去试验新学说,而且把辩证法的方法发展得更深些。但是我恐怕这种工作——不像一篇报纸底或杂志底文章,却是一种科学的和哲学的界标,正和《人种原始》和《资本论》一样——不是今天或明天所可创造出来的,或者不如说,假如这样划分时代的书在今日创造出来,也是要冒直到普罗列答利亚能把兵器放在一旁的时候,才被拆看的危险的。

  但是文化搬运的工作,即获得普罗列答利亚以前文化底 ABC 的工作,没有预定什么批评,选择和阶级的标准吗?自然预定了。但是这标准是政治的,并不是抽象的文化的。仅在革命为新文化准备条件这种宽广的意义上,政治的标准才与文化的标准相符合。但是这不是说,在每种确定的情况之下,这种符合都可得到的。假如革命在任何必要时,有权利毁去桥梁和艺术纪念物,那对于势要瓦解革命的环境,或激起革命底内在的势力——即普罗列答利亚,农民和知识阶级——使立于互相敌对的地位的任何艺术的潮流,无论它在形式上的收获是怎样的伟大,革命都要毫无迟疑地加以干涉。我们底标准——显然是政治的,命令的,不宽容的。但是就为这种原因,它必须把它活动底范围清楚地划出来。要把我底意思表现得更准确,我要说:我们应当有一种审慎的革命的检阅,在艺术方面应当有一种不混有团体的恶感情等等的,宽大的,富于弹性的政策。

十分显然,就是在艺术方面,党也不能,一天也不能,采取自由放任底自由主义的原理。问题只在干涉应当从何点开始,以何处为界;在什么情况并且在什么中,党应当选择。这问题一点也不像左翼底理论家——无产阶级文学底前驱和批评家们——所想的那样简单。

劳动阶级底目的,问题和方法,在经济中是比在艺术中无可比较地更具体些,更明确些,并且理论地建设得好些。然而,在以集中的方法建设一种经济的短期尝试之后,党还觉得不能不允许种种不同的,甚至竞争的经济形式存在。我们有组织成托辣斯的国家产业,我们有地方性质的企业,我们有贷租的企业,租让的和分有的企业,消费合作,个人的农民经济,手工业,及集团的企业等等。国家底基本政策,是向着一集中的社会主义的经济底建设。但是这种一般的倾向,在一所与的时间内,仍包含着对于农民经济和手工业的无限制的维持。没有这,而要遂行大规模的社会主义产业的政策,就不外是死的空洞的理论。

我们底共和国,是在××党底指导之下的劳动者,农民和小资产的知识阶级底联合体。具有技术与文化底发展,一个××主义的社会应当经过许多阶段,从这种社会的联合中发达起来。农民阶级和知识阶级不消说将不由劳动者所曾走过的同一道道,以到××主义。这些道路不能不反映在艺术中。不欲和普罗列答利亚同运命的知识阶级是非××主义的知识阶级;这样知识阶级底大多数,由于资产阶级帮助之缺少,或不如说,之极端微弱,都在农民阶级中求帮助。现在,这种历程不过带有纯然标准的象征的性质,并且在革命底农民要素之理想化中(带着实感)表现自己。这种新的民粹主义是一切同路人所公有的特色。将来,乡村学校及能读书者底数目增加起来,这种艺术与农民阶级间的连锁,必将变得更为有机。同时,农民阶级也必鼓舞它自己底有创作才能的知识阶级。经济中,政治中,艺术中的农民底观点,是比之普罗列答利亚底观点,更为原始的,有限的和利己的。但是这种农民底观点现在也正存在,并且还要继续存在一个长时期,而且很热烈地。假如一个艺术家,从农民,或者更常见些,从知识阶级的农民底观点去看人生,受了这样观念所动,以为农民与劳动者间底联合是必需的而且紧要的,则他底艺术作品,在必要的条件之下,必将是历史地进步的。藉着这种艺术底影响,村落和都会之间的必须的历史的合作,将被加强。农民阶级底向社会主义的运动,将成为深彻的,有目的的,多方的,而且多色的,并且尽有理由使人相信,凡在它底直接暗示之下而完成的作品,正将有价值的篇章加进艺术史中去。反之,将有机的,年代久远的,不可分解的,"民族的"村落和急旋的都会看做互相反背的那种观点,是历史地反动的;从这种观点发生的艺术,是和普罗列答利亚敌对的,和进步不相容的,并且是命定要灭亡的。可以结论道,这样的艺术,就是在形式的意义上,也除了烧直与回忆之外,不能给与任何的东西。

  如克留耶夫,如形象主义者,如舍拉皮昂兄弟派,如皮涅克,如黑来字尼可夫,克卢契尼赫,加勉斯基等底未来派,都有农民底根性。在有几个人,这是多少有意识的;在另些人,这是有机的;在更有些人,这其实是一种布尔乔亚底根性,译成了农民底形式就是了。

  对普罗列答利亚的态度最不二元的,是未来派。舍拉皮昂兄弟派,形象主义者,皮涅克,间常有似乎反对普罗列答利亚的倾向——至少,到最近为止是如此的。所以这些团体,都以极不整齐的形式,反映出征发时代的乡村底心境。当时,知识阶级在乡村中躲饿,并且在那里凝集它底印象。在它底艺术中,知识阶级有些暧昧地总括了这些年。但是这种总括,是在与克罗斯答忒叛乱一同终了的时代内造成的。现在,农民底观点,已发生一种重大的变化了。这种变化也在知识阶级上留下了痕迹,而且可以,其实是必须,在歌咏农民的同路人底作品上,有一种影响。这种影响有一部分已经显出了。在社会冲动底影响之下,这些集团将有内在的斗争,破裂和改组。这一切都要很小心地和批判地观察着。求索着意识形态上的领导权(这并非没有理由)的党,并没有以便谈来回答这类问题的权利。

  但是范围充分广泛的纯普罗列答利亚的艺术,不能艺术地供光和力给农民向社会主义的推移吗?自然"能",正如国立发电厂,"能"供光和力给农舍,马房,或面粉厂一样。所必须的,是要有这么一个发电厂,并且有从厂通到乡村去的线。顺便说一句,在这样情况之下,将没有工业与农业敌对的危险。但是我们却还没有这样的线。就是那个发电厂也还不存在。现在还没有普罗列答利亚艺术。普罗列答利亚艺术(这包括劳动诗人和××主义的未来派底团体)离开在艺术上满足城市和乡村底要求底距离,还和,让我们说,苏维埃工业离开解决全世界经济问题的距离,差不多一样远。

　　但是即使把农民阶级放在一旁——但怎能把它放在一旁呢?——也见得普罗列答利亚(苏维埃社会底基本阶级)方面,事情还不像在左翼底篇幅上所写的那样简单。当未来派对于个人主义的旧文学,因为它不但形式陈旧,抑且反背普罗列答利亚底集团的本性,意欲将它抛在船外的时候,他们就显出对于个人主义和集团主义间的矛盾之辩证法的性质上一种极不充分的理解。抽象的真理是不存在的。个人主义也有各色不同的种类。因为个人主义流于过分,革命前底知识阶级底一部分,就自投入神秘主义之中;但另一部分,则顺着未来主义底混沌的线索行动,并经遭遇革命,比较地接近普罗列答利亚了——这可说是他们底荣誉吧。但是那些因被个人主义弄厌烦了才走近来的,当他们把感情带到普罗列答利亚来的时候,他们仍显出自己是犯自己中心主义,即极端个人主义底错误。不幸的是,平常的普罗列答利亚正缺乏着这一种性质。在大众中,普罗列答利亚底个性还没有充分形成和分化。他们客观的品性和个性之主观的意识底提高,正是我们现在方在着手的文化的开发事业底最有价值的贡献。以为布尔乔亚底美文足以使阶级的联系,发生一种破裂,是幼稚的。劳动者要从莎士比亚,歌德,普希金和陀斯妥也夫斯基底作品中去取来的,是对于人类的人格及其热情与情感的更复杂的观念,和对于它底心理的势力及下意识底任务的更深澈的理解等等。在最后的分析上,劳动者将要变得更充实些。初期的高尔基带着浮浪者底浪漫的个人主义的色彩。然而,他在一九〇五年底前夜,也培养了普罗列答利亚底灿烂的革命的气质。因为他在那阶级中帮着唤醒了个性,而这个性,一经唤醒,就求与其他觉醒的个性接触。普罗列答利亚是感着艺术的素养和教育底缺乏的,但并不是说普罗列答利亚不过是一种可以由过去的和要来的艺术家们,照自己底形像去仿造的黏土。

　　虽然普罗列答利亚是在精神上,因而也在艺术上非常敏感的,但它并没有受过美学的教育。所以以为它简直可以从布尔乔亚知识阶级在大塌台底前夜所离弃的地点开始,是难以理解的。

　　正如一个人,在从胚胎起的发展中,必须——生理地和心理地——经过种族底,而且到某种限度为止,经过全动物界底历史一样,一个刚从史前生活出来的新阶级底大多数,在某种限度之内,也必须经过艺术文化底全历史。没有吸收而且同化旧文化底要素,这个阶级便不能开始新文化底建设。这并不是说,必须一步一步地,缓缓地而且系统地,经过全部过去的艺术史。就一个社会的阶级而言,不是就一个生物学的个人底关系而言,吸收与改变底过程自然带有一种较自由的,较有意识的性质。但是不顾过去底最重要的界标,新的阶级总不能前进。

在保存艺术文化底继续的奋斗中,旧艺术——它底社会的基础已被革命毁得比以前更彻底——的左翼其势不能不在普罗列答利亚中,或至少在围绕着它的新社会环境中,探求支柱。普罗列答利亚也轮着,利用统治阶级底地位,尝试开始与一般艺术接触,来给一种空前的艺术底势力作准备了。在这意义上,工厂墙上所贴的壁报,就是代表未来的新文学底一种极必要的——虽则是极遥远的——预报。然而总没有人会说:让我们取消其他一切东西,专等普罗列答利亚将来从这些壁报升到独立的艺术技巧吧。普罗列答利亚也需要一种创造的传统底继续性。现在,他们并不直接实现这种继续性,却是经由那些倾向到普罗列答利亚来而欲在它翼下取暖的创造的布尔乔亚知识阶级间接地实现这种继续性。普罗列答利亚宽容他们底一部分,帮助另一部分,半采纳第三部分,完全同化着第四部分。党对艺术的政策,就是这种历程底复杂性,由它内部的多方面性所决定的。要把这种政策化成一个公式,化成短过麻雀鼻梁的东西,实不可能,而且也没有这个必要。

其次再看瓦浪斯基底文艺政策论。他在前面方才介绍过的论文中这样说:

对于以上关于普罗列答利亚文学和党底文艺政策的论述,我们可以简括作托罗兹基底下列言语来作结论:就是,"在过渡时期中的艺术领域上的我们底政策,只能去,而且必须去,帮助各种站在革命上的艺术的集团及艺术的潮流正确地把握革命底历史的意义,而且把赞成革命与反对革命的绝对标准放在他们面前,容许他们在艺术自决的范围内有绝对的自由。"(《文学与革命》引言)这种方针现今也还继续着,而且没有什么应当变更的根据。因为,这是唯一正确的方针。

其次他在对中央委员会宣传部的报告书中说:

党是一向从被称为同路人的灰色集团中挑选较有天分和左翼要素的人们,对于这些中间的无党派的作家加了积极的援助的。党对普罗列答利亚及××主义作家之艺术的探索,给了完全的自由,也对他们加了实际的保护:竭力维护他们底出版所,还将他们底作品印在国家出版底杂志上。

关于同路人和普罗列答利亚作家底现在任务和比重的论争,全没有重认题义的必要。同路人依然是文学界底最有力量者。所以将来也还应该不断地吸收这些中间的无党派的作家,将他们底作品视为与十月革命底运命比较密切的比较有机的相关的东西。关于普罗列答利亚作家及××主义作家底团体,应当承认那团体或联盟是极有益的,目的不错的。所以将来也有积极维护的义务。尤其必须注意那些新的作家(青年党员,劳动通信员,劳动大学生)。

其次他在讨论会中,更以责任者底一员,极详细地披沥着自己所信:

我先得声明两件事。第一,本讨论会,据我所理解,是要明白以施行若干实践的解决为主的,所以关于我们底理论的异点,我几乎不提起,而但以涉及必要之处为限。第二,我想将我底报告,仅限于论争底范围内——自然,我也以为这范围,是有其条件的,人为的。然而,文学生活是现在已经弄到不得不限定于这范围以内了。那么,就开始报告罢。

我以为本讨论会必须来讨论的重要的问题——乃是关于××党里,对于现代文学底诸问题,可曾立定什么指导方针的问题。有些同志们说,这样的方针,我们之间并没有,我们这里,只存在些混乱,游移,任意,因此各位同志便施行冒险了。据我底意思,这意见是完全不对的。党底指导方针,是以前也曾有过,现今也还存在。而这指导方针,由我看来,是常常归结于下列的事的——就是,党是在文艺领域内,和国内及国外侨民,行了最决定性的斗争的;党是对于站在"十月"的地盘上的一切革命团体,给了助力的,这就是并不以某一个团体底方向,为自己底方向,只要看见什么团体,站在十月革命底见地上做着工作,便积极地加了援助;党是并不干涉艺术底自己解决,而给了完全的自由的。我想,我们实践地做着工作的人们,在关于文艺的问题之中,所指导着的,实在便是归结在以上的基本的各个命题上面。

党为什么取了这样的立场的呢?首先应该懂得的,是我们底国度——乃是百姓底国,农民底国,这事情在我们底全社会生活上,狭则在我们底文学上,都留着很大的痕迹,此后也将留得很久的。再取别的要素——例如,取劳动者来看罢。他们也在农民层里,有着颇是坚固的根,他们或者因为周围底状况,或者因为那出身,和农民联结着,所以一到我国文学底复活一开端,新的年青的作家们一出现——在我国,农民的,百姓的倾向便被明明白白地描写出来,也是当然的事,我们并不是单就"同路人"而言。关于普罗列答利亚作家,我也这样说,因为从倾向上,普罗列答利亚作家也可以在这里这样说得的。

倘使我们认真一点，来细看我们底普罗列答利亚作家底诗歌，尤其是散文，则我们便能够完全分明地看出这倾向来罢。更进，来看一看我们底普罗列答利亚阶级和××党底情形罢。普罗列答利亚阶级是并未预先获得科学和艺术，而握了政权了，实在，并没有能够获得这类的东西。这个情况和布尔乔亚底时候很不同。在这集会上，我没有将这意思发挥开去的必要——这早是确定了的命题了。不但如此，我们普罗列答利亚经过了市民战争，非常疲劳。我们××党在过去，在现今，对于艺术底诸问题都不能有多大的关心，不过将最少限度底注意，分给了艺术。党底智能，党底才能，党底精力，统为政治所夺了，现今也还在被夺。

为了这情况，以及我在这里不能涉及的许多的情况，在我国，便生出并非××主义作家或劳动者作家底强有力的潮流，而存在着若干个文学的集团底状态来。

这些文学的集团，对于现代底艺术，是贡献了独自的，有时是极有意义的东西，而且还在贡献着。但是，他们各走任意的路，自定自己底路，以全体而言，还不能占据全文学的潮流。然而他们之间，也常有集团的精神统治着。

从这情况出发——我国是农民国；年青的苏维埃的作家，在我国，因此便带着农民的倾向出现；我们底普罗列答利亚及党，大概忙于直接的政治斗争；我国底普罗列答利亚作家之间，有集团的精神统治——从这情况出发，党是向来不站在一个倾向底见地上，而慎谨地纠正他们底方向，协助一切的革命的文学团体的。

如果我们再接近艺术，艺术底性质这问题去，那么，从这一方面，也可以明白党为什么不站在某一潮流底见地上，并且也不能站的缘故了罢。

艺术者，因其性质，和科学一样，是不能受在我们底生活的某一种别的领域上那样的简单的调整的。艺术者，和在科学上一样，自有他自己底方法，这就是他自有其发达的法则，历史。在新的，"十月"后的文学，一切东西，还属于未来，一切东西还单是材料，仅是开端，是假作，许多东西都没有分明表示。这情况，也令我们取了谨慎的态度。

我们倘一看我们底文学的诸集团，就明明白白，无论现存的集团底哪一个，都不能满足××主义的见解——有着农民的倾向和极其混乱的理论的"同路人"，《十月》，《锻冶厂》，以及目下正在发生的××青年团底文学的团体——这些一切，都不是使党能说惟独从这里，是我们可以开步的文学的潮流底团体。所以党就不站在某一文学的集团底见地上,而取了和一切革命的团体协力底立场了。

我应该以施行着实际底工作底一员,将最近几年来在文艺领域内所做到的事,告诉本集会。在文艺底分野上,我们底工作,已经有了大的结果的事,在我是毫不怀疑的。现在,文学已成了不能从生活除去的重要的社会的要素。文学底比重是大了,还逐日成长着。例如,从极有责任的我们这一路××主义者所成的本会,便可以举出来做证据。这可见现在在文学的领域内所成就的事,已惹起我们同志底广大的人们底注意了。从分量上说,从质地上说,我们底文学,都逐日成长着。而且在不远的将来——这是从一切事物所感到的——我们便要目睹久已没有了的那样文学底繁荣罢。这一事,是可以用了完全静稳的确信,说出来的。在我国,就要有我们自己底古典的,我们自己底革命的,伟大的,健康的文学罢。在这领域内,我们是有了最大的结果了。当赴会之前,我曾将有时坏,有时好,都是颇为坚固地,和我们一同开手工作的艺术家们,大略数了一数。

我将这分为种种的集团。例如,老人一组,则高尔基,亚历舍·托尔斯泰,李里希文,威垒赛耶夫,沙吉涅央,瓦理诺夫,波陀亚绥夫,孚尔希,德莱涅夫,尼刚德罗夫等。

革命所生的年青的作家(年青的"同路人")——巴培理,伊瓦诺夫,皮涅克,赛甫琳娜,莱昂诺夫,马拉式金,尼启丁,费定,曹西先珂,斯洛宁斯基,蒲当哲夫,叶贤宁,吉洪诺夫,克鲁契珂夫,敖列洵,英培尔,左祝理亚,加泰耶夫等。

未来派的人们——马亚可夫斯基,亚绥耶夫,巴思台尔那克,铁列捷珂夫。

普罗列答利亚作家及××主义作家——李留梭夫,绥拉斐摩维支,亚罗绥夫,加沙特金,绥蒙诺夫,斯威尔斯基,加晋,亚历山大罗夫斯基,廖悉珂,奥李拉陀维奇,伏尔可夫,雅克波夫斯基,盖拉西摩夫,基里洛夫,革拉特可夫,尼梭伏伊,诺维珂夫·普理波伊,麦加罗夫,陀鲁什宁,等等。

我不过举出了和《赤新地》有关系的团体(除掉未来派的人们),至于别的团体,例如和《十月》有关系的团体,却并未涉及。在他们,是自有他们自己底到达,自有他们自己底文学者底名称的。这事实——在我们底周围,和我们一同工作,而且还要更加工作的文学者底这样的数目,已经组织起来了的这事实,便是证明着我们在这领域内所做的大的积极的工作的。我并非要在这里夸张,以为已经到达了决定的结果。那不消说,在这领域内,现在要到达那样的结果,是不可能的。

其次,关于意识形态,在这领域内,也得了颇可注意的结果了。我没有历叙关于各个作家底进化的可能,然而言语的艺术家们底全体的进化,却分明在我们四近。这一节,对于"老人们",对于先前难于合作,但现在却容易得多了的《十月》,都可以说得的。

有人说,召集这些杂多的文学者这件事,是使瓦浪斯基以及和他同行的人们,成了布尔乔亚底俘虏了。但是,在现今,还以为高尔基,托尔斯泰以及别的"老人"能将我们做了俘虏者,是只有全在热病状态的人们。况且,所谓布尔乔亚性者,是什么呢?关于这事,可惜在本会上不能详细叙述。人们以为《亚蔼黎多》是布尔乔亚的作品,但最近我和什诺维夫同志谈起的时候,他却说是很有益处,又有价值的作品。高尔基底《自传的故事》,也有人说是"布尔乔亚的"的。然而倘使我们一方面认真地提出关于布尔乔亚性的问题来,则就会有什么是布尔乔亚性这一个很大的问题出现的罢。我以为布尔乔亚性这东西,是常常大为左翼的口号和词句所蒙蔽的。我想,现在《熔炉》上所载的东西,这才是真实的马克思主义底歪曲,是那艺术的修正哩。

人们用了亚尔瓦多夫同志底话,说是"艺术从种种的意识形态的上层建筑造出,是不对的,这应该和生产直接联结起来"的时候,我不知道这可是布尔乔亚性。但我知道,在这里,是用了勒拉契珂夫主义之名,行着和我们底蒲列哈诺夫的斗争。在我国,当立定课题,要教育农民和工人,使他们阅读,并且理解普希金,托尔斯泰,高尔基的时候,却有在劳动阶级之前,宣传着弃掷古典的东西于现代底那边的。这是布尔乔亚性不是?当正在对于作为生活底感情的认识底特殊方法的艺术,行着斗争,对于那生活认识,则正要建立一个生活创造的理论——彻头彻尾是主观的,因而也是观念论的理论的时候,这是布尔乔亚性不是呢?

所以这问题是很有论争的余地;而在瓦浪斯基成为俘虏了,瓦进却和褚沙克同志以及别的许多"褚沙克"(外国人之意)们在幸福的和合里这一种可怕的辞句之下,隐藏着真的布尔乔亚性,倒是十分能有的事。还有人说,瓦浪斯基不怀阶级的见地。自然,像《在哨岗》所展开那样的"阶级的"见地,在我们这里是并不恰有的,但假使问题底建立并非这模样,那么,这时候,我们另外再来查考罢。

在我国,和"同路人"的问题,是怎么一个情形呢?我们和他们协同之际,向"同路人"提出了怎样的要求了呢?他们,尤其是在初期——一九二一年,一九二二年时,并不懂得在革命上的普罗列答利亚底组织的,规律的,指导的任务,也不能使这十分加强,将革命大抵描写成农民底自然成长性的胜利模样,那我们是知道的。不但这样,他们一面在那国民的断面上,将俄国革命看得很熟悉,却往往将那国际的性质放过了。我们便一面将这些和另外的缺点指摘,订正,拿了一定的要求,接近这样的"同路人"去——就是,看他们曾为劳动者和农民底联合这一件事底利益而出力没有?如果我们看见有一个艺术家底工作,在结局上,有着援助都市和农村底联结的意义,那工作是归向普罗列答利亚和农民底提携底利益的,则我们对于这样的艺术家,应该容许他许多事。这样的办法,我想,从普罗列答利亚底见地看来是有益的,而且于普罗列答利亚文学底创造是赋与力量的。重要的事,是在普罗列答利亚文学底创造——这是一个过程,这样的文学,是不能即刻创造的。这文学底成长和发展底道路,是复杂的,有时还竟至于纷乱。

其次,是关于普罗列答利亚作家。我切实相信,在我国,是从劳动者和农民底最下层,从劳动者以及别的种种的组织中,从大众,从赤军,都要有新的作家出现。从什么僻地里,从乡村里,有作家出现,——惟有这些作家,是由那血和生活,和劳动者及农民——自然,在现在,和农民为较多——联结着的。这些作家,一定要占主要的位置;我们应该依据他们,援助他们,——在这些事,我们和普罗列答利亚作家之间,是不会有什么意见底不同的。并且也相信所谓普罗列答利亚文学,已由那两三个代表者(加晋,亚历山大罗夫斯基,其他),赢得了显著的结果。

虽然如此,而我们和现在的普罗列答利亚作家之间,假如还有意见底不同,那就不得不声明究竟是什么缘故了。要建立抽象的一般的定义,那是极其容易的。这样的定义,在我们这里,多得很。在我国,被称为普罗列答利亚作家者,首先是有着××主义的意识形态的作家,倘用了现在喜欢使用的皮涅克底表现法来说,那便是"以普罗列答利亚底眼睛"看世界的作家。但在实际上,我国底普罗列答利亚作家,乃是有着极受限制的见解和习惯,被历史地形成了的具体的类型。这就是——属于一个什么联盟呀,一个什么集团的作家。而在这样的集团里,都有各各的"信仰底象征",各各的文学的教义。这"信仰底象征",通常是约束在这一种确信上的,就是以为现在俄国底普罗列答利亚作家底根本的任务,是在布尔乔亚美学,艺术和文化底破坏,以及新的社会主义艺术和文化底创造。但在现实上,站在普罗列答利亚之前的问题,却是旧艺术和文化底批判的摄取,于是在这里便发生了一种很大的不调和。在实际上,这样的并列,是一直引到抽象里去的。得不到革命的活人,而得了象征;并非次第的进展,而出现了在脑子里做出来的东西。于是往往在普罗列答利亚艺术底姿态之下，拿来了旧时代底布尔乔亚艺术底产物。在我们正在文学底领域内做事的××主义者的实际家，在这领域内，是常有不能专靠让步的方针的时候的。所以，凭着我们底诸位同志所说，以为抛弃"普罗文化"主义愈早，他们即愈可以从速成为真实的普罗列答利亚作家这一个简单的理由，我们便让步，那是不行的。

还有，在别一方面，有唤起诸位同志底注意的必要。我国底文学上底意见底差异，在根本上，不过是将对于专门家的旧的党底论争，搬到文学上来了罢了。诸位倘将那杂志《在哨岗》仔细一看，一切便会明白的罢。列列维支同志在《在哨岗》的初号之一上，不是一面讨论着关于"同路人"和普罗列答利亚作家的问题，一面说，这问题不在质而在量；换了话说，便是问题并不在将"同路人"登载杂志与否，乃在将他们登载多少的吗？这全然是分明的问题底建立法——是反对那些在我国底生活底其他的领域内，虽然已被克服，而在文学上，却还有相当的力量的专门家的问题底建立法呀。

诸位同志们，本评议会底所以召集，是因为要解决根本的问题，就是，第一，×××底战术，即并不站在某一个特定的团体底见地上，而用一切方法，来援助×××团体或艺术家这一种用到此刻了的战术，究竟对不对。这是对的呢？还是非取《在哨岗》底方针不可呢？据《在哨岗》底人们底提案，是应该取《在哨岗》杂志及其对于艺术家的态度，作为出发点的。他们又要求将文学上的"政权"付给"莫普"，即非常幼小的，在艺术上，几乎并无表见的一个特定的团体。我可以完全冷静地说，而且也知道——瓦进同志，是不能清算现在俄国党中央委员会所站立场的，为什么呢，因为惟这立场，是由生活本身所规定，而站在《在哨岗》底立场上，则便是破坏一切工作的意思了。在这里还有应该记得的事，就是从亚历舍·托尔斯泰和"同路人"起，以至普罗列答利亚作家的，真实的艺术家底最大多数，都在《赤新地》杂志上做事，却没有和《在哨岗》联合起来。这就因为《在哨岗》杂志，连一个优良的"同路人"也引不进去的缘故，像那杂志所取那样的方针，是什么也做不出来的。

再前进罢。这里有普罗列答利亚青年在。我试问这些青年们罢：为什么四十人合成的这青年底团体，现在在《赤新地》底周围组织起来的？为什么他们离开了《在哨岗》底人们的？也许有人会说，瓦浪斯基诱惑了他们了，使他们堕落了。现在姑且作为这样罢。但且看发生什么事，——就是，据

《在哨岗》派底人们底意见,则《锻冶厂》派底人们堕落了,一切"同路人"也堕落了,青年底大部分也堕落了,我国底所有作家都堕落了。如果几乎一切都已堕落,则剩下来的究竟是谁呢?是列列维支同志和罗陀夫剩在文学里。但是,只这样,岂不是未免太少么?可惜我底时间已经过头了,我现在不能涉及此外的许多根本的问题了。

最后,还有应该在这讨论会上声明的事——这就是我在这里当诸位之前所讲的话,并非作为一个瓦浪斯基,而是作为在《赤新地》《克鲁格》《锻冶厂》和青年团体《沛来威尔》上做事的那文学底代表者,换一句话,则是凭了几乎一切活动着的年青的苏维埃文学之名,而说着话的。这文学和我们同在。《在哨岗》派底人们是做不到的。如果本文学讨论会对于这一节不加考虑,那就恐怕要犯大大的错误的罢。

其次再看同路人作家们对于讨论会的申告书:

我们作家知道中央委员会出版部在开文艺政策讨论会,认为必须有下列的申告:

我们认为现代俄罗斯底文学就是我们文学底路线,是和苏维埃国家底路线连结着的。我们以为,文学固然应该是我们生活工作其中的围绕着我们的新的生活底表现者,但是一面,也是将世界依自己意思接受依自己意思表现的有个性的作家底创造物。我们以为作家底天分和对于时代的适应,是作家底两种根本的价值。在创作活动底这样的理解之下,全体××主义作家和批评家是和我们一同行动的。我们欢迎现在文学上逐渐出现的劳动者和农民的新作家。我们无论如何并不将自己和他们对立。他们底工作和我们底工作——都是在同一的目的之下走着同一的路途,都是现代俄罗斯文学。

新苏维埃文学底新路,是一条难免发生错误的艰难的路。我们底错误,现在正最辛辣地自食其果。但是我们要反抗那些对于我们的任意的批难。像《在哨岗》杂志那样的调子,和像是俄罗斯党全体意见似的那样的批评,从根怀了不信来接近我们文学的活动,我们认为必须宣言,这样对于文学的交涉,是于文学于革命都不适当,也于作家于读者大众底德性都有所损的。我们确信,做着苏俄作家的我们文学的活动是苏维埃所必需的,而且也于苏维埃有益。

沙库林,尼刚德罗夫,拔来丁·加泰耶夫,雅各武莱夫,柯兹伊来夫,皮涅克,克鲁契珂夫,梭波列,叶贤宁,盖拉西摩夫,基理洛夫,亚伯兰·爱弗劳斯,梭波来夫,费定,孟特里希当,罗喀绥夫斯基,波利亚可夫,巴培理,亚历舍·托尔斯泰,左祝理亚,孛理希文,伏罗新,勖陀尔先珂,敖列洵,英培尔,吉洪诺夫,曹西先珂,波浪斯加亚,斯洛宁斯基,加维林,伊凡诺夫,尼启丁,希希珂夫,查普伊金,沙吉涅央,孚尔希。

一九二四年五月九日

其次再看列列维支底论文《党底文艺政策》(《在哨岗》第四号)。

党底文艺政策

一、"艺术的环境"及其变迁

托罗兹基底党底文艺政策是从不会有普罗列答利亚文化这一个命题出发。对于这个命题,本文自然不能尽量地检讨,但也不能不涉及一点。托罗兹基说:

> 普罗列答利亚和奴隶主有者,封建贵族,乃至布尔乔亚等根本不同的,是在他们把自己底专政时代看成短促的过渡时期这一点。……普罗列答利亚在这短促时期里果然能够创造新文化吗?提出这个疑问是有理由的,因为社会革命的时期是一个剧烈的阶级斗争的时期,在这里破坏要比新的建设占的地位多。……因而这时,普罗列答利亚固然达于高度的紧张及其阶级性底充分的流露,然于有计划的文化方面建设底可能性,却不得不局限于非常狭窄的范围之内。……所以,专政期间我们将并没有谈到创造新文化,即建设最大历史价值的机会;而当没有顿在名为专政的铁制压榨机中的必要时,那时才有古今无比的文化的建设,却又是没有阶级性的了。从这事实看来,就不能不下结论说:普罗列答利亚文化不但现在并没有,就是将来也决不会有。

托罗兹基于是便在本质上陷进波格达诺夫讨论普罗列答利亚文化问题时所常陷进的谬误了。托罗兹基和波格达诺夫所达到的结论虽则全相反,他们理论的构成中却有一个共同点:就是两方都将普罗列答利亚文化看成一切部分同时都被创造成功的整然的体系。但是问题是只有在辩证中理解的。

为要问题明了，姑且抛了"文化"这术语，暂用"艺术的环境"这术语来代它。法国著名的马克思主义者保罗·拉法格曾将"艺术的环境"这术语解作"经济的，社会的，法律的及政治的关系，和普通人所看见的风俗，习惯，性癖，道德的见解及社会的意志，宗教，文学，美术，哲学，科学，生产及交换底方法"底结合。拉法格所谓"艺术的环境"完全就是普通所谓"文化"底意思。拉法格主张……（征引从略）……就是说"艺术的环境"中倘有一个分野起变化，随后别的分野也不能不起变化。

这个"艺术的环境"底发展底法则，就在普罗列答利亚革命时代底关系中，也有充分的意义。普罗列答利亚获得了政权先就使为其基础构造之一的国家呀经济呀等等的"艺术的环境"的重大的分野发生了根本的变化：就是实际，普罗列答利亚先就建造了体式全新的自己底国家，自己底生活管理法，自己底哲学，自己底政治经济，自己底政治理论。而这一种的改造，又就应乎普罗列答利亚阶级底利益，应乎普罗列答利亚斗争底具体情势及各个分野底改造底难易程度，发展到了"艺术的环境"底各种分野。那各种上层构造获得的顺序，在过去的勃兴阶级，与在普罗列答利亚阶级，几乎没全然一样。瓦浪斯基曾经说：

将人类底政治，科学，艺术底进化步骤，仔细一检点，便可认识：社会发展底各阶段，当一个阶级从无以至于支配的发展之间，总先造成了政治的（实行的）意识形态，其次发生了阶级所必需的科学的公式化，最后过了一些时才出现了这个阶级底生活和斗争之艺术的反映。

而事实也正如此：先是宪章党（Chartist）给了普罗列答利亚政治发动的辉煌的模型，然后有了《宣言》，将普罗列答利亚政治理论巧妙地公式化，再后有了《资本论》《反杜林论》，及蒲列哈诺夫，考兹基，拉法格，梅林，列宁底著作给了"阶级所必需的科学的公式化"，而最后，直到"十月"革命以后，才作为重大的社会的文学的运动，出现了普罗列答利亚文学。

所以普罗列答利亚文化底建设（即应乎普罗列答利亚底使命而再造"艺术的环境"的事业），是一条正在渐渐扩展领域的长途！托罗兹基同志自己也说过，普罗列答利亚"已有政治文化"（《真理报》，一九二三年九月十六日）。这就是，在某种领域内，普罗列答利亚已经有了自己底文化了。所以，普罗列答利亚文化是否存在这个问题，已是一个不必再讲什么费话的问题了。普罗列答利亚文化已经创设，而且在某种方面已经奏了凯歌。这种凯歌，我想一定可以关联着阶级斗争，生产力发达底新要求底发现，传播到别的方面去。至于普罗列答利亚文化究竟能够在阶级消灭之前展开到何种程度，那是一个实际问题。对于这种实际问题，凭着想像去下判断，是完全没有用的。

若要除却一切引到无理解去的暗示，我们必须将"普罗列答利亚文学是什么"的这个问题确实地公式化起来。我们常常见到，许多颇有见识的人物，一碰到这个问题，立刻就显出非常幼稚的见解来。有些人，好像在说，一见之下是在描写普罗列答利亚生活的文学，便是普罗列答利亚文学。还有一些，则在疑问，是否只有劳动者出身的作家所描写的作品，才是普罗列答利亚文学。但是这两种的见解都是错的。瓦浪斯基同志曾经公平地说：

真要成为普罗列答利亚的诗歌，也不一定要取材于普罗列答利亚生活。问题不在主题，而在创作底精神，就是优越的情感。但是情感，正如大家所知道，是无论如何也不能硬用思想和意志来制造的。若要发现真的普罗列答利亚诗歌，必须艺术家的心里不仅是创造的，而且是普罗列答利亚的。（《文学概论》141页）

关于普罗列答利亚诗人是否一定要从劳动阶级出身的问题，在这里实际也可以和普罗列答利亚底政治意识家一样地处理。

在普罗列答利亚文学的旧公式里面最得当的是故人鲍威尔·培斯沙里珂底公式："我们以为普罗列答利亚的诗歌，便是劳动阶级底诗人寄宿在形象的艺术的形式上的劳动阶级底思想及感情底发达。"（培斯沙里珂和加里宁共著，《普罗列答利亚文化底诸问题》，安兑社发行，1919年，93页）

培斯沙里珂同志底公式之所以贵重，为的他是从力学里面采撷了问题的。假使全普罗列答利亚原本只有在斗争过程中才能完成"为着自己的阶级"，那便不必惊奇：劳动阶级底诗歌一向是在逐渐地接受那已被完成的形式。最初普罗列答利亚诗歌，溶解在小布尔乔亚·德谟克拉西的诗里；后来经过了长期间的过程，变成了劳动阶级底前卫的，艺术的意识家底一队。到现在，则《十月》团体纲领第六项所揭载的公式，已经富有现实的意味了。

"普罗列答利亚文学云者，是将劳动阶级及广大劳动大众底心理和意识，组织于向往作为世界改造者，××主义社会建设者的普罗列答利亚底终极的使命的文学。"

换句话说,普罗列答利亚作家和别的作家不同的地方,正像××党和别的党派不同的地方一样。和别的作家底不同是在"一方面,他们在各国普罗列答利亚运动里面注重并且标榜超越国界的全体普罗列答利亚共同的利益;他方面,他们在普罗列答利亚对布尔乔亚的斗争所经过的各个发达阶段里面常常代表着〔普罗列答利亚〕全部运动底利益。"(《××党宣言》36页)这一点。自然,普罗列答利亚作家须要得到了做他们武器的艺术,方才能够遂行他们底使命。

二、事实无可争

现在,要把正在发生的伟大的进步来意识化的要求,已经极强了。文艺,就是这种意识化底最重要的武器之一。能够遂行这种武器底使命的,只有用着普罗列答利亚底前卫的眼睛观照世界的文学,就是普罗列答利亚文艺。

但是托罗兹基同志却否定着普罗列答利亚文学存在底可能和必要,而且还想否定了存在底事实。

假使我们要丢弃皮涅克和他底"赤裸裸的年头",排斥乌舍伏洛特·伊凡诺夫,吉洪诺夫,波浪斯加亚和舍拉皮昂兄弟一派,更舍弃马亚可夫斯基和叶贤宁,那除去一点未来的普罗列答利亚文学底不兑现的期券之外,还有什么为我们存留着呢?(《真理报》九月十六日)

意识的盲目是一种难以医治的病症。假使托罗兹基同志实际只看见比涅克和波浪斯加亚而不看见里培进斯基和盖拉西摩夫,那我们就除了赠送他一副适当的眼镜之外没有别的方法。

说我国只有"未来的普罗列答利亚文学底不兑现的期票"是句不实的话!这期票,大部分已经兑现了!台明·白德内宜,培赛勉斯基,亚历山大罗夫斯基,革拉特可夫,里培进斯基,基里洛夫,陀罗宁,廖悉珂,奥孛拉陀维奇,查罗夫,郭罗德宜,沙特斐耶夫,沙摩培德尼克以及其他的人们,都是——即使说不到普罗列答利亚的普希金,也在艺术的关系上不亚于波浪斯加亚,斯洛宁斯基,曹西先珂,尼启丁以及其他的艺术家。但是对于这个问题,也有过一些具有非常确切而且公平见解的人们底证言。华西理·孛留梭夫在一年之前就写过:

在普罗列答利亚诗歌,一九一七——一九二二年的五年之间,是一个组织时代。因为运动底意识形态已被决定,所以这五年间的使命,只是新诗及新技术底工夫。在中枢的诗人之中,已经出现了显著地具有飞跃思想的诗人,以及具有诗的技术的名人,沙特斐耶夫,卡思铁夫,基理洛夫,盖拉西摩夫等等,在少壮诗人中则有加晋。在他们优秀的作品中,普罗列答利亚诗歌已经到达着独自的形式了。(《出版与革命》第七卷,1922年68页)

和此相仿,安特来·白莱意也曾在1920年对诗人波来拓耶夫说过:"你底诗和加晋,盖拉西摩夫,亚历山大罗夫斯基底诗中,都有一些新的东西……"而且加以说明道:"一切都新,而韵律尤新……"(《锻冶厂》第一号,1920年20页)

从此,读者就可知道托罗兹基所用以建立党底文艺政策自己提案基础的一般的前提,大部分都是错误的。现在普罗列答利亚艺术,已经和将来社会主义艺术之建设全无关系地,能够建设而且必须建设起来了。事实上,普罗列答利亚文学,如今已经显示出非常的伟大了!其次再讲文艺政策底具体问题。

三、对艺术领域的党底政策问题

蒲列哈诺夫说:"无论怎样的政权,只要注意到这问题,它便对于艺术选了功利的见解。因为政权,总以一切的意识形态都效力于自己所效力的同一对象为有益的。"

这是把一切握到政权的政党底文艺政策底目的都巧妙地公式化了的。一切的意识形态(连文学也在内)自然都该使它效力于普罗列答利亚革命底任务。但是党应当怎样使它尽这个任务呢?托罗兹基说:"艺术领域不是要党去命令的领域。党可以保护并且帮助艺术,但是党只能间接地领导它。党对于各种锐意走近革命,以助成革命底艺术化的艺术团体,可以而且必须加以信任。"

所谓党不能在艺术领域内下命令是对的。但要看所谓保护,帮助,领导,到底是什么意思。党可以凭藉出版机关底批评的进展之助,使一定的文学流派,作家,作品流行一时,或者反对地鞭策他们,抹煞他们。党可以将自己底杂志,出版所,委托给这个或那个文学的流派或作家。最后党也可以在物质上充分帮助这个或那个文学的流派或作家,使他们有创作传播艺术的可能性。关于这些具体的问题党如果决定了一定的方针,党便已在某种程度上决定了文学对于普罗列答利亚读者尤其是普罗列答利亚青年的影响的特殊性。

其次再看"瓦普"扩大执行会议对于中央委员会所提出的报告。

一、瓦普部分所采用的报告文

瓦普底执行会议以为自己有义务，当使俄罗斯党中央委员会注意文学在意识形态战线上所获得的大大的意义。而且可以断言在这分野上，正比别的任何的分野上，事情更有细心周密地研究情势和采用最适当的手段的必要。

在半年以前还只是各各不同的作家之间派别的争执所反映的各个集团之间意见的歧异，现在已经明明白白地，伸长到重要的政治问题上来了。这已经因了党底集团和我们中间（《在哨岗》，瓦浪斯基及其他）底争论，因了党——不但苏维埃底机关，还有想在文学之内尝试发见扩大自己宣传根据地的国外白系集团——对于它的注目，形成了重大的意义。白军之所以对于这里有想望，就因为我们在艺术底范围内党底方针和党底指导现在还是分歧没有组织的缘故。

我们以为党在文学范围内的一般的课题是可以归结在以下这三条的：

一，必须破灭一切反苏维埃作家底集团；

二，要××主义地整顿同路人的要素；

三，要尽力使普罗列答利亚底阶级文学发达。

而前面的两个课题又只有靠了最后的这个条件才得正当地成就。但这正是与文学有关的党底机关所最不用力的一点。岂但不用力而已，瓦普执行部以为自己正有党的义务要说那做党底代表者做《赤新地》及我国最大的出版所底文学部底指导者的瓦浪斯基他那做法现在正已带着会使××主义普罗列答利亚作家一队全灭的性质了。对于初步的普罗列答利亚作家最广大的集团所含的巨大的意义估价既然不周到，对于文学在广泛的勤劳大众底教化事业上的意义也并不了解，而且忽略政治的分析和理解，单单尊重所谓有天分的作家，这都使瓦浪斯基和他们底杂志（《赤新地》《赤田园》）陷于许多政治的错误，而且堕落了。

结果那做法在本质上必将成了引起党内相争的情形，引起虽说中立而其实是破坏了党在这一方面的各种问题，助长了布尔乔亚的要素的做法。原与实际问题相关的党，不可不立刻开手去做指导在做创作及批评的人们并管理这里所发生的一切事情的任务。

在党底眼前,正有全部关涉着勤劳大众底教化和那应当放在第一位的伊理基所谓号召青年的,重要的政治问题。党在这一方面,也同在其余的一切方面一样,不得不有自己底小组,自己底细胞。有了它们方才可以施行自己底政策。从宣传部受了报告要求的瓦普,以为可以宣言,在普罗列答利亚作家底全联邦的统一范围(指瓦普而言)里,中央委员会是已经有了这样的××主义的小组,有了有训练而又创造地发展着的小组了。要把普罗列答利亚作家做基础,不把布尔乔亚的作家及两不着档的同路人做基础——这是摆在我们出版机关及在那里工作的所有党员眼前的当前的问题。

二、瓦进在中央委员会底讨论会上报告的方针

(1) 文学底发展底洞察和那任务底评价,不能和一般的政治的情势毫不相干地进行。

新经济政策是给了布尔乔亚及小布尔乔亚意识形态有攻击普罗列答利亚底可能,并激发党底一部分尤其是青年有内面的地变质的危险的。党底第十一次大会,已经将这势将经由文学和文化运动的方法来影响勤劳大众的布尔乔亚的倾向指出了。

(2) 但是文学,是一种可以影响勤劳大众底认识和心理的武器,而且在同类武器一般的编制上并非可以摆在近乎最后的地位。艺术品凭着它那特有的方法和径路,可以组织世界观底最深处。像现在这样,党要在生活底一切方面施行共通政策的时候,艺术的范围内竟弄成完全的分裂,没有方针而有剧烈的斗争;各个同志各将党底问题照着自己个人底意思解决,行着自己独特的方针。结果必将于党和普罗列答利亚都有所损害。(那最好的例——便是事实上已经变成了布尔乔亚及小布尔乔亚文学底武器的瓦浪斯基同志底做法。)

(3) 现在的俄罗斯文学依据它底意识形态的本质可以分为三个根本不同的派别:

(1) 用了革命前支配阶级底眼睛看世界的;

(2) 用了中间社会底眼睛看世界的;

(3) 普罗列答利亚文学,组织读者底心理向往××主义的。

这种区分虽然是公式的,却可以使各个作家底创作有了具体的,个性的分析底可能。

(4) 布尔乔亚贵族文学底余党,先前逃往国外,现在已经渐渐钻进苏俄来和各个精神的亡命者通血脉了。这派底文学,分明是反革命的。从黑普

斯,蒲宁,梅垒什可夫斯基及其他以至于悛改或不悛改的神秘家(安特来·白莱意),一切的反映都于劳动阶级有害,党不可不加以抨击。

(5) 在革命期间所生出或形成的中间层的文学(同路人),那是杂多的要素极不整齐的混合物。他们底社会的意义,不是一色一样,正和中间阶级不是浑然的一体一样。

他们之中,有些,例如《列夫》底革命的部分是和普罗列答利亚一同从事政治的革命运动的。有些是在政治上没有一定的主张,却无意识的尽着同一的机能的(赛甫琳娜,伊凡诺夫底一部,左祝理亚,及其他)。有些是在政治上时常动摇,反映着都市人底意识和气氛,将异闻轶事(anecdote)作革命底表现(曹西先珂及其他)。有些是拿斯拉夫主义,神秘主义和色情恋爱的眼光来曲解革命底现实,有意地或无意地中伤着革命(皮涅克,尼启丁及其他)。还有一些则是和新近发展的布尔乔亚一同生长,公然诽谤着革命的(爱连堡)。

属于这派的农民作家,颇有几分特殊性。他们之中有接近普罗列答利亚的,也有极其反动的。

这些一切作家底阶级性本身并没有给它正确了解普罗列答利亚革命底远景和那灿烂的力量的可能性。然而经过了革命之散乱的接受和想要理解它反映它的尝试之后,他们都已共通地接受了。

他们接近普罗列答利亚的程度,结局,是与一般的政治的条件,一部分呢是与党底机关,出版所,普罗列答利亚文学影响他们的作用有关系。所以党在这一方面须要尽在消除同路人之间所发生的分裂,导向××主义影响底范围里面来的责任。

(6) 在普罗列答利亚专政的时期,当然要有它底所有创造力量底繁荣和自己阶级底文学底创造。不过在普罗列答利亚文学和布尔乔亚文学及小布尔乔亚文学斗争的时期,只有经过普罗列答利亚文学才可以到达不分阶级的文学。

现在普罗列答利亚文学已经成了显著的现象了。实际上,可以批判地摄受旧来的文学遗产,在最短期内天天可以学到完美的手法的,只有普罗列答利亚文学;可以把一切艺术的活动从属于普罗列答利亚斗争方略的,只有普罗列答利亚文学;可以不偏不颇地描写革命底感情和生活的,也只有普罗列答利亚文学。正唯如此,普罗列答利亚文学,已经成了从劳动通信员,劳动团体,劳动大学,艺术家俱乐部及其他中逐日出现的新作家自然吸集的中心了,成为党对于艺术领域的影响的基础了。

(7) 要决定在文艺领域上的党底方针,不得不看看上述这一些作家的集团在苏俄底印刷及出版机关底体系上所占的地位。普罗列答利亚文学,在我们底杂志及出版所底文学分野上,并没有成为基本队(但杂志《青年亲卫队》是例外)。而同路人们,尤其是最近明明在文学上有了反动倾向的代表者们,却当了布尔乔亚意识形态底前哨,占领着我们大部分出版物(《赤新地》国立出版所"克鲁格"及其他)底篇页。

还有我们底文艺批评家及出版机关底指导者,也正将主要的注意向着有害于劳动阶级的要素。现在病态的现象之所以正在普罗列答利亚作家底集团(一个便是《锻冶厂》)中发生,将他们底大部分引进腐败和非阶级性去,只有从这一点去理解。

所以,这些一切,都是为了拥护普罗列答利亚文学,纠正党底文艺政策起见,不该没有最剧烈的争论和讨论的(《在哨岗》底活动)。

(8) 自然能使普罗列答利亚文学迅速而且有效地发达的基本条件,是苏俄经济,政治,文化底更健强。唯有这健强,才可以使普罗列答利亚能有更多的力量与注意集注在文艺的问题上。

但除了这客观的事实之外,普罗列答利亚文学自身各个艺术集团底对于意识形态上并组织统一上的努力,也有伟大的意义。例如为了在普罗列答利亚队伍中造成合同的战法呀,为了造成大众的普罗列答利亚文学运动的斗争呀之类。最近十五个地方机关派有代表参加的瓦普扩大会议,已经奠定了普罗列答利亚文学全联邦组织化底巩固的基础,表明我们队伍中见解底可惊的一致了(例如一县内或一工场内文学团体底指导等)。

普罗列答利亚文学已经证明了富有自己底威力和生存力,也已证明了富有对于中间集团的意识形态上的作用力了(例如"莫普"和《列夫》底提携)。

(9) 在文艺领域中党底问题,要注重同路人底区分,及主义对于他们的影响,——同时也要注重意识形态地——慢慢地,计划地,文学创造及于劳动者及劳动大众的影响。而这事恐怕只有靠普罗列答利亚文学,具备了便于发达的意识的物质的条件,拉引了新生的文学势力到它影响底轨道上面来,才能够达到。

为什么呢?因为同路人和新作家底自由越加大,受着严守意识形态的文学环境(普罗列答利亚文学)底影响就越加少。他们所占的地位越加独立,他们受布尔乔亚的意识就越加快,党要利用他们也就越加难。党在文艺领域中,也必须有党细胞。谁如果以为是无须的,谁就是不想为了革命而使艺术得到胜利的人。

（10）今后党若是不轻视文艺问题,文艺问题若是复杂,丛生,而且未经十分地检讨（蒲列哈诺夫和加美内夫和瓦浪斯基底批评,还是仅有的指导的述作）,——而且这问题已经引起了活泼的论争,党就须广泛地组织那讨论,而且将那解决,组织地印在党底机关报上,以便得到一个唯一的党底方针。

其次再看玛伊斯基底长论《文化和文学和党》（《星》一九二四年第三号）。

文化和文学及党

一、普罗列答利亚文化是可能的吗?

普罗列答利亚文化是可能的吗?——这是一个根本的问题。因着对于这个问题回答的肯定或否定,就可以决定眼下所盛行讨论的文艺问题乃至一般文艺政策问题上的党底立场。所以现在首先应该注意普罗列答利亚文化问题。

托罗兹基在他所著那部非常有趣的著作《文学和革命》中,曾经证明不会有所谓普罗列答利亚文化这一种东西,而且普罗列答利亚文化这个术语,就已经含有内在的矛盾。托罗兹基意见底根本是这样的:

凡是文化底创造,都要极久的经过。奴隶所有时代和封建时代底文化,都是涉及几世纪才有成就的。布尔乔亚文化,也但从文艺复兴时代算起,便已经经过五个世纪之久了。从这样的情况看来,自然就有一个问题起来。就是:

普罗列答利亚能够有时间创造所谓普罗列答利亚文化吗?我们对于向社会主义的过渡,决不空怀太乐观的见解,但我们以为向社会革命的过渡期,固然不会是几月,几年,而是几十年——但也只是几十年,并不是几世纪。更不是几千年。这样,难道普罗列答利亚还不当把自己底革命,和奴隶制,封建制度,资本主义有别地,看成短促的时期吗?普罗列答利亚在这短促时期里果然能够创造成新文化吗?提出这个疑问来是有理由的,因为社会革命的时期是一个剧烈的阶级斗争的时期,在这里破坏要比新的建设占的地位多。

所以在普罗列答利亚还成为一个阶级而存在的过渡期间，为了那时期之短和在那短时期里还不能不贡献全身全力于阶级斗争的两个缘故，普罗列答利亚将不会有造就自己特有的文化的余闲。而当这过渡时期终结时，人类又已进入社会主义的王国，在那里动手创造空前的文化，一切阶级都归消灭，因而普罗列答利亚也便不复存在了。那时所创造的文化，怕是非阶级的，带着全人类的性质的罢。

所以，普罗列答利亚文化不但现在并没有，就是将来也决不会有。这并没有什么可以惋惜的理由。因为普罗列答利亚所以要获得权力，乃是为永远消灭阶级文化，以开拓全人类文化底路线。

为要使这根本的思想更明确，托罗兹基曾揭举下列的比较：

我们底文化建设，无论怎样地重要而且必需，事实却不能不有待于欧洲与全世界底革命。我们现在也还是进军中的兵卒。我们固然也有休息的时候。然而我们底衬衣总要洗，我们底头发总要梳剪，最要紧的还是来福枪总要擦净涂油。我们现时经济的，文化的工作，不过是乘着战争和调防的余闲弄了点头绪而已。主要的战争还在前方——也许就在并不怎样远的前方。

托罗兹基这样的思想是正确的吗？普罗列答利亚文化真是事实上不可能的吗？

据我所见，托罗兹基是下了纯然任意的解释，因此就到达错误的结论了。我们可以证明这一点。但要证明，先须确定所谓文化这个术语底内容。关于这个术语底内容，托罗兹基底定义如下：

文化云者是表现全社会底，或至少它底统治阶级底特性的，知能底有机的总和。它包罗而且渗透人类创造底各方面，并且把它们联成为一个单一的体系。

我们就接受这个定义罢。但须知道，这个定义是包含着非常广的意义的。对于文化用了这个解释，就是对于文化这个术语用了最广的意义。不但涉及科学，文学，哲学，宗教底范围，也且包括经济，政治，工业底领域。托罗兹基是将文化这一个术语作这样的广阔的意义用的。现在我就照了他底用例用罢。

　　托罗兹基用来实证普罗列答利亚文化是不可能的,第一个最重要的证据就是所谓过渡期底短促。但所谓"过渡期"者,该作怎样的解释呢？

　　所谓"过渡期"者,明明不能不解释作,包含从社会革命在俄罗斯勃发以后直到全地球至少地球上的大部分都实现确立了社会主义思想的全期间。这期间将延得多么长呢？恐怕谁也不能明白的解答。大概可以明白的,不过一件事。就是这时期未必会很短。关于这一点,世界大战以前的马克思主义者是曾见了种种的幻影的。他们绝像遥望着高山峻岭而趋的旅客。距离渐近,山峰仿佛举手可触,山路也见得平坦了。但一走到那山路,却就幻影全消:绝顶是远藏云际,险难的道上,也有谷有岩,殊不容易前进。在已离开资本主义世界向着社会主义革命跨进了一步的俄罗斯国民之前,正展开着苛烈的现实。那困难是比之预料遥远地多,那到达的时期也就不得不遥远地延长。即使单就俄罗斯说,也决不能说是短的。要使俄罗斯成为实现了社会主义的新天地,不能不消灭一切的社会阶级,尤其是农民阶级底存在。而要这样,就不可不具备机械工业经济底各种条件,使个人的农业经济成为负担过重而不利,集合的国家的经济方面却是负担较轻而有利。列宁所计划的全俄底电化,便是为了接近这个目的的第一步。而要实现这种理想,同时又须普遍地分配完善的农具给农民。电化底计划,是一九二〇年底全苏维埃第八次大会所议决,期以此后十年实现的,但照现在看来,在这期间里到底并不容易实现。即使今后二十年间竟能实现"每一村一副耕运机"这一个计划,那也只能说,已经建立了农业社会化所必要的机械和经济上的前提罢了。要将多年养成的和个人的农业经济相伴的心理上的遗传和风习也绝其根株,至少还得从此加上几十年的年月。而这还是假定在这全期间内,绝无战争呀,外国底革命呀,以及别的会动摇俄国底经济生活的事变的话。

　　在俄国以外的西欧,美洲,非洲各地,所谓过渡期者,要延到多少长呢？这大约非看作需要不少的年月不可。像英国和德国那样,大规模的工业已经发达,而农民和小资产阶级比较无力的国度里,社会主义或许能够比较早一点实现。然而社会主义并不能期望它各国各各孤立地实现的。西班牙和巴尔干诸国不必说,就是法兰西和意大利那样的国度,这过渡期也不能不看作很长久。将西欧诸国立脚在久经沁透于农民之间的土地所有观念上的个人主义思想放在眼中来看时,就可以知道这过渡期的终结并不容易来到。在亚细亚,亚非利加诸国中,则从工业还未发达,农民对少数普罗列答利亚占着压倒的多数,而大众又都有着千年以上的奴隶和服从底传统等事情来想,更不能不看作不容易来到。

最后是美洲,更其占着特殊的位置,因为资本主义底根柢是巩固的,也许在欧洲社会主义的革命已经到处占着胜利,而美洲底资本主义,还是可以支持。说不定资本主义的美洲和苏维埃俄国之间,竟要发生激烈的争斗。其结果,就非等到美洲底资本主义力竭,在那里建设起社会主义的王国来,就在较适于实现社会主义的欧洲先进国,也不能有过渡期底终结。而这过渡期在农民极多的美洲合众国和别的美洲大陆诸国中,是不可不看作要延得颇长久的。

对于未来要预定一个一定的期限,实际上很困难。但是,根据以上所论,我们将二十世纪全体看做世界从资本主义到社会主义的"过渡期",莫非还是过于夸张吗?当然,这个"过渡期"自有自身底发达底阶段和过程。那形式,怕是最初和纯社会主义差得远,而随后逐渐洗练,完成了,便逐渐和理想接近的罢。但是无论如何,总要到二十一世纪,人类才能够看见广大地展开而且充分地实现了的社会主义的圣地。

如此,在我们眼前的"过渡时代"底延续,便无论如何不会短过半世纪。在这一点上,我是和以为"世界普罗列答利亚革命大约需要二〇,三〇,五〇年"的托罗兹基同志底意见,非常接近的。这样的一个期间,还可以说是要创造自己底文化是过于短促的期间吗?而且,这样的一个期间,我们还可以认为是介在资本主义文化与社会主义文化这两个绝不相容的时代之间的"无文化"的时代吗?

我想,是不可以的。姑且引了几个例来看。现代日本底文化,便完全在五十年之内发达起来。俄国文化底主要部门,——文学,音乐,绘画,雕刻,演剧,科学等,——也都在这百年之间发达起来,而且有些部门(例如文学,音乐,演剧)在这期间已经达到可惊的成熟了。这还是帝政俄罗斯底低速度底发展!现在若以现代的发狂一般的急速步调来发展,那么半世纪(或者稍长一点)的时间难道还是过于短促的时间,不足形成现在已经胎生了的新的文化吗?那意见,我以为极其可疑的。

但是,托罗兹基还提出了一个论证。他说问题不但在乎"过渡期"底短促,也还在乎过渡期间是"一个剧烈的阶级争斗的时期,在这里破坏要比新的建设占的地位多"。这确凿含有许多的真理,但也依然并非全部是真理!当然,谁也不会怀疑将来的半世纪,将要成为空前的冲突,和由此而致的流血,破坏的战争时代。但是,这里必须有一种对于事件的实际的观察法。我们假如将"过渡期"的光景具体地描出在自己底眼前,我们便会知道将来的阶级冲突和战争那也并非无休无息,一齐进行的。横亘于全世界的战线,或许会有一个平静的瞬间。并且更容易会有斗争底地理的局限。例如德国革命,德国方面固然要有紧张的主力,但苏联底负担却异常地少。日本革命,也首先应该由日本自己来负担。德国即使在这期间给了日本普罗列答利亚一切必要的援助,他们自己也还可以在比较平静的状况里面过生活。像这样的情形,便不会不在新时代文化的创造上发现了一定的力量和手段,——而且一定会发现的吧。我们并不否定那所谓"过渡期"的斗争状态,或许要妨碍这种创造的飞跃,而使它(创造)成为不很丰润而且或许可以说是服务于斗争的东西。这种斗争的状态可以在创造上面,盖下了一种褊狭的印记。同时,却也可以在创造上面,添上了一种很大的流动性和变易性。但是,无论如何,不能断言,在这个不会短过半世纪的时期里,新时代竟不能创造出自己特有的而且只有这时代才能创造的文化。而且现在,就已经俨然存着可以保证这种确信的事实了。

试问,苏维埃国家是什么?世界上从未见过的俄罗斯××党是什么?和布尔乔亚诸国底军队完全不同的我们赤卫军是什么?的确可以称为世界革命大本营的第三国际是什么?这都不是安置在应该由"过渡期"来创造的新的政治文化基础上面的重要的砖石吗?

还有,我们惯称为"苏维埃的"的独特的国民经济制度是什么?在时代落后的农业国内,巧妙地将资本主义和社会主义底要素结合起来的新经济的政策是什么?这又不是安置在该在"过渡期"内成长的新的经济文化基础上面的重要的砖瓦吗?

其次,马克思主义和列宁主义究竟是什么?这又不是"过渡期"底新的科学文化底重要的砖瓦和基础吗?托罗兹基同志对于马克思主义说:"据我看来,只在社会主义的社会中,——马克思主义才能够从做政治斗争一面的武器,变而为科学创造的方法,精神文化最重要的元素和工具"(《文学和革命》一四六页)。对于这一点,我以为,托罗兹基同志底意见,决不能说是完全得当的。当然,马克思主义只有在展开了的社会主义社会内,才能达成完全的科学的意义。但是今日,马克思主义也已经逐日形成为"科学创造的方式"了。现在,苏维埃俄国,已经在马克思主义的氛围气里面,养育着现代的人物了。这就是,五年十年之后,我国全科学的事业都将感激于《资本论》著者底思想的征候。

最后,赤色农民,结婚,葬式,是什么?我们底反宗教宣传,是什么?迅速地发展着的劳动通信运动,是什么？我们普罗列答利亚作家,是什么？凡此一切,又都不是很经心地走上了建设生活与言语的新文化底路程的最初的一步吗？

我们决不可忽略：以上所举已经达成的一切,都是在一个时代落后的国家,在充塞着最大的苦痛和为着生活斗争的非常猛烈的革命战争里面,仅仅费了六七年所得到的产物！现在假使文化的创造,不止由时代落后的一个国家,而是由全世界底文化民族全体来实行,那结果将如何？假使,这文化的创造并非六七年,而是五十年乃至六十年,那结果将如何？又假使,在这个期间之内,外面的事情并不像在苏维埃俄罗斯这样的惨淡,稍为轻稍为好,那文化创造底结果又将如何呢？那时候,我们难道还不能期待"过渡期"新文化——经济的,政治的,精神的——底萌生,而且切实地长成发达吗！

我想,这是绝对可以期待的。假使如此,那么我们当然便要问"那时期的文化究竟是什么文化？"了。

托罗兹基同志在他著作的某处,曾论及艺术说："我们不应将势必反映过渡期社会中底一切矛盾的革命艺术,和连基础都还没有打的社会主义的艺术混淆。"(《文学和革命》一七〇页)

这是对的。同样,我们也不能将革命期的文化,与社会主义时代的文化混淆。但是,所谓"革命艺术"和"革命文化",——岂非只是给与这些文化,艺术的一些纯然外面的相貌吗？而依同一的意味,岂非也可以称为"过渡期艺术"和"过渡期文化"吗？我们对于社会的批评,抱有很大的兴味。但我们不可不知道的重要的事情是：什么社会阶级才是这种文化底根本建设者。

因此,我们假使从这种见地出发,去评价——由"过渡期"创造,而被托罗兹基同志定名为"革命文化"的文化,我们便将可以完全明确断言：这种文化除出命名为普罗列答利亚文化之外,不能更有其他的名称。普罗列答利亚,是"过渡期"内的支配阶级。它必将对于时代之全社会的精神的生活,赋与了一种基调,必将反映出自己底历史的容貌,创造成新的文化。虽然普罗列答利亚专政许可其存在的其他阶级(尤其是农民),也可以参加这种"过渡期"文化底创造。但他们总得委曲在劳动阶级底精神的霸权之下。而且劳动阶级或许还要利用农民底力量,在广泛的范围内创造自己底文化。事实底论理——历史的发达底论理,是如此的。

所以,对于本论开头所提出的问题——普罗列答利亚文化是可能的吗？——我们可以对答道：

不但是可能的,而且是——必然的！

二、普罗列答利亚文学底路线

因为这样，所以我们假如断定普罗列答利亚文化底存在是必然的，那么我们便也可以断定，与这文化成为连环的普罗列答利亚文学底成立也是必然的。

普罗列答利亚文学究竟是什么呢？那特质是怎样的呢？关于这问题现在颇有种种分歧的意见，要避免误解，必须先明白限定这个术语底意义。

普通的解释，多以为：普罗列答利亚文学就是专由普罗列答利亚自身所创造的文学。弗理契教授底见解如此，《锻冶厂》一团底解释也如此，便是托罗兹基，也将这一个术语作这样的意思用。

这是妥当的吗？当然不是。倘若这话底意思，只如《锻冶厂》所说一样，以为普罗列答利亚文学原是普罗列答利亚本身底任务，所以那产生也以专出于普罗列答利亚之手为妥当的意思，那是谁也可以不持异议的。但如果把普罗列答利亚文学看作只有成于纯粹的普罗列答利亚之手的东西，则作为一种热烈的极端的主张，或者可以容纳，而在实际上，却要生出疑问来。此地所谓纯粹的普罗列答利亚，是指着什么说的呢？必须是在工厂里作工的劳动者吗？可是文学是需要专门从事的复杂的技术。文学的创作和工厂的劳动，究竟能够并立到怎样的程度呢？在工作的期间，不是至多也不过能够写些短短的抒情诗之类吗？那么，所谓纯粹的普罗列答利亚，还是指，曾经在工厂工作，而现在却多年专弄文笔了的人说的呢？倘将普罗列答利亚文学底作者，依了严密的意义限于无产劳动阶级，便生出种种这样的疑问来了。

文学是文化底一个分野。而且是普罗列答利亚这次方始进展到的分野。在文化底别的分野，早已有了比之文学更为普罗列答利亚的东西了，然而那为着普罗列答利亚的文化，却也未必尽由普罗列答利亚本身底手所建造。无论是做普罗列答利亚文学基础的马克思，昂格思，无论是为普罗列答利亚文化大尽其力的拉萨尔，李普克耐希，卢森堡，蒲列哈诺夫，无论是人类史上最初的普罗列答利亚革命底指导者列宁，都是知识分子，连所谓纯粹的普罗列答利亚出身都不是。新兴的阶级，原不一定要本身亲手来制造自己所必要的文化要素。把渐就消亡的阶级中的优秀的代表者，断绝了和生来的境地的关系，决然成为新的社会势力底帮手的人们底力，利用来创造自己所必要的文化，原是新兴阶级所常有的事实。在新的阶级底发达底初期，这样的事更不为奇。那么，普罗列答利亚过去既然利用了许多非普罗列答利亚底力量来建设政治的科学的文化，为什么现在独不可以利用来建设文学呢？不是毫没有不可以的理由吗？而且事实上不是最近已经从知识分子间，并非单从劳动者间，出了许多有力的普罗列答利亚文学底代表者吗？这就是因为传统文化于创造新文化非常地有用，而传统文化，是知识分子比现在的普罗利答利亚接受得更多的缘故。

像弗理契教授和他一派底见解，是在普罗列答利亚作家之间也认为没有什么根据的。如《十月》底一团便在《真理报》（一九二四年）上直截明说"普罗列答利亚文学不限于劳动者"了。

所以，普罗列答利亚出身的那护照，并不一定就是普罗列答利亚文学底通行证。那么，普罗列答利亚文学究竟是什么呢？

普罗列答利亚文学和其他的文学不同的是在那社会的艺术的面貌。那面貌究竟是怎样的呢？

我们并没有替将来的厨房开立详细菜单的闲时间。这是将来的工作。我们现在也到底并不能详细预料普罗列答利亚文学在远的将来例如二十世纪中叶乃至末叶将有怎样的特色。我们现在，不过能够将决定将来的普罗列答利亚文学所走的路线的几个根本的特色提出来罢了。例如，我们可以说，普罗列答利亚文学一定是反映普罗列答利亚的意识形态的，那作家或许不一定是劳动阶级底"肉体底肉体"，但那精神一定是劳动阶级底"精神底精神"。其次，过去的布尔乔亚文学以个人主义的思想为中心，调了普罗列答利亚文学一定以集团主义的精神为根柢。过去的文学有着神秘，厌世，颓废的色彩，调了普罗列答利亚文学，大概可以感得深伏的生之欢喜的源泉。因为，劳动阶级走的不是下山路，而是上山路。普罗列答利亚文学，是要屹立于大地上，在大众里面和大众一同生长的。为了所谓"过渡期"是一个社会上剧烈的变动接连发动的时期，在这时期里的文学上，当然要强烈地表现出战斗的气氛来。而普罗列答利亚文学，就应该是显出这些一切的特色来使普罗列答利亚革命的气势因而高涨的东西。文学决不会像瓦浪斯基同志所说的，单是认识生活的方法，同时还是作用生活的强烈的力。

过渡期所产生的普罗列答利亚文学，其一般的特质大体将如以上所述。

现在我们已经有了这样特质的文学吗？

并没有。虽则已经有了一点最初的萌芽，却还没有完全的作品。然而，这是毫不为奇的。

大凡新兴阶级要形成它底文化，都要经过两个时期。第一，是新阶级还未成为社会底中心势力，而旧社会中已经有了新文化底萌芽可见。第二，是新阶级成了社会生活底中心势力之后,见了第一期萌芽底成长。但这前后两时期底关系,常常由于种种的事情尤其由于那阶级底社会的特质,而不能一样。布尔乔亚阶级,在行封建制度的社会里,早已能够使那文化发达起来了。到了一七八九年,法国底第三阶级便已不但在经济上政治上,就在哲学,科学,文艺方面,也十分地发达了自己底文化了。因为法国底布尔乔亚,是靠着榨取别人底勤劳来生活,很有用他丰富的财力致力于发达文化的十足的余裕的。但普罗列答利亚却和它底情形全然不同。普罗列答利亚自然是被榨取阶级,不是榨取阶级。在带资本主义色彩的社会内,老是像寺院里的老鼠一般的落薄,——而现在,也还落薄着。并没有充分的力量可以尽力文化底发达。他们中间可以腾了出来从事新文化的力量都要用到满足于他们底生活最切实而且一刻都不能犹豫的要求上面去,如为了政党呀,工会呀,合作社呀那些底组织。在旧文化底社会里,普罗列答利亚虽想造一点政治上乃至经济上的文化的基础,也很不容易,何况向科学,哲学,艺术,文学底方面去伸手,那可以说,简直是不可能的。俄国底普罗列答利亚连自己底卢梭也没有一个,不得不说正是不得已的自然的结果。

  但是普罗列答利亚文学底萌芽却已经存在了。

  俄国底发生普罗列答利亚文学,是十月革命以前的事。当时俄国底布尔乔亚,被一九○五年底革命激成了反动。知识分子底大部分都已陷落在道德的政治的颓废情状中。在十九世纪底后半,以涅克拉梭夫,沙尔契可夫,乌斯宾斯基,珂罗连科们为代表,做了进取的革命的脚色的俄国文学,此时都已退转到极端的个人主义,和所有的社会性隔绝了。而孛洛克,白莱意,莱米梭夫,阿尔志跋绥夫,梭罗古孛,及其他的颓废者,神秘家,却受了异常的欢迎,造成许多的影响。俄国文学底大部分都是反动化了。但在这反动底时期,也曾和离了大众去的布尔乔亚文学者同时出了劳动阶级出身底作家。例如休克略夫,涅查耶夫,卢伊巴兹基们就是,而稍后,从一九一二年到一六年出现的沙摩培德尼克,沙特斐耶夫,皮皮克,培斯沙里珂,加里宁,斐立普先珂们也是。数内自然并没有第一流的天才,可是他们历史的意义是伟大的,为的他们奠定了普罗列答利亚文学底基础。

  不久"十月革命"到来。便建立了"普罗文化",努力于养育普罗列答利亚文学。在一九二○年,又聚集了革命以后所有的作家(大抵是诗人),建立了《锻冶厂》。而在团体之外还有台明·白德内宜,绥拉斐摩维奇及其他的人们。因有饥馑,和内战作梗,固然不曾有过十分的余力用在文学上,但文学却也慢慢地发展了。这时代底文学,分明有两个特长:一个是宣传政治;

还有一个是略带抽象的赞美工业(歌颂工场,机械,车轮等等)。

然而不意初次来访的和平,新经济政策底实施,却带给普罗列答利亚文学以非常的艰难。一面支配从一九一七年至一九二○年的普罗列答利亚文学旧情绪已经消灭,而一面却又不能即刻有了新的调子。这是一个从内战时代底宣传的,政治的,赞美工业的文学到忠实地反映现实的写实主义文学的转变期。少数的普罗列答利亚作家都被这转变弄成了苦闷的内心的破产;而普罗列答利亚文学上就发生了危机。一面"同路人"底一团,乘了这时期,便悠悠然地进展到了文坛底中心了。

但到了一九二二年末,普罗列答利亚文学却又复兴起来,而且似乎扶摇直上了。从里培进斯基底《一周间》起,陆续出现了寥悉珂,绥蒙诺夫,沙特斐耶夫,培赛勉斯基等人底杰作。建立了《十月》(莫斯科)《建设》(列宁格勒)等团体。最重要的是无产青年也从此簇生了许多的年青的作家——卫萧莱意,雅斯内宜,柯斯采林,郭洛特内宜,班斐罗夫,查罗夫,莱平,柯罗梭夫,柯罗格利夫斯基。将这事实具体化的,就是以普罗列答利亚文学底政治的拥护为目的的杂志《在哨岗》底发刊。但是不必讳言,普罗列答利亚作家里面,现在实在还没有第一流的天才。他们艺术的技术还不够。他们底大部分还只通过了学习底第一个阶段。但是他们,却有一种伟大的价值。就是,他们和普罗列答利亚有机的地结合着,而且从心底里接受着十月革命。

我在此地必须加一个最根本的注释。就是我所谓普罗列答利亚作家接受十月革命是,并非单指政治的接受而言,也指艺术的心理的接受而言的。政治的接受和艺术的接受决不是同一的事情。现代的作家里面,尽有袋里已经藏了党员证,而在艺术创作的领域内,却分明属于"同路人"的人。但是,上面所述的普罗列答利亚作家,却虽然不全是党员,他们数内相当的多数是从知识阶级出身的,可是尽多艺术地,心理地接受着十月革命。不过,这是不足为奇的,因为普罗列答利亚作家底大部分,都是过去曾经和革命运动有过密切的关系,或者现在还是积极地意识地参加着革命的人们。

现在,已经毫无疑义:我们应该向那些热闹而杂乱的普罗列答利亚作家队伍里面去寻"过渡期"底新文学底源泉了。大约只有他们可以产生创造历史的普罗列答利亚文学罢。不过这是属于未来的事情。我们现在所不能不考虑的,乃是他们应该怎样从事于困难而且必不可少的修养。以及怎样从速除却现在他们正在呻吟的病痛。

那病痛是什么呢?我可以举出两个主要的来。

第一病痛是教养太不够。一切的教养都不够。一般的政治的艺术的教养固不够,甚至马克思主义底理解也不够。作家要想和时代站在同一的水准上从事创作,是须过那时代底最高的知的生活的。如歌德,海涅,托尔斯泰,易卜生,范哈伦,都是当时最有教养的人。这不但于他们艺术的活动丝毫无所害,而且非常地有所助。但是现在,岂不是不亲近马克思主义就到底不得成为有教养的人物吗?

教养一不够,尤其是马克思主义底理解一不够,那直接的结果普罗列答利亚作家对于种种布尔乔亚的影响就不很有抵抗力。而他们中间底大多数,因此便被什么"形式底革命"呀《列夫》底技术呀吸引去了。

第二个同样重大的病痛,就是普罗列答利亚作家离开了大众活跃的生活,普罗列答利亚真实的"大地"。这有一个代表的例子。全联邦劳动通信运动已经举行了两年多了,"锻冶厂""十月""建设"等团体究竟齐心参加过不曾呢?并不曾。但劳动通信是普罗列答利亚作家力量底贮藏所。从此地,必将产出许多过渡期的作家来的。

既然隔离了大众并大众生活,当然产生了许多有害的结果:极端的分派主义,热于文艺争论而冷于实际创作,普罗列答利亚作家团体不和,恶意对待"同路人",染上了布尔乔亚的气质并在作品上涂饰现实等等。

这些固然不是致命伤。但也不能没有深切的注意,坚决的奋斗。在这一方面,《在哨岗》是可以说大大尽了力的。这杂志已经指摘过普罗列答利亚作家政治的无知不知多少次。但可惜这杂志,颇有太将复杂的文艺问题简单化(简单地解决)的倾向。其中最主要的,就是这杂志一向不曾注意那当然要注意的,普罗列答利亚作家必须与大众有着有机的关系这一点。具体说来,就是太不在普罗列答利亚作家和劳动通信底关系上尽力了。但这正是现在问题之中的问题。

现在再说一遍罢。普罗列答利亚文学底萌芽是有了。但须详密地注意它,深切地看护它,而且尽力使它结成甜美的果子。

三、"同 路 人"

先说什么叫作"同路人"。

传播"同路人"这名称的,是托罗兹基。他在《文学和革命》中说:

介在于嗟叹或沉默中消逝的布尔乔亚艺术,和尚未诞生的新的艺术之间,创造着一种既多少与革命有机地相关连,但同时又不是革命艺术的过渡期的艺术。

然后举了皮涅克,乌舍伏洛特·伊凡诺夫,吉洪诺夫,叶贤宁等等的人名,接着说:

他们底文学的及一般的外观,是由革命造成的。然而他们底全部,各各以自己一派的方法接受着革命。不过在这些个人的接受之中,也有着涉及他们全部而相共通的特质。那就是他们从××主义截然地分开,像反对它似的常常威胁着的那特质。他们都不整个地把握革命。所以,革命的××主义的目的,在他们是不可解的。他们多少都有越过劳动者底头,而以希望着农民的倾向。他们不是普罗列答利亚革命的艺术家,只是革命艺术底同路人。

对于这样明快的解释,是不得不同意的。但也不见得万人都是如此想。例如瓦浪斯基对于"同路人"便曾发表过别样的见解(见瓦浪斯基论文《现下的情势和党在文艺上的任务》,这论文待后说到他的一章中再介绍)。据他说,所谓同路人是"生长在革命时代,认识革命底胜利,因参加革命而成为革命直接观察者的从小布尔乔亚,和农民和知识阶级过来的侨民"。

这一看便可了然,托罗兹基和瓦浪斯基之间有着显著的差别。托罗兹基以为同路人不过是部分地理解普罗列答利亚革命的人,而瓦浪斯基则无条件地证明着同路人是革命接受者。如果这接受,不是指形式的政治的接受说,而是指艺术的心理的接受说,则这两面的差别还要大。那么,哪一面是对的呢?

据我看来,当然托罗兹基一面是对的。"同路人"底接受"革命底胜利",确凿如托罗兹基所说,并不是全部的,而是附有种种条件的。假如他们是全然接受的,那他们便不是"同路人",便是普罗列答利亚作家了。瓦浪斯基还说到同路人参加过革命,其实革命也有几等几样的参加法。有积极地做了一个自觉的战士参加的,也有像一只木片无意识地为革命底激浪所翻弄而参加的。而"同路人"底参加革命,则谁都知道,是属于第二种的形态。这样并不由衷的参加,也可以算是他们底特别的功绩吗?

所以我以为"同路人"这名称,原是指这样的作家说,也是应该指这样的并非全部而是部分地附条件地接受革命的作家说的(重说一遍,此地所谓接受大抵指艺术的心理的接受而言)。事实上这样性质的作家并不少,而在现代的文学上也明明做着很大的角色。不得不相当地注意他们。

一样称为"同路人"的,也有色色不同的人物。第一年龄就杂多。一面有皮涅克,伊凡诺夫,尼启丁,吉洪诺夫,斯洛宁斯基,赛甫琳那,及其他年青的人,大部分是革命以后方才出现,尤其是实施新经济政策的时候方才出现在文坛底中心的。一面又有革命以前就活动,随同革命进展移到新俄罗斯方面来的人,如已故的字洛克,及生存的高尔基,亚历舍·托尔斯泰,威垒赛耶夫,沙吉涅央,瓦理诺夫,希希可夫,及其他。其次接受革命的程度也很杂多。一面有几乎全然站在革命立场的人,一面也有内心非常隔离革命的人。同路人底阵营是一向灰色的,现在已经渐渐分解了。在这一点上,两大杂志《俄罗斯》(莫斯科)和《现代的俄罗斯人》(列宁格勒)可以说很尽了力的罢。

"同路人"原是这样杂多的一个集团,却也有他们所以一总合为一个文艺集团的共通的特色。那第一,就是他们底社会的构成。因为他们都是知识分子,或小布尔乔亚阶级出身。第二就是政治的过去。除出极端的例外,他们都是过去和革命运动不很有关系,或不曾积极参加过十月革命,甚则原在反动底阵营里,随后转到革命中来的。第三则是他们根本地不能理解或表现现代底真精神。

因此我又想起瓦浪斯基来了。瓦浪斯基以为"同路人"底特质有下列二点:

1. 他们底文学憎恶着旧的,布尔乔亚的地主的生活;
2. 他们底文学既朦胧地认识"十月"之国际的意义,也相当地描着俄国革命之民族的一面。

我对于瓦浪斯基底这一说,全然不赞成。"同路人"底文学气氛上憎恶着地主底生活,是事实。但是因此就能说不是布尔乔亚的吗?完全另外一个问题。我看,"同路人"是不但不憎恶布尔乔亚的生活,而且从心底里暗暗羡慕着旧生活的。即使并不羡慕旧生活,也不能确定他们是否心里亲近着普罗列答利亚。关于这一点,恐怕就是瓦浪斯基也不见得能够明确的解答罢。但这在评价"同路人"底将来的任务上却有着重大的意义。

其次再说所谓,"相当描着革命之民族的一面"。如果如此,那就好极了。即不如此,单是把握着"民族革命"底本质,也是可感的。但是事实是全然不如此。大概(除了少数的例外)"同路人"所描的都只是革命时代底凡俗。而且他们底心理也不见得与那凡俗有多少的差别。所以他们从没有深刻地理解革命。他们往往将革命底本质看作寄宿在人类中间的兽性本能底解放,同样又将革命底里面描成革命底面貌。革命底意义于他们是始终没有因缘,描写为革命之根本的劳动者抗闵主义者到相当的成功,也于他们为不可能。在他们底艺术上显出的都是和现代充满着内藏的生活的欢喜的英勇的气概相反的,那革命以前文学底遗产,忧郁的调子和灰暗的色彩。他们底大部分都非常热心于"形式底革命",以为表现上印刷上技巧底新奇才是最重要的革命之文学的反映。在这一点上,他们是追踪旧俄罗斯底艺术家特别是布尔乔亚社会底腐败底宣言者孛洛克,莱米梭夫及其他等人底后尘的。他们是遭了革命而受心理打击的旧俄罗斯底后备队。结局"同路人"底文学便将我们底革命写在歪斜镜上了——虽然歪斜的程度是随人不同的。然而瓦浪斯基却还想我们承认他们底这种描写颇出色。真是客气极了。但是客气断不是善行。

这样说来,"同路人"可以说在俄罗斯底文学上并没有什么功绩吗?

那当然不是。"同路人"也有功绩的。他们是最初试描新时代和新人物的人,而且是成功了的。当时的人们,都如饥似渴地要求着这样的描写。所以"同路人"底作品,虽然是歪曲的描写,也受了非常的欢迎。不论暴发户,不论纯苏维埃的团体,都抢着读他们。出版者编辑者都尽力出他们底作品,批评家也专于赞扬他们。

这在当时也是当然的。在那新经济政策底初期,普罗列答利亚文学遇到了危机,而苏维埃的读者又渐渐得到了生活底安定而还没有明显的要求的时期,"同路人"是可以席卷文坛的。

但是现在怎样呢?

瓦浪斯基以为俄罗斯文学袭着"无风状态"了,而其原因由于西欧革命步调底滞钝和新经济政策暴露了丑恶的一面摧挫了作家革命的气氛。

这明明是瓦浪斯基跌到观念主义里去了。第一,他想用所谓"无风状态"来概括所有的文学,就全然没有意思。普罗列答利亚文学,并没有什么无风状态。倒是很有向上的气运。倒是"同路人"那边,事实上有着"无风状态"。所以所谓"无风状态"是应该专就"同路人"说的。

但是这样(即专就"同路人"说),瓦浪斯基底所谓"无风状态"又就分明没有意义了。因为同路人一向所描写的,本来只是革命底丑劣的凡俗的方面(无风状态),不是革命底英勇方面。而革命以后时代底包含着大大的生活力,可以做几代丰饶的艺术底土壤,却不论西欧革命如何迟缓,单看俄罗斯社会弥漫着和先前一样的乐观主义,也便可以了然。

"无风"底真正原因,完全别有所在,那大抵是关于"同路人"内部的事情:因为那凡俗的描写,那在"同路人"是根本的特色,而在读者也曾为了它是新,又另外没有更好的东西,耐着性子接受的,现在已经不能使读者满足了,读者已经长进,需要新而更深刻的革命的描写了。而这样的描写,又已经成为可能：因为革命直后的大转变，市民战，战时共产主义差不多都已过去，有了十分的准备可以成为艺术表现底土壤了。

但是"同路人"，在艺术的活动上，却不见得有比一九二一年至一九二二年时期更加进展的可能性。这种不可能，原是"同路人"社会的本质上当然发生的结果，但也因新经济政策使他们发生的腐败而更深。因为"同路人"底大部分都是一向不明白十月革命和二月革命底区别，将新经济政策当作旧俄罗斯底回复，在心理上受纳着，回到革命以前的作家们所生活的生活方式去了的。他们因此要使劳动者和农民阶级提携，要和现实的社会的国家的生活并步，要以这样所得的刺激为基础，不使他们底艺术上进，却都躲到文艺赞美和知识分子生活底寨栅里面去。而且他们自己或许不充分意识着，他们已经在艺术中迎合着新经济政策所产生的布尔乔亚读者底要求了。所以他们就渐渐地失却了生气，跌进了沦亡的生涯。

那么，他们将来如何呢？

这就是"无风状态"这个言语也已经证明"同路人"们向来的走法不见得能成功了。从一九二一年至一九二二年的阶段，已经过去了。因而依然停在这个阶段也就无益了，必须有新的道路，新的气氛，新的形式，新的动机。历史底路程现在正向着普罗列答利亚文学底方面走。"同路人"中就使有许多的天才，也不见得就能成为普罗列答利亚文学底中核。那是他们社会的意识的本质的关系。要是他们能够克服那无理想，沉溺，知识分子的态度，那当然可以和历史的路程一致，与普罗列答利亚文学溶合。却又必须他们识得自己底生活正站在断乎必须抉择的运命的转变期。要是和普罗列答利亚并进，便可以向上发展；要是和普罗列答利亚反背，便只有灭亡和腐败。像"同路人"底大部分所爱好的普罗列答利亚以外的立场，到底就是一种"和普罗列答利亚反背"的立场。当这转变期中，我是从心底里希望着能够有很多的"同路人"发见正当的动向的。

四、党 和 文 学

党在文艺问题上也不能不有独自的方针吗？

从原则上说，自然没有一个人会作否定的回答。托罗兹基在屡屡征引了的《文学和革命》中就说："十分显然，就是在艺术方面，党也不能，一天也不能，采取自由放任的自由主义的原理。问题只在干涉应当从何点开始，以何处为界，在什么情况并且在什么中，党应当选择。这问题一点也不像左翼底理论家们所想的那样简单。"

这问题自然并不那样的简单，托罗兹基底话是对的。但是他也无条件地承认在文艺领域上党有干涉的必要。他只疑，应当从何处开始，以何处为界。这是托罗兹基在一年前写的。时间骎骎地驰过去，生活不停留。现在已有下列的时期到来了。那不是更接近吗？就是为把问题转变于有利的方面起见，党应该决定比较向来更加确定的方针，干涉文学底单一过程底形成的时期到来了。

但是瓦浪斯基似乎全不想到这件事。事实上他在说：

党是一向从视为同路人的灰色集团中挑选较有天分和左翼要素的人们，对于这些中间的无党派的作家加了积极的援助的。党对普罗列答利亚及××主义作家之艺术的探索，给了完全的自由，也对他们加了实际的保护：竭力维护他们底出版所，还将他们底作品印在国家出版底杂志上。

关于同路人和普罗列答利亚作家底现在任务和比重的论争，全没有重认题义的必要。同路人依然是文学界底最有力量者。所以将来也还应该不断地吸收这些中间的无党派的作家，将他们底作品视为与十月革命底命运比较密切的有机的相关的东西。关于普罗列答利亚作家及××主义作家底团体，应当承认那团体或联盟是极有益的，目的不错的。所以将来也有积极维护的必要。尤其必须注意那些新的作家（青年党员，劳动通信员，劳动大学生）。

若将这文章改成了容易明白的具体的话，那将成为怎样的意思呢？

大体就是：

俄罗斯文学的菜园里正有两个苗床。究竟哪边能结有益于我们的果子，现在还不能决定，——所以暂时只有两边浇灌，以期万一。

就是这样的一种理论。从这理论，当然可以看出，瓦浪斯基觉得现在还不能决定该向哪边去找出现代文学底萌芽。但更不妥的是实行。在实行上，恐怕瓦浪斯基是主张同路人底苗床能结更多的果子（"同路人依然是文学界底最有力量者"），正该支持这苗床，尽力浇灌这苗床的罢（"将来也还应该吸收这些中间的无党派的作家"）。这就极其抑低普罗列答利亚文学底苗床了。虽然在这点上他是让步说"将来也有积极维护的必要"的，但所谓维护，大抵不过是说尽量出版的意思。瓦浪斯基既说到出版，为什么一字不提关于普罗列答利亚作家底结合和养育必须有大大的组织的活动呢？真是遗憾之至。这样的活动在同路人之间不也是与在普罗列答和亚作家之间一样地重大吗？

结局瓦浪斯基底见地便是说：在文艺底领域上一向都是很放任的，现在也不必再去干涉罢。

我们可以接受瓦浪斯基底这见地吗？断乎不可。我党所以和别党不同者，就在它能够离开了眼前底利益而达观将来。我党底政策都是熟筹了几年底将来而确立的。在经济底范围内，在苏维埃权力底范围内，问题都已这样地进行了。只是从这见地去接近现代文学底问题，必须先考量过渡期底文学，究竟从哪里产生。可是从同路人这一群呢？还是从普罗列答利亚作家这一团？不能没有明确的解答。而对于这问题的解答的肯定或否定，根本便已决定了文学上的党底方针。

瓦浪斯基分明是在闪避这个问题底解答。从他论文一般的气氛看来，他是很有点怀疑普罗列答利亚作家苗床底丰收，甚至愿意把同路人拥上第一位的。因此幸福的他们，现在事实上便显得是最显著的文学的团体了。

但是党，并没有必须站在瓦浪斯基这样中间的怀疑的见地上的理由。党总是绝对信赖普罗列答利亚以及潜藏其中的发展底能力的。而且这信赖已经屡屡为事实所证实。对于这个问题，自然也应该信赖普罗列答利亚底能力。对于上述问题，党只有这样回答：

"过渡期的文学总是从普罗列答利亚产生的罢（自然是慢慢的，不是一月，一年的），而它底中心总就是普罗列答利亚作家底一团。"

如此便有了若干实行上的结论。我可以约举如下：

1. 党应当首先维护普罗列答利亚作家，尽力解除他们长进上的障害。即使现在从纯艺术的立场看去，普罗列答利亚文学比同路人底文学坏，未来也是属于他们的。不应该就不肯在普罗列答利亚文学底苗床多尽力，因为过了一定的期间，一定可以获得出色的丰收。

2. 党底援助普罗列答利亚作家，也应当不只是物质的，而且是精神的。党应当特别想法巩固普罗列答利亚作家和大众底有机的关系。而其最重要的手段之一，便是设置普罗列答利亚作家和劳动通信员底共同线。而简单实现法，又无过于把全俄普罗列答利亚作家联盟大开门户给劳动通信员。如果这原则能确立，则这联盟便可以拥有劳动阶级所播的一切艺术的天才，而成为普罗列答利亚作家强有力的中心。而且可以不与大众隔离地，登升了作家的阶段。

3. 但是党决不可放逐"同路人",却应当使那中间健全的分子清算了现在思想的艺术的不纯(中途半端)使与普罗列答利亚文学融合。对于他们物质上出版上的援助,也须依旧要有充分的注意。

为免一切的误解,此地必须注意:所谓维护"同路人",既不是对于同路人拿出了什么"比重",也并不是要借名社会的艺术的面貌而以凡俗的作品去代天才的作品。这都是愚劣的。普罗列答利亚作家只有靠了质和才底竞赛,才可以慢慢地压倒了同路人。而党,则必须以普罗列答利亚作家为良质,努力使之生出天才来。

我以为,文艺上最正当的党底见地是如此。不要挫了必要的进步。到了当在"同路人"间划开界线的时候,党应当鲜明文艺上的方针,尽量将这一派的作家引进自己底轨道来。也不要忘却普罗列答利亚作家中已经陆续出现了农民作家。他们是在革命后底农村底一面反映着现代的,必须早有了准备,才可以使普罗列答利亚也在农民艺术底方面获得了领导权。而最重要的准备,也是要党在文艺问题上确立了方针,以造成普罗列答利亚作家底中枢。

至于干涉的条目,我想我已经说得很够了。

其次再看以瓦进底报告《意识形态战线和文艺底任务》为基础的,第一次全苏维埃联邦普罗列答利亚作家大会底决议。

第一次全苏维埃联邦普罗列答利亚作家大会决议

I

1 文学是阶级斗争底强有力的武器。如果"在某一时代底支配观念,常是支配阶级底思想"的马克思底指示是对的,则普罗列答利亚底支配,和非普罗列答利亚的意识形态,一部分,是和非普罗列答利亚文学底共存之可能,已无置疑的余地。倘若在那独裁期间,普罗列答利亚没有逐渐获得一切意识形态的地位,那便将停止其为支配阶级罢。在阶级社会里的文学,不能是中立的,这一定要积极地效力于某一阶级。

2 如果以上的事,在阶级社会一般是对的,则这在我们生活着的时代——战争和革命底时代,尖锐化的阶级斗争底时代,是两层的对。这就是以为在文学底领域上,各种文学的意识形态的倾向,可以平和的协同,平和的竞争那样的议论,不过是反动的空想底缘由。布尔雪维克主义一向曾和这样的反动的空想战斗。在意识形态底领域,文学底领域,也如在社会生活底别的领域上一样,为阶级斗争底法则所支配。所以布尔雪维克主义常常站在意识形态的非妥协,严正底立场上,站在意识形态的方向底无条件的敏感底立场上,而现在也还站着。

3 布尔乔亚的意识者们,提示了文学和政治底同权,同价,换了话说,就是布尔乔亚文学和××主义政治底同权同价的"理论"。这理论底阶级的政治的意义,即存于布尔乔亚的意识者们,要从革命保卫自己,筑自己底文学的立场,而由这里来射击普罗列答利亚独裁底堡垒的努力里。在现在的条件下,只有文艺,是普罗列答利亚和布尔乔亚为了对于中间的要素,要获得领导权而在这里开演的激烈的阶级斗争底最后底舞台底一析。

4 苏维埃联邦——是以从资本主义向××主义的过渡为旗印,而立于其下的诸国家底联合。政权,经济,军队,学校——这些一切,都有过渡的性质。在这一切之上,便放着将现代社会从资本主义引向××主义的普罗列答利亚底印章。自从出现于历史上的那当初以至今日,普罗列答利亚已经创造了新的物质的和精神的文化底巨大的价值了。关于普罗列答利亚文化,新的阶级底文化,依据于过去的支配阶级底遗产上的过渡的文化的问题,在已经解决了非退往资本主义而是进向××主义的普罗列答利亚底运动的人们——首先,在劳动者阶级是理论地、实践地都已解决了的问题。关于普罗列答利亚文化和普罗列答利亚文学的否定的态度,是一九二二至一九二五年,在俄国××党内的"反对派"这名目之下,形成于苏维埃社会里,在事实上,是历史地、理论地,都和那想将普罗列答利亚底独裁徐徐清算,使我国复归于"民主主义"的轨道的小布尔乔亚底压力底反映,和发现那清算派的立场相连结的。据清算派底见地,则凡关于普罗列答利亚文化和文学的一切谈话,不过是空想,盖在清算派底人们看来,普罗列答利亚底历史的胜利这事,不过只是空想而已。而在现代社会上,普罗列答利亚文化和文学底存在着这个不可争议的事实,却正是显示这胜利底确实性的一证据。

II

5 普罗列答利亚文化和文学底最彻底的反对者,是托罗兹基和瓦浪斯基同志,在著作《文学和革命》中,托罗兹基写着——

"将布尔乔亚文化和布尔乔亚艺术,与普罗列答利亚文化和普罗列答利亚艺术相对待,是根本不对的。因为普罗列答利亚底统治,既然只是暂时的,过渡的,后二者就是一般上不会存在的。普罗列答利亚独裁底历史的意义和道义的伟大，就在它是为那超阶级的，初次真正人类的文化建立基础这一点"。（托罗兹基《文学和革命》九页。）

接着托罗兹基同志，瓦浪斯基写着——

"普罗列答利亚艺术未尝存在，在普罗列答利亚独裁的过渡的时代，也不会存在的。文化领域上的这时代底课题，归结之处，是在普罗列答利亚首先获得过去几世纪底技术，科学，艺术。所以当面的问题，并不在普罗列答利亚艺术底创造，而在藉了过去的一切获得，批判的地摄取其成果，以确立能作维持普罗列答利亚对于布尔乔亚的胜利之助那样的革命的过渡的艺术。问题之所在，是在为普罗列答利亚底利益起见而作的布尔乔亚文化和艺术的适应。但这和在我们底时代，较好地适应了的新的形式和样式底探求，毫不反对，是不消说的。"（一九二四年《探照灯》第二十二号）

6 托罗兹基在所谓我们正在向非阶级的社会进行这一种理由之下，否定着普罗列答利亚阶级的文学和艺术底可能。然而，在和这一样的理由之下，孟塞维克主义否定着阶级底独裁，阶级国家等等的必要。在和这同一的理由之下，无政府主义否定着党和国家的必要。但在实际上，如大家所知道，孟塞维克主义底立场和无政府主义底立场，前者是在民主主义底旗下，后者是在热烈底急进主义底旗下，事实上都是将政权委给布尔乔亚之手的。孟塞维克主义者和无政府主义者，关于普罗列答利亚获得胜利所必要的那道路，都没有明确的概念。普罗列答利亚斗争底战略和战术，在孟塞维克主义者，归着于使普罗列答利亚屈服于布尔乔亚底支配——在无政府主义者，则归着于不过使资本主义底支配因而坚固的，无力的"左倾的"辞句。托罗兹基主义底战略和战术，不过是这无政府主义者底"左倾的"辞句和孟塞维克主义者底妥协主义底折衷。上面所揭的托罗兹基和瓦浪斯基底意见——就是托罗兹基主义在思想问题和艺术问题上的应用。关于普罗列答利亚的"左倾的"辞句在这里，是将普罗列答利亚底文化的课题，和由于"为普罗列答利亚底利益起见而作的布尔乔亚文化和艺术的适应"的机会主义的极限相联结的。据托罗兹基及瓦浪斯基底意见，则在艺术领域中的普罗列答利亚，毫不拿出比有产者所曾经拿出的为更新的东西来。

7 托罗兹基和瓦浪斯基，关于要经过怎样的路，而全人类的，社会主义的艺术才被创造的事，并无什么理解。一件事——这并非在全政治及全经济底领域上，普罗列答利亚所正在进行的路，就是，并非在艺术领域上的普罗列答利亚获得领导权，政权的路这件事，在他们是明明白白的。所以托罗兹基宣言，"马克思的方法——并不是艺术的方法"。用了别的话，便是说，在艺术上,阶级斗争的法则是不通用的。到结局,则在艺术上的托罗兹基主义,便是诸阶级底平和的协同底意思,而主宰的职掌,于是全然剩在旧的布尔乔亚文化底代表者底手里。普罗列答利亚的前卫的代表者底全课题,在这里,是只要将古典的和现代布尔乔亚的文化竭力加以广泛的普及就够。普罗列答利亚文化和文学底独立的课题,由他们,是毫无什么发展。全部问题,在他们,是只在"使旧时代底成果,同化于新的阶级"(托罗兹基)这一事。未来的社会主义艺术,据托罗兹基——瓦浪斯基底意见,是从旧的阶级和现代布尔乔亚文化,会并无什么过渡的阶段地,发生起来的。

Ⅲ

8 在从资本主义进向社会主义的过渡时代的普罗列答利亚文学底不存在,具体地说,是什么意思呢?这意思,就是和生活相连结,将这生活正确地反映出来的文学,并不存在。是和主宰的阶级及其革命,有机地相结合的文学,并不存在;积极地来帮助普罗列答利亚将其社会引向××××那样的文学,并不存在。那时候,艺术是站在生活之外,阶级斗争之外,而布尔乔亚则可以用十分的权利,提出艺术和政治底同权底理论——艺术从政治独立的理论来。在别一面,——是正在主宰的普罗列答利亚倘不做自己底文学,自己底电影,演剧,则及于非普罗列答利亚层,首先,是及于农民底意识形态的影响,将必然地,剩在布尔乔亚文化和艺术底代表者之手罢。要指导农民,将他们引向××××去,惟有靠着普罗列答利亚底从一切方面——就是,由苏维埃,协作组合,学校,电化,军队,文学,电影,演剧,等,加他们以作用,这才可能。在这些全领域上,不能只以"旧时代底成果之向新阶级的同化"为限。他应该讲新的言语;他之所依据,应该在可以和时代以及站在当前的问题底雄大相匹敌的未曾有的新的成果之上。和这相反时,则对于普罗列答利亚前卫的影响,既无理解,也不反映的意识者们,会作用于农民之上罢。而这意义,便是并非使农民进向××××,却退到资本主义去。

没有自己底独立的文化,没有自己底文学,普罗列答利亚即不能确保对于农民的领导权。不独在政治的,经济的领域而已,虽在文化的领域,普罗列答利亚也不得不在自己之后,领了非普罗列答利亚层去。然而要完成这课题,惟有将他在政治的,经济的领域上所做过了的革命,在文化的领域上也复做到,这才可能。

9 虽然宣言着普罗列答利亚文学底原则,确言着在这路上由劳动阶级所做的显著的成功,但不该忘却关于"自大"这一种大害的伊理基底教训,关于"普罗列答利亚文化者,应该是作为人类在资本主义社会,地主社会底重压之下,所造出来的那知识底蓄积底合理的发展而出现"的他底指示。普罗列答利亚文学知道应该从古典的,以及现代布尔乔亚的文化和艺术,采取有价值的一切的东西,进步的一切的东西。但普罗列答利亚文学更知道,在这领域上,应该比布尔乔亚文学所站住了的之点更前进,而且不独是旧文化底利用而已,用伊理基底话说起来,便是必须将这些加以绝对地"改作"。

10　据托罗兹基——瓦浪斯基底意见,则文学上的中心的势力,应该在所谓同路人,即出于知识阶级,市人,农民底层内,而意识形态是并不站在××主义的见地的作家。然而同路人者,并非一样的全体。在他们之间,是也有和力量相应,正直地服务于革命的要素的。但"同路人"底支配的类型,却是在文学上曲解革命,屡屡加以中伤,而且陶养于国民主义,大帝国主义,神秘主义的精神的作家。这"同路人"底支配的类型,倘还将调子赋予新经济政策后期的文艺,则这"同路人"底文艺,在那根柢上,就是和普罗列答利亚革命背道而驰的文学。这些事,是可以用了完全的权利来说的。和这同路人底反革命的要素,以最决定的斗争为必要。

关于革命的真实的同路人,则在文学战线上的他们底一切底利用,是全然必要的。然而这利用,只有在普罗列答利亚文学将影响及于同路人的优良的代表者之上,而使这些同路人结成于文学上的普罗列答利亚的中核的周围的时候才可能。而成这中核者,必须是全联邦普罗列答利亚作家联盟,而也已经在成着。

普罗列答利亚文学和革命的真实的同路人之间的朋友的协同底广大的舞台,首先第一是农民。然而,这协同,只有在这些同路人理解了全世界正在起来的历史的斗争底根本的意义,理解了普罗列答利亚在革命的职分和由普罗列答利亚来指导农民的必要的时候,这才可能,且得成为显著的进步的要因。

IV

11　苏维埃联邦内的普罗列答利亚文学,在比较的短时日之间,成了显著的社会现象了。这文学,是个个的普罗列答利亚团体,和先用劳动通信员的形式的那普罗列答利亚底大众的文化的运动,两相溶合,而被创造的。普罗列答利亚文学之存在底否定,已经渐渐困难起来。那反对者,已不得不退去最初的露骨的否定的立场,而采用新战术以贯彻向来和普罗列答利亚文学相争的旧目的了。这新战术底本质——即在虽"承认"普罗列答利亚文学,而这仍应该作为"文学一般"即布尔乔亚文学底一翼(N·奥辛斯基)底宣言中。在这里,就重演着那全世界的机会主义者底态度——这些机会主义者,开初是反对创设独立的普罗列答利亚党的,待到这党成为事实而出现,便"承认"这党,而一面却宣传和布尔乔亚政党底协同,否定普罗列答利亚党底独立的政策,那领导权底观念,由这党以获得政权的观念。

恰恰和这一样,我们底机会主义者们,先是从普罗列答利亚文化和文学底否定开头,待到这成了事实的时候,便想试将这作为"文学一般"底左翼。这是在新的条件上,用着新的手段的那一样的清算派的立场底继续。我们已经进了普罗列答利亚底文化的发达底新的阶段了,在这里,单是普罗列答利亚文学底"承认",已经不够,所必要的是承认在这文学上的领导权底原则,为胜利,为克服一切种类的布尔乔亚及小布尔乔亚文学与其倾向的这文学底执拗的组织的斗争的原则了。

V

12 不独在苏维埃联邦,全世界布尔乔亚的文化和文学,现在都正在经历着最大的危机,颓废,腐败。我们在这里有资本主义底危机,崩坏和那历史的运命底最确实的征候。资本主义病到无法可想了——布尔乔亚文化底经验的基础,连根柢都被摇动着。

而当武装底市民战争的终熄后三年,在非常的物质的困难情形中,苏维埃联邦底普罗列答利亚文学却被结成于单一的组织的团体之中了。普罗列答利亚作家第一回全联邦大会(一九二五年一月),已在单一的意识形态底基础上面,在强有力的单一的组织的周围,统一了新的阶级底一切文学的势力。这在文坛成为个人主义底理论和实践的极端的表现者的那布尔乔亚社会里,是不可得见的事,也不能设想的事。苏维埃联邦底普罗列答利亚文学,是站在将来的发达的旗印之下的。这是依据着普罗列答利亚和农民底前卫的要素,首先——是农村青年底大众的运动。普罗列答利亚文学底这样显著的成功,只在苏维埃联邦底勤劳大众底急速的政治的经济的成长底基础上才可能。

苏维埃联邦底普罗列答利亚文学,将惟一的目的——为世界普罗列答利亚底胜利尽力,和普罗列答利亚××底一切敌手血战,揭在自己之前。普罗列答利亚文学是将要克服布尔乔亚文学的,因为普罗列答利亚××,必然地会将资本主义绝灭。

其次再看布哈林底意见。

布哈林曾在以《普罗列答利亚和文艺政策问题》为题的演说中(一九二五年二月)指摘托罗兹基文化论底错处。其论旨大体如次：

托罗兹基底错处在乎忘记了普罗列答利亚革命底延续和普罗列答利亚革命在各国的发展底不同。托罗兹基把××主义社会发达的步调,和普罗列答利亚革命消歇的速度,说得太夸张了。他以为：一切阶级都将同时进向抗闵主义；而且普罗列答利亚××,还将比它实际发生的早消歇；所以他以为普罗列答利亚的特殊性质,便要流为全人类的,未来的××主义的。而且,据托罗兹基说,未来的××主义的性质,还将比从自己壳中挤出普罗列答利亚文化来还要快。

布哈林反驳这思想主张道：

普罗列答利亚文化底特殊性,总将巩固的存在,而且必然地要被强固,定着的。所以它,决不会全是全人类意味的××主义的。普罗列答利亚文化因此也就决不会和未来的××主义的文化完全一致。例如以人为对手的争斗的气氛——即阶级战士底心理,便不是无阶级××社会人们底性质。普罗列答利亚固有的特殊性,例如社会的情调,社会的特色等,也不是××主义的。因为那社会,早已把社会和农村底矛盾解决了。

其次再看他在讨论中的演说：

我觉得在此出席的诸位同志底多数,太将问题单纯化,而且看得太决定的了。在实际上,我们岂不是有着三个重要的根本问题么——这就是读者底问题,作者底问题,还有对于双方的我们底态度底问题。只有这样,我们才能够接近这问题去。

如果问题是这样竖立的,那么以全体而言,正和范围更广的社会问题一致。倘若我们说,在政治领域里,只有一个阶级是普罗列答利亚,而这界限以外,只有一个布尔乔亚,那恐怕是不对的罢。正和这一样,将对于问题底解决,给与困难的诸问题,抛出于我们底视野之外,是不对的,——因为惟这困难,是正存在于我国没有一定的读者和一定的作者这一件事情里。所以,问题底决定的解决,是没有的,也不会有的。

正如政治上统治的根据,是奉×××为首的劳动阶级一样,在这混沌之中,也自有某种根本的东西存在,是无须说得的。所以我们这里,倘就一定的终局而言,则当然该有向着一定的方向的根本的精神;一切的事,多多少少,都该和这终局的目的相连结。许多人都知道,我是站在非常急进的立场上的。然而这却绝对地不给我解决那带着一切复杂性的现实的问题。我想——我们在意识形态的科学的生活底一切领域——也包括数学——里,我们之间,究竟可以努力,也应该努力,来造出一个一定的,为我们所特有的立场。于是从这里,便滋长出文化的诸关系底新的精神来。

但是,诸位,可惜这只是不能将特别的困难和过渡的阶段除去的无休无息的准备呀。这不消说,我们从普罗列答利亚文化创造的问题,背过脸去,是不成的;我们从用了所有手段,来支持现存的这萌芽的事,背过脸去,是不成的。我们无论何地何时,都没有拒绝这事的权利。我们倒应该理解,惟有这个,是力学的根据,作为我们底生存底心脏的。但从我看来,《在哨岗》杂志似乎太将这问题单纯化了。他们底意思是——我国有普罗列答利亚存在,但我国并无中间层,所以问题是在从一切作家中,将他底艺术的世界观中的并非纯粹的普罗列答利亚的事,加以暴露,于是用了在"莫普"及其他和这相类的团体里,组织地做成了的大棍子,来打击他。

这问题底错误的建立法,就在这里。我国还应该有农民文学存在。我们应该迎迓它,是不消说得的。我们能说因为这不是普罗列答利亚文学,不妨杀掉它么?这是蠢事情。我们应该和在别的一切意识形态的领域上完全一样,在文艺的领域上,我们也施行那用了和指导农民相同的渐进法,一面顾虑着那重量和特性,慢慢地从中除去农民的意识形态那样的政策。我们不能不在普罗列答利亚文学之后,用牵绳拉着这农民文学去。如果关于读者问题,是这样布置的,那么关于作者的问题也应该这样布置。无论怎样,我们必须养育普罗列答利亚文学底成长。然而我们不可诽谤农民作家。我们不可诽谤为着苏维埃知识阶级的作家。我们不可忘记:文化的问题和战斗的问题不同,靠着打击,用了机械的强制的方法,是不能解决的。用了骑兵底袭击,也还是不能解决。这应该用了和理性的批判相适应的综合的方法来解决。重要的事——是在和这相当的活动领域内的竞争。

最后,不可不明白的,是我们底普罗列答利亚作家们,他们应该停止了今天为止那样的只从事于做成方针(These),而去造出文学底作品来了。(拍手。)诵读那些无限量的主义纲领,已经尽够了。这些东西:都相像到好像两个瓜。这些已经令人倦怠到最后的阶段了。拿出二十篇主义纲领来,还不如拿出一篇好的文学的作品的必要——一切的问题就在这里,为什么呢,因为盛行于我们文学团体中的,是问题底最大的转变。在这里,就存在着那根本的恶。不做必要的事,换了话说,就是并不进向生活底深处,竭力去观察现代生活底许多的方面,普遍化,把握住,不做这些事,而却从脑子里去挤出方针来。

这样的事,早可以停止了。在我,我要绝灭那为同人的普罗列答利亚文学的最好的方法,绝灭它的最大的方法,就是摈斥掉自由的无政府主义的竞争的原则。(声,不错!是的!)为什么呢,因为在现在,要造成没有经过一定的文学上的生活上的学校,生活的斗争的作家,没有在这斗争中,获得自己底地位的作家,没有争得为了自己底立场的地位的作家,是不能够的。但倘使相反,我们站在应该靠国权来调节,利用一切特权的文学的见地上,则我们毫不容疑,因此要灭亡普罗列答利亚文学。我们不知道由此要造出什么来。可是,诸位同志们,在现在我们底普罗列答利亚的文学底领域内,以为我们没有看见大错处么?作家一写出两三篇作品,他岂不就以歌德自居了么?……

我已经提示了站在普罗列答利亚作家之前的课题,我并且给了一个名目,叫作"力学的力"。我要复说一遍,这是我们底预想。但再复说一回罢,我要说,为解决这预想方案起见,我们是有特别的方法的。从这里,要流出为《在哨岗》的团体所不懂的许多问题来。文学批评者,必须作为决定我们的社会意见的人,或是团体来行动的么?这可应该像我们招致农民一般,将"同路人"招到我们这边来呢?自然,应该如此。然而一面用棍子打他们底头,绞住他们底咽喉到不能呼吸,一面"招致"他们,这有什么必要呢,又怎么可能呢?一切的问题,就在这里。

从我看来,我国底读者是有各种各样的。作家也有各种各样。所以无论如何,问题底解决,也不会是决定的,一面的。根本的问题,是在读者应该长进到由普罗列答利亚作家来领导。最后,则应该到普罗列答利亚作家来指导普罗列答利亚的读者。这也做得到的罢。正如我党和劳动阶级,不用方针,却用实际的一切工作来证明,于是在勤劳大众底意识中,获得了一定的领导权一样,普罗列答利亚作家也应该战取那一定的艺术的权威,由此来获得领导读者的权利。

最后,还要添一点小小的注意。同志们,我想,这一件事,是必须明白的,就是造成一切团体,不能用造党呀,组合呀,军队呀的型范来造。也必须明白,在一定的时期,尤其是关于文化的问题,我们是有设立别的两样的团体规律的必要的。问题呢,现在自然不在那名称上,但我要主张——这须是自发的团体,并不拘束的团体,倘是靠补助经费来办的那样的团体,是不行的。(笑。)那么,小团体就会很是多种多样的罢。而且愈是多种多样,也愈好。他们要因其色彩,大家不同。党呢,当然应该定一个一般的方针的。但要而言之,在这诸团体内,总须有某一程度的自由。这并非立有铁的规则的党,这并非劳动组合——这完全是别的形式的团体。凡有文艺上的政策底一切问题的解决,常常有人想求之于党——宛然是对于政治及其他的生活的些细的问题,党都给以回答一般。然而这是党底文化事业底完全错误的方法,为什么呢,因为这是自有其本身底特殊性的。

这就是我要在这里提出的注意。

其次再看卢那卡尔斯基底意见。

瓦进同志要求瓦浪斯基同志,要他从现下的情势这一个见地,走近问题去。然而党接近了文艺的问题这一件事,却也正在这现下的情势之中,演了某种的任务的。

其实,党是才始将这特殊的课题,提起在自己之前了。但从现下的情势底这特质,也流出着某种的危险。当政治家们不知道某一领域底特殊的方面,而开始接近这领域去的时候,从他们简直会弄出太过于总括的判断,或是有害的企图。这样,纯政治的态度,也反映在《在哨岗》派的人们底错误的立场上。纯粹的政治的领域,是狭窄的。广义上的政治,乃是在国家机能底各部分上,都各有特殊的课题。政治家办理他们所不知道的领域的事的时候,常常存在着弄错的危险。瓦进同志简捷地断定,以为应该从纯政治的见地,接近文艺底问题去。然而,譬如对于军事政策,或运输政策,商业政策,倘不将军事,运输,商业底特殊性,放在思虑里,又怎么能够从纯政治的见地,走近前去呢?和这完全一样,不顾艺术底特殊的法则,而提起关于文艺政策的问题,是不成的。否则,我们便全然成为因了这粗疏的政治的尝试,而将一切文艺,都葬在坟墓里——若用"瓦普"的表现来说,则是福音书底"腐烂了的"坟墓里了。其实,凡一种艺术作品,如果没有艺术的价值,则即使这是政治的,也全然无意味。譬如这作品里,有一种内容,是有政治意义的——那么,为什么不将这用政论的形式来表现呢?

但将这种问题翻转来看一看就好。假如我们之前,有着艺术的虽然是天才的,而政治的则不满足的作品。现在假定为现有托尔斯泰或陀思妥也夫斯基那么大的作家,写了政治的是和我们不相干的一种天才的小说罢。

我呢，自然，也知道说，倘使这样的小说，完全是反革命的东西，则我们底斗争的诸条件，虽然很可惜，但使我们不得不挥泪将这样的小说杀掉。然而如果并无这样的反革命性，只有一点不佳的倾向，或者例如只有对于政治的无关心，则不消说，我们是大概不能不许这样的小说底存在的罢。

有人在这里说过——艺术是认识生活的特殊的方法。别的人又说——艺术是社会底机能。无论依哪一面，天才的艺术作品，就明明于我们是有价值的。这些，或则是直接地给与生活的优良的表现，或者又成为社会底机能，由伟大的作家底意识，独特地，明快地，将社会反映出。如果我们不想利用艺术这一种材料，那么，我们恐怕就要作为批评家，作为社会学者，作为国家底人，作为市民，犯到深的错误了。

自然，艺术底任务，离科学底合理的任务是很远的。但是，虽然如此，艺术的作品，是经验底特殊的组织。从这见地，就可以说，一切艺术的作品，无论什么，只要是有才能的东西，即于我们有益。所以，在这方面，必须看得更广大些。艺术底繁荣，在我们，大概是会成为对于这国度底认识的很好的源泉的。

因为和我们有一点点隔阂，或者只因为有和我们底倾向不一致的特性在艺术作品里，便立刻说这是有毒的东西，这一种恐怖，究竟是从哪里来的呢？我们的普罗列答利亚，想来该是已经尽够坚实了。正不劳我们惧怕他们被别样的政治底水湿了脚。

将和我们政治的倾向不一致的作品，发露出来，我们用正当的批评的方法就做得到，决没有来用禁压的必要的。艺术家是人间底特别的型，这事忘记不得。我们决不能希望艺术家底多数，同时也是政治家。艺术家之中，有些人，常是缺少对于正确思索的极度的敏感性，或对于特定的意志的行动的倾向的。马克思懂得这事，所以能够用了非常的留心和优婉，接近了歌德，海涅，那样的文学的现象。

再说一遍，艺术家那里，兼有指导的政治理论的事，是很少的。他将那材料，用了和这不同的方法来组织化。即使对于出自我们里面的艺术家，我们若在他底艺术的作品中，课以狭隘的党底纲领底目的，也还是不行。他既然作为艺术家而行动，那么，他是依了和政论家工作不同的法则，组织着自己底经验的。将浇了许多我党底酱油的艺术，给与我们的时候，使我们到后来确信这是赝品的事，实在非常之多。

自然，艺术家是可以出于种种的层里的。但是，要记得的，是在不远的将来，这大概仍然还要出于知识分子。这是因为要做一个作家，必须有颇高的教养的缘故。以为作家从耕田的人们里,或从下层的普罗列答利亚里,会直接出现的事,是不容易设想的。况且艺术家者,也是专门家。他因为要造出自己底形式,要开拓那视野,就必须用许多的时间。因为这缘故,所以他如果是从大众中出来的,则某一程度为止,他大概一定要离开自己底阶级,接近知识分子底集团去。

这些一切,就令我没有法子,不能不以为我们无论怎样,不可将非普罗列答利亚和非抗闵主义者艺术家,从我们自己这里离开。

请诸位最好是记一记,阿卫巴赫同志在这里说些什么了。这是非常年青的同志。但他却表现了全然难以比方的急躁。关于由雅各武莱夫同志所示的作家底手记,他是喊出叛逆了的!他说,瓦浪斯基同志使作家堕落了,而举为证据的,乃是这些作家宣言将和我们携手同行的那手记!他们于此希望着什么呵!他们所希望的,是将他们作为具有艺术家底一切专门的特性的艺术家,留存下来。

倘使一切的人们,都站在阿卫巴赫同志底见地上,那么,恐怕我们便成了在敌国里面的征服者底一团了。

我害怕——在文学上,我们有陷在"左倾病"底新的邪路里的危险。我们不能不将巨大的小布尔乔亚的国度,带着和我们一同走,而这事,则只有仗着同情,战术地获得它,这才做得到。我们底急躁底一切征候,会吓得艺术家和学者从我们跑开。这一点,我们是应该明确地理解的。伊理基直白地说过——只有发疯的××主义者,以为在俄国底××主义,可以单靠××主义者之手来实现。

这回,移到反驳托罗兹基同志底那一面去罢。

托罗兹基同志,关于普罗列答利亚文化,是弄错了的。

自然,他于这一层,是有着举伊理基为反证的根据的。伊理基在如次的一个似是而非的论理的判断之前,曾抱着大大的恐怖——意识由生活而决定。所以布尔乔亚意识形态,由布尔乔亚生活而决定,所以,将布尔乔亚底一切遗产,都排斥罢!倘从这里出发,我们就也应该弃掉我们所有的技术。然而这里横着大错误,是很明白的。布尔乔亚的生活之中,若干问题——也站在我们之前,但已经由布尔乔亚多多少少总算满足地给了解决,我们现在,是有着要加解决,而并无更能做得满足之法的诸问题。伊理基就极端地恐怕我们会忘却这事,而抛弃了布尔乔亚底遗产里面的有价值的东西,却自己想出随心任意的东西来。他是从这见地,也害怕了"普罗文化"的(声,"他是怕波格达诺夫主义呵")。

他怕波格达诺夫主义,他怕"普罗文化"会发生一切哲学的,科学的,而在最后,是政治的恶倾向。他是不愿意创造和党并立,而和党竞争的劳动者组织的。他预先注意了这危险。他曾经将个人的指令付给我,要将"普罗文化"拉近国家来,而置这于国家底管辖下。在同时,他也着力地说,当将一定的广阔,给与"普罗文化"底艺术课目。他坦率地对我说过,他以为"普罗文化"要造出自己底艺术家来的努力,是完全当然的事。对于普罗列答利亚文化的十把一捆的判断,在伊理基那里,是没有的。

台明·白德内宜曾将伊理基底一篇演说中,说着'艺术者和大众育养于同一的东西,依据着大众,并且要求着为大众工作'的一部分给我看。惟这大众,实在,岂不就是普罗列答利亚大众么?

而托罗兹基同志,是陷在自己矛盾里了。他在那书里说,现在我们所必要的,是革命艺术。但是,是怎样的革命的艺术呢?是全人类的,超阶级的东西么?不,我国底革命,总该是普罗列答利亚革命呀。将我们在艺术成为全人类的东西的××××的乐园里,发见自己之前,我们还没有发展普罗列答利亚艺术的余裕这一件事,举出来作为论据,这是毫没有什么意义的。

将关于艺术的问题,和关于国家的问题,比较了一看就好。××主义是决非将全人类的国家,和本身一同带来的,而只是将这××。但在过渡的时期,我们是建设普罗列答利亚国家。马克思主义,苏维埃组织,我们底劳动组合,——这些一切,都一样是普罗列答利亚文化底一部分,而且是恰恰适应于这过渡时期的部分。那么,怎么可以说,在我们这里,不能发生作为进向××主义艺术的过渡艺术的那普罗列答利亚艺术呢?

在这些一切意见之中,我以为是这论争底惟一的最正当的结论者,是如次——就是,普罗列答利亚文学,是作为我们底最重要的期待,我们要用了一切手段,来支持它,而排斥"同路人",也决不行。

在这一点上,曾谈到应该对于马克思主义批评,给与一个一定的规准。不错,我觉得我们底批评,是极其跛行着的。但是,和这事一样,关于马克思主义的检阅,该依怎样的原则的事,给立出一个明确的一定的方针来,也不坏。所有的人们,都诉说着检阅底各各底失败。显着检阅似乎过于严重的情形。然而,反复地说罢,我们是,有以我们为中心,而在这周围组织小布尔乔亚文学的必要的。假使不这样,那么,一切具有才能的人们——而具有才能的人,则往往是独自的组织者——怕要离开我们,走进和我们敌对的势力里去的罢。

其次作为结论,则有党底文艺政策。

关于文艺领域上的党的政策

1

最近大众底物质状况底向上,已经和由革命所致的智的变革,大众底自发性底增大,眼界底扩大等相关联,创出文化的定货和要求底大大发达了。这样,我们已经将脚跨进了文化革命底圈里,而这文化革命底圈限便是今后向××××社会进展底前提。

2

成为这大众文化发达底一部者,是新的文学——从那是萌芽的而同时包含着未曾有地广大范围的形态(劳动通信,农村通信,壁报,其他),直到意识形态上有意识的文艺作品的——普罗列答利亚和农民文学底发达。

3

同时在别一方面,经济过程度复杂性,互相矛盾互相敌对的经济形态底同时发达,和由这发达所引起的新布尔乔亚底诞生和成长,和新旧知识阶级底一部分对于他们的必然的——虽然最初未必是意识的——结合,以及这布尔乔亚底意识形态的新拥护者从社会深处的化学的酿成,——这些一切,也必然地要出现在社会生活底文学的表面上。

4

因为如此,所以在我国文艺底领域上,斗争还未终熄,也如阶级斗争一般还未终熄一样。虽然一般地说,艺术底,部分地说,文学底阶级性,比之政治上,表现着无限复杂的形态是事实,但在阶级社会里中立的艺术是不会有的。

5

但是,我们绝对不能忽视社会生活底基本的事实:就是,劳动阶级正获得政权,在这国度里正行普罗列答利亚专政。

如果普罗列答利亚党在获得政权以前,以激成阶级斗争,实行全社会底××为方针,则在普罗列答利亚专政期中,站在普罗列答利亚党底面前的问题,便是——怎样和农民亲睦,并且逐渐教育他们;怎样容许和布尔乔亚的某一程度底合作,并且逐渐压下他们;还有,怎样使技术的和别的一切智识阶级去做革命工作,并且在意识形态上把他们从布尔乔亚夺了回来。

如此,则阶级斗争虽未终熄,斗争底形态已有变动。因为普罗列答利亚获得政权以前,是向现存社会努力××的,现在到了自己专政时期,该将"平和的组织事业"算作第一着了。

6

普罗列答利亚必须拥护自己指导的位置,使之坚固,而且扩大,在意识形态战线上许多新的参与者之间,也占得与此相应的位置。向着全然新的领域,(生物学,心理学,一般是自然科学)的辩证法的唯物论底前进底过程,已经开始了。在文艺底领域上的这位置底获得,也该和这一样,早晚显为事实了。

7

但是,不可忘记,这个问题是比普罗列答利亚正在解决的别的问题,无限地复杂。因为劳动阶级在资本主义社会底领域内,已经有了可得胜利的××底准备,造了斗士和指导者底一团,造出政治斗争底优胜的意识形态的武器了。但他于自然科学上的问题,于技术上的问题,都还未能出手;又,作为文化的受了压迫的阶级,他也还不能造出自己底文艺,自己独特的艺术形式,自己底样式来。纵使在普罗列答利亚底手中,对于任何文学作品底社会的政治的内容现在已经有了无误的规准,但他对于艺术形式的一切问题,却还没有同样的决定的回答。

8

在文艺底领域上的普罗列答利亚指导者底政策,应该依据上述的情形来决定。在这里,首先和下列的各个问题有关系——普罗列答利亚作家,农民作家,以及所谓"同路人"和别的作家之间的相互关系;党对于普罗列答利亚作家的政策;批评底问题;关于艺术作品底样式和形式,以及新的艺术形式底确立方法问题;最后,是组织的性质底诸问题。

9

依所属社会的阶级的或社会的集团的内容而区分的各种文学集团之间的相互关系,固然可以由我党底一般政策决定;但在这里,不可忘记:文学领域上指导的位置,以及所有一切物质的,意识形态底资源,整个都要属于劳动阶级。普罗列答利亚作家底领导权,现在还未曾确立,党应该援助这些作家,自己造出进向这领导权的历史的权利来。农民作家应该享受友谊的待遇和无条件的援助。我们底主意,固然要将他们正在成长的一团,拉进普罗列答利亚意识形态底轨道上面来;但是同时,断乎不可使他们底创作,失掉农民文艺的特色,因为这特色是影响农民所必要的前提。

10

对于和"同路人"的关系,必须计及下列各事:(1)他们底分化;(2)他们底多数所以在文学技术上成为有资格的"专门家"的意义;(3)他们这一层中间的动摇情形。一般的指令,在这里,应该是保证战术的十分细心的待遇他们的关系,换了话说,就是,保证他们可以竭力从速移到××××的意识形态这面来的一切条件那样的态度底指令。党一面虽然将反普罗列答利亚的,反革命的要素(现在是极少了)绝灭,和"斯美那·惠夫"的"同路人"之间正在形成的新的布尔乔亚底意识形态斗争,但对于中间的意识形态的形态,仍应该坚忍地,宽容地和他们周旋,以便他们在和×××底文化要素的愈加亲密的同志的协同底过程中竭力扬弃了这些难免很多的形态。

11

对于和普罗列答利亚作家的关系,党应该取下列的立场,就是,用了一切的方法资助他们成长,尽力支持他们和他们底组织,同时还用了一切的手段,预防在他们之间最是破灭的现象的那自负底出现。正唯党以为将有苏维埃文学底意识的指导者出在他们中间,党对于他们底对于旧的文化的遗产和艺术的言语的专门家的轻率的侮蔑的态度,有用一切手段来斗争的必要。和这一样,党也应该批判对于争取普罗列答利亚作家底意识领导权的重要性,似乎评价不足的立场。一方面,和无条件的降伏斗争,别一方面,和自负斗争,——这应该是党底标语。党对于纯温室的"普罗列答利亚"文学底尝试,也有斗争的必要。把握广大现象和一切复杂情形,不踢跨于一个工厂底范围之内,不为基尔特文学,却在自己之后,带着几百万的农民去斗争的伟大的阶级文学——才是普罗列答利亚文学底内容底境界。

12

那在党底手中为主要的教育手段之一的批评问题,大体也可依以上所述而决定。××××批评应该一刻也不出××××的立场,一步也不离普罗列答利亚意识形态,一面解明着种种文学作品底阶级的意义,和文学上反革命的显现毫不宽容地斗争,将"斯美那·惠夫"的自由主义等暴露,同时还要和普罗列答利亚特一同进行,对于可以一同进行的一切文学层,表示最大的节度,慎重,和忍耐。××××批评,平常必须力避文学上的命令的调子。只有这批评得了意识上的卓越性的时候,才可以获得深远的教育的意义。马克思主义批评,应该从自己底阵营里驱逐了虚假,半文盲的,而且沾沾自喜的自负。马克思主义批评有在自己之前,竖起"学呀"这标语来,而于自己底阵营内一切的废纸和胡说,给以打击的必要。

13

党虽然对于文学潮流底社会的阶级的内容加以正确的辨别,但是它决不能在文学形式底领域内,整个地和某一倾向相连结。党虽然指导着整个的文学,但不能支持某种一定的文学的分派(由于对于形式,样式的见解底不同,而将资格给这些分派的)。这正和党虽然指导着新生活底建设,却不大用决议去规定关于家族底形式问题的情形一样。一切的事情,在要求这样地设想,——适应时代的样式,固然可以创造,但这也可以用别的方法创造,而这问题底解决法,却还没有定。在我国文化发达底现阶段上,应该拒否想在这方向上,藉着什么和党来联结的一切尝试。

14

所以,党不得不宣告在这领域上的一切各样的团体和潮流底自由竞争。别的一切解决法,恐怕都是衙门的官僚的虚伪的解决法。正和这一样,也不能由法令或党底决议,来许可某一集团或文学团体对于文学出版事业的合法的独占。党虽然在物质上和精神上,支持着普罗列答利亚作家和普罗列答利亚农民作家,援助着"同路人",但即使它在意识的内容上,最为普罗列答利亚的时,也不能许可那一集团独占。因为这是第一可以绝灭普罗列答利亚文学底根株的。

15

党对于文学的事情,应该用尽一切手段排除杜撰的不懂事的行政上的妨碍。党为了保证对于我们文学的真是正当的,有益的,而且战术的指导起见,应该慎重考虑各种官办事业上掌管出版事务的人选。

16

党对于一切文艺劳动者,应该指示他们必须正确区别批评家和作家艺术家底职能。在这后者(作家艺术家),应当将工作底重心,放在原来意义的文学作品上,同时在创作上利用现代伟大的材料。又对于我们联邦底许多共和国和州郡底民族文学底发展,也必须有特别的注意。

党必须提倡必须创造真正供给大众的读者——劳动者和农民的读者的文艺。我们应该大胆地,决定地打破文学上贵族主义底偏见,利用旧的技巧底一切技巧的到达,创出为几百万的人们所能理解那样的合适的形式来。

只有这伟大的问题解决了的时候,苏维埃文学和那为未来底前卫的普罗列答利亚文学,才能够完成它文化的历史的使命。

*　　　　　*　　　　　*

以上已将大论争底内容和经过,极详细地介绍过了,现在试加一点点批判。

概括地说,托罗兹基和瓦浪斯基两人底普罗列答利亚文化和文学底否定论,结局可以说是完全错误的,而那从文艺底特殊性底至深的理解中产生的文艺政策论,却完全不错。反之,《在哨岗》一派对于普罗列答利亚文化底主张(领导权底要求)是不错的,而对于具体的实现的方法(文艺政策)却完全把政治和文艺底关系弄错了。所以,这两面底是非邪正,是要经过那完全继承波格达诺夫理论的卢那卡尔斯基取舍别择,才能成为党底文艺政策。

我们若要批判托罗兹基底普罗列答利亚文化否定论,第一便当注意他底文化底定义。不明白他底文化底定义,便不能品评他底说头。他底文化底定义是怎样的呢?他说:"文化云者是表现全社会底,或至少它底统治阶级底特性的,知能底有机的总和。它包罗而且渗透人类创造底各方面,并且把它们联成一个单一的体系。"

若立脚在这样的定义上,则即说不会有或不应有这样意义上的普罗列答利亚文化,也决不能算是错。因为这定义所包含的是,过去人类所有的封建文化或现在所有的布尔乔亚文化,在其最大发展形态上的全体,普罗列答利亚自然不会造成适合这样意义的单单自己阶级的阶级文化。普罗列答利亚是以创造全人类文化为它意识的目的的,也不该像布尔乔亚创造布尔乔亚文化似地,创造这样意义的伟大的文化,为单单自己阶级的阶级文化。

因此托罗兹基所说的可以说全是当然的定规的事情,他不过随便下了文化底定义,以这定义为基础,把这当然的定规的事,从马克思主义的立场上说了出来罢了。然而在当时,(在当时急迫的社会的情势所生的《在哨岗》一派底"纲领"主张中),正也有着说出这样当然的事来促其注意也非徒然的歪曲。因为《在哨岗》一派所叫喊的普罗列答利亚文化底确立,所待望的普罗列答利亚意识形态领导权底获得,在理论上原则上虽然对,在具体的斗争上是,太把文化底理解拘囿而且尽心于政治文化了的(虽然他们底纲领也说到普罗列答利亚底"结局的目的")。这只要一看他们底文学论便了然。他们正如已介绍的"关于对布尔乔亚及中间集团的关系"第七项所述那样,有想用政治的干涉(政策),即刻获得普罗列答利亚文学(意识形态)底领导权,同时机械地灭绝了别的意识形态(文学)的气势的。但是为普罗列答利亚目的的全人类文化,只有无阶级的社会才能出现的全人类文化(意识形态),却是,如"普罗文化"底精神文化论章所说那样,只有现在的普罗列答利亚意识形态(普罗列答利亚阶级所独有的集团主义的生活感情)和布尔乔亚意识形态(布尔乔亚阶级所独有的歪曲的个人主义的精神),有机的互相融合才能够获得。假如现在靠了政治的力量使普罗列答利亚集团主义即成为支配的意识形态(文化),即成为托罗兹基所说的文化,那么普罗列答利亚阶级便也和布尔乔亚社会底有布尔乔亚文化一样,不过造了普罗列答利亚阶级文化(集团主义的文化)罢了,决不会产生全人类的文化的。这错误由于他们不曾正当地理解全人类文化和普罗列答利亚文化底关系,单把普罗列答利亚阶级底政治文化,弄得头昏脑涨,不能正确懂得它和别的文化(普罗列答利亚文学文化,普罗列答利亚科学文化,等)底关系的缘故。所以托罗兹基有要说政治文化和科学文化和文学文化各各的特殊性,要阐明它们底有机关系,使人常常意识着创造全人类文化的必要。托罗兹基底文化论,对于文化虽然下了随便的定义,作为对于《在哨岗》底论难看,决不是没有意义的。不过不把它作《在哨岗》底论难看,作一般的理论看的时候,则他那文化底定义实是一个根本的缺陷,不能不说是全错的。在这点上,的确还是柯根和玛伊斯基们以为已有"堑壕底文化",有"露营底文化",党也是文化(政治文化),新经济政策也是文化(经济文化),马克思主义也是文化(科学文化),普罗列答利亚诗歌也是文化(文学文化)的见解来得对。而且这些现在已有的文化,暂时也正只能称它为普罗列答利亚文化。在这意义上,托罗兹基底普罗列答利亚文化否定论,虽被说是结局是错,也是无法辩解的。但这并非说他完全不曾想到这样的文化。他于这样的东西,也曾充分地论述过它底存在和性质的,他不过不称它为文化罢了。这只要细读前面所载的他底论文,便可以明白。

不过,这正当意义的普罗列答利亚文化,却连这种文化底主张者布哈林,卢那卡尔斯基们似乎也未曾对于它底现在和将来,及其转移经程等有过理论地组织地洞瞩(至少在文学文化底分野上)。虽说这是要在一般文化底发展中逐渐组织起来的,终不能不令人有些空虚之感。(杂志《国际文化》第二年第二号上载有 Mareckij 底一篇《Comintern 纲领中的文化革命问题》,对于全人类文化的一般文化的进路,颇有精详的检讨,但对文学文化的进路,也还未有怎样整理就绪的东西。)

托罗兹基对于文化所以下了那样宽泛的定义,一面自然为了要攻难《在哨岗》底"极端",一面也是由于他在《在哨岗》太偏于政治文化底反面,犯了太偏于全人类文化的错。一涉及"太",自然都不好;但在文学文化(意识形态)底范围内,实绝对必须以全人类文化为意识的目的,如"普罗文化"所提倡的那样。既然是文学论,便不能不常常意识着,文学底范围内普罗列答利亚文化和全人类文化底关系。具体地说,便不能不常常在文学底特殊性中把握政治和文学底关系以为文学底理论。这在现代(社会生活底政治文化时代),是一切文艺问题底基本问题。然而《在哨岗》一派,却总是蔑视文学底特殊性的,他们要求党来干涉的文艺政策,便是蔑视文艺特殊性的表征。

《在哨岗》一派底文学运动,不过在异常地深入文学和其他一切社会现象底关系的一点上,及把蒲列哈诺夫所曾抽象地说过的,更具体地来主张的一点上,可以说对于文学理论底发展,和文学社会学底成立,曾有极大的贡献。

《在哨岗》底普罗列答利亚文学论,倘将那中间所混合的文艺政策论取去,单把它作为文学论来看,那便是文化勃兴时代(政治文化时代)底政治和文学底正当结合所当然产生的意识地而且强有力地亚奇·普罗文学的主张。这在当时,自是很必要的而且很正当的见解。瓦进在对讨论会的报告底方针中(已经介绍了)也力说着要创造"意识形态地——慢慢地,有计划地,影响劳动者和农民大众的文学。"说这样的亚奇·普罗文学,于普罗列答利亚底终局目的,很必要而且大有文艺的价值,那自然是不错的。他们是亚奇·普罗文学底主张者,所以他们就是反对瓦浪斯基专为拥护同路人底艺

术而说的艺术认识说，而主张艺术感染说者。（这当在瓦浪斯基底文学论一节中详说）

但是《在哨岗》一派太过于重单单效力于政治文化的亚奇·普罗文学了。他们忘了除出效力于政治的意识形态以外，还有（虽不尽情效力却非全无关系的）于普罗列答利亚底终局目的有益的文学（因而也是出色的普罗列答利亚文学），正在按着文学发生底必然法则逐渐发生，他们不曾给那些作品所有的间接的却更为文学的效果以高的评价。这就由于他们缺乏"普罗文化"底加里宁那样的文艺特殊性（文学成立底经程，普及力底范围等）底理解的缘故。在这一点上，托罗兹基和瓦浪斯基是有一技之长的。

但托罗兹基和瓦浪斯基，虽然比之《在哨岗》更有一般对于文艺法则的理解，却也缺乏着普罗列答利亚底文学的能力底时代的特殊性底理解。（这由于他们被论争情势所迫，过倾于拥护同路人了）。他们忘了在勃兴阶级底政治文化时代，文学可以依了自己本来底性质而政治评论化，在新兴的普罗列答利亚的时代，更可以因着它底生活上的特色（崇重组织底精神）而政治评论化；结果，便于亚奇·普罗文学中的文学性评价得太不充分了。

瓦浪斯基底下面的文章就可以证明这一点。

他在一九二一年写道：

自然故意的倾向性，是有害的，除了拙劣的宣传文学以外，什么也不会给出来；但在一般的世界观的范围中的无思虑，在现代底作家却就是死症。

这文章是一九二一年写的，也还见得有颇重视政治的，重视理论的倾向，（即与《在哨岗》还有共通处），但在所谓拙劣的宣传文学这种语句中，便也暗示着对于亚奇·普罗文学少有理解了。而事实，也正在一九二四年写的他底下面文句中，更加赤裸裸地显出了他底这个缺点来：

自然普罗列答利亚意识形态是第一主要的事，然而话是就艺术品说的。艺术品并不是宣传（propaganda）煽动（agitation），也不是时事评论。

依此看来，便可知道这论争中的托罗兹基派和《在哨岗》派，各都含有一半的对和一半的错。我已经屡屡说过，这分争是由于原来的一个有机的整体"普罗文化"底理论（抽象的根本原理），在它具体的发展途中，分裂成了两个，所以发生的。将这两个半分的对取来，使它重复融合的，是卢那卡尔斯基底理论。他底理论,所以,可以看作"普罗文化"理论底具体而且最完美的发展。

所以他底理论底化身的党底文艺政策,也一面否定着托罗兹基底普罗列答利亚文化否定论,一面排除着《在哨岗》一派底政权干涉论,而以确立普罗列答利亚文化,给以领导权的经程,期待着文学底自然底(依其自身约束底)长进。最可注目的,是扬弃了这两派底主张,而把普罗列答利亚文学底新的具体的进路指出了。这政策底最后说:

我们应该大胆地决定地打破文学上贵族主义底偏见,利用旧的技巧底一切技巧的到达,创出为几百万人们所能理解那样的合适的形式来。

只有这个伟大的问题解决了的时候,苏维埃文学和那为未来的前卫的普罗列答利亚文学,才能够完成它文化的历史的使命。

这就是扬弃了《在哨岗》一派底亚奇·普罗文学底作品,和托罗兹基一派底未曾变换的生活感情文学底作品,而待望能有为几百万人所能理解的有大众性的纯艺术作品出来的。因为一九二五年社会情势底发展,(比之一九二三年论争勃发的当时),正已使这待望成为可能了。后来卢那卡尔斯基还曾将这理论精详地展开为那闻名的方针(These),但那已是第三期的理论,要待第三期再说了。

第四节 托罗兹基底文学论

《文学和革命》底意蕴(序文) 《革命艺术和社会主义的艺术》 同路人文学底批判

一九二三年出版的托罗兹基底文艺评论集《文学和革命》,借了卢那卡尔斯基底评语来说,是一部"惊人"的著作。它那内容固然有着关于文学的丰富卓越的知识,它那外形的成功也是俄罗斯批评文学上一个最可注目的现象。在马克思主义对于文学的展开上,则更做了大大的角色。俄罗斯在最近十年间,不曾再有一本文学书留下这样深刻的印象。他在这书中对于各作家各团体所给与的那些特质的解剖,也到今还不失栩栩如生的意义。

现在先介绍他把他底文学观概括地说出来的,这书底"序文":

艺术底地位及其指标

艺术底地位，可以用下面概括的推论来决定。

假如得了胜利的俄国普罗列答利亚不曾创立自己底军队，劳动者底国家也许早就死了，那我们现在就不必再考量什么经济问题，更不必考量精神文化问题了。

又假如专政，在最近几年中，不曾能够组织经济，不能替住民保障一点生活所需要的最低限度的物质的舒服，那么普罗列答利亚底统治将已不可避免地栽倒尘埃。经济问题，在现在是超乎一切问题之上的问题。

但是衣，食，住，以及普通教育等基本问题底顺利的解决，任它是怎样伟大的社会的到达，也还决不能说就是新的历史原理底——即社会主义底——完全胜利。只有普及全民众的科学思想底进展与新艺术底发达，才可以显示历史的种子不仅生了枝茎，也还开了花。在这样意义上，艺术底发达是每时代底生机与意义底最高的左征。

文化靠经济底滋养而孕育，必须有物质的富余，文化才可以生长，发展，而且变为精致。我们俄国底布尔乔亚是在确实地强固地富有起来的那时，将文学置在自己支配之下的。普罗列答利亚也可以准备创造一种新的，即社会主义的文化与文学，但不是站在我们今日的贫穷，缺乏与无学底基础上，用实验室的方法，却是用大的社会的，经济的和教化的方法。艺术需要舒服，甚至需要富裕。火炉必须烧得更热，轮子必须转得更快，织梭必须动得更为迅速，学校也必须工作得更好。

我们底旧文学与"文化"，是建基于农民之上的贵族与官僚底表现。毫不怀疑自己的贵族和已悔悟的贵族们，都在俄国文学最重要的条带上，按上了自己底印记。次后，建基于农民和小市民之上，平民知识阶级兴起了，也将自己底一章写入俄国文学史中。平民知识阶级经过了民粹派底"反扑主义"，而近代化，分化，并且在布尔乔亚的意义上个性化。颓废派和象征派底历史的任务就在此。已经在这世纪底初头开始，而尤其在一九〇七——一九〇八年之后盛行的知识阶级底布尔乔亚化，都与文学之变质密切地并行。大战给这种进程以爱国主义的完成。

革命颠覆了布尔乔亚，于是这种决定的事实也侵入了文学里面。绕着布尔乔亚的中轴而造成的文学，不再存在了。残存在文化方面尤其在文学领域中的略有生机的东西，都试行探求一种新的指标。布尔乔亚既然落签退了位,文学底中轴只能是除开布尔乔亚的民众。但是除开布尔乔亚的民众是谁呢?第一是农民阶级,其次是一部分城市中的小市民,此外便是不能与农民底原形质分离的劳动者。所有的革命底"同路人"底接近底根基就在这一点。死去的孛洛克是这样。健在着,方来的也是这样,(皮涅克"舍拉皮昂兄弟"和形象主义者)。甚至有一部分未来主义者,也是这样(如黑来孛尼可夫,克鲁勖宜和加勉斯基)。我们底文化——或者还不如说,无文化——底农民的基础,显现着自己底所有的受动力。

我们底革命是农民变成普罗列答利亚底表现,这仍然是依存于农民,并以农民为目标的路程。我们底艺术是知识阶级者底表现,他动摇于农民和普罗列答利亚之间,他同无论哪一方面都不能有机地溶合,但是因为他底中间的态度和关系,他更倾向农民些。他不能变成农民,但是他能歌咏农民。不过要是没有劳动者做领导者,便不会有革命。这就在接近主题底中间出了根本的矛盾。人可以说,我们现在碎为微尘时代底诗人和作家们,就因其逃避此种矛盾的方法,及填起缺陷的态度,而彼此有所区别:一种人用神秘主义,另一种人用浪漫主义,第三种人用小心的谦让,第四种人用压倒一切的叫喊。克服矛盾的方法虽然是多种多样,而矛盾底存在还是同一。这就在于布尔乔亚社会所造成(也包含艺术在内)的精神劳动与体力劳动之分离,而革命似乎是做体力劳动的人底工作。因此完全克服这两种活动底分离,就是革命底最终课题之一。在这意义上,就如在其他一切的意义上一样,新艺术创造底问题就全然在社会主义文化建设底根本问题之列了。

假装以为艺术对于现代社会的骚动可以从旁直走,是荒谬,是糊涂,是呆到极点的。那些事件是民众所准备的,是民众所作成的,是在民众之中崩坏下去,并且改变了那些民众的。而艺术就从正面并侧面反映着造成或体验那些事件的民众底生活。这可以包含一切艺术而言,不论它是纪念碑的大艺术,还是体己的小艺术。假如自然,爱和友情,和时代底社会精神没有关联,那抒情诗早就不存在了罢。只有历史底一种深微的破坏,即社会之阶级的分裂,才是摇动了个性,建立了对于个人的诗作底根本的主题上的抒情诗的接触底另一角头,以此将艺术从永久的覆亡里救出来的。

但是时代底"精神",可不是不识不知地,全然脱离了主观意志独立行动的吗?从一面说来……自然,在终局,这种精神是在每人身上都反映着的:在接受它并且体现它的人底身上,在绝望地反抗它的人底身上,和在被动地躲闪它的人底身上。但是那些被动地躲闪的人们,是不知不觉地渐渐灭亡了。抵抗的人们,也不过用了一种过时的火焰或其他使旧艺术复活。要辟开新生面,并扩大创造艺术底途径的艺术,恐怕只有和时代精神一致的人们能创造。假如要从现日的艺术到未来的社会主义艺术之间画成一条线,那我们可以说,我们现代不过是在从准备到准备之间移着步罢了。

最近俄国文学派别依严正的概括可以类别如下:

非十月革命文学,从苏峨林(Suvorin)底新闻纸上的小品作家到站在地主干枯的地盘上的最细致的抒情诗人,是和它所效力的阶级一同逐渐死去了。就形式谱系上说,这种文学是以贵族文学开端,而终于自头至尾是布尔乔亚的,我们旧文学中最年长的系统底最后底形相。

"苏维埃"的农民文学,就形式说,(但已无议论的余地),可以从旧文学底斯拉夫派民粹派的倾向中,寻出自己底谱系来。自然,农民文学派,并不是直接产从农民的东西。要是忽略了他那先行的贵族的与布尔乔亚的文学,便不能设想他们,他们是那种文学底后辈。现在,他们都正在修饰脸容,以便与新的社会情况更相协和。

未来派也分明是旧文学底一支。但是俄国底未来派,并没有在旧文学底范围内充分的成长,也没有经过要获得正式承认所必须经过的布尔乔亚化。当战争和革命勃发的时候,未来派仍然是波希米亚的——这是资本主义的城市中每种新文学派别底常态。然而受了种种事件底刺戟,未来派将自己底进路变向革命底新轨道里来了。但不曾成为普罗列答利亚艺术。就事物之本质而论,这也不会成为普罗列答利亚艺术。但是未来派虽然在几点上,仍然是旧文学底一个波希米亚的(Bohemian)革命的分支,它对于新艺术之造成,却比之其他一切潮流,都投入得更接近些,更直接些,而且更积极些。

所谓"普罗列答利亚艺术"则无论各个诗人底收获怎样的著明,就一般而论,还不过在那里经历学习期:它广遍地播种着艺术文化底元素,它帮助着外观上还是稀薄的中间层的新阶级去同化旧文化,以为未来的社会主义艺术底一源泉。

将普罗列答利亚文化和普罗列答利亚艺术,与布尔乔亚文化和布尔乔亚艺术对待,是根本不对的。因为普罗列答利亚底统治既然只是暂时的,过渡的,前二者就是一般上不会存在的。普罗列答利亚革命底历史的意义,与理论的伟大,就在它是为那超阶级的,初次真正人类的文化建立基础这一点。

在过渡时期中的艺术领域上的我们底政策,只能去,而且必须去,帮助各种站在革命上的艺术的集团及艺术的潮流正确地把握革命底历史的意义,而且把赞成革命与反对革命的绝对标准放在他们面前,容许他们在艺术自决的范围内有绝对的自由。

革命正在艺术中找寻自己底反映,虽然,暂时不过是部分的。随着革命不再在艺术家为一种外在的灾难,新旧诗人及艺术家都已与革命底活纤维一同生长,学着从内面,不是从外面,去看它(革命)了。

社会的漩涡是还不会容易平静下去的。我们前面,在欧洲和美洲,还有几十年的斗争,不仅是我们这一辈子的男女,就是将来一辈子的男女,也将成为这斗争底参加者,主人公和牺牲者。这时代底艺术,将都带着革命底印章。这种艺术必需有新的认识。这种艺术第一不能和神秘主义相容,不论它是公然的,还是蒙面为浪漫主义的。因为革命是从集团的人做唯一的主人,他底能力底限度,为他对自然力的认识及使用自然力的能力所决定,这个中心思想出发的。它和悲观主义,怀疑主义及精神懈怠底一切现象都不能相容。它是现实的,能动的,实行的集团主义,并且对于将来满怀着无限创造的信仰。

其次再介绍他底文学论底根干,革命艺术和社会主义的艺术底区别。

革命艺术和社会主义的艺术

一、社会主义是停滞还是最高的力学

当人说革命艺术时,都是指两种艺术的现象而言:一是以革命为主题的作品,一是主题并不涉及革命,却由革命所生的新的意识融贯着的作品。这两种现象自然是属于(或可以属于)完全不同的平面的现象。亚历克舍·托尔斯泰,在他底《往受难的路》中,描写着从世界战争到革命时代。但他并不曾脱亚斯那斯·波利亚那派(指托尔斯泰底作风)底旧套,并不曾超出亚斯那斯·波利亚那底视野,他不过描的范围无限地小罢了。并且他在涉及世界的大事件这一点上,也不过足以令人记起亚斯那斯·波利亚那曾经存在而已。但是当青年诗人吉洪诺夫,不写革命而写一个小杂货铺的时候,(他似乎怕写革命),他却用了那么——只有被一个新时代底动力所养成的

诗人才能如此的——新鲜的和热烈的力量，来理会而且传达革命底迟缓的可能性。这样看来，假如描写革命的作品和革命艺术是不相同的，便不能不说是在乎各自底观点不相同。被革命育成的艺术家，并不一定要说革命。但是一朝他要说革命，则亚斯那斯·波利亚那式的观点，不论是伯爵式的或是农民式的，都必然地要排斥的。

革命艺术还没有存在。但已经有此种艺术底元素，也已经有它底暗示和对于它的尝试。而且最重要的，还已经有革命的人在那典型上构成了新的世代。革命艺术最为这些革命人所需要。革命艺术要明白地出现或许还要有几许的年月罢？这连推测也是极难的。因为这经程是与数量的东西不同，是不可以估计的，就在测定更明确的社会经程时，我们也不过只能推测它罢了。但如果是这样的推测，则我们正可以推测，革命艺术和它最初的大浪，不久就将作为生于革命而且担当革命的年青时代底艺术到来了。

但是不应将势必反映出过渡期社会中的一切矛盾来的革命艺术，和连基础都还没有打的社会主义的艺术混淆。同时不应忘记，社会主义的艺术是从这种过渡期底艺术中育成的。

坚持着这种区分，我们决不是受某种玄学的（pedantic）思想样式所拘执。昂格思底称社会主义的革命为"从必然底王国向自由底王国的飞跃"，并不是偶然的。革命自身还不是自由底王国。正相反，它正发展"必然"底特色到了最高度。社会主义将泯灭阶级的对立，也泯灭阶级，而革命却把阶级斗争紧张到了最高度。在革命的时期中，只有提高劳动者在反对榨取者的斗争中的团结的文学，是必需的，进步的。革命的文学不得不染着社会的憎恶底精神，这是普罗列答利亚专政时代，在历史手中的创造的主体。在社会主义时代，就将以社会连带心为社会底基础。一切的文学一切的艺术也将弹出全然不同的声调。我们革命者现时往往苦于难名的那些感情——那被伪善者和庸众说滥了的，如所谓无私的友谊，所谓邻人的爱，所谓诚挚等等的感情，——将都成了社会主义文艺底强有力的和声。

不过，过度的连带心，不会如尼采底教徒所怕的似地，使人退化为感伤的，被动的，驯羊似的存在吗？一点也不会。在资本主义的社会中所有市场竞争性质底强大竞争心，在社会主义的社会中并不会消灭，不过要，借了精神分析学底术语来说，升化，就是要取一种更高尚而且更充实的形式，成为为个人底意见，成为个人底计划，成为个人底趣味的竞争。政治的竞争既经消灭（在将来没有阶级的社会中，是不会有政争的），被解放了的热情将都向技术的，建设的河床流驶。而这也包含艺术。艺术在那时将必是普遍的，圆熟的,洗练的;而且将不止是单单的装饰品而已,它将成为一切方面建设生活底最高形式。

不但如此,各式的生活,如土地底耕种,居住底策划,剧场底建设,社会教育底设计,学术问题底解决,新风格底创造,也将活跃地吸引了万人底兴味。对于一个新的伟大运河问题,对于撒哈拉沙漠里绿洲底分配,或将分成了党派。对于气候风土底调节,对于新剧问题,对于化学的假设,对于音乐中两大竞争的倾向,和对于最好的游戏制度,或许也起了同样的争论。但这些党将不受阶级底贪婪所荼毒。一切的人都将一样地对于全体底成功有兴味。这竞争将有一种纯思想的性质。它将没有利益观念,没有卑劣手段,没有不信行为,没有收买政策,以及其他在分成阶级的社会中煽起了"竞争心"的一切的行为。但这并不足以损碍竞争底引人,剧烈,而且热烈。并且因为在社会主义的社会中一切的问题——无论以前已经本质地自然地解决了的(生活)或曾握在特殊的僧侣阶级手中的(艺术)——都将成为万人所有的缘故,人可以确定地说,集团的兴趣和热情,和个人的竞争,都将有了无限的场面和无数的机会。因此,艺术将并不会觉到缺乏社会的活泼的力量,和集团的心理的冲动,来助成新的艺术倾向底创造,和风格底改变。美学派或许也要在自己底身边结了美学派底党;但所谓"党"必定只是性格和趣味和心情底共鸣所凝聚的集团。在这样显然上进的文化基础上发生的这样无私而又紧张的竞争中,人类的个性恐怕只会随同那毫没有不满足的根本特性,更加向上发展,更加十分淳化的罢。实在,我们并没有理由可以忧虑在社会主义的社会中将有个性底衰落,或艺术底消灭。

二、革命艺术底"写实主义"

我们能用向来所有的任何术语,来命名革命艺术吗?奥辛斯基在什么时候曾称之为写实主义艺术。这是有可以注意的正当的理由的。但是对于这种名词底意义,不可不加阐明,以免误解。

艺术中最完全的写实主义,在我们俄罗斯,是和文学底"黄金时代",即贵族底古典文学时代相当的。

倾向的主题时代,即在作品中专议论作者底社会的理想的时代,是和觉醒的知识阶级要求社会的活动,反抗旧制度而倾向与"民众"联合的时代相当的。

以反对"写实主义"而出现在文坛底水平线上的颓废派和象征主义,则和知识阶级要离开民众,而崇拜自己底内心经验,实际已经降服了资产阶级,而心理地或艺术地还努力不使融化在布尔乔亚中的时代相当。在这件事上,象征主义正求过上天底帮助。

欧洲大战前的未来主义,则是立脚于个人主义的路程上,想离开象征主义底崩坏,到物质文化底征服中去寻求人格底根柢的尝试。

这是俄国文学发达上,各大时代变迁底极其大概的轮廓。看起来,这些倾向都各含有一定的社会的团体的人生观,留下印记在它们作品底题目上主题上,在它们环境和活动人物底选择上。内容并不与主题相一致,却与社会的问题相接近。一首没有主题的抒情诗,也表现着时代,或阶级,或它底社会观,和一篇社会小说一样。

其次是形式问题。形式在某一范围内,是和一切的技术一样,照它自己底法则发展的。凡是文学底新流派——假如它真是一种的流派,不是横生的枝节——必定来从以前的发展,生自已经存在的文学与色彩底技术,而且都从已经达到的彼岸再前进,以从事从新的征服。

那流派底演进都是辩证法的。新的艺术的倾向否定了前时代的倾向。因为有许多情感和思想,在旧方法底架子中感到挤促了。但是同时,新的情调仍在已经旧了的硬化了的艺术中,找出几种只要更行发展,还能给以适当的表现的要素。叛旗向着"旧的"整个竖起,凭了可以发展的要素之名。文学底流派,却仍潜然被含在过去之中,离反着过去而发展。而形式与内容间的关系,则为新的形式被发现了被宣布了,被内在的需要——像一切的人类心里一样,在社会中有着根的集团的内心的期望——逼得发展了的这事实所决定。

这可以解释各种文学倾向底二重性;在一方面,它加些东西到创作底手法里面去,提高了或者降低了技术底一般的水准;在另一方面,又在自己底历史的结晶中表现出一定阶级的要求。这所谓阶级底要求,结局便是个人底要求,因为阶级是藉着个人说话的。同时这也就是国民底要求,因为国民底精神,是由着统治着那国民而也左右着那一国文学的阶级决定的。

此刻我们试拿象征主义来说。象征主义是什么呢?是作为艺术创造底一个形式的方式,象征地处理现实的艺术呢?还是指宰洛克,梭罗古宇及其他所代表的特殊的象征的倾向呢?象征这东西本来并不是俄国底象征派所发明。俄国底象征派不过把近代化了的俄语,有机地接种于象征主义底本体就是了。在这样意义上,将来的艺术就将不论走什么路,都不愿拒绝象征主义底形式的遗产。但是实在的俄国象征主义,在某一时期是为着一种确定的社会问题而利用象征的。它底目的是什么呢?在象征主义之前的颓废派,都在个人的经验(性,死,及其他)中,甚至只在性和死中,寻求一切艺术问题底解决。不久就弄得山穷水尽了。这就有了一种要求——这也不是非社会的冲动——要为自己底要求,感情和心绪,找到一种较高的法则,藉以充实并且提高它们。于是那不但已经造成了一种艺术的方法,也已经造成了信仰底象征的象征主义——便成了知识阶级渡向神秘主义的艺术的桥梁。而在这样具体地社会学的意义上,象征主义便成了不只是一种艺术的手法,也是知识阶级对于现实底避匿处,成了他们造成另一世界的法术。也成了空思,冥想,和被动性的艺术的教育。……要之象征主义是知识阶级离开民众的驿路。

现在再就写实主义来说。写实主义曾在各种时代,用各种方法,给各种社会集团底需要和感情以表现。这些写实主义流派底每一个,都可以下特殊的社会的文学的定义和形式的文学的评价。但它们有什么共同点呢?那就是一种重要的人生观上的特质。实人生的感觉。它对于生的执着,不是逃避现实,而是生之艺术的摄取,对于生的积极的兴趣,及以这生为创作材料而给以种种处理的努力。……在这样宽广的哲学的意义上,新的艺术是可以断定说是写实主义的。革命不能与神秘共存。假如皮涅克,形象主义者,及其他称为浪漫主义者的人,事实上真是要在浪漫谛克的皮相下施展他底神秘的,革命就也不能与浪漫谛克共存。这不是空论,是牢不可破的心理的考察。……然而这不是文学倾向底传统意义上的写实主义,这是一种人生哲学意义上的写实主义的态度。新的艺术家必须有过去所造的一切的态度或方法,而要理会新生活,还必需有一些补充的方法。不过这不一定就是说艺术底统一。艺术底统一是要待更积极的人生观来赋与的。

三、苏维埃式喜剧

在一九一八及一九一九年的时候,在战线上遇到载着男演员,女演员,舞台布景,及其他舞台用具的货车,是并不希罕的。那是军事行动充塞的时期,艺术底地位大抵可以说都被丢在历史的运动底辎重车里。因此我们战线移动迅速的时际,装着演员和舞台用具的货车,往往觉着困难,不知该上什么地方去。有时竟落在白党手里。现在遭着历史的战线底急剧移动的一切的艺术,也正尝着同样的艰难了。

演剧尤其艰苦。全然不知道该上哪里去和应该"表演"什么。但可以注意的是剧场,可以是在一切的艺术中最保守的,却有着最急进的理论家。谁都知道,苏维埃联邦共和国中最革命的团体,就是戏剧批评家底团体。因此在西方或东方一有了革命底表征,他们便编成了"Levtretsi"(左翼剧评家底略语)底特殊战斗队。当剧场演《安戈夫人底女儿》,《达来尔金底死》,《图兰多特》,《恭喜的丈夫》的时候,我们可敬的左派剧评家都很尽了力。但到演马丁奈(Martinet)底戏剧时,他们就都发跳了(这是在梅雅荷尔还未演《大地倒转》之前)。骂"那是爱国剧"。"马丁奈是一个Pacifist"批评家中有一位甚至说:"这在我们都是过去了,丝毫不会感有兴趣了。"然而在这"左倾"里,正隐着可怕的布尔乔亚的根性,毫没有一点点革命的精神。第一从政治的经历说,马丁奈在我们现在的左倾派底代表,还没有沾着左倾的实惠时,便已是一个革命者,一个国际主义者了。其次,说"马丁奈底作品在我们是过去了",到底是什么意思呢!是说法兰西革命已经完成了吗?是说已经得到最后的胜利了吗?抑还是说法兰西革命并不是一个独立的历史的戏剧,不过单单是我们所遭遇事件底麻烦的反复呢?这样的左倾,不说别的,实在含有最恶俗的民族的偏见。马丁奈底戏剧太长,不适于上演而适于诵读,是事实。但这些缺点是可以不露出来的,假如把这戏剧在它民族的与历史的具象上来演,即不当作大地倒转底随笔,当作法兰西底普罗列答利亚走上使命大道的戏剧来演。总之,将舞台,从历史的环境中移到抽象的构成主义的样式去,便是革命底退却。

　　我不知道现在舞台上是否需要bio-mechanics,即是否遵循历史的必然,但我可以毫不怀疑地说,我们底剧坛正迫切地需要清新的革命的戏文和"苏维埃式喜剧"。我们应当有我们自己底《未成年者》,我们自己底《聪明误》,和我们自己底《巡按》。并不是用这三种旧喜剧来从新排演,也不是用苏维埃底风格去润色它们,我们需要一种纯然苏维埃式的喜剧,一笑一怒都纯然是苏维埃式的喜剧。因为新的阶级,新的生活,新的恶癖和新的愚钝,正希望将它们从沉默中拖出来。而当这事发生的时候,我们就要有一种新的戏剧艺术,因为没有新的方法是不能描摹新的愚钝的。有多少新的《未成年者》,在待望受人在舞台上表演出来?"聪明"或假装聪明的有多少耽误,而且假如有一个"巡按"从我们苏维埃底剧场中经过时,是多么的好呵!剧作家诸君!请你不要把检阅官底麻烦做口实,好不好。因为那不是真的。自然,假如你底喜剧说:"看把我们带到什么地方了;让我们回到可怀念的贵族底旧巢里去罢"——那么,自然,检阅官要审定你底喜剧,而且要采用适当的处置。但是假如你底喜剧说:"我们现在不是创造着新生活吗?然而在我们底周围却不是有多少旧的和新的丑恶和卑鄙吗?让我们扫清它们罢",这样,检阅官决不会来妨碍你们。假如妨碍,那就是检阅官底不高明,我们无论如何,不能不反对这样的检阅官。

当我有机会(虽然机会是这样少)去观剧,并且好好袖藏起呵欠来以便不冒犯什么人的时候,我总觉得,看众是多么热诚地在那里——捉那对于现今生活的暗示,乃至极不重要的暗示呵。这情形底最有趣的显示,是在艺术剧场中看歌剧的时候。那东西是轻浮的,是有大大小小的刺的——蔷薇不会没有刺!我当时想:假如我们还不曾成长到演喜剧,那便排演一本社会实生活底写意剧也好。

自然,将来的演剧将从它底四壁飞越,融入依从 bio-mechanics 节奏的群众生活里面去。但这究竟是"未来主义",是辽远的未来底音乐。在剧场赖以为生的过去和辽远的未来中,有我们生活其中的现在在。在过去主义和未来主义中,给"现在主义"以舞台的地位,不是当今的急务吗?读者诸君!我们不赞成这个倾向吗?单单出了一篇好的苏维埃喜剧便将可以供剧场飞跃了一些年。这样,我们认为艺术之极致的悲剧,自然也会出现了。

四、旧悲剧和新悲剧

但是我们底无神论的时代可能够创造纪念碑的艺术呢,有些革命若能为他们保证永生便接受革命的神秘家这样问。文学底最纪念碑的形式是悲剧。古典的古代悲剧,是从神话中演绎出来的。没有对于命运之深彻的信仰便没有古代底悲剧。纪念碑的中世纪的艺术,也由基督教的神话贯彻着。那些神话不仅给与庙宇和密室,也给与所有的生活关系,以一种宗教的要义。所以所有纪念碑的艺术都要有生之宗教的觉醒和对于生活的积极的参与底两相统一,这才出来。假如我们排了宗教信仰,那么生活便已经精光赤裸了。假如排了的还不是现代知识阶级惝恍的神秘的气氛,竟是有上帝,诫命和教堂,圣徒的真正宗教,那么人生便暴露了本来的形相,再没有地方可以供英雄和命运,罪恶和赎罪底居处了。……

对于不可抗的命运的信仰,曾反映出思想清楚而技术贫弱的古人所依以为据的狭窄境地。他们不曾梦见我们今日文明这样征服自然。自然都像命运似地压着他。技术方法底限制与固定,病和死,以及一切限制人生的东西,——都成了命运,把人类定命化,且以可怕的威力压抑了他们底"自尊性"。于是悲剧便被孕育在觉醒的意识与有限的技术的矛盾中。但神话不曾创造悲剧,神话不过在人底童年底言语中寻求它底表现罢了。……

然而中世纪底布尔乔亚社会却给了人类的关系以空前的变易性和活动性,而将它原素化了。做纪念碑的宗教艺术底基础的那原始的意识,已和原始的经济的关系一同消逝。宗教因了宗教改革已经成为个人主义的性质。艺术底宗教的象征,便也脱了神明底脐带,颠倒下来,向个人意识底恍惚迷离的神秘主义中寻求它底支柱。

在莎士比亚底悲剧——没有宗教改革便全然不能设想的——中,古人底"命运"和中世纪基督教徒底热情,已被个人的人类感情,如恋爱,妒忌,复仇,烦闷,等等的感情所挤出。但是莎士比亚底每篇戏剧中,个人的热情弄到如此高度的紧张,至于出乎个人,而变成超个人的,却也成了一种的命运了。奥赛罗(Othello)底妒忌,马克柏司(Macbeth)底野心,晒罗克(Shylock)底贪婪,罗密欧(Romeo)与朱丽叶(Juliet)底密爱,科立奥雷那(Coriolanus)底傲慢,哈姆雷特(Hamlet)底怀疑,都是这一类的。莎士比亚底悲剧是个人主义的,自然没有表现一般民众意识的厄狄帕斯王那样社会的意义。然而莎士比亚底进步,却以比爱斯该洛斯(Aeschylus),也没有逊色。莎士比亚底戏剧更多有人类性。无论如何,对于剧中上帝发命令而人服从的那种悲剧,我们已经不再接受着了。而且,以后也将没有人去写那种悲剧了。

把人类关系作原素化,布尔乔亚社会,在那曙光期中,是有着个性解放这一个大目的的。莎士比亚底戏剧和歌德底《浮士德》都从这中间产出。人成了宇宙底中心,因此也成了艺术底中心。而这主题却支配了时代。所有的近代文学,在那本质上都不过是这主题底发展。但是最初的目的——个性底解放与人格底尊严——却不知何时凋落了,到了布尔乔亚社会底内在的破产暴露了难堪的矛盾时,便退却到新的神话的领域里去了。

不过个性和超个性之间的冲突,不仅能在宗教的基础上,也能在比个人大的人类欲望底基础上发生。超个性不仅是古代底命运,也是社会的本性。在人类未能支配自己底社会组织的时候,社会也如命运似地支配着人。那时社会是否投出一种宗教的阴影,那是第二义的事情,要看人类底心境而定的。在尚无准备的社会中,巴保夫(Baboeuf)底为××主义的奋斗,就是一个古典的英雄与他底命运的奋斗。巴保夫底命运,有着真正悲剧底所有的特点。

建基于闭塞的个人纠葛上的悲剧,对于我们时代已太干燥无味了。为什么呢?因为我们已生活在社会纠葛底时代中了。我们时代底悲剧,不能不是个人和社会底冲突,或者在同一个人中的两种作对的社会底冲突。我们底时代是另有伟大目的的时代。为我们底时代按下印记的正是这一点。但所谓伟大底目的就在人要从神秘的梦幻和其他的各种思想上的混沌里解放自己出来,按着自己底计划,来改造自己底社会和自己。这较之适于他们底童年的古人们底儿戏,或中世纪修道者底谵语,或个人主义底玩意,自然是一种伟大的目的。

悲剧因为它包含着冲突与痛苦,目的和努力底坚持,是一种高尚的文学形式。在这样的意义上,史梯盘(Stepun)在《现代和悲剧》那篇论文中所说的革命前期底俄罗斯艺术无关紧要的话是对的。

布尔乔亚社会,个人主义,宗教改革,莎士比亚剧,大革命等,都不能认为有外在的目的的悲剧的意义。因为伟大的目的要唤起英雄精神,或者要为产生悲剧的伟大感情基础,都要经过国民底意识或指导国民的阶级意识。帝制时代的战争,不曾透过国民意识,便只产生了些不值钱的诗,个人主义的诗歌虽然出现,也不曾见有客观的进行,不曾形成伟大的艺术。

假如人要把艺术底发展作为一种社会形式,而从这观点,来看颓废派,象征派,和他们底所有的分支,那它们便显得都不过是笔尖底乱画,技艺底练习,和乐器底调拨就是了。在艺术被称为"前期的"这种艺术时代,是没有目的的。有目的的人,没有时间从事艺术。在现在,人不得不用艺术成就伟大的目的。人不能预言革命艺术将来能否产生"高尚的",革命的悲剧。但是社会主义的艺术,是将要复兴悲剧的。自然是无神的悲剧。因为新的艺术必是无神论的艺术。它也将复兴喜剧罢,因为未来的新人也是要笑的。新的艺术将更给与小说以新的生命,赐予抒情诗以一切权利,因为新人将比旧人用了更好更强的方法去爱,而且也将对于生和死底问题能有深思。在创造精神底发展进程中兴起的一切旧的形式,新艺术都将使之复活。这些旧形式底瓦解与衰落,不是绝对的,这即是说,旧形式并不是和新时代底精神绝对不能相容的。新时代底诗人所必需的只是,改用新的想法和新的感法。……

五、艺术和技术和自然

无疑的,在将来——我们越向前进,越将如此——像城市花园,模范房屋,铁路,港湾等等设计这类纪念碑的工作,将不仅使工程建筑师,承揽底竞争者极其感到兴趣,也要使广大的民众感到兴趣。从一代到一代,一块砖一块砖地,不觉得的,蚂蚁似的区市和街道底堆砌,将要让路给设计图和罗盘针在手的,城市乡村底伟大的建造。绕着这个罗盘针,将有真正人民底各团体,论议是非,将有独特建筑技术的各流派,互相煽动,集会,而且表决。在这种论争中,建筑术将再在一个最高级的程度上,被民众底感情和心绪所饱和,而且人类将在造型美术方面增进了教养,惯于看世界为一块顺服的黏土,供人雕刻最完全的生活样式。那时艺术和产业之间的障壁将要倒塌。将来的伟大的样式,将是构成的,不是装饰的。在此点上,未来派是对的。但是要把这看为艺术底摧毁,当作对于技术的自愿的退让,那就错了。

　　拿小刀做个例罢。艺术和技术底结合,可以顺两条基本的线索进行;或者艺术去装饰刀,在它底柄上绘一个像,一个贵重的美人,或爱斐尔(Eiffel)塔;或者艺术去帮助技术为刀找出一种"理想的"形式,使刀底材料和目的最最地适合。以为纯然技术的方法能解决这工作,是不对的,因为目的和材料可有无数的变化。要造一把"理想的"刀,除出材料底性质和制作底知识之外,人还须有想象力和审美力。和产业文化底倾向一致,我们以为艺术的想象,在物品生产领域上,是要造出一件东西底理想形式使之成为一件东西,不是要造出这东西底装饰。假如这对于小刀是真实的,那对于服装,家具,剧场,和城市,就更加如此。这并不是摧毁艺术的意思,就在最辽远的将来也不是。这是要以技术底一切分野和艺术之间的直接的协作为其第一义的意思。

　　这是说产业将要并吞艺术,还是艺术将要把产业提高到自己底圣座呢?这问话怎样回答都可以,看是从产业方面,还是从艺术方面去接近问题。但是在所达到的目的上,两种答话并没有分别。两种答话都承认产业底艺术性和范围底向上和扩张,而且我们此地所谓产业者,是指全领域,并不除外人间任何生产活动;农业,机械工业,电气工业,都将成为产业底一部分。

　　但是不仅艺术和产业间的障壁要倒塌,艺术和自然间的障壁也将同时倒塌。这不是说艺术将要更近乎自然,却是自然将要变成更为"艺术的"。山,河,田地,草原,旷野,森林和海岸底现在的分布,不能看是最后的。人已经在自然界上弄了些神通了,这为数并不少,也并非不重要。但是和将来的一比较,还不过是小孩子的经验而已。信仰曾经约束过人力可以移山;而技术并不靠信仰,确也能凿下山来,并且移动它们。到现在,仅只为产业上的目的(矿坑),或运输上的目的(隧道),而作这样的事;在将来,将要依照产业和艺术底共同设计,在无限量地更大的范围上作这件事。而人将再注定山河,订正自然底缺陷。在结尾,他将重造了大地,假如不是依照他自己底形象,便将依照他自己底审美力。我们一点也不忧虑这种审美力将要是坏的。

　　人类从内战时代,变成赤贫如洗的模样了。虽没有在日本发生那类的地震,却陷于可怕的破坏。压抑贫穷,饥饿,缺乏,即征服自然的努力,将成为未来几十年的主要的趋势。在好的方面对于亚美利加主义的热情,将要伴着每一个新的社会主义社会底最初底驿站。对自然的被动的享乐将要从艺术中消逝。技术对于艺术将要成为比自然美更为有力的感兴，而技术和自然间的矛盾，便将在较高的综合中解决了。

六、人间再造

现今少数的热心家想使生活更为戏剧化，人类更为节律化的理想，将在这种远景中，找得一个适当的和真正的地位，不再是单单的空想。人将把他底经济生活统一于一定的目的之下，加以合理的处理和创造的养育，一点也不留下现今这样沉滞和朽腐的家庭生活底痕迹。像墓石一般压在现日家庭上面的，营养和教育的操心，将被移去，并且将转变为社会的企图和集团的创造底事业。妇女将终于从她半奴隶的情况中解放出自己来。教育，将和技术一并，在新时代之心理的兼生理的构成底意义上，成为社会思想底冠冕。有力的党派将都拱卫着教育组织。社会教育的实验，和各式教育方法底竞争，将要热闹到今日不能梦想的高度。××主义的生活将不是盲目地形成的，像珊瑚岛一样，却是有意地建设，要受思想底检验，指导，而且改正。生活将成为本原的，因此不再有沉滞。将通晓怎样移动山河，怎样在勃朗山(Mont Blanc)巅和大西洋底，建筑民众的宫殿。将不仅能把充实，光辉，和紧张加入他自己底生活，并且也加入最高度的动力性。生活底表皮还未坚实，又将在新的技术文化底发明和收获底一齐射击之下，重行裂开。将来的生活将不是单调的。

不仅乎此。人将终于热诚地齐整他自己。他将努力使他底肢体运动在工作上，散步上，和游戏上，有高尚的端正，整饬和经济，而且获得顶高的美。他将尽力控制他有机体中半意识的乃至无意识的作用（如呼吸，血液循环，消化，生育等），并且在必需的范围内，尽力使它们受理性和意志底管束。甚至纯粹生理的生活，也将成为社会的实验的生活。于是硬化了的人类，将再着手于热烈的再造，并在他自己底手中，变成心理的生理的训练和艺术的陶冶底，最复杂的方法底对象。……

解放了的人类将努力在他底器官底作用中获得一种较大的平衡，和均等的发达，为要把死底恐怖引进生物对于危险的合理性的反应。因为人类底解剖学上和生理学上的极端的不调和，和组织与器官上的不平均的发达，使生活本能形成了一种束缚的，不健全的和歇斯底里的死底恐怖，而死底恐怖昏迷了理性，便养成关于死后生活的愚蠢和卑怯的幻想，是一种无可置疑的事实。

人将要制服自己底感情，把本能提高到意识底绝顶，使它透明，把意志底线索伸张到隐闷的境地，藉此把自身提升到一种新的阶段，造成一种更高的社会的生物的典型，或者你要高兴，就称之为超人。

将来的人将可以达到怎样高尚的自己发展，是和他将使他底技术进步到怎样的程度，一样难以预测的。社会的建设和心理的生理的自己教育，将成为同一经程底两面。一切艺术——文学，戏剧，绘画，音乐和雕刻，都将给这经程以美丽的形式。更正确些说，××××的人类底文化的建设和自己教育所要摄取的形式，将使现代艺术底一切有生命的要素都发展到了最高度。人将变得无可限量地强些，聪明些，精深些；他底身体将变得更为和谐，他底运动更有节律，他底声音更为音乐的。生活底诸形式将都变为动力的戏剧的。这样，人类底平均典型必将升到亚理斯多德，歌德，或马克思底高度。而且在这些山脊上屹立着几个新的山峰。

这论文可说是把革命艺术和社会主义的艺术底关系，用了马克思主义底方法，广泛地，渊博地，精密地，究明了的。在这意义上，正是照明现代以后文学进路的一座强有力的灯台。

这里他明明不把所谓"普罗列答利亚文学"，看成革命艺术底唯一的内容。明明以为即从此外的社会层，也可以生出革命艺术来。所以对于当时（一九二三年以前）已经出现的所谓"同路人"底文学，他就比谁都更关心些，比谁都更批判得正确些。他说：

介在于嗟叹或沉默中消逝的资产阶级的艺术，与尚未诞生的新艺术之间，创造着一种多少和革命有机地相连，但同时又不是革命艺术的过渡艺术。保里斯·皮涅克，乌舍伏洛特·伊凡诺夫，尼古拉·吉洪诺夫，"舍拉皮昂兄弟"派，以及叶贤宁所率的一群形象主义者，和克留耶夫底一部分，无论成群地或是单个地，都是没有革命便不可能。他们自己也知道，并且也不否认，也不觉得有否认的必要。有的人甚至高声地宣扬着。他们不是正在开始一点点地"表现"革命的文学工作者。他们也不是"斯美那·惠夫"主义者，因为那是预想对于过去的决裂，和方向的急转的。而刚才提到的这些作家，大抵都还很年青，都在二十岁至三十岁之间。他们并没有什么革命的过去可以断绝关系，就说有，也并不怎样大怎样多。他们底文学的和精神的形容，都是由革命，由革命底捉着了他们的那一角造成的。他们全体都以他们自己的方法接受着革命，不过在这些个人的接受之中，也有一种共通的特征；就是把他们从××主义截然分开，并且时常有使他们与之反对的形势。

他们都不整个地了解革命,所以××党底理想在他们是外人的。他们多少都有越过劳动者底头,而以希望农民的倾向。他们并不是普罗列答利亚革命艺术家,只是在旧社会民主党所用意义上的革命艺术的"同路人"。假使非十月革命的(本质上是反十月革命的)文学,是布尔乔亚的地主的俄罗斯临终时候的文学,那么"同路人"底文学,便是,没有旧民粹主义底传统,并且直到现在还没有政治观念的一种新的苏维埃的民粹主义。至关于"同路人",常常要发生——他要同走到多么远这一个问题。这问题不能预答,甚至最大体地也不能够。它底解决,固与各个"同路人"底主观的特质有关系,而大体还在目前十年间各种事情底客观的趋势。

但这些"同路人"底世界观底二元性却要生出不安的惑疑,同时也不断有一种艺术的与社会分裂的危险。孛洛克感受这种道德的与艺术的分裂比谁都深些。在潘夫罗维奇(Nadezhda pavlovich)所著的对于他的回忆中,有下面的句子:"布尔塞维克不阻止作诗,但阻止你觉得自己是作家……是感知自己一切创造底核心,并在自己里面把持着节律的作家。"在这种思想表现中,有一种孛洛克所常有的不完成,并且我们在这里提到的是回忆,这是谁都知道,不常是正确的。但是这句子内在的真实性和重要性,却使人相信它。布尔塞维克阻止人觉得自己是作家,因为一个作家必须在自己里面有一种有机的,不可辩驳的中枢,而布尔塞维克却将这个主要的中枢给换掉了。没有一个革命底"同路人"——孛洛克也是一个"同路人","同路人"现在正成为俄罗斯文学中很重要的一支——在他们自己里面有一种中枢。因此我们有的不过是新文学底准备,不过小品,随笔,试作而已——着实要到将来才会有确实中枢在自己里面的完成的艺术。

这于同路人底特质,很有深至的理解。同路人所以在现在(在不得不肯定普罗列答利亚底正当或胜利的时候)不能觉得在自己里面有创造底核心,就为,如"普罗文化"底文学论之处所引用的波连斯基所说似地,从个人主义的意识形态到全人类的意识形态的路,和从普罗列答利亚集团主义的意识形态到全人类的意识形态的路,是全然不同的,而这不同,又以艺术表显得最为清楚的缘故。

今依我自己底理论,加以精详的说明。

关于个人主义的意识形态和集团主义的意识形态,我们在"普罗文化"底文学论中,已经究明它底性质,阐明它在现代及后代与全人类的意识形态底关系了。现在要说,这表显为布尔乔亚个人主义和普罗列答利亚集团主义两个特殊形式的意识形态,实际是,与人类意识形态底历史一同萌生的,两种古的意识形态底范型(所谓范型,自然只是具体地通观了历史上变迁流转的各时代意识形态,将那抽象的共通性质,——因而只在知识内存在的性质——,加以知识地整理所得的义蕴。构造这一类的义蕴——概念,在理论——知识——地理解事物的范围内,当然是可以的)。这两种范型,至少从有希腊主义和希伯来主义以来便已俨然地存在了。因而在现于艺术的部分上,也就发现了两种不同的创造心理,两种艺术底范型。

第一种的艺术家,肯定自己为绝对者。他底创造底核心,在他自己里面。他不宣称神名,因为神就在自己身中,并不在他底言语中;然也出现在言语底节奏中,言语底形式中。他底神是不需要信仰底象征的。这是个人主义的艺术家。

第二种艺术家,则以集团为绝对者。将他创造底核心置在集团中。将所以联结他和集团者,留在言语中,象征中,理想中。理想就是他底信仰底象征。这是集团主义的艺术家。

当一个时代底意识形态是个人主义的意识形态时,因了必然的约束,自然出现了个人主义的艺术家。但几千年来的人类有机的传统,也可以使在艺术的素质上有集团主义性质的艺术家产生,如在资本主义底个人主义的意识形态时代中,因了有机的遗传关系,就曾产生了像郭歌里,陀斯妥也夫斯基那样的作家。不过这类的集团主义的艺术家,终也要受那时代底必然的(超越个人的力量的)牵制,而不能有晶莹的色泽。所以虽在伟大的爱他主义者陀斯妥也夫斯基之中,尼采也寻出了个人主义的尖锐的相貌了。

普罗列答利亚文化是集团主义的文化。这种社会底意识形态必然要产生集团主义的艺术家(狭义的真正的普罗列答利亚作家)。这些普罗列答利亚作家,都将创造底核心留置在集团中。布尔乔亚所产的个人主义的艺术家,一向将创造底核心留置在自己中,在自己底创作中呈露了自己底个性;这些普罗列答利亚作家却在他之中透过了他而理解,感触集团在创造。

但是在普罗列答利亚文化底初期,在普罗列答利亚作家之外也还有托罗兹基底所谓"同路人"。他们都是素质上为个人主义的艺术家。不过如今他们已是苏维埃底一员了。在这社会内,要作为社会的现象有机地做创作(就是要产生一面是个人底产物同时又是社会底产物的艺术品),他们势不能不受着这社会底集团主义意识形态底刺激。布尔塞维克主义当然有些影响及到他们。所以他们这些艺术家,便也如字洛克所直白地说出,托罗兹基所锐敏地捉住似地,不能再像从前在布尔乔亚社会中似地,将创造底核心置在自己之中了。他们已被"阻止觉得是在自己里面把持着韵律的作家"了。

但是普罗列答利亚的集团主义,到底并不是为集团主义的集团主义,是逐渐变为全人类的意识形态的集团主义的意识形态。所以"同路人"底文学,到底也并不被要求全然成为集团主义的文学,而只被要求自己底文学和这种文学正当的调和(扬弃)。所以"同路人"渐渐走向不将创作底核心置在自己中,全然置在集团中的方向去(事实上从孛洛克起,许多的同路人都渐渐走近普罗列答利亚文学去了),普罗列答利亚文学,却也渐渐随了专政底松动,有了正常的个性底复活,将正当的个性和集团性融和了(法兑耶夫底《溃灭》便是极早的一例)。

然而这种的两相接近,实不能不有待于广泛地社会生活底一般文化底发达。所以同路人一时,即还是同路人的一时,就要苦于创作核心底动摇,只能写出托罗兹基所谓"小品,随笔,试作"。然而他们在过渡期中的文化的意义,却也不比普罗列答利亚文学怎么天差地远的不如。这就是托罗兹基和瓦浪斯基所以要对抗《在哨岗》一派对于他们的极端的攻击而拥护他们的缘故。

同路人创造核心次第移动的经程,是一般社会进化在文艺上的必然的反映。要是,随同社会变动,受必然的力驱迫,无意识地前去,是并不怎样艰难的;要是在革命之前,以意识地更为个人的努力,而行方向的转变,则在创作上实在是一条极艰难的孔道。有岛武郎底自杀,恐怕一部分便是由于这种艰难底意识。此外现在,片冈铁兵氏,村山知义氏,及两细田氏(译者按:即细民源吉和细田民树两氏)们,除非做那样宣传的普罗列答利亚文学,想必也是很感到这样的困难的罢。因为理知地理解普罗列答利亚集团主义的意识形态虽然比较的容易,艺术是意识和生活底具体的结晶,要想把自己已经结晶成一范型的(个人主义艺术)转变为别一范型,是必需全生活都有一个根本的变动的(也与社会的变动一致)。

在给与至深的暗示于这样的经程的一点上,托罗兹基底同路人文学论是可以注目的见解。

此外托罗兹基还有过未来派论,但这要等介绍《列夫》底理论时再涉及,此刻我们要看瓦浪斯基底文学论了。

第五节　瓦浪斯基底文学论

瓦浪斯基是作为《在哨岗》一派正面的论敌,在苏俄文学批评史上占有很大的地位的。他底主张,正是《在哨岗》一派主张底反对律。

足以仿佛他底理论底全般的,有他《对中央委员会宣传部的报告》(一九二四年)。先行介绍了罢。

现下的情势和党在文艺上任务

(1)一九〇五年以后底俄国文学是由知识分子大半离开革命和劳动阶级,转向反动的布尔乔亚方面去的这情势形成了它底基调。这时的艺术家,除了少数的例外,都是最颓废的极端个人主义情绪底先导者。这情绪,在西欧,因与布尔乔亚社会底一般崩溃相关连,显现得更分明。因此,在帝国主义的战争时期,俄国文学几乎全部都投到国家主义的阵营去支持俄皇的专制,也是毫不足怪的。十月革命从贵族和布尔乔亚底手里×××了权力,树立了普罗列答利亚底××,以此挖空了培养那种文学的根柢。结果,他们大家是都沉默了,陷于艺术的无能了,挤满了白民侨民的队伍了,但也一样,不曾在艺术上有过什么影响。

(2)在苏俄市民战(内战)的时代,××党员及接近××党员的劳动阶级出身者(《锻冶厂》及其他集团)底宣传文学,自然占优势。为了革命底一般的及特殊的命令关系,这时代底文学,是以援助普罗列答利亚和农民,克服国外干涉,台尼金军,哥萨克军及内部的反革命为根本任务。几乎只有孛洛克底《十二个》可以举来作例外。这种文学,对于劳动阶级和苏维埃政权,是曾有过伟大的贡献的,而且在台明·白德内宜之中,达到了惊人的巧妙,单纯,和平易,及与几百万的劳动者,农民,赤卫兵底合适了。如果苏维埃联邦还不脱包抄重围,如果它还须防范日新月异的袭击,要在新的条件和新的情势之下,为巩固自己起见,和布尔乔亚作不折不挠的斗争,这种文学是在现在在将来,也不会消失它底活泼意义的。

(3)及至最强烈的市民战终了,从战时共产主义向比较平和的建设的转化,开了解决新文化问题底必要和可能,文学也就发生了想更为深至的反映出周围底革命的现实问题。文学就不能再是单单煽动,宣传,口号,标语了。文学要以艺术地,就其积极的或消极的要素认识生活;文学要组织地把握而且体现全世界和全历史中最大的变动结果所产生的新的东西;文学更须用艺术的探照灯的光明,照出一切古旧的,残废的,歪倒的,颓靡的东西,为其任务了。这时新式的苏维埃的生活,业已见到曙明。在这时候,那在紧张的内战时代全然绝迹的散文自然不能不占相当的地位。因为散文是比任何文学形式更与生活和现实有密切关系的。事实上我们这时首先就在散文底领域中，见到伟大的复兴了。这时开始用了生动完整的散文，来写我们苏俄底现实的，就是后来被人称为革命同路人的作家们。即那些生长在革命时代，认识革命底胜利，因参加革命而成为革命直接观察者的从小布尔乔亚，和农民，和知识阶级过来的侨民。后来更有许多有生活力的知识分子底一队和"老大家"底一部加入这中间，因为他们已经认识布尔乔亚社会底解体和革命底无可抗拒，开始溶入苏维埃了。虽然不免有种种的驳杂，分歧，与游移，而且有时意识形态上不免有可疑之点，以全体而论，这种文学是能够艺术的地给与有价值的，有意义东西的。他们首先是以描写革命底活人，新生活，最近的过去，得了优越地位。这时代底散文，在那根柢上是憎厌旧布尔乔亚的地主的生活的，那手法是写实的。不过那写实大抵还不断混有最近的市民战争所产出的自己一流的浪漫主义。于农民，巴尔底山，地方，委员，写得很多；于从事生产的劳动者底生活，并未提及一字。

（4）新经济政策既在布尔乔亚知识分子之间产生了"宪政的幻念"。原在支持反革命的立场的他们，便想利用正在开始的文学复兴去达到他们自己阶级底目的。他们曾在与布尔乔亚文化一般的关系中，做了把描写僧侣的精神和有害的神秘主义及将革命作无意义的暴动的描写拿到文学中来的尝试。这尝试是做得很可以的。

（5）文学底复活，在普罗列答利亚作家及诗人底各集团中，也曾有了显著的反映。普罗列答利亚作家，如所指出，在市民战时代，是曾尽了很大的任务。同时他们也曾很显著地反映出"普罗文化"底实验的情绪。这在后来成了发达上重大的障碍。往往不问怎样的作家，只要他对于一切文学的遗产取了以为它是反革命的不需要的否定的态度，埋头于以社会主义艺术之抽象的探求以代替具体的斗争问题，便称他为普罗列答利亚作家。这样的风气，就把普罗列答利亚作家，不断带到自己一流的工场经院哲学，混凝土和钢铁，和抽象的世界主义底夸张的赞美，等类方面去了。一到生活在文学眼前，提出了须要接近活的现实的问题，普罗列答利亚作家便自然体验到一种特殊的危机。这危机底本质是包含在工场的抽象的浪漫主义绝对不可不转向"生活底核心"这要求之中的，到现在也还不曾完全被克服。而这转向已次第实现了。而且已经看到下面这样的事实：A，普罗列答利亚作家之间已经出现了可以注目的作家（例如《锻冶厂》之中出现了廖悉珂，涅维罗夫，革拉特可夫，尼梭伏伊，等等，大半"农民的"作家），他们底作品，根本上，意识形态上大抵都和比较年青而且新颖的同路人没有不同的；B，普罗列答利亚诗人已经转向于较为具体的主题(亚历山大罗夫斯基,奥宇拉陀维奇及其他);C,最近半年来,青年××党员或××主义青年也已在文学界出现了,可是他们底艺术还是征候的并非成熟的。(其中较有才能者为亚尔登·卫萧莱意,培赛勉斯基,里培进斯基、斯威忒罗夫,郭洛特内宜)。

(6)党考虑了这具体的情势,党就坚决地要与想利用新经济政策以行文学复古的一切尝试斗,尤其注意扑灭僧侣主义,神秘主义,及革命底诽谤。党是一向从被称为同路人的灰色集团中,挑选了较有天分和左翼要素的人们(马亚可夫斯基,皮涅克,伊凡诺夫,赛甫琳娜,吉洪诺夫,马拉式金,英培尔,敖列洵及旧人高尔基,亚历舍·托尔斯泰,瓦理诺夫,沙吉涅央,希希可夫等),对这中间的无党派的作家施行了积极的援助的。这文学根本的缺点是在,往往将十月革命看作农民要素底胜利,而把普罗列答利亚组织的指导的任务看成薄弱的,表面的。此外就是,他们颇能就国民的断面表现出俄罗斯革命,但于它底国际的性质及与世界劳动运动的关系底理解,很混乱,往往陷为特殊的民粹主义。所以党对于这些文学者,固要力加援助并推称其作品底在艺术上有价值的有实益处,同时也还要认真指摘他们在俄罗斯文学底性质和动力底理解上的艺术视野的狭隘。

党对普罗列答利亚及××主义作家之艺术的探究,一向给了完全的自由,也对他们加了实际的保护:竭力维护他们底出版所,还将他们底作品印在国家出版的杂志上。同时党也不曾停止与那新经济政策之谬误的评价,及那装作普罗列答利亚的新的世界观似的而其实与普罗列答利亚不相容的情绪战,沿着旧的生活形式底改革,和旧的文学遗产底摄取,引出具体问题来,调去那社会主义艺术底抽象的探求。

(7)几月以来,由杂志《在哨岗》为中心所纠集了的××主义文学底集团,止以反对所谓党内弥漫的信念的凌乱和游移,确立党底唯一的政策为目的,企图有力的文艺批评的远征。这唯一政策底树立,是从想扫除同路人,《锻冶厂》,《列夫》及除却《十月》的一切××主义底文学者开始。《在哨岗》同志底根本要求是要党承认同路人为无益于普罗列答利亚之阶级的认识,拉到第二位乃至第三位去,而以普罗列答利亚文学安置在现代文学底中心。同路人曾经站在文学界中心也正站在,是事实。但这并非什么默认者故意将他们送上前去,将普罗列答利亚作家挤在背后的,这是由于同路人底文学无论从质上说从量上说都是最为有力者的缘故。"默认者"并非从抽象的设计出发,乃是从现实的事实上学得。关于这问题的直到最近的激烈的论争,如今总已失了那热烈和高兴了罢。党底出版机关,从不支持《在哨岗》一派底方针。因为对于同路人的"比重"的要求,和专于过分赞扬自己联盟的作家,而于不属于党的中间的集团,加了凌人的偏颇的批评,都太背离了现实了。然而出现文坛的年青人底善良的一部(卫萧莱意,郭洛特内宜,雅斯内宜,斯威忒罗夫,卡思忒林及其他),及正想和莫普一起做事的同路人底一部(赛甫琳娜),与"莫普"一派坚决地分裂,却是非常地有特色的,并非偶然的。那分裂底原因,全在"莫普"和"十月"底陈腐的派别性,和从他们那立场论理地流衍出来的对于作家的接近的无知。这种立场,根本就是将曾在党内存在的反专门作家的氛围气,移植到文学范围里面来。这在政治的范围里,早已克服了,但在科学和艺术的范围里,还可以辨认出。

(8)最近三年来的文学,无论诗无论散文,都非常成长健强,毫无疑义地成为苏维埃社会生活底重要现象了。党用细心的注意,热心使现代普罗列答利亚的和非普罗列答利亚的文学尽力革命的利益,服从自己想的领导的努力,已经得了积极的结果。在这中间,那知识分子向着和普罗列答利亚及苏维埃权力协力这方面勇敢的进展,实在尽了决定的任务。在这意义上以××主义者加沙特金为会长的全俄作家同盟的发展,是文学上极重要的事实。这结果,前面说过的做同路人特征的氛围气,就显明地被克服(皮涅克及其他进步);而同时普罗列答利亚作家之间,也显出了更注意于生活的,具体的题目的倾向了。然而,在我国文学现下的情势中,闭了眼睛不去看那里面的动静,总是一种最糊涂的错误,最不可许的轻率。无论如何,最近文学的气氛已经显著的低落了。已经有了混乱,迷惑或危机。这是同路人和普罗列答利亚作家共通的现象。从若干文学的事实判断起来,现代文学的无风状态和危机,是由于革命的浪漫气氛底衰颓而来的。而这样的衰颓,实与西欧社会革命底停滞和新经济政策暴露了弊害有关系。向来往往非常抽象的,离开实生活的革命的浪漫热忱,现在已经枯涸了。而且为今后的斗争要从平和的新经济政策的情势中,去发现新的热忱,几乎是不可能了。《锻冶厂》一派危机底近因,就在这萎缩和新路发见的不可能中。和这完全一样,我们无党派的中间作家们,前曾以巴尔底山(伊凡诺夫)或市民战争(吉洪诺夫)或农民要素(皮涅克)底浪漫色彩文饰自己作品的,现在也已失却了那气氛,正在试求新的方法,陆续陷于单单的堆积材料或空空的节律形成(吉洪诺夫)了。像尼刚特罗夫,扎兹普林那样的作家,也已到达毫无艺术意义的,露骨的,完全没有理想的自然主义。甚至马亚可夫斯基那样的叛逆儿,也已经被灰色的普通日常拖住。关于这一点,他底一个战友曾在《列夫》杂志上写过公平的观察,即所谓马亚可夫斯基在他底诗中剧烈和生活战,然而生活正剧烈把马亚可夫斯基打退了。

其他如,大概属于《在哨岗》的作家,正在避免生活的普通日常衰退了自己底创作,可是花了很大的代价。当作革命的活人,拿出木雕的红色宗教画来。都是空虚的宣传文学,是抵触活的现实和暴露完全无力的乐观主义(里培进斯基底《明日》及其他)。在本质上这里正有流于逃避生活的乐观主义和使作品适合一定形式的要求在与为显示内在的个人的气氛而印刷的东西之间发生了最有害的罅隙。

文学上颓废主义的要素和卑下的情调,有时竟以明明畸形的危险的形状而出现。像最近叶贤宁底作品和态度便是最征候的。难怪较好的较有天才的诗人都在我们面前渐渐消逝了。作家以及一部分青年党员都已非常沾着酒场的波希米亚的气氛了。

现在的文学现实所提出的中心问题之一,正在这文学底"无风状态",不是同路人和普罗列答利亚作家论争。党必须尽心缓和这无风状态。必须帮助现在文学,寻出革命新阶段底新核心,就现下杂多的"平和的"现实中,在革命的普通日常中,吸出与生活有机地结合的大量的革命的感应,而又不至堕为红色宗教画的,去代替业已消失的抽象的革命的浪漫主义。这不是容易的事情。这是要有旺盛的常新的现实的而且常为对于理想的感激所融贯的××主义的世界观底种痘,在对于苏维埃杂多现实的适用上,演了最高的任务的。不要忘记,文学是社会生活底镜子,文学所做的一切都于年轻的苏维埃的现实有密切的关系。关于所谓同路人和普罗列答利亚作家底现在任务和比重的论争,全然没有重认题义的必要。同路人依然是文学界底最有力者。所以将来也还应该不断地吸收这些中间的无党派的作家,使他们底作品比较与十月革命和普罗列答利亚底命运密切地联结,促进党与农民阶级及知识分子的接合。这件事很切要,因为他们到现在的工作,已经收到若干显著的效果了。对于同路人的伸缩性和慎重度,自然,不应掩没他们观念上艺术上的缺陷。

(9)关于普罗列答利亚作家及××主义团体,应该承认那些团体或联盟是极有益的,正常的。所以将来,党也有最积极地支持它们底义务。尤其必须注意新的作家(青年党员,劳动通信员,劳动大学生)。同时不应忘记,这些作家之间所酿成的霉微的氛围气,却是文学将来正常发达上一个最大的障碍。忽而排开,忽而并拢,忽而分离,忽而合同,翻来覆去做的那些事,以及在那些事上种种取巧的策略,已经带来几多消极的结果了。这是由于,我们作家的团体和联盟,不是凭着宽泛的文学的社会的目的,但是立在褊狭的派别的基础上,和有害的时代落后的旧文学原则的相对峙来创造普罗列答利亚文学的缘故。还有,则由普罗列答利亚艺术的解释也是极其空洞不一致的缘故。"莫普"和"十月"一派,尤为派别的根性所拘囿。

在这时候若有一种站在更广的基础上统一××主义作家及与他们同感的作家们(同路人)的组织,确是最得时宜的,即使伤犯了现在团体底独立性也不能不承认它。现在还没有这种组织。然而这是为保护作家职业的利益起见,为换一换各个别的团体的自封的窒息的空气,将文学底门户开给广大的作家起见,都是必要的。这是为和地方作家密切联络起见,也是必要。为什么呢?因为他们是孤独的,与我们底中心隔绝的缘故。

(10)此外,还当严重注意我党政治部检阅课底明显的矛盾和严酷。我国底检阅,是干涉到作品之艺术的价值了的,而且几乎纯以好恶的感情在行那决定。不相干的事也要啰唆,描写到我国现实的黑暗的一面,郭歌里,采德邻,柴霍夫的一面,也以为是攻击革命。这使革命和党和文学都受着非常的损害了。对于中间的作家要求着××主义的意识形态及与它类似的东西,这种状况是不可不变更的。

必须在中央委员会设立特殊的委员会,严重注意检阅课职员内在的个人的素质,而且拟定更加明快而且正确的规程。

(11)必须创设种种规程,改善现代作家(不论普罗列答利亚作家或同路人)底物质状况。必须由苏维埃及党底机关(学者生活改善委员会,出版部,宣传部)和文学团体底代表,共同组织临时特别讨论会,慎重讨论以上所举的问题。住宅问题尤为急要,这在作家这个职业上是有第一义的,而且往往有决定的意义的问题。

至于特殊的问题,是必须和波希米亚的生活及其在文学上的反映斗争。这个倾向,颇已蔓延到一般了,就是青年党员也已有一部分受到影响了。这是很可焦心的。

(12)对于更其适合现代精神的形式和样式的探求,给与完全的自由,而且承认利用最近关于这一方面的所有的到达,是有益的,但党以为那作为经验的艺术的认识的写实主义,是从辩证法唯物论的本质上流衍出来的现代文学底根本的形式。同时党也须使站在《十月》地盘上的作家们注意新近长成的劳农读者的要求和标准,给以价廉易读的单纯明快的作品。

下面对于瓦浪斯基底文学论加以精细的检讨。

瓦浪斯基是反对《在哨岗》一派底"极端",而行文学传统底拥护的人。当时,两方是有过如火如荼的论争的。但从今日,回顾当时,历史地客观地来检讨这论争，尤其是抛开了个人的愤懑和因热烈的论争所致的感情的隔阂来检讨这论争，则这两者之间，并非不能在整个的文学观上找出一定的一致点来的。这论争，宁是量的，不是质的。一面列列维支并不否定技术的意义，也承认要使革命精神艺术化，不可不为艺术的。一面瓦浪斯基也并不否定现在底文学，先须尽力于革命，也以为不反映普罗列答利亚斗争的艺术不是我们现在所需要的。然而一方，以文学之革命的内容居第一位，他方，却将艺术的要素最重视。又因论战激成了几分的夸张性，一时就使人看来，似乎一方完全否定了技术和形式底意义。同时他方则以文学的价值为自己满足的东西了。

　　瓦浪斯基是受党的委任担任文学组织底工事的。他不能不走进作家的世界。他的使命使他不能不从职业的作家的见地来接近文学。他不能不利用文学去做革命斗争的武器。但是他又不能不拥护这武器本身底神圣。这是非常必要却又非常困难的。因为武器（手段）久已成为目的了。他因为这样需要拥护武器（文学）底神圣，而武器底神圣（文学的传统）又已成为攻击底目标的，像总是反背普罗列答利亚底意欲似的，一面又正站在这传统上的有天分的作家必需他底职务去保护他们，他就站在连他所不曾预定要拥护的也使人看似加以拥护的那样不利的立场了。《在哨岗》一派，是有从正面利用这个不利来攻击他的倾向的。看这两面战时，首先不可不留意这一点。

　　比谁还爱艺术的瓦浪斯基是连他底"倾斜"也拥护的，他恐怕"倾斜"底狂信的扑灭者破坏了"倾斜"时同时连文学本身也破坏了的缘故。

　　他是在现代文学的批评家中，最适宜于担当引导俄罗斯文学走上新的轨道这样大任的人。为什么呢？因为在他之中是有革命家的锻炼和对于艺术的至深的理解结合着的。不过因为现实的文学事业太缠绕了他，在文学理论底发展上，不曾能够留下许多的功绩。这是瓦浪斯基自己很明白的。他并不隐讳自己底理论，往往从某一瞬间底实践的要求上出发。例如在他最代表的论文《认识生活的艺术和现代性》中，他就说过自己所以看重艺术底客观要素的原因。

　　自然，在这里读者要指摘我，因为说明艺术底客观条件，过于详尽，而其他与艺术理论有关的问题多未说及；譬如，关于意识和无意识的问题，关于灵感问题，关于形式问题以及其他诸问题。对于客观的条件，我不惮厌烦，反复申说者，这有很重要的原因。在现在，关于艺术是认识生活的这问题，不但它有理论的性质，并且极有实践的性质了。因为我们处在这社会的时代，除了宣传外，还应当用艺术的眼光去认识现实底真面目。

就像这样，瓦浪斯基底文艺批评，是最忠实于这时期的条件的。所以若要反对他这样实践地提出来的批判，先就应该从文学的范围走到社会学的范围去。而在那里被评价的就不是瓦浪斯基底理论而是他所执行的社会气氛底计算可是正确呢不正确呢的问题了。这是当时批评底命运。在当时是，就使做了个文学者去接近文学，也是先得做了政治家，社会学者去接近它，检讨艺术底特殊性还是检讨艺术的社会的要素为多的。因为选择种种对于文学的接近法，原是依据那一瞬间所认的东西而定的。

瓦浪斯基对于文学的接近法，当然也是因时而有变动。他在第一篇论文《文学的反响》中，很有《在哨岗》的气氛。在这时代，他正重视艺术家底真实态度底决定，比之技术问题更为重要。

这论文是一九二一年写的。他在这里，毫无怀疑地说：决定一种作品底价值的不是技术而是革命的内容。他说：

我们正与激烈的意识形态的斗争会面了。在这斗争中，是不能永久藏着自己底面目，跨坐两面的椅子，装那纯艺术的理论家的面孔的。……自然故意的倾向心是有害的，除了恶劣的宣传文学以外，什么也不会给出来；但在一般的世界观中的无思虑，在现在的作家却就是死症。

自己决定，是现在的作家的空前必要的事。这里正有两种危险威吓着年青的作家，就是老人的故智和新生的俗见。而第二个的危险比第一个危险还要大。因为新的商人也已经在文学底方面出现，在要求自己底文学了。如要对抗它，必须有坚实的内容，通晓同谁，凭什么底名前进。没有最低限度社会的政治的及道德的基础底作家，是必然会在劳动敌人底阵地出现的。这内容底缺乏，现代正罩了种种狡乖和言语的 veil（面幕）把形式抬作自己满足的原理了。

这内容底说明，可以一言了之。就是，现在作家底任务在乎就所有的形态上和正在现在苏维埃扩大的新的商人斗争。这是——根本的，其他不过是附属的。

这些话正是《在哨岗》的。把这论文和他二年后（一九二三年）所述的他底认识要素重视说比起来，实有惊人的差异。然而在这第一篇论文中，瓦浪斯基也非全然否定了认识的要素。又在那第二篇论文中，也非无视行动的要素。问题只在力点底所在不同。在一九二一年,瓦浪斯基以为不很需要认识的要素,但到二年后的一九二三年,认识的要素却成了他注目的焦点。而意识形态底纯粹和宣传的革命的效果,却都消淡了。这是因为在尖锐斗争的时代,读者在作品中自然先求实行的指示,行动的纲目,注目于作品之根本的动向,及至尖锐的斗争既经平静,就不能说,只有尖锐者是需要了。《在哨岗》一派出现的时候(一九二三年)实在已经不是单单需要尖锐者的时候,是不尖锐者也有存在的意义的时候了。对于这不尖锐者(同路人)底意义的说明,就是他底第二篇代表的论文《认识生活的艺术和现代性》。所以这篇文章,满是为了辩明某一派,释明某一部的真理出现的。关于这一点,上所引用的他自己的话已经说得很明白了。

第二篇论文如次:

认识生活的艺术和现代性

I

艺术是什么呢?

艺术最要紧是认识生活。艺术不是幻想,感觉,心情底玩意儿,艺术不是诗家底主观的感触和体验底表现,艺术也不是专为引起阅者和读者底"善感"。艺术如同科学一样是认识生活。艺术和科学有同样的题目:生活,现实。可是科学是分析的,艺术是综合的;科学是抽象的,艺术是具体的;科学偏于人底理性,艺术偏于人底感能。科学认识生活藉着理解,艺术认识生活藉着形象(是聚精会神观察所得的形象)。培林斯基还说过:"诗是观照范畴中的真实;诗底创造是融会许多意象,是许多所见和所思的意象。思索是什么,诗就是什么:因为有着同一的内容……诗家思索藉着形象,他不证明美,而把美表现出来……最高的现实是真实;既然艺术底内容是真实,所以艺术底作品也是最高的真实。诗人不粉饰现实,不描写人应当为什么样的人,可是他描写人是什么样的人。"(从论文《烦恼由于才智》)

真正的诗家和真正的艺术家是那些看许多意象的人。关于艺术作品培林斯基有极精彩而且不朽的言论,他说:"艺术家底作品是奥妙的一件东西,艺术家还未执笔在手,已把要描写的人物看得很清楚,他可以数算人底衣襞,也能数算喜怒哀乐底头纹,并且他知道你们底父亲兄弟姊妹和朋友,比你们还灵些;他也知道他们要说什么,要作什么;他看出他们彼此底线索。"

艺术家认识生活,并非描摹生活,也非抄袭生活,艺术家不是照像师;生活经过艺术家底"灵敏的眼"是转变融会了。德国底批评家又是温和派的表现主义者玛退斯泰克(Max Martersteig)令我们想起歌德底颖敏的解说:如果描写漠布司(任氏注:Mopce 犬名)完全肖像,尽可以照一张漠布司底像,并没有再描写的必要了。艺术家看许多的意象,而不是注意一切;艺术家不看不甚重要的事物,忽略例外的,无兴味的和人人知道的东西。由此看来,艺术家应当装瞎,应当有不看的了。真正的艺术作品永远使人惊为新奇,永远感人深刻,永远引人入胜。环绕我们的生活,一天一天地沿着习惯的河床流逝;而如果河床破裂,如果坚实的堤岸崩毁,那我们底意识和感觉就一定停顿:因为我们底意识和感觉是不适于新的,我们还在已过的势力范围之内;我们底眼光不能看见在轰,旋转,变幻,灾患中新生出的东西。真正的艺术家在这种见惯的斑驳的景况中,在这种使人昏眩的生活底旋风中,艺术家用他底耳,目,心,感触到我们所忽略的,我们所未感触到的和人人所未见到的事物。艺术家把琐碎细微的东西并合起来,铸成硕而且大的一体。他用艺术的显微镜扩大了人和物,忽略那人人知道和人人认识的事物。艺术家导引生活于"创造的珍宝";艺术家把散在四周的轮廓和性质聚在一处,取出独特的性质来;于是造成了纯美尽善的生活,至上无伪的真实。我们同艺术家在一块儿就看见了未曾注意,但是在我们底四周现在出现或是在预祝的将来成熟的事物。

因此艺术家应具有自己底眼光,应抛开个性的见解,要有客观的观察。

开你底预知的眼,

如同惊视的鹰眼……(任氏注:这是 Pushkin 诗中的一句。)

艺术是经由感情的形象的观照而认识生活的。艺术如同科学一样,可以使我们了解客观的真理;真正的艺术是求真实的,因为是研究客观的,全凭经验的。

培林斯基说:"诗家不描写人应当为什么样的人,描写人是什么样的人。"这句话必须加以修改;诗家或作家不满意环绕他的现实时,自然他不描写现实,而描写现实是应当怎么样的;诗家和作家掀开将来底覆盖,表明他底理想的人物。诗家透过理想的"明天"底三棱镜来看今天底现实。幻想,欲望,理想的人物向来是好艺术家作品底要素。但是这决不违背艺术是经由感情的形象的观照而认识生活这个艺术底定义。理想的"明天",明天的现实,替代旧社会的新人物,是浮游未定的一种想像。要是明天和今天是比较而定的,所谓比较,就是:"明天"是在现在的现实中酝酿成的,将来底象征,各类底本质与特性都有了朕兆的,那么这想像才可成为现实;不然,就是神话,妖梦,幻影,一接触生活,一撞着事实就立即化为乌有。实在,人始终要把自己底幻想的将来变为理想的,但是要用审慎的思索或灵敏的感觉,去窥测那代替已过的和现在的将来。有这条件,艺术家才可以认识生活,所以经验是艺术家作品底要素。

认识生活的艺术可以是客观的,准确的,与任何科学底定理一样。这并不与那表露诗家恳挚情感的抒情诗相抵触。诗家底觉官,心情,思想和体验至少要于一界或是一阶级有价值,如果不在现在,也要在将来,不然,恐怕诗家就如转轮的白鼠一样,他底心情给他人是不需要的,不可解的,没有意思的。在贾克伦敦底小说《铁踵》内,工人底首领爱弗哈得同旧世界底代表说:"你们是思想界底专制家;你们全是独特世界底创造家,你们每人活在自己底世界里,你们每人照着自己底志愿和思想,创造自己底小世界。无论为什么事情,你们不能有两人底意见彼此一致。每人都要以自觉讲明自己和万物。你们以自觉说明自觉,无异于扯着你们自己底耳朵想把你们自己举起来。"自然,这种个人主义者和独特世界底创造家,在资产社会底腐朽,颓废和无组织的时代,成为一种普通正规的现象。他们底艺术创造,含有主观的性质;他们发表那种出理智以外的感觉,不过为自己底利益罢了。真正的抒情诗一点没有这种扭天别地的主观。抒情诗是诗家发表他所代表的一般社会和阶级的趣味的。抒情诗也是凭经验的,在这里不过出发点不同罢了:抒情诗家考察自己的,散文家从事于身外的对象。在这里,不过作家底艺术观点变换罢了。

在科学定义底范围内有假科学,在艺术一样的也有假艺术。艺术家可以抛开现实(理想的或实际的),可以任从自己底想像,可以给别人那种没有趣味的心情。因为这样,在艺术上才发生理想主义,与在哲学上和科学上的理想主义相应。抛开形象,艺术家可以利用象征,除掉了有形象的思索,艺术家可以凭依辩证的思索。因此,艺术底作品才充满了理论,政论及其他。艺术家永久要以适合自己的意识形态,文饰自己底作品。故意地或是不觉地把描写的人物,情境和事实造作一点,这也不过偶尔的事。如果强要矫揉造作,那么,作品就成为偏向(有目的)的了。

蒲列哈诺夫指明政论侵入艺术底范围,是不可免的。安那托尔·法朗士也是这样说。此种侵入不但是不得已,并且有几个时期也是很甘愿的,也是很有利益的。实在:在艺术底范围内比在其他科学底范围内容易参杂主观,因为这是关系人底感情的。但是在这里不是质量底差别,而是分量底不同。这种主观侵入政治经济,社会学和心理学里,也是很大的。甚至于你不能知道哪里大些:在艺术内呢还是在那些科学底范围内。但是根本底问题不是在这里,而在那些条件里:(一)著作家底主观,意识和政论不要坏了艺术底创造,(二)主观的心情要适合对象底本质,(三)政论和政略同时都要与人类底希望和要求相平衡。

以上关于艺术所说的话,都是没有什么发明的,自从培林斯基和车勒内绥夫斯基就把艺术当作认识生活的敏活方法了。这种主张被马克思主义受容了,首先被上流的哲学家,又是马克思派底艺术理论家蒲列哈诺夫采取了。但是,关于这种根本的真实,我们应当特别地记着,因为时常在马克思底学说与资产阶级底理论起来争辩时,有许多人甚愿拉杂许多与马克思学说不相干的意见,以备万一可以笑骂那些好引用马克思学说的人。除驳答《列夫》杂志底理论外,我们稍带着在后面证明《在哨岗》杂志底批评家底试验。要是忘了上述的根本真理,在艺术理论底问题上,他们便要引出了不好的结果来。

II

艺术是藉形象认识生活的方法。一个未来主义底理论家褚沙克回答说:是的,但是,这种艺术是资产阶级底艺术,是旧艺术。劳动阶级底新艺术应当超过旧艺术。新艺术底方式不是要认识生活,而是要创造生活。"艺术是认识生活的法子(是被动的观察),这是旧艺术和资产阶级艺术底最简赅的内容。艺术是创造生活的法子(是克服物质),这是拥戴新艺术的口号。"照褚沙克先生底意思,艺术根本的恶就是被动,观察,"无意志"。"艺术不仅表现被动的,温柔的和薄弱的心理,并且要求这种心理,无意志主义根据旧艺术的本性。"——《列夫》第一号。

自然,关于科学也应如此说,因为科学也不出认识生活的范围。例如:褚沙克先生又说:"劳动阶级受得认识条件底资助后,就把它底目的从认识底条件直接地移到物质底创造,凡在各科学底范围内都应如此。譬如,在实验科学上,在应用科学上,又如在实际的艺术作品上,或为创造社会秩序的奋斗上,甚至于在思想上,也应如此。但是思想可得类似某种建筑的图形。"

褚沙克先生反对科学和艺术,仿佛是认识生活的方法,但是,他以上的解说并没有更动本体,不过换了几个名词,例如,被动,无意志等等,总而言之,他以主观主义和意志主义反对客观主义。褚沙克先生他空以为这是劳动阶级底意见。好多的资产阶级底理论家是主观主义和意志主义底赞成人。特别是德国底表现主义（Expressionismus）。全体的真正颓废派目下都正提倡特种生活底创造呢。自然，他们所知道的是和褚沙克先生的不同。

褚沙克先生举了种种的例，又把它们混为一谈。认识固然也有意志作用的意义，但在认识底历程上，不反常人底注意和行为，总要把主观的感觉，心情，思想，适应于物质和对象底本性。科学家，艺术家查验个人底自觉和思想是否与不反常人一样。意志底分子不但是在这工作上要有的，就是注意此种或彼种的现象，意志底分子也要发觉的，因为艺术家或科学家要把自己注意集中于一点，而忽略其他。意志加入认识底作用，就成了确定的分子。这认识作用完全不是空视或安闲的浏览，所谓克服物质，即是把物质作为艺术作品或科学作品底本体之谓。夫然后，受得这作品成绩的读者，总要修明艺术家底事业，应当把这事业底主要定程迁就到恍惚迷离的将来；不然，他还是未明了艺术家底作品之所以然。意志作用在这里也是不可少的。根据觉官底感触适应于对象底本性这个原则，艺术家在作品上抑制所有其余的意志作用，这就是认识历程底根本所在。

行动底历程是随着认识底历程的。"科学根据预知，行动也根据预知。"人先认识而后行动，"创造"。任谁还未发明那种科学，在那种科学里，这两个历程合而为一；任谁还未发明那种科学，在那种科学里，认识底历程为行动历程底附庸。这种科学既然暂时在宇宙内尚未有，就没有根据可以揣测将来将要变化到如此。艺术也是如此。实在，我们不能明白，为什么歌郭里底《死魂》底影响带着无意志和被动的性质，反之，梭巴开威支，玛尼洛夫，朴留式庚，诺芝特来夫（任氏注：Sobakevitsh, Manilov, Pleushkin, Nozdrev 皆是《死魂》中的人物，农奴制度未消除时的地主）唤起十分一定的感触，随着这种感触引起一定的动作，这种动作与歌郭里底人物不利，是可以断言的。

如果旧艺术是被动的，观赏的，无意志的，那旧艺术就不能使人有所作为与奋斗了。但是，与帝政的专制而奋斗，与黑暗的，腐败的俄罗斯而奋斗，艺术很有堂皇，伟大，令人钦仰的功绩，惜乎，褚沙克自不知道。

褚沙克先生底艺术解释与下列几派：感情主义，反动浪漫派，艺术是玩意儿，艺术为艺术，还有点关系。但是，正是那些艺术更有主观的彩色，更不少创造生活的目的。却是褚沙克先生强要反对实用的艺术，真是令人不解。这种主张很清楚地表现出来从他别的论文里，从他底关于现实的论文里。

褚沙克和铁列捷珂夫异口同音地问：实际，现实，经验，已知的事件等等是什么东西呢？他们又回答：这是有的东西；这是死的，冷静的，呆板的；这是平俗，传说，保守。"状态是很反动的势力"（铁列捷珂夫）。按照艺术底目的,不是知道社会底状态,而是创造新社会,新人物。这就是现代未来派底理论家底说法与预言。在艺术上他们反对实际的形式,全靠马克思—昂格思底论理。因此,褚沙克说:"如果某实事为一切底根本,就中也为艺术事业底根本"(但是这实事是已经"递嬗下去的东西",这东西"不但有积极的而且有消极的认识现有的内容")。那么,自然,不是呆呆板板的状态(到现在还有许多自命为马克思弟子们的人是如此)为艺术底目的,而是那根据科学方法推想所得的反措定(antithesis)实现的,说明这反就用着"明天"了,——每个具体(实现的)形式底显示是"在它底顺行程序中"的,就是物质的发达是随着永久改新和内部发展底历程的。

如此,劳动阶级底艺术不是呆板形态的固定,而是反措定(antithesis)底发端,就是生活底表现"在它底顺行程序中"。

褚沙克上说的"已经"(实事是已经递嬗下去的东西)是很可玩味的,这是表明现代未来派理论底根本所在。应当体会他们对于事实那种主张:事实已经不是事实。马克思理论完全不是如此,蒲列哈诺夫,列宁也没有这种主张。这段洋洋洒洒的论言,吹嘘绝对相对论的臭味,有否认一切的气概。俄国党人也是相对论家,但是,他们底相对论不是绝对的,而是比较的。一个马克思理论底博识家 L. I. Akselerod-Ortodox 说:"把唯物史观应用到一般的全体上也好,把唯物史观应用到每物底存在是比较的也好,然而不能除消那不可摇动的真理:在某时间上,在某空间上,在某现有的条件上 A 是 A。"(L. Akselerod-Ortodox,"托尔斯泰论")那么,在一定的时间,在一定的空间和有某种条件,事实是事实,而完全没有已经递嬗下去的意思。褚沙克底推论不是根据赫拉颉利图斯(Heraclitus)底推论:所有的皆流逝,所有的皆变迁,而是根据芝诺(Zenon)底推论:在同一流中不能再流,因为"所有的皆流逝,所有的都变迁"。赫拉颉利图斯是辩证家,而芝诺是玄学的相对论家。现在,在资产阶级科学家底大本营里,这类的相对论家很不算少数,而变辩证法为形而上学,反对在时间上和空间上有事实底存在,这是铁列捷珂夫,褚沙克先生们底相对论,这完全不是马克思底辩证法。

Ortodox 按照真正的辩证法(这是与褚沙克,勃利克等底辩证法相反的),就在他关于托尔斯泰卷中定了一种真理:在艺术底范围内把辩证法的唯物论导引到写实主义,而写实主义是根本的方法,就是引到去认识生活,引到去客观地,准确地描写生活。

在艺术上辩证法是什么意思呢?L. I. Akselerod-Ortodox 分析托尔斯泰底著作时,答复说:

进化底法则涵括环绕我们的自然界,社会的关系以及我们个性底存在。按着这包罗万象的法则,科学认识底根本何在呢,就是在于把一切的性质归纳到分量的关系中。大文豪也要以此法则为艺术作品底根基。最要紧要免除绝对的相对,观察每事每物,不要当作独立无关的东西,而在宇宙中,辩证法的宇宙观展开广大无边的自由,使艺术家竭尽全力发表锐敏与深刻的感觉,表现准确的观察,并且要表明艺术是描写观察的和感触的……

　　托尔斯泰底纯美描写不否认在时间上,在空间上一切皆完成,一切皆活,一切皆死……生与死,善与恶,美与丑,乐与愁,诸如此类的相对的价值,表现在托尔斯泰底著作中,不是永久绝对的形式,也不是极端玄学的实体,反之,而表现那共同的,生活的,不断的链环,每环底性质是由分量的关系而定的。这就是辩证法的唯物观,也就是人本主义观……换言之,托尔斯泰底著作类似科学的研究法,全靠经验的……照这种严格的客观方法看来,托尔斯泰是真正的写实家。

　　这段引证太长,请读者原恕,但是,要指明精通辩证法的唯物论的博识家,怎样地把唯物观应用到艺术的问题上来,那么,这引证也是不可少的。而马克思自己是怎样呢?马克思最爱的一个著作家是写实家莎士比亚。马克思承认莎士比亚或是马克思推重莎士比亚为写实家,这都是不甚重要的事,就是马克思从莎士比亚受得很深的美学乐趣,也是不甚要紧的事,最要紧是马克思介绍莎士比亚给他底同时的优秀分子,作为写实底模范。在不久所发表的马克思和昂格思给拉萨尔(Lassalle)的那信中,因为拉萨尔底戏曲《Frantz von Sickiugen》的缘故,马克思劝拉萨尔"取法莎士比亚,不要仿效希勒尔(Schiller),把许多的个性变为时代精神底号筒,如果如此,我就令你负最大的罪名。"昂格思简直劝拉萨尔"不要忘了写实派底分子背后有理想主义底分子,不要忘了莎士比亚底背后是希勒尔。"(《在马克思主义底旗下》杂志第三号:《马克思与昂格思致友人拉萨尔书》)

　　未来派底理论家主张:在艺术上辩证法从认识生活转到创造生活,从写实主义转到"变个性为时代底号筒"。著名马克思派底学者:马克思,昂格思,蒲列哈诺夫,Ortodox切言:在艺术上辩证法从莎士比亚转到托尔斯泰,从写实转到确实的认识生活。从这两派之中应当信仰哪一派呢?

　　这个让读者自己判断罢。但是,褚沙克,铁列捷珂夫,以及其他各家强要引用辩证法为辩论底护符,所以在这里我们不得不说"为散步不能远些去找寻途径吗"。(任氏注:此是引用Griboydov底戏曲《烦恼由于才智》语。)

马亚可夫斯基和亚绥耶夫有绝佳的作品,然而他们底理论家和说明家徒用辩证法唯物观底皮毛而已。

只要看褚沙克,铁列捷珂夫那种主张:在理想上,在事实上相对论有绝对的性质,就可知道他们在艺术上对于写实主义是否认的。其实他们有很大的矛盾。

请大家赏识褚沙克先生底这一段话:"劳动阶级是社会的团体,细按性质却有两面。由一方面——不过是一个阶级同它底地位上一切的性质罢了,首先是同着狭义阶级的奋斗:为生存而奋斗,为具体的一块面包而奋斗,为自己家庭底原始生活而奋斗……换言之,就是同着某种狭义阶级底心理。由他方面——这是一个脱离阶级羁绊的阶级,换言之,这就是最后的阶级。"(《列夫》第一号)

那有什么"从一方,从他方面"的阶级,阶级不过就是阶级罢了。劳动阶级底理想就是脱离阶级底羁绊,这种理想与我们底批评家所谓狭义阶级底心理有密切的关系。社会主义家取"具体的一块面包"为自己生存竞争底出发点。我们与各派乌托邦的区别,就是因为我们能把原始的生存竞争连到社会主义的理想上。褚沙克先生却不是如此:他以为由一方面为原始的生存而奋斗,由他方面为社会主义而奋斗。褚沙克先生不明白一个与他个有密切的关系。他在后来强要说"什么命运","可怕的矛盾","悲剧",以及其他等等底话。而所有的事不过在褚沙克先生底想像中成为"命运"罢了,因为他不能渡过从现在到将来的桥梁。无怪未来派底理论家说:状态是平俗,传说,惰性,"原始的奋斗","狭义阶级底心理"以及其他等等底名词了,辩证法唯物观家看一切相对都是比较的,就是在理想上和在事实上的相对也是比较的。自然,劳动阶级必须注意将来,但是,这并不与认识事实的愿望相抵触;反之,只管去认识生活,创造将来还可用科学的方法呢。

未来派底理论家否认艺术是认识生活,他们就偏向纯主观主义的方面了。铁列捷珂夫先生说:"真正'主义'这个术语是代替内容的,这术语已经应用到未来派底文学上了。"(《列夫》第一号),这也是主观主义。与其在这里多为词费,无宁再回想马克思关于艺术的妙话:"把个性变为时代精神底号筒"。未来派底理论家就是这么样提倡艺术。有时候这种主张是有益的,但是这不得为艺术。

俄国未来派底学者误解马克思底这个解说:"反正哲学家只讲明宇宙;但是目的在改变宇宙。"因此即作了一个结论——不是认识生活,而是创造生活。要证明马克思底主张与未来派底要求——不认识生活,而创造生活——完全不同，只稍微玩味他（马克思）关于费尔巴哈底那些论题就够了，"不反常人应当靠着经验去证明自己思虑底正确"，而不是理论底抽象。在这里马克思说什么，请大家研究罢。

在现代的艺术上，要使人注意客观的，正确的，经验的先件，必须先要批评旧观念，资产阶级的根性：俗人的身份，纯艺术底宣传以及其他。攻击资产阶级的根性和俗人的身份尚可顺适地过去，但是对于纯美艺术的问题，必须费些周折。

纯艺术底理论在于极大美丽底表现，并且主张艺术家如同圣经上的耶和华，创造一切本诸"空"：秘密的心怀即是作品底发端与终点；艺术不取平俗的事实为对象；艺术本身自有价值，艺术专爱美丽的虚构以及其他。我们底目的实与之相反，真正的艺术凭经验，艺术家是经验家，是观察家。他底作品永远要有时代底精神，要有所属的阶级，或团体底心理。无论艺术家肯与不肯，他底作品总得有某种生活底趣味。平心而论，美也不是独立的价值了。艺术最后的目的是实利，但是，因此也不得联想到铁列捷珂夫先生底那些推论，譬如，铁列捷珂夫先生说："未来主义应当利用艺术（艺术Ａ·Ｂ·），在艺术的舞台上，未来主义与各派是相反的；反写实主义——有宣传的鼓吹；反抒情诗——有毅力字句底创造；反艳丽小说的心理学——有探险的记录；反纯美的艺术——有新闻纸上的论说栏，宣传"。（《列夫》第一号）因此，那"在艺术本身上，要藉着它（艺术）种种的材料去毁坏它方可成功"的招呼是完全地有接续了。××主义暂时还没有理由把破坏艺术或使艺术变为宣传的那些主张，作为自己底目的。宣传这事是有益的，也是极有价值的，但是，这是实用艺术；固然，在现时宣传，论说栏以及其他等等的功效是非常之重大，但是因此我们就应当反对艺术为认识生活的法子吗？无论如何是不能的，蒲列哈诺夫常常攻击皮萨列夫（Pisarev）底实利主义，他这种举动是不错的。但是在实利主义方面皮萨列夫也没有铁列捷珂夫先生那样之甚。在自己底作品上，艺术家、诗家要贡献实利的，而不是写的惊人就是为惊人，皮萨列夫底要求是如此。"为思想底确切，动作底稳重，必须要知道目前人类生活底各方面，要是诗家底作品把这些方面清楚明白地描写出来，这是我们所希望的。"照此看来，皮萨列夫也不否认艺术是认识生活的法子。我们未来派底认识是超出常识的，玄之又玄的，才智隐在智慧以后的。

在艺术上谁说："认识权落后，宣传且万岁。"在科学上也应说："自然科学权退位，理论权退位，科学的宣传且万岁，流行的小册子且万岁，研究实利的实用科学且万岁。"铁列捷珂夫先生是很勇敢的人，但是，不过勇于轻看一切罢了。

在这里恰巧想起谛美略杰夫(Timeriazev)所写的几段典雅的文字,这是他为讨论理论的和实用的认识而发的,这几段与我们讨论艺术的问题很有关系,兹照录于下:

不由得想像这样一种情景。四十年前,一位忿世的道学先生登上Ecolcnormale(任氏注:巴黎一高等学校)底眺远楼,在这楼上,这位先生遇见一位面色苍白的病人。他四周围着无数的蒸馏器。不禁发一奇妙的责难。

这位先生向这位科学家发话道:先生,惭愧,惭愧,环先生的四周是困穷与饥饿,而先生却忙碌这些糖粉,不管紧要的事。环先生四周,人人底穷困皆由于可怕的情形与疾病,而先生却害的是思想病,在这些蒸馏器的灰色泥有什么裨益呢。环先生四周,跋来报往是个死,既夺去家庭底柱石,父,又引离爱儿从慈母的怀抱,而先生却向显微镜下,费尽脑髓去钻研什么点子底生或死。先生,惭愧,请速打破蒸馏器,跑出实验室,与劳工分勤苦,援助疾病人。请先生带你安慰话抚彼忧伤人,忧伤不是医生技术所能为力的。

自然,这位忿世的道学先生是口若悬河的演说家,而科学家为辩护自己底闲散,自利底娱乐,也得稍为饶舌。

如果经过四十年,又得见我们所想像的两个人,他们底态度却就要变更了。那时科学家大概要向道学先生说以下这些话:"先生你有理,我没有分工人底勤苦,——但是你看劳工群众,我给他们百万的工资了;我没有援助疾病人,但是你看许多的居民,我救出他们从疾病中了;我没有带着安慰的话去抚那没受安慰的人,但是你看几千父母,我已把命定该死的子女返给他们了。"末尾,科学家带着谦和的笑容又说:"一切的事情都是在那里,在那个糖和粉的瓶里,——在那瓶底的灰色泥里,在那显微镜下的那些点子里。"我想这次那高傲愤懑而短视的道学先生,一定愧恚而退。

是的,科学家和科学应当贡献自己底社会和人类,这是不成问题的。有讨论价值的问题,就是什么路子可以较短而较确地达到这种目的。科学家要随世俗贤者和短视的道学先生底指示行呢,或是不睬他们底指示和浩叹,照着惟一可能的路子(这路子是受许多事实底奥妙逻辑断定的,逻辑是支配科学的发展)行呢;科学家强情地(可是无助地)环绕这复杂的(虽然实用上是重要的,还是没有经过科学分析的)现象行呢,或是竭力去研究现有的现象(虽然离生活底价值远,但是藉着这现象底表现可以得到一把解实用谜语的钥匙)呢。科学是玩意儿,有时候为散闷的娱乐品,藉着这些东西,闲散的先生们练习自己底好古癖,这是任谁不能否认的;何况每种势力都有包围它的献媚人和依附它的寄生虫。这是自然,但是世俗的贤者和短视的道学先生们都未辨识及此。一言以蔽之,真正科学底规范不是那些浮浅切近的利益,假科学的崇拜家也可以藉这种利益敷衍过去,他们底牢骚诗文很易受人承认为实用底指南,甚至于为国利民福的刍议。

如果在谛美略杰夫底这段典雅,切实和激烈的文字中,把"科学","科学家"这两个名词换上"艺术","艺术家",就可以整个儿引来反对俄国现代极端的实利主义家。有那些时期与时代,在那时候,实用科学,实用艺术,宣传,说法,论说栏有相当的重要意义,——那时候艺术家,科学家应当首先为宣传家,为演说家,那时候理论上和知觉上的认识问题须要后退一步。更有那全盛的时期:科学家和艺术家,如果他们是活人,如果他们愿意同将来底创造家(无产阶级)协力并进,他们也得抛开宣传事业,持枪在手以代笔,立在机关枪旁。在这时代,就是宣传也有罪,何况其他呢。但是谁要因此就推论艺术和科学应当除消,他一定是下愚之又下者。

除消已知的事件,换上芝诺所定的绝对,未来派底理论家在"创造语言"的问题中,完全是主张极端相对论。"创造"这个新字是很可敬的而且很合时的问题。但是在这里也应该观察得恰当与精确。有一次,一位德国底军官,又是热心世界语的学者,来到安那托尔·法朗士这里,将世界语底价值,说得娓娓动听。法朗士一边听,一边说:"请听,总爷,大概人家送你一个好玩的木偶……这木偶同你说话,它叫你:'我底心上人!'你就要爱它吗?大概你好久同它两儿居在荒岛上,忽然来一位女人,虽然她很不好看,她还是活人,那么,你要向木偶唱你底情歌吗?你底世界语是木偶,法国语言是女人。"我们未来派底学者,又是世界语的人,忘了每种语言底发达是有机的,代替女人,强要献给我们一木偶:这就是要用死的,矫揉袭取的文字底组织替换应用的语言。

自然,在这里读者要指摘我,因为说明艺术底客观条件,过于详尽,而其他与艺术理论有关的问题多未说及;譬如,关于意识和无意识的问题,关于灵感问题,关于形式问题以及其他诸问题。对于客观的条件我不惮厌烦,反复申说者,这是很重要的原因。在现在,关于艺术是认识生活的这问题,不但它有理论的性质,并且极有实践的性质了。因为我们处在这社会的时代,除了宣传外,还应当用艺术的眼光认识现实底真面目了。但是在艺术上还是旧派底主张很有势力,革命非但实行了有益的震动,甚至于令许多人丧失各人底意志,逼着人忘了根本的问题。在一位同志底记录(也投到报社,还未登载)内有以下的规诫话(这话为现代人底心情而发,这些人是在最近十年间生长成立的):"你们细看我们每个人。我们全是洞居笼处的人,在后房暗处里生长,如同永世的继子。我们全不像小资产阶级的人,我们尚是生性未驯的人,'昨天人'看我们,以为我们是从某一荒岛运来的人。在我们完全不是如此……我们仿佛生长在烽火中,生长在疯狂的竞逐中,生长在永久的灾患中。因此,而我们得悉重要的,烽火的,很可感愤的事。"这是至理名言。自然,因为熟习了那样重要的和烽火的事,在艺术上和在科学上就要有某种动作,烽火,极端的相对论,就在心理学上这也没有什么讲不下去的。以烽火攻烽火,从这烽火所受的害仍是害;我们看见过未来派底批评家主张除消已知的事件,艺术和科学。近来文学底舞台上《在哨岗》杂志底作战计划,也是向着这方面的。铁列捷珂夫这派先生们矫揉马克思底辩证法,因为略知其皮毛,所以他们沉沦于极端的相对论中而不返。《在哨岗》杂志底批评家误解阶级艺术的问题,也陷于同样的极端相对论中,不过是大同小异罢了。

现在我们要临《在哨岗》底阵地了。

Ⅲ

《在哨岗》底记者先生们在每页上竭力地装潢着"阶级"这个字,例如:阶级文学,阶级心理,阶级诗等等的字样。自然,这不算坏,尤其是在目下"阶级的"时期。但是我们底批评家怎样下"阶级"底定义呢?并且阶级是什么意思呢?

"艺术永久是锐利的武器,这武器可以直接影响群众底心理。在已往是如此,在现在也是如此。"(见《在哨岗》杂志编辑言)

"文学要贡献或彼或此的社会层,这是毫不足疑的。前代底文学充满特权阶级底精神"(瓦进)云云。

自然,以上的主张都是不错,但是要作艺术底定义,尚欠稳妥。然而《在哨岗》底共同解说,不过是如此而已。无论在哪里也没有清楚确切地说,艺术是认识生活的方法;也没有说,真正的艺术,如同哲学和科学一样,有同样的准确和客观的条件既然不说这个,不标明这个,又空费时间解释"阶级"底意义——这简直把组织艺术底真精神散在九霄云外。在社会上既有彼此阶级底区分,那么,属于某阶级的艺术和科学自然要贡献某阶级。但是决不应因此就说，凭艺术的经验所得的事件没有客观的价值。

科学家或艺术家有意或无意地都在实行自己阶级底课题。他底作品首先要适合自己阶级底趣味。科学和艺术事业底进步，情势，趋势，方式，全受彼或此阶级底主要心理而定，这主要的心理全依存于某社会生产力底情形，所以科学家和艺术家讨究，表现生活，都是透过阶级心理底三棱镜而看生活。但是，科学家和艺术家所实行的许多课题，为自己底阶级所需要的最重要的课题，不过是正确的认识生活。有时候科学家和艺术家实行这课题，不知不觉地犯了造作实事的毛病，那时候就有假科学，假艺术了。这类的造作大抵由于不知为什么客观的真理竟不为那阶级所需要。但是，特别在艺术上，艺术家始终要认识生活，就解说生活，他表露自己底心情与"观念"总要带有阶级底痕迹。所以在艺术上和科学上，除了主观的分子，有客观的。因此，马克思底理论家说以阶级底眼光观察艺术，无论何时在真正艺术的杰作内他们不忘指明那些共同的和客观的价值。反之，蒲列哈诺夫，步前贤底后尘，接着说，艺术如同科学一样，有同样的目的。蒲列哈诺夫在他底书中，在他底论说内，在他底研究法里能指明客观的意义，能分辨那些有意的或无意的造作部分，他说造作的部分是由于艺术家底主观作成的，由于他底粗疏作成的，也是由于阶级底偏见作成的。（参看蒲列哈诺夫最好的论文：叙说 Uspensky 以及其百姓派著作家的论文，叙说 Gorky, Ibsen, Tolstoy 的论文。）

《在哨岗》底批评家在艺术上忽略了客观的条件，忘了艺术家底目的是认识生活。在艺术底问题上，实在他们抱定主观主义底见解，但是他们主观主义有特别的性质；他们底主观主义类似那派底见解：把阶级斗争底理论变为形而上学，变为绝对的范畴。他们底方式，他们底艺术眼光大概是这样，就是：既然艺术家以自己底作品贡献某阶级，而某阶级底生活就得受艺术家底志趣规定了，那么，在艺术家底作品内，除了反对其他阶级的那种光杆的阶级意味外，不能再有什么。至于关于客观的内容更谈不到了。

我们看见过，未来派底理论家除消了内容。替代内容换上主义，替代认识换上目的。《在哨岗》底批评家也是除消内容。他们始终要用观念和宇宙观替代内容。但是在艺术上，在科学上意识形态是一事，而内容到底是否与艺术家底和科学家底观念相抵触又是一事。在这里，内容底定义，仿佛是表现艺术家主观的心情，思想，感觉，而不是描写对象的结果。未来派底学者底和《在哨岗》底严厉批评家底意见在其他的范围内都不一样，唯在这主观主义是完全一致。罗陀夫没有白说这一句话："在艺术底问题上，他们（未来派底学者 A·B·)底主张很类似敖克契勒尔(Oktiubr)社底那个方式。"按罗陀夫底意思,他很可惜未来派底学者仍是酷好美学底练习,语言底创造,新字底发明以及其他等等。据我们底意见,未来主义底根本罪恶不在此,而在于他们以主观的意见,解释艺术问题。罗陀夫派底人所以未见及此者,因为他们自己是主观主义者。

《在哨岗》底批评家有共同的论调:没有纯艺术,没有超阶级的艺术,艺术家是时代和阶级底儿子,倘理论是以满足自己底目的去解释艺术创造,这理论就是反马克思主义。——他们断言:谈不到客观主义,所有的艺术都是含有狭义阶级底主观主义和狭义实利的主观主义。这种光杆的阶级斗争的理论特别地违反相对论。照这样解释,简直把马克思派当做批评武器的理论,变为无意识乱打乱钉的斧背了。照《在哨岗》底批评家眼光看来,在阶级斗争底形式上,全社会都成了一体,而前进,进步,发展的事,又在阶级斗争的形式上,许多物质和精神的价值都被蓄积完成的事。——一定是无稽之谈,异端底邪说。阶级斗争成为自己底目的,成为自私自利的护符,成为不是为人类社会进化的方法。而从一阶级转到他一阶级之间也什么继承都没有,艺术,科学等等在一阶级底手里,不过利用打倒他一对敌的阶级罢了。因为艺术和科学除了用为反对他一阶级的利益外,没有什么了。因此,《在哨岗》底批评家说了不少的"资产阶级"底科学家,艺术家,其目的不过要劳动阶级底理想家拿斧背在手,"竭力地""推广到于四方"罢了。

我们底批评家也是如此。

旧艺术是高压阶级(资产阶级,贵族阶级)底艺术。按着列列维支和罗陀夫两人底阶级艺术底见解,他们以为现代文学底根本问题,就是要抛开内容(观念),要脱离模范的形式。在《在哨岗》底主要论文上说:"劳动阶级底文学必须完全不受旧势力底影响,要抛开观念的和形式的范围。"并且接着说:"我们要与旧思想奋斗,因为旧思想带着崇拜的姿态,倾倒于旧资产——贵族文学底花岗石碑前,不肯从劳动阶级底肩上推下压制思想的重担。"这主旨在其他的论说内说过数次,在培尔神涅夫(Bersenev)底记录内,这主旨是很真切明显的:"那些和这些资产阶级底著作家"不能进化"到创造生活的劳动阶级底方面。"

蒲列哈诺夫明白新文学反对旧文学是自然的,是不可免的。这也是事实上如此。但是反对要有限度,并不是极端地,应当慎审地划清界限,知何者应采取,何者应摈斥。从前代底文学中新生的文学取那(为自己将来发达的)必要的条件,新文学应当摈斥那无用的而且有害的陈迹。蒲列哈诺夫并不冒昧地反对(代表资产——贵族文明的)科学与艺术。他会找出标准,譬如,他指明法国和俄国底开明学者意见底限度,他在他们之中始终照辩证法唯物观挑剔那有客观价值的和真实的。我们主观主义底先生们看问题直同棒子。要是资产阶级底问题,就得完全地脱离。

蒲列哈诺夫以为马克思主义批评底一个根本问题,就是要寻出作品底社会学的同价。这定义是必需的:藉着这个分析,我们知道,某作品底完成是根据阶级底心理底某些特性;我们断定,在某限度阶级底心理,感觉,思想,心情相应全社会的关系,这社会在历史上的某时期是先进的,最能生存的阶级。在某时期底阶级争斗中,藉这方法晓得阶级底任务,地位,判定某学说和一般文艺底重要。但是,向这方面去分析,无论分析到什么时候,我们不能定科学和艺术底发明是适合客观的真理。因此马克思主义底大理论家(蒲列哈诺夫)有一根本的要求——估某作品底价值必须照美学的眼光。在艺术上美学的估价适合在科学上逻辑的估价。照我们底主张,美学的估价不是平衡,不是玩味美底意味就是因为美,不是玩赏就是为玩赏。照美学的眼光估艺术底价值,就是断定,内容恰与形式相称,换言之,内容恰与客观的艺术真理相称,因为艺术家考究形象:形象应当是美而真,就是要适合所描写的性质。在艺术家底作品上完善,真美即在此。假理想,假内容不能觅得完善的形式,就是照美学的眼光,不能深深地影响我们,"感动"我们。如果我们说——思想是不真实的,但是可以美丽的形式更正——那么,应当明白这种说法是很狭而且很有条件的意义。

严厉的批评家不寻作品底社会学的同价(后来我们要指明他们是这样地对待同路人),只有共同底光杆的大纲:资产阶级的,小资产阶级的,劳动阶级的。在许多批评家底论说内简直没有那种批评艺术的标准:照美学的眼光估作品底价值。而瓦进先生底论说为尤甚,在他底论说里不用美学的估价,搜求有罪的词句。

瓦进先生劝勉著作家不要钻研"那些,这些",要用心研究政治的问题,这忠告不得谓为无道理。我们许多的著作家很要听从这一类的劝告。听只管听,但是不可忘了艺术家有自己底根本目的——美而且真地描写生活。问题不是瓦进先生想的那样简单,不是学到政治问题就算了事,要得更进一步。令我们十几个文学会专发表有韵的报纸论说,这有什么意思呢。论说是有人读的,而"美雅"的政治问题仍然堆积累累,束诸高阁,徒发扬一些良善的计划而已;却不知罪我们者,反以为全地狱之砌成,皆这些良善的计划之厉也。瓦进先生忠告不关心政治的著作家取法蒲宁和梅垒什可夫斯基,因为他们有坚定明确的党派。这忠告也是不坏,并且是识事务的一种忠告。但是,不应忘了蒲宁和梅垒什可夫斯基"自信力"太甚,没有作成一种艺术的著作,不过写了无能为力的报纸论说罢了。自然,我们没有他们那样的"自信力"。蒲宁和梅垒什可夫斯基不赞成有历史的将来,"强信"反动的势力,所以他们创成文学上的颓废派。"强信"××党底政策,可以使艺术家有那良好的思想,这思想在人类中已经达到了。这是根本的区别。我们底怀疑的艺术家应同新创造家共策进行。让他们尽量地发挥,但是也得许读者自己判断他们底作品是否完美无疵,千真万确。艺术家不应当把自己底著作强合那备妥的雏形,不应当插入报纸底论说,应当深刻地观察事实,表明生活,要将艺术底真理适合××主义的理想。

自然,爱美的,厌倦的,空虚的,失掉信仰的,失却面目的"活死尸"都喜欢戴上客观的假面具,甚至于藉此护符拉杂些士民的,俗人的,旧贵族的和资产阶级底腐朽思想,在这里不说那想像底客观,不说那艺术家登上渺茫的巴尔纳斯山巅(任氏注:Parnas是希腊神话中的山名,山上居有诗神),在这里要说莎士比亚,歌郭里和托尔斯泰底写实与客观。总而言之,什么东西能把高尚的学说连到认识生活,什么东西可以驱逐我们生活底黑暗,卑陋,尘芥与腐朽。这就是我们现代艺术底定义。

原是这样的论文,然而当时却极为普罗列答利亚文学底极"左"派所非难。这由于专据或概就普罗列答利亚文学看来文学不该专重认识机能的缘故。瓦浪斯基这篇论文最有力的反对者是列列维支。他在题为《我们文学的不和》的论文中这样说:

"可以有不适于认识生活的艺术,但不会有无益于情绪传染的艺术。……艺术作品传染读者的情绪的性质,都由艺术家底心理及意识形态底阶级性而定……。当艺术家观察现实,并艺术地表现现实的时候都是作为一定阶级底代表者而观察,而表现。它所看到而且表出的不过是接近他底阶级性的东西"。

但自然不是全然没有所谓"客观的真实":

"各种的事件,人物,气氛,都可以成为艺术作品底材料。任何的艺术家,都可以与自己底艺术底阶级性毫无关系地,客观地真确地表示出那事件,那范型,那气氛来。假如只要记录表示离散的现象或范型便完事,那么常在任何作家底艺术中探求'客观的真实'的瓦浪斯基底努力,是会成功的。然而问题是有一定的,没有全体的融贯,又不和对自然对社会一般的见解融和的各个事实的表示,是属于照相之类,不成其为艺术的……所以个个例证及断片,有时(决非常常)是可以与阶级性质毫无关系地为客观的真确的再现。而无此即不成其为艺术的,那各个现象底创造的组织,却始终为阶级的契机所决定"。

"以这时代底历史上进步的阶级的眼睛看世界的艺术家,可以接近客观的真实到最大限度。因为这里主观底指示(前卫阶级底意欲)是和客观的发展(社会关系)线索全然融合的"。

"正在历史上勃兴的阶级的艺术家,总最近乎客观的现实。反之,历史上灭亡阶级的诗人,总最不适于给出应合客观的现实的情景。然而任何一方,事实上都在办一种'社会的定货'——适应自己阶级课题而为读者底情绪的传染"。

这一看便可了然,两面主张并非根本地不同。只是力点所在不同。而力点所在所以不同,则由于两者各各太从现实的,一部的要求出发的缘故。瓦浪斯基一说,比较适宜于解明同路人文学底意义;列列维支一说,则于专以普罗列答利亚文学为对象者更加真适。然而两方中,从客观的文艺理论创设上看来,并不能说哪一方更加对。因为认识的要素和情绪的传染,都是艺术不可缺少的要素。而这,就是"普罗文化"所说艺术是组织意识形态或生活这个定义底具体的内容。

所以这论争,也如这时代其他所有的论争一样,两方底不合,根本并不在文艺理论内,而是在政治的见解中。即,在讨论文艺机能中如何的要素更为现在社会的情势所必要时,一方侧重同路人底文学,他方专重普罗列答利亚文学罢了。

列列维支底话,单就普罗列答利亚文学说,原于将来的文学理论底发展更有贡献,但从以俄罗斯文学为一个社会的现象,导引它正当的发达这一面看,却是瓦浪斯基大有功绩。正如前面所述,担当党底文学部底责任者(即文艺政治家)底任务的瓦浪斯基,可说是,正做了自己应当做的事情的。

瓦浪斯基底文艺批评,如不体量他这特别的地位,便不能理解它,也不能正当地评价它。

第六节 《列夫》底文学论

《列夫》底纲目　铁列捷珂夫之说　褚沙克底《在建设生活底旗下》　托罗兹基底批评

现在先介绍《列夫》底宣言《纲目》（见一九二三年三月发行的《列夫》创刊号卷头）：

纲　目

（1）《列夫》为什么战？

一九〇五年（指一九〇五年革命）以后是反动。反动凝成了一面独裁政治，一面商人及工场主底加倍的压迫。

反动也创造了适合自己生活和趣味的艺术。例如象征派（白莱意，巴利蒙特）神秘派（瞿尔可夫，黑普斯），变态性欲派（罗札诺夫）底艺术，——都就是小市民和地方民底生活自身。

这就崛起了革命党由实生活，而艺术由趣味去打击。

最初的印象主义风的开火是在一九〇九年。（丛书《萨德珂·斯台伊》发行的那一年）。

炮火轰击了三年，终至轰出未来派来。

未来派合同的处女出版物，是"打公众趣味底嘴巴"（一九一四年上梓——布尔留克，加勉斯基，克鲁勋宜，马亚可夫斯基，黑来孛尼可夫等执笔）。

旧制度对于明日的力学者们实验室里的工作下了当然的评价：即以检阅底压迫和发行底禁止，及所有报纸新闻底叱咤和咆哮来应付。

资本家，不用说，也不来保护我们那答也似的文句和刺也似的笔锋。

僧正区域似的生活的包围，就使未来派故意穿了黄色外衣，画了脸孔去嘲笑。

这种绝少"学院"气味的斗争方式及将飞跃的预感曾经吓退了已加入我们的艺术至上主义者（康定斯基，《蒲蒲诺维·华列德》派及其他）。

但没有什么损失，塞尔塞涅维奇，伊果尔·绥维略宁，奥思里宜，伏思特等，倒都加入未来派，或以未来派自命了。

不大研究政治的艺术家所主持的未来派运动，有时是曾带有无政府主义的色彩的。包藏着艺术的腐败的返老还童的人们也曾借了左翼派的旗帜和未来派的人们相并地进行过。

一九一四年的世界战争,是对于社会性的第一次的试练。

俄国底未来派和先前来访莫斯科时(一九一三年)便加攻击的玛黎讷谛底诗的帝国主义,断然分手了。

俄国艺术上最初的唯一的未来派,握了艺术上所有的武器,镇压了讴歌战争者(郭洛台兹基,古弭略夫等)底骚扰,咒诅战争,和战争战争了(马亚可夫斯基底《战争与和平》)。

战争开了未来派涤清底端绪(屋顶里被打坏,绥维略宁往柏林去了)。

战争令人见到明日底革命(马亚可夫斯基底《袴中的云》)。

一九一七年底二月革命,更深入涤清,使未来派分裂为"右""左"两翼。

右翼未来派成为与民主主义艺术底共鸣者(他们名字全在《全莫斯科》一书中)。

待着《十月》(指十月革命)的左翼未来派,则受了"艺术上的布尔塞维克"的洗礼(马亚可夫斯基,加勉斯基,布尔留克,克鲁勋宜等)。

最初的产业未来派(孛利克,亚尔瓦多夫)和构成派(洛先珂,拉文斯基)也加入在这左翼的未来派方面。

未来派从跨出了它底第一步,即从排阵在克新思加耶宫殿的时候起,便试行和后来组织"普罗文化"的普罗列答利亚作家团体相提携。但那班作家(及那作品)是以为革命性可以单由煽动的内容汲尽的,因而在形式方面,都是完全无可救药的反动者。

既经《十月》涤荡,整顿,改造,未来派便成了艺术底左翼战线,成为"我们"了。

《十月》令人劳动。

我们在十月二十五日(布尔塞维克革命勃发的那一天)便进入劳动。

还看见知识分子遁逃的后尘时,人们当然——不很听我们底艺术的信条。

我们当时曾创造了革命的"伊左"(教育部内"绘画部")"兑沃"("演剧部")"谟左"("音乐部")等,指导在此学习的去破坏阿迦特弥!

而与组织的事业一并,我们也给与了十月时代的初期的艺术的制作品(泰忒林底第三国际纪念塔,梅雅荷尔排演的马亚可夫斯基作品《神秘喜剧布夫》,加勉斯基底作品《斯顶加·拉晋》)。

我们虽都制造着称心的作品,但并不唯美化。都将习得的技术,应用于革命所要求的宣传艺术(罗斯透社底广告品,新闻上的小品等)。为宣传我们底理想起见,我们发行了新闻《抗闵艺术》,而且组织了演说而且朗读作品的工场巡回团。

我们底理想赢得了劳动者的听众。在维朴尔格区,组织了"Com. Fut."。我们底艺术运动,显示出我们有建筑苏俄全土左翼战线要塞的力量。

和这一起,在远东的同志的事业也进行。他们(指褚沙克,亚绥耶夫,巴里莫夫,铁列捷珂夫等)将我们底运动之为社会的不可避免,和《十月》与我们之社会的联合,理论地加以肯定(杂志《创造》)。这《创造》忍受着所有的逼迫,执行了为着西比利亚方面的新文化的所有的斗争。

苏维埃政权两周间便要颠覆的梦渐渐地醒来,学院派们又单个地或成团地来敲人民委员会底门了。

苏维埃政府并没有冒险将他们用在要路上,但将文化,教化内庭的工事委托给他们——其实不如说给他们欧洲的名声。

从这内庭里开始了对于左翼艺术的攻击,《抗闵艺术》和其他,便以封锁而告了辉煌的终。

在战斗和混乱里忙杀的政府,专务后方不很吵动,对于艺术的争论几乎并不关心,而且单从对于"大家"的尊敬说服了我们。

现在是战争和饥馑都臻于小康的时候了。《列夫》必得举行俄罗斯社会主义联邦苏维埃共和国艺术的全景示威,画定远景,占领了对于我们适当的地位。

一九二三年二月一日以前的俄罗斯社会主义联邦苏维埃共和国底艺术是:

(1)普罗列答利亚艺术。有一部分是被官厅的言语和政治的辞句缠昏了,退化为官僚作家。还有一部分全然在阿迦特弥派的影响之下,只那团体底名称还使人记起《十月》。第三最优秀的一部分,——从模仿蔷薇色的白莱意他们之后,正由我们底作品重新教导着,想来以后是要和我们更加一道前进的。

(2)官僚文学。在艺术的理论上,是各人各样的。奥辛斯基赞美着阿赫玛托瓦,布哈林赞扬着平开尔顿。但是实际方面——这杂志不过由种种似乎拈阄而得的名字构成着杂色。

(3)"最新"文学,("舍拉皮昂兄弟派"皮涅克们)——是采取我们底手法融化为自己底东西,又照象征主义修改它,殷勤而且苦闷地想它适于做轻便的新经济政策的读物。

(4)《斯美那·惠夫》文学。这是有教养的老大家从西欧进来了。亚历舍·托而斯泰为了凯旋莫斯科,已经把自己全著作集的白马,洗刷得干干净净了。

(5)最后,毁坏着整然的前景,在各处孤立着的,便是《列夫》底人们和组织(艺术文化研究所,国立高等美术学校,梅雅荷尔底国立演剧学校,诗语研究会等)。有的正以单身英勇的努力开那艰难的新野,有的正用语句底锉刀锉那传统底镣铐。

《列夫》必将左翼的力量结成一个。《列夫》必抛弃缠在身上的过去,监视自己底队伍。《列夫》为了破坏旧的,争取新的文化,必须统一战线。

我们将不再依向来仅在思想中存在的神话的左翼战线的多数的声音,解决艺术问题,却依事实,依历年在思想上指导左翼工事的我们团体底力量,解决艺术问题。

革命指导过我们许多事。

《列夫》知道这样。

《列夫》将要这样了。

为巩固十月革命所得的胜利,强化左翼艺术,开拓艺术往明天去的路,《列夫》将依抗闵底理想宣传艺术。

《列夫》将以我们底艺术宣传大众,在大众中获得组织的力量。

《列夫》将以实际的艺术证实我们底理论,阐明艺术之为最高劳动的性质。

《列夫》将为建设生活的艺术而斗争。

我们并不要求独占艺术上的革命性,这让竞争来解决。

我们相信我们底宣传是正当的,我们所造成的物质的力将证明我们正站在向着未来的坚实大路上。

亚 绥 耶 夫

亚 尔 瓦 多 夫

宇 利 克

库 西 纳 尔

马 亚 可 夫 斯 基

铁 列 捷 珂 夫

褚 沙 克

(2)《列夫》同什么人战?

革命把我们批评活动的舞台回转了。

我们不可不重整我们底战术。

"把普希金,陀斯妥也夫斯基,托尔斯泰,从现代的汽船上,扔出去罢"——这是一九一二年我们底口号(《打公众趣味底嘴巴》序言)。

古典国民化了。

古典尊为唯一无二的东西了。

古典认为不动的绝对的艺术了。

古典以纪念碑底青铜,学校底传统——压迫了一切新的东西了。

现在一万五千万的国民都用古典——做普通的教科书。

因此我们一面要帮助无产者学习它们,而我们自己也可以把它作为不比别的好也不比别的坏的书欢迎它们。但在我们底评价中,不可不画定正当的历史的远景。

我们将用我们所有的力量对于运输已死的工作方式给现今艺术的情事战。我们要对老人们底创作凑近我们,迎合我们的赶时货色战,我们也要对年青人底搬出书中尘封的古典的真理战。

以前,我们曾和布尔乔亚的美学者和批评家底赞赏战。我们,曾以愤怒,从我们底额上,除去用"浴场掸子"造成的廉价的名誉的花环。

现在我们站在十月底现实上,欢欢喜喜地身受着高贵得远的名誉了。

我们将要打倒两端。

那以思想复旧的邪恶的意图,来麻醉今日实行的任务者。

那倡导非阶级的全人类的艺术者,那以先知和僧侣底玄学来替换艺术劳作底辩证法者。

一面我们还要打倒美学的一端。

为了一向无识和专门政治,在调换国民底意志给与曾祖母以来的传统者。

在把艺术这一种艰难的劳作看作自己底玩意者。

在将趣味上难免的独裁抽换作一般人理解的创造的口号者。

为了倾吐关于灵魂和永久的观念在向艺术找寻出路者。

我们过去的口号是:"我们站在言语灵魂上,'我们'处在愤怒和绝叫底海中"。

现在,为了溶解艺术上小小的"我们"在××主义底巨大的我们中,我们欢欢喜喜地专等着我们美学工作底确实性底认识。

我们将涤清我们旧有的"我们"。

对于向为叛逆而叛逆,为美学而美学等王尔德式的自己享乐这一面试行十月底意志之一——艺术底革命者。对于单向美学的革命摄取斗争底偶然的手法一面者。

对于向着新的宗规和挟板,激扬我们斗争底各各部分者。

对于稀薄我们昨天底口号,以愉快的咖啡店底一角,为自己底安息所,竭力想使老革命监视人成为糖果者。

对于卷了尾巴,从我们投去的花中,拾集似乎转老还壮了的阿迦特弥底干瘪的小果子,五年来不断在那里退化者。

我们曾同旧的生活战。

我们现在又要同这生活底残余战了。例如以不是自己的借家的诗,来代替自己底诗者。

以前,我们曾和布尔乔亚的斗牛战。我们曾用了黄色的外衣和画花的脸孔揶揄人。

现在我们在我们苏维埃的组织中正同这些斗牛底牺牲战了。

我们底武器是——榜样,鼓动和宣传。

《列夫》

(3)《列夫》规诫什么人?

这是对我们自己的了。留意!!

《列夫》底同志们呀!

我们知道,我们是左翼底巨擘,我们是——站在现代精神上的最好的劳动者。

迄至革命,我们聚积了最正确的图样,最巧妙的定理,最乖巧的公式——崭新的艺术样式。

布尔乔亚的光光胖胖的肚皮,对于建设占在不佳的地位是明明白白的。从革命中,我们已经积聚了许多的真理,我们已经学会了生活,我们已经接受了今世纪中最现实的课题。

战争与革命底炮声所轰动的大地——是巨大建设底困难的地基。

为革命强固起见,我们一时曾伏在公式底纸包中。现在没有布尔乔亚胖胖大肚的地球仪了。

革命,扫荡着古物,我们也为艺术建设,清除了荒野。

没有地震。

用血结成的 S.S.S.R. 强固地站着。

这正是我们大有为的时候。

严重的自己批判,是我们工事的唯一的坚固的基础。

未来派的人们呀!

诸君对于艺术的贡献是大的,但是诸君切不要仍想留在昨日的革命的东西上。诸君今日,当以工作显示,诸君底爆发不是压扁的知识分子底绝望的号哭,而战争是——为××主义胜利,一切人们并肩而行的工事。

构成主义者们呀!

不要成为限板的美学的流派。构成派要是单单地艺术,那便——等于零。真使艺术实在的问题,正站在眼前。构成派不可不成为全生活底最高的形式的技术。构成派要是在牧歌的游戏中——便是无聊的事。

我们底思想不可不在现今的事物上发展。

生产者们呀!

不要成为农村的手工业者。

当教导劳动者,当学法劳动者,当执行从房子中给与工场美学命令的事务,完全成为定货者。

诸君底学校是——工场。

诗语研究会员们呀!

形式的方法是——进艺术研究的关键。不可不计算所谓韵律——各各的虼蚤。但是,不要在没有空气的空间捉虼蚤。与艺术之社会学的研究并行,才使诸君底工作,不但有趣而且必需的。

徒弟们呀!

对于艺术的最近的呼号,对于革新的工事,不要成为浅学者偶然的曲折。好事家底革新是——载在鸡脚上面的机关车那一类的东西。

只有熟练——才有放弃古旧的权利。

你们都当用力!

当从学理移向实际的时候,必须记牢技术和它底特质。

对于巨大的工事有力量的年轻人们底懦怯,比没有力量的

阿迦特弥者们底懦怯更讨厌。

《列夫》底徒弟们巨匠们呀!

关于我们底存在的问题,正在开始决定了。

我们伟大的理想,就要死亡了,假如我们不将它巧妙地形象化。

假如我们不把巧妙的形式用于今日的——革命时代的形式化,它们将就如黑夜底暗线似地剩下来,怕要引起蹉跌人们底愤怒和责怪的罢。

《列夫》站着监视。

《列夫》拥护一切的发明者。
《列夫》站着监视。
《列夫》投弃一切的凝固者,一切的美化者,一切的榨取者。

《列夫》

在现代文学底两个要素,认识的观照主义和情绪传染的行动主义底斗争中,《列夫》是极端主张后者的。《列夫》极憎恶描写经验的文学。他,以狂风一般的精力,以切于创造的志向,以对于一切古旧的憎恶,与革命共鸣。他底课题——是集中一切的能力于攻打。过去底艺术曾在表示底方向上发达,但《列夫》是要求"命令"的艺术。所以他们始终是"宣传家"。

铁列捷珂夫这样说(《列夫》创刊号论文《从哪里到哪里》):

未来派始终是煽动家。在那里,革命底宣传,并非无关的分外,乃是艺术依其真的风度,适用于生活上实践的问题的唯一可能的方法。革命在未来派并非闲文,插话,乃是到达××的途上所有日在坚韧地改造人间真理的唯一的现实,氛围。

未来派要破坏传统比《在哨岗》更强烈:

除开战斗的倾向,便没有行动的艺术。……将艺术作为唤起特殊体验的活动解的玄学的美学,是同形式主义的美学一样,不可不代以把艺术与阶级斗争的别的问题关联,作为情绪地组织地影响人类心理的手段的艺术观。

未来派《列夫》底文学论,有三个根本的特征。
第一,憎恶一切固定的,已成的形式。
铁列捷珂夫说:

未来派,他如安心于艺术品底若干雏形底发见,不再不断为刺激新形式底探求和发见的革命的酵母,他就不成其为未来派了罢。他是很怕自己成为一派的。他不寻求什么新的信条,也不愿规定什么新的绝对价值——未来派他如已经开始讴歌自己,已经开始吃自己创作底利息,他就不成其为未来派了罢。

第二个特征是未来派不是普通意义上的文学现象,是一定的社会生活倾向。未来派底问题,不是要创造新的图画,诗,故事,乃是要利用艺术为生产的武器之一,以创造新的人间。

他,最初是从极端个人主义的范型的自己肯定,从没有明确对象的热情兴奋,从纯 sports 的激动出发的,而因为与革命的关系,与在历史底地平线上出现的普罗列答利亚问题的关系,折了为反抗而反抗这一种无需的桎梏,成长为勃兴的社会价值生产者(普罗列答利亚)底战斗的紧张,成长为革命方始给与了具体形态的紧张了。

第三特征,是建设生活的艺术的主张。褚沙克在他底论文《在建设生活的旗下》中这样说:

名为实用主义者,是以艺术为劳动底装饰的。称为生产主义者们是以艺术为即劳动的。从××主义一元论底一角检讨艺术的人们当然达到的结论是:艺术只是量上有独自的性质的,他是创造以情绪为主的生活的方法。

所谓建设生活,在艺术底分野上,大体就是建设物质的意思。

所以这就是说,艺术家底使命,在乎创造有益的合乎目的物质。在这一点上,《列夫》底理论是和从前左翼未来派底时代全然没有不同的。左翼未来派底理论,我们已经介绍过,这里毋须重说了。

从现在回看起来,未来派在俄罗斯文学上演过革命底任务,是不能否定的。未来派,曾对向来称为文学语的知识分子底用语,加过痛烈的攻击和改革。未来派,曾导引艺术生产往一般生活底方向。未来派曾与艺术底灵物崇拜战。在这点上,未来派又和《在哨岗》有共通的地方。

一面他们又努力于艺术接近大众问题底解决。剥了艺术神秘的皮,要求艺术生产,要求艺术工作接近普通工作。结局,他们又达到"普罗文化"底加里宁所曾达到的同样的见解了。加里宁是曾主张天才的工作和普通劳动者的工作并无本质区别的。

然而事实上,《列夫》底作品,却不但大众,连很有教养的人们也不懂。对于这一点,《列夫》辩解道:

马克思列宁也是普罗列答利亚大众所不懂的,然而在他们所不懂的书物中却聚集着普罗列答利亚底思想,具体化着他们底意欲。《列夫》——也是艺术范围中的这样的实验室。在那里创造着大众所必需的他们底言语。

总之《列夫》是不受任何人委任,自己做了那制造普罗列答利亚言语的工作的,这无论怎么说,不能不算是他们底大功绩。

未来派在他初期底活动中,曾同普罗列答利亚诗人行过剧烈的论战。后来,也次第接近了。(关于列夫和《在哨岗》底提携已见《在哨岗》章)。他们也在普罗列答利亚诗人之中,看见自家们所没有的东西了,即"与普罗列答利亚大众的血缘关系"。然而,据《列夫》看来,还以为从那里并不会产生未来的文学。站在言语工人底见地上以为对于样式的实验室的工作——才是未来文学底担当的他们,是和那革命的宣言矛盾,重视形式的创造,过于革命的世界观的。所以,他们以为普罗列答利亚文学是:

普罗列答利亚诗人活动,向在布尔乔亚艺术观底强烈影响之下。俄罗斯普罗列答利亚诗人底作品,几乎还全在都市手工业者的同情和兴味底范围内,而与工业主义的普罗列答利亚艺术不接近。

现在,自然必须研究技术,然而要求文学要有言语至于伤了直接的鼓动作用,总是不自然的。列夫底宣言和结论(具体的作品或技术论)实在有着内在的矛盾。《列夫》这样的文学底和马克思主义并行(二元论),确是不自然的。关于这一点的彻底的批判,我们可以在托罗兹基处见到。托罗兹基说:

一种波希米亚的虚无主义,存在未来派底夸张的否认过去中,但不是普罗列答利亚底革命性。我们马克思主义生活在传统中,我们并非因此就不成为革命者。我们研究而且体验过巴黎公社底传统,直到我们第一次革命。后来又加入一九〇五年底传统,我们用这些滋养我们自己,我们用这些预备第二次革命。我们再向前推,巴黎公社还与一八四八年底六月事件相关联,并与法兰西大革命相关联。在理论方面,我们很有透过马克思依傍黑格尔和英国古典的经济学的地方。我们在组织的条件之下进行了斗争之后,也还生活在革命传统上。在我们眼前产生的不止一种文学的趋向,都在向布尔乔亚派宣告无怜惜的战争,并且看我们不十分完全。正如风时常旋着自己底圈子转一样,这些文学革命者和传统破坏者也发现了走到"阿迦特弥"

去的路了。十月革命对于知识阶级,包含它底文学的左翼,显得是它所熟悉的世界——即它为创造新派而时时与之诀别,但又常常回到那里的世界——底完全毁灭。对于我们,正相反,十月革命显得是一种熟悉的,内在地消化了的传统底具体化。我们已经出了我们理论地加以否认,实际地加以颠覆的世界,进了我们已经熟悉的,有如传统和幻象的世界了。这里有着××党即政治的革命者,和未来派即形式的革命新进者之间的心理学类的不一致。这就是他们误会底来源。麻烦不在于未来派否认知识阶级底神圣的传统。反之,在于它不觉得自己是革命传统底一部分。我们走进革命,他们却堕落了。

闻了《萨弥》(超理智)的诗歌的声调,人决不会恍惚入神,这诗歌像是文字底乐谱和练习,对于学生也许有用,对于演奏者是完全不合的。无论如何,以《萨弥》的练习替代诗歌,将要闷死诗歌,是十分显然的。但是未来派将不顺着这条路走。马亚可夫斯基,无疑地是一个诗人,大体他是从标准字典里选取他底字眼的,很少从黑来孛尼可夫或克鲁勋宜底字典选字。时间前进,马亚可夫斯基他就逐渐少用任意的构成法和用字法了。

《列夫》派底理论家们所提倡的问题,如关于艺术和机械工业底相互关系,关于艺术不是装饰生活而是构成生活,关于对文字发展及系统的造字之有意的活动,关于拿生物机械学家为人底活动底教育,以最大的理智而是最大的美底精神,这些问题,从建设社会主义文化底眼光来看,都是极端重要而且很有趣的。

不幸,《列夫》以一种乌托邦的宗派热的花卉装饰这些问题。就是当他们正确地划出在艺术或生活中的一般的发展趋势时,《列夫》底理论家们从过去的历史,造出自己底计划或药方来与现在的历史对峙。他们因此就没有到未来去的桥梁。他们使人想起无政府主义者。无政府主义也梦想未来底无强权,而制作他们底计划和现在对峙,一定要(自然在他们底想像中)把国家,政治,议院和其他的几种现实,扔出现代性的汽船之外。

第三章　第三期底文学理论

第一节　第三期概观

就如所见的那样,苏俄文学底第二期,是世界文学史上少见的激烈的论争期。在那里,批评家——美学家被批评家——政治家压迫了;在那里,文艺政策比艺术底特殊理论成为更大的问题了。文学从来不曾尽过政治气候之感情的 barometer(晴雨计)的任务,像这时代这样。

这时代底批评,对于技术方面完全不曾解决过什么事。但在将艺术作品作一种社会现象看的工事上面,却展开了诸多更为至深,更为根本的思想。简言之,就是蒲列哈诺夫树了基础的马克思主义的艺术研究法,都在恰好的具体的现实上,忠实地展开了。

又在这时代,也与向来批评发挥了势力震动着社会思想的时代一样,批评并不是单单的说明或注释,却成了一个独立的存在,与作品相并,直接从这时代底社会的定货发生。在这点上,这时代,竟可以说,是使向来批评上所有的这倾向达到了理论的完成的。苏俄文学底第二期,乃是这样的批评中心底时代。

但如文艺政策论中所述,到了一九二五年七月公布了《党底文艺政策》,这期底论争可就解决了。至少文艺政策的问题完全解决了。

结果批评时代渐次变成了创作时代。文坛发生了新的气运。普罗列答利亚文学尤其兴起了新的方向。旧的《在哨岗》死亡,代着发行了新的杂志《在文学的哨岗》。看了特加《在文学》这文字,也就可以见得这时代底气氛。这杂志是以实现由党底文艺政策所指示的方针为目的的。在一九二六年三月发行的创刊号上,由编辑者(阿卫巴赫,伏林,里培进斯基,奥里明斯基,拉思珂里尼珂夫)署名,否定了从来《在哨岗》底倾向,这样说:"注意底焦点不可不移到创作方面。学习和创作和自己批判成为普罗列答利亚作家底根本标语了。"

他们就由着这路,开始努力于实现普罗列答利亚特文化的独立。然而不肯抛弃向来的《在哨岗》底立场的瓦进,列列维支,罗陀夫三人,却脱离了"瓦普"(全联邦普罗列答利亚作家协会)离开大众去了。

文学于是也失了向来迎合政治的社会的定货至于蔑视文艺特殊性的倾向。开始发生了扬弃《在哨岗》主张和瓦浪斯基理论的普罗列答利亚文学论。其中第一人,便是卢那卡尔斯基。其次便是曾为"普罗文化"论客,今在卢那卡尔斯基之下做文学局长的波连斯基,还有《出版和革命》底编辑者波隆斯基。

这倾向,且在具体的文艺批评之外,另开了一条向组织的文艺理论努力的新路。那就是要组织起文艺科学来的纯理论的努力。在这方面可以注目的大著作也已出现了。例如一九二六年卢那卡尔斯基写的《马克思主义艺术理论》,一九二七年出版的弗理契底《艺术社会学》,波连斯基底《马克思主义批评底诸问题》。此外沙库林,柯根等大学教授,也很尽力理论的研究,前者在一九二五年便已有《社会的方法》一种著作。但是这方面底检讨,是本书工作之外一种完全另外的研究对象,这里不能涉及了。

现在且看看代表这第三期的卢那卡尔斯基底文学论。

第二节　卢那卡尔斯基底文学论

第一回全联邦普罗列答利亚作家大会底演说　关于马克思主义文艺批评任务的方针及批评

已经说过几次,卢那卡尔斯基底文学论,是在使"普罗文化"主张尽量地复活,而把《在哨岗》一派和瓦浪斯基扬弃了之处,有其最大特色的。他在一九二五年一月七日全联邦普罗列答利亚作家大会底演说上,便已显出了这倾向。今先介绍于次:

我们在现代,可以给艺术怎样的职务,而且非给不可呢?

现在我们面前有着一个大问题,就是国家不可不知道自己。这已由中央统计院,由我们通信,调查,在那里进行了。但是材料差。只在传单上,在知的批判上,表面地知道自己,并不能算是真已知道自己的。我们都是情的领受比之知的领受更深刻。我们对于一件事,都要不但头脑意识它,还要全神经系统被唤起来注意它,这才可以说是真地知道它。这在对于大众的关系上更如此。库普斯加耶同志说得非常对,他以为大众是在形象上思索的,除了形象他就不会想。所以要知道——农民所有杂多的形式显示着什么,劳动阶级中正在做什么,什么是现代的野蛮人,什么是中央和地方,指导者——抗闷主义者靠着怎样的报告在生活,现代的劳动知识分子有着怎样的相貌……要知道这些,都是凭藉任何的报告或统计,也不及艺术底资助的。这正是艺术所以有伟大的意义处。

但是艺术,常是阶级到了相当发展阶段之后自己认识的行为。在政治的领域上,我们早已显然站在普罗列答利亚阶级的认识之上了。在文艺上,我们可还没有劳动者在其所有的广阔上照出自己及其阶级的文学。正确些说,则还在萌动。现在固然任何枯燥乏味的政治家也不会否定文艺问题是一个深微的政治问题了,但是这问题是非常微妙,非常复杂的。

因为这个问题决不是党发了一张纸(一张指令)便可以造出我们所期望的农民来那一类的东西。我们常常见,作家拿出什么描写实在生活的写实的肖像画来的时候,总被说是,"这不像,这与什么也不像"。而所谓不像,乃是说不像以前所作,一般所知的型式。像这样的对于文学的接近法,是除了弊害之外什么也不会引出的。艺术家不可不极诚实,而且不可不从实生活撷取自己底形象。凡是故意变更了生活底形象的,都是说谎的艺术家,都是在党底关系上反叛的艺术家。再说一遍,艺术家不可不绝对地诚实。艺术心理的机构,可以分为两部分:一面是把生活底印象来捕捉而且拘定的最微妙的感受的机能,在这里艺术家底客观性不可不达到最高的限度;还有一面,是把生活底印象来再现在引起一定心理效果的一定形象或形式上的机能,在这里艺术家底问题更繁难。艺术家自然在再现的时际,也不可不有马克思主义者地客观性,却又无论如何不能把事实歪曲了。他要丝毫不离事实,而又同时能指示出善恶。他须在艺术底形式中,说述关于所表现现象的自己底批判,而谁也将没有话可以对他说。我们难道只在艺术中寻求一些认识吗?我们难道能够承认,读了之后仅仅有些新事实丰富了我们知识的作家,便是十分有力的作家吗?不是的,我们常常在体验作家底伟大的感化。作家——是教师,他叫人走到不可不如此的方面去。他是——说教家。在俄罗斯,他在以前曾如此,在以后也不会不如此。但作家倘若成了干枯的说教家,倘若不用活生生的形象而用干枯乏味的形式,那时他就必然从自己底艺术脱落了。因为作家所有的力量——是存在用形象说教的中间的。因此我们应该努力,使抗闵主义的心脏都在艺术的形象中响动。只有这样的一种作家,才是真的普罗列答利亚作家:就是他并不强制事实或自己,可是每行作品都能够引起我们对于事实正当的理解,事实对于我们正当的影响,却又觉得强有力地充满着××主义感情和理念的人。

从此就可明白,艺术是最有力的,最耐久的斗争的武器。艺术藉什么都可以更有力地影响大众,也比凭藉什么都可以更完成国事。不论剧,不论电影,都如此。横梗中途的最大的危险,就是虚伪的身势和虚伪的言语。文学越加少有真正的技术和真实的人物,那作品便越加少有效果。各个抗闵主义者,都不可不像煞抗闵主义者的来吟咏,而吟咏的又不可不是就中腾跃着生活的,明快引人的歌,不可不是利用了一切的手法在别人心理上有最大作用(自然不是强制的作用)的歌。能这样,就无论他是认识也好,是教导也好,都在那里解决着伟大的阶级的带着社会的文化问题。

其次要说到同路人。我们自然不能放弃同路人。不但他们,我们有时甚至也不能放弃反动的作家(虽然只教导些丑恶的)。为什么呢?因为虽是反动的作家,碰巧也能给出伟大的艺术的材料,巧妙地反映出大众来的。何况是同路人呢。那么我们应该怎样对待他们呢?可以禁止他们吗?可以压迫他们吗?断乎不是这样!有印刷这类作品的必要。而且同时抗闵主义者有以耐心的批评麻痹了他们有害的倾向的必要。这种批评底材料随处都有。因为同路人都是描写出些生活现象来,而或则引出不当的结论或则什么结论也不给的。

只有普罗列答利亚作家可以充分地满足我们,是完全明明白白的。只有普罗列答利亚作家能够艺术地处理我们感有兴味的问题,而从中引出真实的结论来。但是,这里有一个危险。我要提来警告诸君。第一,普罗列答利亚作家大概容易说:我是普罗列答利亚作家,只此便已是天才的了。但是,这是并不见得的。第二,普罗列答利亚作家容易想:我只要说党所希望于我的真理,假使实生活说了别的,那就是实生活更加累赘了。不用说,这样的事是绝对不该有的。我已经说过,艺术家不可不极诚实。同样他也不可不在自己底艺术领域里面有最大限度的自由。尤其,当他是××主义者的时候,应该如此。就使艺术家或者有滥用自由的时候——那也不成问题。那也比没有自由总好些。因为普罗列答利亚作家假使有过失,我们将要非难他,他因此就可以生长起来的。我们各人底心里,都隐藏着非常之多的小布尔乔亚的根性。不会不隐藏着的,因为我们底国度是这样的国度。而我们要独力来消除自己天性中的这种根性,可是极难而且几乎不可能。只有集团可以做这事。因为，在伟大的集团中是普罗列答利亚的意识成了纯净的火焰在那里燃烧的。我们应该向集团中，去吸取那可以使自己溶解在普罗列答利亚的火焰中，而将普罗列答利亚的金属从金滓中纯净起来的力量。对于普罗列答利亚的缺点，我们固然可以鞭挞它。但是，见到他那里迸发着天才底火星的××主义的东西的时候，我们也应该称赞它。因为，他因此送进真的赠品到普罗列答利亚文学的宝库里去了。

一切的普罗列答利亚作家，都应该作如是想！从这里出发，他对于革命同路人所博的赞美，就应该保持冷静的态度。普罗列答利亚作家对于那赞美可以毫没有什么焦急。因为，就使现在，普罗列答利亚作家比革命同路人还是一个小孩子，他们是会长大起来的！他们，有着未来；他们底内部，比革命同路人底内部健全得多。假使革命同路人现今还能写些优秀的作品，遇有机会，还可以调排还不很能操纵文字的小孩子，那就是普罗列答利亚艺术这种伟大的树木他日长大起来，将要在革命同路人底小小坟墓上攒着几百万朵花儿的说明！

最近普罗列答利亚作家底内部，颇发生了意见底歧异，到现在还不曾解决。这种不同意见底发生，是当然的。因为我们生存在过渡期里，正受着两种力量底影响：一种力想将我们拖入后方的布尔乔亚泥沼去；还有一种力要使我们走向旭日初升的普罗列答利亚的前方。我们虽则交怀不满，互相争论，总是做普罗列答利亚文化建设者的兄弟，这要懂得越快越好。

因为那时，将会明白我们用了批评的尖端攻打自己底朋友，乃是练剑而打玻璃器皿一类的事！我们同志固然用不着互相恭维，跳"梅吕哀"（Menuet）舞——这让同路人去罢。但是我们，须像兄弟似地，自己似地，坦白地说话。这就是说，我们普罗列答利亚文学，必须是我们锻炼我们自己心胸和头脑的工场。在那里，必将从交响的锤音中撒散出更多的照耀世界所必要的火星。普罗列答利亚作家万岁！他们对于伟大的解放者阶级的贡献万岁！

这篇演说底主旨，是与后来出现的"党底文艺政策"完全一致的。他在这大会中，是在规诫《在哨岗》这一派极左的倾向的。

其次再看最能表出他底普罗列答利亚文学观的《马克思主义文艺批评底方针》。在这里他完全扬弃着《在哨岗》和瓦浪斯基。尤其在大众文学论上。

这篇论文是一九二八年七月，在《新世界》杂志上发表的。

关于马克思主义文艺批评任务的方针

I

我国底文学,现正经过那发达底一个决定的契机。在国内,新的生活正在被建设。文学,是见得好像渐次学得就那未被决定的转变的姿态上反映这生活的事,而且能够移向更高度的任务,即对于建设过程底某一定的政治的,尤其是日常生活的道德的作用上去了。

我国所显现的种种阶级底对立虽说比之别的任何国度少得远,然而那构成也决不能以为是单一的。关于农民的和普罗列答利亚的文学底倾向便已有些相异底必然,即使不谈,在国内也还残着旧的习性的要素——或是全然不能和普罗列答利亚专政和解的,或是无论如何连于普罗列答利亚底社会主义的建设之最基本的倾向也不能适应的诸要素。

在这新和旧之间斗争继续着。欧罗巴底影响,过去底影响,旧统治阶级遗留底影响,在新经济政策底地盘上展开来的新布尔乔亚底影响,都已经感到:不但在各各集团及个人底主要的气氛中,即在一切种类底混合中都已经感到了。而不可忘记的,在布尔乔亚的意味上直接的所谓意识地敌对的潮流之外,还有着或许是更为危险的,总之分明是更难克服的要素——小市民的日常生活的现象底要素。这小布尔乔亚的要素,正在普罗列答利亚自身底日常生活的各种关系中,甚至往往在××主义者自身底本性中,十分深烈地侵蚀着。这就是负着普罗列答利亚底社会主义的努力底符印的,在为着建设新的日常生活而斗争的形式上的阶级斗争,所以不但不被削弱,且更以先前底力量逐渐取了细致的深刻的形式的原因。这些事情,正使艺术——尤其是文学——底武器成为现今极其重要的东西。但是这些,一由唤起了普罗列答利亚的及与之相近的文学底出现,同时也唤起了敌对我们的要素——其中不但包含着意识上决定地敌对的东西,也包含着例如由于那消极性,那悲观主义,个人主义,偏见,歪曲之类而无意识地敌对的东西——底文学的反映。

II

在这状况之下,在文学所当扮演的那大的脚色底条件之中,马克思主义文艺批评,就在责任上占着极高的地位。如今它是无疑地负着使命,当和文学相并，成为进取新的人类及新的日常生活底生成经程的，强有力的精力的参与者了。

III

马克思主义文艺批评，首先在不得不有社会学的性质，而且不消说是在马克思及伊里基底科学的社会学底精神上的这一点上，就和其他一切的批评不同。

人们往往立了文学批评和文学历史底任务底差别，而将那差别，与其说区别为过去底研究和现在底研究——毋宁说区别为在文学史家是以所与的作品底根据，其在社会的构成中底位置，其对于社会生活影响底客观的研究为必要，而在批评家则以从那形式的或社会的价值及缺点这见地观察所得的所与的作品底评价为必要。

这样的区别，对于马克思主义批评家，几乎丧失了一切的力量。在言语底特别的意味上的批评，虽然也有加入在马克思主义者所完成的批评作品中作为非有不可的要素，但是，更为必要的基本的要素，乃是社会学的分析。

IV

这社会学的分析，在马克思主义批评家是以怎样的精神来从事的呢？马克思主义都将社会生活，看作它底各各部分都相连系的有机的全体，而且以为演那决定的剧目的，是最物质的，最合法则的经济关系，第一就是劳动底形态。例如要广泛的究明某一时代，马克思主义批评家，就当努力给予全社会发达底完全的光景。但在研究某一作家或作品底时际，却未必一定要究明根本的经济的条件。因为这里是有那也可以称为蒲列哈诺夫底原则的常在作用的原则，以特别的力显现着的。他说，——艺术作品，只在极少的比率上，直接地依据于所与的社会底生产形态。它常经由别的连环，即社会底阶级构成和在阶级利害底地盘上成长的阶级心理，间接地依据着它（生产形态）。文学作品常常意识地或无意识地，反映着以所与的作家为其表现者的那个阶级底心理，或者往往是那心理底若干的混合——这是对于作者的种种阶级作用底显现，这是要有细心的分析的。

V

和某几个阶级或有着广泛的社会的性质的大的集团的心理的连系，在各艺术作品中，大抵由内容而决定。是语言的艺术而且是最近于思想的艺术的文学,比起别的艺术来,是以内容比之形式在里面含有较多的意义为特征。在文学,正是那艺术的内容,即包含在形象之中或与形象结连着底思想和感情之流,作为全作品底决定的要素而显现。内容自在努力,要向一定的形式。对于一切的所与的内容,可以说只有一个最后的形式能够适应。作家多多少少总能够发见一个最明快地显示出使他感动的思想,现象及感情来,而给予那作品所接触的读者以最强印象那样的表现形式。

马克思主义批评家,所以第一,就以作品底内容装在里面的社会的本质为究明底对象。他决定它与某几个社会集团的连系,包含在作品中的暗示力所将给与社会生活的作用,然后移向形式——首先当从那基本的目的和这个形式底适应程度,即从阐明它于最高度的表现性,依所与的内容以向读者的最高度的传染性上是否有用的观点上去看形式。

VI

但是,马克思主义者切不可否定,那常常不可忘却的文学的形式之研究的特殊的任务。在实际上,所与作品底形式,决不仅依它底内容而决定,也还依别的几个要素而决定。思索,会话底阶级的心理的习惯,可称为所与的阶级(或给与影响于作品的阶级的集团)底生活样式的东西,所与的社会底物质文化底一般的水准,邻邦底影响,能显现于生活的一切方面的过去底惰性或更新的渴望——这些都能够作为决定形式的补足要素而作用于形式上。形式往往不是和作品,而是和全时代及全流派有连系。甚至可以成为同内容相矛盾,害及内容的力。它有时会从内容离开,而取独自的,幻影的性质。这是发生于文学作品,将丧失了内容,惧怕活的生活,竭力想靠充满了大言壮语的,或则相反,靠细巧有趣的形式底空虚的游戏,使自己隔离生活底阶级的倾向,反映出来的时候。凡这一切的要素,都应该归入马克思主义者底分析之中。如读者所见到的一样,在一切好作品,形式全由内容而决定,一切的艺术作品都向着这样的好作品在努力,——从这直接的公式所脱落的这些形式的诸要素,那也绝不是从社会生活截断了的东西。就是,这也应该寻出它底社会的解释来。

VII

到此为止,我们大体是始终在作为文艺科学底马克思主义批评底领域中。在这里,马克思主义批评家,是把马克思主义的分析底方法,特殊适用于这个领域——作为文学的社会学者行动着的。马克思主义文艺批评底建设者蒲列哈诺夫,曾经竭力张扬这行动,以为这才是马克思主义者真实的任务。他曾确言:马克思主义者所以异于例如"启蒙学者"的缘由,就在"启蒙学者"课文学以一定底目的,一定底要求,而由一定的理想的观点批评它,而马克思主义者则说明某一作品出现的合法则的原因云。

蒲列哈诺夫不得不使客观的,科学的马克思主义底批评方法,与古旧的主观主义或耽美的消遣及食伤相对立,在那范围内,他自然不但是正当的,也于决定未来底马克思主义批评底真实的路线上做了巨大的工作。

但是,不能以为无论有怎样的事,也只有究明及分析外面的事实的事,是普罗列答利亚底特性。马克思主义决不单是社会的教义。马克思主义,也是建设的积极的纲领。这建设,是没有事实上的客观的领导不能设想的。倘若马克思主义者对于围绕他的诸现象之间底连系底客观的决定没有感觉,那他之为马克思主义者便已完结了。假若是真实的完成的马克思主义者,我们还要要求对于这个环境的一定的作用。马克思主义批评家,并非是说明从最大到最小底文学之星座底运动底必然的法则的,文学的天文学者。他并且是一个斗士,并且是一个建设者。在这意义上,评价的要素在现代底马克思主义批评里就不能不列得极高。

Ⅷ

应该放在文学作品底评价底基础上的规范,应该是怎样的东西呢?第一,先从内容底见地来接近这个罢。在这里,问题大体是明白的。基本的规范,在这里,是和就普罗列答利亚伦理所说的一样,——就是有助于普罗列答利亚事业底发达和胜利的一切都是善,害它的都是恶的。

马克思主义批评家,应该努力去发见所与的作品底基本的社会的倾向——它所意识地或无意识地在瞄准,或在打击的东西。批评家·马克思主义应该顺应这个基本的,社会的,力学的支配调子,去做一般的评价。

但是,就在所与作品底社会的内容底评价底领域里,问题也已经不单纯。对于马克思主义者,要要求大的熟练和大的感觉。在这里,问题不只在一定的马克思主义的教养,也在关于没有它便不会有批评的一定的才能。倘若问题是关于真实地伟大的艺术作品的,就应该计量到极多的不同的方面。在这里,很难信赖什么检温器或药局的天平。在这里,必须可以称为社会的感觉这东西。否则一定免不了谬误。例如马克思主义批评家单以课了全然实际的问题底作品为有意义的东西就不行。虽不否定当面底问题底提出底特殊的重要性,却否定一看好像太一般或太隔离,而其实仔细地一检讨，却有影响及于社会生活底问题底提出底巨大的意义，就绝对地不可以。

在这里，我们有和关于科学同样的现象。要求科学全然埋头于实际的任务，是深刻的谬见。就是最抽象的科学的问题，当它解决了时候，也常成为最有实益的东西，这事情是已经成为 ABC 了。

然而当作家，诗人，在本质上（他如果是普罗列答利亚作家）努力于文化底基本的出发之普罗列答利亚的再评价，而置一般的任务于自己之前的时际，批评家是容易自失的。第一，在这样的时际，我们往往还未有正当的规范。第二，在这里，假说而且是最大胆的假说也可以成为有价值的东西。为什么呢，因为问题，并不在问题底决定的解决，而在那提起和那加工。而到某一程度为止，这些一切，却可以加入在纯实际的文学作品里。在自己底作品上说明我党底纲领底已经做好的条项的艺术家——是不好的。艺术家之所以可贵，是因为他揭出新的东西来，是因为他能凭他底直感浸透于统计学和伦理学所不能进去的领域。要判断一个艺术家是否正当，他是否正当地把真实和××主义底基本努力相连结，决不是容易的事情，而且在这里恐怕只有在各个批评家和读者中间底意见底冲突中才能够形成真实的判断。这并不会减少了批评家工作底重要和必要。

在文学作品之社会的内容底评价上，极重要的问题，是将在最初底分析上列入在和我们不相干，抑或和我们敌对的现象底数目之中的作品，加以我们所认为价值底第二段的审议。实际，明白自己敌人底心情，是极要紧的，利用不是从我们同人中来的证人，也是要紧的。这些，有时可以使我们引出深刻的结论，而且无论什么时际都可以使我们关于生活现象底知识底宝库，非常之多地丰富起来。马克思主义批评家无论当怎样的时际，都不应当以为某一作品或某一作家，例如，是代表着小市民的现象的，结果便将那作品一脚踢开。往往虽然如此，也应该由它引出大的利益来。所以，马克思主义批评家底直接的任务，并不是从所与的作品底已经产出及倾向底见地，而是从利用它于我们底建设底可能这一个见地来再评价。

这要声明一下，在文学底领域中，和我们关系疏远的，从而还和我们敌对的现象是，虽在其中含有多少上述的意义的利益的时候，也会成为极有害的，有毒的东西，会成为反革命的宣传底危险的表现，这是不必说的。在这里，不必说，登场的便不是马克思主义批评，而是马克思主义检阅了。

IX

到了马克思主义批评家从内容的批评移向形式的评估的时候，问题大约还要复杂。

这任务是极重要的。蒲列哈诺夫也张扬着这重要性。做这种评价底一般的规范的,是什么呢?形式对于内容应该有最大限度地适应,给以最大的表现力,而且有保证在那作品所及的读者范围内给与最强的影响底可能性。

在这里,首先就要想起蒲列哈诺夫也曾说过的最重要的形式的规范来——就是,文学是形象底艺术,一切露出的思想,露出的宣传底向那里面的侵入,常常就是所与的作品底失败的意思这一个规范来。这蒲列哈诺夫底规范,自然不是绝对的。我们显然有着犯了这个规范底,例如采德邻,乌斯宾斯基和孚尔玛诺夫底优秀的作品。但这,不过表明可以有美文学的政论的性质底混合型式底文学现象罢了。以全体而论,总之是应当警戒的。自然,获得了出色的形象的性质底政论,是宣传和广义上的文学底堂皇的形式。然而反之,为纯政论的要素所充塞的艺术的文学,却纵使那判断怎样地出色,也大抵要使读者冷下去的。所以,内容如果在艺术作品中不是由形象底被溶解了的辉煌的金属底形相所铸成,而是成了大的冷的团块,突出在这液体里,则在上述底意义上,批评家便有完全的权利,可以指摘作者于内容底艺术的加工底不足。

从上记底一般的规范流演出来的第二部分的规范,便是作品底形式底独自性。这独自性是什么呢?那是在于所与的作品底形式的肉体,和那构想,那内容溶合于不可分的全体这事之中的。真实的艺术的作品,不消说,其内容应该是新的东西。如果作者那里没有新的内容,则那作品底价值就很少。这是自然明白的事。凡是艺术家都应该表现在他以前所未经表现的东西。曾被表现的东西底重做(这事,例如在有些画家们是不容易懂的),并不是艺术。那往往不过是极细致之品底细工。由这种见地,作品底新的内容就对于那一作品要求新的形式。

和这真实底形式底独自性对立的,是怎样的现象呢?第一,是于新的构想底真实底具象化有所妨害的定规。有些作家,会成为以前所用的形式底俘虏,那时在他,内容纵使是新颖的,也还装在旧的袋子里。这样的缺点,应该把它指摘出来。第二,是形式独独乏弱的时候,就是有着新的有兴味的构想,而艺术家还未能将言语——就是在言语底丰富,句子底构成的意义上,在就绪的短篇,长篇,戏曲等等底建筑的构成底意义上,以及在诗底言辞底节奏及其他形式底意义上那形式的富源,作为我有的时候。这些一切,是应该由马克思主义批评家指示出来的。真实的马克思主义批评家即所谓最高典型的批评家,应该成为教师——尤其是年青的或刚才开手的作家底教师。

最后，对于上述关于形式底独自性部分的规则的第三项最大的错误，就是形式底独自化。这时，人常靠了外面的做作和装饰，来遮掩内容底空虚。被做布尔乔亚颓废派底典型的表现者的那形式主义弄聋瞆了的作家，竟至于虽然有着极其正当，极有价值的内容，却在那里捻进了种种的把戏，藉此镀金，以致损害了自己的工作的事情。

形式的性质底第三个规范——就是对于作品底大众性应该取慎重的态度。对于供给大众，作为生活底创设者诉于这大众这类文学底创造，有着最高的兴味的我们，对于这样的大众性，也有极高的兴味。被隔离被截断了的一切形式，意在专门家的耽美家底狭范围内的一切形式，一切艺术的条件性及洗炼性等等，都应该由马克思主义者来批判。恰如马克思主义批评能够而且应当指示出过去现在底这样的作品底某种内面的价值一样，也应该摘发出那竭力要靠这样的形式的诸要素而离开活生生的工作的，艺术家底心情。

但是，如已经说过，对于大众性底规范，是应该非常慎重的。恰如在我们底报纸，我们底宣传文书，我们有着从读者所大大要求的最复杂的书籍，杂志，报纸直到最初步的通俗化的那些一样，我们也不应该依了连在文化的意义上（程度）极低的农民或劳动者也在内的广泛的大众底水准，来平均我们底文学。这是一个最大的错误罢。

让荣誉归于能够把复杂的，高贵的社会的内容，用了使千百万人都感动的强有力的艺术的单纯，表现出来的作家罢！即使靠了比较单纯的比较初步的内容也好，让荣誉归于能够使几百万大众感动的作家罢！马克思主义批评家对于这样的作家，应该有非常之高地评价。在这里，马克思主义批评家必须有特别的注意和特别的，正当的援助。但自然，不能否定那不为能读一个一个文字的人所充分了解，而供给普罗列答利亚底上层部分，完全有意识的党员，已经获得相当的文化的水准底读者那样的作品底意义。在对于社会主义的建设工作上演着巨大的角色的这一部分底一切人们之前，生活正课着许多有生气的问题，而且这些问题自然不能单以还未站在广泛的大众之前呀，或者还未能艺术的地做成于大众的形式之内呀的理由，便把它搁下，不给以艺术的回答。但是，在我们这里，却应该说，倒是犯着反对的罪过，就是我们底作家们都把注意集中在较容易的任务——为着文化上高级的读者范围而写作的任务了。然而，如屡次说过的那样，为劳动者农民大众底文学的工作，假若它是成功的，有才能的东西，却应该在它底评价的意义上，列在较高的地位的。

X

如已经说过，马克思主义批评家，在相当的程度上是教师。如果从批评得不到什么增加，什么前进，这样的批评就是无益的。那么，从批评应该得到怎样的增加呢？第一，马克思主义批评家对于作家应该做教师。这样说时，或许会有说是谁也不愿把自以为站在作家之上的权利交给批评家等等满含愤怒的叫喊。这样的反驳，倘将问题放得正当，就会完全消灭。第二，从马克思主义批评家应该做作家底教师这一个命题，就有引出他应该是一个极其坚定的马克思主义者，并且是一个有优秀的趣味和广博的知识的人这一个结论底必要。人也许说，像这样的批评家，我们全没有，或者有也很少罢。前一说，是不对的；后一说，大约近乎真实。然而从这里，也只能作"有用功底必要"这一个结论罢了。只要有善良的意志和才能，在我们伟大的国里，是不会有不配的罢。但是，学问却应当大大地坚实。第三，批评家不消说，不但教育作家，不但不以自己为比作家更高的存在，而且还要从作家学习许多的东西。最好的批评家都会以热心和感激对作家，而且无论在什么时候，对于他（作家）都先就恳切如兄弟的。马克思主义批评家，是在两种意义上，应该而且能够做作家底教师——即第一，对于年青的作家，对于一般地有弄出许多形式的错误之惧来的作家，他应该指摘出他底缺点来。

我们已经用不着培林斯基了，因为我们底作家已经用不着忠告了……这样的意见已经流行了。这在革命前，也许是对的。但到了革命后，在我国里，从国民底下层出现了几百几千的新作家的今日，这就不过是可笑的意见罢了。在这里，无疑地必须有切实的指导的批评，直到不过存心很好的知道文学骨子的一切大大小小的培林斯基。

在另一方面，马克思主义批评家，在社会性这事上，也应该是作家底教师。因为社会性上是幼稚的，因为关于社会生活底法则底幼稚的观念底结果，而且因为对于我们现在时代底基本的无理解等等的结果，而犯着最素朴的谬误的，决不止非普罗列答利亚作家，就是马克思主义者作家，普罗列答利亚作家，也到处犯着同样的谬误。这并非侮辱作家的意思，部分的地竟是称赞作家的。作家——是极敏感的，依照现实直接作用的存在。作家，对于抽象的科学的思索，大抵没有特别的兴味，也没有特别的才能。所以，不消说，作家往往不能自禁地，拒绝从批评家，政论家那面而来的助力底提议。然而这事，大抵可以由那提议底玄学的形式，得到说明。在实际上，真实地伟大的文学，是正惟由于伟大的作家和有伟大才能的文艺批评家底协力，这才成长起来,今后也将成长下去的。

XI

那在一面努力做着作家底有益的教师的马克思主义批评家,又应该是读者底教师。是的,应该教读者以读法。作为注释家的批评家,作为时而警告嘴里有甜味的毒的人的批评家,为要显示伟大的核心而敲破硬的外皮给人看的批评家,将剩落在阴影里的宝贝打开来给人看的批评家,在 i 之上加点而行以艺术的材料为基础的一般化的批评家——这在我们底时代,在多数最可贵的然而又没有经验的读者正在出现的时代,是必要的引路者。他对于我国和世界底过去底文学,非如此不可;对于现代底文学,也非如此不可。所以,还将我们底时代对于马克思主义批评家怎样地提出着特殊的要求,再张扬一回罢。我们决不想用我们底方针(These)来吓人。从最简单的工作动手也好。从谬误开手也好。但是,初动手的马克思主义批评家,不可忘记,假如要达到给自己至于名为高足底权利那样的最初的处所,是应该攀登非常高峻的阶段的。但是,一想到广泛的我们底文化底日见其高的大波,和泉流一般到处飞迸起来了的有才能的文学,也就不会不信马克思主义批评底现在不大馨香的状态,便将转向较好的方向了。

XII

此外还有要追补地涉及的两个问题。第一,对于马克思主义批评家,在发生非难,说他们几乎只从事于摘发。其实,在现在,关于某一作家,说他底倾向是无意识地或"半意识地"反革命的事,是颇为危险的。就在某一作家被评价为远于我们的要素,被评价为小市民的要素,或者被评价为极远地站在右翼的同路人的时候,又甚至在我们底阵营内的作家受着在什么坏倾向上的非难的时候,问题都决不见得纯粹。或者有人要说——检讨某一作家底政治的罪业,政治的疑惑,政治的恶质或缺陷,是批评家底工作么?我们应该尽全力来除掉这种的抗议。用这种方法达个人的目的,或意识地怀着恶意想加某一作家以这样的罪名的批评家——是恶汉。这样的奸计,迟迟早早,必会暴露。不深思,不熟虑,时而做这一类的告发的批评家,是不检点的,轻率的人。但是,怕敢将自己底好心底社会的分析底结果,大声地发表,而歪曲了马克思主义批评底本质者,也不能不说是怠慢,是政治上的消极。

问题决不在于马克思主义批评家叫道——"领事呀,睁开眼来吧!"这并非要赴诉于国家机关,而是要决定某一作家在我们底建设上的客观的价值。

从这里抽出结论来,改正自己底方向,是作家底工作。我们大抵是在思想的斗争底领域里的。拒否现代底文学与其评价上的斗争底性质,是一个忠实而正直的××主义者所不会做的事。

XIII

末了,最后的问题,激烈的锋利的论争的形式,是可以容许的么?

概括地说,锋利的论争,在其引动读者的意义上,是有益的。论争性质底论文,尤其是彼此互有错误的时候,每和其他的条件一同,影响较大,为读者所摄取也较深。而且,作为革命家的马克思主义批评家的战斗的气质,也自然容易用起那思想底激烈的表现来。但是,这时不可忘记,用论争之美来遮蔽自己底终论底弱点,是批评家底大罪恶。还有一般地议论并不多,却有种种刻薄的诗呵,比较呵,嘲笑的叫喊呵,狡猾的质问呵的时候,或许可以给与热闹的印象,然而总要成为很不庄重的东西。批评是应该用于批评自身的。为什么呢,因为马克思主义批评,同时是科学的,又在特别的意义上是艺术的工作的缘故。在批评家底工作上,激怒——是不好的忠告者,而且少有是正当的见地底表现。但是有时,也容许有从批评家底心脏迸发出来的辛辣的嘲弄和愤怒的言辞。别的批评家或读者,以及首先第一作家多少有些敏感的耳朵,是懂得什么地方有愤怒底自然的动弹,什么地方飞迸着单单的恶意的。不要将它和阶级的愤怒混淆。阶级的愤怒,是决定地打,然而那,犹如地上的云,高悬在个人的恶意之上。就全体而言,马克思主义批评家应该不陷于做批评家底最大罪恶底优柔和妥协,而且应该是 Apriori 地(先验地)有善意的人。他底伟大的喜悦,是寻出好的方面来,把它在那全的价值上,示给读者。在他的别的目的,是帮助,匡正,警告,只有很少的时候,可以有努力于用真能绝灭夸口的虚伪要素那样的嘲笑,或侮蔑,或者洞穿重甲般的批评底劲箭,来杀掉不中用的东西底必要。

这里实在提出着许多的问题。价值底规准问题,便是其中之一,但这多属于纯理论的方面,这里没有批判的余裕。现在我们单讲大众文学论罢。

大众文学论,前已屡屡说过,是因时代底发展,因社会一般生活底进步扬弃了《在哨岗》一派极端的亚奇·普罗文学论和瓦浪斯基认识文学论的理论。简单说,就是纯艺术(即具备高度的艺术性)的而又为百万大众所理解的文学底要求。因为苏维埃社会,已因进步不很需要文学那些戮力初步教育的,实际的,直接政治目的的要素了。因为成了普罗列答利亚的国度的社会的苏维埃俄罗斯,已有很多的这类初步教育的,亚奇·普罗的机关,正在十分健全地发挥它们底机能,毋须乎文学再去肩那任务了。所以文学,便退回适于发挥本来力量的领域,开始探求那从纯艺术来影响大众的路。因为影响大众是集团主义的文学所永远保持不会舍弃的目的。

现在,苏维埃底文学,不止普罗列答利亚的文学,便是同路人底文学也正在这条艺术的大众的文学的路上进行了。

最后且看卢那卡尔斯基底大众文学论,对于日本普罗列答利亚文学底现状有怎样的意义。

首先应注意卢那卡尔斯基底大众文学论,是经过《在哨岗》底运动,经过普罗列答利亚十年专政的国度所生的。日本还是革命前夜的国度,势必不能一元地就求卢那卡尔斯基所说意义的大众文学。这里的普罗列答利亚,还没有初步的教育机关,现在正是绝对需要亚奇·普罗大众文学的时候。自然,亚奇·普罗文学,并不是普罗列答利亚文学底全部,也不该是全部。但是一个普罗列答利亚文学的团体,在这样的现状中,倘还说那些否定直接的实用的亚奇·普罗文学的必要的话,是不能不说它底立场已经陷于大错的。至少可以说不是忠实承受普罗列答利亚底全生活所要求于文学的东西的普罗列答利亚的文学运动了。在这意义上,"文艺战线"派所谓"普罗列答利亚文学原来是大众的,并没有再唱普罗列答利亚大众文学论的必要"的理论,在现在(在还是革命前夜还没有初等教育机关)的日本,实在是过于拘执想要产生纯艺术(保持向来同量的艺术性)的大众所理解的文学的倾向,忘了实用艺术之社会的要求,大有反省的余地。……

在这点上,藏原惟人氏底提倡是全然对的。最近更有胜本清一郎氏底论文《艺术运动中的前卫性和大众性》,更其具体地,将亚奇·普罗大众文学在现在的意义和位置,加以解明了。

但《战旗》派底少数人,在普罗列答利亚文学运动底战线这样的分散的今日,还自负以为单由《战旗》底力量可以发挥普罗列答利亚文学一切的威力,解决一切的问题,而想把意见稍稍不同的人都看作毫无用处的货色一齐排退了的那处理法,想来也实在是糊涂的。这种糊涂的文学和政治底联系手段,不可不从速清算掉。

我希望我这苏俄文艺批评变迁经程底研究,能够有一点刺激给日本文学运动,搁笔。

附录　伊理基论文学

　　这文系一九〇五年所写,文中的"党"都指社会民主党,"文学"都指普罗列答利亚文学而言。

　　文学不可不为党底文学。对于布尔乔亚的习惯,对于布尔乔亚的营利的出版,对于布尔乔亚文学底野心与个人主义和"贵族的无政府主义"及利益底追求,社会的普罗列答利亚不可不提倡党底文学,使那原理发展,以尽量完整的形相施行于实际。

　　党底文学底原理,是怎样的东西呢?就是,在社会的普罗列答利亚,文学底工作不但不应该是个人或集团底利益底手段,并且也不应该是离开普罗列答利亚底一般的任务各自独立的个人的工作。不属于党的文学者走开吧!超人的文学者走开吧!文学底工作必须成为全体普罗列答利亚任务底一部分,成为劳动阶级底意识的前卫所发动的,单一而伟大的社会民主主义这机器底"一个轮子或一个螺旋"。文学底工作非成为组织的,计划的,统一的社会民主党活动底一个构成部分不可。

　　"比较都是跛足的"。——德国底俗谚这样说。我所说的文学和一个轮子的这比较,也是跛足的。歇斯底里的智识分子看见了这比较,或许就要长吁短叹,说把所谓言论底自由,批评底自由,文艺创作底自由以及其他云云都弄成堕落,弄成麻痹,弄成"官僚化"了罢。从事情底本质说来,这种吁叹不外是布尔乔亚智识分子的个人主义底表现。

　　不用说,文学底工作是和机器的平均,平等化及多数决,最为少有关系的。不用说,在这工作上,对于个人的方案,个人的倾向,对于思想及幻想,形式及内容,是绝对地必须保证有大大的自由的。这是大家都无异议的事情,然而这些一切只不过证明了这一点:即在党底工作之中,文学底分野不可和别的分野一律同视。这些一切决没有推翻掉"文学底工作应和社会民主党底工作底别的分野密切相联"这一个在布尔乔亚及布尔乔亚德谟克拉西看来是荒唐无稽的原则。新闻报纸不可不为党底各种组织底机关。文学者必须加入党底组织。出版所，书店，读书室，图书馆，以及其他关于书籍的各种事业，全应该成为党底东西。有组织的普罗列答利亚，应该监督这些事业，在这些事业底全体上，一无例外地注进普罗列答利亚底活生生事业底活生生动流，这样还必须从旧俄国底半奥布罗摩夫式的，半营利的原理"作者只写作，读者只阅读"里，夺去了那一切的底座。

我们当然不是说：一朝就可做到这样改造已被亚细亚人似的检阅和欧罗巴底布尔乔亚所沾污了的文学底事业的事。我们和或者提倡浅薄的系统化，或者唱说可以作了若干的规定来解决问题的那些思想，离开得非常远。问题是在使我党底全体，使俄国底自觉的社会民主党员底全体，都认识这个新的问题，明了地将它提出，而且随处从事它底解决。好容易才脱离了奴隶的检阅底束缚的我们，是不愿再走进布尔乔亚的营利的文学关系底束缚之中去的，也不会走进去的罢。我们希望不但在脱离了警察的那自由的意思上，并且在脱离了资本，脱离了野心，更脱离了布尔乔亚无政府主义的个人主义的那自由的意思上开始了自由的出版，而且可以开始的罢。

这最后的文句，也许要以为是对于读者的逆说或笑话。"怎么说的呀？"有些热烈拥护自由的智识分子恐怕要这样叫起来罢。"怎么说的？您想使文学底创作似的细致的个人的工作从属于集团吗？您愿意劳动者以其是多数的理由来解决科学，哲学，伦理学底问题吗？您否定个人底知的创造底绝对自由吗？"

诸君！请安心罢！首先第一，我是指党底文学及其对于党底检阅的服从说的。各人都有毫无限制地说他所欲说，写他所欲写的自由。然而一切自由结社（党也是其一），有驱逐为扩大反对党的见解而利用党底名义的人们的自由。言论和出版底自由，是不可以不完全的。但结社底自由岂非也不可以不完全的吗？我有许你在言论自由底名下说所欲说，写所欲写的完全权利的义务。然而你应该许我在结社自由底名下拒绝随便放言的人们的权利……

第二，布尔乔亚个人主义者诸君！我应该对诸君说，诸君底关于绝对自由的言辞乃是"一种虚饰"。在建立在黄金底权力之上的社会，在少数富豪寄食着、勤劳大众饥饿着的社会，真的现实的"自由"是不能有的。作者呀！您对于您底布尔乔亚出版者是自由的吗？您对于要求您装进框子成为绘画的猥亵，要求您在"神圣的"舞台艺术上"补凑"的卖淫的布尔乔亚社会，是自由的吗？这样，绝对自由云者，岂非不过布尔乔亚的或无政府主义的词句（因为作为世界观的无政府主义，不外是叛变了的布尔乔亚精神）而已吗？

住在社会里要脱离社会而自由是不可能的。布尔乔亚作家,美术家,优伶底所谓自由,不过对于钱袋,收买,扶养的带着假面具的从属罢了。

因此,我们社会主义者,要剥掉虚伪底招牌,暴露这虚饰。这并非为了要得到非阶级的文学艺术(这大约只有在社会主义的无阶级社会里才可能罢)起见,乃是为了要使真实自由的,公然和普罗列答利亚联结的文学,和虚饰自由,而实际却与布尔乔亚联结的文学对立起来起见的。

这将成为自由的文学。因为和利欲或野心不同,社会主义底理想和对于劳动者的同情,将有新的东西和新的力量加进文学之中去的缘故。这将成为自由的文学。因为这文学将不是供献给吃饱了的女主人公或感得无聊苦于肥满的所谓几万上等人,而是供献给为一国之精华,形成这国底力与未来的那几百万,几千万的勤劳大众的缘故。这将成为藉着自觉了的普罗列答利亚底经验和现实底运动,而将人类底革命思想底最后的言语弄成丰富,并且在过去底经验(使社会主义从原始的空想的形式发展完成为科学的社会主义)和现在底经验(同志和劳动者们底现实斗争)之间,造成不断的相互协力的新的文学。

译后杂记

1. 作者冈泽秀虎氏是日本新进的批评家。《改造》杂志今年十月号特别附录《现代思想评论家总览》中，曾载有他底略历："明治三十五年五月十三日生于山口县下关市。经山口县立长府中学，毕业早稻田大学俄罗斯文学科。专攻俄国文学及一般文学理论。主张树立文艺科学。著书有《苏俄文学理论》，最近论文有《文艺科学上社会学的方法》。现任早稻田大学文学部讲师，兼高等学院教授"。

又《同志》十二月号特别附录《现代文艺家总览》中也载有他底略历。内容大略相同，唯叙明早稻田大学毕业后即为同校讲师教授以至于今。他在俄文科似曾亲受俄文学专家故片上伸氏指导。

2. 本书即依片上氏所搜集材料编译而成。有一部分曾在日本各著名文艺刊物上陆续发表。如本书序论及第一章，曾以《苏俄文学理论研究》为题，载早稻田大学文学部会编纂的《文学思想研究》第八卷，中国曾有杨浩氏译文登《北新》五卷四十四期。但译文与本书不同，可以参看。本书第一章全部及第二章一部，曾以《苏俄十年间的文学理论研究》为题，连载《文艺战线》六卷各号，译者曾按期译登《小说月报》二十卷三月以后各号。今次编辑成书，介绍批判部分颇有改动，征引大抵照旧。

3. 征引繁富和译文明快是本书原本二大特色。藉此足证著者确是"力求做忠实的介绍者"；藉此也使本书成为一本质实详明的俄国现代文艺批评史。不论对于他底"批判"是否同意。著者在前举《苏俄文学理论研究》一文题后附言中，曾说，"我于先生所留下的材料，将力加精密系统地研究。研究材料底丰富（很有一些贵重文献，就在俄罗斯本国也不容易找到了的），可说是早大俄文科及全体早大文学部底世界的光荣"。这材料底丰富，自然就是他能够呈此特色的重要的藉借。

4. 译者译时，深恐明快译成晦涩。——于征引文句更加如此。故于一文有几种刊物或几种译本者，大抵都曾参照。如序论曾参照《文学思想研究》本，卢氏《关于文艺批评任务的方针》曾参照原书所借用的藏原本。列夫宣言，曾参照尾濑敬止升曙梦两氏底日译；托罗兹基各文曾参照 Rose Strunsky 底英译，李霁野底中译及茂森唯士底日译；瓦浪斯基底《认识生活的艺术和现代性》，曾参照丛文阁底日译及任国桢氏底中译，且借用任译底一部分。此外参照本子尚多，不及一一列举。因为不同的本子可以助译者发见印刷底错误，不同的译文可以助译者理解底明确与译语底斟酌。征引之中更有征引，能力所及，都曾翻看引文所从出的全文；节引处，有觉得节得太多者，曾加译几句，以求明了。唯批判日本现状，与大旨无关者，曾删掉几句。

5. 原著偶然也有疏忽草率之处：如第二章第二节开端说"如序论所述"而本书序论中并未说。又如同节中说"这一派（形式主义派）底理论拟在这研究底最后详说"而最后并未说。又如托罗兹基底文艺政策论，著者说"无暇改译，只得借用某君译文，但某君译文殊多不妥"云云。现在于第一例，则参照著者类似论文，在序论中加入一句，使它前后贯串。如第三例，则不全照原书译述，另行参照中英两译，定为本书译文。第二例，则暂时不加改动。因为预告上最后本有形式主义文学论一章，后来不知何故未曾加入，书中曾说"无暇"或因急于出书，未及列入，也未可知。今仍留着，以待加入。还有印刷上格式的歧异及偶然的错误处，能力所及，也已改正。

6. 本书译名索引中有一部分人名（前半）系承著者冈泽秀虎氏以原文开示；伊理基论文学系借用成文英氏译文，又征引文有好几处系借用鲁迅氏译文。其他直接间接有助于本书译文成为这个样子者还不少。恕不一一声叙。

7. 本书承希真氏为制译名索引及对照两表，使阅读检阅两俱便利，而译音或有分歧也可据以追寻，实也有助于本书不少。

一九三〇年十二月，陈雪帆，在上海闸北

再 版 题 记

　　这个译本曾在大江出过一版,现在移归开明出版,仍旧接续前版,算是第二版。这版的版式,书名,内容,都和第一版完全一样,只有我的署名改了两个字。第一版我是署的"雪帆"这两个字,那是因为我在《小说月报》上发表《苏俄十年间的文学论研究》那篇译文时偶然用了这个笔名,就此沿袭下来的,这次因为换一家出版,封面必须更换,夏丏尊先生劝我趁此改用本名,我就把那笔名改去了。

(一九三三年)三月一日,陈望道记

果戈理和杜思退益夫斯基
——中间关系底形式的内容的检讨

〔日〕冈泽秀虎　著

原刊于《望道文辑》，上海读者书房一九三六年六月发行。此处根据上海人民出版社一九九〇年十二月版《陈望道文集》（第四卷）中的文稿排印。

一

在俄罗斯文学者中间,杜思退益夫斯基①可以说是顶特别,顶独创的天才。这只要是亲近过一通俄罗斯文学的人,恐怕都会承认的罢。但是杜思退益夫斯基的作品,也不是从精赤的地上长出来,从天上掉落来的。他的作品的方法和那内容上的有些东西,都已经被他以前的文学者采取过了,杜思退益夫斯基不过将那内容和方法来扩大加强,发展成为新的独立的体式罢了。那么和他顶有关系的先驱者是谁呢?

大凡伟大的艺术家都是独创的,只是独创性的阶段可以有显著的差违。像列尔孟托夫,果戈理,都是伟大的艺术家,他们两人的艺术不消说是独创的。但这两个人独创性的阶段可就大不相同。试把普式庚②的散文和他们两人的散文来一比较就明白。一比就毫不费力地可以看出果戈理的独创性是超过了列尔孟托夫的。屠格涅夫和托尔斯泰也是独创的艺术家。但把他们两人来和杜思退益夫斯基相比较,又是谁都可以感到杜思退益夫斯基的独创性比之他们两人的高深而且著明。如果单拿独创性来测计才能的大小,那不能不说杜思退益夫斯基是俄罗斯文学中最巨大的才能。

我们将普式庚,列尔孟托夫,屠格涅夫,托尔斯泰,一一读过来,虽然觉得他们的天分各各不同,还是看得出他们中间有着直接的甚至逻辑的关系。感得到他们的各各的体式和方法,是一个传给一个传了来,各自达到了杰出的表现和深刻。从沃聂金到柏雀林,从柏雀林到路丁,从路丁到尼弗留妥夫,都不难找寻出这一种的关系。普式庚的《甲必丹的女儿》和托尔斯泰的《战争和和平》,虽然中间有那展开和深刻的不同,却也可以感到深深的类似。没有抒情的飞动,没有热病的多辩,还有体式的质朴平妥,结构的匀整,主题的发展的单纯——这是形式方面,这些作品共通的特质。不被战争和叛乱的骚动所破坏的地主邸宅的平安,在乡乱来在战场大胆献身的男儿的典型,和在家做贤妻良母的女性,以及对于到处弥漫着的刻板的生活样式的迷爱,这是这些作品共通的内容。

但在杜思退益夫斯基,可就没有什么形式上或是内容上和它共通的东

---

① 杜思退益夫斯基,现多译作:陀思妥耶夫斯基(1821—1881),俄国十九世纪文坛上享有世界声誉的一位作家。——编者注

② 普式庚,现多译作:普希金(1799～1837),俄国著名诗人。俄罗斯近代文学的奠基者和俄罗斯文学语言的创建者。——编者注

西。他和上述的作家们中间隔着越不过去的深坑。你能说《被作践的人们》里的纳特沙·尹夫曼耶夫和《战争和和平》里的纳特沙·罗斯妥夫之间,或《卡拉玛卓夫》兄弟的里沙·霍夫拉珂夫和《贵族之家》的里沙·加里契那之间,有什么共通吗?你能说还有什么比拉思科里涅珂夫和路丁伊凡·卡拉玛卓夫和尼弗留妥夫不相似的吗?梅垒裘珂夫斯基虽然暗示拉思科里涅珂夫和普式庚的《锄形皇后》的葛尔曼类似,也没有提出确实的证据。这是当然的,因为实际并没有真正的类似。就在形式,也可以看到同样的差异。读了屠格涅夫再读托尔斯泰,我们并不觉得体式差异。可是读了屠格涅夫之后再读杜思退益夫斯基,我们就觉得有从新驯习他的形式的必要。他的句子固然到处都是带着异样的生气的动人的,但有一些地方未免太个多辩,尽管长篇地说下去,说得叫人生厌。事件固然是繁复的、却也同时是混乱的,各个部分之间没有调匀,没有对照。特殊的辞头和表现又是非常地多——凡这一切的特性都是在承继普式庚系统的作家们之间所不曾见过的。这当然是杜思退益夫斯基的显明的独创性;但是杜思退益夫斯基却也有他的体式和方法的先驱者。

　　在俄罗斯的文学史上,老早就有普式庚派作家和果戈理派作家的划分。这划分是有部分的真理。不过在向来的文学史上,这部分的真理差不多已被别的许多错误混得没有意思了。这部分的真理是果戈理在好多点上都和普式庚和普式庚派的作家不相似。那么什么点上是果戈理和普式庚不相同的呢?怎么可以划分作普式庚派和果戈理派呢?又这划分可以划到什么程度为止呢?——对于这些问题,向来的文学史都给了错误的解答。结果,就在可以算作普式庚派的后继者和可以算作果戈理派的后继者的界限上发生了惊人的错乱。而这错误就在把托尔斯泰和杜思退益夫斯基这样精神上和形式上都是全然对立的艺术家都一起加进了果戈埋派的时候达到了矛盾。

　　果戈理和普式庚本质的区别,一向以为在乎前者是"否定"的,后者是"妥协"的这一点,又说前者是生活不调和的,后者是调和的。如果这话是对的,那不用说,应当把列尔孟托夫也拉了来当果戈理的战友,又或应当把托尔斯泰和杜思退益夫斯基也拉了来和他们总成了一群。这就连对于真理的暗示也没有了。到底根据什么,可以把普式庚看作调和的诗人呢:不是在他的代表作沃聂金里面看不出这来吗?难道高加索的囚人,吉布西及和十二月党员有关系的几篇诗歌也可以算是"妥协"和"调和"的?普式庚曾经求调和是事实。又他曾经在老式的地主的俄罗斯生活上找平安也是事实。但是果戈理又何尝不曾求调和?他又何尝不曾驰心于乌克兰的老式生活,在那生活的自然质朴中休息过？他不是懊恼死魂灵的第二卷吗？要把两人中间的不调和的,抗争的,阴郁的来比较也可以。只是将一方做生活的调和和美的代表,将别方做生活的丑恶和滑稽的代表,终归是干犯真理的。在所谓调和的一点上,果戈理固然比普式庚缘分浅,但这不能把它看作普式庚情调的否定,只能看作普式庚情调的发展。实际普式庚派的全部历史,也是不动和情调的深化,曾在托尔斯泰达了最高顶。所以我们如果像向来的文学史一样,以为果戈理和普式庚的区别只在果戈理对于生活的不调和比较地有敏感,那我们就没有可以把果戈理来和普式庚对立的权利。但是果戈理到底是有极重要的独自性,不能把他看作普式庚派的代表的。这独自性,无论在形式上在内容上都存在。要理解果戈理派为什么显现为普式庚派的对立物,不能不对这独自性做点细密的研究。

我们把果戈理的作品和普式庚或托尔斯泰的作品略略一比,我们将会感到两方颇相类似。民众的感伤的理想化,他们想和信仰的单纯性融合的尝试,正在崩溃的地主生活的空虚——这些都是两方作品共通的母题。尤其是普式庚和果戈理,在这母题的发展的过程上,完全地类似。两人都是从民话,民间传说起头,转入表现地主生活的不调和,末了向着过去的历史。两人都在他的主要的作品里,从不动和开头,试行发见调和。就是：普式庚是从沃聂金开始,到塔契雅纳完结,果戈理是在充满着否定的人物的第一卷《死魂灵》之后,用乌林加和珂斯丹局格罗的形象在第二卷上尝试创造调和的人物。玛尼罗夫和林斯基中间并没有原则的差异：前者是原型,后者是发展了的样子。《老式的地主》和拉林家的老人们之间的类似更其深。丁最忒尼珂夫是沃聂金的变形。珂斯丹局格罗和托尔斯泰的列文是分血的兄弟。这样,果戈理的作品明明是同普式庚派的作品充满着同种类的精神。就在形式方面也有同样的类似。结构的匀整就使果戈理跟普式庚派很接近。他的作品里面,人物的行动都随事件的内在逻辑发展,没有偶然的,第二义的,额外的人物。各个人物也都雕得极明细,好像活着似地站在我们眼前。没有多余的话头,没有笨拙的动作,并且同普式庚派的人们一样,作品都是用那自然描写铺着彩。果戈理和普式庚派之间就是这样,无论形式上无论内容上都颇有根本的类似。

然而我们要转眼看看果戈理艺术的特殊性。他所创造的典型,他那性格虽然靠近普式庚,托尔斯泰的典型,可是他的原始性(幼稚)却和两人截然不同。只想"研究点科学"的玛尼罗夫和"曾经昏昏沉沉地写诗"的林斯基之间,又珂斯丹局格罗和列文之间,都有一个本质的差异,就是果戈理的典型的知识眼界格外有限。在普式庚和他的那一派,拉林一族那样的人物们不过是第二义的主人公,他们描得精细的是沃聂金一流的人物。而在果戈理,却以时代落伍的地主们为最重要的主人公,把丁最忒尼珂夫一流的存在弄得影子极其淡。这就是说:虽然双方都是同一环境的艺术家,但是前边的一群是对于这个环境的最高的代表们抱兴味,后边的一群是专意记录那最低的,几乎是动物的人物。在正在崩溃的地主社会的代表们中间,那崩溃既已显化为精神错乱,为出路的忧郁的探求,则在动物的典型中间,这崩溃自显化为向着人性完全荒芜,没有丝毫用处的白痴的存在低落,前者的生活是悲剧,后者的生活是喜剧,为此,果戈理的典型,是引起发笑胜过引起忧郁的;而普式庚,列尔孟托夫,托尔斯泰们的人物,却是忧郁超过了滑稽。显现在果戈理的这类原始的东西的主宰就是他的第一个特殊性,它老是显现在他对于喜剧和滑稽的东西的偏爱上。把列尔孟托夫来和果戈理比较就可以明白前者的悲剧性和后者的喜剧性是跟前者是正在崩溃的地主阶级最高的代表的艺术家,后者是动物的代表的艺术家有关系。但这不同,虽然使果戈理在普式庚派的艺术家中间有了特殊的地位,却还不是原则的差违。这里,创作的范围还是同一的,差别还不过是光和影的关系。就是果戈理投射光明的方面,普式庚派的作家们弄成阴暗了,他们照得明亮的方面,果戈理弄成阴暗了。至于所见的光景还是同一的,所做的工作也还是彼此共通,都是正在崩溃的地主们的丑恶生活的否定。

　　使果戈理决然离开普式庚派的是在比上面所述的特殊性更加重要的问题上,那就是他想理解表现生活上被作践的小市民的心理。也许可说他所创造的这种典型还是没有光彩的,那心理还是很不成形的,但这总是未曾有过的典型,未曾有过的心理。果戈理才方将它用了没有胆子没有把握的声口说出来的。就算只是小孩子的单词只语,这单词只语也是从果戈理的口里出来的,从普式庚派的随便那个代表那里并不曾听见过。这单词只语就是从《外套》和《狂人日记》发出来。阿加克·阿加克维奇·巴什玛金和颇波利西金是我们在普式庚,在列尔孟托夫,在屠格涅夫,在托尔斯泰那里都不能发见的性格。病态的屈从和病态的名誉心——这两种委屈的小市民心理都是果戈理才捉到,才表现在俄罗斯文学上的。一切都要怕差不多近乎无智的病态的屈从和人类价值的痉挛的爆发几乎达到夸大妄想狂的病态的自爱心——就是阿加克·阿加克维奇和波颇利西金的内容。自然,他们的肖像还是缺欠精细,也不深刻的,可是委实是独创的,是普式庚派所没有的新东西。果戈理就是靠着创造了他们,超越了普式庚派的境界。在普式庚派当中,和果戈理同时代的列尔孟托夫不必说,就是屠格涅夫,托尔斯泰,也不曾将果戈理所素描的心理来表现过一通。

　　为了决定这关系,可以再从形式方面看看果戈理和普式庚派有怎样的不同。果戈理的手法,根本和普式庚派类似,这在前面已经说过了,但是果戈理的作品终究有着略为一读就逗起我们眼睛的特殊的独自性。这比内容的独自性更容易发现,而且单只这一点,就已显出果戈理是普式庚派的异端了。果戈理并不在讲故事,是在立辩。他的叙述的调子并不是平静的,也不是平匀的,它是热烈的,好像暴风狂雨模样的。他的文章是复杂的抒情的奔流,常常搁着咏叹,撒着冗谈,有时甚至流入插科打诨,但仍升作庄重的抒情诗。他非常爱好语言的调和。倘将他和托尔斯泰的自然描写相比较,后者是捉调子,追色彩和气息和声响的错综,凭着它们的调和来使人感着风景的美。普式庚,屠格涅夫的路数也是这一道。可是果戈理却是凭着语言的调和,凭着文章的响亮,稳当和庄严,来灌输情调。它是自然的荣光的赞歌,不是自然本身的光景。然而在这庄重的赞歌中间,往往会有冗谈和笑语突然跳进来。再加之以富有咏叹,迷爱长句子,使得他的文章给人一种暴风狂雨模样的热情的印象,而他的体式就成了一种杂色的混和。

　　单凭以上简单的指出,也可知道果戈理的体式里面含着不能将他完全收容在普式庚派的东西。他的体式的若干特色,叫人看出跟普式庚的倾向原则上对立的新倾向。他是站在结合这两个倾向的环样的立场上面的。在果戈里的艺术里面,有这两个倾向的独立的激流。可以看作主流的虽然还是普式庚的倾向,但已暗暗开拓了新的河床,从这主流迸发出一股支流。而这支流一到杜思退益夫斯基便成为声势浩荡的大河了。

　　所以,将果戈理看作开拓跟普式庚派对立的新派的人是对的,不过不好说果戈理本身就是普式庚派的锐利的对立者。

二

　　杜思退益夫斯基写着,"我们都是从果戈理的《外套》出来的。"这句话,当然是杜思退益夫斯基自己承认和果戈理的血统关系的话。但是我们并不一定要听这句话。就使没有这句话,我们也可以从他的作品中,不必知道关于杜思退益夫斯基的什么,不必知道他的作品是什么时候写的,可以单从他的作品判别这一种关系,知道他的作品很受果戈理的影响。他的作品把他和果戈理的这种关系表现得比他的告白还明白,还确切。我们从他的艺术的体式,艺术的内容上,都可以看出这种关系的痕迹来。

一般地说来,杜思退益夫斯基的体式上语锋带感情就已叫人想起了果戈理。我们可以具体地检讨这类似。在杜思退益夫斯基的作品中,全像在果戈理的作品中一样,有那抒情和诙谐的奇妙的错综。显现在爱情告白上的抒情性就是有兴味的表现的一例。比方果戈理的《塔拉斯·布尔巴》中,安得莱对波兰姑娘表白爱情。这表白就跟在普式庚或托尔斯泰那里见到的大不同。在普式庚或托尔斯泰的爱人们是,差不多只要握了握手,说两三句话,对看了几眼就够的,但果戈理的恋人却是非常地能说善辩,在那抑制不住的抒情的自言自语里吐露着情热,把热情的一切动作都集中在语言上。所以表白本身就都带了抒情的对话的性质,在那对话里面,除了互相呼告的语言的强力作用之外不再见有什么。没有脸色,没有身段。也不再要脸色和身段跟这热情的自言自语同时显现,全部视线已经都被语言的音乐吸去了。

这种创作态度,也可以在杜思退益夫斯基这里见到。他的初期作品《主妇》里面,阿尔妥伊诺夫对加特里那表白爱就是这样的,再在后来的《白夜》里,也可以会到这样的手法。固然这种地方杜思退益夫斯基的人物事实上是比果戈理的多一点动作,就是他是参着些脸色,身段,以及声乐的调子说话的,但那运用长篇大论的对话方法却是丝毫没有不同。

这对话的抒情性和调子的激昂和语言的音乐性,在那老长的句子里见到最上的表现。杜思退益夫斯基在他初期活动的时候也同果戈理一样很欢喜用长句子。果戈理的譬喻是这一类句子的代表:

他浑身发了抖,脸色突然苍白了,好像一个学生和同学争吵,被用戒尺敲了一记,发起火来,疯了似地从凳子跳出,去追吓跑了的同学,想把他来撕成片片的时候,跟突然走进教室来的先生撞了个满怀一样。

我们在杜思退益夫斯基这里也可以发见这类譬喻的方法:

那天空模样蔚蓝的一双眼睛,耀着深爱,仿佛全精神都服从了它似的温和地凝视着。正如人望着蔚蓝的天空,在那甜美的观照中消磨时间的刹那,灵魂彻底清静,觉得伟大的苍穹仿佛映在水面似地映在灵魂的面上一样。

再像下面那样音乐的文章差不多一看就可以猜中是俄罗斯作家中哪一

个作家的文章：

  诸位知道乌克兰的夜吗？唉唉，诸位不会知道乌克兰的夜的！向天看罢：那里月亮正在当中张望，无边的天幕远远地展开去，展到无穷无极，在那里辉耀着，喘息着。全地都罩在银色的光辉里，美妙的大气清静地气喘地充满了柔情波动着芳香的海洋。唉唉，庄严的夜呵！魅人的夜呵！树林充满着阴暗，仿佛得了灵感似的，投出了大影子。池子安安静静地躺着，它那水的冷和暗抑郁地被塞在暗绿色的园堤里。处女一样茂盛的樱树羞涩涩地将那根伸到冷水那边去，偶然有那美妙的微风——夜风跑来亲它们嘴的时候，就把叶子抖动起来好像气愤似的。一切的风也都睡着了。可是上边还是一切都在喘息着。好像一切都在浮动，一切都在争胜似的。于是心里就充满了没有边际的不可思议的东西，在那底里一一生出银色的幻象群来。唉唉，庄严的夜呵！魅人的夜呵！于是一切就都突然醒过来了，——连郊野，连树林，连池子。乌克兰的夜莺撮散着炫耀的啼声，连月亮也好像坐在天心倾听它。……像煞入了迷地，村子正在山冈上出神。成群的小屋在月光底下显得越加白，越加美；它那矮墙也在阴暗中间显得越加分明。歌唱已经停歇了。四围已经寂静了。虔敬的人们已经安息了。只有几处小窗子还在发亮。还有那落夜的人家正在门槛旁边吃那落夜饭。

  凡是亲近过一通俄罗斯文学的人想必不会不感到这种音乐的文章是果戈里的特色的。

  只是同样的长句子和高调子，我们还可以在杜思退益夫斯基这里见到：

  忽然时刻到了这庄严的瞬间，那是一定的，好像一个炎热的日子，忽然全天乌黑，一阵雷雨倒在渴透了电闪和雨水的地上，给绿玉的枝头挂上了雨点的珍珠，把野草打倒，优美的花朵压在地面了之后，方才放出太阳光来，万物就又苏生，活泼，向着太阳这边抬起脸来，乐它再生了的生活，还像炫耀似地将那丰富的芳香送到蓝蔚的天空。

  果戈理又欢喜在表现事情发展的快的地方用长句子。在《塔拉斯·布尔巴》中，这类的例很丰富：

  现在只有这个营房队长还活着，血潮流到一处就暗黑地凝到一处。血河上面,架着哥萨克人和敌人累累的死尸积成的桥。

　　塔拉斯·布尔巴看了看天空。天空已经排着了漫长一排吃死尸的食欲的秃鹰。唉唉,不知当了谁的吃食!再那边,麦泰里兹亚已经被挑在枪尖上。皮沙林珂第二的头颅离开了他的身体,古庐古庐滚着,就此闭了眼。沃夫林·古斯加也被杀得血肉模糊,倒在大地上。'喂,立刻!'塔拉斯·布尔巴说,挥了挥手帕。

　　像这样的句子在杜思退益夫斯基初期的作品《普罗哈尔金先生》中也很多:

　　他们正在等候的时间,玛克·伊瓦诺微支打赌,已经给普莱波罗温科和康塔诺夫拿了半个月的薪水去。沃开亚诺夫还在弄'诺斯基'和'三张牌',鼻子已经发红,甚至发胀。佣人亚佛托契雅也差不多已经睏够,一再站起,取柴生火炉。而吉诺微·普罗珂斐耶微支不断跑出去看舍米尖·伊瓦诺漂支来了没有,也早已弄得稀温,还是谁也没有来。

　　凭着以上的摘录,我想已经很可看出果戈理和杜思退益夫斯基共通的特色诙谐和抒情性的揉合。那使庄重的激动的调子和诙谐的调子连成一起的方法是别的俄罗斯作家所不大有的。读过果戈理的人,想必还能记得伊凡·伊瓦诺微支破坏了造起来取笑他的可恶的鹅栏的有名的夜晚罢:

　　呵呵,倘使我是一个画家,我将能够把夜晚的美妙的一切表现得多少好呵!我将描出整个密尔戈罗特镇安眠的景象,我将能够描出不知几十几百的星儿俯看着这个镇的景象,那仿佛看得见的寂静被远近的狗的吠声扰动了的景象,再在那些狗的旁边,跌进了恋爱的小僧飞快地跑过去,以骑士的勇敢跳过了围墙的景象,家家的白墙笼着月光越加显得白,投影在它上面的树林越加显得暗,影也显得一团黑了,厌静了的花和草越加香喷喷了,胡闹的夜的骑士蟋蟀已经从各个角落里一齐唱起胧手弓脚的歌来的景象。我还将描出一所土房低屋里面,浓眉的姑娘在寂寞的单人的床上翻来覆去,颤动着年青的胸口,在那里做着骠骑兵的胡须和靴子的梦,月光在她的口唇上发笑的景象。我更能够描出停在那些人家白烟囱里的蝙蝠的黑影掠过了这里那里的银白的道路的景象。……但是这样,也不一定能够描画那晚伊凡·伊瓦诺微支拿着锯子走出来的神情。他的脸上显出来的那样复杂的感情!

这是果戈理的体式。但不是果戈理独有的体式。几乎同样的表现,我们也可以在杜思退益夫斯基的《两重人格》中见到:

呵呵,倘使我是一个诗人,——当然至少要是荷马或普式庚那样的诗人,是那以下是不成的,——倘使我是那样的一个诗人,我将能够用了明快的颜色和阔大的笔触,呵呵诸位,将这一日描写出来的罢。是的,我将从宴筵开始我的诗。我将特别着力在举起健康的杯来祝女王节日那个感动而又庄严的瞬间,我将首先向诸位,把客人们,把那与其说是沉默毋宁说是近于狄摩斯西尼斯(Demosthenes)的雄辩,担着这可敬的期待的客人们,描写出来。此外,我还将描写得很多。……但是我要自白,诚心地自白,我是不能将当日女王加拉拉·沃尔斯斐耶微那因着欢喜和怕羞,像春天的蔷薇似地红着脸,被抱在优美的母王手上的瞬间描写出来的。……

在这两段引用文上很显出来的修辞的咏叹和申诉的写法,是他们两人体式的特殊性之一。杜思退益夫斯基在这一点上几乎近于模仿的类似果戈理,可以提出下面两段文章来作证:

莱尔夫人到底为什么没有帽子这样好法的东西呢?唉,诸位那里去找比这更好的帽子呵!我是认认真真说的。……喂,诸位自己仔细看一看,可有比这更好的帽子,仔细看一看!

读这几行的人一定会想到《伊凡·伊瓦诺微支和伊凡·尼几弗罗微支吵架的故事》:

伊凡·伊瓦诺微支有一件出色的外套!真是再好没有了!多少好的毛皮呵!我可以赌咒说,不论谁那里有这样的货色都要看看的!请你看一看这样出色的货色。——特别是他伊凡·伊瓦诺微支同谁谈话的时候,你从旁边看一看。

除了咏叹和诉说的手法之外,还有揭过的手法。这也很可证明两个人体式的热情性。果戈理在他的处女作《提甘卡附近农园的夜里》里面常有下

面那样的写法:

我同诸位说罢,……但是说什么好呢?或是是去年的事,……其实我喋喋不休地说些什么!

和它相同的手法,杜思退益夫斯基的《弱心》里也有过:

必须预先声明:他对于她是不中用的,是非常不中用的,有时……但这往后再说。

这种手法容易引起滑稽的印象。还有毫不相干的事情用了郑重其事的调子来说,也是果戈理和杜思退益夫斯基共通的。这从上面的引用文中,已经可以看出。《伊凡·伊瓦诺微支和伊凡·尼几弗罗微支吵架的故事》的第一章,更是果戈理运用这种手法的最上的模范。在这里果戈理实际已经把两人的特征很巧妙地抓着了。

伊凡·伊瓦诺微支是一个体面的人物。他很喜欢西瓜。那是他的中意的物事。他一吃完饭,穿了一件衫子走出檐下来,就要吩咐用人加普加来两个西瓜,亲手把它剖开,取出瓜子,用讲究的纸头包好,才吃起来。再叫加普加拿墨水瓶来,在包瓜子的那张纸上亲手用笔题上:"某年某月某日吃此,"若使当时还有什么来客在座,就再题上一句:"某某在座。"

伊凡·尼几弗罗微支也是一个非常体面的人物。他的院子就在伊瓦·伊瓦诺微支的隔壁。他们两个是世界上从来不曾见过的要好朋友。他到现在还是穿着蓝袖肉桂色的外套,每逢星期日总在审判厅长家里吃正餐的安东·普罗珂裴耶微支·波颇波兹总是说——伊凡·伊瓦诺微支和伊凡·尼几弗罗微支是给魔鬼捆在一道的家伙,一个人去的地方,余外的一个人一定跟了去。……

同样的手法,杜思退益夫斯基曾经用来写《叔父的梦》:

玛丽亚·亚历山大罗微那·摩斯加来瓦当然是莫尔塔索夫的第一流贵妇。这是没有什么可疑的。她老是装着我不需要什么人,而人可都少不了我的神气。……她非常喜听闲话,如果尽夜打听不到一点什么新闻,简直当晚就睡不着觉,可是她却装得叫人看去不觉得她是全世界的至少是莫尔塔索夫的头一名的闲话家。……比方她知道了关于莫尔塔索夫的居人某某有什么重大的怪事件——如果她趁适当的机会说穿它,她便用手的方法来作证,那是里斯本的地震都要在莫尔塔索夫出现了。可是她对于这一类的秘密却是嘴紧得很,除出紧要关头,——这就是说除出对于极知己的朋友,从不说穿。……

末了还可以指出几处几乎可以说是果戈理和杜思退益夫斯基完全相同的地方。《两重人格》里有一段主人公果里亚托金在钟前自己责备自己的话,像下面那样,几乎可说直抄死魂灵的乞乞科夫的话:

唔,你是没道理的废物!——果里亚托金抓了抓自己的头皮说,——你是没道理的蠢东西。果理亚托金,你是没道理的糊涂蛋!

再如《叔父的梦》里,侯爵在饭桌上的话,也差不多是传述巡按的弗莱斯塔科夫的话——他在市长家里吃饭,说自己是普式庚的知友的话。不过侯爵把个普式庚换了个贝多芬罢了:

诸位想必不是贝多芬的知己罢?——喔,我同他极亲密。那位先生老是吹烟呢,真是滑稽的角色。

看了以上似乎太多的引证,我们大概已经不能不承认形式方面果戈理和杜思退益夫斯基的类似了罢。但这止是关乎部分的手法,并非关乎作品整个的结构。关于作品的结构,果戈理依然是普式庚派的承继者,而杜思退益夫斯基却是和这派完全断绝了关系,开了一条新的独自的路。他所取于果戈理的,都是果戈理特有的。在这范围内,他们两人有着继承的关系,已经有看过的许多手法的类似可以证明了。但是手法虽然借用得不少,杜思退益夫斯基却并没有从果戈理受过什么他还抓住不放普式庚派的东西。果戈理曾在普式庚派的基础上面建筑了新的上层。杜思退益夫斯基是曾在这上层,再加了新基础,建起完全新式的建筑来的。

这我们大概还须从内容方面去追求果戈理和杜思退益夫斯基的继承关系。

三

岂有此理！世上可以说是好东西的好东西，都滚到侍从或者将军的手里去了。我为自己找到了一点点幸气，心想弄到手，又给侍从将军抢去了。岂有此理！我要自己来当将军。我不是为要什么权力——我不要。我要看看那些家伙说些什么，做些什么宫廷里的把戏胡闹。我还要弄得他们狗血喷头。我要这样，我要做将军。

果戈理的波颇利西金（《狂人日记》的主人公）发着这样的梦想。这梦想终至闹得他发狂：

我总想追究为什么要有这差别。我为什么是九品官，又何以是九品官？或者我正不是九品官也说不定的罢？

于是波颇利西金的疲乏的，病态的脑髓里，就浮现了一个"我是西班牙王爷"的奇想。这波颇利西金的梦想，可以当作杜思退益夫斯基全部作品的题辞。杜思退益夫斯基的主人公们也都是和波颇利西金同本质的精神病者。只在杜思退益夫斯基的艺术里波颇利西金的精神已经被追求得穷深极奥的地步，把所有的微妙和曲折都在所有的形式下表现出来了。

波颇利西金精神的本质是什么？就是对于差别待遇和特权的轻蔑和反抗。在那里可以感到伤了人类价值的不平，和已经到了夸大妄想狂的病态的自爱心。在那里有着想要嘲弄人的"被作践的人们"的病态的愤怒。这波颇利西金的精神，尽可以从穷人玛加尔·台乌斯金起，到伊凡·卡拉玛卓夫止的杜思退益夫斯基的主人公们的口气里觉察出来。台乌斯金往往悲苦地诘问："为什么会有这么一回事，良善的人零落，幸福却向别人跟前跑去，"这《地窖子》的主人公，一面让路给将军，或近卫骑兵和骠骑兵的将官，带着人间最肮脏的样子，像深海的鱼儿一样地彷徨，一面却也抱着苦闷和愤慨的感情自问："为什么定要你让路？为什么你让得，他们让不得？"小说《赌博者》的主人公暗暗想着侯爵捏鼻子的快乐。《魔鬼》的契里罗夫和伊凡·卡拉玛卓夫梦想着"人神"。这些人们的心理倾向上都有跟波颇利西金相通的东西，——被作践人们的病态的名誉心和难以制止的自爱和可怜的反抗——将这些主人公们结合作一群。自然杜思退益夫斯基对于这类心理的观察的深刻,是果戈理所不曾梦想到的。波颇利西金在果戈理还不过是一个轻可的尝试,在杜思退益夫斯基却已成了深刻得多的许多画像的画廊。不过虽然这样,还是可以在果戈理中发见了杜思退益夫斯基有他的才能和血统的"内容",正如他在同一的果戈理中发见了他们固有的手法一样。

这内容方面的影响,若将《狂人日记》和《两重人格》来比较,就可以更明瞭。果里亚托金和波颇利西金不止性格相似,就是境遇也相似的,两人都是九品官,又都恋爱着长官的女儿而且两人都是为了恋爱的缘故卑屈的心理特别发达,终究成为追迹狂和夸大妄想狂的。所以《两重人格》不妨说是果戈理提出了的主题的新的改作。

还有,在杜思退益夫斯基作品里面,除出属于波颇利西金一系的人物之外,属于还有一系——《外套》的主人公阿加克·阿加克维奇·巴什玛金一系——的人物也是相当地多。阿加克·阿加克维奇·巴什玛金是所有的自爱心都已经被压扁了的人物。他受生活磨折,至于低微到以他的境遇为全然当然的。他满足着干燥无味的抄写和等于叫化讨饭的报酬。他甚至不会想还有更好的生活。他的一生可以还原作极会忍耐的劳动和怯弱。他成了无知,而且几乎成了无话。对于不论什么事不论什么人都害怕,受了同事非常的侮辱,他除为了防身,咕噜了一句"不要惹我。你为什么弄送我?"的可怜话之外不知做什么。因为这样小心,所以碰到"阔老"一顿哼吓,他就倒在床上不起来了。

无限的忍耐和顺从,变成了屈辱和怯弱的低微——是果戈理描写出来的人物的心理。这心理,在杜思退益夫斯基,也曾复现在许多的人物上。在那里,有自从普罗哈尔金到阿里约西亚·卡拉玛卓夫,就是从无话的傻呆的屈从的主人公到是卑屈的意识的鼓手的主人公的一串。不论巴什玛金和莫伊休金公爵之间隔着怎样阔大的深渊,他们本质上还是互相类似。对于加西亚的殴打,回了句你打去,哭起来的莫伊休金,宛然就是咕噜了一句"为什么弄送我"的巴什玛金。既然连莫伊休金这样杜思退益夫斯基圆熟期的人物也还是类似巴什玛金,那要被人说他初期的作品全从《外套》出来,也是当然的罢。最好的例子,就是《普罗哈尔金先生》。

罗萨诺夫曾经说,在《大审问官传说》里面,杜思退益夫斯基是果戈理的敌对者,不是果戈理的承继者。据他说:果戈理是"减精神"的,杜思退益夫斯基却是"给精神"的。但是我却不能在《普罗哈尔金先生》看出在《外套》以上的精神。

在《外套》和《狂人日记》里，我们可以见到杜思退益夫斯基他那长久的一生间连续创造的人物的素描。果里亚托金就是从波颇利西金，普罗哈尔金就是从巴什玛金产生的。但在果戈理还不过是那内容的偶然的，第二义的因子，在杜思退益夫斯基却已跟那艺术的所有内容成了有关的融合。所以关于内容方面，也可以说关于形式方面的同样的话：在果戈理，《外套》和《狂人日记》还不过是上层建筑，且那建筑也是普式庚派所开垦的母题，而杜思退益夫斯基却是在这果戈理的上层建筑上造了新的基础的人。在内容方面也同在技巧方面一样，杜思退益夫斯基是从果戈理学了新的人物，来将它补足，使它发展，造了许多新的形象，跟普式庚派完全断绝了关系的。他曾经开发了新内容，也曾经开发了新体式。

(原载刊物不详，转录自一九三六年上海读者书房刊行的《望道文辑》)

帝国主义和艺术

〔日〕藏原惟人 著

原载《微音》月刊第一卷第九、十合期,一九三一年十月一日,署名:晓风;此处根据上海人民出版社一九九〇年十二月版《陈望道文集》(第四卷)中的文稿排印。作者藏原惟人(1902—1991),别名佐腾耕一、古川庄一郎、谷本清、柴田和雄、野崎雄三。日本文艺批评家、翻译家、社会活动家。著作有《新写实主义论文集》、《新俄的文艺政策》、《日本民主主义文化运动》、《艺术中的阶级性与民族性》、《藏原惟人评论集》(共七卷)等。

一

我此刻说的"帝国主义和艺术",其实应该说做"帝国主义社会的艺术"或"帝国主义时代的艺术"。意思是说明在资本主义之帝国主义阶段下艺术带了些怎样的形象。

现代社会的艺术,可以有种种看法。且不说与我们立场无缘的,就是与我们的立场相当接近的,也有人以为现代社会的艺术是资本主义末期的艺术,也有人以为是发达到高度的技术工业社会的艺术。这些看法,固然也是相对正确的,但实际都是特别张扬着现代社会的某种要素,就把现代艺术的某种特征当做全体特征的一种片面看法。

例如把现代艺术看做资本主义末期艺术的,便是一种特别张扬着现代艺术的颓废方面的看法。这种看法,是从著过《何谓艺术》的托尔斯泰,并著过《变质论》的马克思·诺尔陶等社会道德的乃至"病理的"立场开始,直到近来许多布尔乔亚艺术理论家,并著过《艺术之危机》的戈尔该·格罗思,著过《现代造形艺术》的霍善斯坦因等,大概站在无产阶级立场上的人们,辗转传承着的。但是,大家都知道,现代的社会,并非统是颓废的社会。现代社会里面固然有布尔乔亚的没落,但也有工农阶级的抬头。因而现代社会的艺术,决不会全都带上颓废色彩的。

再如把现代艺术看做发达到高度的技术工业社会的艺术,这一种看法固然可以说,比前一种看法稍为科学的一点。但也还有好些窒碍难通的地方。因为大家都知道,现代世界各国资本主义的发达是不均等的,所以世界上还有好些资本主义还未发达的国度,像那许多殖民地,农业国。又资本主义的发达,在一国里面,也是不均等的,所以就在一国里面也有好些和发达到高度的工业技术没有直接关涉的阶级和社会。这些社会或阶级所产生的艺术,依据这个立场,是全然不能过问。然而这些艺术在现代社会所呈的效能,却也并不怎么微薄的。何况站在这个立场的人们,从艺术学方法论方面说,也是有错误的,我以为。因为直接决定特定社会艺术的,并非该社会的生产力,乃是该生产力所规定的社会的阶级关系。所以站在这立场的人们,去处理现代社会的艺术,因为直接从现代社会的生产力出发的缘故,结果便不能从内容去把握现代艺术,弄成了带有形式主义倾向。结果只有:从这立场上,把现代艺术的题材,形式上的机械主义,或大都会主义等特别地张扬着,而把艺术作品的意识形态或心理的内容推在壁角;却又从别的立场上来处理内容:把艺术的内容和形式机械地分开了。这立场是世界上的社会学的形式主义者(如日本的板垣鹰穗氏等)都普遍地采用着,而且在马克思主义者之间,也不但那著过《艺术的本质和变化》的德国的卢·梅汀明明有着这影响,便连艺术学者弗理契的关于现代艺术的见解上也流露着这种倾向。这只要一看弗理契的《艺术社会学》并《欧洲艺术发达史》的最后一章便晓得了。

我们既要排除这样片面的见地,从全面上正当的来理解现代的艺术,无论如何,不能把现代的艺术单单看作颓废的艺术,也不能单单看作发达到高度的技术工业社会的艺术,而当看作帝国主义时代的艺术。这样我们才能在其全体性上把握着复杂无极的现代艺术。这样我们才能理解现代的艺术并非单单是颓废的艺术,而是中间包含着没落和抬头两种因素的尖锐化的过渡社会的艺术,而且能够理解他是在现代社会中有着一定机能的内容和形式的统一体,而非仅仅是现代社会之形式的反映。一向不曾深切了解现代艺术正是帝国主义的艺术,我们不能不说,是由于我们一向对于现代艺术认识的不足。我想现在我们应该起来订正我们一向看法的错误了。

闲话休提,言归正传。却说,所谓帝国主义是怎样一种时代呢?我想这不需我来细说了,这只要借伊理基的话来说,便是资本主义最后的阶段,便是社会主义的门口,也便是社会革命的前夜。而其经济的政治的特征,第一是大资本家的独占,就是托辣斯,迦特尔,辛狄嘉的限制自由竞争;第二是产业资本和银行资本融合成为金融资本,和金融资本的支配;第三是输出于别国资本,以获得额外利润;第四是世界领土的分割业经完结,当然酝酿着重新分割领土战争的危机;第五是国际托辣斯的分割世界。但在这里最关紧要的,却不是帝国主义的这些基本的经济政治的特征,而是他所规定的帝国主义社会的社会阶级的各种关系。因为直接规定现代艺术的,并非帝国主义的经济关系本身,而是在他上面所建筑的社会阶级的各种关系。

因为如此,所以我们如今不能不留心帝国主义社会的阶级关系的特征。这极概略的说来,大体便是这样:第一中小资产者见得没落了。生产渐次集中到大企业去,原是资本主义一个基本的倾向,但其过程却要算在以大资本独占为特征的帝国主义阶段中为更激剧,一面既有巨大的金融资本集中在少数人的手上,一面又自有了不能随从的中小资本的没落。同时少数的金融资本家既经独占,也便想在广泛的勤劳大众的榨取上确立自己的支配,而更其反动了。这便是这一时代的阶级关系的第二特征。至于第三特征,便是食利生活者层普遍的产生了。这一层当然是帝国主义资产阶级政策的积极拥护者。第四特征便是劳动贵族的产生。这是资本以其独占所得额外利润之一部收买劳动阶级的上层部分的结果,成了社会民主主义乃至社会法西斯蒂的基础。第五特征便是一般劳动者都更其贫穷,急进了。这是将来社会变革的原动力,资本主义的××××越深,他的路程走得越快。最后,帝国主义时代的特征便是农民的分化,其一部流为资本阶级,而其大部分则激剧的急进了。

二

以上是帝国主义社会关系大概的特征,这种特征当然不会不在这个社会的艺术上反映出来。尤其是现代的艺术,向来多半是小资产阶级所产生的,自然以反映小资产阶级归趋的为最多。像日本一向所介绍的,几乎全是这一类的艺术,这就更加容易使人觉得现代艺术几乎便是小资产阶级的艺术。但是现代社会的艺术,决非尽是这一类的艺术,决非难得看见帝国主义资产阶级的艺术,食利生活者的艺术,社会民主主义劳动者的艺术,革命无产阶级的艺术,革命农民的艺术等等的。

我们且先说小资产阶级的艺术。这是在现代帝国主义的社会中最忠实地反映出他的发达和小资产阶级经由什么过程进展了来的。小资产阶级在现代社会中是被挤挟在两个新兴势力——一方是前面说过的金融资本——即由产业资本和银行资本融合而成的大资本的伸展,一方是无产阶级的革命伸展——中间,一个最不安定的阶级。他在历史上原本不曾有过自执政权,自行支配的向例,——纵在革命时候也曾一时掌过政权——到了这帝国主义的阶段,一被挤挟在前述两大势力之间,就更无望了。所以小资产阶级要在现代社会中维持其社会的存在,无论如何只有投向两大势力的一方。或站在大资产阶级方面,成为独裁的柱石,或立在无产阶级方面,成为革命的势力,只有在两面之中择取一面,此外找不出第三条小资产阶级自己独有的路。这就是小资产阶级所以在现代社会中最最动摇的一个社会的原因,而其动摇便在二十世纪社会的文学并艺术上照实表现出来了。

我们试看小资产阶级的艺术从十九世纪的后半起到现在止是怎样发展了来的。十九世纪后半小资产阶级艺术的代表,可说就是象征派,颓废派,或新浪漫派等等。而这等小资产阶级的艺术,差不多都和商业资本有联结。这固然由于这些艺术家大概都是从以商人为代表的小资产阶级或一部分与这商业资产相交结的地方地主出身,但也可以说,由于这等艺术统体便是和商业资本相结纳的。这只要看这些艺术都备有商业阶级所特有的华丽和颓废，便可以明白。所以，他们即使对于资本主义社会有些反对的色彩，如象征派，颓废派等，当然也非为了同情新的劳动阶级的缘故，而是为了站在旧的商业资本的立场上来对抗新发展的工业资本那一种反动的反抗。从此看来，象征派颓废派便是意图复归古代的一种反动的运动。固然他们有时也和劳动阶级有些联络。例如俄罗斯二十世纪初年的象征派，和当时的社会民主党，现在的共产党的关系。共产党的机关报上既曾载过象征派，颓废派的诗。而象征派，也曾自以为比高尔基及其他的写实派还要左。但一经赶出了机关报，象征派的先生们便几乎谁都随着一九〇五年的革命失败反动了。这种事实便是表现着：他们所反映的乃是在新兴资本主义社会中多少有些反对新兴资本支配权力的商业资产阶级的意识形态。而这商业资本，自不会掌政权，成为支配阶级，而且还是命定要随产业资本的发达而没落的，这便是他们的艺术为什么会那么退婴的，非战斗的，逃避的，又享乐的，有时甚至神秘的——那么反社会的又反政治的原因。

所以帝国主义社会的时代一来，商业资本固然因为政治上经济上都无能的缘故而渐次没落了，这些艺术也便渐渐地衰落下去。到了帝国主义时代，小资本阶级艺术的代表便从依据商业资本的，渐次移向依据技术的知识阶级的去了。这所谓技术的知识阶级，是包含技术及其他种种技术的薪给生活者在内的。而这新的小资本阶级艺术的典型，便是未来派。未来派最初的宣言，曾经说过这种话："一向的文学都是讴歌沉郁的凝静，陶醉，梦幻的东西。我们却赞美袭来的活动。我们宣言——世界的壮丽全靠新奇的美，迅速的美来弄成丰富，而比赛用的汽车就比比赛的胜利更加美。"这话就是意大利的未来主义者们，那年轻的技术知识阶级，在那里嘲笑旧的商业主义的耽美主义，退隐主义的。意大利的未来派艺术家，既在艺术上，宣告了新的美——迅速的美，活动的美，而与旧的耽美主义，退婴主义，乃至神秘主义宣战，同时便又在别的一面大大地赞美帝国主义的战争。意大利的未来派在一九〇九年即欧战前五年所发表的宣言中曾经说："战争是最好的卫生法。国民的友爱乃是证明国民无力的癌症。"他们全是这样赞美战争的。而未来派的代表人物玛黎讷谛又便是欧战当初最早主张和奥地利开战的一个人。有一个因反对奥地利免了官的陆军军官在意大利，他曾把赞美那军官的诗到处去宣读。当时听众异常的激昂。内中有一劳动者叫道："打倒祖国。"他就说："打倒奥地利！战争万岁！这是我们未来派经典的第一条。"未来派当时既以满腔的热诚赞美欧战即帝国主义的战争，后来意大利法西斯蒂发了宣言,就又跟了那宣言走。一九二三年未来派在罗马发刊了一种名叫《帝国》的杂志,他们在那第一期的社论中便说"生定是有些人或民族发命令而其余的人或民族听命令的。而一切的民族之中最配发命令的便是意大利民族。呵呵意大利法西斯青年们呵!你们就是漫可以实现这一个理想的。"于是他们便全成了法西斯蒂御用的艺术家。就是未来派就全成了帝国主义资本阶级的代言人了。

这里一个最好玩的现象便是另有一种未来派却走了和这意大利的未来派完全相反的一条路。那就是俄国的未来派。俄国的未来派是从欧战一开便反对战争的,例如马雅可夫斯基所作的大诗《战争与和平》,取的便是反帝国政府的立场。而革命一起来,便又从心底里赞美革命而自成为党员。这未来派在一方成为法西斯蒂的艺术,在另一方又成为社会主义的艺术,这矛盾要解决,便要看小资产阶级在这两个国度里的社会地位如何了。

在意大利是,不但未来派的艺术,便是一般的技术知识阶级的生活也是异样的贫薄。当时所谓杂志者既几乎全不给稿费,而未来派的诗又是卖不得钱,他们的生活,自然是极穷的。然而他们的思想,却和工业资本相联结。他们眼见得,意大利的近代生产很发达,尤其是,工业资本从入二十世纪以来发达得非常快,他们这些小资产阶级的心里便发生了一种幻想,以为这工业发达可以改善他们的生活。就是幻想以为,意大利的资产阶级的地位高了些,意大利的小资产阶级也便会得随着好了些的。而那最最怀着这幻想的,当然便是小资产阶级之中最和大资本相接近的技术知识阶级。所以他们使拥护为大资本谋利益的帝国主义战争,赞美金融资本独裁的法西斯蒂。以此便在意大利出现了表现这一技术知识阶级希望的未来派。而在俄国,却发现了和这正相反对的一种现象。俄国未来派的人们固然也和意大利的未来派人们一样穷,但意大利的未来派是和产业资产阶级相结纳的,像意大利未来派的主将玛黎讷谛,自己便是一个资本家,食利生活者。而俄国的资产阶级,却急忙着自己支配的确立,并无余裕来顾虑这班小资产阶级生活的上进。因此俄国的一般小资产阶级都相信,俄国工业的发达并不会带给他们怎样的光明。而他们便以为,除了打倒地主资本家的支配,另外没有出路了。这便是俄国一部分的小资产阶级所以反对×××,反对资本主义走向革命去的因由。而这因由,也可以说,便是决定技术知识阶级的意识形态的反映者的俄国未来派的方向的一种原动力。这等因由,固然无论在意大利,在俄罗斯,都是受着有产和无产的力的关系的牵引的,然而我们对于小资产阶级会在某种社会情状之下会同着金融资本走向法西斯蒂去,又会在另一种社会情状之下同了无产阶级走向社会主义去的实情,也便可以在这里很有意思地看得明明白白了。

接着未来派出现的小资产阶级的艺术的典型便是那表现主义。这表现主义的艺术,便是前面所说的未来派的艺术向外结纳,或与帝国主义资产阶级结纳,或与无产阶级结纳的时候,十足发挥出小资产阶级的独特立场的一个流派。固然其中也有过几个作家是走向无产方面去的。可是多数都是发挥小资产阶级自己的立场,随同小资产阶级的越加没落以至表现主义本身也竟销声潜影的。这表现主义内容上的特征,便是对于资本主义,尤其对于发达的独占的金融资本主义的否定的态度。这只要读过一本表现派的戏曲的人都晓得,此地不必列举了。表现派的戏曲,几乎可说全是一种表现小资产阶级对于现代金融资本的否定态度的东西。而其否定的态度,有时成了小资产阶级的叛乱,把劳动者搅在一起的——据他们的见解,小资产阶级和劳动者是并没有什么本质的差异的——暴力的叛乱,显现在戏曲中。这就是战中或战后急行没落了的小资产阶级的意识形态。这急行没落的小资产阶级对于资本主义反对的立场又就形成了他们对于机械、大都市等等的反对的态度。表现主义的戏曲,几乎没有一篇不表现着对于机械主义、大都会主义的反抗。例如恺石的《煤气》,托勒的《群众—人间》以及其他许多业经日本译出的表现派的作品,结局都可以从中见到反对机械主义、大都会主义而想从中逃出的挣扎。而他们对于资本主义所取的反对的态度,又并非是为了想要实现新的社会起见,乃是想要回到工业资本以前的一种反动。他们既反对资本主义,反对机械主义,反对大都会主义,他们所提揭的却是什么呢?有时便是田园中梦境一般的生活。如《煤气》结末的想入小农园中去生活之类。有时又是大工业以前手工业的小资产阶级的生活。而从此对于机械了的人间所发出的喊声便是"人间性"的恢复,即超阶级的——不属于任何阶级的——全人类的"人间性"的恢复。

这自然只是一种小资产阶级的态度。无非是被大资本所压迫的小商人和它周围的心理和意识形态的反映。然而有趣的是,表现主义的本质虽然是这样观念的神秘的,但其所采取的形式,却是簇新的。例如他们反对大都会主义、机械主义、人间的机械化,而他们的作品中却仍采取着现代都会的、机械的迅速。甚至还采取力学的形式——想把所有现象同时表现在作品之中的构成主义的形式。我想这可以说是小资产阶级在现代社会的生活上所含矛盾在艺术上的泄露。小资产阶级既生息在现代帝国主义的社会,发达的技术工业社会中,他们的日常生活是不得不受现代机械文明的影响的。

因而他们的日常生活是在利用现代文明的"利器",在沐浴它的雨露,享受它的"效用性"。然而意识上却不接受,只在意识上,意识所不到的地方,是已必然地接受了。这意识下所受的影响自然不能不流露在他们的艺术中。而当他们清醒地考量自己在帝国主义社会的地位时,却又不能不意识地否定了它。于是便成了先是容纳现代社会,却又在内容上否定了现代社会,可又根本上不能否定现代社会的一种矛盾情景。这种矛盾,在表现主义的艺术上,可说全都成了意识形态的内容和表现底矛盾而被暴露出来了。因此表现主义总不过是日就没落的小资产阶级的一时的歇斯底里的叛逆的反映。不过是意大利的未来派那样自以为有成为大资产阶级的希望的,却自以为全然没有这种希望,却又意识到不能跟着无产阶级走到底的,小资产阶级的"苦闷"在艺术上的表现。在这样的社会基础之下表现主义也曾流行一时,然而到了其次时代,那资产阶级更加没落,或从大资本来了"救济"——的过程一进展,表现派的艺术又就失了向来社会的根据了。

　　代这表现主义而兴的,便是达达主义,及最近的超现实主义。达达主义据说是在欧战当中即一九一六年,在瑞士的沮利克(Zurich)地方创立的。当时瑞士的沮利克地方是各国艺术家的一个逃避所,而其逃避又非为了主义而反对战争,或为革命而被国家赶出了来的,乃是因为厌恶战争,逃避战争,聚集到那里的。因此达达主义的发生本身便无什么一定的意识形态,也无什么一定的坚强主张,左不过是因了个人的问题逃避了来的一些人所造成的一个集团。这自然只要一读达达的宣言,便很明白。例如宣言上说:"达达并非什么什么。"这便是达达的主张。达达的主张并非什么,既无一定的意识形态,也无一定的主张。这在宣言中便已明说了的。有一宣言说了达达主义的由来最后说到达达主义者道,"如果有人反对这一个宣言,那他便已是真正的达达主义者了。"达达的本质,总之是一切的意识形态全消失了,只依着自己个人的兴趣,觉得要做一点事,而且不是要做事,只是要弄点什么的一种玩意儿。所以达达主义对于政党、政权、政府,等等,全都取着一种无关心的态度。无论是法西斯蒂的政府出现也好,是共产主义的政府出现也好,他们都不管。他们只要自己可以做达达的诗,写自己欢喜写的东西,个人的生活过得去,便算了。他们这一种暧昧灰色的态度,在德国起了革命行将成立苏维埃政府的时候,他们所提出的要求书中最可以看得明明白白。他们所要求的是什么呢?他们所要求的仿佛不过是假如成立了苏维埃政权,就能给以承认,让他们做点什么事罢了。所以那要求共分四条,其"第一是提供一切教会作朗读达达诗之用;第二是采用达达诗为共产主义国家的祈祷；第三是统制苏维埃政府的一切决议；第四是凡人口满八万的都市尽设立达达苏维埃以变革现在生活的形式。"这便是达达向着行将确立的德国苏维埃政府要求的条件。看这要求便可明白，达达实际并非什么，只是真正丧失了一切意识的一种东西。在这一点上，它是可说比表现主义更进了一步的。表现主义还是想到自己阶级乃至社会层的运命，拿出那切实的要求来的小资产阶级的艺术的潮流。还是主观上认真的，站在生活基础上的一种艺术。到了达达，便在主观上也全失了认真的社会的意义，只把在金融资本独裁的现代社会中，日暮途穷的小资产知识阶级的小集团，特别是波希米亚的艺术家集团的心理，反映出来了。

三

至于最近出现的超现实主义，本质上也并没有什么大差的。达达主义是虚无主义的，既非什么，也不执著什么的一种东西，而超现实主义则是想离开了这现实的梦幻境界去找求自己在现实上所丧失了的生活均衡的东西，它可以说是比表现主义的这个方面更其推进了一层了。达达虽然零乱，还是统一的，至于超现实主义竟就是非统一的。达达还是集了些人，想贯彻自己的主张，曾为贯彻主张而开了些会，做了些事的，至于超现实主义便连团结也丧失了，所谓超现实主义的这一个名称，也不过是加给那些散在各处的同一倾向的艺术家的一个总称罢了。在这点上，超现实主义可说是近代的象征派经由未来派等等一切存在的小资产阶级的种种主义的最后的到达点，最后的垃圾堆。到了这里，近代的小资产阶级艺术便完全离开了地脚，没入梦幻的境界了。倘使要说，超现实主义在现代帝国主义的社会中，还有什么社会的基础，还有一部分人赏识它，那就只是些小资产阶级，在现在斗争激剧的社会中失了积极的兴趣和希望，而且想逃避了这社会，另向超现实的世界，个人的意识下的世界，去找安居乐业之处的人——特别是对于自己的工作毫不感到兴趣，只随随便便做着的薪给生活者——欢迎它罢了。而在日本，实际也是这一类人居多。

以上就是在现代帝国主义社会中表现被大资本和劳动阶级所压迫的小资产阶级心理意识的艺术——纯粹意义的小资产阶级艺术的历史，而达达主义及超现实主义便是它的最后的到达点。

但是现代社会并非单有这些所谓纯粹意义的小资产阶级艺术的，此外还有种种倾向存在。其中最重要的，便是反映帝国主义的资产阶级倾向的艺术。前面也曾说过,因为一向的艺术,多是小资产阶级产生的,而且日本一向所绍介的欧洲艺术又几乎单是小资产阶级的艺术,以此一说到现代艺术便几乎以为就是小资产阶级的艺术。而且事实上,也是有些批评家,以为艺术总是小资产阶级的,因为艺术总是知识阶级创造的。但是无论哪一国,都还有反映小资产阶级以外阶级的意识形态的艺术存在。不过所谓反映帝国主义的资产阶级意识形态的艺术,并不见得那么多罢了。又有着这倾向的艺术,又不见得在艺术的意谓上含有多少所谓艺术的意味罢了。例如日本所谓《King》、所谓《讲谈俱乐部》等等的东西,便是这一类倾向的艺术。一定要找可以当做艺术看的,自然是不见得怎么多的。再如帝国主义社会到来以前,在英国便也出现过赞美英国殖民政策,或赞美军国主义行为的诗歌、小说等等——那自然不能叫做帝国主义的——像那英国十九世纪的作家、受了比康斐尔伯爵(Earl of Beaconsfield)称号的的士累利(Disraeli)便是其中的一人。他在一八四七年所著的《新十字军》一书中,曾说过"英国应该再来一个马其顿的亚历山大帝国。"这便是一句赞美当时英国殖民政策——大英主义的话。的士累利当初也不是这么说的,可是后来也就渐渐带了这倾向了。他的思想,却是在十九世纪的八十年代,在英国的资产阶级的知识分子之中得了颇广大的共鸣者的。尤其是十九世纪快完的时候,英国殖民地经营既渐盛行,而此外像美国德国等竞争国又起来的时候,英国的艺术尤其变了颜色,尤其在意识形态方面加重了军国主义的色彩。像日本大概当做恋爱诗人绍介着的斯文本(Swinburne),据说他的晚年便是做了英国帝室和英国海军的歌手的。而像吉卜林(Kipling)那样的作家也是一样。他一八六五年生在孟买。印度的孟买便是英国殖民政策的中心地,是它最露骨地表现的所在。吉卜林当初也异常敌对大英主义即英国的殖民政策。他对英国在印度的殖民政策曾经流露过一种人道主义的悲愤,可是进了二十世纪,吉卜林便也成了英国大英帝国主义的赞美者了。这种文学的特征,简单地说,便是一种殖民地文学。那是描写殖民地的自然,土人的生活,风俗等等,就把这些殖民地的异国情调的描写做背景,而从中装进了英国民族的大帝国的文化的使命这一种思想的。再一形式,便是做了些什么什么军的歌,以及赞美往殖民地的军队的诗,等等,去赞美战争。这也是殖民地文学就是当时军国主义文学的一个特征。这种文学不消说,都是奉承当时英国的大资产阶级,做着他们夺取殖民地的辩护。这是英国的情形,而且大概是英国的十九世纪的情形。那还可以说是真正的帝国主义还未确立的时期。至于法国,法国在二十世纪之初曾经出现了那所谓"法国青年"的团体。

那是一个战斗的军国主义的、帝国主义的青年作家的团体。关于这团体,罗曼罗兰已经把它写在那《约翰克里斯多弗》里了。主人公约翰是一个旧特加耽的,以前所说那样商业资产阶级思想的所有者,曾经一时离国,待到回国去一看,原来年轻的青年已全然变了样儿了。已不再是向来的退婴的冥想的耽美主义的,而是法国帝国主义的赞美者了。在所谓"法国青年"一个团体中,也有军人的作家在内。像那名叫蒲西哈里的作家便是其中之一。他先前也是一个特加耽,而且是那象征派诗人马拉尔麦的弟子。他后来却加入了阿非利加殖民军做军官,参与过两次的远征,他的所谓《太阳和梦境之国》一种作品,便是在那影响之下写成的。这个作品我还没有读过,只好贩卖了说。据说那是军人日记形式的一种小说。以阿非利加的风景、战争做背景,而一个军官——恐怕就是作者自己罢——逐渐解放了先前都会的耽美的颓废的情调,就是在自营殖民地军人的生活之间逐渐解放了一种情调,而意识地"觉悟到"人种的不平等了。意识地觉悟到所谓人种这一种东西,原本不是平等的,是不平等的,而且所选中的人种——又不只是白色人种的代表,而且还是法国最有光荣的军人,就是过去常为战争而战争的法国的军人。于是他就像从前罗马人傲然说"俺是罗马的市民"恰正一样,也就叫了一声"俺是法国的军人,"来完结了这一篇小说。这样的小说也出现了。这样的小说当然是作者有意写的,但在他的无意之间也便成了把帝国主义的侵略来合理化的一种作品。这就是这些作者原来有颓废的倾向,而且还是马拉尔麦的弟子,到后变成为这样作者的这一个事实,也便可以把来做原来站在商业资产阶级立场上意识形态上逐渐走向帝国主义的资产阶级的立场去了的一个例证。这样的小说家,我们现实上可以看到的很多很多。在法国再有,就是和这些作者并列的那有名的传统主义的文学。关于传统主义的文学,此刻不能细说了;所谓传统主义的文学便是想把法国复成为旧时的法国——旧时武士的法国,加特列的法国那一种思想的文学。其意识形态中,是有与帝国主义的资产阶级的利益会同的小资产阶级的意识形态在内的。此外法国还出现了许多与前已说过的军人小说家同一倾向的小说。如毕尔忒兰的《人种的血》,《东方的蜃楼》等不大有人留心的殖民地文学的或冒险小说的小说就出现得很多很多。在这样的文学中,可说都是反映帝国主义的资产阶级的意识形态的,渐次增多了。

在德国也是如此,就是在意大利那样的国家也是如此的。在意大利,例如有邓南遮(Dannunzio)那样的作家。他在初期曾形成过从旧贵族的立场反对工业资本主义的一个反对派。他曾反对新的工业资本主义社会组织,梦想复活旧的贵族的社会组织,只因这在现实的世界中无能为力,就此走向耽美主义去了。他便做了耽美主义的诗人。他的初期作品如《岩上处女》,便以逃避现代资本主义工业社会,回复往昔贵族社会的努力,做着趋向往昔艺术社会的憧憬。这便是表现在现代资本主义社会中日就没落了的地主贵族阶级希望的一种东西。而意大利的帝国主义,一经逐渐发达,邓南遮也便在那里找到了实现自己恢复过去荣华的理想的境界,而成为意大利帝国主义,就是那所谓大意大利帝国理想的熟诚的拥护者了。他曾带领自己的兵用飞行机占据了阜默,这是周知的事实。到了意大利宣告法西斯蒂,他也便在收复"旧善"意大利——罗马帝国的"荣华"的梦想之下,站在法西斯蒂主义的先头,加入了法西斯蒂者,成了意大利掠夺的金融资本主义的拥护者,这也是人所周知的事实。他在《海歌》那诗中歌道——"呵呵,海啊!意大利的光荣啊,力啊!"他是这样在那里歌颂意大利的海的,由此也便显然可见他是在赞美侵略的帝国主义的意大利政策,辩护那所谓"海外发展"的了。

这些反映帝国主义资产阶级意识形态的人们,对于欧洲大战会取怎样的态度,是不说也明的,例如法国前头谈过的那些传统主义的人,就是欧战一起,便有意地从事战争赞美宣传的。他们的无论什么文章,都是赞美战争。他们的诗不必说,就是政治的行动,也完全成了帝国主义战争的代辩人,与帝国主义的资产阶级同赴战争。其中作家自行加入战争,致成所谓"死义"的,在法国在别国都不少。

这样一面是金融资本日逐进展,同时反映它那意识形态的帝国主义资产阶级的文学也就风起云涌,同时另一面也就有了一部分的小资产阶级的文学,小资产阶级的艺术起来,对这日渐伸展的大资本反抗。那是和前头说过的表现派,达达派,超现实派另走一条路的小资产阶级艺术家的反抗。是多少与劳动阶级有些联络的,其中代表的,我想可说是法国的法郎士(Anotole France)。他是商人的儿子,便是小资产阶级出身。他从小时起,便很有耽美主义的倾向,——就是前头说过的颓废的象征派的倾向,到死都不曾变。他就是以小资产阶级的儿子,商人的儿子,而反对近代大资本进展的最初一个作家。他从帝国主义战争开头,便竭力反对战争。又在一九〇五年俄国革命的时候,就写文章赞美那革命。他当时在一个杂志上曾写道:"新的欧罗巴的,将来人类的运命,将在涅瓦河,乌苏里河,伏尔加河的河岸决定了。"就是在一九〇五年的俄国革命中看到了将来,看到了人类的运命的。但是他一面固然做了小资产阶级的代表,反对资产主义,反对大资本的进展,即金融资本的独裁,同时又是反对无产阶级的独裁。这在他的小说上,是可以看得清清楚楚的。他就是想反对了这两个独裁,来建设他的小资产阶级的社会主义。那一种社会主义,当然是没有现实性的,只有做梦才得实现的,极富他所固有的耽美主义色彩的一种社会主义。和他相同,显然有这倾向的,便是罗曼罗兰(Romaind Rolland)。他也是小资产阶级出身。据说他的祖代有谁,是在法国革命当时当了雅各宾党的党员参加国民会议,后来被杀死的;他就是生长在这样系统的家系里面。他也反对大资本的压迫。曾在左翼剧场演过的《时来了》,便是他的戏剧,看那戏剧,便可知道他是非常地极度地反对殖民地政策的。他的戏剧大抵都是极浓重地流露着反对战争反对夺取殖民地等等的思想。但是他也和法郎士一样,固然反对帝国主义的资产阶级,却也反对无产阶级的独裁。他说的原来是否定阶级,主张超越阶级的人类共存的。毕竟便是从全人类爱的立场,否定暴力,否定暴力革命的。所以他在欧战当时,曾因绝对反对战争至于在军国主义的法国不能住,亡命到了外国;到了俄国革命发生,又曾以俄国革命也用暴力的缘故而表示反对。但据新近的报纸看来,他已叫人注意苏联社会主义的建设了。他原来是站在中间阶级立场上的人,他的行动可说总是矛盾的。他以为暴力革命是不行的,而社会主义的革命却是好的,他怎么也不能理解无暴力革命便无社会主义的建设。而其无理解,也便是因为他的平和主义的,他的中间阶级立场的缘故。

这是法国的事。而同一的倾向,却也可以在英国看到。例如萧伯纳。他在少年时候是一个商人。做了商人,又做了什么,后来又去做新闻记者的。他也反对大资本。他也反对战争。他是顶出名的,什么人的话都要反对反对的一个人。他在一九二三年曾在什么杂志上论到俄国的革命,他在那里是赞美俄国革命的。因为当时英国谁都反对俄国革命,反对布尔塞维克,他以为我倒要说些什么人都不说的话,所以他便频频赞美俄国革命了。他杂乱无章地,举凡关于俄国经过种种的艰难而成就自己的革命,以及兵士自行停战而去参加革命等等,无一不加以赞美。但到了后来,世界各国的无产阶级承认俄国革命,拥护俄国革命的时候,他倒站在反对布尔塞维克和俄国革命的方面去了。于是他在某处地方说到斐宾协会的卫布——这卫布便是日本安部矶雄那样的人——和麦克唐纳,他便说出"卫布比马克思还伟大,麦克唐纳比列宁还伟大"那样的话来了。然而他的反对一切,还不止此。例如英国那一种以为男子都是非常的专制、女子都是非常的受压迫的社会意见勃兴时,他也曾写了一篇戏剧来表示女子都是非常的一厢情愿,男子都是非常的受压迫的。这样反对一切的立场,便是萧伯纳的立场。这种立场固然就是他之所以得了所谓讽刺家偏狂家等名号的由来,实际也是他的小资产阶级的中间阶级的立场使他如此。H·G·韦尔斯所取的,也是这样的态度。不过他所反映的,是比商人略乎进步的技术知识阶级的意识形态。大家想必都知道,他的作品很多是写机械文明非常进步了,人类都没有什么不可能,便是飞到月世界去也可能等等梦一般的话的。这便明明是表示技术知识阶级的梦想的一种东西。他也是在技术知识阶级的立场上反对帝国主义的战争,反对大资本的独占,而想建立自己的社会主义,——自然那一种"社会主义"结局是拥护资本主义的。这两个人都是属于英国斐宾协会,参加英国劳动党的。和这同一的倾向,在德国在别的等等国也还很多,此刻已经没有时间一一列举了。在这系统的最后的,便是亨利·巴比塞(Henre,Barbusse)。他当初也做过象征派风格的作品,就是如今,也还不能不把他归在小资产阶级的作家之中。他是在欧战当时就以《炮火》《光明》那样的作品激剧反对欧战的作家,大家没有不知道的。不过他和前举的几个作家有些不同,前举几个作家渐次染上退婴的情调,失了奋斗的意气,他却自己去加入党,现在在法国党内活动着了。

实证美学的基础

〔俄〕卢那卡尔斯基　著

世界书局一九三九年七月出版,署名:齐明,与虞人合译;此处根据上海人民出版社一九九〇年十二月版《陈望道文集》(第四卷)中的文稿排印,增加了原书中有的译者序。原作者卢那卡尔斯基(1875—1933),现多译为卢那察尔斯基,前苏联社会活动家、文学理论家和哲学家。一八九二年加入社会民主主义组织,一九〇三年成为布尔什维克。十月革命后至一九二九年任教育人民委员,一九三〇年当选为苏联科学院院士,曾被任命为苏联驻西班牙全权代表。其主要著作有《马克思主义与美学艺术对话录》、《列宁与文艺学》、《社会主义现实主义》等。

译　序

　　在美学中有两个人的美学最为我所爱读：一个是利普斯；一个就是卢那卡尔斯基。他们两个人的立脚点虽则不同，但都含有许多精明的见解，可供研究艺术以至研究一般文化的人们的参考。他们的学说都是积极的，热诚的；他们对于眼前的安易的细小的美都有站在高处远处看来的评价，也就对于将来的艰巨的雄伟的美都有热烈的希望。他们都不取狭隘的美学的观点，惟恐美和真善分得不清，他们都是取的广阔的观点，从社会或从生活着想，认为美和善不可分，美和真也不可分，就使真、善、美现在还不能合一，将来也一定不会不合一。把他们两个人的美学比较起来，卢那卡尔斯基的观点又比利普斯更为广阔，立论也就更为精彩：利普斯好像还止确认美善不可分，而求其最后的根据于人格（他的所谓人格跟一般所谓人格略为不同，他认定要求强而多就是人格高尚的表征），所以他的美学和他的伦理学拆不开；而卢那卡尔斯基的美学，却比他还要更进一步，他求其最后根据于生物之所以为生物的生活，认定美学不但可以包括了伦理学，还可以包括了认识论。

　　卢那卡尔斯基的美学的建筑颇为高大，而其基本认识却是极其平明的，他认为美、善、真都可以"融合在生活的一种最高限度的理想里面"：

　　凡是助长生活的，就是真，就是善，也就是美，就是一种积极的，好的，动人的东西；凡是毁坏生活，或降低生活，以及限制生活的，就是伪，就是恶，也就是丑，就是一种否定的，坏恶的，反拨的东西。

　　而生活又不止是眼前的生活，还有将来的生活，也不止应该顾到个体的生活，同时还得顾到种族的生活。人类的发展，可说就是从单单注意前者进到更加留神后者的一种进展。在这进展中不能不奋斗。他颇慨然于不大肯奋斗的以前有些情况，他说：

　　西欧积极的人们，每逢遇到一种苦痛，不快，不幸，总是努力探究它的原因，并且竭力想用断然手段来治疗它——东洋被动的人们却只知道用麻醉剂来糟蹋了自己,或者一味沉迷在定命观里,前者是现实地除去生活异样,后者却只在生活异样前蔽了眼睛,瘪了意兴,只当不曾看见。那结果是明明白白的。

　　像这类的话固然有点碰着我们的伤处,而且已经时过境迁,不能照样适用,但也未尝不可当作一种逆耳的良言,为他所谓"种的智慧,真的利人主义的精神,还在于为了种族的利益而发生的那最显明的表现,坚决地不屈不挠的斗争中"时期的一种参考品。总之,书中可以促进生活之处很多,无论逆耳顺耳,大约都不致使人看了徒然引起了飘飘然之感,而结果或者于生活很少补益,甚至还于生活有害的。至于可以增进我们对于艺术美和自然美的理解,更不必说。

　　原书是在一九○三年出版,出版时曾说这是"在比较不大的论文中述说自己的见解,用最压缩的形式传达有一切结论的美学的大体的。""如果这个大意值得注目,并不遇到著者自己以为致命的批评,那时便将着手建造以这论文做它的大体的图案的建筑。"但在一九二三年,还是以"不旧"为理由,并没有什么修正的照旧出版,并曾在一九二六年,将其中的一部分搀加别的论文合编为《艺术论》。只有条把注,是新版中加进去的,所以注上有所谓"二十年前"的话。

　　我们这种译稿也是八九年前就译好的,因为种种理由,一直塞在一只破书箱里不曾拿出来请人评正。这次因为一生藏书全部烧光,心想从那一只从不翻看的破书箱找点什么书出来看看,这才发现了竟还有这样一种稿子存在。心里自然不免有点要纪念它还存在的意思。又不知道《大时代文艺丛书》的编者谁先知道了有这稿子存在的消息,再三催逼拿出去付印。于是将原稿从头校看了一遍,又才发现原稿已经散失了三分之一。这书中间的三分之一(第四篇和别的一二处)就是这次补译的。虽然力求文笔前后一致,也许仍旧不无彼此不能一律的地方。还有本书的合译者虞人先生又不知道现在流散在那里,无法请他对照俄文重校一遍。像这两点就是我所觉得不足,心想仍不出版,要劳编者再四催促的原因。但终于却不了编者的美意,只有就以这样程度的一点努力请各位读者评正了。

　　一九二六年编成的《艺术论》,已经有鲁迅先生的译本,对于愿意仔细研究的是一种很好的参考书。

一九三九年四月二十日

第一篇　生活和理想

什么是生活？什么是活的有机体呢？

有机体是具备种种物理和化学的性质,而且经常有着交互关系的,固体和液体的繁复集合体;这集合体的繁殖机能彼此相调和,又和它的周围环境调和时,有机体方才能够继续其自己之所以为自己的存在,不致丧失了自己的形制的统一。有机体虽然也不断变动着自己机体的一切因素,但总是大体不变地保存着自己的形制,——当有机体有着这种自己保存的能力,即使遇到了环境的破坏作用,也有能力恢复动的均衡的时候,我们就称它为活的有机体;若是死的有机体,那是会被动地服从环境的机械的,温度的,化学的,以及其他各种各样的作用,分解为构成因素的。所以生活,可说就是自己保存的能力,或者说得更正确一点——就是有机体自己保存的过程。有机体自己保存的能力越大的,我们就可以把它看作越是完全的,越是能够生活的。我们如果观察大体处在经常的环境里面的有机体,我们将会确认,有机体和它的环境之间常是保持着某种的均衡,而有机体的一方面又常是逐渐形成着对于环境作用的若干最适宜的反应;每逢遇到在有机体为重要的环境变化的时候,有机体如果不被消灭,必定自行变化,来形成新的反应;而且还在它的机构上反映出来。这在外来的作用影响之下,对于环境的适应的过程中所成就的有机体的机构的变化,就可以叫做进化。在比较无变化的条件之下,这可以造成对于特定环境比较的理想的有机体,就是在特定条件之下最有生存能力的有机体;但是这样的有机体,有一个大缺点:便是它的器官越能确定地适应特定的机能,它将越无把握应付条件的变化。新的影响作用或许一来便会危害了这保守的有机体的生存。因为环境的不动地或均等地变化,在自然界中还远未曾成为普遍的法则,有机体为要生存,既不能把成团的反应和自然对立,就不能不随顺外界影响作用的特殊性而有所变化。所以最能生活的,理想的,完全的有机体,应该是在任何条件之下,都能够自由运用多种反应来维持生活的东西。

于是环境的变化,便恰恰成了训练有机体的条件。有机体必须要从生活为环境所引起的反应的全线索中,凭了挑选和直接适应的方法,最后造成了自卫,攻击,及其他各种手段富足的武库,而有机体和环境的斗争才会机敏起来。因为机敏和适应——原不过是发展到了高度的有机体,所以显示同一特性的两种不同的表现。

从此可知,一个有机体所生活的环境越其变化不测,它就越其不得不在适应的过程中形成更多的反应,它在一切种类的危险中,便会越是机敏的,因为机敏或适应原是经验的结果。

所谓理想的有机体,应该是它那经验能够把捉全存在(环境的一切作用),而它那机智能够征服它的生活或生存上一切障碍的东西。

凡使有机体离开了新的复杂的可变的反应的完成的进化,我们都可以说它是退步的;凡有适合目的的反应渐臻复杂的器官,而使有机体更为富足的进化,我们都可以说它是进步的。

为一个个体保存起见,退步可以有益,进步有时也可以有害。譬如复杂的有机体若是落在它那器官大部分都非必要的环境里,事实上,它的那些器官是会于它有害的。只是从其大体说来,进步的进化总是能够巩固有机体在自然界中的生活的,我们在人类里面,便已经见到这样的进化的荣冠了。

我们假如想象有机体有在安静里面,有在和那环境十分调和里面生活的,我们的面前将会现出一种安定的过程,或一种动的均衡来。凡是对这均衡有所偏倚的,我们可以叫它作生活异样。生活异样便是逸出生活的普通的正常的潮流的偏倚,无论它是由环境的不惯作用直接引起,还是由内在的过程引起,结局是一样的,都是环境的这样作用的间接的结果。

大凡有了生活异样,生活多少总要蒙受到局促和危险。像我们经验所知道的,有机体是将外界环境的影响作用,作为感觉,体验在自己的心理中的;而它的大多数的反应——就是对于这感觉的回答,却都有着压抑它或伸长它维持它的目的。这当然可以料想,在有机体中是完成着适应作用,想把那对于生活有益的过程加以维持伸长,又尽力所能及,把那有害的过程压抑下去的。

作为这等适应作用的心理的表现而出现的,便是苦痛和满足的感觉。外在的刺激倘会激起生活的动摇,或会危迫有机体的均衡,则这刺激便被经验为苦痛,为苦恼,为不快。就是在有机体本身中的某种破坏过程(外界作用的间接的结果),也要经验为疾病,为烦闷。反之,把破坏了的均衡恢复转来的外界作用,以及和这倾向相同的一切反应,却就被感受为快适。这受外在的或内在的条件的支配,有机体的感觉所表出的否定的或肯定的色彩,我们就称它为肯定的或否定的感应。

我们可以说：凡是直接助长生活的，都是带着直接的肯定的感应，凡是妨害生活的，都是带着否定的感应。所谓感应，无非是在有机体的全体上，或那有机体的各个部分上，生活的现实的进长或衰退的在心理上的反映。固然，苦痛就是生活的减低，有时也属有益，好像那苦痛的手术一样，为救济生活所不可或缺，而快乐就是生活的提高，有时倒反有害，如这样快乐的直接的结果，后来除非极其减低生活不能补偿的时候；然而直接的感应，是原始的适应，是并不顾虑那过程的远在后来的结果的：这是先觉的理性的事，——虽然感应的色彩，也是随时间的潮流而变化，可以变成更合目的的。我们无从说起，理想的均衡究竟带着怎样的感应，因为这大抵是我们所观察不到的。但我们可以假定，绝对未被破坏的生活的均衡，大概是和没有梦的睡眠一样，全然无知无觉的。我们生活上所能知觉的，无论在我们自己，或在别的有机体中，一切全是均衡的破坏和这样破坏的结果。

从这里可以引出这样的结论来，便是：苦痛是一种本原的东西，是均衡的破坏；快乐是一种演出的东西，是只有被破坏的均衡被恢复了，就是苦痛被消灭了的时候才会出现的。

但是这样的结论，是全然不对的。

问题在乎有机体和环境的交互作用，是有两方面的：一方面是，环境破坏了有机体，使有机体蒙受一切种类的危险，而有机体却用各种各类反应的方法，从环境中保卫自己；还有一方面是，环境供给有机体恢复和保存的条件：对它不但做了刺激的环境，也还做了保养的环境。有机体为着自己防卫和自己保存，势不得不经常放散力量，而要使这力量经常恢复转来，势又不得不注入必需的分量给有机体的各个器官。各个器官各自行了特殊的潜在力量的一定的蓄积，各自把这潜在力量顺承环境的作用去活动过后，就又不得不重复蓄积。万一力量消费得太多，多到不能相当的恢复，或力量(以营养物的形式)注入得太少，少到不够补足平常的消费，那器官就要衰弱，均衡便要被破坏。于是就会有了否定的感应。但是均衡的破坏，不用说也可以发现在别一方面的。设或有一个器官(重复一遍，它是有一定分量的组织了的潜在力量的)多时不见动用，营养的输入在它成为完全无需，所输入的将不变形为必需的特殊力量，就是不被组织化，却沉淀为脂肪样的东西。结果，器官也是要变质，或萎缩的。因为这样，不但营养的注入将要逐渐停止，就是不见动用的器官的本身组织也要被有机体给它改组。在这营养过剩方面的均衡的破坏，最初并不会觉得烦闷；只在欠缺活动的时候，有些烦躁，好像器官要去活动一下,有如马站得太久了,要顿脚摇身,人做了不动身体的工作之后,很想去运动一下似的。

营养蓄积过度带来的否定感应,比之力量消费过度带来的否定感应来得缓慢,来得模糊,是显然的:这样的均衡的破坏,并不会有直接的不幸来危迫有机体。但是把这久不动用的器官中所蓄积的力量来急激的发散了,却会使人觉得快乐的。就使物质代谢上的停滞,不会给予苦痛的感觉,那代谢的促进,只要不至疲劳,不至注入的营养不够补足它的消费,总可给予快适的经验。假如恢复了消费了的力量,带有肯定的感应,那么消费了蓄积过度的营养,也会带有肯定的感应。营养蓄积过度到了某一阶段,就要感到一种想要运动,想要消费力量的要求;一去消费,有机体便会乐得无可不可的,即使并无目的也要埋在里面:像这样无目的地消费了过度蓄积了的营养,这营养的迅速转变为各种器官的特殊力量,以及那力量的放散,我们就叫做游戏。有机体游戏时所得到的肯定的感应,是很有生物学的意义的;它能够帮助器官的保存,能够保证进步的进化。

这大约只要把进化来依据我们所规定的两种生活异样的术语一考察便会了然的。

设使有机体碰到了环境的什么新作用,或者为了完成工作的缘故,不得不将自己的什么机能紧张得异乎寻常,这时我们面前便明明白白摆着力量消费过度的生活异样。这生活异样不得不除去,而除去明明白白可以有两种方式:就是说,工作过度了,要减少些工作或者要凭营养的形式增多些力量的注入,来除去不调贴。这对于有机体有两种方法往往同样都是极有可能的:一种是振作的——做出新的复杂的反应来,或者把某种反应换做虽则比较生涩可是比较经济的反应,来增进自己的力量;还有一种是被动的——只将工作拒绝掉,退却掉,回避掉,煎熬掉,敷衍掉。凡是生活异样都是可以积极地(增加整个有机体或某一器官的力量总量,或者保证别的器官会来援助这一器官的新适应)除去它,也可以用被动的方法(逃避新任务的方法)除去它。积极的解决生活异样,可以引起有机体的分化,增进了有机体的经验,机智,和一般的生活力;被动的解决生活异样却顶多只能使有机体保留原状,三不时还要缩小了它的生活范围,以致部分的死灭或某种要求的萎缩。

引了例子来说明:例如有某一人类或动物的种族,侵入了一向是别的人类或别的动物所占有的地域。生活艰难起来,一切生活条件都变了,或是侵入者直接袭击了土著,或是侵入者和土著竞争,都同样地难以得到食物和别的生活资料。土著们可以起来抵抗。或是想出最适当的战法来,和这新的敌人直接战斗,或是把获得生活必需品所要用的机关和武器,弄得更其完善的方法,来行抵抗。但他们也可以比之用力,更其爱好和平和贫弱的生存,服从运命,离开乡土,远远逃到福泽不厚的别地去,占着作为臣仆的下属地位(倘若问题是关于人们的),渐渐地他们也就能够惯于营养和食料的不够,而把生机缩小了。在前一种情况里,就是用积极的抵抗或完善的方法来竞争的情况里,新的敌人的侵入,是于民族或种族极其有益的,可以使勇敢、敏捷、机警、聪明等等都发达起来。在第二种情况里,敌人的侵入是会使土著生活低下几段去的。

西欧积极的人们,每逢遇到一切苦痛,不快,不幸,总是努力探究它的原因,并且竭力想用断然手段来疗治它,——东洋被动的人们却只知道用麻醉剂来糟蹋了自己,或者一味沉迷在定命观里。前者是现实地除去生活异样,后者却只在生活异样前蔽了眼睛,瘪了意兴,只当不曾看见。那结果是明明白白的。

解决生活异样之所以有积极的或消极的倾向,是有许多非常复杂的原因的,我们这里不涉及那原因的探讨。

我们在别类的生活异样里也可以见到同样的情形。假定有机体享受了过剩的营养,它当时正在有利的条件下,并没有消费掉营养分全量的必要,而那额外的未经组织的物质(例如脂肪)的过度蓄积,却来危逼有机体了。这时生活异样的被动的解决,是减少相当的营养的分量。但若采取这样的解决,那有机体所发现的力量总量便将减低,那不见动用的器官便将萎缩,越其要求更少的营养,——而从周围环境输进来的力量,因为有机体活动停滞的缘故,便将近到最低限度。这样的有机体,当然一定要死灭的,因为这样,即使有利的时期过去,艰难的时期再来,也不能再有原先的适应性了。

这种生活异样的积极的解决——是游戏①,就是过剩力量的无目的的消费,而使有机体得以充分发挥机能。这样,不但可以保存,而且可以强健。事实上,凡是有实际目的的各种器官的活动,——或它们的劳动,——都是不得不随顺种种的必要,又要看那条件如何,多多少少有些不规则的:即如劳动,固然分明是在向着合节奏上进行,但这努力,往往会碰到难以制胜的障碍。不像游戏,各个器官得以完全的自由,就它们所以为最自然,最适合全机构的,表现自己,——在这里便有游戏的特殊的快乐,有为游戏之特色

---

① 例如游戏体操。

的自由的感情,这是异乎劳动之点。游戏里有机体所过的是最正常的生活:它只随着自己,随着自己的组织,把力量用得最切要,花费得最满意。

游戏着动物是正在自行锻炼着的动物。我们为什么要说游戏是进步的进化的保证,现在大约可以明白了。

动物在积极地解决各种各类生活异样,就是它在向着理想的有机体一方进展。它会随着环境的一切变化,完成新的机能,它会为过余的消费,发见新的力的源泉,也会为一切力的过剩,发见实际有益的有计划的工作。

从生存竞争里面主动的有机体比之被动的有机体,进步的有机体比之单止顺应的有机体,具有毫无疑义的优越性,我们可以假定(虽然不能断言):力的成长,生活的进步所以带有肯定的感应,乃是由于一切有机体上原本带有对于力的追求,对于生活的成长的追求。单就人类型范的特别进步来说,哪有这样进步的要求,才会进步到这样,是已经没有怀疑的余地了。

然而单是这点还是不够的,我们还须考察一个生活的特性,就是有着重大意义的生活异样的解决。

我们要说关于力的最低限度消费的原理。有机体的力,是有限的。在和自然斗争的时候,有机体不能不打算。当意识还在发端状态的时候,这打算是靠挑选,就是用保存有充分能力保存自己繁殖自己的有机体,灭绝荏弱的有机体的方法来做。在斗争中不荏弱,要靠收入生活,而不动用本钱,——这是在生存竞争中自然发生的根本问题。因为在这斗争中心理表现出一定的适应,并包含着个体的追想的能力,就是发见那条件的异同,因以调节自己的反应,那么,就是心理当然也要服从这法则的。在发展较低阶段上的有机体,并不是由思虑,乃是由感觉来领导,说得正确一点——乃是由感觉所带有的感应的性质来领导的。一切外来的刺激,和有机体本身的一切作用,都带着肯定的或否定的感应的色彩,这其实便是演绎法的萌芽:感觉了主观的或客观的某一现象 A,是不快的,——有机体便想压抑它,——感觉了别一现象 B,是愉快的,——有机体便想维持它,扩大它;在发展较高的阶段上,例如人类,直接的痛苦和快乐已经不演这样特殊的作用了,但在这里,仍和生物学的"演绎法"一样,出现了逻辑的"演绎法":以为凡于生活有害的,都应该灭绝的,现象 A 是于我有害的,所以我该努力将它灭绝了等等。

力量的无益的撒布,是无条件地于有机体有害的,所以我们可以预料,非合理的消费都带有否定的感应,而合理的消费,都带有肯定的感应。我们都把能得最多的感应的叫做合理的力的倾向,或者反过来,为获得感应而消费的力量越少的,便以为更合理的获得感应。而工作无论怎样,总有一部分的力量不生产地撒布在附属的结果上。各个器官是一种各自适应一定的机械的或是化学的作用的机器,它依照一定的样式动作,它占有恢复消费了的力量的能力。假如我们,用手做事,觉着不中用——这意思就是说我们的动作不自在,为要达到目的不得不使我们无谓地消费了大部分的力量:"不中用"的感情中所包含的否定的感应,便是力量不生产的撒布的表白。所谓耳、眼、手、脚的自由的愉快的工作,便是器官极适于做这工作,只要消费了最低限度的力便能得到有机体所必需的结果的工作。

我们知道,过劳大抵是不快的,但我们不能断言,不快的声音,刺眼的闪光,以及类此的一切现象,在无论何种情况之下,必定就有过劳出现;各个器官之中,明明各自装有特别的、测计力量相对消费的计量器。自动调节机的动其调节器,并不在工作速率异常,将要耗失力量的时候,而在工作开始了不调整的时候;我们在器官上也可以见到这样。器官做着一定的工作,假若带有苦痛或感到不中用,——那工作便要停止。那时虽然还不见得有力的耗失,但若继续工作下去,总要有力的耗失的。器官好像就在通知,这种工作经过了长期,它便无力支持了。总之工作不是照力量的绝对消费评计,是照相对消费评计的。

到这里,便要碰到生活异样的理论的最初创始者所感得的困难了。什么叫做力量的相对过度消费呢?生活异样的理论,无非在力量的充积和那消费之间设定某种关系,而这里的问题,粗粗一看,却似乎并不属于这种关系:有一时要求紧张得超乎力量的充积的辛苦工作,例如体操练习,倒反觉得愉快的;也有毫不足道的无聊的工作,单因所得不偿所费的缘故觉得不快的。这就好像还有辨认所费力量和所得效果的关系的必要。

无疑的,在发展最高的阶段上,例如在人类,关于结果和手段的不均衡的批判是充分可能的,但在直接感应的境域内,除了力量的消费和那恢复的关系之外,可就不知道还有别的什么关系必须采用适应性来评价。

其实,如果确信只要这个评价便够指导有机体的力的经济,那就只要把有机体和各器官的作用,拉下作为那构成因素的作用看就够的:器官的本身就是适应的产物,而其所以是这样,而不是别样,就因为在特定的条件之下,特定的那机构最为适应的缘故,而这机构到头是由构成因素(一对的细胞)构成的,它们各个都有做一定的工作,并借营养以恢复自己的能力:要器官不被破坏,必需那构成因素都是均等的工作,说得更正确一点,就是它们的力相应的工作;倘有什么一个细胞被特定工作的特异性破坏了,而别的细胞的集团也都全然不能工作了,那就立刻便要显出力量的过度消费来的。

假如有一百个人在搬沉重的东西;倘若他们合节奏地一齐地向上拉,他们或许是可以心满意足地完成大事的;然而如果他们是各别地、把九十个人和九个人还有一个人分开来各别地拉;九十个人呢大约还不觉得大两样,那九个人便要埋怨太重了,至于单个的改宗者,恐怕吃力死也不会给同志们什么帮助的。为最经济的劳动计,必要有劳动的均等和正确的安排,简括说来,就是所谓劳动的组织化。而器官也是构成因素的劳动组织:它若因为某种事情,逼得它非组织地在工作,那就是它不经济地在工作。要使器官成为经济地劳动,必须给它做合乎它自己组织条件的劳动。器官是决不因为无聊的工作而疲劳的,但若那工作是不规则的,那就会有它的若干构成因素疲劳起来;这些构成因素就要陷于由于过度消费的生活异样,就要唤起苦痛来给它做一个危险信号。

我们以为这样就可以说明,不但恢复力量的过度消费和尽情放散过剩的力量带有肯定的感应,就是力量的正当的常规的经济的消费也带有肯定的感应,又不但力量的一般的过度消费和无组织物质的过度蓄积带有否定的感应,就是从力量的最低限度消费的原理看来觉得不合目的的力量的消费也带有否定的感应的事实。

我们还须极其简明地,设定几条生物学的和心理学的前提。我们应该为这些预备考察的干燥无味,请读者宽恕,但这正是实证美学绝不可缺的基础,因为美学原是关于评价以及一部分从这评价演出的创造活动的科学。因此可以明白,美学原是生物学的一个最重要的部门,是关于一般生活的科学。我们以为,不但美学,就是一切心理学而且甚至社会学也应该当做关于生活的科学的一部分来观察,而且迟早就会依据生物机械学的根本法则的观点来观察的,我们说在这里的只是短短的大要而已。

有机体必须用现实的方法和环境的具体作用奋斗。然而当时心理并不由综合和概括的方法而发展,却由纯然分析的方法而发展。实际,心理最初可以说是包含在有机体对于外界环境因素的二元关系之中的:同那些因素的有的接触,带有肯定的感应,同别的接触带有否定的感应,于是有机体就或则趋向那对于它的影响的源泉方面,或则趋向那反对的方面。而这二元的倾向,就像一条红线似地连贯着,从最单纯的原生动物(Pro-tozoa)直到文化人类的最高典型;它成为对于世界的评价的根基,善恶观念的源泉。

心理最远前的发展,是不断地在分化感觉的情绪(苦痛和快乐)和纯粹感觉:触觉、味觉、温觉、嗅觉、听觉、视觉、筋觉等。感应依然显示着反应的一般性质：就是接近和离开的性质；不过反应变成无限复杂，分化为繁殊和错综的巨大的集团了。要详细观察心理的进化，在理论上还都是假说和模糊的今日，是我们所做不到的。

我们移到人类去，到那里去发见同样的类型的性质罢：人类是靠了对于外界现象的许多复杂的反应，来支持自己的生活的，这时指导人类的，是他的感情。当然，要把一个客观的现象到来，能够立即决定该用怎样反应去对付的，叫做最强有力的适应。只是精密说来，人类反应是要经过复杂的内在过程才显现的；当现象是极其普通的时候，这过程固然非常之短，有机体几乎无意识地在反应；但如那现象是新奇的异常的，那有机体就要搜求反应，唤起过去的经验来，从那经验之中形成了新的反应。这时，追忆，识别等等的过程，便带有脑神经质的消费：脑是记忆的器官，也是结合旧的反应来完成新的反应的器官。

因为影响人类的环境种类极其繁殊，现象的类分就在人类心理生活上成为了不起的大事：既不得不把多种多类的现象尽力统括在一般的类型之下，——在人类的观念里面归附在某一种反应；又不得不把特定的一团现象从一般的类型中区别出来，以便随宜变换反应。而技术的发达，语言、文法、逻辑的完成，便因这些要求的逼迫并且按照最低限度力量消费的法则，激发出来了。这些东西，最先也是半无意识地作为，自然地集积，只解决具体生活异样的，但是叨了记忆的光，经验集积了来，逐渐组织起来，那和事实分明矛盾的，就渐至只有独自落伍了。

脑也同一切别的器官一样，进长，发展了，——它的适应性是生存竞争和对于环境作用的直接适应和挑选的自然的产物。身体上一切器官所做的工作的评价以及工作的调节，都由脑做中介。一面，脑也能够评价它本身直接所做的工作，就是能够经验工作过度或不规则所致的苦痛和规则地消费了蓄积力量所致的快乐。脑也一样要靠营养来恢复，安逸于它也一样地有害，急激地消费了蓄积的力量，只要不至于过度，也于它一样地有益，又脑也能感觉自身之中工作是否在它的各因素之间安排得正当。总而言之，脑也是受着一切生物机械学的法则的支配。设使手在合适的规则的而且健强的运动的时候，经验到快乐，这是因为手是适应的结果，那么思想在没有停滞，没有障碍，精力地发展的时候，也会经验到快乐的。

在脑中，蓄积着过去的经验，脑将现在和过去结合，而调节反应，它超越瞬间，在它里头保存着过去的迹象，也在它里头存在着关于将来的观念。这过去和将来，是由漠然的形象构成的，而那形象则由和外界的环境既不直接又不简单的间接复杂的关系中发生。具体的回忆之个人的特征渐被拭去，只剩下了一定的记号或语言所连结的一般的概念。当外界环境毫不给脑工作，而其中又蓄积着力量的时候，——脑便在游戏；它自由自在地纯循自己组织地在活动；它将形象组合起来玩弄，或是创造；它玩弄概念，将它组合起来，——成为思维。

安逸是科学的母亲。有了不必专为生活而奋斗的阶层出现，便有了人类进步的新的强有力的动力。安逸的人们能够使自己的一切器官，从筋肉到头脑，都更规则地去发展，因为他们可以游戏，——这里便包含有他们的自由；"奴隶"（Rabctvo）这个字是从"劳动"（Rabota）这个字出来的：在奴隶，在劳动者，是难以亲近艺术，科学的。游戏将可怕的力给了贵族了，因为它不但锻炼了上级阶层的代表者的身体和头脑，也把具体斗争搬到抽象之野去的可能性给了他们了：他们能够汇集各时代的经验，大胆地综合起来，他们能够用最普遍的抽象的术语来安排问题。脑在游戏，为自己设立了新的生活异样，它突进到关于世界的正确的思维，依照最低限度的力量的消费的原理，突进到关于世界的思维。当日常生活中的人们正在和几千各色各样的敌人斗争的时候，自由思想家的智慧已经把这些小小问题综合起来，给自己树立了幻影的大敌，就是抽象问题。这在形式上，虽则是认识的生活异样，是脑作用的均衡的破坏，但这样的问题的解决，的克服，那实际的应用，就于解决一切部分的困难的可以满足的理论之外，不会再是别的。

我们已经说过，认识是很有生物学的意义的。经验及其流衍的机智或现存的法则的知识就是科学，和合目的的活动或是技术——这是人类生活的基础。理想的认识无疑的就是关于世界的最合目的的思维，——能以最大的容易把握一切经验的思维。这是认识的理想。

固然，一切的理论化原本是游戏，是安逸的产物，但是最和实际生活密切的思维总就要随同时间的流逝渐次失了内在的自由的性质的：它不得不随从做它研究对象的现实，而渐次带上了知识劳动的性质，同时更其密切地和人类劳动领域相连结。而和实际相远的领域，虽则还会有不少时候遗留在安逸的记号之下，但那领域里面也要渐次展开了科学方法的谨严；思想家成了研究者，游艺者成了知识劳动者。自由的思想既经这样和实际的生活和"劳动"密切地连结了，思想和劳动的联系的公共目标就应该是劳动的一般的解放，是劳动过程的接近自由创造，是征服自然力以解放全人类。

知识游戏，自由认识，辩证法，哲学等等的跟知识劳动，实验研究不同，也和一切的游戏跟一切劳动不同一样；彼此都是带着力量的消费，彼此都是受制于劳动器官的构造,但在劳动,不得不服从外界所提出的条件,——而在游戏,则一切行动纯由主观规定,纯循最低限度力量消费的原理,纯依感应所指导。要思维世界,把无限复杂的现象统括在几个一般的法则里面,是极其繁难的:研究实在的物理学者就是思想家的预备的建设和推论,就步步为经验所破坏;这经验变化多端,难以捉摸,没有秩序,感情的证明充满着矛盾和纷乱;活动着的头脑,步步狼狈地蹉跌在障碍上;思想辗转从这一结论荡到那一结论,一脚踏了进去,深的疲劳便征服了人们;于是人就觉得知识这一种东西,是不完全的,无能力的,而且最后,人就含着苦恼的微笑,躲到怀疑主义的里头去,说:"什么也不能知道的,就使认识了什么,所认识的东西也是无从证明的。"

但在别的领域上,——在数学的领域上,却从第一步起便有很好的成绩;从几何学和算术的定理出发,自由地循着心理的内在的法则,到达了发见,它的重要和确实,已经没有怀疑的余地了。

那在高空上神秘地运动着的天体的世界,好像也是服从数的法则的:那里一切都是规则的,那里有调和的王国,然而在这地上的幽谷里面,却什么也不能理解,——几何学的图形无从整顿,正确的法则不能确立,这里是偶然的王国。

可是科学和哲学之父们还是热烈的要求从数理的归纳的方法出发,从天上世界对于地上世界的明明的矛盾出发,没有矛盾地来思维,整个地,明白地,健全地,组织地来思维。因这热烈的要求,便在眼睛看得见的世界,现象的世界之外,创造了——别的"真实"的世界,和思维的法则同一法则的世界。于是玄学便出现了。埃理亚派、毕达哥拉斯派、柏拉图派,以及别的许多学派都是这样的,不走思想完成到认识的理想,思想完成到广得把握实在全领域的艰难的路,却走了别的路;他们都替自己创造了可由理智到达的世界,而且傲然地宣言,这才是"真实"的世界。

认识的理想是关于世界的思维,认识的观念论是世界的幻影:在真实的认识里,思想是完成经验的现实的,但在观念论的哲学里,思想却造了自己的影子,来韬晦自己,躲避现实。幸而这是不可能:事实用了铁一样声音说"不对,"观念论者的脆弱的体系便给现实的颠扑不破的岩石碰得粉碎了。

然而玄学的体系的美学的价值,却是无可怀疑的:在那里一切都很单纯很整齐,在那里人都觉得松快受用,而且可以把自己思想所造的幻影当作了现实,当他以为体系的美学的价值正和科学的价值符合的时候,他是如何的幸福呵。然而当他觉得依照思想本身的要求而建设的这建筑不过是空中楼阁的时候，他觉得思想并不是世界的建设者，却是该去认识那造得哑谜一样的统是危险而且无限混沌不合理，却又无限丰富神奇的现实的建筑的时候，就是他在这现实的深潭和峭壁之中醒了转来的时候，他恐怕是要衔了悲痛去责问哲学者们的罢，"你们为什么骗我呢？"于是方才赶急，悟得应该把他们当作诗人来评价了。

然而玄学的哲学者们是坦然的，说：是的，玄学说这现实的世界，是说得不到家，但以为那是唯一的现实，是错的；姑且看罢，——在那里一切都在变迁……谁妨碍我们想别的，可用知识达到的超越的世界呢？谁来妨碍呢？去研究那世界罢，在那里，我们的思想可以建造，在那里，我们的思想可以做女王，在那里，没有东西来阻碍她，因为那里……是虚空的所在……实体是从顺的：它们是沉默的，是和倔强的现象两样的。

我们已经说过，科学所切望的理想的认识，是理想生活的要件。生活的理想是什么呢？生活的理想原来就是有机体能够在那中间经验到最高限度快乐的生活；但是积极的快乐，我们知道，统是在有机体受够了营养，自由地，纯循自己内在的法则放散自己力量的时候，——就是那有机体正在游戏的时候，才能得到的。所以生活的理想，应该就是一切器官能够专只领略合节奏的，调和的，流畅的，愉快的东西，一切运动能够自由轻快地做，进取和创造的本能它能十分满足的、最强健的最自由的生活：这该就是人类所梦想的幸福的生活。人类总是想在富于野禽的森林和原野打猎的罢，总是想和相称的敌人对打的罢，总是想喝酒，唱歌，爱美人的罢，总是想畅快地休息（这是疲劳的人的梦想，）想好日子的罢，总是想有力地快乐地思维的罢……。但在生活里头，却不大有游戏：劳苦，危险，疾病，近亲的不幸，死亡，从四面八方，伺候着他。有机体想创造自己的世界，自己的住所，自由和调和的美好的别一世界，然而他难道一下就想战胜了君临着这世界的怪异的自然元素，凶恶的力吗？幸福的获得的路是长远的……人却学会了在空想中寻求幸福的反映了。他歌颂幸福的生活，讲关于幸福的故事，时时把幸福的生活托之于自己的祖先，他但愿他梦得更光彩，就服着麻醉剂，喝着陶醉的饮料。他委身在本能的热烈的幸福的想望中，等到说明了这个梦想是真个存在的，不过在彼岸……别一世界……祖先们已经先去，而魂灵也常在梦中飞去的那里，——那时他的梦想还会没有多么动人的力量吗？

于是除出只有认识自然，征服自然力，才能达到的，做着远的目的生活理想之外，便有幸福搬在彼岸的理想主义展开来了。生活遭了罪罚，而有机体以为最可怕的死，却用了幻想的一切色彩铺腾着，粉饰着。于是死后的幸福和现实的幸福成了对立,也就像玄学的真理和物理学的真理成了对立一样了。

　　人类是必需训练的。种族保存了祖先的经验:里头有许多习惯合理的,也有许多习惯不合理的;当初再也不想去批判它们:只以为祖先既是这样定下了的就应该这样奉行。当某一种习惯是合理的时候,不奉行那习惯,吃了一次自然的罚;便以为一切不幸都就是不遵守别的人们的习惯的罚,而且种族又怕得罪了契约和仪式的保存者祖先和群神,自己动手来罪罚违背真理正义的罪。在原始时代,正义当然是只有一个,而且无可争议的,——大家接受的,确定的,现行的,便是正义。今日这正义流行着的,仅许可在彼岸的世界而已;这在那里,在那幸福无量的世界,在那里有着确定的合法的正义,从那里,盼来了正义,从那里监守着正义的森严的存在。

　　但是社会复杂起来,别的正义也出现了。亚哈的正义跟以利亚的正义冲突,主人的道德和奴隶的道德冲突,而且各自繁衍,分化了。主人们平常强制执行自己的正义,奴隶只是忍苦,梦想自己的正义的胜利,并且往往在那旗号底下反抗。可是时代到了,便有局外看来会得痛心的人们出现了:人们都在种种利害关系化装的种种正义名目之下,相冲突,相杀戮,相凌虐,创造了比最恶的自然力还要恶得无限的恶;被寸裂了的人类,是号哭着,痉挛着,自己寸断了自己,而且能够规定关于一般的正义,关于全人类的正义的旁观者,也不免对于人类觉得恐怖了;怜悯,忿怒,悲哀,矫正人类的欲求,焦灼了他的心。他能够说出怎样正义的理想,怎样绝对善的戒律来呢?这戒律自然是随有机体各自对于幸福的希求而定的:因此在人间,有和平,有相爱,人一律有自求幸福的权利,人一律应受尊重……爱和互助的道德当作理想的善:和平的合作,人们的调和的同胞的共存。不过实现它的道路,有各式各样:有的道德家,注意在个人,看出个人是利己的,邪恶的,不德的东西,想由矫正个人来实现理想:这样的道德家是对个人说:"neminem laede, sed omnes, quantum potes, juva"①。但是个人如其彻底地遵守道德,恐怕他已在那"homo homini lupus est"②的叫喊里灭亡了罢。比较明亮的道德家,却理解人们的各种正义是由他们在社会上的境遇不同而来的,痛心于社会构成的不正及其露骨的阶级斗争,——把改造社会的计划建立在博爱和自由和平等的基础上。但是这种工作是艰难的,社会并不听从道德家们的

---

① "不要害任何人,但需尽力帮助任何人。"
② "人待人,是狼(心)。"

话,——他们之中没有一个人能够止得住这可怕的,充满憎恨的,人类的磨轧;虽在十字架的旗号之下,也还是用了原先一样的狂力在那里闹。

但是正义的渴望是激切的,当绝望捉住了道德家们的时候,他们便又开始相信自己的梦,相信千年的王国从天上来到了,便又除了人类的意志和努力外相信天上的耶路撒冷的存在,正义在彼岸世界的胜利了;奴隶们尤其是欢欢喜喜地迎接这教义,——他们简直不想用自己的力来实现自己的正义了。

于是乎真、善、美,或认识、幸福、正义,在积极的现实主义者那里和一种可以用人类经验的认识的方法在地上获得的强有力的,完全的生活的理想结合起来的时候;真、善、美在理想主义者那里便和一个能够由智力到达的彼岸的世界,——天上的王国融合了。

向前的理想是对于劳动的强有力的刺激,我们头上的理想却从我们削除了劳动的必要:它已经存在,它正和我们不相干地存在,它又不需认识,不需奋斗,不需改革,只需凭借神秘的透视,只需凭借神秘的出神和自己深化来达到。理想主义者把天上的王国越照得光明,他们就把悲剧的黑暗越投在地上。他们说:"经验科学是未必贡献知识的,为幸福而斗争而改革社会是未必有所得的,这都是没有什么价值的东西,这比起天上王国的一切的完美来,都不过是空心的摇鼓玩具。"

但是,积极的现实主义者的悲剧,是在认识路程上可怕的艰难和人类前面耸立的吓人的障壁,而其慰安,则在胜利是可能的这一个希望里头,尤其在——只有人类,只有有出色的头脑和中用的手的他,能够战取地上的人性的王国,他的理想是只受制于人类的有机体的,无论怎样天上的力,也不能对抗他——这一个意识里头。

这样,可见生活是自己肯定的过程,而理想便是同样而充实的,完整的,华美庄严的,创造的生活。人类是要由自己的理想,就是自己的欲求的观点,评价一切现象的,——或是用最直接的例如种种日常欲望的形式,或是用真、美、善和正义等等完成的完整的观念的形式。美学就是关于评价的科学。认识论和伦理学固然也各有各的特性,但在本质上不过是它的分化。

第二篇 美学是什么？

美学是关于评价的科学①。人从三种观点，就是从真，从善，从美的观点以从事评价。只有这些评价完全一致的时候，方才说得到唯一而且完整的美学。然而它们却未必常相一致的，因此就从原则上是唯一的美学本身里面演出了认识论和伦理学。

在怎样的意义上这些评价可以互相一致，在怎样的意义上它们不相一致呢，而且此外是不是还有别的评价存在呢，——这就是我们在本篇中所要研究的首要问题。

从生物学的观点看来，评价自然只能有一种的；凡是助长生活的，就是真，就是善，也就是美，就是一种积极的，好的，动人的东西；凡是毁坏或降低生活，以及限制生活的，就是伪，就是恶，也就是丑——就是一种否定的，坏恶的，反拨的东西。在这意义上，从真、善、美的观点所行的评价是不会不相一致的。事实，也正如我们所观察的一样，那无所不包的知识，和人类生活的正当的组织以及庄严的美的理想，是容易融合在生活的一种最高限度的理想里面的。

不过这里，自然带有一种限制：因为这些理想的相冲相克之处，我们是见得太多了。在事实上，难道没有假借正义的名义破坏雕像，诅咒快活的音乐，逃向荒野，在那里毁坏自己的生活，而且鞭打自己的吗，为了觉得美和生活这东西结连着难以割断的罪孽的缘故？难道不曾看见我们自己，我们的希求强大的意志，美的冲动，时常要去贻害别人，破坏别人对于幸福的权利吗？

在别一方面，那冷静的科学岂不是又在冷酷地破坏一个个美的故事？而正义对于知识岂不是又以那学说为不道德而加以反抗？美的信仰者们，

---

① 这个解说不是普通的，普通的解说都说美学是关于美的科学，但他们却又故意在那里说关于恒久美的真理和关于道德的美。美学所以要被认为关于评价一般的基本科学的理由，将在本篇中加以说明。

难道不又在竭其精魂所有的力,诅咒那灰白有光的科学的散文和道德家们禁欲的非难吗?

凡这种种都是无可置疑的事实。因此常常哄动着使真和美来遵从善的理想的喊声,使善和真——来遵从美等等。要统一这些理想的一种浑沦的思想也就在这些倾向中出现。

但是问题还有别的一方面,我们且留意留意别一方面罢。我们知道有机体,就是人类,离开至善之域也还非常之远。我们只要从一切完善的特征之中选择其所最不可缺的,必具的特征各部官能的调和来一看,便可以明白人类还是一种怎样可怜的存在。

那直接的本能——大半还是纯然动物的本能:在特定的片刻之间他想吃这食物,喝这饮料,伸手去取这金色的苹果……但这食物是有毒的,是于健康有害的,饮料会使醉倒,会使糊涂,金色的苹果是属于别人的,它是不和的苹果。防卫的思虑几乎都还不见得已经成熟到变为本能:可是一切有害的食物就全然没有味道吗?可是烂醉先前不会得到快乐吗?可是当考虑到将要发生斗争,乃至考虑到别人的权利时,就不致为那金色的苹果所诱惑吗?人类不能不用理性来抑制自己的本能。理性将画中的直接乐趣,画中的明朗的彩色的肯定的感应,跟那苍白的,破碎的画所给予的不愉快,甚至会有极恶的结果相对照。在理性的基本的论证中无疑地也横陈着同样的情绪的本质,同样的快乐的期望,和对于苦痛的恐惧,但是它们,却不显现在直接的活的形式中,而是显现在抽象的,思想的形式中。于是开始了内在的斗争。事物或行为有了两种的评价:从直接的快乐的观点的,和从较远的结果的观点的。这就是——欲望和智慧的斗争。我们如果观察正在斗争的两面,将会发见任何一面的评价都是从同样的生物学的倾向中发生的。不过欲望的评价是不正确的,性急的;理性的评价却是从有机体的新的器官,就是从能达观遥远的过去和将来的更可靠的器官所加的修正。

就因为心理的活动的中心逐渐转移到整个高尚的脑髓机关中去,从中无意识的和半意识的习惯的动作就逐渐少见,而意识的,可塑的反应却有了居中操纵之势。因此直接的本能和节制的观念之间的斗争,我们就称为我们的"我"和欲望的斗争。

但是我们只要考察下去,就会完全明白两种评价有着根本的同一性,就是莽闯的冲动的直接的欲望显然不会不逐渐和人类的理性的要求相融合。现在往往讨厌理智过剩。我们往往帮助欲望,其实,这只因为理性考虑各种事情,流于妥协,偏于回避斗争和责任的缘故,在理想上是理性不会不和欲望的声音完全一致的人类固然应该不去希求那不可能的事物,但最重要的,还在设法获得强力和智能来满足一切自己的欲求。理性有如富于经验的老管家,常在节制热情的却非理性的主人,总是对他说:"主人呵,这欲望是我们的资力所办不到的。"但是他的职务却不只在圈限主人的欲求,而是在乎找寻新的源头,使他一切更加富裕。

可是现在还是固执得厉害。理智的外交官兼经济的财政家的理性,还老是将我们有机体的虽然有时狂乱,可是总有一分存在权利的冲动浇冷水。这理智也不见得就一定是一个好东西。假使它是有引进自弃的倾向的,——那简直是生活的对头,它岂但不应该逃避责任,它还应该去发见那解决的道路的。

我们在这些例子中间已经可以看出,为欲望的利益解决问题,和为理性的利益解决问题,同样是偏于一面的——它或许竟会引进黑暗的生活否定,或小市民的独善主义,或完全的极恶的放纵去的。除非理解本能的和理性的评价的内在本质,我们才会把留神生活的向上和扩张,想使满足要求的手段和那要求一同发展起来的努力当做了最高目的,并且从此得到了为事物的真的评价的坚固的基础:什么一个时候,会有本能或理性的任何一面,迅速而又无误地洞见一切能够助长生活的东西,并且只有这样的现象和行为会得焕发起肯定的感应来的,那个时候,我们就会有调和的性格在眼前。或许有人怀疑,精神和肉体是否能够达到这样的美的调和;但是人类在本身的发展之中,正自然地向着这方面努力,在那里有着理智和欲望斗争的自然的终局;欲望应该会成为理性的,理性应该会成为欲望之忍苦耐劳而富于机智的实现者的,人类达到了这样的阶段时,我们就有权利称他为美的人;他们的欲望的调和,和满足那些欲望的手段的丰富做了切实的补足,就有了强健的,健康的有机体,人就成为美而且善的了。

在理性和情热的斗争中,我们所以往往同情于后者,那不止由于未成熟的,而且胆怯的理性的小市民的打算的狭隘的眼光的缘故,也是为了——他的褊狭的利己的眼光的缘故。

在历史的竞争场上,人类带了某种超个体的本能登场,例如母性本能,许多合群的本能,爱国心等等。所有这些本能在某种条件之下都是说不定会于个体有害的,但到头它们都为生活所必需,不过并非为了个人的生活,乃是为了种族的生活。个人的利益和种族的利益未必一定一致。当两者之一还止以半无意识的精神运动的形式而显现的时候,两者的冲突常不由理性参与,单由它们的力量的大小来解决。

但在发展到较高阶段上，具体的生活异样转变为抽象的课题时，人类就会意识到自己的利益和他所属的家庭、氏族、团体、国民的利益和矛盾。家庭、氏族、国民、人类，——一切这些种族的观念的代表者们，——本身固然也往往相矛盾，而一般地总以利己倾向和社会倾向之间的矛盾表现得最为明显。理性帮助了个体。他嘲笑那利人的，就是种族的本能，他明白懂得牺牲了自己是愚蠢的，这样团体的精神就涣散了。

这种个人主义的理性是必须克服的，不然便将永远闭塞了向理想的路①。

事实上，谈不到在个人生活的范围内和用个人努力的方式，达到理想认识，理想生活，以及作为发展个体的自然基础的正当的社会组织。当个体坚决地拒绝了自己的命运和自己的目的跟种族的命运和目的结合时，就不得不将自己的课题，限制到最可怜的最低限度；当然，也许人类就因为采用了全然不顾到别人对于幸福的权利，采用了硬来的方法的缘故，所以能够成为万物之灵的，但是就使如此，他所得到的认识，力量，完成的程度，跟人类在和自然斗争的很多世纪的过程中共同努力所可能得到的比起来还是可怜得很。固然，人类的斗争是有力的进步的动因，不过那是无意识的，无打算的动因，所以损害往往超过利益。关于全人类的和平的共同劳动，眼前还是谈不到，"远"的幸福的最热情的信奉者，远的将来的透视者和拥护者，还有社会上最进步的和觉悟的阶层，还都必须和别的人们，和别的阶层的利己，懒惰，傲岸奋斗，还都必须和掌着实权者的贪污，顽固，被虐待者的浑噩，和奴隶的精神奋斗；在这种奋斗中，他们必须坚决，而且竟是残酷，他们必须竭其全力，指导人类走向那从他们的观点看来，不能不算是最接近于理想的他们自己的道路。种族的智慧，真的利人主义的精神，还不在于对邻人的爱中，还在于为了种族的利益而发生的那最显明的表现，坚决地不屈不挠的斗争中。

为理想而奋斗，理想的奋斗，——是使人类愈加分明自觉到自己的责任的，必不可缺的内在斗争。反之，我们能够想象到人们的每个步骤中，看见那利人的本能，很显然地充分的发展着：他们讲忍耐；他们不得罪任何人，他们从来不对什么事负责任，反而想去安慰任何人，要对任何人说必须节欲

---

① 这里要加一点说明：就是个人主义，并非就是这般理性中所固有的，只因理性是在愈加成为个人主义的社会中发展着，所以自然就成了它的支配的性质。这是自然发生的历史的特质的原因，经济的原因，将团体解体，使个体自立，把它恰当地武装起来的。

知足,并且大约还要这样说的罢,——大家相爱呀,云云,然而,究极说来,这是在寻求那死灭的,引导人类种族的力逐渐趋向追求死灭的安适的,最孱弱的利己主义者①。

某一暴君,将自己的意志强压着国民,把城市武装起来,使人类种族互相接近,把国家的思想和自己臣民的知识扩大培养起来,在他本心,也许是纯然由于自己的利己主义的;他要他的国民强盛,他要在文化的纪念碑中留下他自己的纪念等等;然而,就使他的努力的个人主义的形式,欺骗了他自己,也欺骗了像他一样,不懂得人类活动的意义,被斗争和矛盾的世界的灵物崇拜遮盖了的他的同时代者,然而其实,从他事业的本质说来,种族的智慧正在他的里面说话:他正在为世纪建设,他正在关心后世的意见,他还感到正在创造历史。反之,在历史中看不见意义的人们,就即使他极其良善,也不过是丝毫不曾将人类的模范提高一点的。单是曾经存在过了的利己主义者,在他死后,决不会有什么东西遗留下来的。

社会的本能在未熟的理性审判前面往往像煞是非理性的:"虚荣罢了,"理性说:"死了还讲什么光荣呢? 死了还不是什么都完了?"理性而且还会附加道:"吃罢,喝罢,作乐罢,"但到了厌倦了这些的时候,理性就什么也说不出来了——于是人类就为本身的生活饱满(taedium vitae)所吃瘪。

然而,只要历史的意义在人类里面成熟,只要我们为人类的过去和将来所从事的自然胜过我们个人的过去和将来的时候,超个人的本能,就容易高升到理性的阶段的。为什么这还不曾实现呢? 这不但不是不可能,我们还正在向着这个迈进。我们日益自觉到,"我"的概念是怎样地捉摸不定,而且在我是明明白白的,觉到为我所爱的历史中的英雄们,例如佐达诺·白鲁诺或胡腾,倒比我从幼小时候的照像里,看见穿着衬衣,捏着大脚趾头的那个无疑的"我",甚至比之那个老不愿意学习、读书、写作的少年的我,更其近乎"我",更其是"我"。

到了种族的本能和个人的本能合一的时候,到了个体在种族的伟大的生活中对于自己随时加以评价的时候,那时候非理性的也会变成理性的。反过来,假使种族的利益,要靠道德,要靠所谓义务,总而言之要靠外在的力:刑罚,恐怖,良心(因为良心有时和个体的自然的欲望不一致,全相矛盾,则良心之于个体,便是一种没有关系的东西),来裁制个人,假使它们是表现在理性的考虑的形式中,而且要和我们的个人的欲求争斗的,那要它们

---

① 作者就由于二十年前所讲的这些思想之力,他现在得以成为多数党党员了。

变为固定的本能,恰如母性的本能,不是不可能的吗?自然是,不可能的。

事物和行为,是可以从个体的观点,和大体从道德的种族的观点,来评价的,但是任何评价的根基上,都横陈着,而且也不得不横陈着同一的评价,从最高限度的生活的观点的评价。纵使个体的利益,往往和种族的利益不一致,但在别一面,它们却全然一样:种族除了各个个体以外,也就没有别的存在。有生活力的,强大的种族,不就是有生活力的,强大的个体的集合,是什么?在现在的时候,为了个体私生活的最高限度的充实,和为了种族的最高限度的利益,两种理想虽然未必常能调和,但是我的知识和身体愈加发展,我的生活也就愈加充实,同时我于人类也就愈加有益。这是明明白白的。而且在别一面,发展的因素之一的我所在的环境愈加发展,我也就更加容易获得最大的发展。

在这些人生的大问题上面我们不能再作进一步的研究了:我们的思想,是了然的,——个体的和种族的评价,在本质上是同一的,不过个体的评价是不正确的,性急的,它对于过去和将来见得比较少,只是人类一发展到不再愿为片刻而生活,却想自己的一生世有计划地生活下去的时候,他就会发展到为自己个体的生活,从种族的生活中看来,不过是一片刻而已的。因此,我会想终生健康,强壮而且快乐,不随从片刻的生活,而我的生存的各个具体的片刻,却不至于贫弱,——倒是相反。而且因此,人类会将超个人的理想,看作一种比之个人的生活更加高尚的东西,这种生活也将不至贫弱,倒是充满着创造的斗争,伟大的努力,充满着一切世纪和民众的为理想而战的战士都结合起来的合作和同情的快乐,竟是高扬到为个人主义者所梦想不到的,这样的美的。

美和正义的理想,为什么会不一致的缘故,现在是明白了。美的生活,就是充实的,强有力的,富裕的,可以别人生活的灭亡的代价购买的生活。从狭隘的美学的观点,想在眼前立刻要求美,就会封锁了走向理想的门。为了将来的更大的美,往往不能不牺牲眼前的较小的美。再我们万一站在狭隘的道德的观点上,我们也许竟会把一切文化当作罪恶,并且生怕破坏了那种可怜的小市民的幸福,停止了我们的前进。只有最高的观点,就是要求充实生活,要求全人类种族的最大的力和美,而正义自能成为美的基础的那种将来渴望的观点,可以给予我们指导的线索:一切凡是引导人类的力量成长,生活提高的,就是不可分割的唯一的美和善;一切凡是使人类衰弱的,就是恶,是丑。这或许可以想见那为了少数寄食者的豪奢而牺牲全国民,就是文化的进步,而要求黜废了这样的秩序的——却就是用了正义的名义牺牲美；然而在反面看来，却是自由的民众将要创造那无限地强有力的，和最高的美。

在各个情境中，都须从人类的力量的进步的观点来评价现象。有时候，这自然是困难的，然而它到底是辉煌的光辉，在这光辉中，比之凭着绝对道德的名义毫不计及人类生活，而止为现存的个人的权利设想的，或凭着绝对美的名义为了贵族主义的文化的，美丽的装饰，不惜使活的精神委弃污泥的，错误要少得多。

美的和自己的欲求调和的，创造的常求人类一切生活成长不息的个人的理想，和带着在人类斗争中所引起的竞争性质，想用种种方法来达到一种目的的那些人们的社会的理想，就是——广义的美学的理想。为什么呢，因为那美感先就捉住了我们，这目的先就是美的缘故。如果以为这种美学理想，调和了善和美，倒不如说，曾经因为社会的无组织无秩序脱离了的善，重新回到美，回到强力而且自由的生活的怀抱里来了。

耀眼的逻辑和美学的关系，是不论什么问题，凡投以正确的，尤其是新颖的光明的思想，便得到了美的快乐，而凡纷乱的思想，就都怀了困难和不满去接受；正确的思维——首先就是轻快的思维，就是依据最低限度的力的消费原理的，——美学原理的思维。我们常常说，那一篇论文的条理"整齐"，那一个证明"美"问题的解决"美妙"之类。这样像下棋似地，本身就显出跟思想的问题有关的游戏，分明证明着美学和思维的接近：这些问题的解决，毫无什么实际价值，全然只是一种思想的游戏；它的目的——只在思想的练习中所得到的快乐，就是美的情绪，也就是随伴脑髓的一切经济作用而起的肯定的感应①。

认识不但可以依据美学法则，就是力的最低消费或消费的最高结果的原理，换句话说——适合目的性的原理，而且不得不依据。然而做评价标准的真和美之间的差违也就发端在这里，认识，在实际上是决不退缩的，她不急急乎要嵌进理性体系的框子里去。玄学者却总为那一意谋求思维的完整的倾向所支配，他们依据了不充足的归纳，急急乎要立起一种恰如永劫的穹窿似的，能够包括全世界的事实的法则来。然而事实却和美的组织相矛盾。当"精神"正在这样热心地追求完整的思维的时候，经验却充满了这样的相互矛盾，这样的纷乱和困难，于是哲学者、玄学者不得不来一个结论，说他的认识的源泉，清于现实的浊水，而且他的思维的结果虽然和自明之理相反，

---

① 在此还要加添竞争的满足。

也还是对的。玄学者接着就在认识中依据了美学的评价,将认识变为游戏;其实,在他们的建筑的各部分之间统制着的调和和秩序,却正使它全体都和现实发生了极大的矛盾。

这矛盾,是要触着那不能不看现实的人们的眼睛的。于是想要整理玄学体系的企图,也就应运而生,而结局,就在对于现实最有强感的人们的眼前,暴露了那玄学的方法的完全破产,于是经验的方法便走到舞台的前面来了。他的要求是这样:理论必须严格地和事实相应合;尽管个别的理论彼此不一致,尽管不完整,但决不能用那虚伪的,就是和事实矛盾的代价,来购买理论的完整。

我们只要一观察这种评价,就会看见,在它的根基中横陈着同样的力的最低限度消费的原理:对于真理的追求,无疑地就是依从这种原理的关于世界的思维的追求;科学和玄学间的区别,只在玄学急于企求结果,闭了眼睛向那不稳当的基础上建筑,科学则缓慢地却又牢固地在建筑。科学也受制于美学原理,不过它在统一和明确的要求之外,还要求和事实绝对的一致,它不只是建筑而已,也还批评着他自己,不断地在考验所建筑的东西的牢固:建筑物的牢固已经成为使人认识科学的建筑之所以为美的必不可缺的条件了。在那里这种条件的要求已经成为本能,在那里它已经成为"思想纯洁的本能",美和真的纠纷就此完结。然而,不能在将来中,创造中,努力中生活的人们,是会从那广场上离开去的,在那里正在缓慢地建立伟大的生活宫,在那里正在世代接着世代地劳动着,而眼前在那里还只看得见一些成堆的石块、水泥洞、支柱、铁板,地面上基础的轮廓,在那里整个的计划还只画在纸上,在那里一切都已经设计好,却还不大看得见什么是已经可观的……。性急的人们大约会从这里离开去,他们将会宣告缓慢的工作,是没有成效的,他们将会指出,水会激荡基址,崖石将会破裂,人力有限,因而必须赶急从卓绝的云彩中建筑起如画的空中楼阁来。我们可以含着微笑回顾他们,也许还会对于他们的美丽的蜃楼看得出神的,可是假使竟是劝我们搬到幻想的屋宇里去住,我们便要觉得出奇了,于是我们就又动手工作。

在这里我们有着同样的矛盾,就是直接的个人本能,和为着自己思想完整的希求及向着永久坚固的真理的种族的努力的矛盾。在根本上这一切原是同一的:统一的感情,明确的希求指导着学者的努力;学者也便是美学者和艺术家,不过他应该把那并非听天由命的玄虚,却是坚石一样的现实,变成真理的辉煌的形象,因此他知道,真理领导着他,要人不但在那鉴赏上感到幸福,还要成为宇宙间的主宰。真理在适用于活的生活时,就再度汇合在充实的强有力的生活的理想,因为它是人类和自然奋斗的最良的武器。真理适用到社会组织,又能推出研究社会发展的法则,和发见怎样能够捉住这些法则而将社会引向他的理想,——指示生活充实的渴望,美的渴望的理想;这样,真理自然和正义的理想相一致。不过现在——科学也许竟会破坏了早熟的理想,主观的建筑,她宣示支配着我们的铁一样的必然性,她确信单止一种欲望还不够,我们应该能够认识现时历史的弹簧和适应它的创造的活动。这种使乌托邦者站住的严肃的声音,看去好像真理闯进了正义的领域,但在这里,我们也不过看见了和所谓真和美的矛盾全然一样的暂时的矛盾。玄学和乌托邦是本质的真理和正义的预期,而思想的纯洁则阻止我们和那会使我们睡觉或变成梦游病者乱走自己的路,而不认识现实世界的事物的小说相妥协。

这样看来,现今还不好就把固有的美学的评价,跟科学的,和社会的或道德的评价混同起来,虽然从本质上说来,美学是包含着这些领域,而且总有一时要完全包含了这些领域的。

除了美学的,科学的,和社会的评价以外,是不是还有别的什么评价,可以适用于任何客观现象或人类行为呢?

普通总还举出实用的或功利的评价来。这种评价,在本质上,自然是属于和上列三种的同一基础的。在事实上,评价并不是别的,就是感应的色彩,就是被评价的事象在我们内部所引起的满足或不满足。这满足或不满足可以是直接的——那时问题就和固有的美学的评价相关联,却又可以要理性的考虑做中介的,——这如,蚕蛾和肥料的堆积,本身可以引起我们的嫌恶,但理性却给我们从这对象的经营的显著结果中,描出那绸缎和肥田来,使我们对它们加给评价,但在这时所以认定它们有价值,分明还在它们能够发生终极的快乐,这也还是美学的评价,不过跟特定现象的"结果"有关系罢了。因为这样,所以一切评价,本质上永远是同一的,总归是被评价的现象所引起的关于生活的进长或衰退的判断,这种判断可以由直接的感觉的形式,或者全照字面的判断的形式而表现,跟正在评价的个人,或是别的个人,或是种族有关系,——但在本质上,永远是同一的。

凡是有益的东西一定是对什么人有益的,而且事实上不论是意识的或是无意识的,总是要看看对于终极目的的关系——个人的,他的亲友的或是种族的幸福;这幸福又总就是生活进长的意思,就使在那边,为我们所看见的,生活被认为所谓恶,而虚无却被认为所谓幸福的所在。

我们看见,真理的追求往往和直接的美感相矛盾,它破坏了美,而早熟的建筑,使我们事实上不得不顾念到我们的世界观中,看来仿佛运进了不调和;而要将完全一致的真和美悉数包罗在现实主义哲学体系中的学者的企图,却还不过在远方微微闪动。和这完全一样,正义也往往提出了为个人生活渴望的极其困难的要求;我们只有在美的将来中,能够想象那个人和社会的利益将会完全调和的社会组织。还有实用的评价,从表面上看起来,也很可以和美学的评价相矛盾,——如施肥,必需粪污的例子那样,——但在这里玄妙的矛盾更小了:事物和行为的实用,无非立刻或飞快地被实现为快乐,或者接近真理,或使别的个体得到快乐。实用还能有别的怎样的意义吗?

不过我们预期会来反驳:难道生存的目的就在快乐吗?快乐往往反而是于生活的充实所显现的主要状态精力生长有害的。的确是的,不过这不过说某种直接的快乐,会得打消更强有力的现实的将来的快乐;谁会否认精神生活的充实是最大的快乐呢,因为充实的强有力的生活和繁丰的强有力的快乐的行列——原本是同一的东西。

可是,苦痛难道不是时时增高吗?自然是的,不过那也只在它使个人的或种族的力成长的时候。(记住!我们是把种族的生活成长,一部分看作本能,一部分看作意识所造成的最后规律。)有些有益的事物,往往意义不在使他们得到了怎样的快乐却在解除了他们的苦痛:在这种情境之下,这些事物的和感应的联系,或和广义上美学的评价的联系,是更间接的了,但也还是显而易见的。

既然如此,美学可以说是关于评价一般的科学了,假如我们已经不用争论能够承认种族的生活的最高度的发展的规律,正在不断地发生作用,那我们就会把凡是助成这种目的的,就认为美,凡是妨碍这种目的的,就认为丑的,然而事实上人类还远远未能这样,所以我们只能将美学的界说狭义地说作,是关于随伴我们感觉和我们行为的"直接"感应的评价的科学。但在这种较狭的范围内,我们也可看见人类种族成长起来必然到处出现的型范逐渐提高的评价的等级的规律:在发展低的个人以为美的,一到发展较高的阶段就退到后方,而在智力低的头脑以为难以接近的美,却为着比较发展者耀彩扬辉;这种等级,将会把我们从片刻的动物的快乐,引到最优秀者凭借一切紧张的直接感应所感触到的为了种族的生活的发展而有的快乐。

第三篇 美 是 什 么？

直接的感应,就是苦痛或快乐,满足或不满足——是美的情绪不可或缺的基础。凡是对象引起我们美的情绪的,我们便都称它为美,或美的。那么,凡是给予我们快乐的,我们就都可以称它为美吗？我们并没有可以从美学领域中推开舒适的给人粗野的快乐的东西的根据。一切有美味的,有好香的,一切平滑的像天鹅绒的,一切在我冷的时候它温暖的,在我热的时候它凉快的,我都有完全的权利可以说它美;但在人类的语文里,"美"或"美的"这形容词,是专用在视觉和听觉,以及由它们做中介的情感和思想的领域的。向陈年葡萄酒和夏天装着冷水的杯里去寻求美,总不免有点觉得好笑,自然,在这中间也有无可怀疑的美的情绪,不过是极原始的形态的罢了。

我们已经说过,有两种生活异样存在:第一是——过度消费所致的生活异样——只有解除了显明的苦恼或不满的时候,方才可以让那肯定的感应进来;第二是——过度蓄积所致的生活异样——这和前者刚巧相反,没有先在的痛苦,没有分明表现出更加苦痛的要求的时候,也可以保证得到肯定的感应。实际上,没有什么生活余裕存在的时候,是不能自由取乐的,它不过恢复了环境所破坏的均衡——摄取了营养来自卫而已。自然,止饥渴,避危险之类的行动,也伴随着肯定的感应,但在这里,却并没有浩大繁殊的感应发展、进长的余地:因为要求已被情境限定了。要满足迫切的需要是欢乐贫乏的根源,也就是奢侈地体验了更强烈的肯定的感应的人们所以不把那和自己的需要和防卫密切有关的快乐包含在美的概念之中的缘故。

有营养丰富地摄取,有适应普通环境以上的更大的力量分藏在各个器官中的存在,又当别论。这样的存在,为保存和进长一切的器官计,不能不自行创造机能,不能不游戏,而这游戏里面自然就反映出适应生存竞争的有机体的本质:游戏总归要使有机体发生那在日常生活之中也要发生,而今却使它和力的经济的(节约)规律严格契合之中发生的反应。其目的,就在得到解除了过度蓄积的生活异样时所伴随的快乐。这快乐越加纯粹,而且力量消费得越加正当越加经济,换句话说,就是特定器官的活动对于每一个消费了的力量的单位越加获得更大效果的时候,这快乐也便越加显著。筋肉总愿意多运动,眼睛总愿意多观看,耳朵总愿意多听闻的。人类在自由的跳舞时,会把过剩的力极挥霍地来放散,便因为这样跳舞时,他的四肢是自由地按照着自己的法则运动的缘故。在用眼睛或耳朵感受事物时,不得不计较那些事物的特性,如何才更易被感受:凡是容易被感受的东西,就可以说是自由地投进感受器官里来的东西,是不强迫器官作不规则的活动的东西,——这总之是舒适的。但要眼睛有博览的快乐,要紧的不在于感受的容易,而在于丰富,每个被博览的因素愈加容易被感受,丰富的程度也就可以愈加大。力的最低限度的消费的原理的作用,在这里并非吝啬的意思,乃是节约的意思:就是要消费了所能给予的力的全量,而买得了丰富程度的尽可能地大。因此要求眼睛有丰富而正当的机能。要求别的器官也是这样。

从此看来,蓄积的营养的消费,就是把营养转变为积极的力量,是会得让那无穷繁殖和进长进来的,——这种快乐,即便成为审美的快乐;快乐所附带的自由,快乐所伴随的力的进长和生活的上进都把快乐提高到单单满足了迫切的需要以上。过度消费的生活异样是必需所致的生活异样。过度蓄积的生活异样是生活和创造的憧憬。前者是被消费了的力一经恢复就中止的,和环境所加给的损害成比例;后者是无穷无尽的,因为那阔绰地消耗了的力可以引起新而更加旺盛的营养的补充。这一类快乐,不消说,只有对于有机体保证着营养可以任意补充的,方才可以得到。病的有机体,他那器官只能吸收有限分量的食物的,就不能有生活的欢喜,生活的渴望:经济的原理对于他也就有了别的意义,——他必须尽可能地减少器官的动作。粗拙的野蛮人,喜欢喧嚣的音乐,强烈的色彩,狂暴的运动,那是由于他还未懂得,调整器官的活动就能增高快乐的总量几何倍。懂得这个的是现今的快乐的美学家:他给予感官以必须的尺度,他知道,无论怎样繁殖的感觉,只消在那里面加进某种的条理就可以感受。最后,纤细的疲惫的颓废者,却讨厌一切响亮的声音和活泼的色彩:在他需要的是灰色的色调,静寂和阴影,因为他的器官是纤弱的。在这里我们就遇到了美学的评价的相对性的法则。只是关于这事,我们放在后面再详细地说述。

现在移到人究竟称什么为美的观察上去罢。

我们所感受的一切现象的流变,都可以用分析的方法,分解为各个不同的因素。像那时间和空间的感觉,味觉、嗅觉、听觉、触觉、温觉、筋肉的神经的感觉等等。就味觉、嗅觉、触觉和温觉来说,这些平常全从美学推开,不被认为美的因素。对于这点我们已经指出,是不见得有什么特别深的根据的。

我们所能分划的这些感觉和别的所谓高等感觉之间的境界,不过:味觉,跟饥饿和饱饫的感觉密切的联结,温觉也跟有机体的必需直接的联结,——都是不自由的感觉。但是我们不能把味觉的快乐归入饱饫的感觉:味觉可因和嗅觉相结合及融合,形成人或者把它当作艺术沉湎其中的快乐的颇为繁复的完整阶梯;嗅觉离开必需的范围更加远,而且于心理也很有影响;温觉和纯粹触觉固然是极其贫弱的,但是热脸临风,抚摩光滑或绵软的东西的表面,却也有全然解脱了先在的,分明显出的痛苦或劳碌的快乐;不过这些感觉,都是比较单纯的,都和一般心理的生活和世界观不大有关系,这就成了要把这些感觉从美学的领域中推开去的一种根据,和味觉、嗅觉现今还很少生理学方面的研究相并成为无独有偶的不愉快的事实。

但是,虽然谁也不会说,这些因素就可以形成什么美的事情,这些感觉,却是无疑地间接有关我们对于美的复杂的感受的;桔子,论起美学的价值来,就大不及喷香多汁的熟透柠檬,——这只要一看柠檬,我们就可以感到。这样的例子多得很。恶臭可以毁坏一切美的情调,正和芳香很可以提高美的情调一样;香气的作用,在经验伴奏的意义上,正不下于悦耳的音乐的作用。

不过适合这些感觉的生理的描写,如今我们还未清楚,我们就移到视觉,听觉,和神经的感觉上去罢:这些感觉的分析,将给我们一个理解一切最广义的美的快乐的准确的钥匙①。

一切视觉的感受,都有筋肉的或神经的感觉作伴。纯粹的视觉,即光觉,就是由此得到了罗布在空间的形象。在这里,大约无需把那在三度空间的所有方向上用以识别空间距离的视觉因素,就是谁都知道的眼睛的构造,一一说明。使眼球向各方向转动的筋肉,使水晶体缩短的筋肉,还有使头随着所观察的物体的运动而旋转的颈项的筋肉,都能做有规则的或不规则的运动。规则的运动首先便是平稳的而且节奏的运动;经验明白告诉我们,凡是剧烈的,兀突的,凌乱的筋肉紧张都是立刻就会感到一种不愉快。因此节奏的和规则的几乎成为同义语。游戏的时候,筋肉参加在视觉世界的感受过程中,不能不做规则的和适度的动作;那被我们称为波纹线的,端正的几何图形的,直线的,自由跳动的线的,美而端正的装饰的节奏的——这些,都正和眼的构造的需要相适应;反之,断续的线,不端正的圆圈,突出和尖角的

---

① 拿触觉来说,触觉所引起的满足和不满足,就很可以从我们关于视觉和听觉所采用的那种观点去说明,读者对于下述理论不难自行适当推演。

形状等等，却要使眼睛不断改变其方向，耗费了不少的努力。因此，容易感受就横陈在那端正、愉快的形象之类的眼睛的评价的根底里。经验毫不犹豫地告诉我们，端正的形象对于眼睛是愉快的，而不端正的——就不愉快。对于眼在观照的物体在空间的运动，也可以适用同样的思考。

一切的节奏，都可以想象作，后来的因素类似先在的因素的，所以感受器官，只须一次适应地感受了一个因素，便可毫无困难地感受其余；因此凡是节奏的形象就都容易被感受，节奏的运动就都容易被再现，而节奏就成为美学的形式的基础。

这在听觉的世界里，比在视觉的世界中显现得更清楚。不但节奏的振动被感受为比较愉快，每个不规则的节奏立即成为不愉快的刺激，反映在意识中，就是物理学家对它的因素——音调的分解，也已经成功了，而且已经明白，愉快的音调便是由于空气的节奏的振动组成的音色和音阶：这些愉快的音响在抑扬起伏之际，都描出了相当复杂，却又有规则的交替的波纹线。因此，听官也分明为眼的神经筋肉器官所遵循的同一法则所支配。

至于固有的视觉，就是光觉，那就难说得多了。现在还只有一种假设，假定它们都（同样地并且其余的一切感觉也一样地）依从机械的法则，不过这在眼前还不过是以化学上关于无限小物体的机械作用的思想为自己基础的假说而已。

我们所已经明白的只有下面的事实：极弱的光是不愉快的（像极低的音一样）；这会使视觉紧张，不生产地耗费了多量的力量。太强的光（像震耳的音一样）却又立即要散布了多量的视力（正确地说，是化学的能力），因此也要感觉到痛苦。这都完全和我们的假定合致。最美的是所谓饱和色，就是由一种因素组成，不杂别的因素的那种东西。由于色彩之物理学的表现，其自身不过是逐渐短缩下去的电磁波浪的渐进的阶梯，客观上内部并没有明显的界限的东西，我们只好设想，眼是多少器官集合的器官，其中的每一个，是只对于一定的波长会起反应的。容许了这全然合理的设想时，才会明白，为什么波纹，严格和感受器官的各种组织相适应的，便显见得容易，就是对于它们是愉快的，而且为什么在这种情形之下，色彩的最大的浓度和强度，是最为愉快的。然而混杂色却会使眼的因素作不规则的反应，引起了疲劳，或者和这相反地，有时算它是模糊沉闷的东西，这全由于和那节奏的波纹线美过简单的直线相同的一个原因，就是为的美的满足除出容纳容易这条件之外，还须得到大的一般的工作的总量，就是极丰富的感觉的缘故。

在这里，我们不能进去观察那存在色彩之间的复杂的关系了：色彩的连接或配合的愉快或不愉快,分明可以从那色彩在眼中所引起的过程,一部分是相同,一部分是相反的事实说明的。要之,在这情境之下,也同在一切情境之下一样,应该受着同样法则的影响。

色彩分为所谓暖色和冷色的事实,极重要:暖度含得最高的是明快的红色。蓝色是最冷的。暖色指引心理进入兴奋状态,冷色则有沉静作用。认定某种色彩之为较愉快的最高程度的凭借是在其人的气质及一般的精神状态。病的,孱弱的,闷躁的,感伤的有机体总是寻求灰暗:因为眼中力量的丰富的放散,视神经以及和它适应的脑中枢的急速的节奏的活动,要引起一般地上进生活的紧张的缘故,因为明快的色彩印象,像响亮的音乐一样,要促进了物质代谢,要使整个有机体安放在所谓更强烈的调子上的缘故。自然,在过度消费的生活异样的一般压迫之下的有机体,对于就由同样的原因能在具有余力的主观那边引起肯定的感应的那种现象,也只好极端取消极态度的。不过,灰暗和静寂,虽为疲乏了的人们的诗人们所歌咏,却未必完全适合于他们的要求,充其量,也并不在灰色的或蓝色的黄昏,冷的,几乎难辨浓淡的色彩以及静寂的,悦耳的声音之上。病的有机体安放在灰暗和静寂里而使自己孤寂,并非帮助它:如果能够睡去是好的,但若过度消费的生活异样还给他知道自己是痛苦的呢?静寂的声音和模糊的形象就会引起沉静的注意:它们会将战栗的,不规则地振动着的神经系统引到缓慢的节奏的波动上面去。在这里就有两种艺术的根源:就是活泼而快乐的,和沉静而抚慰的。在音乐上,跟暖色及冷色相当的是长音阶和短音阶的音调。要指明长音阶和短音阶的纯生理学的根据是困难的,不过大概人在哭泣或呻吟的时候,总是短音阶的,笑和高兴的时候,总是长音阶的;短音阶仿佛和哀愁同义,长音阶仿佛和活泼同义;而这心境是和音的速度没有关系,恐怕只能从衰弱的有机体,受到某种音调的时候,因为不能堪受拉下半音去,就放低了音调,而高兴着的人们,则为了新的力气的横溢的缘故,却提高了音调的事来说明。高等有机体表现悲哀和喜悦这些方法的联想,我以为,就是使短音阶的音乐对于衰弱的有机体成为愉快的东西的。

这样看来,视觉和听觉的感受的美学的评价,是和有机体所分配的力量的数量,和它的消费的正常的程度,就是,感受时候眼和耳的反应是否能够完全符合那全部构造相关联的:真所谓"人是万事万物的尺度"。

现在我们可以指出,在低等感觉的领域中,也明明白白受着同样法则的支配。

嗅和味,也要求着某种程度的力量的消费。"无味"这一句话,表征过度蓄积的生活异样解除得不充分到如何程度,只要看看各种领域中许多相类的现象上应用这句话,如说——无味的文章,无味的音乐等等,就可以明白。和这相反对的,是辣的和咸的味,这些是比较有兴味,比较有内容的。它们能够引起比较大的力量的撒布,希腊雅典的盐的那种说法(论争上的机智)以及其他的表现,自然就从这里出来。然而辣的和咸的味也可以过度:这从皱眉来判断,就明白味的中心作用太强,以致刺激到别的相近的中心去了。同样,最愉快的气息强烈过度时,也会感觉到不愉快。自然,一切都是如此的,但很不容易说明为什么这种或那种气息是愉快或不愉快的缘故。关于味觉,几乎可以确切地说,一切味——酸味、咸味、辣味、苦味等等——在适当的程度上,都是愉快的,但于气息却不能这样说。无论怎样,在短短的论文里,没有详细考究这些在美学上比较不很重要的感觉的余地了。

既然这样,我们可以一般地定出原则来:凡是感受时候,伴随着肯定的感应的因素,都是容易被感受的因素,都好像恰正适应着人类的各个器官,而且也和生物学的法则全然符合的。

这些因素,都因怎样的组合了表现出来,而得到显著的效果。我们暂且放开低等感觉,单就视觉和听觉的因素来看。这都由于节奏的反复得到效果。这种事实的意义可以不必絮说了。均匀就是节奏的部分的显现:每一视觉的感受,由于均匀的程度如何得到如何的效果,只消征之单纯的经验就可以明白:假如我们在纸上落了不快形象的墨渍,随后将纸对折起来,墨渍染在两半张纸上,成了均匀的形象,这无疑的,是最单纯的,却也就有显著的美学价值。可见只要给感受一种统一,一种规律,感受就随即容易起来,而评价也便随即增高的。

不过容易感受,未必常和美学价值相等,是无可疑的。一般地说来,耳朵和眼睛总是在追随极度紊乱的不规则的噪音和形象的,这两个器官,总是聚精会神地用了全部时间在从事紧张的劳动,在分析散布在空间的纷杂的噪音和视觉的斑点的。中枢却是忙着做识别这些的动作,就是,将这些统括在一般的,以前所获得的经验里面,所以凡是规则的,容易的,在我们的意识里立即可以识别的,便成了舒适的东西。不过我们如果集中我们的注意在视觉或听觉的某种有限制的范围内,如同我们要观赏展览或音乐时,那么我们所要求的,就不止是各因素的容易而已,并且还要求一般的印象的增进和丰富。我们愿意消费了几乎等于日常生活中感受能力的总量,但希望得到的并非那冲突缺陷和痉挛的刺激的无组织的活动,而是尽可能的有计划的器官的劳动。如果不使我们注意于其余的声音,而只给我们去听那单调的声音的节奏时,那我们立刻就会发见其沉闷。每种新的因素,被感受起来全是容易的,不过器官所得到的活动却是太不够了,如果先行的过度消费的力量并不表现为要求休息,那就会把这种音乐当作了讨厌的东西。(在这里自然一定也有少数的中枢机关,为了专门担任感受那单调现象的活动而发生疲劳的。)在别的地方我们还要回到这事实上来,并且要指出一切它的大意义。要免除这样沉闷的印象,一切连续的现象就不得不繁殊,但这繁殊又必须是有规律的。可惜我们在这里不能详细检讨美学上繁殊和对比的法则了。在这上面有一个共通的原则:就是感受机关和中枢的活动必须保存其完全的正确到最高限度。如果某种视觉的或听觉的现象,把握着器官所能够消费的全部力量,并且在这上面使它合节奏地,规则地振动时——那就可以得着至高的快乐,使人的全部神经系统刹时间把握着一种近于忘我地甜美的狂欢的感觉。

但是为我们所研究的因素和组合,还不能汲尽了美的全领域:它们不过组成了形式的美的领域而已。

一切的感受作用都在人的心理上引起了伴随的观念一定的联合尽力来补充这种或那种现象的美学的意义。有时,这等联合因素比直接形式更有无穷的重要。例如,被评价为视觉标准的最美的人,其实是不很端正,并且未曾认真修饰的形体,但一出现在第一流艺术家的画布上,他就可以见得这样的美,虽然现实中是个从来未见过的人,也因我们由这形体联合地连系了许多观念,美感的力可以显得极大。这种例子真是举不胜举。最有美学意义上的联合有两类:就是跟快乐观念的联合,和同情的联合。

没有什么可以怀疑的:成熟的果实给予我们的美的印象,一部分就是由于它有味道的缘故;所谓自然美就是这样由味觉和嗅觉的联合竭力助成的;所谓女性美也是从性的快乐的观点所给予的评价。

当我们看见了人,以为他是美的时候,我们的判断是只有在极少的程度上为形式的因素所决定的,虽则匀称的脸,涡卷的发等等,也各有各的意义,然而更有大的意义的乃在快乐的联合。它们是使女性的美对于男性有特殊的感觉,又反过来,使男性的美对于女性有特殊的感觉的。但是美学地发展了的男性,女性也一样,却是不用说,看观同性的脸也能得到快乐的:在这里,就出现了最重要的联合因素,同情因素。

别人正在经验的许多感觉,立即传染给我们,给我们以那感觉的影响,使我们的心境带了同样调子。生病,受伤,各种的苦楚,衰弱,愚昧,总而言之,一切本身已经分明显出过度消费的生活异样的,或是有机体在这样的生活异样之前有着分明无力的征象的,一切下退的生活,都被感受为美学上一些否定的东西。反之,上进的生活、健康、有力、聪敏、喜悦等等,又都成为最高的美的因素。人体美(不论身体颜面),大都不外是赋有活泼而丰富的心理,显出健康而有力的有机体的优越征象的综合。

端正、有力、新鲜、活泼、大的脸的轮廓(一般地说,就是头脑很发达的征象)、澄明的眼睛——这是美的最主要的因素;此地还可以加上感觉的因素,就是性的第二征象。动物的美(对于这大约有同样的要求的表示,此时身体端正的原则,常是应着动物构造的一般格式而变)可以是静的,是动的。前者当然就是动物屹然不动时分为我们所构成的美;后者就是所谓动的美,就是运动时候的美。这里首先有关的是运动的秀美。我们所谓秀美,就是完全不用一切显而易见的努力而行的最自由自在的运动。我们所行的一切努力,一般是不愉快的,只是轻快的运动总就可以有一种自由的预感传染给我们,并且伴随着极显著的肯定的感应。

然而,活的存在的心境和情感之在反映的形式上再现在本身上的还不止此:人们的脸是一种外观上的物象,和那运动相连系的有无量数的繁殊的联合;我们极难立刻决定,怎样的运动恰好符合于侮辱,喜悦,气愤,痛苦以及其他无数精神的运动;我们不能在形式的意义上说亲爱的微笑是美于侮蔑的𫾪蹙,然而我们却能在人们的脸上诵读他心中的一切音乐,而我们心理的某一部分,又把一切这些运动再现出来,使我们跟亲人的悲哀和欢喜共鸣。

无疑的,同情的最先是服役于认识的:动物不能不机敏地,辨别对于别的有生的存在所感到的,是朋友还是仇敌,期望他的是什么,要怎样地对付他。而现在呢,自然又是敏感最发展的人,只要驾驭那丰富的抽象力,那就是在这范围内的自己的经验的综合和分类,就能够胜过别人地知道人的心。在这上面不能不注意的,就是由于反映别人脸上的别人的心的动作所引起的我们的肯定的感应,可以有两重意义:在面上读着亲爱的微笑,我们可以将这人对我们怀着好意,将有利益和欢喜给我们这一个念头,和那微笑联合起来;或者我们也可以单单感到这人心里是清静的善良的,将它反映在自己的心里,就此反映出自己的快乐。

人不但这样读着别人的面色和别人的以及许多动物的动作而已,除此以外,他也极想用读心的方法,类推去读那无生物的情调:周围的景色、植物、建筑等等。这能力就成为诗歌的一个主要的泉源。关于这种无生物的拟人化,诗歌已经这样高声地给证明,我们早已没有证明我们的理论的必要了。

建筑术的法则的大部分都包括在内的那所谓力学的均匀,也就是这种拟人化的结果。设或有不相称的重量横在圆柱上,我们便以为不可称美,这并非因为怕它倒塌(在绘画上也是如此),都是因为得到一种印象:这在圆柱,是很吃重了。轻快,典雅,端正之所以往往由我们加于建筑物,正和我们往往说着忧郁的云,悲哀的落日,怒号的狂风,微笑的清晨之类全然一样。我们感到我们的心理上,仿佛有一种外来铭感的意外情绪,于是就以带着同情的铭感的类推法,去想象那周围的事物里面活着的精神。

就从形式的积极的因素就是从容易被感受的因素,从引人感到生活的欢欣和能力的提高的联合因素,从提高我们的生活的能力,宛如引我们向新的,较规则的,强有力的和经济的节奏的联合因素,——创造了一切美。

所谓美者,都是诸因素的本身便是美学的。诸因素的巧妙的组合,更可以增高了它们的美。然而广义上的美的领域并不能以美象的概念括尽:破折的线,模糊的色,噪音和喊声,肉体和精神上的苦楚,虽然无论怎样都不是"美",也还可以做美的一般的因素。那么,非美学的现象,怎么能够得到美学的色彩的呢?这问题,我们将在下篇中加以研究。

第四篇　重要的美的种类

我们假使留神那非美学的现象的广泛世界,我们将会看出它首先可以区分为纯粹反美学的现象和比较无差别的现象。

我们所谓反美学的现象就是那感受伴随着否定的感应的。否定的感应,是过度消费的普遍情境。因此可以设想过度蓄积的生活异样就是否定这种或那种现象可能构成反美学的性质的东西。有一部分,的确是这样。生活力旺盛的人是有一切都以为没有什么的倾向的,不过要注意的,问题不在有机体整个的生活异样,也不在有机体各个器官的生活异样,乃在因素的生活异样。无论有机体怎样地蓄积着力量,但凡眼前有了闪耀的光辉,也就不得不引起视力的过度消费。听官也许是能够喝干音响之海的罢,然而给它病的刺激,就是微弱的噪音,也能够破坏了某种听觉的因素。

凡是需要消费异常而不相应的力,要使器官不正常地动作的,总是反美学的。总是和形式的美正相反对,要成为形式的丑的。凡是和苦痛、疾病、衰弱等等联结的,总是内容上被感受为丑。不过这里,我们就和新的现象当面了。

毫无疑义地,人类总是把疾病、笨拙——总括说来,总是把弱的,低的,衰退的生活的一切现象当作丑的。这种本能的显现,不但从苦痛和衰弱的光景也使我们痛心的一面,可以完全得到理解,就是为了厌恶衰退,可以保存种族的力量,引进优良典型的代表的错杂或结合的缘故,也可以说是有意义的。然而这样成为轻蔑的对象的弱者们,也还不能不设法活下去。他们自己的丑成为他们苦闷的问题,成为生活异样的不断的提醒者。他们会对于命运和神明,对于社会,对于有力的傲岸者鸣不平,……他们说:"我们有什么罪过呢?"可是被命运播弄者的数列,还是由全然不当地被社会所侮辱的——不幸者越加添上去。对于病人,可怜人的侮蔑,在觉得自己是被弃者,是可怜的不幸者之间,并不能成为合法的感情。人们所感到的同情的苦痛,固然使健康的强者皱起眉头来,说:"把这病人弄到别处去,"却也在惯于苦痛的心里,变成了一般意义的"同情"。驯致相互的同情,相互的扶助,在不幸者们和失败者们中间,成为必不可少的东西。于是就发生了不幸者们的道德和宗教,来宣说苦痛一定会得到福利的救赎教义。而最可怕的苦痛的种类,就和天国的慰藉,或(在更加疲乏的人们)涅槃的安息的观念联结起来了。

这种世界观,既然是以苦痛为它的命运的,自然是缠绕着所有的民治主义的。但是新时代的劳动的民治主义已经在劳动的过程本身中坚强起来,那所营为的单纯生活,和穷乏的奋斗———一切都已经真地在贵族的家庭在安逸和过剩的重负下灭亡下去的时候锻炼了肉体和精神。于是民治主义自觉到自己的力量了。他从自己身上拂落了不幸者们所吹送的睡眠,而且创造了进取的,充满希望的,宣言以劳动和奋斗为生活的意义,以基于相互扶助原则的社会改造为理想的自己的道德和宗教。为的是再也没有一种东西,能像和超绝比较的强敌的共同奋斗这样养成相互扶助的精神的。

所以社会的民治主义无论哪里都没有混合衰退的,不幸的,不具的,以及虚弱的人们的必要。

他们的美学,也已经应合着弱者的道德和宗教发达起来。我们大约还要回到这问题上来的罢,这里只要说,这种美学是依据苦痛、救赎等类的感情,对着反美学的世界开着门的就够了。弱者的艺术,目的在乎美化苦痛、死灭、衰弱等等。而且需要把正义给予这些为生活所磨折的人们,——他们在这种艺术上,已经收到值得惊叹的成功了①。

然而除了因缘衰弱的反美学的现象,还有别的,可以引起恐怖的,比之人,比之感受的主体还要强有力得多的现象。恐怖是无疑的极不愉快的感应。吃了惊的有机体要打算攻击和逃走,慌张,毛竦,叫喊,发呆,瞪着眼睛看恐怖的东西的踪迹,心脏痉挛地挤出血液来。而当恐怖过去时,却来了完全的衰弱,简直乏尽了一切的器官。只是恐怖不会引起嫌恶。恐怖的东西同时也是力,所以只要这精神的激动,不被自己保存的本能所麻痹,就不会没有力的感情同情地传染给观察者。我们应该能够暂时镇定了或者减弱了这本能的罢,而且我们应该可以从恐怖的东西期待强有力的美学的情绪,事实上给我们传染到超过我们生活力多多的生活力的罢。

事实正显示着我们的假设完全正确。艺术表现着咆哮的狮子,一切威

---

① 在这里,自然,由于衰退的民众,不能联合地感受喜乐的现象,又是命定只好满足于低调的音阶,因而在这点上达到了精妙之域,就在切近自己精神的低下生活的世界里感到安当的事,也有力量。

武的怪物,就的的确确并不会惊吓我们,却使我们经验着恐怖。所谓"爱好强烈的感觉的人们",他们就是靠了遏止自己保存的本能的显现,来享乐力的壮观,而接受美的效果的。愤怒(自然并不是无力的憎恶)——是一种爽快的情绪,战斗的情绪。战斗的祖先们称战争为斗戏,诗人们描写逗着愤怒破坏了周围一切的英雄,要把他和神明打比,也不是偶然。

……从天幕里,
彼得出来。他的眼光
发闪。他的脸色凄怆。
动作神速。他是美的,
他周身活像神明的雷雨一样。

在最后的一行上,我们发现了所谓激动的雄伟的事物的美的说明。伴着猛烈的暴风雨和激响的奔流,伴着鸣雷的威武的响动和闪眼的电光的炫耀,伴着爬来爬去的大密云的大雷雨,就在今日也还像原始时代曾经惊吓过了的一样,惊吓着人类的想象力。尤其是南方的热带地方的雷雨,会使人怀抱有充满激怒的破坏的强烈的力的观念。当人们被恐怖擒拿了,躲到角落里发抖的时间,他自然不会从美学的见地来评价现象。但是人们难道还有不知道,毫无恐怖地观察自然力的时候,会有多么爽快和勇壮的感情擒住了人们吗?这种事实,是可以用自然竟以这样的瑰丽来放散的宏大力量,给我们同情地传染到力和勇敢的感情来说明的。

但是雄伟的东西,还不止以宏大的压倒的动作的方式来显现,照样也有雄伟的景象,静悄悄地显现在沉静中。这是从术语本身看来也可以明白的,美的情绪这时就含在伟大的感情中。为什么人会乐于眺望自己面前的海、空,旷观广远的地平线的呢?曾经提倡过一种理论,说是由于人在无限之前觉得自己渺小,却又欢乐这些无涯际全然展现在他的意识里的缘故。然而凭了自省的方法,要在一面观照雄伟的感情里,一面自己否定的感情里,去发见知识的炫耀,不是不可能吗?总之,诸君只要一发觉有那沉静的雄伟所唤起的欢乐的感情在自己里面,诸君就会觉得它是近于自己忘却的静而且深的心绪的。所以可以说"忘我在观照的欢乐中"呀,"全然沉在观照的世界里"呀等等话。静穆的崇敬——就是对于沉静的雄伟的事物所经验的感情。

我们如果分析"雄伟"的概念,大概就会发见所谓雄伟的东西就是它那中间宏大的体积、空间,或是力量,为非常单纯的原理所统一的现象。海的无边际的广远,在那波浪的同样的运动上,是一样的;天空也无论白天来看,夜里来看,都一样的巨大,单纯。不规则的云形,不规则的星群,也都几乎没有破了这巨大的圆屋顶的统一性。一切雄伟的东西都容易被感受,就因为它是单纯的缘故,假使诸君留心在细目,或是细目一般地跳出在前面,——雄伟的印象那就消灭了。但是雄伟的东西固然容易被感受,一面却又强烈地刺激着神经系统。它(对于神经系统)并不细分它的机能,也不使它应合无数各别的调子,只将有力而且一样的运动使它振动,那结果是得到了甜美的,半陶醉的状态。

  假定诸君半睡似的,毫不动弹肢体,聚精会神地凝望着海的稍微隆起的碧绿的镜面,天空的蔚蓝的天幕。在诸君之前的一切,都是平稳而且广远的,眼睛自由地眺望着地平线,描了大弧线。小小的白帆的斑点,沉在单调的景色的一般印象中。而这单调却并不引起沉闷。精神正在活跃,神经系统所营为的规则的自由的活动始终是大的,那在敏感的人们的眼里大约是会汪起幸福之泪来的罢。(泪的分泌就是证明脑中枢有血液的旺盛的流入,和它的精力的生活。)假使海上忽然铺了各色的许多船,假使这些船之间干起比赛来,假使还有游泳者在海岸边激起水花,大火轮船喷着烟慢慢进到湾里来,又假使这一切种种生动的,充满细目的光景竟是擒住了诸君,那么——雄伟的印象便消失,诸君的姿态就活泼了,诸君就会微笑,欢欣,有无数的思想感情在诸君的脑里奔跑。也许这也是有味的,美的罢。……然而诸君大约也会感觉到,比起先前的海和面两两相对,诸君忘了自己,诸君仿佛自己就是渊深的,节奏的,无涯的海的一角的时候来,感情的紧张力已经低到不成比较了,不过感觉器官的活动——却已经变成了更丰富,更繁殊。群众走近前来,诸君会在自己周围,听到各种语言的会谈,笑的爆发。湾里看去像煞莫名其妙的人类的蚁塔一样的杂沓,混杂。海面塞满了几十几百只船。诸君转一轮眼,——喧嚣太多,色彩太多,动作太多。神经全然弄慌张了,来不及跟随一切的踪迹,疲乏了,感情的紧张完全松落,诸君就在繁殊性的最高限度上,太得不到什么完整的东西了,神经的活动变成异常的细碎,诸君就以为这纷杂是沉闷,它使诸君疲劳,同时也就立刻使诸君厌倦了。

  但是移到别的假定去罢。假定先前还是平静的海,突然黑了起来,盖了喷吐白泡的波涛。原像睡眠者的呼吸那样平稳的海的噪音,变成坚强的威武的了。奔腾的大浪,直向海岸扑来,散碎,滚动,啮着沙,越加深入地咬进陆地来。天空早已铺了黑云,一切昏黑,闹扰。噪音越强,海水起立,发怒,发吼,啮岸。空中活像被可怕的雷鸣劈开了的模样,电光的舌落在混沌的扰乱中卷上天去的浪涛上。一种不可解的斗争,在诸君的眼前展开了。几个自然力正在激烈的争斗中相冲突。诸君胸中的一切都发抖,心脏跳得很快,筋肉收紧,眼睛发光。每逢一个雷鸣,诸君都以新的欢喜迎接暴风雨。而且正像带了尖利的叫声,高兴地而且昂奋地紧张地翱翔在天地之间的那些鸟一样,觉得有争斗和力的欢喜生长在诸君的内部了。情热和搏击的力的伟大已经使诸君感染着它的强大而奋起。因为诸君无意之间已经把它作为活的愤激的力的争斗来感受了。

  繁殊中间的统一是美的事物的几乎不可或缺的原理。因为繁殊就是意谓过度蓄积的力量的撒布的完全;统一就是意谓要使感受容易的活动的正确的缘故。但若以为根据这原理就可以说明美学的本质,却是错误的。像在雄伟的事物上面,统一就有时排开了繁殊占着主位,在绘画性的事物上面,又像我们将会见到的那样,繁殊凌驾着统一。美可以把在繁殊上损失的,因接近雄伟性,在紧张力上获得;美也可以把在统一上损失的,因接近绘画性,由配称和对比的华丽,细巧来补偿。只是关于这事,还会有地方详细说到的罢。

  我们已经说过,恐怖可以是美的。凡是激动的雄伟的东西,当它和我们作对的时候,因为含有将要压倒我们的意思,就常常是恐怖的。为要能够观赏雄伟的和威武的东西计,必须是一个不感受恐怖者。只有一种客观性,会给我们以纯美学地评价现象的可能。主观的兴趣,以及对于被评价的对象的个人的关系,可就会唤起种种会使我们感受的纯粹性发生动摇,昏暗的动荡和感情来。这在评价有关同情的联合的时候尤为确凿。当看见猛烈的和恐怖的东西的时候,我们可以同情地感觉到力和勇气的自觉,却也可以不是这样,多在这样的对头和我们个人冲突的不痛快的结果上担心。懦弱的就不能接近雄伟的和威武的东西。

  雄伟的和威武的东西,不但将那本身来显现,也还将那结果,将那所征服的障碍,将那所施行的破坏来显现。恐怖的东西,威武的东西,——它是会施行破坏,给予苦恼的。人类正被这种自然力的敌,四面八方围绕着。可是不能不拿出勇气来应付他们。英勇的战斗就是悲壮的场面。因是这时,我们不但是愤怒,征服,破坏,——也是要面对慑服,倒下,苦恼等力的冲突的。在人生中看见悲壮的事件的时候,我们总是把斗争的感情和败北的感情都同情地感觉到,我们看着恐怖的和正在苦恼的,我们自己也就在恐怖,在苦恼。反复说来,恐怖和苦恼是否定的,却又是强烈的感应。它们的否定性就在自己保存的目的上的力量的浩大的消费,苦痛的恐怖和苦痛的本身在我们里面所唤起的痉挛的激动。假使能够压住了这些激动，从它们的外面的显现上减除了恐怖和苦恼的情绪，那对比大约就会改变的罢，就会减少了痉挛的不正常的劳动，再假使那引起恐怖和苦恼的东西，还能诱起正常的劳动，就是说，能使我们感染到积极，勇气，战斗的欢喜的，或者一般地说，它还是雄伟，就是说，能在我们里面鼓起紧张而不复杂的动荡的，那时候，我们就会观赏到悲壮的东西了。

凡是悲壮美的东西，总是观察者的精神越强韧，精神越少被那会有一切种类结果的恐怖所慑服，一般地说，就是他对于那些成为悲壮本质的精神的动荡越经验得惯，就越容易接近的。艺术特别容易因描写悲壮的东西收到美的效果。关于这点，我们已经在说一般恐怖的时候说过了。悲壮的一切内容都为艺术所再现。可是我们总不会忘记所关涉的是表现，所以我们总能够冷静，就是能够对于外在的动荡的印象，不至依据自己保存或者援助的目的去反应。指教人们冷静地应付悲壮的东西、经验恐怖、斗争的美，在英雄们的苦恼中评价他们的英雄主义是伟大的任务。

可恐怖的东西，也和苦恼一样，可以特别由悲壮的艺术表现为值得惊叹的一种美东西。这训练我们，在实际生活上遇到可恐怖的东西袭来的时候也能够坚定自持，不流忧愁的眼泪，不因成排翻倒的兄弟们的苦痛而哽咽。只有对于可恐怖的东西的习惯的代价可以得到小恐怖和怯弱的解放，只有惯于看见苦恼能够买得——苦斗时候缚住我们手脚的善感的同情的解放，而且只有这个才是给予悲壮美的东西一种最深意义的净化。这在我们里面养成的，并不是无关心，乃是尊重斗争以至它的力量以至它的紧张力的能力，并不是注意创伤和呻吟，乃是注意勇气，机略，敏捷的能力。培养勇气在人间，是伟大的事业，真的悲壮艺术实际是在尽着这个功能的。

然而悲剧正在少下去。现在我们不断听见需要把日常生活中悲壮的东西表现出来的要求。只是可惜，我们在日常生活中寻不出悲壮的东西。埙碎、偏执、贪婪、下劣的自负、廉价的忧郁和懈怠——这是悲壮的东西的因素吗？要使死亡病痛，不可抗的命运，一切同样压迫一切的恐怖的东西被感受为悲壮的东西，必须要有什么完全的，强韧的，勇敢的东西跟它们相对立。被捆缚的普罗密修斯——是悲壮，但因吞没公款而被告发的一家的父亲——就使他，他的妻，孩子们的苦恼，有多少强，也不是悲壮。这些苦恼能给我们什么呢？它们能够怎样又拿什么来提高我们呢？它们能使我们传染到高尚的生活吗？没有高尚的生活的地方，没有悲壮的东西的地方——那里就不会有悲剧。"斯托克曼医生"——就说那里并没有特别的苦恼罢，是悲剧；梅德林克的颓废的戏剧，就说是苦恼的海洋罢，——也是贫弱的恶梦。

把衰弱的生活，不加嘲笑，还要附以同感表现出来的现代艺术的倾向，是真的颓废。怎么，我感染着死的恐怖，还能经验到快乐呢？可是快乐是清清楚楚被经验到的。人们还正为了看见凡庸的人们的悲哀而下泪，还在对于契诃夫的三姊妹以及有类乎此的生活的葛藤感兴味，生活该是多么灰色、颓唐、停滞的东西呵！教母们在一起茶会的时候，大家总是谈讲着关涉邻人的一切闲话，——想来未必还有再无谓的了罢，难道她们就不一样吗？——然而她们叹息，蹙额，耳语，恶意地起劲。可怜的无谓的事件，在她们无可排遣的空疏的日常生活上，竟进长为什么有意义的东西了。除出一般生活的低下，还有什么可以说明美的，雄伟的，悲壮的之外还会出现可怜的，乏极的，可惨的，谁也不是必需的美学的事实。审美的感情是，虽在人类生活上的最坏时代，也依然使人探求过什么明快的东西，强烈的东西，就使不美可是特殊的东西，嘲笑过丑陋的东西的。虽然在那对待丑陋的严肃的美学的态度面前几乎不能不惊怖却步，然而营为高尚生活的能力的确已经在日常琐事的纠纷中磨灭着，吹熄着了，描写丑陋倒也可以成为很有兴味的东西的，要是艺术家能够借此尽多唤起习而不察的一切种类的联想来，尽多叫人记起俗人的眼中已经揩去了它的丑陋，却是他所亲近的丑陋的姿态来，而且尽多震撼俗人的精神所习惯的活的小感情的话。

悲壮美的感情正在逐渐少下去，是讲说悲壮美的时候，无论如何，不能不指明的事实①。

丑陋的，可怜的，衰弱的，也可成为美的情绪的源泉，因为它可以引起发笑，算是滑稽的东西。严格说来，滑稽的东西并不是美的。以描写滑稽为目的的艺术品，只有它能够艺术地形出对象来，就是能够使我们容易感受到各种鲜明的现象的时候，才能是美的。滑稽东西的本身并不是美，可是它能唤起美的情绪——畅快。畅快是有机体舒适的状态，是它的一切器官都在自由的兴奋中的情况。

单看畅快往往使和沉闷对立，就可明白神经系统的兴奋，强烈的物质代谢——是畅快的不可或缺的特质。不过自然，这兴奋不得超过有机体的力量的一般蓄积所规定的绝对限度，也不得超过它的各个构成因素的力量的蓄积的限度。假使我们引起有机体兴奋，任他行动完全的自由，——那就大约会和引起他畅快的心绪一样。自由的兴奋和畅快——是同一的东西。那

---

① 这都是指革命前的艺术。革命已使这种艺术品更加成为无谓了。

么,使我们兴奋使我们自由,将引起活动的那些力,使我们可以从事游戏的滑稽的本质,究竟是什么呢?

兴奋只有一种可能的方式,就是生活异样的解决。假定诸君见了什么不知道的,不可解的东西。脑里就起了生活异样,劳动的普通过程的破坏,困难。——脑就在寻求一种解决。就是在辨别那不知道的东西,想把它归到什么一种已经知道的东西里面去,以便决定该用怎样的态度对付它。联想接连起来。力量撒布得很多量。血液的集中因此增加。假使一般力量的消费还未超过诱起疲劳的程度,又假使脑的劳动还未被否定的复杂情绪的因素①,例如对于未知东西的恐怖、不安、不满等等致使复杂,这劳动就会被经验为一种畅快。但是如今问题已经解决了。一切都已经回到原来轨道。劳动已经完结了。假使诸君还未疲劳,就会像不至疲劳的体操之后一样,感到畅快的兴奋和力的过剩。

不消说得,当初的生活异样越显著,特定的现象脱离经常的典型越加大,营养的注入脑也就越加强;另一方面,生活异样的排除越加快速而且出其不意,轻快的松弛和力的过剩的感情也就越加高。滑稽的本质,就在它在心理上引起意想上的生活异样来。

假定诸君戴了面具去吓孩子。孩子吃了惊,凝视着诸君。不安和恐怖捉住了他。他要哭了。诸君却在刚好时候除下了面具,他就知道是诸君。他见得没有什么可怕的了,就会笑,就会乐,就会说"再来一回"。

一切滑稽的东西都是依照这种方式起作用的。它是别致的,和经常的东西大不同。但这大不同在下一个刹那就被显现为假想的或是无关紧要的东西。

人类的容貌和普通的模样有细小偏倚,就是滑稽,但若超过了一定的限度,就会成为可厌的或不具的东西。细小的不合式,也是滑稽,——更重大,就会引起愤懑。细小的不幸和灾难,也是滑稽,——到再大,就会唤起同情。一切这些都有我们觉得它们不足介意的思虑贯穿着,而且都有未完成形态的厌恶、愤懑和同情,为出于期望的轻快所解决了的。

当我们观察某种现象的时候,我们都在期望那种现象会有某种自然的结果。倘使它并不随即实现,而那事件竟还取了意想以外的方向,我们就会经验到一种刺激,或者认真地沉思,或者以其偏倚的无价值和单有假想的意

---

① 和满足或不满足相伴的一切情绪的特征或色彩,例如恐怖、愤怒等等,那维那留斯称为复杂情绪。

义而发笑。

　　假定有他的见解为诸君所熟悉的诸君的朋友,忽然在诸君不相识的人们的集会里,说出和他平常的见解完全矛盾的意见来,那是会使诸君疑惑,惊奇的。诸君和他一同回去,就会认真地跟他说"那作风不落胃。""不,我并没有改变自己的意见——我不过放他们一下烟幕罢了。"那时,诸君就会笑,因为意想上的困难破灭了。不过诸君也会起了"可是叫朋友受蒙蔽,不是不很好吗"的思想。诸君再用认真的调子对他说。假使他倒说:"是的;可是他们岂非原来就是神气十足的糊涂虫,半通不通的吗"。并且用事实来证明给诸君看。那时诸君又会笑。这笑在乎诸君的困难又是无稽了,但大约更其在乎想起那些玄学的人们怎样对诸君的朋友的设疑的思想反复讨论的情境。因为一切乖讹全是滑稽的,就为它是含在行为的不合情况中间,含在它们的不伦不类的对比中间的。乖讹者越是神气十足,越滑稽。但若乖讹会得招致严重的结果,却又就会成为缺憾或恐怖的。

　　一切的灵巧都不外是会谈和议论的普通进行的破坏。设使它是含有崇高意义的奇警的思想,它在这个或别个问题上投了意外的光明,使诸君知识的劳动容易起来,那是只会愉快,不会发笑的。可是纯粹的灵巧(机智),却常存在出乎意料之外的搭配中,那搭配却会刹时引起了惊讶,随后又使诸君叫道"哦,原来如此",而发笑。

　　笨拙也是逻辑地正确的思想的过程的破坏。假使谁说了傻话,诸君就会像对于机智一样地发笑。但若这笨拙,或那中间出现的某一人物的无知,会带来不快的结果,那时诸君也是要感到缺憾的。

　　总而言之,畅快发噱的情绪都是强的,那里有否定的情绪,那里就会出现疑难、恐怖、缺憾、嫌恶、愤懑等等,——抑制而又出乎意料之外地解放。

　　我们的关于滑稽的观念的正当,最好的证据可以在分析滑稽的感受所伴随的笑的生理学的现象上见到。

　　我们有着显著的生活异样,就是正以血液集注在某一特定器官的形式上为力量的旺盛的流入恢复过来的,力量的流出。不料所谓隙缝忽然合上了,正在陆续输送营养的器官的活动不得不停止。因此本能地促成了别的器官活动,来平衡营养的分配。先前已在活动的器官的力量就受高压去刺激邻接的器官了。这时,脑中枢就依一定的程序刺激运动中枢,当时因此所引起的运动是为皮质中枢的以前的兴奋所规定的,最先运动了颜面的筋肉,这我们称为微笑,随后又全身都逐渐运动起来,那我们就笑,哄笑,拍手,顿脚,绝倒,像痉挛似的转辗。

笑，哄笑，就是胸壁的振动和肺内空气的痉挛的放出，据赫拔忒·斯宾塞的意见，是有减少有机体内酸素的量，使血液的酸化变弱，因而也使它的作用力变弱，以保护脑于已经太过度了的劳动的意义的。

滑稽的一切领域和笑的许多形式，我们不能进去详细的研究了，这里只能指明：凡以善良的宽大，观察许多事物，指出各种的特性和差别，而不附加严肃的意义的——就成为幽默的本质；假使从高处，而且轻蔑地来对待事实，那就像善良的宽大一样，即使许多事物并非全然没有愤懑的影子在我们里面，也会招起笑来，——这就是讽刺的本质。在轻松的讽刺里，笑占胜；在重实的猛烈的讽刺里，愤懑占胜。例如略为留心论争上激昂了的对手说着"你的意见完全是滑稽的"那样话的事实，就是有兴趣的事。人这时决计不是在那里笑，是在那里沸腾的。然而他却用了这话来说那意见没有认真对付的必要，其实这不过说有用笑的方法来消除所设定的生活异样的必要罢了。笑的分析到如今还是谁也没有完完全全地做过。然而笑的各种形态是很可以窥见人的一般精神的。为了这事，自然必须要有专门的大研究①。

如果对于滑稽会说，即使引起无可怀疑的美的情绪，也还不属于原来美领域，那关于典型也就不会不同样地说。可是美学的范围不但不以美为限界，也不以最美的为限界。美学，就在最狭的义界上，也是内含典型的和滑稽的。因为把这两种在讨论美的种类这篇中观察起来，滑稽在自然上虽然决不显现为美，但在艺术上却和典型同为美的有力的因素。典型在自然上虽然不一定全部美，但在艺术上——却是全部无条件地美。因为鉴赏艺术作品的时候，是在普通的因素上，还加上关于艺术的手腕和关于他的构成力的思想。乞乞科夫并不美，我们不会酷爱他。可是我们虽然轻蔑他，第一，却喜欢他是典型的，第二，又酷爱果戈理的天才。诗的小说《死灵魂》，在那内在的意义上是可怕的，但在它能联合地唤醒关于人类的天才之力的观念的一点上，却是美的。

假使我们在实生活上遇到果戈理的不朽作品的一切人物，我们恐怕决不会感到美的高扬的情绪的罢，但若我们是观察者，我们怕也会像自然科学者喜欢有兴趣的类例一样，还是喜欢他们的。凡是典型的东西都是会唤起跟美和高扬的观点的评价无关的肯定的评价的。

什么是美呢？就是一切的构成因素上是美的，由美的线条、色彩、音响所组成，唤起快乐的联合的东西。什么是伟大的呢？就是会把调和的节奏

---

① 萨里的研究，柏格森的研究，都难说是十足满意的东西。

传给我们的神经系统,会把高尚的生活引起我们感染的东西。什么是美学的呢?就是对于被消费的力量的每一单位,会给予非常大量的感受的一切。

所以假使在我们前面,出现了不美而且无价值,可是很能唤起我们许多的观念,或者可使我们把握到别的一大串现象的一种现象,我们总会肯定地评价它。这就是典型的东西的情境。典型的东西是启发的,它在单一的形象中给予了把握众多的可能。我们见到丑陋和无价值还可以是美的,但要这样,必须对于正在观察的对象的丑陋和贫弱有某种程度的漠视,不把它太鲜活和具体地来感受,不大用感情,却多用理智去感受。但这不是别的,就是科学的,认识的态度。实际,我们在典型的东西上,是从美学向科学移动,从美的规范向真理的规范移动的。这就是它们亲近的证据,同时也就是它们分明各别的表征。要观赏典型的东西必须是理智的人。只有他才会像雷奥那托·特·芬奇那样,当情绪的人正将怀着恐怖从这半人半猿背过脸去的时候,抱了兴致来描写典型的刽子手。

别致是滑稽所不可缺的条件,但不是别致都可以引起笑来。凡比经常情况有些偏倚的,不消说都可以引起注意,使有机体的知的劳动提高。这种高扬,大约都是别致的性质就一般说来越加美,就越加舒适的。笑就发生在比较大的知的紧张以意外的容易被解决了的时候。所有招引注意的现象都是以别致的或有兴味的为特征。在同一的条件之下,别致的对象对于有多少力量蓄积着的一切心理,总比经常的对象美学地高超。这在人类,几乎已经成为普遍的规则了。在过度蓄积的生活异样已经以倦怠的感觉的形式来显现的力量的显著过剩的时候,力量放散的欲求,更使别致成为几乎和美同等可以爱好的东西。另外一面,一些收支勉强只能相抵的有着保守头脑的人们,却看见任何别致的东西就要觉得不满。

赫拔忒·斯宾塞对于近时欢喜把书籍的开头印得不匀称,一般地说来,就是破坏了事物的经常的合理的外观的情形,表示着强烈的不满。据他的意见,这就是正在袭来的野蛮主义的征候。其实,新的书籍并不比旧的书籍美,不过它们是别致的。不想靠美,却想靠别致性来提高美的价值,这倾向就是表征社会上的饱满和倦怠。

别致的尊重,普通开始在文明的圆熟期。整齐,调和——美的条件——已经成了一种老套的东西,这就开始在——不整齐里来探求美的情绪的源泉。这种现象大约我们讲究艺术的进化的时候还要说到的。自然,并非一切的不整齐都能使饱满的人看来舒适。他所追求的是绘画的不整齐。而"绘画的"这截话就已经显示着这种不整齐即使是自然的产物,也已经不能没有一种技巧的,意匠的,恰像画家的考案那样的东西在里面了。

其实,绘画的不整齐里面,是藏着难以捕捉的整齐,可以感到组织的精神的。非常出名而且非常单纯的例子就是所谓黄金率。单纯的比例,就是全体上互相有关系的长度,总比不规则的关系更其容易被感受,那原来可以用了这样的比例可以依赖一样运动的助力,就是通过运动的一定的节奏的中介为眼所收览来说明的。可是不意竟在二等分,四等分,或中央和两翼,就是三等分,五等分等等均匀的分割的美学的意义之外,出现了中央和两端的关系上(小边对大边的比等于大边对全线的比——$1:a=a:b$)这样的分割。蔡辛格就在人类和自己的身体的比例,以及自己的书籍、箱箧、门户、窗口等等都有近于相似的倾向上,看见一种神秘的东西了。这种倾向,自从伟大的心理、物理学者费希奈尔周到的研究之后,一般上固然已经相当动摇;不过对于这种分割总还不免有着某种爱执。这大约的确可以用了黄金率是对称和全然片面的非对称中间的一种中间的东西来说明;在第一个情境中,是"小"边等于大边的,在第二个情境中,它就等于零。

就是这种几乎难得捕捉的微妙的法则规定着不整齐的绘画性。

于是,在不整齐的客观中能发见美的快乐的源泉,在缺乏明显的法则处能捕捉精致的合法性,——就极端地扩大了美学的范围。把上古时期的希腊雕刻的均匀的雕像和自由的古典时期来比较,或者把文艺复兴期的大作家们的绘画的自由的构图和凝固的中世纪的圣像画家的均匀来比较。但是单是形式的绘画性总还对于强有力的印象有些不够。对于绘画的敏感的成长就促成了对于自然——它那繁殊性很难把捉着明白而统一的表现的——自然的更大的理解;光的统一,性质的统一——这在风景的大部分是附件——于是"绘画的"这截话,就又常常应用在风景画的上面了。

然而那个别的,繁殊的部分,自由投散在难得捕捉的美学的不整齐之中的绘画的风景,就使它在它的色彩和线条上是美的,也还不会感到真的美。只有那风景是伟大的,不需要联想的因素的时候,我们自己才会把无穷的美移入自然里面,反映出它的美,并且灵化了它的形态。我们就在美中,美就含有我们内部联想所唤起的心情。奇怪的岩石,险窄的小路,波涛的飞沫,灵异的光线等等都在人的思想中感染着关于傲慢的孤独,关于恶魔的力,或者那能选取这样处所的勇敢的遁世者们的思想……积雪的平原,朦胧的月,茫茫的青白的远景,又使人想起了无穷的寂寞的路,暗淡的,灰色的愁思,绝无希望的前路。心理越是印象的,见了变化无穷的自然的面影,心理越会迅速为这种那种的感情所擒住,并且迅速把自然的不可了解的征象翻译为自己的人类的语文。那在我们里面引起不大习惯的形象和感情的风景,我们就叫作幻想的。一般叫作幻想的东西,都是它那别致性超出了现实的可能的界限,却又并不因那非现实性引起了什么重大的生活异样的东西。凡会刺激我们的幻想,就是在脑中引起自由的游戏的自然,都是舒适而且美的。如果我们的幻想,当时就为现象的可爱的,亲切的性质而工作,被它引起了柔和的幸福的调子,那我们就说这种现象是诗的。

绘画的,幻想的,诗的——一切这些术语,都正指示那被人类的创造所结合为一了的因素。绘画的东西,跟幻想的和诗的东西结合起来,更比滑稽的和典型的东西有广大权利,编入美的领域;但是人类的美学的发展,还使他知道在一切现象中去发见许多美的,有时间或带着病态的性质的东西,为了这个缘故,它就在探求新奇的东西,微妙的绘画的东西中间,走到爱执装饰的而且极其矫饰的东西上面去了。有时,在健全的人们全然不了解的某种烦腻的、奇怪的现象的美,倒在立誓的唯美主义者们那里引起了狂喜,而美的、雄伟的东西,在这些唯美主义者们倒成了粗俗的和平凡的东西。最不愉快的,是在直接的美的感情上混入了对于奇异性的趣味的愚劣的自负等等。凡人都可以说,他能够得到美的快乐的现象的分量越其多,他就越是美学地发展着的;如果我们能够设想,为了不只能够理解美的和雄伟的东西,并且能够理解悲壮的,滑稽的,别致的,绘画的,典型的东西,人们面前究竟展开着几条路,我们就会发见,从最有兴味的方面去观察一切事物并且告诉别人它的美学的价值,也正容易显示出他自己的天性来的。而且这才是真的唯美主义者。以趣味的精妙自夸的人们,决不是人类发展的缓步掉鞅时的开拓者,只是一种奇怪的多瓣的花朵。真的唯美主义者虽然也能够理解"他们的美",但在他自己里面却保藏着一切人都能够享乐,即使野蛮人和小孩子能够享乐的东西上,也会看出美来的天才。

几乎一切的对象都只要一归向生理学的微妙的构造的脑髓,或者归向浩大的丰富的繁殖的联合就可以美学地享乐的;真的唯美主义者正像精美的机械一样,每逢受着外来的打动就在自己的心灵里面生出音乐的谐和来。当然,这种方法是容易陷入感情脆弱的温良,失掉辨别美丑的可能的,但是人可以凭借各种评价的严格的分别而避免:我能够鉴赏典型的恶人,为了他是典型的,同时也认识他的精神和肉体的丑陋;美学的一切不同的准则散居在发达的评价者的心中;他不将别致性和美,美和雄伟性,滑稽的和典型的等等混同起来;他能够从最合宜的观点去观察现象,将它享乐,并且批评地观察它,锋利地诀别其中的一切缺点。能够严密地区别观点的才能是重要的美学的才能。这才能,在生理学的方面,就是我们使别的器官减低活动而只使什么一个器官充分的进行动作,这样来领略事物:就是不用眼睛,却用口舌来感觉牡蛎,用了眼睛去看孔雀,就不去倾听它的叫鸣等等,阻抑了别的,只使一种适宜的联合发展起来,来领略事物。所谓美学地感受事物——就是用了他那可以引起最适合的活动的那器官或那头脑的因素来感受事物的意思,也就是说这样去感受事物,从美的观点看来,直接的感应可能得到尽高的评价。但是我们若想不在对于个人的关系上,而在对于更高善,就是种族的完成的关系上,去评价某种事物,我们就会移动了力点,我们将会描出中间的联合,给予可能从所与现象中去捉住它的结果,在人类的发展上去捉住它的影响。最后,所谓从真的观点观察现象——意思就是说尽量完全的感受那现象,同时又全然不顾及感觉的感应色彩,单只凭借纯粹的感觉以及这样的——它那根基里是什么感应也没有的,就是毫无主观的判断,只是一种客观的判断的——观念和概念去感受现象。人类的意志,正像踏板一样,有时将这种联合加强,有时将别种联合加强,这样来决定它们的将来的进行;最高的中心意识,有时和这种器官,有时和别种器官联结;这种能够注射光明在我们的意识或者客观里的一种集团的现象上,而压搁其余的一切在局外,在暗处的才能,确实可以算是重要的适应性;据我们看来,它在极广义的美学上,就是在关于直接评价的科学上,是有重大的意义的。我们如果仔细观察这适应性,就会知道它的生物学的意义是包含着下列各点,就是正确地评价现象,能够在舒适的东西中识别出有害处,在可嫌恶的东西中识别出有益处,能够把在这处有害的东西,有益地运用在别处,总之,能够多方面地对待事物,因为实际上,各种事物都是按照情况如何,对于人类有着无量数的繁殖多样的关系的,从对于人类有机体的一切直接的,以至间接的关系上去认识事物——意思就是完全地认识事物:这样的认识应该就是科学的,就是美学的,而且在最广的意义上,也应该就是实用的。这样的认识,本身就使人类的精神丰满,而且在这以上,还使人类做了事物的主人,在他面前展开了走向幸福的路,给他有从周围的一切中挑选出这幸福来的可能;理想的认识,幸福(或者美,这是同样的东西,因为幸福就是我们本身的存在和世界的美的感觉的缘故)以及善,融合编织在一种向成长,向调和光霁发展的生活憧憬里面;一切增进了力的步骤都协助内在和外在的世界的调和,同时这调和又从新增进了力,这样直到无穷,或者说得更正确些,进步不停止,总是向前进。

第五篇 艺　术

美的情绪是什么呢？当人凝神地观赏东西时，为他所感到的究竟是什么呢？那是愉快，那是得到快乐，——这是不会有疑问的，但对于这情绪所下的最浅近的界说，对于这情绪所下的最浅近的性质的说明的问题，可就在最伟大的权威者们之间，也是意见分歧的。

关于这上面最值得注意的有两种意见。一群的美学者①主张美是镇静降下我们的内生活，绝灭我们的希望和欲望，给我们享乐片刻的和平和安息的东西。另一群②的美学者则宣言美是"幸福的约束"，它唤醒了眷恋理想的哀愁，正如模糊的想起了关于遥远的，可爱的，美的家乡一样，这就是幸福的渴望捉住了我们，向着达到美的快乐最高程度的我们的欢乐里面混进了悲哀的东西。

我们看来，矛盾不过是外观的。自然和艺术的美实际会使我们忘却我们日常的操心和生活上的杂事，在这意义上有谁会否定可使我们平安呢？而另一方面，最狂热地拥护那降低生活和绝灭志愿的理论的人们，也不能否定在观赏上含有欲望，冲动的因素。事实上，就是那最卓绝的所谓否定美学的代表者，在艺术中找着了从充满情爱和纷乱的生活到完全自己否定和绝对死灭的云彩那边的冷寒高处的梯级的思想家，——叔本华自己，也并不曾断言，而且不能断言，说是生活越少的现象越美。不，他甚至跟柏拉图的理念的学说合致了。不过在柏拉图看来，绝对就是生活的核心，是我们努力的中心，是我们不幸已经由此堕落，却还向此奋进的实在世界的天上的源泉：理念，在他，是所谓绝对的第一次的反映，其中比之第二次的残缺不全的它们的反映——地上世界的存在和事物中，含着更多的现实性，生活和真理。理念的学说的发生，自然是由于思慕完全的世界的渴望，是由于要把这世界改造成全如人类所自然期望的欲求而发生的；理念的世界——完全是直觉所体会的世界，就是现实和自由游戏的结果合拍的世界，这世界中的一切都

---

① 例如叔本华(Schopenhauer)。
② 例如斯丹达尔(Stendhal)。

是美的,就是一切事物都是和人类的器官的感受相应合,并且在那里面只会使人联想起幸福来的。而在叔本华,志愿却不是一种理想的东西,倒是邪恶的,混沌的东西,所以这些理念,到底是怎样的东西呢?简直是不可理解的。为什么志愿最近最先客观化的理念,却会成为达到从志愿解放出来的阶梯呢?总之,事实是这样的,叔本华是以自然现象之中接近纯粹理念者为美,又以观照那理念为我们解脱 principium individuationis① 的幸福的。是的,不错,然而这是说我们从一般欲望解放出来吗?那怎么还可以渴望这些理念愈益完全显现呢?那怎么还可以企求叔本华所以为归于寂灭,归于安息的调和,归于虚无的企求呢?

绝对的厌世主义是和柏拉图的观念论很不调和的,因为柏拉图的厌世主义只厌地上的死谷,却还承认有沐浴幸福的光,常住,清净地美的彼岸的世界的。

无论如何,人总是想替自己建设起一个一切都是永恒而且美,既没有眼泪也没有叹息的理想世界来的,就使还是茫然,却是无可置疑的事实。总以为一切的美,就是从这个王国泄漏出来的光辉。因为理想王国不就是那将感到力的一面不断恢复,一面大计划的消费,都跟现实性,跟我们自己也不明白的神秘的有机体的企求相一致的吗?依此说来,地上的美纵使是片刻的,纵使是经过了某种器官的中介的,却也还是满足了我们。这就可以明白,假若在某人的精神上,对于他的美的理想越明白,则这片刻的美将越有大的力唤起了对于绝对美的渴望。人类因为漫然要求规律生活的缘故,因为从非人性环境的不调和的结果不断地发生不满足的缘故,因为总是个别观察突然现在眼前的好像极容易得到,好像见过的舒适的现象的缘故,人类每会抽出结论:以为理想是存在我们之外的,而那理想的光是从外面射进我们的黑暗里来的。其实,并非如此。有机体的要求和现实的偶然的一致,是不得不为其先是有机体去适应环境,其后是有机体使环境来适应自己,反复不绝的。

我且引了例子来说明美的情绪在那完全的姿态上是怎样的。

假定诸君站在峨特式建筑的教堂中央。高的圆柱,尖的圆屋顶,向远延去的长的回廊的整齐的世界,围绕着诸君;一切的线,奔凑而上,规则地屈曲着;眼睛轻快而自由地追随着那些线,把捉了空间,测定了深和高,而且同时诸君又还感到这教堂,仿佛正被看不见的强大磁石吸向上方似地,凭着一种突进的冲动,从地中长了起来。而这调和地屹立着的世界,又充满着各种色

---

① 个体的原理。

彩的阴影，充满着编织在神奇的配合里面的繁殊的色彩、阴暗的壁龛，在那壁龛深处，厚玻璃的星星又辉煌着豪华的色调。视觉器官和中枢的愉快和强有力的刺激，便渐次和对于天国的自由而崇高的冲动相联结，渗透了诸君的全神经系统：新的节奏，这化石的祈祷的节奏，这些辉煌的窗饰的节奏，便像流进了我们里面来似的，将不安的，坏的记忆，成了疲劳而显现的各种中枢器官的激动和痉挛都揩去了，征服了；这节奏，至少是要将诸君日常的精神生活中的不调和换了一个调子的。于是雄伟而幽静的调和的感情，便开始占领了诸君，同时诸君也便越加分明地觉察到投在诸君心里的悲哀的影子了：仿佛还要什么似的，而且不知道为什么，心脏都甜美地软弱地紧缩了。光景是为要补充眼睛的调和的缘故，诸君想求音乐的调和罢？于是墙壁和圆柱便震动起来，空气也在诸君周围，甚至还在诸君胸头动摇了，色彩辉煌的教堂的一切角落，都充满了活的低语声：这些声音，成了悲凉的，沉重的，幽婉的，魅惑的，瑰丽的浪涛，从上方流泻下来。新的节奏，成为新的强有力的浪涛，增强了首先节奏的力，而又成为神奇的洪流，流向诸君的神经，使神经互相调和，合而为一。而诸君便感到这时为美的节奏所支配的心理（或者生理学的，脑髓的，神经系统的）的部分，和别的，——不调和的，软弱的，为生活而受伤的部分之间仿佛成了一个对比。假使诸君是宗教性的人，将就觉得自己是穷乏的，可怜的孩子似的，被忘却，被遗弃在不可思议的生活迷宫中，而且上界魅人的至福却仿佛有一种甜美的光来触动诸君苦恼的心似的，诸君将就感到自己和那幸福之间有着无底的深渊罢。思慕幸福的哀愁，便将在诸君的心中涌起，噙着眼泪，并且还想跪倒，热烈地祈祷一回的罢。然而倘若不是宗教性的，诸君大约不会将美的力来拟人化的，诸君大约会毫不期待超自然的力，但是诸君恐怕还是难免感到思慕完全的幸福的哀愁。为幸福的哀愁所窒塞的心，现在在寻求什么呢？恐怕是爱罢，就是别人可以给我们的那一切的幸福吧？恐怕诸君所爱的存在，也和诸君相并地，在完全调和的理想之前，同样地在感激，同样地在哀愁的。诸君将紧握这存在的手罢，将仰望着这存在，洞察人类是怎样地被遗弃，想到人类是怎样地可怕，有多少危险正在伺候着我们的一切，有多少丑恶正在准备污辱我们。我们日常的命运，正和有机体所期望的非常矛盾的：它是总期望美的和调和的远方，抚爱一般的层出不穷的调子，喷鼻的香气，正常平稳的运动的整全的世界，总愿意歌，舞，尽心的爱的，而且它还愿意进长，永远在自己里面感到新的力的充实，愿意有大事，有深情——就有危险，也是伟大的危险，就有争斗，也是英勇的争斗：它总愿意周围美，本身美，精神有崇高或强烈的进升的。假定诸君充满了这光明的,美的,崇高的生活欲求,从巴黎圣母大礼拜堂那样的教堂里走了出来,于是在诸君的面前便有街头马车和公共马车轰轰地作声了,便有脸上打着无聊的顾虑,悲哀,寒酸,或是懒惰和丑恶的印子的人们,左来右去。梦也似的心的音乐正将消逝,而日常不调和的杂事却从四面八方冲向前来,好像群聚在死尸上面的骚然的禽鸟似的,一切顾虑和不快的回忆都来围攻可怜的心。这时如果对于美的渴望,依然还在诸君里面活着,那它便将转变为对于这样现实的憎恶,而当那憎恶的热一镇静,——又将转变为想要躲到美的角落里去的欲求,或者将现实来装饰,调和,创造的欲求罢。

在这里我们就看见了艺术的两条路,两种理解:人将走那一条路呢?是探寻小小绿洲的美的空想的路,还是积极地创造的路呢?这自然有一部分跟理想的高度有关系:理想越低,人便越是实际的,这理想和现实之间的深渊对于他将不觉得怎样绝望;然而主要的还是跟人的力的分量,跟力的蓄积,跟左右那有机体的营养的紧张力有关系:紧张的生活就有创造,奋斗的紧张,渴望,做它自然的补足。

不过不要以为装饰,修饰的装饰艺术就是积极的精神的唯一艺术。对于理想的精进中,他们不但要修饰城市,修饰自己,自己的近亲,自己的住宅,还要在艺术的自由创造上,描出自己的理想或趋向理想的路程:他们要把完人来在大理石中或用色彩描出肉体方面,或在音乐中描出他的情绪方面,或在诗歌中描写而且叙述关于他的故事。他们同样也要描写正在精进完成的人:他的战斗的本能,他的强烈的情热,紧张的思想和志愿。到头,他们碰着现实粉碎了;他们便要把其中一切恶的丑的东西揭发出来,他们要把人类没有他们便未必觉得的东西指点出来,他们要在人类面前暴露了人类生活的溃烂的创伤。像这一切种种的艺术,就都可以叫做现实的理想主义,因为这类艺术都是指示理想的,都是以向理想的欲求为它本质的;但这理想是属于他的,因为理想所有的一切特质,和趋向理想的一切路径,都是不出现实的界限的。

第一种现实的理想主义,就是表现那做它努力目标的完全生活的,这是调和地发展着,怀着安静的希望向着超人,向着人神前进的社会的产物;这种艺术可以称为古典的;节度,调和,微笑的平静——是这种艺术的特征。

第二和第三种,就是描写正在精进的人的,描写这"向彼岸的箭"①,这

---

① 尼采。

"到理想的桥",带着一切它的内在的分裂,冲动,创造的烦恼,生产的纷扰的精神,理会善和恶,看见光明在前面也看见黑暗和龌龊在周围的;而且又描写这黑暗和这龌龊,想把同胞的人类从这里面拉了出来,去向光明的,——这可以叫做狂风暴雨,浪漫主义。一切再生时代都充满着这样的人和描写这样的人的作品。这样的艺术,大概是正循着斗争的道路发展的社会和阶层的产物。

然而人们也会走别的路。他们会对于世界的改善绝望,让世界躺在恶里面,却把艺术作为实生活的自身完满具足的形式,向那里面去求救。现实的理想主义者愿望在世纪中,在时代中,将大地这东西转变为艺术产品,而且要一切当代的艺术都有成为教育完人,或者至少要养成那为完成而奋斗的人们;反之,站在纯艺术立场上的人们——艺术便是最后的目的——他们想脱离了现实的沉闷而粗野的世界,自由地去空想,把自己的梦想寄托在声音、石头、色彩、语文里头,或者鉴赏着这样的寄托,来休息,——这就是他们的愿望。然而,只有少数的纤细的唯美主义者,作为纯艺术家而出现,广大吃苦的大多数的人类,都已经被不幸,自然的灾难,和社会的不正义,压迫得不再想能够在地上寻到现实的幸福了,于是把那现实的幸福,乃至在大地的边界那边,被理想化了的平安,休息和和平,作为憧憬。而艺术,便成了天上的幸福的象征。这种艺术,可以叫做神秘的理想主义。这几乎在一切情境中,内容上都和现实主义的一切种类的理想艺术不同:因为这是属于生活绝望的人们,疲乏的有病的人们,它总闪避一切豪放的,欢乐的,强力的东西;它总是把吹嘘平安,悲哀,和静寂的东西来描写。这就对于理想的浪漫主义,存在着神秘的浪漫主义;这浪漫主义,也一样在表现着在追求理想的人们,但因为那理想是彼岸的,所以这类浪漫派艺术家的主人公,也是些已经留在地上很少的苦行者或神秘家。这种艺术,是受了绝望的压迫的或者渐归死灭的阶层的产物。

和艺术的理想主义的本质相并列的,还有艺术的现实主义。做这现实主义的基础的,主要的是典型的,因此它的意义也就主要的是认识的:它使人知道周围的现实或过去的历史时代。假使那中间并不包含着现实的浪漫的否定特质,那它便是显示实际的布尔乔亚那样原则上有限制的阶层所固有的停滞和自满的东西[①]。

[①] 关于这种艺术的社会的基础,详见我的论文《摩理斯·梅德林克》——《教育》一九〇二年,一〇号、一一号。这论文现在再收在一九二三年发行的《研究》中。

在这里,关于艺术的起源及其实际的历史,以及关于通常的艺术分类,我们不能详细地叙述了,特别关于后者,几乎没有什么新的可说。但有一件事,对于我们很要有所说明,就是所谓决定进步的进化的一般的重要性质,就是艺术发展的内在法则。

艺术是照着怎样的法则发展的呢?我们知道,科学,艺术(哲学和宗教也一样)是在一定的社会里发展,而且就在和社会的构造的发展密切的关系中,因而又就在和横陈在社会的基础上的社会生物学的,或经济基础的发展密切的关系中发展的。艺术发生在和经济同一的基地上,就是有机体对于自己需要的环境的适应的基地上,艺术并不是死的威吓,而只是到达满足的努力,给人快活的,自己自由寻求的东西的,这只有首先的需要得以满足的时候,就使是一时的罢,但也只有这一时才能够开花。艺术的发展,分明和技术的发展有最直接的关系。富裕安闲的阶层的出现带挈了专门的艺术家的出现。专门的艺术家就是物质上完全独立的,也会无意间在自己的作品中反映出打动着他们最接近的阶层的理想、思想和情热的;何况艺术家还常常给支配阶层的代表者们工作,那时还不得不迎合他们的要求。每个阶层,都有关于生活和自己理想的自己的观念,对于艺术,都既给予以这种那种形式,这种那种意义,又印上了本身自有的印象。艺术跟宗教的关系,跟决定宗教和理想的各种性质的现实的关系,从来没有被否定过。艺术总是和一定的文化,科学和阶层一同生长,又和它们一同衰落的。

不过,倘使以为艺术就没有自己固有的发展法则,却又未免是皮毛浅谈。水的流动是由它的底和岸决定的:它或则展成死一样的池湖,或则流为平静的河川,或则狂暴而奔腾,激着多石的河床,成为瀑布而倾倒,左右回转,甚至急剧倒流。但是河流,就使明明被铁一样地必然的外在条件所决定,它的本质还是为水力学的法则所决定的,这种法则就是我们不能从河流的外在条件而知道,只有从水的本身才能知道的东西。

艺术也恰恰是这样,虽然自己的命运都为自己的主持者的命运所决定,总还是照着自己内在的法则发展的。

假定我们遇到了某种繁复的现象,例如交响乐罢,我们对于这种现象又还没有适合的适应性,那我们为要理解它,先就不得不消费了浩大的努力:我们听到杂乱的声音;有时我们觉得仿佛在抓丝线,有时又一切都好像纷乱得不合理,无头绪,只有成团的声音在飞散。离开美的情绪还远得很。诸君首先就经验到缺憾。煞尾还会经验到强烈的疲劳,也许昏晕,头痛,显现出过度消费的生活异样的结果。但是诸君如果在第三次听到这同样的交响乐:那么,声音就会像在先已经开好的路上流走一样,——诸君就会懂得它们,诸君就很容易适合了;乐曲的内在的逻辑,音乐的构造也更了然起来,不明白的只有个别的细目。

一到这些细目也从每一次新的经验中明了起来,诸君对于整个乐曲,就会像旧相识一样迎接了;诸君容易感受它,诸君的听官仿佛在低语着将要来的种种记忆着一切的声音,仿佛主宰着整个交响乐一样。现在诸君对于这声音的世界大约就会觉得是调和,是轻快,它来爱抚耳朵,同时又在诸君的心中唤醒了感情的繁复的全音阶,因为快活,悲哀,忧愁,勇敢,冲动,都可以在这些声音中听到了。一切现象,都是照着对于它习惯的程度怎样,成为怎样习熟的,亲近的东西的,假使那现象里面有美的因素,那因素便会浮到最外面来。在这里发生作用的就是所谓习惯的力。神经渐次和特定现象的感受适应了,为了这目标所需要的力量的消费也就越加少了。假使诸君什么时候去赴音乐会,又是听到了同样的交响乐,诸君也许就会说:"嗳,唉,又是这个……来个什么新的才好呢!"诸君不能把自己的注意凝聚在音乐上面,诸君将要向周围探看,倘使也不能发现什么有趣的东西,诸君就会伸懒腰:乐曲使诸君厌倦了,乐曲不足以吸完在听觉器官和意识中枢所保存的力量的全部,这时就为过度蓄积的生活异样所威胁,何况诸君原本专为听音乐去的——过度蓄积原来早已存在。

要使被评价的现象成为习惯的,而且以后不致厌倦,现象不可没有常新的内在宝藏;不过能够从作品中将取一切内在意义的那种精神是不多的;尽力挤过了的柠檬,尽管其中还有不少液汁,也就把它抛掉了。伟大的作品,总有几扇门为大多数的人永远开着的,无奈中材的人就只在开着的地方窥探了一下以后,就打欠伸,在大厅中踱来踱去。因此艺术不得不复杂化。著名的巨匠的雕像早已看厌,它们的出色没有话讲,可是我们在市上经过它的旁边时,早已几乎不去注意了;假使有新的巨匠建起同样精神的雕像来和旧的并列,那它将有什么可使我们震惊呢?我们大概也只有用冷淡的视线向它一瞥罢了。不,那巨匠是不该不给与什么新的,更繁复的东西的,他不该不引我们向前进,虽然因此需要更多力量的消费,只要使人感觉更加丰富,我们还会评价它是美的;原来我们对于美的评价和理解已经习惯了。

因此,雕像就从规则的,匀称的,简单的,越发进向大大的自由:体态生动起来,典型化成繁殊,越来越繁盛;人形不只是窥镜,或是美妙地靠在杖上,他们还投圆盘,他们还奔走,他们还苦闷,哭泣,筋肉为了用力而隆起,颜面走样;从此雕像就开始过分地繁盛——必须要注意不同乎古的,超越他们的了。但有许多民族或阶层早已想不出新的比较完全的东西来；他被新奇和别致的热望逼得忘了美，就在那里出现了珍奇的格式，风趣的题目，绘画的，怪异的东西。为了探求新的东西根本忘了旧的东西。观众乐于神经的新的刺激，乐于讽刺，嫌恶，色情的香味，也就从来不留意艺术已经堕落得怎样可怕，单只让后代以惊讶来证明它的堕落。发展，在一切的艺术中，在一切的时代中，都是走的这样的道路。

这不是说艺术的发展，总是周期的，总是走向没落的意思吗？不是，当然不是。艺术应该繁盛和复杂化，是没有疑义的，但这难道就是说必然要进向装饰化吗？难道在艺术里不能包含更多的内在的内容吗？难道竟会有最高点、nec plus ultra(终极点)存在吗？正像在科学的发展上少有终极点一样，在人类的心理的发展，人类的社会的发展上也很少终极点的。不过有些阶层，民族，有些文化，也许已经达到了最高点，已经不会再前进。而既经给予艺术以辉煌的典型的艺术家，却还不能不再求，再求超越了自己的。可是假使社会已经退化了，民族已经分裂为互相敌对的势力了，并且已经丧失了自己的品格，丧失了对于自己的使命和自己的神明的信仰了，那还到那里去寻求更高的内容，新的思想，新的精神的水准呢？假使阶层，已经在互相敌对的势力压迫之下，又因为自己的颓废，全体都由可怜的后继者所形成的时候？文化，社会已经趋向衰落，而艺术还在继续发展，它就会竭蹶供给些越加豪华的花，然而这种花，显见得是不会结果子的奇花。

而且新的民族，新的阶层又不是从旧的东西的终结点起始的。这里就有别的法则起着作用，——就是美的相对性的法则。有时对于诸君是容易和习惯的东西，对于我却是困难或正相反的东西，因为我们的习惯是不同的：诸君所期望的，也许是我所不关心的。这里还有一层，就是新的阶层或民族通常是在反抗先前的主宰者之中发展起来的，总有憎恶他们的文化的风习。因此文化发展的实际步伐总是断断续续的。人类在各种不同的地方和在不同的时代中开始了建设，一到建设到了可能的限度总就走向没落，这并非因为遭遇了客观的不可能，就是因为主观的可能性折损了的缘故。

但是最后来的世代，却会随着精神的发展，就是得有丰富的联合，得有评价原理的设定，得有历史的意义和感情的成长，越发懂得客观地鉴赏一切艺术：于是华美而奇特的，好像吸鸦片人的呓语似的印度人的伽蓝，沉重得压人的敷着鲜明色彩的埃及人的庙宇，希腊人的雅致，峨特式的神奇，文艺复兴时期的热狂的享乐，在他也会成为可理会可宝贵的东西，因为在新人，在完人，是没有什么人类的事物不会领略的；只要压抑了某种联合，增强了别种联合,他就会从自己的心理的深处唤起印度人、埃及人的心境来;并无信仰,也能够感动于孩子的祈祷,并不渴血,也能够赏识激动的阿基利斯的破坏的愤怒,虽然沉浸在浮士德的无底深远的思想里,也能够含着微笑观看花巧的趣剧或滑稽的喜歌剧。

  自然,这对于一切时代和民族的艺术的反应性,是可以毁灭了自立的创造,自有的风格,使我们成为折衷主义者的,但这只会发生在我们还没有充分的组织力的时候,我们还没有固有的理想的时候,我们还是沉闷的旅行者和游览者的时候,或者我们还只是为了读者而写,为了看者而画的时候。设使当时社会充满着不满的因素的那热烈的酝酿,生活,太阳,社会生活的调和,自由和共同的热望(我们怀着欣喜的不安在盼望它成功的),占了胜利,人类就会走上美的发展的大路的。将来的美的因素已经可以在有的地方看到了:在我们以前,没有一种文化梦想到的具有惊人的高扬的穿窿屋顶的明爽,整齐的这些钢铁的大建筑物,彪惠斯和他一派的美妙的装饰艺术,能够并不破坏建筑物的调和,而给与我们那或悲或喜的无限的远景,理想化了的自然和人物,仿佛音乐似地使我们移情于瑰丽的调子;根据最精美的唯美者王尔德的证明,甚至在茅屋中也都波及的这艺术的产业发展,——这都是将来①的因素。新的民众的艺术正将产生,而成为这艺术的预约者而出现的,将不是富翁,而是民众。

  民众正渴望着更好的将来,民众——是从古以来的理想主义者,不过他越意识到自己的力,他的理想就越是现实的;民众如今已经越发准备将天国委给天使和雀子们,而从事生活在地上的生活,把地上的生活加以无限的开阔和提高。协助民众对于自己的力,对于更好的将来的信仰的进长,探寻到达这将来的合理的路——这是人类的任务;尽力美化民众的生活,描出将来的照耀着幸福和完满的图画,而同时又描出眼前一切可以憎恶的邪恶,使悲壮的感情,奋斗和胜利的欢喜,普罗密修斯的企求,坚强的自信,不妥协的勇气等都发展起来,把人们的心结合在向超人的情热的一般感情中——这是艺术家的任务。

  人生的意义就是生活。生活一发生在地上,就努力于自己保存,但是生活一在斗争中强固起来,却就带着进攻的性质:我们不愿意像小市民将零钱积在保险箱里那样,把生活收藏起来;我们渴望它扩大,我们让它去周转,

---

  ① 关于这些艺术上的新东西问题,虽然革命在这里还显现得微弱,但二十年来已经能够加添许多东西。

使它在成千的企业中去发展。生活的意义,在人类,就是生活的阔展……阔展的,深造的,充实的生活,和一切导成那些的,都是美。美唤起了欢喜,给人感到幸福。美除此之外并没有,而且也不愿意有什么目标。人类既经创造了将来的美的理想,还会感到如今为了自己个人得以获得的是怎样地微细。于是他又把理想上自己的努力和同胞的努力结合起来,为了世纪而在大工场中从事建造。也许他会看不见宫殿的建筑告成罢,但那算什么呢,——他将这个付托给人类,而他尽在喜乐渐渐接近建筑的顶上,并且尽在那奋斗中,那创造中发见自己的幸福。积极的人的信仰,是信仰将来的人类的;他的宗教是感情和思想的结合:让他成为人类生活的参与者和那连锁中的一环,而展向超人,展向美而有伟力的存在,展向完成了的有机体,而这完成了的有机体的生活和理性是对于自然力得到了胜利。我们可以皈信这个吗? 在世界上最为宗教性的人们中间的一个人曾经写道:"我们在希望中得救。"希望是一到眼见,就不成为希望的,因为既经眼见了,还要希望什么呢? 不是我们可以消极,我们的努力都算多余的进到定命的幸福的王国的信仰的信仰,而是希望的信仰,——这是人类的宗教的本质;这宗教是有义务尽其力所能及,协助生活的意义就是生活的完成,或者完全同样的——对于那做胜利的必需条件和前提的善和真也包括在内的美,有尽其力所能及协助的义务的。

信赖彼岸的世界,神的宗教而成的宗教,积极的人们是不期望而且也不能期望的,因为那世界,就使是存在的,也已经因为它是超越的,决不会在我们面前现形,而且对于神的预期还会异常地欺人和歪曲了他们的活动,何况我们对于诸神既无所见又无所闻,那些神们的信息,又只有经过了那仿佛是天和地之间的联络站一样的纳菲罗珂吉基亚的居民们,过于高远的玄学者和缥缈的神秘主义者流的传递,才能收到,这未免更远了。我们准备和普罗密修斯一同说道:

跟巨人们战斗中,
谁帮我?
从死亡,从束缚,
谁救我?
不都是你自己做的吗?
圣洁的,火焰的心呵!
你不曾燃烧过吗,清新地,而且清净地,

你为对于睡在天上的,
感谢所诳骗了吗?
说是我应该尊敬你,宙斯? 为什么?
你可曾医好过
担负重担者的悲哀?
什么时候你揩干过
被磨折者的眼泪?
还是说从我锻炼出男子的
不是全能的时光,
不是永远的命运,
而是我和你的主宰者呢?
还是你在想,
我的咒生活,
走荒野,为的是灿烂的梦
还未全在现实上成熟呢?
我坐这里,创造人类
照着我的形象和样式,
精神上和我一样的火焰,
苦痛,忧伤,
快乐,欢喜,
也一眼不看你,
和我一样……

　　而且还加上:比我更加好,更恢弘。问题不止在产生出和自己一样的生活,而是创造出高出自己的生活。假使一切生活的本质都是自己保存,那么美的,善的,真的生活就是自己完成。当然,无论那一件,都不能嵌在个人的生活的框子里,都应该关合一般的生活的。唯一的幸福,唯一的美就是最完满的生活。

译 文 类

爱 情[*]

请你将我放在你底心上如印信，
在你臂上如铃记；

为因爱情如死之坚强，
嫉妒如阴间之暴厉；
所迸光焰是火底烈焰，
是无上的狂炽。

爱情，大水不可消，
洪水不能灭；
倘他想尽家中所有换爱情，
　　他将终于被人们轻蔑。

近承李少穆先生借我圣书，偶读"雅歌"，译此自遣。行款和标点，依旧。

一九二一·二·二二·译者记

（原载《民国日报》副刊《觉悟》，一九二一年二月二十一日）

---

[*] 本首诗翻译时，译者署名：晓风。——编者注

敬　虔*

〔德〕法尔盖　原作**

月照我寝床，
我身还未眠；
拱了我双手，
静息辉光间。

我心早静，
我祷已完，
我胸，一念之外无他，
你，你底幸福。

---

　　* 本首诗歌翻译时，译者署名：晓风。——编者注
　　** 法尔盖(Gustav Falke)生于一八五三年，著有《舞蹈与祈求》、《盛夏》等诗集，尽以蕴藉闲雅为世所称。

新体诗底今日

〔日〕高山林次郎　著

前年以来，议论纷纷的新体诗，毫无什么显著的结果的过了两年了。今年新体诗到底怎样？

如果根据以往，来猜测将来，前途还是没甚希望呀！

我们恨今日的新体诗，篇幅的冗长掩不住它内容的贫乏，散文一句可以写尽的事体，一上新体诗人底笔，往往用许多助词连词写得很长。也晓得纡徐弯曲有时也有妙处，但总不该使读者厌倦，总不该只管讲种种调子，把种种无意味的调子翻来覆去，专门取悦读者的耳朵。诗歌是情感的言语。我们很希望胸贴胸和诗人说话；凡是使人慷慨激昂的东西，都该直向别人的肺腑通心灵的呼吸。现在的诗人，却都像是故意说些拐弯话，忍住情感不放，竭力使读者的感情和诗人疏远。我们读他们的著作，都像用望远镜看他们的形状，借电话机听他们的声音。好像深山中的美人，远远地飘渺出没在烟霞中，不能使我们逼真的饱看；美人忽啭娇喉，妙音也复断续，隐约传到耳边，不能使我们尽情的饱听。这种时候我们怎能够不搔搔愤激呢？今日底新体诗人，应该把那得意的望远镜、电话机抛了去！

武岛羽衣、盐井雨江、大町桂月、杉鸟山等，所谓大学派的新体诗家，不是的确都犯这种毛病吗？

调子、诗歌上是要的。但是诵读底时候，只有耳朵听见他的调子，心里找不出他浓厚的意思的东西，这也可以叫做好的诗歌吗？诵读底时候，听者耳朵里微妙的声籁，和读者自身一样，不知不觉的温然融化在内容中间；如果不是这样，不能算是好的诗歌。真美的东西，要使人忘了一点一画的部分美，混然融化在无我的域中。

（原载《民国日报》副刊《觉悟》一九二○年八月三十日，署名：望道）

文艺上各种主义[*]
——自然主义、写实主义、理想主义、象征主义

〔日〕加藤朝鸟　著

文艺上什么主义，名称很多，解说也不见得一致；正像千源万流，举呈眼底，什么人也要眼花撩乱。现在只把理想主义、写实主义、自然主义、象征主义等等来，下一点简单的说明。

观察这些主义，最好从文艺三个要素出发。所谓三个要素，就是：（一）题材；（二）作者；（三）作品。（一）题材，就是要描写的东西；（二）作者，就是描写的人；（三）作品，就是描写出来的东西和读者。因为这三种要素底关系，有种种不同的形式，因此就显出种种主义。

理想是怎样的东西？不消说，就是人类希望他如此的对象；不管实际的世界怎样，描写的时候，作者只管照自己底意思变更事实描写出来的。例如：德川时代，有一个小说大家叫做马琴，马琴底理想是"善必昌、恶必灭"，他底小说就显示着这劝善惩恶主义。所以实际的世界，虽然狠有反对的现象，虽然狠有恶反而昌，善反而灭的事体，收入小说里面的材料，却终是善必昌恶必灭的。这同作者带了色眼镜去观看世界，几乎没有两样。我用色眼镜来比方过了；现在就顺便将作者比作凹凸镜，那就像这个图：

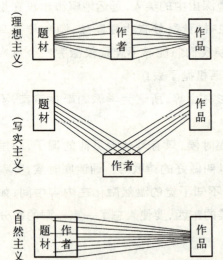

题材、作者、作品这三个要素，都

---

[*] 本文发表时署名：望道。——编者注

在一直线上；从题材发出来的光，通统注在作者这凹凸镜，成为作品，映到读者眼里。所以镜片如果是青色，作品就显出青色；镜片是红色，作品就变成红色；无论怎样，总染着作者底色彩。这就是所谓理想主义的文学。这种文学，作者如果是伟大的人物呢，固然可以做出供给人家诵读的作品；作者倘若不是天才，像是龌龊的镜片，那就终于做不出什么好的作品，——一定只有污了题材的作品。

所以理想主义的文艺，必须作者底理想能够指导那时代才行——不然、理想毫无权威，那就糟了。从理想主义这个糟的缺陷里钻出来的，就是写实主义。写实主义的文艺，像这个图一样：题材、作品、作者三个要素，并不在一直线上，却恰成了一个三角形。作者这个镜片，里面镀着水银、从题材发来的光线，都把彼毫无存心的反射到作品上去。

就日本文学史上说起来，从坪内逍遥博士在明治十九年做出《小说精髓》之后，马琴一系的劝善惩恶的理想主义，就被攻破。写实主义的大旗就插在空中招展。

但是写实主义，也不是没有弱点。不错，理想主义那样带了色眼镜看东西的弊病是没有的，作者将题材毫无存心地替我们正直描写出来，也是可以感谢的；但是作者果真能够绝对地极度地毫无存心么？就使说作者能够绝对地、极度地毫无存心，作品能够描写得同事象分毫不差，这又何必借重作者底手呢，那就只要去看自然景色就够了。譬如绘画，那就照相比什么还好了。随便什么绘画总不及得照相这样忠实地、真实地、毫无存心地把事象传达出来；这样只消有了照相机，便米来（Millet 1814—1870 法国画家）和马内（Manet 1831—1883 法国画家）也不足取了。这就是写实主义底弱点。

为弥补这弱点才显现出来的，就是自然主义。作者绝对主观的做不到，绝对客观的也做不到，这是理想主义和写实主义底弱点底所在；要除去这弱点，自然只有树立主观和客观融合的，就是注重作者实际经验的一种新主义。世人常把自然主义和写实主义看作一样东西，但照这图看来，明明有差别的；写实主义注重纯客观的，自然主义注重纯经验的。

理想主义、写实主义、自然主义这三种主义，我已跟着彼等迁移的次序，约略解释过了。

可是自然主义作品上附着的是什么趋向呢？附着作品和题材越发接近的趋向；作品、作者、题材三要素更向融合的境况里去了。

我们要把这融合底最后的境况，叫作象征。为什么叫作象征呢？这怕是贤明的读者脑里一定要有的疑问，但要解释象征，必须从别方面出发，请读者稍微等一会儿。读到本论最后的时候，自然会领悟的。

诱起文学兴味最原始的东西，是什么呢？就是比喻；把无情的草木、岩石、山崖等等都付与一副人间底丰姿，关注一派人间底情绪。譬如我们看见戴雪的竹林，滴水的枯叶，觉得触动一种逆境底情愫，唆起比喻的文学兴趣。所以在文艺上，比喻占很重要的位置。从前有些时代，几乎以为有了比喻就算尽文学底能事。比兴诗等，许是这样的东西，《古事记》里面，也颇有冗长的比喻。还有那有名的《宣命》(Norito)等等，差不多可以说是一部比喻。便翻开弥尔登(John Milton 1608—1674 英国诗人)底《失天国》(Paradise Lost)来看，也在有一个大的男子把北极底大山底大树底大枝拿来做手杖等等冗长的比喻。

这种比喻，我们且把彼分作明喻和隐喻两种。明喻，譬如说"春野艳如锦"，被比喻的就是"春野"，取来作比喻的就是"锦"，都明白流露在文章上面；隐喻，却将被比喻底主体隐在文章背面，文章上只写出"如锦"。譬如"枯叶滴冰"就是一个漂亮的隐喻底例；这种文章，并不只描写从枯叶上滴沥着的冰水，在这背面，却可以触起我们想到顺境逆境底意味。

这里，却有一个很重要的问题，就是明喻和隐喻注重在作比喻的东西和被比喻的东西两种东西底哪一种。原来比喻所注重的，是这被比喻的主体，譬如"春野艳如锦"，"春野"是主，"锦"是客。但是主客底关系，进到隐喻上就和明喻不同，客底方面虽然仍旧是客，却是成为一个很注重的客，显见在文章上面了。换句话说，就是比喻底度数越进，主客轻重的差别越小了。到了最后的极致，就进到作比喻的东西和被比喻的东西完全不能认出差别的一境，在这一境，就是象征底诞生地。譬如英雄末路，象征化(就是 symblire)作樱花落，樱花和英雄之间，就没有什么主客底差别。到这英雄就是樱花，樱花就是英雄的一境，于是象征味就涌见出来。

俄罗斯底作家安特来夫(Leonid N, Andrejev 1871—1919)有一部《红笑》(Red Laugh)，读者想必早已晓得。这就用红的天空、红的云象征战争底惨淡的作品：决不是单纯的明喻，也不是隐喻，却是主客浑融的状态。

话要回到原处了。自然主义，虽然是主客两观融合，但自然主义底趋势，顺性进到极致的一境，必定不但是作者和题材融合，就是读者也要牵入一个浑融的状态中。

就是用朋友交谊说，也不是一样么？两面专门提高理想，互相标榜底朋友；专门附和着客观的唯物的征逐过去底朋友；这些，我们胸中总觉得不妥贴的。这就是理想和写实底两派。若是把自己底经验,切实给我们,那我们就可以信用佢;如果再进一步,把我们底经验,融合一气,同甘苦、共患难,不分你我地向前进取,那是怎样欢喜的事呵! 新创造、这就显见了。

今年夏天,同我底朋友望道同读加藤朝鸟这篇名著,绝像细嚼橄榄,坐对含苞不肯轻吐的兰花,消磨暑夜。我于日本文很幼稚的,独自个无力畅读,望道便细细说去,又仿佛渔父入桃花源,得居人指点溪山,遍游胜境。这一别可两个月了,偶然见《学灯》登载译著,很像遇见武陵源里故人,换却一身衣服,来到人间;又像接到一张远别的朋友化装的照片,不知道怎样喜欢法去欢迎他才好? 哪里晓得这个源里故人,并不是从前面目;许是这张照片上被微生虫腐蚀了许多。一时急煞、气煞、羞煞:急的是故人变了相;气的是一般不会认识他的以为他原来如是;羞的是中国式底化装太不堪了。所以我急急催促望道把他所藏的那张亲手摄取的照相,发表出来,给大家认识认识这位加藤朝鸟底最新文艺思想第一讲底真面目。 (玄庐附记)

(原载《民国日报》副刊《觉悟》一九二〇年十月二十八日)

文章概观*

〔日〕夏目漱石 著

一 绘画底印状派

绘画里所谓印象派（Impressionist），是塔纳（Tarner）开创的。但塔纳自己也并不曾表明是这样的一派，当时的人也并不曾承认他是这样的一派。他是印象派，是事实上承认了这派之后，追溯根源的人认定的。

印象派底特色，无论描什么颜色都不用间色。他们以为：一切的色彩都只是主色底排列，并不是主色底混合。所以他们所描出的都是走近看不出什么东西，离了一定的距离才得感到自然底色彩的一类东西。

他们描画，并不先在调色板（Palette）上混合了颜料，将那混合了的东西涂在画布上。他们只将单纯的主色（Pure tone）一色色分别涂抹，集成一张绘画。这样涂成了，离开一定距离去看，依了眼睛底作用，就会觉得实在一般的色彩。他们色彩底技术是如此的，别的方法，如要某一笔有力，某一笔有音乐底调和的趣味等等，也多在技术方面用心。结果，题材底选择，结构底经营，就被看作第二第三以下的问题。结构（Composition）底美观与思想（Idea）底表现等等，他们是不很计较的，他们只要运笔巧妙，就算尽了绘画底能事。

二 文章底印象派

文章也是如此的，文章界里也有印象派。佢们也并不注意余事，正如画家对于绘画专标榜描摹一般，只赞美技术底自身。如现在的写生文家，在或一意义上便是这样的了。写生文家以为：写什么都可以，只要巧就好了。

---

* 原题《文章一口话》，见柳下道致君编的《漱石文学琐谈》178—189页。——原作注
另，本文发表时署名为：晓风，与天底合译。——编者注

就是车夫马丁底无聊话罢,就是马放屁罢,就是狗成长的境状罢,只要叙述精致,便是巧的,便是妙的。这样偏重了巧妙,自然不很注意立言底目的。因此,佢们描写出来的东西,纵然极其邃密,总觉得有什么缺欠,读了有些儿清淡无聊。总似乎无枢纽,无丘陵,又无笼罩的力。这正如春风吹拂盆水,盆面涟漪虽极明细,终嫌微弱,倒不如那油滑的海洋,虽然平坦却有一种宽宏伟大的节奏了。

三 创造是紧要的

佢们开口就说写生;佢们也许极能写生,所写的也许便是真实。但也不见得是真实便满足罢。倘若真实而无意义,纵然使尽这样的技术,不也是用牛刀割鸡一类的事么?依我想来,无论是怎样的写实,没有摄引力(Attractive)总是无聊的。倘是 Attractive,不怎样真实倒也无妨。神创造(Create),人也不妨创造(Create)。就使丝毫不将一定时候的一定事物写出——或更进一步,竟增减了一枝一叶、一山一水,倘然能够使人宛如亲见一定时候的一定事物,那又有什么要紧呢?

更进一步,竟也不消要什么时候处所果然存在或可以存在;只要看了觉得俨然实在,不致怀疑是真是假便得。这就是一种实在。这种意义的实在,不是一定时候一定处所所现事物底证据力,也不是历史的考证力,乃是足使读者消溶在那说述里面,不会在真假中间踌躇徘徊的境界。要使人直觉着这样浑融的境界,不但可以有无证据的创造 Creation,而且必需有这样的创造 Creation。

有时,许容多大的创造,才会有充分的摄引力,是有摄引力的,才成为艺术的实在。倘若战战兢兢注意违不违事实,是不是虚造,那就成了材料事物底奴隶,并不是文学底事业了。神兴底奔驰,创造底果断,是紧要的。……

四 实质派与技术派

世界的事都是怎样地发达了就怎样地由单纯变成繁复的,文章也是如此。文章原来是单纯的东西,分不出哪里为止是思想,哪里起始是技术。但在人们将彼反复推详里,却也区分为实质与技术了。所谓区分,并非解剖,浑成的一个并无可以解剖的道理;但人们注意既周详,在那浑成的一个中间却也能够辨别出些差别来,这便所谓区分了。例如形与色底关系罢。就物而论，原是两相相即，非形无色，非色无形，色即是形，形即是色的。但人智进步了，却就能够将这不可分的形与色分别观察了；能够从一个物体中，只抽象了形或单抽象了色。

文章也是这样，可以将实质与技术分别观察。有的专抽出技术来看，有的单抽出实质来看。从这区别，便发生了重形（Form）而可称技术派的，与主质（Matter）而可名为实质派的，两流派。前一派是同现今画界里的印象派（Impressionist）同倾向。

五　现今所谓写生文家

"为艺术的艺术"（Art for art）就是将文章，或绘画这样解开又注目在技术一面的东西。那是我们头脑发达时，才得勃兴的一种现象，又是必然要兴的一个流派。现今所谓写生文家，便大有这个倾向的了。有这个倾向，是时势发展上已经到了可以承认这么一派的时机底证据，从或一方面说，便是社会已经到了产生彼的机运。

文章随着历史渐次复杂起来，在从古就有的思想派之外，又新兴了种技术派：难道不是因为进化的潮流已经涌到了那里了么？只是这技术派走到了极端，却真有上述的流弊；这是应该觉悟的。

六　凋零的写生文

所谓写生文虽受现今社会的轻蔑，看作没有何等的价值，我却不这么想。说日本人写生幼稚是错的，不是幼稚是太发达了——过于发达而凋零而走到一边底极端了。实质无论怎样平凡，只要描写的技术精明就算好了。平易地说，已经成了事情平淡叙实乖巧的倾向了。所以能够使人大佩服，同时也就使人大失望。

议论底原质，原是重技术的看彼技术，重趋向的看彼趋向，写人情的机微的看彼人情的机微。但现在走到极端陷于凋零的写生文家，却应该想一想趋向、结构（Composrtion）、情节、布局（Plot）。

七　宛如披览地图

技术派底流弊在这边；实质派庇堕落底一种，就是情节之外毫无所知。

情节是有趣的,但毫无意义的家常说话也写上去,就宛如披览地图一般,或如造船底图案一般了。(以下略去九行)

夏目漱石是在日本自然主义盛行之时,主唱非自然主义的最著名的异分子。他所主张的,是"低回趣味",又称"有余裕的文学",他自称为"余裕派"。他底文章极好,相马御风在《现代日本文学讲话里说》:"……所以他底文章不是印象的,是说明的。不是描写的,是叙述的。他和自然派作家底区别却不是在这对于那描写的而是叙述的一点,大部分是在对于无技术的而是非常有技术的这一点。他底作品,技术方面极好。不但文章底技术,就是作品全体底结构或布局,也有自然派诸家作品中不曾见过的技术。至于文章,他那言词底丰富,句法底自然,更是难以企及。"所以我们译出他这论文章的文来,给一班青年看看。他为改革俳句,曾和正冈子规,高滨虚子(女作家)等发刊一种杂志,名叫鸟名的《子规》(Hotatogis),这文便是一九〇六年(明治三十九年)在这《子规》杂志上发表的,他死后又被收入《漱石文学琐谈》。

他为人也同我国现今一班青年一样,不喜欢博士;博士会赠他博士,他就用电话回答说"不要",再谈便不睬了。即此一端也可见他底为人,也是他国内不易找到的。

一九二一年六月十一日　晓风附识

(原载《民国日报》副刊《觉悟》一九二一年六月十日至十三日)

文艺上的自然主义*

〔日〕岛村抱月　著**

　　文艺倘只从形式去看,自然主义的文艺自然算不得时新的品物了。不过什么罗曼主义什么自然主义乃至最近的什么表现主义,真只是形式的流迁么？也还是中间实藏有或一物在那里进展呢？倘只是形式的流迁,那么我们虽然不愿,也只有欢迎时式；如是或一物的进展,我们难道不该抛离形式问题,格外注意在这或一物怎样才能显现在这万事尽属后进的中国么？这或一物是什么？这文艺底核心是什么呢？这是本篇暗中回答着文艺精髓的问题。

　　还有,最近文艺无论如何新颖,总之都曾受过了自然主义的洗礼。倘不了解自然主义如何,对于新文艺的赏鉴或研究,怕不免总有障壁。可是自然主义究竟是什么？彼底原素究有几项,又如何配合着呢？这却是本篇面上指陈了的问题了。

　　要之,使人明白文艺核心是本篇底骨骼,使人知道自然主义是本篇底皮肉。如此两面兼顾的论文,想不致有过去之讥。只惜我底文字力太脆弱,不能无憾地传其真意罢了。

　　本篇系为小说月报翻译,承我底朋友雁冰先生特别介绍读者,今《觉悟》将又特别介绍,而且承我底朋友力子先生让我附记几句。这些都使我介绍不徒劳的厚意,我不得不郑重地感谢他们。

晓　风

一九二一年十二月十一日于上海

---

*　本文发表时署名：晓风。——编者注
**　岛村抱月(1871—1918),日本文艺评论家、戏剧导演,日本新剧运动先驱。——编者注

一

"日本以前"原是哈普忒曼（Hauptmann，1862）在德国传播自然主义的社会剧底名称；但这剧名上实含着一种象征主义。正如一评论家所说，作者描摹了那么暗淡悲惨的人生，还说是"日出以前"，却不称为"日入以前"，这可见对于前途还是怀着伟大希望的了。那希望是社会底改造么，是个人底解放呢？总之，当时的人多已诧异，说是"第二个易卜生"了。

晚近我国（日本）文坛自然主义到来的景象，也正像"日出以前"。文坛将要天明，东山底第一峰已经射上了一道鲜明的辉光。万物已经一齐举起了头凝视着。也已有感着清新的气息而欢咛。一切只要加上了自然主义一名词，在小说便觉得是清新，在评论便都觉得含有新暗示了。自然主义这名词，无论在作品上评论上，都已异常地刺戟着现今的文坛。在新时代的人，更是感受着异样锐利的刺戟力了。只此事实，也是极其可以注意。然而那上升的日光，文坛底前途，究是些什么呢？

最初揭示自然主义这名词在小说界里的，约略是小衫天外罢。听说他六七年前还在读左拉（Zola）底书。他那揭橥的由来，当然不难推知。只是这系统，这态度底作品，他后来却又将他称为写实了。据他说，无论自然主义无论写实主义，都是站立在鼻虽太高，饱了却是虚伪，只有照实写出的才是真人类的一个立脚点上。天外时代的自然主义，有时为写实主义所遮掩，有时被罗曼主义底反动所压抑，并不会成为一时的风尚。天外氏底自然主义，从他理论上从他作品上看，原已含有现今所谓自然主义底要素——至少也已有这倾向这目的。就是他那描写方法务用纯客观的态度，题材不避肉的及丑的等等，也正是自然主义底主要原素。不过这些之外，实有一个风味不同的处所，我们不能不将自然主义分为前后两期。天外氏底自然主义，是代表前期的，自然主义论上，自然埋没不了他底名。至于后期的自然主义，却是去年以来呈现我们眼前的一个新现象。确指时间出来，便是在岛崎藤村氏底"破戒"，国木田独步氏底诸短篇上了世人批评的时候，开了端绪。在前期，天外氏是自己握持了主义进行的；在后期，独步氏却只是继承了以前同一的或近似的作风，世间并不认其倾向为自然主义，现在作者自己也还在新闻纸上声明并非是什么主义。藤村氏，我也不曾听见他自己宣言是自然主义。称呼这些为自然主义的，不过是世间或评论家罢了。但此并不足惊异，也并无不适当的嫌厌。文艺上的名称，不论出自作家出自评家，都足以使一代底风尚,觉悟革新繁昌。所谓主义,无非是概括或种倾向风格的总名罢了。使那倾向风格展开在未来的努力,便是主义底努力。凡于自己所为有信念与自意识的,总要发生什么形式的,什么名目的,什么明确程度的一个称号的,这是近代思想底特征。

藤村独步诸氏被人因了他们倾向才称为自然主义;眼前大约他们自己也承认自己底作风态度近于这称呼中底意义了。近时在诸短篇上显现的小栗风叶氏德田秋声氏,"蒲团"上显现的田山花袋氏,"其面形"上显现的长谷川二叶亭氏,"红尘"上显现的正宗白鸟氏,以及其余新作家,似乎更是对于自己底倾向主义有了自觉在那里进行。我们对于这些作家底倾向主义,倘要起一便利的名称,最好就是自然主义了。起了名称,或许要为名称所牵引。但此只是随处存在的利害对立的一面罢了。

二

过去小杉天外氏底自然主义以及后藤宙外氏底心理的砚友社一派写实的等等与现今所谓自然主义中间,曾有一个短时间为"椏飚"(Sturm and Drang, storm and atress)或罗曼主义(Romanrticism)所间断。从明治三十四(1901)五年所谓尼采热、美的生活热、勃兴的时候起,到了明治三十七八年止,不就是这个么?现今的自然主义,是这小罗曼主义以后特殊的现象。前期的自然主义写实主义,并不曾有此经历。我们以为这一点很重要。照直说,便是自然主义必须经过罗曼主义,这在泰西,都是如此。如在近世自然主义故乡的法兰西,就先有嚣俄(Hugo),而后有巴尔克(Balzoa)、佛罗倍尔(Flanbert)乃至左拉(Zola)、莫泊三(Maupassant)的自然主义。

德意志底自然主义,也是被那所谓第二 Sturm und Drang 的风煽出。而德意志文学史上的 Sturm und Drang 即大风雨时代,精神上又常是罗曼主义。

因了这样的事实,所以我们先须研究自然主义与罗曼主义底关系。近时文艺史家在论欧洲近代文艺时通常所用的分类法上,大抵罗列着古典主义(Classicism)、罗曼主义(Bomanticism)、自然主义(Naturalism)、象征主义(Symbolism),这些名目。就是自然主义,在文艺上,是前承罗曼主义,后启象征主义的。自然主义和这两者底关系,这是本篇所要论的一个重要问题。

象征主义,古典主义,罗曼主义三名称,人都知道是哲学家海格尔(Hegel, 1770—1831)在美术论中起始明白用作文艺汇类底对照语的。但从近代评论家将彼应用在近代文艺上以来,意义却已变了。据近时的用例:十七八世纪欧洲底文艺,大体以法国为中心,造成了一种模仿希腊拉丁古风的一种典型;这种典型,总称为古典主义。他们对于一切作品,都要求匀称,调和,规律,明晰等智的条件。这可以说是知巧的罢。而这等知巧的条件,才是宿在事物底形式上的,所以他们对于形式,也就有特种的执著心。这可以说是形式的罢。他们于抽象的概念之外,又多在现实平明的事物上求其形式的美。这又可以说是现实的罢。包含这知巧的形式的现实的等等特色的十七八世纪古典主义的文艺,直到十八世纪末与十九世纪初中间,才以法国革命为中心,成就了一个大转机。十九世纪初的新文艺,在任何意义上,都是古典主义底反动,这个反动的倾向,便是罗曼主义。

　　罗曼主义一语底内容,并不怎么确定。凡是十九世纪初精神界里的新气运,都可以称为罗曼主义。至于详细的解说,却有人指为"中古主义"(Medievalism),以司各忒等的历史小说为例证。也有人以神秘的戈尔栗奇(Coleridge)的长诗为代表。另有人注意于理想的昔来(Shelly)等人的著作。也有人注意于华滋渥斯(Wordsworth)等以自然为宗的倾向。这都是一些见了一斑、忘了全豹的见解。我们现今且就这异说纷纭的罗曼主义底解释中,举出一个最容易明了的"十九世纪英国罗曼主义史"著者皮亚斯(Beers)底话来说。他以为:法国批评家蒲契尔曾经在他文学史上,承认了女文豪斯丹尔(Madame de stael)的说,采取了基督教主义对于异教主义、中世主义对于上古主义、就是罗曼主义对于古典主义的解释,以罗曼主义为抒情主义,自我发射;罗曼主义底本义,无非是欧洲诸国民回顾过去即回顾中世的思想,这就是所谓中古主义。皮亚斯数这主义所包括的诸概念,是情绪底强烈,是容易感动于绘画样的东西。是爱自然的景色,是对于远隔的时代和处所的兴味,是对于神秘的好奇心,是主观的,是抒情的,是自我插入的,是热心的新艺术底实验等等。其内容底复杂,也就可以推知了。我们倘将这些同前面古典主义底根本要素相对照,提出些重要的原素概括地说,就是从古典主义底知巧的一条,对于知识发生了情绪底反动,对于巧伪发生了自然底反动。反对冷静的知量,而有喜爱热烈的情绪底反动;憎恶烦琐的人工,却欢喜归于浑朴自然底本原。这所谓情绪的,自然的,就是罗曼主义最著名的特性。其次,就是从古典主义的形式的一条,生出了内容的反动;这内容的一事,在客观底对境上寻找的结果,便成为理想的,在主观底自我里寻觅的结果,又成为自我的。他们想抛了空虚的外形,接触着充实的核心底神髓。在外界求神髓,当然不得不走到理想去;在自我中求神髓,当然不得不任自己底个性。罗曼主义所以有攫住事物核心的两倾向,即理想的与自我的两特性,便是这个因缘。最后,古典主义特质现实的一条底反动,是空想的或超现实的。既然厌弃现实平明底乏味,想要大逞其空想的愿欲,当然对于时代对于处所,都是超越现实的好。时代上超越现实的,最好时代莫过于过去,特是暗淡耐人想像的中世。处所上超越现实的,最好舞台自然无过于人类以上的神秘界。因此,罗曼主义又有中世的、神秘的特性。情绪的,自然的,理想的,自我的,中世的,神秘的,这六项,不一定要全数具备,只要以这六项中的几项为中心动力的艺术,我们就可以称为罗曼主义。至于此外的细目,我相信也已经包括在这些大纲中。

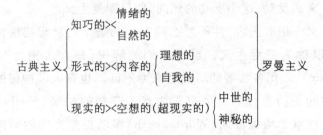

但是这些特质,究竟以什么为生命而发动的呢?这些之后,难道没有深深潜藏着的或一物底热的气息变了力在那里推动着么?这或一物,从希腊古昔直到二十世纪的今日,常常躲在努力向上的深处,焦燥着要在白昼里呈现。他做了对境,就有要设法寻觅他的意境;他成了自我,便有要发泄展开他的焦急。所谓罗曼主义,也不过是这一物想蜕化了古典主义的皮壳的吹息罢了。只是这一物,究竟叫作什么呢?

三

罗曼主义的文艺走了这样的路将要山穷水尽的时候,前途忽然开朗,展开了一条大路,这便是自然主义。在文艺史上,最是明白揭出自然主义的,就是所谓法兰西自然主义;但未立名目的自然主义,却已由英国底华滋渥斯发了端,更逆溯上去,又已在法国卢梭萌了芽。他所谓自然主义,无非单以人为为对照,教人返于自然,以自然为师。卢梭曾在第一论赞美笔墨言语所不及的自然底伟大,在第二论想象无言语、无习惯、无道德、无争斗的原始社会,在教育小说《爱弥尔》中说过"成于造化底手的,全是善;成于人底手的,全是堕落"的意思。去了一切人类技巧,忘了文明,返于自然!这便是十八世纪中期的卢梭底自然主义。到了十八世纪末期,又有华滋渥斯,他曾在他的《抒情歌集》第二版序上说，诗无非是用平凡的言语奏出平凡境里自然流露的剧烈的情感。他以为诗没有特殊的词法，没有特殊的人生，而且要极爱自然，至于忘了自己与自然底区别。爱自然，近于自然的状态！这便是华滋渥斯底自然主义。如再这样推究下去，另外还有种种的英国自然主义。勃兰兑斯说，(Brandes 丹麦现代批评家，世界知名的批评家)"英国思想倾向上的自然主义，发现在华滋渥斯。其状态是爱慕一切可见的自然，蓄积从自然得来的印象，对于动物，儿童，乡人，精神上的贫者有恳挚的爱等等。"到了戈尔栗奇梭西，又有用自然主义处理德国罗曼主义中心的趋向，这可以称为自然主义的罗曼主义。还有，司各忒是历史的自然主义，昔来是根本的自然主义，摆伦在《东·加姆》中显示出自然主义底极点。——这是勃兰兑斯所说的大纲。我们现在说到这，不过借此表明自然主义底种类怎样繁多，而且几何诗人——不，一切的诗人都可以说自然主义。至于勃兰兑斯底这种议论，却不一定全部可以赞同。就是蒲契尔底法国文学史，也极杂乱，他指数法国自然主义者，竟数到维尼(Vigny)高楷(Gantier)。真正严密区别起来，就是巴尔扎克、佛罗倍尔也还是出入在自然主义与写实主义中间，不易断定，要让"批评史"著者先兹倍里(Sainsbury 英人)说出如左拉底自然主义，佛罗倍尔底写实主义的话来了。

总之，自然主义一个名词的范围，现在也还极其难以确定。

以上所说的卢梭、华滋渥斯的自然主义，同时就是罗曼主义。卢梭对于法国革命乃至嚣俄(Hugo)等底罗曼主义，都有根本的影响，现今说法国罗曼主义的，都还是追溯到他。华滋渥斯也是如此，他也是英国十九世纪文学罗曼主义文学开幕时的第一个登场人。卢梭、华滋渥斯两人底自然主义，实是罗曼主义底根本义。罗曼主义里面，原包含着自然主义。但此也不过是罗曼主义重要的一面。罗曼主义本身，实还含有别的要素。前述罗曼主义六要素中的自然的，即反对人工返于浑朴自然的倾向，原便是自然主义，但若和情绪的、理想的、中古的诸要素同时存在，却便是罗曼主义底特色了。所以显明的自然主义底端绪，我们正可以从罗曼主义中寻觅出来。而卢梭、华滋渥斯两人是自然主义底先辈，同时也就是罗曼主义底先辈了。

但十九世纪后半的自然主义，却有人看作罗曼主义底反动，也有人看作罗曼主义底继续，不免有全相矛盾的见解。这是甚么缘故呢？十九世纪初叶的自然主义于十九世纪后半的自然主义中间，可是藏着什么曲折么？依我们看来，这个曲折实在便是自然主义从罗曼主义分家，领了本家的经历。

罗曼主义譬如是一家，家里有"自然的""情绪的"以下五六兄弟同居。中间有叫作"自然的"这一个，他的性情和别的兄弟不同。于是家庭不和。"自然的，"自己分出去。后来得了外援，却就挂起自然主义一块庄严的招牌，横领了本家了。这是这自然主义的来历。

四

在说因罗曼主义中间不和而生的自然主义底变迁之前，请先把自然主义底全体，约略说一说。自然主义底发生以绘画界为最早。这同文学方面一样，那些爱用自然为题材一类的东西，在十六世纪前半被人惊叹为色彩即生命的威尼斯派（Venetian School）泰斗的梯兹亚诺（Tiziano, 1477—1576）手里，便已萌芽。如他那"殉教者彼得"画中那暴风所震撼的树木的背景的从背影地位进到本影，实在就是绘画界的趣味从人事渐向自然界进展的表征，所以人都说他是欧洲自然画或风景画底鼻祖（可惜这画现在没有了）。后来成了十七世纪底荷兰派（Dutch School），成了十八世纪底英吉利派（English School），这自然画便越加发展。一有十八世纪前半英国该英思玻罗（Gainsborough, 1727—1788）出来，近代风景画底基础，便被确定了。其后又有孔思推勃尔（Constable, 1776—1837），又有陀纳（Turner, 1775—1851）；影响及于法国之后又有兑阿特尔、卢梭（Theodore Rouseau, 1812—1867），乃至珂罗（Corat, 1796—1805）、弥娄（Millet, 1814—1875）等，近代风景画的大家一时勃然竞起。所以倘若将那以自然为重要题材的东西称为自然主义，我们实在不能不说绘画上的自然主义，是从十六世纪梯兹亚诺起了雏形传给前述的各家。不过我们这里所要论述的挽近的自然主义，另外却还有了几层的曲折。例如那 Impressonism 即所谓印象派的画风，就可以代表这有了曲折的自然主义。文学上华兹渥斯等底自然主义与左拉等底自然主义，有单复之差；绘画上兑阿特尔、卢梭、珂罗等底自然主义与玛奈（Mamet, 1833—1883），莫奈（Monet, 1840）等印象派的自然主义，实在也有单复的不同。

在说复杂的自然主义之前，还有一件绘画史上不可遗漏的事实，这就是 Ganre 即"风俗画"的自然主义。绘画上初期的自然主义，也许要算这面最重要。这发端在十六世纪后（?）半的意大利，画家加拉伐乔（Caraazzio, 1490？—1543）等一些人曾把他称为 Naturalisti 即自然派。其主义专以自然本真的事物为画范，摹画人物也常照所见的活人如实写出。这在今日看来,固然分明是自然主义;同时也便是所谓 Gonre 画的端绪;其余势及到北方荷兰,这便产生了辉映十七世纪的大绘画。这就是伦勃兰(Rembrandt, 1607—1669)的风俗画肖像画等等。伦勃兰的风俗画,系继承加拉伐乔,原有绘画史可证;断定伦勃兰为自然主义的,德国冯·休泰因(Von Stein)的"新美学阶梯"也便是一例。他说:自然主义并不在乎细描外形,实在乎描了自然底全体来助我们底情趣;如伦勃兰的"拉莎尔斯觉醒中的基督",救世主底颜面并不鲜明描出,其姿势也并不如意大利画的惯例,显出过分的亢奋的震动,环绕着救世主的光线也并不特别用了神秘的辉光,一切都用自然中间的景状,然而却能十分地表出他的情感来,这便是自然派之所以为自然。这样说来,绘画上的自然主义,在十七世纪时便已比十九世纪前半文学上的自然主义进了一步了。然而比之后来印象派的自然主义,终究还有单纯与复杂底距离。我们所论,当然该进到后来的自然主义。

五

罗曼主义里的自然主义不得不同别的同居者分离的事实,我们正可以在绘画上兼文学上的英吉利的一种主义即所谓拉飞尔前派(P. R. B.)的始末上看出。据可以称为这派首领的罗舍忒(Rosette,1828—1882)说,拉飞尔前派都喜爱拉飞尔以前的意大利绘画的毫不受传习遗型的结纳,自由地自然相接而以自然为师的风韵,他们都想抛了成型,直接以自然为师,细微地写出自然的形状来,同时也想将热烈的情绪蕴蓄在这等文艺里。但这情绪的与自然的两目的底调和,是不可能的。所以团结后不上两三年,拉飞尔前派便瓦解了。由是,同志就各依了自己的倾向,朝着各人原来的方向去发挥特色。其中最著名的,便是罗舍忒。他自从成了孤独,去伸展自己的倾向,便一步一步地离开了他所谓自然的角隅,奔向情绪的一面去。他的诗和他的画上,原不是毫无写实的自然的描写夹杂在内,但这并不是他的特色所在。他的全体的特色,实在乎极浓厚的情绪的倾向。总之,拉飞尔前派起初混括着不相容的两面,终于互相背驰。让罗舍忒偏向其中一面的情绪派,遗弃了自然派了。

因为近于主观的夸张的情绪派与近于客观的自然派,委实是难以相容的两面。

由是,自然主义,就走在文学界的左拉,绘画界的莫奈等人所树立的所谓实验小说,所谓印象派的旗帜之下去了。那原来同伴的从此都成仇敌。

情绪派，任凭狂热夸张事实，是毁伤自然的；理想派在事实上加以别择作为，变更了原形，是毁伤自然的。自我派尊重自我的欲望，中古派神秘派困隔了时代隔了处所失却事实底确实，也全是毁伤自然的。摆脱了这等一切的系累，自然主义却另从一个新的处所出发，成了一种文艺的模样。

自然派从罗曼主义分裂了出来，在世上便得着了许多的新的应援者来和他结合，来的第一个便是文艺上的写实主义。所以自然的与罗曼主义分裂的事，简直便是于写实主义联合的事。不但写实主义，就是文艺以外的思想界中一切和自然派相合的要素，在那开始的时候也都吸收了来作自然主义底成分。实验科学也是，进化论也是，社会问题也是，新的自我，新的理想，一切都是独立后的自然主义从周围的大气中所吸集的化合原素。近代自然主义所以异样复杂，就是这个缘故。本论所要分解归类的，也便是这些材料。

六

在说自然主义成分论之前，我们认定应该先说一点写实主义与自然主义底关系。因为写实主义和那科学问题社会问题等等不同，向来是文艺上的一种倾向，他的范围又很广泛，容易与自然主义混淆。

写实主义原和理想主义对待，在美学上可以归为一群的文艺原理；罗曼主义自然主义等等，又是另外的一群。这两者原得以交相错综而存在；然而把他看作文艺史下的倾向或分类时，写实主义所包含却比自然主义更广，自然主义不妨看作写实主义底并部分。从哲理方面说，又就是一面相逢，一面又相一致（例如描写外面显现的点上）的二原理。

自然主义与写实主义的哲理上的关系，如果精密说来，共有三种见解。第一将两者看作全然同一，第二把两者看作程度的相差，第三将两者看作性质的不同。原来，这个问题从美学方面讨论起来，我们不能不看作"文艺应该怎么表现什么"这一个两重根本论结合起来的东西。然而向来的美学，却都专从怎么这方法论方面区别这两者。在什么这主题论方面，从不注重。就是这写实一个名词，那一位哲学家而且建立了极有诗趣的美学的谢林（Soeling，1775—1854），把它看作希腊艺术的特色，以别于中世以后的理想主义。而哲学家黑格尔（Hegel，1770—1831），却又把这希腊的艺术，归入古典主义的一类。倘将这两家并合起来，古典主义与写实主义就该在希腊艺术中成了一体。结果便该有古典主义就是写实主义这一种奇异的结论了。

但这奇异的结论里面，也许含有真理罢。这因为希腊艺术的特色，普通都以为在乎"他的外形就是他的内容"的一点。只要有了所见的外形，便满足便全备了。外形倘不毁伤，美底目的便算达到。事实上，希腊艺术原来也有别的倾向：但我们说 Classic(古典)时候的中心概念，总之是指外形本位而说。古典主义无非是外形主义。既以外形为本位，当然不会更有"自然"现实所造的以上的标准；因此外形所呈现的自然，即现实，便被看作最高模范，除了描写这个便无艺术。自然底描写，外形的描写，这是纠缠着希腊人的美学思想。中间虽然有一二位学者从外面描写进一步到内面描写，但从大体说，总之要以外形的描写作为希腊思想的特色；同时古代描写论与近代描写论的区别，也就是在乎这一点。而这外形的描写，自然底描写，为中心的一点上，便是写实主义与古典主义相通的处所。黑格尔与谢林相同点，也就在此。那把自然主义看作与写实主义全然同一的，也不外乎立脚在这一点上。美学家郝尔曼(Hartman)虽在论耶斯来耳、加里爱尔等人的一条上非难写实说与理想说对立的意义不明了，在本论上，又根据假象说非难文艺，所谓现实自然，也并不会将写实主义与自然主义划出界限。柏林大学特梭亚(M. D. essoir)在他近著《美学及一般艺术学》中说："自然主义看文艺即现实，各种理想主义看文艺多于现实，形式主义幻像主义感觉主义看文艺少于现实。"这却暗中把自然主义与写实主义看作同意义了。持这说者，此外也还很多。

七

第二把自然主义与写实主义看作程度之差的见解，却无非是说两者区别在乎描写法上客观化的多少。这一说以为写实主义并不算全照自然描写，中间也还有故意作为的痕迹；自然主义却更是客观化，刻意将事象底影迹如照相器般如实地映出，丝毫没有技巧细工的痕迹。例如在我们雕刻论(译者按：原文见著者《论欧洲近代雕刻书》第八章)中称引过的那个德国美术史家罗先倍尔说，写实主义在描写上尚不放弃画家的构图、布置、色彩、明暗等特权，自然主义却全然无条件地降服于自然，对于奇突、无形式、无纪律，并不在意，专心要写出自然的本真来。又如球比更的教授兰格(K. Lange)在《艺术底本体》中说："理想主义意在思索自然底理想，把他镶嵌在文艺中；自然主义意在模仿自然，至于真假难分的境界；立在这两极端中间的，便是写实主义。"

这都是以自然主义为最极端的自然描写,以写实主义为尚有技巧痕迹的调和的方式。要之,都是说理想主义上人工最多,由是渐减,便成了写实主义,成了自然主义。

最后,以自然主义与写实主义为性质不同的一说,以为写实主义止于描写自然,而自然主义却是用"止于描写"以上的方法写出那"止于自然"以上还有或一条件的东西来,例如上文说过的那休泰因就说,把从现实所得的印象不增不减地再现出来的试验,这不过是写实主义的一种新的变化罢了,这不能算是自然主义。自然主义是以自然为一全面而描出的,他的方法是用了受过客观刺戟的主观底倾向,即情趣,使那自然充实在全圆的形状中间;至于部分细写,却并不是自然主义底本来,不过是一种的伴随现象罢了。写一全面体的自然,以主观的情趣写出大体,不必细写,这是自然主义同写实主义的不同点。加了所谓全面,加了所谓情趣,这不是性质也已变了么?

自然主义与写实主义的区别可以有上述诸种解说;不过那以两者为全然同一的议论,恐怕单是目睹近代文艺的活事实的,也便不会表同意罢。第二第三的程度说和性质说,在事实上却双方都是真理。这理在后文研究自然主义成分的时候,便会明白。

八

十九世纪后半的自然主义是以法国为中心的。不过不明白究竟从哪一年起到哪一年止。内中关于终结更不明白,有人以为已经入了反动期,自然主义已经成为过去的东西,也有人说事实上现今还是欧洲文艺底生命。关于起源,我们现在暂且借用特·弥而(A. B. de Milo)《十九世纪文学史》以千八百六十年代为起点说。罗曼主义的代表嚣俄的势力,也仿佛从这时起始。显出了反动的气势,佛罗倍尔的绝世作《鲍夫来夫人》(Madame Bovery)的出版,也在这时过后。到了千八百七十年代,相传左拉同佛罗倍尔(Custave Fraubort, 1821—1880)、都德(Alphonse Daudet, 1840—1887)、龚枯尔兄弟 Des Deuz Goncourts(兄爱特蒙 Ed noud, 1822—1898,弟徐而 Jules, 1830—1870)、屠格涅夫等相谋,暗中组织自然主义会;他那大作《鲁孔·弥加尔》(Les Rougons Macqurt)丛书的观察,差不多也在这个时候进行。一面,绘画界可以称为最近自然主义的印象派,也在这时开始。到了千八百八十年代,便已到了隆盛的极点,引起反动来了。对于自然主义——特是左拉主义——布列反对阵营的,是勃留契尔(Bruneliere,1849—1908),这就是从千八百七十五年开始。后来,勒梅忒尔(Lemitre,1853—),法朗斯(A. France)等重要的批评家也都站在反对的一面。作品方面的对照,波而舍(P. Bonrget,1852—)的小说就是在这反动期即千八百八十五的时候出来,他反对左拉等的暗淡的下层悲惨的描写,欢喜描写上层豪奢社会的欢乐。许斯曼(J. K. Hujsmans,1848—1907)在千八百九十五年的《途上》以后,也渐次在自然主义中带着神秘主义,象征主义的气息。所以有人才称千八百八十年代至千九百年代为对于自然主义的反动期。然而我们却不可忘却关于自然主义的反动却有不少的疑问。第一,就自然主义者的文人看,并不了然,如诗人的波特雷尔(C. Boudelalre)与小说家的左拉便是通常最好代表者。现在就左拉作品来考察他的年代,那所谓反动期以后却正是他《鲁孔·玛加尔》大作等等叠出的时期,原来自然主义在他的代表作未出以前就已有反动的声音了。这可以算是反动,这不是在反动者丛集中的大踏步么?古来的主义并没有如左拉等的自然主义八面受人攻击,因此利弊长短都被看穿,及欧洲对于全体思想界科学过重已萌反动。因而余波不免略及自然主义,这原是明白的事实。自然主义,却并不见得因此便成为过去的东西。议论不及证据,——且看欧洲近时的小说坛上,全然可以列入自然主义的反动方面的大作家有多少呢?即就戏剧说,戏剧界的自然主义以德国为第一;德国的自然主义的输入,不就是在法国说是反动期的千八百八十年代么?虽说是不久就有反动,就有象征主义神秘主义,舍在郝特曼,苏特曼的剧中;但千八百九十六年写过神秘的《沉钟》的郝特曼,在千八百九十九年不是写了自然的《驭者亨舍》么?虽说是自然派戏剧的本家易卜生晚年之作也有神秘主义和象征主义;但易卜生作中的象征神秘的气息,不必只是晚年才有,在《罗士马莊》等自然主义的作品里,便已有了神秘的气息了。《群鬼》等等,也是如此。这可以说是对于自然主义反动么?总之,听到自然主义不要立刻把他当作毫不含有别的趣味的东西才好。这自然主义的真的运命,在欧洲也须今后才能决定罢?

九

自然主义本身的研究,可以分为构成上及价值上的两面。我们现在先说他的构成论。

自然主义底构成,可以从两点上看。第一是描写底方法态度,第二是描写底目的题材。

　　第一,把自然主义从描写底方法态度方面分解起来,共有纯客观的与主观插入的两种。换句话说就是写实的,和解释的或原始的自然主义和印象派的自然主义两种。一面,原始自然主义主张写自然的时候,必须极力依照客观精写细写出来,描写的方法务使事象都如映射在明镜中一般,换句话说,务求他是纯客观的,纯写实的。这是普通的解释。佛罗倍尔所谓"艺术与作者全无共通",泰奴(H. A. Taine)所谓"以自然底表现为终极,不得不藏了作者底个性",勃留契尔所评"自然主义底无感情性,无人格性",左拉在《实验小说》论文中所谓小说应如生理学的实验生物一般,只是事实底实验、解剖、报告,等等都便是这个意思。别一面,印象派的自然主义底主张,把那曾经排斥的作者底主观,仍用或一方式夹插进去;就是把作家感受了自然而得的印象,宛然地表现出来。前文引过的休泰因底情趣说,便是这一种的议论。绘画上的印象派,忠于自然之极,单以自然底印象为主,描出约略的自然,避去摄影的细写,也便是这个意思。这在德国,名叫"彻底的自然主义"(Konsequente Naturalismus),据说是千八百八十七年以后抒情诗人霍尔兹(Arno Holz)等所提倡,郝特曼在戏剧《日出以前》中所实行。借同国批评家巴推尔斯(A. Barteles)底话来说,这主义是对于左拉等底报告的自然主义(Reporter Naturalismus),主张把感觉界即外物底印象及从外物而生的情趣上的印象两者一并像留声机般表现出来的印象派的自然主义。是非到内外彻底不止的自然主义。英国外交官文学家巴林(M. Baring)在Encyclopedia Britania 第九版上所说以上两方法的比较说明,也极可供参考。他说,——自然意义有两派:一是印象派(Impressionists),以解释自然为目的,以从自然所受的印象为表现自己人格的手段;一是原始自然主义(Naturalism proper),以绝对得着客观的现实为目的。龚枯尔兄弟等底作品,属于前者;左拉,莫泊三等的属于后者。

　　这等描写法上的区别,原在事实上存在着;两者都算是自然主义,在理论上应该如何解决呢?依我们看来,这两面在作者濡笔、染毫、临纸时候的态度,即觉悟,即用意上,实有一个共同点。一面极要把外来的自然不歪不斜地映写出来,他那态度用意是消极的。他们极力想以无想无念全然空虚的心去迎送事物。因此便产生了排斥技术、排斥主观的倾向。然而事实上,实只能进到或一程度为止。空虚的心中,必定免不了要有什么思念涌来。所以要使这思念不来纠缠,只有用不顾知慧细巧而且用要拈出纯粹无垢的或一物态度,应接事物。或竟让事物映射在谦虚而又明洁如镜的心中,平心静气随那印象自由开展。这便是积极的态度。消极的态度强的时候,便是纯客观的自然主义;积极的态度强的时候,便是主观插入的自然主义。终极在乎两者底调和。

十

在自然主义里倘容纳了积极的态度,这积极的思念底行止怎样的问题却不得不起来了。就是自然主义底目的论又要发生了。我想,自然主义的和写实主义乃至理想主义不同的根本,确实就在这一点。写实主义是以为现实为目的,理想主义是以写理想为目的的。然而自然主义,却只是写真(Truth)。真的一语是自然主义底生命,是自然主义底标语(Motto)。如让自然主义来说,所谓理想所谓现实,还是肤浅的,不过是第二义的事。偏说理想,将在自然上加了狭隘的个人底撰择技巧,发生了嫌恶轻蔑的念。偏说现实,将拘泥于外形,不得接触堂奥的自然底神味。站在这些之上而为第一义底标的,便是真。文艺底目的,在乎写真。我们取了积极的态度景慕着或一物,这景慕底对象就是真。左拉对于世间底攻击,在《酒店》的叙上辩解说"我的作品会辩护我。我的书是'真'的书"。勒斯金(Ruskin 英人)在《近代画家》中也诋諆摹写艺术,主张以写自然底真(Truth of nature)为艺术底目的,虽然对于真的解释有点别致,旨趣实和自然主义底根本要件相合。

但这第一义的真,仍只是名义上的高深,仍然是不可捉摸的么?他和第一义的理想,现实等等的关系如何呢?对于这问的回答,便是自然主义底题材论了。单说自然底真,总还有些不充实,不满足。于是研碎了他,化作眼前得以接触的,来供给制作底实用。自然主义到此就呈现了种种的变态。其图约略如下:

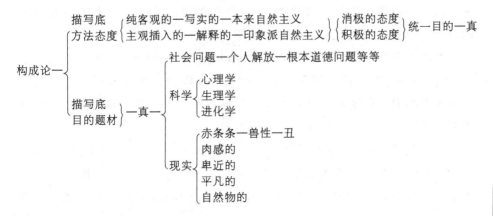

价值论——真这一个目的底美学的价值如何。

十一

　　真这一个目的,随在碎裂成种种的形象,任作家拈作题材。"真"规定著作家底凝视点,"真"激励着涌来的一切的思念底流注。作家的目所视,气有集,全在乎此。所以这目的,极严肃,极真实,又极其有占有人心的力。

　　上表所列的诸目的,自然主义有时从中抽了一个作题材,有时兼取了两三个作题材。这等题材原不必单在自然主义中为题材,然实和自传主义最相关连。自然主义既是近代的,破坏然习的,当然牵连着个人主义,关涉到社会问题。

　　自然主义,又有自然这一端,因此又不得不牵连着现实,关涉到科学。左拉的《鲁孔·玛加尔》二十篇小说,无非是系一个就的遗传论。在这意义上,他是以进化论底真理为目的的。他那《酒店》是以解释男女圈禁在饮酒、色欲、贫困等等之中,怎样堕落怎样死亡为目的。这是社会问题。他的作中,还有以说明病的生理的现象为目的这一类的东西。他的作品又常将人类赤条条地剥去了文明底衣饰,显出他的原始性、野兽性来。这结果,便描出道德感上的丑了。其余如写肉感的,如以日常卑近为题材的,如喜爱细描景色、动植物、器具、家屋等等的,也都紧凑着这条件。从这关系说,左拉确是欧洲文学史中最好的自然主义的代表者。

　　要以现实为现实,最真地写出来,须摆脱了一切人工虚饰的分子,描写到了人类,野性,丑,才最近真,最痛切。左拉所谓"人生底实录"(Documont Humaine),必须这样才能正确认识。肉感是实际哲学证明了最确实的知识,关于肉感的现实是最真的原理。越近了肉感,其刺激越真实,也越痛切。卑近境界是最多数人最富实验的现实,自然物是最明确而且无虚伪的质朴的现实。这是自然主义对于现实的感想。

　　绘画上的印象派反抗亚加特弥(Academy)派偏重构图,专用工夫在色彩,就是因为色彩大抵比图形更为肉感的。所以要因色而传感。他们又喜欢描卑近的丑恶的画题。比之人事又多描自然物。这都是他们是自然派的表征。

　　易卜生的戏剧,几乎全写社会问题。所以有社会剧或问题剧的名称。深的,竟入个性问题,根本道德问题。他的作中,也有遗传论的影。《群鬼》中的欧士华表现著左拉所写的病的遗传,《罗士马荘》中的罗士马都表现着深的性格的遗传。

关于德国的自然主义，戈亚(Coar)的名著《十九世纪德国文学史》中将他的消息报告的极巧妙。约略说，——千九百九十年顷的青年文学家相率走向自然主义，主张于人生底精确的写象一事，特别用力在精确的一点。然而有心人并不相信照相或机械一般的真实便算是文学。再看事实，主张直写的也并不忘却自己的感动部分的重要。他们的说话，根本上实包含着一个希望。这就是写了事实，开发事实超越的意义，即理想的希望。这只要看了苏特曼、郝特曼、海倍等立志写实的作品《梭多孟》《日出以前》《自由的恋》，便可了然。总之，隐藏着社会的个性全现在背景上的要求。自然主义的两种努力，是解释社会，解放个人。他的所谓理想，就是这个。自然主义的目的，在乎理想。这社会的个人底实现曾经使夫尔陀、威丁布夫脱了头铠。而极端的社会主义个人主义，从自然主义产出，也就为此。

依我们说，这等透彻的见解，与其把他证明自然主义移入理想主义，不如使他证明自然主义本身有怎样的根底在他的深奥处。自然主义，决不是单纯的东西。

我们的自然主义构成论，已经在上文约略说完了。只是自然主义对于以后的神秘主义、象征主义、理想主义的关系，并不曾说及。还有，自然主义最后目的的真，在美学上占如何的地位？确定自然主义最后的价值，此外不须更有一个别的东西么？那个如不是理想，又不是现实，也不是真，又是什么呢？要定自然主义的价值必须研究了这些。但这让他日再说罢。

（一九〇八年一月）

岛村抱月(1871—1918)与自然派著名作家国木田独步、田山花袋同生在明治四年(即1871)，为日本提倡介绍自然主义的一个主要人物。立论尚中正，始终不离学者态度，因此有时不免略带所谓"美学臭"。生平著译的书颇不少。《近代文艺底研究》一大册就是他的自然主义的论文集。内容《论人生观上的自然主义代序》一篇及研究十五篇，时评二十四题，讲话十二种，共五十二篇。这篇，是书中"研究"的第二篇，为日本自然主义文学史上重要著作之一。

一九二一年十一月七日晓风记于上海

不多几时有一位朋友对我说过:他的学校里的一位西洋文学教师很反对写实主义自然主义,他说西洋文学自十九世纪初以来,还只是一个主义——即罗曼主义;什么写实主义自然主义,没有这么一回事!这位先生的议论,看去好像是因为反对"新思潮"的缘故,实则他亦有所本,他是承守那一派"以自然主义为罗曼主义之延长"的评论家底唾余的。所以,此说倒不是并无所本,冤枉他是杜撰,或恭维他是独创都好像不十分对。然而今日已不是自然主义初发生时代的时代了,自然主义在文学上的地位已经确定,似乎不用多所怀疑。这些情形,我们不便说那位先生不晓得,只好说他犯了"时代错误"的毛病,识者固可一望而知,不知者或奉以为"不易之论",这大错真该是人人所痛心的。因为这些缘故,我的朋友晓风先生特从他的尘封的书匣里找出这篇《文艺上的自然主义》,翻译介绍给国人,希望青年能得个正确的见解。虽然此篇原作在一九〇八年,去今已十余年,似乎太旧了一些,然而其中的议论,给现在国内青年看了,还是对症发药,想起国内文学界的情形,真不能无迟暮之感呵!我极希望读者诸君不会滑滑的将此篇看过。

《小说月报》记者附志

(原载《民国日报》副刊《觉悟》一九二一年十二月十二日至十五日。署名:晓风)

中国文明与西洋

〔英〕罗素 著

上

现在的中国,正是西洋文明,与中国固有的文明亲密地接触的时候;从这接触以后能够产生比这两亲更优美的新文明呢?还是因这接触以后,单是破坏固有的文明,代以美国式的文化呢?这是一种疑问。异种文明的接触,都是为人类进步的路标,这在过去已经有很多的例子了。希腊的学于埃及,罗马的学于希腊,阿拉伯的从罗马帝国,中世期欧洲的从阿拉伯人,文艺复兴期的欧洲(Renaissance Europe)学于排撒丁人(Byzantines)。在这许多的例子中,都是青出于蓝,而胜于蓝的。中国的情形亦然,或许我们将来仍旧做中国的弟子,也未可知的。实际:他们的不得不从我们来学,同时我们也不能不去从他们学;不过我们学他们的机会少一点罢了。我们虽不做中国的弟子,假使中国人遇到给我们做弟子的时候,我总觉得很怕不能胜任愉快呢。

除了十六世纪的西班牙与美国以外,我们决不能再想像得出:要如中国与欧洲的文明,在极长的时间中,各自发展,到今日又有相互接触的机会,再没有别的例可以比拟了。只要知道这异常的分离,那么欧洲人与中国人间的理解,也并不觉得什么困难和不可思议了。为要明白这一点起见,把这两文明的历史的起源,稍微叙述一下,决不是无益的事。

西欧与美国,实际有同源同质的精神生活;追溯源泉,可别为三种:(一)希腊文化;(二)犹太的宗教与伦理学;(三)其自身的近代科学所产生的近代的工业主义(Modern industrialism)。我们在今日,就可以把分别存在的柏拉图(Plato)、旧约圣书(Old Testiment)和加里阿(Galilea)三种要素,当作代表。文学与艺术,哲学与纯粹数学,及与我们社会生活中的都会的一部分,都是从希腊的文化流传而来。其因"信仰"而发生的热狂的信念,与夫罪恶观念相伴而生的道德的情绪,宗教的偏执,以及国家主义的一部分,是从犹太人那里学了来的。又有一种力与力的意识,就是以自己为神,对于非科学的人种,以为当然握有生杀与夺之权,这是应用工业主义而脱胎于科学的。又从这种总核的真实的智识,于是发生所谓经验法(Empirical method)。我以为这三要素,可以代表我们心性的大部分的。

这三要素与中国的文明发达史上,可以说是一无关系。中国的历史的发达,是由于"大河帝国"(real river empire)。虽然埃及与巴比仑(Babyloni)也是从大河帝国而发生,希腊与犹太人受了埃及与巴比仑的感化,欧洲文化也就起源于彼。埃及及巴比仑的文明,由尼罗河(Nile)幼发拉的河(Euphrates)及底格里斯河(Tigris)流域的肥沃的冲积土壤,而逐渐地发展;在中国的原始文明,也是先从黄河的发展相同。一直到孔子的时代,还仍旧延着黄河南北两岸,没有十分的远隔开去;但是物质的及经济的事情,虽多相类似,而中国人的心的状态,与埃及人及巴比仑人可以说是全无共通之点。关于这种地方,看了纪元前六世纪老子与孔子的哲学能一直支配到近代中国人的各种特性中,就可以明白了。无论什么事情,如果都归入于经济的原因;而说明古代中国人与埃及人及巴比仑人的不同点,那么无论如何去分合,总是很难的罢?

在我现在虽则无何等的提议,又用科学的方法,也不能充分的去分析他们的国民性。用气候及经济的关系,虽能够作部分的说明,也决不能完完全全的说明出来的。只有摩西(Moses)、摩哈默德(Mahamed)与孔子的先哲们,已在开创的时代把他们各国的特性和权力,很明显的表现过,于此很可以知道各个人的特性了。

在中国的贤人中,被我们所知道的最古的人,要推道教创始的老子了。原来"老子"并非他的真姓名,不过是"老的哲学者"的意义罢了。

他是孔子同时代的先辈,在我的心坎中,觉得他更是富于趣味的人物。他主张:无论什么人,什么动物,以及一切的物,应该各由其人或物,依照自然的法则,自然的行为去走;而且自己固然要依从了这自然的形式走,就是对于他人,也得要用这一个方法去奖励他们这样走。"道"就是所谓普通之"道","我就是道,就是真,就是生命。"这就是他的圣书里边,所写的神秘的意义。老子以为死是从"道"分离的结果,所以我们只要完全依从着自然而生活,那么我们就如天体(heavenly bodie)一样,能够想象到不灭的境地了。可惜后世的道教,已经堕落像魔术似的,专以求不老不死的药,做唯一的目的了!可是我想希望死的逃出(escaping from death),实在是最初道教哲

(Taoist philosophy)的一个要素罢。

老子的著述极短,他的理想,还是门弟子庄子给他发展的。庄子是比他的先生,更要有趣味。他俩所倡导的哲学,都是自由的哲学,反对政府及干涉自然,他们非常地不满足于近代生活而唱所谓"先圣先贤"的古代的平稳的生活,生物虽各有形式;但是道的意义则一,万物如果能够各从其道,则世间一切的争斗扰攘的事,都可以没有了。所以道教是含有神秘主义(Mysticism)的意义的。这两位哲学家,是具备着中国人的诙谐和抑制的几个特质,而这二种特质,无论在中国的文学和艺术中,或是现在有学识的智识阶级的谈话中,都有这一种的表现。中国人的各阶级,都好说笑,又喜欢空谈;而在有教育的智识阶级,他们诙谐和滑稽的美妙,更是欧洲人所梦想不到的,所以中国人的快乐有趣,也较欧洲人所想像的更高一层啊。他们说隐语的习惯非常显著,一天我在北京会到一位中年的男人,他对我说:他自己对于国内的政治学,因为还很需要,所以像学问似的很有趣味的研究着。我初次不过以他是这么一句话罢了,不料后来才明白他原来在某省做过都督,在很长的年月间里是极有力的一位政治家。中国人的诗,表面上虽很缺少热烈的感情,这也可以说是隐宿在里边的习惯所养成功的。他们所谓贤人,常以处事镇静,为唯一的标准;所以有时发生热烈的感情的时候(实际他们的民族性还是很容易激动的),对于那种感情,觉得是一种不良的举动;而在艺术之中,也极不愿有这一种意思的残留;因为他们觉得是有害于艺术的本身的。据我所知道:像我们那种浪漫派的运动(Romantic move ment),是引起嗜好强烈的观念的,而在他们的文学上,并没有这样的类似之点。古代的音乐的发声,似闻非闻的含有极精妙的意义;他们在艺术上的微妙的志趣,就是生活上的合理的志愿。

不赞美奔放不羁的强力,与恣肆于热情的一切的表现。习惯了西洋生活的人们,初次接触中国,自然对于中国人的所给他们的效果,一点都不会感受着的;可是中国人的美和威严,是逐渐地表现出来的,所以在中国住了最长久的中国人,越能够爱护中国人。

道家的所以只残留了一部分的魔术师的原因,是因为被智识阶级的儒教,所侵夺的缘故。我对于孔子的价值,须自认:不敢加以评判,因为孔子的著作,大部分都是些礼法的小问题。他所看重而灌注全神的,只是教人在各种时候的礼法而已;但是在孔子的那个时代和其他人种的传说的宗教师相比较起来,那么他还不过是一种的消极者咧。但是他也有许多长处,我们也许加以承认,他的学说,不含宗教的教义,是纯粹伦理学的一派,没有什么有权力的教徒，也不起一切的迫害，所以把精妙的礼法，完全的仪式，自然地普遍于全国人们了。但是中国的礼仪，也并不是只依从惯例，准据前例所无的时候，也未始不可的。而且并不限于一个阶级，最穷苦的劳动阶级中，也存在着的。白种人的如野兽般的暴戾的个性，碰到那中国人不愿意以暴答暴的人一种态度，不知要如何的羞耻啊！欧洲人屡屡以那种情形，视为中国人的弱点，其实这就是他们之力；从来中国人都能够征服当初的征服者，也就是有这一种的力啊。

下

中国的文明，只有一个唯一重要的外来的要素，就是佛教，佛教的入中国，在基督教初期的纪元时代，从印度传来的，在中国的宗教上，得着极有力的地位。在我们欧洲，从犹太传来的褊狭的观念中，以谓一人只可信仰一种宗教，其他的宗教，就不应该再去研究，例如基督教与摩黑默德教的本来的形质，不论谁，不许同时采纳两方的教义；然而在中国却不关紧要，两方都可以共存。所以有佛教徒同时而为儒教徒者。日本也是如此，许多人是佛教徒，同时又有为神教徒（Shintosits）的。虽然这样，但佛教和儒教之间，因为气质的不同，因此虽两方都有信仰，而往往倾向于一方面的居多。

佛教有神秘的意义，与救渡来世的一种观念；所以虽在没有宗教信仰的人，有了这一种观念，也可以愈合他们的绝望，因为彼是含有对于世界的使命，所以是本能的厌世观念的假想的福音。儒教就不然，只是使人们根本的具有调和世界的观念，并没有对于生的奖励；只有对于生的如何处置的方法，假定了几种必要的教训而已。所以彼底伦理的教训，并不是形而上学或是宗教的教养，是只注力于世俗的一方面而已。中国因这两种教义共存的结果，所以有倾向于佛教者，则多为宗教的冥想的性质，而满足于儒教者，多倾向于做官的一途，为文官试验，作政治奔走，为活动的事务的一类人物了。因这一个结果，所以许多时代的中国的政府，都在文学怀疑家（Literary sceptics）的手中；而他们的施政，也缺少像西洋的国民对于支配阶级所要求的活动力（energy）与破坏力（destructiveness）的性质。实际就是他们遵守庄子的精确的格言的。所以一般的人民，都嫌忌内乱，允许属国的自治，这就是中国有莫大的富源，与莫大的人口的一个主要原因，也就是其他的国民所藐视于中国的地方。

把中国文明与欧洲文明两相比较起来的时候，只有希腊所有的文明，在中国也大抵具备,唯有我们的犹太教文明与科学的两要素,则中国没有。中国全国,不但上层阶级没有宗教的色彩,就是统全国的人民,实际也无所谓宗教的臭味,虽然有极明确的伦理的经书,而并不含有残忍与迫害(Fierce or persecuting)的观念。至于"罪"(Sin)的问题,更没有含在。直至受欧洲的影响以前科学和工业主义,还是没有的。

这种古代文明与西洋接触以后,发生如何的结果呢?我不想从政治和经济的方面去研求,我只要把中国人的心的状态所发生的影响,来论述一下。虽然在与西洋文化相接触的当儿,政治与经济的性质所接触的影响,当然很大,要想把这两问题完全脱却,一定是不可能的;不过我现在只把我所能知道的,把这一个文化问题来考察一下罢了。

现在中国人并不是单为获得国家的势力,与抵抗西洋的侵略,而专门从事于西洋学问的研究,而且以学问为自己切身的问题的,已经极多了。中国人虽有崇尚传统的学问的倾向,但是从前是只限于古典的文学,而现在却都已承认西洋的智识,是比较的有用的了。每年留学欧洲学习科学、经济、法律及政治的已很多;而游学于美国者更其多,这许多留学生毕业归国以后,都做教授、文官、新闻记者或政治家了,所以在特殊的智识阶级的中国人,比较的更是急速的近代化了。

中国旧来的文明,已不能再图进步,所以艺术与文明方面,也不能更图发展;但这决不能说是民族的衰微,我想这不过是缺乏新的材料而已;西洋智识的流入,正是供给他们以必要的一种刺激啊。中国的青年学生,都很聪明俊秀,虽然受高等教育经费不足与图书馆缺乏的影响;但是决不愁优良的人材的缺乏。中国文明,从来虽很缺乏科学,但是他们对于科学并没有含着些微的敌意;因此科学智识的普及,决不会像欧洲的遭教会派的反对。所以中国人如果能够得到巩固的政府,与裕余的财源,则我敢断言:三十年后,他们必定能够出产极可尊贵的科学上的产物的。他们现在都具有新进的锐气,备有复兴时代的热情,很能够使我们看出有凌驾欧美的气运啊!实际的少年中国的学问热,正如十五世纪意大利的复兴期的精神(renaissance spirit)。

中国人想要来学我们的,与其说是为富力与军事上的势力,还不如是为伦理的社会的及纯粹的智的兴味方面来得显著。他们对于我们的文明,并不是毫无批判:有一中国人曾对我说:在一九一四年以前,固然缺乏判别的事实,但在战争发生以后,知道欧洲生活的形式,也是很不完全的了。虽然这样说,但是对于西洋求智的习惯,仍旧十分地坚实。青年之中对于布尔色维克主义,有想得的欲求,但是这种希望,现在也觉得有点缺望,不久,必须有救济自身的新组织,这是他们所已觉悟,而且总许实现出来的罢。

我们的文明的特长,我可以说:是有科学的方法(Scientific method),而中国人文明的特长,是对于人生的目的中,有一种正确的概念(just conception),这两种的特长,能够徐徐的使彼等融合为一,这是人人所想望的。

老子的道的运用是"生而不有,为而不恃,长而不宰";只要从这几句意义中,可以想到中国人都从这内省所得的人生目的的概念了。我想这一种的目的,大抵同白种人的目的,有显然的差异了。所有(Possession)自恃(Self-assertion)支配(Domination)无论为个人的,为国民的,凡是白种人都很热心的在那儿要求,这是他们从尼采的哲学(Philosophy by Nietzsche)所建设的结果;所以尼采的弟子,不只是德国而已。

然而阅者,也有这样说的,即:你所说的,不过是西洋的实际,与中国的理论相比较而已;如果你把西洋的理论与中国的实际相比较,那么,得失也全然是不同的罢?这固然是含有真实的理由。"所有"是三种里边之一,这是老子希望我们抛却的;可是这的确是普通中国人心中,视为贵重的一事。在民族上而论,他们确是执著金钱——那或许不像法国的人种,然而较英人或美人更要强罢——他们的政治又很腐败,有力者还在那儿拿可耻的金钱,这是虽要否定,也是不可能的事情!

可是其他二种罪恶"自恃"和"支配",实际上中国人比我们来得好,这是我所承认的。压迫其他的国民,或是使人为我的臣下的欲望,比较白种人,确乎大少而特少,在国际上故意暴露中国的弱点,好比以贿赂的恶誉为唯一的理由;然而他们的美德,也基础于是。如果世界"过于自豪的战争"(too proud to fight)的国民,自当首推中国的国民罢。中国人天成的态度,以礼让待人,示人以需要的宽容与亲睦;如果中国要选择些什么的话,他们必定是世界中最强的国度罢。可是他们只希望自由,不喜欢"支配";如果中国人也像其他的国民,为自己的自由无论牺牲什么也去战争,倘使这样,就失掉他们的美德,养成嗜好帝国的态度了?然而现在他们戴了两千多年的帝皇的民族,对于那帝国的爱情,已极其轻微了。

中国虽然屡有战争,但是中国的人们,都爱好平和,我从未听到过任何的国家,能够像威廉氏(Waley)所译的白居易的"断臂老人"诗,写一个为免兵役而自断其手臂的补充兵的诗。

他们的平和主义(Pocifism)在其静默中所观察的现象:不喜欢任何的

变化的事实，可以推想得他们——如他们图画所表示的一样——喜欢人生各种独特的表现，不希望一切事物都如已成的模型一样。他们是没有在西洋所风靡的所谓活动的冲动，使之合理化的进步的概念。讲到进步(Progress)我们还是一种最近的理想。那也不过是我们的科学与工业主义，所给我们的一部分咧！现在有智识的中国人，正如他们前代古人所说的一样，假使有人指摘他们进步的迟滞，他们就要反问："所谓优美高上的进步，所希望者，究竟是些什么？"这实在是欧洲的人们，也成为一个极大的问题的。结果凡是对于自己的智慧发生疑问的时候，我们自己所称为进步者，实在和我们自己的目的地，并没有靠近一步！不过在同一的平面上，变了几种花样罢了。

　　中国人所求于西洋者，或许还是西洋人对中国的要求更绕兴味罢。中国人现在已立在睿智的门里盼望着——我想只盼望是没用的——寻求西洋的智识了。白种人只拿了三种的动机给中国人，就是："战争"(to fight)制造金钱(to make money)使中国人改信我们的宗教(to convert the chinese to our religion)，拿了这三种的动机，当作最后的理想主义；而且使许多人，奋勇感激，于是军人商人传教者都以为我们的文明可以传播世界，这是他们在或种意义中，时常这样的争闹着的。中国人并没有把儒教改宗的意志，他们说："宗教是很多，而其道则一。"所以对于我们的行动，反任其自然的毫不关心。他们有很好的商人，可是他们的方法，和驻在中国的欧洲商人继续着找什么租界咧，独占权咧，铁道咧，矿山咧，或是假了炮舰的援助，以达其要求的举动等完全不同；而且中国人很能够了解所谓好的军人，只为了要求"理由"而战争，并不是为什么"价值"而去战争的。

　　中国人的宽容，以欧洲人在自己国内的经验去推想，我想决不能得到他们的真相的。我们想像自己的宽大，常常比自己的祖先更要宽大；然而还有各种政治的及社会的迫害，更于其上很坚实地相信我们自己的文明，和生活方法，比较任何方面来得适切优良，所以一碰到像中国的国民，就以为我们是待他们算最亲昵的，而他们也当然能够像我们的那样亲昵，我相信这是非常的谬误的。

　　一般的中国人，虽然在惨淡贫苦之中过生活；但是比较一般的英国人反幸福，这也可以知道中国的国民，比较英国人更人道的文明的缘故；所以能够多得到幸福，这不难想像而知了。动摇与好斗(Restlessness and pugnacious)，不仅是显酿祸害，而且使生活都充满着不平，夺去美的享乐的幸福，又使所希望的美德，无从发见；关于这几点，在过去的百年间，我们自已造成了急激的罪恶的。

我否认中国是走在很远的反对的方向。但是依这理由,我觉得东西两文明的接触,双方都是很有益的。他们可以从我们这里,学点最小限的实际的必要的能力;我们也可以从他们那里,学点沉默的智慧(contemplative wisdom)。这很可以帮助迷信着一切的国家的古代的旧制,都是要灭亡的态度,稍稍会得改变过来了。

(原载《民国日报》副刊《觉悟》一九二二年九月四日至五日。署名:VD)

断截美学底一提言

〔日〕新居格 作

现在世界中最新的思维的角度,是断截的。准据"必需"的断截,正在渐渐显形为新的美的风姿,来代替到现在的人类所积加了的无用的添搭了。今后的社会将在这动向中寻出了新的光明罢。我已认出我底所谓断截美学底基因,而且敢说,于这断截美学无所触知者,便是时代落伍了。

布尔乔亚为什么时代落伍呢?

时髦小姐时髦少爷为什么时代落伍呢?

现在的文坛为什么时代落伍呢?

一言可以了之,就为他们都未留心断截美学原理的缘故。

说明

布尔乔亚是积蓄的,是准据资本集中的布尔乔亚经济学原理攒集,获得的。他们底生活形态,也正反映着这原理。他们底生活形态,他们底趣味和嗜尚,也正在无用的添搭,多余的装饰中,寻找美和美学。在他们底住宅上,在他们底房屋上、服装上、膳桌上、习惯上、礼仪上,以及其他的一切上,都有着无数无用的添搭。而且谬想以为,那里有文化,有文化底细致性和复杂性。他们底建筑,以有无用的添搭为富丽,他们底房屋以有无数非必需品底陈设为华美,甚至(例如)听说是尾张底农民丰臣秀吉在几百年前喝过薄茶的,便投了万金把那破茶碗买了来以为收藏宏富。这样无用的愚蠢也有的吗?从美说,从清洁说,一个破茶碗都不及一个玻璃杯。现代的理知主义首先反抗他们那种意图的装饰意思。在他们底生活形态内那些挤得空气也要发泡的无用的多余的东西,都不能不截断,而荡以凉爽的清风了。他们所有的美的观念,已经酸腐了。断截的美学,如今已以必要性、科学性、最小抵抗线为基准而出世,创始着新的形态了。不仅物质上的问题,即触目触感底基础也已经开始动摇。举例来说,譬如布尔乔亚以为快适的,大多以许多无用的添搭为前提的,在我们信奉断截美学的看来,便不会以为快适了。由添搭所构成的旧美学,与由截断而表现的断截美学,根本异其动向。若说断截美学,也须以添搭为基底，才得成立所谓美，那就可以说是全在理解域外的。断截美学，本从现代理知主义的建筑，以及随后登场的装饰的摩登的家具方面进动它底步武，现在他已意图侵入生活形态，挥其断截的利刃了。水门汀的女主人公黛莎对他底男人格利说过什么呢？她说"格利，你想在窗台上放些花，并且有一张放鸭绒枕头的床吗？不兴呀。"原来，从新的断截美学看来，便是窗台上放些花，床上放几个鸭绒枕头，即所谓小布尔乔亚的清淡的嗜好，也是值得指弹的。从窗台，从几桌撤除了花瓶之类，或许可以说是对于美太冷酷无情了，可以视为毫不鉴识美的黑魔底行为的，然而这里就有新的美。就有断截所生的新的美。这里就有除非葬了一切添搭的粉饰的美不会想到的断截美学底新光。单单知道现成的美，而没有能力认知从新创成的美——现在这美都由断截产生了——的人，是不能不被说是时代落伍的。而布尔乔亚阶级，便是其中之一。

那么笔者为何又说时髦小姐时髦少爷也是时代落伍呢？（时髦小姐时髦少爷，原文作摩登伽，摩登袍，即 Modern Girl, Modern boy 底音译）不用说，就为他们同她们，一样不懂得断截美学的缘故。依断截美学是，毫无商量的余地，略有寸分的余赘便要严按必要性截掉的。如白衬衫就是没有襟饰也成。新的阶级，正在没有领带的衬衣上感着简素的快味。而像玩具似的时髦少爷，倒极关心于领带底美观和时新。把这两者对照起来，不是前者是决然的割绝，而后者是不分好歹的添搭吗？假如你让后者随心任意地去弄无用的添搭，他或许会弄出一季一季的襟饰来。再进，或许还会弄出月、火、水、木、金、土、日，即一周每日不同的襟饰来罢。再进，就病的地，会像有闲妇人划分脸妆为朝妆、午妆、夜妆那样随时变化，细分为朝、午、晚等等的襟饰来也说不定的。即此一例，便足代表全豹。总之，时髦少爷是在服装等等这些细小的事情上面也要重重叠叠加些无用的添搭，此外怎样累积无用和赘余，也便可想而知了。他们无论如何，就是单论缺乏断截的明快这一点，也应该把他们填写到时代落伍的单上去。

女性怎样呢？像她们那样对于断截钝感甚至色盲的人也实在是少有的。她们都寻求美，在多样相，甚至也在细末梢。头发，瞳神，眉毛，脸皮，睫毛，以及鼻子底模样，口唇底施妆，牙齿底洁白……单数头脸，已有这么些了。还有帽子，耳环，搽脸的红、白、蓝、黄的粉，濯头发的香水、香油，点瞳神的美容眼药。而且脸上的化妆，是应一日的时刻，像时表底阴影一般，在那里变化的；服装和持物，也不知烦琐到怎样的极度。她们一向以为，女性底美可以由这些外加的添搭构成。她们于这样添搭的装饰是精益求精的，是加以变化，施以新彩，锐意显出新的角度的，但竟不闻有谁在我们所谓断截美学上令人见到清新的转向。所以我们断乎要说她们女性，——连所谓新女性也包含在内，都是时代落伍的。现代最进步的建筑，既已排斥一切有意的装饰的添搭，作为时代落伍了，那么女性底比之过去建筑更累积有意的外饰的化装态度还不可说他非常的时代落伍吗？现时的时髦小姐，实在怪可怜的，都是不知时代真的尖端的钝感者（并非真的新女性）。假如真有新女性，那必定会在现代建理知主义底建筑志向上校对她们底思想，随即宣言来做我们所提倡的断截美学底使徒的。而且移行于与旧来全然不同的内发的美底呈示。那种意图意识的构成美，是，无论能把苍白的没有血色的坏脸，和虚弱的都会的赢瘦，涂抹得怎样巧致，也是终于不成其为最摩登的。这啰，所以美国曾有人主张女性应该从美容院移到医院去。以近代医术底科学的作为，驱除了靠脂粉的女性装饰。与科学的合理主义合体，向美的新建筑去发现新的女性美。那必如现代理知主义底建筑，伸手给日光和风一样，女性美底建筑也要从接近光线和空气重新出发。而在女性美上树立了断截美学。先从她们底脸上，断截了脂粉罢。断截了深夜的空气和灰尘的享乐，而代以晴日的光线和高原的空气罢。再割绝了昼闲的懒惰，消散了怪奇的白日梦，想想什么最可以用断截美学来创始的罢。如能接受断截美学，她们就会明白以前跟了不觉悟来的那些无用的——因为无用，所以也是丑的，——装饰的构成，应行割绝的是如何地多，而决行断截美学所可创始的美底设计图，是如何简洁、明了，但又如何地清新清丽。这不是随同断截美学来的前所未曾尝到的清香吗？这不可以说，使先施公司、永安公司、新新公司等，除了肥皂以外都归无用，倒可以引出女性美呈露了前所未有的清丽——像野百合似的——的痛快的现象吗？（先施公司……等，原文作资生堂……等）但是，结论地说，现代的时髦少爷时髦小姐，总归是谁也不会走出添搭美学半步的。我所以要宣告他们同她们时代落伍，就在此。

最后笔者还说过文坛也是时代落伍。这由我说，因为为文坛人本该把因袭，极至既成概念最明快地断截了的，而他却不论想法，不论生活样式，都浓浓密密地堆着了无用和赘余，像睡在鼓里一样地接受着的缘故。

尤其是他们底感情生活。我曾提倡文坛人当在表现上用锐截调，也曾素描地说及现代理知主义和文坛底关系。现在——本稿——我想说文坛生活和现代理知主义，换句话说，就是现代理知主义对于生活形态（特别文士底生活形态）的适用。滨口内阁底井上藏相正大标榜其财政紧缩策，我想文士生活也应紧缩——紧缩云云觉得有点讨厌，所以我还是说断截美学。

断截美学先就可以从心也染污了的执笔开始断截的罢。原稿及其他的收入增加——及随同的生活底安易的,无理由的膨胀,也很有可以断截的罢。而就现在文士生活的状况看来,感情上、时间上、行为上以及其他上,不妨截了的东西,似乎也是很多的罢。精力底浪费,时间底空费,就似乎大有可以断截的余地。自以为是文士这一种特异感情,也首先要截掉的。以为是文士便生活不妨是普通人以上地不规则,享乐是普通人以上地多方面,而且甚至有若干以为不妨在普通人以上地不摄生,放纵的旧思想遗留着时也全然该截掉。但是我这里所要说的,并非关于这种陈腐已极的事项的断截。乃是更积极的,前进的现代理知主义底适用。

　　我想,据我底断截美学,是不妨向装置得舒舒服服的文士书斋掷弹的。我这样说,事实上,或许有人弹回来,说"这是照我自己底喜好设备的,对于这喜好你不应该啰唣地插话"罢。自然,那是随意的。而且我是尊重自由的人,断乎不愿对人说什么干涉的。但是这样具象的际会并非可以用那样抽象的言语抵当的,这是从我底断截美学出来的论步,结论。我以这样的前提,运用我底论理。我底断截美学是粗暴的。这种美学它会拉了文士们快适的书斋的美丽的窗帘,也会向窗投出壁上挂着的油画,半身像的雕塑。它会敲了鸠钟和台灯,它会拔了花瓶上插着的应时的花卉,它会扭落书架上可爱的西洋模型的人头,它会向空释放窗际的小鸟。我底美学,对于文士们底书斋乃至居室,是怎样的一种狂暴的闯入者呵!然而这样,如北方底汪达尔(Vandal)民族似的,从蒙古侵入的可汗底军势似的狂暴的破坏,正是站在前头做断截十字军底先锋者不得不如此的。

　　这里有着论理。就是要把这样破坏了的东西,再还原而后再构成。因为这种书斋所有轻柔,美丽的空气,及其所酿出的快适感等,都不外是小布尔乔亚的东西,而且不外是陈腐已极的无用而多余的装饰。所以现代理知主义先要发挥它底蛮性底破坏。随后再依断截美学,来再建它底设计。试问:穷极豪奢,像博物馆一样,陈列着波斯绒毡,埃及古代雕刻,及其他可以与此匹敌或优胜于此的高贵品的阿那托尔·法朗士,为什么不及只有几张旧椅子,而且有一张已经破了,里面的麦杆攒出来了的冉·乔来斯底话深刻动人呢?这固然是由笔者选择的。但是无论如何,总可以说,所谓快适与书斋底美丽和那里空气底轻柔不必全相一致的罢。而且笔者所要说的,要点并不在这些卑俗的全然可鄙的布尔乔亚所爱好的类乎无用而多余的累积的添搭的样式,乃是想业已断截了一切因袭的文学者从断截底原理中来创始美。必要的单纯美,或有自觉的知的,合理的质朴化底优于无自觉的复杂化乃至细致化,是无可比较的。我没有余白可说断截美学各各的应用了。但我很想,请文坛诸氏想一想。因为这是走上科学的接受又现代理知主义的接受的文士生活的新形态的起点。我们要崇尚极端竖在新理知主义之上的美,和正确,和直捷,和明朗,而且决行。我这样思维的时候,我觉得爱凡·巴罗伐跳舞似的纤美的虞美人草底花实不如谷诃那样爱向日葵,而像俄罗斯那样演出家蓝服剧场底演出家那样在日本也常有的向日葵,又不及可以食用的俄罗斯向日葵来得美,还有任何的向日葵又不及新鲜的青青的像船桅似的圆圆地突立着的葱来得可喜。决行我底断截美学时,是公园中开满红白紫黄各色花卉的花坛上不好吃的西洋花草,还不及青葱、白菜,而画闲美人底艳梦,也不如男女像时钟底长短针似的,确守时间的劳动来得美的。一切的酒,无论怎样颜色,怎样香气,怎样味道的酒,都不及水来得甘美。这只要把盛在玻璃瓶里的水,从理知主义看来,如何使人神往这断截美学底实践的现象一看便会明白的罢。这是例证。

我并非以为这例证是确当的。只不过为了文艺之士,在根本上,太有可以断截的可以称为放浪政策的生活底空隙了,而且又丝毫不接受从装饰的添搭的美学转而为断截美学所带来的对于清新的观念,清新的生活样式等等创始的进展,而在生活上至少像建筑似地,稍为尝试它,所以说了这断截美学的。这自然只是一个很简略的提言,但断截美学如果构成了体系而且对于既成的累积的社会来决行,则断截美学就是一种革命原理,革命行动。

谁都知道,瓦特蒸汽机械底发明是近代产业革命底原动力。但那革命并非仅及于产业自身而止的。最近艺术也已大受机械底影响了。机械,自然也不能不受艺术底影响。所以不专站在艺术的立场上说时,我们正可以称这现象为机械和艺术底交流。国外论述这机械和艺术交流的现象的,就我所看见的来说,也已经不少。颇想择译几篇出来,略供至今还沉醉于自然美的国人底参考。这是第二篇。(第一篇是《文学及艺术之技术的革命》,入江书铺出版)因为注意这一面的缘故,其他各面,如思想的倾向,文章的调子,有时或不便过事酷求,也说不定。如这篇文章的气焰和"例证",便有一些为我所不能完全同意的。但在某种意义上,实是一篇极有意义的文字。尤其在极尚添搭的中国。初次不知载在何处,今从文艺家协会所编文艺评论集第一集译出。

一九三〇年十二月

(原载《新学生》杂志一九三一年二月第一卷第一期(创刊号))

机械美底诞生

〔日〕板垣鹰穗*作

此稿专就最近艺术史上已经展开了的现象,作回顾的展望的尝试。

一

新诞生的文化,常被以敌意相迎迓,可是必被以做统率者的新时代相邀约。

文化价值底大系,决不是闭塞的大系。一定是开通的大系。价值大系底内容,常随历史底展开,同时容纳了新的价值,也常随历史底展开同时增进了它的丰富。

人类发现了"机械"。机械先做了破坏者而行动。但是不久,就做了建设者,而开始新的经营。

从否定往综合——我们在这里也可以见到历史底新鲜的原理。

二

纯粹地审美地享受自然的感觉,从什么时代起的呢?那自然感和艺术创作,怎样结合起来的呢?——这些关于所谓"自然美对艺术美"的漫无边际,而又无聊已极的议论,我们可以避掉不去涉及它。但是新将"机械美"加入在那些"美的价值"底体系中来考察,从文化史上的现状看来,总该是必不可少的罢。

不必说,"机械"在才始参与文化史上的经营的时代,是十分受过那对待

---

* 板垣鹰穗,东京大学文科未毕业就做东京美术学校的讲师,后去做各学校美术史和历史哲学的讲师。在日本以艺术知识丰富见称。著述很多,译成中文的有《近代美术思潮论》。关于研究机械美的有《机械和艺术的交流》与《新艺术的获得》两本书,本篇从《新艺术的获得》中译出。——编者注

新来者的反感和侮蔑的。手工业者,以为是夺他生活之粮的可怕的敌人。赞美自然者,把它看作单是野蛮的破坏者。爱好工艺美术的人们,则以为是讨厌的粗制品的来由。

然而,从欧洲大战以后,世人对于"机械"的态度,已经全然变过了。和以前简直相反地,时或狂信地赞美"机械"了。新的社会思想,在这里探求强有力的运动底目标;新的艺术思想,在这里找寻活泼的制作的范型。

在将自然美和艺术美对立而设定"美的价值"底体系的许多美学者之中,固然还不见有谁在处理"机械美"。但已经有很多人,当作个别的问题,在美的价值的领域内,考究着"机械"的问题。纵使还不出单纯的漂亮人的一时想到以上,也可以窥见新时代底景象了。

三

十八世纪后半纪以来在纺织机械底发明中觉醒了的机械工业,在十九世纪的后半纪曾引发了劝业博览会底流行。我们可以在一八五〇年伦敦开的万国工业博览会,见到它最初的发现,我们也许就可以在一八八九年巴黎开的展览会,窥见它最后的盛大。水晶宫和爱斐尔(Eiffei)塔,不消说,就是博览会使人永远不忘的纪念品。

这些博览会——正如当时古风的版画所示似地——是唤起社会一般人对于"机械"的兴趣的,极便当的机会。虽然过了十九世纪,还不见社会一般人的美意识中,有对于"机械美"的感受性。然而至少,因这博览会造机会而增进了关于机械的常识,而开始摄取机械的形态和机能于可视的世界的领域内,是事实。

机械已唤起社会上人的兴趣;不过人还不曾意识着"机械美"。

四

一九〇九年发表的未来派的宣言,是意识地发扬"机械美"的最初的发现。在这以前,十九世纪后半纪的画家们——特别是门策尔(Adolf menzel,1815—1904)和穆纳(C'aude monet,1840—1917)——固然已经用了油画写机械。但那不过是,从当时艺术思潮的"写实主义"的立场寻出来的一种新的画题。机械也和那"稻草堆"、"叫花子"一样,不过是"从自然的一角上割取了来的部分"。并非特地感受着机械美而制作,只是偶然间探见了"工场"

或"车站"之后,纯循现实自身的描写。——而未来派则已经开始意识地寻求"机械美"。

但是在未来派的运动上出现的机械艺术的提案,也不过被当作一种一时想到的破坏传统的手段。对于机械美的他们的礼赞,也还不曾出随心任意的浪漫主义以上。承受这浪漫主义未来派的机械者,是在革命之后的俄罗斯产生的构成派。到这时,"机械美"总算在浪漫主义的形式上有了认识了。

五

艺术史上富有理想倾向的新运动,大多先发现为浪漫主义。"机械美"的肯定,也是如此。现在它已走上了现实主义的路了。这已走上了现实主义的路的新运动,在文化史上,是有着积极的存在的必然性。

要详细分析那必然性,在历史的构造关系上交织着的复杂状况是困难的。但把它底大体的基调指出来,则——

一 纯粹为艺术本身底思想的觉悟——在建筑和工艺,更其有对于过去一世纪余以来消极的历史主义而标榜积极的合理主义的机运。而且排却模仿过去历代样式的旧习,而从彻底的合理主义所产生的机械,寻求那新的形态的范型了。

二 为社会思想上自觉的艺术运动——新兴阶级,已开始把机械,作为生活底环境及运动底目标,摄取于艺术的表现。

三 社会一般人底兴味——向新环境寻求新感动对象的社会一般人的兴味,也已经开始要求把那新环境的机械,作所谓"艺术地"处理。

六

纯粹的艺术思想上的合理主义,不用说,是以勒柯标息爱(Le Cobusier)底机械美论为最典型个代表的显露。在他自己制作上,继承着 Surprematisme 的形式主义的勒柯标息爱。在他底建筑论上,是否定历史上诸样式的模仿,而赞美机械的形态上所表现的合理性的。但是他所发扬的,到处也只限于建筑合理主义。关于机械本身底性质,他既通晓得不很多;关于机械形态的理解,他也并不见得怎样的丰富。

勒柯标息爱说,航空机底形态全是一种"为飞的机械"的设计。但在他底书中揭举的航空机,往往都是极古风的航空机。在他底都市计划中设着的航空机的升降场,也极不方便。而且他还为着发达航空机,而赞美战争。所以他底机械美论,也差不多是空想的,而且是太雄辩的。

七

　　与社会思想有关的机械美论的最性格的发现,是见于革命之后的俄罗斯。在那里,想破坏一切传统的狂信的要求,和想表现无产阶级社会环境的活泼的希望,激扬着艺术思想底浓度。

　　梅雅荷尔主张在舞台艺术上表现出新的机械的环境;托罗兹基期望艺术借了机械力重造自然;绥林斯基提议把建筑底样式和机能作机械化;卢那卡尔斯基力说艺术和产业底合一。etc。etc……。

　　于是有汽笛交响乐底"演奏";有铅铁管丝的浮雕的制作;有铁的"构成"的舞台装置的产生;有"力学的纪念碑"的设计;有"运动建设"的叫喊。

　　——然而,"机械的浪漫主义"的狂信的感动,不久也成了"左翼古典主义"的提倡,开始转向于新写实主义的纯化。

八

　　而除出这些精神史的背景,新的社会环境也未尝不可以唤起了美意识。人类底感受性常是极顺应的。半纪前通行的陈腐的标语——"随在藏着美"——,这里又获得新的意义从新苏生了。

　　机械的环境,革新了社会人底感觉,教导人以新的形态的底存在,同时机械也纯化了自己底形态,给艺术贡献了新鲜的粮粮。于是"机械和艺术底交流"开始机械技术师和艺术家的限界消失。

　　工场代替了寺院,住宅底 Elevation 模仿着轮船底 Bridge,汽车变为工业美艺,起重机被认出纪念性。而齿车形的室内装饰流行起来,高速度轮转机底和谐引起人神往。

九

　　新的社会环境产生了新的"美的价值"。这新的"价值"也——同别的许多情景一样——不许有内容上个别的规定。但单把它代表的特质整理了来看,则——

  一是伟大——如军舰和起重机所显的纪念性,大抵在于这一点。

  二是速度——有高速度的交通机关所显的轻快,是其代表的示例。

  三是秩序——可以举轮转印刷机那极有规则的机能,作最性格的示例。

  其次机械,在视觉的形态上,也有一种审美的鉴赏的可能:

  一是构成的——如铁桥,电柱,战舰底 Bridge 等。是其代表的示例。

  二是明快的——如在汽车底车身,电灯底开关上,便可以窥见这一种美的纯化。

  三是微妙复杂的——如在小形内燃机——例如航空机底机关——上所感受的美,便是属于这一类。

十

  机械的环境已在极复杂的关系之下将它自身艺术化,又被摄取于别的艺术中。

  作为视觉现象的机械的机能,正被美妙地摄在电影中。我们在许忒命白尔希(J. V. Sternberg)底"求救的人们",斐昂斯底"哀愁",路德曼(Walter Ruttmaun)底"柏林",戆斯(Abel Gance)底"车轮"等等中,已见到新的社会环境非常美妙的表现,而同时在可笑的"都城"(Melropolis 沪译"科学世界")和"翼"(Wings),或译"飞机大战"中,也显见了那太无能的浪漫主义底症状。

  作为视觉形态的机械,是新兴照相技法的极好适的材料。巧妙地使用镜头角度的铁骨构成的摄影,爽滑的铁的光的效果。etc, etc,……

十一

  然而机械也还革新了在来艺术的表现形式。如舞台艺术上"构成"底应用,正帮衬着一种象征的表现技法,如建筑底构想正以机械底匀和为基础,如工艺品底形态正在机械化——在这些地方我们也可以窥见透过了艺术表现样式的,新的形式感。

  从这些地方看来,机械底影响实不止涉及视觉的艺术领域而已。这使文学不得不变更了步调,这也将使音乐增进了表现领域的繁丰。

  所谓"新写实主义的"文学中可以行机械的环境的叙景,是另外的一种问题说,但依机械文明的时间和空间的想法的变化,及生活底急速所要求的纪录式的应用,总之是要革新了文章自身的表现形式的。

处理机关车的沃纳革(Arthur Honegger)底音乐"派西斐克二三一号"还是一种新试验,我们还不晓得它的历史的使命怎样。但是现代机械的环境,总之在听觉上也革新着我们底形式感了。

一九三一年一月二日

(原载《新学生》一九三一年二月第一卷第二期)

近代社会中艺术样式底变迁

〔日〕大宅壮一　作

——艺术样式底兴亡——近代社会中小说底地位——小说底地位今后还是安固吗？——机械文明和艺术样式——

艺术样式底兴亡

各时代尽有各时代底生产关系及由那生产关系所规定的文化特质所最适合的艺术样式。

例如在古代希腊，最适合时代的样式，便是荷马所代表的叙事诗。因为，当时文明，全建筑在诸多种族离山隔岛的丰饶的山谷或原野间。也建筑在对于同一种族内被统治者的榨取及对于其他弱小种族的武力的侵略上。所以那历史，完全是同种族内的阴谋和异种族间的斗争的联串。而荷马的诗，就如辛克莱所说，是"他们用以相联，是他们率了侵略别国的远征军归来时，在历代祖先的客室，雇了乐师，歌功颂德，用以相慰的"。

但到了罗马时代，情势可就不同了。各个小国的互相格斗已经终熄，罗马帝国的绝对优势业已树立，豪华的文化已在广大的殖民地的永续榨取之上开花了。

这时代成了统治宠儿的艺术，不消说，是薄伽邱（Boccaccio）底《狄卡麦隆》（*Decameron* 即《十日谈》）。有趣地好笑地叙述性的涅乱的故事慰从小农底劳苦绞得的闲暇。

此外，莎士比亚底戏曲所以在伊利沙伯时代受欢迎，拉辛底艺术所以能在路易十四时代已将宫廷支配，也一样可以从当时社会情状来说明。

即在我国，也是从奈良朝到平安朝有短歌底繁荣，在镰仓时代有能乐底兴起，而其后又有战记，今样，俳谐，歌舞伎，净瑠璃等，各受时代欢迎为代表的艺术样式；随着时代底推移，不得不将优位让给新生的艺术样式。

这样，艺术样式底兴亡，原因都不是在艺术样式底自身之中，而是在艺术样式底本身以外。

今日蛰居社会角落成为不过一部分有闲阶级好事的游戏的对像的能乐之类,固然曾做过代表的艺术样式,对于时代有过积极的作用;今正夸耀全盛的艺术样式,也正不能不随社会情势推移失了现在的地位。

近视眼的批评家只知从静的方面看事物底关系,不能洞见艺术样式底时代性。因此多以今日正在支配地位的艺术样式为将永远占了支配的地位,于新起的全新的艺术样式多不能正当地评估其时代的意义,只知用了古的尺度歪曲了新的样式底独自性。

例如能乐,净瑠璃之为使命既尽渐就消亡的艺术样式,除了当事者外,想已少有异议了罢。即使它们并不完全消亡,也必只在图书馆里延续它底生存,不会再苏生成为活的艺术了。就使现在能乐和净瑠璃底田园中还有怎样伟大的天才出现,也除了将这些艺术样式,加以根本的修正之外,必不能再在时代上有什么积极的作用了。

歌舞伎剧也可以这样说;不过或者有人要以它正在劳农俄国及其他地方受热烈的欢迎的事实为盾牌,来扢扬歌舞剧底生命。

但外国人所以称扬它,无非因为它是稀奇的东洋艺术,把它作为好奇底对象罢了,这与西洋电影之于我国日常生活有积极地作用,有机的结合,是本质地相违的。

这只要将今日上演歌舞伎剧的剧场和它看客的数目,与上映西洋电影的影戏馆和它看客底数目一比较,便可以明了地,数量地,实证这两种艺术样式底时代的意义怎样地不同。

现在还拟站在这立场上,看看文学,尤其是看看最近代的,最重要的文学样式的小说,看它果真可有怎样的结论?

近代社会中小说底地位

"现代是小说底世纪。至少以文艺在社会上的人望和势力和功绩为标准来说,不妨说是小说底世纪。小说——尤其是严密的意义的所谓小说,是一切文艺的各种形式中发生最迟的。即此便已有汇集别的一切文艺底长处,包涵别的一切文艺给我们的满足之趣。已经可说,小说一样,便是别的文艺底一切了。何况它是最近的产物,不能不设想它,必然含蓄着最能适应我们现代人底要求的某种清鲜的新要素的。因此可以断言,小说是占着一切文艺底中心地位,而为其心脏,为其中核,为其精华的。"

"现在全世界文明国出版书类中,不论种类,不论册数,常居第一位的,是小说。试看英国统计,在欧洲大战开始的一年前的一九一三年,在本土印刷的新刊书,计有八千六百册,而其中小说就占有一千二百册以上。几乎当总数底七分之一,其前年,则占六分之一或五分之一。小说这样每年都占压倒的多数,决不是旧事,只是新近四十年以来的现象。"(木村毅著《小说研究十六讲》)。

近代社会中小说底地位,正如所说,不论从它底影响力上说,从它底生产额上说,都是压倒的。无论算它是民众底娱乐品,算它是教化底机关,算它是商品,这新兴艺术底威力都是很大的。只要将惊倒最近出版界的《世界文学全集》,《日本文学全集》(都是小说占大部分)的发行部数及揭载小说的新闻杂志的读者人数一想像,便可明白小说所及的范围如何的广大,与我们生活如何的密切。

那么,小说为什么在这样的短时日之间获得了近代文艺底王座呢?

"小说底兴起,乃是十八世纪底英国底德谟克拉西运动底一种结果。'罗曼斯'和悲剧,他们底兴味,人物,差不多都是偏于贵族的,而小说却是民众欣赏的,处理的人物,行为,和境遇,都很自由,尤表同情于中流或下属阶级,这就是小说有德谟克拉西的特质的明证。小说所以在罗拔德·瓦尔坡尔卿(Sir Robert Walpole)底严正的统治之下,多年的战乱终熄,商工业日就发展,封建君主底特权渐形崩溃,而平民渐得社会的政治的势力的时候发生,决不是偶然的。"赫特生(W. H. Hudson)《英文学史概观》An outline History of English Literature)

这就是说:小说这一种艺术样式,是与封建制度崩坏而商工业阶级即今日的布尔乔亚泛勃兴同时勃兴,与商工业阶级成长同时成长,也与它在生产社会里获得支配的地位同时在艺术底世界中获得支配的地位的。

而且它是最初的最相宜于盛贮自由主义个人主义的思想感情的艺术样式,于驱除封建的思想感情上贡献异常的大。

它最完全地,最有效地尽了做封建意识形态底掘地机,和资本主义底传播机的任务。

正如郎格(Long)说的"小说是很奇特的出现,是在中产阶级清洌的喷泉在贵族生活底糜烂中涌出来时,像埋没在地底的人声一般,响了出来的"这一句话所明示似地。小说与新的社会形势出现同时爆发地出现,而且完全压倒了向来繁荣的别的艺术样式,那原因,首先由于小说所取的内容。

以前的艺术,大抵的戏曲,故事类,都是上流阶级,即帝王,贵族,僧侣们兴味底对象,所以那题材也多是决不会有的英雄豪杰底夸大的故事,或荒唐的恶汉底阴谋，谲诈，与密通。然而小说，"叙述人生，却不以骑士，帝王，和种种的英雄为题材，而取材于平凡的男女，他们底思想，动机，斗争，及由他们自身底性格所发生的行为。"即新兴布尔乔亚阶级，在小说上完成了表现他们自身底行动思想，感情的艺术样式了。

其次小说所以有今日，乃基于它底形式。从前的艺术样式，无论叙事诗，无论戏曲，都有麻烦的传统的法则。它们多是宫廷艺术，因而多为宫廷独特的取材法所束缚，任凭怎样的天才，都不能脱却许多琐末技巧底拘束。那些宫廷艺术家，往往与艺术底中心生命游离，彷徨于这些琐末技巧底学习与再现，然而小说是完全踢开了这种的拘束，以新的自由的形式，率直投射新兴阶级底思想与感情的。

这新的艺术样式，在经济开始进展，政治开始解放，思想开始自觉的大众之间，所受的热烈欢迎，几乎不能想像。最近佐藤春夫氏译出，在目下文坛成为问题的《葡萄某尼底遗憾》等，就可以说他是小说底先驱，曾受异常的欢迎，不断有人模仿的；那以世界最初的小说著名的李却特生(Richardson)底《帕米拉》(Pamela)等等，据说也是受了它底刺激而成。

小说底地位今后还是安固吗？

依据以上所述，小说在近代社会中的地位如何地重要，我想大体已可明了了。现在要问：这种地位今后还可以永续吗？将来不会给别的新的艺术样式夺去它底地位吗？

当然，一切艺术样式都不能脱却时代的制约的。

某一艺术样式既然是在某一社会形势之下发生，同那社会形势发展同时发展的，当然也有不能不与那社会形势衰颓同时衰颓的命运。

所以现今以为最高的艺术者，时代若是变了，就不能料它究竟怎样，现今认为艺术以下的也不见得就不能成为代表的支配的艺术。这只要看，现今占着代表的支配的艺术样式的王座的小说，以前如何备尝了艰苦了来，便可了然。

正如一切新兴的事物一样，小说也是淋了极大的侮辱，从蔓延当时社会的旧艺术新式中发生呱呱的声来。

据布轮退耳(Brunetiere)说，小说发生后最初的二世纪，法兰西翰林院从不会推举小说家做会员。又屠格涅夫(Ivan Turgueniefi)以小说出名的时候，他底母亲劝他"不要再写那种贱民所嗜读的东西"，也是有名的话。

电影也是直到新近全受以前小说那样的待遇。电影最初都只被人看作低级社会的娱乐品,都很怀疑它到底可不可以算艺术。谁也不承认电影是一种独立的艺术样式。偶然有人承认其中有些艺术的要素,也是用电影以外的尺度,大抵是用文学的尺度,去估量那艺术价值的。

然而,电影这一种曾被人认为艺术以下的新的艺术样式,最近已经飞速地成长了,不但确立了艺术的独立地位,而且进而压倒演剧,显出要夺小说的艺术王座的气势了。

平林初之辅关于这问题曾经说:

今日以前的人类底文化,不妨说是文字造成的。就是艺术,也以用文字为媒介的文学占着非常重要的地位,自非偶然。特别是,印刷底进步,使文学,尤其是小说,做了艺术界的女王了。但我们发表思想的手段,并不限于文字。……我们只要这样地想像着:假如活动影戏和无线电话,在活字,印刷机,及制纸工业之前发明出来,会有怎样的现象?那时所谓小说的一种文学底品类,明明白白还没有今日这样的通俗化,普及化;而用写本或旧时的木板,普及大部的小说于民众,也是技术上,经济上,所不可能的。那时倘有活动影戏或无线电影剧发明出来,自然迅速地普及了,也许因此竟使小说之类的文学形式再没有勃兴的余地,也未可知的。

这自然是一种假想,然而其中含有一种重要事实的论据就是:一切艺术样式底发生和成长,都为艺术以外的要素,就小说论,就是为印刷术,制纸工业等,和那时代文化特质及一般社会情势所规定。这是事实,是艺术至上主义者所不曾觉察的事实。

但是,平林氏底假想,用以论证前记的事实虽有效,要实际解决我们逼到眼前的问题,我们还当离开这假想,转眼看看围绕我们四周的现实。

我们现下的问题,不是电影及其他艺术在印刷术之前发明出来会如何如何的问题,乃是印刷术也极度发达了,电影及其他艺术也将近完成了的今日及今后的社会中,文学及其代表的艺术样式小说底地位将如何的问题。这决不安固,看过上文想来已可明白了,现在请更说述它所以必须根本改革的理由。

机械文明和艺术样式

布尔乔亚泛及在其上开花的近代文明,多得益于蒸汽机关底发明。

蒸汽机关先成为纺织机及其他,筑了资本主义生产底基础,成为汽船帮着开拓消费那生产品的殖民地。及电气既发见,地球底表面至少主要的部分已经完全机械化了。

机械是现代文明底原色,原动力。无论文明恐怖病者怎样顽固地否定它,总是俨然存在的事实。除非人类能够把到如今所造就的"现代文明",回复到几世纪或十几世纪的以前去,从新再向别的方向出发,恐怕总是要"机械化"的。

这称为"机械"的巨人,最先插脚在主要的产业部门,不久又从全产业分野,驱除了向来手工业的要素,同时连我们底消费生活,也握在手掌之中。再进,就骎骎地侵入我们一向认为神圣不可侵犯的艺术分野中来了。

向来,"机械"和"艺术"是一种相对的存在。以为最非机械的是最艺术的。到了最近,则不但艺术之中已经很侵入了机械的要素,甚至把最机械的算是最伟大的艺术的了。

机械文明侵入了演剧,便使那有名的舞台导演梅雅荷尔叫道"我们艺术家,该投笔去拿斧头和锤子"。

机械文明侵入了音乐,就使人去设计模仿机械节律,都会扰攘,摩托喇叭的"闹音管弦乐"。又机械音乐底发达,已经显示出行将演成音乐革命的气势。

机械文明侵入了建筑,又使合理派的建筑家勒科标息爱叫道:"房子是用以居住的机械。"

此外机械文明已声势浩荡地侵入既成艺术样式底各式分野中,陆续形成所谓"机械底浪漫主义"底时代了(参看板垣鹰穗作《机械文明和现代美术》)。

而且不止如此,还以机械文明自身为母胎,产生了新的艺术样式。如电影,有声电影,无线播音,电传字画等类都是,这在近的将来,必将完全融合,加上更新的东西,成为一种出色的艺术样式。那是怎样的一种东西,固然不到完成难以预测,但就现今已经相当完成的而说,如电影便已明明不是小说所可匹敌了。

电影是机械文明底爱儿,小说乃是手工业时代底产物。

机械底进步,能增进印刷底能率,资助印刷底普及,而不能影响小说这文艺底质的发达,有影响于小说之质的,较高度的轮转机底发明。还不如伟大作家底产生。

反之,在电影,则伟大的导演,演员,编剧家底出现,反不如较优胜的摄影机,显像剂底发明,更于电影之质的成长有贡献。这就是,电影事实上是非"艺术的"要素即科学的要素也直接地积极地参与着这综合艺术的暗示。

然而小说,至少从来的小说,是彻头彻尾个人的,从来不曾离开个人的经验,个人的趣味,个人的劳作的境界。

最近小说底走投无路,堕为心境本位的烦琐主义,一半就是由于小说这一种艺术样式包含着个人主义性的缘故。

又,小说不但它那制作经程是个人主义的,便是它那观赏经程也是个人主义的。而电影却不但由集团的劳动制成,就是观赏也以集团的为原则。

这就是,与个人主义文明同时起始,与个人主义文明同时成长的小说,不及集团艺术的电影更有充分的未来性的明征。

还有,电影底内容也比小说为概括,效果也比小说为直接。这也是小说不能和电影匹敌的一端。

那么,文学尤其是小说,一到电影,电传字画之类的新艺术完成,普及的时候,便将全归消灭吗?那我要说是,"不的",我敢断言是"不的"。

只要文字还是在世上存在,它决不会消灭的罢。就是文字亡了,它也将另以别的形态继续它底生存的罢。

这正和小说随便怎样发达,又随便有多少电影等等的新艺术产生,演剧仍不灭亡的情形一样。

不过从来的文字,尤其是小说,要延续它底生命,无论内容,无论形式,都少不了要有一种根本的改革。那改革底具体的内容,当于别的机会再详述。

(原载《新学生》杂志一九三一年三月第一卷第三期)

格罗绥论妆饰

〔德〕爱尔姆斯忒·格罗绥 著

爱尔姆斯忒·格罗绥（Ernst Grosse）是德国美术史家，生于一八六二年，死于一九二六年。曾到日本东京，研究古代美术。著书有《艺术底起源》（Anfänge der Kunst）一八九四年；《艺术科学的研究》（Kunstwissenschaftliche Studien）一九〇〇年；《人类学与美学》（Ethonologie und Aesthetik）一九〇六年等，以人类学的见地研究各种艺术著名。其中《艺术底起源》一种，更为新旧艺术学者所推重，各国多有译本。十年前蔡子民先生所著的《美术底起源》，大体也就是根据此书，参以蔡先生自己搜集所得的中国方面的材料，编辑而成。当时我也曾在《民国日报》略加介绍，惜未完成。新近此书已引起国人注意，不久当有全译本出来。现在我先抽出其中论妆饰的一章，略加介绍，藉供留心艺术滥觞青年诸君的参考。

一九三一年二月二十八日记

原始民族都很留神妆饰，把妆饰看得比衣服更重要。从前达尔文遇见美洲南部的一个斐几亚人（Fuegiam）把一块红布送给他，看他并不拿去制衣服，却撕作细条儿去妆饰自己及伙伴寒战的身体，很以为稀奇。其实这不稀奇，凡是原始民族——除了没衣服要冻僵的北极地方的种族如爱斯基摩人之外——都是如此的，并不止这些土人这样。

那么，他们为什么要妆饰呢？这是妆饰意义问题。要解决这个妆饰意义问题，须先知道他们底妆饰。

原始民族底妆饰，约可分为两种：一是固定的；一是活动的。固定的是劙痕，雕纹，及穿耳，贯鼻，镶唇等一切身上经久的化妆。活动的妆饰，是游离地一时地附在身上的妆饰，其中最贵重的是巾带环镯之类，最简朴的是画身，——画身怕可算是妆饰最原始的形式罢。

画身的习惯，在最低级的文化阶段之间很流行。澳洲土人旅行时，常用一只鼠皮的行袋,装了红、黄、白三种颜料带着走。日常总在颊部,肩部,及胸部,点几点;有了祝贺,就满身涂起来。他们生活中每一件要事,都有一种特殊的涂法。儿童行成年礼时,用红色或白色画身,参与祝典的成人也用这红白两色画身。男子出去战争,也要画种种的花纹:普通用红色,北部及西部的战士用白色。他们赴舞蹈会时,画身更其注意:有时用红色或黄色涂满了全身,有时用白色在眼圈上画白圈,在额上画平行纹,画法都有一定的规律。他们死时,也和他们成人时一样,用红色画尸身。居丧者,本族用白色画;亲戚用黑色涂。

亚洲安达曼群岛的明科丕人,在害病时,居丧时,庆祝时也有各种画身法。用的是三种颜料:第一种是橄榄色的土,和了水涂全身,用作居丧的徽志。第二种是纯白色,专用于妆饰;每逢庆祝,无论男女都用食指甲,画直线在颊部,胸部,及四肢上。第三种是烧过的黄赭石和脂脂底混和物,普通用它做妆饰,间也用以御虫类,涂尸体。除了女不许画颈脖的例禁外,男女底画法全一样。

非洲布西曼人底画法极单简,全用红色涂抹颜脸和头发。

美洲斐几亚人,也多用红色画身,间或搀用黑白两色。玻妥古特族(Bolccudo),色彩较为贫乏。没有白色,只用红黑两色。

由上所说,可知原始的画身,为的是美即妆饰,并不是什么原始的衣服。我们应当站在审美的立脚点上去考察它。

(1) 画身底颜色——原始用以画身的颜色,总计不出四种(红,黄,白,黑);而这四种之中各处通用的又只有一种,就是——红色。

红色——尤是带黄的红色——最为原始民族所爱用。这种嗜好,是和文明民族相通的:我们现今试以绘具给儿童,你便会知道总是红色先被用完了;我们试用各种颜色给成人看,你也便会知道他们对于红色最动情。这种最动情的效果,一半是由于红色底直接印象所唤起,所以你把红色放在牡牛之前也可看见他激情的兴奋。一半也是由于一种联想所引致。在原始民族间最能引起他们感情的联想的是红色。因为红色是血色,而(第一)他们最有兴奋情绪的时候——即在狩猎及战斗底热狂时候——既是他们见红色的时候,(第二)他们最难忘的记忆——即舞蹈及战斗底回想——也是和红色拆不开的;所以红色最能惹起他们强烈的联想。因此,红色底美的价值,在他们也便最大,因而成了他们画身的主要颜色。

其次是黄色。这黄色也和红色具有同样的美性质,所以也是同样地被采用。用黄色的有澳洲土人及安达曼群岛底明科丕人。明科丕人底用黄色,意义正与澳洲土人底用红色相当,色彩也与澳洲土人所用的带黄红色相近。澳洲土人也把这黄色,和红色同等地使用作妆饰色彩。不用黄色的,只有布西曼人,斐几亚人,及玻妥古特人。他们所以不用,或许是与他们底肤色有关系。布西曼人底肤色是黄的。玻妥古特人和斐几亚人虽被称为红人,其实也是黄的;黄涂黄色彩不鲜明,大约就是他们不用黄色的原因。

又次是白色。这与肤色底关系更显明。重用这白色的,就是肤色暗黑的澳洲土人及明科丕人。此外或全不用或(如斐几亚人),看作劣等。澳洲土人及明科丕人底用白色画身,共有两个时节:第一是祝贺的时节。他们在火光中或月色中舞蹈时,画的尽是白色条纹。这大约是要这白色去和肤色底暗黑做对比,使黑色格外鲜明,肤色格外艳丽的缘故(因为黑人底以黑为美正如白人以白为美一样的。)第二是和祝贺相反的时节——即居丧的时节。这个时节,画法和祝贺时不同。明科丕人将全身涂成一片白色,不像祝贺时画出些花样来。澳洲土人虽然画出花样,也或胡乱涂抹,或用表亲疏,都非藉此妆饰。这大约是要认不出涂身者是谁,使幽魂不至于会去缠着他们的缘故。

再次是黑色。重用这黑色的只有澳洲土人;美洲土人不过偶然用它罢了。澳洲土人涂底黑,大抵也像白色女人还嫌白得不够还要搽白粉一样,是嫌黑得不够的缘故。美洲黄色土人用黑色,却是另外的一种关系。他们用的是青黑色,青黑色和黄色是相对的;青黑色在他们,正和白色在黑色的澳洲土人一样。所以美洲土人用这色,也如澳洲土人一样是在要使所画花样格外鲜明的时候。

(2)画身底花样——关于画身底颜色,我们已经报告了,其次应讲画身底花样。但可惜这种材料异常的缺乏,倘若讲论怕不免有要僭越之讥。约略说来,妆饰花样多是模仿自然形相,绝少独创的。如不模仿自然,必是别有用意,或如居丧的要使认不出画身者是谁,或在战争时,想藉奇异的风貌吓倒敌人。

画身有一个缺陷,只是暂时的;所以原始民族更要想些持久刻在身上的方法。这类持久的方法中最通行的有两种:就是劐痕和雕纹。劐痕和雕纹底分布,也和肤色有关系。黄色的布西曼及铜色的爱斯基摩都崇尚雕纹;暗色的澳洲土人和明科丕人都钟爱劐痕的。

划痕是用火石、蚌壳或原始小刀,把皮肤或肌肉在种种部位上劐破了,随后用苍白颜色渗进去,使暗色皮肤上分明浮出苍白的痕迹来。有些澳洲土人，从新创时便用色土填进去，使瘢痕扩大。但北方及西北方底土人却只用某种树汁渗入。这等土人劙痕底部位，随族而异。有的在背部，有的在腕上或胸部或四肢上。男女两性都用，不过男性劙得更多。花样是用点及直线或曲线构成。在托列斯峡地方，男人双肩上划着马蹄形，花样宛如欧洲人底肩章。这劙痕底施行便是做寿仪式底一部；一定年龄以下的儿童是不得有的，到了适当年龄才得在胸部等处劙几条，以后随年加增。加增底等级，在东南部共分五等。

澳洲南面底达斯马尼亚人，科克(Cook)说在胸部及两臂有点线，明维克(Bonwick)说是星形。女人们在腹部劙有半圆形。

明科丕人，无论男女、无论何族，也都有劙痕的习惯。他们比澳洲人劙得更早：儿童一过八岁就已劙过了，到十六岁或十八岁已完成。劙时不像澳洲有祝贺。除北部外，都由女人劙刻。部位是在背部、肩部、颈背、胸部、胁肋、腹部及手足。只有背部的瘢痕，须请男友代作。花样很简单，不过几条横线或直线。

划痕须有暗色的皮肤才得鲜明，所以划痕的习惯，也只行于肤色暗黑的民族，至于明色的民族如布西曼及爱斯基摩等便用雕纹了。雕纹底方法，是用一种颜料——普通是炭粉——嵌入雕过的部位，一经发炎便现出永久不褪的深蓝色。花样比劙痕更其精致而且繁复。但布西曼底雕纹，也如明科丕底劙痕，花样很是简单，不过在颊上腕上肩上雕着几条直线，绝不像什么。爱斯基摩才进步了。女性更进步，一到八岁便开雕。器具是用一种针；染料是烟煤，也用火药。雕的部位，通例在面、臂、手、腰、胸等处。花样很繁复，有的是曲线，在前额眉上；有的是岔纹，在鼻旁；也有的是群线作扇状如须，在颏间。又有的是平行线和整列点，或更间以锯状线或小矩形，在手上及胫上。今不及一一介绍了。

研究劙痕及雕纹意义的结果，我们也承认一部是种族的徽识，且有时含有宗教的意义。然而大半还是妆饰。妆饰的嗜好是人类一个最原始而且最强烈的要求。这要求远存在种族结合的观念之前。含有宗教意义的话，而今还寻不出证据；说是种族徽识的话，现在虽有证据，又怎能说不是在先用作妆饰，随后用作徽识呢？

玻妥古特及斐几亚人，不知有劙痕，也不知有雕纹。玻妥古特(Botocudo)，另有一种持久的妆饰，便是他们这个种族名称所由来的木塞(botoque)。木塞都镶在口唇和耳朵上，儿童一上了七八岁便可享受这个珍异的妆饰。最初也不过是用纽扣那样大小的木塞，镶嵌在下唇和耳朵上；随后渐次换用更大的木塞，最后大到可用直径四寸的木塞。这种木塞，在别处原也有人用，但决没有这么大。这自然因为是种族徽志的缘故。然而我已说过，妆饰的嗜好是人类一个最原始而且最强烈的要求，这要求远存在种族要求之前。倘在他们眼里也有咱们眼里这样的不美之感，虽说标识种族，他们怕也未必会忍受那般苦痛，顽强固执着那般的风习罢。

镶唇并不是玻妥古特底特色，我们在美洲北部爱斯基摩之间也可以看见。爱斯基摩之间，女性固极崇尚雕纹，男性却极喜欢镶唇。他们都把下唇底两端穿了孔，用骨片，象牙，蛤壳，石块，或木片镶进去。那孔在开镶时，也不过只有鹅毛茎那般大小；以后逐渐扩大，直到有了一时底四分之三那么大。

这些持久的妆饰及类似这些的妆饰，在别的狩猎民族间大抵是全然没有的，就使有也很少见。亚洲明科丕人及美洲斐几亚人，是全没唇鼻耳等妆饰。非洲布西曼人，也只有耳上，挂着铁或黄铜的耳环。澳洲土人，有的也将鼻梁穿通了，贯上木条或骨片；逢祝贺时，除下这木或骨，换用两根鸟羽。这些鼻梁底穿贯，也和劙痕同样，是做寿仪式底一部。

(原载于《微音》月刊一九三五年三月十五日第一卷第一期和五月十五日第一卷第三期，今合编于此)

附录一

陈望道传略

陈望道,原名明融(单名融),字参一、任重,笔名有佛突、雪帆、晓风等。浙江义乌人,生于一八九一年一月十八日(清光绪十六年农历腊月初九)。陈望道是五四新文化运动和中国共产主义运动的先驱,中国共产党的创始人之一。他在二十世纪中国的革命史、学术史、教育史上都据有着光荣的地位。

一

陈望道出生在浙江省义乌县河里乡分水塘村的一户农耕之家。陈望道的父母生育三男二女,陈望道居长。父亲对他们兄妹督教甚严,既要他们知书达理,又要他们保持农家本色。陈望道从六岁至十六岁,在村上的私塾里攻读四书五经等传统书籍,并在课余学习拳术和参加田间的各项劳动。

陈望道出生的年代,正值中国遭受帝国主义列强的侵略宰割,一步一步陷入半封建半殖民地社会的境地,同时,中国人民奋起反抗,展开了反帝反封建的英勇斗争。少年陈望道感受到时代的风云,他关心着国家民族的命运,渴望自己能学到更多的知识和本领,用于强国兴邦。十六岁那年,他离开山村,进义乌县城绣湖书院(现义乌市立绣湖小学)学习,他抱着"教育救国"的想法,认为要使国家强盛起来,首先要破除迷信和开发民智,于是又回到分水塘村,邀人兴办村学,招募村童入学;同时,还同村上一些激进的青年,动手砸毁庙宇神像,认为这些封建迷信,是套在民众头上的一条精神枷锁,要使民众觉醒,非起来砸碎这条锁链不可。陈望道在村里办学一年后,深感自己知识不足,便前往省立第七中学(金华府学堂)就读。他对数理化等现代科学知识的学习非常努力,并获得优异的成绩。金华府学堂毕业后,陈望道为实现自己"科学救国"的理想欲赴欧美留学,于是他先来到上海,补习了一年的英语和数学,为赴欧美留学作准备。然而限于当时种种条件,他没有能去欧美国家,只能舍远就近前往日本,为了资助他出国留学,陈望道的父亲变卖了许多田产。

　　一九一五年初,陈望道到达日本东京,先在东亚预备学校进修了一段时间的日文,然后分别到早稻田大学法科、东洋大学文科、中央大学法科求学,同时还到东京物理夜校攻读。最后毕业于中央大学法科,获法学士学位。

　　在日本留学期间,陈望道非常关心当时的政治,积极投身于留日学生组织的各项爱国活动,参加反对袁世凯接受日本二十一条卖国条约和复辟帝制的运动。一九一七年俄国十月革命胜利后,他接触了马克思主义新思潮,并逐渐认识到救国不单是兴办实业,还必须进行社会革命。这时候,他结识了日本著名的进步学者、早期的社会主义者河上肇、山川筠等人,并同他们一起积极开展十月革命的宣传和马列主义的传播活动,热烈向往十月革命的道路。就这样,陈望道开始接受马克思主义的学说和共产主义的思想。

二

　　一九一九年夏,响应五四运动的感召,陈望道从日本返回祖国。他回到了故乡浙江,经友人推荐介绍他结识了杭州浙江第一师范学校校长经亨颐。经校长数次到陈望道下榻的旅馆去会见陈望道,聘请他到浙江一师担任了国文科教员。

　　浙江第一师范学校的前身,是浙江两级师范学堂。经亨颐校长很有声望,主持校政,名师云集:沈钧儒、张宗祥、沈尹默、夏丏尊、李叔同、刘大白、俞平伯、叶圣陶、朱自清等名家都先后在此执教。五四运动兴起以后,在杭州的浙一师师生率先响应,学生纷纷组织起来,走上街头,向市民进行爱国宣传。这时,校长经亨颐和陈望道、夏丏尊、刘大白、李次九等许多进步教师,都觉得时代精神大大地改变了,本校在组织上、教授上、管理训练上,也应该大大地改革一番。学校采取了一系列的革新措施,其中影响最大的两项是:学生自治和国文教学改革。国文教学改革是由陈望道与刘大白、夏丏尊、李次九等四位语文教员——被称为"四大金刚"——发动和推行的,那就是:一、"国语科的教授,一律改用白话";二、传授注音字母,为普及白话的必然要求;三、出版国语丛书,如《新式标点用法》、《国语法》、《注音字母教授法》等。他们选用鲁迅《狂人日记》等新近的白话文做教材;在教学法上提倡"学生自己研究,教员处指导的地位"。这种对以背诵和模仿为能事的旧传统教育方式的猛烈冲击,在当时的确是令人震惊的!

　　陈望道还支持和参加本校师生多种张扬新思潮刊物的编辑,其中以《浙江省第一师范学校校友会十日刊》和《浙江新潮》最有影响，《浙江新潮》是由杭州五所学校二十多名青年学生组成的"浙江新潮社"刊行的。《浙江新潮》第二期(一九一九年十一月)发表了一师学生施存统写的《非孝》一文，竟引发了轰动全国的浙江一师风潮。

施存统是一个刻苦力行的学生，对母亲也是很孝顺的，他写《非孝》一文，意在反对不平等的"孝道"，主张平等的爱。这下竟触动了封建卫道者们的神经，引起了社会保守势力的恐惧和憎恨。反动当局即命省教育厅查办"一师"，责令经亨颐校长开除"非孝"的作者，并借题发挥，以"非孝、废孔、公妻、共产"这种骇人听闻的罪名来撤职惩办陈望道等四位语文教员。经校长坚持不屈，抵制不办。反动当局就乘寒假之际，于一九二〇年二月将经校长调离一师。这引起了一师师生的激烈抗议，师生赶回学校组织请愿，发表宣言，要求当局收回成命。可当局一意孤行，最后竟调动军警进驻学校，妄图强行驱散学生，停办学校。

一九二〇年三月二十九日，当局竟增派军警至七八百人，要把学生一个一个地拉出校门，学生们就聚集在操场席地而坐以免被个别地拉走；至中午时分，全副武装的军警大批开到操场，将三百多名学生团团围困。学生们异口同声地说："我们情愿为新文化运动作先驱的牺牲！"说时哭声四起。陈望道疾步走到学生中间，高声喊道："同学们，我和你们永远在一起，你们不要哭。"接着他就带领学生跟军警展开面对面的斗争。这时有名学生跑到警长面前说："你不肯牺牲五十元一月的薪俸来摧残我们，我却宁肯牺牲性命以全人格！"说着就拔起警长的指挥刀要自杀，被体育老师胡公冕奋力救下。陈望道就向军警大喊道："学生被逼得要自杀了，你们还不赶快后退。"操场上的哭声纵天，悲痛凄怆，连警察们也不禁落泪了，警长只得下令撤退三尺。……

浙江一师师生们高举"五四"运动大旗的英勇斗争，得到全国各地各界的广泛声援和支持，连梁启超、蔡元培等人都致电浙江省当局告诫不能"压迫过甚"。迫于情势，浙江当局只能接受调停，收回成命，不予查办"四大金刚"和调换经校长。进步力量胜利了！

不过，当时的形势下，陈望道还是离开了一师。

三

一九二〇年三月，陈望道接到了《民国日报》邵力子的来信，说《星期评论》社戴季陶约请他翻译《共产党宣言》,并给了他戴所提供的日文版《共产党宣言》和陈独秀从北大图书馆借来的英文版《共产党宣言》。于是,陈望道回到了家乡——浙江义乌分水塘村着手进行翻译工作。

在一九一九至一九二〇年五四新文化运动蓬勃发展的那个时期,报纸上已刊有马克思、恩格斯所著《共产党宣言》中译文的章节和片段,但却没有一个人用全文把它介绍到中国来。诚如恩格斯所言,"翻译《共产党宣言》是异常困难的"。陈望道知难而进,躲在柴屋内,夜以继日地译书,终于在一九二〇年四月底完成了全书的翻译工作。

一九二〇年五月,陈望道接到了《星期评论》社电报邀请他到上海赴任该刊的编辑。于是,陈望道带着《共产党宣言》的译稿到达上海。在《星期评论》社,他会晤了戴季陶、李汉俊、沈玄庐、沈雁冰、李达等人。他把译稿连同日文、英文版《共产党宣言》交给了陈独秀校订,最后由陈望道改定。译文原准备在《星期评论》上连载,但因该刊的进步倾向被当局发现后勒令停办,《共产党宣言》直到一九二〇年八月,才由上海社会主义研究社作为社会主义研究小丛书的第一种首次刊行问世。此书一出版,就在社会上尤其是文化思想界引起热烈反响,受到广泛欢迎,初版千余册,旋即售罄,立时于九月重版。后来又一次一次地再版重印,成为国民党统治时期国内流传最广的一部马克思主义经典著作。它的刊行,对马克思主义在中国的传播,对促进当时的先进的知识分子接受共产主义,都产生了巨大影响。同时,也为中国共产党的创建提供了思想上理论上的准备。

一九二〇年春,共产国际代表魏经斯基到北京会晤李大钊,四月到上海会晤陈独秀,并同上海一批先进分子进行座谈,陈望道也参加了,谈的就是建党问题。一九二〇年五月,陈独秀、陈望道、李汉俊、李达、沈雁冰、邵力子等人在《新青年》编辑部天天碰头,讨论社会主义和中国社会改造问题,大家都觉得必须建立中国共产党,于是就先秘密组织起来,对外就叫马克思主义研究会。

一九二〇年八月,马克思主义研究会(或称共产主义小组)在《新青年》编辑部正式成立。这是第一个共产主义小组。最早的成员有八位:陈独秀、李达、李汉俊、陈望道、沈玄庐、杨明斋、俞秀松、施存统。陈独秀为书记。上海共产主义小组实际上担负起了成立中国共产党的发起组乃至筹备组的任务。陈望道作为这个小组的负责人之一,在党的创建活动中发挥了积极的作用。

陈望道除了参与和主持把《新青年》杂志改组为共产主义小组的机关刊

物,还和邵力子一起把《民国日报》刊物《觉悟》变成了小组的外围刊物;他又翻译了《空想的和科学的社会主义》一书及《马克斯底唯物史观》、《唯物史观底解释》、《个人主义和社会主义》等介绍宣传马克思主义的文章;他还对梁启超、张东荪等人攻击马克思主义、鼓吹基尔特社会主义的行径进行批判;他参与《共产党》月刊(一九二〇年十一月始)和《劳动界》(工人周刊,一九二〇年八月十五日起)的创刊和编辑工作——这些都是为党的创建从思想理论上进行准备工作的一部分。

陈望道担任共产主义小组的劳工部长,在组织工人运动方面也做了许多工作。一九二〇年五月一日,他和陈独秀、施存统共同发起和组织了"五一"国际劳动节的纪念大会——这是中国工人阶级第一次纪念自己的节日;一九二一年五月一日他又参与组织了"五一"纪念活动。一九二〇年十一月、十二月,他直接参与筹建上海机器工会、印刷工会及纺织、邮电工会,他到沪西工人区宣讲劳工神圣和劳工联合;他参与社会主义青年团的筹建工作,一九二〇年八月二十二日社会主义青年团成立,他也是负责人之一;他参与上海外国语学社(共产主义的干部学校)的活动——这些都是为党的创建从群众基础和干部培养上进行准备工作的一部分。

一九二一年六月,共产国际派马林等到上海,与上海早期党组织成员李达、李汉俊、陈望道等取得联系,经过几次交谈,他们一致认为:正式成立中国共产党的条件已经成熟,应尽快召开党的全国代表大会。李达、李汉俊、陈望道与陈独秀、李大钊联系后,决定在上海召开中国共产党第一次全国代表大会,并随即写信通知全国各地党组织选派代表出席大会,就此开始了"一大"的筹备工作。陈望道被推选为"一大"代表。在筹划召开会议所需经费时,李汉俊写信给陈独秀,要他嘱咐新青年社拿点经费出来,陈独秀不同意,为此李汉俊和陈独秀发生了矛盾,陈独秀竟无理指责李汉俊要夺他的权,而且无端把陈望道也牵涉进来。他散发书信,说李汉俊和陈望道要夺他的权,要当"书记"。这在同志间造成很不好的影响。陈望道对这种无中生有的指责,怎么也接受不了,认为"陈独秀此举实在太卑鄙了"。他坚持要求陈独秀澄清事实,公开道歉。傲慢的陈独秀不肯这么做。于是,陈望道一气之下表示再也不愿接受陈独秀家长式的领导,因而也就未去参加党的代表大会。

"一大"以后,陈独秀以中央局书记名义发表了《中国共产党中央局通告》,要求上海、广东等地建立区执行委员会。一九二一年十一月中共上海地方委员会成立,陈望道被推选为中共上海地方委员会书记。陈望道主持刚建立起来的上海地方党组织的工作,展开了许多活动。

一九二二年一月十五日,陈望道出席中共上海地方委员会在宁波会馆召开的"德社会学者纪念会",并发表演说。为纪念世界无产阶级革命导师马克思诞辰一百零四周年,陈望道又于四、五月间两次参加中共上海地方委员会举办的纪念会和演讲会:四月二十三日,他随同中央书记陈独秀前往吴淞出席中国公学马克思学说演讲会,并在会上发表了演说;五月五日,中共上海地方委员会在北四川路怀恩堂举行纪念会,他又偕同沈雁冰到会发表演说,介绍马克思主义学说。这是上海党组织第一次举办的马克思诞生纪念活动。

一九二二年七月十六日到二十三日,中国共产党在上海南成路辅德里625号举行了第二次全国代表大会。出席这次大会的代表有陈独秀、张国焘、李达、蔡和森、高君宇、王尽美、邓中夏、施存统、李震瀛、杨明斋、陈望道、项英等十二人,代表党员一百九十五人。大会选举了党的中央执行委员会,陈独秀任中央执行委员会委员长。

中共二大后,因为对陈独秀家长制作风依然如故的不满,陈望道提出辞去中共上海地方委员会书记职务。一九二三年八月五日,中共上海地方委员会召开第六次会议,毛泽东代表中央出席会议。在会上毛泽东代表中央说:对陈望道、邵力子、沈玄庐的态度应该缓和。这是毛泽东为维护党的团结和针对一些青年党员因不了解陈望道而态度过激提出来的,毛泽东建议把陈望道等编入小组。

一九二三年八月至一九二七年四月受党委派,陈望道在上海大学这所培养共产党干部的学校工作,担任了中国文学系主任和学校最高议事行政机构评议会的评议员、上大丛书审查委员会委员、《上海大学周刊》编辑主任等职,尤其在一九二五年"五卅"运动中,他临危受命,接任了教务长和代理校务主任之职,直至一九二七年"四·一二"反革命事变后上大遭查封。他和全校师生一起参加社会革命的实践,为党培养了许多人才。

继上海大学被查封后,一九二八年地下党创办的另一所上海艺术大学也被查封。于是,地下党又接手经办了一所中华艺术大学。一九二九年秋陈望道出任中华艺术大学(简称"中华艺大")校长一职。陈望道主持中华艺大,正像他在上海大学一样,鼓励师生关注社会现实,到工厂中去、到群众中去开展活动。这样,中华艺大就吸引了不少进步师生和左翼文化人士,成为他们活动的一个中心场所。陈望道作为中华艺大校长,于一九三〇年二、三月间曾三次邀请鲁迅到校讲演。鲁迅对于他主持中华艺大是热情支持的。一九三〇年三月二日,中国左翼作家联盟("左联")成立大会,假座中华艺大召开,就是得到了陈望道的支持和配合的。中华艺大于同年5月被反动当局查封。

四

陈望道在参与党的创建和进行革命活动的同时,还积极从事文化教育工作。早在一九二〇年九月即到复旦大学中文系任教,他一边热情培养学生并鼓动学生走向社会参加革命,一边与社会上文化界的知名人士组织进步社团、创办进步刊物和出版机构;与此同时他还孜孜不倦地致力于学术研究活动,翻译、著述和出版了许多有价值的学术论著,成为有广泛影响的一位社会活动家和文化学术界著名的学者。

一九二二年,陈望道加入了"文学研究会",成为早期会员之一。一九二三年,他与柳亚子、叶楚伧等组织了"新南社",提倡文学与社会革命。一九二四年,他又与刘大白等编辑《黎明周刊》。一九二五年三月,他与叶绍钧、朱光潜、夏丏尊、朱自清等发起组织"立达学会",出版《立达季刊》,并在《立达季刊》上发表了"修辞学的中国文字观"一文。一九二六年,他又在《新女性》上发表"中国女性的觉醒"、"现代女子的苦闷问题"等文章。

由于陈望道较早地接受了马克思主义,因此很注重运用新的立场、观点和方法进行教学和科学研究。他主张改革传统的以熟读和模仿为主的语文教学方法;并对白话文的普及和提高,新文艺的发展,以及文法、修辞的研究等,提出了许多积极和进步的见解。早在一九一八年,他就在《学艺》上发表了《标点之革新》等提倡新式标点的文章。他是我国最早在刊物上明确提倡使用新式标点符号的学者之一。一九二二年,他又发表了《作文法讲义》,科学地阐明了文章的构造、体制和美质,独具特色,很有影响。他除了擅长文学、语言学、法学等专业外,对美学、因明学、伦理学等都很有研究。所著《美学概论》(1927年)简约明畅,并重视形式美的研究,被好友丰子恺用为教材。所著《因明学》是我国第一本用白话文阐释因明原理的著作。

一九二七年大革命失败后,陈望道面对自己许多战友和学生的牺牲,面对腥风血雨的浓重黑暗,他悲伤,他烦苦,他呼喊:"我要恸哭死者,凭吊人生!愿千千万万的生命不要这样抛了就算了。"同时他断言:"现在中国是在动,是在进向大时代去。"陈望道决心为进向大时代而鼓吹新兴的革命文艺。他和汪馥泉、施存统、冯三昧等人于一九二八年九月合作办了一个书店——大江书铺,作为一个可以出书籍、办报刊的阵地,以组织作者队伍,团结读者群众。当时,他和鲁迅都是文学研究会的成员。他站在鲁迅一边,为发展新文艺而奋斗。陈望道筹建的大江书铺以出版进步书刊,宣传马克思主义思想方法,介绍新进的科学文艺理论等特点,活跃在上海书业界。如鲁迅翻译的苏联法捷耶夫的《毁灭》、沈端先(夏衍)从日文转译的高尔基的《母亲》,最早就是在大江书铺发行的。在鲁迅的支持和帮助下,他在大江书铺编辑出版了《文艺理论小丛书》、《艺术理论丛书》,发行了《大江》月刊和《文艺研究》季刊(鲁迅主编);其间,陈望道还翻译了《艺术简论》、《文学及艺术之技术的革命》、《苏俄文艺理论》和《社会意识学大纲》等著作。介绍国外新兴的文艺理论和社会科学学说,为建设新文化发展新文艺提供借鉴。

一九三一年初,国民党反动派因陈望道保护左派学生,密令加以暗害。陈望道被迫离开了复旦大学,蛰居在上海寓所,专心致志地从事《修辞学发凡》一书的写作。他因有感于自古以来我国许多文人在文字修辞上花了很大工夫,却没有一部系统的著作,早在日本早稻田大学留学期间,就已开始注意对修辞学的研究。他在复旦大学等校任教期间,又开设修辞学课程,编写修辞学讲义,不断加以修订,进行科学的、系统的研究。经过十余年的辛勤探讨,终于在一九三二年写成了《修辞学发凡》一书,由大江书铺刊行问世。刘大白在序言里称誉说:这是"中国第一部有系统的兼顾古话文今话文的修辞学书"。陈望道以他的这部著作完成了中国传统修辞学向现代修辞学的转变,为中国现代修辞学的建立发展奠定了基础和开拓了路向,成为中国现代修辞学史上的重要里程碑。

一九三二年初,日本帝国主义进攻上海,"一二八"事变发生后的第五天,陈望道与鲁迅、茅盾、郁达夫、叶圣陶等四十三人,共同发表了《上海文化界告世界书》,坚决反对帝国主义瓜分中国,抗议日本侵华暴行。同年二月八日,他又参加了中国著作家抗日会,被推选为秘书长。这是一个抗日爱国的统一战线组织,在地下党的领导下,陈望道为团结爱国知识分子投入抗日救国斗争作出了很大贡献。一九三二年七月,为营救绝食八日危在旦夕的国际革命组织泛太平洋产业同盟的秘书牛兰及其夫人,他与柳亚子、茅盾、鲁迅、郁达夫等三十二人联名致电国民党当局,要求立即释放被害者。一九三三年三月十四日,革命导师马克思逝世五十周年,上海文化学术界冲破重重阻挠,在八仙桥青年会举行纪念大会。陈望道不顾反动当局的戒备森严,特务密布,毅然同蔡元培等到会做了演讲,分别介绍了马克思的伟大学说和成就。他离家赴会时不带钥匙,慷慨面对白色恐怖,置生死于度外。为了揭露日本法西斯统治者杀害日本革命作家小林多喜二的暴行,一九三三年五月,陈望道与郁达夫、鲁迅、叶绍钧、茅盾、洪深、杜衡、田汉、丁玲共九人发表了《为横死之小林遗族募捐启》。当国民党反动派政府用最卑劣最凶残的手段,秘密枪杀了殷夫、冯铿、胡也频、柔石等五位革命作家,又无理逮捕了左翼作家丁玲和潘应人之后,中国左翼作家联盟为此事发出了《反对白色恐怖宣言》。陈望道同各界知名人士蔡元培、杨铨、胡愈之、邹韬奋、叶圣陶、柳亚子等三四十人,也联名致电南京政府以示抗议。他还参加了"文化界丁、潘营救会",积极从事营救丁玲、潘应人的活动。

一九三三年夏,大江书铺由于站在左翼文艺运动的一边,出版的著作大量被禁,终于被迫歇业。同年七月陈望道应安徽大学中文系主任周予同的聘请,前往任教"普罗文学"课程,不到半年,又因受国民党当局的迫害离职,于一九三四年二月回到上海。这时国民党当局配合对苏区的反革命军事"围剿",在白区也加紧进行反革命文化"围剿",提倡"尊孔读经"、"文言复兴"。陈望道和鲁迅等进步人士一道坚决反对并冲破这种文化"围剿"。一九三四年六月,陈望道提出以进攻姿态来捍卫白话文的策略,即也来反对白话文,认为它还不够"白"。于是,他与胡愈之、夏丏尊、傅东华、曹聚仁、叶圣陶、陈子展、乐嗣炳、黎锦晖、马宗融、王人路、黎烈文等十二人,针对"文言复兴运动",发动了"大众语运动",不但反对提倡文言文,而且对当时白话文出现的脱离群众语言的倾向也进行批判,提出白话文必须进一步接近活的口语,主张建立真正以群众语言为基础的"大众语"和"大众语文学",展开了一场极其热烈的语文论战。在这次论战中,他发表了《关于大众语文学的建设》、《建立大众语文学》、《这一次文言和白话的论战》、《大众语论》、《怎样做到大众语的"普遍"》、《文学和大众语》等文章,和保守反动势力作出了针锋相对的斗争,并对"大众语"的建立以及民族语文的发展提出了许多建设性的意见。他提出的"大众语"就是"大众说得出,听得懂,写得顺手,看得明白的语言",成为大家对于"大众语"的共识。大众语讨论,很快就使文言复兴运动偃旗息鼓,并进而对发展民族语文展开建设性探究,也对后来拉丁化新文字的推行乃至汉语拼音的推广产生了积极的影响。

一九三四年九月,陈望道在鲁迅的支持下,创办了《太白》半月刊。这是实践大众语的刊物,它与林语堂等人鼓吹所谓"幽默"、"性灵"的"闲适文学",提倡半文不白的语录体而开办的《论语》、《人间世》等杂志相抗衡,用战斗的小品文去揭露和批判当时黑暗的现实。"太白"这个名称,意思是提倡"白而又白"、"比白话文还要白"的"大众语";同时"太白"也就是"启明星",寓意为冲破黎明前的黑暗,迎接胜利的曙光而战斗。《太白》半月刊在陈望道的主持下,的确是办得很有生气的,譬如首倡在刊物上用民间的"手头字",首创"科学小品"这样的新文体,开辟"掂斤簸两"的栏目,专登匕首式的杂感,在当时都是别开生面的。鲁迅这样说过:"杂志上也很难说话,现惟《太白》、《读书生活》、《新生》三种,尚可观,而被压迫也最甚。"(一九三五年二月十四日致吴渤信)《太白》战斗了整整一年,出了两卷二十四期,最后被迫停刊。

对此,胡愈之曾做过如许的评价:"大革命失败以后,在国民党反动派进行文化'围剿'的黑暗日子里,陈望道同志组织了一支反文化'围剿'的别动队,这就是大众语运动和他所主编的《太白》。大众语运动主要是为了抵制当时文言文复辟的逆流,也为后来的拉丁化新文字运动开辟了道路。《太白》对于胡适、林语堂之流买办资产阶级的反动思潮,给以有力的打击。正是在这一时期,陈望道同志与鲁迅在同一战线上起了冲锋陷阵的作用。在三十年代文化'围剿'和反'围剿'的搏斗中,国民党反动派终于'一败涂地',人民的觉悟大大提高,陈望道同志是立下了汗马功劳的。"(《陈望道文集·序》)

五

一九三五年《太白》终刊后,陈望道应聘赴广西桂林良丰师专任中国文学科主任,并任教文艺理论与文法学的课程。在良丰期间,他与师专的师生一起创办了《月牙》刊物,办得很有生气。同时他还积极扶植和提倡话剧。一九三六年夏良丰师专合并到广西大学,陈望道继而在广西大学任中文系主任。一九三六年九月,党在文艺界的统一战线初步形成,巴金、郭沫若、矛盾、夏丏尊、鲁迅等二十一人发表了《文艺界同人为团结御侮与言论自由宣言》,陈望道此时虽人在广西也在宣言上签了名。

一九三七年七月全面抗战爆发,陈望道辞去了广西大学中文系主任职务回到上海,在地下党领导下,与韦愨、郑振铎、陈鹤琴等组织了上海文化界抗日联谊会,从事抗日救国活动,在"孤岛"上继续坚持敌后斗争。他们曾积极为当时的一些主要刊物《世纪风》、《文汇报》、《译报》副刊、《大美报》等写稿,并热情支持《鲁迅风》这一进步刊物。为动员广大民众奋起抵抗日寇的侵略,陈望道还积极提倡拉丁化新文字运动,亲自到难民所去开展扫盲、普及教育的新文字宣传工作,成为上海战时语文运动的一位重要领导者和组织者。一九三八年,他曾在地下党创办的社会科学讲习所任课。以后,他又与陈鹤琴等发起成立上海语文学会,担任副理事长。同时,他又热情支持"上海新文字研究会"等抗日的群众性文字改革组织,帮助青年们修改了拉丁化新文字理论中诸如废除汉字一类脱离实际的过"左"的提法,改正了方案中的一些错误和缺漏。他还主编《译报》副刊《语文周刊》,先后发表了许多文章,对新语文运动的发展,做出了很大的贡献。

一九三九年下半年,敌伪势力开始侵入租界,敌伪特务机关已将陈望道列入黑名单。但他从容面对,继续自己的活动,并且还争取丁福保、马叙伦等各界人士的支持,于十一月份以"上海语文教育学会"的名义发起举办了为期十天的大规模的"中国语文展览会",对青年和广大群众进行爱国主义教育,教育大家热爱祖国的语言文字。这一时期,他编制了《拉丁化汉字拼音表》,发表了《中国语文的演进和新文字》、《中国拼音文字的演进》、《拉丁化北音方案对读小记》及《补记》、《语文运动的回顾和展望》、《从"词儿连写"说到语文深入研究》等文章,对语文改革运动做出了很大的贡献。

与此同时,他还在语文学术界发动关于中国文法革新的讨论。这次讨论,从一九三八年开始,一直到一九四二年,历时四年之久。讨论的总的倾向,就是革新《马氏文通》以来,中国文法研究不从中国语文的实际出发,一味机械模仿和照抄照搬外国文法的传统风气;讨论的主要问题是汉语的词类区分,并由此而涉及整个汉语文法体系的各方面。在讨论中,陈望道先后发表了《谈动词和形容词的分别》、《"一提议"和"炒冷饭"读后感》、《文法革新的一般问题》、《从分歧到统一》、《回东华先生的公开信(论文法工作的进行、文法理论的建立和意见统一的可能)》、《漫谈文法学的对象以及标记能记所记意义之类》、《文法革新问题答客问》、《答复对于中国文法革新讨论的批评》、《文法的研究》等十余篇论文,从方法论上批判了机械模仿、生搬硬套的错误,并且提出了"根据中国文法事实,借镜外来新知,参照前人成说,以科学的方法谨严的态度缔造中国文法体系"(《中国文法革新论丛》序言)的许多建设性意见。他首次明确提出了用功能观点来研究汉语文法的见解,可以说是这次讨论的最重要的成果之一。这对于今天汉语文法研究也还有着现实意义。他又把讨论的文章编辑成《中国文法革新论丛》,于一九四三年由重庆文聿出版社印行,为汉语文法学史提供了一部有价值的文献。

一九四〇年秋,陈望道从上海经香港转赴抗日后方,回到迁校重庆的复旦大学中文系任教,一九四二年起出任新闻系主任,直至一九五〇年,前后共八年。陈望道是我国现代新闻教育事业的开拓者和复旦大学新闻系的一位创始人。他早在一九二四年,就在复旦大学国文部开设了新闻学讲座等课程,一九二七年出任中国文学科主任以后,又扩充为新闻学组,与邵力子、叶楚伧等共同讲授新闻学课程。办学数年,颇具声誉,遂于一九二九年九月正式成立新闻学系,这是当时全国首创的一个新闻教育机构。

此次陈望道主持新闻系,就把"宣扬真理,改革社会"作为办系的一个纲领。他于任职的第二年(一九四三年),提出"好学力行"作为系铭。这正体现了他一贯主张的办学原则:学行并重,理论联系实际。为了实践这个原则,陈望道从一九四四年四月开始募集资金筹建新闻馆,同年九月奠基,一九四五年三月落成。为了募捐,他在烈日炎炎的七月亲自到重庆市活动,借住在友人家,中午以烧饼充饥,晚上睡在满是臭虫的床上。在邵力子等校友的支持下终于募捐成功。新闻馆落成时,他因疲劳过度,卧病一个多月。一九四五年四月五日复旦新闻馆举行开幕典礼时,他作了《新闻馆与新闻教育问题》的讲话。大学里建立新闻馆,是当时新闻教育事业中的一个创举,得到了社会各界尤其是新闻界的广泛赞许和热烈祝贺,重庆文化界、教育界人士萧同兹、王芸生、潘梓年、胡秋原等和复旦师生五百多人参加了开幕典礼,《新华日报》发来了"为新闻自由而奋斗"的贺电,国民党元老于右任发来了"新闻自由万岁,中华自由万岁"的演讲辞。陈望道筹建的新闻馆有十几间房屋,设有编辑室、会议室、印刷所、图书阅览室以及收音广播室等,为新闻系的教学和实习提供了一个良好的基地。新闻系还专门成立了一个"复新通讯社",由陈望道兼任社长。通讯社下设编辑、采访、总务三部,所发稿件常为各大报社所用。陈望道任系主任的新闻系是全校民主力量最强的一个系,地下党的很多同志都在新闻系工作。新闻系学生常以录音实习之名,收听延安广播,辑录新华社的重要消息,及时传播于复旦校园,再传播于社会,被复旦师生誉为"夏坝(复旦所在地)的延安"。此事,不久即为国民党中统特务发觉,蒋介石下手谕责令教育部长朱家骅对陈望道等予以查办。陈望道与地下党同志共同商量对策,并得到章益校长的化解,才避开了危险。正是在陈望道的主持下,复旦新闻系在重庆的艰难岁月里获得了长足的进展。一九四四年那一年,报考新闻系的学生为543人,占了那一年报考复旦大学学生数2 787人的19%,而当年新闻系仅录取30人,也就是说,每18人中才能被录取一人。一九四六年新闻系随校迁回上海,直至新中国成立,新闻系不断进步,影响日盛。陈望道被誉为"记者之师"。

一九四五年八月,抗战胜利后不久,毛泽东亲临重庆参加国共会谈。其间,毛泽东安排时间会晤了复旦大学陈望道、张志让、周谷城等教授,给大家很大鼓舞。他们在地下党组织的领导下,同广大进步师生一道举办了"和平、奋斗、救中国"的大型讨论会。陈望道在发言中愤怒地抨击国民党打内战的反动政策。一九四六年一月,旧政协开幕之际,陈望道和周谷城、张志让、卢于道、张孟闻、方令孺等教授,又参加了重庆复旦大学进步学生团体举办的"和平建国座谈会",呼吁人们起来为争取和平、民主和反对内战、反对独裁而斗争。

一九四六年夏,陈望道随同复旦大学从重庆迁回上海。为了反对国民党反动派的独裁、内战和卖国政策,上海地区大专院校的进步组织——大学教授联谊会,在地下党的领导下,于一九四七年年初正式成立。陈望道首批加入了这一秘密组织。为了团结更多的教职员投入争取民主革命胜利的斗争,不久,又在上海成立了一个旨在联合华东地区十六所高等院校的国立大学教授联合会,陈望道出任联合会主任。复旦大学迁回上海后,学校内部进步力量和反动特务势力之间的斗争十分尖锐激烈。陈望道始终不顾个人安危,站在进步力量一边,尽力保护革命师生。一九四八年,国民党教育部策划将复旦大学迁往台湾,引发了复旦师生的护校斗争,学校组织了"复旦大学师生员工应变委员会",以团结护校和迎接解放。陈望道作为教授代表参加了"应变委员会",并任副主席,为团结护校、迎接解放做了许多工作。解放前夕,国民党特务将他列入黑名单,妄图加害,由于上海的迅速解放,他们的阴谋才未能得逞。五月二十六日,上海解放的前一天,大教联改选理事会,一致同意推选陈望道任理事会主席。六月初,大教联在南京路金门饭店召开最后一次全体会议,决定与讲助会合并,改组为'上海大学教育工作者联合会',陈望道又被推选为会长。这些都是对他在黎明前的黑暗中所作斗争的肯定。

六

一九四九年五月二十七日,上海解放。一九四九年七月二十九日,上海市军事管制委员会任命张志让、陈望道等十七人组成复旦大学校务委员会,张志让为主任,陈望道为副主任,周谷城为教务长。因张志让在北京任职,始终未能到校,学校工作由陈望道负责。于是他便挑起重担,配合上海市军事管制委员会代表李正文,带领全体校务委员,着手对旧复旦的接管。

陈望道主持校务委员会对旧复旦大学实行接管后做的第一件事是,让在解放前夕因受国民党特务迫害而离校的师生返校复职和复学。第二件事是,根据政府的统一安排,在一九五〇年进行了第一次院系调整。之后,校务委员会又聘请了一大批学有专长的教授学者,如冯雪峰、唐弢、李健吾、徐铸成、刘佛年、陆诒、倪海曙、周有光等名家,以充实学校师资力量。接着又逐步调整了院、系两级的领导班子。

一九五一年复旦大学党组织宣布公开,从此,陈望道主持校务委员会在党组织的领导下展开工作。从一九四九年秋至一九五一年底,全校进行了五次课程改革,使教学任务得以明确,教学秩序走向正常;同时,在经济困难的条件下,陈望道改善办学条件,改善师生员工的生活,成功地带领全校师生稳步地把旧复旦纳入了向新复旦转变的轨道。

在一九五〇年初步院系调整的基础上,一九五二年又进行了全国高校院系大调整,浙江大学、交通大学、南京大学、安徽大学、金陵大学、沪江大学、震旦大学等十四所大专院校的有关文、理系科并入了复旦大学。调整后的复旦大学成了一所相当完备的、大大加强了基础理论的文理科综合性大学。由于一九五〇年、一九五二年的两次院系调整,把连同复旦自身在内的十九所高校整合在一起,一时间群星际会,人才荟萃,但各校校风不同,学者教授又都个性迥异,复杂的局面是可想而知的。此时,陈望道被中央人民政府主席毛泽东任命为复旦大学校长。这样,如何把旧复旦转变成为新复旦的重任就历史性地落在了陈望道的肩上。

关于学校的发展,陈望道说:"高等学校的发展一般有三个阶段:一办校务的阶段,二教务的阶段,三科学研究阶段。如果一所学校只停留在办校务和教务的阶段,不进一步向科学研究阶段发展,这所学校的教学质量和学术水平肯定不能提高"。正是在这一思想的指导下,复旦大学从一九五四年开始,在每年校庆的同时举行科学报告讨论会。在一九五四年的校庆节,他专门为复旦校刊题写了如下的内容:"综合大学应当广泛地经常地结合教学,开展科学研究工作,为祖国建设服务。今年校庆的种种活动——如举行科学讨论会,著译展览会等,就以促进科学研究为中心。这是一个创举,希望大家合力完成这个创举。希望大家踊跃发表现有的成就,争取更大的成就。"同时,陈望道也始终把搞好教学,培养人才作为学校工作的中心任务。他主持的校务委员会,对复旦的课程设置、教学内容、教学方法以及教学秩序、教学纪律的管理等方面,都根据社会发展的需要进行改革,制定规章,使复旦的教学质量不断地得到提高。

一九五九年五月十七日,中共中央发出《关于在高等学校中指定一批重点学校的决定》,北京大学、中国人民大学、复旦大学等十六所高校被指定为全国重点大学。陈望道认为,对于一所培养社会主义建设人才的全国重点大学来说,开展经常化的科学研究工作,以促进教学质量的提高,这里还有一个学风和校风的建设问题。在他的建议和主持下,复旦大学的校务委员会和行政办公会议,在一九六一、一九六二和一九六三年的三年时间里,曾先后多次讨论学风和校风的建设问题。尤其是一九六三年三月二十六日,陈望道主持召开了一次在复旦校史上堪称空前的,专门讨论学风的校务委员会扩大会议。所以堪称"空前",是因为会议是在全校大会堂(今相辉堂)召开的,出席的范围除全体校务委员外,还包括了:全体教职工,全体研究生和行政负责人员。召集这么多人,专门座谈学风和校风的建设问题在复旦的校史上还是第一次。就在这次扩大会议上他对学风、校风建设作了全面的论述,接着又在一九六三年校庆开幕式上作了重要的阐释。他认为学风问题是学校工作中最广泛、最基本的问题,是学校"一切种种的综合表现";学校应该培养学风、提高学风,这要靠大家长期不懈的努力来形成。

陈望道除了担任复旦大学校长外,还历任华东军政委员会文化教育委员会副主任兼文化部长,华东高教局局长,全国人民代表大会第一、二、三、四届代表,第四届人大常务委员会委员,中国人民政治协商会议第一、二、三、四届代表和第三、四届常务委员会委员,政协上海市委员会副主席,他积极参与了政协的工作和人大的一系列活动。

一九五一年六月,陈望道加入了中国民主同盟,并先后担任民盟中央副主席、民盟上海市主任委员等职。他认真学习马列主义毛泽东思想,学习唯物辩证法,认真贯彻执行党的长期共存、互相监督的方针和政策,为团结爱国民主人士和积极分子,做了大量的工作。

在外事活动中,陈望道先后两次出国访问。第一次是一九五六年秋天,由他率领的中国大学校长代表团,应邀赴德意志民主共和国,参加格莱爱大斯代尔脱大学建校五百周年的庆祝活动。第二次在一九六二年十月,他随全国人大代表团赴越南作友好访问。通过上述访问,增强了与被访问国家人民之间的友谊。

陈望道虽然工作和社会活动繁忙,但仍不失学者本色,一直坚持搞学术研究。从一九五五年以来,他是中国科学院哲学社会科学学部常务委员、复旦大学一级教授、国务院科学规划委员会语言组副组长、华东作家协会理事、上海市哲学社会科学联合会主席、上海新文字工作者协会主席、上海市语文学会会长、上海市普通话推广委员会副主任。他不辞辛劳,为革新语言学的研究,为繁荣和发展语言科学,为促进和实践语文改革运动做了许多工作。一九五五年十月,他到北京参加了全国文字改革会议和现代汉语规范问题学术会议;在文字改革会议上作了重要发言,在现代汉语规范问题学术会上作了总结发言。

一九五六年元旦,陈望道在上海受到毛泽东主席的亲切接见。谈话中毛主席很重视和关心他的文法修辞的研究,这给了他很大的鼓舞。这时他正在筹建复旦大学文法、修辞、逻辑研究室(一九五八年改名为复旦大学语言研究室),准备在学校中有计划地展开科研工作。后来他就亲自主持这个研究室,明确主张要以马克思主义、毛泽东思想为指导,从汉语的实际出发,运用功能观点,探索汉语文的组织规律。他积极提出自己的学术见解,发表了《对于主语宾语问题讨论的两点意见》、《怎样研究文法修辞》、《漫谈〈马氏文通〉》等文章。

一九六二年三月,陈望道接任了《辞海》总主编的任务。对待毛泽东亲自倡议的这项建国以来最大的辞书修订任务,他是极端负责的。他在主持工作期间,努力排除"左"倾思想的干扰,改变先前人海战术的编写方法,确定了分科主编责任制。在与副主编罗竹风等的紧密合作下,经过全体编写人员四年的辛勤劳动,《辞海》(未定稿)于一九六五年出版发行。成书时,他为书名题了字。

一九六三、一九六四年,陈望道曾多次在上海语文学会和高等院校作学术讲演,并到南京、杭州等地讲学,展开学术交流活动,促进语文研究的发展。

一九六六年"文化大革命"开始后,陈望道作为校长,运动一开始大字报就铺天盖地而来,许多诬陷不实之词强加到他的头上。造反派到他家破"四旧",砸了他创办的语言研究室;他主编的《辞海》(未定稿)也被打成是集封资修大成的大毒草,自然,也剥夺了他的工作权利和相关待遇。他被迫拄着拐杖,一天三次参加复旦大学所谓的"抗大清队学习班"。后来因为周恩来总理指示要对陈望道加以保护,对他的冲击才没有继续升级。

一九七二年,陈望道复出工作,委以复旦大学革命委员会主任的名义。这时,他主持的语言研究室得以部分恢复,在研究室恢复部分工作以后,一九七三年他出版了《现代汉语中的单位和单位词》和《汉语提带复合谓语的探讨》两本学术论著,接着又着手修订《修辞学发凡》一书,同时进行《文法简论》的撰稿工作。

一九七三年,陈望道应复旦大学学生会之邀,特为复旦大学团委、学生会举办的书法展览会题了笔力苍劲的"又红又专"四个大字,表达了他对青年一代一贯的期望。这以后,陈望道的健康情况越来越差,经常住院治疗。

在一九七三年八月,陈望道抱病出席了党的第十次全国代表大会;一九七五年一月,他又抱病参加了第四届全国人民代表大会,被选为全国人大常务委员会委员。

一九七五年初夏起,陈望道的健康状况日益变差,得长期住华东医院治疗养病。这样,他就只能在医院里进行并完成《修辞学发凡》的修订工作;也只能在病榻上对《文法简论》的书稿逐章逐句地定稿。年逾八旬的他依然思维清晰,对书稿字斟句酌,《文法简论》终于在一九七六年底完稿并送出版社。在科学研究上,他是生命不息,攀登不止。

陈望道以唯物主义的态度对待人生。一九七六年病情危重之时,他意识到自己生命的里程行将完成,需要对自己的身后事作个交代。当时,市领导、校领导常不断有人到医院来看望,他们总要问陈望道还有什么要求,请尽管提出来。而他总是这样回答:我个人没有任何要求,只是希望把复旦的户口划归市区,学校周边的环境能加以改善。有一次还特地请校领导来谈了三点:一是他再三表明个人的确别无所求,希望学校继续做好争取复旦户口归属市区的工作;二是他着重谈了对学科发展的想法,当时有人提出可以把语法和修辞两门学科合并起来,他认为这两门学科有各自研究的对象和任务,不应合并也无法合并,复旦在这两门学科的研究方面都有自己的传统和成就,希望学校在今后学科发展中要重视这两门学科的不同特点,让语法学和修辞学都能得到健康的发展;三是向组织表示,自己一生教书,别无财产,只是爱好读书,留有数千册藏书,愿意悉数捐赠学校图书馆,作个留念。——这就是陈望道的遗嘱。

一九七七年十月二十四日,陈望道病情突然恶化,经多方医治无效,于十月二十九日凌晨四时逝世,终年八十七岁。陈望道去世后的第二天(十月三十日),上海市举行了向陈望道同志遗体的告别仪式。在陈望道去世后的第六天(十一月五日),又为陈望道同志举行了隆重的追悼会。追悼会后,陈望道的骨灰盒由复旦大学党委领导和陈望道的亲属一起护送至上海革命公墓安放。

一九八〇年一月二十三日,中共上海市委根据党中央的指示精神,为陈望道举行了隆重的骨灰盒覆盖党旗仪式。

陈望道的一生是革命的一生,是为民主和科学艰苦奋斗的一生。他是中国新民主主义革命和社会主义革命建设的历史见证人和积极参加者。他把自己的一生贡献给了祖国的文化科学和教育事业。他为我国的新文化运动特别是语文运动和语言科学的发展贡献了毕生的精力,作出了很大的成绩,同时对于文学以及人文科学的其他方面也都有认真的研究,他的著作是文化学术方面的宝贵遗产。他治学谨严,重视立场、观点、方法,强调实事求是的科学态度,富有创新精神。他是一位著名的教育家,长期从事高等教育工作,尤其在新中国成立以后,主持复旦大学校政,为国家培养造就了大批人才,为建设中国特色的社会主义高等教育进行了开拓性的探究。他的革命精神、学术成就和教育业绩,永远值得人们学习和纪念。

二〇〇八年三月二十三日完稿于复旦大学

附录二

陈望道译文目录索引

这里收录的陈望道先生译文目录,分成著作和文章两类,编目大体按发表的年月排列。由于我们视线有限,搜集也许并不完全,甚至会有讹错,希望了解陈望道先生翻译情况的朋友惠予补正。

一、译　　著

《共产党宣言》,〔德〕马格斯、安格尔斯合著,一九二〇年八月作为社会主义研究小丛书第一种,由社会主义研究社出版,一九二〇年九月再版,一九二六年五月十七版;一九三八年上海新文化书房末版。

《马克斯底唯物史观》,〔日〕河上肇著,《民国日报》副刊《觉悟》一九二〇年六月十七日、六月十八日、六月十九日和六月二十日。

《劳农俄国底劳动联合》,〔日〕山川均著,《新青年》第八卷第五号,一九二一年一月一日。

●《空想的和科学的社会主义》,一九二一年,人民出版社出版。

《艺术简论》,〔日〕青野季吉著,一九二八年十月上海大江书铺初版,一九二九年六月再版,一九三〇年四月三版。

《文学及艺术之技术的革命》,〔日〕平林初之辅著,一九二八年十月上海大江书铺初版,一九二九年六月再版,一九三〇年四月三版。

《自然主义文学底理论的体系》,〔日〕平林初之辅著,《文艺研究》第一卷,一九三〇年二月十五日。

《帝国主义和艺术》,〔日〕藏原帷人著,《微音》月刊第一卷第九、十合期,一九三一年十月一日。

《果戈理和杜思退益夫斯基——中间关系底形式的内容和检讨》,〔日〕冈泽秀虎著,《望道文辑》(第一百八十五页),一九三六年六月,上海读者书房刊行。

《社会意识学大纲》,〔俄〕波格达诺夫著,一九二九年五月开明书店初版；一九三二年七月六版。

《苏俄文学理论》，〔日〕冈泽秀虎著，一九三〇年十二月上海大江书铺初版；一九三一年三月开明书店再版。

●《艺术社会学》，〔俄〕弗理契著，一九三〇年十二月上海大江书铺初版；一九四五年九版。

《伦理学底根本问题》，〔德〕利普斯原著，一九三六年十二月上海中华书局出版。

《实证美学的基础》，〔俄〕卢那卡尔斯基著，一九三九年七月世界书局出版。

二、译　文

一九二〇年

《妇女劳动问题底一瞥》，〔日〕河上肇著，《星期评论》，劳动纪念号第二张，一九二〇年五月一日。

●《唯物史观底解释》（与张维祺合译），《浙江省立第一师范学校校友会十日刊》第十号，一九二〇年一月十日。

《日本社会主义同盟会底创立》，〔日〕赤松克磨等著，《民国日报·觉悟·特载》一九二〇年八月二十二日，署名：佛突。

《现代思潮》，〔日〕桑大严翼氏著，《民国日报》副刊《觉悟》一九二〇年九月七日、八日。

《文艺上各种主义——自然主义、写实主义、理想主义、象征主义》，〔日〕加滕朝鸟著，《民国日报》副刊《觉悟》一九二〇年十月二十八日；又载《新妇女》第四卷第三号，一九二〇年十一月一日。

《劳动运动通论》，〔日〕久留弘三著，《劳动界》第十九——二十二册，一九二〇年十二月十九日——一九二一年一月十六日；又载《民国日报》副刊《觉悟》一九二〇年十二月十九日、二十七日，一九二一年一月四日、十日、二十四日。

《性的道德底新趋向》，〔日〕本间久雄著，《民国日报》副刊《觉悟》一九二〇年八月一日、二日、三日；又载一九二五年上海新文化书社《中国妇女问题讨论集》第三册。

《新体诗底今日》，〔日〕高山林次郎著，《民国日报》副刊《觉悟》一九二〇年八月三十日。

一九二一年

《爱情》(诗),《民国日报》副刊《觉悟》一九二一年二月二十二日,署名:晓风。

《劳工问题的由来》,〔日〕北泽新次郎著,《民国日报》副刊《觉悟》一九二一年五月三日。

《女性底演说》(小说),〔日〕界利彦著,《民国日报》副刊《觉悟》一九二一年五月二十九日。

《社会主义底意义及其类别》,〔日〕高自由素之著,《东方杂志》第十八卷第十一号,一九二一年六月十日。

《文章概观》,〔日〕夏目漱石著,《民国日报》副刊《觉悟》一九二一年六月十日、十二日、十三日。

《文化与两性关系》,〔日〕岛村民藏著,《民国日报》副刊《觉悟》一九二一年六月二十九日;七月一日、三日、四日。

《个人主义与社会主义》,〔日〕高畠素之著,《民国日报》副刊《觉悟》一九二一年八月二十六日、二十八日、二十九日、三十日。

《产业主义与私有财产》,罗素著,《民国日报》副刊《觉悟》一九二一年九月四日、五日、六日、九日、十一日。

《敬虔》(诗),〔德〕法尔盖原作,《民国日报》副刊《觉悟》一九二一年九月十九日。

《俄国婚姻律全文》(重译),《民国日报》副刊《觉悟》一九二一年十一月三日。

《职业的劳工联合论》,〔日〕北泽新次郎著,《东方杂志》第十八卷第二十一号,一九二一年十一月十日。

《资本主义的社会和劳动阶级的社会》,《民国日报》副刊《觉悟·评论》一九二一年十一月十三日,署名:V.D.。

《农民为什么苦呢》,〔日〕山川均著,《民国日报》副刊《觉悟·评论》一九二一年十二月六日,署名:V.D.。

●《劳农俄国新离婚法》,《民国日报》副刊《觉悟》一九二一年十一月三日,署名:晓风。

《文艺上的自然主义》,〔日〕岛村抱月著,《民国日报》副刊《觉悟》一九二一年十二月十二日、十三日、十五日。

《劳动妇女的解放》,〔日〕山川菊荣著,《民国日报》副刊《妇女评论》第二十一期,一九二一年十二月二十一日。

一九二二年

《中国文明与西洋》(上、下),〔英〕罗素著,《民国日报》副刊《觉悟》一九二二年九月四日、九月五日,署名:V.D.。

《妇女的精神生活》,〔日〕富士川游著,《民国论丛》第一编十八卷,梅生编《中国妇女问题讨论集》第三册,上海中国文化书社,一九二三年影印本,署名:V.D.。

一九二五年

●《恋爱的三角关系论》,〔日〕土田杏村著,《民国日报》副刊《妇女周报》第九一——九五期,一九二五年六月十四日——七月十二日。

《告失恋的人们》,〔日〕贺川丰彦著,一九二五年上海新文化书社《中国妇女问题讨论集》续集。

《恋爱之力》,〔日〕贺川丰彦著,一九二五年上海新文化书社《中国妇女问题讨论集》续集。

《近代的恋爱观》,〔日〕厨川白村原著,一九二五年上海新文化书社《中国妇女问题讨论集》续集。

《论寡妇再嫁》,〔日〕宫本英雄著,一九二五年上海新文化书社《中国妇女问题讨论集》续集。

一九二七年

《资本主义的发展》,〔英〕杜白著,一九二七年《北新》半月刊,第四十三/四十四,四十九/五十,五十一/五十二卷。署名:晓风。

一九二九年

●《苏俄十年间的文学论研究》,〔日〕冈泽秀虎著,《小说月报》一九二九年第二十卷第三、五、六、八、九号;一九三〇年二十一卷八号。

一九三一年

《断截美学底一提言》,〔日〕新居格作,《新学生》杂志(创刊号)第一卷第一期,一九三一年一月一日出版,光华书局。

《机械美底诞生》,〔日〕板垣鹰穗作,《新学生》杂志第一卷第二期,一九三一年二月一日出版,光华书局。

《近代社会中艺术样式之变迁》,〔日〕大宅壮一作,《新学生》杂志第一卷第三期,一九三一年三月十六日出版,光华书局。

《格罗绥论妆饰》,〔德〕格罗绥著,《微音》月刊第一卷第一期,一九三一年三月十五日。

《格罗绥论妆饰续》,〔德〕格罗绥著,《微音》月刊第一卷第三期,一九三一年五月十五日。

说明:凡目录前有●记号者,未能找到或未收入《陈望道译文集》内。

编　后　记

　　陈望道先生是著名的学者和教育家,也是卓有贡献的翻译家。他早年参加中国共产党的创建,为中国共产党的创始人之一。为了宣传马克思主义的需要,他翻译介绍了多部有关马克思主义的论著,如《共产党宣言》、《马克斯底唯物史观》、《现代思潮》等,尤其是他首译的中文全译本《共产党宣言》,为中国共产党的成立作了思想上和理论上的准备,产生了深远的影响。此外,为了研究解决五四以后工人运动和妇女解放等诸多社会问题,他还翻译了大量传播新思想的论著,如《劳动运动通论》、《劳工问题的由来》、《性的道德的新趋势》、《劳动妇女的解放》等论文,产生了广泛的社会影响。在二十世纪三十年代,中国新文学运动蓬勃兴起,为了推动新文学运动的发展,他又大量译介了苏俄文学理论、美学理论和有关的新兴文艺理论,如《苏俄文学理论》、《实证美学的基础》、《社会意识学大纲》、《艺术简论》和《文学及艺术之技术的革命》等著作,在当时都很有价值,也产生了广泛的影响。同时,为了推动当时对伦理学的研究,他还翻译出版了《伦理学的根本问题》一书。总之,陈望道先生根据当时社会革命的需要和文化学术发展的需要,从二十世纪二十年代初到三十年代末,进行了大量的翻译工作,刊行了许多译著。作为一名修辞学家,他在进行语言翻译的加工上也自有特色。结集出版陈望道先生这样一位著名学者的译著和译文,对于了解和研究我国共产主义运动史、工人运动史、妇女运动史、新文学运动史以及翻译史等方面的历史经验,对于我国哲学社会科学和人文科学的学科建设,均有重要的参考价值和历史资料价值。译文集的出版,也是对陈望道先生这位革命先驱、学界宗师的一种很好的纪念。

　　译文集分上、下两卷,上卷收入了《共产党宣言》、《马克斯底唯物史观》、《劳农俄国底劳动联合》、《社会意识学大纲》和《伦理学底根本问题》等五部译著以及有关社会革命和妇女解放的译文二十三篇。下卷收入了《艺术简论》、《苏俄文学理论》、《实证美学的基础》等七部译著以及有关文艺理论的译文十一篇。收入的译著和译文,按内容归类依时间顺序进行编排。译文集的内容多选自当时的报刊、杂志、书籍,为尽量保存历史原貌,我们在编辑过程中除对原文明显的手民误植、衍夺和能查实的外文拼写错误加以更正外,一般不对内容作校订;对专名的译法、当时的语言习惯等也不以今日的规范做改动。标点符号大体保持原样,对有些需要说明的问题,作了必要的附注。

这本译文集的部分内容曾刊于《陈望道文集》(第四卷),这次虽花了近半年的时间往返于上海图书馆和复旦大学文科图书馆之间,搜寻散布于二十世纪二三十年代报纸、杂志上的译文和译著,收集得仍不是十分齐全。由于年代久远和当时印刷的问题,有些译著和译文不是未能找到原文就是原文模糊不清,从而未能收入。为此,特在卷后附录了"陈望道译文目录索引",以便于读者了解译著文字的全貌。为了让读者对陈望道先生本人有所了解,同时附录了"陈望道传略"一文。

由于水平所限,译文集的编录,难免会有错讹或疏漏之处,恳请读者予以指正。

本译文集的出版获得了复旦大学出版基金资助。在收集、编辑、整理和出版译文集的过程中,承蒙上海图书馆馆长办公室、复旦大学党委宣传部、文科科研处、图书馆报刊部和复旦大学出版社社长兼总编辑贺圣遂同志的大力支持,浙江大学池昌海教授也给予了帮助,责任编辑邵丹女士也付出了辛勤的劳动,在此,谨向他们表示深切的谢忱。

陈光磊　陈振新

二〇〇九年四月二十一日于复旦大学

图书在版编目(CIP)数据

陈望道译文集 / 陈望道译. —上海：复旦大学出版社，2009.10
ISBN 978-7-309-06551-0

Ⅰ.陈… Ⅱ.陈… Ⅲ.陈望道(1890～1977)—译文—文集 Ⅳ.Z427

中国版本图书馆 CIP 数据核字(2009)第 038682 号

陈望道译文集
陈望道 译

出版发行	复旦大学出版社	上海市国权路 579 号 邮编：200433
	86-21-65642857(门市零售)	
	86-21-65100562(团体订购) 86-21-65109143(外埠邮购)	
	fupnet@fudanpress.com http://www.fudanpress.com	
责任编辑	邵 丹	
出 品 人	贺圣遂	
印 刷	句容市排印厂	
开 本	787×1092 1/16	
印 张	63.25	
字 数	1068 千	
版 次	2009 年 10 月第一版第一次印刷	
书 号	ISBN 978 - 7 - 309 - 06551 - 0 / Z·58	
定 价	98.00元	

如有印装质量问题，请向复旦大学出版社发行部调换。
版权所有　　侵权必究